本书编委会

主　编：丁　鼎
副主编：邓声国
著　者：丁　鼎　邓声国　郭善兵　张　帅
　　　　潘　斌　林素英　夏　微　马金亮

国家出版基金项目
NATIONAL PUBLICATION FOUNDATION

三礼学通史

上 卷

丁 鼎 主 编
邓声国 副主编

人民出版社

2009年度国家社会科学基金项目（批准号：09BZX031）

教育部人文社会科学重点研究基地
山东师范大学齐鲁文化研究院"十三五"规划重大项目

目　　录

上　卷

中 卷

序 言 一

陈祖武

二〇一九年岁杪,承山东师范大学丁鼎教授盛谊,远颁大著《三礼学通史》书稿。全书上起先秦,下讫当代,紧紧围绕揭示中华礼乐文明的基本品格这一主题,由《周礼》《仪礼》《礼记》三部礼学经典的形成入手,梳理数千年三礼学发生、发展和演变的历史,元元本本,信而有征。拜读大稿,受教良深。欣悉丁鼎教授此一大著业已获得国家出版基金立项,即将由人民出版社出版,谨致诚挚祝贺。据悉,《三礼学通史》系国家社科基金二〇〇九年所立重要基础性研究项目,无所依傍,难度极大。自立项以来,丁鼎教授率领课题组全体专家,爬梳文献,攻坚克难,历时七载,于二〇一六年圆满完成预期研究计划,并获评审专家一致赞许,荣膺优秀成果。近两年间,丁鼎教授及所率团队,又复广泛听取各方面专家意见,悉心修订,精益求精,克成此一百万言之厚重大著。十年一书,成功非易,尽心尽力,允称楷模。

遵嘱,谨就近期关于坚定文化自信的思考奉附骥尾,忝申同调共鸣,敬请丁鼎教授并课题组诸位专家以及广大读者指教。

坚定"四个自信",尤其是文化自信,是习近平新时代中国特色社会主义思想的一个重要组成部分。为了准确地把握其题中要义,我们应当进一步认真解决好如下几个认识问题。

第一,坚定文化自信,同弘扬以爱国主义为核心的民族精神和以改革创新为核心的时代精神,浑然一体,相辅相成,关乎国家长治久安,绝非一时的权宜之计。因此,必须从理论和实践的结合上,把习近平同志的这一重要思想切实学好、用好,抓紧、抓细、抓实,使之成为全国各族人民的共同意志。

第二，坚定文化自信，植根于五千多年中华优秀传统文化的传承和发展。古国文明，源远流长，有典有册，可据可依。我们一定要尊重历史，实事求是，科学准确地把这个发生、发展、与时俱进、历久弥新的演进过程讲清楚。前事不忘，后事之师。今天，我们认真总结历史经验，是为了以史为镜，开创未来，绝非是古非今。在这个问题上，历史和现实已经再三证明，跟在别人后面，让人牵着鼻子走，是永远不会有出路的。同样的道理，眼睛只知道向后看，亦步亦趋，复古倒退，也是一条行不通的死胡同。

第三，同当今人类社会的众多文明形态一样，中华文明个性鲜明，源远流长，具有独特的精神品格和强大的凝聚力量。这样的品格和力量，是实现中华民族伟大复兴中国梦的坚强人文保障，也是中国人民推动构建人类命运共同体的巨大历史性贡献。我们一定要响应习近平同志的号召，集思广益，群策群力，把中华优秀传统文化的精神标识提炼出来、展示出来，把优秀传统文化中具有当代价值、世界意义的文化精髓提炼出来、展示出来。

第四，古往今来，中华文化秉持"他山之石，可以攻玉"的博大襟怀，海纳百川，吞吐万象，不断吸取域外文明的优秀成果，量体裁衣，融为我有。面对国际局势的深刻变化，我们应当一如既往，处乱不惊，从容应对，在以习近平同志为核心的党中央坚强领导之下，全面深化改革开放，富而不骄，强而不霸，努力增进中外人文交流，同世界各国人民一道，为构建人类命运共同体而奋斗。

第五，中华文化以民为本，礼乐奠基，和谐共生。五千多年的沧海桑田，矢志如一，初心不改，既追求自强不息、坚忍不拔的刚毅之美，又讲究内敛含蓄、典雅和谐的柔顺之美，厚德载物，涵养九州。勤劳勇敢的中国人民，世世代代生于斯、长于斯，为了建设自己的美好家园，艰苦奋斗，百折不挠。最近四十多年间，改革开放的伟大时代洪流，使中华民族数千年的小康憧憬实现划时代的升华，凝聚成十四亿中国人民对美好生活的共同愿望。以人民为中心，把满足全国各族人民对美好生活的向往作为奋斗目标，理所当然乃是坚定文化自信题中的第一要义。

二〇一四年九月二十四日，习近平同志在纪念孔子诞辰2565周年大会上发表重要讲话，倡导科学对待传统文化，号召我们"要坚持古为今用、以古鉴今，坚持有鉴别的对待、有扬弃的继承，而不能搞厚古薄今、以古非今，努力实现传统文化的创造性转化、创新性发展,使之与现实文化相融相通,共同服务以文化人的时代任务"。四年之后,二〇一八年八月二十一日至二十二日,在全国宣传思想工作会议上,习近平同志重申坚持以文化人的时代任务,同时与大力弘扬时代新风相结合,号召我们"要弘扬新风正气,推进移风易俗"。

讲责任,重担当,这是中华学人数千年一以贯之的优良传统。从孟子的"乐以天下,忧以天下",到范仲淹的"先天下之忧而忧,后天下之乐而乐",洋溢其间的是可贵的人文关怀和强烈的社会责任意识。张载倡导的"为天地立心,为生民立命,为往圣继绝学,为万世开太平",则不仅揭示了关学的基本品格,而且道出数千年中华学人的崇高精神追求。明末清初,社会动荡,面对中华文化的传存挑战,杰出思想家顾炎武冲破"家天下"的固有格局,立足数千年礼乐文明的优秀传统,发出"亡国与亡天下奚辨"的时代之问,大声疾呼"天下兴亡,匹夫有责",从而开启文化自觉的历史先河。接武先哲,见贤思齐。肩负实现中华民族伟大复兴和"两个一百年"奋斗目标的历史重任,面对前进道路上的艰难险阻,为了不断提高全民族思想觉悟、道德水准、文明素养和全社会文明程度,我们必须时刻牢记以文化人、移风易俗的责任担当,团结一心,艰苦奋斗,努力把各方面的工作做得更好。

二〇二〇年元月于北京潘家园东路寓所

序 言 二

虞万里

礼之起也,源于祀,源于俗,源于人之欲,抑源于物之易?论者莫衷一是者久矣。许慎谓"礼者,履也,所以事神致福"(《说文》),取诸形符之"示",深得造字之本。礼必体履以见,郑康成云:"礼者,体也,履也。统之于心曰礼,践而行之曰履。"(《左传·昭公二十五年》疏引)其见之于体履者,若荀卿云:"礼者,以财物为用,以贵贱为文,以多少为异,以隆杀为要。文理繁,情用省,是礼之隆也。文理省,情用繁,是礼之杀也。文理情用相为内外表里,并行而杂,是礼之中流也。"(《荀子·礼论》)虽然,礼之义大矣哉!启自萌心发念,修身立世,处世接物;推及孝敬父母,敦睦家庭,信义朋友,和顺社会;进至治国御民,信及豚鱼,德及禽兽,可谓无乎不在,无所不包。盖"礼者,人道之极也。然而不法礼,不足礼,谓之无方之民;法礼,足礼,谓之有方之士"(《荀子·礼论》)。礼家百方譬喻,言之详矣。兹请略述其要:

人者,以心统摄肢体思维,心为礼之本原,外发为仪貌。所谓"礼是仪之心,仪是礼之貌。本其心谓之礼,察其貌谓之仪"也(《左传·昭公二十五年》疏)。礼以德义为内心之基,盖"礼者,德之文也"(《人物志·八观》),"亦义之文也"(《韩非子·解老》)。内心具足德义,焕发而为仪态、为精神,韩非所谓"外节之所以谕内也"(《韩非子·解老》)。以礼外节之精神仪态为何?厥唯曰敬!子墨子云:"礼,敬也。"(《墨子·经上》)《曲礼》曰:"毋不敬,俨若思,安定辞。"《韩诗外传》云:"爱由情出谓之仁,节爱理宜谓之义,致爱恭谨谓之礼。"孔冲远更云:"礼者,谦卑恭谨,行归于敬。"(《左传·僖公二十七年》疏)是皆谓内心有礼,外发于神情即庄敬恭谨。人若不以德充其内,则庄敬不发乎外，恭谨不显于仪，是必无礼，无礼则多有放心驰情、淫逸奢侈、越闲犯奸者矣。孟坚不云乎："治身者斯须忘礼，则暴嫚入之矣。"（《汉书·礼乐志》）唯礼可以节制人欲，"所以缀淫也"（《礼记·乐记》），"所以防淫佚节其奢靡"（《白虎通·礼乐》），使其"不犯者也"（《鹖冠子·学问》）。盖"礼者，禁于将然之前，而法者，禁于已然之后"也（《大戴礼记·礼察》）。由此知"礼，所以制中也"（《礼记·仲尼燕居》），"所以正身也"（《荀子·修身》）。制中正身，乃吾人处世之本。夫子曰："恭而无礼则劳，慎而无礼则葸，勇而无礼则乱，直而无礼则绞。"（《论语·泰伯》）礼既为立身之则，是知"礼者，人之干也"（《左传·昭公七年》），"君子义以为质，礼以行之，孙以出之，信以成之"（《论语·卫灵公》），曷可为人而不以礼乎？"君子博学于文，约之以礼，亦可以弗畔矣夫"（《论语·雍也》）。

敬祖祭宗，非礼不成，"天不生，地不养，君子不以为礼，鬼神不飨"也（《礼记·礼器》），故先祖者，礼之本也，可不敬不礼乎？婚姻者，家庭之始也。"昏姻之礼废，则夫妇之道苦，而淫辟之罪多矣"（《大戴礼记·礼察》）。夫妇相敬即为礼。夫妇者，家之本；家庭者，国之基也。孔冲远云，"欲为国家之政，先行于礼，礼谓夫妇之道"是也（《礼记·哀公问》疏）。为人子者，"父母爱之，喜而不忘；父母恶之，惧而无怨；父母有过，谏而不逆；父母既殁，以哀祀之加之，如此谓礼终矣"（《大戴礼记·曾子大孝》）。"君子之孝也，忠爱以敬，反是乱也。尽力而有礼，庄敬而安之，微谏不倦，听从而不怠，欢欣忠信，咎故不生，可谓孝矣。尽力无礼，则小人也，致敬而不忠，则不入也。是故礼以将其力，敬以入其忠"（《大戴礼记·曾子立孝》）。家庭之间，焉可不以曾子之言箴之戒之哉！

立身行事，处世接物，以礼为本。"夫行也者，行礼之谓也"（《大戴礼记·曾子制言》）。无论富贵贫贱，一以礼行，盖"富贵而知好礼，则不骄不淫；贫贱而知好礼，则志不慑"也（《礼记·曲礼上》）。人我往来，宾主酬答，不以礼，则无以交往，盖"礼是交接会通之道"（李鼎祚《周易集解》引何妥说），"不学礼无以立"（《论语·季氏》），"不知礼无以立"也（《论语·尧曰》）。往来酬答，"贵者敬焉，老者孝焉，长者悌焉，幼者慈焉，贱者惠焉"（《大戴礼记·曾子制言》），是礼也。夷吾云："登降揖让，贵贱有等，亲疏有体，谓之礼。"（《管子·

心术上》)礼,"亲疏贵贱相接之体也"(朱熹《中庸章句》);礼,"自卑而尊人"
(《礼记·曲礼》),"自后而先人"(《汉上易传》)。唯其交接会通能敬、孝、悌、
慈、惠,能等贱、体亲疏,能自卑尊人,自后先人,是以和谐生焉。故云:"礼之
以和为贵"(《礼记·儒行》),"礼之用和为贵"(《论语·学而》)。虽然,行礼
于亲疏贵贱、尊卑先后之际,仍当自尊,所谓"礼不妄说人,不辞费"也(《礼
记·曲礼上》);仍当自重,所谓"礼不逾节,不侵侮,不好狎"也(《礼记·曲
礼上》)。

推而至于治国御民,尤当以礼为主,以法为辅。"以礼义治之者积礼义,
以刑罚治之者积刑罚;刑罚积而民怨倍,礼义积而民和亲"(《大戴礼记·礼
察》)。"礼者,所以辨尊卑,别等级,使上不逼下,下不僭上"(《礼记·曲礼》
疏)。礼与法虽相辅相成,而法当以礼为节制。盖礼者,"法之大分,类之纲纪
也"(《荀子·劝学》)。君子"道之以政,齐之以刑,民勉而无耻。道之以德,
齐之以礼,有耻且格"《论语·为政》),是"安上治民莫善于礼,移风易俗莫善
于乐"也(《白虎通·礼乐》)。国治之象,君臣万民各安其位,各乐其事。君子
曰:"礼,经国家,定社稷,序民人,利后嗣者也。"(《左传·隐公十一年》)散化
六典,观照万事,无不以礼为节度:"道德仁义,非礼不成;教训正俗,非礼不
备;分争辩讼,非礼不决;君臣上下,父子兄弟,非礼不定;宦学事师,非礼不亲;
班朝治军,莅官行法,非礼威严不行;祷祠祭祀,供给鬼神,非礼不诚不庄。"
(《礼记·曲礼》)即民有丰歉不均者,亦当以礼"盛不足"而"节有余"(《白虎
通·礼乐》)。故康成云:"礼者,序尊卑之制,崇敬让之节也。"(《六艺论》)序
尊卑,崇敬让,则社会安,万民和,故云"礼,所以谐和"也(《周礼·天官·太
宰》疏)。民有侈其性张其欲伪其情者,则以五为之防,以礼"所以节正民之侈
伪也,使其行得中"也(郑玄《周礼·大司徒》注)。"为政在人,政由礼也"(郑
玄《礼记·中庸》注),"为政以德"(《论语·为政》),"为政以礼"(《诗·卫
风·芄兰》序),故礼者,是"国之纪也"(《国语·晋语四》)、"国之干也"(《左
传·僖公十一年》);是"政之本"也(《大戴礼记·哀公问孔子》)、"政之舆也"
(《左传·襄公二十一年》)、"政之挽也"(《荀子·礼论》)。《左传》云"礼,王
之大经也"(《左传·昭公十五年》),"礼,所以守其国,行其政令,无失其民者
也"(《左传·昭公五年》),"所以整民也"(《左传·庄公二十三年》),亦"所

以御民也"(《说苑·修文》)、"所以恤下也",亦"所以固国家,定社稷,使君无失其民者也"(以上《新书·礼》)。"为国者一朝失礼,则荒乱及之矣"(《汉书·礼乐志》),其不偾者未之有也。

是以七十子传夫子礼说为《礼三本》《礼察》,荀卿撰《礼论》,太史公著《礼书》,后之史书因之,殆欲以礼观治乱兴废也。夫"以旧礼无用而去之者,必有乱患"(《大戴礼记·礼察》),是"礼者,所以兴福祥之本,而止祸乱之源也。人能枉欲从礼者,则福归之;顺情废礼者,则祸归之:推祸福之所应,知兴废之所由来也"(《后汉书·荀爽传》)。

由是言之,凡夫六合之内,皆当以礼序之,以"礼之大体,体天地,法四时,则阴阳,顺人情"也(《礼记·丧服四制》),故"天地位,日月明,四时序,阴阳和,风雨节,群品滋茂,万物宰制,君臣朝廷尊卑贵贱有序,咸谓之礼"也(张守节《史记·礼书》正义)。天地,生之本;先祖,类之本;君师,治之本。"故礼上事天,下事地,宗事先祖而宠君师,是礼之三本也。"(《大戴礼记·礼三本》)

夫礼之义所以充塞宇内而可行之永恒者,以其缘人情而设也。"礼者,理也"(《礼记·仲尼燕居》),"理之不可易者也"(《礼记·乐记》)。理之不可易,则情之不能已,情之不能已,则人之不可离也。其义亘古今充东西而不能废,行天地运日月而不可无,唯人类永存,则礼亦当永存!猗欤伟哉,"礼者,天之经也,地之义也,民之行也"(《左传·昭公二十五年》)。

然则礼又非一成而不变、刻舟以求剑者,其尤须适时应势,因革改易。《曲礼》云"礼从宜",康成曰:"事不可常也。"夫子深于礼,笃于行,依礼循礼,说礼传礼,然每临事制宜,与时偕行,孟子所以许为"圣之时"者也。孔冲远云:"其所践履,当识时要,故礼所以顺时事也。"(《左传·成公十六年》疏)其谁曰不然哉?放眼古今,历数兴废,"任己而不师古,秦氏以之致亡;师古而不适用,王莽所以身灭"(《宋书·礼制一》)。古往今来,墨守故常,其不殆者未之有也。

知礼之义盈溢于天地宇宙之内,知礼之仪弥贯于日用伦常之间,而后可悟"礼仪三百,威仪三千,待其人而后行"之礼"优优大哉"(《礼记·中庸》)。夫礼仪三百者,《周官》也;威仪三千者,《仪礼》也。《仪礼》之礼与仪,溯自姬周,握钤公旦,百官述之演之;损益夏商,两周施之行之。逮及王官失守,夫子独任其重,传其礼更说其义,七十子后学书诸绅,礼之仪及义幸未坠失。汉兴,高堂生说解士礼,萧奋、孟卿继之;后仓(苍)曲台著记,大、小戴及闻人、庆普传之,礼学之辉光由是日新日隆。德、圣传礼,兼采古记,以辅讲疏,七十子传记得以不废。其后充、褒作传,融、植表微,蔚成《礼记》之学。子骏校书,抉发《周官》;子春承教,张大其学。中经郑、贾父子推衍阐发,不绝如缕。及康成遍注三经,并撰目录,三礼之名由是奠定。

三姓鼎立,以启郑王之争;异同合评,衍及两晋更替。方是时也,南北对峙,礼成正统之帜;华夷杂糅,礼为融和之剂。品秩铨叙,等级差次,政权之稳固,社会之安定,皆一系于礼。是故朝廷重三礼之教,民间有学馆之设,朝野相应,礼学勃兴。学者趁势纂礼例,勾书法,释名物,解语词,树新说,标独见。若《丧服》一篇,正例特例,问答辩难,尤为激烈。若辨南北异同,南朝恒自立新义,北朝多笃守郑注。既承汉宣章句之分析,复融佛学科判之程序,登台宣讲,退室疏记,义疏正义之体因以成焉。若时之雷次宗、庾蔚之、何胤、贺玚、皇侃、刘芳、崔灵恩、熊安生者,皆礼学翘楚,播当时之声誉,遗后世之学说。

六朝分裂三百年,江南、河北之本,文字每多歧出,异说更呈纷纭。隋唐收拾金瓯,安息域内,纲纪重振,政教并宣,网罗英杰,取径经典,面对文字纷乱、义疏异说之本,自所不容。逮孔贾疏出,维护郑说,一反南朝领新标异之风,渐成李唐经说一统之学。天水一朝,学者多耽玩古物,因嗜古而求实,因求实而疑经,因疑经而校文,因校文而序次章节,是以《考工》之已亡未亡,《周官》之是旦非旦,《大学》之经前传后,征文考献,断断以求,兼以版刻之兴,引发校勘之学。唯朱文公《仪礼经传通解》一书,序次经文,包容注疏,最得孔门师弟问答之微旨,已启秦氏通考五礼之钤键。元明步赵宋余绪,或从或违,推波助澜。而幼清移易《礼记》,重加编纂,伯鲁继之,别开生面。

有清熔十七朝之学术,开三六行之纪元。诸凡三礼之作者纂人、成书年代,经文之辞例、句读、礼例、文字、训诂、声韵、典制、名物,汉学之文本、宋学之义理、注疏之异同、礼图之沿革、版本之校勘,无不潜研深考,每能发皇张大。其所以然者,岂不以礼学之重,关涉修齐治平之切者乎?

然西风东渐,概论通史因之兴作百有余年,诸凡专史通论无虑成百上千,今犹方兴未艾,却竟无一种三礼通史。夷究厥因,盖以兹事体大,斯学尤难也。

然较以礼学之重与修齐治平之切者,岂可任之以缺而不以为憾者乎?昔刘善泽著《三礼注汉制疏证》、钱小云撰《三礼通论》,虽兼论三礼,犹未成"史"。予以世纪之交访台,适逢《宋代三礼学研究》出,亟购以读。嗣见《清初三礼学》,近年又获睹《二十世纪中国三礼学史》,虽亟可欣怿,然皆断代,不无憾焉。予友丁鼎教授,莱西奇士也,立身怀涅而不缁之行,治学下坚韧笃实之功,深研古礼,融会儒学。昔著《丧服》考论,继刊《〈三礼图〉校释》。岁在己丑,其《三礼学通史》获国家社科基金立项,予受邀参与开题,深感其发愿之弘,立志之坚,为学术欣,更为礼学幸。嗣后邀约邓声国、郭善兵、张帅、潘斌、林素英、夏微、马金亮诸君,搜讨古今,披览典献,通力协作,各擅其长。凡兹俊髦,皆亲炙名师,各有专著,诚予之畏友,而时之礼学专家也。若台师大林教授素英者,潜研数十年,礼论十余部,尤礼学之翘楚。诸君砺剑适当十年,列目几近八百,行文已逾百万。虽曰统叙历代三礼学之概况,而诸凡礼书之起源,礼学之发生,礼义之辨证,礼节之隆杀,礼仪之繁简,礼说之分疏,礼文之异同,礼例之概括,可谓无所不包。信是一编在手,二千年之礼学递嬗盛衰历历如示诸掌矣。予于礼书之文字声韵训诂,秦汉经师礼学文本之传授偶有思索,于文字艰涩、仪节綦繁之三礼学则未尝用功。终策三余惕励之勤,难免光驹向若之叹。猥承丁鼎兄屡赐嘉命,三辞不获,星转斗移,运思含毫,犹迟迟未敢下笔,而兄之文稿又复三易矣。今以梓行在即,谨掇拾古来礼家论礼嘉言,辑缀成篇,聊当喤引。既求教于丁鼎兄及执笔诸君,亦祈世之博雅卓识、敏锐果敢者阐幽扶微。光大礼学,是岂周公仲尼礼学之幸,抑亦吾中华民族国家之幸也!

二〇一九年五月草于台湾

八月一日定稿于上海榆枋斋

上　　卷

绪　　论

第一节　"礼"与中国传统文化

一、"礼"是中国传统文化的特质与表征

中国传统文化是中华民族几千年文明演化而积淀形成的一种能够体现中华民族文明特质和精神风貌的民族文化,是中华民族历史上各种思想文化、观念形态的结晶和总汇。从外延上说,中国传统文化包含了历史上形成的对中国历史和文化的走向有着重大影响的许多文化形态,如儒家文化、道家文化、佛教文化等。从内涵上说,中国传统文化的核心内容就是以儒家思想学说为主要代表的、广泛影响中华民族精神和发展走向的主流观念和价值取向。

"礼"是中国古代伟大的教育家、思想家孔子所创立的儒家思想体系的核心价值观念。在儒家思想体系中,"礼"是指规范制约社会人生各方面的典章制度和行为准则以及与之相适应的思想观念或道德理性。

今天人们往往只把"礼"看作是日常生活中文明行为的规范,亦即日常生活中待人接物的礼节或规矩。这样理解中国古代的"礼"不够全面,过于狭隘。实际上,中国古代的"礼"不仅包含日常生活中待人接物的礼节或规矩,还包括我国古代社会生活中各个领域的制度和规范,甚至还包容与这些制度和规范相适应的思想观念。也就是说,"礼"包括一切个人行为规范、社会制度以及与这些规范和制度相适应的思想观念。

"礼"是中华文明特有的文化概念或范畴。在西方语言中找不到与"礼"对应的同义词,也就是说,在西方文化中找不到与"礼"相对应的概念。所以,

在翻译中文的"礼"时,或将其译为英文的 etiquette(礼节),或将其译为英文的 ceremony(礼仪、礼节),或将其译为英文词组 rites and regulations(典礼、传统习惯和规则)。上述各种翻译均只揭示了"礼"的部分内涵,而难以全面、完整、准确地表述"礼"的确切含义。这也从一个侧面说明"礼"确实是中国传统文化有别于西方文化的特质,所以可以说中国传统文化的特征或表征就是"礼"。

二、"礼"的内涵和基本精神

儒学是一种关于社会伦理的学说,它是探讨社会中各个阶级、各个阶层如何协调各种人际关系和平共处的学问。孔子对周公"制礼作乐"后形成的传统礼乐文化进行了提炼和改造,使"礼"成为儒家学说的核心范畴。这一范畴具有广泛的外延和丰富的内涵。从其内涵上说,在儒家思想学说中,"礼"既是一种社会政治理想,又是一种伦理道德规范。它通过对人们思想行为的引导、制约和规范来维护社会的安定和发展。"礼"是中国传统伦理思想道德规范体系的逻辑起点与核心观念。

《礼记·儒行》云:"礼之以和为贵。"《论语·学而》云:"礼之用,和为贵。"高度概括了"礼"的根本精神。可以说这种"贵和"的道德价值取向是中华民族精神最为宝贵的文化基因。"礼"的基本精神就是"和""和谐"。而"和谐"体现的就是人与自然、人与社会及人与人之间的共生、共处、共荣的精神。所以"礼"的终极目标就是引导社会各个阶层有着各种不同价值诉求的人们按照"礼"的规范和模式来处理和协调人与人、人与社会、人与自然的关系,从而使社会各阶级、各阶层的人们化解各种矛盾,和谐共处于一个社会大家庭之中。

三、"礼"是中国传统文化的核心

孔子最重要的历史贡献之一就是创建以"礼"为核心的社会政治学说和伦理道德学说。因此,我们认为"礼"是孔子思想的核心价值观念。

"礼"既是孔子思想的核心内容,也是孔子思想的最高范畴。孔子在《论语》中反复强调"礼"对于一个人在社会上安身立命的重要性。《论语·季氏》

篇记载孔子曾教育儿子孔鲤说:"不学礼无以立。"《论语·尧曰》篇还记载孔子谆谆告诫弟子们说:"不知礼无以立也。"在孔子看来,"礼"是人生在世的根本,不学礼、不知礼就难以在世上安身立命。由此可见,"礼"在孔子思想体系中的重要地位。

孔子所整理传承下来的儒家六经是儒家思想学说的主要载体。我国古代学术界普遍认为"礼"是儒家六经中的核心思想。《诗》《书》《礼》《乐》《易》《春秋》六部儒家经典无不渗透着浓重的"礼"学内容。如班固《汉书·礼乐志》明确指出:"六经之道同归,而礼、乐之用为急。治身者斯须忘礼,则暴嫚入之矣;为国者一朝失礼,则荒乱及之矣。"①这是说六经之道皆以礼、乐为旨归,修身治国都离不开礼。

清末今文经学家皮锡瑞在《经学通论·三礼》中指出:"六经之文,皆有礼在其中。六经之义,亦以礼为尤重。于何征之? 于《经解》一篇征之。《经解》首节即泛言六经,其后乃专归重于礼。"②清末民初古文经学家曹元弼《礼经学》卷四《会通》中也说:"六经同归,其指(旨)在礼。《易》之象,《书》之政,皆礼也。……盖圣人之道,一礼而已。三代之学皆所以明人伦。六艺殊科,礼为之体。……礼之义诚深矣,尽六经之文无一不与相表里。"③

由此可见,清代无论是古文经学还是今文经学都认为儒家六经的宗旨就是"礼"! 从而可以认为儒家经典文献中一以贯之的核心内容就是"礼"。儒家礼学思想的最主要的载体就是"三礼",就是《周礼》《仪礼》《礼记》三部经典。既然孔子整理传承下来的六经的核心思想是"礼",那么我们就有理由说孔子思想的核心是"礼",中国传统文化的核心也是"礼"。

但是,孔子思想的核心到底是不是"礼"? 从 20 世纪初,我国学术界一直有不同的认识。对于这个问题,人们一直争论不休,智者见智,仁者见仁,迄今尚无定论。总的说来,学术界从 20 世纪初以来对于孔子思想体系核心的认识,主要可以分为三大派:第一派认为孔子思想体系的核心是"礼",以陈独秀

---

① (汉)班固:《汉书》卷二二,中华书局 1962 年版,第 1027 页。

② (清)皮锡瑞:《经学通论》,中华书局 1982 年版,第 81 页。

③ (清)曹元弼:《礼经学》卷四,载《续修四库全书》第 94 册,上海古籍出版社 2002 年版,第 713 页。

和蔡尚思等为代表。陈独秀认为:"孔教之精华曰礼教,为吾国伦理政治之根本。"①蔡尚思说:"维护周礼是孔子政治活动和思想学说的出发点与归宿。因此,在孔子整个思想体系中,主要的、起决定作用的是礼而不是其他。"②他还说:"孔子以礼为核心的思想体系,不是任何的空话所能曲解的。"③第二派认为孔子思想体系的核心是"仁",以牟宗三、匡亚明、金景芳等为代表。牟宗三认为:"若以《论语》为准,衡之孔子之真精神乃在仁,仁是其真生命之所在,是其生命之大宗。"④匡亚明认为:"仁是礼的内在的主导因素,是孔子思想体系的核心。"⑤金景芳则认为:"礼在孔子的思想中,虽然不能说是核心,但它与核心的仁有密切关系。"⑥金景芳又说:"孔子还特别重视'礼',实际上礼是从仁义派生出来的。"⑦第三派以刘蔚华、王世明等为代表,他们认为孔子思想体系的核心是"仁礼双元统一结构"⑧,亦即认为"孔子的思想体系是一个(仁礼)二位一体的结构,在仁和礼中,无法把任何一个选为孔子思想体系的核心"⑨。第三种观点兴起较晚,是对孔子思想"仁""礼"两种核心说的折中与调和。

值得注意的是,20 世纪认为孔子思想体系的核心是"礼"者,基本上都是反孔派或批孔派;而认为孔子思想体系的核心是"仁"者,基本上都是尊孔派。为什么会出现这种认识分歧呢? 蔡尚思注意到这一分歧,他认为:"古代崇拜儒家孔子者,都公开宣传礼学与孔子的密切关系;到了近现代,传入西方的民主主义、社会主义等思想后,崇拜儒家孔子者便多避而不谈孔子的礼学,甚至宣传孔子反对三纲、孔子主张臣权、孔子主张女权等等。这是古今崇拜儒家孔子者的一个异点。"⑩蔡尚思对古今尊孔者对孔子与"礼"的关系的不同态度所作的分析是很有道理的。至于 20 世纪初以来尊孔派与反孔派对于孔子与"礼"

① 陈独秀:《宪法与孔教》,载《独秀文存》,上海亚东图书馆 1922 年版,第 110 页。
② 蔡尚思:《孔子思想体系》,上海人民出版社 1982 年版,第 238—243 页。
③ 蔡尚思:《中国礼教思想史》,上海古籍出版社 2006 年版,第 14—22 页。
④ 牟宗三:《心体与性体》上册,上海古籍出版社 1999 年版,第 186 页。
⑤ 匡亚明:《孔子评传》,齐鲁书社 1985 年版,第 192 页。
⑥ 金景芳:《谈礼》,《传统文化与现代化》1997 年第 1 期。
⑦ 金景芳:《论孔子思想的两个核心》,《历史研究》1990 年第 5 期。
⑧ 刘蔚华:《儒学,传统文化与现代文明》,《孔子研究》1998 年第 3 期。
⑨ 王世明:《孔子伦理思想发微》,齐鲁书社 2004 年版,第 15 页。
⑩ 蔡尚思:《中国礼教思想史》,上海古籍出版社 2006 年版,第 22 页。

的关系的认识,也与时代文化背景有着密切关系。这主要是由 20 世纪初以来形成的一浪又一浪的社会革命和文化革命形势影响下形成的对"礼"的认识偏差所致。新文化运动时期,许多主张社会革命和文化革命的思想家和学者普遍认为,中国数千年的封建社会的种种罪恶都是导源于封建"礼教",而"礼教"的基石就是孔子所创立的儒家学说,于是一些主张社会革命和文化革命的学者便普遍认为孔子的核心思想就是"礼",孔子及其所倡导的"礼"是落后的、反动的,都在应该受到批判和反对之列。而一些尊孔派,尤其是当代新儒家的一些学者,由于意识到难以否认封建"礼教"中确实存在着许多消极、落后、反动的内容,又难以完全否认孔子与"礼教"的关系,因而便设法从孔子思想中挖掘、提炼出"仁"这一范畴,作为孔子思想体系的核心,而否认"礼"是孔子思想的核心。因为"仁"虽然在"以阶级斗争为纲"的年代常受到"阶级调和论"和"资产阶级人性论"的指责,但无论如何,谁也难以否认"仁爱"精神在历史上的进步性,谁也难以否认在儒学的"仁"范畴中蕴含着丰富的人道主义和民本主义精神,于是 20 世纪的尊孔派基本上都主张孔子思想体系的核心是"仁",而不是"礼"。

那么,孔子思想体系的核心究竟是"礼",还是"仁"或"礼仁双元统一结构"呢?我们认为虽然"仁"在孔子的思想体系中也占有非常重要的地位,但"礼"在孔子思想体系或儒家学说中似乎占有更核心更重要的地位。不过,在此需要说明如下两点:

第一,我们虽然赞同孔子思想体系的核心是"礼"的说法,但绝非站在反孔或批孔的立场上提出这一命题。我们认为,孔子是中国古代最伟大的思想家。在中国古代文化史上,孔子是一位承前启后、继往开来的"集大成"式的伟大思想家。他以其闪耀着人文精神的思想学说和高尚的人格对中国历史的发展走向产生了重大的影响,无疑应该受到我们的敬仰和尊崇。

第二,我们应该充分认识到孔子所倡导的"礼"文化中蕴含着许多普适价值的内容,如"和为贵"的思想、"仁爱"的精神以及"温、良、恭、俭、让"的处世态度和风格等都具有超越时空的社会价值。

同时我们还应充分认识到,传统"礼"文化中确实存在着一些过时的、消极的、落后的,乃至反动的内容,但这些过时的、消极的、落后的、反动的内容中有许多并非完全是孔子所倡导的"礼"文化中所固有的,而有相当一部分是后世极端专制王权时代增益附加的。比如汉代以后确立的"三纲五常"学说，虽然与孔子所倡导的"君君、臣臣，父父、子子"有内在联系，但孔子在《论语》中所倡导的"君君、臣臣，父父、子子"对君臣、父子双方的要求是相对应的，即要求双方都要依"礼"行事，君要像君，臣要像臣；父要像父，子要像子。而汉代以后所确立的"三纲五常"则强调君、父的绝对权威，以君臣关系而言就是"天王圣明，臣罪当诛"①，无论是非，"君要臣死，臣不得不死"。但在原始儒家的思想观念中却不是这样的。如《论语·八佾》记载："定公问：'君使臣，臣事君，如之何？'孔子对曰：'君使臣以礼，臣事君以忠。'"这里强调的是君臣之间对等的以"礼"行事的相互关系，而不是只强调"臣忠"。

又如孔子的再传弟子孟子在见齐宣王时，齐宣王问曰："汤放桀，武王伐纣，有诸？"孟子对曰："于传有之。"曰："臣弑其君可乎？"曰："贼仁者谓之贼，贼义者谓之残；残贼之人，谓之一夫。闻诛一夫纣矣。未闻弑君也。"（《孟子·梁惠王下》）可见，孔孟的思想与后世的"礼教"并不能简单地画等号，因此不能简单地将后世"礼教"中一些过时、消极、落后的内容完全归咎于先秦儒家学派的代表人物孔子、孟子等人。

现在我们再回过头来分析一下孔子思想体系的核心究竟是"礼"还是"仁"这个问题。通过考察、分析《论语》中孔子有关"礼"与"仁"的论述和认识，我们认为在孔子的思想体系中，"礼"是孔子政治思想和社会伦理思想的出发点和归宿点。在孔子的思想体系中"礼"处于比"仁"更核心的位置。如《论语·颜渊》记载："颜渊问仁。子曰：'克己复礼为仁。一日克己复礼，天下归仁焉。'"对于孔子所说的"克己复礼"，人们有多种解释和理解，我们认为，所谓"克己复礼"就是按照"礼"的标准和要求来约束和规范自己的行为。由此可见，在孔子看来，"礼"是"仁"的内在根本和要求，也是儒家修身齐家治国平天下思想的目的和归宿。孔子的政治思想和社会伦理思想都是由"礼"一以贯之的，其整个政治思想和社会伦理思想都是以"礼"为内在依据和终极目标。

虽然在孔子的思想体系中，"仁"与"礼"均占有非常重要的地位，但在孔

---

① （唐）韩愈撰、（宋）魏仲举集注《五百家注韩昌黎文集》卷一《拘幽操》（文王羑里作）云："臣罪当诛兮，天王圣明。"载文渊阁《四库全书》第1074册，上海古籍出版社1987年影印版，第23页。

子的弟子或再传弟子所撰的《礼记》看来，"礼"似乎是高于"仁"的。如《礼记·礼运》载孔子答子游曰："何谓人情？喜、怒、哀、惧、爱、恶、欲，七者弗学而能。何谓人义？父慈、子孝、兄良、弟弟、夫义、妇听、长惠、幼顺、君仁、臣忠，十者谓之人义。讲信修睦，谓之人利。争夺相杀，谓之人患。故圣人所以治人七情，修十义，讲信修睦，尚辞让，去争夺，舍礼何以治之？"在这里孔子认为"七情"和包括"仁"在内的"十义"都统摄于"礼"之下，"七情"的治理和"十义"的修养都需要依靠"礼"，离开了"礼"则将一事无成！虽然《礼记·礼运》篇的这段文字未必出于孔子之口，有可能出于孔子后学的伪托，但将其看作春秋战国时期儒家学派的思想观点当无问题。据此可知，在先秦儒家思想体系中"礼"确处于较"仁"更重要的地位。又如《礼记·曲礼》云："道德仁义，非礼不成；教训正俗，非礼不备；分争辩讼，非礼不决；君臣上下，父子兄弟，非礼不定；宦学事师，非礼不亲；班朝治军，莅官行法，非礼威严不行；祷祠祭祀，供给鬼神，非礼不诚不庄。"由此可见，"礼"不仅是调整一切社会关系的根本准则，而且连"仁"也是以"礼"为依据的。

在以《礼记》的作者为代表的先秦儒家看来，"礼"是天地间一切事物的关系和秩序的规范和准则。如《礼记·乐记》说："礼者，天地之序也。"这就从形而上的高度论证了"礼"的至高无上的地位，也就是说，"礼"在儒家学说中是与天道一样具有形而上的本体地位的，因此，将孔子思想体系的核心概括为"礼"当是符合历史实际的。

关于"礼"与"仁"二者在儒家思想体系中的地位和关系，宋代理学家李觏在《礼论一》中作出了很明确的论述："或问圣人之言礼，奚如是之大也？曰：'夫礼人道之准，世教之主也，圣人之所以治天下国家、修身正心无他，一于礼而已矣。'曰：'尝闻之礼乐刑政天下之大法也，仁义礼智信天下之至行也。八者并用，传之者久矣。而吾子一本于礼，无乃不可乎？'曰：'是皆礼也！……曰乐，曰政，曰刑，礼之支也。而刑者又政之属矣。曰仁，曰义，曰智，曰信，礼之别名也。是七者盖皆礼矣。'"[①]显然，在李觏看来，乐、政、刑是礼的分支，而

① （宋）李觏：《礼论七篇》，《盱江集》卷二，载文渊阁《四库全书》第1095册，上海古籍出版社1987年影印版，第18—19页。

仁、义、智、信是"礼"的别名。"礼"能涵盖乐、政、刑和仁、义、智、信。也可以说"礼"是可以统摄包括"仁"在内的其他思想、政治观念的根本范畴。显然，在儒家思想体系中，只有"礼"这一范畴才具有这样的地位。"礼"是儒家经典文献中一以贯之的核心内容。

程朱理学虽然将"理"看作世界万物的本原，是天命心性的本体，但他们普遍认为"礼"就是"理"。他们不仅看重礼在培养道德情感及维护社会秩序方面的规范作用，将道德修养视为践礼的重要途径之一，而且把孔孟所倡导的礼义道德看作理学最根本的理论目标。正如崔大华所指出的那样："对儒家所主张的伦理制度道德规范的永恒性、合理性及其实践过程中应有充分自觉性的论证，是理学最根本、最终的理论目标，理学的全部论题都直接或间接地支撑着这一目标，然而直接显示此目标的命题却是——'礼即理'……这一命题及其论证，使儒家伦理观念在理学中获得了丰富的本体性内涵。"[1]

虽然宋儒普遍关注礼与理的关系，但对于礼与理的关系问题的讨论并非肇始于宋代，早在先秦时期，就有儒家学者提出了"礼也者，理也"这样一个命题，如《礼记·仲尼燕居》记载孔子曰："礼也者，理也。乐也者，节也。君子无理不动，无节不作。不能诗，于礼缪；不能乐，于礼素；薄于德，于礼虚。"《礼记·乐记》曰："礼也者，理之不可易者也。乐统同，礼辨异，礼乐之说，管乎人情矣。穷本知变，乐之情也；著诚去伪，礼之经也。礼乐偩天地之情，达神明之德，降兴上下之神，而凝是精粗之体，领父子君臣之节。是故，大人举礼乐，则天地将为昭焉。"

先秦儒家还将礼的起源归为大（太）一或者天。如《礼记·礼运》曰："是故夫礼，必本于大一，分而为天地，转而为阴阳，变而为四时，列而为鬼神。其降曰命，其官于天也。夫礼必本于天，动而之地，列而之事，变而从时，协于分艺。其居人也曰养，其行之以货、力、辞让、饮、食、冠、昏、丧、祭、射、御、朝、聘。"

需要注意的是，对于《礼记·乐记》中所谓的"礼也者，理之不可易者也"，

---

[1]　崔大华：《儒学引论》，人民出版社2001年版，第602页。

郑玄注曰："理,犹事也。"①而对于《礼记·仲尼燕居》中所谓的"礼也者,理也",孔颖达疏曰："言礼者,使万事合于道理也。……君子无理不动,无节不作者,言古之君子若无礼之道理不妄与动。"②可见郑玄、孔颖达都将理释为事、道理。据此可知,《礼记》中虽然礼、理并举,但其所谓的"理"还不是哲学本体论意义的范畴,与宋明理学中具有本体意义高度的"理"还有着本质区别。

二程是宋明理学的主要奠基人,他们对宋明理学的主要贡献就是在《礼记》"礼即理"的命题基础之上建立起以天理为最高范畴的"理学"。天理说是二程对传统儒学的创新性发展。程颢自谓："我学虽有所受,天理二字却是自家体贴出来。"③二程认为世界的本原是"理",也叫作"道",也叫作"天理"。程颢提出"天者理也"的命题(《遗书》十一)。所谓"天",指最高本体,认为"天即理",就是认为"理"是最高本体。

在二程的理学体系中,"理"是最高本体,而"礼"则是与"理"相通的。程颢曰："礼者,理也,文也。理者,实也,本也。文者,华也,末也。"④在程颢看来,"礼"的根本就是"理",同时"礼"也是理之文,也就是理的体现。与此相应,二程还将儒家倡导的礼义道德、伦理纲常纳入了"理"的范畴之中。程颢说："为君尽君道,为臣尽臣道,过此则无理。"(《遗书》五)"父子君臣,天下之定理"(《遗书》五)。程颐则说："视听言动,非理不为,即是礼,礼即是理也。不是天理,便是私欲。"⑤

朱熹继承并发展了二程的理学思想。他以理为统摄世间万物的最高哲学范畴并建构起庞大的哲学体系,他认为理是世间万物客观性、至高性的化身,"太极只是天地万物之理。在天地言,则天地中有太极;在万物言,则万物中各有太极。未有天地之先,毕竟是先有此理。动而生阳,亦只是理;静而生阴,

---

① (唐)孔颖达:《礼记正义》卷三八《乐记》,载《十三经注疏》,中华书局1980年影印版,第1537页。
② (唐)孔颖达:《礼记正义》卷五〇《哀公问》,载《十三经注疏》,中华书局1980年影印版,第1614页。
③ (宋)程颢、程颐:《河南程氏外书》卷一二,载《二程集》,中华书局1981年版,第424页。
④ (宋)程颢、程颐:《河南二程遗书》卷一一,载《二程集》,中华书局1981年版,第125页。
⑤ (宋)程颢、程颐:《河南二程遗书》卷一五,载《二程集》,中华书局1981年版,第144页。

亦只是理。"①不仅如此,朱熹还在周敦颐、张载、二程等学者援理入礼理路的启发影响下,将研究视角由理学转向人类社会,他认为人世间的道德伦常、礼乐政刑都是天理。他说:

> 礼是那天地自然之理。理会得时,繁文末节皆在其中。"礼仪三百,威仪三千",却只是这个道理。千条万绪,贯通来只是一个道理。夫子所以说"吾道一以贯之",曾子曰"忠恕而已矣",是也。盖为道理出来处,只是一源。散见事物,都是一个物事做出底。一草一木,与他夏葛冬裘,渴饮饥食,君臣父子,礼乐器数,都是天理流行。活泼泼地,那一件不是天理中出来!见得透彻后,都是天理。②

朱熹还认为:

> 三纲五常,礼之大体,三代相继,皆因之而不能变,其所损益,不过文章制度小过不及之间。③

在朱熹的理学体系中,礼既是形上的天地自然之理,又是有形有迹、看得见摸得着的形下的人间社会。礼本于理,礼就是理。这样朱熹之礼顺理成章地上升到宇宙本体的高度并理学化,从而推论出儒家的伦理道德在本质上具有永恒的本体性质。

综上所述,可知程朱理学把理(天理)看作宇宙最高本体,同时以理解礼,将以"礼"为代表的儒家道德价值体系抽象为天理之应然,对最直接体现儒学治世观的礼学也做出相应调整,最突出的特点是将理学的概念融入礼学诠释中,在肯定礼制的同时力倡理学化思想体系的建构,奉行以理解经、以理解礼的原则并推动礼学朝着形上性、义理性、思辨性风格的转变。在程朱理学体系中理是统摄宇宙自然与人类社会生活之上的一切道德法则、人伦纲常的终极本体,理在人世社会的化身与代理就是礼。

前已述及,宋代学者李觏在《礼论一》中认为仁、义、智、信是"礼"的别名。"礼"是能够涵盖仁、义、智、信的根本范畴。

---

① (宋)黎靖德编:《朱子语类》卷一《理气上》,中华书局 1986 年版,第 1 页。
② (宋)黎靖德编:《朱子语类》卷四一《论语》,中华书局 1986 年版,第 1049 页。
③ (宋)朱熹:《四书章句集注》,中华书局 1983 年版,第 59 页。

二程认为"礼"是孔门之教中最重要的核心价值观念。《论语·子罕》载："颜渊喟然叹曰：'仰之弥高，钻之弥坚，瞻之在前，忽焉在后。夫子循循然善诱人，博我以文，约我以礼。'"朱熹《论语集注》引："程子曰：'此颜子称圣人最切当处也，圣人教人，唯此二事而已。'"①

程子在这里将"礼"与"文"看作孔门之教中最重要的两件事，但并未提到"仁"。似乎可以据此推断在程子的心目中，孔子的思想体系中或教学体系中"礼"的地位是高于"仁"的。

朱熹虽然非常推崇二程，但他对"礼""仁"关系的理解却与二程有所不同。他一方面认为"礼"与"仁"是一回事："一于礼之谓仁。只是仁在内，为人欲所蔽，如一重膜遮了。克去己私，复礼乃见仁。仁、礼非是二物。"②可见，在朱熹看来"仁"与"礼"不是二事，是一体两面。另一方面他又非常强调"礼"在孔门之教中的重要性：

> 固是克了己便是理。然亦有但知克己而不能复于礼，故圣人对说在这里。却不知道"克己为仁须著个'复礼'，庶几不失其则。……若是佛家，尽有能克己者，虽谓之无己私可也，然却不曾复得礼也。圣人之教，所以以复礼为主"。③

朱熹在这里强调"圣人之教，所以以复礼为主"，与前述程子把"礼"看作"圣人教人"最重要的二事有异曲同工之妙，实际上也体现了朱熹对"礼"在儒家思想体系中核心地位的认同。

关于孔子思想体系中"礼"与"仁"之间的关系，清初学者王夫之在《周易外传》中说："礼者，仁之实也。"④

现代学者柳诒徵在《中国文化史》中说："周之文化，以礼为渊海，集前古之大成，开后来之政教。其著于典籍者，虽经秦火，所存犹夥。"⑤充分说明了"礼"在周代文化及后世中国文化中的重要地位。

---

① （宋）朱熹：《四书章句集注》，中华书局1983年版，第111—112页。
② （宋）黎靖德编：《朱子语类》卷四一《论语》，中华书局1986年版，第1043页。
③ （宋）黎靖德编：《朱子语类》卷四一《论语》，中华书局1986年版，第1045页。
④ （清）王夫之：《周易外传》卷二《贲》，中华书局1977年版，第51页。
⑤ 柳诒徵：《中国文化史》，东方出版社2008年版，第118页。

综上所述,我们可以推出这样的结论:既然可以论定孔子的思想体系的核心是"礼",而孔子所创立的儒家学说是中国传统文化的主干或主体,那么就可以说"礼"就是中国传统文化的核心。正如国学大师钱穆所指出:"中国的核心思想就是'礼'。"①历史上,汉儒所总结概括的"三纲五常",魏晋玄学所探讨的"名教",以及宋明理学中"形上化"的天理,其实都是"礼"这一范畴在不同历史时期的不同表现形态,或者说是不同历史时期的儒家学者对"礼"的不同认识和不同的命名。

四、"礼"与中国古代政治及中华民族精神

中国数千年历史所积淀的传统文化的核心内容就是"礼",中国古代政治基本上就是以"礼"为基础的政治。"礼"与中国古代政治理念、政治行为和政治制度都有着密不可分的联系。

"礼"是中国古人将在日常生活中积累形成的各种规范制度化,并借助制度的力量进一步确认、强化和维护社会等级秩序。礼的宗旨就是通过对人们的衣饰器物、周旋揖让的许多仪节作出具体详细规定,使每个人都培养起自己的社会角色意识。人们在接受"礼"的约束、践行"礼"的要求的过程中,逐步培养形成循礼守制的风习,并在思想中认同和接受"礼"的要求和约束,最终形成守礼、行礼的自觉意识和以礼自律的能力,进而使每个社会成员都在"礼"的规范下各就其位,各安其分,各得其所,进而实现社会秩序的和谐稳定。

礼乐文化对古代中国职官制度也有着重大影响。据《周礼》记载,西周时,中央政府系由天官冢宰、地官司徒、春官宗伯、夏官司马、秋官司寇、冬官司空及其各自下属职官组成。春秋之世,礼坏乐崩,若干遵守周礼的诸侯国,尚有上述若干职官的设置。如孔子曾担任过鲁国的司寇,职掌刑法。然而,受周文化影响较为微弱的秦国最终统一全国,其中央职官体系,改由丞相、太尉、御史大夫为首组成,与周礼迥然有异。西汉初、中期中央职官的设置,大体沿袭秦制。汉武帝实行"罢黜百家,独尊儒术"政策后,儒家思想在政治、经济、学

---

① [美]邓尔麟:《钱穆与七房桥世界》,蓝桦译,社会科学文献出版社 1995 年版,第 8 页。

术、社会生活等领域中的主导地位逐渐确立。儒家礼书记载的周制备受推崇，也日益受到统治者的青睐。西汉后期，最终取消了丞相、太尉、御史大夫等秦制职官名称，代之以（大）司徒、（大）司马、（大）司空等周制职官名称。秦制为儒家礼书记载的周制所替代。以后历代中央政府职官虽多有变更，但都或多或少受到礼书记载的周制的影响。

中国古代"礼"文化与法制也有密切的关系。"法（刑）"源于"礼"，是从"礼"中衍生出来的，故《管子·枢言》云："法出于礼。"①礼被赋予了强制力便是法。"礼"是一种社会道德教化工具，"法"是一种事后的惩罚措施。正如《大戴礼记·礼察》所说："礼者禁于将然之前，而法者禁于已然之后。"②礼和法都是人们的行为规范，礼依靠道德教化的方式引导人们别贵贱、序尊卑；而法则依靠强制力使人们共同遵守礼的有关规范，从而达到社会安定有序的目的。礼与法虽然存在差异，但它们都在各自的领域内发挥着自己维持社会秩序的作用。礼主要借助于舆论说教和烦琐的仪节，在潜移默化中，发挥道德教化作用。而法则主要采取赤裸裸的暴力和刑罚，对违反规定者予以惩处。

在中国传统文化体系中，礼与法紧密地结合在一起，对社会秩序发挥着调节、约束的功能。在周公制礼作乐后的"礼治"时代，法作为礼治体系的一个组成部分而存在。礼治体系发挥着重要的教化作用，而法与刑则在礼治的框架之内对社会的违礼行为发挥着约束和惩戒作用。春秋战国至秦代是"法治"形成和确立的时代。这一时期礼坏乐崩，礼法分离。原本衍生于儒家的法家逐渐在儒法之争中占据上风；原本附于礼治的法获得了独立的发展时机，并最终成为秦王朝的统治思想。

汉武帝"罢黜百家，独尊儒术"之后，汉代儒者在承袭先秦儒家礼乐文化的基础上，对礼、法关系进行了重新审视和思考。他们通过对秦政的反省，认为背弃"礼治"和"德教"，仅仅依靠严刑峻法的高压手段来治国是秦王朝二世而亡的主要原因。于是汉儒以秦王朝二世而亡作为殷鉴，开始了在不排斥"法"独立存在的前提下，致力于建构"礼法合治"的新的礼乐文化体系。

---

① （清）黎翔凤：《管子校注》（上），中华书局 2004 年版，第 246 页。
② （清）王聘珍：《大戴礼记解诂》卷二，中华书局 1983 年版，第 22 页。

董仲舒提出的"《春秋》决狱"理论,即运用儒家五经,特别是《春秋》经义与精神,作为裁断司法诉讼的权威依据,其实质则在于用儒家经义解释法律条文,用儒家思想改造法律制度,在汉代风靡一时。许多经学大儒,如叔孙宣、马融、郑玄等,纷纷著书立说,以经义诠释法律。一些深受儒家思想影响的司法官吏,也在有关言论和司法实践过程中,揭开了援礼入律的序幕。如东汉陈宠,虽任职掌司法的理官,但在处理诉讼案件时,却常常引经据典,一依儒家经典有关经义为准。他还上奏汉章帝,建议淘汰烦苛的法律条文,以礼为制法执法之准绳。

汉代以降,历代王朝基本上都采用以儒家"礼"文化为基调的礼法互补的政治架构。礼侧重于预防犯罪,即导民向善,所谓"禁于将然之前";法侧重于惩罚犯罪,即禁人为非,所谓"禁于已然之后"。礼的规范可以弥补法律条文的不足;法律条文在一定程度上可以强制推行礼的一些规范。以礼移风易俗,以法惩恶彰善;以礼缘饰政治的仁爱,以法渲染政治的权威。从而推动国家机器有效地运转。

"礼"文化与历代统治者的若干典章制度、政治思想与施政行为都有着密切的关系。自先秦时起,统治者祭祀天地、祖宗、社稷等礼仪,虽自始至终表现为各式繁文缛节,但无一不体现着统治者宣扬君权神授、祈求神灵庇佑的心态。有的统治者在执政、施政时,喜援引礼经,以为行事准绳和权威依据。如西汉哀帝即位时,社会各种矛盾尖锐,统治岌岌可危,统治者面临前所未有的严重危机。为挽救西汉王朝,振颓起弊,汉哀帝推行了一系列的改革。其中,包括废除演奏多为既有伤风化,又是权贵僭越礼制,变相蔑视皇权手段的靡靡之音的乐府;倡导三年丧礼;确定祖母、父母的皇太后、皇帝皇后尊号;推行生前有功德的皇帝宗庙追加庙号的宗庙礼制改革等内容的礼乐制度改革,是其改制的重要组成部分。王莽建立新朝后,为恢复三代大同盛世,遂以《周礼》为据,生搬硬套,改革诸项制度。王安石为推行富国强兵的新政,也以《周礼》为号召,于其中援引改革的依据。由此可见,儒家所倡导的礼乐文化是中国古代政治的重要特色与基调,即使古代的许多变法与改革的政治行为也多是从儒家礼典中寻找理论依据。

有鉴于前述"礼"在中国古代思想文化领域和政治制度史上的重大影响,

我们认为可以把中国传统文化看作为一种"礼"的文化范式。

中国古代以孔子为代表的儒家所倡导的"礼"是中国传统文化有别于西方文化的特质。也可以说,中国传统文化的特征或表征就是"礼"。中国数千年历史所积淀的传统文化就是"礼"的文化,中国古代政治就是"礼"的政治,中国古代历史就是"礼"的历史。在中国古代,"礼"的发达程度,"礼"在整个民族精神和社会政治中的作用,都有着独特的、极其重大的文化意义。

汉代以前,儒家只是诸子百家中的一家。汉武帝独尊儒术以后,儒学定于一尊,于是儒家所倡导的"礼"便也应运成为官方正统的政治伦理思想基础,"礼"的一些基本观念和价值标准与国家宗法制度密切地联结在了一起,具有了绝对的权威性。在此后约两千年的封建社会中,"礼"便成为中国传统文化的突出表征,并一直"作为一种规范,一种社会控制的手段,一种对秩序和对修养与文明的追求"[1],而对整个中国历史、文化的发展产生了广泛、持久和深刻的影响。从而使我国传统文化表现为一种"礼"的文化范式。[2]

五、三礼是中国古代传统礼乐文化的主要载体

三礼是指《周礼》《仪礼》《礼记》这三部儒家经典。

中国自古以来就以"礼仪之邦"或"礼义之邦"著称于世。"礼"是中国古代儒家思想体系中的核心价值观念,也是中国古代传统文化的主体内容。它不仅包含了我国古代社会生活各个领域的制度和规范,而且还包容了与这些制度和规范相适应的思想观念。三礼就是记载我国古"礼"的三部极其重要的典籍,是我国传统礼乐文化的主要载体。

在以礼乐文明为特征的中国传统文化中,礼是立人、立家、立国的根本之道,是人们在家庭生活和社会活动中必须遵循的道德秩序与社会规则。当然,这些"立人、立家、立国的根本之道",或曰"道德秩序与社会规则",不是华夏民族先天就具备的,而是经过长期的历史积淀而逐步形成的。

史前初民的一些生活习俗和在祭祀祖先与天神地祇的活动中,以及其他

---

① 杨志刚:《礼与传统的创造性转化》,《复旦学报》1993 年第 3 期。
② 丁鼎:《礼与中国传统文化范式》,《齐鲁学刊》2007 年第 3 期。

巫祝活动中的一些行动程式和仪节规范,都可以看作原始的"礼"。后来,随着人类社会的发展,"礼"的内容逐步扩大化、系统化,人类社会生活各方面的礼节仪式都被纳入"礼"的范畴。随着私有制和国家的出现,随着等级制度的逐步形成和确立,尊卑贵贱有别的观念也日益强化。"礼"也被赋予了维护和规范君臣、父子、长幼、男女等各种关系的职能。正如《礼记·丧服小记》所说:"亲亲、尊尊、长长,男女之有别,人道之大者也。"这里所谓的"人道"实际上就是指"礼"而言,就是指人们社会生活中的礼仪规范和原则。经过夏、商两代的发展和演化,逐步形成了既有联系又有区别的"夏礼"与"殷礼",汇集成一系列成系统的典章、制度、规则和仪式,以及与其相对应的政治思想、伦理观念。西周初年,周公因时制宜而"制礼作乐"①,在对"夏礼"与"殷礼"有所"损益"的基础上,依据前世流传下来的礼俗并根据时代需要而建立了一整套与当时的宗法社会相适应的"礼乐制度"。周公"制礼作乐"的目的就是通过"礼乐"的形式把阶级社会中各等级的权利和义务制度化,使社会秩序处于相对稳定和谐的状态之中。

至春秋时期,随着社会形态的演变和政治格局的变迁,原有的社会秩序分崩离析,出现了礼坏乐崩的局面。在这种情势下,孔子以救济天下为己任,通过总结、清理和反思夏、商、周三代的文化遗产,继承并发展了古老的"礼"观念,赋予其新的思想内涵,创造性地以"礼"作为核心价值观念建立起儒家的思想体系。孔子用理性的思辨为传统"礼"文化注入新的思想内容。如果说原始礼乐是服务于鬼神,西周礼乐是服务于国家政治,而孔子则要礼乐服务于社会,要使礼乐深入人心,促进伦理道德以礼乐为标准不断规范化。他不仅要使礼乐成为维护宗法制度、维持等级秩序的一种政治工具,而且也试图让礼乐成为引导社会成员修身养性、建立崇高人格、促进社会和谐的一种教化手段。孔子所说的"移风易俗,莫善于乐;安上治民,莫善于礼"②集中反映了他对"礼乐"的社会功能的认识和重视。

---

① (唐)孔颖达:《礼记正义》卷三一《明堂位》,载《十三经注疏》,中华书局1980年影印版,第1488页。

② (宋)邢昺:《孝经注疏》卷六《广要道》,载《十三经注疏》,中华书局1980年影印版,第2556页。

孔子对中国传统"礼乐"文化的继承、弘扬和发展主要是通过删述六经而实现的。因而他所整理编定和传承下来的《诗》《书》《礼》《乐》《易》《春秋》六部儒家经典中一以贯之的核心思想就是"礼"。正如南朝经学家皇侃所说："六经，其教虽异，总以礼为本。"①可以说贯穿于六经的核心思想就是"礼"，而孔子与其七十子后学所传承的三礼更是从不同向度对先秦礼乐文化的总结和阐发，是中国传统"礼"文化的主要载体。其中不仅记述了许多关乎国家政治典章、社会制度、家庭伦理、等级秩序以及人们相应的行为规范，而且积淀着先人遗留下来的丰富的政治伦理思想和丰厚的民族精神。比如在我国古代文化史和思想史上产生过重大而深远影响的"大同""小康"的社会理想和"修身、齐家、治国、平天下"的人生价值诉求都在《礼记》中得到集中而深入的论述和阐发。再如先秦时期诸如军政制度、刑法制度、职官制度、宗法制度、分封制度、畿服制度、土地制度、赋贡制度、婚姻制度、丧祭制度及其他各种典章制度均在三礼中有着不同维度的记述和阐释。因此，两汉以降历代王朝各种典章制度的建立和政治的实施大都以三礼的有关记述作为蓝本，历代的政治改革也大都从三礼中寻求理论依据。

第二节　三礼概说

三礼是中国传统礼文化的主要载体，是我们先人留传给我们的一份宝贵的文化遗产，也是我们今天考察探寻中国古代历史文化的主要津梁和窗口。

综合归纳相关文献记载，可知三礼这三部儒家经典虽然均肇始于先秦时期，但三者的性质和编纂成书各有不同。《仪礼》十七篇当是孔子当年"删述六经"时所编纂传授下来的六经之一——"礼"经。《礼记》四十九篇则是孔门七十子后学所撰作各种礼学文献的选集，是一部有关秦汉之前儒家礼学思想的资料汇编。而《周礼》一书虽不见于传世先秦文献的记载，但基本上可以断

---

① （唐）孔颖达：《礼记正义》卷五〇《经解》孔疏所引，载《十三经注疏》，中华书局1980年影印版，第1609页。

定该书当是成书于先秦时期的一部记述王室职官的典籍。

虽然西汉时期，三礼就已传世，但在东汉郑玄之前学术界并无三礼的概念，也无三礼的名称。三礼之名始于郑玄为《周礼》《仪礼》《礼记》作注，并作《三礼目录》一书。故《后汉书·儒林传下》谓：自郑玄兼注《周礼》《仪礼》和《礼记》，始"通为三礼焉"①。此后始有三礼之名，始有三礼之学。

一、《周礼》概述

（一）《周礼》题解

《周礼》原名《周官》，又名《周官经》《礼经》，是一部记述王室职官制度的著作，通过记述三百多种职官的职掌而阐述对社会政治制度的设想。

《周礼》一书不见于先秦人称引，始见于汉人司马迁《史记》。《史记·鲁周公世家》："成王在丰，天下已安，周之官政未次序，于是周公作《周官》，官别其宜。"②《史记·封禅书》载："自得宝鼎，上与公卿诸生议封禅。封禅用希旷绝，莫知其仪礼，而群儒采封禅《尚书》《周官》《王制》之望祀射牛事。"③上引《史记》中的"《周官》"就是《周礼》一书的原名。

《汉书·艺文志》著录《周官经》六篇、《周官传》四篇。班固自注云："王莽时刘歆置博士。"④《汉书·礼乐志》曰："自夏以往，其流不可闻已，《殷颂》尤有存者。《周诗》既备，而器用张陈，《周官》具焉。"⑤其中的《周官》也都是指《周礼》一书。

荀悦《汉纪》卷二五载："（刘）歆以《周官经》六篇为《周礼》，王莽时，歆奏以为《礼经》，置博士。"⑥陆德明《经典释文·序录·注解传述人》云："王莽时，刘歆为国师，始建立《周官经》以为《周礼》。"⑦由此可见，至王莽当政时，《周官》始改称为《周礼》，并设置了博士，学术地位大幅度提高。

---

① （南朝）范晔：《后汉书》卷七九下《儒林列传下》，中华书局 1965 年版，第 2577 页。
② （汉）司马迁：《史记》卷三三《鲁周公世家》，中华书局 1959 年版，第 1522 页。
③ （汉）司马迁：《史记》卷二八《封禅书》，中华书局 1959 年版，第 1397 页。
④ （汉）班固：《汉书》卷三〇《艺文志》，中华书局 1962 年版，第 1709 页。
⑤ （汉）班固：《汉书》卷二二《礼乐志》，中华书局 1962 年版，第 1308 页。
⑥ （汉）荀悦：《汉纪》卷二五《孝成皇帝纪二》，载《两汉纪》，中华书局 2002 年版，第 435 页。
⑦ （唐）陆德明：《经典释文》卷一《序录》，上海古籍出版社 2013 年版，第 43 页。

刘歆改称《周官》为《周礼》后，《周礼》与《周官》二名互见并称。如《汉书·食货志下》载王莽诏书曰："夫《周礼》有赊、贷，《乐语》有五均。"又谓王莽"以《周官》税民"①。又如"郑玄《周礼注自序》已称《周礼》，其注《仪礼》《礼记》引《周礼》亦甚多，而《后汉书·儒林传》犹称玄作《周官注》；《卢植传》有《周礼》之称，《儒林传》又称马融作《周官传》；郑玄《序》则谓郑兴、郑众、贾逵、马融皆作《周礼解诂》"②。

关于《周官》或《周礼》书名中的"周"字，传统学术界一般理解为周代，但现代学者金春峰为了否定《周礼》是与西周礼制相关的著作，而认为这个"周"字并非指周代，而是"周详完备之意"③。此论可备一说，但是否符合书名的本义，则还可以讨论。

（二）《周礼》的作者和成书年代

关于《周礼》的作者和成书年代，历来异说纷纭。其中影响较大的主要有如下几种说法：

1. 周公所作说

"周公所作说"始于汉代古文学派的学者刘歆，后来郑玄力主此说。刘歆认为《周礼》乃"周公致太平之迹，迹具在斯"④。亦即认为当年周公治理周王朝所建立的典章制度都记载于本书之中。郑玄于《周礼·天官冢宰》"惟王建国"下注曰："周公居摄而作六典之职，谓之《周礼》，营邑于土中，七年致政成王，以此《礼》授之，使居雒邑治天下。"⑤其后，中国古代学者大都承袭了刘歆、郑玄的这种观点。如唐贾公彦《周礼注疏·序周礼废兴》、清孙诒让《周礼正义·自叙》等均认为《周礼》为周公所作。

另外，还有许多学者虽然基本认同周公作《周礼》之说，但或认为其中有

---

① （汉）班固：《汉书》卷二四下《食货志下》，中华书局1962年版，第1179—1180页。
② 蒋伯潜：《十三经概论》，上海古籍出版社1983年版，第252页。
③ 金春峰：《周官之成书及其反映的文化与时代新考》，台北东大图书股份有限公司1987年版，自序第7页。
④ （唐）贾公彦：《周礼注疏》卷首《序周礼废兴》，载《十三经注疏》，中华书局1980年影印版，第636页。
⑤ （唐）贾公彦：《周礼注疏》卷一《天官·冢宰》，载《十三经注疏》，中华书局1980年影印版，第639页。

后世增补的内容,或认为其中所载不完全是周公当年实行之法度。如二程曰:"《周礼》不全是周公之礼法,亦有后世随时添入者,亦有汉儒撰入者。"①朱熹则认为:"《周礼》只疑有行未尽处。看来《周礼》规模皆是周公做,但其言语是他人做。今时宰相提举敕令,岂是宰相一一下笔? 有不是处,周公须与改。至小可处,或未及改,或是周公晚年作此。"②他又说:"《周礼》,胡氏父子以为是王莽令刘歆撰。此恐不然。《周礼》是周公遗典也。"③

2. 西周人所作说

近人蒙文通等学者认为《周礼》当成书于西周时期,但未必是"周公所作"。他说:"(《周礼》)虽未必周公之书,然必为西周主要制度,而非东迁以下之治。"④朱谦之则认为:"此书中所用古体文字,不见于其他古籍,而独与甲骨文金文相同,又其所载官制与《诗经》大雅、小雅相合,可见非在西周文化发达时代不能作。"⑤

日本学者林泰辅认为《周礼》一书当是根据周初以来的制度,内容上有增益,大约成书于西周末年,他在《周官制作时代考》中说:"我认为《周官》非周初之作,又非春秋以后之作。"⑥又在《周公与其时代》中说:"即厉、宣、幽的时代也。若《周官》出现于这个时代,是从周初到厉、宣、幽时代的材料而成书,在书中各处留下了数百年间思想的变迁之痕迹,理所当然。"⑦

当代学者葛志毅也主张西周说,他根据《周礼》之中的约剂制度,并与《国语》相对照,得出这样的结论:"《周官》当是西周厉、宣或稍晚的某位史官,纠集周初以来的典制文件汇编而成。"⑧

---

① (宋)程颢、程颐:《河南程氏外书》卷一〇,载《二程集》,中华书局1981年版,第404页。
② (宋)黎靖德编:《朱子语类》卷八六《礼》三《周礼》,中华书局1986年版,第2203页。
③ (宋)黎靖德编:《朱子语类》卷八六《礼》三《周礼》,中华书局1986年版,第2204页。
④ 蒙文通:《从社会制度及政治制度论〈周官〉成书年代》,《图书集刊》1942年第1期。
⑤ 朱谦之:《〈周礼〉的主要思想》,《光明日报》1961年11月12日。
⑥ 转引自[日]工藤卓司:《近百年来日本学者〈三礼〉之研究》,台北万卷楼图书股份有限公司2016年版,第78页。
⑦ 转引自[日]工藤卓司:《近百年来日本学者〈三礼〉之研究》,台北万卷楼图书股份有限公司2016年版,第79页。
⑧ 葛志毅:《〈周官〉与西周制度》,《学习与探索》2002年第6期。

3. 东周人所作说

现代训诂学家洪诚曾根据《周礼》中的语言运用情况论证《周礼》的成书年代。他指出："从语法看，文献中凡春秋以前之文，十数与零数之间，皆用'有'字连之，战国中期之文即不用。《尚书》《春秋经》《论语》《仪礼》经文、《易·系辞传》皆必用。《穆天子传》以用为常。《王制》《庄子》不定。《左传》《国语》以不用为常。《山海经》中之《五藏山经》不用。《孟子》除论述与《尚书》有关之事而外亦不用。《周礼》之经记全部用，此种语法与《尚书》《春秋经》同，故非战国时人之作。"其结论是：《周礼》"成书最晚不在东周惠王后（前 676—前 652 年在位）。"①

现代历史学家金景芳在肯定"《周礼》六官所记，基本上是西周历史条件下的各种现实的政治制度"的同时，通过对《周礼》封国之制与《孟子》《王制》《左传》《国语》之说不合的考察，认为："《周礼》一书是东迁以后某氏所作。作者得见西周王室档案，故讲古制极为纤悉具体，但其中也增入作者自己的设想。例如封国之制、畿服之制一类的东西，就是作者自己设想所制定的方案。"②

4. 春秋人所作说

刘起釪认为："《周礼》的成书有一发展过程。第一步只是一部官职汇编，至迟成于东周春秋时代，它依据的是自西周以来逐渐完备的周、鲁、卫、郑四国的姬周系统的官制，初步还记录了一些官职的职掌。后来逐渐详细补充，写成了各官职的职文，除主要保存了春秋以上资料外，还录进了不少战国资料，所以全书的补充写定当在战国时期。到汉代整理图书时，又有少数汉代资料掺进去了，但不影响这部书原是周代的旧籍。"③

5. 战国人所作说

首倡此说者是东汉的今文经学家林孝存、何休。贾公彦《周礼注疏》卷首《序周礼废兴》记载说："《周礼》起于成帝刘歆，而成于郑玄，附离之者大半。故林孝存以为武帝知《周官》末世渎乱不验之书，故作《十论》《七难》以排弃

---

① 洪诚：《读〈周礼正义〉》，载《洪诚文集》，江苏古籍出版社 2000 年版，第 206 页。
② 金景芳：《周礼》，载《经书浅谈》，中华书局 1984 年版，第 46 页。
③ 刘起釪：《古史续辨》，中国社会科学出版社 1991 年版，第 650 页。

之。何休亦以为六国阴谋之书。"①清儒崔述《丰镐考信录》、皮锡瑞《经学通论》,现代学者钱穆、顾颉刚、郭沫若、范文澜、杨向奎等均持此说。当代礼学专家杨天宇也认为《周礼》为战国人所作。他说:"我比较倾向于成书于战国说。像《周礼》这样的建国规划,只有在战国那样有统一希望和统一要求的时代背景下才有可能被制定出来。这一点顾颉刚先生在他的《"周公制礼"的传说与〈周官〉一书的出现》一文的第二节中,已经作了很好的论述。"②

6. 周秦之际儒者所作说

此说由清初学者毛奇龄最先提出。他认为,"《周礼》为周末之书。不特非周公所作,即战国孟子以前皆未曾有。故孔子引经与春秋诸大夫引经,以及东迁以后混一以前凡诸子百家引经,并无一字及此书者。……此书系周末秦初儒者所作"③。近人梁启超等人赞同其说。梁启超在《古书真伪及其年代》中说:"这书总是战国、秦、汉之间,一二人或多数人根据从前短篇讲制度的书,借来发表个人的主张。(有如黄宗羲的《明夷待访录》)主张也不是平空造出来的,一部分是从前制度,一部分是著者理想。"④

7. 刘歆伪造说

此说由宋人胡安国、胡宏父子开其端。《朱子语类》记载:"《周礼》,胡氏父子以为是王莽令刘歆撰。此恐不然。"⑤胡宏《极论〈周礼〉》曰:"刘歆,汉家贤宗室向之子,附会王莽,变乱旧章,残贼本宗,以趋荣利。《周礼》之书,本出于孝武之时,为其杂乱,藏之秘府,不以列于学官。及成、哀之世,歆得校理秘书,始列序为经。众儒共排其非,惟歆以为是。……其所列序之书,假托《周官》之名,剿入私说,希合贼莽之所为耳。"⑥此后,宋代的洪迈、清末的廖平、近

① (唐)贾公彦:《周礼注疏》卷首《序周礼废兴》,载《十三经注疏》,中华书局 1980 年影印版,第 636 页。

② 杨天宇:《郑玄三礼注研究》,天津人民出版社 2007 年版,第 80 页。

③ (清)毛奇龄:《经问》卷二,载文渊阁《四库全书》第 191 册,上海古籍出版社 1987 年影印版,第 18 页。

④ 梁启超:《古书真伪及其年代》,载《梁启超国学讲学录》下辑,中国社会科学出版社 1997 年版,第 233 页。

⑤ (宋)黎靖德编:《朱子语类》卷八六《礼》三《周礼》,中华书局 1986 年版,第 2204 页。

⑥ (宋)胡宏:《五峰集》卷四《极论〈周礼〉》,载文渊阁《四库全书》第 1137 册,上海古籍出版社 1987 年影印版,第 210 页。

代的康有为、钱玄同等基本上都认同此说。

8.汉初人所作说

此说由当代学者彭林提出。他说："《周礼》一书的作者当是与贾谊同时代的人，此时的儒学已经充分吸收了法家思想，并且日益阴阳五行化，《周礼》的作者以此为指导，摭拾先秦旧制，参以当时新制，编撰了这一宏伟的治国模式。"①

9.西汉末人所作说

此说由日本人津田左右吉(1873—1961年)提出。他在《周官の研究》中认为《周官》一书当是西汉末年的伪作。他认为《史记·封禅书》等所引的《周官》这一词语，虽然可以说当时存在着被称为《周官》的这样一本书，但因所引词句并不见于今本《周礼》中，因此他认为《史记》所谓之《周官》可能与今本完全不同。他还推论《周官(礼)》一书当是西汉末年作伪风潮中的一部伪托之作。另外，津田指出《周官》已含有阴阳思想、五行思想、重视四时的概念以及时令说，而这些思想到汉代被儒家所采纳，尤其时令说在西汉末年才被儒家接受，因此他认为《周官》当是西汉末年之作。②

以上关于《周礼》成书时代的诸说中，"周公所作说"是最传统、最有影响的说法。但此说缺乏文献学依据，不仅《周礼》中没有一处提到周公以及此书与周公的关系，而且先秦其他典籍中亦皆不见有关周公作《周礼》的记载。因而东汉时今文经师林孝存认为此书为"末世渎乱不验之书"；何休也怀疑此书为"六国阴谋之书"。③此后，唐代赵匡、陆淳，宋代胡安国、胡宏父子及后世众多学者相继对此说提出质疑。因而现代学者基本上无人相信《周礼》为周公所作说了。

至于"刘歆伪造《周礼》说"就更是破绽百出，毫无文献依据，全属臆说。前已述及，《史记》中不仅记载了《周官》的书名，而且引用了该书的片段内容，

---

① 彭林:《〈周礼〉主体思想与成书年代研究》(增订版)，北京师范大学出版社2009年版，第185页。

② [日]津田左右吉:《周官の研究》，载《满鲜地理历史报告》第15号，岩波书店1937年版，第355—636页。

③ (唐)贾公彦:《周礼注疏》卷首《序周礼废兴》，载《十三经注疏》，中华书局1980年影印版，第636页。

由此可知《周礼》不可能是西汉末年刘歆的伪造之书。此外,清初学者毛奇龄在《经问》卷二对此说进行了有理有力的批驳,他说:"或又谓是书出于汉孝成之世,系汉人所作,并非周人。则不然。按《汉志》,六国魏文侯时曾以乐书赐乐工窦公,至孝文时献其书,即此书之《大宗伯·大司乐》章也。桓谭《新语》亦云窦公一百八十岁。则六国之末,已有其书。其为周人作,而非汉人又可知耳。"①毛奇龄根据《汉书·艺文志》所载魏文侯乐工曾在汉孝文帝进献《大宗伯·大司乐》章,因而说明在刘歆之前,《周礼》一书就已存在了,不可能出于刘歆伪造。

"周公所作说"与"刘歆伪造说"以外的其他诸说都各有其理据,但又都难以尽释读者之疑,因而学界对于这一问题迄今仍然众说纷纭,难以达成共识。不过综合比较各家之说,我们认为洪诚、金景芳、刘起釪三位先生的说法较为合理。也就是《周礼》成书于东周—春秋时期的说法更为可信。《周礼》成书年代的上限当在平王东迁之后,下限当在战国之前。我们认为该书作者可能借鉴了周公当年制礼作乐时所制定的一些典章制度,参以自己的设想,根据东周初期的社会实际,编制出这样一部体例严整、结构完备的有关职官制度的专著。

值得注意的是,现代学术界有学者利用金文材料来验证和研究西周官制,从而极大地推进了有关《周礼》的作者及其内容真伪问题的研究。其中最有成就的当首推张亚初、刘雨合著的《西周金文官制研究》一书(中华书局1986年版)。该书在前人研究的基础上,对西周青铜器有关职官的铭文进行了比较全面的清理,搜集了有关职官铭文的铜器近五百件,整理出了不同的职官材料近九百条,归纳出西周职官二百一十三种,然后以这些可靠的铭文材料为依据,与《周礼》所载职官制度进行对比验证,"发现西周金文中的职官也有许多与《周礼》所记相合"②。该书指出:"《周礼》天官六十四官,与西周金文有相同或相近者十九官;地官八十官有二十六官;春官七十一官有十三官;夏官七十四官有二十七官;秋官六十七官有十一官。总计《周礼》三百五十六官有九

---

① (清)毛奇龄:《经问》卷二,载文渊阁《四库全书》第191册,上海古籍出版社1987年影印版,第19页。

② 张亚初、刘雨:《西周金文官制研究》,中华书局1986年版,第112页。

十六官与西周金文相同或相近,这说明《周礼》中有四分之一以上的职官在西周金文中可以找到根据。有如此众多的相似之处,无论如何不能说是偶然的巧合,只能证实《周礼》一书在成书时一定是参照了西周时的职官实况。"①该书还指出:"《周礼》上的九命、七命、五命是指某诸侯总共受到的册命次数。九命为公、七命为侯伯、五命为子男之制当是从西周的册命制度进一步发展来的。……《周礼》中记录的九命、七命、五命成公、侯伯及子男之爵级也与金文中的频繁册命制度十分一致。恐怕这不是巧合,而说明《周礼》一书来源有自,保存了许多西周制度。"②刘雨、张亚初通过对金文与《周礼》所载职官制度进行对比研究,论证了《周礼》一书虽非周公所作,但保存了许多西周制度,信而有征,对《周礼》的史料价值,作了比较客观、公正的评价,从而为《周礼》研究奠定了坚实的基础。

（三）《周礼》的基本内容

《周礼》一书内容繁富,体例完备,结构严密,可谓体大思精。全书原来分为《天官冢宰》《地官司徒》《春官宗伯》《夏官司马》《秋官司寇》《冬官司空》等六篇。汉时《冬官司空》篇已亡,由于冬官司空主要掌管工程营造,所以汉儒取记载先秦手工业技术的著作《考工记》补之。今本《周礼》,除冬官全亡外,还缺地官司禄、夏官军司马、舆司马、行司马、掌疆、司甲、秋官掌祭、掌货贿、都则、都士、家士诸职。

《周礼》一书的体例非常严整,每一官均冠以"叙官"一节,以总括设立此官的意义、介绍此官的职掌等。每一官的叙官开篇均为"惟王建国,辨方正位,体国经野,设官分职,以为民极"数语。然后再加上"乃立×官××,使帅其属而掌邦×,以佐王×邦国,×官之属……"一段文字。其中"×"为各官相异之字。如《天官冢宰》叙官曰:"乃立天官冢宰,使帅其属而掌邦治,以佐王均邦国,治官之属……"《地官司徒》叙官则曰:"乃立地官司徒,使帅其属而掌邦教,以佐王安扰邦国,教官之属……"《春官宗伯》叙官则曰:"乃立春官宗伯,使帅其属而掌邦礼,以佐王和邦国,礼官之属……"《夏官司马》叙官则曰:"乃立夏官司

①　张亚初、刘雨:《西周金文官制研究》,中华书局 1986 年版,第 140 页。
②　张亚初、刘雨:《西周金文官制研究》,中华书局 1986 年版,第 144 页。

马,使帅其属而掌邦政,以佐王平邦国,政官之属……"《秋官司寇》叙官则曰:
"乃立秋官司寇,使帅其属而掌邦禁,以佐王刑邦国,刑官之属……"对于各种
官职,均是先叙其官名、爵等、员数,然后再分叙其职掌。

天官之长冢宰为六卿之首,百官之长。天官主要职掌天下政务兼管财政
和宫廷事务,辅佐王统治天下。天官系统共有 63 种官职:大宰、小宰、宰夫、宫
正、宫伯、膳夫、庖人、内饔、外饔、亨人、甸师、兽人、渔人、鳖人、腊人、医师、食
医、疾医、疡医、兽医、酒正、酒人、浆人、凌人、笾人、醢人、醯人、盐人、幂人、宫
人、掌舍、幕人、掌次、大府、玉府、内府、外府、司会、司书、职内、职岁、职币、司
裘、掌皮、内宰、内小臣、阍人、寺人、内竖、九嫔、世妇、女御、女祝、女史、典妇
功、典丝、典枲、内司服、缝人、染人、追师、屦人、夏采。

地官之长大司徒,职掌邦教、土地、赋税等。地官系统共有 78 种官职:大
司徒、小司徒、乡师、乡大夫、州长、党正、族师、闾胥、比长、封人、鼓人、舞师、牧
人、牛人、充人、载师、闾师、县师、遗人、均人、师氏、保氏、司谏、司救、调人、媒
氏、司市、质人、廛人、胥师、贾师、司虣(暴)、司稽、胥、肆长、泉府、司门、司关、
掌节、遂人、遂师、遂大夫、县正、鄙师、酂长、里宰、邻长、旅师、稍人、委人、土
均、草人、稻人、土训、诵训、山虞、林衡、川衡、泽虞、迹人、卝(矿)人、角人、羽
人、掌葛、掌染草、掌炭、掌荼、掌蜃、囿人、场人、廪人、舍人、仓人、司禄(阙)、
司稼、舂人、饎人、稾人。

春官之长大宗伯,职掌邦礼,主管宗庙祭祀等。春官系统共有 70 种官职:
大宗伯、小宗伯、肆师、郁人、鬯人、鸡人、司尊彝、司几筵、天府、典瑞、典命、司
服、典祀、守祧、世妇、内宗、外宗、冢人、墓大夫、职丧、大司乐、乐师、大胥、小
胥、大师、小师、瞽矇、眡瞭、典同、磬师、钟师、笙师、镈师、韎师、旄人、籥师、籥
章、鞮鞻氏、典庸器、司干、大卜、卜师、龟人、菙氏、占人、筮人、占梦、眡祲、大
祝、小祝、丧祝、甸祝、诅祝、司巫、男巫、女巫、大史、小史、冯相氏、保章氏、内
史、外史、御史、巾车、典路、车仆、司常、都宗人、家宗人、神仕。

夏官之长大司马,职掌军政,统领军队。夏官系统共有 69 种职官:大司
马、小司马、军司马、舆司马、行司马、司勋、马质、量人、小子、羊人、司爟、掌固、
司险、掌疆、候人、环人、挈壶氏、射人、服不氏、射鸟氏、罗氏、掌畜、司士、诸子、
司右、虎贲氏、旅贲氏、节服氏、方相氏、大仆、小臣、祭仆、御仆、隶仆、弁师、司

甲、司兵、司戈盾、司弓矢、缮人、槁人、戎右、齐右、道右、大驭、戎仆、齐仆、道仆、田仆、驭夫、校人、趣马、巫马、牧师、庾人、圉师、圉人、职方氏、土方氏、怀方氏、合方氏、训方氏、形方氏、山师、川师、原师、匡人、撢人、都司马、家司马。

秋官之长大司寇,职掌刑典,负责狱讼刑罚等司法政务。秋官系统共有66种职官:大司寇、小司寇、士师、乡士、遂士、县士、方士、讶士、朝士、司民、司刑、司刺、司约、司盟、职金、司厉、犬人、司圜、掌囚、掌戮、司隶、罪隶、蛮隶、闽隶、夷隶、貉隶、布宪、禁杀戮、禁暴氏、野庐氏、蜡氏、雍氏、萍氏、司寤氏、司烜氏、条狼氏、修闾氏、冥氏、庶氏、穴氏、翨氏、柞氏、薙氏、硩蔟氏、翦氏、赤发氏、蝈氏、壶涿氏、庭氏、衔枚氏、伊耆氏、大行人、小行人、司仪、行夫、环人、象胥、掌客、掌讶、掌交、掌察、掌货贿、朝大夫、都则、都士、家士。

补冬官之缺的《考工记》在体例上与上述五官大不相同。《考工记》是一部有关先秦时期手工业技术的专业文献,记载了一系列的生产管理和营建制度,涉及先秦时代制作车辆、兵器、礼器、钟磬和陶器的工艺,以及练染、建筑、水利等手工业技术。本篇在总叙各项工艺、职务后,分述30种工匠职务,凡攻木之工七,攻金之工六,攻皮之工五,设色之工五,刮摩之工五,搏埴之工二,并详述各种工艺品的制作工艺。

二、《仪礼》概述

(一)《仪礼》书名溯源

《仪礼》十七篇,即先秦儒家所传授的六经之一的《礼》。汉代又称《礼经》《士礼》《礼记》,大约魏晋之际始称为《仪礼》。

作为儒家六经之一的《礼》,在先秦、西汉时期本无《仪礼》之名。《庄子·天运》说:"(孔)丘治《诗》《书》《礼》《乐》《易》《春秋》六经。"[①]《荀子·儒效》云:"《诗》言是其志也,《书》言是其事也,《礼》言是其行也,《乐》言是其和也,《春秋》言是其微也。"[②]其中所谓的《礼》都是指《仪礼》一书。

---

① (清)郭庆藩:《庄子集释·天运第十四》,载《诸子集成》第3册,上海书店1986年版,第1234页。

② (清)王先谦:《荀子集解》卷四《儒效》,载《诸子集成》第2册,上海书店1986年版,第84—85页。

至汉武帝罢黜诸子传记博士,唯立儒家五经博士,定儒术于一尊,《仪礼》十七篇作为五经之一,自然名正言顺地被尊称为《礼经》。《汉书·艺文志》著录:"《礼古经》五十六卷,《经》(七十)[十七]篇。"①其中的"《经》十七篇"即是指《仪礼》十七篇,亦即是指儒家五经之一的《礼》。

汉人又称《仪礼》为《士礼》。《史记·儒林列传》所谓"鲁高堂生传《士礼》十七篇"即是其证。这大约是由于《仪礼》十七篇所载多是士人应用之礼,故名。如其中《士冠》《士昏》《士相见》《士丧》《既夕》《士虞》《特牲馈食》等篇即基本上是专谈士阶层的礼仪的。

《仪礼》一书还曾一度被称为《礼记》,可能是由于其中既有经,又有记,故有此名。如《史记·孔子世家》谓:"孔子之时,周室微而礼乐废,诗书缺。追迹三代之礼,序《书传》,上纪唐虞之际,下至秦缪,编次其事。……故《书传》《礼记》自孔氏。"②这里所谓《礼记》当即是指《仪礼》而言。再如《诗·召南·采蘩》郑玄笺曰:"《礼记》:'主妇髲鬄'。"③郑笺所引并非今本《礼记》之文,而是《仪礼·少牢馈食礼》之文,唯今本《少牢馈食礼》作"主妇被裼",为同音通假。可见,东汉时期的郑玄是把《仪礼》十七篇称为《礼记》的。又如《后汉书·蔡邕列传》载:"邕以经籍去圣久远,文字多谬,俗儒穿凿,疑误后学,熹平四年,乃与五官中郎将堂谿典,光禄大夫杨赐,谏议大夫马日磾,议郎张驯、韩说,太史令单飏等,奏求正定《六经》文字。灵帝许之,邕乃自书丹于碑,使工镌刻立于太学门外。"李贤注引《洛阳记》曰:"太学在洛阳城南开阳门外,讲堂长十丈,广二丈,堂前石经四部。本碑凡四十六枚,西行,《尚书》《周易》《公羊传》十六碑存,十二碑毁。南行,《礼记》十五碑悉崩坏。东行,《论语》三碑,二碑毁。《礼记》碑上有谏议大夫马日磾、议郎蔡邕名。"④又,《后汉书·卢植列传》载:"时始立太学石经,以正五经文字。植乃上书曰:'臣少从通儒故南郡太守马融受古学,颇知今之《礼记》特多回冗。……愿得将能书生二人,共诣

---

① (汉)班固:《汉书》卷三〇《艺文志》,中华书局1962年版,第1709页。

② (汉)司马迁:《史记》卷四七《孔子世家》,中华书局1959年版,第1935—1936页。

③ (唐)孔颖达:《毛诗正义》卷一《召南·采蘩》,载《十三经注疏》,中华书局1980年影印版,第284页。

④ (南朝)范晔:《后汉书》卷六〇下《蔡邕列传》,中华书局1965年版,第1990页。

东观,就官财粮,专心精研,合《尚书》章句,考《礼记》失得,庶裁定圣典,刊正碑文。'"①按东汉灵帝时所刊刻的洛阳熹平石经仅有《仪礼》,并无今传世之小戴《礼记》。据此可知,李贤注引《洛阳记》所谓《礼记》也是指《仪礼》而言。汉人之所以把《仪礼》一书称为《礼记》,可能是由于《仪礼》中既有经,又有记,故有此名。

《仪礼》之名最早见于东汉王充《论衡》一书。《论衡·谢短》有云:"宣帝时河内女子坏老屋,得佚《礼》一篇。(六十)[十六]篇中,是何篇是者? 高祖诏叔孙通制作《仪品》,十六篇何在? 而复定《仪礼》,见在十六篇,秦火之余也。"②王充所谓的"《仪礼》"似乎就是指今传本《仪礼》十七篇。然而王充又谓其"见在十六篇",则与《汉书·艺文志》和《史记·儒林列传》所云"十七篇"不合。而且由于"《仪礼》"一名在汉代文献中仅此一见,因而我们似乎还难以据此得出今传本《仪礼》十七篇在东汉时通称为"《仪礼》"的结论。

遍考东汉其他有关文献,未见有称《仪礼》十七篇为"《仪礼》"者。如《礼记·礼器》云:"经礼三百,曲礼三千。"东汉末期经学家郑玄注曰:"经礼谓《周礼》也,《周礼》六篇,其官有三百六十;曲犹事也,事礼谓今《礼》也。"③郑氏所谓的"今《礼》"即指《仪礼》十七篇。可见,郑玄尚未称《仪礼》十七篇为《仪礼》。不过,刘宋范晔所作《后汉书·郑玄列传》有云:"玄所注《周易》《尚书》《毛诗》《仪礼》《礼记》《论语》《孝经》《尚书大传》《中候》《乾象历》,又著《天文七政论》《鲁礼禘祫义》《六艺论》《毛诗谱》《驳许慎五经异义》《答临孝存〈周礼〉难》,凡百余万言。"④说明刘宋时已把《仪礼》十七篇正式称为"《仪礼》"了。综上所述,可知将今传本《仪礼》十七篇通称为"《仪礼》"的现象大约出现于郑玄之后,范晔之前。又据《晋书·荀崧列传》载:晋元帝时,"方修学校,简省博士,置《周易》王氏、《尚书》郑氏、《古文尚书》孔氏、《毛诗》郑氏、《周官》《礼记》郑氏、《春秋左传》杜氏服氏、《论语》《孝经》郑氏博士各一人,凡九人,其《仪礼》《公羊》《穀梁》及郑《易》皆省不置。崧以为不可,乃上疏

① (南朝)范晔:《后汉书》卷六四《卢植列传》,中华书局 1965 年版,第 2116 页。
② (汉)王充:《论衡》卷一二《谢短》,岳麓书社 1991 年版,第 199 页。
③ (唐)孔颖达:《礼记正义》,载《十三经注疏》,中华书局 1980 年影印版,第 1435 页。
④ (南朝)范晔:《后汉书》卷三五《郑玄列传》,中华书局 1965 年版,第 1212 页。

曰：'……博士旧置十九人，今五经合九人，准古计今，犹未能半，宜及节省之制，以时施行。今九人以外，犹宜增四。愿陛下万机余暇，时垂省览。宜为郑《易》置博士一人，郑《仪礼》博士一人，《春秋公羊》博士一人，《穀梁》博士一人。'"①按：郑玄生当东汉末年，虽然郑玄之经学在当时即已名满天下，但由于其时迭经"党锢之祸"和多年的战乱，因而大约至魏时始立郑玄《仪礼》博士，至晋元帝时而被简省掉。由此可知，"《仪礼》"一名大约在魏晋之际方成为今传本《仪礼》十七篇的通称。

众所周知，古文经《周官》六篇在西汉时备受今文学派贬斥和排挤，唯在新莽时由刘歆奏立为博士，并改称《周礼》，甚至一度被尊为"《礼经》"。东汉王朝复辟后，将新莽时所立的包括《周礼》在内的古文博士全部罢黜。曹魏时复增立《周礼》博士，可能是为了使新立的《周礼》与旧有的《礼经》（《仪礼》十七篇）区别开，遂将《礼经》（《仪礼》十七篇）改称为《仪礼》。至于将其改称为《仪礼》的原因大约有两方面的原因：一是由于本书十七篇所言多是"礼节"与"仪式"；二是由于本书十七篇中，除了以"礼"名篇（如《士冠礼》《士昏礼》《燕礼》《觐礼》等）之外，还有以"仪"名篇者（如《大射仪》），故以"仪""礼"连文作为篇名。

（二）《仪礼》的内容和结构

"礼"是古代逐渐发展和形成的有关祭天、祀祖、区分尊卑上下和维护宗法制度社会秩序的一套仪节制度和行为规范。这些仪节制度和行为规范是人们在相互交际时用来表达伦理思想和感情意识的一种外在形式。"礼"是儒家政治伦理思想的核心内容。作为儒家六经之一，《仪礼》一书就是记载周代所倡导和施行的有关仪节制度和行为规范的。儒家讲礼，历来强调要"陈其数"而"知其义"。"数"即是指各种礼节和仪式的具体规定，"义"即是指各种礼节和仪式所体现的思想内容。《仪礼》十七篇所讲述的内容都是各种社会行为的礼节和仪式，对各种礼的参与人员、器物的使用和仪节程序等都有十分严格而具体的规定和说明。

《仪礼》十七篇的内容主要可以分为如下八类礼节：冠、婚、乡、射、朝、聘、

---

① （唐）房玄龄等：《晋书》卷七五《荀崧列传》，中华书局 1974 年版，第 1976—1978 页。

丧、祭。这八类礼节基本包括了古代"士"以上的贵族的相互交际之礼和行为规范。这是春秋以前"士"以上的贵族们必须学习的必修课。兹将《仪礼》十七篇的篇目和具体内容简介如下：

《士冠礼》第一，记述士阶层举行冠礼时的陈设、仪式和致辞。古代男子二十岁进入成年，冠礼是为二十岁的男子加冠命字的成年礼。

《士昏礼》第二，记述士阶层娶妻成婚的礼节仪式。昏(婚)礼共有六项内容，也叫六礼：纳采、问名、纳吉、纳征、请期、亲迎。

《士相见礼》第三，记载古代士阶层初次相见之礼。

《乡饮酒礼》第四，记述古代乡里基层行政组织定期举行的酒会仪式。它以敬老、敬贤为中心，包括祭神、联络同好和演奏祝酒歌舞等活动内容。

《乡射礼》第五，记述古代乡里基层行政组织定期举行的射箭比赛大会。

《燕礼》第六，记述古代诸侯与其大臣举行的宴饮之礼。宴会上伴有宫廷艺人的歌舞演奏。

《大射礼》第七，记述由君王主持的射箭比赛的具体礼节。大射礼的参加者都是各级贵族。

《聘礼》第八，记述国君派遣使节到其他诸侯国进行友好访问的具体礼节。

《公食大夫礼》第九，记述国君举行宴会招待外国使臣的礼节。

《觐礼》第十，记述诸侯朝见天子的礼节。

《丧服》第十一，记述古代人们根据血缘关系的亲疏远近而为死去的亲属穿着不同的丧服并服不同的丧期的制度。本篇是《仪礼》中最重要的一篇。

《士丧礼》第十二和《既夕礼》第十三，这两篇本是一篇，因篇幅较长而分为两篇。这两篇记述士阶层从死到埋葬的一系列仪节。

《士虞礼》第十四，记述士阶层埋葬父母后回家所举行的安魂礼。

《特牲馈食礼》第十五，记述士阶层定期在家庙中以豕(猪)祭祀祖祢的礼节。所谓特牲，就是一豕。所谓馈食，就是用食。

《少牢馈食礼》第十六和《有司彻》第十七，本为一篇，因篇幅较大而分为两篇。这两篇记述诸侯之卿大夫定期于家庙中以羊和猪祭祀祖祢的礼节。所谓少牢，就是以羊和猪两牲作为祭品。

从结构上说，《仪礼》各篇的内容又可分为经、传、记三部分。"经"是《仪礼》各篇的主体部分。"传"则只有《丧服》一篇有,是对经文的解释文字。《丧服传》相传是孔子弟子子夏所作,本来与经文别本单行,后来才与经文合在一起,附经而行。《仪礼》十七篇中除《士相见礼》《大射礼》《士丧礼》《少牢馈食礼》和《有司彻》五篇之外,其他十二篇均有"记"文。"记"文实际上是附录于"经"文之后的一些不便于插于经文之中的解释性、补充性内容。关于"记"文的作者,史无明文。古人多认为"经"是周公或孔子所定,"记"是孔门七十子后学所记。

(三)《仪礼》的作者与撰作时代

关于《仪礼》十七篇的作者和撰作时代,历史上有多种不同意见。归纳说来,主要有以下三种说法:

1. 周公所作说

主张此说的代表人物是唐代的孔颖达、贾公彦和清代的胡培翚等。孔颖达在《礼记正义·序》中根据《礼记·明堂位》有关周公"制礼作乐"的记载,推论《仪礼》一书当是周公"制礼作乐"的产物。他说:"《礼记·明堂位》云:'周公摄政六年,制礼作乐,颁度量于天下。'但所制之礼,则《周官》《仪礼》也。"①唐代另一位经学家贾公彦也在《仪礼注疏·序》中说:"《周礼》《仪礼》发源是一。理有终始,分为二部,并是周公摄政太平之书。"②清代古文学派经学家胡培翚在《仪礼正义》卷一中说:"《礼记·明堂位》曰:'周公摄政六年,制礼作乐,颁度量于天下。'故崔氏灵恩、孔氏颖达及贾氏皆云:《仪礼》,周公所作。韩氏愈云:'文王、周公之法制,具在于是。'盖亦以为周公作也。……《仪礼》有经、有记、有传,记、传乃孔门七十子之徒之所为,而经非周公莫能为。"③清末民初古文学派经学家曹元弼也在《礼经学》卷五《解纷》中明确肯定:"《仪礼》有经有记有传。经制自周公,传之孔子;记与传则出于孔门七十子之徒之所为。"④

---

① (唐)孔颖达:《礼记正义》序,载《十三经注疏》,中华书局 1980 年影印版,第 1224 页。
② (唐)贾公彦:《仪礼注疏》序,载《十三经注疏》,中华书局 1980 年影印版,第 945 页。
③ (清)胡培翚:《仪礼正义》卷一,江苏古籍出版社 1993 年版,第 4—5 页。
④ (清)曹元弼:《礼经学》卷五《解纷》,载《续修四库全书》第 94 册,上海古籍出版社 2002 年版,第 732 页。

2. 孔子所作说

此说可溯源于司马迁。司马迁在《史记·儒林列传》中说："孔子闵王路废而邪道兴，于是论次《诗》《书》，修起《礼》《乐》。"①后世许多学者采信了司马迁的这一主张，认为《仪礼》是孔子所作。这种观点又可分为两种不同的意见：

其一，以清代学者邵懿辰、皮锡瑞为代表，认为《仪礼》十七篇是孔子从周公所制之遗礼中纂辑、编定而成。邵懿辰论述说：

> 孔子赞《易》，修《春秋》，删《诗》《书》，夫人而知之也。独定《礼》《乐》则茫然不得其确据。……礼本非一时一世而成，积久服习渐次修整而后臻于大备。旁皇周浃而曲得其次序。大体固周公为之也。其愈久而增多，则非尽周公为之也。……孔子周流列国，就老聃、苌宏识大识小之徒而访求焉者，但得其大者而已。势不能传而致之，尽以教及门之士。与其失之繁多而终归于废坠，不如择其简要而可垂诸永久也。此《礼经》在孔子时不止十七篇，亦不止五十六篇，而定为十七篇，举要推类而尽其余者，非至当不易之理欤？②

其二，以廖平、康有为等人为代表，认为《仪礼》十七篇为孔子所作，与周公无关。廖平明确断定《仪礼》与其他五经均为孔子所作，与周公无涉。他认为："六经，孔子一人之书，学校，素王特立之政，所谓道冠百王，师表万世也。刘歆以前，皆主此说，故《移书》以六经皆出于孔子。后来欲攻博士，故牵涉周公以敌孔子，遂以《礼》《乐》归之周公，《诗》《书》归之帝王，《春秋》因于史文，《易传》仅注前圣。以一人之作，分隶帝王、周公。如此，是六艺不过如选文、选诗。或并删正之说，亦欲驳之，则孔子碌碌无所建树矣。"③

3. 战国末或汉代儒者所作说

此说出于宋元以来的疑古派学者。他们认为《仪礼》不仅不是周公所作，而且也与孔子无关。

---

①　(汉)司马迁：《史记》卷一二一《儒林列传》，中华书局 1959 年版，第 3115 页。

②　(清)邵懿辰：《礼经通论·论孔子定礼乐》，载《皇清经解续编》第五册卷，上海书店 1988 年影印版，第 586 页。

③　廖平：《知圣篇》，载《中国现代学术经典·廖平卷》，河北教育出版社 1986 年版，第 140 页。

南宋学者郑樵就开始对《仪礼》这部经书的撰作时代提出了怀疑。他认为今之《仪礼》一书，"盖晚出无疑"，似为汉儒所作。①

清代经学家毛奇龄对《仪礼》的作者与撰作时代更明确提出了一反传统的新说，认为《仪礼》为战国末儒者所作。他说："《礼记》杂篇，皆战国后儒所作；而《仪礼》《周礼》则又在衰周之季，《吕览》之前。"②他又说："《礼记》旧谓孔子诏七十子共撰所闻以为记。虽其间杂以他儒，如荀况、公孙尼子诸篇，合以成书，然大抵不出春秋战国之间。若《仪礼》，则显然战国人所为，观其托孺悲以作《士丧礼》，托子夏以为《丧服传》，明明援七十子之徒，借作倚附。然且七十子之徒尚有《大学》《中庸》确然为孔门后学所记，而《仪礼》倚附，别无考据。"③

而以疑古辨伪著称的清代经学家姚际恒在《仪礼通论》中更进一步认为《仪礼》并非成于周公，也不可能成于孔子，而是"春秋以后儒者所作"。④

此外，清代另一位以疑经著称的学者崔述也认为《仪礼》当是成书于战国之末，既非周公之制作，亦未必为孔子之书。他说："古《礼经》十七篇（今谓之《仪礼》），世皆以为周公所作。余按：此书周详细密，读之犹足以见三代之遗，识其名物之制，以考经传之文，大有益于学者，不可废之书也。然遂以为周初之礼，周公所作之书，则非也。……今《礼经》所记者，其文繁，其物奢，与周公、孔子之意判然相背而驰，盖即所谓后进之礼乐者，非周公所制也。……犹不敢必为孔子之书，况欲笃信其为周公之书乎？"⑤

现代疑古派则更是坚决否定了周公、孔子与六经的制作或编定关系。如曾以"疑古玄同"自号的现代疑古派主将之一钱玄同即在承袭前述毛、姚等人观点的基础上进一步指出："其书（指《仪礼》）盖晚周为荀子之学者所作。

① （宋）郑樵：《六经奥论》卷五《仪礼辩》，载文渊阁《四库全书》第 184 册，上海古籍出版社 1987 年影印版，第 98 页。

② （清）毛奇龄：《经问》卷二，载文渊阁《四库全书》第 191 册，上海古籍出版社 1987 年影印版，第 19 页。

③ （清）毛奇龄：《经问》卷三，载文渊阁《四库全书》第 191 册，上海古籍出版社 1987 年影印版，第 32 页。

④ （清）姚际恒著，陈祖武点校：《仪礼通论》，中国社会科学出版社 1998 年版，第 10 页。

⑤ （清）崔述：《丰镐考信录》卷五《礼经作于春秋以降》，载《崔东壁遗书》，上海古籍出版社 1983 年版，第 214—216 页。

《仪礼》为晚周之书,毛奇龄、顾栋高、袁枚、崔述、牟庭皆有此说。近见姚际恒之《仪礼通论》,亦谓《仪礼》为春秋后人所作。……看姚氏所论,可知《仪礼》的确作于晚周;五经之中,当以《仪礼》为最晚出之书。不信康氏(有为)之说者,多从旧书,以为周公所作。实则康氏以为作于孔子尚嫌太早;若作于周公之旧说,则离事实更远,真是无知之臆谈矣。"①

　　洪业则认为《仪礼》十七篇当成书于荀子之后。他论述说:"倘如邵氏之说,孔子诚于周公之礼书,选十七篇,而纂集成《礼经》,何以《论语》《左传》乃至《孟子》均不曾一次征引其书?《荀子·礼论篇》有'丧礼之凡'一段,颇似解《士丧礼》中仪节之意义。《大略篇》引《聘礼志》'币厚则伤德,财侈则殄礼',与《聘礼记》篇所谓'多货则伤于德,币美则没礼'之言亦辞意相同。似荀子时礼已有书。可为十七篇之蓝本也。或谓高堂生所传之《士礼》,乃以口传之。是《聘礼记》与《聘礼志》文辞之偶异,乃高堂生记忆之误耳。然《史记·儒林传》之文不能证口传之说,而荀子所述之礼仪,亦颇与今之《仪礼》有歧异。则高堂生之传本,编纂于荀子之后也。"②

　　上述诸说,孰是孰非?兹谨平议如下:

　　《仪礼》为周公所作说在古代经学史上影响很大。然而,由于此说缺乏文献依据,因而后世越来越受到人们的怀疑和反对,现代学术界几乎无人再信从《仪礼》为周公所作的观点。不过,我们认为虽然不能说《仪礼》十七篇是周公所撰作,但也不能说它与周公毫无关系。我们认为《仪礼》十七篇的某些内容可能就是周公"制礼作乐"时所规定的一些礼仪。虽然周代礼乐不可能完全出于周公一人的制作,但谓周公对于传统的礼乐进行过加工、改造的工作,应是无可怀疑的。在周王朝建立伊始,作为一个很有政治智慧的政治家,作为当时周王朝的最高领导人,周公组织臣僚对前世的礼仪风俗进行加工改造和利用,制定出适应当时社会需要的礼仪制度是完全可能的。这些礼仪制度完全有可能在一定的社会范围内实行过,甚至完全有可能流传到后世,并被损益、规范后而编入《仪礼》这部礼学著作中。尽管后世所传《仪礼》一书不可能是

---

　　① 钱玄同:《重论经今古文学问题——重印〈新学伪经考〉序》,载康有为著,章锡琛校点:《新学伪经考》,古籍出版社1956年版,第406页。

　　② 洪业:《仪礼引得序》,载《洪业论学集》,中华书局1981年版,第48—49页。

周公所制作,但其中保存一部分周公"制礼作乐"时所规定的一些礼仪内容,应该是完全有可能的。

相对说来,司马迁把《仪礼》十七篇的编作权归于孔子的名下,有着一定的合理性。尽管《仪礼》十七篇未必完全是孔子一人所作,其中可能有不少七十子后学所增补的内容,但孔子对《仪礼》一书的整理编订之功,恐怕难以否定。司马迁关于孔子"修起《礼》《乐》"的说法,当是有历史根据的。根据有关文献记载,可知孔子是一位非常重视周礼且对周礼很有研究的学者。孔子生当礼坏乐崩的春秋时期。当时维护旧的社会等级关系的礼制遭到了破坏。面对这种局面,以"克己复礼"为己任的孔子把恢复西周时期那种和谐安定的礼制社会作为自己的最高政治理想,具备编订"礼书"的主观诉求。尤其值得注意的是,鲁国当时保存了丰富的有关周礼的文献,因此晋国的韩宣子在鲁国"观书"之后,有"周礼尽在鲁矣"的赞叹。孔子是鲁国人,又曾仕鲁,因此他完全有条件、有可能接触、阅读过鲁国所保存的有关周礼的文献,掌握了较丰富的有关周礼的学识。孔子还曾周游列国,也完全有机会学习其他一些诸侯国中保存的有关周礼的文献。可见,孔子具备编修《仪礼》的思想基础和学养基础。因此,热衷周礼的孔子完全有可能采缀宗周遗礼,按照自己的理想进行一定的加工整理,并编订成书,作为教育弟子的教材。《礼记·杂记下》载:"恤由之丧,哀公使孺悲之孔子,学士丧礼。《士丧礼》于是乎书。"孺悲曾从孔子学习士丧礼,而且从此以后才有了著于竹帛的《士丧礼》。既然《仪礼》的《士丧礼》篇是孔子所传授,那么,《仪礼》中的《既夕礼》(言葬礼)、《士虞礼》(言葬后诸礼)与《丧服》(言丧服仪制)等三篇记述丧葬之礼的经文也完全可能是由孔子整理并传授下来的。至于此外十三篇与孔子关系如何,虽然由于文献不足而难以具体论定,但把它们看作与《士丧礼》一样是由孔子整理传授下来的,当无多大问题,尽管其中也许有些篇章可能是由孔门弟子后学增补编订而成。

疑古学派所倡导的疑古惑经思潮在破除迷信、解放思想等方面,确实发挥过一定的现实积极意义。但是他们信奉"宁疑古而失之,不可信古而失之"的信条,往往矫枉过正,疑古过头,对古书搞了很多"冤假错案"。他们否认孔子对《仪礼》的"修起"之功,把《仪礼》一书说成是战国末或汉儒所缀辑的论断,实在缺乏令人信服的理据。杨向奎先生曾以《仪礼》与其他先秦文献互证的方法证明《仪礼》十七篇所载仪典内容确曾流行于西周春秋间,"非后人所得伪造",并对疑古学派的观点提出了批评。他说:"清人之怀疑《仪礼》者如姚际恒,以为《仪礼》是后人述春秋时事,而抄《左传》来编造的。把整理和记录正在实行的典礼说成有意捏造,那么他们为什么不把朝礼、飨礼也编造出来?可见这些都是不作实事求是的偏颇之见。……我们则认为,这些疑古的专家是一种虚无主义者,古籍多伪,古史多虚,那么中国不存在古代文明? 他们实在是'数典忘祖'。"①

综上所述,我们认为《仪礼》十七篇的编作权主要应归属于孔子。它本来可能是孔子依据前世流传下来的古礼选编整理而成的、用以教授弟子的教本,而前世所流传下来的古礼中也肯定会包括周公当年制礼作乐的一些内容。当然,我们现在所见到的《仪礼》十七篇,可能是经孔门七十子后学续加修订与增益而形成的。然则疑古派学者对孔子编作权的否定性论述就缺乏令人信服的理据了。

三、《礼记》概述

(一)《礼记》的编撰成书和升格为经

《礼记》,也称《小戴礼记》,是儒家"十三经"之一,是秦汉以前儒家各种礼学文献的选集,是一部有关儒家思想的资料汇编。共有《曲礼》《檀弓》《王制》《礼运》等四十九篇,其中《中庸》《大学》两篇后来被朱熹列入四书。《礼记》反映的基本内容多系先秦古制,亦录有一些孔子言论或其弟子对孔子思想的发挥。《礼记》各篇本来大都是解释"礼经"——《仪礼》的"记",或解经所未明,或补经所未备,是附属于《仪礼》的参考资料性质的东西,是《仪礼》的"附庸"。

汉代经学大师郑玄认为《礼记》一书是由西汉时期的礼学博士戴圣编选成书。孔颖达《礼记正义·序》引郑玄《六艺论》曰:"今礼行于世者,戴德、戴圣之学也。"又曰:"戴德传《记》八十五篇,则《大戴礼》是也;戴圣传《礼》四十

---

① 杨向奎:《宗周社会与礼乐文明》(修订本),人民出版社1995年版,第291—320页。

九篇,则此《礼记》是也。"①

根据《汉书·儒林传》和《后汉书·儒林传》的有关记述,可知汉初鲁高堂生是最早的《仪礼》学传人。他把《仪礼》十七篇传授给瑕丘人萧奋,萧奋再传授给东海郡人孟卿,孟卿又传授给东海郯县人后仓(苍),后仓又传授给梁人戴德、戴圣和沛人闻人通汉、庆普。由于戴德是戴圣的叔父,因而被称为大戴,戴圣被称为小戴。当时大戴、小戴都是立于学官的礼学专家,他们在传授《仪礼》的过程中,根据自己的学术志趣从前世流传下来的众多礼学文献中选取一些与"礼"相关的资料汇编成不同的教本,作为参考资料,用以教授学生,于是便有了流传至今的戴德与戴圣所纂辑的两种《礼记》选编本。由于戴德为戴圣的叔父,因而戴德的选编本85篇便被称为《大戴礼记》,戴圣的选编本49篇便被称为《小戴礼记》。又由于《小戴礼记》的学术地位比较高,影响比较大,因而便被后世称为《礼记》。

东汉马融传《礼记》之学,郑玄受业于马融,为《礼记》作注。郑玄《礼记注》问世后,逐渐为世人所重。

曹魏时,经学家王肃遍注群经。而且其所作包括《礼记注》在内诸经注都立于学官,设博士。于是《礼记》得到官方认可,正式进入儒家经典序列。《三国志·魏书·王肃传》记载:"初,肃善贾、马之学,而不好郑氏,采会同异,为《尚书》、《诗》、《论语》、三礼、《左氏》解,及撰定父朗所作《易传》,皆列于学官。"②

北朝时,"诸生尽通《小戴礼》。于《周(礼)》《仪礼》兼通者,十二三焉。"③这说明当时的学者重视并热衷于《礼记》之学,《礼记》成为当时士人的必读书;而《仪礼》《周礼》二经则很受冷落,较少有人问津。

唐王朝一统天下后,唐太宗有鉴于南北朝时期政治分裂而形成的经学混乱的局面,于是便诏令国子监祭酒孔颖达组织学者撰写《五经正义》,用以统一全国经学。孔颖达等人可能有鉴于《礼记》一书的思想价值高于《仪礼》,因

---

① (唐)孔颖达:《礼记正义》序,载《十三经注疏》,中华书局1980年影印版,第1226页。
② (晋)陈寿:《三国志》卷一三《魏书·王肃传》,中华书局1959年版,第419页。
③ (唐)李百药:《北齐书》卷四四《儒林传》,中华书局1972年版,第583页。

而便将《礼记》升格为五经之一,并为其作"正义"(疏)。实际上就是把《仪礼》排挤出五经之列。从此之后,《礼记》在儒家经典体系中的地位实际上正式超越了《仪礼》,完成了由《仪礼》附庸蔚成大国的升迁之路,并取代《仪礼》,正式进入五经之列。于是在唐代学者普遍重视《礼记》一书,"人皆竞读"①;而《仪礼》一书,则较少研习者,"殆将废绝"②。

(二)《礼记》各篇的作者与写作年代

三礼之中,《仪礼》《周礼》二礼均有较严密、完整的写作体例和理论框架,而《礼记》则是一部资料汇编性质的书籍,其各篇的写作出于众手,没有严密、完整的写作体例和理论框架。《汉书·艺文志·六艺略》礼类载"《记》百三十一篇"。班固自注:"七十子后学者所记也。"这些《记》可能都是解说《礼经》之作,传世的大、小戴《礼记》主要就是选自这些《记》。因而可以推断《礼记》中的大多数篇章可能就是孔子的七十二弟子及其后学的作品。也就是说,《礼记》四十九篇的基本内容形成于先秦时代,是由孔门弟子、后学传承下来的。

关于《礼记》各篇的作者,大多不能确考。古代学者也指出了一些篇章的作者,但其中也有不同的说法。如《史记·孔子世家》说:"孔子生鲤,字伯鱼。……伯鱼生伋,字子思,年六十二。尝困于宋。子思作中庸。"③《礼记·儒行》郑玄注曰:"《儒行》之作,盖孔子自卫初反鲁时也。孔子归至其舍,哀公就而礼馆之,问儒服而遂问儒行,乃始觉焉。言'没世不敢以儒为戏',当时服。"《隋书·音乐志上》载:梁尚书仆射沈约曾在给皇帝的奏报中说:"案汉初典章灭绝,诸儒捃拾沟渠墙壁之间,得片简遗文,与礼事相关者,即编次以为礼,皆非圣人之言。《月令》取《吕氏春秋》,《中庸》《表记》《防记》《缁衣》皆取《子思子》,《乐记》取《公孙尼子》,《檀弓》残杂,又非方幅典诰之书也。"④按《子思子》是孔子之孙孔伋(字子思)的作品集。陆德明《经典释文·序录》曰:"《礼记》者,本孔子门徒共撰所闻以为此记,后人通儒各有损益,故《中庸》

---

① (唐)杜佑:《通典》卷一五《选举》,中华书局1988年版,第355页。
② (后晋)刘昫等:《旧唐书》卷一八五下《杨场传》,中华书局1975年版,第4820页。
③ (汉)司马迁:《史记》卷四七《孔子世家》,中华书局1959年版,第1946页。
④ (唐)魏徵等:《隋书》卷一三《音乐志上》,中华书局1973年版,第288页。

是子思伋所作,《缁衣》是公孙尼子所制,郑玄云《月令》是吕不韦所撰,卢植云《王制》是汉时博士所为。"①

　　由于《礼记》各篇的作者不止一人,写作时间也有先有后。而且《礼记》各篇在流传过程中也有所修改或增补,甚至在个别篇章中混入了秦汉人增补的一些语句或内容。因而唐宋以下,就有不少学者怀疑《礼记》中有一些伪托之作。朱熹认为:"《仪礼》,礼之根本;而《礼记》乃其枝叶。《礼记》乃秦汉上下诸儒解释《仪礼》之书,又有他说附益于其间。"②"今只有《周礼》《仪礼》可全信。《礼记》有信不得处。……大抵说制度之书,惟《周礼》《仪礼》可信,《礼记》便不可深信。"③现代学者冯友兰《中国哲学史》第十四章《秦汉之际儒家》把《大学》《祭义》《学记》《中庸》《礼运》等篇都看作秦汉之际儒家学派的著作,认为《礼记》中的这些篇章继承了孟子、荀子的思想(《礼运》篇又受道家影响),是秦汉人之作。④ 他说:"荀子为战国末年之儒家大师。后来儒者多出其门。荀子又多言礼,故大小戴《礼记》中诸篇,大半皆从荀子之观点以言礼。"⑤20世纪以来的有些疑古学者甚至断定《礼记》基本上是秦汉人的著作。他们完全忽略了先秦时学术著作编制、流传和增补成书的过程有着特殊的规律,与现代著作的产生有很大的不同。

　　至20世纪末,随着郭店竹简的出土和《上海博物馆藏战国楚竹书》的问世,证明《中庸》《缁衣》《表记》《坊记》确是子思的作品。从而说明司马迁、沈约等人的说法是有根据的。

第三节　三礼学术史研究的历史与现状

　　"礼"是我国传统文化的核心内容。三礼——《周礼》《仪礼》《礼记》是记

---

① (唐)陆德明:《经典释文》卷一《序录》,上海古籍出版社2013年版,第43页。
② (宋)黎靖德编:《朱子语类》卷八四《礼一·论修礼书》,中华书局1986年版,第2186页。
③ (宋)黎靖德编:《朱子语类》卷八六《礼三·周礼》,中华书局1986年版,第2203页。
④ 冯友兰:《中国哲学史》上册,华东师范大学出版社2011年版,第193—214页。
⑤ 冯友兰:《中国哲学史》上册,华东师范大学出版社2011年版,第206页。

载我国古"礼"的三部极其重要的典籍,是我国古代礼文化的主要载体,是我国古代国家政治活动及民众社会生活的经典依据。三礼学的内容丰富多彩,几乎涵盖了中国传统文化各个门类的学问。甚至可以说三礼学的主要载体——三礼,相当于我国上古时期历史文化的百科全书。把三礼作为研究对象的三礼学在我国古代也一直处于显学的地位。

我国历代从经学的角度诠释和训解三礼的著作可谓汗牛充栋,大大充实了礼学的内容。这些礼学研究著作既是历代学者对三礼的认识和诠解,而且也是历代礼学家的哲学观念、政治思想和伦理思想的集中体现。可以说,三礼学的发展史,鲜明地体现了中国古代思想观念及社会生活的演变过程。

20世纪初叶,随着封建社会的终结和现代社会制度的构建,随着社会制度的转型和文化的变迁,古代礼制不可避免地退出了历史舞台,"礼"对于中国古代社会和思想观念的深刻作用和影响也已经成为历史。此后,在一波又一波的社会革命和文化革命中,传统的三礼学不仅被边缘化,而且被冲击得几乎在现代学科体系中没有一席之地,只能在历史、哲学、文学、考古学的夹缝中艰难地生存,甚至逐步被各学科切割得呈现出碎片化的景象。虽然许多学者以现代观点对传统礼学进行了多方面的研究和探索,但无论是对三礼本身的研究还是对"三礼学术史"的研究都非常薄弱。与《诗经》《尚书》《周易》《春秋》其他儒家四经方面的学术史研究相比,有关"三礼学术史"的研究无论在深度还是在广度方面都有很大差距。近几十年来,《诗经》《尚书》《周易》《春秋》等四经以及《孝经》《尔雅》都有了专门的学术史方面的通史著作,而关于"三礼学术史"的研究迄今只见到吴万居《宋代三礼学研究》(台北"国立编译馆",1999年)、林存阳《清初三礼学》(社会科学文献出版社,2002年)、潘斌《宋代〈礼记〉学研究》(吉林人民出版社,2011年)和《二十纪中国三礼学史》(南京大学出版社,2016年)、刘丰《北宋礼学研究》(中国社会科学出版社,2016年)等数部断代"三礼学术史"研究专著,以及李江辉《晚清江浙礼学研究》(博士学位论文,西北大学,2007年)和张帅《南北朝三礼学研究》(博士学位论文,山东师范大学,2013年)两篇断代"三礼学术史"博士论文。而迄今尚无人对"三礼学术史"进行全面、系统的研究和总结,尚无一部有关"三礼学术史"的通史专著问世。这与三礼在我国古代社会和学术史上的重要地位和产生过的重要影响是很不相称的。因此,编撰一部通贯古今的三礼学学术通史应该是摆在我们面前的一项重要的学术使命。这也是我们几位学术同道协同合作撰写这部《三礼学通史》的缘起和动机。

第四节　学术意义与研究方法

有鉴于前述"三礼学术史"研究的历史与现状,本书以《三礼学通史》为题,综合参考哲学、社会学、历史学和文献学等领域的研究成果,从学术史和思想史的角度对"三礼学术史"进行全面、深入、系统的挖掘、清理和总结,以期通过对这一课题的研究,推动和深化对于我国经学史、学术思想史及古代社会的研究。

我们力图将"三礼学术史"置于历代社会文化和思想文化史的大背景下进行考察和研究。在充分、全面、系统阅读、考察和掌握历代"三礼学"著作的基础上,对中国"三礼学"从先秦至当代约两千五百年的学术发展史进行一次较全面、系统的总结。不仅要简明、系统地勾勒出三礼学发展演变的主要线索,而且还要对各个历史时期有代表性的三礼学著作进行较为全面、深入的考察和阐发,同时还应当尽可能考察、探讨不同时代三礼学与思想观念、政治制度之间的相互影响,揭示三礼学在中国历史上发展演变的基本规律。本书将以各个历史时期的三礼研究为线索,对"三礼学术史"发展演变进行综合研究和探讨,并根据各个历史阶段的研究实际归纳、概括出各时期的学术特色。进而通过对这一课题的研究,推动和深化我国经学史、学术思想史及古代社会的研究,成了摆在我们当代经学史界面前的一项重要历史使命。

中国历史上每一次文化变革和价值转换,都与经典的重构与学术史的重新诠释密切相关。怎样实现传统礼文化的创造性转化和创新性发展? 这就需要我们通过对"三礼学术史"的总结和解读重建中华民族传统文化的价值体系。三礼作为中华文明的元典,可为我们弘扬传统文化提供不可或缺的文献依据与思想基础。毫无疑问,中华民族精神中以仁义礼智信、群体和谐及修身齐家治国平天下为价值取向的文化基因就来自于我国传统的礼文化。因此，广泛深入开展"三礼学术史"研究，是深刻体认源远流长传统文化的根本。只有对"三礼学术史"进行深入挖掘、清理和总结，才能批判地继承和发扬我国优秀的传统思想文化，为构建中国特色社会主义文化提供有益的历史借鉴。

第一章　两汉时期的三礼学

第一节　两汉时期的社会文化背景

秦始皇建立了我国历史上第一个高度集权的大一统王朝。秦王朝以法家思想为指导,施行严刑峻法,对全国进行思想和行为的统治。于是便与主张实行"礼"治的儒家思想产生了矛盾和冲突,并进而引发了秦始皇打压和摧残儒家文化的"焚书坑儒"之举,使儒学遭受了一场灭顶之灾。但儒家经典和儒家文化焚而未绝,坑而未废,以其强大的生命力在汉初获得迅速的恢复和发展。尤其是在汉武帝"罢黜百家,独尊儒术"之后,儒家经典被独尊为"经",儒学成为具有国家法典性质的经学,独领风骚;以"礼"为核心的儒家文化也上升为国家的主流文化,成为汉王朝文化建构的基石,主导着当时社会的发展走向。从总体上说来,两汉时期的文化是以儒家文化为基调。具体说来,两汉时期的文化背景值得重点关注的有如下数端。

一、叔孙通制定礼仪与刘邦祭孔尊儒

秦王朝二世而亡后,刘邦经过数年楚汉之争建立起汉王朝。汉王朝虽然整体政治架构是"汉承秦制",但文化取向却与秦王朝的文化政策大异其趣。这从汉王朝建立伊始发生的两件重要事情即可看出端倪:一是号称汉家儒宗的叔孙通依照儒家思想学说为朝廷制定礼仪;二是汉高祖刘邦到曲阜祭孔。这两件事情的意义在于从不同维度展示了朝廷对孔子与儒学的尊崇,从而提升了儒家文化的社会地位。

叔孙通为战国末期至西汉初期薛(今山东滕州南)人。他是孔子八世孙孔鲋的学生,好儒术,精礼义,曾为秦代博士。陈胜、吴广起义后,叔孙通依附项梁、项羽,后又降附汉王刘邦。刘邦建立起汉王朝之后,国家礼仪制度几乎付之阙如,百废待兴。当时朝廷大臣大都出身草莽,不知礼仪,甚至时常在朝堂之上"饮酒争功,醉或妄呼,拔剑击柱"①,不成体统。有鉴于此,叔孙通便审时度势,提出进行礼制建设,以解决这一问题。在征得刘邦的同意后,他率领一帮从鲁地征召来的精通礼仪制度的儒生,对传统礼仪予以变通,删繁就简,采取古礼结合秦仪并根据高祖要求,制定了适合当时形势需要的朝仪制度,帮助刘邦整顿了朝纲。叔孙通所制定的朝仪制度非常严格、隆重。举行朝仪时,不仅诸侯王及文武百官都要严格依"礼"进退奉贺,而且还专门布置御史执法,如发现不依朝仪行礼者便驱逐出班列,加以处罚。从而使诸侯王及文武百官朝见皇帝时无不诚惶诚恐,不敢喧哗失礼,一改以往缺乏约束的混乱局面。这种隆重的朝仪,使朝廷尊卑有序,严格了等级界限,确立了皇帝的威严。于是,汉高祖刘邦大喜过望,得意忘形地说:"吾乃今日知为皇帝之贵也!"②并颁令重赏叔孙通,任命其为九卿之一的奉常③,掌管朝廷礼仪。叔孙通趁机举荐了大量随从弟子入朝任职。这些入仕的弟子必然会尽其所能将国家的礼仪制度纳入儒家礼学的轨道,使汉代的礼仪制度进一步在儒家文化的影响下进行建设和发展。

叔孙通组织儒家学者为汉王朝制定的礼仪制度除了朝仪制度之外,还包括宗庙制度和婚嫁礼仪等方面的内容。高帝九年(前198年),叔孙通由奉常改任太子太傅。高帝十二年(前195年),刘邦去世,太子刘盈继位,是为惠帝。由于"先帝(刘邦)园陵寝庙,群臣莫习",于是惠帝又命叔孙通复为执掌宗庙礼仪的奉常,而"定宗庙仪法"。叔孙通在奉常任上,不仅参照古礼拟定了宗庙礼仪,而且还制定了其他许多礼仪。故《史记·叔孙通列传》谓:"汉诸

---

① (汉)司马迁:《史记》卷九九《叔孙通列传》,中华书局1959年版,第2722页。

② (汉)司马迁:《史记》卷九九《叔孙通列传》,中华书局1959年版,第2723页。

③ 按《史记》本传作"太常",《汉书》本传作"奉常"。郭嵩焘《史记札记》卷五上(商务印书馆1957年版,第339页)云:"按《汉书·百官表》:'奉常,秦官,景帝中六年始更名太常。'是时无太常名,《汉书》云拜通为'奉常',是。"兹从郭氏之说。

仪法,皆叔孙生为太常所论著也。"①

在为汉王朝制定各种礼仪制度之外,叔孙通还编写了《仪品》十六篇②及《汉礼器制度》③、《傍章》十八篇④等礼仪法令方面的专著,不仅奠定了有汉一代的礼制规范基础,确立了社会秩序,而且为其后约两千年的中央集权制的封建社会的政治礼制确立了基本模式。对于叔孙通在汉代礼仪制度建设中的重要贡献,历史学家司马迁赞赏说:"叔孙通希世度务,制礼进退,与时变化,卒为汉家儒宗。"⑤

叔孙通以儒家礼乐文化为基础为汉王朝制定礼仪,对儒学的传播有一定的影响作用。可以说,武帝时代的大规模兴礼作乐,实由此发端。叔孙通制定朝仪实际表现了儒学与朝廷政治的主动整合,映射出儒家学者经世致用、积极入世的一贯精神。

正是在叔孙通等儒者的影响之下,汉高祖刘邦有了曲阜祭孔之举。汉高祖刘邦出身草莽,素以鄙弃儒学而著称。陈胜、吴广起义后,刘邦应运而起,历经征战而终于夺取天下。这期间他不修文学,不喜儒生。据《史记·郦食其列传》记载:"沛公不好儒,诸客冠儒冠来者,沛公辄解其冠,溲溺其中。"对儒生的鄙视可谓到极端。郦食其求见时,也以"状貌类大儒"不得见,后来特别申明非儒者而以高阳酒徒的身份,刘邦才接见了他。叔孙通投奔他的时候也是如此,"通儒服,汉王憎之,乃变其服,服短衣,楚制,汉王喜"⑥。《史记·陆贾列传》记载,刘邦的重要谋士陆贾常常向他言说《诗经》《尚书》故事,刘邦的回答是:"乃公居马上而得之,安事《诗》《书》?"陆贾当即向他说明马上得之却不可马上治之的道理:"居马上得之,宁可以马上治之乎?且汤武逆取而以

---

① (汉)司马迁:《史记》卷九九《叔孙通列传》,中华书局1959年版,第2725页。
② (汉)王充:《论衡》卷一二《射短篇》,载《诸子集成》,上海书店1986年影印版,第126页。
③ 《周礼·天官·凌人》"大丧共夷盘冰"下贾疏云:"叔孙通前汉时作《汉礼器制度》,多得古之周制。"载《十三经注疏》,中华书局1980年影印版,第561页。
④ (唐)房玄龄:《晋书》卷三〇《刑法志》:"叔孙通益律所不及,傍章十八篇。"中华书局1974年版,第922页。
⑤ (汉)司马迁:《史记》卷九九《叔孙通列传》,中华书局1959年版,第2716页。
⑥ (汉)司马迁:《史记》卷九九《叔孙通列传》,中华书局1959年版,第2721页。

顺守之,文武并用,长久之术也。"①于是刘邦意识到治理国家与夺取天下确实不可同日而语。陆贾的劝谏,再加上叔孙通根据儒家文化所制定的朝仪典章发挥了显著的功效,于是刘邦从鄙视儒生逐步转化为尊敬儒学。高帝十二年(前195年)十一月,刘邦经过鲁国故都曲阜,以太牢之礼祠孔子,向孔子致敬。《史记·孔子世家》记载:"高皇帝过鲁,以太牢祠焉。"②《汉书·高帝纪下》亦载,刘邦于十二年十一月"行自淮南还,过鲁,以大牢祠孔子"③。刘邦是中国历史上以帝王身份拜祭孔子的第一人。刘邦的曲阜祭孔之举,体现了汉王朝对儒家地位的正式肯定,为汉武之世儒学的独尊和复兴奠定了极其重要的政治和文化基础。

二、黄老之学与汉初政治

汉代初年,社会经济残破,百废待兴。刘邦之后,惠帝、吕后、文帝、景帝时期的当政者有鉴于秦王朝奉行严刑峻法以致二世而亡的教训,便将主张清静无为、与民休息、垂拱而治的黄老之学奉为治国方略。汉初的黄老之学是道家的一个派别,它是在道家思想的基础上吸收了儒、法、阴阳等学派的思想而形成的学术派别。黄老之学在政治上最主要的特点是清静无为,主张因俗简礼、宽刑简政、刑德并用、轻徭薄赋、与民休息。汉初最早根据黄老思想理政的是政治家曹参。曹参任齐相时曾请教于治黄老之学的胶西盖公。盖公将无为而治的黄老思想概括为"治道贵清静而民自定"④。曹参用黄老术治齐九年,齐国大治。后来,曹参于惠帝二年继萧何为相国,又把黄老之术这套治国方针推行于全国。后来,继曹参为相的陈平也"本好黄帝、老子之术"⑤。汉初的文帝、景帝及窦太后都不同程度地尊崇黄老之学。应劭《风俗通义·正失》载:"文帝本修黄老之言,不甚好儒术,其治尚清静无为。"⑥《汉书·外戚传上》则

---

① (汉)司马迁:《史记》卷九七《陆贾列传》,中华书局1959年版,第2699页。
② (汉)司马迁:《史记》卷四七《孔子世家》,中华书局1959年版,第1945—1946页。
③ (汉)班固:《汉书》卷一下《高帝纪下》,中华书局1962年版,第76页。
④ (汉)司马迁:《史记》卷五四《曹相国世家》,中华书局1959年版,第2029页。
⑤ (汉)司马迁:《史记》卷五六《陈丞相世家》,中华书局1959年版,第2062页。
⑥ 王利器:《风俗通义校注》卷二,中华书局1981年版,第96页。

说:"窦太后好黄帝、老子言,景帝及诸窦不得不读老子,尊其术。"①由于窦太后的尊崇,黄老之学达到了极盛。黄老之学在汉初近七十年的政治实践,促进了社会经济的发展,产生了重大的社会影响。尤其是文、景二帝时期,出现了史家所盛赞的"文景之治"。虽然在汉武帝"独尊儒术"以后,黄老学退出朝堂转向民间发展,但它对汉初大乱初定后所起的休养生息作用却是不容忽略的。

汉代初年统治者虽然矫正了秦王朝实行的严刑峻法,奉行黄老之学,但并非实行黄老之术的专制,而是"明倡黄老,辅以儒家,暗用法家"②。也就是说,汉代初年的国家治理虽然表面上是以黄老之学为旨归,但实际上并非黄老之术的专制,而是在黄老思想框架下兼用儒、法的治国之术,也就是礼、法兼用。因为,一方面黄老之学本身就吸收了儒家和法家的一些治国思想,另一方面黄老无为而治的社会实践也为儒家、法家治国理念的发展预留了空间。汉代初年思想家贾谊的"礼法合治"思想就充分地反映了这一点。贾谊从治国、安邦、理民的高度提出了加强礼治的主张。他认为礼是治国之本,"礼者,所以固国家,定社稷,使君无失其民者也。主主臣臣,礼之正也;威德在君,礼之分也;尊卑大小,强弱有位,礼之数也"③。同时,贾谊也很重视法。他认为礼与法各有不同的作用,二者不可偏废。他甚至认为在某种意义上法制比礼义更重要。他说:"仁义恩厚者,此人主之芒刃也;权势法制,此人主之斤斧也。势已定,权已足矣,乃以仁义恩厚因而泽之,故德布而天下有慕志。"④在他看来,权势法制是实行礼义的前提。没有权势法制,仁义只能付诸空谈。显然,在贾谊的治国思想中,儒家的礼治思想和法家的法治思想的影响都是很明显的。

三、董仲舒与"独尊儒术"

董仲舒(约前179—前104年),西汉广川(今河北景县)人。他是汉代历史上第一大儒,是西汉思想家、政治家、公羊学大师。董仲舒少治《公羊春秋》,景帝时为博士,成为名重当世的大儒。武帝即位,举贤良文学之士,策问

---

① (汉)班固:《汉书》卷九七上《外戚传上》,中华书局1962年版,第3945页。
② 刘泽华、葛荃主编:《中国古代政治思想史》,南开大学出版社2001年版,第179页。
③ (汉)贾谊:《贾谊新书》卷六,上海古籍出版社1989年版,第44页。
④ (汉)贾谊:《贾谊新书》卷二,上海古籍出版社1989年版,第18页。

古今治道。董仲舒在对策中脱颖而出,先后上《天人三策》,对天命与性情等天人关系问题、君权神授、大一统等理论问题进行了深入阐述,得到武帝的赞许与重视,所言多被采纳。

在汉武帝的支持下,以董仲舒为代表的新儒家顺应时代要求登上历史舞台。董仲舒首先提出统一思想,独尊儒术。在武帝的支持下,儒学被确立为汉王朝的统治思想,取得了独尊的地位。

董仲舒所构建的新儒学体系实以《公羊春秋》为主干,以"究天人之际""通古今之变"为宗旨,以孔孟儒学的礼乐文化为核心,杂糅各家思想中利于政权统治的理论,兼收并蓄,对先秦诸子之学进行了融通改造,鲁文化系统的墨学、齐文化系统的阴阳五行思想、黄老道家思想等无不被纳入其思想体系,借此完成了对儒学的重新建构。

对君民关系的诠释,一方面他主张君权神授,要求人民服从于代表天意的君王;另一方面他更强调统治者须尊天而保民,提出"屈民而伸君,屈君而伸天"的观念,最终以天意限制君权,为民张目。"以民随君,以君随天"的大则既定,他又从"五行相胜"思想出发,以民为本,以君为土,强调民是克制君的现实力量,以此警告统治者不可"仇雠其民"(《春秋繁露·王道》),要求君之治民务以"先富之而后加教"为要。

同时,在阴阳思想的指导下,董仲舒提出以德治为主,德刑兼备的治国思想,亦即以礼为主、礼法结合的治国方略。他说:"天道之大者在阴阳。阳为德,阴为刑;刑主杀而德主生。"①他认为君主遵循天道治国,就必须实行德治。所谓德治实际上就是儒家所倡导的礼治。礼治主要有两方面的内容:其一是行教化。董仲舒说:"圣人之道,不能独以威势成政,必有教化。"②他认为教化就像堤防一样维护着社会纲常伦理。如果堤防毁坏,必然伦理溃败,奸邪横行,"是故教化立而奸邪皆止者,其堤防完也;教化废而奸邪并出,刑罚不能胜者,其堤防坏也"③。因此,帝王"南面而治天下,莫不以教化为大务"④。教化

---

① (汉)班固:《汉书》卷五六《董仲舒传》,中华书局 1962 年版,第 2502 页。
② (汉)董仲舒:《春秋繁露》卷一一,中华书局 1975 年版,第 387 页。
③ (汉)班固:《汉书》卷五六《董仲舒传》,中华书局 1962 年版,第 2503 页。
④ (汉)班固:《汉书》卷五六《董仲舒传》,中华书局 1962 年版,第 2503 页。

的目的是教育引导社会各阶层认可并服从儒家倡导的纲常伦理。其二是施仁政。他要求统治者要尽可能防止社会两极分化,以免形成严重的贫富对立。统治者应该使"民财内足以养老尽孝,外足以事上共(供)税,下足以畜妻子极爱"①。因为只有通过实行仁政,保障民众的基本生活需求,才能维护社会秩序的正常运转。

董仲舒主张"德治"与"礼治",但并不排斥"法治"(刑罚)。他主张礼法结合、德主刑辅。当然,在董仲舒的"礼法合治"思想中,礼与法二者的地位不是均等的,而是"德主刑辅",就是以礼治为主,以法(刑)为辅。他认为治理国家应该"大德而小刑""务德而不务刑"。他认为不应该专任刑罚,应该以"礼"为主。他说:"刑之不可任以成世也,犹阴不可任以成岁也。"否则,就是"逆天,非王道也"。② 至于二者的施用比例,应该如同天之"暖暑居百,而清寒居一。德教之与刑罚,犹此也"③。董仲舒"礼法合治、德主刑辅"的思想得到汉武帝的认可,并被确立为汉王朝官方正统思想。此后,汉王朝的治国方针基本上都以这种"礼法合治、德主刑辅"的思想为圭臬。正如后来汉宣帝对其"好儒"的儿子刘奭(元帝)所说:"汉家自有制度,本以霸王道杂之,奈何纯任德教,用周政乎?"④宣帝所谓"霸王道杂之",实际上就是礼法合治。"霸道",就是指法治;"王道",就是指礼治,也就是指"德教"与"周政"。

汉王朝所奉行的这种"霸王道杂之"的礼法合治方针为后世历代王朝所沿用,甚至形成一种传统的治国范式。

四、汉代的谶纬思潮和经学的谶纬化

谶纬思潮的兴起和经学的谶纬化是汉代文化史上值得特别注意的两件大事。

所谓"谶"本是指一种预决吉凶的神秘预言。多是以隐语的形式预言朝代的兴亡和一些重大政治事件的发生。其起源很早。秦始皇时期社会上就曾

---

① (汉)班固:《汉书》卷二四上《食货志上》,中华书局 1962 年版,第 1137 页。
② (汉)董仲舒:《春秋繁露》卷一一,中华书局 1975 年版,第 400—401 页。
③ (汉)董仲舒:《春秋繁露》卷一二,中华书局 1975 年版,第 434 页。
④ (汉)班固:《汉书》卷九,中华书局 1962 年版,第 277 页。

流传过这样两条谶言："亡秦者胡也。""始皇帝死而地分。"(《史记·秦始皇本纪》)

所谓"纬"是与经相对而言。纵为经,横为纬。纬书是两汉时期一些方士化的儒生和儒学化的方士假托孔子或黄帝、尧、舜等神圣人物用阴阳五行、天人感应、符命等神学迷信观点对《诗》《书》《易》《礼》《春秋》《论语》等儒家经典进行解释和阐发的著作。纬的主要特点是将儒家经典神秘化,将儒家思想宗教化,并将孔子神化为超人的教主。在纬书里,孔子被说成是一个"感黑龙之精而生"的神人。(《论语谶》)

出于经学神学化的需要,出于神化现实统治者的需要,出于神化纬书自己本身的需要,纬书引用和编造了大量的谶言,以致谶言成了纬书的重要组成部分。于是二者逐步合流,互相发明,互相辅翼,相得益彰。由于用谶解经是纬书的显著特色,因而人们便将纬书这种经学神学化的产物称为"谶纬",或单称"谶"。谶纬于西汉末年兴起后,至东汉便盛极一时,对当时的学术思想和政治观念都产生了重大而深远的影响,以致形成了一股强大的社会思潮。

由于古人往往将纬书称为"谶纬"或"谶",因而后世人们多将"谶"与"纬"相提并论,甚至有人认为"谶"与"纬"名异实同。① 其实这种观点是不确切的。因为并不是所有的谶都可以称为纬。实际上二者既有联系,又有区别:首先,二者产生、流传的时代不同。纬是汉代将儒家典籍独尊为经以后才产生的,而在此之前谶早已产生了。纬书于隋朝被禁绝之后,谶言还在继续产生和流传。如传说唐人李淳风、袁天罡合著的《推背图》、明人刘基所作的《烧饼歌》等,只可称为谶,而绝不能称为纬,也不能称为谶纬。其次,二者与儒家经义的关系不同。纬是解释经义的,必须依经而行,而谶却不一定,大多数谶与经义无关。再次,二者的内容不同。纬的内容十分庞杂,举凡天文星象、灾异符命、典章制度、神仙方术、文字训诂无所不包。而谶的内容比较单一,只不过是假托神意,对社会人事的未来作出先兆式的预言。

---

① (清)俞正燮:《癸巳类稿》卷一四《纬书论》,载《续修四库全书》第1159册,上海古籍出版社2002年版,第566—567页;顾颉刚:《秦汉的方士与儒生》十九章《谶纬的造作》,上海人民出版社1962年版,第127页;陈槃:《谶纬释名》,《历史语言研究所集刊》1944年第11本;钟肇鹏:《谶纬论略》,辽宁教育出版社1991年版,第11页。

汉代谶纬思潮的兴起发源于今文经学家董仲舒的经学思想。董仲舒打着儒家的旗号,突出阐发了儒家经典的微言大义,糅合了阴阳家的神秘主义,吸取了黄老、法家的思想,把自然界的四时运行和封建社会的伦理纲常都视为天意的体现,构筑了天人感应的神学目的论。他把皇帝的权力视为天命所授。在他看来,上天为人间安排皇帝,并由皇帝代行天的权威,表达天的意志。由于上天是神圣不可侵犯的,因而作为天子的皇帝也是神圣不可侵犯的。他所创立的这种天人感应的神学目的论,无疑为汉王朝的君权至上性提供了神学根据,表现出神学预言的性质,这就开了汉代谶纬迷信之先河。

早期的谶纬主要是神化儒家创始人孔子和神化刘家王朝。除了神化刘家王朝和孔子外,谶纬还被两汉之际的一些野心家用来为各自的政治目的服务。如王莽在篡汉夺取政权的过程中便曾组织自己的党羽大肆编造谶纬,宣扬王莽代汉是上天的旨意,为王莽代汉称帝制造舆论。据《汉书·王莽传》记载,当时出现的助莽篡汉的谶纬有:"赤世计尽","黄德当兴","火德销尽,土德当代","皇天革汉而立新,废刘而兴王",等等。

王莽代汉自立后,当时一些不满王莽统治的政治势力便把推翻王莽统治的希望寄托在刘姓宗室身上,并编造了一些拥刘反王的谶言。如光武帝刘秀起兵之前,政治投机分子李通便编造了这样一条谶言:"刘氏复起,李氏为辅。"[1]这条谶言的巧妙之处在于既顺应了刘氏复辟的希望,而且规定了李氏的辅佐地位。刘秀接受并认可了这条谶言后,便乘天下混乱之机,起兵反对王莽,并终于夺取了帝位,建立东汉,恢复了刘氏皇统。而进献这条谶言的李通也如愿以偿,得到刘秀的重用,先后担任前将军和大司空等要职。

刘秀建立东汉后,便于建武中元元年(56 年)"宣布图谶于天下"[2]。由于刘秀是汉高祖刘邦的九世孙,因而他颁行的谶纬中,便充斥了许多刘秀奉天承运的谶言。如"帝刘之秀,九名之世"(《河图合古篇》),"赤三德,昌九世"(《洛书甄曜度》),等等。

汉代谶纬思潮的核心思想中包含两个向度,即维护王权与制约王权。在

---

① (南朝)范晔:《后汉书》卷一上《光武帝纪上》,中华书局 1965 年版,第 2 页。
② (南朝)范晔:《后汉书》卷一下《光武帝纪下》,中华书局 1965 年版,第 84 页。

谶纬的作者看来,一方面,帝王的权力来自于天命所授,理所当然地是人间秩序正统维持者。如《春秋纬·元命包》云:"诸侯不上奉王之正则不得其位,正不由王出不得为正。王不承于天以制号令则无法,天不得正其元则不能成其元也。"①另一方面,谶纬认为灾异的发生是上天对国君政治失误的警告,如《春秋纬·潜潭巴》说:"疾风拔木,谗臣恣,忠臣辱。"又云:"天赤有大风发屋折木,兵大起,行千里。"②《周易乾凿度》在论述"易"的含义时,甚至讲到"革命"的必要性,说:"君臣不变不能成朝,纣行残虐天地反,文王下吕(尚)九尾见,夫妇不变不能成家,妲己擅宠殷以之破。大任顺季享国七百,此其变易也。"③凡此,皆隐含着限制君权的深意。

两汉时期的谶纬思潮不仅对当的社会政治产生了重大而深远的影响,而且对汉代经学也产生了深刻的影响。正如李学勤在《纬书集成》序言中所说:"汉代的纬学实际是经学的一部分,在考察汉代经学的时候,如果摒弃纬学,便无法窥见经学的全貌。近人讲汉代经学史,每每于董仲舒以下没有多少实质性的话可说,就是这个缘故。前人误把当时经、纬隔离开来,讥评汉儒采用纬说,如清代崔述《考信录提要》说:'先儒相传之说往往有出于纬书者,盖汉自成、哀以后,谶纬之学方盛,说经之儒多采之以注经,其后相沿,不复考其所本,而但以为先儒之说如是,遂靡然而从之。'不知纬书的作者其实也是所谓'先儒',汉代经学许多重要内涵是保存在纬书里面的,经学、纬学密不可分,因而儒者说经引纬书是很自然的。"④

李学勤认为汉代"经学、纬学密不可分",甚有见地。可以说,谶纬本质上是汉代"今文经学"的异化。

东汉时期,谶纬思潮达到了鼎盛。谶纬在学术上也获得了尊崇地位,甚至许多经学家以谶记解经或正五经异说。《隋书·经籍志》记载:"汉时,又诏东

---

① (唐)孔颖达:《礼记正义》卷五三《中庸》孔疏所引,载《十三经注疏》,中华书局1980年影印版,第163页。

② (明)孙毂编:《古微书》卷一一,载文渊阁《四库全书》第194册,上海古籍出版社1987年影印版,第888页。

③ 《周易乾凿度》卷上,载文渊阁《四库全书》第53册,上海古籍出版社1987年影印版,第866页。

④ [日]安居香山等:《纬书集成》,河北人民出版社1994年版,第2页。

平王苍,正五经章句,皆命从谶。俗儒趋时,益为其学,篇卷第目,转加增广。言五经者,皆凭谶为说。"① 再如沛献王刘辅"好经书,善说京氏《易》《孝经》《论语传》及图谶,作《五经论》,时号之曰'沛王通论'"②。又如章帝建初四年(79年)大会诸儒,讲论五经同异于白虎观,讨论今古文经学,章帝亲临裁决,最后由班固编定为《白虎通义》。《白虎通义》是当时由皇帝钦定的一部经学教科书。其中大量援引谶纬的内容来论证一些经学问题。正如钟肇鹏所说:"谶纬神学是东汉王朝的统治思想,它是代表'天'(上帝)的意志,因之其地位在五经之上。这点从《白虎通义》里可以看出。在《白虎通义》引证经典,凡有经有纬的,往往先引谶纬,后引经书。……《白虎通义》的宗教神学体系,直接出自谶纬。如讲社稷,见于《孝经援神契》;讲五祀,见于《礼纬含文嘉》;讲封禅,见于《孝经钩命决》……"③

在这种崇信谶纬的形势下,章帝初年,贾逵曾试图借助图谶的力量使《左传》立于官学。他曾给章帝上书说:"臣以永平中上言《左氏》与图谶合者,先帝不遗刍荛,省纳臣言,写其传诂,藏之秘书。……至光武皇帝,奋独见之明,兴立《左氏》《穀梁》,会二家先师不晓图谶,故令中道而废。……五经家皆无以证图谶明刘氏为尧后者,而《左氏》独有明文。五经家皆言颛顼代黄帝,而尧不得为火德。《左氏》以为少昊代黄帝,即图谶所谓帝宣也。如令尧不得为火,则汉不得为赤。其所发明,补益实多。"④ 章帝虽未因此而正式立《左传》于官学,却令贾逵自己挑选二十名学生传授《左传》,实质上是默许或承认了《左传》的官学地位。

连东汉时期集今古文经学之大成的经学大师郑玄也深研谶纬之学,并在其遍注群经的过程中往往据谶纬立说。由此可见,谶纬思潮对汉代经学影响之深重。

① (唐)魏徵等:《隋书》卷三二《经籍志》,中华书局1973年版,第941页。
② (南朝)范晔:《后汉书》卷四二《光武十王列传·沛献王辅传》,中华书局1965年版,第1427页。
③ 钟肇鹏:《谶纬论略》,辽宁教育出版社1991年版,第145—146页。
④ (南朝)范晔:《后汉书》卷三六《贾逵列传》,中华书局1965年版,第1237页。

五、汉代今、古文经学之争与郑玄对今、古文经学的整合

今、古文经学之争是两汉经学史上一件引人瞩目的大事。今文经学和古文经学,是汉代经学传授谱系中的两个派别。所谓"今文经"指的是以汉代通行的隶书写定的经典,"古文经"是指以先秦古文字写定的经典。今、古文经的形成与秦代禁毁儒家经典有关。秦始皇下达"挟书律",实行"焚书坑儒"政策,于是儒家经典消亡殆尽。汉王朝建立初期由于百废待举,无暇顾及文化建设。到惠帝时方废除"挟书律",至文景时期才开始大规模的文献征集工作。一些年长的秦代博士或其他儒生,或以口述默诵的方式重新写定已遭焚毁的儒家经典;或把秦禁书时冒险藏匿的典籍重新找出来,并以汉代通行的隶书写定后传授于世。由于这些经典是以当时通行的文字写定的,因而被称为今文经。而古文经的来源主要有如下几条渠道:(1)景帝末年鲁恭王兴建王府,拆除孔子旧宅,从旧宅墙中发现一批以先秦古文字写成的儒家经典,其中有《尚书》《左传》《论语》《孝经》等儒家经典。(2)景帝、武帝之际,河间献王刘德从民间收集了大批先秦典籍,其中有《周官》《尚书》《礼》《礼记》《孟子》《老子》等。(3)鲁淹中(曲阜里名)发现的《礼古经》。(4)汉宣帝时又有河内女子坏老屋,得到几篇《尚书》。这些新发现的儒家古文献都是用先秦古文字书写的,因而被称为古文经。今文经与古文经不仅篇数、文字有差异,而且其传述和解释体系也有所不同,因而形成了两个不同的学派。

汉武帝推行"罢黜百家,独尊儒术"政策,设立五经博士,每一经都置若干博士,博士下又有弟子。今文学派所传授的《诗》《书》《礼》《易》《春秋》等五经捷足先登,被立于学官,垄断了学界的利禄之途,今文学派当然不愿意流传于民间的古文经学染指他们所垄断的利禄之途。因此,在今文派的排挤下,西汉时期各种古文经均一直未被立于学官,而只能在民间传授。因而研治今、古文经的两派学者便出现了矛盾和纷争。二者的矛盾和纷争虽然从学术层面上看是由不同的文本和不同的家法、师承及治学理路而形成的,但从社会层面上看却反映了二者之间在利禄地位方面的深层矛盾。西汉前期,由于古文经传世较晚,势力不大,未得到官方的正式承认,对立于学官的今文经学的地位还未构成严重威胁,因而二者起初的矛盾和对立并不是很尖锐。到西汉哀帝时,时任光禄大夫的学者刘歆推崇《周官》《左传》《毛诗》《古文尚书》等古文经,并向朝廷建议将《古文尚书》等古文经学立于学官,遭到了今文经学诸博士的抵制。于是刘歆便向时任丞相的孔光求助。作为今文《尚书》大夏侯之学的重要传人,孔光自然拒绝了刘歆设立古文经学博士的建议。无奈之下,刘歆便撰写了《移让太常博士书》一文,全面说明了将《古文尚书》和其他古文经立于学官的意义,并对今文经学抱残守缺、排斥异己的学风进行了严厉的批评。由于当时朝廷中的大臣大多出身于今文经学,因而刘歆对今文经学的批评犹如捅了马蜂窝,招致众多朝臣的激烈反击。时任大司空的《齐诗》传人师丹弹劾刘歆"改乱旧章,非毁先帝所立"①。在众多朝臣的群起围攻之下,刘歆孤立无援,为了免遭政治迫害,他便自请调任外官,出为河内太守。然而不久后,王莽专权当政,情况发生了变化。由于刘歆曾于成帝时与王莽同为黄门郎,二人交情很深,因而刘歆便借助王莽之力,将《古文尚书》和其他几部古文经同立于学官。

新莽政权垮台后,东汉王朝在学术上恢复了西汉时期的博士制度,只承认今文经学的合法性,而将古文经学从学官中废除。只有《左传》一部古文经曾一度于光武帝时立于学官,但很快又在今文经学的反对下被取消,而其他古文经学则始终不得立于学官。

从西汉末年刘歆代表古文经学向今文经学公开发难之后,今文学派与古文学派双方便各立门户,相互论辩,纷争不已。今、古文经学之间的纷争不仅未随着王莽政权的垮台和东汉王朝的建立而平息,而且有愈演愈烈之势。有鉴于此,汉章帝于建初四年(79 年)主持召开了白虎观会议,"讲论五经异同",旨在解决经学中一些有争议的重大问题,调停今、古文学派的纷争和矛盾。今、古文学派虽然在这次会议上展开了激烈的争论,但在客观上却促进了双方的交流和妥协。会后,章帝诏令:"高才生受《古文尚书》《毛诗》《穀梁》《左氏春秋》,虽不立学官,然皆擢高第为讲郎,给事近署。"②实际上就是给予古文经学相当于立于学官的实质性待遇——通经入仕。

白虎观会议之后,今、古文经学的争议虽然有所和缓,但二者之间的争斗

---

① (汉)班固:《汉书》卷三六《刘歆传》,中华书局 1962 年版,第 1972 页。
② (南朝)范晔:《后汉书》卷七九上《儒林列传上》,中华书局 1965 年版,第 2546 页。

并未止息。一直到东汉末期,随着今文经学的衰微和经学大师郑玄(127—200年)对今、古文经学的整合,今、古文经学之争才告一段落。

郑玄,字康成,东汉北海高密(今山东高密)人,是汉代经学史上一位集大成式的经学家,是汉代影响最大的"通儒"。所谓"通"者,一方面是说郑玄兼通五经,不专守一艺,不仅专撰一经训诂,而且遍注群经;另一方面是说他兼通今、古文经学,对今、古文经学进行了融会贯通和整合。

郑玄先师从京兆(今西安西北)尹第五元先,学习《京氏易》《公羊春秋》等今文经。其后,又师从东郡张恭祖学习《周官》《礼记》《左氏春秋》《韩诗》《古文尚书》。几年后,郑玄学业有成,"以山东无足问者",就西入关中,师事古文经学家马融。郑玄师从马融研习经学三四年后,即学业精进,会通诸经,于是便辞归故里,回到山东地区传授经学。马融喟然对门人说:"郑生今去,吾道东矣。"①由此可见,马融对郑玄学问的赏识和器重。郑玄这种兼习今、古文经学的特殊经历,为他日后融会今古文经学、遍注群经,打下了坚实的基础。

郑玄返回家乡后,安贫乐道,客耕东莱(今山东黄县东南),学徒相随达数百人。由于"党锢"事件的牵连,他杜门不出,隐修经业,长达14年。在此期间,今文经学阵营的代表人物何休面对当时古文经学日益兴盛、今文经学日渐式微的形势,力图弘扬光大公羊学,重振今文经学。他与其老师泰山(今山东泰安)人羊弼合作了"《春秋》三书":《公羊墨守》十四卷、《左氏膏肓》十卷和《穀梁废疾》三卷。不仅攻击属于古文经学的《左传》学,而且攻击同属今文经学的《穀梁》学。所谓"墨守"是说《公羊传》义理坚实,犹如墨子守城一般难以动摇;所谓"膏肓",是说《春秋左氏传》如同病入膏肓,不可救药;所谓"废疾",则是比喻《春秋穀梁传》存在严重弊病,犹如病残之人。对于今文经学家何休的挑战,郑玄进行了针锋相对的反击。他针对何休所作的《公羊墨守》《左氏膏肓》《穀梁废疾》等"《春秋》三书",作《发墨守》《箴膏肓》《起废疾》三书,对何休的经学观点进行了有理、有力的批判。因而何休亦见而叹服说:"康成入吾室,操吾矛,以伐我乎!"②由此可知,郑玄反对何休,并不是单纯站

①　(南朝)范晔:《后汉书》卷三五《郑玄列传》,中华书局1965年版,第1207页。
②　(南朝)范晔:《后汉书》卷三五《郑玄列传》,中华书局1965年版,第1208页。

在古文经学的立场上对何休的今文经学观点进行批判,而是在古文经学的基础上,兼采了今文经学的优长之处,对何休的今文经学进行了反击。

郑玄的经学有两个最大的特点:一是会通今古,二是以"礼"为宗。所谓会通今古,就是在古文经学的基础上,将今古文经学融会贯通。所谓以"礼"为宗,就是以三礼学贯通其他诸经。

三礼学是郑玄经学的精华和重点所在。郑玄《周官注》师承于古文经学家马融;而其《仪礼注》则兼采今、古文之说;注《礼记》则是其文心独断的创新性撰作。此前,《周礼》《仪礼》《礼记》三部礼书各自成书,分别相传,而郑玄将这三部礼书融会贯通,形成"三礼之学"。

郑玄融会今古,遍注群经,著述宏富,为汉代经学作出了集大成式的贡献,其学术成就无疑是经学史上一座丰碑。他的经学著作,虽然大部分已经失传,但仅至今完整地留存于《十三经注疏》中的《毛诗笺》和三礼注就足以反映其经学成就的博大精深。郑玄的经学成就对当时及后世的经学都产生了重大而深远的影响。对于郑玄在经学史上的地位,范晔在《后汉书·郑玄列传》中论曰:"自秦焚六经,圣文埃灭。汉兴,诸儒颇修艺文。及东京(指东汉)学者亦各名家。而守文之徒,滞固所禀,异端纷纭,互相诡激,遂令经有数家,家有数说,章句多者或乃百余万言,学徒劳而少功,后生疑而莫正。郑玄括囊大典,网罗众家,删裁繁诬,刊改漏失,自是学者略知所归。"[①]意谓郑玄之前的经学,异端纷纭,学派林立。经过郑玄删裁繁诬,统合古今,使各家各派融会贯通在一起。于是今古文纷争、家法林立的局面被打破,今古文不复分别,浑然融为一体。至此,郑玄会通今古的经学一统天下,结束了两汉延续近三百年的今古文之争。

第二节　两汉时期的《周礼》学

两汉时期是《周礼》学的奠基和发轫时期。刘歆是《周礼》学的奠基人和

---

① (南朝)范晔:《后汉书》卷三五《郑玄列传》,中华书局1965年版,第1212—1213页。

开拓者;刘歆的弟子杜子春是两汉之际《周礼》学传承的关键人物;此外,郑众、贾逵、马融等礼学家也都为两汉《周礼》学的发展作出了重要贡献。而郑玄则是集两汉《周礼》学之大成的重要礼学家。

一、《周礼》在汉代的问世

《周礼》原名《周官》,是先秦儒家学者编著的一部理想化的政典,分述各级官职及其相关的典章制度。《周礼》一书虽然不见于先秦文献的记述,但综合现代学术界的研究,基本上可以认定《周礼》一书大约成书于东周春秋时期。

前已述及,关于《周礼》一书的作者和成书年代,一直众说纷纭。汉代古文经学家刘歆认为它是"周公致太平之迹",林孝存则认为《周礼》是"末世渎乱不验之书,故作《十论》《七难》以排弃之。何休亦以为六国阴谋之书"[1]。宋代的胡安国、胡宏父子则"以为是王莽令刘歆撰"[2]。清末康有为等人继承推阐了此说,断言:"《周官经》六篇……盖刘歆所伪撰也。"[3]现代学者洪诚论定《周礼》"成书最晚不在东周惠王后(前676—前652年在位)"[4]。金景芳认为:"《周礼》一书是东迁以后某氏所作。作者得见西周王室档案,故讲古制极为纤悉具体,但其中也增入作者自己的设想。例如封国之制、畿服之制一类的东西,就是作者自己设想所制定的方案。"[5]刘起釪认为:"《周礼》的成书有一发展过程。第一步只是一部官职汇编,至迟成于东周春秋时代。"[6]我们认为上述洪、金、刘三位先生的意见言之成理,比较符合相关文献记述,可以信从。

《周礼》(《周官》)一书虽然可能编撰于东周春秋时期,但一直不见于传世的先秦文献的记述,直到西汉初年才见称于世。如司马迁《史记·鲁周公世家》和《史记·封禅书》均称引过《周官》一书,但西汉前期其他学者几乎无

---

① (唐)贾公彦:《周礼注疏》卷首《序周礼废兴》,载《十三经注疏》,中华书局1980年影印版,第636页。

② (宋)黎靖德编:《朱子语类》卷八六《礼三·〈周礼〉》,中华书局1986年版,第2204页。

③ 康有为著,章锡琛校点:《新学伪经考》,古籍出版社1956年版,第76页。

④ 洪诚:《读〈周礼正义〉》,载《洪诚文集》,江苏古籍出版社2000年版,第206页。

⑤ 金景芳:《周礼》,载《经书浅谈》,中华书局1984年版,第46页。

⑥ 刘起釪:《古史续辨》,中国社会科学出版社1991年版,第650页。

人提及或关注此书,可见当时此书流传不广,影响不大。直到刘歆于西汉晚期受命校理皇家图书时从秘府中发现此书,并对其大加推崇,才逐步引起社会的重视。王莽当政时,刘歆奏请将《周礼》立于学官。而王莽也非常看重《周礼》一书,甚至依照《周礼》的政治设计进行施政改革。于是,在刘歆的推动和王莽的扶持下,《周礼》这部本来不在儒家经典之列的书大行于世,甚至被提升到"经"的序列。

汉代经学家马融认为《周礼》一书之所以很晚才传于世,是由于秦始皇"焚书坑儒"的缘故。其《周官传》曰:"秦自孝公已下用商君之法,其政酷烈,与《周官》相反。故始皇禁挟书,特疾恶,欲绝灭之。搜求焚烧之独悉。是以隐藏百年。孝武帝始除挟书之律,开献书之路,既出于山岩屋壁,复入于秘府。五家之儒莫得见焉。至孝成皇帝达才通人刘向子歆校理秘书,始得列序著于《录》《略》。"①

关于《周礼》一书的发现与传世,古代文献中主要有三种记述:(1)汉河间献王刘德得之于民间;(2)武帝时出于孔壁之中,由孔安国献于朝廷;(3)文帝时所得。

关于刘德从民间搜求到《周礼》的说法,最早见于班固《汉书》的记载。《汉书·河间献王传》:"河间献王德以孝景前二年立,修学好古,实事求是。从民得善书,必为好写与之,留其真,加金帛赐以招之。繇是四方道术之人不远千里,或有先祖旧书,多奉以奏献王者,故得书多,与汉朝等。……献王所得书皆古文先秦旧书,《周官》《尚书》《礼》《礼记》《孟子》《老子》之属,皆经传说记,七十子之徒所论。"②按河间献王刘德为汉武帝之兄,在位26年。由此可知,《周礼》(《周官》)一书当是河间献王在景帝、武帝之际从民间搜求到的"先秦旧书"。

《经典释文·序录》说:"景帝时河间献王好古,得古《礼》献之。或曰河间献王开献书之路,时有李氏献上《周官》五篇,失《事官》一篇,乃购千金不得,

---

① (唐)贾公彦:《周礼注疏》卷首《序周礼废兴》,载《十三经注疏》,中华书局1980年影印版,第635页。

② (汉)班固:《汉书》卷五三《河间献王传》,中华书局1962年版,第2410页。

取《考工记》以补之。"①《隋书·经籍志》亦载："汉时有李氏得《周官》。《周官》盖周公所制官政之法，上于河间献王，独阙《冬官》一篇，献王购以千金不得，遂取《考工记》以补其处，合成六篇奏之。"②然则《周礼》一书是由李氏献给河间献王刘德，刘德以《考工记》补其所缺《冬官》后，又进献给汉王朝。

而郑玄与《汉书》《后汉书》则认为《周礼》出于孔壁。《礼记》大题下孔疏引郑玄《六艺论》曰："《周官》，壁中所得，六篇。"③《后汉书·儒林列传下》则曰："孔安国所献《礼古经》五十六篇及《周官经》六篇，前世传其书，未有名家。"④又，《太平御览》卷六一九引西晋杨泉《物理论》曰："鲁恭王坏孔子旧宅，得《周书》，阙，无《冬官》，汉武购千金而莫有得者，遂以《考工记》备其数。"⑤孙诒让不同意郑玄、杨泉等人的观点。他认为："杨氏疑因《六艺论》文，妄撰此说。"⑥按《汉书·艺文志》与《汉书·楚元王刘交传》附《刘歆传》所载刘歆《移让太常博士书》及许慎《说文解字·叙》均历数鲁恭王坏孔子宅时从坏壁中所出先秦旧书的书名，而均未言及《周礼》（《周官》）一书。因此《周礼》出于孔壁之说，不可信从。

关于文帝时得《周礼》之说，见于《礼记·礼器》"故经礼三百，曲礼三千，其致一也"下之孔疏："经秦焚烧之后，至汉孝文帝时，求得此书，不见《冬官》一篇，乃使博士作《考工记》补之。"⑦按孔疏此说不知何所据而云然。故孙诒让《周礼正义》大题下疏批评说："此尤谬悠之说，绝无根据者也。"⑧孙氏的判断是正确的。

综上所述，可知《周礼》一书当是汉初河间献王从民间献书所得。其他两种说法皆不可信据。

---

① （唐）陆德明：《经典释文》卷一《序录》，上海古籍出版社 2013 年版，第 43 页。

② （唐）魏徵等：《隋书》卷三二《经籍志》，中华书局 1973 年版，第 925 页。

③ （唐）孔颖达：《礼记注疏》卷一孔疏所引，载《十三经注疏》，中华书局 1980 年影印版，第 1229 页。

④ （南朝）范晔：《后汉书》卷七九下《儒林列传下》，中华书局 1965 年版，第 2576 页。

⑤ （宋）李昉等：《太平御览》卷六一九《学部》十三《采求遗逸》，中华书局 1960 年版，第 2778 页。

⑥ （清）孙诒让：《周礼正义》卷一《天官冢宰》"周礼"大题疏，中华书局 1987 年版，第 5 页。

⑦ （唐）孔颖达：《礼记注疏》卷二三，载《十三经注疏》，中华书局 1980 年影印版，第 1435 页。

⑧ （清）孙诒让：《周礼正义》，中华书局 1987 年版，第 5 页。

二、刘向、刘歆父子对《周礼》学的贡献

汉代初年,不仅一改秦王朝的"焚书坑儒"政策,废除秦代的"挟书律",而且"改秦之败,大收篇籍,广开献书之路。……建藏书之策,置写书之官"①。也就是由政府主持,广泛搜罗、整理和收藏天下遗书。

据《汉书·艺文志》记载,至西汉中期,孝成帝有鉴于当时图书"颇散亡"的情况,便又发起了一场大规模的文献收集和整理工作。一方面,"使谒者陈农求遗书于天下";另一方面,诏令刘向、刘歆父子主持对当时秘府收藏的图书进行全面的整理。

刘向(约前77—前6年),原名更生,字子政,西汉楚国彭城(今江苏徐州)人,祖籍秦泗水郡沛县(今江苏沛县),汉朝宗室,是刘邦异母弟楚元王刘交四世孙。汉宣帝时,为谏大夫。汉元帝时,任宗正。汉成帝即位后,任光禄大夫,改名为"向",官至中垒校尉。刘向是西汉经学家、文献学家,在经学、史学、文献学等方面均取得极大的成就。他曾以《春秋穀梁传》专家的身份出席汉宣帝亲自召集的讨论五经的石渠阁会议。刘向一生著述宏富,今存《新序》《说苑》《列女传》《战国策》等书。惜其重要的经学著作《五经通义》和文献学著作《别录》均已亡佚,今只有辑佚本行世。

刘歆(约前50—23年),刘向之子。初名"歆",后一度改名为"秀"②。少年时通习《诗》《书》,后又治《易》和《穀梁春秋》等。以能通经学、善属文为汉成帝召见,待诏宦者署,为黄门郎。汉成帝时,受诏与其父刘向领校"中秘书"。

刘向奉成帝命领校秘书,每整理完一本书,"辄条其篇目,撮其指意,录而奏之"③。后来将这些上奏图书内容提要汇编成《别录》一书。刘向所作《别录》记载所校各书的篇名、校勘经过、著者生平思想、书名含义、著书原委、书的性质等,并剖析学术源流和书的价值。刘向去世后,刘歆继承父业,负责总校群书,并于哀帝时在刘向所撰《别录》的基础上,删繁就简,编订成中国历史

---

① (汉)班固:《汉书》卷三〇《艺文志》,中华书局1962年版,第1701页。
② (汉)班固《汉书》卷三六《刘歆传》载:"初,歆以建平元年改名秀,字颖叔云。"(中华书局1962年版,第1972页。)
③ (汉)班固:《汉书》卷三〇《艺文志》,中华书局1962年版,第1701页。

上第一部图书分类目录《七略》。原书已佚，主要内容保存于班固《汉书·艺文志》中。

班固《汉书·艺文志》于礼类图书中著录："《周官经》六篇。"班固自注曰："王莽时刘歆置博士。"①由于《汉书·艺文志》是以《七略》为蓝本"删其要"而成书，因而可以推知刘向的《别录》与刘歆的《七略》均著录的《周礼》一书，对《周礼》这部藏于秘府的古书的问世有推介之功，使尘于秘府中《周礼》一书重现于世。

《周礼》一书升格为经，主要应归功于刘向之子刘歆。

刘歆在中国古代经学史上有着多方面的重大贡献。其中最重要的贡献是与其父亲刘向校理中秘图书时发现了一批晚出的先秦古文经书，使之免于佚失。由于刘歆的倡导宣扬，这批古文经书为社会和士人广泛得知，并转相传习不辍。刘歆对古文经典的整理和宣传作出了很大的贡献，他所特别爱好且最有研究的是《左传》。汉哀帝即位时，刘歆建议将《左氏春秋》及《毛诗》《逸礼》《古文尚书》等古文经列于学官。哀帝下诏征询臣下对设立《左传》博士的意见，结果当时今文经博士们和当政的朝臣群起反对刘歆的建议，致使刘歆的建议得不到实施。直到后来王莽当政时，《周礼》(《周官》)才与《左氏春秋》及《毛诗》《逸礼》《古文尚书》等古文经分别于平帝元始年间和新莽地皇年间被先后立于学官，设博士。

及至哀帝驾崩，王莽当政出任大司马。刘歆因早年曾与王莽同任黄门郎，很得王莽赏识。于是王莽便命刘歆"典儒林史卜之官"②。刘歆因此得以重回朝廷权力核心。刘歆对《周礼》的研究和推广工作也进入了第二个阶段。

平帝元始五年(5 年)，公卿大夫、博士、议郎、列侯张纯等曾联名上书，奏请为王莽加"九命之锡"曰："谨以'六艺'通义，经文所见，《周官》《礼记》宜于今者，为九命之锡。臣请命锡。"③

通过这一奏议内容可知，当时朝臣是以《周礼》等书的内容为依据，奏请为王莽行"九命之锡"大礼。由此可见，当时《周礼》的地位较之初出之时群儒

---

①　(汉)班固：《汉书》卷三〇《艺文志》，中华书局 1962 年版，第 1709 页。

②　(汉)班固：《汉书》卷三六《刘歆传》，中华书局 1962 年版，第 1972 页。

③　(汉)班固：《汉书》卷九九上《王莽传上》，中华书局 1962 年版，第 4073 页。

共排之的情况,不可同日而语,甚至一跃成为实行朝廷礼仪制度的重要学术依据。其间的变化,主管朝廷典章的刘歆对《周礼》的倡导当然功不可没。

在刘歆的倡导和影响下,当时当政的王莽对《周礼》及其他古文经也很重视和支持。《汉书·王莽传上》记载:王莽于平帝元始五年(5 年)"奏起明堂、辟雍、灵台,为学者筑舍万区,作市、常满仓,制度甚盛。立《乐经》,益博士员,经各五人。征天下通一艺教授十一人以上,及有《逸礼》、《古书》、《毛诗》、《周官》、《尔雅》、天文、图谶、钟律、月令、兵法、史篇文字。通知其意者,皆诣公车。网罗天下异能之士,至者前后千数,皆令记说廷中"①。

王莽为学者筑舍万区,以笼络天下文人。而且将《周礼》(《周官》)这部本来不在儒家经典之列的古书与《逸礼》《古文尚书》《毛诗》及其他儒家经典并列,使当时通晓《周礼》的学者得到与研治其他儒家经典的学者一样的优待,从而提升了《周礼》一书的社会地位,为《周礼》学的发展推广提供了官方有力支持。后来,新莽朝甚至按照刘歆的建议将《周礼》立于学官,设博士。

关于《周礼》一书在王莽当政时立于学官的情况,见于如下文献记载:《汉书·艺文志》于礼类图书中著录:"《周官经》六篇。"班固自注曰:"王莽时刘歆置博士。"②荀悦《汉纪·成帝》篇曰:"歆以《周官经》六篇为《周礼》,王莽时,歆奏以为《礼经》,置博士。"③《隋书·经籍志》载:"而汉时有李氏得《周官》,《周官》盖周公所制官政之法,上于河间献王,独阙《冬官》一篇,献王购以千金不得,遂取《考工记》以补其处,合成六篇,奏之。至王莽时,刘歆始置博士,以行于世。"④由此可知,《周礼》一书于王莽当政时补于学官,而其得以立于学官主要应归功于刘歆的推动。

刘歆不仅推动王莽将《周礼》立于学官,而且广收门徒,传授《周礼》之学。如两汉之际经学家杜子春、郑兴与贾徽(东汉古文经学家贾逵之父)都曾师从刘歆学习《周礼》,从而使《周礼》学逐步发扬光大。

---

① (汉)班固:《汉书》卷九九上《王莽传上》,中华书局 1962 年版,第 4069 页。
② (汉)班固:《汉书》卷三〇《艺文志》,中华书局 1962 年版,第 1709 页。
③ (南朝)荀悦:《汉纪》卷二五《孝成皇帝纪二》,载《两汉纪》,中华书局 2002 年版,第 435 页。
④ (唐)魏徵等:《隋书》卷三二《经籍志》,中华书局 1973 年版,第 925 页。

刘歆在推动《周礼》学崛起过程中的作用是举足轻重的。正是有了刘歆的倡导和推动,才使得《周礼》从一部普通的古籍跃升为儒家经典,并成为儒学三礼之一。对于刘歆父子对《周礼》学发展的推动之功,唐贾公彦《序周礼废兴》客观地评价说:"《周礼》起于成帝刘歆而成于郑玄。"①清代孙诒让《周礼正义》则高度评价说:"孝文时已得《周官》也。此经在汉为古文之学,故《说文叙》称《周官》为古文,《五经异义》亦多称古《周礼》说,书既晚出,西汉之世,绝无师说,表章之功,实赖向、歆父子。"②诚哉斯言。

《汉书·艺文志》于"《周官经》六篇"下著录有"《周官传》四篇",但未注明作者。孙诒让认为这四篇《周官传》可能就是刘歆的著作。孙氏曰:"盖此经自刘歆立博士,至东汉初,而其学大兴。《汉书·艺文志》有《周官传》四篇,不著撰人,疑即歆所传也。"③孙说言之成理,可以信从。

三、两汉之际的《周礼》学主要传人

两汉之际,从时间跨度上说,是指王莽当政的西汉哀、平年间,中经王莽篡汉自立,直至刘秀建立东汉王朝这一时期。两汉的《周礼》学实际上就是发轫于这一时期。这一时期《周礼》学的勃兴主要是由于刘歆的倡导和王莽的支持。虽然王莽政权不久后被推翻,新莽时期设立的包括《周礼》在内的古文经博士也被废弃了,但新莽朝廷的大力推行,博士的讲授以及生员的学习和传习,为《周礼》学的迅速发展打下了坚实的基础。两汉之际《周礼》学专家主要有杜子春,郑兴、郑众父子,贾徽、贾逵父子和卫宏等人。他们都曾师承过刘歆。因此可以说,两汉时期的《周礼》学实际上就是由刘歆奠基的。

(一)　杜子春

两汉之际,刘歆之后《周礼》学最重要的传人当推河南缑氏(今河南偃师南)杜子春。

贾公彦《序周礼废兴》引马融《周官传序》曰:"(刘歆)末年乃知其(指《周

---

①　(唐)贾公彦:《周礼注疏》卷首《序周礼废兴》,载《十三经注疏》,中华书局1980年影印版,第636页。

②　(清)孙诒让:《周礼正义》卷一,中华书局1987年版,第6页。

③　(清)孙诒让:《周礼正义》卷一,中华书局1987年版,第7页。

礼》)周公致太平之迹。迹具在斯。奈遭天下仓卒,兵革并起,疾疫丧荒,弟子死丧。徒有里人河南缑氏杜子春尚在。永平(汉明帝年号——引者注)之初,年且九十,家于南山,能通其读,颇识其说。郑众、贾逵往受业焉。众、逵洪雅博闻,又以经书记转相证明为解。"①

陆德明《经典释文·序录》曰:"王莽时,刘歆为国师,始建立《周官经》,以为《周礼》。河南缑氏杜子春受业于歆,还家以教门徒。好学之士郑兴父子等多往师之。"②

根据上述记载,可知杜子春是刘歆的学生,他曾于新莽时期向古文经学家刘歆学习过《周礼》。经过两汉之际的战乱后,当年师从刘歆研习《周礼》的专家死丧殆尽,只剩下杜子春还在东汉初年传授《周礼》学。东汉初年经学家郑众、贾逵等都曾向杜子春拜师学习。也就是说,东汉时期的《周礼》学主要是从杜子春传承而来。

杜子春是刘歆之后最重要的《周礼》学传人。他是《周礼》学得以在东汉时期薪火相传下去的关键人物。正是由于杜子春的授业以及其门下弟子的不断努力,才能使《周礼》学在东汉时期得以发扬光大。

杜子春在传授《周礼》时,著有《周官注》一书。但是此书已经佚失,唯从郑玄所著《周礼注》中能够窥其一二。清人马国翰从郑玄《周礼注》中辑出杜子春《周礼杜氏注》两卷,收入《玉函山房辑佚书》。马国翰辑本序曰:"其注隋、唐《志》皆不载,佚已久。从郑康成注所引辑为二卷。"③

(二) 郑兴

《后汉书·郑兴列传》记载:"郑兴字少赣,河南开封人也。少学《公羊春秋》。晚善《左氏传》,遂积精深思,通达其旨,同学者皆师之。天凤中,将门人从刘歆讲正大义,歆美兴才,使撰条例、章句、传诂,及校《三统历》。"④

此外,所谓"从刘歆讲正大义",李贤注认为是讲习"《左氏》义"。这说明

① (唐)贾公彦:《周礼注疏》卷首《序周礼废兴》,载《十三经注疏》,中华书局1980年影印版,第636页。
② (唐)陆德明:《经典释文》卷一《序录》,上海古籍出版社2013年版,第43页。
③ (清)马国翰:《玉函山房辑佚书》卷一九《周礼杜氏注》序,上海古籍出版社1990年影印版,第738页。
④ (南朝)范晔:《后汉书》卷三六《郑兴列传》,中华书局1965年版,第1217页。

郑兴曾师从刘歆研习《春秋左氏传》。

至于郑兴是否师从刘歆学习过《周礼》，传文没有明确的记述。但《后汉书·郑兴列传》中有这样的记述："兴好古学，尤明《左氏》《周官》，长于历数，自杜林、桓谭、卫宏之属，莫不斟酌焉。"①郑兴所精通的《左氏》《周官》和历数都是刘歆最擅长的。因此，我们认为天凤年间郑兴在"将门人从刘歆讲正大义"的过程中，可能而且应该也向刘歆学习过《周礼》之学。

郑兴曾向刘歆学习过《周礼》，传无明文，是出于我们的推断。但文献明确记载郑兴曾向刘歆的门人杜子春学习过《周礼》。《经典释文·序录》云："王莽时，刘歆为国师，始建立《周官经》，以为《周礼》。河南缑氏杜子春受业于歆，还家以教门徒。好学之士郑兴父子等多往师之。"②说明郑兴曾与其儿子郑众等人一起向杜子春学习过《周礼》。因此，唐贾公彦《序周礼废兴》引郑玄《序》叙述《周礼》传承时，首先提到的就是郑兴之名："通人达士大中大夫郑少赣名兴及子大司农仲师名众，故议郎卫次仲，侍中贾君景伯，南郡太守马季长，皆作《周礼解诂》。"③由此可知，郑兴不仅研究过《周礼》，而且还曾撰写过一部研究《周礼》的专著——《周礼解诂》。郑兴的儿子郑众曾与父亲郑兴一起向杜子春学习过《周礼》，可以想见，郑众也必定向父亲郑兴学习过《周礼》。

郑兴与其子郑众曾分别撰写过《周礼解诂》。可惜郑兴、郑众父子的《周礼解诂》均已亡佚，而今只能在郑玄《周礼注》中见到其部分内容。清人马国翰《玉函山房辑佚书》辑有郑兴《周礼解诂》一卷，并将其命名为《周礼郑大夫解诂》，以便与其子郑众所作《周礼解诂》相区别。马氏序曰："《周礼郑大夫解诂》一卷，后汉郑兴撰。兴字少赣，河南开封人。……郑少赣及子大司农仲师、议郎卫次仲、侍中贾景伯、南郡太守马季长皆作《周礼解诂》，隋、唐《志》不著录，卷未详，今佚已久，从康成注辑录凡九十五节。"④由此可大略推知郑兴

---

① （南朝）范晔：《后汉书》卷三六《郑兴列传》，中华书局 1965 年版，第 1223 页。

② （唐）陆德明：《经典释文》卷一《序录》，载《四部丛刊初编》，上海书店 1989 年影印版，第 11 页。

③ （唐）贾公彦：《周礼注疏》卷首《序周礼废兴》，载《十三经注疏》，中华书局 1980 年影印版，第 636 页。

④ （清）马国翰：《玉函山房辑佚书》卷一七《周礼郑大夫解诂·序》，上海古籍出版社 1990 年影印版，第 664 页。

《周礼解诂》的概况。

(三) 贾徽、卫宏

贾徽与卫宏皆为两汉之际经学家。

贾徽,扶风平陵(今陕西咸阳市西北)人,汉初名臣贾谊八世孙。他也是古文经学家刘歆的学生。据《后汉书·贾逵列传》记载,他曾"从刘歆受《左氏春秋》,兼习《国语》《周官》。又受《古文尚书》于涂恽。学《毛诗》于谢曼卿。作《左氏条例》二十一篇"①。

贾徽并没有如同杜子春、郑兴那样为《周礼》作注,无相关著作传世。而是以家学的形式将自己的毕生学识传授给了自己的儿子贾逵。《后汉书·贾逵传》谓贾逵"悉传父业"②。后来在贾徽的培养下,贾逵成为东汉早期的大师级的古文经学家。

卫宏,字敬仲(或作次仲),东海(今山东郯城西南)人,两汉之际古文经学家。他曾与郑兴、贾徽等同学于刘歆。又与贾徽同学于谢曼卿。晋人袁宏《后汉纪·光武皇帝纪》记载:"河南郑兴、东海卫宏等皆长于古学,从刘歆受《左氏春秋》,定《三统历》。"③《后汉书·杜林列传》记载:"河南郑兴、东海卫宏等皆长于古学。兴尝师事刘歆。"④《后汉书·儒林列传下》亦记载:"卫宏,字敬仲,东海人也,少与河南郑兴俱好古学。"⑤这些记述只说卫宏"长于古学",曾师从古文大师刘歆学习《春秋左传》,并参与制定《三统历》,而并未明确地说卫宏研治过《周礼》,但郑玄《周官序》曰:"世祖以来,通人达士大中大夫郑少赣名兴及子大司农仲师名众,故议郎卫次仲,侍中贾君景伯,南郡太守马季长,皆作《周礼解诂》。"⑥其中所谓"故议郎卫次仲"就是指卫宏。《后汉书·郑兴列传》也记载:"兴好古学,尤明《左氏》《周官》,长于历数,自杜林、

① (南朝)范晔:《后汉书》卷三六《贾逵列传》,中华书局1965年版,第1234页。
② (南朝)范晔:《后汉书》卷三六《贾逵列传》,中华书局1965年版,第1235页。
③ (晋)袁宏:《后汉纪》卷八《光武皇帝纪》,载《两汉纪》,中华书局2002年版,第145页。
④ (南朝)范晔:《后汉书》卷二七《杜林列传》,中华书局1965年版,第936页。
⑤ (南朝)范晔:《后汉书》卷七九下《儒林列传下》,中华书局1965年版,第2575页。
⑥ (唐)贾公彦:《周礼注疏》卷首《序周礼废兴》,载《十三经注疏》,中华书局1980年影印版,第636页。

桓谭、卫宏之属,莫不斟酌焉。"①然则卫宏确实对《周礼》很有研究,并撰写过《周礼解诂》一书。只是此书早已佚失,后世知之者甚少。而卫宏又长于《毛诗》,以作《毛诗序》而闻名于世,故而掩盖了其对《周礼》学发展的功绩。

清人姚振宗《后汉艺文志》卷一著录有卫宏《周礼解诂》,曾朴《补后汉艺文志并考》著录有卫宏《周官解诂》。

四、东汉政府对《周礼》学的扶持

关于东汉朝廷对待经学的态度,《后汉书·儒林列传上》记载:"及光武中兴,爱好经术。未及下车,而先访儒雅,采求阙文,补缀漏逸。先是四方学士多怀协图书,遁逃林薮,自是莫不抱负坟策,云会京师。范升、陈元、郑兴、杜林、卫宏、刘昆、桓荣之徒继踵而集。"②《后汉书·翟酺列传》亦载:"光武初兴,愍其荒废,起太学博士舍、内外讲堂,诸生横巷,为海内所集。"③政府的高度重视与大力倡导大大地促进了经学的恢复和发展。东汉时期的经学如雨后春笋般地复兴起来,呈现出了一派繁荣发展的景象。然而当时东汉朝廷所设立的博士学官,唯今文经书《诗》《尚书》《仪礼》《公羊春秋》《易》五经十四家,并未承袭王莽之制再设《周礼》及其他古文经博士。不过需要注意的是:《周礼》虽然终东汉之世未再列入学官,但这并不意味着《周礼》与其他古文经典在东汉被打入冷宫,失去了发展的机会。相反,东汉时期《周礼》学与其他古文经学迎来了新的发展契机,取得了长足的进步。

东汉时期,以《周礼》学为代表的古文经之所以取得了成功的发展,一方面当然应归因于古文经学家的长期努力;另一方面则应归因于政府的扶持。东汉政府对《周礼》学及其他古文经学的扶持主要体现在为古文经学家"擢高第为讲郎,给事近署",即为古文经学家们选拔高才弟子,委任为郎官,安排在朝廷相关部门,研习传承古文经学。这就为包括《周礼》在内的古文经学的发展提供了政治上的保证和经济上的扶持。

---

① (南朝)范晔:《后汉书》卷三六《郑兴列传》,中华书局1965年版,第1223页。
② (南朝)范晔:《后汉书》卷七九上《儒林列传上》,中华书局1965年版,第2545页。
③ (南朝)范晔:《后汉书》卷四八《翟酺列传》,中华书局1965年版,第1606页。

东汉时期,古文经学家曾经多次向朝廷争立古文经博士。从光武帝时韩歆争立《费氏易》及《左氏春秋》博士始,直到灵帝时卢植奏请设立《毛诗》《左氏》《周礼》止。其间唯有光武帝时一度立《左氏》博士,但不久即废罢。其他多次争立活动均未成功。不过章帝时经过古文经学大师贾逵等人的努力和章帝的支持,古文经的命运发生了变化。《后汉书·贾逵列传》记载:"(逵)数为帝言《古文尚书》与经传《尔雅》诂训相应。诏令撰欧阳、大小夏侯《尚书古文》同异。逵集为三卷,帝善之。复令撰齐、鲁、韩《诗》与《毛氏》异同。并作《周官解诂》。迁逵为卫士令。"①贾逵受诏整理《诗》《书》今古文异同,并撰写《周官解诂》,因而很得章帝赏识。于是章帝不仅提升其为卫士令,而且"诏诸儒各选高才生,受《左氏》《穀梁春秋》《古文尚书》《毛诗》,由是四经遂行于世。皆拜逵所选弟子及门生为千乘王国郎,朝夕受业黄门署,学者皆欣欣羡慕焉"②。关于章帝诏令诸儒各选高才生学习传承古文经之事,《后汉书·肃宗孝章帝纪》记载说:建初八年(83年)"冬十二月……诏曰:'五经剖判,去圣弥远,章句遗辞,乖疑难正,恐先师微言将遂废绝,非所以重稽古,求道真也。其令群儒选高才生,受学《左氏》《穀梁春秋》《古文尚书》《毛诗》,以扶微学,广异义焉。'"③《后汉书·儒林列传上》则记载:"建初中,大会诸儒于白虎观,考详同异,连月乃罢。肃宗亲临称制,如石渠故事,顾命史臣,著为通义。又诏高才生受《古文尚书》《毛诗》《穀梁》《左氏春秋》,虽不立学官,然皆擢高第为讲郎,给事近署,所以网罗遗逸,博存众家。"④传与纪相互印证,说明汉章帝确立的让诸儒各选高才生学习传承古文经的文化政策是当时的一项重大事件,也是对东汉经学史具有重大影响的事件。对此,葛志毅给予特别关注。他认为:

> 擢高第为讲郎,其事固亚于立学官博士,但其意义却有相当的一面,即由朝廷提供学术上的条件,以保证古文诸经的传习。……东汉一代古文诸经虽始终未能正式立于学官,但迫于古文家的上书争议,朝廷以擢讲郎、议郎的形式,对古文诸经予以某种程度上的官方承认。或者可以说,

---

① (南朝)范晔:《后汉书》卷三六《贾逵列传》,中华书局1965年版,第1239页。
② (南朝)范晔:《后汉书》卷三六《贾逵列传》,中华书局1965年版,第1239页。
③ (南朝)范晔:《后汉书》卷二《肃宗孝章帝纪》,中华书局1965年版,第145页。
④ (南朝)范晔:《后汉书》卷七九上《儒林列传上》,中华书局1965年版,第2546页

因议郎在职任性质上与博士相近,此举实相当于半正式地立古文诸经于学官,从而对古文诸经的传习从朝廷方面给以认可。其事固承宣帝时制度而来,但此时已成为承认古文经的变通办法。①

葛说非常中肯地指出了东汉章帝时朝廷对古文经的政策变化,当时古文诸经虽然未能正式立于学官设博士,但其实已取得了半官方的地位,获得了朝廷的政策支持,可以"擢高第为讲郎,给事近署"。也就是说,从此之后,古文经学实际上不再是真正的民间学术,而是具有了半官学的身份,从而在东汉时期得到了长足的发展。

需要注意的是,前引《后汉书》的《章帝纪》和《贾逵列传》在记述东汉章帝建初年间诏令诸儒从研习古文经的高才生中"擢高第为讲郎,给事近署"时,只提到了《古文尚书》《毛诗》《穀梁》《左氏春秋》等四部儒家经典②,而没提到《周礼》这部古文经。那么当时《周礼》一书是否也享受"擢高第为讲郎,给事近署"的待遇呢?有鉴于前引《后汉书·贾逵列传》中记述贾逵受诏整理《诗》《书》今古文异同,并撰写《周官解诂》,得到章帝的奖赏,因此,我们认为诏令中虽未提到《周礼》一书,但实际上《周礼》一经也应该与《古文尚书》《毛诗》《穀梁》《左氏春秋》等四经一样享受"擢高第为讲郎,给事近署"的待遇。正因为有了这样的政策扶持,《周礼》与《古文尚书》《毛诗》《左氏春秋》等古文经在东汉时期得到了长足的发展,呈现出非常兴盛的局面。

东汉时期《周礼》学的兴盛与东汉历代皇帝对《周礼》的重视有着直接的关系。据文献记载,汉明帝与汉章帝二人皆爱好《周礼》等古学。如沈约《宋书》记载:"至秦以战国即天子位,灭去古制,郊祭之服,皆以袀玄。至汉明帝始采《周官》《礼记》《尚书》诸儒说,还备衮冕之服。魏明帝以公卿衮衣黼黻之文,拟于至尊,复损略之。晋以来无改更也。"③这是说秦王朝建立后,按照当时流行的"五德终始"说认为秦王朝为水德,尚黑色,于是便废除了先秦时期流行的冕服制度,改用"袀玄"(即纯玄色的深衣)作为礼服。汉朝建立以

---

① 葛志毅:《汉代的博士与议郎》,《史学集刊》1998 年第 3 期。

② 《古文尚书》《毛诗》《左氏春秋》等三部儒家经典无疑都是古文经。而对于《穀梁春秋》一书的学派属性,学界有不同的认识:一般认为是今文经,也有人认为是古文经。

③ (南朝)沈约:《宋书》卷一九《礼志第八》,中华书局 1974 年版,第 502 页。

后,继承秦朝制度,沿用䄬玄。直到东汉明帝时期方根据《周礼》等儒家经典的记述恢复冕服为男子礼服。此外,《后汉书·皇后纪》还记载汉明帝皇后马氏"能诵《易》,好读《春秋》《楚辞》,尤善《周官》《董仲舒书》"①。马皇后能在宫禁之中"尤善《周官》",可见当时《周礼》在当时皇家和学界都有很高的地位。汉章帝喜好古文经学,因而特诏贾逵入朝廷讲学。《后汉书·贾逵列传》记载:"肃宗立,降意儒术,特好《古文尚书》《左氏传》。建初元年,诏逵入讲北宫白虎观、南宫云台。帝善逵说……诏令撰欧阳、大小夏侯《尚书古文》同异。逵集为三卷,帝善之。复令撰齐、鲁、韩《诗》与《毛氏》异同。并作《周官解诂》。"②由此可见,汉章帝对包括《周礼》一书在内的古文经的喜好。

总之,在当时朝廷的扶持下,在众多古文经学家努力下,东汉时期的《周礼》学可谓欣欣向荣。据曾朴《补后汉书艺文志并考》统计,作为五经之一被立为学官的《仪礼》,在东汉时期研究著作只有 8 种。而与此同时,有关《周礼》的研究著述竟然多达 11 种。③ 而据清人姚振宗《后汉艺文志》统计,整个东汉时期共有三家六部有关《仪礼》学的研究著述,而有关《周礼》学的研究著述却高达九家十部,远远超过了有关《仪礼》学研究著作的数量。④ 虽然曾、姚两家由于认定标准不同,致使统计数据有较大差别,但通过他们的统计数据可以大致了解《周礼》学在东汉时期的发展盛况。

五、东汉前期的《周礼》学大家——郑众、贾逵

东汉初年,虽然废除了新莽时期所设立的《周礼》博士,但《周礼》学在东汉时期不仅没有荒废,而且还呈现非常兴盛的局面。当时的《周礼》学大家主要有郑众、贾逵两人。

孙诒让《周礼正义》叙述东汉前期的《周礼》学发展情况时对郑众与贾逵的《周礼》学师承有较细致的叙述:"盖此经自刘歆立博士,至东汉初,而其学

---

① (南朝)范晔:《后汉书》卷一○上《明德马皇后纪》,中华书局 1965 年版,第 206 页。
② (南朝)范晔:《后汉书》卷三六《贾逵列传》,中华书局 1965 年版,第 1236—1239 页。
③ (清)曾朴:《补后汉书艺文志并考》,载王承略、刘心明主编:《二十五史艺文经籍志考补萃编》第八卷,清华大学出版社 2011 年版,第 19 页。
④ (清)姚振宗:《后汉艺文志》卷一,载王承略、刘心明主编:《二十五史艺文经籍志考补萃编》第七卷,清华大学出版社 2011 年版,第 33—40 页。

大兴。……歆传杜子春,子春传郑兴、贾逵,而兴传其子众,众又自学于子春。故《释文·叙录》云:'杜子春受业于歆,还家以教门徒,好学之士郑兴父子等多往师之。'《后汉书·贾逵传》又云:'父徽,从刘歆兼习《周官》,逵于章帝建初元,诏令作《周官解诂》。'是刘歆别授贾徽,徽子逵又传徽之学,然则逵虽受业杜君,亦自受其父学,与郑仲师同也。"①

郑众、贾逵于《周礼》学皆有家学渊源,各自受其父学,而且都曾师从杜子春学习《周礼》,造诣匪浅。二人皆著有《周礼解诂》。

(一) 郑众

郑众(?—83年),字仲师,郑兴之子。由于他曾担任大司农之职,因而被后世称为郑司农。

郑众生年略早于贾逵,研习传播《周礼》亦略早于贾逵。《后汉书·儒林列传》云:"中兴,郑众传《周官经》。后马融作《周官传》,授郑玄。玄作《周官注》。"②

郑众有着深厚的家学渊源。前已述及,其父郑兴是两汉之际经学家,也以《周礼》名家。郑众传承家学的同时,又曾师从《周礼》学大家杜子春潜心研究《周礼》,在《周礼》学研究领域取得令人瞩目的成就。他与父亲郑兴分别作有《周官解诂》传于世,惜后来散佚失传。赖有郑玄《周礼注》引用了郑众《周官解诂》的许多内容,清儒马国翰据以辑为《周礼郑师农解诂》六卷,收入《玉函山房辑佚书》中。马国翰于郑众《周礼郑司农解诂》辑本序曰:"《周礼郑司农解诂》……隋、唐《书》不著录,佚已久。从郑康成注裒辑六官各为一卷,凡六卷。"③

东汉后期集《周礼》学之大成的经学大师郑玄曾评价郑兴与郑众父子的《周礼》学成就说:"谓二郑者,同宗之大儒,明理于典籍,粗识皇祖大经《周官》之义,存古字,发疑正读,亦信多善,徒寡且约,用不显传于世,今赞而辨之,庶

① (清)孙诒让:《周礼正义》卷一,中华书局1987年版,第7—8页。
② (南朝)范晔:《后汉书》卷七九下《儒林列传下》,中华书局1965年版,第2577页。
③ (清)马国翰:《玉函山房辑佚书》卷一七《周礼郑司农解诂》序,上海古籍出版社1990年影印版,第666页。

成此家世所训也。"①郑玄对郑兴、郑众父子所作《周官解诂》作出这样高度的评价,不吝赞美之词;并于其《周礼注》之中对郑兴、郑众父子的注解多加引用,由此可见其学术价值之高。

(二) 贾逵

贾逵(30—101 年),字景伯,扶风平陵(今陕西咸阳)人,贾徽之子,贾谊九世孙。他与郑众同为东汉经学家,同为《周礼》学大家,而且同为刘歆的再传弟子。

《后汉书》本传谓贾逵"悉传父业,弱冠能诵《左氏传》及五经本文。以大夏侯《尚书》教授,虽为古学,兼通五家《穀梁》之说。自为儿童,常在太学,不通人间事。……性恺悌,多智思,俶傥有大节"②。贾逵学富五车,通习《左传》《周官》《国语》和五经,著作等身,"所著经传义诂及论难百余万言,又作诗、颂、诔、书、连珠、酒令凡九篇,学者宗之"③。因而被后世称为通儒。他在汉明帝时受命与班固共同校对秘府图书。

贾逵之父贾徽,曾师从刘歆学习《周礼》(《周官》)之学,为《周礼》学大家。贾逵研治《周礼》,既有家学渊源,又师承礼学大家杜子春,因而在古文经学上有很高的造诣,在《周礼》研究方面也成绩斐然。恰逢汉章帝特好古文经学,于是贾逵这位古文经学家便被征召入宫讲授古文诸经。章帝"善逵说",重赏贾逵。《周礼》为古文经之代表,因此贾逵入宫所讲古文诸经,《周礼》当也在宣讲之列。

《后汉书·贾逵列传》记载贾逵为章帝宣读古文经学及其有关著述说:"(逵)数为帝言《古文尚书》与经传《尔雅》诂训相应。诏令撰欧阳、大小夏侯《尚书古文》同异。逵集为三卷,帝善之。复令撰齐、鲁、韩《诗》与《毛氏》异同。并作《周官解诂》。"④

贾逵所著《周官解诂》隋唐时已经亡佚。现有清马国翰《玉函山房辑佚

---

① (唐)贾公彦:《周礼注疏》卷首《序周礼废兴》引郑玄《序》,载《十三经注疏》,中华书局1980年影印版,第636页。

② (南朝)范晔:《后汉书》卷三六《贾逵列传》,中华书局1965年版,第1235页。

③ (南朝)范晔:《后汉书》卷三六《贾逵列传》,中华书局1965年版,第1240页。

④ (南朝)范晔:《后汉书》卷三六《贾逵列传》,中华书局1965年版,第1239页。

书》辑本行于世。马国翰于贾逵《周礼解诂》辑本序曰："《周礼贾氏解诂》一卷,后汉贾逵撰。……贾公彦疏谓贾逵作《周礼解诂》,不言卷数。隋、唐《志》皆不著目,佚已久。兹就贾疏及诸书所引辑录。说多与马季长同。引者往往并称贾、马。郑康成于其说之不合者,时以己意隐破之。"①

郑众和贾逵是继杜子春之后传播发展《周礼》学的重要人物。正是有赖于郑众、贾逵等人对《周礼》学的传承,才使《周礼》学在东汉初年呈现"大兴"的局面。

六、东汉中晚期《周礼》学的重要传人

（一）马融

马融(79—166 年),字季长,东汉扶风茂陵(今陕西兴平东北)人,东汉名将马援从孙。他是东汉中期《周礼》学的重要传人。东汉时期三礼学的集大成者郑玄和经学家卢植都出自其门下。

马融历任校书郎、郡功曹、议郎、大将军从事中郎及武都、南郡太守等职,后因得罪大将军梁冀而被剃发流放朔方,途中自杀未遂。后遇赦归朝,再任议郎,复东观著述之职。

马融早年师从名重关西的通儒挚恂研习经学,博通经籍。挚恂非常赏识马融,甚至将女儿嫁给马融为妻。马融一生著述宏富,著有《春秋三传异同说》,又注《孝经》《论语》《诗》《周易》《尚书》《列女传》《老子》《淮南子》《离骚》及三礼等书,皆已散佚。清人马国翰编有辑本收入《玉函山房辑佚书》。马融另有赋、颂、碑、诔、书、记、表、奏等作品,已佚,明人辑有《马季长集》。

马融弟子众多。《后汉书》本传谓其设帐授徒,门人常有千人之多。他不拘于儒者的礼节,"善鼓琴,好吹笛,达生任性,不拘儒者之节。居宇器服,多存侈饰。尝坐高堂,施绛纱帐,前授生徒,后列女乐"②。

马融曾经长期在东观校书著述,这为他综合各家之学,遍注古文经典,提供了十分有利的条件。马融之学在儒家经学的发展史上占有非常重要地

---

① （清)马国翰:《玉函山房辑佚书》卷二〇《周礼贾氏解诂》序,上海古籍出版社 1990 年影印版,第 756 页。

② （南朝)范晔:《后汉书》卷六〇上《马融列传》,中华书局 1965 年版,第 1972 页。

位。马融开始了综合各家、遍注群经这种带有开创性的工作,他的经注成就,使古文经学开始达到成熟的境地,标志着汉代经学发展步入一个新的时期。

继郑众、贾逵二人之后,东汉中期在《周礼》研究领域成就最大的当属马融。马融师承众家,自称"少而好问,学无常师"①。他善于学习总结各家之长,早年受学于关西名儒挚恂,后又在朝中得到了向女学者班昭(班固之妹)学习《汉书》的机会。《后汉书·列女传·曹世叔妻列传》载:"扶风曹世叔妻者,同郡班彪之女也,名昭,字惠班,一名姬。博学高才。世叔早卒,有节行法度。兄固著《汉书》,其八表及天文志未及竟而卒。和帝诏昭就东观藏书阁踵而成之。……时《汉书》始出,多未能通者,同郡马融伏于阁下,从昭受读。"②马融转益多师,因而能够博通经史。再加上他在东观著述达数十年之久,有机会遍观当时朝廷的秘府藏书,因而造就了马融在学术研究上的高度和深度。

前已述及,《周礼》学经东汉初年郑众、贾逵等学者的不断推阐,影响力大大提升,这从东汉中晚期的许慎以《周礼》内容作为《说文解字》的释文的现象就可见一斑。而马融对《周礼》学的发展推动在整个《周礼》学发展过程中更是起到了一个承前启后的关键作用。

一方面,马融在几乎遍注群经的同时,又花费更多的心思深入研治《周礼》之学,晚年撰作《周官传》一书,从而成为经学史上遍注三礼的第一人。贾公彦《序周礼废兴》引马融《周官传》曰:"至六十,为武都守,郡小少事,乃述平生之志,著《易》《尚书》《诗》《礼》传皆讫。惟念前业未毕者,唯《周官》。年六十有六,目瞑意倦,自力补之,谓之《周官传》也。"③马融遍注三礼,打通了三礼之间的界限。为后来郑玄的三礼学起到了"导夫先路"的作用,对后世《周礼》学的发展具有极其重要的意义。

另一方面,马融不仅自己遍注群经,潜心研究经学(尤其是三礼学),还广

---

① (南朝)刘义庆:《世说新语》卷上之下《文学第四》刘孝标注引马融自叙,上海古籍出版社1982年版,第113页。

② (南朝)范晔:《后汉书》卷八四《列女传·曹世叔妻列传》,中华书局1965年版,第2784—2785页。

③ (唐)贾公彦:《周礼注疏》卷首《序周礼废兴》引马融《周官传》,载《十三经注疏》,中华书局1980年影印版,第636页。

收门徒,聚众讲学。《后汉书》本传说他"教养诸生,常有千数"。《后汉书·郑玄列传》亦谓:"融门徒四百余人,升堂进者五十余生。"①如此众多的学生,无疑会将马融的研究成果不断地发展和传播,肯定会对包括《周礼》学在内的三礼学的发展产生重大而深远的影响。

(二)　张衡、许慎、张恭祖

张衡(78—139 年),字平子,东汉南阳西鄂(今河南南阳市石桥镇)人。他与马融为同时代人,也是东汉中期发展和传播《周礼》学的重要学者。

张衡是中国古代伟大的天文学家、数学家,同时也是东汉时期的经学家、文学家。与司马相如、扬雄、班固并称"汉赋四大家"。张衡历任郎中、太史令、侍中、河间相等职。

张衡虽然主要以天文学和数学闻名于世,但他在经学研究领域,尤其是《周礼》学上,也有着很高的造诣。

《后汉书·张衡列传》载:张衡"著《周官训诂》,崔瑗以为不能有异于诸儒也。又欲继孔子《易》,说《彖》《象》残缺者,竟不能就"②。

可见张衡在经学领域,尤其是《周礼》学方面,也很有成就。《后汉书》中并未说明张衡的学术师承,但见张衡的友人崔瑗评价他的《周礼》学问说是"不能有异于诸儒"。我们可以推知张衡的《周官训诂》大约并非独树一帜,盖亦出自刘歆、杜子春、郑众、贾逵等学者,大约是张衡对前人《周礼》学研究成果的继承和总结。

晋司马彪《后汉书志·百官志》载:"故新汲令王隆作《小学汉官篇》。"梁刘昭注引胡广注曰:"至顺帝时,平子(张衡)为侍中,典校书,方作《周官解说》,乃欲以渐次述汉事,会复迁河间相,遂莫能立也,述作之功独不易矣!"③由此可知,张衡所作《周官训诂》或作《周官解说》。当然,也可能由于"诂"与"说"因形近而讹。

---

① (南朝)范晔:《后汉书》卷三五《郑玄列传》,中华书局 1965 年版,第 1207 页。
② (南朝)范晔:《后汉书》卷五九《张衡列传》,中华书局 1965 年版,第 1939 页。
③ (晋)司马彪:《后汉书志》卷二四《百官一》,载(南朝)范晔:《后汉书》,中华书局 1965 年版,第 3555 页。

张恭祖,生卒年不详,东郡人①,东汉经学家。其学不知所承。关于张恭祖的生平学行,文献记载阙如,甚至连他的字号都没有记载,但却记录了他传授《周礼》于郑玄的活动。《后汉书·郑玄列传》载:"(郑玄)遂造太学受业,师事京兆第五元先,始通京氏《易》《公羊春秋》《三统历》《九章算术》。又从东郡张恭祖受《周官》《礼记》《左氏春秋》《韩诗》《古文尚书》。"②《世说新语》刘孝标注引《郑玄别传》云:"(郑玄)年二十一,博极群书,精历数、图纬之言,兼精算术。遂去吏,师故兖州刺史第五元先,就东郡张恭祖,受《周礼》《礼记》《春秋传》。周流博观。"③由此可知,张恭祖当是一个古文经学家。郑玄的三礼学基础主要就是来源于张恭祖。后来郑玄成为东汉三礼学的集大成者,开启了礼学发展的新阶段,张恭祖功不可没。

许慎(58—147年),字叔重,汝南召陵(今河南偃城东)人。东汉古文经学家,曾师从古文经学大师贾逵学习古文经学,学识渊博。他有鉴于当时今、古文经学的歧异,撰写《五经异义》,保留了汉代今文经学与古文经学的不同经说,是研究汉代今、古文之分的重要著作。原书已佚。郑玄著《驳五经异义》引述有《五经异义》原文。清人陈寿祺辑有《五经异义疏证》,皮锡瑞辑有《驳五经异义疏证》,可供参考。又著《说文解字》凡十五卷十三万字,本书是许慎最负盛名的代表作。

《后汉书》中对许慎的相关讲述非常少,也未记载许慎治《周礼》学的相关内容。但许慎的儿子许冲在《上〈说文解字〉表》中却透露了一些许慎研治《周礼》学的信息。其《上〈说文解字〉表》曰:"臣父,故太尉南阁祭酒慎,本从逵受古学,盖圣人不空作,皆有依据。今五经之道昭炳光明,而文字者其本所由生。自《周礼》、汉律皆当学,六书贯通,其意恐巧说衺辞,使学者疑。慎博问通人,考之于逵,作《说文解字》,六艺群书之诂,皆训其意。而天地、鬼神、山

---

① 《后汉书·郑玄列传》谓张恭祖为东郡人,而清宣统《聊城县志》卷八《人物志》谓张恭祖为聊城(今山东聊城市东昌府区)人。按:汉代东郡领有聊城县,张恭祖或有可能就是东郡聊城县人,但不知宣统《聊城县志》何所据而云然。待考。

② (南朝)范晔:《后汉书》卷三五《郑玄列传》,中华书局1965年版,第1207页。

③ (南朝)刘义庆:《世说新语》卷上之下《文学第四》刘孝标注引《郑玄别传》,上海古籍出版社1982年版,第113页。

川、草木、鸟兽、昆虫、杂物、奇怪、王制、礼仪、世间人事，莫不毕载。"①

由此可知，许慎在撰写《说文解字》时，曾对《周礼》与汉律进行过深入研究，并多次向其业师贾逵请教稽考。不唯如此，许慎在《说文解字》中引用了大量《周礼》内容诠释他经或其他事物。由此亦可见其对《周礼》的研究达到了非常高的水准。《说文解字》以《周礼》内容作为训解的依据，不仅体现了对《周礼》学术地位的肯定，而且在一定程度上推动了《周礼》学的进一步发展。

（三）卢植

卢植（？—192 年），字子干，涿郡涿县（今河北涿州）人。东汉末年经学家。

据《后汉书·卢植列传》记载，卢植早年曾师从大儒马融学习经学，与郑玄为同窗好友②。而且据《后汉书·郑玄列传》记载："（郑玄）因涿郡卢植，事扶风马融。"③由此可知，郑玄能拜入马融门下学习，也全仰仗卢植的引荐。卢植曾先后担任九江、庐江太守，平定蛮族叛乱。后与马日磾、蔡邕等一起在东观校勘儒学经典，并参与续写《汉记》。黄巾起义时为北中郎将，率军与张角交战，后被诬陷下狱，皇甫嵩平定黄巾后力救卢植，于是复任为尚书。后因上谏激怒董卓被免官，隐居在上谷军都山。

据《后汉书》本传记载，卢植"性刚毅有大节，常怀济世志"，"能通古今学，好研精而不守章句"。④ 他在学术上成绩斐然，在《周礼》研究上也声名赫赫。著有《尚书章句》《三礼解诂》等经学著作。

熹平年间，汉灵帝诏令于洛阳太学外篆刻《熹平石经》，以校正五经文字，统一儒家经典。卢植上书说："臣少从通儒故南郡太守马融受古学，颇知今之《礼记》特多回冗。臣前以《周礼》诸经，发起秕谬，敢率愚浅，为之解诂，而家乏，无力供缮写上。愿得将能书生二人，共诣东观，就官财粮，专心研精，合《尚书》章句，考《礼记》失得，庶裁定圣典，刊正碑文。"⑤这里卢植谈到《周

① （汉）许慎：《说文解字》卷一五下，中华书局 1963 年版，第 320 页。
② （南朝）范晔：《后汉书》卷六四《卢植列传》，中华书局 1965 年版，第 2113 页。
③ （南朝）范晔：《后汉书》卷三五《郑玄列传》，中华书局 1965 年版，第 1207 页。
④ （南朝）范晔：《后汉书》卷六四《卢植列传》，中华书局 1965 年版，第 2113 页。
⑤ （南朝）范晔：《后汉书》卷六四《卢植列传》，中华书局 1965 年版，第 2116 页。

礼》时说自己曾"为之解诂",当即是指他撰写《三礼解诂》中的《周礼解诂》。此外,需要注意的是上引传文中所谓"《礼记》"是指《仪礼》,并非指小戴《礼记》。

卢植除了为《周礼》作《解诂》之外,对《周礼》学发展还有一个重要活动就是请求设立《周礼》学官。《后汉书·卢植列传》记载卢植给汉灵帝上书曰:"古文科斗,近于为实,而厌抑流俗,降在小学。中兴以来,通儒达士班固、贾逵、郑兴父子,并敦悦之。今《毛诗》《左氏》《周礼》各有传记。其与《春秋》共相表里。宜置博士,为立学官。以助后来,以广圣意。"①卢植向朝廷建议设立《周礼》《毛诗》《左传》博士的奏章虽然并没有被采纳,但卢植此举对于提升《周礼》的学术地位有着积极的意义。

七、郑玄对《周礼》学的重大贡献

郑玄(127—200年),字康成,东汉北海高密(今山东高密)人,经学大师。

据《后汉书》本传记载,郑玄早年赴京入太学师事第五元先研习今文经学,后又师从东郡张恭祖和扶风马融两位名师研习古文经学。他综合今、古,遍注群经,集两汉经学之大成,为两汉学术作出了划时代的贡献。郑玄的经学成就以礼学最为突出。《后汉书·儒林列传》云:"马融作《周官传》,授郑玄,玄作《周官注》。玄本习《小戴礼》,后以古经校之,取其义长者,故为郑氏学。玄又注小戴所传《礼记》四十九篇,通为三礼焉。"②此前,《周礼》《仪礼》《礼记》三种礼学经典都是分别传授,各有师承。《后汉书·马融列传》记载,马融即已开始为三礼作注,郑玄则沿着其老师马融的学术道路,进一步遍注三礼,亦即"通为三礼"。此后,便形成了"三礼"之学。黄侃曾在《礼学略说》中认为:"郑氏以前未有兼注三礼者,故舍郑无所宗也。"③黄氏之说并不准确,因为《后汉书·马融列传》明言:"融才高博洽,为世通儒……注《孝经》、《论语》、

---

① (南朝)范晔:《后汉书》卷六四《卢植列传》,中华书局1965年版,第2116页。
② (南朝)范晔:《后汉书》卷七九下《儒林列传》,中华书局1965年版,第2577页。
③ 黄侃:《礼学略说》,载陈其泰、郭伟川、周少川主编:《二十世纪中国礼学研究论集》,学苑出版社1998年版,第16页。

《诗》、《易》、三礼、《尚书》、《列女传》、《老子》、《淮南子》、《离骚》。"①由此可知，早在郑玄之前，马融即已遍注三礼。

郑玄的三礼学，破除门户之见，广采兼综，融会贯通，博大精深。

郑玄礼学的一个重要特点是突出提升了《周礼》在其礼学阐释系统中的地位。本来，在汉代经学中，五经中的《礼经》是指《仪礼》，《周礼》不在五经之列。由于郑玄非常重视和尊崇《周礼》，因而便将《周礼》提升到其礼学阐释系统的中心地位。《礼记·礼器》云："经礼三百，曲礼三千。其致一也。"郑玄注曰："经礼谓《周礼》也。《周礼》六篇，其官有三百六十。曲犹事也。事礼谓今《礼》（指《仪礼》）也。"②可见，在郑玄的心目中，《周礼》为"经礼"，《仪礼》只是"曲礼"，亦即《周礼》的地位高于《仪礼》。此外，郑玄不仅把《周礼》与《仪礼》和《礼记》并列为三礼，而且在三礼之中，首推《周礼》，独树一帜地把《周礼》排在了三礼之首，确立了《周礼》《仪礼》《礼记》的顺序，此举极大地提高了《周礼》的学术地位。

郑玄礼学的另一个重要特点是他不仅特别重视三礼在整个经学系统中的地位，而且将其他经义也纳入礼学的阐释系统。正如清儒皮锡瑞所说："郑学最精者三礼。其注《易》，亦据《礼》以证《易》义广大，无所不包。"③

郑玄以《周礼》为中心的三礼之学对后世礼学产生了深远影响，为后世礼学奠定了坚实的基础。故唐代经学家孔颖达说："礼是郑学。"④

郑玄《周礼》之学能够达到集前人之大成的高度，与他破除今古门户之见、转益多师、博采众家之长有着密切关系。

贾公彦《序周礼废兴》所引郑玄《序》自谓："玄窃观二三君子之文章，顾省竹帛之浮辞，其所变易，灼然如晦之见明；其所弥缝，奄然如合符复析。斯可谓雅达广揽者也。然犹有参错，同事相违。则就其原文字之声类，考训诂，捃秘逸。谓二郑者，同宗之大儒，明理于典籍，粗识皇祖大经《周官》之义，存古字，发疑正读，亦信多善，徒寡且约，用不显于世。今赞而辨之，庶成此家世

① （南朝）范晔：《后汉书》卷六○上《马融列传》，中华书局1965年版，第1972页。
② （唐）孔颖达：《礼记正义》卷二三，载《十三经注疏》，中华书局1980年影印版，第1435页。
③ （清）皮锡瑞：《经学通论》，中华书局1954年版，第21页。
④ （唐）孔颖达：《礼记正义》卷四○，载《十三经注疏》，中华书局1980年影印版，第1550页。

所训也。"①由此可见,郑玄的《周礼》之学,并不仅仅是对张恭祖和马融学术成果简单的继承,而是综揽前儒、博综兼采的结果。郑玄曾在其《戒子书》中自谓其治经宗旨为:"但念述先圣之元意,思整百家之不齐。"②应该说郑玄的三礼学确实达到了"整百家之不齐"的高度。

郑玄还在当时的今、古文经学之争中捍卫了《周礼》的地位。自刘歆始,今文经学派与古文经学派就不断地发生矛盾和摩擦。由于《周礼》一书原本不在儒家经典之列,而刘歆却建议将其立于学官,因而招致了今文经学派的强烈反对。于是《周礼》便与《左传》《毛诗》一起成为今、古文经学之争的焦点问题。郑玄博通今古文经学,他接受了刘歆关于《周礼》乃"周公致太平之迹"的观点。郑玄认为:"周公居摄而作六典之职,谓之《周礼》。"③他既然认定《周礼》一书为周公所作,于是便不遗余力地研究发扬《周礼》之学。贾公彦《序周礼废兴》记载:"林孝存以为武帝知《周官》末世渎乱不验之书,故作《十论》《七难》以排弃之;何休亦以为六国阴谋之书。唯有郑玄遍览群经,知《周礼》者乃周公致太平之迹,故能答林硕之《论》《难》,使《周礼》义得条通。故郑氏《传》曰:玄以为括囊大典,网罗众家,是以《周礼》大行后王之法。"④按:文中所谓"林孝存"与"林硕"为同一人(林,或作"临"——引者注)。林硕,字孝存。面对林孝存、何休等今文经学家对《周礼》的猛烈攻讦,郑玄挺身而出,力排众议,对林、何等人的辩难进行了回击,为《周礼》一书进行了辩护,从而巩固了《周礼》的地位。与此同时,郑玄还为《周礼》作注,使《周礼》"义得条通"。郑玄的《周礼注》对两汉今、古文经学进行全面的整合,独成"郑学"。范晔于《后汉书·郑玄列传》称赞说:"郑玄囊括大典,网罗众家,删裁繁诬,刊改漏失,自是学者略知所归。"范晔的论赞是符合历史实际的。

郑玄的《周礼注》是迄今保存下来的最早的《周礼》注本,是后世《周礼》

---

① (唐)贾公彦:《周礼注疏》卷首《序周礼废兴》引郑玄《序》,载《十三经注疏》,中华书局1980年影印版,第636页。

② (南朝)范晔:《后汉书》卷三五《郑玄列传》,中华书局1965年版,第1209页。

③ (唐)贾公彦:《周礼注疏》卷一《天官冢宰》郑玄注,载《十三经注疏》,中华书局1980年影印版,第639页。

④ (唐)贾公彦:《周礼注疏》卷首《序周礼废兴》,载《十三经注疏》,中华书局1980年影印版,第636页。

学研究最基础、最重要的文献资料。郑玄的《周礼注》具有重要的学术价值，因而被后世许多学者奉为《周礼》研究的圭臬。

综上所述，可知刘向、刘歆父子是汉代《周礼》学的发起者和开创者；杜子春是两汉之际《周礼》学传承的关键人物，而郑玄则是汉代《周礼》学的集大成者。两汉时期众多学者家孜孜不倦地研治《周礼》，成果卓著，形成了形式诸多的《周礼》学著述，主要以"注""传""解诂""训诂""难"为主要体式。以"注"为名的著述有杜子春作《周官注》，郑玄作《周礼注》；以"传"为名的著述有马融作《周官传》；以"解诂"为名的著述，有郑玄、贾逵作《周官解诂》，郑众作《周礼解诂》，卢植作《三礼解诂》；而以"训诂"为名的著述则有张衡作《周官训诂》；以"难"为名的著述比较少见，仅见郑玄答临孝存《周礼难》。随着《周礼》学的深入发展，至东汉时期，《周礼》学研究上出现了"以师说解经"的方式，如郑玄注《周官》，多引杜子春、郑众学说等，这就是一个显著的例子。

第三节　两汉时期的《仪礼》学

一、《仪礼》在西汉时期的传授谱系

孔子及其弟子采缀宗周遗礼整理编订而成的《仪礼》，经其弟子和后学增补整理后代代相传。到秦始皇"焚书坑儒"时，《仪礼》与其他儒家经典一起经受了一场大劫难。秦王朝灭亡后，汉王朝代之而兴。鲁地的一些儒家学者便逐步恢复传授秦朝一度被禁绝的《礼》学。但当时《礼》书已残缺不全，只剩下由鲁人高堂生所传下来的《士礼》十七篇行于世。

关于《仪礼》一书在西汉初年的传授情况，《史记·儒林列传》《汉书·儒林传》《汉书·艺文志》均有较详细的记述。

《史记·儒林列传》载：

> 诸学者多言礼，而鲁高堂生最本。礼固自孔子时而其经不具，及至秦焚书，书散亡益多，于今独有《士礼》，高堂生能言之。而鲁徐生善为容。孝文帝时，徐生以容为礼官大夫。传子至孙徐延、徐襄。襄，其天姿善为容，不能通《礼经》；延颇能，未善也。襄以容为汉礼官大夫，至广陵内史。

延及徐氏弟子公户满意、桓生、单次,皆尝为汉礼官大夫。而瑕丘萧奋以礼为淮阳太守。是后能言《礼》为容者,由徐氏焉。①

《汉书·儒林传》有较详细一些的记述:

> 汉兴,鲁高堂生传《士礼》十七篇,而鲁徐生善为颂(容)。孝文时,徐生以颂为礼官大夫,传子至孙延、襄。襄,其资性善为颂,不能通经;延颇能,未善也。襄亦以颂为大夫,至广陵内史。延及徐氏弟子公户满意、桓生、单次皆为礼官大夫。而瑕丘萧奋以《礼》至淮阳太守。诸言《礼》为颂者由徐氏。孟卿,东海人也。事萧奋,以授后仓、鲁闻丘卿。仓说《礼》数万言,号曰《后氏曲台记》,授沛闻人通汉子方、梁戴德延君、戴圣次君、沛庆普孝公。孝公为东平太傅。德号大戴,为信都太傅;圣号小戴,以博士论石渠,至九江太守。由是《礼》有大戴、小戴、庆氏之学。通汉以太子舍人论石渠,至中山中尉。普授鲁夏侯敬,又传族子咸,为豫章太守。大戴授琅邪徐良斿卿,为博士、州牧、郡守,家世传业。小戴授梁人桥仁季卿、杨荣子孙。仁为大鸿胪,家世传业,荣琅邪太守。由是大戴有徐氏,小戴有桥、杨氏之学。②

《汉书·艺文志》亦载:

> 汉兴,鲁高堂生传《士礼》十七篇。迄孝宣世,后仓最明。戴德、戴圣、庆普皆其弟子,三家立于学官。③

《汉书·儒林传》又载:"后苍字近君,东海郯人也。事夏侯始昌。始昌通五经,苍亦通《诗》《礼》,为博士,至少府,授翼奉、萧望之、匡衡。"④

根据上引《史记》《汉书》的相关记载,可以梳理出两个礼学谱系:一个是《仪礼》传授谱系,另一个是"礼容"传授谱系。

《仪礼》在西汉时期大致的传授谱系如下:鲁高堂生传授《士礼》十七篇给瑕丘人萧奋。萧奋再传授给东海郡人孟卿。孟卿又传授给东海郯县人后仓(苍)和鲁人闻丘卿。后仓除了师承孟卿学习《仪礼》之外,还曾师从夏侯始昌

---

① (汉)司马迁:《史记》卷一二一《儒林列传》,中华书局1959年版,第3126页。
② (汉)班固:《汉书》卷八八《儒林传》,中华书局1962年版,第3614—3615页。
③ (汉)班固:《汉书》卷三〇《艺文志》,中华书局1962年版,第1710页。
④ (汉)班固:《汉书》卷八八《儒林传》,中华书局1962年版,第3613页。

学习其他经典。因而后仓兼通《诗》与《礼》。后仓传授给沛人闻人通汉、庆普和梁人戴德、戴圣等四位弟子。戴德为戴圣的叔父,当时号为大戴;戴圣号为小戴。当时大戴、小戴和庆普三家之学在汉宣帝时都立于学官,设博士。大戴的弟子为徐良。徐良曾任博士。小戴的弟子有梁人桥仁、杨荣。庆普的弟子为夏侯敬和庆咸。

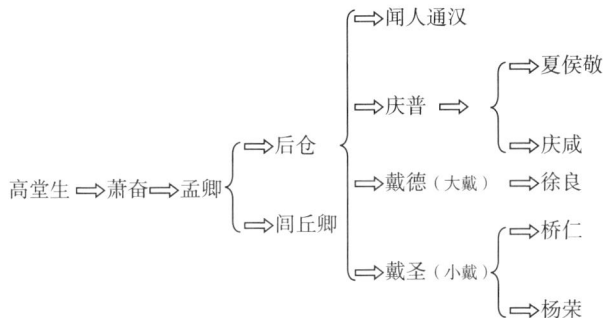

图 1-1　西汉《仪礼》传授谱系表

而徐生、徐延、徐襄、公户满意、桓生、单次等则组成了"礼容"传授谱系。他们的专长在"礼容",不能"通经",几乎与《仪礼》的传授无涉。其中只有徐延略通礼经,却又"未善"。

值得注意的是,《史记·儒林列传》与《汉书·儒林传》《艺文志》所载西汉初期传授《仪礼》的几位关键人物均为鲁人。比如高堂生、徐生、间丘卿等均明言为"鲁"人。萧奋为瑕丘县(今山东兖州)人,孟卿为东海郡(今山东郯城)人,后仓(苍)为东海郡郯县人,徐良为琅邪郡人,萧、孟、后、徐四人实际上也都属于鲁地的学者。而后仓所传授的四位弟子均非鲁人:其中闻人通汉、庆普为沛人;戴德、戴圣及戴圣的两位弟子桥仁、杨荣等均为梁人。这种现象似乎说明:《仪礼》之学起初只限于鲁地学者,只算是一种地域文化。后来随着"独尊儒术"政策的实施,《仪礼》之学才逐步由地域文化上升为主流文化,吸引了各地士人的关注和参与。

二、《礼古经》与今、古文之争

汉代的《仪礼》之学也有今、古文经学派的分别。上述鲁高堂生至大戴、小戴和庆普"三家之学"的传授谱系所传授的《仪礼》十七篇就是今文《礼经》。此外还有一部古文《礼经》。这部书还被称为《礼古经》,又称《逸礼》。由于本书是西汉初年新发现的用先秦古文字书写的,因而又被称为《古文逸礼》或《古文礼》。

班固《汉书·艺文志》"礼"类著录的第一部书就是"《礼古经》五十六卷"。接着又著录"《经》(七十)[十七]篇"。这里所著录的《礼古经》就是所谓的《逸礼》;而"《经》十七篇"就是作为儒家五经之一的"《仪礼》十七篇"。《汉书·艺文志》又于序中论述说:"《礼古经》者,出于鲁淹中(鲁地里名)及孔氏。与十七篇文相似,多三十九篇。"①

根据《汉书·艺文志》的记述可知,这部《礼古经》共有五十六篇。其中有十七篇(卷)与《仪礼》十七篇文字基本相同。除去这《仪礼》重复的十七篇,就比《仪礼》多出三十九篇。所以郑玄在《六艺论》中说:"后得孔子壁中《古文礼》,凡五十六篇,其十七篇与高堂生所传同,而字多异。其十七篇外则《逸礼》是也。"②至于刘歆在《移让太常博士书》中直云"《逸礼》有三十九篇",就是未计与《仪礼》相重复的十七篇而言。

根据汉代人的记述,可知《礼古经》在汉代共有三个版本。一是淹中本;二是孔壁本;三是河间本。

前两种版本见于《汉书·艺文志》:"《礼古经》者,出于鲁淹中及孔氏。"关于"淹中"的地望,颜注引苏林曰:"里名也。"盖谓淹中为鲁都曲阜一里名。具体位置不详。而前引郑玄《六艺论》则记述了第二种版本(孔氏壁中本)和第三种版本(河间献王本)。第二种版本,即孔壁本,就是与《古文尚书》等一同发现于孔壁的本子;第三种版本,即河间本,就是河间献王刘德所收藏的本子。据近人王国维《汉时古文本诸经传考》考证,河间献王本可能是孔壁本转写的。③

《逸礼》被发现后,长期藏于秘府,无人传习。直到汉成帝时,刘向、刘歆

---

① (汉)班固:《汉书》卷三〇《艺文志》,中华书局 1962 年版,第 1709—1710 页。

② (唐)孔颖达:《礼记正义》卷一篇题下孔疏所引,载《十三经注疏》,中华书局 1980 年影印版,第 1229 页。

③ 王国维:《观堂集林》卷七《汉时古文本诸经传考》,中华书局 1959 年版,第 328 页。

校理中秘古籍时,才发现了包括《逸礼》在内的一批古文经。刘歆经过研究后,认为《礼古经》述天子、诸侯之礼,较当时流传的《仪礼》十七篇主要记述士礼要完备得多,应立于学官。于是他于哀帝时上书请求设立包括《逸礼》在内的四部古文经博士,但由于今文经博士和朝臣的反对,而不得立于学官。刘歆便移书太常博士,批评他们"保残守缺,挟恐见破之私意,而无从善服义之公心"①。于是激怒了众博士及当政朝臣,他们对刘歆群起而攻之,于是刘歆"为众儒所讪,惧诛,求出补吏,为河内太守"②。

到平帝时,王莽当政,刘歆重回朝廷,为王莽所重,于是刘歆所喜好的《逸礼》才得以与《左氏春秋》《毛诗》《古文尚书》等古文经一起立于学官。光武中兴后,复立西汉朝廷所设立的十四博士,而废罢王莽时所立包括《礼古经》在内的所有古文经博士。于是《礼古经》再度遭到冷落,逐渐式微了。

《后汉书·卢植列传》记载,东汉末年熹平年间,经学家卢植给汉灵帝上书请求为《毛诗》《左传》《周礼》三种古文经设立博士,他在上书中说:"今《毛诗》《左氏》《周礼》各有传记,其与《春秋》共相表里。宜置博士,为立学官。以助后来,以广圣意。"③卢植向朝廷建议设立《周礼》《毛诗》《左传》博士,而并未建议为《礼古经》增立博士。由此可知,终东汉朝,《礼古经》也就是《逸礼》,一直未立于学官,几乎无人传习。也没有流传于后世,不知什么时候亡佚了。

三、两汉时期《仪礼》学博士的设立

博士制度起源于战国,据《史记·循吏列传》《汉书·贾山传》《说苑·尊贤》篇记载,战国时期鲁、魏、齐等国均有博士之职。至秦代,博士作为一种职官,其职责主要就是"掌通古今"④"典教职"⑤,员数达七十人。汉承秦制,继承发展了秦代的博士制度。秦与汉初的博士构成较为复杂,既有儒生担任博

---

① (汉)班固:《汉书》卷三六《刘歆传》,中华书局1962年版,第1970页。
② (汉)班固:《汉书》卷三六《刘歆传》,中华书局1962年版,第1972页。
③ (南朝)范晔:《后汉书》卷六四《卢植列传》,中华书局1965年版,第2116页。
④ (汉)班固:《汉书》卷一九上《百官公卿表》,中华书局1962年版,第726页。
⑤ (唐)虞世南撰,(明)陈禹谟补注:《北堂书钞》卷六七,《设官部·博士》注引晋代郭璞语,载文渊阁《四库全书》第889册,上海古籍出版社1987年影印版,第297页。

士,更有诸子百家担任博士。正如刘歆《移让太常博士书》所说:"(孝文时)天下众书往往颇出,皆诸子传说,犹广立于学官,为置博士。"①

汉武帝"罢黜百家,独尊儒术"之后,汉代的博士制度也为之一变:只设立五经博士,而罢免诸子传记博士。亦即博士官只能由通经的儒生担任,其他诸子百家皆无充任博士的资格。于是儒学取得独尊的国学地位,儒家典籍成为法定的经典。

下面将汉武帝设置五经博士之后,两汉《仪礼》学博士的情况概述如下。

(一) 西汉时期的《仪礼》学博士

《汉书·儒林传》记载汉初五经博士的设置情况:"初,《书》惟有欧阳,《礼》后,《易》杨,《春秋》公羊而已。至孝宣世,复立大、小夏侯《尚书》,大、小戴《礼》,施、孟、梁丘《易》,《穀梁春秋》。至元帝世,复立京氏《易》。平帝时,又立《左氏春秋》、《毛诗》、《逸礼》、古文《尚书》,所以网罗遗失,兼而存之,是在其中矣。"②

根据《汉书·儒林传》,汉武帝起初所设立的五经博士中,《仪礼》博士只有后仓一家。而上文所谓汉宣帝时又增设了戴德与戴圣两家礼学博士之事,则当是误记。

汉宣帝时为了统一儒家学说,于甘露三年(前51年)召集萧望之、刘向等儒生,在长安未央宫北的石渠阁讲论五经异同,史称石渠阁会议。参加石渠阁会议的礼学代表有戴圣和闻人通汉。

《汉书·儒林传》关于戴圣和闻人通汉与会时的身份情况是这样记载的:"圣号小戴,以博士论石渠。至九江太守。……通汉以太子舍人论石渠,至中山中尉。"③

由此可知,戴圣当时是以"博士"的身份参加会议;而闻人通汉是以"太子舍人"的身份参加会议。石渠阁会议除了讲论五经异同外,另一个重要议题就是增立五经博士。关于本次会议增立博士的情况,《汉书·宣帝纪》与《汉书·儒林传》的记述有所不同。《汉书·宣帝纪》载:甘露三年(前51年)"诏

---

① (汉)班固:《汉书》卷三六《刘歆传》,中华书局1962年版,第1969页。

② (汉)班固:《汉书》卷八八《儒林传》,中华书局1962年版,第3620—3621页。

③ (汉)班固:《汉书》卷八八《儒林传》,中华书局1962年版,第3615页。

诸儒讲五经同异,太子太傅萧望之等平奏其议,上亲称制临决焉。乃立梁丘《易》、大小夏侯《尚书》、《穀梁春秋》博士"①。

而《汉书·儒林传》赞曰:"自武帝立五经博士,开弟子员,设科射策,劝以官禄,讫于元始,百有余年,传业者浸盛,支叶蕃滋,一经说至百余万言,大师众至千余人,盖禄利之路然也。初,《书》惟有欧阳,《礼》后,《易》杨,《春秋》公羊而已。至孝宣世,复立大、小夏侯《尚书》,大、小戴《礼》,施、孟、梁丘《易》,《穀梁春秋》。"②

这两条史料之间存在矛盾。根据《宣帝纪》所载,本次会议只增设了"梁丘《易》、大小夏侯《尚书》、《穀梁春秋》"等四经博士;而根据《儒林传》所载,在"大、小夏侯《尚书》,大、小戴《礼》,施、孟、梁丘《易》"之外,还增设了大、小戴《礼》博士。大、小戴《礼》当时究竟是否被增立为博士?王国维《汉魏博士考》经过考证认为:"宣帝于《礼》博士亦无所增置。《儒林传赞》乃谓宣帝立大小戴《礼》。不知戴圣虽于宣帝时为博士,实为后氏《礼》博士。"③王国维所言极是。因为《后汉书·章帝纪》载:建初四年(79年)十一月,在举行白虎观会议之前章帝下诏曰:"汉承暴秦,褒显儒术,建立五经,为置博士。其后学者精进,虽曰承师,亦别名家。孝宣皇帝以为去圣久远,学不厌博,故遂立大、小夏侯《尚书》,后又立京氏《易》。至建武中,复置颜氏、严氏《春秋》,大、小戴《礼》博士。此皆所以扶进微学,尊广道艺也。"④据此可知,西汉宣帝并未设置大、小戴《礼》博士,当时的《礼》学博士仍只有后氏一家。一直到了东汉光武帝建武年间才设立大、小戴《礼》博士。

此外,《汉书·艺文志》载:"汉兴,鲁高堂生传《士礼》十七篇。迄孝宣世,后仓最明。戴德、戴圣、庆普皆其弟子,三家立于学官。"⑤似乎后仓的弟子戴德、戴圣、庆普均于西汉宣帝时立为博士。实际上这段记述是错误的。宣帝时不仅不曾增立大、小戴《礼》博士,也不曾立庆氏《礼》博士。关于这一问题,王

---

① (汉)班固:《汉书》卷八《宣帝纪》,中华书局1962年版,第272页。
② (汉)班固:《汉书》卷八八《儒林传》,中华书局1962年版,第3620—3621页。
③ 王国维:《观堂集林》卷四《汉魏博士考》,中华书局1959年版,第184页。
④ (南朝)范晔:《后汉书》卷三《章帝纪》,中华书局1965年版,第137—138页。
⑤ (汉)班固:《汉书》卷三〇《艺文志》,中华书局1962年版,第1710页。

国维已于《汉魏博士考》中指正说:"宣帝于《礼》博士亦无所增置。……《艺文志》并数庆氏《礼》,则又因后汉所立而误也。"①

（二）东汉时期的《仪礼》学博士

光武帝建立东汉王朝后,便着手恢复西汉时已建立的博士制度。关于光武帝设立五经博士的情况,《后汉书·儒林列传上》记载:

> 及光武中兴,爱好经术,未及下车,而先访儒雅,采求阙文,补缀漏逸。先是,四方学士多怀协图书,遁逃林薮。自是莫不抱负坟策,云会京师,范升、陈元、郑兴、杜林、卫宏、刘昆、桓荣之徒,继踵而集。于是立五经博士,各以家法教授,《易》有施、孟、梁丘、京氏,《尚书》欧阳、大小夏侯,《诗》齐、鲁、韩,《礼》大、小戴,《春秋》严、颜,凡十四博士,太常差次总领焉。②

《后汉书志·百官志二·太常》记载的东汉博士设置情况与此略同:

> 博士十四人,比六百石。本注曰:《易》四,施、孟、梁丘、京氏。《尚书》三,欧阳、大小夏侯氏。《诗》三,鲁、齐、韩氏。《礼》二,大小戴氏。《春秋》二,《公羊》严、颜氏。③

根据上引《后汉书·儒林列传》和《后汉书志·百官志》的记载,可知东汉时期设置的《仪礼》学博士只有大戴《礼》和小戴《礼》两家,而并无庆氏《礼》。然而《后汉书·曹褒列传》却记载曹充、曹褒父子在东汉初年均曾被征拜为博士,而且明言他们父子二人均是传习庆氏《礼》。《曹褒列传》曰:

> 曹褒字叔通,鲁国薛人也。父充,持庆氏《礼》,建武中为博士,从巡狩岱宗,定封禅礼,还,受诏议立七郊、三雍、大射、养老礼仪。……拜充侍中。作《章句辩难》,于是遂有庆氏学。褒少笃志,有大度,结发传充业,博雅疏通,尤好礼事。……初举孝廉,再迁圉令,以礼理人,以德化俗。……征拜博士。会肃宗欲制定礼乐……褒博物识古,为儒者宗。十四年,卒官。作《通义》十二篇,演经杂论百二十篇,又传《礼记》四十九

---

① 王国维:《观堂集林》卷四《汉魏博士考》,中华书局1959年版,第184页。

② (南朝)范晔:《后汉书》卷七九上《儒林列传上》,中华书局1965年版,第2545页。

③ (晋)司马彪:《后汉书志》卷二五《百官志二·太常》,附载于(南朝)范晔:《后汉书》,中华书局1965年版,第3572页。

篇,教授诸生千余人,庆氏学遂行于世。①

如果《后汉书·曹褒列传》这段传文所记可靠,则与前引《后汉书·儒林列传》和《后汉书志·百官志》的记述相抵牾,因为《后汉书·儒林列传》和《后汉书志·百官志》均明言东汉初年共设置了"十四博士",其中并无庆氏《礼》博士,而只有大、小戴《礼》博士。

对于这些矛盾记述,王国维《汉魏博士考》认为后汉初曾设立庆氏《礼》博士。之所以出现这样相互抵牾的记述,是由于范晔与司马彪的疏误。他说:

> 案后汉初曾置庆氏《礼》。当是为礼博士者,如曹充,如曹褒,如董钧,皆传庆氏者也。传二戴《礼》而为博士者,史反无闻。疑当时《礼》有庆、大小戴三氏。故班氏《艺文志》谓《礼》三家皆立于学官。盖误以后汉之制本于前汉也。后庆氏学微,博士亦中废。至后汉末,《礼》博士只有大小戴二家。故司马彪、范晔均遗之耳。②

王氏的判断是否正确?目前看来理据还不是特别充分,需进一步考证。

四、东汉时期的《仪礼》学家及其著述

西汉诸家传授《仪礼》均只有师授而无注解。到东汉时期才有经学家为《仪礼》作注。不过,虽然《仪礼》是五经之一,在整个两汉时期都被奉为"礼经",而且当时朝廷所立礼学博士都是《仪礼》学博士(王莽时期除外),但通观两汉时期的三礼学,有关《仪礼》的著述最不景气。如据清人曾朴《补后汉书艺文志并考》统计,东汉时期有关《仪礼》的著述只有如下几种:

马融《仪礼注》(卷数佚,《丧服经传注》一卷别行)

卢植《仪礼解诂》(卷数佚)

郑玄《仪礼注》十七卷

郑玄《丧服变除》一卷(以戴德《丧服变除》为本,而附以己意)

郑众《婚礼》(卷数佚)

何休《冠仪约制》(卷数佚,据古礼而多以汉制)

---

① (南朝)范晔:《后汉书》卷三五《曹褒列传》,中华书局1965年版,第1201—1205页。
② 王国维:《观堂集林》卷四《汉魏博士考》,中华书局1959年版,第186页。

郑玄《五宗图》一卷

刘表《新定礼》一卷(言丧服)

曹充《庆氏礼章句辩难》(卷数佚)①

而与此同时,有关原本不在儒家经典之数的《周礼》的著述却高达 11 种,有关作为《仪礼》附庸的《礼记》的著述也达到了 7 种。由此可见,《仪礼》虽为五经之一,但东汉时期学术界对于《仪礼》的研究相对来说比较冷落。因为马融及其弟子郑玄这样的《仪礼》学大家的存在才使东汉时期的《仪礼》学显得不是很落寞。

(一) 马融的《仪礼》学成就

马融是东汉时期第一个为《仪礼》全书作注的人,也是第一个遍注三礼的经学家。

由于马融的三礼注均已亡佚,对他的经学成就了解不够,因而学术界一般认为马融只是给《仪礼》中的《丧服》篇作注,而并未给《仪礼》全书作注。然而曾朴《补后汉书艺文志并考》一书经较细密的考证,认为马融确实曾为《仪礼》全书作过注。兹将其考证和结论摘要如下:

案《释文》言马融作《丧服》,《隋》《唐志》亦但录马融《丧服经传注》一卷,皆不言注《仪礼》,后儒遂疑马融但注《丧服》,无《仪礼注》。朴谓其说非也。请列数例以明之。范《书》本传称融著三礼,不言注《丧服》,蔚宗生刘宋时,书籍尚多,必亲见其书而著之。倘融但注《丧服》,则当云融著《周官》《丧服经传》《礼记》,何至浑称若是?……此一证也。又蔚宗之前为《后汉书》者共有七家,章怀太子注范《书》,凡七家与范异者,悉为标出,其同者不著。如《郑玄传》范载郑所著目录,章怀即注曰"谢承《书》无《孝经注》"。今融传下章怀无一语,则可见七家皆云著三礼,则与范无异。此二证也。孔颖达著《毛诗正义》,其说以刘焯《毛诗义疏》、刘炫《毛诗述义》为稿本。二刘皆隋人,所据多六朝人旧说。今考题下云马融、卢植、郑玄注三礼,皆大名在下。此明是六朝人亲见其书之语。倘融

① 曾朴在书中有关著述按《仪礼》《周礼》《礼记》的顺序分类编排。他将曹充《庆氏礼章句辩难》一书排于《周礼》类之末,而排于《礼记》类之首,似乎将其当作《礼记》著作。实际上曹充著作应该属于《仪礼》类著述。因此这里将其作为《仪礼》类著述统计。

但著《丧服经传》，何得有大名在下等例也？况卢植、郑玄皆统注三礼之
人，与之并列，亦一确据。此三证也。有此三证，马融之有《仪礼注》决
矣。……可见马融于《仪礼》之学固尝融贯全经，非徒注《丧服》一门。特
六朝之时，士大夫皆重丧礼，故特别出行之，与《隋志》别标郑玄《丧服经
传注》一例也。传之既久，《丧服》盛行而全经反晦。非范《书》本传及颖
达《正义》硕果仅存，后人何由复知此书哉？①

曾朴的考证非常精审，结论非常可靠。然则马融应该是第一个为《仪礼》
作注的人，也是第一个遍注三礼的人。其对三礼学的贡献，功莫大焉。只是由
于其《仪礼注》已经亡佚，致使后世对其《仪礼》学成就不够了解。

（二）郑玄的《仪礼》学成就

郑玄是一位集两汉经学之大成的经学大师。他曾转益多师，先后师从今
文经师第五元先研习今文经学，后又师从东郡张恭祖和扶风马融两位古文经
学大家研习古文经学。他综合今、古，遍注群经，集两汉经学之大成，是两汉时
期影响最大的经学家。

郑玄一生著述宏富，《后汉书》本传记载："凡玄所注《周易》《尚书》《毛
诗》《仪礼》《礼记》《论语》《孝经》《尚书大传》《中候》《乾象历》，又著《天文七
政论》《鲁礼禘祫义》《六艺论》《毛诗谱》《驳许慎五经异义》《答临孝存周礼
难》，凡百余万言。"②实际上郑玄的著述远不止此数，据当代礼学家杨天宇考
证统计，郑玄的著述多达 56 种。③ 郑玄在经学研究领域的贡献是多方面的，
尤其对三礼学的贡献最为突出。

两汉时期《仪礼》虽然贵为五经之一，但相对于《周礼》学和《礼记》学来说，
学术界对《仪礼》的研究比较冷清。尤其是东汉时期，整个《仪礼》学呈现衰微之
势。在这种学术背景下，郑玄的《仪礼注》以其博综古今、广洽精详的特点横空
出世，成为两汉《仪礼》学的集大成之作，也是后世三礼学的奠基之作。

西汉诸家传授《仪礼》均只有师授而无注解。东汉马融始为《仪礼》作注，

① （清）曾朴：《补后汉书艺文志并考》卷二，载王承略、刘心明主编：《二十五史艺文经籍志
考补萃编》第八卷，清华大学出版社 2011 年版，第 75—77 页。
② （南朝）范晔：《后汉书》卷三五《郑玄列传》，中华书局 1965 年版，第 1212 页。
③ 杨天宇：《郑玄三礼注研究》，天津人民出版社 2007 年版，第 15—29 页。

马融的弟子郑玄又为《仪礼》全书作注。由于郑玄是一位兼通今、古文家法的经学家，因而他在给《仪礼》作注时，对《仪礼》原文也做了一番整理的工作。他把今、古文两种本子拿来互相对校，每逢两个本子文字不同时，他便择善而从，或采今文，或采古文。不唯如此，郑玄在改定经文时还严格注明其改定的依据，若改用今文之字则必注明古文该字作某；若改用古文之字则必注明今文该字作某。经过郑玄杂采今古文并为之作注的《仪礼》，就是今本《仪礼》。所以今传本《仪礼》实际是一部今、古文相混合的《仪礼》。此后，郑注所整理的《仪礼》十七篇就成为《仪礼》的定本，一直流传到现在。

郑玄《仪礼注》问世以后，很快风靡学界，成为《仪礼》学的权威著作。于是大、小戴及庆氏三家之学便衰亡了。汉魏之际，形成了郑学独盛的局面。唐代贾公彦编纂《仪礼注疏》，所依据的古注就是郑玄的《仪礼注》。直到今天，郑玄的《仪礼注》仍然是研究《仪礼》最重要最权威的参考文献。清初学者顾炎武有《述古诗》称赞郑玄说："大哉郑康成，探赜靡不举。六艺既该通，百家亦兼取。至今三礼存，其学非小补。"①顾氏是从不轻易赞颂古人的，但却对郑玄称扬推崇备至，由此也可见郑玄礼学成就之大、影响之深。

（三）曹充、曹褒、董钧、卢植、刘表等《仪礼》学家及其相关著述

东汉时期，《仪礼》学相对《周礼》学与《礼记》学而言不是很发达。除了马融、郑玄之外，东汉时期比较重要的《仪礼》学家主要有曹充、曹褒、董钧、卢植、刘表等人。兹分述如下：

1. 曹充、曹褒父子

据《后汉书·儒林列传》记载，《礼》（《仪礼》）在东汉立为经学博士者唯大、小戴及庆氏三家。后传大戴《礼》者无闻，传庆氏《礼》者有曹充及其子曹褒。

曹充，鲁国薛（今山东滕州）人。《后汉书·曹褒列传》谓其"持庆氏《礼》，建武中为博士"②，并著有《庆氏礼章句辩难》。

曹褒，曹充之子。《后汉书》本传谓其"初举孝廉，再迁圉令，以礼理人，以

---

① 王蘧常辑注：《顾亭林诗集汇注》，上海古籍出版社 1983 年版，第 1008 页。

② （南朝）范晔：《后汉书》卷三五《曹褒列传》，中华书局 1965 年版，第 1201 页。

德化俗。……征拜博士"①。累官至侍中。曹褒精研叔孙通礼仪之学，并继承父业，传习庆氏《礼》学，以庆氏《礼》教授诸生千余人。著有《通义》十二篇，又传小戴《礼记》四十九篇。

曹充、曹褒父子均曾担任《礼》学博士，是东汉时期《仪礼》学的重要传人。

2. 董钧

董钧，字文伯，犍为资中（今四川资中）人。东汉经学家，习庆氏《礼》。建武年间举孝廉，辟司徒府。永平初年为博士。当时号称通儒，常教授弟子数百人。《后汉书》有传。

3. 卢植

卢植，东汉末年经学家。他曾师从大儒马融，为郑玄的师兄。而且他与马融、郑玄一样遍注三礼。卢植著有《尚书章句》《三礼解诂》等经学著作。

熹平年间，汉灵帝诏令于太学外镌刻《熹平石经》，以校正五经文字，统一儒家经典。卢植上书说："臣少从通儒故南郡太守马融受古学，颇知今之《礼记》特多回冗。臣前以《周礼》诸经，发起秕谬，敢率愚浅，为之解诂，而家乏，无力供缮写上。原得将能书生二人，共诣东观，就官财粮，专心研精，合《尚书》章句，考《礼记》失得，庶裁定圣典，刊正碑文。"②按：上引传文中所谓"《礼记》"是指《仪礼》，并非指小戴《礼记》，因为当时小戴《礼记》还未升格为经，《熹平石经》中并未刊刻小戴《礼记》。然则这段上书是卢植自动请命，要求参与《熹平石经》中《仪礼》的文字刊正工作。

4. 刘表

刘表（142—208 年），字景升，山阳高平（今山东金乡）人，汉景帝之子鲁恭王刘余的后人。曾担任荆州刺史，在任期间，他很重视学术教育，各地的士人争相投奔他，以致形成盛极一时的荆州学派。刘表本人亦有著述问世。《隋书·经籍志》记载，刘表著有《周易章句》五卷，《新定礼》一卷；③《通典》记载刘表有《丧服后定》一书。但清人马国翰认为《丧服后定》与《新定礼》为同

---

① （南朝）范晔：《后汉书》卷三五《曹褒列传》，中华书局 1965 年版，第 1202 页。
② （南朝）范晔：《后汉书》卷六四《卢植列传》，中华书局 1965 年版，第 2116 页。
③ （唐）魏徵等：《隋书》卷三二《经籍志一》，中华书局 1973 年版，第 909—920 页。

一本书,虽冠之以"礼"之名,实为丧服内容,"新定即后定,题小异耳。……此书浑以礼名,其实专明丧服也"①。马说甚是。从马国翰《玉函山房辑佚书》收录的六条佚文看,所涉及的内容都是有关服丧的具体规定。

第四节　两汉时期的《礼记》学

一、西汉时期的《礼记》学

（一）《礼记》的编定成书

《礼记》,又称《小戴礼记》或《小戴记》,共四十九篇,是一部先秦至秦汉时期的礼学文献选编,对研究和了解儒家思想和古代社会具有重要意义。《礼记》本是《仪礼》的"附庸"。其许多内容是对作为五经之一的《仪礼》的阐释,是附属于《仪礼》的具有参考性质的资料汇编。《礼记》的内容非常驳杂而丰富,或解经所未明,或补经所未备,或称引孔子思想以阐释古制。

《礼记》作为一部礼学文献的选集,其各篇盖出自孔门后学之手,班固《汉书·艺文志》在"《记》百三十一篇"后自注云:"七十子后学者所记也。"孔颖达《礼记正义·序》云:

> 《礼记》之作,出自孔氏。但正《礼》残缺,无复能明,故范武子不识殽烝,赵鞅及鲁君谓仪为礼。至孔子没后,七十二之徒共撰所闻,以为此《记》。或录旧礼之义,或录变礼所由,或兼记体履,或杂序得失,故编而录之,以为《记》也。《中庸》是子思伋所作,《缁衣》公孙尼子所撰。郑康成云:"《月令》吕不韦所修。"卢植云:"《王制》,谓汉文时博士所录。"其余众篇,皆如此例,但未能尽知所记之人也。②

《礼记》各篇乃出自众人之手,非一时一人之作,所以说关于《礼记》诸篇的作者,"未能尽知所记之人"。

《礼记》一书何时由何人选编成书？东汉经学大师郑玄说《礼记》是由西

---

① （清）马国翰:《玉函山房辑佚书》卷二二,上海古籍出版社 1990 年版,第 840—841 页。
② （唐）孔颖达:《礼记正义》序,载《十三经注疏》,中华书局 1980 年影印版,第 1226 页。

汉时期的礼学博士戴圣编选成书的。郑玄《六艺论》曰："今礼行于世者,戴德、戴圣之学也。"又曰:"戴德传《记》八十五篇,则《大戴礼》是也;戴圣传《礼》四十九篇,则此《礼记》是也。"①

据《汉书·儒林传》和《后汉书·儒林列传》记载,汉初鲁高堂生是西汉初期《仪礼》学的第一代传人。他把《仪礼》十七篇传授给瑕丘人萧奋,萧奋再传授给东海郡人孟卿,孟卿又传授给东海郡郯县人后仓(苍),后仓又传授给梁人戴德、戴圣和沛人闻人通汉、庆普。大戴、小戴在传授《仪礼》的过程中,从前世流传下来的众多礼学文献中分别选取一些与"礼"相关的资料汇编成不同的教本,作为参考资料,用以教授学生,于是便有了流传至今的戴德与戴圣所纂辑的两种《礼记》选编本。戴德的选编本八十五篇便被称为《大戴礼记》,戴圣的选编本四十九篇便被称为《小戴礼记》。又由于《小戴礼记》的学术地位比较高,影响比较大,因而便被后世径称为《礼记》。

郑玄之后,学术界基本上接受了郑玄将大、小戴《礼记》的编选成书归功于戴德、戴圣的观点。但在疑古惑经思想影响下,宋人开始怀疑二戴是大、小戴《礼记》的编纂者。宋代学者陈振孙曾认为《大戴礼记》绝非戴德所撰作。他说:"今考《礼察》篇汤武、秦定取舍一则,尽出于(贾)谊疏中,反若取谊语剿入其中者。《公符》篇全录汉昭帝冠辞。则此书殆后人好事者采获诸书为之,故驳杂不经,决非戴德本书也。"②

清儒毛奇龄《经问》则以《汉书·艺文志》未著录二戴《礼记》而论定二戴《礼记》并非由二戴所编定。他说:"《礼记》无戴圣集成之事。戴圣受《仪礼》立戴氏一学,且立一戴氏博士,而与《礼记》似无与焉。……若《礼记》则《前志》只云'《记》百三十一篇'。当是《礼记》未成书时底本。然并不名《礼记》。亦并无二戴传《礼记》之说。惟《后汉·儒林》有郑玄所注四十九篇之目。则与今《礼记》篇数相合。故郑玄作《六艺论》云:'今《礼》行于世者,戴德、戴圣之学也。此《仪礼》也。'又云:'戴德传《记》八十五篇,则今《大戴礼》是也。戴圣传《礼》四十九篇,则《礼记》是也。'然其说无考。及观《隋书·经籍志》

---

①　(唐)孔颖达:《礼记正义》序,载《十三经注疏》,中华书局1980年影印版,第1226页。
②　(宋)陈振孙:《直斋书录解题》卷二《礼类》,上海古籍出版社1987年版,第46页。

则明云:'汉初河间献王得仲尼弟子所记一百三十一篇。至刘向校经籍,检得一百三十篇。因第而叙之。又得《明堂阴阳记》凡五种共二百十四篇。戴德删其烦重,合而记之,为八十五篇,谓之《大戴礼》。戴圣又删大戴之书为四十六篇,谓之《小戴记》。'则二戴为武宣时人,岂能删哀平间向、歆所校之书乎? ……故曰:戴圣集《礼记》未敢信也。"①

　　近现代学术界否认戴圣选编《礼记》代表学者主要有洪业、蔡介民、钱玄及翁贺凯等。他们均认为二戴《礼记》并非二戴所编纂,其成书时间在郑玄之前的东汉时期。其中,洪业断言"后汉之《小戴记》者非戴圣之书也"②。并认为《礼记》当编纂成书于"二戴之后,郑玄之前,'今礼'之界限渐宽,家法之畛域渐泯"的东汉时期。③ 蔡介民认为《礼记》的编纂者当为马融和卢植。④ 钱玄认为:"现在的大小戴《礼记》不是西汉时戴德、戴圣所辑的。……其成书既不在西汉,则必在东汉。"⑤翁贺凯亦认为《礼记》出自东汉礼学家之手。⑥ 他们否定大、小戴编纂二戴《礼记》的主要理由如下:第一,《汉书·艺文志》中未提及二戴《礼记》;第二,戴圣是今文礼学家,但《礼记》中不仅今、古文不分,而且还收有出于古文《逸礼》的《奔丧》《投壶》两篇;第三,许慎《说文》引用《礼记》均冠以"礼记"二字,唯独引用《月令》时冠以"明堂月令",可见许慎所见《礼记》未收《月令》,然则今本《礼记》非戴圣所编。

　　对于上述诸人的怀疑,当代学者杨天宇做了有力的辩驳。首先,《汉书·艺文志》是根据刘歆《七略》"删其要"编成的,而《七略》则是摘取刘向《别录》以为书,《别录》详于《七略》与《汉志》。故《汉志》未载之书,不等于《七略》未载,更不等于《别录》亦无其书。《经典释文·序录》明云:"汉刘向《别录》有四十九篇,其篇次与今《礼记》同。"可为确证。而且西汉时代的书,《汉书·艺文志》未收录的甚多,董仲舒的《春秋繁露》就是显例。其次,二戴虽然属今文

① (清)毛奇龄:《经问》卷三,载《清经解》第一册,上海书店 1988 年版,第 703 页。
② 洪业:《礼记引得序》,载《洪业论学集》,中华书局 1981 年版,第 217 页。
③ 洪业:《礼记引得序》,载《洪业论学集》,中华书局 1981 年版,第 219 页。
④ 蔡介民:《〈礼记〉成书之时代》,原载于《新东方》第 1 卷,1940 年第 1 期;后收入郭伟川、周少川主编:《二十世纪中国礼学研究论集》,学苑出版社 1998 年版,第 145—154 页。
⑤ 钱玄:《三礼通论》,南京师范大学出版社 1996 年版,第 39 页。
⑥ 翁贺凯:《两汉〈礼记〉源流新考》,《福建论坛》1999 年第 5 期。

经学派，但他们生当今、古文壁垒未成的武、宣时期，他们所抄辑的礼学资料选编本中混有古文经记，并不足为怪，不能以此否认二戴的编选权。再次，《说文》引《礼记》并非均冠以"礼记"二字；而且《说文》引《月令》也并非皆冠以"明堂月令"四字，也有冠以"月令"者。因此不能以《说文》引《礼记·月令》冠以"明堂月令"的情况而否认《礼记》为戴圣所纂辑。①

关于《礼记》一书的编者问题，我们比较赞同王锷《戴圣生平和〈礼记〉的编选》一文的观点。该文从戴圣的生平着手，并对《礼记》的编选成书做了辨析，认为戴圣的治学、从政主要在汉宣帝甘露年间（前53—前50年）以后，即汉元帝、成帝时期。他先后两次为《礼》经学博士，官至九江太守。《礼记》四十九篇当是由戴圣选编而成，以配合今文《礼》教授弟子，传授礼学。四十九篇选自百三十一篇的《记》和《汉志》记载的《曾子》《子思子》等儒家文献，编选时间在汉宣帝甘露三年（前51年）以后，汉成帝阳朔四年（前21年）以前的30年中，大概在汉元帝时期。② 这一考证和结论，比较有说服力。

此外，还有两条材料可以说明二戴《礼记》并非东汉时方纂辑成书。其一，《史记·五帝本纪》索隐引刘向《别录》说："孔子见鲁哀公问政，比三朝，退而为此《记》，故曰《三朝》，凡七篇，并入《大戴记》。"③其二，《三国志·蜀书·秦宓传》裴松之注引刘歆《七略》曰："孔子三见哀公，作《三朝记》七篇，今在《大戴礼》。"裴松之注曰："《中经部》有《孔子三朝》八卷，一卷目录，余者所谓七篇。"④据此可证西汉时刘向、刘歆均亲眼见过《大戴礼记》，从而可证《大戴礼记》早在西汉时即已纂辑成书。

（二）大、小戴《礼记》的关系

关于二戴《礼记》的关系旧有"小戴删大戴"之说。此说始于晋代陈邵。唐陆德明《经典释义·序录》引陈氏《周礼论序》云："戴德删古《记》二百四篇为八十五篇，谓之《大戴礼》；戴圣删《大戴礼》为四十九篇，是为《小戴礼》。

---

① 杨天宇：《郑玄三礼注研究》，天津人民出版社2007年版，第152—160页。
② 王锷：《戴圣生平和〈礼记〉的编选》，《中国文化研究》2006年春之卷。
③ （汉）司马迁：《史记》卷一《五帝本纪》，中华书局1959年版，第4页。
④ （晋）陈寿：《三国志》卷三八《蜀书·秦宓传》裴注引《魏略》，中华书局1959年版，第974页。

后汉马融、卢植考诸家同异,附戴圣篇章,去其繁重及所述略,而行于世,即今之《礼记》是也。"①后来《隋书·经籍志》也附益其说曰:"……戴德删其繁生,合而记之,为八十五篇,谓之《大戴记》。而戴圣又删大戴之书,为四十六篇,谓之《小戴记》。"②并说《小戴礼记》原为四十六篇,汉末马融又补入《月令》《明堂位》《乐记》三篇,于是便成为四十九篇。

考诸有关史籍,便知陈邵之说纯为无根之谈,根本没有文献学依据。汉魏诸儒从未说过《小戴礼记》是由《大戴礼记》选编而成。对于陈邵与《隋书·经籍志》的"小戴删大戴"之说,清代学者戴震批驳说:

> 郑康成《六艺论》曰:戴德传记八十五篇。《隋书·经籍志》曰:大戴礼记十三卷,汉信都王太傅戴德撰。今是书传本卷数与《隋志》合,而亡者四十六篇。《隋志》言戴圣删大戴之书为四十六篇,谓之《小戴记》。殆因所亡篇数,傅合为是言欤?其存者《哀公问》及《投壶》,《小戴记》亦列此二篇,则不在删之数矣。他如《曾子大孝》篇见于《祭义》,《诸侯衅庙》篇见于《杂记》,《朝事》篇自"聘礼"至"诸侯务焉"见于《聘义》,《本事》篇自"有恩有义"至"圣人因杀以制节"见于《丧服四制》;凡大、小《戴》两见者,文字多异。《隋志》已前,未有谓小戴删大戴之害者,则《隋志》不足据也。③

对于"小戴删大戴"之说,近人吴承仕很有代表性,他在《经典释文序录疏证》中说:

> 陈邵……《周礼论序》,始谓大戴删古《记》,小戴又删《大戴记》,马融等复附益之。班、范无此言,《隋志》袭之,并以戴圣删大戴之书为四十六篇,而《月令》《明堂位》《乐记》三篇为马融所足。重纰貤谬,疑误后生。清儒戴震、钱大昕、臧镛堂、陈寿祺、吴文起、黄以周等始证明其非,今更无信从陈说者矣。④

---

① (唐)陆德明:《经典释文》卷一《序录》,上海古籍出版社2013年版,第43页。
② (唐)魏徵:《隋书》卷三二《经籍志一》,中华书局1973年版,第925页。
③ (清)戴震:《东原集·〈大戴礼记〉目录后语一》,载《清经解》第三册,上海书店1988年影印版,第889页。
④ 吴承仕:《经典释文序录疏证》,中华书局2008年版,第94页。

并认为：

> 二戴各自撰《记》，本不相谋，故不嫌重复，如《大戴·哀公问于孔子》与《小戴·哀公问》同，《大戴·礼察》与《小戴·经解》略同，《大戴·曾子大孝》与《小戴·祭义》同，《大戴·诸侯衅庙》与《小戴·杂记》同，《投壶》二《记》俱有，文亦略同，而《大戴》亡篇中尚有《礼器》《祭法》佚文，以此推之，则相同者盖不止此数。[①]

吴氏认为，二戴各自纂辑《记》文而成大、小戴《礼记》，"小戴删大戴"之说不成立。

由于《大戴礼记》原本 85 篇，而至隋唐时已残缺不全，至今只剩下 40 篇；又由于《汉书·儒林传》服虔注曾引《大戴礼记·曲礼》、《诗经·摽有梅》孔疏曾引《大戴礼记·文王世子》、《太平御览》卷五一九所引《五经异义》中有《大戴礼记·礼器》之篇名，而《曲礼》《文王世子》《礼器》也均为《小戴礼记》之篇名，因而有人据此认为《大戴礼记》亡佚的篇章即为《小戴礼记》所删取。究其实，此说是难以成立的，因为《大戴礼记》亡佚的篇章有许多是《小戴礼记》所没有的。如《礼记·曲礼》孔疏曾引《大戴礼记·王度记》，《诗经·沮洳》孔疏曾引《大戴礼记·辨名记》，《诗经·灵台》孔疏曾引《大戴礼记·政穆篇》，《北堂书钞》卷九三曾引《大戴礼记·谥法篇》，《仪礼·少牢馈食礼》郑注引《太庙礼》一条，贾疏谓该条出于《大戴礼记》，而上述《王度记》《辨名记》《政穆篇》《谥法篇》《太庙礼》等《大戴礼记》亡佚的篇目就都是《小戴礼记》所没有的。由此可见，《大戴礼记》亡佚的篇章并非为《小戴礼记》所删取。从而可知，《小戴礼记》不可能是从《大戴礼记》选编而成的。

实际上，《大戴礼记》与《小戴礼记》当是分别由戴德、戴圣从《汉书·艺文志》所著录的"百三十一篇"礼学之《记》及前世流传下来的其他礼学文献中选编而成的。

（三）西汉时期《礼记》的传授

《礼记》未成书之前是附属于《仪礼》的，是学习礼经的参考资料。根据《史记·儒林列传》《汉书·儒林传》《汉书·艺文志》等文献记述，可知西汉

---

① 吴承仕：《经典释文序录疏证》，中华书局 2008 年版，第 93 页。

《仪礼》学传授谱系如下:高堂生授徐生;徐生授子、公孙满意、桓生、单次、萧奋;徐生子再授徐生孙徐延、徐襄;萧奋授孟卿;孟卿授后仓(苍)、间丘卿;后仓(苍)授闻人通汉、戴德、戴圣、庆普。戴德所传称《大戴礼》,授徐良,于是《大戴礼》有徐氏学。戴圣所传称《小戴礼》,再授桥仁、杨荣,于是《小戴礼》有桥氏、杨氏学。庆普授夏侯敬、族子咸,由是有庆氏学。

《仪礼》今文学有戴德、戴圣、庆谱三家,《汉书·艺文志》云:"汉兴,鲁高堂生传《士礼》十七篇。迄孝宣世,后仓最明。戴德、戴圣、庆普皆其弟子,三家立于学官。"①

戴圣先后两任博士,平生以学习儒家经典为主,尤重《仪礼》学研究。与叔父戴德及庆普等人曾师事经学大师后仓(苍),潜心钻研《仪礼》学。大、小戴与庆普三人,逐步形成各自的学术体系,成为今文礼学大师。戴圣精心讲授"礼学",授徒颇多,曾传其学于梁人桥仁、杨荣等,《汉书·儒林传》载:"德号大戴,为信都太傅;圣号小戴,以博士论石渠,至九江太守。由是《礼》有大戴、小戴、庆氏之学。……小戴授梁人桥仁季卿、杨荣子孙。仁为大鸿胪,家世传业,荣琅邪太守。由是大戴有徐氏,小戴有桥、杨氏之学。"戴圣立为《礼记》博士,又传桥仁、杨荣子孙,于是小戴《礼记》有桥氏、杨氏学。

桥仁曾任大鸿胪,著有《礼记章句》,世传其学,《后汉书·桥玄列传》载:"桥玄字公祖,梁国睢阳人也。七世祖仁,从同郡戴德学,著《礼记章句》四十九篇,号曰'桥君学'。"②杨荣曾任琅邪太守,小戴有杨氏学,则当有《礼记》传本,正如杨天宇所说:"杨荣既与桥仁同师于小戴,且学成后亦独自名家,则可见《礼记》当亦有杨氏本,不过史书缺载罢了。"③桥、杨二人均为《礼记》的传承作出了重要贡献。

此外,《礼记》在流传过程中,出现了多种不同版本,除了上述桥、杨两种版本之外,西汉时还有刘向《别录》本。《经典释文·序录》注云:"向《别录》有四十九篇,其编次与今《礼记》同。"④据此可知,刘向本《礼记》的篇次与隋

---

① (汉)班固:《汉书》卷三〇《艺文志》,中华书局 1962 年版,第 1710 页。
② (南朝)范晔:《后汉书》卷五一《桥玄列传》,中华书局 1965 年版,第 1695 页。
③ 杨天宇:《略述中国古代〈礼记〉学》,《河南大学学报》2000 年第 5 期。
④ (唐)陆德明:《经典释文》卷一《序录》,上海古籍出版社 2013 年版,第 43 页。

唐之际传世的《礼记》的篇次是相同的。

二、东汉时期的《礼记》学

（一）郑玄《礼记注》的学术贡献

东汉时期，郑玄是最有成就的《礼记》学专家，其《礼记注》是最重要的《礼记》学著作。《隋书·经籍志》记载："汉末马融，遂传小戴之学。融又定《月令》一篇、《明堂位》一篇、《乐记》一篇，合四十九篇。而郑玄受业于融，又为之注。今《周官》六篇、古经十七篇、《小戴记》四十九篇，凡三种。唯《郑注》立于国学，其余并多散亡，又无师说。"①《礼记》原为解说《仪礼》的资料汇编，后经东汉礼学大师马融及其弟子郑玄、卢植为其作注，使它摆脱了从属于《仪礼》的地位。其中郑玄的《礼记注》影响最大。郑玄校注《礼记》时，将当时流传的《礼记》的各种版本互相参校，择善而从，成为后出转精的善本，不仅为学者所传习，而且也使《礼记》流行于世。

郑玄年少聪慧，"少学书数"，"八岁能算乘除"。"十三岁，诵五经，好天文、占候、风角、隐术"，"玄年十六号为神童"。郑玄虽家境贫困，然其矢志向学，后周游四方，转益多师②，遂成一代大儒。

《后汉书·郑玄列传》记载：郑玄"以山东无足问者，乃西入关，因涿郡卢植，师事扶风马融"③。郑玄曾先后师事京兆第五元先、东郡张恭祖、扶风马融等名儒，逐渐博通今、古文之学。郑玄四十四岁时学成归乡，开始广收门徒，著书立说。马融曾有"礼乐皆东"之叹。郑玄遍注群经，《礼记注》是其《三礼注》的重要部分。后人对郑玄的学术成就给予了极高的评价，其学亦称"郑学"，《后汉书·儒林列传》称："郑玄本习小戴《礼》，后以古经校之，取其义长者，故为郑氏学。"④后马融作《周官传》，授郑玄，玄作《周官注》。玄又注小戴所传《礼记》四十九篇，通为"三礼之学"。

---

① （唐）魏徵等：《隋书》卷三二《经籍志一》，中华书局 1973 年版，第 925—926 页。

② 郑玄在《戒子益恩书》中曰："吾家旧贫，（不）为父母群（按：四库本作"昆"）弟所容，去厮役之吏，游学周秦之都。"（南朝）范晔：《后汉书》卷三五《郑玄列传》，中华书局 1965 年版，第 1209 页。

③ （南朝）范晔：《后汉书》卷三五《郑玄列传》，中华书局 1965 年版，第 1207 页。

④ （南朝）范晔：《后汉书》卷七九下《儒林列传下》，中华书局 1965 年版，第 2577 页。

郑玄遍注群经,著述宏富,其中最富盛名者当属其《三礼注》。郑玄的三礼学研究可谓集两汉礼学之大成。清代学者陈澧高度评价说:"孔冲远云'礼是郑学'。(《月令》《明堂位》《杂记》疏皆有此语,不知出于孔冲远,抑更有所出。)考两《汉书·儒林传》以《易》《书》《诗》《春秋》名家者多,而《礼》家独少。《释文·序录》汉儒自郑君外,注《周礼》及《仪礼·丧服》者惟马融,注《礼记》者惟卢植。郑君尽注三礼发挥旁通,遂使三礼之书合为一家之学。故直断之曰'礼是郑学'也。"①

清人戴震则说:"郑康成之学,尽在《三礼注》,当与春秋三传并重。"②近人张舜徽对郑玄的礼学著述亦有很高的评价:"三礼之名,虽始于马、卢,实确立于郑氏。三礼之学,前此虽有师说,至郑氏而集大成。其后王肃之徒,颇好立异,终莫能与之抗。故晋宋六朝间,《周易》《春秋左氏传》南北异师,而三礼则同遵郑氏。自尔以降,更无异论。"③从上述学者对郑玄三礼学的高度评价足以看出郑玄对于汉魏时期礼学的传承所作出的巨大贡献。

郑玄在《礼记》学研究方面能博综兼采,取百家之长,成一家之言,为后世奉为圭臬。

郑玄的《礼记注》有着多方面的学术贡献。

首先,创建了较为完备的训诂体例,在训诂学方面取得了很高的成就。钱大昕在《经籍籑诂·序》中说:"有文字而后有诂训,有诂训而后有义理。诂训者,义理之所由出,非别有义理出乎训诂之外者也。"④可见,包括训诂学在内的小学,是经学研究的基础。郑玄的《礼记注》标志着中国传统训诂学已经发展到了一个成熟的阶段。有学者通过分析郑玄《礼记注》中训诂内容、术语和方法,进而归纳出了郑玄《礼记注》在训诂学方面的三点成就:创建和完善了完备的训诂体例;建立了先进的语言观;科学的训诂方法。从中不难发现,中国传统训诂学的学科体系,至郑玄而大备。⑤

---

① (清)陈澧:《东塾读书记》卷一五,朝华出版社 2017 年影印版,第 421 页。
② (清)段玉裁:《戴东原先生年谱》,载《戴震集》,上海古籍出版社 1980 年版,第 488 页。
③ 张舜徽:《郑学丛著》,齐鲁书社 1984 年版,第 51 页。
④ (清)钱大昕:《经籍籑诂·序》,载(清)阮元等撰集:《经籍籑诂》卷首,中华书局 1982 年版,第 1 页。
⑤ 马君花:《论郑玄〈礼记注〉在训诂学史上的成就》,宁夏大学硕士学位论文,2005 年。

其次,对保存古文献发挥了重要作用。郑玄在注解《礼记》的过程中,对包括《礼记》在内的三礼的经文进行了认真的校勘,而且对于不同版本中存在的经文异文并没有简单舍弃,而是将其详尽、准确地标注清楚。据李云光《三礼郑氏学发凡》研究,郑玄对三礼经文的校勘,主要采用了如下十种校勘方法:(1)以别本校之;(2)以他书校之;(3)以本书内他篇经文校之;(4)以本篇内上下经文校之;(5)以字形校之;(6)以字音校之;(7)以字义校之;(8)以文例校之;(9)以算术校之;(10)以审定正字之法校之。① "郑氏之校礼记,亦参用别本颇多。今检注中所称各本异文有古文礼、今礼及或本等。"②据李云光《三礼郑氏学发凡》统计,郑玄在《礼记注》中保存了多达206条的异文。③ 面对这些不同的异文,郑玄不是想当然地妄下结论,勘定某一条经文而舍弃异文,而是对异文加以认真标注,分别标注为:"古文礼某作某""今礼某皆作某""某或作某""某或为某"等。从而让后人知道不同版本的异文,择善而从。无疑,郑玄《三礼注》保存下来的这些异文具有极其重要的价值,为后人研究《礼记》提供了极为重要的参考资料。

郑玄的《礼记注》在学术史上占有承前启后的重要地位。郑玄的《礼记注》,摒除门户之见,博综兼采,择善而从,而行文简明晓畅,要言不烦,又多真知灼见,从而使《小戴礼记》大行于世,影响很快超过戴德所选编的《大戴礼记》。值得注意的是,《礼记》在汉代本是附属于《仪礼》的一些资料汇编,但自郑玄作注后,《礼记》的地位大幅度提升,到东汉末年,即与《仪礼》《周礼》鼎足而三,蔚为显学。至曹魏时又第一次被立于学官,设博士。《礼记》在经学中这种地位的变化,实由郑注的影响所致。不难看出,郑玄对于《礼记》的传承起到了承前启后的重要作用。承前者,郑玄网罗自二戴《礼记》成书以来流传的各种本子并对其进行参校而成《礼记注》,形成了今天所见《礼记》的定本。正是因为包括《礼记注》在内的诸经注成果,使郑玄成为集大成者。

---

① 李云光:《三礼郑氏学发凡》第二章《郑氏对三礼之校勘》,华东师范大学出版社2012年版,第24—92页。

② 李云光:《三礼郑氏学发凡》第二章《郑氏对三礼之校勘》三《校礼记所据之底本及别本》,华东师范大学出版社2012年版,第36页。

③ 李云光:《三礼郑氏学发凡》第二章《郑氏对三礼之校勘》三《校礼记所据之底本及别本》,华东师范大学出版社2012年版,第38页。

经学在该时期达到了"小统一时代"。《礼记》在经学史上的地位自此开始提高,曹魏时期第一次被列于学官,设博士。据王锷《东汉以来〈礼记〉的流传》一文考订,"东汉末年,传习郑氏之学者,有赵商、冷刚、张逸、孙皓、刘炎、炅模、田琼、王瓒、焦氏、崇精、王权、鲍遗、任厥、泛阁、崇翱、刘德、陈铄、桓翱等一十七人",可见郑玄学说在汉末、三国时期之影响。① 南北朝时期,虽然国家分裂为南北二朝,在经学上也分为"南学""北学",但南学与北学在三礼学方面却"同遵于郑氏",而且北朝格外注重对《礼记》的研究。到了唐代,孔颖达与诸儒撰定《五经正义》之时,将《礼记》编入五经之列。于是《礼记》以官方的名义被升格为五经之一,取代了《仪礼》在五经中的地位。孔颖达《礼记正义》正是采用郑玄注本为底本。这个注本至今仍是最权威的《礼记》学著作。

(二) 东汉其他《礼记》学家及其相关著述

《礼记》虽然成书较晚,且本来不在经典之列,但由于它内容丰富,且较全面系统地阐释了儒家政治思想和伦理思想,因而很快便引起了学者们的重视。尤其经东汉马融、郑玄等大儒作注后,影响日益扩大。据曾朴《补后汉书艺文志并考》统计,作为五经之一被立为学官的《仪礼》,在东汉时期研究著作只有8种。而与此同时,本来作为《仪礼》附庸的《礼记》,有关研究著述竟然也多达8种。② 而据清人姚振宗《后汉艺文志》统计,整个东汉时期共有三家六部有关《仪礼》学的研究著述,而有关《礼记》学的研究著述却高达九家十一部,远远超过了有关《仪礼》学研究著作的数量。③ 虽然曾、姚两家由于认定标准不同,致使统计数据有较大差别,但通过他们的统计数据可以大致了解《礼记》学在汉代后来者居上的发展趋势。

东汉传习《礼记》的学者很多。影响较大的传习者有曹褒、马融、卢植、高诱、蔡邕与郑玄等诸家。

---

① 王锷:《东汉以来〈礼记〉的流传》(上),《井冈山大学学报》2010 年第 5 期。按:王氏原文作"一十七人",而实当为"十八人"。

② (清)曾朴:《补后汉书艺文志并考》,载王承略、刘心明主编:《二十五史艺文经籍志考补萃编》第八卷,清华大学出版社 2011 年版,第 19—20 页。

③ (清)姚振宗:《后汉艺文志》卷一,载王承略、刘心明主编:《二十五史艺文经籍志考补萃编》第七卷,清华大学出版社 2011 年版,第 38—46 页。

1. 曹褒与《礼记传》

曹褒是东汉早期传授《礼记》学的学者。据《后汉书·儒林列传》与曹褒本传记载,曹褒是鲁国薛(今山东滕州)人。《后汉书》本传谓其"初举孝廉,再迁圉令,以礼理人,以德化俗。……征拜博士"①。曹褒与其父亲曹充都是东汉早期的经学家,均曾被征拜为庆氏《仪礼》学博士。曹褒不仅是《仪礼》学专家,而且还"传《礼记》四十九篇,教授诸生千余人"②,是东汉时期《礼记》学的重要传人,清人曾朴根据《后汉书·曹褒列传》所谓"传《礼记》四十九篇"而认为曹褒著有《礼记传》四十九篇。③

2. 马融与《礼记传》(《礼记注》)

马融是汉代全面研治三礼的第一人。据《后汉书·马融列传》,马融曾遍注三礼,传小戴之学。陆德明《经典释文·序录》引陈邵《周礼论序》云:"后汉马融考诸家异同,附戴圣篇章,去其繁重,及所叙略,而行于世,即今《礼记》是也。"④据此可知,马融撰有《礼记》校注本。按:陈邵,字节良,西晋东海人,曾以儒学征为陈留内史。然则马融《礼记》校注本在西晋时还流行于世。

马融有《礼记》注本传世,当是不争之事实。但马融的《礼记》注本的名称叫什么却是个问题。《后汉书》只说马融曾"注《孝经》《论语》《诗》《易》《三礼》《尚书》《列女传》《老子》《淮南子》《离骚》"⑤,而并未明言其《礼记》注本的名称。因而后世学者对于马融《礼记》注本的名称有不同的意见。姚振宗《后汉艺文志》名之为《礼记传》⑥;而马国翰《玉函山房辑佚书》名之为《礼记

---

① (南朝)范晔:《后汉书》卷三五《曹褒列传》,中华书局1965年版,第1202页。
② (南朝)范晔:《后汉书》卷三五《曹褒列传》,中华书局1965年版,第1205页。
③ (清)曾朴:《补后汉书艺文志并考》卷二,载王承略、刘心明主编:《二十五史艺文经籍志考补萃编》第八卷,清华大学出版社2011年版,第88页。
④ (唐)陆德明:《经典释文》卷一《序录》,载《四部丛刊初编》,上海书店1989年影印版,第11页。
⑤ (南朝)范晔:《后汉书》卷六〇上《马融列传》,中华书局1965年版,第1972页。
⑥ (清)姚振宗:《后汉艺文志》卷一,载王承略、刘心明主编:《二十五史艺文经籍志考补萃编》第七卷,清华大学出版社2011年版,第43页。

马氏注》①。

马融是郑玄的老师。郑玄的三礼学大多传承于马融。马融曾注《周礼》《仪礼·丧服》《礼记》，因此他对三礼均有高深的造诣。正如清儒马国翰所说："融之学长于三礼。"②马融"以礼解经"的特点，对郑玄《三礼注》有重要影响。马融在注经时几乎不引用谶纬，这在谶纬思潮盛行的当时应该算独树一帜。马融一生，一方面著书立说，另一方面又教授了大量的弟子。《后汉书》说他"才高博洽，为世通儒，教养诸生，常有千数。涿郡卢植，北海郑玄，皆其徒也"③。卢植与郑玄是马融众多弟子中的佼佼者，他们二人后来之所以能在《礼记》学上取得巨大成就，应该说与马融的传授和影响密切相关。

3. 卢植

卢植与郑玄均出于马融的门下，对三礼均有深入研究。

据《后汉书》记载：卢植曾"作《尚书章句》《三礼解诂》。时，始立太学《石经》，以正五经文字"④。由此可知，卢植不仅为包括《礼记》在内的三礼作过注，而且还为《尚书》作过注，并参与校正《熹平石经》的工作。卢植的《三礼解诂》当是一个总名，实际上有《周礼解诂》《仪礼解诂》《礼记解诂》三部著作。

唐陆德明《经典释文·序录》记载："卢植注《礼记》二十卷。"⑤《隋书·经籍志》记载："《礼记》十卷，汉北中郎将卢植注。"⑥《旧唐书·经籍志》记载："《礼记》二十卷，卢植注。"⑦《新唐书·艺文志》记载："卢植注《小戴礼记》二十卷。"⑧由此可知，卢植的《礼记解诂》或称《礼记注》，此书在唐代还流传于

① （清）马国翰：《礼记马氏注序》，载《玉函山房辑佚书》卷二四《经编·礼记类》，上海古籍出版社1990年影印版，第900页。

② （清）马国翰：《礼记马氏注序》，载《玉函山房辑佚书》卷二四《经编·礼记类》，上海古籍出版社1990年影印版，第900页。

③ （南朝）范晔：《后汉书》卷六〇上《马融列传》，中华书局1965年版，第1972页。

④ （南朝）范晔：《后汉书》卷六四《卢植列传》，中华书局1965年版，第2116页。

⑤ （唐）陆德明：《经典释文》卷一《序录》，载《四部丛刊初编》，上海书店1989年影印版，第12页。

⑥ （唐）魏徵等：《隋书》卷三二《经籍志一》，中华书局1973年版，第922页。

⑦ （后晋）刘昫等：《旧唐书》卷四六《经籍志上》，中华书局1975年版，第1973页。

⑧ （宋）欧阳修、宋祁等：《新唐书》卷五七《艺文志一》，中华书局1975年版，第1430页。

世。但是在《宋史·艺文志》以及宋明的其他目录书中，已经没有关于此书的著录。清朱彝尊《经义考》明确注明此书已佚。卢植《礼记解诂》可能亡佚于唐末至五代时期。对于卢植《礼记解诂》亡佚的原因，清人马国翰推断说："唐人表章郑学而未及卢氏，其书遂亡。"①也就是说，卢植的《礼记解诂》(《礼记注》)本来与郑玄的《礼记注》并行于世。可是到唐代孔颖达奉敕撰写的《礼记正义》颁行后，士子们争相研习郑玄注《礼记正义》，而不再研习其他的《礼记》学著述，导致卢植《礼记解诂》(《礼记注》)及其他《礼记》注本逐步失传了。

4. 高诱

卢植的学生高诱也曾在《礼记》学领域有所贡献。高诱是东汉后期的学者。虽然范晔《后汉书》未为高诱立传，但我们可以通过高诱的《吕氏春秋注·序》和《淮南子注·叙》约略考知高诱的学行。高诱大约出生于东汉桓帝之时，大约卒于三国魏文帝时。高诱曾自谓"自诱之少，从故侍中同县卢君(植)受其句读，诵举大义。……建安十年辟司徒掾，除东郡濮阳令"②。他一生潜心学术，著述颇丰。高诱《吕氏春秋注·序》自谓其曾"正《孟子章句》，作《淮南》《孝经》解"③。而据《光绪顺天府志》记载，高诱撰作有《礼记注》《明堂月令》《孝经解》《孟子章句》《战国策注》《吕氏春秋解诂》《淮南鸿烈解诂》《鸿烈音》等学术著作8部。④ 由此可见高诱著述之宏富。高诱所著《孟子章句》《孝经解》《鸿烈音》均已亡佚；高诱的著作现在传世的有《吕氏春秋注》和与许慎注相杂的《淮南子注》，以及残本《战国策注》等。至于他的两部《礼记》学著作——《礼记注》《明堂月令》，不仅他自己在《吕氏春秋注·序》和《淮南子注·叙》中均未曾提及，而且现存文献中也没有明确记载。不过一些文献的称引似乎可以说明高诱曾经撰写过《礼记注》《明堂月令》这两部《礼记》学著作。比如：《初学记》卷三有十九处引用《礼记·月令》的文句，同时引

---

① （清）马国翰：《礼记马氏注序》，载《玉函山房辑佚书》卷二四《经编·礼记类》，上海古籍出版社 1990 年影印版，第 900 页。
② （汉）高诱：《淮南子注·叙》，载《诸子集成》第 7 册，上海书店 1986 年版，第 2 页。
③ （汉）高诱：《吕氏春秋注·序》，载《诸子集成》第 6 册，上海书店 1986 年版，第 2 页。
④ 《光绪顺天府志》，北京古籍出版社 1987 年版，第 6405—6409 页。

用高诱注①；宋人祝穆《古今事文类聚续集》卷六引《礼记·儒行》之经文："儒有一亩之宫，环堵之室。"并引高诱注曰："堵，长一丈，高一丈，面环一堵为方丈，故曰环堵之室。"②《御定渊鉴类函》卷一四亦引高诱《礼记注》曰："鵙，伯劳也。伯劳夏至后应阴而杀蛇，乃磔之棘上而始鸣也。"③这些文献既引用了《礼记·月令》和《儒行》的经文，又引用了高诱的相关注文，似乎说明高诱曾经作过《礼记注》与《明堂月令》这样两部有关《礼记》学的著作。而且，高诱曾师从东汉卢植学习，在这样的学历基础上撰写出《礼记注》与《明堂月令》这样一些注释《礼记》的著作也是顺理成章的事情。

清人朱彝尊怀疑高诱撰作过《礼记注》。他在《经义考》"高氏（诱）《明堂月令》四卷"下考证说："高诱注《礼》，隋唐宋《经籍》《艺文志》俱不载，近代藏书家目录亦无，惟《艺文类聚》曾引之《月令》四卷，题曰《明堂月令》。乙亥二月，忽获之吴兴书贾舟中，乃旧本。读之，其字句与今本《月令》颇有不同。如'季春行冬令'及'孟夏行秋令'前均有'行之是令而甘雨至三旬'十字；'季夏行春令'前有'行之是令是月甘雨至三旬二日'十三字；'孟秋行冬令'前有'行之是令而凉风至三旬'十字；'仲秋行春令'前有'行之是令白露降三旬'九字；'季冬行秋令'前有'行之是令此谓一终三旬二日'一十二字。注'行之是令'，行是之令也。'甘雨至三旬'，十日一雨，三旬三雨也。'二日'者，阴晦朔也。月十日一雨，又二十日一雨，一月中得二日尔。故曰三旬二日。终，一岁十二月终也。……较之《吕览》，其文正同，盖好事者以诱所注《吕览》钞出成书。"④按：朱彝尊这里怀疑"好事者以诱所注《吕览》钞出成书"，有一定道理，值得考虑，但他的理由不足以否定高诱曾作过《礼记注》。

5. 蔡邕

蔡邕是东汉后期的经学家、书法家。他曾于熹平四年（175年）"奏求正

---

① （唐）徐坚：《初学记》卷三，载《唐代四大类书》，清华大学出版社2003年版，第1472—1485页。

② （宋）祝穆：《古今事文类聚续集》卷六《居处部》，载文渊阁《四库全书》第927册，上海古籍出版社1987年影印版，第115页。

③ （清）张英、王士禛等：《御定渊鉴类函》卷一四《岁时部三》，载文渊阁《四库全书》第982册，上海古籍出版社1987年影印版，第329页。

④ （清）朱彝尊：《经义考》卷一四九，中华书局1998年版，第781页。

定六经文字"。这一建议得到了灵帝的批准,"邕乃自书丹于碑,使工镌刻立于太学门外。于是后儒晚学,咸取正焉。及碑始立,其观视及摹写者,车乘日千余两,填塞街陌"①。蔡邕所书丹的石碑就是经学史上著名的《熹平石经》。

蔡邕不仅对六经有深入研究,而且有《礼记》学著作《月令章句》和《月令问答》(《月令说》)传世。《隋书·经籍志》记载:"《月令章句》十二卷,汉左中郎将蔡邕撰。"②蔡邕《蔡中郎集》卷三《月令问答》曰:"问者曰:'子何为著《月令说》也?'予幼读《记》,以为《月令》体大经同,不宜与《记》书杂录并行,而记家记之又略。及前儒特为章句者,皆用其意传,非其本旨。又不知《月令》征验,布在诸经。《周官》《左传》实与《礼记》通。他议横生纷纷久矣。光和元年,余被谤章,罹重罪,徙朔方。内有猘犾敌冲之衅,外有寇虏锋镝之艰。危险凛凛,死亡无日。过被学者闻家,就而考之,亦自有所觉悟。庶几颇得事情,而讫未有注记著于文字也。惧颠蹶陨坠,无以示后,同于朽腐。窃诚思之,《书》有阴阳升降,天文历数,事物制度,可假以为本。敷辞托说,审求历象,其要者莫大于《月令》故遂忧怖之中,昼夜密勿,昧死成之。"③

马国翰《玉函山房辑佚书》第三帙卷二四《经编·礼记类》辑有蔡邕《月令章句》和《月令问答》各一卷。

两汉时期是《礼记》学的奠基和发轫时期。本时期出现了许多《礼记》诠释著作,但迄今大多已经亡佚,唯有郑玄《礼记注》尚完整地保存于《十三经注疏》的《礼记正义》之中;马融、卢植、蔡邕的著作尚有若干辑佚。兹将两汉时期有文献可考的《礼记》学著述列表如下:

---

① (南朝)范晔:《后汉书》卷六〇下《蔡邕列传》,中华书局1965年版,第1990页。
② (唐)魏徵等:《隋书》卷三二《经籍志一》,中华书局1973年版,第922页。
③ (汉)蔡邕:《蔡中郎集》卷三《月令问答》,载文渊阁《四库全书》第1063册,上海古籍出版社1987年影印版,第183页。

表1-1　两汉时期《礼记》学著述一览表

作者	著作	卷数	出处	考异备注
桥仁	《礼记章句》	四十九篇	《后汉书·桥玄列传》①	
缑氏	《礼记要钞》	十卷	《隋书·经籍志一》，《旧唐书·经籍志上》②	按：据《隋书·经籍志一》所载，"缑氏"当与杜子春别为一人，二人同为刘歆弟子。而《经典释文·序录》云："河南缑氏杜子春受业于歆。"③贾公彦《序周礼废兴》引马融《周官传》云："徒有里人河南缑氏杜子春尚在。"④然则"缑氏"似当为杜子春之里籍，而并非杜子春之同学之名。而姚振宗《后汉艺文志》根据《隋志》认为："此缑氏其即刘歆弟子佚其名者欤？"⑤
曹褒	《礼记传》	四十九篇	曾朴《补后汉书艺文志并考》	
马融	《礼记传》	四十九篇	姚振宗《后汉艺文志》	
高诱	《礼记注》		《艺文类聚》引，姚振宗《后汉艺文志》	《淮南子注》高叙与《吕氏春秋注》高序均未言高氏作《礼记注》。

---

①　（南朝）范晔《后汉书》卷五一《桥玄列传》："桥玄，字公祖，梁国睢阳人也。七世祖仁，从同郡戴德学，著《礼记章句》四十九篇，号曰'桥君学'。"（中华书局1965年版，第1695页。）

②　（唐）魏徵等《隋书》卷三二《经籍志一》曰："《礼记要钞》十卷，缑氏撰。"（中华书局1973年版，第922页。）又曰："至王莽时，刘歆始置《周礼》博士，以行于世。河南缑氏及杜子春受业于刘歆，因以教授。"（第925页。）（后晋）刘昫等：《旧唐书》卷四六《经籍志上》："《礼记要钞》六卷，缑氏撰。"（中华书局1975年版，第1973页。）

③　（唐）陆德明：《经典释文》卷一《序录》，载《四部丛刊初编》，上海书店1989年影印版，第11页。

④　（唐）贾公彦：《周礼注疏》卷首《序周礼废兴》，载《十三经注疏》，中华书局1980年影印版，第636页。

⑤　（清）姚振宗：《后汉艺文志》卷一，载王承略、刘心明主编：《二十五史艺文经籍志考补萃编》第七卷，清华大学出版社2011年版，第46页。

作者	著作	卷数	出处	考异备注
卢植	《礼记解诂》（或曰《礼记注》）	《隋志》作十二卷；《释文序录》、两《唐志》均作二十卷。	《后汉书·卢植列传》，《隋书·经籍志一》，《经典释文·序录》，《旧唐书·经籍志上》，《新唐书·艺文志》	《后汉书·卢植列传》谓卢植曾"作《尚书章句》《三礼解诂》"。而《隋志》《释文序录》和两《唐志》并称《礼记注》。
荀爽	《礼传》		姚振宗《后汉艺文志》①	马国翰《玉函山房辑佚书》从《风俗通》残本及《通典》《文选注》《路史注》辑得五节。
郑玄	《礼记注》	二十卷	《后汉书》本传，《隋书·经籍志一》	
	《礼记音》	二卷	《旧唐书·经籍志上》	
景鸾	《月令章句》		《后汉书·儒林列传》②	
	《礼略》	二卷	姚振宗《后汉艺文志》③	
蔡邕	《月令章句》	十二卷	《隋书·经籍志一》，蔡邕《蔡中郎集》卷三《月令问答》	
	《月令问答》			

---

① （清）姚振宗《后汉艺文志》："马国翰辑本序曰：'《后汉书》本传称其著《礼》《易传》，《隋、唐志》皆不载。《册府元龟》载其目，而不言卷数。则佚已久矣。兹从《风俗通》残本及《通典》《文选注》《路史注》辑得五节。'按诸书所引曾《礼记传》也，故列于此。……荀氏是书，必又与大小戴、马、卢诸本不同，是为荀氏重定本。"载王承略、刘心明主编：《二十五史艺文经籍志考补萃编》第七卷，清华大学出版社 2011 年版，第 43 页。

② （南朝）范晔《后汉书》卷七九下《儒林·景鸾列传》曰："景鸾字汉伯，广汉梓潼人也。少随师学经，涉七州之地，能理齐《诗》、施氏《易》……又撰《礼》内外记，号曰《礼略》。又抄风角杂书列其占验作《兴道》一篇，及作《月令章句》。"（中华书局 1965 年版，第 2572 页。）

③ （清）姚振宗《后汉艺文志》："范书《儒林传》：'又撰《礼》内外记，号曰《礼略》。'侯《志》曰：'《隋志》有《礼略》二卷，不著名氏。以鸾传考之，则鸾撰也。'按《隋志》于诸家之后，别以《礼记》钞、《礼记》义疏、《礼记》评为一类。以此二卷为是类之首，核以时代，侯说是也。"载王承略、刘心明主编：《二十五史艺文经籍志考补萃编》第七卷，清华大学出版社 2011 年版，第 45 页。

第二章 三国两晋时期的三礼学

第一节 三国两晋时期的历史、社会与思想学术

三国两晋时期,是中国古代历史上由东汉时期的统一、和平稳定走向三国分裂、战乱,经由西晋短暂统一,重新陷入长期分裂、战乱的历史时期。

东汉中后期,统治集团内部派系冲突不断,倾轧不已,社会矛盾、阶级矛盾、民族矛盾日益激化。汉灵帝中平元年(184年),张角等人领导的黄巾大起义爆发。东汉政府虽然勉强镇压了这次起义,但其统治也因此受到严重冲击,摇摇欲坠。中平六年(189年),汉灵帝驾崩。官僚集团与宦官集团矛盾迅即激化,互相杀戮。董卓率兵入京,依恃武力,控制朝政。献帝初平元年(190年),袁绍等一些地方州、郡长官,以推翻董卓、匡扶汉室为名,纷纷起兵。他们结成政治同盟,推举袁绍为盟主,攻击董卓。不久,因内部利益争夺,同盟解体,各地军阀混战不已。献帝兴平二年(195年),曹操胁迫汉献帝迁都许(今河南许昌)。此后,汉献帝沦为曹操控制的傀儡,东汉政权已名存实亡。

曹操"挟天子以令诸侯",攻伐异己。经过十余年的混战,曹操、刘备、孙权各自消灭了一些地方割据势力。赤壁之战后,形成曹、刘、孙三足鼎立的局面。魏文帝黄初元年(220年),曹操子曹丕以"禅让"方式,废黜汉献帝,改国号为魏。次年,刘备在成都称帝,国号汉(史称蜀汉)。魏明帝太和三年(229年),孙权称帝,国号吴。魏、蜀、吴三国鼎峙局面,最终形成。魏元帝景元四年(263年),魏灭蜀。晋武帝泰始元年(265年),司马炎以"禅让"的方式,废黜魏末代皇帝曹奂,即位称帝,改国号为晋,史称西晋。晋武帝太康元年(280

年),晋灭吴,重新统一全国。

晋武帝司马炎虽励精图治,其统治下的西晋于太康(280—289年)年间,一度出现了为后世史家誉为"太康之治"的繁荣稳定局面:"天下书同文,车同轨,牛马被野,余粮委亩……故于时有'天下无穷人'之谚。"①但晋武帝驾崩后不久,统治集团内部权力之争迅即激化。自惠帝永熙三年(291年)持续至惠帝永兴三年(306年),长达16年内,八位诸侯王为争夺最高统治权,混战不已,战火波及整个帝国,史称"八王之乱"。其后,流民起义此起彼伏,内迁的匈奴、鲜卑、羯、氐、羌等少数民族的贵族,也趁西晋统治集团因内战而实力遭到严重削弱的有利时机,纷纷起兵。不久后,晋怀帝、晋愍帝先后被匈奴建立的汉政权捕俘,西晋灭亡。

东晋元帝建武元年(317年),琅邪王司马睿在建康(今江苏南京)即晋王位,次年称帝,史称东晋。东晋占据江南地区,与控制北方黄河流域,主要由少数民族建立的十六国诸政权隔江对峙。

十六国诸政权相互攻伐混战,生灵涂炭:"及惠帝之后,政教陵夷,至于永嘉,丧乱弥甚。……又大疾疫,兼以饥馑。百姓又为寇贼所杀,流尸满河,白骨蔽野。……人多相食,饥疫总至,百官流亡者十八九。"②"自永嘉丧乱,百姓流亡,中原萧条,千里无烟,饥寒流陨,相继沟壑。"③

与之不同的是,东晋虽也时有因统治集团内部不同派系而争权夺利,以及因阶级矛盾激化而导致的农民起义等形式的战争,但从总体上来说,江南地区大体上保持了比较和平、稳定的局面。在门阀政治统治下,东晋司马氏的统治维持至刘宋永初元年(420年),为刘裕建立的宋政权取代。

长时期的战乱,以及玄学、佛教、道教的盛行,导致自汉武帝实行"罢黜百家,独尊儒术"政策以来,在政治、思想意识和社会生活等领域获得主导地位的儒学,逐渐丧失了其独尊的地位。"从初平之元,至建安之末,天下分崩,人怀苟且,纲纪既衰,儒道尤甚。"④"汉末丧乱,其道遂衰。魏正始以后,仍尚玄

① (唐)房玄龄等:《晋书》卷五《孝怀帝孝愍帝纪》,中华书局1974年版,第133页。
② (唐)房玄龄等:《晋书》卷二六《食货志》,中华书局1974年版,第791页。
③ (唐)房玄龄等:《晋书》卷一〇九《慕容皝载记》,中华书局1974年版,第2823页。
④ (晋)陈寿:《三国志》卷一三《王朗传》裴注引《魏略》,中华书局1959年版,第420页。

虚之学,为儒者盖寡。"①"魏、晋浮荡,儒教沦歇。"②即便如此,魏晋时期的许多儒者仍孜孜于儒家经典的训释,并取得了不菲的成就:"世传《十三经》注,除《孝经》为唐明皇御注外,汉人与魏、晋人各居其半。郑君笺《毛诗》,注《周礼》《仪礼》《礼记》;何休注《公羊传》;赵岐注《孟子》;凡六经,皆汉人注。孔安国《尚书传》,王肃伪作;王弼《易》注;何晏《论语集解》;凡三经,皆魏人注。杜预《左传集解》;范宁《穀梁集解》;郭璞《尔雅注》;凡三经,皆晋人注。"③

第二节　三国两晋时期的《周礼》学

一、三国时期《周礼》博士的设立

三国时期,曹魏与蜀汉都曾将《周礼》立于学官,设博士。这是《周礼》学史上的一件大事。从此之后,《周礼》得到官方的承认,正式进入儒家经典的行列。

由于长期的战乱,东汉时期原有的文化机构和文教制度基本上都破坏殆尽,直到黄初年间曹丕临朝称制,才重新开始恢复太学,设置诸经博士。《三国志》卷二《文帝纪》记载:

> (黄初)五年……夏四月,立太学,制五经课试之法,置《春秋穀梁》博士。④

《三国志·魏书·王肃传》裴松之注引鱼豢《魏略》曰:

> 从初平之元至建安之末,天下分崩,人怀苟且,纲纪既衰,儒道尤甚。至黄初元年之后,新主乃复,始扫除太学之灰炭,补旧石碑之缺坏,备博士之员录,依汉甲乙以考课。申告州郡,有欲学者,皆遣诣太学。太学始开,有弟子数百人。⑤

---

① (唐)姚思廉:《梁书》卷四八《儒林列传》,中华书局1973年版,第661页。
② (唐)姚思廉:《陈书》卷三三《儒林列传》,中华书局1987年版,第433—434页。
③ (清)皮锡瑞撰,周予同注释:《经学历史》,中华书局1959年版,第163—164页。
④ (晋)陈寿:《三国志》卷二《文帝纪》,中华书局1959年版,第84页。
⑤ (晋)陈寿:《三国志》卷一三《王肃传》,中华书局1959年版,第420页。

　　根据上述记载,可知曹魏于文帝黄初五年(224年)立太学、设博士。而且《春秋穀梁》博士就是此时所立。此时设立的博士之中,是否包括《周礼》博士? 史籍记载阙如,难以遽断。但可以肯定的是:曹魏时期不仅设置了《周礼》博士,而且还设置了郑玄学与王肃学两种《周礼》博士。

　　《晋书·百官志》记载:"晋初从魏制,置博士十九人。"①《宋书·百官志上》也记载:"汉武建元五年,初置五经博士。宣、成之世,五经家稍增,经置博士一人。至东京凡十四人。……魏及晋西朝置十九人,江左初减为九人,皆不知掌何经。"②《晋书》与《宋书》均谓曹魏时设置了十九个博士,但未言这十九个博士分属何经,不知其中是否有《周礼》博士。《三国志·王肃传》记载:王肃"采会同异,为《尚书》《诗》《论语》《三礼》《左氏解》,及撰定父朗所作《易传》,皆列于学官。"③由此可知,曹魏时期的十九博士中有王肃的三礼学博士,其中无疑当有王肃的《周礼》学博士。

　　又《晋书》卷七五《荀崧传》记载:"世祖武皇帝应运登禅,崇儒兴学。经始明堂,营建辟雍。……太学有石经古文先儒典训。贾、马、郑、杜、服、孔、王、何、颜、尹之徒,章句传注众家之学,置博士十九人。九州之中,师徒相传,学士如林。"④王国维据以考证认为:"《易》有郑氏、王氏,《书》有贾、马、郑、王氏,《诗》及《三礼》郑氏、王氏,《春秋左传》服氏、王氏,《公羊》颜氏、何氏,《穀梁》尹氏,适得十九家,与博士十九人之数相当。"⑤

　　据上述记载可知,曹魏、西晋时,郑玄和王肃的《周礼》学都被列于学官。这标志着《周礼》从曹魏时期开始正式演变为官方学术。

　　三国时期,不仅曹魏设置《周礼》博士,而且蜀汉也设置《周礼》博士。《三国志·许慈传》:"许慈,字仁笃,南阳人也。师事刘熙,善郑氏学,治《易》《尚书》《三礼》《毛诗》《论语》。建安中,与许靖等俱自交州入蜀。……先主定蜀,承丧乱历纪,学业衰废,乃鸠合典籍,沙汰众学,慈、潜并为学士,与孟光、来

---

①　(唐)房玄龄等:《晋书》卷二四《职官志》,中华书局1974年版,第736页。

②　(南朝)沈约:《宋书》卷三九《百官志上》,中华书局1974年版,第1228页。

③　(晋)陈寿:《三国志》卷一三《王肃传》,中华书局1959年版,第419页。

④　(唐)房玄龄等:《晋书》卷七五《荀崧传》,中华书局1974年版,第1978页。

⑤　王国维:《观堂集林》第一册,中华书局1959年版,第190页。

敏等典掌旧文。"①《三国志·先主传》记载,220年,曹丕称帝,改元黄初。消息传到蜀国,太傅许靖、安汉将军麋竺、军师将军诸葛亮等上书,请求刘备称帝建国。他们在上书中提到:"臣等谨与博士许慈、议郎孟光,建立礼仪,择令辰,上尊号。"②综上所述,可知许慈确曾担任蜀汉博士,而且可以推断,蜀汉曾设置包括《周礼》在内的三礼学博士。

此外,三国时期孙吴政权也设置学官和博士制度。如裴松之《三国志注》引《翻别传》记载虞翻在向孙权上书批评郑玄说:"伏见故征士北海郑玄所注《尚书》,以《顾命》康王执瑁,古'目'似'同',从误作'同',既不觉定复训为杯,谓之酒杯;成王疾困凭几,洮颒为濯,以为瀚衣成事,'洮'字虚更作'濯'以从其非;又古大篆'卯'字读当为'柳',古'柳''卯'同字,而以为昧;'分北三苗','北'古'别'字,又训北,言北犹别也。若此之类,诚可怪。《玉人》职曰:天子执瑁以朝诸侯,谓之酒杯;天子颒面,谓之瀚衣;古篆'卯'字反以为昧。甚违不知盖阙之义。于此数事,误莫大焉! 宜命学官,定此三事。"③据此可知,孙吴政权也设置学官制度。

《三国志·三嗣主传》记载:"(孙)休锐意于典籍,欲毕览百家之言,尤好射雉。春夏之闲常晨出夜还,唯此时舍书,休欲与博士祭酒韦曜(昭)、博士盛冲讲论道艺。"④这里记载韦曜为"博士祭酒",盛冲为"博士"。又《三国志·韦曜传》记载:"孙休践阼,为中书郎,博士祭酒。"⑤此处也记载韦曜为"博士祭酒"。由此可知,孙吴确实建立起了博士制度。但由于书阙有间,不清楚孙吴是否也设置过《周礼》学博士。

三国时期《周礼》学博士的设立,是《周礼》学发展史上的重大事件,从此《周礼》学正式确立了官学的学术地位,获得了进一步发展的政治保证。

---

① (晋)陈寿:《三国志》卷四三《许慈传》,中华书局1959年版,第1022—1023页。
② (晋)陈寿:《三国志》卷三二《先主传》,中华书局1959年版,第889页。
③ (晋)陈寿:《三国志》卷五七《虞翻传》,中华书局1959年版,第1323页。
④ (晋)陈寿:《三国志》卷四八《三嗣主传》,中华书局1959年版,第1159页。
⑤ (晋)陈寿:《三国志》卷六五《韦曜传》,中华书局1959年版,第1462页。

二、三国两晋时期主要的《周礼》学传人及其著述

据班固《汉书·河间献王传》记载，《周礼》（《周官》）于西汉时期由河间献王刘德得于民间，并献于朝廷。不过，该书当时并未得到朝廷的重视，而是将其藏于秘府，束之高阁，无人研究和传授。至汉成帝命刘向、刘歆父子校理秘府图书，始被发现，并被刘向著录于《别录》。王莽当政时，非常重视《周官》，不仅改其名为《周礼》，而且为其设置博士，并以之作为改革的理论蓝本。

王莽新朝覆灭后，《周礼》虽然被取消了官学的地位，新朝时研习《周礼》的儒者也大多凋零，唯有河南缑氏人杜子春劫后幸存，但东汉一代研习《周礼》的儒者不乏其人，如郑兴、郑众、卫宏、贾逵、班固、张衡、胡广、马融、卢植、郑玄等。其中，尤以郑玄《周礼注》最为著名。

三国两晋时期，仍不乏研习《周礼》者。既有对《周礼》经文语词的训释，亦有对《周礼》词语音读的标注。据统计，这一时期儒者撰写的《周礼》注释、音义著作共有十九部，六十六卷（若干著作卷帙不详，故未统计在内）。其中，十四部已完全亡佚，包括：王朗《周官传》，王肃《周礼注》《周礼音》，孙炎《周礼注》，伊说《周礼注》，袁准《周官传》，干宝《周礼音》，孙略、孙琦、干宝、虞喜《周官驳难》（或曰《周官礼驳难》），司马伷、王懋约《周官宁朔新书》，陈劭《周官礼异同评》（或曰《周礼评》《周礼详解》《周礼论》），陈劭、傅玄《周官论评》，宋氏《周官音义》。五部虽原书散佚，但部分文字因后世学者征引而得以存世，包括：干宝《周官礼注》、刘昌宗《周礼音》三卷①、徐邈《周礼音》一卷、李轨《周礼音》一卷、聂熊《周礼音》一卷。兹分别概述如下：

（一）王朗《周官传》

王朗，字景兴，东海郯（今山东郯城）人。以通经，拜郎中，后任会稽太守。与孙策战，败绩，投靠孙策。曹操征拜谏议大夫，参司空军事。魏国初建，王朗以军祭酒领魏郡太守，迁少府、奉常、大理。曹丕即魏王位，任御史大夫，封安陵亭侯。曹丕称帝，改任司空，封乐平乡侯。明帝即位，进封兰陵侯。魏明帝太和二年（228 年）卒，谥曰成侯。其生平事迹具载《三国志》卷一三《王

---

① （宋）郑樵著，王树民点校：《通志二十略》艺文略第二，著录此书名为"《礼音》"，中华书局 1995 年版，第 1490 页。

朗传》。

王朗对多部儒家经典撰有诠释著作。《三国志·王朗传》载："朗著《易》《春秋》《孝经》《周官传》,奏议论记,咸传于世。"①其所撰《易传》,曾在曹芳正始六年(245年)十二月辛亥诏列于学官,以为课试用书。《三国志·三少帝纪》载："诏故司徒王朗所作《易传》,令学者得以课试。"②其中,《周官传》虽在后世有关书籍中多有著录,《山东通志》卷三四《经籍志》且载此书有"六卷"③,但早已佚。

(二) 王肃《周礼注》《周礼音》

王肃,字子雍,王朗子。魏文帝黄初年间,任散骑黄门侍郎。魏明帝太和三年(229年),任散骑常侍,后以常侍领秘书监,兼崇文观祭酒。曹芳正始元年(240年),任广平太守。征还,拜议郎,后任侍中,迁太常。后迁中领军,加散骑常侍。曹髦甘露元年(256年)卒,追赠卫将军,谥曰景侯。

王肃为与当时经学研究领域颇为盛行的郑玄学说相抗衡,也仿效郑玄,撰作多部儒家经典的诠释著作。其中多部著作在魏晋之际的经学研究领域,颇有影响。《三国志》卷一三《王肃传》:"肃善贾、马之学,而不好郑氏,采会同异,为《尚书》《诗》《论语》《三礼》《左氏解》,及撰定父朗所作《易传》,皆列于学官。"④由此可知,王肃于三礼均有注释之作,且均被列于学官,设博士。据《隋书·经籍志》和《经典释文》等文献记载,王肃的《周礼》注释之作有二:一曰《周礼注》(或曰《周官注》),二曰《周礼音》(或曰《周官音》)。此二书后世文献虽多有著录,但今已佚。

(三) 孙炎《周礼注》

孙炎,字叔然,乐安(今山东博兴)人。汉魏之际经学家、训诂学家。《三国志》卷一三《王肃传》所载孙炎生平著述中,并未记载其撰有《周礼》注释之作:"及作《周易》《春秋例》,《毛诗》《礼记》《春秋三传》《国语》《尔雅》诸注,

---

① (晋)陈寿:《三国志》卷一三《王朗传》,中华书局1959年版,第414页。
② (晋)陈寿:《三国志》卷四《三少帝纪》,中华书局1959年版,第121页。
③ (清)岳浚等修,(清)杜诏等纂:《山东通志》卷三四《经籍志》,载文渊阁《四库全书》第541册,上海古籍出版社1987年影印版,第153页。
④ (晋)陈寿:《三国志》卷一三《王肃传》,中华书局1959年版,第419页。

又注书十余篇。"①后世文献对孙炎《周礼注》一书亦著录不多,则此书或早已佚。

（四）伊说《周礼注》

伊说,生平事迹史无详载。史书记载他为"晋乐安王友"②,王锷谓其"仕为安乐王友",我们认为此说不确③。西晋时封乐安王者是司马昭之子、司马炎弟司马鉴。泰始元年（265年）十二月封。泰始中,拜越骑校尉。元康初,征为散骑常侍、上军大将军,领射声校尉。寻迁使持节、都督豫州军事、安南将军。元康七年（297年）卒,子籍立。薨,无子。齐王司马冏以己子司马冰为其后嗣,晋惠帝永宁元年（301年）十二月封为乐安王。后改其国为广阳国,立冰为广阳王。冏败,废。

晋武帝曾为司马鉴精心挑选"明经儒学""行义节俭"者为师友④,伊说盖即此时出任此职。伊说所撰《周礼注》后世史书多有著录,已佚。

（五）袁准《周官传》

袁准,字孝尼,曹魏名臣袁涣少子。晋武帝泰始年间曾任给事中。勤于著述:"著书十余万言,论治世之务,为《易》《周官》《诗》传,及论五经滞义,圣人之微言,以传于世。"⑤此书早佚,后世文献亦著录不多,唯王钦若、朱彝尊、丁国钧著录之。⑥

① （晋）陈寿:《三国志》卷一三《王肃传》,中华书局1959年版,第420页。
② （唐）魏徵等:《隋书》卷三二《经籍志一》,中华书局1973年版,第914页。
③ 王锷编著:《三礼研究论著提要》,甘肃教育出版社2001年版,第24页。西晋时,匈奴设有"左安乐王""右安乐王"。东晋时,前秦苻坚弟苻融被封为安乐王,西晋无。故王锷先生此说不确。
④ （唐）房玄龄等:《晋书》卷三八《文六王传》,中华书局1974年版,第1138页。
⑤ （晋）陈寿:《三国志》卷一一《袁涣传》裴注引《袁氏世纪》,中华书局1959年版,第336页。
⑥ （宋）王钦若等编纂,周勋初等校订:《册府元龟》卷六〇五《学校部九》（校订本）,凤凰出版社2006年版,第6979页。（清）朱彝尊:《经义考》卷一一《易十》,载文渊阁《四库全书》第677册,上海古籍出版社1987年影印版,第213页。丁国均:《补晋书艺文志》卷一《甲部经录》,载王承略、刘心明主编:《二十五史艺文经籍志考补萃编》第十卷,清华大学出版社2012年版,第13页。

（六）干宝《周礼注》《周礼音》

干宝，字令升，新蔡人。"少勤学，博览书记，以才器召为著作郎"①。因平定杜弢之乱有功，赐爵关内侯。后补山阴令，迁始安太守、司徒右长史、散骑常侍，著《晋纪》。"自宣帝迄于愍帝五十三年，凡二十卷，奏之。其书简略，直而能婉，咸称良史。"②干宝撰写的《搜神记》《晋纪》为后人所熟知。此外，干宝还是东晋时期一位著述丰富的经学家，其所撰作的儒家经典诠释著作，在当时也颇有影响："宝又为《春秋左氏义外传》，注《周易》《周官》凡数十篇，及杂文集皆行于世"③。

干宝《周礼注》一书，后世多有著录。唯该书卷帙，文献记载多有不同④。原书虽已佚，但53条释文因后世文献摘引，得以存世。清代学者王谟辑有《周官礼注》一卷，26条，收录于《汉魏遗书钞·经翼》。马国翰辑有《周官礼干氏注》一卷，52条，收录于《玉函山房辑佚书·经编周官礼类》。黄奭辑有《周官注》一卷，46条，收录于《汉学堂丛书·经解礼类》《黄氏逸书考·汉学堂经解》《汉学堂知足斋丛书》。⑤

1. 现存干宝《周礼注》的分布、源出

干宝《周礼注》现存53条，分布于今本《周礼》天官（34条，涉及天官系统的职官大宰、小宰、宰夫、膳夫、庖人、内饔、鳖人、醢人、甸师、内宰、凌人、笾人12官）、地官（6条，涉及地官系统职官充人、掌节、保氏、鼓人4官）、春官（4条，涉及春官系统的职官巾车、大司乐2官）、夏官（2条，涉及夏官系统职官太仆、司弓矢2官）、秋官（4条，涉及秋官系统的职官朝士、司寤氏、条狼氏、象胥4官）及《考工记》（3条，涉及匠人鲍人、梓人、辀人）六部分中。

<hr>

① （唐）房玄龄等：《晋书》卷八二《干宝传》，中华书局1974年版，第2149页。
② （唐）房玄龄等：《晋书》卷八二《干宝传》，中华书局1974年版，第2150页。
③ （唐）房玄龄等：《晋书》卷八二《干宝传》，中华书局1974年版，第2150页。
④ 关于此书卷帙，（唐）魏徵等《隋书》卷三二《经籍志一》作"十二卷"（中华书局1973年版，第919页）。（唐）陆德明《经典释文》卷一《序录》（中华书局1983年版，第12页），（宋）杨甲、毛邦翰《六经图》卷七《巾车玉辂制图》（载文渊阁《四库全书》第183册，上海古籍出版社1987年影印版，第371页），（清）沈炳震《九经辨字渎蒙》卷一二《注解传述人》（载文渊阁《四库全书》第194册，上海古籍出版社1987年影印版，第347页）皆载为"十三卷"。（清）余萧客《古经解钩沉》卷一下《序录下》（载文渊阁《四库全书》第194册，上海古籍出版社1987年影印版，第370页）则"十二卷""十三卷"两说并存。
⑤ 王锷：《三礼研究论著提要》，甘肃教育出版社2001年版，第24页。

就现存干宝《周礼注》源出诸文献所征引的数量而言,唐代儒者陆德明所撰《经典释文》征引最多,共计 25 条。其次是南朝萧梁儒者刘昭《续汉书注》,共计 16 条。再次为唐代儒者孔颖达《礼记正义》,共计 2 条,其他如《玉烛宝典》《隋书》《周礼疏》《初学记》《旧唐书》《太平御览》《集韵》《事物纪原》《广川书跋》《群经音辨》等文献各 1 条。

2. 干宝《周礼注》的类型、内容

现存干宝《周礼注》内容非常丰富,不仅有文字训诂,更有对制度、职官、饮食、动植物、器物等方面的释义,还有注音、校勘方面的内容。

（1）释义

干宝现存《周礼注》文中,诠释《周礼》经文字、词、句义者48 例(包含经文重复者,如《周礼·天官·大宰》:"正月之吉。"①干宝注曰:"周正建子之月。吉,朔日也。"②此《注》既释"吉"字义,也释"正月"词义)。

据现存干宝《周礼注》,他既对《周礼》所载职官,如王、大宰、小宰、司门、条狼氏等高、中、下级职官进行释义,又对《周礼》所载若干职官的命名原则进行宏观概括;既对《周礼》所载赋、贡等经济制度进行释义,又《周礼》所载祭祀、藉田等礼制进行释义;既对《周礼》所载若干生物进行释义,又对"辇""铃""錞""鉴""英荡"等若干器物进行释义。

（2）音读

现存干宝《周礼注》53 条注文中,标注字、词读音者有 5 条,如《周礼·天官·大宰》:"弊余之赋。"《释文》引干宝注曰:弊,"必世反。"③

（3）校勘

干宝还对《周礼》若干经文文字进行了校勘,提出了一些自己的见解和判断。如《周礼·天官·大宰》:"九曰薮。"干宝曰:"(薮)宜作叟。"④《周礼·

---

①　(唐)贾公彦:《周礼注疏》卷二《大宰》,载《十三经注疏》,中华书局1980 年影印版,第648 页。

②　(后晋)刘昫等:《旧唐书》卷二二《礼仪志二》,中华书局 1975 年版,第871 页。

③　(唐)贾公彦:《周礼注疏》卷二《大宰》,载《十三经注疏》,中华书局 1980 年影印版,第647 页。

④　(唐)贾公彦:《周礼注疏》卷二《大宰》释文所引,载《十三经注疏》,中华书局 1980 年影印版,第648 页。

天官·小宰》："宾赐之飧牵。"《释文》曰："牵,一本作'宾赐掌其飧牵',干本同。"①

（4）经文结构

陆德明注意到,郑玄本《周礼》天、地、春、夏、秋五官,每官皆于篇首置一《序官》,胪列本官所包含的职官、爵等、人数、职掌等。干宝《周礼注》本则将《序官》的内容,分别移置至各官前："宫正,此以下,郑玄列六十职序,干《注》则各于其职前列之。"②臧琳曰："康成于每官前总列六十职序,当是古本如此。干氏于各职前列之,盖亦如《诗三百篇序》别为卷,毛公冠于每篇之前;《书百篇序》马、郑、王为一卷,伪孔移于每篇首。皆变乱旧章,非其本真也。"③

3. 干宝《周礼注》的特点

总括说来,干宝《周礼注》大致有如下七个方面的特点:

（1）对前儒学说多有引用和因袭

综观干宝《周礼注》,其所引用者,有郑众、郑玄、服虔等前儒的学说。干宝注释《周礼》经文时,虽多未明确标明所征引者出于何人的著述,但是比较诸说,可以看出,干宝若干注文与前儒之说,有含义相同、相近、措辞虽异而含义实同等三种类型:

①含义相同

《周礼·天官·小宰》："小宰之职。"郑玄注曰："若今御史中丞。"④干宝注曰："若御史中丞。"⑤显然,干宝的注文与郑玄《注》相同,当是因袭郑玄说。

《周礼·天官·庖人》："庖人掌共六畜、六兽、六禽,辨其名物。"《释文》

---

① （唐）贾公彦:《周礼注疏》卷三《小宰》,载《十三经注疏》,中华书局1980年影印版,第656页。

② （唐）贾公彦:《周礼注疏》卷一《天官冢宰第一》释文,载《十三经注疏》,中华书局1980年影印版,第6页。

③ （清）孙诒让撰,王文锦、陈玉霞点校:《周礼正义》卷一《叙官》,中华书局1987年版,第23页。

④ （唐）贾公彦:《周礼注疏》卷三《小宰》,载《十三经注疏》,中华书局1980年影印版,第653页。

⑤ （晋）司马彪撰,（南朝）刘昭注:《续汉书·百官志三》,附载于（南朝）范晔:《后汉书》,中华书局1965年版,第3599页。

云:"司农及干'雁、鹑、雉、鸠、鸽、鹑'。"①由此可见,干宝对六禽的解释与郑司农(众)相同,当是沿用郑众之说。

《周礼·夏官·司弓矢》:"献矢箙。"《续汉书·舆服志上》刘昭注曰:"《通俗文》曰:'箭箙谓之步义。'干宝亦曰:'今谓之步义。'"②《通俗文》系东汉末服虔所撰的我国第一部俗语词辞书。干宝释"箭箙"为"步义",或源自服虔之说。

②含义相近

《周礼·天官·大宰》:"及纳亨。"郑玄注曰:"纳亨,纳牲,将告杀。谓乡祭之晨。"③干宝注曰:"纳,亨纳。牲将告杀,谓向祭之晨也。"④比较郑、干注文,干氏注文除改郑注"乡"为"向",且在句末增一无实义的助词"也"外,基本因袭郑玄之说。此处,因"乡""向"二字互为通假字,则郑、干注文义相近。

③辞异义同

《周礼·天官·大宰》:"正月之吉。"郑玄注曰:"正月,周之正月。"⑤干宝注曰:"周正建子之月。"⑥据文献记载,夏、商、周三代岁首不同。夏正建寅,以夏历正月为岁首。商正建丑,以夏历十二月为岁首。周以夏历十一月为岁首,斗柄旋转指向十二辰中之子,故称建子。则干氏所言"建子",与郑玄所言"周

---

①　(唐)贾公彦:《周礼注疏》卷四《庖人》,载《十三经注疏》,中华书局 1980 年影印版,第 661 页。

②　(晋)司马彪撰,(南朝)刘昭注:《续汉书·舆服志上》,附载于(南朝)范晔:《后汉书》,中华书局 1965 年版,第 3646 页。"义",(清)孙诒让撰,王文锦、陈玉霞点校:《周礼正义》卷六一《司弓矢》(中华书局 1987 年版,第 2552 页)引作"叉"。步叉,亦作"步靫",盛箭器。步,通"鞴"。故此处"义"当作"叉"。

③　(唐)贾公彦:《周礼注疏》卷二《大宰》,载《十三经注疏》,中华书局 1980 年影印版,第 650 页。

④　(晋)司马彪撰,(南朝)刘昭注:《续汉书·礼仪志上》,附载于(南朝)范晔:《后汉书》,中华书局 1965 年版,第 3106 页。

⑤　(唐)贾公彦:《周礼注疏》卷二《大宰》,载《十三经注疏》,中华书局 1980 年影印版,第 648 页。

⑥　(宋)王溥:《唐会要》卷一二《飨明堂议》,中华书局 1955 年版,第 285 页。(宋)李昉等:《文苑英华》卷七六二《明堂告朔议》,中华书局 1966 年版,第 4000 页。(清)马国翰辑:《玉函山房辑佚书》卷二〇《周官礼干氏注》,载《续修四库全书》第 1201 册,上海古籍出版社 2002 年版,第 518 页。

之正月"，措辞虽异而含义实同。

（2）完善前儒学说

郑众、郑玄等前代儒者对《周礼》若干经文的注释，往往简略。而干宝注《周礼》时，在基本遵循前儒有关学说基础上往往进一步加以引申、补充。如《周礼·天官·序官》："辨方正位。"①干宝注曰："辨方谓别东、西、南、北之名，以表阴阳也。正位谓若君南面，当阳；臣北面，即阴；居于北宫，以体太阴；居太子于东宫，以位少阳之类。"②

《周礼·天官·膳夫》："膳夫授祭品，尝食，王乃食。"郑玄注曰："祭谓刌肺、脊也。礼，饮食必祭，示有所先。品者，每物皆尝之，道尊者也。"却未明言所祭神灵为何。干宝则补充所祭神灵曰："祭五行六阴之神与民起居。"③

相比郑玄紧扣经文进行释义，干宝还注重阐释经文未明确阐述之义。如《周礼·天官·甸师》："甸师掌帅其属而耕耨王藉。"郑玄只是注释了藉礼的形式："耨，芸芓也。王以孟春躬耕帝藉，天子三推，三公五推，卿、诸侯九推，庶人终于千亩。"④干宝则阐述了古代帝王施行藉礼的目的与意义："古之王者，贵为天子，富有四海，而必私置藉田，盖其义有三焉：一曰，以奉宗庙，亲致其孝也；二曰，以训于百姓在勤，勤则不匮也；三曰，闻之子孙，躬知稼穑之艰难无逸也。"⑤

（3）注重创新

干宝注《周礼》时，或对杜子春、郑众、郑玄等前代儒者未注之经文加注；或对前儒已注之经文作出新注。如《周礼·天官·序官》："惟王建国。"郑玄

---

① （唐）贾公彦：《周礼注疏》卷一《天官冢宰第一》，载《十三经注疏》，中华书局1980年影印版，第639页。

② （宋）李昉等：《太平御览》卷一四六《皇亲部一二》，中华书局1960年版，第713页。

③ （唐）贾公彦：《周礼注疏》卷四《膳夫》释文所引，载《十三经注疏》，中华书局1980年影印版，第660页。

④ （唐）贾公彦：《周礼注疏》卷四《甸师》，载《十三经注疏》，中华书局1980年影印版，第662—663页。

⑤ （晋）司马彪撰，（南朝）刘昭注：《续汉书·礼仪志上》注，附载于（南朝）范晔：《后汉书》，中华书局1965年版，第3106页。

仅解释"建"字之义,干宝则释"王"字之义曰:"王,天子之号,三代所称。"①又如《周礼·天官·序官》:"体国经野。"郑玄注曰:"体犹分也。"干宝注曰:"体,形体。"②

在干宝具有创新意义的 28 条注文中,诠释郑玄等前代儒者未曾注释者仅有 6 条,前代儒者已注,而干氏认为其注不合经义,故重新诠释的有 22 条。由此亦可反映出干宝并不简单、盲目地推崇前儒的说法,而是依据自己的理解,做出新的注释。

(4)微观问题与宏观问题并重

干宝《周礼注》中,既有注重《周礼》经文字、词而进行释义者,亦不乏对《周礼》经文全文进行诠解者。如《周礼》职官命名,或称"氏",或称"人",郑玄曾对《周礼》职官命名的规则进行过简略的概述:"事官之属六十,此识其五材三十工,略记其事耳。其曰某人者,以其事名官也。其曰某氏者,官有世功,若族有世业者也。"③

干宝对《周礼》所载职官的命名原则进行了宏观概括,指出:

> 凡言"司"者,总其领也。凡言"师"者,训其徒也。凡言"职"者,主其业也。凡言"衡"者,平其政也。凡言"掌"者,主其事也。凡言"氏"者,世其官也。凡言"人"者,终其身也。不氏不人,权其材也。通权其才者,既云不世,又不终身,随其材而权暂用也。④

不过,对于干宝上述若干概括,后世儒者多有异议。如孔颖达等提出:

> 然案《周礼》建官列职,有"司会"之属,是言"司"者也。有"甸师"之属,是言"师"者也。有"职内"之属,是言"职"者也。有"川衡"之属,是言"衡"者也。有"掌舍"之属,是言"掌"者也。有"师氏"之属,是言"师"

---

① (唐)贾公彦:《周礼注疏》卷一《天官冢宰第一》释文所引,载《十三经注疏》,中华书局 1980 年影印版,第 639 页。

② (唐)贾公彦:《周礼注疏》卷一《天官冢宰第一》释文所引,载《十三经注疏》,中华书局 1980 年影印版,第 639 页。

③ (唐)贾公彦:《周礼注疏》卷三九《冬官考工记》,载《十三经注疏》,中华书局 1980 年影印版,第 906 页。

④ (唐)孔颖达:《礼记正义》卷四《曲礼下》孔疏所引,载《十三经注疏》,中华书局 1980 年影印版,第 1262 页。

者也。有"庖人"之属,是言"人"者也。有"宫正"、"膳夫"、"外饔"、"内饔"之属,皆不"氏"不"人"者也。①

后世儒者或在如郑玄、干宝等思考、概括的基础上,提出了新的概括理论。如贾公彦提出:

> 《周礼》之内,宗伯之类,诸言"伯"者,伯,长也,以尊长为名。县师之类言"师"者,皆取可师法也。诸称"人"者,若轮人、车人、腊人、鳖人之类,即《冬官》郑云"其曰某人者,以其事名官"。言"氏"者有二种,谓若桃氏为剑、筑氏为削之类,郑注《冬官》"族有世业,以氏名官"。若冯相氏、保章氏、师氏、保氏之类,郑注引《春秋》"官有世功,则有官族"是也。诸称"司",若司裘、司市之类,言"司"者,皆是专任其事,事由于己,故以"司"言之也。诸典妇功、典丝、典枲之类,言"典"者,出入由己,课彼作人,故谓之为"典"也。诸称"职"者,谓若职币、职内、职岁,财不久停,职之而已。凡云"掌"者有三义:一者,他官供物,己则暂掌之而已,若幕人供帷幕幄帟,掌次张之也;二则掌征敛之官,若掌皮、掌染草之类是也;三者,掌非己所为,则掌节、掌固、掌疆,本非己造,废坏修之而已也。自外不称"典"、"司"、"职"、"掌"者,皆是逐事立名,以义铨之可晓也。②

(5)简约的注经风格

汉代儒者,尤其是西汉儒者注释经典,多喜旁征博引,碎词析句,其利在于可细细演绎经文文义,利于读者理解;其弊则在于繁杂琐碎,甚至有儒者释经文数字为数万言者。以致通读注文,不胜其烦,甚至有儒生皓首不能通一经、穷一经的现象。这种释经的章句之法,在东汉时已多有改观,东汉中后期纷纷涌现的"通儒",往往不拘泥于零字碎词的训诂考证,更重视在释义的基础上,领悟、阐发其微言大义。纵使如此,博引他经、碎词析句的繁杂琐碎的释经模式,仍是诸多儒者注经所遵奉的基本模式。

汉魏之际形成的以重视博通,领悟、阐扬经书义理相标榜,鄙弃汉儒烦琐

---

① (唐)孔颖达:《礼记正义》卷四《曲礼下》,载《十三经注疏》,中华书局1980年影印版,第1262页。
② (唐)贾公彦:《周礼注疏》卷一《天官冢宰第一》,载《十三经注疏》,中华书局1980年影印版,第640页。

的名物事象训释的荆州学派在释经风格和方式的转变问题上,发挥了至关重要的影响和作用。① 至魏晋玄学兴起,汉儒释经的章句之学,几被弃之如敝屣。东晋南朝,玄风大畅,玄学名士们多喜谈论抽象义理,厌弃烦琐细碎的名物训释,甚至多有束书高阁,空言玄谈者。由此形成了南、北学人学术研究方式和风格存在巨大差异的现象:"南北所治,章句好尚,互有不同。江左《周易》则王辅嗣,《尚书》则孔安国,《左传》则杜元凯。河、洛《左传》则服子慎,《尚书》《周易》则郑康成。《诗》则并主于毛公,《礼》则同遵于郑氏。大抵南人约简,得其英华,北学深芜,穷其枝叶。"②受此时代、学术背景的深刻影响,干宝《周礼注》中也大多为简洁措辞,甚少见汉儒惯用之枝蔓铺衍之文,以及广征博引各儒家经典证成己说的手法。

(6)沿循汉儒注经风格,常用汉、晋制度诠释周代制度、器物

干宝在诠释《周礼》所载"小宰""司门""太仆""条狼氏""象胥""夜士"等职官,"虎节""英荡""矢箙""茢菹""糗饵"等器物,礼仪仪节"展牲",官署机构"外朝"等名物时,或抄录,或沿袭汉儒用汉制诠释《周礼》的释经方法,予以诠释。如他使用"若""今""如今""若今"等字词,分别将《周礼》所载"小宰""司门""太仆""象胥""夜士"等职官,与汉代御史中丞、门候、侍中、鸿胪、都候等职官进行对应诠释。虽然有的对应不甚妥切,但对于晋人及后世人理解《周礼》所载名物含义,无疑有一定的帮助。

(7)佛教、道教、玄学影响甚微

学界一般认为:魏晋南北朝时期,是中国古代历史上继春秋战国之后,第二个思想空前解放、活跃的时期。由于受社会巨大变迁、人们研学兴趣的转移、思想学术的内在发展需求等因素影响,儒家学说日趋衰微,玄学、佛教、道教等思想流派及学说空前活跃。其时的经注家,有的本身就是玄学家,如正始玄学的代表人物何晏、王弼③;有的则深受玄学、佛教、道教等思想学说的影响,在其著作中,自觉或不自觉地引用玄学、佛教、道教等思想学说,如何晏《论语集解》、王弼《周易注》《论语释疑》等。

---

① 王葆玹:《今古文经学新论》,中国社会科学出版社 1997 年版,第 176—179 页。
② (唐)魏徵等:《隋书》卷七五《儒林列传》,中华书局 1973 年版,第 1705—1706 页。
③ 余敦康:《魏晋玄学史》,北京大学出版社 2004 年版,第 55—282 页。

纵观干宝现存《周礼注》文,并无明显玄学、佛教、道教等思想学说羼杂其中。《搜神记》内有大量道教、佛教思想学说,可以推测,干宝对佛教、道教教义、思想,并非一无所知。因而,其《周礼注》中几乎不见佛教、道教等思想学说,或是干宝为保持儒家经典注释的纯粹,而在注《周礼》时,有意识地规避佛教、道教学说所致。

4. 干宝《周礼注》的亡佚及原因

干宝《周礼注》何时亡佚? 清代王谟认为大概在隋唐之际。具体说来,当在陆德明之后,贾公彦之前。"如《经典释文》所言,陆氏必犹见干《注》全书。而贾疏绝不称引,何也?"①罗蔷薇则认为,《宋史·艺文志》未著录干宝《周礼注》,后代正史目录皆不载,估计元时已亡。② 上述论断,似皆值得商榷。

首先,王谟认为,唐高宗时,贾公彦奉敕撰作《周礼疏》,却未征引干宝《周礼注》,表明在贾公彦之前,干宝《周礼注》已佚,故贾氏无缘得见;在《周礼疏》中,自然无法征引。这一判断标准,虽有一定道理,但可谓似是而非。贾公彦《周礼疏》不征引干宝《周礼注》,干宝《周礼注》的亡佚,或许不是唯一的理由。贾公彦或认为干宝《周礼注》无甚价值,不屑征引;贾氏虽博览群书,广征博引,但遗漏干宝《周礼注》等文献而失察,也是有可能的。因此,王谟单纯以贾公彦《周礼疏》未征引干宝《周礼注》,作为判断干宝《周礼注》亡佚时间的依据,难成定论。况且,唐玄宗时,徐坚等奉敕编纂《初学记》,以及五代后晋刘昫撰作的《旧唐书》,北宋李昉等于宋太宗太平兴国二年(977 年)三月至太平兴国八年(983 年)奉敕编成的类书《太平御览》,丁度等奉宋仁宗敕编纂,于宝元二年(1039 年)成书的《集韵》(以上四书皆各征引干宝《周礼注》1条),皆征引有前世文献未曾征引的干宝《周礼注》文,似可表明:至少到北宋仁宗宝元二年(1039 年)前,人们尚能见到且征引干宝《周礼注》有关注文,表明其书其时未佚,或未全佚。

其次,仅以正史《艺文志》或《经籍志》是否著录,来判断古代文献存佚与否及亡佚时间,恐怕难以得出正确的结论。历代正史《艺文志》或《经籍志》撰

---

① (清)王谟:《汉魏遗书钞》,载《续修四库全书》第 1199 册,上海古籍出版社 2002 年版,第 617 页。

② 罗蔷薇:《干宝著述考》,《华中师范大学研究生学报》2011 年第 3 期。

者虽搜辑广博,但难免有挂万漏一现象。况且,汉代以后,历代正史《艺文志》或《经籍志》所著录图书,多抄袭前代书籍目录,难免出现有书名而无书籍的现象。如《清史稿·艺文志一》即著录有干宝《周礼注》。是否可据此判断,干宝《周礼注》至清代尚存? 因此,以正史《艺文志》或《经籍志》是否著录,作为判断干宝《周礼注》亡佚时间的依据,似不恰当。

前述南北朝唐宋时期若干文献征引干宝《周礼注》数量的升降现象表明,南朝、隋唐之际,干宝《周礼注》因尚在学界享有较高地位和影响,因而被刘昭、陆德明等广加征引。自唐太宗时孔颖达等奉敕编撰的《礼记正义》,以及唐高宗时贾公彦奉敕编撰的《周礼疏》起,历代文献对干宝《周礼注》的征引数量就开始锐减。这或许表明,自唐朝前期起,干宝《周礼注》即已逐渐淡出学人的视野。据成书于两宋之际的《广川书跋》,初本成书于北宋、经历代增修、定型于明代的《事物纪原》的引用来看,干宝《周礼注》的亡佚时间,当不早于北宋仁宗宝元二年(1039 年),不晚于明代。①

曾一度影响较大的干宝《周礼注》为何会亡佚? 这或许既与干宝《周礼注》自身的学术水准、价值有关,也与唐宋以来礼学的昌盛有密切关系。

就现存的干宝《周礼注》53 条注文而言,其中固然有干宝超越前人的真知灼见,也有对《周礼》经文精辟准确的注释,但从总体而言,其自身的学术水准、价值,似乎难臻上乘;尤其是他的很多注文,不过是对郑众、郑玄等前代儒者注释的简单抄袭和改写。对后世儒者来说,他们或许宁愿直接征引郑众、郑玄注释,不愿征引干宝的抄袭改写之文。

唐代,随着国家一统与繁荣昌盛局面的出现,礼学研究,也出现了综合前代且又超越前代的成果,这就是唐太宗、唐高宗时期,由孔颖达等修撰颁行的《五经正义》中的《礼记正义》,以及随后由贾公彦撰成的《周礼疏》《仪礼疏》。三书对汉魏晋南北朝以来三礼研究,进行了集大成式的总结。宋代迄清代,三礼学著作纷呈问世。新说、异说纵横驰骋,璀璨耀眼之学术巨星,具有划时代意义的学术巨著,竞相喷薄涌现。

---

① 朱仙林、曹书杰:《〈事物纪原〉初本成于宋代考》,载中国历史文献研究会编:《历史文献研究》总第 31 辑,华东师范大学出版社 2012 年版。

在此背景下,以往影响逊色于郑众、郑玄、贾公彦、孔颖达等礼家礼作,在学界的地位与影响,难免日渐衰微。这由唐宋明清时期儒者们的有关著作,除如明代冯复京,清代余萧客、马国翰等少数儒者或抄录,或刻意哀辑干宝《周礼注》外,其余儒者在征引前世儒者学说时,对郑众、郑玄、干宝相同、相近文义的说法,则仅称引郑众或郑玄,而绝不提或甚少提及干宝之名。这或许也是导致自唐代以来,干宝《周礼注》的地位、影响日渐衰微,并逐渐亡佚的重要原因。

5. 干宝《周礼注》的传播与影响

如果按照影响领域的不同,干宝《周礼注》对东晋及后世的影响,大致可分为对经学界,尤其是《周礼》研究领域的影响,以及对日常生活中若干实践活动的指导意义和影响。

干宝《周礼注》对东晋及后世学界的影响,主要体现在后世学者对干宝《周礼注》的征引,以及对干宝《周礼注》的评价等方面。

据粗略统计,后世学者对干宝《周礼注》的征引,涵盖经(如《尚书通考》《毛诗集解》《礼记正义》《周礼注疏删翼》等)、史(如《南史》《通典》《通志》《七国考》等)、子(如《法苑珠林》《东坡志林》《容斋续笔》等)、集(如《漫塘集》《汉魏六朝百三家集》《古今事文类聚前集》等)四部文献,共计一百多部。

上述文献或仅单纯的征引,这主要见于对干宝《周礼注》的哀辑类著作中,如清代儒者余萧客《古经解钩沉》、马国翰《玉函山房辑佚书》等;也有学者在征引干宝《周礼注》(或虽未提及干宝姓名,但其征引与干宝《注》相同或相近的郑众、郑玄等儒者之说)后,并未有否定或批评之辞,这似乎表明,上述学者对干宝《注》,似以肯定为主。毋庸讳言,后世儒者对干宝《周礼注》也多有批评之辞。如对干宝关于《周礼》职官命名规律、原则的探讨,孔颖达等就提出异议:

> 然案《周礼》建官列职,有"司会"之属,是言"司"者也。有"甸师"之属,是言"师"者也。有"职内"之属,是言"职"者也。有"川衡"之属,是言"衡"者也。有"掌舍"之属,是言"掌"者也。有"师氏"之属,是言"师"者也。有"庖人"之属,是言"人"者也。有"宫正"、"膳夫"、"外饔"、"内

饔"之属,皆不"氏"不"人"者也。①

后世学者或在郑玄、干宝等前儒的思考、概括的基础上,提出了新的概括理论。如贾公彦提出:

> 《周礼》之内,宗伯之类,诸言"伯"者,伯,长也,以尊长为名。县师之类言"师"者,皆取可师法也。诸称"人"者,若轮人、车人、腊人、鳖人之类,即冬官郑云"其曰某人者,以其事名官"。言"氏"者有二种,谓若桃氏为剑、筑氏为削之类,郑注冬官"族有世业,以氏名官"。若冯相氏、保章氏、师氏、保氏之类,郑注引《春秋》"官有世功,则有官族"是也。诸称"司",若司裘、司市之类,言"司"者,皆是专任其事,事由于己,故以"司"言之也。诸典妇功、典丝、典枲之类,言"典"者,出入由己,课彼作人,故谓之为"典"也。诸称"职"者,谓若职币、职内、职岁,财不久停,职之而已。凡云"掌"者有三义:一者,他官供物,己则暂掌之而已,若幕人供帷幕幄帟,掌次张之也;二则掌征敛之官,若掌皮、掌染草之类是也;三者,掌非己所为,则掌节、掌固、掌疆,本非己造,废坏修之而已也。自外不称"典"、"司"、"职"、"掌"者,皆是逐事立名,以义铨之可晓也。②

孙诒让则对干宝、贾公彦总结的《周礼》命官原则提出了异议:

> 贾释官名之义,略本《考工记》《总叙》注说,干氏说亦略同。然以诸职考之,似皆随事立名,本无定例。如同一乡遂官也,而州比酂邻称长,党县称正,族鄙称师,闾称胥,里称宰,尊卑不嫌同名。又遂人为六遂之长,既非以事命官,亦未必终身任职,则郑、干之说,皆不可通矣。况全经之中,如内饔,本职称饔人;甸师,大祝职称甸人;大仆、射人职称仆人;大驭等五驭,校人职称仆夫:与本职亦不必同。至《仪礼》《礼记》《左传》《国语》官名,与此经复多歧互。……是官名可以互称,尤可证其本无定例。③

尽管诸文献征引前儒著作、学说,主要取决于该文献的性质、内容,但被征

---

① (唐)孔颖达:《礼记正义》卷四《曲礼下》,载《十三经注疏》,中华书局1980年影印版,第1262页。

② (唐)贾公彦:《周礼注疏》卷一《天官冢宰第一》,载《十三经注疏》,中华书局1980年影印版,第640页。

③ (清)孙诒让撰,王文锦、陈玉霞点校:《周礼正义》卷一《叙官》,中华书局1987年版,第24页。

引者的学术地位和影响,似乎也是不应被忽视的因素。就此视角而言,在南朝及隋唐之际,干宝《周礼注》在当时的学界,仍颇有一定的学术地位与影响,因而陆德明、刘昭才会大量采撷其说。仅以干宝对《周礼》经文的释义而言,其若干释文,与郑玄《周礼注》或文异而义同,或文字基本无异,但刘昭注《续汉书》《职官志》《礼仪志》诸志时,在"大抵南北所为章句,好尚互有不同。……《礼》则同遵于郑氏"①的时代、学术背景下,仍大量采撷干宝说,而不是径直抄录郑玄《周礼注》文,则干宝其人其书,在当时士人阶层和学界之地位与影响,似不容低估。

南北朝时,干宝《周礼注》除对学界有较大影响外,还对日常生活中的若干实践活动,如其时发现的前代实物的认识、鉴别和判断,竟然也起到了有力的指导作用。我们在史书中找到了以下两则实例:一是南朝萧齐时,"广汉什邡民段祖以錞于献(萧)鉴,古礼器也。高三尺六寸六分,围二尺四寸,圆如筒,铜色黑如漆,甚薄。上有铜马,以绳县马,令去地尺余,灌之以水,又以器盛水于下,以芒茎当心跪注錞于,以手振芒,则其声如雷,清响良久乃绝。"②如果将此节史文与《广川书跋》所抄录干宝《周礼注》文相比较,不难看出,萧鉴等对广汉什邡民所献"錞于"的鉴别方式,极有可能是依干宝《周礼注》对"錞"的注释而行事。

如果说萧鉴对"錞于"的鉴别,并没有明确标明系依据干宝《周礼注》行事,那么,在北周时发生的一件相似的事情,就很明确地指明了干宝《周礼注》的影响和作用:"又乐有錞于者,近代绝无此器,或有自蜀得之,皆莫之识。征见之曰:'此錞于也。'众弗之信。征遂依干宝《周礼注》以芒筒拊之,其声极振,众乃叹服。"③

干宝还撰有《周礼音》一书,后世许多文献著录此书名,已佚。干宝另参与撰作有《周官驳难》(或曰《周官礼驳难》),详见下。

---

① (唐)李延寿:《北史》卷八一《儒林列传上》,中华书局1974年版,第2709页。
② (南朝)萧子显:《南齐书》卷三五《高帝十二王列传》,中华书局1972年版,第629页。(唐)李延寿:《南史》卷四三《齐高帝诸子列传下》,中华书局1975年版,第1087页。
③ (唐)令狐德棻等:《周书》卷二六《斛斯征传》,中华书局1971年版,第432页。

（七）孙略、孙琦、干宝、虞喜《周官驳难》（《周官礼驳难》）

孙略，字文度，晋吴人，虞预之婿，隐居不仕。孙琦则史无详载。虞喜，字仲宁，会稽余姚人。自西晋怀帝至东晋成帝年间，州、郡、公府屡屡征辟，皆不就。"专心经传，兼览谶纬……又释《毛诗略》，注《孝经》，为《志林》三十篇。凡所注述数十万言，行于世。"①

自隋唐迄今，在孙略、孙琦究竟是两人还是一人，《周官驳难》与《周官礼驳难》究竟是两书还是一书，此书（或此二书）的作者究竟为谁等问题上，学界一直存在着争议。

《隋书·经籍志》认为，孙略、孙琦为二人，《周官驳难》与《周官礼驳难》亦为二书："《周官礼驳难》四卷，孙略撰。梁有《周官驳难》三卷，孙琦问，干宝驳，晋散骑常侍虞喜撰。"②据上述记载，孙略为《周官礼驳难》的撰作者，虞喜为《周官驳难》的最终撰定者。不过，虞喜编撰的《周官驳难》一书，或对孙琦的驳难之辞，干宝答难之辞，皆有所采录而成书。

《旧唐书·经籍志》则对《周官驳难》一书的撰作者、卷帙皆进行了修改："《周官驳难》五卷，孙略问，干宝答。"③《新唐书·艺文志》的修撰者虽沿用《旧唐书·经籍志》关于撰作者的记载，却对书名略加改动。《新唐书》卷五七《艺文志一》载干宝"又《答周官驳难》五卷，孙略问。"④

后世史家著录时，或沿用前世史书的有关记载，如郑樵、朱睦㮮以《周官驳难》与《周官礼驳难》为二书，孙略为《周官礼驳难》一书的撰作者，虞喜为《周官驳难》的撰者⑤；王钦若、傅王露、朱彝尊等谓虞喜为《周官驳难》的撰者⑥。王

①　（唐）房玄龄等：《晋书》卷九一《虞喜传》，中华书局1974年版，第2349页。
②　（唐）魏徵等：《隋书》卷三二《经籍志一》，中华书局1973年版，第919页。
③　（后晋）刘昫等：《旧唐书》卷四六《经籍志上》，中华书局1975年版，第664页。
④　（宋）欧阳修、宋祁等：《新唐书》卷五七《艺文志一》，中华书局1975年版，第1431页。
⑤　参见（宋）郑樵著，王树民点校：《通志二十略》艺文略第二，中华书局1995年版，第1490页。（明）朱睦㮮：《授经图义例》卷二○《诸儒著述附历代三礼传注》，载文渊阁《四库全书》第675册，上海古籍出版社1987年影印版，第325、326页。
⑥　（宋）王钦若等编纂，周勋初等校订：《册府元龟》卷六○五《学校部九》，凤凰出版社2006年版，第6981页。（清）李卫等修，（清）傅王露等纂：《浙江通志》卷二四二《经籍二》，载文渊阁《四库全书》第525册，上海古籍出版社1987年影印版，第511页。（清）朱彝尊：《经义考》卷一二一《周礼二》，载文渊阁《四库全书》第678册，上海古籍出版社1987年影印版，第2669页。

应麟则谓干宝为《周官驳难》的撰作者①。郑樵虽裁定虞喜为《周官驳难》的撰定者，但或许出于弥缝诸史书"孙琦""孙略"记载歧异的考虑，他索性将"孙琦""孙略"并列于此书撰者行列中："《周官驳难》五卷，孙略、孙琦问，于宝驳，虞喜撰。"②丁国钧则试图借助"琦"字为"略"字之讹写的方式，使诸史书记载协调、统一："《周礼驳难》三卷，见《七录》，是书两《唐志》著录五卷，云孙略问，干宝答，颇疑《隋书》'琦'字为'略'字之讹，上四卷本亦作孙略也。"③姚振宗则认为，"孙琦""孙略"为二人，"孙略为虞预之婿，与预兄喜同志，隐居不仕者。孙琦始末未详，殆亦同志友善者。是书盖干宝、孙略、孙琦、虞喜四家问难，合为一编。"④王锷认为，丁国钧之说较合理："疑'琦'乃'略'之误，丁氏所言较有理。"⑤

我们认为，丁氏之说，虽有一定的合理性，即后世学者辗转抄写，误将"略"字讹写为"琦"字的可能性，确实存在。但"略""琦"字形相异较大，讹写的概率，似不会太大。且秦汉以后人，大多基于对《周礼》（或称《周官》）一书之态度不同，习惯性的称谓也不尽相同。一般而言，尊奉此书者，多谓之《周礼》，视其为周公撰作的礼典；视此书为后世人托名周公所撰的渎乱不经之书者，多谓之《周官》。基于此，《周官礼驳难》《周官驳难》虽仅有一字之差，但若谓其为因史官粗疏率意增删，致一书而二名，似难以成立。加之《隋书》撰作时代距两晋南北朝时期为近，所言当有所据。

（八）司马伷、王懋约《周官宁朔新书》⑥

司马伷，字子将，司马懿之子，正始初封南安亭侯。早有才望，起家为宁朔

---

①　（宋）王应麟：《玉海》卷三九《艺文》，载文渊阁《四库全书》第944册，上海古籍出版社1987年影印版，第90页。

②　（宋）郑樵著，王树民点校：《通志二十略》艺文略第二，中华书局1995年版，第1490页。

③　丁国钧：《补晋书艺文志》卷一《甲部经录》，载王承略、刘心明主编：《二十五史艺文经籍志考补萃编》第十卷，清华大学出版社2012年版，第12页。

④　（清）姚振宗：《隋书经籍志考证》卷四《经部四》，载《二十五史》刊行委员会编集：《二十五史补编》，开明书店1936年版，第5094页。

⑤　王锷：《三礼研究论著提要》，甘肃教育出版社2001年版，第24页。

⑥　此书历代正史《经籍志》《艺文志》及公、私书目均有著录，皆作八卷。唯（明）朱睦㮮《授经图义例》卷二〇《诸儒著述附历代三礼传注》（载文渊阁《四库全书》第675册，上海古籍出版社1987年影印版，第323页）载其书名和卷帙为《周礼宁朔新书》二十卷，与其他书有异。

将军,累迁散骑常侍,进封东武乡侯,拜右将军、监兖州诸军事、试飞兖州刺史。后封南皮伯,转征虏将军、假节。司马炎即帝位,封司马伷为东莞郡王,后先后任尚书右仆射、抚军将军、镇东大将军、假节、徐州诸军事,加开府仪同三司,改封琅邪王。晋灭吴后,司马伷并督青州诸军事,加侍中,进拜大将军、开府仪同三司。晋武帝太康四年(283年)卒,谥曰武。其生平事迹具载于《晋书》卷三八《宣五王传》。

《晋书》本传虽对司马伷的政绩、人品、仕宦经历略有记载,却既未提及其在学术研究领域有何建树,亦未胪列其在世时所撰著作。

王懋约,生平事迹史无详载。姚振宗曾对其略有考证:"王懋约,始末未详,其为燕王师者,盖燕王机,文帝子也。懋约与安乐王友伊说同时,略见伊氏《尚书义疏》条下。又《晋书·儒林传·陈劭传》云,劭于泰始中为燕王师,则又与劭同时同官。"[①]姚氏之言,盖亦推测之辞。

司马机为司马昭之子,字太玄。后过继于叔父司马京。泰始元年(265年),封燕王。卒,无嗣。齐王司马冏表奏以己子司马几继之。司马冏为司马攸之子,其于晋惠帝元康(291—299年)年间始出仕为散骑常侍,领左军将军、翊军校尉。300年,赵王司马伦命司马冏捕杀专擅朝政的贾后,封冏为游击将军,后出为平东将军、假节,镇许昌。301年,司马伦废黜晋惠帝,称帝,封冏为镇东大将军、开府仪同三司,极力笼络之。司马冏首先发难,联络成都王司马颖、常山王司马乂等讨伐司马伦,杀之,迎惠帝复位。"天子就拜大司马,加九锡之命,备物典策,如宣、景、文、武辅魏故事。"[②]

司马冏,而非其他宗室王得以以己子承嗣司马京、司马鉴,或表明司马冏权势颇大,则过继事当发生于司马伦称帝后,或惠帝复位,司马冏辅政之时。302年十二月,司马冏被杀,"诸党属皆夷三族。幽其子淮陵王超、乐安王冰、济阳王英于金墉"[③]。未提及司马几,则司马几或已于事变前去世,或于变乱中被杀。燕国自此国除。则王懋约或为司马机师,或为司马几师。

---

① (清)姚振宗:《隋书经籍志考证》卷四《经部四》,载《二十五史》刊行委员会编辑:《二十五史补编》,开明书店1936年版,第5094页。
② (唐)房玄龄等:《晋书》卷五九《齐王冏传》,中华书局1974年版,第1606页。
③ (唐)房玄龄等:《晋书》卷五九《齐王冏传》,中华书局1974年版,第1610页。

《周官宁朔新书》及《礼记宁朔新书》，在晋南北朝隋时，颇具影响及声誉。如隋文帝时，晋王杨广曾召集包括潘徽在内的许多儒者修撰《江都集礼》。在潘徽撰写的《江都集礼序》中，即有褒扬《周官宁朔新书》之语，可见该书在其时的地位与影响，不容低估。

后世史家记载《周官宁朔新书》一书的撰作者时，分歧互见。最早著录此书，且作品目前尚存世者，似为唐初魏徵等修撰的《隋书》。魏徵等谓此书的撰作者为王懋约："梁又有《周官宁朔新书》八卷，晋燕王师王懋约撰，亡。"[1]魏徵等修撰《隋书》时，距南朝梁时代并不久远，该书其时虽已亡佚，但魏徵等所言，当有所本。且王懋约既为燕王师，至少应符合晋武帝为乐安王司马鉴、燕王司马机选师友诏书中所提之"明经儒学，有行义节俭"[2]的要求，具备一定的儒学修为。由其撰作《周官宁朔新书》，亦在情理之中。

不过，五代后晋刘昫等修撰《旧唐书》时，对《隋书》的记载进行了修正，即将王懋约由《周官宁朔新书》的撰作者改为注释者，且谓此书与晋琅邪王司马伷相关："《周官宁朔新书》八卷，司马伷序，王懋约注。"[3]刘昫之言，不知所本。且其使用"序"字，或亦有司马伷仅为该书作序，而非撰作者之意。欧阳修等既沿用刘昫以王懋约为《周官宁朔新书》一书的注释者之说，又隐然以司马伷为《周官宁朔新书》一书的撰作者。"司马伷《周官宁朔新书》八卷，又《礼记宁朔新书》二十卷，并王懋约注。"[4]

成书较早的前世史书记载的抵牾、模糊，导致后世学者在著录、评论此书时，各据己见，异说纷呈。他们或虽采取较为谨慎的态度，未直言司马伷为此书撰作者，以及与此书有何关联，仅谓王懋约为此书注者："王懋约为燕王师，注《周官宁朔新书》八卷。"[5]或沿录前人成说，不加分辨。"《周官宁朔

① （唐）魏徵等：《隋书》卷三二《经籍志一》，中华书局1973年版，第919页。
② （唐）房玄龄等：《晋书》卷三八《宣五王传》，中华书局1974年版，第1138页。
③ （后晋）刘昫等：《旧唐书》卷四六《经籍志上》，中华书局1975年版，第1972页。
④ （宋）欧阳修、宋祁等：《新唐书》卷五七《艺文志一》，中华书局1975年版，第1431页。
⑤ （宋）王钦若等编纂，周勋初等校订：《册府元龟》卷六〇五《学校部九》，凤凰出版社2006年版，第6982页。

新书》八卷,司马仙序,王懋约注。"①或直指司马仙为此书撰作者,未言及王懋约与此书之关系。"《周官宁朔新书》八卷,司马仙。"②"《周礼宁朔新书》二十卷,司马仙。"③或辨析前人异说,而据此书中"宁朔"二字,判定此书的撰作者为司马仙:"司马氏(仙)《周官宁朔新书》,唐《志》八卷,(王懋约注)佚。《晋书》:琅琊武王仙,字子将,起家为宁朔将军。……书以宁朔名,当从《唐志》。"④丁国钧亦曰:"《周礼宁朔新书》八卷(燕王师王懋约撰),见《七录》。《旧唐志》作司马仙序,王懋约注(《新志》亦作注)。《七录》'撰'字疑有讹,不足据。(本书琅邪武王仙,字子将,起家为宁朔将军。此书疑仙仿《周官》为之,故曰'新书'。《新唐志》直目为司马仙《周官宁朔将军》,当自有据。)"⑤

(九)　陈邵《周官礼异同评》(又名《周礼评》《周礼详解》⑥《周礼论》⑦)

陈邵,字节良,东海襄贲人。"笃志好古,博通六籍,耽悦典诰,老而不倦。……撰《周礼评》,甚有条贯,行于世。"⑧与《晋书》本传载陈邵撰《周礼

①　(清)秦蕙田:《五礼通考》卷首第二《礼经作述源流下》,载文渊阁《四库全书》第135册,上海古籍出版社1987年影印版,第79页。

②　(宋)郑樵著,王树民点校:《通志二十略》艺文略第二,中华书局1995年版,第1490页。

③　(明)朱睦㮮:《授经图义例》卷二〇《诸儒著述附历代三礼传注》,载文渊阁《四库全书》第675册,上海古籍出版社1987年影印版,第323页。

④　(清)朱彝尊:《经义考》卷一二一《周礼二》,载文渊阁《四库全书》第678册,上海古籍出版社1987年影印版,第2669页。

⑤　丁国钧:《补晋书艺文志》卷一《甲部经录》,载王承略、刘心明主编:《二十五史艺文经籍志考补萃编》第十卷,清华大学出版社2012年版,第12—13页。

⑥　此书名著录于(清)伊继善等修,(清)黄之隽等纂:《江南通志》卷一九〇《艺文志》,载文渊阁《四库全书》第512册,上海古籍出版社1987年影印版,第503页。

⑦　此书名著录于(唐)陆德明《经典释文》卷一《序录》(中华书局1983年版,第11页)、(唐)孔颖达《礼记注疏》卷一《三礼注解传述人》(文渊阁《四库全书》第115册,上海古籍出版社1987年影印版,第24页)、(宋)王应麟《〈汉·艺文志〉考证》卷二《礼》(文渊阁《四库全书》第115册,上海古籍出版社1987年影印版,第26页)、(清)沈炳震《九经辨字渎蒙》卷一二《注解传述人》(文渊阁《四库全书》第194册,上海古籍出版社1987年影印版,第346页)、(清)乾隆敕撰《钦定续通志》卷一六四《校雠略》(文渊阁《四库全书》第392册,上海古籍出版社1987年影印版,第586页)、(清)余萧客《古经解钩沉》卷一下《序录下》和卷八《周礼》(文渊阁《四库全书》第194册,上海古籍出版社1987年影印版,第369、489页)。

⑧　(唐)房玄龄等:《晋书》卷九一《陈邵传》,中华书局1974年版,第2348页。

评》不同的是,《隋书》载"《周官礼异同评》十二卷,晋司空长史陈劭撰"①。此后,历代史书大致依《隋书》著录。《册府元龟》谓其作者与卷帙分别为"陈歆""十三卷"②,或为印抄者讹写,或另有他据。

关于《周官礼异同评》一书的撰作者,上述诸文献皆著录为陈邵。清代学者姚振宗推测,此书为陈邵、傅玄合撰:"《释文叙录》引邵《周礼论序》,但节取其言大、小戴《记》一事,无一语涉及是书者。据两《唐志》,则是书似与傅玄同撰。"③按:姚氏此说不确。《旧唐书》及《新唐书》所载陈邵、傅玄所撰书为《周官论评》:"《周官论评》十二卷,陈邵驳,傅玄评。"④"傅玄《周官论评》十二卷,陈邵驳。"⑤并非《周官礼异同评》。

若仅据书名而言,《周官论评》与《周官礼异同评》显然并非一书,故郑樵、余萧客、朱彝尊等著录时,将两书并列。⑥ 郑樵、朱睦㮮谓《周官论评》撰作者唯为傅玄。⑦ 丁国钧则谓此二书与《晋书》陈邵本传所载之《周礼评》皆为同一书:"《周官礼异同评》十二卷(司空长史陈劭),见《隋志》。两《唐志》有《周官论评》十二卷,云陈劭驳,傅玄评,即是书(本书《邵传》作《周礼评》)。"⑧恐非确论。

(十) 陈邵、傅玄《周官论评》

傅玄,字休奕,北地泥阳(今陕西铜川耀州)人。少孤贫,博学善属文,后

---

① (唐)魏徵等:《隋书》卷三二《经籍志一》,中华书局1973年版,第919页。

② (宋)王钦若等编纂,周勋初等校订:《册府元龟》卷六〇五《学校部九》,凤凰出版社2006年版,第6982页。

③ (后晋)刘昫等:《旧唐书》卷四六《经籍志上》,中华书局1975年版,第1972页。

④ (清)姚振宗:《〈隋书·经籍志〉考证》卷四《经部四》,载《二十五史》刊行委员会编辑:《二十五史补编》第13册,开明书店1936年版,第5094页。

⑤ (宋)欧阳修、宋祁等:《新唐书》卷五七《艺文志一》,中华书局1975年版,第1431页。

⑥ (宋)郑樵著,王树民点校:《通志二十略》艺文略第二,中华书局1995年版,第1490页。(清)余萧客:《古经解钩沉》卷一下《序录下》,载文渊阁《四库全书》第194册,上海古籍出版社1987年影印版,第369页。(清)朱彝尊:《经义考》卷一二一《周礼二》,载文渊阁《四库全书》第678册,上海古籍出版社1987年影印版,第543页。

⑦ (宋)郑樵著,王树民点校:《通志二十略》艺文略第二,中华书局1995年版,第1490页。(明)朱睦㮮:《授经图义例》卷二〇《诸儒著述附历代三礼传注》,载文渊阁《四库全书》第678册,上海古籍出版社1987年影印版,第326页。

⑧ 丁国钧:《补晋书艺文志》卷一《甲部经录》,载王承略、刘心明主编:《二十五史艺文经籍志考补萃编》第十卷,清华大学出版社2012年版,第12页。

举秀才,除郎中,历任参安东、卫军军事、温令、弘农太守、典农校尉、散骑常侍、御史中丞、太仆、司隶校尉等职,多直言进谏,无所避忌。一生勤于诵读著述,《晋书》傅玄传谓:"玄少时避难于河内,专心诵学,后虽显贵,而著述不废。撰论经国九流及三史故事,评断得失,各为区例,名为《傅子》,为内、外、中篇,凡有四部、六录,合百四十首,数十万言,并文集百余卷行于世。"①《晋书》虽未明言傅玄撰作《周礼》相关书籍,但《旧唐书》等文献皆著录有傅玄与陈邵合撰有《周官论评》一书,已佚。

(十一) 李轨《周礼音》、刘昌宗《周礼音》、徐邈《周礼音》、聂熊《周礼音》、宋氏《周官音义》

上述五部文献为魏晋南北朝时期儒家学者对《周礼》字词进行标音的著作。其中,除宋氏《周官音义》一书完全散佚外,其余四部文献原书虽散佚,但书名在后世诸目录文献中,多有记载;部分文字也因后世学者征引,而得以保留。

1. 李轨《周礼音》

李轨,史书无传,其生卒年、籍贯、生平均不详。《经典释文·序录》曰:"李轨,字弘范,江夏人,东晋祠部郎中,都亭侯。"吴承仕考证曰:"李轨,刘注《世说》引《中兴书》曰:'字弘范,江夏人,仕至尚书郎。刘氏之甥。'按《隋志·咸和起居注》:'李轨撰。'《咸康起居注》无撰人,而《旧唐志》亦题'李轨撰',则轨为咸康(335—343 年)以后人。"②陆德明将李轨列于孔衍之后,刘昌宗、徐邈之前。据此,李轨似应为东晋中期人,稍早于刘昌宗、徐邈。据《经典释文·序录》及《隋志》记载,李轨著有《易音》《尚书音》《毛诗音》《周礼音》《仪礼音》《礼记音》《春秋左氏音》《春秋公羊音》《庄子音》《二京赋音》《二都巧音》等,上述著作均已亡佚,只有《周礼》《仪礼》《礼记》《庄子》部分音注,赖《经典释文》征引而存世。清代学者马国翰辑有《周礼李氏音》一卷,收入《玉函山房辑佚书·经编·周官礼类》。

---

① (唐)房玄龄等:《晋书》卷四七《傅玄传》,中华书局 1974 年版,第 1323 页。
② 吴承仕:《经籍旧音序录》,中华书局 1986 年版,第 191 页。

2. 刘昌宗《周礼音》

刘昌宗,生卒年、籍贯、生平均不详。刘昌宗的音切著作有《五礼音》《毛诗音》《尚书音》《尚书大传音》等,均已亡佚,现仅《周礼》《仪礼》《礼记》《毛诗》《尚书》音注约 1100 条,因陆德明《经典释文》征引而存世。除直音与重复切语外,尚有 463 条反切音注,数量仅次于徐邈《周礼音》所存。其所撰《周礼音》一书已佚,清代学者马国翰辑有《周礼刘氏音》二卷,500 余条,收入《玉函山房辑佚书·经编·周官礼类》。

3. 徐邈《周礼音》

徐邈(约 344? —397 年),东莞姑幕人。姿性端雅,勤行励学,博涉多闻,以慎密自居。孝武帝招延儒学之士,太傅谢安举荐徐邈应选。年四十四,始补中书舍人,在西省侍帝。虽不口传章句,然开释文义,标明指趣,撰正五经音训,为学者所宗。迁散骑常侍,前后十年,每被顾问,辄有献替,多所匡益,后转祠部郎,迁中书侍郎,专掌纶诏,任前卫率,领本郡大中正,授太子经。安帝即位,拜骁骑将军。隆安元年(397 年)卒,年五十四。所注《穀梁传》,见重于时。

徐邈曾为《周易》《尚书》《毛诗》《周礼》《礼记》《春秋左传》《春秋穀梁传》《论语》《庄子》《楚辞》等经典作注。其著作至隋唐时期大多亡佚,现仅存《周易》《尚书》《毛诗》《周礼》《礼记》《春秋左传》《庄子》等 2000 余条音注,尚赖陆德明《经典释文》征引而存世。除直音与重复切语,尚有 1240 条反切音注。在《释文》所引二十家经师中,音注材料数量最多。清代学者马国翰辑有《周礼徐氏音》1 卷,收入《玉函山房辑佚书·经编·周官礼类》。

4. 聂熊《周礼音》

聂熊,史书无载,生卒年、籍贯、生平均不详。其所著《周礼音》,原书已佚。清代学者马国翰辑有《周礼聂氏音》一卷,十条,收入《玉函山房辑佚书·经编·周官礼类》。

5. 宋氏《周官音义》

《周官音义》作者宋氏的里籍与名字均不可考。《晋书》对宋氏的生活时代、传授《周官音义》等情形有所记载:

> 韦逞母宋氏,不知何郡人也,家世以儒学称。宋氏⋯⋯及长,授以

《周官音义》,谓之曰:"吾家世学《周官》,传业相继……吾今无男可传,汝可受之,勿令经世。"属天下丧乱,宋氏讽诵不辍。……逮……仕符坚为太常。坚尝幸其太学,问博士经典,乃悯礼乐遗阙。时博士卢壸对曰:"废学既久,书传零落,比年缀撰,正经粗集,唯《周官礼注》未有其师。窥见太常韦逞母宋氏世学家女,传其父业,得《周官音义》,今年八十,视听无阙,自非此母无可以传授后生。"于是就宋氏家立讲堂,置生员百二十人,隔绛纱幔而受业,号宋氏为宣文君……《周官》学复行于世,时称韦氏宋母焉。①

第三节　三国两晋时期的《仪礼》学

一、三国时期的《仪礼》学

(一) 魏国的《仪礼》学代表人物

魏国《仪礼》学的代表人物主要有王肃、杜袭、缪袭等人。

1. 王肃

王肃(195—256年),字子雍,东海郯(今山东郯城县)人。三国时期最重要的经学家。王肃与郑玄一样遍注群经,对整个经学的诠释和发展作出了重大的贡献。在经学史上,王肃经学被称为"王学",以与两汉经学的集大成者郑玄经学相对抗而著称于世。王学与郑学可谓是两大学派,"郑王之争"也是经学史上一个非常重要的议题。

王肃经学著作等身,有关三礼学的著作也不在少数,其中有关《仪礼》研究的著作有:《仪礼注》十七卷,《仪礼音》一卷(《三礼音》之一),《丧服经传注》一卷,《丧服要记》一卷,《丧父变除》,等等。王肃的这些礼经学著作基本上已经亡佚,只能通过后世学者的征引才能考见其中的一些内容。清代学者马国翰的《玉函山房辑佚书》和黄奭的《汉学堂经解》等书当中就辑录了王肃的一部分注释条文。此外,台湾学者李振兴在其专著《王肃之经学》当中,对

---

① (唐)房玄龄等:《晋书》卷九六《列女传》,中华书局 1974 年版,第 2521—2522 页。

今存《丧服经传注》之王肃注文有详细列表,并对现存的佚文进行了逐条考释,是今人深入研究王肃礼学的重要文献材料。

从目前已知的情况来看,王肃的礼经学研究主要有以下几个特点:

首先,从治经涉猎面来看,和研治其他儒家经典著作一样,王肃治礼经同样强调遍考群经,并对今古文经学众说加以汇通,进而自成一家之言。正如《三国志·魏志·王肃传》记载的那样:"肃善贾马之学,而不好郑氏,采会同异,为《尚书》《诗》《论语》《三礼》《左氏》解,及撰定父朗所作《易传》,皆列于学官。"晚清学者皮锡瑞也说:"合今古文说礼,使不分明,始于郑君而成于王肃。"①尽管王肃治学"不好郑氏",但在兼通今古文经学和各家礼经之说这一点上,却是与郑玄治学可谓有共通之处。这与王肃早年研习郑玄经学颇有关系。王肃曾自谓:"自肃成童,始志于学而学郑氏学矣。"②可见,王肃的学术起点是郑玄经学,后者是其研治经学的重要学术渊源。也正因为如此,在借助自身外戚地位的基础上,王肃的礼经学诠释得以盛行开来,在当时产生了非常大的影响。

当然,由于郑、王二人所依据的儒家典籍文献有所差异,因而导致二人对于礼经文本的解读出现很大的歧见。例如,对《士虞礼》"中月而禫"一句,二人就有不同的理解。郑玄注:"中,犹间也;禫,祭名也。与大祥间一月,自丧至此二十七月。"③郑玄以二十七月为禫,其依据是《礼记·杂记》"父在,为母为妻十三月大祥,十五月禫",因为既然为母为妻祥、禫尚且异月,三年之丧的祥、禫也应当中间间隔一月。而王肃则根据《礼记·三年问》"三年之丧,二十五月而毕",认为《士虞礼》"中月而禫"之"中"即中间的意思,而不是郑玄理解的间隔之意;王肃还考察《春秋》文公二年冬"公子遂如齐纳币",僖公之丧,至此二十六月,《左传》称:"纳币,礼也。"丧期结束后"纳币",《左传》认为合礼,故以为二十五月禫除丧毕才是确诂。④ 由此而引发了后世礼学家的争议。

---

① (清)皮锡瑞:《经学通论》,中华书局1954年版,第35页。

② (三国)王肃注:《孔子家语·序》,载《四部丛刊初编》,上海商务印书馆1919年版,第1页。

③ (唐)贾公彦:《仪礼注疏》卷四三《士虞礼》贾疏所引,载《十三经注疏》,中华书局1980年影印版,第1176页。

④ (唐)孔颖达:《礼记正义》卷六《檀弓上》孔疏所引,载《十三经注疏》,中华书局1980年影印版,第1278页。

王肃虽持与郑玄不同的见解，但这种根据各种儒家典籍记载进行训释的理路，凿然是汉代经学大师的治经传统。所以有学者指出："王学对郑学并非仅仅是反动，而更多的是继承"，"王肃之重礼学正是在郑学所开辟道路上的继续前行"。①

其次，从礼经诠释风格来看，比较王肃与郑玄二者经说的行文就能发现，王肃礼经的注释无论是在《仪礼注》追求名物训诂方面，还是在对《丧服》经传的礼义诠释方面，都已摆脱了汉代儒生说经烦琐考证的弊端，转而呈现出崇尚简约的诠释特征。纵观王肃的礼经诠释佚文，往往训诂话语简约明了，字数不多，这和王肃对其他儒经的诠释风格是一致的。有学者在谈到王肃注解《诗经》时说，"王肃之述毛，颇类于两汉经师对师法家法的恪守"②，其实他对礼经的诠释也是如此，避免了汉初学者烦琐漫长的诠释取向，呈现出化繁为简的诠释倾向，着实是对汉代儒者治经的一种修正。至于他的《仪礼音》，则更是以简约的语词释音为诠释要务，为此后陆德明《仪礼音义》的撰修起到了引领作用。

再次，从《丧服经传注》对《丧服》经传的诠释原则来看，王肃对"尊尊"与"亲亲"两条礼制基本原则颇为尊崇，更加注重《丧服》经文礼义的阐释，具有更多的义理化特征。如果将其和郑玄注释相对比，郑玄更为重视"尊尊"原则，而王肃则多重视"亲亲"，这在二者的歧义性诠释中表现得更加明显。例如，《丧服》篇："改葬缌"，郑玄《注》从"尊尊"角度诠释说："服缌者，臣为君也，子为父也，妻为夫也。必服缌者，亲见尸柩，不可以无服。缌，三月而除之。"而王肃则改从"亲亲"角度诠释道："本有三年之服者，道有远近，或有艰故，既葬而除，不待有三月之服也。非父母无服。无服则吊服加麻。司徒文子改葬其叔父，问服于子思。子思曰：'礼，父母改葬缌而除。'不忍无服送至亲也。"③将人情作为丧服制度说解的重要依据，可谓与魏晋时期的礼学发展趋

① 郝虹：《魏晋儒学新论——以王肃和"王学"为讨论的中心》，中国社会科学出版社2011年版，第133页。

② 许佩玲：《"述毛"与"难郑"——王肃〈诗经〉学的语境还原及历史建构》，《中华文史论丛》2016年第2期。

③ （三国）王肃：《丧服经传注》，载（清）马国翰：《玉函山房辑佚书》第1册，上海古籍出版社1990年版，第844—845页。

势一脉相承。二人的这种诠释差异,台湾学者简博贤分析得颇为到位:"康成说经辄祖谶立言,所以务神其说,而严其所尊也。昔人尝疵其以谶乱经矣,而不知康成崇信谶纬正其尊尊封建意识之显衍,非徒惑于休咎之验也。王肃排谶纬,斥妖妄所以申情理,而推阐随时之训也。"①

2. 杜袭

杜袭,字子绪,生卒年不详,颍川郡定陵县(今河南襄城)人。东汉末及三国时曹魏官员。杜袭投奔曹操之后历任西鄂县令、议郎、丞相府军祭酒、侍中、丞相府长史、驸马都尉。魏文帝时期出任督军粮御史、尚书,晋封关内侯、武平亭侯。魏明帝时期,出任曹真和司马懿的军师、太中大夫,晋封平阳乡侯,去世后谥号定侯。杜袭在学术上不甚知名,著有《丧服礼式》一书。据丁国钧《补晋书艺文志》卷一载:"此书见《华阳国志》袭本传。"②此书已经亡佚,无法考见杜氏礼说。

3. 缪袭

缪袭(186—245 年),字熙伯,东海兰陵(今山东兰陵)人。三国魏文学家。父缪斐,字文雅,该览经传,事亲色养。征博士,六辟公府。汉帝在长安,公卿博举名儒。时举斐任侍中,并无所就。缪袭于建安中出仕,在御史大夫府供职,历事曹操、曹丕、曹叡、曹芳四世,官至尚书、光禄勋。与仲长统友善。多有撰述。其《魏鼓吹曲》十二首,大都为歌颂曹操功业之作。原有《集》五卷,《列女传赞》一卷,已散佚。今存诗文收入严可均《全上古三代秦汉三国六朝文》及逯钦立《先秦汉魏晋南北朝诗》。缪袭著作有《祭仪》《皇览逸礼》《大射》《缪袭集》等,据侯康《补三国艺文志》记载:"缪袭《祭仪》",今已亡佚不存。③

(二)蜀国的《仪礼》学代表人物

蜀国《仪礼》学的代表人物主要有蒋琬、谯周等人。

---

① 简博贤:《今存三国两晋经学遗籍考》,台湾三民书局 1986 年版,第 322 页。

② (清)丁国钧:《补晋书艺文志》卷一《甲部经录》,载王承略、刘心明主编:《二十五史艺文经籍志考补萃编》第十卷,清华大学出版社 2011 年版,第 14 页。

③ (清)侯康:《补三国艺文志》卷一《礼类》,载王承略、刘心明主编:《二十五史艺文经籍志考补萃编》第九卷,清华大学出版社 2011 年版,第 12 页。

1.蒋琬

蒋琬（？—246年），字公琰。零陵湘乡（今湖南湘乡）人。三国时期蜀汉宰相。与诸葛亮、董允、费祎合称"蜀汉四相"。初随刘备入蜀，被任命为广都长，后因为不理政事激怒刘备，在诸葛亮的劝说下，蒋琬免于一死，后重新被起用，诸葛亮将其悉心培养，并密表刘禅可以作为诸葛亮的接班人。建兴十二年（234年），诸葛亮死后，蒋琬执政。拜尚书令，又加行都护，假节，领益州刺史，再迁大将军，录尚书事，封安阳亭侯，并被受命开府，后加大司马，总揽蜀汉军政。曾制订由水路进攻曹魏的计划，但未被采纳。延熙九年（246年）病卒，谥号恭。蒋琬的礼学著作有《丧服要记》一卷，《隋书·经籍志》、朱彝尊《经义考》、侯康《补三国艺文志》均有记载，今已亡佚。

2.谯周

谯周（201—270年），字允南，巴西西充国（今四川西充）人。三国时期蜀汉学者、官员。幼贫丧父，少读典籍，精研六经，颇晓天文，为蜀地大儒之一，门下有陈寿、罗宪等学生。诸葛亮做益州牧时，任命他做劝学从事。诸葛亮死后，谯周前往奔丧，虽然朝廷随后下诏禁止奔丧，但谯周仍因行动迅速而得以到达。刘禅立太子时任命他做太子仆，调令家令，之后迁任中散大夫、光禄大夫。在蜀汉任官时期，谯周一向以反对北伐战略而闻名。他见姜维多次北伐而虚耗蜀汉国力，因而不满，著《仇国论》力陈北伐之失。炎兴元年（263年），魏国三路伐蜀，谯周因劝刘禅投降，被封为阳城亭侯，迁骑都尉，散骑常侍。

谯周是我国历史上一个颇有争议的人物，因其劝后主投降而受到后世史家的诟病。然在当时，谯周却是蜀汉的硕学鸿儒，不仅于经学上建树颇多，而且在史学上也成就斐然。谯周于经学上有《谯子法训》《五经然否论》《论语注》，于史学上有《古史考》《后汉记》《蜀本纪》等，在地理学上则有《三巴记》《益州志》《巴蜀异物志》等著述。虽然谯周的著述现已大多亡佚，但他是蜀汉时期巴蜀学术的集大成者。在三礼学方面，谯周著有《丧服图》《祭志》等书，如今均已经亡佚不存。

受东汉后期以来儒家学者郑玄等人治学的影响，谯周在经学研究方面也呈现出古今皆治的特点。谯周一生读书教学，蜀地名儒多出其门下，对巴蜀文化的传续起着承上启下的作用。据史书记载，其弟子知名者有陈寿、文立、李密、罗宪、杜轸等,其中文立兼通数经,尤其擅长《毛诗》、三礼等;李密则深读《春秋左传》,陈寿则熟习《尚书》与"春秋三传",他们在品性上秉承了谯周的淡泊与内敏。

(三) 吴国的《仪礼》学代表人物

吴国的《仪礼》学代表人物为射慈。

射慈(205—253 年),一作谢慈,字孝宗,三国吴彭城(今江苏铜山)人,三国吴中书郎,齐王孙奋的傅相,因谏阻孙奋叛变而被杀害。射慈精于礼学,著有《丧服变除图》五卷,《丧服天子诸侯图》一卷,《隋书·经籍志》有记载,朱彝尊的《经义考》云亡佚,侯康《补三国艺文志》云:"射慈《丧服变除图》五卷,王谟曰此书出《通典》三十一条,载徐整与慈问答者十二,整自为立论者一,则整亦盖为礼服之学者。"①《丧服变除图》已经亡佚,王谟的《汉魏遗书钞·经翼第二册》辑有一卷,另外,黄奭的《汉学堂经解》《汉学堂知足斋丛书》、马国翰的《玉函山房辑佚书》等著作当中都有辑佚。

二、两晋时期的《仪礼》学

(一) 西晋时期的《仪礼》学

西晋时期《仪礼》学的代表人物,主要有杜预、刘智、贺循等人。

1. 杜预

杜预(222—285 年),字元凯,京兆杜陵(今陕西西安东南)人,西晋时期的政治家、军事家和学者,灭吴统一战争的统帅之一。历任曹魏尚书郎、西晋河南尹、安西军司、秦州刺史、度支尚书、镇南大将军,官至司隶校尉。太康六年(285 年)初,杜预逝世,终年 63 岁,追赠征南大将军、开府仪同三司,谥成侯。

杜预出身于曹魏政府的高级官僚家庭,祖父杜畿是三国时期曹魏的名臣,担任河东太守十六年,曹丕即位后封关内侯。父亲杜恕,魏明帝曹叡即位后担任散骑常侍等职务。虽然生长在官宦人家,但杜预不是那种只知享乐的纨绔

---

① (清)侯康:《补三国艺文志》卷一《礼类》,载王承略、刘心明主编:《二十五史艺文经籍志考补萃编》第九卷,清华大学出版社 2011 年版,第 13 页。

子弟,从小便博览群书,举凡经济、政治、历法、法律、数学、史学和工程等学科,其皆有研习,因而被时人誉为"武库",称赞他博学多通,就像武器库一样,无所不有。功成之后,耽思经籍,博学多通,勤于著述。杜预特别爱读《左传》,自称有《左传》癖,所撰写的《春秋左氏经传集解》三十卷,是《左传》注解流传至今最早的一种,收入《十三经注疏》中,至今仍有重要的学术价值。据《隋书·经籍志》记载,杜预的书保留到唐世的,还有《春秋左氏传音》三卷,《春秋左氏传评》二卷,《春秋释例》十五卷,《律本》二十卷,《杂律》七卷,《丧服要集》二卷,《女记》十卷以及他的文集十八卷。另有《春秋长历》和《善文》五十卷等。

在杜预著述当中,与礼学相关的主要有《丧服要集》二卷,《隋书·经籍志》有记载,朱彝尊《经义考》云佚,马国翰从《北堂书钞》《初学记》《通典》等著作当中辑佚出了一部分,收入《玉函山房辑佚书》当中。

2. 刘智

刘智,字子房,西晋高唐(今属山东聊城)人,官至侍中尚书。刘智出身贫苦,年少之时常常靠砍柴卖薪度日,性喜读书,素有儒行,因此为乡里敬重。刘智深明经学,在三礼学方面,著有《丧服释疑》二十卷,《隋书·经籍志》著录,朱彝尊《经义考》云佚。丁国钧的《补晋书艺文志》有记载。刘氏此书现已亡佚不存,王谟、马国翰等学者有辑佚本,分别收录在《汉魏遗书钞》《玉函山房辑佚书》中。

3. 贺循

贺循(260—319 年),字彦先。会稽山阴(今浙江绍兴)人。东吴中书令贺邵之子。善属文,博览群籍。与纪瞻、闵鸿、顾荣、薛兼等齐名,号为"五俊"。建武初,拜太常。朝廷疑滞皆询之,循辄依经礼而对。卒,追封司空,谥号穆。

贺循的礼学著作有《丧服要记》六卷、《丧服谱》一卷、《葬礼》一卷,今皆亡佚不存。马国翰等有辑本传世。贺氏的礼学研究主要有以下几个特点:

一是善于择取众家之长,从前贤往哲和同时代学者的著述当中汲取营养。据典籍记载,会稽贺氏源出庆氏,为庆普之后代。庆普是汉代著作礼学大师,创立庆氏礼学。东汉贺纯以及贺循之父贺邵皆以儒学闻名,贺循自幼当多受传统家学——庆氏礼学影响。不仅如此,贺循还广泛地向前贤学习,兼采众家之长。从今存佚文来看,贺循礼学亦受郑玄和王肃二人礼经学说的影响,诚如马国翰《贺氏丧服要记序》所云:"郑康成作《丧服谱》,循亦作《谱》;王肃作《丧服要记》,循亦作《要记》,其书似参用郑、王而酌其中。"①自汉末以来,郑学与王学盛行,学者多宗之,贺循受二者的影响势所必然。此外,从贺循著作中遗留下来的只言片语当中可以考见,贺循同样也受到了马融、射慈等人礼经研究成说的影响。例如,关于庶母之服,贺循依从的便是马融的观点:"庶母,士父之妾也,服缌麻。大夫以上无服。按:马融引《丧服》云:'大夫以上庶母无服'。"②正是建立在这种创造性地借鉴往哲时贤众多研究成说的融通视野基础上,贺循的丧服制度研究得以超越前人,自成一家之言。

二是在具体的丧服规制诠释中,贺循沿袭了前贤"以情解礼"的诠释方法,从而使得枯燥的丧服条文变得有情有义,更易让人接受。刘宋时庾蔚之曾为贺循《丧服要记》作注,评点贺氏之诠释特点说:"昔贺循以为,夫服缘情而制,故情降而服轻,既虞,哀心有杀,是故以细代粗,以齐代斩耳。"③此虽言的是五服变除,但可以代表贺循"以情解礼"的礼学特点。例如,贺氏论及"为后服"的议题时说:"礼有节权,恩义相顾,为所生无绝道,其余皆宜权制也","初出情亲,故不夺其亲而与其降;承出之后,义渐轻疏而绝其恩。绝其恩者以一其心,其心一则所后亲,所后亲则祭祀敬,祭祀敬则宗庙严,宗庙严则社稷重,重社稷以尊百姓,齐一身以肃家道:此殆圣人之意也。"④等等。诸如此类完全从人情的角度解释出后子为本亲服丧问题的情况,《通典》中援引贺循情礼并重的例子颇为普遍,体现出鲜明的时代特征和人性化色彩。

三是重视"五服"规制的开放性与发展权变特征,既强调严守古礼的经典

---

① (清)马国翰辑:《玉函山房辑佚书》,载《续修四库全书》第 1201 册,上海古籍出版社 2003 年版,第 625 页。

② (唐)杜佑:《通典》卷九二《礼五十二》,中华书局 1988 年版,第 2510 页。

③ (唐)杜佑:《通典》卷九六《礼五十六》,中华书局 1988 年版,第 2589 页。

④ (唐)杜佑:《通典》卷九六《礼五十六》,中华书局 1988 年版,第 2589 页。

性,使之有理有据,同时又主张要结合现实时代因素,讲究权变,因时制礼。例如,古有诸侯为君、臣为君服斩衰三年之制,而在贺循之时,群臣丧礼日渐宽松,东晋时甚至规定臣为君服斩衰,既葬而除。当时有人想要恢复旧制,贺循力加反对,声称"若当远迹三代,令复旧典,不依法令者,则侯之服贵贱一例,亦不得唯一人论"①。这一发展性的礼制嬗变观,得到了后来许多礼经学家的广泛认可。

(二) 东晋时期的《仪礼》学

东晋时期《仪礼》学的代表人物主要有陈铨、孔伦、范汪等人。

1. 陈铨

陈铨,晋人,生卒年及仕履不详。著有《丧服经传》一卷,《隋书·经籍志》有著录,朱彝尊《经义考》云佚,其书亡佚已久,清人马国翰据《通典》中引用的条目辑佚为《丧服经传陈氏注》一卷,收入《玉函山房辑佚书》中。王锷在《三礼研究论著提要》中说:"观其注,似喜攻康成之学者,大抵王肃学之徒,然立论亦有理有据。"②

2. 孔伦

孔伦,字敬序,晋会稽(今浙江绍兴)人。东晋时官至庐陵太守。有《集注丧服经传》一卷,《隋书·经籍志》《经典释文·序录》《新唐书·艺文志》著录,朱彝尊《经义考》云佚。孔伦是书乃集众家注解而成。清人马国翰从《经典释文》《通典》中辑得一卷,收入《玉函山房辑佚书》中。

3. 范汪

范汪(约308—372年),字玄平,南阳顺阳(今河南淅川)人。东晋大臣,医学家。《春秋穀梁传集解》作者范宁之父。曾任东阳太守,故称范东阳。在郡大兴学校,甚有惠政,迁中领军、本州大中正,官至安北将军、徐兖二州刺史,晚年屏居吴都。咸安二年(372年),卒于家,时年六十五,赠散骑常侍,谥号为穆。范汪在经学史上享有盛誉。

范汪虽善清谈,但他在东阳太守任内"大兴学校,甚有惠政"③。在礼学

---

① (唐)房玄龄等:《晋书》卷七八《丁潭传》,中华书局1974年版,第2064页。

② 王锷:《三礼研究论著提要》(增补本),甘肃教育出版社2007年版,第138页。

③ (唐)房玄龄等:《晋书》卷七五《范汪传》,中华书局1974年版,第1983页。

方面很是精湛,《通典》载其议丧礼之文甚多。有文集十卷。《全晋文》收录有《在东阳郡表瑞》《请严诏谕庾翼还镇疏》《为旧君服议》《与王彪之书》《与江惇书》《答高崧问》《答高崧访》《祭典》《棋品》等奏疏及作品。据《隋书·经籍志》记载,范汪著有《祭典》三卷,原书久佚不存,马国翰从《北堂书钞》《初学记》等类书当中辑佚出了一部分,收入其《玉函山房辑佚书》当中。《通典》中记载了很多范汪论礼的条目,可以看出范汪在礼学方面的造诣。

受范汪影响,其子范宁撰《春秋穀梁传集解》之时,多引用三礼内容诠释《穀梁传》,特别是对其中某些语焉不详之处,依据三礼的礼制记载对其进行解释和补充。

第四节　三国两晋时期的《礼记》学

一、三国两晋时期《礼记》学概述

西汉礼学博士戴德、戴圣分别从古代流传下来的众多礼学文献中选择若干篇章,编纂成大、小戴《礼记》,作为讲授《仪礼》的辅助、参考资料。《小戴礼记》就是传世的《礼记》四十九篇。

不过需要注意的是,《礼记》在西汉晚期可能流传不广,并未被大多数人所熟知。如西汉元帝议论皇家宗庙礼制改革时,丞相韦玄成等为支持罢弃郡国庙,而引用《春秋》之文为据:"《春秋》之义,父不祭于支庶之宅,君不祭于臣仆之家,王不祭于下土诸侯。"[1]语义相似者之礼文,分别见于今本《礼记》之《郊特牲》《丧服小记》篇[2]。但韦玄成等人称之为《春秋》,而非《礼记》。韦玄成等人援引所谓"《祭义》曰:'王者禘其祖自出,以其祖配之,而立四庙'"之文,[3]亦非今本《礼记·祭义》之文,而是载于今本《礼记》

---

①　(汉)班固:《汉书》卷七三《韦玄成传》,中华书局 1962 年版,第 3117 页。

②　(唐)孔颖达《礼记正义》卷二五《郊特牲》:"诸侯不敢祖天子,大夫不敢祖诸侯。而公庙之设于私家,非礼也,由三桓始也。"《礼记正义》卷三二《丧服小记》:"庶子不祭祖者,明其宗也。……庶子不祭祢者,明其宗也。"载《十三经注疏》,中华书局 1980 年影印版,第 1448、1495—1496 页。

③　(汉)班固:《汉书》卷七三《韦玄成传》,中华书局 1962 年版,第 3118 页。

之《大传》《丧服小记》篇中。① 这表明,此时《礼记》影响并不大,传播也不广泛,韦玄成等人尚未得见,故或援引《春秋》有关佚文证实其说,或另标名目。

《礼记》虽然成书较晚,且本来不在经典之列,但由于它内容丰富,且较全面系统地阐释了儒家政治思想和伦理思想,因而很快便引起了学者们的重视。据姚振宗《后汉艺文志》统计,整个两汉时期共有三家六部有关《仪礼》学的研究著述,而有关《礼记》学的研究著述却达到了九家十一部,远远超过了有关《仪礼》学研究著作的数量。

自东汉末年郑玄为《周礼》《仪礼》《礼记》作注,《礼记》逐渐与《周礼》《仪礼》鼎足而立,合称为"三礼"。东汉以降,儒者研读、训释、传授《礼记》者,日渐增多。三国曹魏时,《礼记》甚至升格为经,取得了与《仪礼》分庭抗礼的地位,王肃所撰《礼记注》首次被列于学官、设博士。当时的帝王也多有研习《礼记》者,如曹魏皇帝曹髦于甘露元年(256年)四月幸太学。令诸儒讲《易》《尚书》《礼记》三经,且与各经博士辩论有关学术问题。他与《礼记》博士马照曾围绕《礼记》有关经文进行的讨论、辩难,显示出其对《礼记》的娴熟和掌握。蜀汉皇帝刘备在临终前叮嘱刘禅曰:"可读《汉书》《礼记》,闲暇历观诸子及《六韬》《商君书》,益人意智。"②

两晋时期,统治者多研习《礼记》,并把《礼记》作为教育后嗣的教材:"(正始七年)冬十二月,讲《礼记》通。"③"太康三年,讲《礼记》通。"④西晋武帝司马炎、东晋元帝司马睿大力提倡经学,《礼记》也备受重视。东晋时期,《礼记》地位甚至超过《仪礼》。当时大臣在讨论礼制时,也经常征引《礼记》作为权威依据。

魏晋时期,历代儒者对《礼记》的诠释、研究,仅就数量而言,较之两汉时

---

① 按:本段文字中的"其祖自出"四字,(唐)孔颖达《礼记正义》卷三二《丧服小记》、卷三四《大传》均作"其祖之所自出"。《礼记正义》卷三四《大传》无"而立四庙"四字。载《十三经注疏》,中华书局1980年影印版,第1495、1506页。

② (晋)陈寿:《三国志》卷三二《先主传》,中华书局1959年版,第891页。

③ (晋)陈寿:《三国志》卷四《三少帝纪》,中华书局1959年版,第121页。

④ (唐)房玄龄等:《晋书》卷一九《礼志上》,中华书局1974年版,第599页。

期,也有明显增加。如通注《礼记》的有王肃《礼记注》三十卷、孙炎《礼记注》三十卷、郑小同《礼义》四卷、杜宽《删集礼记》四卷、射慈《礼记音义隐》一卷、司马彪《礼记注》、王懋约注《礼记宁朔新书》二十卷、王长文《约礼记》十篇、淳于纂《礼记注》、曹述初《礼记注》、刘世明《礼记注》等,共计十一部,九十九余卷(篇)。

此外,魏晋时期的儒者还开始注重对《礼记》字词读音的研究。较之两汉时期唯有郑玄撰有一卷《礼记音》而言,魏晋时期,儒者撰写的《礼记音》数量显著增加。据文献记载,王肃、蔡谟、曹耽、孙毓、尹毅、李轨、范宣、徐邈、缪炳、谢桢、刘昌宗各撰有《礼记音》,共计二十二卷。

二、三国时期《礼记》博士的设立

三国时期,《礼记》(《小戴礼记》)立于学官,设博士,是《礼记》学史上的一件大事,标志着《礼记》(《小戴礼记》)得到官方的承认,正式成为儒家经典。

由于东汉末年军阀长期割据混战,战乱频仍,使东汉原有的文化机构和文教制度基本上被破坏殆尽,大量文献典籍毁于兵燹,作为国家最高教育学府的太学,也被迫解散关闭。直到黄初五年(224年),曹丕称帝五年后,才诏令重新恢复太学,设置诸经博士。《三国志》卷二《文帝纪》曰:

> (黄初)五年……夏四月,立太学,制五经课试之法,置《春秋榖梁》博士。[①]

裴松之注《三国志》卷一三《王肃传》引鱼豢《魏略》记载:

> 从初平之元至建安之末,天下分崩,人怀苟且,纲纪既衰,儒道尤甚。至黄初元年之后,新主乃复,始扫除太学之灰炭,补旧石碑之缺坏,备博士之员录,依汉甲乙以考课。申告州郡,有欲学者,皆遣诣太学。太学始开,有弟子数百人。[②]

根据上述记载,可知曹魏于文帝黄初五年(224年)立太学、设博士。此时

---

① (晋)陈寿:《三国志》卷二《文帝纪》,中华书局1959年版,第84页。
② (晋)陈寿:《三国志》卷一三《王肃传》,中华书局1959年版,第420页。

设立的博士之中,是否包括《礼记》博士? 史籍记载阙如,难以遽断。

《晋书·百官志》记载:"晋初从魏制,置博士十九人。"①《宋书·百官志上》也记载:"汉武建元五年,初置五经博士。宣、成之世,五经家稍增,经置博士一人。至东京凡十四人。……魏及晋西朝置十九人,江左初减为九人,皆不知掌何经。"②《晋书》与《宋书》均谓曹魏时设置十九个博士,但未言这十九个博士分属何经,不知其中是否有《礼记》博士。《三国志·王肃传》记载:"(王肃)采会同异,为《尚书》、《诗》、《论语》、三《礼》、《左氏解》,及撰定父朗所作《易传》,皆列于学官。"③由此可知,至迟在魏明帝、魏少帝曹芳时,曹魏设置的十九名博士中,有王肃的三礼学博士,则其中无疑当有王肃的《礼记》学博士。

《晋书》卷七五《荀崧传》曰:"世祖武皇帝应运登禅,崇儒兴学。经始明堂,营建辟雍。……太学有石经古文先儒典训。贾、马、郑、杜、服、孔、王、何、颜、尹之徒,章句传注众家之学,置博士十九人。九州之中,师徒相传,学士如林。"④王国维据此认为:"《易》有郑氏、王氏,《书》有贾、马、郑、王氏,《诗》及《三礼》郑氏、王氏,《春秋左传》服氏、王氏,《公羊》颜氏、何氏,《穀梁》尹氏,适得十九家,与博士十九人之数相当。"⑤

由此可见,曹魏时,郑玄和王肃的《礼记》学都曾被列于学官。这标志着《礼记》从曹魏时期开始,正式被最高统治者"钦定"为儒家经典,开启了《礼记》儒家经典化的历程。

三国时期,不仅曹魏设置《礼记》博士,而且蜀汉也可能设置《周礼》博士。《三国志·许慈传》记载:"许慈……师事刘熙,善郑氏学,治《易》《尚书》《三礼》《毛诗》《论语》。建安中,与许靖等俱自交州入蜀。……先主定蜀,承丧乱历纪,学业衰废,乃鸠合典籍,沙汰众学,慈、潜并为学士,与孟光、来敏等典掌旧文。"⑥《三国志·先主传》记载,建安二十六年(220

① (唐)房玄龄等:《晋书》卷二四《职官志》,中华书局1974年版,第736页。
② (南朝)沈约:《宋书》卷三九《百官志上》,中华书局1974年版,第1228页。
③ (晋)陈寿:《三国志》卷一三《王肃传》,中华书局1959年版,第419页。
④ (唐)房玄龄等:《晋书》卷七五《荀崧传》,中华书局1974年版,第1978页。
⑤ 王国维:《观堂集林》第一册,中华书局1959年版,第190页。
⑥ (晋)陈寿:《三国志》卷四三《许慈传》,中华书局1959年版,第1022—1023页。

年），曹丕称帝，改元黄初。消息传到蜀国，太傅许靖、安汉将军麋竺、军师将军诸葛亮等上书请求刘备称帝建国。他们在上书中提到："臣等谨与博士许慈、议郎孟光，建立礼仪，择令辰，上尊号。"①综上所述，可知许慈确曾担任蜀汉博士，而且可以推断，蜀汉或许曾设立有包括《礼记》在内的三礼学博士。

此外，三国时期孙吴政权也建立了学官和博士制度。如裴松之《三国志注》引《翻别传》记述虞翻向孙权上书，批评郑玄说："伏见故征士北海郑玄所注《尚书》……甚违不知盖阙之义。于此数事，误莫大焉！宜命学官，定此三事。"②据此可知，孙吴也建有学官制度。

《三国志·三嗣主传》记载："（孙）休锐意于典籍，欲毕览百家之言，尤好射雉。春夏之闲常晨出夜还，唯此时舍书，休欲与博士祭酒韦曜（昭）、博士盛冲讲论道艺。"③这里记载韦曜为"博士祭酒"，盛冲为"博士"。又《三国志·韦曜传》记载："孙休践阼，为中书郎，博士祭酒。"④此处也记载韦曜为"博士祭酒"。由此可知，孙吴确实建立起了博士制度。但由于记载简略，难以判断孙吴是否设置有《礼记》学博士。

总之，三国时期曹魏、蜀汉《礼记》学博士的设立，是《礼记》学发展史上的重大事件，从此，《礼记》学正式确立了官学的学术地位，获得了进一步发展的政治保证。

三、王肃《礼记注》

王肃《礼记注》虽在历代正史中的《经籍志》《艺文志》等文献中均有记载，然原书早已散佚，若干注释因被后人征引，而散载于有关文献中。直至清代，余萧客、马国翰始相继广搜博稽。其中，尤以马国翰所辑最为系统、全面。马国翰将辑文分为上、下二卷，189 条，冠以《礼记王氏注》名，收录于《玉函山房辑佚书·经编·礼记类》中。

---

① （晋）陈寿：《三国志》卷三二《先主传》，中华书局 1959 年版，第 889 页。
② （晋）陈寿：《三国志》卷五七《虞翻传》，中华书局 1959 年版，第 1323 页。
③ （晋）陈寿：《三国志》卷四八《三嗣主传》，中华书局 1959 年版，1159 页。
④ （晋）陈寿：《三国志》卷六五《韦曜传》，中华书局 1959 年版，第 1462 页。

（一）现存王肃《礼记注》的源出

大概在唐朝后期，大概在杜佑撰成《通典》后，王肃《礼记注》就逐渐散佚了。之所以作出这一推断，主要原因在于，在魏晋至隋唐时期陆续成书，征引王肃《礼记注》数量不等的诸文献中，大多征引皆可视为现存王肃《礼记注》文的"源出文献"。而自杜佑《通典》之后，除宋儒卫湜《礼记集说》征引1条王肃《礼记注》文，为此前其他"源出文献"所无者外，其他宋元明清时期成书的文献，对王肃《礼记注》的征引，基本不出"源出文献"所引。由此可知，大概自杜佑撰成《通典》后，王肃《礼记注》或许就逐渐散佚了。零纸片言可能流传到宋代，而被卫湜目见征引。宋代以后，王肃《礼记注》原书可能就完全绝迹于世了。有赖于魏晋至隋唐时期若干"源出文献"的征引，部分注文得以存世流传。

这些"源出文献"中，成书最早的，当为西晋张华所撰《博物志》。该书征引了王肃《礼记注》中驳斥《礼记·檀弓上》撰者虚构孔子不知父亲墓穴所在之事为虚妄1条注文。其次，当为南朝宋儒者裴骃所撰《史记集解》。裴骃在注释《史记·乐书》时，对《史记·乐书》抄录的《礼记·乐记》部分经文进行注释时，征引了王肃《礼记注》65条注文。此后，南北朝和隋唐时期征引王肃《礼记注》的"源出文献"主要有如下几种：南朝梁沈约《宋书》（4条）、萧子显《南齐书》（1条）、刘昭《续汉书·志》注（2条）、北齐魏收《魏书》（6条）、唐魏徵等《隋书》（2条）、陆德明《经典释文》（26条）、孔颖达《礼记正义》（57条）、司马贞《史记索隐》（1条）、杜佑《通典》（25条）、宋卫湜《礼记集说》（1条）。

（二）现存王肃《礼记注》的类型、内容

现存王肃《礼记注》中，包括字词音读6条，陈述《礼记·月令》作者1条，批驳《礼记》经文记载虚妄不实1条，文本校勘18条，句读2条，字词句释义174条。

1. 字词音读

任何一部文献，无论读者是博学鸿儒，还是布衣百姓，都难免读不出，或读不准其中若干生僻字、多音字的读音。因此，古代的典籍注释者，往往花费一定的时间和精力，对典籍中若干难读字词，标明其音读。汉代儒者通用的标音方法，主要有"读如""读若"等，即用一人们熟知的字，来标注读音相同的某一生僻字。三国曹魏时起，学者们逐渐使用"反切"法，即以两个字的读音，取前一个字的声母及后一个字的韵母，来拼出某一生僻字的读音。

就现存王肃《礼记注》而言,不难看出,王肃在注释《礼记》时,也比较普遍地使用了这两种标音方法。如他在注释《礼记·曲礼上》"敖不可长"时,对其中的"敖""长",分别标音为"五高反""直良反"。① 而对《礼记·曲礼下》"梁曰芗萁"句中的"萁"字的读音,则沿用汉代儒者常用的标音方法,曰"音期"。②

2. 陈述篇章作者

《礼记》是由孔子后学撰作,成书于众人之手,因而其作者,自然并非一时一人。由于后人都判定《礼记》的作者既不是周公,也不是孔子这样的圣贤名哲,因而其权威性也大打折扣,以至于西汉中期戴圣辑成此书后,很长时间内都乏人问津,引用其中文字以为权威依据者也寥寥无几。

即便如此,自汉代起,有的儒者就开始着手对《礼记》中的某些篇章的作者进行了考证。王肃之前,主要有东汉卢植提出《王制》是汉文帝令博士所作说和郑玄所提出的"秦汉之际人所撰说"。郑玄认为:"《王制》之作,盖在秦汉之际。知者,案下文云:'有正听之。'郑云:'汉有正平,承秦所置。'又有'古者以周尺'之言,'今以周尺'之语,则知是周亡之后也。秦昭王亡周,故郑答临硕云:'孟子当赧王之际,《王制》之作,复在其后。'卢植云:'汉孝文皇帝令博士诸生作此《王制》之书。'"③郑玄还判定《中庸》是孔子的孙子子思所撰:"孔子之孙子思作之,以昭明圣祖之德也。"④

现存王肃《礼记注》中,王肃对《月令》的作者问题提出了自己的观点。他认为《月令》为"周公所作"⑤。这与郑玄所持吕不韦所撰说,恰恰立异。他说:"按郑《目录》云:'名曰《月令》者,以其记十二月政之所行也,本《吕氏春秋·十二月纪》之首章也,以礼家好事抄合之,后人因题之名曰《礼记》,言周

---

① (唐)孔颖达:《礼记正义》卷一《曲礼上》释文,载《十三经注疏》,中华书局1980年影印版,第1230页。

② (唐)孔颖达:《礼记正义》卷五《曲礼下》释文,载《十三经注疏》,中华书局1980年影印版,第1269页。

③ (唐)孔颖达:《礼记正义》卷一一《王制》孔疏,载《十三经注疏》,中华书局1980年影印版,第1321页。

④ (唐)孔颖达:《礼记正义》卷五二《中庸》篇题下释文,载《十三经注疏》,中华书局1980年影印版,第1625页。

⑤ (唐)孔颖达:《礼记正义》卷一四《月令》释文,载《十三经注疏》,中华书局1980年影印版,第1352页。

公所作,其中官名、时事多不合周法。'"①

当然,王肃等人并不是毫无依据地凭空提出《月令》是周公所撰的观点。孔颖达在《礼记·月令》疏中所驳斥的《月令》系周代人所撰的诸论据,下面这条或许就是王肃之说:

> 然按秦始皇十二年吕不韦死,十六年并天下,然后以十月为岁首,岁首用十月时,不韦已死十五年,而不韦不得以十月为正。又云《周书》先有《月令》,何得云不韦所造? 又秦并天下立郡,何得云诸侯? 又秦以好兵杀害,毒被天下,何能布德施惠,春不兴兵?②

孔颖达胪列四条证据,对上述说法予以驳斥说:

> 今且申郑旨释之。按吕不韦集诸儒士,著为《十二月纪》,合十余万言,名为《吕氏春秋》,篇首皆有《月令》,与此文同,是一证也。又周无大尉,唯秦官有大尉,而此《月令》云"乃命大尉",此是官名不合周法,二证也。又秦以十月建亥为岁首,而《月令》云"为来岁授朔日",即是九月为岁终,十月为授朔,此是时不合周法,三证也。又周有六冕,郊天、迎气则用大裘,乘玉辂,建大常日月之章,而《月令》服饰车旗并依时色,此是事不合周法,四证也。……郑必谓不韦作者,以《吕氏春秋·十二月纪》正与此同,不过三五字别,且不韦集诸儒所作,为一代大典,亦采择善言之事,遵立旧章,但秦自不能依行,何怪不韦所作也? 又秦为水位,其来已久,秦文公获黑龙,以为水瑞,何怪未平天下前不以十月为岁首乎!③

3. 批驳经文虚妄

《礼记·檀弓上》曰:"孔子少孤,不知其墓。殡于五父之衢……问于郰曼父之母,然后得合葬于防。"④意思是说,孔子三岁,年幼懵懂无知,父亲就去世

---

① (唐)孔颖达:《礼记正义》卷一四《月令》孔疏,载《十三经注疏》,中华书局1980年影印版,第1352页。

② (唐)孔颖达:《礼记正义》卷一四《月令》孔疏,载《十三经注疏》,中华书局1980年影印版,第1352页。

③ (唐)孔颖达:《礼记正义》卷一四《月令》孔疏,载《十三经注疏》,中华书局1980年影印版,第1352页。

④ (唐)孔颖达:《礼记正义》卷六《檀弓上》,载《十三经注疏》,中华书局1980年影印版,第1275页。

了,孔子是由母亲颜徵在抚养成人的。后来,孔子的母亲去世了。孔子想将父母合葬在一起,却又不知道父亲葬在何处,于是将母亲的棺柩殡于一条叫作"五父"的路上。这一严重违背丧葬礼仪(按照丧葬礼仪,死者应殡于堂下,详见《仪礼·士丧礼》)的行为,自然引起了人们的关注、询问。后来,有人将孔子父亲的墓地告知孔子,孔子才将父母合葬于"防"地。

如果说父亲去世时,孔子年幼无知,不知道父亲葬在何处。那么,他长大懂事后,为何不询问母亲呢? 或者说,孔子的母亲又为何不告诉儿子,丈夫葬所何在呢? 对这些种种看似不合情理之事,郑玄给出的解释是:"孔子之父郰叔梁纥与颜氏之女徵在野合而生孔子,徵在耻焉,不告。"[1]也就是说,郑玄认为,孔子父母的结合,没有遵循婚姻有关礼仪,而是所谓"野合"而成。孔子的母亲为此感到羞耻,因此不愿意告诉孔子他的父亲葬处何在。

面对圣人如此"不堪"之事,后世儒者百般辩说,为之开脱,以免圣德有玷。如孔颖达就辩解说:

> 故注言"野合",不备于礼也……非谓草野而合也。但徵在耻其与夫不备礼为妻,见孔子知礼,故不告。言"不知其墓"者,谓不委曲适知柩之所在,不是全不知墓之去处。其或出辞入告,总望本处而拜。今将欲合葬,须正知处所,故云"不知其墓"。今古不知墓处,于事大有,而讲者喧喧,竟为异说,恐非经记之旨。[2]

与众多儒者百般为孔子"遮羞"辩解不同的是,颇有怀疑精神、敢质疑"权威"且喜与"权威"一竞优劣的王肃干脆了当地说:"无此事,注《记》者谬。"[3]他在《圣证论》中,阐述了自己如此判断的理由:"圣人而不知其父死之与生,生不求养,死不奉祭,斯不然矣。"[4]

---

① (唐)孔颖达:《礼记正义》卷六《檀弓上》郑注,载《十三经注疏》,中华书局1980年影印版,第1275页。

② (唐)孔颖达:《礼记正义》卷六《檀弓上》孔疏,载《十三经注疏》,中华书局1980年影印版,第1275页。

③ (清)马国翰辑:《玉函山房辑佚书》卷二四《礼记王氏注上》,载《续修四库全书》第1201册,上海古籍出版社2003年版,第686页。

④ (唐)杜佑撰,王文锦等点校:《通典》卷一〇三《礼六十三》,中华书局1988年版,第2705页。

王肃这种动辄疑古、疑经的行径,自然也遭到了后世诸多儒者的抨击。孔颖达就指斥王肃曰:

> 今郑云……于《家语》文义亦无殊,何者? 七十之男始取徵在,灼然不能备礼,亦名野合。又徵在幼少之女而嫁七十之夫,是以羞惭,不能告子。……又与《撰考》之文祷尼丘山而生孔子,于野合之说,亦义理无妨,郑与《家语》、《史记》并悉符同。王肃妄生疑难,于义非也。①

4. 文本校勘

王肃在研读、注释《礼记》时,对以往流传下来的各种《礼记》写本,当进行过一定程度的文字校勘。因而,形成了与流传至今的《礼记》文本(以下简称"今本")、郑玄《礼记》写本(以下简称"郑本")等《礼记》传世文本有同有异的《礼记》写本(以下简称"王本")。诸本之间的歧异,下2-1表所示:

表2-1　今本、郑本、王本《礼记》文本异同比较

篇名	今本	郑本	王本
《曲礼上》	"席间函丈。"②	同今本③	"席间函杖。"④
	"则必践之。"	"则必善之。"⑤	同今本⑥
《檀弓上》	"主人既祖,填池。"⑦	"主人既祖,奠彻。"⑧	同今本

---

① (唐)孔颖达:《礼记正义》卷六《檀弓上》孔疏,载《十三经注疏》,中华书局1980年影印版,第1275页。

② (唐)孔颖达:《礼记正义》卷二《曲礼上》,载《十三经注疏》,中华书局1980年影印版,第1239页。

③ (唐)孔颖达《礼记正义》卷二《曲礼上》郑注:"丈或为杖。"载《十三经注疏》,中华书局1980年影印版,第1239页。

④ (唐)孔颖达《礼记正义》卷二《曲礼上》释文:"王肃作杖。"载《十三经注疏》,中华书局1980年影印版,第1239页。

⑤ (唐)孔颖达:《礼记正义》卷三《曲礼上》郑注:"'践'读曰'善',声之误也。"载《十三经注疏》,中华书局1980年影印版,第1252页。

⑥ (唐)孔颖达:《礼记正义》卷三《曲礼上》释文:"践……王如字。"载《十三经注疏》,中华书局1980年影印版,第1252页。

⑦ (唐)孔颖达:《礼记正义》卷七《檀弓上》,载《十三经注疏》,中华书局1980年影印版,第1285页。

⑧ (唐)孔颖达:《礼记正义》卷七《檀弓上》郑注:"填池,当为'奠彻',声之误也。"载《十三经注疏》,中华书局1980年影印版,第1285页。

篇名	今本	郑本	王本
《檀弓下》	"人喜则斯陶,陶斯咏,咏斯犹,犹斯舞,舞斯愠,愠斯戚,戚斯叹,叹斯辟,辟斯踊矣。"①	同今本 "人喜则斯陶,陶斯咏,咏斯摇,犹斯舞,愠斯戚,戚斯叹,叹斯辟,辟斯踊矣。"② "人喜则斯陶,陶斯咏,咏斯摇,犹斯舞,舞斯蹈,蹈斯愠,愠斯戚,戚斯叹,叹斯辟,辟斯踊矣。"③	"人喜则斯循,循斯陶,陶斯咏,咏斯犹,犹斯舞,舞斯愠,愠斯戚,戚斯叹,叹斯辟,辟斯踊矣。"④
《王制》	"乱名改作。"⑤	同今本	"循名改作。"⑥
《礼器》	"周礼其犹醵与?"⑦	同今本	"周礼其犹遽与?"⑧
《玉藻》	"二爵而言言斯,礼已三爵而油油。"⑨	同今本	"二爵而言,言斯礼,三爵而油。"⑩

---

① (唐)孔颖达:《礼记正义》卷九《檀弓下》,载《十三经注疏》,中华书局1980年影印版,第1304页。

② (唐)孔颖达《礼记正义》卷九《檀弓下》孔疏:"而郑诸本亦有无'舞斯愠'一句者。"载《十三经注疏》,中华书局1980年影印版,第1304页。

③ (唐)孔颖达《礼记正义》卷九《檀弓下》孔疏:"而郑又一本云:'舞斯蹈,蹈斯愠',益于一句,凡有十句,当是后人所加耳,亦不得对。"载《十三经注疏》,中华书局1980年影印版,第1304—1305页。

④ (唐)孔颖达《礼记正义》卷九《檀弓下》孔疏:"王《礼》本又长云'人喜则斯循,循斯陶'。"载《十三经注疏》,中华书局1980年影印版,第1305页。

⑤ (唐)孔颖达:《礼记正义》卷一三《王制》,载《十三经注疏》,中华书局1980年影印版,第1344页。

⑥ (唐)孔颖达《礼记正义》卷一三《王制》释文:"'乱名'……王肃作'循名'。"载《十三经注疏》,中华书局1980年影印版,第1344页。

⑦ (唐)孔颖达:《礼记正义》卷二四《礼器》,载《十三经注疏》,中华书局1980年影印版,第1439页。

⑧ (唐)孔颖达《礼记正义》卷二四《礼器》孔疏:"醵……其王肃礼作'遽'。"载《十三经注疏》,中华书局1980年影印版,第1439页。

⑨ (唐)孔颖达:《礼记正义》卷二九《玉藻》,载《十三经注疏》,中华书局1980年影印版,第1476页。

⑩ (唐)孔颖达《礼记正义》卷二九《玉藻》释文:"王肃本亦作'二爵而言'……又云'言斯礼'……'三爵而油'……无'己'及下'油'字也。"载《十三经注疏》,中华书局1980年影印版,第1476页。

续表

篇名	今本	郑本	王本
《少仪》	"毋拔来，毋报往。"①	"毋拔来，毋赴往。"②	"毋校来，毋报往。"③
《乐记》	"石声磬。"④	"石声磬。"⑤	同今本
《丧大记》	"士葬用国车。"⑥	"士葬用辁车。"⑦	同今本
《祭法》	"相近于坎、坛，祭寒暑也。"⑧	"禳祈于坎、坛，祭寒暑也。"⑨	"祖迎于坎、坛，祭寒暑也。"⑩
	"幽宗，祭星也。雩宗，祭水旱也。"⑪	"幽禜，祭星也。雩禜，祭水旱也。"⑫	同今本

---

① （唐）孔颖达:《礼记正义》卷三五《少仪》,载《十三经注疏》,中华书局1980年影印版,第1512页。

② （唐）孔颖达:《礼记正义》卷三五《少仪》郑注:"报,读为赴疾之赴。拔、赴,皆疾也。"载《十三经注疏》,中华书局1980年影印版,第1512页。

③ （唐）孔颖达:《礼记正义》卷三五《少仪》释文:"拔……王本作校。"载《十三经注疏》,中华书局1980年影印版,第1512页。

④ （唐）孔颖达:《礼记正义》卷三九《乐记》,载《十三经注疏》,中华书局1980年影印版,第1541页。

⑤ （唐）孔颖达:《礼记正义》卷三九《乐记》郑注:"'磬'当为'磬',字之误也。"载《十三经注疏》,中华书局1980年影印版,第1541页。

⑥ （唐）孔颖达:《礼记正义》卷四五《丧大记》,载《十三经注疏》,中华书局1980年影印版,第1584页。

⑦ （唐）孔颖达:《礼记正义》卷四五《丧大记》郑注:"辁,字或作'团',是以文误为'国'。"载《十三经注疏》,中华书局1980年影印版,第1584页。

⑧ （唐）孔颖达:《礼记正义》卷四六《祭法》,载《十三经注疏》,中华书局1980年影印版,第1588页。

⑨ （唐）孔颖达:《礼记正义》卷四六《祭法》郑注:"相近,当为'禳祈',声之误也。"载《十三经注疏》,中华书局1980年影印版,第1588页。

⑩ （唐）孔颖达:《礼记正义》卷四六《祭法》释文:"'相近'……王肃作'祖迎'也。"载《十三经注疏》,中华书局1980年影印版,第1588页。

⑪ （唐）孔颖达:《礼记正义》卷四六《祭法》,载《十三经注疏》,中华书局1980年影印版,第1588页。

⑫ （唐）孔颖达:《礼记正义》卷四六《祭法》郑注:"'宗',皆当为'禜',字之误也。"载《十三经注疏》,中华书局1980年影印版,第1588页。

篇名	今本	郑本	王本
《祭义》	"济济者，容也，远也。"①	同今本	"济济者，客也，远也。"②
《哀公问》	"午其众以伐有道。"③	同今本	"迂其众以伐有道。"④
《中庸》	"小人之中庸也。"⑤	同今本	"小人之反中庸也。"⑥

一些写手在抄写经文、注文时，由于不懂或疏忽等因素，而易将注文羼入经文中。如《礼记·檀弓下》："夫入门右。"郑玄《注》曰："北面，辟正主。"⑦一些写手误将"北面"羼入经文中，而使此句经文变为"夫入门右，北面"。这种情形，直到唐代孔颖达撰作《礼记正义》时，尚较多见。故孔颖达曰："而《礼》本多将郑注'北面'为经文者。"⑧他检索"古旧本及卢、王《礼》"，发现上述诸本"亦无'北面'字"。⑨ 现有文献虽未有王肃明言及此问题的记载，但可以推测，王肃《礼记》写本之所以与当时诸多将"北面"羼入经文中的《礼记》写本不同，或与王肃精谨于校勘，有一定的关系。

5.句读

现存王肃《礼记注》中，有 2 条关于《礼记》经文句读的阐述。一是《礼

---

① （唐)孔颖达:《礼记正义》卷四七《祭义》,载《十三经注疏》,中华书局 1980 年影印版,第 1593 页。

② （唐)孔颖达《礼记正义》卷四七《祭义》孔疏:"其'容也,远也',王肃以'容'为'客'。"载《十三经注疏》,中华书局 1980 年影印版,第 1593 页。

③ （唐)孔颖达:《礼记正义》卷五〇《哀公问》,载《十三经注疏》,中华书局 1980 年影印版,第 1611 页。

④ （唐)孔颖达:《礼记正义》卷五〇《哀公问》释文:"'午'……王肃作'迂'。"载《十三经注疏》,中华书局 1980 年影印版,第 1611 页。

⑤ （唐)孔颖达:《礼记正义》卷五二《中庸》,载《十三经注疏》,中华书局 1980 年影印版,第 1625 页。

⑥ （唐)孔颖达:《礼记正义》卷五二《中庸》释文,载《十三经注疏》,中华书局 1980 年影印版,第 1625 页。

⑦ （唐)孔颖达:《礼记正义》卷九《檀弓下》,载《十三经注疏》,中华书局 1980 年影印版,第 1299 页。

⑧ （唐)孔颖达:《礼记正义》卷九《檀弓下》,载《十三经注疏》,中华书局 1980 年影印版,第 1300 页。

⑨ （唐)孔颖达:《礼记正义》卷九《檀弓下》,载《十三经注疏》,中华书局 1980 年影印版,第 1300 页。

记·檀弓上》：“子夏曰：‘圣人之葬人，与人之葬圣人也，子何观焉？’”①郑玄将此处的“与”字解释为“及”。依现代汉语词性划分，此处“与”字当为连词，与“和”同义。因此，孔颖达据郑玄注释，将此句翻译为：“子夏谓燕人云：若圣人葬人，及人葬圣人，皆用一礼，而子远来，何所观乎？”②意思是说，人去世后，即便由圣人司职丧葬礼仪，其礼节与圣人去世后，其他人司职圣人丧葬礼仪的礼节，是一模一样的，不会有什么差异。

王肃对此句的句读提出了异议。他认为，“与”字应该上读，至“与”字断句：

> “圣人葬人与”，属上句以言。若“圣人葬人与”，则人庶有异闻，得来观者；若人之葬圣人，与凡人何异，而子何观之？然公西赤为志，遍用三王礼，子夏谓葬圣人与凡人不异者，今谓圣凡相葬，礼仪不殊，而孔子葬异此，是贤葬圣师，别自表义，不施世为法，而子夏恐燕人学敩此礼，故悬而拒之，云其礼本应如一也。而下又述昔闻夫子见四封之异者，此处可共，是许燕人学之，故备陈其教，以赴远观之意。③

依王肃断句，“与”此处或当通“欤”，有疑问之意。意思是说，王肃认为，如果圣人司职丧礼，则与一般人司职的丧礼，或许会有所不同，值得像燕国等地的人长途跋涉，前来观礼。现在不过是凡人司职圣人的丧礼，则与一般丧葬礼仪无异，不值得自远方长途跋涉而来观礼。王肃认为，这不过是子夏的托词。孔子去世后，门下众多贤者为老师举行丧礼，“遍用三王礼”，自然与其他人司职的丧礼，礼节会有很大的不同。子夏之所以说“圣凡相葬，礼仪不殊”，婉拒燕国人前来观礼，是因为孔子的弟子们埋葬孔子的丧礼，“别自表义，不施世为法”，不宜成为世人效法、传承的礼节。

二是《礼记·乐记》：“六成复缀以崇，天子夹振之而驷伐。”④王肃认为：

---

① （唐）孔颖达：《礼记正义》卷八《檀弓上》，载《十三经注疏》，中华书局1980年影印版，第1292页。

② （唐）孔颖达：《礼记正义》卷八《檀弓上》，载《十三经注疏》，中华书局1980年影印版，第1292页。

③ （唐）孔颖达：《礼记正义》卷八《檀弓上》，载《十三经注疏》，中华书局1980年影印版，第1292页。

④ （唐）孔颖达：《礼记正义》卷三九《乐记》，载《十三经注疏》，中华书局1980年影印版，第1542页。

"天子"应属上句,即此句经文应作"六成复缀以崇天子,夹振之而驷伐",意思是"作乐六成,尊崇天子之德矣"①。他据《孔子家语》的有关记载,对郑玄句读、释义提出了质疑:"按《圣证论》王肃引《家语》而难郑云:'六成而复缀,以崇其为天子,此《家语》之文也。'"②

6.字词句释义

现存王肃《礼记注》中,对字词句的释义,是数量最多、占比最大的一种类型。据统计,王肃释《礼记》中释单字字义者38例,释词义者35例,释句义者110例。虽然对注家而言,是注释字,还是注释词或句义,主要应取决于经文的内容,以及注家判断应注释其中的单字,还是词或句的含义。如《礼记·曲礼上》:"敖不可长,欲不可从,志不可满,乐不可极。"③郑玄或许认为此四句中,没有字需要注释,故总释四句文义曰:"四者慢游之道,桀、纣所以自祸。"④王肃则为"敖"字标音,且释其义曰:"遨游也。"⑤但上述数据,毕竟能从一个侧面反映出注家注释儒经的侧重与习惯。其中,王肃尤着重《礼记》所载郊祀、宗庙、社稷、宗法、迎气、丧葬诸礼制的注释。

(三)郑玄、王肃《礼记注》异同比较

由于郑玄、王肃经学之争,是魏晋时期,乃至古代中国经学史上的一重大事件。因此,研究王肃《礼记注》,势难避免的一个问题是:郑玄、王肃《礼记注》的异同是什么?二人经注产生歧异的缘由又是什么?

1.郑玄、王肃《礼记注》歧异

(1)歧异类型

现存王肃《礼记注》187条注文中,因郑玄未注释相应经文,难以比较郑、

---

① (唐)孔颖达:《礼记正义》卷三九《乐记》,载《十三经注疏》,中华书局1980年影印版,第1542页。

② (唐)孔颖达:《礼记正义》卷三九《乐记》,载《十三经注疏》,中华书局1980年影印版,第1542页。

③ (唐)孔颖达:《礼记正义》卷一《曲礼上》,载《十三经注疏》,中华书局1980年影印版,第1230页。

④ (唐)孔颖达:《礼记正义》卷一《曲礼上》,载《十三经注疏》,中华书局1980年影印版,第1230页。

⑤ (唐)孔颖达:《礼记正义》卷一《曲礼上》释文所引,载《十三经注疏》,中华书局1980年影印版,第1230页。

王注异同者,有 21 条;因郑玄、王肃对同一经文注释字、词不同,而无法比较者,有 8 条;其余郑、王皆注,且存在歧异者,计 114 条。这些歧异可分为如下类型:

①文本歧异

中国古代传世文献在辗转抄印过程中,由于受主、客观等因素的影响,不可避免地会程度不等地存在诸如讹(即文字错误)、脱(脱文,也叫夺文,即漏略文字)、衍(由于抄写、印刷者的粗心而混入或重复,或者无知者的擅自补加而造成的多余的文字)、倒(即文字颠倒)、错乱(文字次序混乱)等现象,由此形成不同的文本。

马国翰认为,郑玄、王肃《礼记》文本多有歧异:"而注所用之礼本,又往往与郑本不同。"①郑、王《礼记》文本歧异者计 16 条。其中,郑玄《礼记》文本(以下简称"郑本")与今本《礼记》经文歧异者 7 条。如今本《礼记·曲礼上》:"则必践之。"②郑玄则认为"践"字应作"善"字。今本致误的原因,应是后人声误的结果:"'践'读曰'善',声之误也。"③今本《礼记·檀弓下》:"人喜则斯陶,陶斯咏,咏斯犹,犹斯舞,舞斯愠,愠斯戚,戚斯叹,叹斯辟,辟斯踊矣。"④孔颖达见到的郑本有两种不同的记载内容:"而郑诸本亦有无'舞斯愠'一句者。……而郑又一本云:'舞斯蹈,蹈斯愠',益于一句,凡有十句。"⑤对郑本增益者,孔颖达认为"当是后人所加耳,亦不得对"⑥。今本《乐记》:"石声磬。"⑦郑玄认为

①　(清)马国翰辑:《玉函山房辑佚书》卷二四《礼记王氏注上》,载《续修四库全书》第 1201 册,上海古籍出版社 2002 年版,第 684 页。

②　(唐)孔颖达:《礼记正义》卷三《曲礼上》,载《十三经注疏》,中华书局 1980 年影印版,第 1252 页。

③　(唐)孔颖达:《礼记正义》卷三《曲礼上》,载《十三经注疏》,中华书局 1980 年影印版,第 1252 页。

④　(唐)孔颖达:《礼记正义》卷九《檀弓下》,载《十三经注疏》,中华书局 1980 年影印版,第 1304 页。

⑤　(唐)孔颖达:《礼记正义》卷九《檀弓下》,载《十三经注疏》,中华书局 1980 年影印版,第 1304—1305 页。

⑥　(唐)孔颖达:《礼记正义》卷九《檀弓下》,载《十三经注疏》,中华书局 1980 年影印版,第 1304—1305 页。

⑦　(唐)孔颖达:《礼记正义》卷三九《乐记》,载《十三经注疏》,中华书局 1980 年影印版,第 1541 页。

"'磬'当为'罄',字之误也"。①

王肃《礼记》文本则与今本《礼记》经文歧异者 10 条。如今本《礼记·檀弓下》"人喜则斯陶",王本则作"人喜则斯循,循斯陶"。②

今本《礼记》经文与郑玄、王肃本《礼记》皆异者有 3 条,详见表 2-2:

表 2-2　今本、郑本、王本《礼记》文本皆异比较

篇名	今本	郑本	王本
《檀弓下》	"人喜则斯陶,陶斯咏,咏斯犹,犹斯舞,舞斯愠,愠斯戚,戚斯叹,叹斯辟,辟斯踊矣。"③	"人喜则斯陶,陶斯咏,咏斯摇,④犹斯舞,愠斯戚,戚斯叹,叹斯辟,辟斯踊矣。"⑤ "人喜则斯陶,陶斯咏,咏斯摇,犹斯舞,舞斯蹈,蹈斯愠,愠斯戚,戚斯叹,叹斯辟,辟斯踊矣。"⑥	"人喜则斯循,循斯陶,陶斯咏,咏斯犹,犹斯舞,舞斯愠,愠斯戚,戚斯叹,叹斯辟,辟斯踊矣。"⑦
《少仪》	"毋拔来,毋报往。"⑧	"毋拔来,毋赴往。"⑨	"毋校来,毋报往。"⑩

---

① (唐)孔颖达:《礼记正义》卷三九《乐记》,载《十三经注疏》,中华书局 1980 年影印版,第 1541 页。

② (唐)孔颖达:《礼记正义》卷九《檀弓下》,载《十三经注疏》,中华书局 1980 年影印版,第 1305 页。

③ (唐)孔颖达:《礼记正义》卷九《檀弓下》,载《十三经注疏》,中华书局 1980 年影印版,第 1304 页。

④ (唐)孔颖达《礼记正义》卷九《檀弓下》郑注:"'犹'当为'摇',声之误也。"载《十三经注疏》,中华书局 1980 年影印版,第 1304 页。

⑤ (唐)孔颖达:《礼记正义》卷九《檀弓下》,载《十三经注疏》,中华书局 1980 年影印版,第 1304 页。

⑥ (唐)孔颖达:《礼记正义》卷九《檀弓下》,载《十三经注疏》,中华书局 1980 年影印版,第 1304—1305 页。

⑦ (唐)孔颖达:《礼记正义》卷九《檀弓下》,载《十三经注疏》,中华书局 1980 年影印版,第 1305 页。

⑧ (唐)孔颖达:《礼记正义》卷三五《少仪》,载《十三经注疏》,中华书局 1980 年影印版,第 1512 页。

⑨ (唐)孔颖达《礼记正义》卷三五《少仪》郑注:"报,读为赴疾之赴。拔、赴,皆疾也。"载《十三经注疏》,中华书局 1980 年影印版,第 1512 页。

⑩ (唐)孔颖达《礼记正义》卷三五《少仪》释文:"拔……王本作校。"载《十三经注疏》,中华书局 1980 年影印版,第 1512 页。

篇名	今本	郑本	王本
《祭法》	"相近于坎、坛,祭寒暑也。"①	"禳祈于坎、坛,祭寒暑也。"②	"祖迎于坎、坛,祭寒暑也。"③

②句读歧异

王肃《礼记》文本中,有 2 条与郑玄《礼记》文本及今本句读不同。详见表2-3:

表 2-3　今本、郑本、王本《礼记》句读歧异比较

篇名	今本及郑本	王本
《檀弓上》	"子夏曰:'圣人之葬人,与人之葬圣人也,子何观焉?'"④	"子夏曰:'圣人之葬人与?人之葬圣人也,子何观焉?'"⑤
《乐记》	"六成复缀以崇,天子夹振之而驷伐。"⑥	"六成复缀以崇天子,夹振之而驷伐。"⑦

③释义歧异

此种类型的歧异是郑玄、王肃《礼记注》歧异中所占比重最大的一种,共计 88 条。其中,频频为魏晋迄明清时代学者征引、争辩,且屡屡对历代国家相关礼制及历代儒者影响至深至巨者,似以郑、王对《礼记》所载郊祀、宗庙、社

---

① (唐)孔颖达:《礼记正义》卷四六《祭法》,载《十三经注疏》,中华书局 1980 年影印版,第1588 页。

② (唐)孔颖达《礼记正义》卷四六《祭法》郑注:"相近,当为'禳祈',声之误也。"载《十三经注疏》,中华书局 1980 年影印版,第 1588 页。

③ (唐)孔颖达《礼记正义》卷四六《祭法》释文:"'相近'……王肃作'祖迎'也。"载《十三经注疏》,中华书局 1980 年影印版,第 1588 页。

④ (唐)孔颖达:《礼记正义》卷八《檀弓上》,载《十三经注疏》,中华书局 1980 年影印版,第1292 页。

⑤ (唐)孔颖达《礼记正义》卷八《檀弓上》孔疏引王肃:"'圣人葬人与',属上句以言。"载《十三经注疏》,中华书局 1980 年影印版,第 1292 页。

⑥ (唐)孔颖达:《礼记正义》卷三九《乐记》,载《十三经注疏》,中华书局 1980 年影印版,第1542 页。

⑦ (唐)孔颖达《礼记正义》卷三九《乐记》孔疏:"王肃读'天子'上属。"载《十三经注疏》,中华书局 1980 年影印版,第 1542 页。

稷、丧葬诸礼注释为最。

（2）歧异原因

导致郑玄、王肃《礼记注》歧异的原因何在？王肃坦言，他幼年曾学习过郑学："自肃成童，始志于学，而学郑氏学矣。"①他后来之所以与郑学分道扬镳，多与郑注违异，既是因郑注多有谬错，也是为发扬光大孔门圣学："是以夺而易之……乃慨然而叹曰：'予岂好难哉！予不得已也。圣人之门方壅不通，孔氏之路枳棘充焉，岂得不开而辟之哉！'"②因此，王肃仿效郑玄，遍注群经，与郑学立异："肃善贾、马之学，而不好郑氏，采会同异，为《尚书》《诗》《论语》《三礼》《左氏解》，及撰定父朗所作《易传》，皆列于学官。其所论驳朝廷典制、郊祀、宗庙、丧纪、轻重，凡百余篇。"③

不过，王肃的这番表白并未得到时人及后人的认可。王肃在世时，或已有人指责他之所以立异于郑玄，纯粹是为了标新立异："然世未明其款情，而谓其苟驳前师，以见异于人。"④唐代学者刘知几则认为，王肃务与郑玄立异，是为了表明自己比郑玄高明，以此方式曝郑玄之短："王肃注书，发扬郑短，凡有小失，皆在订证。"⑤

近代以来，中、外学者继续对郑、王经注立异问题予以深入探讨，提出了以下观点：今古文之争的继续⑥、古文经学内部的争斗⑦、王肃不甘居人下的性格⑧、王肃个人好恶⑨、曹魏与司马氏政争的反映⑩、学术师承及思想来源的

---

①　（三国）王肃注：《孔子家语·序》，载《四部丛刊初编》，上海商务印书馆 1919 年影印版，第 1 页。

②　（三国）王肃注：《孔子家语·序》，载《四部丛刊初编》，上海商务印书馆 1919 年影印版，第 1 页。

③　（晋）陈寿：《三国志》卷一三《王肃传》，中华书局 1959 年版，第 419 页。

④　（三国）王肃注：《孔子家语·序》，载《四部丛刊初编》，上海商务印书馆 1919 年影印版。

⑤　（唐）刘知几：《孝经老子注易传议》，载（宋）李昉等编：《文苑英华》卷七六六《议》，中华书局 1966 年版，第 4033 页。

⑥　（清）皮锡瑞著，周予同注释：《经学历史》，中华书局 2004 年版，第 103—106 页。

⑦　范文澜：《中国通史》，人民出版社 1978 年版，第 294 页。

⑧　[日]本田成之：《中国经学史》，上海书店出版社 2001 年版，第 174、175 页。

⑨　朱维铮编：《周予同经学史论著选集》（增订版），上海人民出版社 1996 年版，第 16 页。

⑩　方立天：《汉代经学与魏晋玄学——论我国前期封建社会中官方哲学的演变》，《哲学研究》1980 年第 3 期。

差异①、王肃意图追求优势的学术地位和声望②、改易汉魏典制③、为适应改朝换代而进行思想学术上的更新与变换④、经学自身清除谶纬、烦琐，经今古文继续融合的要求⑤、东汉魏晋时期社会思潮、学术风尚演变，以及郑学自身存在错误及不合情理之处、经文本义不明，有关记载存在含糊性和歧义性，各人理解有异⑥。

上述诸说，虽不乏真知灼见，但亦难免有似是而非、牵强附会者。如因西晋制度，尤其是礼制多采王肃说，加之王肃与司马懿联姻，肃女嫁司马昭，故后世学者多以为王肃注经及攻击郑学，或为曹氏皇室与司马氏争夺权力的体现，或是为政权更替进行思想学术上的准备。此二说似皆不确。据史书记载，王肃女出生于建安二十二年（217 年）。既笄，嫁于司马昭。据先秦古礼，女子年满 15 岁举行成年礼，谓之及笄、笄礼。史书虽未明确记载王肃女与司马昭成婚的确切年月，但据三国时期女子若无特殊原因，平均初婚年龄在 13 — 14 岁⑦，则王肃女大约在 15 岁，或稍晚几年的时间内与司马昭成婚，应无疑义。其时正值魏明帝太和、青龙年间，魏明帝注意强化皇权，防止权臣专擅。司马懿其时虽位高权重，或虽难免有觊觎皇权的野心与意图，但绝无攫取最高权力

---

① 参见龚杰：《简论汉魏的郑学与王学》，《人文杂志》1989 年第 1 期。龚杰：《简论郑学与王学的异同》，《孔子研究》1990 年第 2 期。郝虹：《王肃反郑是经今古文融合的继续》，《孔子研究》2003 年第 3 期。郝虹：《三重视角下的王肃反郑：学术史、思想史和知识史》，《史学月刊》2012 年第 4 期。

② 李振兴：《王肃之经学概述》，载王静芝等编：《经学论文集》，台北黎明文化事业股份有限公司 1981 年版，第 159 — 160 页。龚杰：《简论汉魏的郑学与王学》，《人文杂志》1989 年第 1 期。龚杰：《简论郑学与王学的异同》，《孔子研究》1990 年第 2 期。张轶：《试论魏晋时期"郑王之争"》，《周易文化研究》第 4 辑，社会科学文献出版社 2012 年版。

③ （清）陈澧著，杨志刚校点：《东塾读书记》，香港三联书店 1998 年版，第 285 页。

④ 张立文主编，向世陵著：《中国学术通史》（魏晋南北朝卷），人民出版社 2004 年版，第 391—392 页。李传军：《魏晋禅代与"郑王之争"——政权更迭与儒学因应关系的一个历史考察》，《孔子研究》2005 年第 2 期。王继训：《论汉末经学的反复：以郑玄、王肃为例》，《管子学刊》2007 年第 1 期。

⑤ 郝虹：《王肃反郑是经今古文融合的继续》，《孔子研究》2003 年第 3 期。

⑥ 郝虹：《三重视角下的王肃反郑：学术史、思想史和知识史》，《史学月刊》2012 年第 4 期。

⑦ 梁满仓：《论魏晋南北朝的早婚》，《历史教学问题》1990 年第 2 期。薛瑞泽则认为三国时期女子平均婚龄在 17 岁左右，参见薛瑞泽：《魏晋南北朝婚龄考》，《许昌师专学报》1993 年第 2 期。

之可能。王肃此时嫁女于司马昭，或许主要考虑的是门当户对问题，绝不可能是因王肃天赋神力，预见十余年后司马氏能攫取皇权而预先巴结。

魏明帝临终前，虽遗命曹爽、司马懿为辅政大臣，但至曹芳正始十年（249年）"高平陵政变"之前，司马懿父子受曹爽等排挤，虽在暗中积蓄力量，但绝不会给他人造成攫取皇权之感。直至"高平陵政变"，司马懿父子冒险一搏，侥幸成功，始逐渐将实权握于己手。在随后的排斥、剪除异己的过程中，弑君杀臣，无所不为。攫取皇权，已如箭在弦，势在必得，曹髦遂有"司马昭之心，路人所知也"之语。①《通典》卷四九《礼九》记载魏明帝太和四年、六年王肃与尊奉郑学者围绕禫祭与大祥祭同月异月、禘祫祭之异同而展开激烈辩难，表明其时王肃礼学的有关理论已基本形成。因而，前述二说皆不准确。概括来说，郑、王《礼记注》歧异的原因，大概主要有：

①《礼记》经文本义不明，存在含糊性和歧义性

此说郝虹已有探讨。其所举例证，即郑、王在丧葬礼仪问题上争议颇为激烈的祥、禫同月异月问题。② 这种现象在包括《礼记》在内的古代文献典籍诠释问题上确实并不罕见。由于经文作者对记载内容缺乏详细的说明，遂使后世学者争论纷纭。如前文论述之三代天子"七庙"问题，《礼记》明确记载这一制度的唯有《王制》《礼器》《祭法》三篇。其中，《礼器》篇仅载"天子七庙"四字，究竟何指，难以确知。唯《王制》《祭法》二篇虽记载"七庙"的组成形式，但却无详细说明。《礼记·王制》："天子七庙，三昭三穆，与大祖之庙而七。"③其中，"大祖之庙"并无疑义，系指天子宗族始祖之庙。"三昭三穆"究竟指哪六位祖先的宗庙？经无明文。众所周知，昭、穆是先秦时期出现的用以区别父子行辈的称谓，父为昭，子为穆，孙复为昭……如此循环往复。将其注释为在位天子高祖父以下四世"亲庙"，与因有卓越功德而世世不毁的二祖先庙固可，将其注释为在位天子六世祖以下六世"亲庙"，亦无不可。《祭法》虽

---

① （晋）陈寿：《三国志》卷四《三少帝纪》裴注引《汉晋春秋》，中华书局 1959 年版，第144 页。

② 郝虹：《三重视角下的王肃反郑：学术史、思想史和知识史》，《史学月刊》2012 年第 4 期。

③ （唐）孔颖达：《礼记正义》卷一二《王制》，载《十三经注疏》，中华书局 1980 年影印版，第1337 页。

明确记载"亲庙"为考庙、王考庙、皇考庙、显考庙,但其所载"远庙为祧,有二祧"①,不免引起后世儒者的争议。

②郑玄、王肃思想学术渊源的差异

郑、王之争现象之所以出现,大多数学者认为是东汉末年形成的荆州学派及其代表人物宋衷(忠)对王肃影响所致。庞朴则归因于虞翻,王葆玹、郝虹等则归因于东汉王充及其著作《论衡》等。上述诸说虽然无误,但就某礼仪名物制度而言,郑玄、王肃学说,似各有更久远的思想学术渊源。下文即以郑、王对"天子七庙"的诠释,对此略作诠说。

以往学界在引用中国古代儒者关于"天子七庙"礼制诠释时,多将"七庙"由一始祖庙、二因有功德而世世不毁之庙(亦谓之"祧庙")及在位天子高祖父、曾祖父、祖父、父亲四世"亲庙"组成视为郑玄首倡之说,而将"七庙"由一始祖庙、在位天子六世祖、五世祖、高祖父、曾祖父、祖父、父亲六世"亲庙"组成视为王肃首倡之说。究其实,二说皆各有更久远的思想学术渊源。

现有文献记载表明,"天子七庙"由一始祖庙、二"祧庙"及在位天子高祖父以下四世"亲庙"组成说,至迟在西汉宣帝时已成为当时儒学界的普遍共识。西汉宣帝甘露三年(前51年)召开的旨在消弭五经异说、统一经义的石渠阁会议上,与会儒者经过讨论、争辩,在周代"天子七庙"组成问题上达成一致,即"七庙"由始祖庙、文王、武王二因有功德世世不毁的"祧庙"及在位天子高、曾、祖、父四"亲庙"组成。② 此后,西汉元帝时韦玄成及参与东汉章帝建初四年(79年)为消弭五经异说而召开的白虎观会议的儒者皆持此说。③

现有文献记载亦表明,"七庙"由一始祖庙、在位天子六世祖以下六世"亲

---

① (唐)孔颖达:《礼记正义》卷四六《祭法》,载《十三经注疏》,中华书局1980年影印版,第1589页。

② (汉)戴圣:《石渠礼论》,载(清)黄奭辑:《黄氏逸书考》,《续修四库全书》第1207册,上海古籍出版社2002年版,第60页。

③ (汉)班固:《汉书》卷七三《韦玄成传》,中华书局1962年版,第3118页。(汉)班固著,(清)陈立疏证:《白虎通疏证》卷一二《宗庙》,中华书局1994年版,第570页。

庙"组成说,最早可追溯至西汉初期儒者贾谊。汉文帝时,贾谊提出:"《礼》祖有功而宗有德,使顾成之庙称为太宗,上配太祖,与汉亡极。建久安之势,成长治之业,以承祖庙,以奉六亲,至孝也。"①据贾谊所说"与汉亡极",可以推测,他主张因有功德而有"祖""宗"庙号的祖先宗庙世世不毁。此后,汉元帝时谏大夫贡禹亦主张:因有功德而有"祖""宗"庙号的祖先庙世世不毁。② 汉哀帝时,刘歆在此问题上提出了较为系统的说法:

> 《礼记·王制》及《春秋穀梁传》,天子七庙,诸侯五,大夫三,士二。天子七日而殡,七月而葬;诸侯五日而殡,五月而葬;此丧事尊卑之序也,与庙数相应。……《春秋左氏传》曰:"名位不同,礼亦异数。"自上以下,降杀以两,礼也。七者,其正法数,可常数者也。宗不在此数中。宗,变也,苟有功德则宗之,不可预为设数。……繇是言之,宗无数也,然则所以劝帝者之功德博矣。……或说天子五庙无见文,又说中宗、高宗者,宗其道而毁其庙。名与实异,非尊德贵功之意也。……迭毁之礼自有常法,无殊功异德,固以亲疏相推及。③

刘歆之说包含两方面含义:一是天子"亲庙"为天子六世祖以下六世宗庙,较之诸侯王"亲庙"为其高祖父以下四世祖先宗庙多二庙,恰符合《礼记》《春秋穀梁传》所载天子、诸侯庙数、葬日"降杀以两"的尊卑之序;二是因有功德而有"祖""宗"庙号的祖先宗庙世世不毁,其数量既不可事先预定,亦不列入"七庙"数中。

王肃诠释"天子七庙"时说:

> 周之文、武,受命之王,不迁之庙,权礼所施,非常庙之数。殷之三宗,宗其德而存其庙,亦不以为数。凡七庙者,皆不称周室。《礼器》云:"有以多为贵者,天子七庙。"孙卿云:"有天下者事七世。"又云:"自上以下,降杀以两。"今使天子、诸侯立庙,并亲庙四而止,则君臣同制,尊卑不别。礼,名位不同,礼亦异数,况其君臣乎。又《祭法》云:"王下祭殇五。"及五

---

① (汉)班固:《汉书》卷四八《贾谊传》,中华书局1962年版,第2231页。

② (汉)贡禹:《公羊贡氏义》,载(清)王仁俊辑:《玉函山房辑佚书续编三种》,上海古籍出版社1989年影印版,第51、528页。

③ (汉)班固:《汉书》卷七三《韦玄成传》,中华书局1962年版,第3125—3127页。

世来孙。则下及无亲之孙,而祭上不及无亲之祖,不亦诡哉!①

比较刘歆、王肃之说,不难看出,王肃之说与前述刘歆的说法基本一致。不同的是,王肃还引用《礼记·祭法》"王下祭殇五:适子、适孙、适曾孙、适玄孙、适来孙"②的记载,作为"天子七庙"应包括六世祖、五世祖庙的经典依据。虽然史书中并未明确记载王肃学说源于刘歆学说,但对二人学说如此惊人地相似或一致,似不宜单纯地以偶然、巧合来加以解释。

综合上述,不难看出,郑玄《礼记注》自身存在的错误、不当;《礼记》经文本义不明,有关记载含糊、歧义;各人理解有异;郑、王学术师承及思想来源差异;王肃个人秉性与其学术抱负,如其不甘居人下的性格、追求优势的学术地位和声望;郑、王《礼记》文本差异及句读差异等因素,是造成郑玄、王肃《礼记注》立异的重要原因。

2. 郑玄、王肃《礼记注》相同、相近

简博贤曰:王肃不好郑氏,而有同于郑者;好贾、马而有异于贾、马者以及王肃不讳言郑是之例。③ 此言甚确。王肃并不讳言郑说有正确之处,且常径引郑说以证成己说。王注与郑注无论是措辞,还是含义相同、相近之处,都不少见。据统计,在郑玄、王肃皆有注且可比较异同的159条注文中,二人措辞、含义相同、相近之处有43条。这表明,南宋儒者朱熹所谓"王肃议礼,必反郑玄"④之说,似有武断、片面之嫌。上述注文大致可分为如下三种类型:

(1)王肃径引郑说

王肃对郑玄注中他认为正确的某些讲法,会公然加以引用和肯定。如他注释《礼记·内则》"桃诸、梅诸"两词含义时,尽管郑玄此处未注,但注释《周礼·天官·笾人》"乾藤"时曰:"乾藤,乾梅也。有桃诸、梅诸,是其乾者。"⑤

---

① (唐)孔颖达:《礼记正义》卷一二《王制》,载《十三经注疏》,中华书局1980年影印版,第1335页。

② (唐)孔颖达:《礼记正义》卷四六《祭法》,载《十三经注疏》,中华书局1980年影印版,第1590页。

③ 简博贤:《今存三国两晋经学遗籍考》,台北三民书局1986年版,第292、362页。

④ (宋)黎靖德编:《朱子语类》卷八七《礼四》,中华书局1986年版,第2226页。

⑤ (唐)贾公彦:《周礼注疏》卷五《笾人》,载《十三经注疏》,中华书局1980年影印版,第671页。

王肃显然娴熟《周礼》的相关记载及郑注,因此注释《礼记·内则》时,径直引用郑注,并予以充分肯定:"诸,菹也,谓桃菹、梅菹,即今之藏桃也、藏梅也。欲藏之时,必先稍乾之,故《周礼》谓之'乾蔂',郑云'桃诸、梅诸'是也。"①

(2)郑、王措辞、含义相同、相近

除了若干字、词略有差异外,王注与郑注基本相同。如郑玄注《礼记·檀弓下》"自寝门至于库门"曰:"百官所在。库门,宫外门。"②王肃注曰:"百官所在也。库门,宫外门。"③又如,郑玄注《礼记·祭法》"官师一庙"曰:"官师,中士、下士。"④肃则注曰:"官师,中、下士也。"⑤

比较上述郑、王两则注文,不难看出,第一例、第二例中,王注皆仅比郑注多一个并无实际语义的语助词"也",对经文含义的解释、理解,并无实质影响。第一例中,二人对"库门"含义的注释,则完全一致。第二例中,王肃虽然释"官师"之义为"中、下士"。较之郑注省略了一个"士"字,但在古代乃至现代汉语中,这种省略用法可以说是较为普遍、常见的现象。

(3)郑、王措辞虽有异,但含义相同、相近

古往今来,任何学者在注释典籍、阐述自己的理论、观点时,虽不乏对前贤,尤其是为自己所信奉者的有关理论、观点原字不动地加以抄录者,但也不乏对前贤的理论、观点加以改动,使用相近含义的不同措辞,来阐述自己的理论、观点者。王肃注释《礼记》时,可能会尽量使用一些虽与郑注措辞不同,但又不违背经文原意的词句,以求标新立异。如郑玄注释《礼记·曲礼上》"礼,不讳嫌名"中的"嫌名"一词曰:"嫌名,谓音声相近。"⑥王肃则注

---

① (唐)孔颖达:《礼记正义》卷二七《内则》,载《十三经注疏》,中华书局1980年影印版,第1464页。

② (唐)孔颖达:《礼记正义》卷一○《檀弓下》,载《十三经注疏》,中华书局1980年影印版,第1313页。

③ (唐)杜佑撰,王文锦等点校:《通典》卷一○四《礼六十四》,中华书局1988年版,第2726页。

④ (唐)孔颖达:《礼记正义》卷四六《祭法》郑注,载《十三经注疏》,中华书局1980年影印版,第1589页。

⑤ (唐)杜佑撰,王文锦等点校:《通典》卷四八《礼八》,中华书局1988年版,第1336页。

⑥ (唐)孔颖达:《礼记政义》卷三《曲礼上》郑注,载《十三经注疏》,中华书局1980年影印版,第1251页。

曰:"音相似者也。"①所谓"音声相近""音相似",虽措辞不同,但含义都是指与本应避讳之字发音相同或相近,且难以避免、替代之字,可以不避讳。再如,郑玄释《礼记·哀公问》"午其众以伐有道"中"午"字义为"逆":"午其众,逆其族类也。"王肃则改"午"为"迕",释其义曰:"迕,违也。"②孔颖达认为,郑、王二说并无不同:"午,忤也;忤,违逆也。"③

3. 郑玄、王肃《礼记注》异同并存

王肃《礼记注》中,有 13 条与郑玄《礼记注》可谓是异同并存。所谓异同并存,一是指郑玄、王肃对《礼记》所载若干礼仪名物、制度的诠释,既有相同之处,又有歧异之处。属于此种类型者有 9 条。如郑、王注释《礼记·曲礼上》"献鸟者佛其首"的"佛"字含义及其用意时,郑玄注曰:"为其喙害人也。佛,戾也。盖为小竹笼以冒之。"王肃则注曰:"佛谓取首戾转之,恐其喙害人也。"二人释义中虽皆有"戾"字,孔颖达或据此断言"王、郑义同"④,但实则二人释义有异有同:同在于除二人皆释"佛"为"戾"外,采取此种方式献鸟的用意也完全相同,即担心持鸟方式不当,会遭到鸟喙的啄咬而致伤。异则在于"戾"的具体方式:郑玄所谓"盖为小竹笼以冒之",即以小竹笼盖住鸟喙。而王肃虽未明言"取首戾转"究竟是何种持鸟方式,但据情理推测,似为以手指(掌)自鸟颈部后持握其首。

二是指郑玄、王肃对《礼记》所载若干存在因果逻辑关系的名物、制度的诠释,存在因异而果同的现象。如《礼记·檀弓上》记载的如何为同母异父的兄弟服丧问题即为一典型事例:"公叔木有同母异父之昆弟死,问于子游。子游曰:'其大功乎?'狄仪有同母异父之昆弟死,问于子夏,子夏曰:'我未之前

①　(唐)杜佑撰,王文锦等点校:《通典》卷一〇四《礼六十四》,中华书局 1988 年版,第2725 页。

②　(唐)孔颖达:《礼记正义》卷五〇《哀公问》释文,载《十三经注疏》,中华书局 1980 年影印版,第 1611 页。

③　(唐)孔颖达:《礼记正义》卷五〇《哀公问》孔疏,载《十三经注疏》,中华书局 1980 年影印版,第 1611 页。

④　(唐)孔颖达:《礼记正义》卷二《曲礼上》孔疏,载《十三经注疏》,中华书局 1980 年影印版,第 1244 页。

闻也。鲁人则为之齐衰。'狄仪行齐衰。今之齐衰,狄仪之问也。"①

由上述记载,不难看出,子游、子夏虽为孔门高徒,以文学见长:"文学:子游,子夏。"②但他们既师从孔子受业,对作为孔门重要教学内容的礼仪,耳濡目染,较之一般人对礼仪知识的了解和掌握,自然不可相提并论。尤其是子游,娴熟丧葬礼仪,《礼记·檀弓》中记载了许多子游有关丧葬礼的议论及其屡屡纠正曾子等人违背丧葬礼仪的言行。不过,从上文记载来看,二人对此礼显然并不知晓。因而,子游"其大功乎"的回答,不免颇有揣测之意,且没有明言穿戴大功丧服的缘由。子夏则援引鲁国礼俗,认为应服齐衰。由于春秋时期,周天子地位衰微,礼坏乐崩。鲁国则因周公卓越勋绩,自西周初起,就被赐予使用天子礼乐的特权:"成王以周公为有勋劳于天下……命鲁公世世祀周公,以天子之礼乐……凡四代之服、器、官,鲁兼用之。是故鲁,王礼也,天下传之久矣……天下以为有道之国,是故天下资礼乐焉。"③加之春秋前期,鲁国国力尚较为强大,因而,鲁国比较完整地保存了周礼:"犹秉周礼……鲁不弃周礼。"④从这个意义上来说,子夏之言,或许符合周礼。

郑玄认为,子夏之言,与周礼不符,应为去世的同母异父兄弟服大功:"亲者属,大功是。"⑤孔颖达推测郑玄立论的依据为:"郑意以为同母兄弟,母之亲属,服大功是也。所以是者,以同父同母则服期,今但同母,而以母是我亲生,其兄弟是亲者血属,故降一等而服大功。"⑥据《仪礼·丧服》有关礼文,为去世的同父同母的亲兄弟,应服齐衰不杖期。既然死者与己非同父同母的亲兄

---

① (唐)孔颖达:《礼记正义》卷八《檀弓上》,载《十三经注疏》,中华书局1980年影印版,第1290页。

② (宋)邢昺:《论语注疏》卷一一《先进》,载《十三经注疏》,中华书局1980年影印版,第2498页。

③ (唐)孔颖达:《礼记正义》卷三一《明堂位》,载《十三经注疏》,中华书局1980年影印版,第1488、1492页。

④ (唐)孔颖达:《左传正义》卷一一《闵公元年》,载《十三经注疏》,中华书局1980年影印版,第1786页。

⑤ (唐)孔颖达:《礼记正义》卷八《檀弓上》郑注,载《十三经注疏》,中华书局1980年影印版,第1290页。

⑥ (唐)孔颖达:《礼记正义》卷八《檀弓上》孔疏,载《十三经注疏》,中华书局1980年影印版,第1290页。

弟,而是同母异父的兄弟,因其与己之生母有血亲关系。依礼,为母亲的亲属服大功。为母服齐衰,为其子,即己之同母异父兄弟,也应降服,服大功。简言之,郑玄认为,之所以为去世的同母异父兄弟服大功,是由于母亲的缘故。

王肃虽赞同郑玄为去世的同母异父兄弟服大功之说,但他驳斥了郑玄立论的依据:"礼,称亲者血属,谓出母之身,不谓出母之子服也。若出母之子服大功,则出母之父母服应更重,何以为出母之父母无服?"①所谓的有血缘亲情,是指自己与因某种缘故而被父亲休弃的母亲而言的。若出母去世,据《仪礼·丧服》,应服齐衰杖期。与她和其他男子所生育的孩子,即己之同母异父兄弟,则无血缘亲情可言。若为其服大功,则应为出母去世之父、母服更重的丧服,但《仪礼·丧服》明文规定:"出妻之子为母期,则为外祖父母无服。《传》曰:'绝族无施服,亲者属。'"②因此,郑玄所谓因己与出母存在血缘关系,而应为去世的同母异父兄弟服大功的说法,不能成立。

王肃认为,依礼,本来无须为去世的同母异父兄弟服丧:"母嫁则外祖父母无服,所谓绝族无施服也。唯母之身有服,所谓亲者属也。异父同母昆弟不应有服。"③之所以要为同母异父的兄弟服大功,原因在于,己应为居住在一起的继父服齐衰不杖期,为其子则应降一等,服大功:"同母异父兄弟服大功者,谓继父服齐衰,其子降一等,故服大功。"④"此谓与继父同居,为继父周,故为其子大功也。"⑤

（四）王肃《礼记注》的传播

王肃《礼记注》在魏晋时期,主要通过立于官学,由博士讲授、士子研习,皇帝、礼臣议论礼制等方式进行传播;自南北朝起,文献征引成为王肃《礼记注》的主要传播方式。

---

① （唐）孔颖达:《礼记正义》卷八《檀弓上》孔疏,载《十三经注疏》,中华书局1980年影印版,第1290页。

② （唐）贾公彦:《仪礼注疏》卷三〇《丧服》,载《十三经注疏》,中华书局1980年影印版,第1104页。

③ （唐）杜佑撰,王文锦等点校:《通典》卷九〇《礼五十》,中华书局1988年版,第2494—2495页。

④ （唐）孔颖达:《礼记正义》卷八《檀弓上》孔疏,载《十三经注疏》,中华书局1980年影印版,第1290页。

⑤ （唐）杜佑撰,王文锦等点校:《通典》卷九〇《礼五十》,中华书局1988年版,第2495页。

1.太学博士教授,士子研习

王肃《礼记注》等儒家经典注释成书后,至迟在魏明帝、魏少帝曹芳时,就被立于学官,设置博士传授研习:"(王肃)采会同异,为《尚书》、《诗》、《论语》、三礼、《左氏解》,及撰定父朗所作《易传》,皆列于学官。"①由此可知,王肃《礼记注》也成为国家最高学府——太学的教学用书,设置博士官,进行讲授;士子揣摩研习,传承发扬。尽管时人对曹魏太学教学质量与水平之低劣,多有讥讽之辞:

> 至太和、青龙中,中外多事,人怀避就。虽性非解学,多求诣太学。太学诸生有千数,而诸博士率皆粗疏,无以教弟子。弟子本亦避役,竟无能习学……正始中,有诏议圜丘,普延学士。是时郎官及司徒领吏二万余人,虽复分布,见在京师者尚且万人,而应书与议者略无几人。又是时朝堂公卿以下四百余人,其能操笔者未有十人,多皆相从饱食而退。嗟夫!学业沈陨,乃至于此。②

但王肃《礼记注》被立于学官,毕竟为王肃《礼记注》在经学界,乃至在社会上的传播、推广,提供了极大的便利和支持。

西晋时,或许主要缘于王肃与司马氏家族的特殊关系,王肃包括《礼记注》在内的诸经注依然立于学官,供博士传授,供士子研习:"世祖武皇帝应运登禅,崇儒兴学。经始明堂,营建辟雍。……太学有石经古文先儒典训。贾、马、郑、杜、服、孔、王、何、颜、尹之徒,章句传注众家之学,置博士十九人。九州之中,师徒相传,学士如林。"③王国维据此认为:"《易》有郑氏、王氏,《书》有贾、马、郑、王氏,《诗》及《三礼》郑氏、王氏,《春秋左传》服氏、王氏,《公羊》颜氏、何氏,《穀梁》尹氏,适得十九家,与博士十九人之数相当。"④因此,魏晋南北朝时,无论是历代国家礼制的议辩,还是儒者征引王肃《礼记注》相关注文,皆蔚然成风。

---

① (晋)陈寿:《三国志》卷一三《王肃传》,中华书局1959年版,第419页。

② (晋)陈寿:《三国志》卷一三《王肃传》裴注引《魏略》,中华书局1959年版,第420—421页。

③ (唐)房玄龄等:《晋书》卷七五《荀崧传》,中华书局1974年版,第1978页。

④ 王国维:《观堂集林》第一册,中华书局1959年版,第190页。

2. 皇帝、礼官议礼称引

诚如刘柏宏所言,王肃历任黄门侍郎、散骑常侍、侍中等职,虽不典事,但职掌侍奉皇帝出入、供君主参议、顾问规谏等,因此多能参与本朝典章制度的规划与执行。他曾担任的领秘书监、崇文观祭酒等职,既身居清显要职,且统掌当时国家学术资源,在当时士人阶层,当具有一定的影响力。此外,齐王芳时期,王肃曾任太常一职,更是直接掌管国家礼仪祭祀制度的运行。对当时国家礼制的规划,同样具有较大的影响力。①

两晋南北朝时期,不仅历代国家礼制的制定,而且礼家议辩,也多采纳、提及王肃包括《礼记注》在内的诸礼诠释。② 甚至鲜卑族拓跋部入主中原,建立北魏后,至北魏孝文帝议定皇家宗庙祭祖礼制时,孝文帝也大量称引王肃有关注说,并与郑玄注说比较优劣。③ 孝文帝虽肯定郑玄说,间接否定了王肃禘祭仅为宗庙祭礼说;但在禘、祫祭礼异同问题上,孝文帝明显专重王肃禘、祫祭为一祭说,这实际上是对王肃学说的彻底归依。就此而论,所谓兼采郑、王,只不过是孝文帝掩饰其宗王说而抛弃郑说的虚文而已。直至宣武帝景明二年(501年)六月,在孙惠蔚等人建议下,始依郑玄之说,确立皇家宗庙禘、祫祭祀制度。孝明帝延昌四年(515年)正月,在崔亮等大臣建议、推动下,北魏皇家宗庙禘、祫祭祀制度最终实现了"取郑舍王"。④ 类似事例,在两晋南北朝时期,频频发生,不胜枚举。这也极大推进了包括王肃《礼记注》在内诸经注学说的传播。

3. 历代文献著录征引

自两晋迄清代,历代官修、私修书目中,大多皆著录有王肃《礼记注》。诸多经、史、子、集文献,对王肃《礼记注》文,皆有数量不等的征引。据统计,两晋南北朝、唐、宋、明、清时期,是历朝儒者征引王肃《礼记注》文的高峰期,分别是 7 部 80 条(其中"源出文献"6 部 79 条)、11 部 141 条(其中"源出文献"5

---

① 刘柏宏:《开创与影响:王肃礼学义理及中古传播历程》,台北稻乡出版社 2009 年版,第 144—146、169—171 页。

② 刘柏宏:《开创与影响:王肃礼学义理及中古传播历程》,台北稻乡出版社 2009 年版,第 196—268 页。

③ (北齐)魏收:《魏书》卷一〇八之一《礼志一》,中华书局 1974 年版,第 2741—2743 页。

④ 郭善兵:《中国古代帝王宗庙礼制研究》,人民出版社 2007 年版,第 325—338 页。

部 111 条)、39 部 96 条(其中"源出文献"1 部 1 条)、19 部 39 条、43 部 222 条。就"源出文献"数量而言,以两晋南北朝及隋唐时期为最;就征引总量而言,则以清代为最。若再加上《清经解》《清经解续编》收录的清人解经著作对王肃包括《礼记注》在内的诸经注的征引,①则清儒征引总量更会有所增加。

(五) 王肃《礼记注》的评价

自魏晋时起,无论是国家礼制的制定者,还是学界中的议礼者,对王肃《礼记注》皆不乏征引、赞驳者。总体说来,不外乎赞同、批驳、折中郑玄王肃经注歧异、单纯征引或辑录、引申阐扬等方面。

1. 赞同

自魏晋迄明清,历代礼官、儒者赞同王肃礼注者,代不乏人。如王肃对《礼记·檀弓上》"孔子少孤,不知其墓"②所作注"无此事,注《记》者谬",即有赖于西晋武帝、惠帝朝高官张华所撰《博物志》征引,而得以存世。张华还记载曰:"蒋济、何晏、夏侯玄、王肃皆云:'……'时贤咸从之。"③

王肃《礼记注》在内的诸经注在曹魏后期立于学官后,很快流行开来,后学及支持者日增。持"王学"者与支持"郑学"者展开了历时甚久的辩难争讼,即后世所谓"郑、王之争"。历来多认为,西晋时期,"王学"得以盛行,国家礼制大多舍郑(玄)取王(肃)的原因,在于王肃与司马氏家族的政治裙带联姻。刘柏宏先生对此提出异议曰:此种以王肃个人政治身份进行推论的方式,当然不无成立的可能;但若断然地宣称此说具有绝对的必然性,则似有待斟酌。王肃礼说之所以得到统治者的青睐,与晋武帝崇尚俭约精实的政策方针很有关系。此外吕思勉先生所揭示的汉人多援引天道以说政事,而晋代则展现出重视人事施政的政治文化取向,也均与王肃礼学精神的

---

① 刘柏宏:《开创与影响:王肃礼学义理及中古传播历程》,台北稻乡出版社 2009 年版,第 27—33 页。

② (唐)孔颖达:《礼记正义》卷六《檀弓上》,载《十三经注疏》,中华书局 1980 年影印版,第 1275 页。

③ (晋)张华:《博物志》卷八《史补》,载文渊阁《四库全书》第 1047 册,上海古籍出版社 1987 年影印版,第 603 页。

"人间性格"多所相符。①

此外,王肃《礼记注》中不乏准确、合理的说解,如王肃对包括《礼记》在内的诸儒家经典记载的"牺尊""象尊"形制的诠释,因与出土实物相吻合,而得到历代众多制礼、议礼者的赞同和支持。这或许也是王肃《礼记注》得以在魏晋迄明清时期长期流传的一个重要原因。

2. 批驳

自魏晋迄明清,批驳王肃礼注者,亦代不乏人。如王肃曾对《礼记·檀弓上》"孔子少孤,不知其墓"注释曰:"无此事,注《记》者谬。"②虽然当时及后世许多制礼、议礼对王说表示赞同,但也有许多学者对王说提出了异议。东晋蔡谟就提出,对于《礼记·檀弓上》的这条记载,"学者疑此久矣,王氏又以为不然"。蔡谟认为,孔子即便是圣人,也不可能真正做到无所不知,无所不晓;他不知道父亲墓穴所在,也在情理之中:"圣人虽鉴照,至于训世言行,皆不圣之事也。故咨四岳,访箕子,考蓍龟,每事问,皆其类也。不知墓者,谓兆域之间耳。"③范宣则在《礼二墓论》中,一面坚持"《史记》及孔安国说,皆为实录",一面又为孔子辩解说:"未生之前,不可以逆责夫子也。既长谒墓,固以识其外矣。但母不告其内,义无强请。然祔葬宜详,是以问焉。《记》但言不知其墓,非都不知也。"④颇令人难解的是唐代孔颖达,他强行弥合郑玄《注》与《孔子家语》记载的歧异之处,然后指责王肃妄生事端,质疑经文的权威性与准确性:"今郑云……于《家语》文义亦无殊,何者?七十之男始取徵在,灼然不能备礼,亦名野合。又徵在幼少之女而嫁七十之夫,是以羞惭,不能告子。……又与《撰考》之文祷尼丘山而生孔子,于野合之说,亦义理无妨,郑与《家语》《史记》并悉符同。王肃妄生疑

①　刘柏宏:《开创与影响:王肃礼学义理及中古传播历程》,台北稻乡出版社 2009 年版,第210—211 页。

②　(晋)张华:《博物志》卷八《史补》,载文渊阁《四库全书》第 1047 册,上海古籍出版社1987 年影印版,第 603 页。

③　(唐)杜佑撰,王文锦等点校:《通典》卷一〇三《礼六十三》,中华书局 1988 年版,第2705 页。

④　(唐)杜佑撰,王文锦等点校:《通典》卷一〇三《礼六十三》,中华书局 1988 年版,第2706 页。

难,于义非也。"①

魏晋时起,郑玄后学与王肃及其后学围绕儒家经典注释,展开了持久、激烈的争辩。如果说,郑玄身后一、二代后学,尚主要出于维护师说的门户之见,而与多处经注特意与郑学立异的王学进行辩驳的话,那么,随着这种师法传承及道德伦理束缚的日渐减弱,自南北朝迄清代,历代众多儒者仍热衷于批驳王肃经注的原因又何在呢? 刘柏宏以对王肃正反评价数量差距最为悬殊的清儒臧琳的《经义杂记》为例,统计、分析了臧琳批驳王肃的主要原因。统计结果表明,在 39 条材料中,论及王肃有心难郑者有 24 条,占总数的 62%。论及王肃窜改、伪造经文者有 27 条,占总数的 69.2%。他进而提出:在乾嘉学者视野中,王肃乃是一好窜改伪造经籍,以逞一己攻讦郑玄私欲的卑劣之徒。② 此外,古代很多儒者囿于迂腐的忠君理念的束缚,对王肃与后来篡夺曹魏皇位的司马氏家族的联姻耿耿于怀,将此事视为王肃党附篡逆的铁证。这种政治站位的错误、人格的卑劣,"连累"王肃学说也遭受古代众多儒者的批驳。

3. 折中郑、王歧异

魏晋以后,部分儒者面对郑玄、王肃等儒者歧异之说时,会尽量弥缝、调和前儒歧异之说,以期得出能被众多儒者都认可的注释。如王肃注释《礼记·乐记》"致右宪左"③曰:"右膝至地,左膝去地也。"④郑玄注释此句经文曰:"致,谓膝至地也。宪读为轩,声之误也。"⑤问题关键在于,郑玄虽指出经文中"宪"字为"轩"字之误,系抄写经文者因声读而误写。但"轩"又是何义? 郑玄没有进一步地明确注释。孔颖达撰《疏》时,对"轩"字字义,及此句经文文

---

① (唐)孔颖达:《礼记正义》卷六《檀弓上》孔疏,载《十三经注疏》,中华书局 1980 年影印版,第 1275 页。

② 刘柏宏:《开创与影响:王肃礼学义理及中古传播历程》,台北稻乡出版社 2009 年版,第 42—46 页。

③ (唐)孔颖达:《礼记正义》卷三九《乐记》,载《十三经注疏》,中华书局 1980 年影印版,第 1541 页。

④ (汉)司马迁:《史记》卷二四《乐书》集解所引,中华书局 1959 年版,第 1227 页。

⑤ (唐)孔颖达:《礼记正义》卷三九《乐记》郑注,载《十三经注疏》,中华书局 1980 年影印版,第 1541 页。

义诠释曰:"轩,起也。……以右膝至地,而左足仰起。"①宋儒杨简则折中郑玄、王肃、孔颖达诸儒之注释,曰:"右膝至地,左膝轩起。"②

4.单纯征引或辑录

古代文献中,对包括王肃《礼记注》在内的经注著作进行单纯的抄辑,虽时或有改写,但基本无赞同或批驳等评价的书籍,也占相当大的比例。这其中既有可被视为王肃《礼记注》"源出文献"的《宋书》《魏书》《经典释文》《礼记正义》《史记集解》《通典》等,也包括具有辑佚性质的《古经解钩沉》《玉函山房辑佚书》等,还有《诗经世本古义》《初学记》《册府元龟》《先圣大训》《资治通鉴纲目》《文献通考》《汉魏六朝百三家集》《钦定礼记义疏》《五礼通考》《御定骈字类编》《御定渊鉴类函》等分属经、史、子、集四部的众多文献。

杨晋龙在探讨《诗经世本古义》征引前儒学说问题时,曾指出:这种资料的承袭性,不仅是《诗经》诠解才出现的状况,实际上还是经书诠解中普遍存在的现象。刘柏宏在此基础上,进而阐述说:此种资料承袭引用而少加思辨论析的古代经典诠释特征,乃是一种普遍的现象。因此层层叠叠的历代说解内容在被征引时,实际上体现出征引者"崇古贵旧",诉诸经疏文字传统,以建构自身言说合法性的心态。因此,他称此种征引方式为"中性征引"。③

其实,这种征引方式,不仅在经书中比较普遍存在,即便在史部、子部、集部等文献中,也比比皆见。由于受主、客观种种因素,如文献因岁月弥久、鼠虫啮咬、指掌摩挲而导致的字迹湮缺,后世抄者专业素质较低、粗忽大意、时代忌讳、个人用字喜好等因素的影响,而比较普遍也存在增、删、倒、衍等改写行为。④ 这种改写现象,在后世征引王肃《礼记注》问题上,依然比较普遍地存在。

---

① (唐)孔颖达:《礼记正义》卷三九《乐记》孔疏,载《十三经注疏》,中华书局 1980 年影印版,第 1541 页。

② (宋)杨简:《先圣大训》卷二《言乐第十五》,载文渊阁《四库全书》第 706 册,上海古籍出版社 1987 年影印版,第 661 页。

③ 刘柏宏:《开创与影响:王肃礼学义理及中古传播历程》,台北稻乡出版社 2009 年版,第 37—38 页。

④ 郭善兵校注:《曹芳曹髦曹奂集校注》,四川大学出版社 2017 年版,第 28—117 页。

5.引申阐发王肃礼义

后世亦有学者在肯定王肃《礼记注》的同时,又在王说基础上有所推衍发展。如司马贞《史记索隐》引王肃对《礼记·乐记》"羽为物"①所作《注》曰:"冬物聚,故为物,弦用四十八丝。"②崔灵恩注释此条经文曰:"羽属冬,冬物聚,则成财用,冬则物皆藏聚,与财相类也。"③刘柏宏分析二注含义异同曰:王肃此句话所要表达的真正含义,碍于资料有限,无法确切地了解。崔灵恩此处所言,似乎深化了王肃的说法。透过崔灵恩此例,可以发现,征引或述评王肃礼说时,其实不单是原封不动地复制原说,另一种情形则是在引述的过程中,加入了使用者个人的想法。对照崔灵恩引申及诠释所获得的新理解,与王肃原本的说法,即使有所差异,却仍然与原说具有交集。就征引、传播这类行为而言,这种"同中生异"的情形,其实是理所当然的现象。④

时至近代,虽然基于门户、伦理之见对王肃之学的攻讦近乎歇绝,甚至有学者,如蒙文通等对王学也多有褒勉之辞,⑤但仍有很多学者对王肃经注,对郑、王之争屡有抨击之辞。⑥ 虽然王肃经注确实存在着如以往学者所批评的诸多不足乃至错误之处,但他对郑玄《礼记注》的补充、完善、纠误,特别是打破当时经学界,尤其是年轻士子们对郑玄经注"徒欲父康成,兄子慎,宁道孔圣误,讳闻郑、服非。然于郑、服甚愦愦,郑、服之外皆仇也"⑦的盲目迷信,使

---

① （唐)孔颖达:《礼记正义》卷三七《乐记》,载《十三经注疏》,中华书局1980年影印版,第1528页。

② （汉)司马迁:《史记》卷二四《乐书》索隐,中华书局1959年版,第1183页。

③ （唐)孔颖达:《礼记正义》卷三七《乐记》孔疏,载《十三经注疏》,中华书局1980年影印版,第1528页。

④ 刘柏宏:《开创与影响:王肃礼学义理及中古传播历程》,台北稻乡出版社2009年版,第239页。

⑤ 蒙文通先生对王肃注经时摈斥谶纬妄言大加褒赞:"下至东汉,谶说始入于经,王弼、杜预而后,乃一屏纬说,不更牵引,此又不可谓非子雍之长也。"参见蒙文通:《经史抉原》,载《蒙文通文集》第三卷,巴蜀书社1995年版,第87页。

⑥ 吴雁南等说:"这种不正常的学术之争……既削弱了经学阵营的力量,亦败坏了经学的名声,遂使经学开始出现危机。"(吴雁南、秦学顾、李禹阶主编:《中国经学史》,福建人民出版社2001年版,第175页。)罗炽等说:"王、郑之争虽是一场闹剧,却是经学史上的一次严重自残。"(罗炽、胡军:《经学与长江文化》,湖北教育出版社2004年版,第51页。)

⑦ （后晋)刘昫等:《旧唐书》卷一〇二《元行冲传》引王劭《史论》,中华书局1975年版,第3181页。

其时经学界在一定程度上避免了陷入僵化、停滞状态。很多儒者的独立思考、勇于质疑和创新的能力,不致因墨守成规而黯淡,乃至泯灭,从而使经学界不断呈现出勃勃生机和活力,为两晋南北朝时期儒家经典诠释著作的"井喷"涌现,为思想、学术的不断探索、积累、推陈出新,进而为唐代集大成式的《五经正义》的问世,奠定了坚实的基础。

第三章　南北朝时期的三礼学

第一节　南北朝三礼学概述

南北朝时期三礼学的发展呈现出全新的面貌,在经学研究整体不够兴盛的背景下,三礼学却发展得较为兴盛,成为当时的显学。南北朝时期三礼学的教育也很发达并具有鲜明的时代特色。当时三礼学领域一个值得注意的现象就是郑学与王学之争仍然余波未息。

一、三礼学为南北朝时期的显学

南北朝时期三礼学非常发达,其主要表现在礼学著述数量庞大、礼学名家辈出。

(一) 礼学著述数量庞大

南北朝时,在经学著述中有关三礼学的著述在数量上居于首位。据《隋书·经籍志》统计,三礼学著述比其他任何一类著述都要多。《隋书·经籍志》偏重著录南朝的三礼学著述,只著录了北朝个别三礼学家的著述,如刘芳的《礼记义证》。另外沈重为自南迁北的礼学家,崔灵恩为由北迁南的礼学家,他们二人的三礼学著述也见于《隋书·经籍志》。北朝的三礼学著述较集中见于《北史·儒林传》。卢辩注有《大戴礼》。刘芳除了撰《礼记义证》《周官义证》《仪礼义证》以外,还为郑注《周官》《仪礼》注音。刘献之撰有四卷《三礼大义》,李铉著有《三礼义疏》,沈重的著述除见于《隋书·经籍志》的《周官义疏》《礼记义疏》外,还有见于《北史》的《仪礼义》三十五卷、《丧服经义》五卷、《周礼音》一卷、《仪礼音》一卷、《礼记音》两卷。北齐李公绪著有《礼质疑》五卷、《丧服章句》一卷。樊深撰有《丧服问疑》一卷。北朝礼学大家熊安生撰有《周礼义疏》二十卷、《礼记义疏》三十卷。孔颖达《礼记正义·序》云："其见于世者，唯皇、熊二家而已。……今奉敕删理，仍据皇氏以为本，其有不备，以熊氏补焉。"①可见熊安生的《礼记义疏》为唐代《礼记正义》编纂成书时所依据的重要底本之一。北魏李谧所著《明堂制度论》，是南北朝有关明堂制度最重要的著述。

南北朝时期的三礼学著述以三礼义疏居多。南北朝时期，三礼义疏类著述数量庞大。《隋书·经籍志》中明确题为三礼义疏类著述的有：

《周官礼义疏》四十卷（沈重撰）。《周官礼义疏》十九卷。《周官礼义疏》十卷。《周官礼义疏》九卷。……《仪礼义疏见》二卷。《仪礼义疏》六卷。……《丧服义疏》二卷（梁步兵校尉、五经博士贺玚撰。梁又有《丧服经传义疏》五卷，齐散骑郎司马宪撰；《丧服经传义疏》二卷，齐给事中楼幼瑜撰；《丧服经传义疏》一卷，刘瓛撰；《丧服经传义疏》一卷，齐徵士沈麟士撰）。《丧服经传义疏》一卷（梁尚书左丞何佟之撰，亡）。……《丧服文句义疏》十卷（梁国子助教皇侃撰）。《丧服义》十卷（陈国子祭酒谢峤撰）。《丧服义钞》三卷。（梁有《丧服经传隐义》一卷，亡。）……《礼记新义疏》二十卷（贺玚撰。梁有《义疏》三卷，宋豫章郡丞雷肃之撰，亡）。《礼记讲疏》九十九卷（皇侃撰）。《礼记义疏》四十八卷（皇侃撰）。《礼记义疏》四十卷（沈重撰）。《礼记义》十卷（何氏撰）。《礼记义疏》三十八卷。《礼记疏》十一卷。《礼记大义》十卷（梁武帝撰）。《礼记文外大义》二卷（秘书学士褚晖撰）。《礼大义》十卷。《礼记义证》十卷（刘芳撰）。《礼大义章》七卷。……《中庸讲疏》一卷（梁武帝撰）。《私记制旨中庸义》五卷。……《三礼义宗》三十卷（崔灵恩撰）。……《三礼大义》十三卷。《三礼大义》四卷。……《三礼杂大义》三卷。②

三礼义疏乃疏通三礼经、注之作，明显的特点是题有"义疏""讲疏""义"

---

①　（唐）孔颖达：《礼记正义》卷首，载《十三经注疏》，中华书局1980年影印版，第1222—1223页。

②　（唐）魏徵等：《隋书》卷三二《经籍志一》，中华书局1973年版，第919—924页。

等标志。

（二）礼学名家辈出

南北朝时期出现了一大批精于三礼学的礼学家，他们或著书立说，或开馆授徒，或将所学货于帝王之家。可以说精于三礼的学者数量大大超过了前代。南北朝诸史记载了大量精于三礼的学者。兹对本时期的三礼学者简要介绍如下。

南朝吴苞"善三礼"①。傅隆"特精三礼"②。臧焘"少好学，善三礼，贫约自立，操行为乡里所称"③。王准之"兼明《礼》《传》，赡于文辞"④。范缜"博通经术，尤精三礼。性质直，好危言高论"⑤。贺革"通三礼"⑥。贺季"亦明三礼，历官……中书黄门郎，兼著作"⑦。刘绦"通三礼，位尚书祠部郎"⑧。杜之伟"以三礼专门"⑨。

北朝北魏卢道虔好礼，史书记载他作七十余条礼文，专门来驳难南朝王俭的《丧服集记》⑩。卢光也好三礼，史载他"性温谨，博览群书，精于三礼，善阴阳，解钟律"⑪。北魏邢虬"少为三礼郑氏学，明经有文思。……高祖崩，尚书令王肃多用新仪，虬往往折以五经正礼"⑫。北魏李平"少有大度。及长，涉猎群书，好礼"⑬。北魏张普惠"字洪赈，常山九门人也。身长八尺，容貌魁伟，精于三礼"⑭。北齐邢峙"字士峻，河间郑人也。少学通三礼"⑮。北周令狐熙

---

① （唐）李延寿：《南史》卷七七《隐逸传下》，中华书局 1975 年版，第 1888 页。
② （梁）沈约：《宋书》卷五五《傅隆传》，中华书局 1974 年版，第 1552 页。
③ （梁）沈约：《宋书》卷五五《臧焘传》，中华书局 1974 年版，第 1543 页。
④ （梁）沈约：《宋书》卷六〇《王准之传》，中华书局 1974 年版，第 1624 页。
⑤ （唐）姚思廉：《梁书》卷四八《范缜传》，中华书局 1973 年版，第 664 页。
⑥ （唐）姚思廉：《梁书》卷四八《贺玚传子革附传》，中华书局 1973 年版，第 673 页。
⑦ （唐）姚思廉：《梁书》卷四八《贺玚传子革附传》，中华书局 1973 年版，第 673 页。
⑧ （唐）李延寿：《南史》卷七二《刘昭传子绦附传》，中华书局 1975 年版，第 1777 页。
⑨ （唐）姚思廉：《陈书》卷三四《杜之伟传》，中华书局 1972 年版，第 454 页。
⑩ （唐）李延寿：《北史》卷三〇《卢玄传曾孙道虔附传》，中华书局 1974 年版，第 1078 页。
⑪ （唐）令狐德棻等：《周书》卷四五《儒林传》，中华书局 1971 年版，第 807 页。
⑫ （北齐）魏收：《魏书》卷六五《邢峦传从叔虬附传》，中华书局 1974 年版，第 1450 页。
⑬ （北齐）魏收：《魏书》卷六五《李平传》，中华书局 1974 年版，第 1451 页。
⑭ （唐）李延寿：《北史》卷四六《张普惠传》，中华书局 1974 年版，第 1698 页。
⑮ （唐）李延寿：《北史》卷八一《儒林传上》，中华书局 1974 年版，第 2729 页。

"字长熙。性严重,有雅量,虽在私室,终日俨然。不妄通宾客,凡所交结,必一时名士。博览群书,尤明三礼,善骑射,颇知音律"①。北周崔彭"少孤,事母以孝闻。……善《周官》《尚书》,并略通大义"②。北周杨汪"字元度,本弘农华阴人也。……通三礼。解褐周冀王侍读。……后问礼于沈重"③。北周房晖远"字崇儒,恒山真定人也。世传儒学。晖远幼有志行,明三礼"④。

南北朝三礼学家并不限于上文所述,还有相当一部分礼学家将在下文三礼学教育及礼学家与其礼学著作述略部分详细介绍。

二、发达的三礼学教育

南北朝时期三礼学的兴盛推动了三礼学教育的发展。发达的三礼学教育则培养了大量的三礼学人才,进而又进一步推动了三礼学研究走向繁荣。本时期的三礼学教育呈现出了鲜明的时代特色。

(一) 南北朝官方的三礼学教育

南北朝礼学界人才辈出,南朝涌现出了雷次宗、庾蔚之、何胤、何佟之、崔灵恩、沈峻、明山宾、司马褧、严植之、贺玚、皇侃等礼学家;北朝则涌现出了刘献之、李铉、沈重、徐遵明、熊安生等礼学家。南北朝三礼学的大发展与当时官方对三礼学教育的大力提倡关系密切,南北朝各代都采取了行之有效的措施倡导礼学的教育。

1. 征辟礼学名家教授三礼学

南北朝时期,朝廷比较重视征用礼学名家讲授三礼学,或是聘请已隐居的礼学家出山主持礼学教育,或是征辟礼学家出任国子博士。如南朝宋文帝元嘉十五年(438 年),朝廷征辟雷次宗出山。据《宋书》记载:

> 元嘉十五年,征次宗至京师,开馆于鸡笼山,聚徒教授,置生百余人。会稽朱膺之、颍川庾蔚之并以儒学,监总诸生。时国子学未立,上留心艺术,使丹阳尹何尚之立玄学,太子率更令何承天立史学,司徒参军谢元立

---

① (唐)李延寿:《北史》卷六七《令狐整传子熙附传》,中华书局 1974 年版,第 2351 页。
② (唐)李延寿:《北史》卷三二《崔辨传曾孙彭附传》,中华书局 1974 年版,第 1166 页。
③ (唐)李延寿:《北史》卷七四《杨汪传》,中华书局 1974 年版,第 2550 页。
④ (唐)李延寿:《北史》卷八二《儒林传下》,中华书局 1974 年版,第 2760 页。

文学,凡四学并建。车驾数幸次宗学馆,资给甚厚。又除给事中,不就。久之,还庐山,公卿以下,并设祖道。①

从上引材料可以看出,朝廷建立四学,请雷次宗出山主持儒学,并派朱膺之与庾蔚之监总诸生。为此朝廷专门在京师鸡笼山为雷次宗开馆招徒。据《宋书》记载雷次宗年轻的时候就上庐山向高僧释慧远学习,尤其擅长三礼学,后来成为一代儒宗。庾蔚之与朱膺之也是当时的礼学大家。庾蔚之著有《丧服》《丧服要记注》《礼论钞》《礼记略解》《礼答问》等多部礼学著述,并多次在朝廷上议礼。朱膺之虽不见有礼学著述流传于世,但在《宋书》中朱膺之出现过二十多处,除此"监总诸生"外,其他几处记载的都是朱膺之在朝廷上的议礼之论,这说明朱膺之也是当时朝廷所倚重的礼学家。总体看来,元嘉年间所设儒学,在师资的配备上比较偏重于三礼学。

元嘉十九年(442年),刘宋立国子学,何承天"以本官领国子博士"②。何承天是当时举足轻重的礼学家,史载:"先是,《礼论》有八百卷,承天删减并合,以类相从,凡为三百卷。"③朝廷命何承天"领国子博士",也反映出朝廷对礼学教育的重视。

梁武帝时,朝廷还官派学生向归隐山门的何胤学习。梁武帝先是派王果持诏请何胤出山,何胤见了王果以后,他们谈论的主要内容就是有关礼的问题,据《梁书》载:

胤因谓果曰:"吾昔于齐朝欲陈两三条事:一者欲正郊丘,二者欲更铸九鼎,三者欲树双阙。世传晋室欲立阙,王丞相指牛头山云:'此天阙也。'是则未明立阙之意。阙者谓之象魏,县象法于其上,浃日而收之。象者,法也;魏者,当涂而高大貌也。鼎者,神器,有国所先,故王孙满斥言,楚子顿尽。圆丘、国郊,旧典不同。南郊祠五帝灵威仰之类,圆丘祠天皇大帝、北极大星是也。往代合之郊丘,先儒之巨失。今梁德告始,不宜遂因前谬,卿宜诣阙陈之。"果曰:"仆之鄙劣,岂敢轻议国典,此当敬俟叔

① (梁)沈约:《宋书》卷九三《隐逸传》,中华书局1974年版,第2293—2294页。
② (梁)沈约:《宋书》卷六四《何承天传》,中华书局1974年版,第1705页。
③ (梁)沈约:《宋书》卷六四《何承天传》,中华书局1974年版,第1711页。

孙生耳。"①

何胤此次主要谈论了三个问题,一是有关郊、丘的问题,二是再铸九鼎的问题,三是有关双阙的问题。何胤虽不愿出山,却希望王果将自己的礼学理论上奏朝廷,然后通过官方途径教育儒生。何胤是当时公认的儒宗,他在面见皇帝的使者时,不谈其他只谈礼学,可见礼学在当时的重要地位。梁武帝请何胤出山,最看重的也是他的礼学造诣。梁武帝虽最终没有将何胤请出山,但还是派何子郎等六人进山于何胤处受学,可见梁代对三礼学教育的重视。梁武帝天监四年(505 年),梁武帝设立五经博士,据《梁书》载:

> (梁武帝)诏曰:"二汉登贤,莫非经术,服膺雅道,名立行成。魏晋浮荡,儒教沦歇,风节罔树,抑此之由。朕日昃罢朝,思闻俊异,收士得人,实惟酬奖。可置五经博士各一人,广开馆宇,招内后进。"于是以平原明山宾、吴兴沈峻、建平严植之、会稽贺玚补博士,各主一馆,馆有数百生,给其饩廪,其射策通明者,即除为吏。十数年间,怀经负笈者云会京师。②

梁武帝命明山宾、沈峻、严植之、贺玚各主一馆,这几人在三礼学上皆有深厚造诣。后来梁武帝在修五礼制度时,就命明山宾等人各主掌一礼,据《梁书·徐勉传》载:

> 乃以旧学士右军记室参军明山宾掌吉礼,中军骑兵参军严植之掌凶礼,中军田曹行参军兼太常丞贺玚掌宾礼,征虏记室参军陆琏掌军礼,右军参军事司马褧掌嘉礼,尚书左丞何佟之总参其事。③

可以看出,梁武帝设立五经博士的一个重要目的就是为修撰五礼制度储备人才,那么加强三礼学的教育也是不言而喻的。天监十三年(514 年),陆倕向徐勉推荐沈峻为五经博士,据《梁书》载:

> 时吏部郎陆倕与仆射徐勉书荐峻曰:"五经博士庾季达须换,计公家必欲详择其人。凡圣贤可讲之书,必以《周官》立义,则《周官》一书实为群经源本。此学不传,多历年世。北人孙详、蒋显亦经听习,而音革楚、

---

① （唐）姚思廉:《梁书》卷五一《处士传》,中华书局 1973 年版,第 736—737 页。
② （唐）姚思廉:《梁书》卷四八《儒林传》,中华书局 1973 年版,第 662 页。
③ （唐）姚思廉:《梁书》卷二五《徐勉传》,中华书局 1973 年版,第 381 页。

夏,故学徒不至;惟助教沈峻,特精此书,比日时开讲肆,群儒刘岊、沈宏、沈熊之徒并执经下坐,北面受业,莫不叹服,人无间言。弟谓宜即用此人,命其专此一学,周而复始,使圣人正典,废而更兴,累世绝业,传于学者。"勉从之。奏峻兼五经博士,于馆讲授,听者常数百人。①

陆倕举荐沈峻的理由之一是沈峻善讲《周礼》。沈峻成为五经博士后,"于馆讲授,听者常数百人",这说明沈峻所讲的《周礼》学在当时的国子学中极受欢迎。学习《周礼》的生员的规模如此大,可以想见,学习《礼记》《仪礼》的生员人数应该不少。

北朝在北魏建国初期就设立了礼学博士,据《魏书·儒林传》载:

> 梁越,字玄览,新兴人也。少而好学,博综经传,无所不通。性纯和笃信,行无择善。国初为《礼经》博士。太祖以其谨厚,举动可则,拜上大夫,命授诸皇子经书。②

北魏永熙年间,孝武帝释奠于国学,在显阳殿征诏刘廞讲《孝经》,李郁讲《礼记》,卢辩讲《大戴礼·夏小正》篇,据《魏书》记载:

> 暨孝昌之后,海内淆乱,四方校学所存无几。永熙中,复释奠于国学。又于显阳殿诏祭酒刘廞讲《孝经》,黄门李郁说《礼记》,中书舍人卢景宣讲《大戴礼·夏小正》篇。复置生七十二人。③

孝武帝所征诏三人,有二人讲的是三礼学,也说明官方对三礼学教育的重视。

2. 兴办学校教授三礼学

南北朝时政局动荡,官办学校也时兴时废,但各代每一次兴办学校,无不重视礼学的教育。宋武帝永初三年(422年),朝廷下诏兴办学校,诏曰:

> 古之建国,教学为先。弘风训世,莫尚于此。发蒙启滞,咸必由之。故爰自盛王,迄于近代,莫不敦崇学艺,修建庠序。自昔多故,戎马在郊,旌旗卷舒,日不暇给。遂令学校荒废,讲诵蔑闻,军旅日陈,俎豆藏器,训

---

① (唐)姚思廉:《梁书》卷四八《儒林传》,中华书局1973年版,第679页。
② (北齐)魏收:《魏书》卷八四《儒林传》,中华书局1974年版,第1843页。
③ (北齐)魏收:《魏书》卷八四《儒林传》,中华书局1974年版,第1842页。

诱之风,将坠于地。后生大惧于墙面,故老窃叹于子衿。①

从此诏可以看出,学校荒废的一个很大的恶果为"俎豆藏器",即礼制不行。因此兴办学校的重要内容就是提倡礼学,促进礼制建设。

南朝国子学在元嘉二十七年(450年)一度被废,宋明帝泰始六年(470年),刘宋设总明观,南齐建元年间,总明观开始掌治五礼,这从侧面说明了总明观已经聚集和培训了一大批的礼学人才。一直到齐武帝永明三年(485年)朝廷重建国子学,总明观才被废除。建元四年(482年),齐高帝又下诏重建国子学,诏曰:

> 夫胶庠之典,彝伦攸先,所以招振才端,启发性绪,弘字黎氓,纳之轨仪。是故五礼之迹可传,六乐之容不泯。②

从诏书可见,此次所立国学,特别强调五礼,因而必然会强调三礼学的教育。由于这一年齐高帝驾崩,国学又废。永明三年(485年),朝廷重建国子学,将国子学馆建在王俭之宅,《南齐书》云:

> 是岁,省总明观,于俭宅开学士馆,悉以四部书充俭家。又诏俭以家为府。四年,以本官领吏部,俭长礼学,谙究朝仪,每博议,证引先儒,罕有其例。八坐丞郎,无能异者。③

朝廷既将国子馆设于王俭宅中,自然是请王俭主持国子学,王俭是礼学大家,当时的儒学领袖,必然会重视三礼学的教育。永明十一年(493年),齐武帝驾崩,国子学一度停办。齐明帝建武四年(497年),朝廷又重建国子学。东昏侯即位后因国讳亦打算废学,大臣曹思文上表反对道:

> 永明以无太子故废,斯非古典也。寻国之有学,本以兴化致治也。天子于以谘谋焉,于以行礼焉。《记》云:"天子出征受命于祖,受成于学,执有罪反,释奠于学。"又云:"食三老五更于太学,天子袒而割牲,执爵而酳,以教诸侯悌也。"于斯学,是天子有国之基,教也或以之。④

曹思文认为学校本来就是天子行礼的一个重要场所,因此不可动辄被废。

---

① (梁)沈约:《宋书》卷三《武帝本纪下》,中华书局1974年版,第58页。

② (梁)萧子显:《南齐书》卷二《高帝本纪下》,中华书局1972年版,第37页。

③ (梁)萧子显:《南齐书》卷二三《王俭传》,中华书局1972年版,第436页。

④ (梁)萧子显:《南齐书》卷九《礼志上》,中华书局1972年版,第144—145页。

这也从侧面反映出礼学教育是学校教育的重中之重。梁天监七年(508年)，梁武帝又下诏兴办国子学。陈天嘉二年(561年)，沈不害上书陈文帝请求立国子学，沈曰：

> 梁太清季年，数钟否剥，戎狄外侵，奸回内衅，朝闻鼓鼙，夕照烽火。洪儒硕学，解散甚于坑夷；《五典》《九丘》，湮灭逾乎帷盖。成均自斯坠业，瞽宗于是不修，哀成之祠弗陈祼享，释菜之礼无称俎豆。颂声寂寞，遂逾一纪。后生敦悦，不见函丈之仪，晚学钻仰，徒深倚席之叹。陛下继历升统，握镜临宇，道洽寰中，威加无外，浊流已清，重氛载廓，含生熙阜，品庶咸亨。宜其弘振礼乐，建立庠序，式稽古典，纡迹儒宫，选公卿门子，皆入于学。助教博士，朝夕讲肆。使担簦负笈，锵锵接衽，方领矩步，济济成林。如切如磋，闻《诗》闻《礼》，一年可以功倍，三冬于是足用。①

沈不害在其奏折中特别指出，梁末由于侯景之乱，致使礼乐废弃。当朝若能教授学生"闻《诗》闻《礼》"，一两年的时间就可见成效。可见此次请立国学，亦以三礼学教育为重点。

北魏太武帝始光二年(425年)二月，朝廷在城东建太学，祭祀孔子，并以颜渊配祭。② 祭祀孔、颜则必定重视礼学教育。北魏太平真君元年(440年)，常爽在温水附近设立学馆，教授门徒。《魏书》记载常爽所教的学生达七百多人，常爽所办学校对促进经学的恢复起了比较大的作用，史书云："京师学业，翕然复兴。"③虽然常爽不是以朝廷名义办学，但从其办学规模、所立的学习制度以及所受官员的支持等方面来看，他所建立的学馆具有浓厚的官方性质。据史载，常爽"讲肆经典二十余年，时人号为儒林先生"④。常爽于授徒之余，著有《六经略注》，常爽在其序言中云："昔者先王之训天下也，莫不导以《诗》《书》，教以《礼》《乐》，移其风俗，和其人民。"⑤这说明常爽很重视礼的教学。北魏献文帝天安元年(466年)，李欣上书请求在各郡国立官学，献文帝派高允

① (唐)姚思廉：《陈书》卷三三《儒林传》，中华书局1972年版，第446—447页。
② (北齐)魏收：《魏书》卷四上《世祖纪上》，中华书局1974年版，第71页。
③ (北齐)魏收：《魏书》卷八四《儒林传》，中华书局1974年版，第1848页。
④ (北齐)魏收：《魏书》卷八四《儒林传》，中华书局1974年版，第1849页。
⑤ (北齐)魏收：《魏书》卷八四《儒林传》，中华书局1974年版，第1849页。

筹略,高允上书曰:

> 申祖宗之遗志,兴周礼之绝业,爰发德音,惟新文教。搢绅黎献,莫不幸甚。臣承旨敕,并集二省,披览史籍,备究典纪,靡不敦儒以劝其业,贵学以笃其道。伏思明诏,玄同古义。宜如圣旨,崇建学校以厉风俗。使先王之道光演于明时,郁郁之音流闻于四海。①

从高允所上奏文可以看出,高允认为设立学校是"兴周礼之绝业",就是向西周礼乐治国之制学习,由此可见北魏对三礼学教育的重视是不言而喻的。宣武帝正始元年(504 年),朝廷开始营缮国子学,宣武帝下诏曰:

> 古之哲王,创业垂统,安民立化,莫不崇建胶序,开训国胄,昭宣三礼,崇明四术,使道畅群邦,风流万宇。自皇基徙构,光宅中区,军国务殷,未遑经建,靖言思之,有惭古烈。可敕有司依汉魏旧章,营缮国学。②

此诏书重点指出"昭宣三礼"为古代哲王创业安民所必须要完成的任务。由此可见宣武帝借此营缮国学之机将三礼学教育又提升到了一个新的高度。北魏孝明帝熙平二年(517 年),李崇上表请求营修国学,李崇曰:

> 仰惟高祖孝文皇帝禀圣自天,道镜今古,徙驭嵩河,光宅函洛,模唐虞以革轨仪,规周汉以新品制,列教序于乡党,敦《诗》《书》于郡国。使揖让之礼,横被于崎岖;歌咏之音,声溢于仄陋。……苟使魏道熙缉,元首唯康,尔乃经营,未为晚也。③

灵太后令曰:

> 省表,具悉体国之诚。配飨大礼,为国之本,比以戎马在郊,未遑修缮。今四表晏宁,年和岁稔,当敕有司别议经始。④

李崇请修国子学就是以孝文帝礼乐治国为榜样的,他认为孝文帝"使揖让之礼横被于崎岖,歌咏之音声溢于仄陋",而灵太后也以"配飨大礼为国之本"同意了李崇的奏章,自然此次所办国学必然大大加强三礼学的教育。北

---

① （北齐）魏收:《魏书》卷四八《高允传》,中华书局 1974 年版,第 1078 页。
② （北齐）魏收:《魏书》卷八《世宗纪》,中华书局 1974 年版,第 198 页。
③ （北齐）魏收:《魏书》卷六六《李崇传》,中华书局 1974 年版,第 1471—1472 页。
④ （北齐）魏收:《魏书》卷六六《李崇传》,中华书局 1974 年版,第 1472 页。

魏宣武帝景明元年(500 年),刘芳上奏折请求开设国子学,宣武帝从之。① 刘芳为北朝的三礼学大家,他所倡建的国子学也会加强三礼学教育。

北齐天保元年(550 年)八月,文宣帝高洋下诏修立学馆,史载:

> 诏郡国修立黉序,广延髦儁,敦述儒风。其国子学生亦仰依旧铨补,服膺师说,研习《礼经》。往者文襄皇帝所运蔡邕石经五十二枚,即宜移置学馆,依次修立。②

高洋在其诏书中专门强调国子生员必须研习《礼经》,可见在国家建立之初,三礼学教育在当时的儒学教育中所占据的突出地位。

3. 对皇室、宗亲进行三礼学教育

南北朝官方所办学校,很重视对皇室、宗亲进行三礼学教育。如雷次宗归隐庐山以后,刘宋官方又专门为其建招隐馆,为"皇太子、诸王讲《丧服经》"。③

又据《南史·儒林传》载:

> (何佟之)仕齐,初为国子助教,为诸王④讲《丧服》,结草为经,屈手巾为冠,诸生有未晓者,委曲诱诲,都下称其醇儒。建武中,为镇北记室参军,侍皇太子讲。时步兵校尉刘瓛、征士吴苞皆已卒,都下硕儒唯佟之而已。⑤

何佟之为国子助教,为诸王讲《丧服》,讲授方法新颖,善于以实例教学,教学效果很好。

梁武帝于天监九年(510 年),亲临国子学,并下令"皇太子及王侯之子年在从师者,可令入学"。⑥ 陈天嘉年间,陈元规为领国子助教,当时陈后主就拜

---

① (北齐)魏收:《魏书》卷五五《刘芳传》,中华书局 1974 年版,第 1121—1122 页。

② (唐)李百药:《北齐书》卷四《文宣帝纪》,中华书局 1972 年版,第 53 页。

③ (梁)沈约《宋书》卷九三《隐逸传》云:"后又征诣京邑,为筑室于钟山西岩下,谓之招隐馆,使为皇太子诸王讲《丧服》经。次宗不入公门,乃使自华林东门入延贤堂就业。"载《宋书》,中华书局 1974 年版,第 2294 页。

④ 中华书局版《南史·儒林传》整理者据下文"诸生有未晓者"而将此"诸王"改为"诸生"。笔者认为诸王受业于何佟之,史书称诸王为诸生亦未尝不可,故本书不将"诸王"改为"诸生"。

⑤ (唐)李延寿:《南史》卷七一《儒林传》,中华书局 1975 年版,第 1734 页。

⑥ (唐)姚思廉:《梁书》卷二《武帝本纪中》,中华书局 1975 年版,第 49 页。

他为师,学习《礼记》《丧服》等。

北朝也注重加强对皇子、诸侯王的礼学教育。《北史·儒林传》云:

> 至兴和、武定之间,儒业复盛矣。始天平中,范阳卢景裕同从兄仲礼于本郡起逆,齐神武免其罪,置之宾馆,以经教授太原公以下。及景裕卒,又以赵郡李同轨继之。二贤并大蒙恩遇,待以殊礼。同轨云亡,复征中山张雕武,勃海李铉、刁柔,中山石曜等递为诸子师友。及天保、大宁、武平之朝,亦引进名儒,授皇太子、诸王经术。①

卢景裕、李铉、刁柔等人都是三礼学大家,朝廷专门征召他们为"诸子师友","授皇太子、诸王经术",这说明朝廷对皇子、诸王三礼学教育的重视。北魏时元澄奏请宣武帝建四门学,元澄上表云:

> 臣每于侍坐,先帝未尝不以书典在怀,礼经为事。周旋之则,不辍于时。自凤举中京,方隆礼教,宗室之范,每蒙委及,四门之选,负荷铨量。自先皇升遐,未遑修述,学宫虚荷四门之名,宗人有阙四时之业。青衿之绪,于兹将废。②

元澄主张修四门学主要是为了教育宗室弟子。元澄在奏表中特别提到孝文帝"礼经为事",说明此次设置四门学的主要目的就是为了兴礼教,因此必然重视三礼学教育。

北周宣帝聘沈重为博士,专门为皇太子讲学③,沈重为三礼学大家,周主对沈重的礼遇说明其对三礼学教育的重视。

综上所述,南北朝各代征辟礼学名士,为三礼学教育储备了师资;兴办学校加强三礼学教育是从制度上为三礼学教育提供保障;加强皇室、宗亲的三礼学教育是为在全社会倡导三礼学教育树立榜样的作用。在南北朝各代政府的努力倡导下,三礼学教育得到了比较大的发展,从而促成了南北朝三礼学研究的兴盛。

---

① (唐)李延寿:《北史》卷八一《儒林传上》,中华书局 1974 年版,第 2705 页。
② (北齐)魏收:《魏书》卷一九中《任城王云传子澄附传》,中华书局 1974 年版,第 471 页。
③ 《周书》卷四五《儒林传》云:"(沈重)于露门馆为皇太子讲论。"载《周书》,中华书局 1971 年版,第 810 页。

（二）南北朝民间的三礼学教育

南北朝时期不仅官方推动了三礼学教育,民间的私学也为三礼学的发展作出了重大的贡献。私学主要有民间学馆与家族教育两种形式。

1.民间学馆的三礼学教育

南北朝的礼学家多以开馆授徒为业。如刘宋初年儒宗雷次宗师从慧远和尚。又《高僧传》载:

> 远内通佛理外善群书。夫预学徒莫不依拟。时远讲《丧服》经。雷次宗、宗炳等并执卷承旨。次宗后别著《义疏》,首称雷氏。宗炳因寄书嘲之曰:"昔与足下共于释和尚间面受此义。今便题卷首称雷氏乎。"①

慧远于庐山开馆授徒,雷次宗师从慧远,精于《丧服》之学,并撰《略注丧服经传》。

雷次宗以后又一位重要的三礼学导师就是刘瓛。刘瓛,沛国相人,字子圭,《隋书·经籍志》载"《丧服经传义疏》一卷,刘瓛撰"。又据《南史》载:

> 瓛姿状纤小,儒业冠于当时,都下士子贵游,莫不下席受业,当世推其大儒,以比古之曹、郑。性谦率,不以高名自居,之诣于人,唯一门生持胡床随后。主人未通,便坐门待答。住在檀桥,瓦屋数间,上皆穿漏,学徒敬慕,不敢指斥,呼为青溪焉。②

从上文所云"住在檀桥,瓦屋数间,上皆穿漏"来看,刘瓛是私开学馆授徒。

齐、梁时的礼学家何胤也自己开馆授学。《梁书·处士传》载何胤著有"《礼记隐义》二十卷、《礼答问》五十五卷"③。除此以外,《隋书·经籍志》载何胤还著有《政礼仪注》十卷、《士丧仪注》九卷。④ 又据《梁书》载:

> 胤以若邪处势迫隘,不容生徒,乃迁秦望山。山有飞泉,西起学舍,即林成援,因岩为堵,别为小合室,寝处其中,躬自启闭,僮仆无得至者。山

---

① （梁）释慧皎等:《高僧传合集·高僧传》卷六《释慧远传》,上海古籍出版社1995年版,第40页。

② （唐）李延寿:《南史》卷五〇《刘瓛传》,中华书局1975年版,第1237页。

③ （唐）姚思廉:《梁书》卷五一《处士传》,中华书局1975年版,第739页。

④ （唐）魏徵等:《隋书》卷三三《经籍志二》,中华书局1973年版,第970页。

侧营田二顷,讲隙从生徒游之。①

可见何胤为方便收徒,专门迁往秦望山,自起学舍,开馆授学。

陈代开馆授学比较出名的为沈德威,据《陈书》载:

> 沈德威字怀远,少有操行。梁太清末,遁于天目山筑室以居。虽处乱离而笃学无倦,遂治经业。天嘉元年征出都,侍太子,讲《礼》《传》。寻授太学博士,转国子助教。每自学还私室即讲授,道俗受业者数十百人,率常如此。迁太常丞,兼五礼学士。②

由上文可见,沈德威专为太子讲《礼》,应当精于三礼学,沈德威每为太子讲学回家以后,还在私室讲授,跟随他学习的生徒有数十数百人。

南朝还有一种民间的学馆,《南史》称其为乡校。据《南史·儒林传》载:"顾越,字允南,吴郡盐官人也。所居新坂黄冈,世有乡校,由是顾氏多儒学焉。"③这各种学馆是由同乡中比较博学的长者开馆,主要传授本族子弟。梁代礼学家沈峻就是师从其宗人沈麟士。④沈峻于《五经》之中最擅长三礼,三礼之中又最擅长《周礼》。梁时礼学大家沈重,也是吴兴武康人,沈重也擅长《周礼》。史书并未言明沈重与沈峻有血缘关系,但二人同姓,又都擅长《周礼》,沈重因精通《周礼》而被周武帝征聘到北周。⑤我们推测,吴兴武康沈氏乡校长于《周礼》学教育。沈峻、沈重应当都受学于沈氏乡校。

北魏前期,国家初定,开始出现为数不多的传授三礼的经师。北魏私开学馆授学的礼学家有李孝伯、刘兰、张吾贵等人。

李孝伯,赵郡(今河北赵县)人,从小就治《郑氏礼》,《魏书》云:

> (李孝伯)以教授为业,郡三辟功曹不就,门人劝之,尝曰:"功曹之职,虽曰乡选高第,犹是郡吏耳。北面事人,亦何容易。"州辟主簿,到官月余,乃叹曰:"梁叔敬有云:'州郡之职,徒劳人耳。道之不行,身之忧

---

① (唐)姚思廉:《梁书》卷五一《处士传》,中华书局1975年版,第738页。

② (唐)姚思廉:《陈书》卷三三《儒林传》,中华书局1972年版,第442页。

③ (唐)李延寿:《南史》卷七一《儒林传》,中华书局1975年版,第1752页。

④ 《梁书》卷四八《儒林传》云:"沈峻,字士嵩,吴兴武康人也。家世农夫,至峻好学。与舅太史叔明师事宗人沈麟士,在门下积年版,昼夜自课。时或假寐,辄则以杖自击,其笃志如此。……遂博通五经,尤长三礼。"载《梁书》,中华书局1975年版,第678页。

⑤ (唐)令狐德棻等:《周书》卷四五《儒林传》,中华书局1971年版,第808—811页。

也。'"遂还家讲授。①

从上文云"还家讲授"可见李孝伯当是私开学馆授学。

刘兰,武邑(今属河北)人。三十多岁才入小学学书《急就篇》,因家人发现他很聪明,就让他拜师求学,受《礼》于中山王保安。《魏书·儒林传》云:

> 家贫无以自资,且耕且学。三年之后,便白其兄:"兰欲讲书。"其兄笑而听之,为立黉舍,聚徒二百。②

从刘兰之兄为其"为立黉舍,聚徒二百"可见,刘兰学成以后也私开学馆教学。

张吾贵,学《礼》于郦诠,《魏书·儒林传》云:

> 张吾贵,字吴子,中山人。少聪惠口辩,身长八尺,容貌奇伟。年十八,本郡举为太学博士。吾贵先未多学,乃从郦诠受《礼》,牛天祐受《易》。诠、祐粗为开发,而吾贵览读一遍,便即别构户牖,世人竞归之。③

从张吾贵"别构户牖,世人竞归之"可见他是私开学馆授学,且由"世人竞归之",说明他在当时影响之大。

北齐礼学大师徐遵明是北朝三礼学传授体系中的一个灵魂人物。徐遵明成名后在河北讲经授学达二十多年,成为一代儒宗。据《魏书》载:

> 遵明讲学于外二十余年,海内莫不宗仰,颇好聚敛,有损儒者之风。后广平王怀闻而征焉,至而寻退,不好京辇。孝昌末,南渡河,客于任城,以兖州有旧,因徙居焉。永安初,东道大使元罗表荐之,竟无礼辟。④

从徐遵明"颇好聚敛"可以看出他是自己开馆授学,后虽有元罗上表举荐,他也没有获得朝廷的礼辟。

徐遵明的学生中最出名的为李铉。《北齐书·儒林传》记载李铉著有《三礼义疏》,⑤《北齐书》云:"(李铉)年二十七,归养二亲,因教授乡里,生徒恒至

---

① (北齐)魏收:《魏书》卷五三《李孝伯传》,中华书局1974年版,第1167页。
② (北齐)魏收:《魏书》卷八四《儒林传》,中华书局1974年版,第1851页。
③ (北齐)魏收:《魏书》卷八四《儒林传》,中华书局1974年版,第1851页。
④ (北齐)魏收:《魏书》卷八四《儒林传》,中华书局1974年版,第1855页。
⑤ (唐)李百药:《北齐书》卷四四《儒林传》,中华书局1972年版,第584页。

数百。燕、赵间能言经者,多出其门。"①既然李铉"教授乡里",这说明李铉也私开学馆授学。李铉的学生中以礼名于当世的有"刁柔、张买奴、鲍季详、邢峙、刘昼、熊安生"。②《北齐书·儒林传》记载刁柔从小就留意礼仪之学,且多次参与朝廷制礼的讨论,如当时人都认为"五等爵邑,承袭者无嫡子立嫡孙,无嫡孙立嫡子弟,无嫡子弟立嫡孙弟"③,刁柔举三礼经文,力排众议认为"无嫡孙应立嫡曾孙,不应立嫡子弟"。④ 从刁柔所议可以看出其三礼学造诣比较深厚。冯伟,中山安喜(今河北省定州市)人,字传节。据史载他年轻时师从李铉,李铉认为他很聪明,经常出题考察他,他都能通解,说明他对三礼的研究比较深入。⑤ 张买奴,平原(今属山东)人,张买奴在当时广受推崇,门生达一千多人。⑥ 刘昼,渤海阜城(今河北阜城)人,字孔昭,与李铉同乡,从李铉受三礼。⑦ 鲍季详,渤海(今河北沧州一带)人,鲍季详对三礼甚有研究,年轻时常常作为李铉的都讲,后来自己也立馆授徒,受到儒生的推崇。他的从弟鲍长暄,也通三礼学。⑧

李铉学生中最出名的当数熊安生。熊安生是北朝中后期又一位重要的三礼经师,著有《周礼义疏》《礼记义疏》,其中《礼记义疏》为北朝《礼记》义疏的代表作,也是唐代《礼记正义》编纂成书时所依据的礼书之一。据《周书·儒林传》载:

> 熊安生,字植之,长乐阜城人也。少好学,励精不倦。初从陈达受三传,又从房虬受《周礼》,并通大义。后事徐遵明,服膺历年。东魏天平中,受《礼》于李宝鼎。遂博通五经。然专以三礼教授。弟子自远方至者,千余人。乃讨论图纬,捃摭异闻,先儒所未悟者,皆发明之。
>
> 齐河清中,阳休之特奏为国子博士。……安生既学为儒宗,当时受其

① (唐)李百药:《北齐书》卷四四《儒林传》,中华书局1972年版,第584页。
② (唐)李延寿:《北史》卷八一《儒林传上》,中华书局1974年版,第2708页。
③ (唐)李百药:《北齐书》卷四四《儒林传》,中华书局1972年版,第585页。
④ (唐)李百药:《北齐书》卷四四《儒林传》,中华书局1972年版,第584页。
⑤ (唐)李延寿:《北史》卷八一《儒林传上》,中华书局1974年版,第2727页。
⑥ (唐)李延寿:《北史》卷八一《儒林传上》,中华书局1974年版,第2728页。
⑦ (唐)李延寿:《北史》卷八一《儒林传上》,中华书局1974年版,第2729页。
⑧ (唐)李延寿:《北史》卷八一《儒林传上》,中华书局1974年版,第2728页。

业擅名于后者,有马荣伯、张黑奴、窦士荣、孔笼、刘焯、刘炫等,皆其门人焉。所撰《周礼义疏》二十卷、《礼记义疏》四十卷、《孝经义疏》一卷,并行于世。①

熊安生直到齐河清年间才被举荐为博士,在此之前应是在乡间私开学馆授学,当时有名的礼学家多出自熊氏之门。

2. 家族三礼学教育

南朝很多礼学家的家学渊源很深,南朝诸多的礼学世家在礼学传授中扮演着非常重要的角色。早期以治礼闻名于世的是雷次宗父子。雷肃之为雷次宗之子,著有《礼记义疏》,《隋书·经籍志》著录。②

齐梁比较出名的礼学世家为明氏家族。明僧绍,平原鬲(今山东省平原县)人,字承烈。《南齐书》云:"祖玩,州治中,父略,给事中。僧绍宋元嘉中再举秀才,明经有儒术。"③其子明山宾为南朝礼学大家。明山宾,字孝若,据《梁书》载:

> 七岁能言名理。十三,博通经传,居丧尽礼。……梁台建,为尚书驾部郎,迁治书侍御史,右军记室参军,掌治吉礼。时初置五经博士,山宾首膺其选。……著《吉礼仪注》二百二十四卷;《礼仪》二十卷;《孝经、丧礼服义》十五卷。④

明山宾之子为明克让,明克让字弘道,亦精于三礼。梁灭以后,明克让到长安。周武帝即位以后,征明克让为露门学士。⑤

琅邪王氏也出过许多礼学家,最出名的是王俭。王俭为齐时礼学领袖,王俭出生时,他的父亲王僧绰遇害,王俭由叔父王僧虔养大。王僧虔精通礼乐,曾于宋顺帝昇明二年(478 年)上书请求朝廷正雅乐。王俭自幼就好学,⑥年

① (唐)令狐德棻等:《周书》卷四五《儒林传》,中华书局 1971 年版,第 812—813 页。
② 《隋书·经籍志》云:"《礼记新义疏》二十卷(贺场撰。梁有《义疏》三卷,宋豫章郡丞雷肃之撰,亡)。"载《隋书》,中华书局 1973 年版,第 922 页。
③ (梁)萧子显:《南齐书》卷五四《高逸传》,中华书局 1972 年版,第 927 页。
④ (唐)姚思廉:《梁书》卷二七《明山宾传》,中华书局 1975 年版,第 405—407 页。
⑤ (唐)魏徵等:《隋书》卷五八《明克让传》,中华书局 1973 年版,第 1415 页。
⑥ 《南史》卷二二《王昙首传孙王俭附传》载:"(俭)幼笃学,手不释卷。宾客或相称美,僧虔曰:'我不患此儿无名,政恐名太盛耳。'"载《南史》,中华书局 1975 年版,第 590—596 页。

轻时就留意礼学。① 当时朝廷礼仪典制都出自王俭。《南史》载王俭著有《古今丧服集记》。② 又《隋书·经籍志》载王俭还撰有《丧服图》《礼论要钞》《礼答问》《礼义答问》等礼学著述以及《吊答仪》《吉书仪》等仪制著述。③

　　会稽贺氏从汉代就以礼学名世。贺场为东晋礼学大家贺循的玄孙。④《隋书·经籍志》载贺循著有《丧服要记》《丧服谱》。贺氏祖上为西汉礼学大家庆普,庆氏礼学的开创者。贺场的祖父贺道力也善三礼。⑤ 贺场的儿子贺革、贺季,侄子贺琛都传贺场之学。贺革,字文明,据《梁书》载:

　　(革)少通三礼。……起家晋安王国侍郎兼太学博士,侍湘东王读,敕于永福省为邵陵湘东武陵三王讲礼。……于学讲授,生徒常数百人。出为西中郎湘东王谘议参军,带江陵令。王初于府置学,以革领儒林祭酒,讲三礼,荆楚衣冠听者甚众。⑥

贺革的弟弟贺季也明三礼。⑦ 贺琛,贺场的侄子,字国宝,据《梁书》载:

　　贺琛字国宝,会稽山阴人也。伯父场步兵校尉,为世硕儒。琛幼,场授其经业,一闻便通义理。场异之,常曰:“此儿当以明经致贵。”……尤精三礼。初,场于乡里聚徒教授,至是又依琛焉。……琛始出都,高祖闻其学术,召见文德殿,与语悦之,谓仆射徐勉曰:“琛殊有世业。”仍补王国侍郎,俄兼太学博士,稍迁中卫参军事、尚书通事舍人、参礼仪事。……琛所撰《三礼讲疏》《五经滞义》及诸仪法,凡百余篇。⑧

河内司马氏也是礼学世家。司马褧,河内温(今河南温县)人,字元表,他

　　① 《南史》卷二二《王昙首传孙王俭附传》云:“何承天《礼论》三百卷,俭抄为八帙,又别抄条目为十三卷。”载《南史》,中华书局1975年版,第590—596页。
　　② (唐)李延寿:《南史》卷二二《王昙首传孙王俭附传》,中华书局1975年版,第590—596页。
　　③ (唐)魏徵等:《隋书》卷三二《经籍志一》,中华书局1973年版,第919—924页。
　　④ 《晋书》卷六八《贺循传》云:“循辄依经礼而对,为当世儒宗。”载《晋书》,中华书局1974年版,第1830页。
　　⑤ 《梁书》卷四八《儒林传》云:“祖道力,善三礼,仕宋为尚书三公郎,建康令,场少传家业。”载《梁书》,中华书局1975年版,第672页。
　　⑥ (唐)姚思廉:《梁书》卷四八《儒林传》,中华书局1975年版,第673页。
　　⑦ 《梁书》卷四八《儒林传》云:“(革)弟季,亦明三礼,历官尚书祠部郎,兼中书通舍人。”载《梁书》,中华书局1975年版,第673页。
　　⑧ (唐)姚思廉:《梁书》卷三八《贺琛传》,中华书局1975年版,第540—551页。

的父亲司马燮就善三礼,司马褧自小就传家业,精于礼学,后受到当时的儒宗刘瓛的赏识。后司马褧被朝廷征辟负责嘉礼的修订。①

平昌伏氏也是礼学人才辈出。伏曼容著有《丧服集解》一书,其子伏暅。②伏暅在梁武帝时,与徐勉、周舍共同主持编修五礼。③

武康沈文阿,其父沈峻,为梁代三礼学家,擅长《周礼》,《陈书》记载:

> 沈文阿,字国卫,吴兴武康人也。父峻,以儒学闻于梁世,授桂州刺史,不行。文阿性刚强,有膂力,少习父业,研精章句。祖舅太史叔明、舅王慧兴并通经术,而文阿颇传之。又博采先儒异同,自为义疏。治三礼、三传。④

陈代礼学家贺德基,也有家学渊源,《陈书》载:

> (德基)世传礼学,祖文发,父淹,仕梁俱为祠部郎,并有名当世。……德基于《礼记》称为精明,居以传授,累迁尚书祠部郎。德基虽不至大官,而三世儒学,俱为祠部,时论美其不坠焉。⑤

有关北朝礼学在民间的传授,张鹤泉比较早地有过论述。张氏专门阐述了北朝私学对三礼学的传授及北朝礼学家的师承关系,⑥但是张氏只谈到了民间学馆教育,没有谈到家族教育。北朝礼学世家首推范阳卢氏。北朝礼学家卢道虔,他的曾祖为北魏初年大儒卢玄,据《北史》载:"道虔好《礼》学,难齐

---

① 《梁书》卷四〇《司马褧传》云:"(司马褧)曾祖纯之,晋大司农高密敬王。祖让之,员外常侍。父燮,善三礼,仕齐官至国子博士。褧少传家业,强力专精,手不释卷,其礼文所涉书,略皆遍睹。沛国刘瓛为儒者宗,嘉其学,深相赏好。少与乐安任昉善,昉亦雅重焉。初为国子生,起家奉朝请,稍迁王府行参军。天监初,诏通儒治五礼,有司举褧治嘉礼。……褧学尤精于事数,国家吉凶礼,当世名儒明山宾、贺场等疑不能断皆取决焉。……王命记字庾肩吾集其文为十卷,所撰《嘉礼仪注》一百一十二卷。"载《梁书》,中华书局1975年版,第567—568页。

② 《梁书》卷四八《儒林传》云:"曼容早孤,与母兄客居南海。……卫将军王俭深相爱好,令与河内司马宪、吴郡陆澄共撰《丧服义》。既成,又欲与定礼乐。……子暅,在《良吏传》。"载《梁书》,中华书局1975年版,第662—663页。

③ 《梁书》卷五三《良吏传》云:"伏暅字玄耀,曼容之子也,幼传父业,能言玄理。……齐末始为尚书都官郎,仍为卫军记室参军。高祖践阼,迁国子博士。父忧去职,服阕,为车骑谘议参军,累迁司空长史、中书侍郎、前军将军兼五经博士,与吏部尚书徐勉,中书侍郎周舍总知五礼事。"载《梁书》,中华书局1975年版,第774页。

④ (唐)姚思廉:《陈书》卷三三《儒林传》,中华书局1972年版,第434页。

⑤ (唐)姚思廉:《陈书》卷三三《儒林传》,中华书局1972年版,第442页。

⑥ 张鹤泉:《略论北朝儒生对"三礼"的传授》,《社会科学战线》2009年第7期。

尚书令王俭《丧服集记》七十余条。"①他的儿子卢昌衡也擅长礼学。② 卢氏家族另一位礼学家卢景裕也是卢玄后人,《北史》载:"景裕字仲孺,小字白头。少敏,专经为学。……又避地大宁山,不营世事。居无二业,唯在注解。"③卢景裕撰有《礼记》注。④ 卢景裕弟卢辩,精于《大戴礼记》。北周依《周礼》设百官,卢辩是主持者之一。⑤ 卢辩弟弟卢光,也精于三礼。⑥

孙灵晖为北魏礼学家孙惠蔚的族曾孙。据《北齐书》载,孙灵晖"唯寻讨惠蔚手录章疏,不求师友。三礼及三传皆通宗旨,始就鲍季详、熊安生质问疑滞,其所发明,熊、鲍无以异也"。⑦ 其子孙万寿亦通三礼之学。⑧

房晖远,恒山真定(今河北正定)人,字崇儒,《北史》云:"世传儒学。晖远幼有志行,明三礼。"⑨从北史所云"世传儒学"可见其家学渊源。

颜之推,琅邪临沂(今属山东)人,字介,《北史》云:"世善《周官》《左氏》学,俱《南史》有传。之推年十二,遇梁湘东王自讲《庄》《老》,之推便预门徒。虚谈非其所好,还习《礼》《传》。"⑩从《北史》记载可见,颜氏家族世传《周礼》之学。

---

① (唐)李延寿:《北史》卷三〇《卢玄传曾孙道虔附传》,中华书局1974年版,第1078页。

② 《北史》卷三〇《卢玄传曾孙道虔附传》云:"昌衡,字子均……周武平齐,授司玉中士,与大宗伯斛斯征修《礼令》。"载《北史》,中华书局1974年版,第1078页。

③ (唐)李延寿:《北史》卷三〇《卢同传兄子景裕附传》,中华书局1974年版,第1098页。

④ (唐)李延寿:《北史》卷三〇《卢同传兄子景裕附传》,中华书局1974年版,第1099页。

⑤ 《北史》卷三〇《卢同传兄子辩附传》云:"辩字景宣,少好学,博通经籍。正光初,举秀才,为太学博士。以《大戴礼》未有解诂,辩乃注之。其兄景裕为当时硕儒,谓辩曰:'昔侍中注《小戴》,今汝注《大戴》,庶纂前修矣。'……周文帝以辩有儒术,甚礼之,朝廷大议,常召顾问。迁太子少保,领国子祭酒。赵青雀之乱,魏太子出居渭北,辩时随从,亦不告家人。其执志敢决,皆此类也……初,周文欲行《周官》,命苏绰专掌其事。未几而绰卒,乃令辩成之。于是依《周礼》建六官,革汉、魏之法。"载《北史》,中华书局1974年版,第1099—1102页。

⑥ 《北史》卷三〇《卢同传兄子光附传》云:"辩弟光。光字仁。性温谨,博览群书,精于三礼。"载《北史》,中华书局1974年版,第1104页。

⑦ (唐)李百药:《北齐书》卷四四《儒林传》,中华书局1972年版,第596页。

⑧ 《北齐书》卷四四《儒林传》云:"子万寿,聪识机警,博涉群书,《礼》《传》俱通大议。"载《北齐书》,中华书局1972年版,第596页。

⑨ (唐)李延寿:《北史》卷八二《儒林传下》,中华书局1974年版,第2760页。

⑩ (唐)李延寿:《北史》卷八三《文苑》,中华书局1974年版,第2794页。

(三) 南北朝三礼学教育的特点

1. 形成明确的师承关系

张鹤泉认为北朝后期三礼传授开始形成明确的师承关系。① 其实无论南朝还是北朝,三礼传授的师承关系都比较明显。南朝如雷次宗师从慧远和尚。严植之、司马筠、范缜、何胤等师从刘瓛。司马筠"少孤贫好学,师沛国刘瓛,强力专精,深为瓛所器。及长,博通经术,尤明三礼"②。《梁书》记载司马筠多次在朝廷上议礼。严植之,建平秭归(今属湖北)人,字孝源,严植之精通《丧服》,遍习郑玄三礼注。梁武帝天监二年(503 年),朝廷组织编修五礼,令严植之主持凶礼。③ 严植之也受学于刘瓛,据《南史》载:

> 初,瓛讲《月令》毕,谓学生严植之曰:"江左以来,阴阳律数之学废矣,吾今讲此,曾不得其仿佛。"学者美其退让。④

范缜,南乡舞阴(今河南泌阳)人,字子真,范缜也受学于刘瓛。⑤ 何胤,庐江灊(今安徽霍山)人,字子季,《梁书》载何胤著有"《礼记隐义》二十卷、《礼答问》五十五卷"⑥。除此以外,《隋书·经籍志》载何胤还著有《政礼仪注》十卷、《士丧仪注》九卷。⑦ 何胤也师事刘瓛,据《梁书·处士传》载:

> (何胤)年八岁,居忧哀毁若成人。既长好学。师事沛国刘瓛,受《易》及《礼记》《毛诗》,又入钟山定林寺听内典,其业皆通。而纵情诞节,时人未之知也,唯瓛与汝南周颙深器异之。⑧

贺玚,会稽山阴(今浙江绍兴)人,字德琏,贺玚家传礼学,其成名得力于刘瓛的举荐之功。据《梁书》载:

---

① 张鹤泉:《略论北朝儒生对"三礼"的传授》,《社会科学战线》2009 年第 7 期。
② (唐)姚思廉:《梁书》卷四八《儒林传》,中华书局 1975 年版,第 674 页。
③ (唐)姚思廉:《梁书》卷四八《儒林传》,中华书局 1975 年版,第 671 页。
④ (唐)李延寿:《南史》卷五〇《刘瓛传》,中华书局 1975 年版,第 1238 页。
⑤ 《梁书》卷四八《儒林传》云:"范缜……晋安北将军汪六世孙。祖璩之,中书郎。父濛,早卒。缜少孤贫,事母孝谨。年未弱冠,闻沛国刘瓛聚众讲说,始往从之,卓越不群而勤学,瓛甚奇之,亲为之冠。在瓛门下积年,去来归家,恒芒屩布衣,徒行于路。瓛门多车马贵游,缜在其门,聊无耻愧。既长,博通经术,尤精三礼。"载《梁书》,中华书局 1975 年版,第 664 页。
⑥ (唐)姚思廉:《梁书》卷五一《处士传》,中华书局 1975 年版,第 739 页。
⑦ (唐)魏徵等:《隋书》卷三三《经籍志二》,中华书局 1973 年版,第 970 页。
⑧ (唐)姚思廉:《梁书》卷五一《处士传》,中华书局 1975 年版,第 735 页。

（贺玚）祖道力,善三礼,仕宋为尚书三公郎,建康令。玚少传家业,齐时沛国刘瓛为会稽府丞,见玚深器异之。尝与俱造吴郡张融,指玚谓融曰:"此生神明聪敏,将来当为儒者宗。"瓛还,荐之为国子生,举明经。……所著《礼》《易》《老》《庄》讲疏、朝廷博议数百篇,《宾礼仪注》一百四十五卷。①

贺玚的著述除其《梁书》本传所载《宾礼仪注》外,还有见于《隋志》的《礼论要钞》《丧服新义疏》。②

严植之、何胤、贺玚等人成名以后,也都成为一代经师。如《梁书》载:

天监二年,板后军骑兵参军事。高祖诏求通儒治五礼,有司奏植之治凶礼。四年,初置五经博士,各开馆教授,以植之兼五经博士。植之馆在潮沟,生徒常百数。植之讲,五馆生必至,听者千余人。③

何胤的学生成名者有孔金等。孔金学成以后,自己也开馆讲学,学生亦多达几百人。④ 贺玚成名后,也生徒从多。⑤ 在贺玚的学生中,皇侃应是最出色的一位。皇侃师事贺玚,据《梁书》载:

皇侃,吴郡人,青州刺史皇象九世孙也。侃少好学,师事贺玚,精力专门,尽通其业,尤明三礼、《孝经》、《论语》,起家兼国子助教。于学讲说,听者数百人,撰《礼记讲疏》五十卷,书成奏上,诏付秘阁,顷之,召入寿光殿,讲《礼记义》,高祖善之。拜员外散骑侍郎,兼助教如故。⑥

有关皇侃的三礼著述,《隋书·经籍志》云:"《丧服文句义疏》十卷(梁国子助教皇侃撰)。……《丧服问答目》十三卷(皇侃撰)。……《礼记讲疏》九十九卷(皇侃撰)。《礼记义疏》四十八卷(皇侃撰)。"⑦皇侃又有学生郑灼,据《陈书》载:

郑灼,字茂昭,东阳信安人也。祖惠,梁衡阳太守;父季徽,通直散骑

①　(唐)姚思廉:《梁书》卷四八《儒林传》,中华书局1975年版,第672页。

②　(唐)魏徵等:《隋书》卷三二《经籍志一》,中华书局1973年版,第922—923页。

③　(唐)姚思廉:《梁书》卷四八《儒林传》,中华书局1975年版,第671页。

④　《梁书》卷四八《儒林传》云:"(孔金)会稽山阴人,少师事何胤,通五经,尤明三礼、《孝经》、《论语》,讲说并数十遍,生徒亦数百人。"载《梁书》,中华书局1975年版,第677页。

⑤　《梁书》卷四八《儒林传》云:"(贺玚)于礼尤精,馆中生徒常百数,弟子明经对策至数十人。"载《梁书》,中华书局1975年版,第672—673页。

⑥　(唐)姚思廉:《梁书》卷四八《儒林传》,中华书局1975年版,第680页。

⑦　(唐)魏徵等:《隋书》卷三二《经籍志一》,中华书局1973年版,第919—924页。

侍郎、建安令。灼幼而聪敏,励志儒学,少受业于皇侃。……灼性精勤,尤明三礼,少时尝梦与皇侃遇于途,侃谓灼曰:"郑郎开口。"侃因唾灼口中,自后义理逾进。灼家贫,抄义疏以日继夜,笔毫尽,每削用之。①

现存日本早稻田大学的《礼记子本疏义》残卷就是郑灼所抄皇侃《礼记义疏》。

陈代比较有名的经师有刘文绍。他的学生成名的有戚衮与张崖。戚衮,吴郡盐官(今浙江海宁)人,字公文,据《陈书》载:

> 戚衮字公文,吴郡盐官人也。祖显,齐给事中。父霸,梁临贺王府中兵参军。衮少聪慧,游学京都,受三礼于国子助教刘文绍,一二年中,大义略备。年十九,梁武帝敕策《孔子正言》并《周礼》《礼记》义,衮对高第。仍除扬州祭酒从事史。②

戚衮著有《三礼义记》,后因梁代动乱而亡佚,另著有四十卷《礼记义》。有关张崖的生平,据《陈书》载:

> 张崖传三礼于同郡刘文绍,仕梁历王府中记室。天嘉元年,为尚书仪曹郎。广沈文阿《仪注》,撰《五礼》,出为丹阳令,王府谘议参军。御史中丞宗元饶表荐为国子博士。③

北朝三礼学传授也多有明确的师承关系。刘兰受《礼》于中山王保安。④张吾贵学《礼》于郦诠。⑤ 张吾贵门生极多,堪称一代儒宗。在他之后又堪称一代儒宗的是礼学大师徐遵明。徐遵明自幼丧父,但从小就好学,十七岁与乡人毛灵和一起去外地求学。在上党,徐遵明向王聪学习《礼记》,后又师从张吾贵、孙买德等经师,但徐遵明从师时间都比较短。经过一段时间的游学,徐遵明认识到真正的学问不能仅靠老师的传授,还要靠自己的领悟。⑥ 后徐遵

---

① (唐)姚思廉:《陈书》卷三三《儒林传》,中华书局 1972 年版,第 441 页。
② (唐)姚思廉:《陈书》卷三三《儒林传》,中华书局 1972 年版,第 440 页。
③ (唐)姚思廉:《陈书》卷三三《儒林传》,中华书局 1972 年版,第 441 页。
④ (北齐)魏收:《魏书》卷八四《儒林传》,中华书局 1974 年版,第 1851 页。
⑤ (北齐)魏收:《魏书》卷八四《儒林传》,中华书局 1974 年版,第 1851 页。
⑥ 《北史》卷八一《儒林传上》云:"(徐遵明)年十七随乡人毛灵和等诣山东求学。至上党,乃师屯留王聪,受《毛诗》《尚书》《礼记》,一年便辞聪。游燕赵,师事张吾贵。吾贵门徒甚盛。遵明伏膺数月,乃私谓友人曰:'张生名高而义无检格,凡所讲说,不惬吾心。请更从师。'遂与平原田猛略就范阳孙买德。受业一年,复欲去之。猛略谓遵明曰:'君年少从师,每不终业,如此用意,终恐无成。'遵明乃指其心曰:'吾今知真师所在矣,正在于此。'"载《北史》,中华书局 1974 年版,第 2720 页。

明居舍苦学,六年不出门院,其后以礼学名世者多是徐遵明的门人。据《北史·儒林传》载:

> 三礼并出遵明之门。徐传业于李铉、祖儁、田元凤、冯伟、纪显敬、吕黄龙、夏怀敬。李铉又传授刁柔、张买奴、鲍季详、邢峙、刘昼、熊安生。安生又传孙灵晖、郭仲坚、丁恃德。其后生能通《礼经》者,多是安生门人。诸生尽通《小戴礼》。于周、仪礼兼通者,十二三焉。①

徐遵明弟子李铉先是师从章武刘子猛,学习《礼记》;后又师从常山房虬,学习《周礼》与《仪礼》,后就徐遵明门下受学。二十三岁后,李铉著成《三礼义疏》。② 李铉也生徒众多,③刁柔、鲍季详、张买奴、刘昼、邢峙、熊安生等都是他的学生。④

熊安生是徐遵明、李铉的学生中三礼学成就最大的一位。当时的礼学家马荣伯、窦士荣、张黑奴、孔笼、刘焯、刘炫等都是他的门人。据《周书·儒林传》载:

> 熊安生……初从陈达受三传,又从房虬受《周礼》,并通大义。后事徐遵明,服膺历年。东魏天平中,受《礼》于李宝鼎。遂博通五经。然专以三礼教授。弟子自远方至者,千余人。……安生既学为儒宗,当时受其业擅名于后者,有马荣伯、张黑奴、窦士荣、孔笼、刘焯、刘炫等,皆其门人焉。⑤

向熊安生学礼的还有孙灵晖、刘焯。孙灵晖,长乐武强(今属河北)人。孙灵晖为北魏大儒孙惠蔚后人,虽家学渊源深厚,也曾于熊安生、鲍季详处求学。⑥ 刘焯,信都昌亭(今河北冀州)人,字士元,《隋书·儒林传》云:"(刘焯)

---

① (唐)李延寿:《北史》卷八一《儒林传上》,中华书局1974年版,第2708页。
② (唐)李延寿:《北史》卷八一《儒林传上》,中华书局1974年版,第2708页。
③ 《北史》卷八一《儒林传上》云:"燕、赵间能言经者,多出其门。"载《北史》,中华书局1974年版,第2708页。
④ (唐)李延寿:《北史》卷八一《儒林传上》,中华书局1974年版,第2708页。
⑤ (唐)令狐德棻等:《周书》卷四五《儒林传》,中华书局1971年版,第812—813页。
⑥ 《北齐书》卷四四《儒林传》云:"(孙灵晖)魏大儒秘书监惠蔚,灵晖之族曾王父也。灵晖少明敏,有器度。惠蔚一子早卒,其家书籍多在焉。灵晖年七岁,便好学,日诵数千言,唯寻讨惠蔚手录章疏,不求师友。三礼及三传皆通宗旨,始就鲍季详、熊安生质问疑滞,其所发明,熊、鲍无以异也。"载《北齐书》,中华书局1972年版,第596页。

犀额龟背,望高视远,聪敏沉深,弱不好弄。……尝问《礼》于阜城熊安生。"①

在熊安生以后,北方又一位比较重要的三礼学经师是马光。马光,武安(今属河北)人,字荣伯,据《北史·儒林传》载:

> (马光)少好学,从师数十年,昼夜不息,图书谶纬,莫不毕览。尤明三礼,为儒者所宗。……尝因释奠,帝亲幸国子学,王公已下毕集,光升坐讲《礼》,启发章门。已而诸儒生以次论难者十余,皆当时硕学。光剖析疑滞,虽辞非俊辩,而礼义弘赡。论者莫测其浅深,咸共推服。上嘉而劳焉。山东三礼学者,自熊安生后,唯宗光一人。②

说南北朝三礼学教育形成较明确的师承关系,是就一般情况而言。焦桂美认为北朝经学往往有学承多门的现象。③ 当时的北朝礼学教育确实有学承多门的现象,如徐遵明师从王聪、张吾贵、孙买德等经师;李铉从章武刘子猛受《礼记》,后于房虬处受《周礼》与《仪礼》,又就徐遵明门下受学。

2. 经师数量递增

南朝刘瓛的门生严植之、司马筠、何胤及沈麟士的门生沈峻、太史叔明都成为有影响力的经师。孔金师从何胤,成名后门生达数百人。沈峻师从沈麟士,沈峻后以讲《周官》著名,"刘岊、沈宏、沈熊之徒,并执经下坐,北面受业"④。贺革,传贺玚之学,成名后"讲三礼,荆楚衣冠听者甚众"⑤。

随着三礼学教育的不断发展,北朝的三礼学经师也逐渐呈增多的趋势。如徐遵明的学生有李铉、祖俊等人。李铉的门生有刁柔、张买奴、鲍季详、邢峙、刘昼、熊安生等人。刁柔等人亦开馆收徒,如张买奴的门生又达一千多人。⑥ 熊安生的门生有孙灵晖等人。经师的数量越来越多,说明南北朝三礼学越来越繁荣。

---

① (唐)魏徵等:《隋书》卷七五《儒林传》,中华书局1973年版,第1718页。
② (唐)李延寿:《北史》卷八二《儒林传下》,中华书局1974年版,第2761页。
③ 焦桂美:《南北朝经学史》,上海古籍出版社2009年版,第44页。
④ (唐)姚思廉:《梁书》卷四八《儒林传》,中华书局1975年版,第679页。
⑤ (唐)姚思廉:《梁书》卷四八《儒林传》,中华书局1975年版,第673页。
⑥ 《北史》卷八一《儒林传上》云:"张买奴,平原人也,经义该博,门徒千余人,诸儒咸推重之。仕齐历太学博士、国子助教,卒。"载《北史》,中华书局1974年版,第2728页。

3. 南朝官学、私学相成，北朝前期经师不受重用

南朝的礼学家无论是承师学还是承家学、乡学，在其成名以后，多被征辟到朝廷，在官办学校里开馆授学。如雷次宗受业于慧远，成名以后，被朝廷征召至京师，在鸡笼山开馆授徒，跟从他学习的生员有百余人。

相对南朝，北朝前期经师多不受朝廷重用，自己开馆授徒者多，于官办学馆授徒者少，张吾贵、刘兰、徐遵明等大儒，都没得到征辟。如前引《魏书》云：

> 遵明讲学于外二十余年，海内莫不宗仰，颇好聚敛，有损儒者之风。后广平王怀闻而征焉，至而寻退，不好京辇。孝昌末，南渡河，客于任城，以兖州有旧，因徙居焉。永安初，东道大使元罗表荐之，竟无礼辟。①

虽有元罗上表举荐，徐遵明也没有获得朝廷的礼辟。这一状况在北周时期得到了比较大的改观，熊安生、沈重等人都受到了朝廷的礼遇，在官办的学校里开馆授业。

4. 南朝三礼兼传，北朝数经兼传与单经传授并行

南朝三礼学无论是学馆传授还是家族传播，都是《礼记》《周礼》《仪礼》兼传。上文已述，雷次宗尤精三礼，他的门生司马筠"尤明三礼"；贺场"于《礼》尤精"，他的门生皇侃"尤明三礼"。贺场善三礼，他的儿子贺革、贺季与他的侄子贺琛也都善三礼。王俭、明克让都传家学，亦善三礼。

张鹤泉最早指出北朝儒生在传授三礼时，既有三礼兼传亦有专授一《礼》的情况。② 张氏之论深有见地。依前引文可见，李铉等从徐遵明受三礼，熊安生又从李铉受三礼，孙灵晖等又从熊安生受三礼。北朝除了有三礼兼授的礼学家以外，还传授一《礼》或二《礼》的，如李铉先是师从章武刘子猛，学习《礼记》；后又师从常山房虬，学习《周礼》与《仪礼》，徐遵明就专门师从王聪学习《礼记》。董徵于河内高望处学习《周礼》。③

《丧服》原来为《仪礼》中的一章，从汉代开始就有学者专门研究《丧服》之学。南朝时专门传授《丧服》的礼学家较多。如南朝初期雷次宗就师从释慧远而精于《丧服》。严植之也深通《丧服》之学。贺循著有《丧服要记》《丧

---

① （唐）魏收：《魏书》卷八四《儒林传》，中华书局1974年版，第1855页。

② 张鹤泉：《略论北朝儒生对"三礼"的传授》，《社会科学战线》2009年第7期。

③ （唐）李延寿：《北史》卷八一《儒林传上》，中华书局1974年版，第2721页。

服谱》,贺场传家学而著有《丧服新义疏》,皇侃师从贺场,著有《丧服文句义疏》《丧服问答目》。王俭传家学,著有《古今丧服集记》《丧服图》《礼论要钞》。王元规师事沈文阿,亦通《丧服》。

三礼之中,最初《仪礼》地位最高,汉代《仪礼》为经,《礼记》为传,《周礼》不受重视。郑玄以后,《周礼》地位上升,超过了《仪礼》《礼记》。北朝对《礼记》研究超过了其他二《礼》。如《北史·儒林传》载:"其后生能通《礼》经者,多是安生门人。诸生尽通《小戴礼》。于周、仪礼兼通者,十二三焉。"①虽然北朝经师大都《周礼》《仪礼》《礼记》兼传,但当时儒生都普遍偏好《礼记》之学,经师在传授上也可能偏重于《礼记》。唐代将《礼记》提升为五经之一也应与北朝重视《礼记》的传授有一定的关系。

5. 南朝不重视《周礼》教育,北周较重视《周礼》教育

南朝善《周礼》之学的只有武康沈峻与沈重。如前引梁时陆倕向徐勉推荐沈峻,陆曰:

> 《周官》一书,实为群经源本。此学不传,多历年世。北人孙详、蒋显亦经听习,而音革楚、夏,故学徒不至;惟助教沈峻,特精此书,比日时开讲肆,群儒刘岊、沈宏、沈熊之徒,并执经下坐,北面受业,莫不叹服,人无间言。②

从陆倕向徐勉的荐言可以看出,当时南朝《周礼》之学并不发达,当时在南朝传授《周礼》的都是孙详等北来的礼学家,由于方言的差异,孙详等人讲经的效果不好,而沈峻是南人,又精于《周礼》,因此其受到儒生的极大欢迎。南朝另一位精通《周礼》的礼学家为沈重,③周武帝在北周依《周礼》而改革官制,礼聘沈重北上,当与沈重通《周礼》有关。综观史书,南朝善《周礼》者唯出自武康沈氏。

---

① (唐)李延寿:《北史》卷八一《儒林传上》,中华书局 1974 年版,第 2708 页。
② (唐)姚思廉:《梁书》卷四八《儒林传》,中华书局 1975 年版,第 679 页。
③ 《周书》卷四五《儒林传》云:"梁武帝欲高置学官,以崇儒教。中大通四年,乃革选,以重补国子助教。大同二年,除五经博士。梁元帝之在藩也,甚叹异之。及即位,乃遣主书何武迎重西上。及江陵平,重乃留事梁主萧詧,除中书侍郎,兼中书舍人。累迁员外散骑侍郎、廷尉卿,领江陵令。还拜通直散骑常侍,都官尚书,领羽林监。詧又令重于合欢殿讲《周礼》。"载《周书》,中华书局 1971 年版,第 809 页。

北周重视《周礼》教学与北周的政治制度有关,当时北周依《周礼》改革官制,因此必然重视对《周礼》的教育。如《周书·儒林传》载:

> 时朝廷既行《周礼》,公卿以下多习其业,有宿疑硕滞者数十条,皆莫能详辨。天和三年,周齐通好,兵部尹公正使焉。与齐人语及《周礼》,齐人不能对。乃令安生至宾馆与公正言。公正有口辩,安生语所未至者,便撮机要而骤问之。安生曰:"《礼》义弘深,自有条贯,必欲升堂睹奥,宁可泊其先后。但能留意,当为次第陈之。"公正于是具问所疑,安生皆为一一演说,咸究其根本。公正深所嗟服。还,具言之于高祖。高祖大钦重之。[1]

从以上记载可以看出,北周时期儒生都习《周礼》,而北齐习《周礼》者较少,所以当北周尹公正出使齐与齐人语《周礼》时,齐人多不能对,北齐只有熊安生能让尹公正嗟服。与沈重一样,熊安生也是因为精通《周礼》,才引起周武帝的重视。

三、郑、王之争的余音

东汉末年,郑玄遍注三礼,弥合今古文之争,自此之后三礼学一直是郑学的天下。司马氏代魏以后,王肃挟天子岳父之威,使王学完全取代了郑学,王肃所注三礼成为官学。现实的礼制建设也完全以王学为准,据《晋书·礼志》云:

> (泰始二年十一月)有司又议奏:"古者丘郊不异,宜并圆丘方丘于南北郊,更修立坛兆,其二至之祀合于二郊。"帝又从之,一如宣帝所用王肃议也。是月庚寅冬至,帝亲祠圜丘于南郊。自是后,圜丘方泽不别立。[2]

可见晋武帝登基第二年,朝廷就依王肃之学,祭天时行郊、丘合一之制。虽然王学一度取代了郑学,不过到东晋时期,王学就迅速丧失了官学的地位。据《晋书·荀崧传》载:

> (晋元帝)时方修学校,简省博士,置《周易》王氏,《尚书》郑氏,《古

---

[1] (唐)令狐德棻等:《周书》卷四五《儒林传》,中华书局1971年版,第812—813页。

[2] (唐)房玄龄等:《晋书》卷九《礼志上》,中华书局1974年版,第583—584页。

文尚书》孔氏、《毛诗》郑氏、《周官》《礼记》郑氏、《春秋左传》杜氏服氏、《论语》《孝经》郑氏博士各一人,凡九人。其《仪礼》《公羊》《穀梁》及郑《易》皆省不置。①

后荀崧又请求朝廷增设《仪礼》郑氏博士、《周易》郑氏博士、《春秋公羊》博士、《春秋穀梁》博士各一人。可见三礼博士都遵郑学。到南北朝时,所有的三礼义疏都以训释经文与郑注为己任,可见当时郑学与王学之争基本已告一段落,不过虽然郑学已基本上取代了王学,但是王学仍有一定的影响,郑、王之争仍有一定的余音,主要表现在以下两个方面:

第一,在学术研究领域,虽然南北朝三礼义疏都主遵郑注,但南朝三礼义疏也好引他说而违背郑注,所引他说以王肃之说为常见。

第二,在现实礼制建设中,郑学与王学的影响力旗鼓相当。如宋武帝永初元年(420 年),刘宋王朝进行过一次有关丧服祥、禫之制的讨论。据《宋书》载:

> 黄门侍郎王准之议:"郑玄丧制二十七月而终,学者多云得礼。晋初用王肃议,祥禫共月,遂以为制。江左以来,唯晋朝施用;搢绅之士,犹多遵玄议。宜使朝野一体。"诏可。②

上文说明,尽管东晋时将郑学立为官学,但是在祥禫制度设置方面,东晋仍依王学,行祥、禫共月之制,即大祥祭与禫祭都在二十五月进行。而到南朝刘宋时期郑学的影响力继续扩大。郑玄认为祥、禫不共月,服丧到二十五月时进行大祥祭,到二十七月才进行禫祭,民间的士大夫阶层普遍遵同郑说。刘宋政权顺应礼学的发展趋势,以郑学为指导,行祥、禫异月之制。

又如太和十三年(489 年),北魏孝文帝君臣之间进行过一场有关禘、祫之制的重要讨论,此次讨论的主要内容仍与郑学、王学之争有关,据《魏书》记载,孝文帝诏曰:

> 郑玄解禘,天子祭圜丘曰禘,祭宗庙大祭亦曰禘。三年一祫,五年一禘。祫则合群毁庙之主于太庙,合而祭之。禘则增及百官配食者,审谛而

---

① (唐)房玄龄等:《晋书》卷七五《荀崧传》,中华书局 1974 年版,第 1976—1977 页。
② (梁)沈约:《宋书》卷一五《礼志二》,中华书局 1974 年版,第 392—393 页。

祭之。天子先禘祫而后时祭，诸侯先时祭而后禘祫。鲁礼，三年丧毕而祫，明年而禘。圜丘、宗庙大祭俱称禘，祭有两禘明也。王肃解禘祫，称天子诸侯皆禘于宗庙，非祭天之祭。郊祀后稷，不称禘，宗庙称禘。禘、祫一名也，合而祭之故称祫，审谛之故称禘，非两祭之名。①

在尚书游明根及中书监高闾等人发表过各自不同的观点以后，孝文帝又曰：

> 尚书、中书等，据二家之义，论禘祫详矣。然于行事取衷，犹有未允。监等以禘祫为名，义同王氏，禘祭圜丘，事与郑同。无所间然。尚书等与郑氏同，两名两祭，并存并用，理有未称。……王以禘祫为一祭，王义为长。郑以圜丘为禘，与宗庙大祭同名，义亦为当。今互取郑、王二义。禘祫并为一名，从王；禘是祭圜丘大祭之名，上下同用，从郑。……便即施行，著之于令，永为世法。②

孝文帝之前，北魏的祭天制度与宗庙祭祀制度一直不完善，北魏祭制既吸收了中原郊丘之制，又继承了拓跋氏自身原有的祭制。孝文帝此次主持的讨论，就是希望以三礼学为依据，全面推行中原祭制，此次讨论的核心问题是禘、祫之制，分歧是以郑学为据还是以王学为准。郑玄认为禘祭有两种含义：一是指圜丘大祭，一是指宗庙大祭。宗庙大祭既有禘祭又有祫祭，三年一祫祭，五年一禘祭。王肃认为禘祭并非圜丘之祭，仅指宗庙之祭，禘祭与祫祭实为一祭。游明根等人认同郑学；而高闾等人则主张折衷郑、王二学。这说明当时有关禘、祫之制，郑学与王学都有一定程度的影响，众礼学家各执一词。最后孝文帝下令折衷郑学与王学而确定北魏的礼制，即上文所云："今互取郑、王二义。禘、祫并为一名，从王；禘是祭圜丘大祭之名，上下同用，从郑。……便即施行，著之于令，永为世法。"

综上所论，在南北朝时期，在经学层面，郑学基本取代了王学，王学成为郑学的补充；在现实礼制建设中，郑学与王学的影响力相当，郑、王之争仍在继续。

---

① （北齐）魏收：《魏书》卷一〇八《礼志四》，中华书局1974年版，第2741页。
② （北齐）魏收：《魏书》卷一〇八《礼志四》，中华书局1974年版，第2742—2743页。

总之南北朝时期三礼学成为一门显学,在经学著述中三礼学著述数量遥遥领先,地位弥足重要。三礼学的迅速发展也促进了三礼学教育的发展,南北朝的三礼学教育具有鲜明的时代特色。南北朝三礼学最突出的特点是三礼研究从传统的传注之学发展成为义疏之学,同时始于魏晋时期的郑学与王学之争在南北朝三礼学领域仍有余音。

第二节　南北朝三礼学发展的社会背景

南北朝时三礼学之所以发展成为显学并具有鲜明的时代特色,与南北朝独特的社会背景有着重要的关系。本节从礼与社会教化功能、礼与政权的建设和巩固、礼与门阀政治和君臣博弈、礼与五礼制度建设等四个方面分别加以论述。

一、统治者重视礼的教化功能

《礼记·经解》引孔子云:"安上治民,莫善于礼。"这里强调以礼"治民"的重要性,就含有以礼教化民众的意思。有关礼的教化功能,班固《汉书·礼乐志》有过较充分的论述:

> 六经之道同归,而《礼》《乐》之用为急。治身者斯须忘礼,则暴嫚入之矣;为国者一朝失礼,则荒乱及之矣。人函天地阴阳之气,有喜怒哀乐之情。天禀其性而不能节也,圣人能为之节而不能绝也,故象天地而制礼乐,所以通神明、立人伦、正情性、节万事者也。人性有男女之情,妒忌之别,为制婚姻之礼;有交接长幼之序,为制乡饮之礼;有哀死思远之情,为制丧祭之礼;有尊尊敬上之心,为制朝觐之礼。哀有哭踊之节,乐有歌舞之容,正人足以副其诚,邪人足以防其失。故婚姻之礼废,则夫妇之道苦,而淫辟之罪多;乡饮之礼废,则长幼之序乱,而争斗之狱蕃;丧祭之礼废,则骨肉之恩薄,而背死忘先者众;朝聘之礼废,则君臣之位失,而侵陵之渐起。故孔子曰:"安上治民,莫善于礼;移风易俗,莫善于乐。"礼节民心,乐和民声,政以行之,刑以防之。礼乐政刑四达而不悖,则王道备矣。乐

以治内而为同,礼以修外而为异;同则和亲,异则畏敬;和亲则无怨,畏敬则不争。揖让而天下治者,礼、乐之谓也。①

班固先是高度评价了礼乐的教化功能,然后从正反两面分别论述了婚姻之礼、乡饮之礼、丧祭之礼、朝觐之礼兴废所导致的社会状态。正因为礼乐有如此强大的教化功能,南北朝时期,统治者均重视以礼乐化民,强化百姓对现有社会秩序的认同,消磨其反抗意识,从而使政权免于受到下层社会的冲击。

为了倡导礼乐教化,为了引导百姓遵礼、行礼,南北朝时期的许多统治者往往能够刻意在日常生活中遵守礼仪规范,以垂范天下。如《梁书·武帝本纪下》记载:

> 高祖生知淳孝,年六岁,献皇太后崩,水浆不入口三日,哭泣哀苦,有过成人,内外亲党,咸加敬异。及丁文皇帝忧,时为齐随王谘议,随府在荆镇,仿佛奉闻,便投劾星驰,不复寝食,倍道就路,愤风惊浪,不暂停止。高祖形容本壮,及还至京都,销毁骨立,亲表士友,不复识焉。望宅奉讳,气绝久之,每哭辄呕血数升,服内不复尝米,惟资大麦,日止二溢。拜扫山陵,涕泪所洒,松草变色。②

梁武帝在当上皇帝之前,依礼服丧以致伤体毁形。当上皇帝以后,仍处处严格要求自己,依礼行事,如《梁书·武帝本纪下》又云:"及居帝位……又立七庙堂,月中再过,设净馔。每至展拜,恒涕泗滂沱,哀动左右。"③周唯一认为"南朝礼学是一种自上而下的学术"④。周氏的观点还是很有见地的。北朝皇帝在严格守礼方面所作努力并不亚于南朝皇帝。如《北史·魏本纪》记载:"(孝文帝)幼有至性,年四岁时,献文患痈,帝亲自吮脓,五岁受禅,悲泣不自胜,献文问其故,对曰:'代亲之感内切于心。'"⑤"天地、五郊、宗庙二分之礼,常必躬亲,不以寒暑为倦。"⑥这说明无论是南朝还是北朝,统治者本身都能够身体力行,依礼行事。上有所好,下必效焉。南北朝时上至王公大臣,下至平

---

① (汉)班固:《汉书》卷二二《礼乐志二》,中华书局1962年版,第1027—1028页。
② (唐)姚思廉:《梁书》卷三《武帝本纪下》,中华书局1975年版,第95—96页。
③ (唐)姚思廉:《梁书》卷三《武帝本纪下》,中华书局1975年版,第96页。
④ 周唯一:《南朝礼学学术文化与诗歌创作》,《衡阳师范学院学报》2003年第5期。
⑤ (唐)李延寿:《北史》卷三《魏本纪第三》,中华书局1974年版,第120页。
⑥ (唐)李延寿:《北史》卷三《魏本纪第三》,中华书局1974年版,第121页。

民百姓,都能在遵礼、行礼方面自觉严格要求自身,因此整个社会兴起一股浓郁的崇礼之风。南北朝统治者特别强调以尊尊、亲亲等基本道德观念教化万民,《礼记·大传》云:"圣人南面而治天下,必自人道始矣。立权度量、考文章、改正朔、易服色、殊徽号、异器械、别衣服,此其所得与民变革者也;其不可得变革者则有矣:亲亲也、尊尊也、长长也、男女有别,此其不可得与民变革者也。"①也就是说虽然社会变革会带来礼仪制度的具体变化,但是尊尊、亲亲等基本价值观却是千古不变的。最能体现尊尊、亲亲价值观的就是丧祭之礼。如《南史》记载,戴颙"十六遭父忧,几于毁灭,因此长抱羸患"②。又如《南史》记载:"(贺琛)俄遭母忧,庐于墓所。服阕,犹未还舍,生徒复从之。琛哀毁积年,骨立而已,未堪讲授。诸生营救,稍稍习业。"③再如《魏书》记载"(邢虬)母丧,哀毁过礼,为时所称"④。再如《周书》记载裴侠"年十三遭父忧,哀毁有若成人"⑤。南北朝诸史记载时人服丧时"哀毁过礼"之例甚多,甚至儿童都能自觉遵守,整个社会又特别赞美这种守礼甚至是"过礼"的行为。综观整个南北朝,尤其是南朝,虽然上层政权更迭频繁,但下层社会却相对稳定,这说明行礼、守礼的观念已深入人心,以礼教化社会效果显著。

二、礼直接用于政权的建设与巩固

统治者以礼来教化万民,自然也是间接地为了政权的巩固和社会的稳定。南北朝时期,礼还被直接用于政权的建设与巩固。自古以来我们的先人就强调了礼的治国功能。《礼记·礼运》曰:"礼者,君之大柄也,所以别嫌,明微,傧鬼神,考制度,别仁义,所以治政安君也。"⑥梁满仓认为从魏晋南北朝开始,时人越来越重视礼的治国功能。⑦ 我们认为南北朝时礼的治国功能最明显地体现在礼作为一种工具,越来越多地被用于政权的建设与巩固。古人早就认

① (唐)孔颖达:《礼记正义》卷三四,载《十三经注疏》,中华书局 1980 年影印版,第 1506 页。
② (唐)李延寿:《南史》卷七六《隐逸传上》,中华书局 1975 年版,第 1866 页。
③ (唐)李延寿:《南史》卷六二《贺玚传弟子琛附传》,中华书局 1975 年版,第 1509 页。
④ (北齐)魏收:《魏书》卷六五《邢峦传从叔虬附传》,中华书局 1974 年版,第 1450 页。
⑤ (唐)令狐德棻等:《周书》卷三五《裴侠传》,中华书局 1971 年版,第 618 页。
⑥ (唐)孔颖达:《礼记正义》卷二一,载《十三经注疏》,中华书局 1980 年影印版,第 1418 页。
⑦ 梁满仓:《魏晋南北朝五礼制度考论》,社会科学文献出版社 2009 年版,第 27—36 页。

识到礼对政权建设的作用。如早在春秋时期,礼就与某些诸侯国政权的巩固有着直接的关系,最具代表性的是鲁国。《左传·闵公元年》云:

> 齐仲孙湫来省难。……公曰:"鲁可取乎?"对曰:"不可,犹秉周礼。周礼,所以本也。臣闻之,国将亡,本必先颠,而后枝叶从之。鲁不弃周礼,未可动也。君其务宁鲁难而亲之。亲有礼,因重固,间携贰,覆昏乱,霸王之器也。"①

当时庆父在鲁国作乱,鲁国政局动荡,齐国当时在位君主正是齐桓公,国力正是鼎盛时期,而仲孙湫仍然认为齐国不可趁机攻取鲁国,根本的原因是"鲁不弃周礼",也就是说在政局动荡、国力衰弱背景下,礼竟成为保卫鲁国政权的最重要的力量。

自战国迄秦,强权主义盛行,礼乐之道被弃之于沟渠。汉代国力的强盛主要得益于军事力量的强大与经济的发达,统治者没有过多地将礼与政权建设相联系。汉初高祖以马上得天下,对儒家的礼乐之说本就不屑一顾,虽然公孙仪草创礼仪,使刘邦真正尝到了当皇帝的滋味,但是刘邦并没有将礼提高到与政权建设与巩固相联系的高度,并且汉初黄老思想占统治地位,儒家思想不受重视,儒家所崇尚的礼乐制度基本上处于装饰性的地位。尽管如此,一些有远见的儒家知识分子已经逐渐认识到了礼对于政权建设的重要性,如贾谊就认为:"夫立君臣,等上下,使纲纪有序,六亲和睦,此非天之所为,人之所设也。人之所设,不为不立,不修则坏。汉兴至今二十余年,宜定制度,兴礼乐,然后诸侯轨道,百姓素朴,狱讼衰息。"②贾谊特别提到兴礼乐可以约束诸侯,从而增强中央政权的力量,其论虽得到了汉文帝的赞许,不过由于守旧大臣的反对,他所提倡的礼乐之道并未得到推行。汉武帝虽崇儒术,但是主要忙于对匈奴作战,无暇真正关注礼乐之事。昭帝时期琅邪王刘吉上书主张兴礼乐,亦不被采纳。此后西汉的几代皇帝,虽有个别皇帝重视礼乐,但仍未将礼与政权的建设与巩固联系在一起。

第一位有意识地将礼的力量运用到政权建设方面的是王莽。王莽夺取政

---

① （唐）孔颖达:《春秋左传正义》卷九,载《十三经注疏》,中华书局 1980 年影印版,第2234 页。

② （汉）班固:《汉书》卷二二《礼乐志二》,中华书局 1962 年版,第 1030 页。

权后,兴礼乐、复周礼,以周公自居,明显有借助礼乐的力量强化其政权的意图。由于王莽政权的迅速垮台,这次尝试也流于夭折。东汉礼仪制度的设置多沿袭西汉,在观念上时人很难将礼乐与国家政权的建设与巩固相联系。

曹魏代汉,司马氏又代魏,魏晋两代兴礼乐更多的是要显示自身政权的正统性。如魏代汉以后认为汉代"甘泉后土,雍宫五畤,神祇兆位,多不经见"①,这是在批评汉代的礼制建设多不以三礼学为指导。魏又一改汉朝礼乐制度兴废无常之弊,在礼制建设方面多以三礼学为指导。曹魏政权将自己的远祖追溯到舜帝,在祭天制度上继承了汉代的南郊祭天之制,还另设圜丘之祭;祭地制度上除了北郊祭地以外,还另设方泽之祭。曹魏政权将南郊之祭与圜丘之祭分开,是有三礼学根据的。《礼记·祭法》云:"周人禘喾而郊稷,祖文王而宗武王。"郑玄注:"禘、郊、祖、宗谓祭祀以配食也。此禘谓祭昊天于圜丘也;祭上帝于南郊曰郊;祭五帝五神于明堂曰祖、宗。"②可见,依郑玄之意,南郊之祭与圜丘之祭为两种不同祭礼。曹魏政权正是通过对传统古礼的恢复,来表明自身政权的正统性以及代汉而立的合法性。西晋建立以后,朝廷又认为魏的郊祀制度与古礼不合,据《宋书》载,泰始二年(267年)十一月:"有司又议奏:'古者丘、郊不异,宜并圜丘、方泽于南北郊,更修治坛兆。其二至之祀,合于二郊。'帝又从之。"③杨志刚认为西晋实行郊、丘合一,应该是实践了王肃的主张。④ 这说明晋代也希望借助于三礼学理论来确立自身政权的合法性。由于魏晋两代都是通过"禅让"的形式而取得政权,而"禅让"必须在礼的秩序下进行,因此魏晋两代当政者都很倚重礼这一软性力量,更重视礼对政权建设的作用。

东晋政权偏安江南以后,虽然只占有半壁江山,武力上已没有能力重整河山,但仍以国家的正统自居,东晋毕竟继承的是西晋的政治遗产,当政者与礼学家们考虑更多的是如何保持其礼乐制度与西晋王朝的一致性,因此"元帝

---

① (唐)房玄龄等:《晋书》卷一九《礼志上》,中华书局1974年版,第583页。
② (唐)孔颖达:《礼记正义》卷四六,载《十三经注疏》,中华书局1980年影印版,第1587页。
③ (梁)沈约:《宋书》卷一六《礼志三》,中华书局1974年版,第423页。
④ 杨志刚:《中国礼仪制度研究》,华东师范大学出版社2001年版,第274页。

渡江,太兴二年始议立郊祀仪"①。"其制度皆太常贺循所定,多依汉及晋初之仪。三月辛卯,帝亲郊祀,飨配之礼一依武帝始郊故事"②。这说明东晋政权意图运用礼的力量来表明自身政权的正统性。对于偏安江南的东晋知识分子来说,自然要反思丢掉半壁江山的原因,以及思考重整河山的良策,在他们看来,正是由于中原礼乐精神的丧失,才使得"五胡乱华",晋朝当下虽然偏安江南,但仍然代表着中原文化的正统,而北方游牧民族虽然凶猛,但是只要大兴礼乐,必能使其宾服。因此王导在给晋元帝上书中总结道:

> 方今《小雅》尽废,戎虏扇炽,节义陵迟,国耻未雪。忠臣义士,所以扼腕拊心,礼乐政刑,当并陈以俱济者也。苟礼义胶固,纯风载洽,则化之所陶者广,而德之所被者大,义之所属者深,而威之所震者远矣。由斯而进,则可朝服济河,使帝典阙而复补,王纲弛而更张;饕餮改情,兽心革面,揖让而蛮夷服,缓带而天下从,得乎其道者,岂难也哉! 故有虞舞干戚而三苗化,鲁僖作泮宫而淮夷平,桓、文之霸,皆先教而后战。③

在王导看来,礼是战胜北方游牧民族,重整河山的一个重要的工具。东晋的军事力量已大不如以前,那么礼乐文化等软性力量就应更加受到重视。后来庾亮在武昌开立学官,对其下属曰:

> 自胡夷交侵,殆三十年矣。而未革面向风者,岂威武之用尽,抑文教未洽,不足绥之邪? 昔鲁秉周礼,齐不敢侮;范会崇典,晋国以治。楚、魏之君,皆阻带山河,凭城据汉,国富民殷,而不能保其强大,吴起、屈完所以为叹也。由此言之,礼义之固,孰与金城汤池? 季路称摄乎大国之间,加之以师旅,因之以饥馑,为之三年,犹欲行其义方。况今江表晏然,王道隆盛,而不能弘敷礼乐,敦明庠序,其何以训彝伦而来远人乎!④

在庾亮看来,外族入侵中原已达三十多年,而晋朝仍然没有改变被动挨打的局面,究其原因,并非完全因为武力不足,更重要的原因是"文教未洽"。在他看来,"礼义之固",固于"金城汤池"。

---

① (唐)房玄龄等:《晋书》卷一九《礼志上》,中华书局 1974 年版,第 584 页。
② (唐)房玄龄等:《晋书》卷一九《礼志上》,中华书局 1974 年版,第 584 页。
③ (梁)沈约:《宋书》卷一四《礼志一》,中华书局 1974 年版,第 358 页。
④ (梁)沈约:《宋书》卷一四《礼志一》,中华书局 1974 年版,第 363—364 页。

从汉代到南北朝,礼与政权建设和巩固的关系愈来愈密切,到南北朝时,这种关系上升到了一个新的高度,对于南朝人来说,礼的运用与国家的兴亡是紧密联系的;对于北朝人来说,礼的运用与争夺华夏文明的正统地位息息相关。

在经历了东晋王朝达一个世纪的统治后,到南朝时江南社会相对稳定,南朝的知识分子对三礼学研究也更加深入,礼乐文化也得到更广泛的普及,此时摆在知识分子面前的一些严峻的问题迫使他们从一个更高的层面上来思考礼的作用。对于当时南朝的当权者及礼学家来说,他们要时刻承受着来自北方的强大军事压力,时刻提防政权被北朝吞并,所以在共时的层面,他们首先要考虑的问题就是"兴亡"二字。而在历时的层面,从汉末到南朝,经过三国分立,曹魏代汉,司马氏代魏,到东晋被迫偏安江南,总结历史,首先要考虑的问题仍然是"兴亡"二字。因此南朝的礼学家将礼的运用与国家的兴亡联系了起来,这就将礼与政权的关系提升到了一个新的高度。就如沈约在《宋书》总结道:

> 夫有国有家者,礼仪之用尚矣。然而历代损益,每有不同,非务相改,随时之宜故也。汉文以人情季薄,国丧革三年之纪;光武以中兴崇俭,七庙有共堂之制;魏祖以侈惑宜矫,终敛去袭称之数;晋武以丘、郊不异,二至并南北之祀。互相即袭,以讫于今,岂三代之典不存哉,取其应时之变而已。且闵子讥古礼,退而致事;叔孙创汉制,化流后昆。由此言之,任己而不师古,秦氏以之致亡;师古而不适用,王莽所以身灭。①

可见沈约将礼的运用与秦朝及王莽政权的灭亡联系在一起。同时整个南朝,国家中央政权一直处于风雨飘摇之中,政权更迭相比以往更加频繁,皇帝动辄被废,新建立的政权更迫切地希望以礼的力量来巩固自身,每一个朝代的建立之初,首要的任务无不是制定礼乐,宣示新政权的力量与合法性。刘宋建立初期,宋武帝永初元年(420年)礼学家就开始讨论庙祀时所应置之歌舞。据史载:

> 七月,有司奏:"皇朝肇建,庙祀应设雅乐。太常郑鲜之等八十人各

---

① (梁)沈约:《宋书》卷一四《礼志一》,中华书局1974年版,第327页。

撰立新哥。黄门侍郎王韶之所撰哥辞七首,并合施用。"诏可。十二月,有司又奏:"依旧正旦设乐,参详属三省改太乐歌舞诗。黄门侍郎王韶之立三十二章,合用教试,日近,宜逆诵习,辄申摄施行。"诏可……又改《正德舞》曰《前舞》,《大豫舞》曰《后舞》。①

可见在刘宋建立伊始,就在象征国家政权的宗庙中通过新定乐舞的方式,向世人昭示一个新政权的建立。同样,南齐建国第二年(480年),国家就开始撰定郊祭与庙祭的歌舞。据《南齐书》记载:

> 建元二年,有司奏,郊庙雅乐歌辞旧使学士博士撰,搜简采用,请敕外,凡义学者普令制立。参议:太庙登歌宜用司徒褚渊,余悉用黄门郎谢超宗辞。超宗所撰,多删颜延之、谢庄辞以为新曲,备改乐名。②

不仅改朝换代之后如此,各个朝代内部通过武力上台的新政权,皇帝登基之初往往都重修礼乐来宣示自己的权威,表明自己继承皇位的合法性。如宋孝武帝起兵夺取了他哥哥刘劭的帝位,在他登基第二年,即孝建二年(455年),朝廷就开始组织礼学家就如何修订礼乐展开讨论。这次讨论相对以前要更加深入,应该说是永初元年(420年)相关讨论的继续,尚书左仆射王宏认为永初元年所形成的决议有很多不完备的地方,如只将晋代的《正德》与《大豫》二舞用前、后二舞代替。而晋以前历代的庙祭之舞都有专名,因此建议分别改为《凯容》《宣烈》。另外,针对东晋及宋初庙祭太祝只送神而不迎神这一传统,王宏引用《礼记·祭义》《仪礼》等经典,证明庙祭应该既要送神也要迎神;同时建议郊祀之乐应同庙祭之乐。而散骑常侍颜竣认为"上帝非天",二至之祀,并非祭祀天地,他主张继续使用前代祭祀所用的舞名,并认为因为七庙合食,因此奏乐时,各庙所演奏的乐舞都是一样的。朝廷最后决定以王宏之论为准。③ 总体来看,王宏主张对庙祀礼乐之制进行改革,适应了新政权建设的需要,因此得到了多数礼学家的认同。

北朝虽是鲜卑族建立的政权,却比较注意主动接受中原先进的礼乐文明,统治者善于听取汉族知识分子的建议,通过推行礼乐之道争取华夏文明的正

---

① (梁)沈约:《宋书》卷一九《乐志一》,中华书局1974年版,第541页。
② (梁)萧子显:《南齐书》卷一一《乐志》,中华书局1972年版,第167页。
③ (梁)沈约:《宋书》卷一九《乐志一》,中华书局1974年版,第542—544页。

统地位,并以此来巩固其政权。魏道武帝拓跋珪天兴元年(398 年)定都平城,即皇帝位以后,就依《周礼》立坛祭天地。天兴元年冬天,道武帝就下令议定庙祭的音乐,奏八佾,舞《皇始》之舞,并追赠皇曾祖、皇祖、皇考诸帝。① 天兴二年(399 年)正月,道武帝亲自在南郊举行郊天之礼,并以始祖神元皇帝配祭。道武帝这一举动,除了向世人宣告北魏王朝的建立外,更向北方汉族臣民表明北魏政权代表的是中原正统的礼乐文明。② 再如北魏孝文帝太和十四年(490 年)八月,孝文帝下诏,令群臣讨论北魏五德所属。中书监高闾认为,魏承前秦而立,前秦为火德,火生土,因此魏应是土德。而秘书丞臣李彪、著述郎崔光认为魏德应继承晋德,因晋为金德,而金生水,因此魏是水德。虽然双方观点不同,但其立论出发点却有相同之处,即都以继承中原正统为出发点。高闾从地域上定义中原正统,因此他奏道:"臣闻居尊据极,允应明命者,莫不以中原为正统,神州为帝宅。"③他所谓的"中原""帝宅",指江北黄河流域的中原地区,因此他认为魏德应继承江北政权之德,而江南的政权却被他视作是蛮夷之地,他认为:"远如孙权、刘备,近若刘裕、道成,事系蛮夷,非关中夏。"④而李彪、崔光等则是从文化上定义正统。他认为燕、秦等国,根本代表不了正统,他们认为:"夫皇统崇极,承运至重,必当推协天绪,考审正次,不可杂以借窃,参之强狄"⑤,意思是魏以前的北方各国根本是"借窃""强狄"之国,代表不了正统。双方各持己见,都认为自己所论最"正统"。最后孝文帝下令群臣展开讨论,从情理上讲,北魏是鲜卑族建立的政权,更应倾向于认同北方各族所建立的燕、秦等政权,但是最后经过将近半年的讨论,太和十五年(491 年)正月,穆亮等十二位大臣上书,一致同意李彪、崔光的观点,即魏应继晋,为水德,而"赵、秦、二燕虽地据中华,德祚微浅,并获推叙,于理未惬"⑥。这说明北魏大臣更倾向于文化上的正统。要体现自身政权的文化正统性,必然要大力推行礼乐。北魏孝文帝太和十四年(490 年),文明太后过世,孝文帝一改汉魏既葬

① (北齐)魏收:《魏书》卷一〇九《乐志》,中华书局 1974 年版,第 2827 页。
② (北齐)魏收:《魏书》卷一〇八之一《礼志一》,中华书局 1974 年版,第 2744 页。
③ (北齐)魏收:《魏书》卷一〇八之一《礼志一》,中华书局 1974 年版,第 2744 页。
④ (北齐)魏收:《魏书》卷一〇八之一《礼志一》,中华书局 1974 年版,第 2745 页。
⑤ (北齐)魏收:《魏书》卷一〇八之一《礼志一》,中华书局 1974 年版,第 2746 页。
⑥ (北齐)魏收:《魏书》卷一〇八之一《礼志一》,中华书局 1974 年版,第 2747 页。

公除即吉之旧制,打算依三礼经典的要求,为文明太后服丧三年。虽然此举遭到了大臣们的普遍反对,但是从孝文帝对大臣的回复可以看出他依三礼之制服丧的极大决心。最后虽因大臣的极力反对,孝文帝同意不行三年之丧,但仍坚持采用折衷方案,即要服丧满一年,据《魏书》载:

> 高闾对曰:"君不除服于上,臣则释衰于下,从服之义有违,为臣之道不足。又亲御衰麻,复听朝政,吉凶事杂,臣窃为疑。"①

可以看出高闾向孝文帝提了两个难题:一是君若不除丧服,则臣下释衰则有违从服之义;二是若皇帝身穿孝服上朝,而朝事纷杂,会出现吉凶相抵触的现象。高闾是希望通过提出这两个难题来打消孝文帝服丧三年之念。针对高闾提出的两个难题,孝文帝曰:

> 卿等犹以朕之未除于上,不忍专释于下,奈何令朕独忍于亲旧!论云:王者不遂三年之服者,屈己以宽群下也。先后之抚群下也,念之若子,视之犹伤。卿等哀慕之思,既不求宽;朕欲尽罔极之慕,何为不可?但逼遗册,不遂乃心。将欲居庐服衰,写朝夕之慕;升堂袭素,理日昃之勤。使大政不荒,哀情获遂,吉不害于凶,凶无妨于吉。以心处之,谓为可尔。遗旨之文,公卿所议,皆服终三旬,释衰袭吉。从此而行,情实未忍;遂服三年,重违旨诰。今处二理之际,唯望至期,使四气一周,寒暑代易。虽不尽三年之心,得一经忌日,情结差申。案《礼》,卒哭之后,将受变服。于朕受日,庶民及小官皆命即吉。内职羽林中郎已下,虎贲郎已上,及外职五品已上无衰服者,素服以终三月;内职及外臣衰服者,变从练礼。外臣三月而除;诸王、三都、驸马及内职,至来年三月晦朕之练也,除凶即吉;侍臣君服斯服,随朕所降。此虽非旧式,推情即理,有贵贱之差,远近之别。②

从孝文帝的答复可以看出,首先,他认为穿孝服处理公事不会吉凶相妨碍,即"将欲居庐服衰,写朝夕之慕;升堂袭素,理日昃之勤。使大政不荒,哀情获遂,吉不害于凶,凶无妨于吉。以心处之,谓为可尔"。其次,他认为臣下所建议的服丧三旬之法于情不忍,可以采用折衷办法,服丧一年,即上文所云

---

① (北齐)魏收:《魏书》卷一〇八之三《礼志三》,中华书局1974年版,第2783页。
② (北齐)魏收:《魏书》卷一〇八之三《礼志三》,中华书局1974年版,第2783—2784页。

"今处二理之际,唯望至期,使四气一周,寒暑代易。虽不尽三年之心,得一经忌日,情结差申"。最后,孝文帝针对高闾提出的臣子如何服丧的问题,制定了很详细的方案。从孝文帝所定的服丧制度可见北魏王朝不但接受中原礼制,而且在遵守古礼方面甚至比汉族统治者更为严格。

北周政权甚至以《周礼》为蓝本,制定国家的职官制度。周武帝礼聘沈重时云:"朕寅奉神器,恭惟宝图。常思复礼殷周之年,迁化唐虞之世。惧三千尚乖于治俗,九变未叶于移风。欲定画一之文,思杜二家之说。"①这说明北周虽也是鲜卑族建立的政权,却以恢复周礼来标榜自己政权的正统性。可以说周武帝是继王莽之后,第二位依《周礼》行改化的帝王,相对于王莽,周武帝的这次改革取得了巨大的成功,北周的国力迅速壮大,也为隋最后统一全国奠定了坚实的基础。

三、门阀政治与君臣博弈推动三礼学研究

西周是典型的宗法制社会,以西周为社会典范的三礼体系主要是维护大小宗主的权力。邹昌林认为三礼包含了两大结构系统,一是"以《仪礼》为基础形成的结构,体现了宗权至上的精神";二是"《仪礼》与《周礼》相结合的结构,则体现了君权至上的精神"。② 我们认为南北朝时期再一次出现类似的宗法社会。不过需要进一步指出的是,西周时周天子本身就是天下的大宗,所以西周宗权与君权在本质上是一致的,维护宗权也就是维护君权。而南北朝时形成的门阀政治虽然表面上形同西周时期的宗法社会,但是在权力分配方面却与西周有着本质的不同。

一方面两晋本是在世家大族的支持下建立的,特别是东晋,王、谢等世家大族在政治上占据了统治地位。南朝社会继承了这一特点,世家大族仍占据着统治地位。王仲荦认为相对于在政治、经济上的特殊地位,南朝世家大族的社会地位更特殊。王氏主要列举了三方面:一是世家大族排斥寒族;二是士族与寒族不通婚姻;三是重视家讳谱牒。③ 如《南史》载:

---

① (唐)令狐德棻等:《周书》卷四五《儒林传》,中华书局 1971 年版,第 809 页。
② 邹昌林:《中国古礼研究》,台湾文津出版社 1992 年版,第 158 页。
③ 王仲荦:《魏晋南北朝史》,上海人民出版社 1979 年版,第 402—405 页。

　　黄门郎路琼之,太后兄庆之孙也,宅与僧达门并,尝盛车服诣僧达,僧达将猎,已改服。琼之就坐,僧达了不与语,谓曰:"身昔门下驺人路庆之者,是君何亲?"遂焚琼之所坐床。太后怒泣涕于帝曰:"我尚在而人陵之,我死后乞食矣。"帝曰:"琼之年少,无事诣王僧达门,见辱乃其宜耳。僧达贵公子,岂可以此加罪乎!"①

路琼之为太后的亲戚,仍受到王僧达的轻视和侮辱,当路太后向宋武帝诉苦时,宋武帝竟偏袒王僧达,认为路琼之自取其辱,并认为王僧达为士族,不可加罪。南朝士族与寒族社会地位上的差异可见一斑。东海王王源将女儿嫁给了满鸾,沈约就上书弹劾,认为满鸾祖上"姓族,士庶莫辨",而王源为士族,因此"王、满连姻,寔骇物听"②。属于三礼体系的丧服制度、昭穆制度正好迎合了南朝森严的门阀制度。尤其是丧服制度所蕴含的亲亲、尊尊等原则,一方面强调血缘关系的亲疏,另一方面强调尊祖敬宗,这与世家大族讲究出身的门第观念是完全吻合的,因此在世家大族的推动下,南朝对三礼尤其是《丧服》的研究达到了空前的繁盛。

　　另一方面,南北朝时期宗权与君权的关系在本质上与西周社会不同,西周社会宗权体系与君权体系在根本上是一致的,因为西周天子本来就是天下的大宗。南北朝的皇帝,尤其是南朝皇帝多出身寒门,若地方门阀势力过度膨胀会削弱君权,所以南朝皇帝与世家大族会围绕着权力分配的问题,出现一些分歧。如《南齐书》载:

　　五年冬,太子临国学,亲临策试诸生,于坐问少傅王俭曰:"《曲礼》云'无不敬'。寻下之奉上,可以尽礼,上之接下,慈而非敬。今总同敬名,将不为昧?"俭曰:"郑玄云'礼主于敬',便当是尊卑所同。"太子曰:"若如来通,则忠惠可以一名,孝慈不须别称。"俭曰:"尊卑号称,不可悉同;爱敬之名,有时相次;忠惠之异,诚以圣旨;孝慈互举,窃有征据。《礼》云'不胜丧比于不慈不孝',此则其义。"太子曰:"资敬奉君,资爱事亲,兼此二涂,唯在一极。今乃移敬接下,岂复在三之义?"俭曰:"资敬奉君,必同至极,移敬逮

①　(唐)李延寿:《南史》卷二一《王弘传子僧达附传》,中华书局1975年版,第574—575页。
②　(唐)李善:《文选注》卷四〇《弹事》,上海古籍出版社1986年版,第1815页。

下,不慢而已。"太子曰:"敬名虽同,深浅既异,而文无差别,弥复增疑。"俭曰:"繁文不可备设,略言深浅已见。《传》云'不忘恭敬,民之主也'。《书》云'奉先思孝,接下思恭'。此又经典、明文互相起发。"①

梁满仓认为这件事说明了南北朝时期"敬"的内涵发生了变化,即"敬"的含义从起初的下对上之敬增加了上对下之敬②。我们认为这实际反映了当时君权与宗权之间的权力之争。从上述史料可以看出,同样是针对《曲礼》"无不敬"一句,文惠太子强调"敬"应指下对上,而上对下不应是"敬",只应是"慈"。王俭则坚持认为"尊卑所同",即下敬上而上也应敬下。文惠太子强调下敬上,有强调君权之意;王俭强调上下互敬,则有强调臣权之意。王俭为琅邪王氏,他所谓的下并非普通的臣民,而是像他一样有着世家大族背景的强臣。总体来看,文惠太子与王俭谁也说服不了谁,这说明世家大族所倡导的礼学思想有时候并不符合最高统治者的要求。南朝时期,世家大族虽然社会地位很高,但是已渐渐丧失了对政治权力的控制,这一时期掌握中央及地方实权的皇帝亲信或地方典签多出身寒门,这也说明南北朝时权力的天平已经移向了皇权。而三礼中不仅有尊祖敬宗的思想,也有尊君抑臣的思想。如《礼记·曲礼》云:"天子祭天地,祭四方,祭山川,祭五祀,岁遍。诸侯方祀,祭山川,祭五祀,岁遍。大夫祭五祀,岁遍。士祭其先。"③这其中就隐含着君权要大于臣权之义。因此南朝各代君主也都大力提倡三礼学,除了向世家大族势力妥协以外,另一方面可以从三礼之中挖掘尊君的内容。总之,南朝皇权与宗权的相互妥协与斗争促进了三礼学的发展。

在北朝,虽然中原世家大族多数南迁,但河北世家大族仍留在北方,他们的家族势力得到北方政权的保护,北魏等政权也积极拉拢当地的汉族世家大族,如:

> 悛一门婚嫁,皆是衣冠之美,吉凶仪范,为当时所称。娄太后为博陵王纳悛妹为妃,敕中使曰:"好作法用,勿使崔家笑人。"④

可见,娄太后以皇太后之尊,为博陵王迎娶崔悛之妹时,还担心排场不够,

---

① (梁)萧子显:《南齐书》卷二一《文惠太子传》,中华书局1972年版,第399页。
② 梁满仓:《魏晋南北朝五礼制度考论》,社会科学文献出版社2009年版,第37页。
③ (唐)孔颖达:《礼记正义》卷五,载《十三经注疏》,中华书局1980年影印版,第1268页。
④ (唐)李百药:《北齐书》卷二三《崔悛传》,中华书局1972年版,第335页。

被崔家笑话,这一方面说明清河崔氏影响之大,另一方面说明皇室对崔氏的看重。北方的世家大族不但没有衰落,相对南方士族多高爵而无实职的处境,以崔浩、卢玄等代表北方世家大族利益的知识分子都出任要职,权倾一时。同时当权的鲜卑族政权也迅速扩大势力,形成新的门阀势力。因此北朝世家大族对门第的重视与南朝世家大族应无二致。因此无论是北朝还是南朝,当时独特的社会组织结构推动了三礼学的发展。

四、五礼制度建设推动三礼学发展

五礼即吉、凶、宾、军、嘉五礼,五礼之论最早出自《周礼》。《周礼·春官·大宗伯》云:

> 以吉礼事邦国之鬼神示……以凶礼哀邦国之忧……以宾礼亲邦国……以军礼同邦国……以嘉礼亲万民。①

虽然从西汉后期《周礼》开始渐受重视,但是在汉代,《周礼》所载之五礼制度只存在于典籍之中,并未应用于现实的礼制建设。魏晋南北朝时期才真正进行五礼制度的建设。五礼制度主要在南北朝时期发展成熟。为适应五礼制度建设的需要,南北朝各代均作出了很大的努力,重用了一大批礼学家。如《梁书》载:

> 作乐在乎功成,制礼弘于业定。……伏寻所定五礼,起齐永明三年,太子步兵校尉伏曼容表求制一代礼乐,于时参议置新旧学士十人,止修五礼,谘禀卫将军丹阳尹王俭,学士亦分住郡中,制作历年,犹未克就。及文宪薨殂,遗文散逸,又以事付国子祭酒何胤,经涉九载,犹复未毕。建武四年,胤还东山,齐明帝敕委尚书令徐孝嗣。旧事本末,随在南第。永元中,孝嗣于此遇祸,又多零落。当时鸠敛所余,权付尚书左丞蔡仲熊、骁骑将军何佟之,共掌其事。时修礼局住在国子学中门外,东昏之代,频有军火,其所散失,又逾太半。天监元年,佟之启审省置之宜,敕使外详。时尚书参详,以天地初革,庶务权舆,宜俟隆平,徐议删撰。欲且省礼局,并还尚书仪曹。诏旨云:"礼坏乐缺,故国异家殊,实宜以时修定,以为永

① (唐)贾公彦:《周礼注疏》卷一八,载《十三经注疏》,中华书局1980年影印版,第757—761页。

准。"……于是尚书仆射沈约等参议,请五礼各置旧学士一人,人各自举学士二人相助抄撰。其中有疑者,依前汉石渠、后汉白虎,随源以闻,请旨断决。乃以旧学士右军记室参军明山宾掌吉礼,中军骑兵参军严植之掌凶礼,中军田曹行参军兼太常丞贺玚掌宾礼,征虏记室参军陆琏掌军礼,右军参军事司马褧掌嘉礼,尚书左丞何佟之总参其事。佟之亡后,以镇北谘议参军伏暅代之,后又以暅代严植之掌凶礼,暅寻迁官,以五经博士缪昭掌凶礼。复以礼仪深广,记载残缺,宜须博论,共尽其致,更使镇军将军丹阳尹沈约、太常卿张充及臣三人同参厥务。臣又奉别敕,总知其事。末又使中书侍郎周舍、庾于陵二人复豫参知,若有疑义,所掌学士当职先立议,通谘五礼旧学士及参知,各言同异,条牒启闻,决之制旨。①

从上文徐勉向梁武帝呈上的奏折可以看出,齐梁两代为修撰五礼制度起用了一大批礼学人才。南齐重用的礼学家有伏曼容、王俭、何胤、徐孝嗣、蔡仲熊、何佟之等人。梁代重用的礼学家除何佟之以外还有沈约、明山宾、严植之、贺玚、司马褧、徐勉、伏暅、缪昭、张充、周舍、庾于陵等人。齐、梁两代虽然改朝换代,但为五礼制度建设所配备的礼学人才以及机构却具有明显的前后继承性。这说明齐梁对五礼制度建设的重视是一以贯之的。在朝廷及众礼学家的共同努力下,梁代五礼制度就基本成熟,天监六年(507年),《嘉礼仪注》《宾礼仪注》修撰完成,天监九年(510年),《军礼仪注》编撰完成,天监十一年(512年),《吉礼仪注》《凶礼仪注》编撰完成。② 齐梁以后,陈代继续对五礼制度进行完善,任用蔡征③与顾野王④等礼学家"知五礼事"。他们二人虽不

---

① (唐)姚思廉:《梁书》卷二五《徐勉传》,中华书局1975年版,第380—381页。

② (唐)姚思廉:《梁书》卷二五《徐勉传》,中华书局1975年版,第382页。

③ (唐)《陈书》卷二九《蔡征传》云:"蔡征,字希祥……幼聪敏,精识强记。年六岁,诣梁吏部尚书河南褚翔,翔字仲举,嗟其颖悟。七岁,丁母忧,居丧如成人礼……陈武帝为南徐州,召补迎主簿,寻授太学博士。太建中,累迁太子中舍人,兼东宫领直,袭封新丰侯……少好学,以孝闻……宣帝初,军国务广,事无巨细,一以贯之,台省号为称职。迁御史中丞,知五礼事。"见《陈书》,中华书局1972年版,第391—392页。

④ 《南史》卷六九《顾野王传》云:"顾野王,字希冯,吴郡吴人也。……野王幼好学,七岁读五经,略知大旨。九岁能属文……野王体素清羸,裁长六尺,又居丧过毁,殆不胜哀……陈天嘉中,敕补撰史学士。太建中……知五礼事。卒,赠秘书监,右卫将军。"见《南史》,中华书局1975年版,第1688页。

见有礼学之作流于后世,但从史书上"(蔡征)七岁丁母忧,居丧如成人礼"及"(顾野王)又居丧过毁,殆不胜哀"等记载来说,二人对礼非常重视,他们应都是精于礼学之士。

北朝虽非汉族政权,但也重视选用礼学家参与制定五礼制度。如《北齐书》云:

> 绘字敬文。六岁便自愿入学,家人以偶年俗忌,约而弗许,伺其伯姊笔牍之间,而辄窃用,未几遂通《急就章》。……时敕侍中西河王、秘书监常景选儒学十人缉撰五礼,绘与太原王乂同掌军礼。魏静帝于显扬殿讲《孝经》《礼记》,绘与从弟褰、裴伯茂、魏收、卢元明等俱为录议。①

梁满仓认为北魏太和年间,北朝的五礼制度已基本成型,此次征用李绘等人继续修撰五礼,可以看作是对太和年间所修五礼的补充和完善。② 北魏以后,北齐、北周继续完善五礼制度。如《北齐书》云:

> (魏收)掌诏诰,除尚书右仆射,总议监五礼事,位特进。收奏请赵彦深、和士开、徐之才共监。先以告士开,士开惊,辞以不学。收曰:"天下事皆由王,五礼非王不决。"士开谢而许之。③

此次北齐朝廷命魏收总负责五礼制度建设,而魏收又聘请赵彦深、和士开、徐之才等礼学家参与五礼制度建设。

北周则聘请卢辩与熊安生等人参与修撰五礼。如《周书》云:

> 及太祖受命,雅好经术,求阙文于三古,得至理于千载。黜魏、晋之制度,复姬旦之茂典,卢景宣学通群艺,修五礼之缺。④

又《周书》云:

> 熊安生,字植之,长乐阜城人也。……至京,敕令于大乘佛寺,参议五礼。⑤

卢辩与熊安生都因精于三礼学而参与到北周的五礼制度建设之中。经过

① (唐)李百药:《北齐书》卷二九《李浑传弟绘附传》,中华书局1972年版,第394—395页。
② 梁满仓:《魏晋南北朝五礼制度考论》,社会科学文献出版社2009年版,第146页。
③ (唐)李百药:《北齐书》卷三七《魏收传》,中华书局1972年版,第495页。
④ (唐)令狐德棻等:《周书》卷四五《儒林传》,中华书局1971年版,第806页。
⑤ (唐)令狐德棻等:《周书》卷四五《儒林传》,中华书局1971年版,第812—813页。

南北朝各代持之以恒的努力,在官方及众多的礼学家的共同参与下,五礼制度不断得到完善,到唐朝时五礼制度就完全成熟。

五礼制度的建设促进了三礼学研究的发展,主要表现在以下两个方面:

(一) 促进了礼学家对三礼义例的深入研究

由于义例对礼制建设有直接指导作用,这必然会促使南北朝礼学家以三礼经注为基础,发明义例,从而更有效地为礼制建设服务。如《礼记·内则》"事父母,鸡初鸣,咸盥,漱,栉,縰,笄,总,拂髦,冠,绥,缨,端,韠,绅,搢笏"条,《礼记正义》引熊安生《礼记义疏》云:

> 此笄谓安髻之笄,以縰韬发作髻,既讫,横施此笄于髻中以固髻也。故《士丧礼》云"笄用桑,长四寸,纋中"是也。"纋中"谓杀其中使细,非固冠之笄,故文在冠上,且玄冠有缨,约《士冠礼》"有缨者无笄"、《问丧》云"亲始死鸡斯之时,去玄冠而有笄縰",是知笄縰不得为冠。①

熊疏以《士丧礼》所云"笄用桑,长四寸,纋中",推理此笄为安髻之笄。又据《士冠礼》所云"有缨者无笄"与《问丧》所云"亲始死鸡斯之时,去玄冠而有笄縰",进一步推论当头上著有此笄时不可能戴冠,最后推论用笄之例,即笄分安髻之笄与固冠之笄。此例在经、注之中并未言明,乃熊氏《礼记义疏》新推之例。熊氏所新发明之例完全可以指导现实用笄之制。

(二) 促使礼论类著述大量涌现

上文已述,南北朝时期出现了大量的礼论性著述,这些著述主要是记载礼学家们依三礼学理论针对现实的礼制所进行的讨论。如《通典》载:

> 穆帝永和三年,纳后,议贺不? 王述曰:"婚是嘉礼,应贺。"述按:"《春秋传》曰'娶者大吉,非常吉'。又《传》曰:'郑子罕如晋,贺夫人。'邻国犹相贺,况臣下邪! 如此,便应贺,但不在三日内耳。今因庙见成礼而贺,亦是一节也。"
>
> 王彪之议:"婚姻不贺,无应贺之礼。"彪之按:"婚礼不贺不乐。《传》称子罕如晋贺夫人,既无明文,又《传》不云礼也。《礼》,娶妇之家三日不举乐。至于不贺,无三日之断。"

----

① (唐)孔颖达:《礼记正义》卷二七,载《十三经注疏》,中华书局1980年影印版,第1461页。

抚军答诸尚书云:"礼官所据,诚是古典。然礼亦随时,今既已从近代而上礼,上礼即是称庆,将是贺例。又恭后时已贺,今依旧,亦可通。"恭后,成帝后杜氏,即镇南将军元凯曾孙也。

彪之云:"纳悼后,起居注无贺文,而有上礼。武帝以长秋再建,感怆不叙,诏通断之。纳恭后,记注有贺文,时亦上礼。按《礼》云'婚礼不贺',又云'贺娶妻者',愚谓《礼》《传》婚姻,无直相贺之礼,而有礼赈共庆会之义,今代所共行。"

范汪云:"先朝所以上礼而不贺者,依傍贺娶妻也。虽名曰贺,实是酒食无庆语也;但是吉事,故曰贺耳。思亲之序,故庆辞不可以达于主人;然吉礼宜有叙情,故献酒食而已。先朝行之,近代得礼。至于恭后时贺,是王丞相导以明君臣之恩,本不以为将来之法。"

彪之云:"足下不贺意同,而叙之小异。吾谓婚礼不贺者,谓不如今三节特贺也。《礼记》所以复言贺娶妻者,因献酒食而有庆语也。是不明然贺之,而于会同因有献辞。足下今云都不应有庆辞,则何得献酒肉会同邪?亦与足下上礼辞不同,自为矛盾。又从伯丞相时相贺,何必非失。足下以往贺为美事,以今不贺为得礼,亦不能两济斯义。"

庾蔚之议:"按礼文及郑注,是亲友闻主人有吉事,故遣人送酒肉以贺之,但婚有嗣亲之感,故不斥主人以贺婚,惟云为有客而已。今上礼既所为者婚,亦不得都无庆辞。彪之议为允。"于是竟不贺,但上礼。①

此段为《通典》所引庾蔚之《礼论钞》。主要讨论的问题是婚礼是否应贺。王述据《左传》认为婚礼应贺。王彪之则认为依礼婚礼不贺,《左传》虽有贺婚之文,但《左传》并没有称其合礼。某抚军认为依前代成帝迎娶恭后之例应贺。王彪之认为《礼记》既已明"婚礼不贺",就算前代有贺婚之例,也不应遵同。然而《礼记》亦有"贺娶妻者"之语,这说明婚礼虽不可相贺,但可以相庆。范汪认为虽可相庆,但不可有庆辞。王彪之进一步阐明婚礼不贺指的是不"三节特贺",并不意味着没有庆辞,因为既有会同相庆,就应有庆辞。最后庾蔚之针对前面几人的讨论,认为王彪之所论符合三礼经、注之意。总体来说,

---

① (唐)杜佑:《通典》卷五九《婚礼不贺议》,中华书局1988年版,第1672—1673页。

此段先记载前儒针对婚礼是否应贺之制的讨论,然后庾蔚之以三礼学为依据,对前人诸论加以评价。可见庾蔚之等礼学家所著礼论类著述都是在礼制建设的推动下成书的。

第三节　南朝与北朝三礼学的异同

南北朝三礼学主要就是三礼义疏之学。本节主要通过对南北朝三礼义疏进行深入分析,从而探讨南朝与北朝三礼学的异同。一般来说,要研究某一个时代的学术特色,通常的做法是先选取几本有代表性的著述进行专书研究。这种研究方法对于南北朝的三礼学研究并不适用,因为南北朝三礼义疏全部散佚。南北朝三礼义疏有佚文传于后世的,南朝的有雷次宗的《略注丧服经传》、庾蔚之的《礼记略解》、何胤的《礼记隐义》、贺场的《礼记新义疏》、崔灵恩的《三礼义宗》、皇侃的《礼记义疏》、沈重的《周官礼义疏》与《礼记义疏》;北朝的有刘芳的《礼记义证》、熊安生的《礼记义疏》。每部著述保存下来的佚文数量都比较少,幸留于世的佚文又都经过了《礼记正义》等书编者有意识的选裁,所以每本书所存的佚文并不一定就能反映出该书之特点。我们认为一味地采用传统的做法,首先分析单本书,既不能如实地反映出该书的特点,更不能通过单书的特点进而总结出南北朝三礼学的异同。首先综合分析现存所有三礼义疏的佚文,在尽可能地占有材料的基础上,本节首先分析南北朝三礼学的共同点以及不同点。在掌握了南北朝三礼学共性及差异的基础上,下两节再分别对南朝与北朝三礼学者及其著作进行介绍。

一、南朝与北朝三礼学的共性

（一）南北朝三礼义疏对郑注的发展与补充

南北朝三礼学都主遵郑学,《北史·儒林传》载:

> 大抵南北所为章句,好尚互有不同。江左,《周易》则王辅嗣,《尚书》则孔安国,《左传》则杜元凯。河洛,《左传》则服子慎,《尚书》《周易》则郑康成。《诗》则并主于毛公,《礼》则同遵于郑氏。南人约简,得其英华;

北学深芜,穷其枝叶。考其终始,要其会归,其立身成名,殊方同致矣。①

《北史·儒林传》明确说明了南、北朝三礼学同遵郑氏之学。从现存南北朝三礼义疏来看,所有的三礼义疏都是既释经文又释郑注,也就是说解释郑注是南北朝三礼义疏体例最本质的特点,既然南北朝三礼义疏都专门解释郑注,南北朝三礼学都必然主遵郑氏之学。

南北朝三礼学遵郑学,并非固守郑注而一成不变,而是力求在郑注的基础上再出新义,在郑注之外为经文再提供一种合理的解释以及解释郑注未充分解释的经文。从三礼学发展的角度来看,对郑注的发展与补充更具价值。南北朝三礼学对郑注的发展与补充主要体现在以下几个方面:

1. 发新义而完善郑注

南北朝三礼义疏一方面证成郑注之说,另一方面或是发明新义,对郑注有所补充;或是在郑注的基础上详加推衍,发郑注未发之新义,对郑注加以完善。

(1)雷次宗《略注丧服经传》发新义而完善郑注例析

如《仪礼·丧服》"姑姊妹、女子适人无主者,姑姊妹报。传曰:无主者,谓其无祭主者也,何以期也? 为其无祭主故也"条,郑注:"无主后者,人之所哀怜,不忍降之也。"《通典》引雷次宗云:

> 按《檀弓》曰:"姑姊妹之薄也,盖有受我而厚之者。"今无祭主者,是无子无夫,则无受我而厚之者也。既无受我之厚,则我不得降其本情,故哀发于无主而服于天伦也。今之不降,既缘亡者之茕独,又因报身之无屈,二途俱伸,彼此兼遂,故父母兄弟,在室姊妹,咸得反服也。②

雷次宗认为要为"姑姊妹、女子适人无主者"服期服有两个原因:一个原因是"亡者之茕独",即郑注所谓"无主后者,人之所哀怜";另一个原因是"姑姊妹、女子适人无主者"既无主祭之人,则没有"受我而厚之"之人,则父母、兄弟以及在室姊妹不应为其降服,而应为其服本服,即为其服期服。其中第二个原因是雷次宗所新发之义,是对郑注的补充。

---

① （唐)李延寿:《北史》卷八一《儒林传上》,中华书局1974年版,第2709页。
② （唐)杜佑:《通典》卷九〇《齐缞不杖周》,中华书局1988年版,第2467页。

（2）崔灵恩《三礼义宗》发新义而完善郑注例析

如《檀弓上》"夫子制于中都"条，郑注："孔子由中都宰为司空，由司空为司寇。"崔疏云：

> 诸侯三卿，司徒兼冢宰，司马兼宗伯，司空兼司寇，三卿之下，则五小卿为五大夫，故《周礼·太宰职》云："诸侯立三卿五大夫也。"五大夫者，司徒之下立二人，小宰、小司徒；司马之下，以其事省，立一人为小司马，兼宗伯之事；司空之下立二人，小司寇、小司空。今夫子为司空者，为小司空也，从小司空为小司寇也。①

郑玄只言明孔子曾任过中都宰、司空、司寇等职，崔氏在郑注的基础上进一步阐明孔子所担任的司空与司寇分别为小司空与小司寇。孔颖达也赞同崔氏之论。孔云："崔所以知然者，鲁有孟、叔、季三卿为政，又有臧氏为司寇，故知孔子为小司寇，崔解可依。"②

2. 为经文作出新解

由于经文比较简奥，往往给后世注疏家留出了很大的解释空间，除郑注所提供的一种解释外，还存在着其他解释的可能性。南北朝三礼义疏非常注意在郑注所作解释之外，为经文提供另外一种解释。

庾蔚之《礼记略解》为经文作出新解例析

如《曲礼上》"毋啮骨"条，郑注："为有声响，不敬。"庾蔚之疏云："为无肉之嫌"。按：郑氏与庾氏对于"毋啮骨"的解释都有道理，可以说此条经文中蕴含着多种意义，郑氏只列出其中一义，庾氏则又新列一义，虽然庾疏与郑注不同，但并不否定郑注。因此孔氏虽本郑注，却没有否定庾疏，而是在保存郑、庾二人之论的基础上又为经文作了第三种解释，加上郑、庾之说共为三条，孔疏云：

> "毋啮骨"者，一则有声；二则嫌主人食不足，以骨致饱，故庾云"为无肉之嫌"；三则啮之口唇可憎，故不啮也。"为有声响，不敬"，郑举一隅也。③

---

① （唐）孔颖达：《礼记正义》，载《十三经注疏》，中华书局1980年影印版，第1290页。
② （唐）孔颖达：《礼记正义》，载《十三经注疏》，中华书局1980年影印版，第1290页。
③ （唐）孔颖达：《礼记正义》，载《十三经注疏》，中华书局1980年影印版，第1290页。

可见孔疏认为郑注、庾疏都举出了一种可能,孔疏在郑、庾二说之外,举出第三种可能,即"唶之口唇可憎,故不唶也"。

3. 释郑注未解之经文

郑注没有解释或解释得不充分的经文,为南北朝义疏家留下了很大的发挥空间,南北朝三礼义疏则对这部分经文进行详细的解释。

(1)庾蔚之《礼记略解》释郑注未解之经文例析

如《曲礼上》"逮事父母则讳王父母"条,庾疏云:

> 讳王父母之恩,正应由父。所以连言母者,妇事舅姑,同事父母,且配夫为体,讳敬不殊,故幼无父而识母者,则可以讳王父母也。①

庾氏认为孙子通过父亲与祖父母有恩情,而"逮事父母则讳王父母"中之所以"父"与"母"连言,是因为孙之母因侍奉姑舅如同侍奉自己的父母而且又与其夫为一体,故"母"得与"父"连言,所以对于那些从小无父却有母的人,就可以讳亡故的祖父母了。此条经文郑注未作注解,故此条庾疏是为经文所作的新解。

又如《檀弓上》:

> 子路有姊之丧,可以除之矣,而弗除也。孔子曰:"何弗除也?"子路曰:"吾寡兄弟而弗忍也。"孔子曰:"先王制礼,行道之人,皆弗忍也。"子路闻之,遂除之。

对于此段经文,郑注云:"行道,犹行仁义。"即郑氏只解释其中"行道"之义,而对经文其他各句并无解释。礼学家一般都认为子路申私情而逾服制,故而子路的行为是违礼的。如《钦定礼记义疏》引游桂云:

> 伯鱼母死,期而犹哭,孔子曰:"嘻! 其甚也!"与此同意。人有贤不肖,贤者过,不肖者不及。循其过而为之礼,则子路伯鱼不知其所终;约其不及而为之礼,则原壤宰子不可以为训。故礼者通乎贤不肖而为之。②

从引文可以看出,桂氏认为子路的行为属于"过礼",不合礼制。而庾蔚之则与一般学者观点不同,庾氏云:

---

① (唐)孔颖达:《礼记正义》,载《十三经注疏》,中华书局 1980 年影印版,第 1251 页。

② (清)乾隆敕撰:《钦定礼记义疏》卷九,载文渊阁《四库全书》第 124 册,上海古籍出版社 1987 年影印版,第 286—287 页。

子路缘姊妹无主后，犹可得反服，推己寡兄弟，亦有申其本服之理，故于降制已远而犹不除，非在室之姊妹欲申服过期也。是子路已事仲尼，始服姊丧，明姊已出嫁，非在室也。①

依庾意，子路的行为并不全是违礼，庾氏由子路追随孔子以后才服其姐之丧，推论子路之姐必已出嫁。庾氏进一步认为子路之所以服丧过礼，是子路依姊妹无主后可以反服之制，推论自己没有兄弟也可按本服为其姐服丧，而没有服降服。在庾氏看来，子路之所以服丧过之礼，是有其特殊情况的。庾氏所揭之文义，虽有为子路开脱之嫌，但符合古人为贤者讳之传统，故而孔疏此处只采用庾氏一家之说。

（2）皇侃《礼记义疏》释郑注未解之经文例析

如《王制》"天子将出，类乎上帝，宜乎社，造乎祢。诸侯将出，宜乎社，造乎祢"条，郑注："帝谓五德之帝，所祭于南郊者。类、宜、造、皆祭名，其礼亡。"按：上文已云："归假于祖祢。"此条经文云"造乎祢"，却不云"造乎祖祢"，其中缘由郑注并未解释，皇疏云：

行必有主，无则主命载于齐车。《书》云"用命赏于祖"是也。今出辞别，先从卑起，最后至祖，仍取迁主则行也。若前至祖，后至祢，是留尊者之命，为不敬也。故《曲礼》曰"已受命君言，不宿于家"亦其类也。若还，则先祖后祢，如前所言也。所以然者，先应反主祖庙故也。②

依皇氏之意，此条经文之所以只云"造乎祢"而不云"造乎祖祢"，是因为经文表明辞别时从卑而起之义。而上文经文云"归假于祖祢"，是经文要表明归还时，从尊而起之义。

（3）熊安生《礼记义疏》释郑注未解之经文例析

如《曲礼上》云：

夫为人子者，三赐不及车马，故州闾乡党称其孝也，兄弟亲戚称其慈也，僚友称其弟也，执友称其仁也，交游称其信也。

熊疏云：

① （唐）孔颖达：《礼记正义》，载《十三经注疏》，中华书局1980年影印版，第1279页。
② （唐）孔颖达：《礼记正义》，载《十三经注疏》，中华书局1980年影印版，第1332页。

然此五句,上始州闾,下及交游,亦其次也。前孝后信,又为差序,略举五者,余行可知。不敢受赐者,心也。不受由心,故有五称也。①

熊氏认为经文"州闾乡党称其孝也,兄弟亲戚称其慈也,僚友称其弟也,执友称其仁也,交游称其信也"五句话中蕴含着两类次序,一种是"州闾乡党""兄弟亲戚""僚友""执友""交游"等关系范畴的次序;一种是"孝""慈""弟""仁""信"等道德范畴的次序。这两种次序郑注并未言明,乃熊氏所作新义。

(二) 南北朝三礼义疏注重问答与辩难

南北朝三礼义疏受佛、玄谈辩之风的影响,其中多有问答与辩难之语。章太炎认为玄学谈辩之风极易与三礼学相结合。章太炎云:

夫经莫穷乎礼乐,政莫要乎律令,技莫微乎算术,形莫急乎药石,五朝诸名士皆宗之。其言循虚,其艺控实,故可贵也。凡为玄学,必要之以名,格之以分。而六艺六技,亦要之以名,格之以分。治算审形,度声则然矣。服有衰次,刑有加减。传曰:刑名从商,文名从理。故玄学常与礼相扶。自唐以降,玄学绝,六艺方技亦衰。②

章太炎着重指出"玄学常与礼相扶",现存南北朝三礼义疏中却少见谈辩之语,主要原因是现存南北朝三礼义疏主要辑自《礼记正义》,而《礼记正义》是国家为统一学术而制定的,同时也是科举考试的标准书,需要的是思想上的统一,自然不需要有分歧,因此将谈辩之语删除殆尽。目前只有个别南北朝三礼义疏残卷较多地保留了一些谈辩之语。唐朝的《礼记正义》主要是以皇侃的《礼记义疏》为底本删理而成的,《礼记正义序》谓:"今奉敕删理,仍据皇氏以为本,其有不备,以熊氏补焉。"现存于日本早稻田大学的《礼记子本疏义》残卷,据罗振玉考证为六朝的写本,是皇侃的学生郑灼抄写自皇侃的《礼记义疏》,将二者相比较,确实发现《礼记子本疏义》卷中多有问答、辩论之语,而《礼记正义》将这部分内容大部分删去。如《丧服小记》中有经文:"庶子不祭祖者,明其宗也。"郑注:"祢则不祭矣。言不祭祖者,主谓宗子、庶子,俱为适

① (唐)孔颖达:《礼记正义》,载《十三经注疏》,中华书局 1980 年影印版,第 1233 页。
② 章太炎:《五朝学》,载《章太炎全集》卷四,上海人民出版社 1985 年版,第 75—76 页。

士,得立祖祢庙者也。"皇疏曰:

> 或问曰:"若宗子为下士,庶子为上士,此上士得祭祖庙不耶?"答曰:
> "立祖庙在宗子家,而供以上牲,宗子主之也。"又问曰:"若如此,则宗子
> 为下士,而庶子亦不得祭,郑何意举俱为上士耶?"答:"早则有义,若宗子
> 为下士,不得自立祖庙,而为庶子立之,又用上牲,不敢云已有祝,故辞云
> 为介子某荐其常事,若自为上士,则自为祖立庙,用上牲,则庶子上士无复
> 此事,故云不祭也。"①

此段问答之辞是针对郑注所提出一些特殊情况,即若宗子为下士而庶子
为上士当如何祭祖以及郑注中为何只提及宗子与庶子都是上士的情况。《礼
记正义》则将该段问难之语删除。

(三) 南北朝三礼义疏释词语、名物所用共同方法

一方面汉代经学为尚实之学,比较重视对词语、名物的训释,南北朝三礼
学受汉学的影响,也重视训释词语、名物;另一方面三礼之中所记载的名物、度
数非常复杂,三礼文本本身也古奥难懂,若不将三礼中的词语、名物训释清楚,
则治三礼就无从下手。下文将从方法论的角度着重探讨南北朝三礼义疏在疏
解词语、名物时的共同特征。

1. 因声求义

魏晋南北朝礼学家多擅长音韵之学,多有专门释音的礼学著述,如刘芳分
别为郑玄所注《周礼》《仪礼》、干宝所注《周礼》、王肃所注《尚书》、何休所注
《公羊》注音。沈重也著有《周礼音》《仪礼音》《礼记音》。南北朝礼学家善用
因声求义之法,这与当时音韵之学的迅速发展有关。

(1)雷次宗《略注丧服经传》因声求义例析

如《仪礼·丧服》"妻为夫。传曰:夫至尊也"条,雷次宗曰:"言妻以明其
齐,所以得称夫也。"②雷次宗云"言妻以明其齐"即有训"妻"为"齐"之意。
按:"妻"中古音清母齐韵,"齐"中古音从母齐韵,声近而韵同,因此雷氏训
"妻"为"齐"为因声求义之法。

---

① 现存于日本早稻田大学图书馆《礼记子本疏义》,早稻田大学已公布其清晰影像,网址:
http://www.wul.waseda.ac.jp/kotenseki/html/ro12/ro12_01134/index.html。
② (唐)杜佑:《通典》卷八八《斩缞三年》,中华书局 1988 年版,第 2424 页。

（2）庾蔚之《礼记略解》因声求义例析

如《礼记·明堂位》"昔殷纣乱天下，脯鬼侯以飨诸侯"条，庾疏："《史记·本纪》云：'九侯有女入于纣，九侯女不好淫，纣怒杀之。''九'与'鬼'声相近，故有不同也。"①按：《明堂位》云"鬼侯"，而《史记》云"九侯"，庾蔚之则从语音的角度，认为"九"与"鬼"读音相近，很好地解释二文之间的差异。按："九""鬼"上古音均为见母字，庾氏此解亦为因声求义之法。

（3）贺玚《礼记新义疏》因声求义例析

如《曲礼》"六十曰耆，指使"条，贺疏："耆，至也，至老之境也。六十耳顺，不得执事，但指事使人也。"②按："耆"的声符"旨"与"至"在中古音都是章母脂韵，二字读音相近。贺氏训"耆"为"至"，为因声求义之法。

（4）皇侃《礼记义疏》因声求义例析

如《丧服小记》"苴杖，竹也。削杖，桐也"条，皇侃释云："必用桐者，桐者，同也，明其外虽削，而心本同也。且桐随时凋落，此为母丧，示外被削杀，服从时除，而终身之心裳常与父同也。"③在皇侃看来，削杖之所以选取桐这种材料，是因为桐这种器物代表了一种母亲对父亲的遵同，而这种社会伦理意义是通过"桐者，同也"这种因声求义的方法获取的。

（5）刘芳《礼记义证》因声求义例析

如《曲礼上》"凡卜筮日"条，刘芳疏："卜，赴也，赴来者之心。"④"卜"与"赴"声符相同，为谐声字的关系，中古音分别为帮母屋韵与敷母虞韵，读音相近。刘芳释"卜"为"赴"，就是运用了因声求义之法。按：卜当为象形字，源自甲骨灼烧后出现的裂纹。刘芳所处之世，无法利用甲骨材料，故此疏刘芳虽训释有误，亦不可苛求古人。《魏书》称刘芳"尤长音训"于此可见一斑。

2. 以今证古

郑玄释三礼名物，好以今物解释古物。正如张舜徽所说：

---

① （唐）孔颖达：《礼记正义》，载《十三经注疏》，中华书局1980年影印版，第1488页。

② （唐）孔颖达：《礼记正义》，载《十三经注疏》，中华书局1980年影印版，第1233页。

③ 现存于日本早稻田大学图书馆《礼记子本疏义》，早稻田大学已公布其清晰影像，网址：http://www.wul.waseda.ac.jp/kotenseki/html/ro12/ro12_01134/index.html。

④ （唐）孔颖达：《礼记正义》，载《十三经注疏》，中华书局1980年影印版，第1251页。

郑氏注书,复好举汉时语言、习俗、礼制、器物以证说古义,每言"以今"以况之。故其说五齐则云:

泛者,成而滓浮泛泛然,如今宜成醪矣;醴犹体也,成而汁滓相将,如今恬酒矣;盎犹翁也,成而翁翁然葱白色,如今酇白矣;缇者,成而红赤,如今下酒矣;沈者,成而滓沈,如今造清矣。①

南北朝三礼义疏则继承郑氏以今证古之法,好以今时之物释古时之物。

(1)何胤《礼记隐义》以今证古例析

如《曲礼上》"献米者操量鼓"条,何疏:"东海乐浪人呼容十二斛者为鼓,以量米,故云量鼓。"②鼓作为量器,其实在先秦文献中已经出现,如《左传·昭公二十九年》"遂赋晋国一鼓铁"条,孔颖达引服虔云:"鼓,量名也。"③何氏并没有使用古代文献解释古代器物,而是用当时人所见之物解释古时之物。此法虽简洁、易理解,但是有一个缺陷,就是当时所见之物与古物不一定完全一样。

(2)贺场《礼记新义疏》以今证古例析

如《内则》"三牲用藙"条,郑注:"藙,煎茱萸也。《汉律》:'会稽献焉。'《尔雅》谓之榝。"贺疏:"今蜀郡作之,九月九日取茱萸,折其枝,连其实,广长四五寸,一升实,可和十升膏,名之藙也。"④贺氏此疏是以今日蜀郡之藙释古时之藙,就是为了理解的方便,而不在意古时之藙与今日之藙是否完全相同。

3. 取证文献以释义

取证文献释词语、名物,即从文献之中寻找证据,对词语、名物进行解释。

(1)何胤《礼记隐义》取证文献以释义例析

如《月令》"其帝炎帝"条,何疏:"《春秋说》云:'炎帝号大庭氏,下为地皇,作耒耜,播百谷,曰神农也。'"⑤何氏此疏就是引用《春秋说》以释"炎帝"之名。

---

① 张舜徽:《郑学丛著》,华中师范大学出版社 2005 年版,第 82 页。
② (唐)孔颖达:《礼记正义》,载《十三经注疏》,中华书局 1980 年影印版,第 1244 页。
③ (唐)孔颖达:《春秋左传正义》,载《十三经注疏》,中华书局 1980 年影印版,第 2124 页。
④ (唐)孔颖达:《礼记正义》,载《十三经注疏》,中华书局 1980 年影印版,第 1467 页。
⑤ (唐)孔颖达:《礼记正义》,载《十三经注疏》,中华书局 1980 年影印版,第 1364 页。

（2）贺玚《礼记新义疏》取证文献以释义例析

如《丧大记》"掘用浴衣"条，贺疏："以布作之，生时有此也。《士丧礼》云'浴衣于篋'，注云'浴衣，已浴所衣之衣，以布为之，其制如今通裁'是也。"①贺玚认为浴衣为死者活着的时候所用之衣，用布作成，贺氏的依据是郑注《士丧礼》所云"浴衣，已浴所衣之衣，以布为之，其制如今通裁"。因此贺氏是用郑注《士丧礼》以解《丧大记》"浴衣"之形制。

（3）熊安生《礼记义疏》取证文献以释义例析

如《礼记·曾子问》"诸侯相见，必告于祢。道近，或可以不亲告祖，朝服而出视朝"条，郑注："朝服为事故也。"熊疏云：

　　　　此朝服，谓皮弁服，以天子用以视朝，故谓之朝服。《论语》云："吉月必朝服而朝。"注云"朝服，皮弁服"是也。②

熊疏是引《论语》何注解经、注中所提到的"朝服"。

4. 析言以释义

礼书之中名物、度数、仪节繁杂，南北朝礼学家则好析言以释义，从而有效地区分相似但有细微差别之词。

（1）何胤《礼记隐义》析言以释义例析

如《曲礼上》"是以君子恭敬撙节退让以明礼"条，何疏云："在貌为恭，在心为敬。"③何疏此处即析言而释"恭"与"敬"的区别。

（2）贺玚《礼记新义疏》析言以释义例析

如《明堂位》"俎用梡嶡"条，贺疏云："直有脚曰梡；加脚，中央横木曰嶡。"④贺疏也是析言而释"梡"与"嶡"的区别。

（四）南北朝三礼义疏证成经、注之说所用共同方法

南北朝三礼义疏既释经文又释注文，除了南朝义疏间有与郑注不同的观点以外，大部分情况下，南北朝三礼义疏都极力证明经、注观点的正确，从而维护经、注的权威。南北朝三礼义疏证成经、注之说所用的共同方法有文献互证

---

① （唐）孔颖达：《礼记正义》，载《十三经注疏》，中华书局1980年影印版，第1576页。
② （唐）孔颖达：《礼记正义》，载《十三经注疏》，中华书局1980年影印版，第1390页。
③ （唐）孔颖达：《礼记正义》，载《十三经注疏》，中华书局1980年影印版，第1231页。
④ （唐）孔颖达：《礼记正义》，载《十三经注疏》，中华书局1980年影印版，第1489页。

法、依常理推理法、弥缝法。弥缝法将在第五节"以弥缝法发明礼例"部分详细说明。

1. 以文献互证

文献互证法是指用不同文献来互相发明之法,包括上下文互证、不同篇目互证、三礼互证、三礼与其他经典互证。

(1)崔灵恩《三礼义宗》以文献互证法证成经、注之说例析

如《礼器》"尊者举觯,卑者举角"条,崔疏云:

> 按《特牲》《少牢礼》,尸入举奠觯,是尊者举觯。《特牲》"主人受尸,酢受角饮"者,是卑者举角,此是士礼耳。天子诸侯祭礼亡失,不具也。①

这是崔疏引《仪礼》中《特牲馈食礼》与《少牢馈食礼》两篇之经文分别证"尊者举觯"与"卑者举角"。

(2)皇侃《礼记义疏》以文献互证法证成经、注之说例析

如《玉藻》"天子玉藻,十有二旒,前后邃延,龙卷以祭"条,郑注:"祭先王之服也。"皇侃疏云:"知'祭先王之服'者,以《司服》云'享先王则衮冕'故也。"②皇疏此条即以《周礼·司服》之文来释《礼记·玉藻》之注。

(3)熊安生《礼记义疏》以文献互证法证成经、注之说例析

如《内则》"夫入门,升自阼阶,立于阼,西乡。妻抱子出自房,当楣立,东面"条,郑注:"入门者,入侧室之门也。大夫以下,见子就侧室,见妾子于内寝,辟人君也。"熊疏云:

> 知"入侧室之门也"者,上文云"妻将生子""居侧室",至此三月之末,未有妻出之文,则知但在侧室。此云夫入门谓"入侧室之门",但侧室在燕寝之旁,亦南向,故有阼阶、西阶。夫立于阼,西向,但卿大夫之室,唯有东房。妻抱子出自房者,出东房当楣东面立,与夫相对。……"见妾子于内寝"者,则下文云"妾将生子""三月之末,漱、浣、夙齐,见于内寝"是也。郑注云:"内寝,适妻寝也。"③

此疏用上下文文献互证之法,以上文经文云"妻将生子""居侧室"解郑注

---

① (唐)孔颖达:《礼记正义》,载《十三经注疏》,中华书局1980年影印版,第1576页。

② (唐)孔颖达:《礼记正义》,载《十三经注疏》,中华书局1980年影印版,第1473页。

③ (唐)孔颖达:《礼记正义》,载《十三经注疏》,中华书局1980年影印版,第1469页。

"入侧室之门也"之说;以下文经文云"妾将生子""三月之末,漱、浣、夙齐,见于内寝"及郑注所云"内寝,适妻寝也"解此条郑注"见妾子于内寝"之说。

熊氏以文献互证法解经,时有超出同时代礼学家之论。如《曾子问》"即位而哭"条,熊疏认为所谓"即位"是在冠家即位,皇疏以为即位是即丧家之位。按:熊说为是,熊疏运用上下文互证之法认为"即位而哭"承接上文"彻馔而埽",所谓"彻馔而埽"即撤去冠礼时醴子之馔,清扫地面以后"即位而哭",因上文之"彻馔而埽"决定"即位"必还在行冠礼之家,很明显熊疏之论要高于皇疏。①

2. 依常理推理

依常理推理法指的是三礼义疏在证成经、注之说时,并不是从文献中寻找证据,而是以常理为基础,用逻辑推理方法进行证明。

(1)崔灵恩《三礼义宗》依常理推理证成经、注之说例析

如《玉藻》"君入门,介拂闑,大夫中枨与闑之间,士介拂枨"条,郑注:"此谓两君相见也。枨,门楔也。君入必中门,上介夹闑,大夫介、士介雁行于后,示不相沿也。君若迎聘客,摈者亦然。"崔灵恩、皇侃并疏云:

> 君"必中门"者,谓当枨、闑之中,主君在闑东,宾在闑西。主君上摈在君之后,稍近西而拂闑;宾之上介在宾之后,稍近东而拂闑;大夫摈、介各当君后,在枨闑之中央。②

崔、皇二人对郑注"必中门"的证明,并没有广征文献,而是从事理出发,所谓君"必中门",指的是两君分别在枨、闑之间。因"主君在闑东,宾在闑西",主君的上摈与宾的上介都要拂闑,故"上介夹闑"。而其他摈、介都在各自君主之后呈雁行,故"大夫介、士介雁行于后"。

(2)皇侃《礼记义疏》依常理推理证成经、注之说例析

如《明堂位》"九夷之国,东门之外,西面北上。八蛮之国,南门之外,北面东上。六戎之国,西门之外,东面南上。五狄之国,北门之外,南面东上。九采之国,应门之外,北面东上"条,孔疏引皇疏云:

---

① (唐)孔颖达:《礼记正义》,载《十三经注疏》,中华书局1980年影印版,第1391页。
② (唐)孔颖达:《礼记正义》,载《十三经注疏》,中华书局1980年影印版,第1484页。

"九夷之国,东门之外,西面北上"者,皇氏云:"在东门外之南,故北上。""八蛮之国,南门之外,北面东上"者,皇氏云:"在南门外之西,故东上。""六戎之国,西门之外,东面南上"者,皇氏云:"在西门外之北,故南上。""五狄之国,北门之外,南面东上"者,皇氏云:"在北门外之东。"今按:经云"东上",则宜在北门外之西,故"东上"。"九采之国,应门之外,北面东上"者,皇氏云:"在应门外之西。"①

皇疏解释夷、蛮、狄、戎、采之国以何方位为上,并未征引文献,而是依常理加以推理。如九夷之国,之所以以北为上是因为他们在东门外之南。其他各国之方位也是依次类推。不过对于五狄之国,皇氏判断有误,因经文云:"五狄之国,北门之外,南面东上",则五狄之国应在北门外之西,而皇侃认为其在"北门外之东"。

(3)沈重《礼记义疏》依常理推理证成经、注之说例析

如《玉藻》"天子玉藻,十有二旒,前后邃延,龙卷以祭"条,郑注:

祭先王之服也。杂采曰藻。天子以五采藻为旒,旒十有二。"前后邃延"者,言皆出冕前后而垂也,天子齐肩,延冕上覆也,玄表纁里。龙卷,画龙于衣,字或作"衮"。

沈疏云:

云"天子齐肩"者,以天子之旒十有二就,每一就贯以玉。就间相去一寸,则旒长尺二寸,故垂而齐肩也。言"天子齐肩",则诸侯以下各有差降,则九玉者九寸,七玉者七寸,以下皆依旒数垂而长短为差。②

此疏在证明郑注"天子齐肩"之说时并非从文献中寻找证据,而是从旒的实际形制出发,沈氏认为因天子之旒有十二就,两就之间间隔一寸,故旒长有一尺二寸,因此可以"垂而齐肩",并推论诸侯以下在旒制上的差别主要体现在旒的长短。

(4)熊安生《礼记义疏》依常理推理证成经、注之说例析

如《乐记》"倒载干戈"条,熊疏云:"凡载兵之法,皆刃向外。今倒载者,刃

①　(唐)孔颖达:《礼记正义》,载《十三经注疏》,中华书局 1980 年影印版,第 1488 页。
②　(唐)孔颖达:《礼记正义》,载《十三经注疏》,中华书局 1980 年影印版,第 1473 页。

向国,不与常同,故云'倒载'也。"①熊疏认为一般情况下"载兵之法,皆刃向外",若兵刃向国,就是非常情况,因此称其为"倒载"。

（五）南北朝三礼学重视发明礼例

1. 礼例的含义

蒋伯潜于《十三经概论》中云:

> 《春秋》之"微言",不能于文字中求之;其"大义"则固可于文字中求之矣。于文字中求《春秋》之"义",则必"属辞比事",以寻绎《春秋》书法之异同,而发现其中所以同异之点,此即所谓"例"也。②

既然《春秋》之"例"是通过比较《春秋》前后经文,从中寻找出的《春秋》书法的共同规律,那么依次类推,礼例就是通过比较不同仪节条文从而总结出的有关某礼的共同规则、规律。

2. 南北朝三礼学发明礼例的基本方法

礼例之术语除早在《礼记》中出现过以外,现存南北朝三礼义疏著述佚文中也有"例"术语之遗存。如"天子之席五重,诸侯之席三重,大夫再重"条,熊安生云:"凡《仪礼》之例,一种席皆称重,故《燕礼》注云:'重席,重蒲筵。'是也。"可见熊氏已明确提出"《仪礼》之例"。另外据《隋书·经籍志》记载南北朝时期已有有关礼例的专门著作《五服略例》,这说明礼例之学应是南北朝三礼学的一个研究热点。三礼经文中多例,三礼郑注则在经文基础上提炼出了更多的礼例。上文已论及《仪礼》一书主要记载了具体的仪节而少有提炼出来的礼例。《仪礼》郑注则着重从纷繁复杂的仪节中提炼出了大量的礼例。张舜徽在《郑学丛著·郑氏经注释例》中就对郑注发凡起例之功作过专门的总结,兹录部分内容如下:

> 郑氏注书,于旧文之不易理解者,辄为发凡起例,俾学者能以彼概此,持简驭繁,而有以观其会通,法至善也。《仪礼》一书,昔人旧苦难读。举凡冠昏丧祭以及饮射朝聘之仪法度数,纷如乱麻,不易猝理。郑注是书,常发凡以释其义,亦有不云凡而与发凡无异者,求之《注》中,适得百事,

---

① （唐）孔颖达:《礼记正义》,载《十三经注疏》,中华书局1980年影印版,第1543页。

② 蒋伯潜:《十三经概论》,上海古籍出版社1983年版,第462页。

而《礼经》大例,不外是矣。兹分类条述如次,藉也考见其治经注经之法焉。盖发凡之语,有通释其意者,如云:凡礼,卑者先即事,尊者后也。……亦有分释名物制度礼仪者,故论饮则云:凡酒,稻为上,黍次之,粱次之,皆有清白。……论食则云:凡牲,皆用左胖。……论宾则云:凡朝位宾主之间,各以命数为远近之节。……论仪则云:凡君有事于诸臣之家,车造庙门乃下。……论丧则云:凡衣死者,左衽。……论服则云:凡服,上曰衰,下曰裳,麻在首在要皆曰经。……论祭则云:凡奠设于序西南者,毕事而去之。……论射则云:凡射皆袒。……论名则云:天子诸侯及卿大夫有地者,皆曰君。……论物则云:凡夏,以钟鼓奏之。……论宫则云:凡宫有鬼神曰庙。……论卜则云:凡卜以明火爇燋,遂龡其燋契以授卜师。……论辞则云:凡言还者,明取俎各自乡其席。……如上所列,则郑氏于名物礼仪度数之繁,既择取其要者而发其凡矣。①

张舜徽重点总结了郑注发凡起例之功而未论及郑注发凡起例之法。这里重点介绍南北朝礼学家发明礼例时运用的主要方法:揭示变例法、归纳法、推理法、综合法、弥缝法。

(1)依正例揭示变例法

三礼经、注往往只揭示了某一礼例在一般情况下的运用规则,而没有说明在其他情况下该例的运用之法。某礼例在其他情况下的运用规则就是该礼例的变例,南北朝三礼义疏非常重视分析某礼例在特殊情况下的变例。

①庾蔚之《礼记略解》依正例揭示变例例析

如《曾子问》"三月而庙见,称来妇也,择日而祭于祢,成妇之义也"条,庾蔚之疏云:"昏夕厥明,即见其存者,以行盥馈之礼,至三月不须庙见亡者。"②

经文所揭是新妇庙见亡故公婆之例。经文只提及公、婆皆已亡故情况下,新妇庙祭公婆之例,庾疏是在该例的基础上,进一步说明若是公婆二人有一人尚在人世,则新妇见公婆之例的变例为"昏夕厥明,即见其存者,以行盥馈之礼,至三月不须庙见亡者"。

---

① 张舜徽:《郑学丛著》,华中师范大学出版社 2005 年版,第 85—90 页。
② (唐)孔颖达:《礼记正义》,载《十三经注疏》,中华书局 1980 年影印版,第 1392 页。

又如《曾子问》"君之丧服除，而后殷祭，礼也"条，庾蔚之疏云：

> 今月除君服，明月可小祥，又明月可大祥，犹若久丧不葬者也。若未有君服之前，私服已小祥者，除君服后，但大祥而可。已有君服之时，已私服或未小祥，是以总谓之殷祭，而不得云再祭。①

经文所云是大夫、士有私丧且为君服丧后，再为私服除服殷祭之例，此例为君除服后，下一个月可行私服小祥祭，又下一月可行大祥祭。庾蔚之又进一步揭示该例之变例，即若为君服以前已行小祥祭，则除君之服后只行大祥祭即可。

②贺玚《礼记新义疏》依正例揭示变例例析

如《丧服小记》"夫为人后者，其妻为舅姑大功"条，贺疏："此谓子出时已昏，故此妇还，则服本舅姑大功。若子出时未昏，至所为后家方昏者，不服本舅姑，以妇本是路人，来又恩义不相接，犹臣从君而服，不从而税，人生不及祖之徒，而皆不责非时之恩也。"②经文揭示了夫出为人后，其妻为舅姑服丧之例。贺玚认为经文只说明这个人出为别人后之前已婚，他的妻子为他本生父母服丧之例，贺玚进一步认为若是这个人出为别人后之后才结婚，则他的妻子为他本生父母无服。按：贺玚所作判断有误。贺玚所依据丧例之例为追服，然而所谓追服指的即丧期已过才需要追服，而经文并无已过丧期之义，故贺疏判断有误。孔疏认为该妻仍应依从服而降之例，孔疏云：

> 今按夫为本生父母期，故其妻降一等服大功，是从夫而服，不论识前舅姑与否。假令夫之伯叔在他国而死，其妇虽不识，岂不从夫服也？③

观引文可见，孔疏认为该妻仍需为其夫之本生父母服大功，不管以前是否认识其夫之本生父母。熊安生也认为："然恐贺义未尽善也。"尽管贺疏所推有误，此例仍能说明贺疏注意对变例的推求。

③崔灵恩《三礼义宗》依正例揭示变例例析

如《曾子问》"以上牲祭于宗子之家"条，崔疏云：

> 当寄曾祖庙于宗子之家，亦得以上牲，宗子为祭也。若己是宗子从父

---

①　（唐）孔颖达：《礼记正义》，载《十三经注疏》，中华书局 1980 年影印版，第 1397 页。
②　（唐）孔颖达：《礼记正义》，载《十三经注疏》，中华书局 1980 年影印版，第 1500 页。
③　（唐）孔颖达：《礼记正义》，载《十三经注疏》，中华书局 1980 年影印版，第 1500 页。

庶子兄弟,父之适子,则于其家自立祢庙,其祖及曾祖亦于宗子之家寄立之,亦以上牲,宗子为祭。若己是宗子从祖庶兄弟,父祖之适,则立祖祢庙于己家,则亦寄立曾祖之庙于宗子之家,己亦供上牲,宗子为祭。①

经文所云是庶子庙祭之例。经文只说了当某庶子与嫡子同父,则此庶子庙祭之例,崔氏在此基础上,进一步揭示当某人是父之嫡子又是宗子的从父庶子兄弟,则此人庙祭之例;又揭示某人是祖之嫡孙又是宗子的从祖庶兄弟,则此人庙祭之例。

④皇侃《礼记义疏》依正例揭示变例例析

如《曾子问》"宰、宗人从,入门,哭者止"条,郑注:"宰、宗人,诏赞君事者。"皇疏云:

> 宰则大宰,宗人则大宗也。此祝先子从者,同吉祭之礼,故《特牲》《少牢》,皆祝前主人后,若凶祭,则主人前,祝在主人后,《士虞礼》是也。今此亦凶祭而祝在先者,以其告神故也。②

皇侃在疏中首先说明凶祭之例,即主人在前,祝在后。然后揭示此例之变例,即当凶祭告神时同吉祭之礼,则祝在前,主人在后。

⑤熊安生《礼记义疏》依正例揭示变例例析

如《玉藻》"玄冠丹组缨,诸侯之齐冠也。玄冠綦组缨,士之齐冠也"条,郑注:"言齐时所服也。四命以上,齐、祭异冠。"熊疏:

> 言齐者,兼祭祀之时,故《曲礼》云"立如齐",谓祭祀时。恐此齐亦兼祭祀,故言"齐时所服"。其祭,诸侯则玄冕也。云"四命以上,齐、祭异冠"者,以诸侯玄冕祭,玄冠齐,孤则爵弁祭,亦玄冠齐,是齐、祭异冠也。必知孤亦玄冠齐者,以诸侯尚玄冠齐,明孤亦玄冠齐也。其三命以下大夫则朝服以祭,士则玄端以祭,皆玄冠也。此云"玄冠綦组缨,士之齐冠",是齐、祭同冠也。其天子之士与诸侯上大夫同,故《深衣》目录云:"士祭以朝服,谓天子之士也。祭用朝服,与诸侯大夫同。"然则天子大夫与诸侯、孤同,亦爵弁祭、玄冠齐。③

---

① (唐)孔颖达:《礼记正义》,载《十三经注疏》,中华书局 1980 年影印版,第 1389 页。
② (唐)孔颖达:《礼记正义》,载《十三经注疏》,中华书局 1980 年影印版,第 1389 页。
③ (唐)孔颖达:《礼记正义》,载《十三经注疏》,中华书局 1980 年影印版,第 1477 页。

郑注揭示了斋、祭之冠例即"四命以上,齐、祭异冠",郑注所明的是四命以外之卿大夫斋与祭异冠之例,熊疏进一步论述士斋与祭同冠之例,即"玄冠綦组缨,士之齐冠"。

（2）以归纳法发明礼例

归纳法发明礼例是以文献为基础,主要将散见于不同经、注中的具有共同特点的仪节或礼例加以进一步的归纳,从而总结出内涵更丰富、外延更广阔的新例。

①崔灵恩《三礼义宗》以归纳法发明礼例例析

如《郊特牲》"大服天而主日"条,崔疏云:

> 一岁有四,迎气之时,祭日于东,祭月于西。故《小宗伯》云"兆五帝于四郊,四望、四类亦如之",是其一也。春分朝日,秋分夕月,是其二也。此等二祭,日之与月各祭于一处,日之与月,皆为坛而祭,所谓王宫祭日,夜明祭月,皆为燔柴也。夏正郊天之时而主日,配以月,《祭义》云"大报天而主日,配以月",是其三也。孟冬大蜡之时,又祭日月,故《月令》孟冬"祈来年于天宗",是其四也。①

崔疏分别从《周礼·小宗伯》《礼记·祭义》《礼记·月令》等三篇经文总结出祭日、月之例,祭日、月之例分四种情况:一指迎气之时祭日、月;二指秋分朝日与秋分夕月;三指郊祭主日而以月配;四指大蜡祭时并祭日、月。《通典》云:

> 凡祭日月,岁有四焉。迎气之时,祭日于东郊,祭月于西郊,一也;二分祭日、月,二也;《祭义》云"郊之祭,大报天而主日,配以月",三也;《月令》十月祭天宗,合祭日月四也。②

从上文可以看出,《通典》所云祭日、月之例也是一年进行四次,前三例都与崔疏所论一样,只有最后一例与崔疏有异,这说明《通典》之论来自崔疏,《通典》为制度之书,这说明,崔氏从三礼经文中总结的礼例,可用作规范现实礼仪活动的礼制,这是三礼学发明礼例以指导礼制建设的一个重要表现。

---

① （唐）孔颖达:《礼记正义》,载《十三经注疏》,中华书局1980年影印版,第1452页。
② （唐）杜佑:《通典》卷四四《朝日夕月》,中华书局1988年版,第1230页。

②皇侃《礼记义疏》以归纳法发明礼例例析

如《王制》"凡养老,有虞氏以燕礼,夏后氏以飨礼,殷人以食礼,周人脩而兼用之"条,经文只说明养老有飨礼、食礼、燕礼,然而有关飨礼、食礼、燕礼之例,经、注之并未直接言明。皇侃首先总结出飨礼有四种:

一是诸侯来朝,天子飨之,则《周礼·大行人职》云"上公之礼,其享礼九献"是也。其牲则体荐,体荐则房烝。故《春秋》宣十六年《左传》云:"享有体荐。"又《国语》云:"王公立饫,则有房烝。"其所云饫,即谓飨也。立而成礼,谓之为饫也。其礼亦有饭食,故《舂人》云:"凡飨食,共其食米。"郑云"享有食米,则飨礼兼燕与食"是也。

二是王亲戚及诸侯之臣来聘,王飨之,礼亦有饭食及酒者,亲戚及贱臣不须礼隆,但示慈惠,故并得饮食之也。其酌数亦当依命,其牲折俎,亦曰肴烝也。故《国语》云"亲戚宴飨,则有肴烝",谓以燕礼而飨则有之也。又《左传》宣十六年云:"享有体荐,宴有折俎,公当享,卿当宴,王室之礼也。"时定王享士会而用折俎,以《国语》及《左传》,故知王亲戚及诸侯之大夫来聘皆折俎飨也。其飨朝廷之臣,亦当然也。

三是戎狄之君使来,王享之,其礼则委飨也。其来聘贱,故王不亲飨之,但以牲全体委与之也。故《国语》云"戎翟贪而不让,坐诸门外而体委与之"是也。此谓戎狄使臣贱之,故委飨。若夷狄君来则当与中国子男同,故《小行人职》掌小宾小客,所陈牲牢,当不异也。

四是享宿卫及耆老孤子,则以醉为度,故《酒正》云:"凡飨士庶子,享耆老孤子,皆共其酒,无酌数。"郑云:"要以醉为度。"按郑注《曲礼》"酒浆处右"云:"此大夫士与宾客。"①

接着皇侃又总结出食礼有两种:

"食礼"者,有饭有肴,虽设酒而不饮,其礼以饭为主,故曰食也。其礼有二种:

一是礼食,故《大行人》云诸公三食之礼有九举,及《公食大夫礼》之属是也。

---

① (唐)孔颖达:《礼记正义》,载《十三经注疏》,中华书局1980年影印版,第1345页。

二是燕食者,谓臣下自与宾客旦夕共食是也。按郑注《曲礼》"酒浆处右"云:"此大夫士与宾客燕食之礼。"①

最后皇侃总结出燕礼有两种:

"燕礼"者,凡正享食在庙,燕则于寝,燕以示慈惠,故在于寝也。燕礼则折俎,有酒而无饭也,其牲用狗。谓为燕者,《毛诗传》云:"燕,安也。"其礼最轻,升堂行一献礼,毕,而说屦升堂,坐饮以至醉也。《仪礼》犹有诸侯《燕礼》一篇也。然凡燕礼亦有二种:一是燕同姓,二是燕异姓。若燕同姓,夜则饮之;其于异姓,让之而止。故《诗·湛露》"天子燕诸侯"篇,郑笺云:"夜饮之礼,同姓则成之,其庶姓让之则止。"②

有关飨礼、食礼、燕礼的记载散见于《周礼》《仪礼》《礼记》《左传》《诗经》等经文及注文之中,皇氏将散见各篇有关这三种礼比较凌乱的记载,通过归纳整理,得出飨礼、食礼、燕礼之例。

③熊安生《礼记义疏》以归纳法发明礼例例析

如《文王世子》"始立学者,既兴器用币,然后释菜"条,熊疏云:

凡释奠有六:始立学释奠,一也;四时释奠有四,通前五也;《王制》师还释奠于学,六也。释菜有三:春入学释菜合舞,一也;此衅器释菜,二也;《学记》皮弁祭菜,三也。秋颁学合声,无释菜之文,则不释菜也。释币唯一也,即此衅器用币是也。③

有关"释奠""释菜""释币"之例,散见于《月令》《文王世子》《王制》《学记》等篇,而经、注之中亦并未明确其分类,而熊安生则将其归纳、分类,总结出释奠之例、释菜之例、释币之例。

(3)以推理法发明礼例

推理法是指在已有仪节或礼例的基础上,通过采用逻辑推理之法获取新的礼例。

①贺玚《礼记新义疏》以推理法发明礼例例析

如《丧服小记》"为慈母后者,为庶母可也,为祖庶母可也"条,贺疏云:"虽

---

①　(唐)孔颖达:《礼记正义》,载《十三经注疏》,中华书局1980年影印版,第1345页。

②　(唐)孔颖达:《礼记正义》,载《十三经注疏》,中华书局1980年影印版,第1345页。

③　(唐)孔颖达:《礼记正义》,载《十三经注疏》,中华书局1980年影印版,第1406页。

有子道,服于慈庶母三年,而犹为己母不异,异于后大宗而降本也。"①

经文已明某子为慈母后,为慈母服丧之例,即若某子为庶母及祖庶母后,应为所后之母服丧三年。经文并未说明此子为本生母服丧之例。贺场认为依子为大宗后之服例,此子要为其本生母降服,而此子为慈母、庶母、祖庶母后,并非为大宗之后,依子为母服三年丧之例加以推理,则此子仍应为本生母服三年之丧。

②刘芳《礼记义证》以推理法发明礼例例析

如《玉藻》"羔裘豹饰,缁衣以裼之"条,刘疏:"凡六冕之裘,皆黑羔裘也。故《司服》云:'祭昊天大裘而冕。'以下冕皆不云裘,是皆用羔裘也。又《论语》注'缁衣羔裘',皆祭于君之服,是祭服用羔裘也。"②

刘氏先及《论语》"缁衣羔裘"及郑注"君之视朝之服,亦卿大夫士祭于君之服"③推论祭服都用羔裘。又《周礼·司服》云:"祀昊天上帝,则服大裘而冕,祀五帝亦如之;享先王则衮冕;享先公飨射则鷩冕;祀四望山川则毳冕;祭社稷五祀则希冕;祭群小祀则玄冕。"其中记载祀昊天上帝及五帝服大裘,而其下祀先王先公等皆不云是否衣裘,刘氏推论祀昊天以下也应该衣裘,且所衣之裘为羔裘,刘氏最后得出与六冕相对应的服例:"凡六冕之裘,皆黑羔裘也。"

③皇侃《礼记义疏》以推理法发明礼例例析

如《玉藻》"缟冠素纰,既祥之冠也"条,郑注:

> 纰,缘边也。纰,读如"埤益"之"埤"。既祥之冠也,已祥祭而服之也。《间传》曰:"大祥,素缟麻衣。"

皇疏曰:

> 缟重素轻,祥祭之时,以素为冠,以缟为纰,纰得冠名,故云"缟冠";祥祭之后,以缟为冠,以素为纰,亦纰得冠名,而云"素冠"。④

皇疏认为祥祭之时与祥祭之后冠名不一,都因纰得名。祥祭之时,素为冠

---

① (唐)孔颖达:《礼记正义》,载《十三经注疏》,中华书局1980年影印版,第1500页。

② (唐)孔颖达:《礼记正义》,载《十三经注疏》,中华书局1980年影印版,第1480页。

③ (唐)贾公彦:《周礼注疏》,载《十三经注疏》,中华书局1980年影印版,第683页。

④ (唐)孔颖达:《礼记正义》,载《十三经注疏》,中华书局1980年影印版,第1477页。

缟为纰,故名"缟冠"。祥祭以后,缟为冠素为纰,故名"素冠"。皇氏通过推理的方法获得祥祭冠例,即祥祭之冠分为"缟冠"与"素冠"。不过皇氏此论有一个缺陷就是他的推理过程没有文献作为证据,故孔疏引例驳之云:

> 《丧服小记》云:"除成丧者,朝服缟冠。"注云:"缟冠,未纯吉祭服也。"《杂记》曰:"祥,主人之除也。于夕为期朝服。"郑云:"祭犹缟冠,未纯吉。"《杂记》又云:"既祥,虽不当缟者必缟。"郑云:"缟,祥祭之服。"据此两经二注,皆云祥祭缟冠。若既祥之后,微申孝子哀情,故加以素纰,以素重于缟也。故此文云:"既祥之冠。"《间传》曰:"大祥素缟麻衣。"检勘经、注,分明如此。……(皇疏)文无所出,不知有何凭据?①

孔氏认为无论祥祭前后,都是缟冠,祥祭之后,只是在缟冠上又加素纰,皇侃所谓"祥祭之后,以缟为冠,以素为纰"并无根据。

④熊安生《礼记义疏》以推理法发明礼例例析

如《曾子问》曰:

> 曾子问曰:"当祭而日食,大庙火,其祭也如之何?"孔子曰:"接祭而已矣。如牲至未杀,则废。"

郑注:"接祭而已,不迎尸也。"熊疏云:

> 郊社五祀,祭初未迎尸之前,已杀牲也,以其无灌故也。故《大宰》云:"祀五帝,纳享。"注云:"纳享谓祭之时。"又《中雷》礼皆为祭奠于主,乃始迎尸,是郊及五祀杀牲在迎尸之前也。②

依经之意,祭祀时碰到日食或太庙失火,若牲已杀,就接着祭祀,若牲未杀就停止祭祀。郑注认为经所谓"接祭",指的是接着祭祀但不迎尸。熊疏则在经、注的基础上,结合《大宰》《中雷》中相关礼例推论出"郊及五祀杀牲在迎尸之前"之例。

(4)以综合法发明礼例

多数情况下,南北朝三礼义疏并不单用归纳法或推理法,而是综合运用归纳与推理的方法寻求礼例。

---

① (唐)孔颖达:《礼记正义》,载《十三经注疏》,中华书局1980年影印版,第1477页。
② (唐)孔颖达:《礼记正义》,载《十三经注疏》,中华书局1980年影印版,第1394页。

①皇侃《礼记义疏》以综合法发明礼例例析

如《丧服小记》"男子免而妇人髽"条，皇疏云：

"髽"者，形有多种，有麻、有布、有露紒也，其形有异，同谓之"髽"也。……妇人之髽，则有三别。其麻髽之形，与括发如一，其著之以对男子括发时也。前云"斩衰括发以麻"，则妇人于时髽之用麻也。何以知然？按：《丧服》："女子子在室，为父髽衰三年。"郑云："髽，露紒也，犹男子之括发矣。斩衰，括发用麻，则髽之用麻矣。……"依如彼注，既云犹男子括发，男括发前去冠縰用麻，则妇人髽之去笄縰用麻，故言"犹"也。又同云"麻"，不辨括发形殊，则知其形如一也。以此证据，则知有麻髽以对男括发时也。又知有布髽者，按此云"男免"对"妇髽"，男免既用布，则妇人髽不容用麻也。是知男子为母免时，则妇人布髽也。……又知有露紒髽者，《丧服》云："布总、箭笄、髽、衰，三年。"明知此服并以三年，三年之内，男不恒免，时则妇人不用布髽，故知恒露紒也。故郑注《丧服》前云："髽，露紒也。"且《丧服》所明，皆是成服后，不论未成服麻、布髽也。何以知然，既不论男之括、免，则不容说妇人未成服前也。既云髽、衰三年，益知恒髽是露紒也。又就齐轻期，髽无麻、布，何以知然？《檀弓》："南宫縚之妻之丧始，夫子诲之髽曰：'尔无总总尔，尔无扈扈尔。'"是但戒其高大，不云有麻、布别物，是知露紒悉名髽也。又按《奔丧》云："妇人奔丧，东髽。"郑云"谓姑、姊妹女子子也""去纚大紒曰髽"。若如郑，既谓是姑、妹女子等，还以下无麻、布也。然露紒恒居之髽，则有笄，何以知之？按：笄以对男在丧恒冠，妇则恒笄也。故《丧服》："妇为舅姑，恶笄有首以髽。"①

此段皇疏所发明用髽之例，髽分为三种，分别是麻髽、布髽与露紒。皇疏先用推理法，其推理过程极为精彩。《礼记正义》经、注之中并无明确"三髽"之说。皇氏先从郑注所云男子括发用麻之例，推出髽有麻髽一类；依《丧服小记》云"男子免而妇人髽"，推论既然男子之免用布，则相对应妇人之髽亦应用

---

① 现存于日本早稻田大学图书馆《礼记子本疏义》，早稻田大学已公布其清晰影像，网址：http://www.wul.waseda.ac.jp/kotenseki/html/ro12/ro12_01134/index.html。

布,故髽又有布髽一类;依《丧服》"布总、箭笄、髽、衰,三年"之例及上文郑注
"髽,露紒也",推论既然三年不恒免,那么妇人之髽也不恒用布,因此知髽有
露紒一类;又依《檀弓》及《奔丧》经、注,推断齐轻期以下髽无麻、布,都是露
紒,并推断露紒之髽恒有笄。最后归纳出髽之例,即髽分三种:麻髽、布髽与露
紒。皇侃以前关于髽的形制,经师们一直没有一个统一的观点,《春秋左传正
义》:"国人逆丧者皆髽。鲁于是乎始髽。"孔疏云:"髽之形制,《礼》无明文。
先世儒者,各以意说。郑众以为髺麻,与发相半结之。马融以为屈布为巾,高
四寸,著于额上。郑康成以为去纚而紒。"①从中可见礼经中并无明确说明髽
的形制,从而导致郑众、马融、郑玄等经学大师对此也莫衷一是。而自从皇侃
将髽分为三类,其后注疏多依皇侃之说,孔颖达虽认为髽只有麻、布两种,通称
为露紒,然而其主要依据还是皇侃之说。

②熊安生《礼记义疏》以综合法发明礼例例析

如《曲礼上》"群居五人,则长者必异席"条,郑注:"席以四人为节,因宜有
所尊。"熊疏云:

> 知四人为节者,以此云"群居五人,则长者必异席",既长者一人异
> 席,余则四人矣。案:《公食大夫礼》云"蒲筵常""加萑席寻",此以蒲、席
> 者,故得容四人,此群居之法。若宾主礼席,皆无同坐之法,故《乡饮酒》
> 宾介异席,又云"众宾之席,皆不属焉",不相连属也。《乡射》"众宾之席
> 继而西",谓相连属也。《燕礼》及《大射》公三重,大夫再重,是皆异
> 席也。②

熊疏首先依《曲礼上》郑注与《公食大夫礼》推理群居席例为一席可容四
人。熊疏又依《乡饮酒礼》《乡射礼》《燕礼》《大射礼》等文进一步推论席例除
有群居之法,还有异席之法。而异席之法又有连属与不连属之分。最终熊氏总
结得出席例:群居之法与异席之法。而异席之法又分连属之法与不连属之法。

(5)以弥缝法发明礼例

弥缝法从本质来看是为了证成经、注之说,当经、注原有的几种观点发生

---

① (唐)孔颖达:《春秋左传正义》卷二九,载《十三经注疏》,中华书局 1980 年影印版,第
1934 页。

② (唐)孔颖达:《礼记正义》,载《十三经注疏》,中华书局 1980 年影印版,第 1233 页。

矛盾时,为了维护经、注的权威,注疏家就采用弥缝之法加以调和,从而消弭矛盾。而现存南北朝三礼义疏所弥缝之成说多为经、注所发明之例,礼学家用弥缝之法消弭两条礼例之间的矛盾之后就自然而然提出一条新例。可以说此时所发明的新例乃三礼义疏以弥缝法证成经、注之说的一个副产品。

①崔灵恩《三礼义宗》以弥缝法发明礼例例析

如《内则》"无缌服,听事不麻"条,郑注:"皆为幼少,不备礼也。虽不服缌,犹免,深衣无麻,往给事也。"郑注所明之例为童子"虽不服缌,犹免",就是说童子即使不服缌也着免。按:郑注《内则》该例与《问丧》经、注之例相违。《问丧》曰:"不冠者之所服也。《礼》曰:'童子不缌,唯当室缌。'缌者其免也,当室则免而杖矣。"注:"不冠者犹未冠也,当室谓无父兄而主家者也。童子不杖,不杖者不免,当室则杖而免,免冠之细别以次成人也。缌者其免也,言免乃有缌服也。"①《问丧》经、注之例为只有当室服缌之童子才着免。很明显两条礼例之间有矛盾。为弥缝这两条礼例之间的矛盾,崔氏云:"不当室而免者,谓未成服而来也。《问丧》云'不当室不免'者,谓据成服之后也。"②通过弥缝之法,崔氏得出新例:童子未成服则不当室可着免,成服之后童子不当室则不免。

②皇侃《礼记义疏》以弥缝法发明礼例例析

如《王制》云"大夫祭器不假。祭器未成,不造燕器",此例与《礼运》"大夫具官,祭器不假,声乐皆具,非礼也"一例相矛盾。《王制》所谓"大夫祭器不假"是大夫不须借祭器,而《礼运》所谓"祭器不假"是大夫必须借乐器。为弥缝《王制》与《礼运》二例之间的矛盾,皇侃曰:

> 此谓有地大夫,故祭器不假。若无地大夫,则当假之,故《礼运》云"大夫祭器不假,声乐皆具,非礼也",谓无地大夫也。③

皇侃通过弥缝之法得出大夫借祭器之例:对于有地大夫,祭器不假;对于无地大夫,则当假之。

③熊安生《礼记义疏》以弥缝法发明礼例例析

如《曲礼上》"则必赐之几杖"条,熊疏云:

① (唐)孔颖达:《礼记正义》,载《十三经注疏》,中华书局1980年影印版,第1657页。
② (唐)孔颖达:《礼记正义》,载《十三经注疏》,中华书局1980年影印版,第1483页。
③ (唐)孔颖达:《礼记正义》,载《十三经注疏》,中华书局1980年影印版,第1347页。

既不听致事,则《祭义》云"七十杖于朝"是也。听致事,则《王制》云"七十杖于国,八十杖于朝"是也。①

《祭义》所云"七十杖于朝"之例与《王制》所云"七十杖于国,八十杖于朝"之例有矛盾,熊氏以不听致事则"七十杖于朝",听致事则"七十杖于国,八十杖于朝"加以弥缝。通过弥缝,熊疏获得了天子给长者赐杖之例,即听事则"八十杖于朝",不听事则"七十杖于国"。

(六) 南北朝三礼义疏阐发义理的相同之处

现存南北朝三礼义疏辑本除个别作品蕴含着某种形而上层次的义理外,南北朝三礼义疏所阐发的义理主要是名物、度数、仪节、礼例背后蕴含的伦理义理与政治义理。

1. 对伦理义理的阐发

(1)皇侃《礼记义疏》对伦理义理的阐发例析

如《丧服小记》"苴杖,竹也。削杖,桐也"条,对于削杖为何用桐,皇侃释云:

> 然杖有削异者,黯也。夫至痛内结,必形色外彰,心如斩斫,故貌必苍苴,所以衰裳绖杖,俱备苴色也。必用竹者,竹体员性贞,履四时不毁,明子为父礼申痛极,自然圆足,有终身之痛故也。故断而用之,无所厌杀也。削者杀也,削夺其貌,不使苴也。必用桐者,桐者,同也,明其外虽削,而心本同也。且桐随时凋落,此为母丧,示外被削杀,服从时除,而终身之心裳常与父同也。②

皇疏所云"桐者,同也"是通过因声求义的办法推断削杖用桐表示母亲对父亲的遵同,皇疏认为桐这种礼器隐含着妻遵同于夫这样一种宗法制度。而"苴杖,竹也"条,皇侃释云:

> 然杖有削异者,黯也。夫至痛内结,必形色外彰,心如斩斫,故貌必苍苴,所以衰裳绖杖,俱备苴色也。必用竹者,竹体员性贞,履四时不毁,明子为父礼申痛极,自然圆足,有终身之痛故也。故断而用之,无所

---

① (唐)孔颖达:《礼记正义》,载《十三经注疏》,中华书局 1980 年影印版,第 1232 页。
② 现存于日本早稻田大学图书馆《礼记子本疏义》,早稻田大学已公布其清晰影像,网址:http://www.wul.waseda.ac.jp/kotenseki/html/ro12/ro12_01134/index.html。

厌杀也。①

在皇侃看来，苴杖用竹，是因为竹"体员性贞，履四时不毁"，以竹杖的苍苴之色来象征子丧父时"至痛内结，必形色外彰，心如斩斫，故貌必苍苴"，又因竹"体员性贞，履四时不毁"而"明子为父礼申痛极，自然圆足，有终身之痛故也"。由此分析可以表明，皇侃力图通过竹的自然属性和桐的读音来说明其象征的父子之间孝的伦理意义与夫妻之间同的宗法意义。皇侃此论基本为孔颖达《礼记正义》所采用，皇氏此说亦被他疏采用，如《仪礼·丧服》中同样有"苴杖，竹也；削杖，桐也"一句，贾公彦疏云：

> 然为父所以杖竹者，父者子之天，竹圆亦象天，竹又外内有节，象子为父亦有外内之痛；又竹能贯四时而不变，子之为父哀痛亦经寒温而不改，故用竹也。为母杖桐者，欲取桐之言同，内心同之于父。外无节，象家无二尊。屈于父为之齐衰，经时而有变。②

可以看出，贾疏此论基本与皇疏雷同，当是贾疏亦受到皇疏影响。虽然孔、贾二疏都同皇氏此说，然皇氏之论似有牵强附会之嫌，敖继公《仪礼集说》云："此主释苴杖而并及削杖也。竹杖而谓之苴者，以其不修治故也；削杖，齐衰之杖也，用桐木而又削之所以别于斩衰者。"③敖氏认为为父服斩衰，斩衰服重，服重而礼器质，故而竹杖谓之苴。何为"苴"，敖疏认为"以其不修治故也"，而皇疏则认为其象征孝子哀痛之貌。敖疏又认为，为母服齐衰，齐衰服轻，服轻而礼器文，故而"桐木而又削之"，即用桐木而加以削整，以表示母服轻于父服。按：二疏相比，敖疏更客观一些，他认为苴杖用竹，削杖用桐就是用以区别斩衰、齐衰之服制轻重，细审《礼记》与《仪礼》引句上下文，此句主要意思也就是斩衰、齐衰轻重，并无其他礼意。贾疏则遵同皇、孔之说，又进一步引申："又案《变除》：'削之使方者，取母象于

---

① 现存于日本早稻田大学图书馆《礼记子本疏义》，早稻田大学已公布其清晰影像，网址：http://www.wul.waseda.ac.jp/kotenseki/html/ro12/ro12_01134/index.html。

② （唐）贾公彦：《仪礼注疏》卷二八，载《十三经注疏》，中华书局1980年影印版，第1097页。

③ （元）敖继公：《仪礼集说》，载《摛藻堂四库全书荟要》经部第49册，台湾世界书局1985年影印版，第359页。

地故也。'"①

（2）熊安生《礼记义疏》对伦理义理的阐发例析

如《曲礼上》"食飨不为概"条，郑注："概，量也。不制待宾客馔具之所有。"熊疏云：

> 谓传家事任子孙，若不传家事，则子孙无待宾之事。大夫士或相往来，设于飨食概量也。不制设待宾馔，其事由尊者所裁，而子不得辄豫限量多少也。②

郑注只用训诂之法释概为量，并疏通句义，并未揭示经文背后隐含着的礼义。熊疏则认为食飨是否为概象征着家庭内部的权力主导问题，即尊长是否要传家事于子孙，若未传事于子孙，子孙则不得于食飨时行为概之事。与此疏类似，下文经云："馂余不祭，父不祭子，夫不祭妻。"熊疏："谓年老致仕，传家事于子孙，子孙有宾客之事，故父得馂其子余。"③熊氏亦从父馂其子之余，从而揭示父已传事于子之礼义。总体上熊氏此疏是对经文家庭伦理义理的阐发。

2. 对政治义理的阐发

（1）皇侃《礼记义疏》对政治义理的阐发例析

如《礼器》"是故天时有生也，地理有宜也，人官有能也，物曲有利也"条，皇疏云："有圣人制礼得宜，故致天时有生，地理有宜之等。"④从皇疏可以看出，皇氏是强调圣人制礼的重要性，即只有圣人"制礼得宜"，才可以做到"天时有生也，地理有宜也，人官有能也，物曲有利也"。皇氏此论体现了礼在南朝政治制度中所占有的重要地位。南北朝时期，统治者都对礼大加提倡，希望通过礼的作用来巩固其统治，维护社会秩序。皇氏此论正是宣扬一种通过统治者制礼来维护天、地、人、物和谐共处的政治理念。然而皇氏此论与经、注之意不符。按经、注之意是强调人制礼应从天、地、人、物已有的条件出发，不可强行为之。故此条经文上文曰："礼也者，合于天时，设于地财，顺于鬼神，合

---

① （唐）贾公彦：《仪礼注疏》卷二八，载《十三经注疏》，中华书局1980年影印版，第1097页。
② （唐）孔颖达：《礼记正义》，载《十三经注疏》，中华书局1980年影印版，第1234页。
③ （唐）孔颖达：《礼记正义》，载《十三经注疏》，中华书局1980年影印版，第1243页。
④ （唐）孔颖达：《礼记正义》，载《十三经注疏》，中华书局1980年影印版，第1431页。

于人心,理万物者也。"下文曰:"故天不生,地不养,君子不以为礼,鬼神弗飨也。"郑注:"天不生,谓非其时物也。地不养,谓非此地所生。"①经、注之意是强调自然与社会条件是制礼的基础。皇氏之论则是强调人的能动性,认为只要圣人"制礼得宜",自然与社会亦会发展良好。孔疏亦看到皇疏与经、注之意不符,故而直接称"其义非也"。

(2)熊安生《礼记义疏》对政治义理的阐发例析

如《月令》"律中大蔟"条,郑注:"律,候气之管,以铜为之。中犹应也。孟春气至,则大蔟之律应。应谓吹灰也。"熊疏云:

> 按吹灰者,谓作十二律管,于室中四时位上埋之,取芦莩烧之作灰,而实之律管中,以罗縠覆之,气至则吹灰动縠矣。小动为气和,大动为君弱臣强专政之应,不动縠为君严猛之应。②

经、注记载的是古代用律管候气之法,其原理是将十二律管按一定的方法埋入地中,以芦灰填满律管,到了一定的时令,相应的律管中的芦灰都会飞出来,这就叫作"吹灰"。此法本是古人发明的测定时令的一种方法,本与社会政治无关,而熊氏却将其与君臣关系结合起来,熊氏所谓"小动为气和,大动为君弱臣强专政之应,不动縠为君严猛之应",意思是因吹灰效应而吹动律管上面的罗縠之力如果较弱,说明君臣关系正常;若是较强,则是臣子干政之兆;若罗縠不动,则是君王严猛之兆。

(七) 南北朝三礼义疏多发明经、注书法

本章第四节所谈之例指的是礼例,而本节所谈的书法是指经、注文之例,即经、注行文之规则。曹元弼《礼经学》中有专门章节来阐述经文例。他认为:

> 礼有礼之例,经有经之例,相须相成。凌氏《释例》而未成经例,然经例不明,则圣人正名、顺言、决嫌、明微、精义所存,不著不察,而经文详细异同若有与礼例不符者,其何以解害辞害志之惑,而深塞离经叛道之源与?《传》曰:"属事比辞(按:《礼记·经解》为"属辞比事"),春秋教也。"

---

① (唐)孔颖达:《礼记正义》,载《十三经注疏》,中华书局1980年影印版,第1431页。
② (唐)孔颖达:《礼记正义》,载《十三经注疏》,中华书局1980年影印版,第1354页。

周公制礼,犹孔子作《春秋》,《春秋》一字一句皆褒贬所寓,礼经一字一句说皆名义所关。凌氏《释例》属事也。今释经例,比辞也。言不顺则事不成,古之圣者作经莫不有立言之法,古之明者解经莫不精究其立言之法。……故治礼者,必以全经互求,以各类各篇互求,以各章各句互求,而后辞达义明,万贯千条,较若画一;人伦天秩,其为真知。①

曹氏提出经例的概念,他认为凌廷堪只释礼例而未释经例,在曹氏看来,所谓经例乃《礼记·经解》中"属辞比事"之"属辞",而礼例则是"比事"。曹氏认为《春秋》有经例,《礼经》也应该有经例,那么曹氏所谓之经例其实就是《春秋》之书法义例。曹氏之论确为卓见,曹氏称此例为"经文例"或"经例",而本书则沿用书法这一术语。

1. 雷次宗《略注丧服经传》发明书法例析

如《仪礼·丧服》"士为庶母。传曰:何以缌也? 以名服也。大夫以上为庶母无服"条,雷次宗云:

> 为五服之凡不称其人者,皆士也。若有天子诸侯下及庶人,则指其称位,未有言"士为"者。此独言"士",何乎? 盖大夫以上庶母无服,庶人无妾则无庶母,为庶母者,唯士而已,故诡常例,以著唯独一人也。②

雷疏首先揭示《丧服》经文书法常例为凡不直接称呼其名的,指的都是士。凡是称呼其位的,都是天子、诸侯以及庶人。而此条经文专称士,是书法上的变例,因为为庶母服丧的只有士。

2. 庾蔚之《礼记略解》发明书法例析

如《丧服小记》"男子冠而妇人笄,男子免而妇人髽。其义:为男子则免,为妇人则髽"条,庾疏云:

> 《丧服》往往寄异以明义,或疑免、髽亦有其旨,故解之以其义。言于男子则免,妇人则髽,独以别男女而已,非别有义也。③

庾疏首先揭示了《丧服》行文的一条书法,即"寄异以明义"。然后庾疏指

---

① 曹元弼:《礼经学》,载《续修四库全书》第94册,上海古籍出版社2002年影印版,第567—568页。

② (唐)杜佑:《通典》卷九二《缌麻成人服三月》,中华书局1988年版,第2510页。

③ (唐)孔颖达:《礼记正义》,载《十三经注疏》,中华书局1980年影印版,第1494页。

出这条经文男子冠与女人笄相异,男子免与妇人髽相异,但是此处"寄异"只表示男女之别而已,并无特殊含义。

3. 崔灵恩《三礼义宗》发明书法例析

如《曲礼》"孤子当室,冠衣不纯采"条,崔疏:

> 指谓当室,不当室则纯采,所以然者,当室之孤,内理蒸尝,外交宗族,所履之事,莫不伤心,故特纯素示哀也。[1]

崔氏认为此条经文是指只有当室之孤子才不纯采,若孤子不当室,则纯采。然《曲礼》此条礼例与《深衣》所云"孤子衣纯以素"之例相矛盾。按:纯以素,即不纯采。从字面意义上理解,《深衣》认为只要是孤子就应不纯采,并无当室不当室之分。为了弥缝《曲礼》与《深衣》两条礼例之间矛盾,崔氏认为:"《深衣》不云当室者,文略耳。"[2]即崔氏从书法上找原因,认为《深衣》之所以不云当室之孤子,只是行文省略而已。对于孤子纯采与否是否与当室有关,当时并非只有崔氏之说,孔疏引用此说云:

> 但嫡子内理蒸尝,外交宗族,代亲既备,嫌或不同,故特明之,所以郑引《深衣》为注,会证凡孤子悉同也。[3]

该说认为《深衣》所云"孤子衣纯以素"说明无论孤子是否当室,都不纯采,而《曲礼》之所以专门提到当室之孤子,是为了避免让人误以为当室之孤子因为身份特殊而可以纯采,故特别指出孤子亦须不纯采。孔疏认为相比较这两种观点,崔氏之论更合郑注之意,孔疏云:"然注前解适子,后引《深衣》,似崔解也。"[4]

4. 皇侃《礼记义疏》发明书法例析

如《表记》"子言之:'归乎,君子隐而显,不矜而庄,不厉而威,不言而信'"条,皇疏云:

> 皆是发端起义,事之头首,记者详之,故称"子言之"。若于"子言之"

---

① (唐)孔颖达:《礼记正义》,载《十三经注疏》,中华书局 1980 年影印版,第 1234 页。
② (唐)孔颖达:《礼记正义》,载《十三经注疏》,中华书局 1980 年影印版,第 1234 页。
③ (唐)孔颖达:《礼记正义》,载《十三经注疏》,中华书局 1980 年影印版,第 1234 页。
④ (唐)孔颖达:《礼记正义》,载《十三经注疏》,中华书局 1980 年影印版,第 1234 页。

下更广开其事,或曲说其理,则直称"子曰"。①

皇侃认为《表记》中凡是言"子言之"都是处于叙述一件事情的开始位置,而凡是在"子言之"之下若要继续引用孔子的话,则用"子曰"。按:通检《礼记·表记》全文,确如皇侃所言。此句后经文分别为:

> 子曰:"君子不失足于人,不失色于人,不失口于人。是故君子貌足畏也,色足惮也,言足信也。《甫刑》曰:'敬忌,而罔有择言在躬。'"
>
> 子曰:"裼袭之不相因也,欲民之毋相渎也。"
>
> 子曰:"君子慎以辟祸,笃以不揜,恭以远耻。"
>
> ……
>
> 子言之:"仁者,天下之表也;义者,天下之制也;报者,天下之利也。"
>
> 子曰:"以德报德,则民有所劝;以怨报怨,则民有所惩。"②

皇氏此论亦为孔疏所接受,如《坊记》子言之:"君子之道,辟则坊与? 坊民之所不足者也。"此句即《坊记》开篇之句。孔疏亦仿皇氏之说,云:

> 此一节发端起首总明所坊之事。但此篇凡三十九章,此下三十八章悉言"子云",唯此一章称"子言之"者,以是诸章之首、一篇总要,故重之,特称"子言之"也。③

又如《内则》"卜士之妻,大夫之妾,使食子"例,此例与《左传》桓公六年所云"卜士负之,士妻食之"之例有矛盾之处,《左传》所云唯有士妻并未云"大夫之妾",对此,皇侃加以弥缝,云:

> 士之妻、大夫之妾者,随课用一人。故桓六年《左传》云"卜士负之,士妻食之"。不云有大夫妾,文略也。④

依皇侃之意,士之妻、大夫之妾挑选一人即可,《左传》没有提到大夫妾,只是行文省略而已。皇疏此处主要运用省文之书法解释二例之矛盾。

书法义例对于理解经、注之义非常重要,有些礼学家在释经时,就往往会

---

① (唐)孔颖达:《礼记正义》,载《十三经注疏》,中华书局1980年影印版,第1638页。

② (唐)孔颖达:《礼记正义》,载《十三经注疏》,中华书局1980年影印版,第1638—1644页。

③ (唐)孔颖达:《礼记正义》,载《十三经注疏》,中华书局1980年影印版,第1618页。

④ (唐)孔颖达:《礼记正义》,载《十三经注疏》,中华书局1980年影印版,第1469页。

因为没有注意到书法义例,致使其所作出的结论出现问题。

二、南朝与北朝三礼学的差异

虽然上一节已阐明南朝与北朝三礼学都以郑注为主而且都发展和补充郑注,但南朝与北朝三礼学对郑注遵守的程度不一样,这表现在南朝三礼学时有对郑注的背离,而北朝三礼学则笃守郑注,一般不否定郑注。

(一)南朝三礼学对郑注的背离

1. 弃郑注而用他说

南北朝以前,为三礼作注的,除郑玄以外,还有马融、王肃、卢植等人。特别是王注在晋代曾一度取代郑注。南朝义疏家若认为马、王、卢等人之说超过郑注,则大胆采用其说而舍弃郑说。

(1)庾蔚之《礼记略解》弃郑注而用他说例析

如《礼记·曲礼上》"堂上接武"条,郑注:"武,迹也。迹相接,谓每移足半蹑之,中人之迹尺二寸。"依郑之意,所谓"接武"即每次只迈半只脚的距离,而王肃则认为是前后脚相接,即迈出一只脚的距离。针对郑、王的不同观点,庾疏云:"谓接则足连,非半也。"①从庾氏之论可见,庾蔚之是同意王肃之论而否定郑玄之论,庾氏不仅非郑是王,而且指出了问题的关键,即经文之"接",就有足相连之义,那么郑氏所谓"足半"即为非。

(2)崔灵恩《三礼义宗》弃郑注而用他说例析

如《礼记·郊特牲》"郊之用辛也,周之始郊,日以至"条,孔疏引王肃、董仲舒、刘向之说,云:

> 以此为周郊。上文云"郊之祭,迎长日之至",谓周之郊祭于建子之月,而迎此冬至长日之至也。而用辛者,以冬至阳气新用事,故用辛也。"周之始郊,日以至"者,对建寅之月,又祈谷郊祭。此言始者,对建寅为始也。②

也就是说,王肃等人认为经文所云郊祭指的是周之郊祭。从上文所云

---

① (唐)孔颖达:《礼记正义》,载《十三经注疏》,中华书局1980年影印版,第1239页。
② (唐)孔颖达:《礼记正义》,载《十三经注疏》,中华书局1980年影印版,第1452页。

"郊之祭,迎长日之至",知周在建子月郊祭;又从此条经文所云"郊之用辛也,周之始郊,日以至",可知周在建子之月冬至之日行郊天大礼,又在建寅月行祈谷郊祭。而鲁国因行周礼,故而进行两次郊祭。而郑玄则与此观点不同,孔疏引郑玄云:

> 郑康成则异于王肃,上文云"迎长日之至",自据周郊,此云"郊之用辛",据鲁礼也。言郊用辛日者,取斋戒自新。"周之始郊,日以至"者,谓鲁之始郊日以冬至之月。云始者,对建寅之月天子郊祭。鲁于冬至之月初始郊祭,示先有事,故云始也。①

也就是说,郑玄认为此条经文所云"郊之用辛"指的是鲁礼,此处之所以云"始"是针对天子建寅月所行郊礼而言的。郑玄认为鲁国用建子之月郊天,而且鲁国只行一次郊祭。而崔灵恩《三礼义宗》云:

> 以鲁冬至郊天,至建寅之月又郊以祈谷,故《左传》云"启蛰而郊",又云"郊祀后稷,以祈农事",是二郊也。②

崔氏此论同王肃之说,认为鲁国行两次郊祭,分别是冬至之郊祭与正月之祈谷郊祭。

（3）皇侃《礼记义疏》弃郑注而用他说例析

如《礼记·玉藻》"狐裘,黄衣以裼之"条,郑注:"黄衣,大蜡时腊先祖之服也。孔子曰:'黄衣狐裘。'"从郑注看,郑玄认为大蜡时,其祭服为黄色。而皇侃则引《白虎通》以释经,皇疏云:"天子狐白,诸侯狐黄,大夫狐苍,士羔。"皇侃必定认为郑玄所释大蜡祭服颜色都为黄色,不分天子、诸侯、大夫、士之区别,故引用《白虎通》加以纠正。

2. 弃郑注而自立新说

南朝三礼学家若不同意郑注,除好引他说以外,还好自立新说,这说明南朝三礼学创新意识较强。

（1）雷次宗《略注丧服经传》弃郑注而自立新说例析

如《仪礼·丧服》"父为长子。传曰:何以三年也? 正体于上又乃将所传

---

① （唐）孔颖达:《礼记正义》,载《十三经注疏》,中华书局1980年影印版,第1452页。
② （唐）孔颖达:《礼记正义》,载《十三经注疏》,中华书局1980年影印版,第1452页。

重也。庶子不得为长子三年,不继祖也"条,郑注:"重其当先祖之正体又以其将代己为宗庙主也。"雷次宗则曰:"父子一体也,而长嫡独正,故曰体。既为正体,又将传重,兼有二义,乃加其服。自非亲正,兼之情体俱尽,岂可凌天地、混尊亲也。"①郑玄认为体为"先祖之正体",雷次宗则认为体为"父子一体也,而长嫡独正"之义。

(2)庾蔚之《礼记略解》弃郑注而自立新说例析

如《礼记·丧服小记》"庶子不为长子斩,不继祖与祢故也"条,庾蔚之《礼记略解》云:

> 既义系于祖,则不须及祢,更以或者疑不系祖之言是道庶子之长,故此记跱言不系祖与祢,以明据庶子言之也。②

庾氏认为之所以在不继祖之后又云不继祢,是为了避免引起误解,因为若是仅写不继祖,就有人可能误会不继祖是针对经文中庶子之长子而言的,所以经文在不继祖后又加了不继祢,就是为了说明"不继祖与祢"是针对经文所云之庶子本身而言的。而《仪礼·丧服》"庶子不得为长子三年,不继祖也"条,郑注:"《小记》曰'不继祖与祢',此但言'祖'不言'祢',容祖祢共庙",所谓"祖祢共庙",贾公彦疏云:

> "容祖祢共庙"者,案《祭法》云"适官师中下之士,祖祢共庙"。则此容祖祢共庙据官师而言。若然《小记》所云祖祢并言者是适士二庙者也。祖祢共庙不言"祢"直言"祖",举尊而言也。③

从贾疏可见,郑氏认为《丧服小记》云"不继祖与祢",而《丧服》云"不继祖",是因为《丧服小记》是针对适士而言的,因为适士二庙,因此祖祢不须共庙;而《丧服》是针对官师而言的,因为官师一庙,故祖祢共庙,此时则可以只言祖而代祢。按:郑氏以共庙不共庙之别来解释二经之不同,似有牵强弥缝之嫌,庾氏之说更胜一筹。

---

① (唐)杜佑:《通典》卷八八《斩缞三年》,中华书局 1988 年版,第 2422 页。

② 现存于日本早稻田大学图书馆《礼记子本疏义》,早稻田大学已公布其清晰影像,网址:http://www.wul.waseda.ac.jp/kotenseki/html/ro12/ro12_01134/index.html。

③ (唐)贾公彦:《仪礼注疏》,载《十三经注疏》,中华书局 1980 年影印版,第 1101 页。

（3）何胤《礼记隐义》弃郑注而自立新说例析

如《檀弓》云："从母之夫，舅之妻，二夫人相为服，君子未之言也。"郑注："二夫人犹言此二人也。时有此二人同居，死相为服者，甥居外家而非之。"又经云："或曰：'同爨缌。'"郑注："以同居生缌之亲可。"①依经文之义姨夫与舅母二人不可相互服丧。经文又云有的人认为二人有同爨之缌。郑玄认为经文意思是如果二人住在一起，可以生出缌麻之服。何胤认为二人服的是吊服加麻绖，就如同朋友之间的关系。② 何胤的观点明显与郑注不同。

（4）贺场《礼记新义疏》弃郑注而自立新说例析

如《内则》"芝栭、菱、椇、枣、栗、榛、柿、瓜、桃、李、梅、杏、柤、梨、姜、桂"条，郑注："自'牛脩'至此三十一物，皆人君燕食所加庶羞也。"贺疏："栭，软枣，亦云芝，木椹也。"③依贺氏之意，芝、栭为两物，则从"牛脩"至"桂"为三十二物，可见贺氏释"芝栭"为两物，与郑注不同。

又如《丧服小记》"故期而祭，礼也。期而除丧，道也。祭不为除丧也"条，郑注："礼，正月存亲，亲亡至今而期，期则宜祭。期，天道一变，哀恻之情益衰，衰则宜除，不相为也。"贺疏云：

> 祭与除丧并由礼制，而祭称礼除丧称道者，将以祭礼会思慕之情，除丧乖终身之志。会情则无待抑引，故但称礼；乖志则宜抑夺，故远征天道，天道有变，故使人情从之也。④

贺疏又云：

> 二祥之祭，义无二理，正月存亲，丧服除改，并宜有祭，二事会于一时，故一祭兼有二理，而除丧之祭物也耻供，知正月存亲，其理常昧，记者欲显存亲之义，故云不为除丧，明此不令为除丧，非为除义，不须祭也。⑤

郑玄认为"期而祭"之所以称礼是因为正月存亲，而小祥之日为亲亡之正

---

① （唐）孔颖达：《礼记正义》，载《十三经注疏》，中华书局 1980 年影印版，第 1298 页。
② （唐）孔颖达：《礼记正义》，载《十三经注疏》，中华书局 1980 年影印版，第 1298 页。
③ （唐）孔颖达：《礼记正义》，载《十三经注疏》，中华书局 1980 年影印版，第 1465 页。
④ 现存于日本早稻田大学图书馆《礼记子本疏义》，早稻田大学已公布其清晰影像，网址：http://www.wul.waseda.ac.jp/kotenseki/html/ro12/ro12_01134/index.html。
⑤ 现存于日本早稻田大学图书馆《礼记子本疏义》，早稻田大学已公布其清晰影像，网址：http://www.wul.waseda.ac.jp/kotenseki/html/ro12/ro12_01134/index.html。

月,因此依礼而祭;"期而除丧"之所以称道,是因为依天道来看,从亲亡到小祥之日正好过了一年,对亲人的哀伤之情也应依天道而衰减,故而小祥日应除丧。贺疏则认为小祥日祭与除丧皆因礼制而定,而小祥而祭是表达对亡亲的思念之情,此情无须抑制,所以只称礼;而除丧则需抑制对亡亲思念之情,所以要远征天道。郑玄认为祭因礼而除丧因天道,所以说"祭不为除丧也"。而贺场则从《丧服小记》记者的角度出发,他认为记者担心正月存亲之理容易被人忽视,所以着重指出"祭不为除丧也"。

(5)崔灵恩《三礼义宗》弃郑注而自立新说例析

如《周礼·大宗伯》"以苍璧礼天,以黄琮礼地"条,郑注:"礼神者必象其类,璧圜象天,琮八方象地。"《五代会要》引崔疏云:"苍璧所以礼天,其长十有二寸,盖法天之十二时……黄琮所以礼地,其长一尺以法地之数。"[①]依郑意,礼天之所以用苍璧,礼地之所以用黄琮,是因为璧之环形象天,琮之方形象地。而崔氏的观点与郑注有所不同,崔氏是从长度的角度解释礼天之所以用苍璧,礼地之所以用黄琮。

(6)皇侃《礼记义疏》弃郑注而自立新说例析

如《月令》"命有司大难,旁磔,出土牛,以送寒气"条,郑注:"此难,傩阴气也。难阴始于此者,阴气右行,此月之中,日历虚危,虚危有坟墓四司之气,为厉鬼将随强阴出害人也。"皇侃认为此傩为季冬大傩,"不及民"[②]。而《论语》"乡人傩"郑玄注云:"十二月命方相氏,索室中驱疫鬼。"依郑意,季冬之傩,应及于乡民。按:皇侃之论详见于皇侃《论语义疏》,皇氏云:

> 一年三过为之,三月、八月、十二月也。故《月令》季春云"命国傩",郑玄云:"此傩,傩阴气也。阴寒至此不止,害将及人。"属鬼随之而出。行至仲秋又云:"天子乃傩。"郑玄云:"此傩,傩阳气也。阳暑至此不衰,害亦将及人。"厉鬼亦随之而出。行至季冬又云:"命有司大傩。"郑云:"此傩,傩阴气也。"厉鬼将随强阴出害人也。侃案:三傩,二是傩阴一是傩阳,阴阳乃异,俱是天子所命。春是一年之始,弥畏灾害,故命国民家家

---

① (五代)王溥:《五代会要》卷三,上海古籍出版社1978年版,第51页。

② (唐)孔颖达:《礼记正义》,载《十三经注疏》,中华书局1980年影印版,第1383页。

悉傩;八月傩阳,阳是君法,臣氏不可傩君,故称天子乃傩也;十二月傩虽是阴,既非一年之急,故民亦不得同傩也。今云"乡人傩"是三月也。①

可见皇侃在《论语义疏》中认为"十二月傩虽是阴,既非一年之急,故民亦不得同傩也",即《月令》季冬之傩非一年之急,故"民亦不得同傩"即"不及民"。

(二) 北朝三礼学对郑注的笃守

与南朝三礼义疏动辄否定郑注不同,北朝三礼义疏则专守郑注,极少否定郑注。如《王制》"古者公田藉而不税"条,郑注:"藉之言借也。借民力治公田,美恶取于此,不税民之所自治也。《孟子》曰:'夏后氏五十而贡,殷人七十而助,周人百亩而彻。'则所云古者,谓殷时。"针对郑注中《孟子》所云"夏后氏五十而贡,殷人七十而助,周人百亩而彻",刘芳疏曰:"夏时民多,家得五十亩而贡五亩。殷时民稍稀,家得七十亩而助七亩。周时其民至稀,家得百亩而彻十亩。故云其实皆什一。"②刘氏认为夏时老百姓人数多,所以每家可得五十亩地,殷时百姓人数稍稀,所以每家可得七十亩地,周时百姓人数最少,所以每家可得百亩地。按:刘氏认为夏、商、周人口越来越少,明显不合情理,而刘氏却强为此说,亦从侧面看出刘疏必遵郑注之特点。

有些情况下,郑注与经文之间表面上看有矛盾,此时南朝礼学家一般都会据此否定郑注,而北朝三礼学家则极力维护郑注,尽力证成郑注之说。

如《曾子问》"孔子曰:'非礼也。古者男子外有傅,内有慈母,君命所使教子也,何服之有?'"条,郑注:"言无服也。此指谓国君之子也。大夫、士之子,为庶母慈己者服小功,父卒乃不服。"而《仪礼·丧服》"君子子为庶母慈己者"条,郑注曰:"士之妻自养其子。"郑注《曾子问》认为大夫与士之子都可以为慈己之庶母服小功,郑注《仪礼·丧服》又认为只有大夫以及大夫以上之人之子才为其慈己庶母服小功,郑注所记两例之间有矛盾,皇侃据此认为郑注《曾子问》中"大夫、士之子"有"士"为非。然而熊氏并非直指注文为非,而是努力加以弥缝,熊氏云:

① (梁)皇侃撰,高尚榘点校:《论语义疏》,中华书局 2013 年版,第 251—252 页。
② (唐)孔颖达:《礼记正义》,载《十三经注疏》,中华书局 1980 年影印版,第 1337 页。

士之适子无母，乃命妾慈己，亦为之小功。知者，以士为庶母缌，明士子亦缌，以慈己加小功，故此连言大夫、士也。①

熊氏认为《曾子问》之所以有士，是因为士的嫡子无母，士就命士之妾作士子之慈母，又以"以士为庶母缌"证士之子亦为其庶母缌，若此庶母慈己，则己亦应为此庶母服小功，故而郑注"大夫"与"士"连言。

北朝三礼义疏也可能作新说，和南朝三礼义疏作新说而背郑注不同的是，北朝三礼义疏在作新说的同时，并不否定郑注。如《礼记·檀弓下》"季武子寝疾，蟜固不说齐衰而入见"条，郑注："季武子，鲁大夫季孙夙也。世为上卿，强且专政，国人事之如君，蟜固能守礼，不畏之，矫失俗也。道犹礼也。"依郑注，蟜固为人名无疑，而熊疏则云："或有人矫武子固陋。"②依熊疏之意，蟜固非人名，而是有人矫季武子之固陋。熊疏中有"或"字，说明熊疏只是在郑注之外提出另外一种解释，并非否定郑注。孔疏则认为熊氏此说荒谬至极，孔疏云："对文不知，一何甚也！"③

南朝三礼义疏引他说的同时常否定郑注，而北朝三礼义疏在引他说的同时还保存郑注。如《礼记·曾子问》"三月而庙见，称来妇也。择日而祭于祢，成妇之义也"条下，郑注："谓舅姑没者也。必祭，成妇义者，妇有供养之礼，犹舅姑存时，盥馈特豚于室。"熊疏云：

> 如郑义，则从天子以下至于士，皆当夕成昏。舅姑没者，三月庙见，故成九年季文子如宋致女，郑云致之使孝，非是始致于夫妇也。又隐八年郑公子忽先配而后祖，郑以祖为祖道之祭，应先为祖道然后配合。今乃先为配合，而后乃为祖道之祭。如郑此言，是皆当夕成昏也。若贾、服之义，大夫以上，无问舅姑在否，皆三月见祖庙之后，乃始成昏，故讥郑公子忽先为配匹，乃见祖庙，故服虔注云"季文子如宋致女"，谓成昏。是三月始成昏，与郑义异也。④

---

① （唐）孔颖达：《礼记正义》，载《十三经注疏》，中华书局1980年影印版，第1393—1394页。

② （唐）孔颖达：《礼记正义》，载《十三经注疏》，中华书局1980年影印版，第1299页。

③ （唐）孔颖达：《礼记正义》，载《十三经注疏》，中华书局1980年影印版，第1299页。

④ （唐）孔颖达：《礼记正义》，载《十三经注疏》，中华书局1980年影印版，第1392页。

熊氏认为,若依郑玄之意,则从天子到一般的士,都是"当夕成昏";而若依贾逵、服虔之意,大夫以上,不论姑与舅是否健在,都应三月祭拜过祖庙之后才能成婚。熊疏并未因为征引贾、服的观点而否定郑注,而是在引用贾、服观点的同时,保留郑注。

第四节　南朝主要礼学家及其礼学著作

南北朝三礼义疏在疏解经、注时除了体现出共性以外,还表现出一定的差异。本节与下一节在上文分析了南北朝三礼学的异同的基础上,将分别对南北朝主要礼学家及其著作进行介绍,以期能够探析各家在解释经、注时的不同风格、特点。这项工作有一个很大的难度是南北朝三礼义疏著述流传于今的佚文都比较稀少,且大部分遗存在《礼记正义》之中。孔颖达等在编纂《礼记正义》时,都有特定的裁选标准,很多体现各家特色的疏文往往因不合编纂目的而被删去。所以要准确地再现南北朝三礼义疏著述各自的特点在当前是很难完成的目标。目前只能从现有材料出发,在结合前文对南北朝三礼学共性及差异分析的基础上,对南北朝主要礼学家及其礼学著述进行客观的介绍,以求尽可能地探析南北朝三礼学著述各自的特点。本节对南朝主要礼学家及其著述进行介绍。

一、雷次宗与《略注丧服经传》

（一）雷次宗生平及其著述

雷次宗,南朝初期著名经学家,据《宋书·隐逸传》载:

> 雷次宗字仲伦,豫章南昌人也。少入庐山,事沙门释慧远,笃志好学。……元嘉十五年,征次宗至京师,开馆于鸡笼山,聚徒教授,置生百余人。会稽朱膺之、颍川庾蔚之并以儒学监总诸生。时国子学未立,上留心艺术,使丹阳尹何尚之立玄学,太子率更令何承天立史学,司徒参军谢元立文学,凡四学并建。车驾数幸次宗学馆,资给甚厚。又除给事中,不就。久之,还庐山,公卿以下并设祖道。……后又征诣京邑,为筑室于钟山西

岩下,谓之招隐馆,使为皇太子诸王讲《丧服经》。次宗不入公门,乃使自华林东门入延贤堂就业。①

《隋书·经籍志》记载雷次宗著有《略注丧服经传》一卷,但基本散佚,马国翰《玉函山房辑佚书》中有其辑本。又据《高僧传》载:

> 远内通佛理,外善群书。夫预学徒莫不依拟。时远讲《丧服经》。雷次宗、宗炳等并执卷承旨。次宗后别著《义疏》,首称雷氏。宗炳因寄书嘲之曰:"昔与足下共于释和上间面受此义,今便题卷首自称雷氏乎。"②

《高僧传》称雷次宗的著述为《义疏》,而《隋书·经籍志》则称其为《略注丧服经传》,实则二书为一书,《高僧传》是从体例上称呼雷书的,从体例上看,此书既释经文又释郑注,说明此书确为义疏之作。这说明南北朝初期义疏并非全冠以义疏之名。

(二) 雷次宗《略注丧服经传》释经、注的特点

雷次宗《略注丧服经传》是南北朝时期影响较大的《丧服》学研究专著,开南北朝重视礼例分析风气之先。雷氏此书既注重对服制的揭示,又包括对服饰规制的考证。如《丧服》"女子子在室为父。布总,箭笄,髽衰三年"条,雷次宗云:

> 缞者,当心六寸布也。在衣则衣为缞,在裳则裳为缞。男子离其缞裳,故缞独在衣上。妇人同为一服,故上下共其称也。③

雷次宗认为衰为当心处所挂六寸布,若衰在上衣,则上衣为衰;在下衣,则下衣为衰。男子因衰、裳分离,因此衰只在上衣。而女人衰、裳一体,因此衰通指上下衣。按:雷次宗认为衰为当心处所挂六寸布实合经、注之义。《仪礼·丧服》"衰长六寸,博四寸"条,郑注:"广袤当心也。前有衰,后有负版,左右有辟领。"雷氏认为衰既可指衣又可指裳,其说容或有误。"衰"原本只是当心处所挂六寸布,其功用大概是擦拭涕泪的,又因衰一直挂在上衣,所以又可以用

---

① (梁)沈约:《宋书》卷九三《隐逸传》,中华书局 1974 年版,第 2292—2294 页。
② (梁)释慧皎等:《高僧传合集·高僧传》卷六《释慧远传》,上海古籍出版社 1995 年版,第 40 页。
③ (唐)杜佑:《通典》卷八七《五服成服及变除》,中华书局 1988 年版,第 2390 页。

"衰"代指上衣。① 因此，衰则不可能挂于裳之下，雷氏之失在于没有明白"衰"义由本义"当心六寸布"引申发展成"上衣"之义的过程。

二、庾蔚之与《礼记略解》

（一）庾蔚之生平及其著述的辑佚

庾蔚之，南北朝时刘宋比较著名的礼学家，但《宋书》与《南史》等正史均未为其立传。《经典释文·序录》记载："庾蔚之，《略解十卷》（字季随，颍川人，宋员外常侍）。"②庾蔚之在刘宋孝建、大明年间，都担任过太常丞。颍川庾氏在东晋时就为衣冠大族，到南朝时颍川庾氏相对衰落，以文著名者并不多见，庾蔚之是其中比较出色的一位。据《宋书》记载："元嘉十五年，征次宗至京师开馆于鸡笼山，聚徒教授，置生百余人，会稽朱膺之、颍川庾蔚之并以儒学监总诸生。"③又据《宋书·臧焘徐广傅隆传》载："颍川庾蔚之、雁门周野王、汝南周王子、河内向琰、会稽贺道养，皆托志经书见称于后学。蔚之略解《礼记》并注贺循《丧服》行于世云。"④

《隋书·经籍志》记载庾蔚之的礼学著述有《丧服》三十一卷、《丧服世要》一卷、《礼论钞》二十卷、《礼答问》六卷、《礼记略解》十卷，此外还有《丧服要记注》与《庾蔚之集》十六卷（或二十卷）。⑤ 马国翰为《礼记略解》辑佚了104条佚文，从中可以窥该书之一斑。而庾蔚之其他礼学著述迄今尚无人做过辑佚工作。南北朝时期的礼学作品，绝大多数都已散佚，能流传至今的，都是吉光片羽，弥足珍贵。我们曾根据有关文献记载对庾蔚之的礼学著述进行过辑佚。⑥

1.《梁书》中遗存的庾蔚之礼学著述

《梁书·司马筠传》载，舍人周舍议曰："贺彦先称：'慈母之子不服慈母之

---

① 丁鼎：《〈仪礼·丧服〉考论》，社会科学文献出版社2003年版，第109页。

② （唐）陆德明著，吴承仕疏注：《经典释文序录疏证》，中华书局1984年版，第100页。

③ （梁）沈约：《宋书》卷九三《隐逸列传》，中华书局1974年版，第2293页。

④ （梁）沈约：《宋书》卷五五《臧焘徐广傅隆传》，中华书局1974年版，第1553页。

⑤ （唐）魏徵等：《隋书》卷三五《经籍志四》，中华书局1973年版，第1074页。

⑥ 参见张帅、丁鼎：《庾蔚之礼学著作考证与辑佚》，《齐鲁师范学院学报》2015年第3期。

党,妇又不从夫而服慈姑,小功服无从故也.'庾蔚之云:'非徒子不从母而服其党,孙又不从父而服其慈母.'由斯而言,慈祖母无服明矣。"①此处庾蔚之所论明显是针对贺循(字彦先)之论所作的注解,上文我们已经推断,庾蔚之曾为贺循撰《丧服要记》作注,因此我们认为"非徒子不从母而服其党,孙又不从父而服其慈"此条礼文应来自于庾蔚之所注《丧服要记》。清人余萧客在其《古经解钩沉·仪礼下》中引用《南史》中这段材料时,直接标明贺循所论出自于《丧服要记》,而庾蔚之所论则出自于其所注《丧服要记》。② 我们认为余氏对庾氏这段文字来源的判断是正确的。

2.《颜鲁公集》中遗存的庾蔚之礼学著述

唐颜真卿《颜鲁公集》卷一《朝会有故去乐议》载:

> 《周礼·大司乐》职云:"诸侯薨令去乐,大臣死令弛悬。"郑注云:"去谓藏之,弛谓释下也。"是知哀轻者则释,哀重者则藏。又按庾蔚之《礼论》云:"晋元后秋崩,武帝咸宁元年享万国,不设乐。"③

前已述及,《隋书·经籍志》著录有庾蔚之《礼论钞》二十卷,因此我们认为此处所谓《礼论》当即是庾蔚之《礼论钞》。

3.《通典》中遗存的庾蔚之礼学著述

《通典》共收录了庾蔚之82条论礼的条文。它们或来自于庾氏的著述,或来自于庾氏的奏议。严可均《全上古三代秦汉三国六朝文》虽然汇集了《通典》中所引用的庾蔚之的这82条论礼文字,但只是进行了一个简单汇集的工作,没有考证这些礼文的来源,更谈不上按不同的著述分别进行归类、辑佚。

我们通过分析认为在《通典》所引用的庾蔚之的议礼条文中,有3条当是庾蔚之在朝廷上的议礼奏议,而不是出于庾蔚之所著之书,因而不在我们的辑佚之列。这3条礼文分别来自:《通典》卷五二《殇及无后庙祭议》、《通典》卷八二《为诸王殇服议》、《通典》卷一〇〇《丧遇闰月议》。据查核,这3条礼文是杜佑引用《宋书·礼志》中的内容,它们分别是庾蔚之在孝建元年(454 年)

---

① (唐)姚思廉:《梁书》卷四八《司马筠传》,中华书局1975年版,第674页。

② (清)余萧客:《古经解钩沉》卷一〇,载文渊阁《四库全书》第194册,上海古籍出版社1987年影印版,第521页。

③ (唐)颜真卿:《颜鲁公集》卷一,上海古籍出版社1992年版,第8页。

六月、大明五年(461年)七月、大明六年(462年)十月的议礼记录。此外《宋书·礼志》还记录4条庾蔚之的议礼之文,分别发生在孝建三年(456年)八月、大明五年(461年)十月、大明七年(463年)二月、大明七年十一月。由于《通典》与《宋书》中的这7条议礼之文可能都是出于庾氏的奏议,因而不在我们的辑佚之列。

《通典》中除了这3条礼文外,其余79条礼文均当出于庾蔚之所著之书。

(1)《通典》中引述庾蔚之《礼答问》的条文

《通典》卷一〇三《三年而后葬变除议》中有如下一段文字:

> 宋庾蔚之《问答》曰:"'有葬在小祥之月,此月复有虞祔之礼,便用晦祥,于理为速,此与久丧复异。取后月祥练,于情允否?'答曰:'三年后葬,祥不在葬月耳。今未为绝久,祥理取后月也。'又问曰:'葬与练祥三事各月,犹未足申渐杀之情,况乃练祥三变而可共在一月邪!''虞喜之言,不近人情。卢、郑、王皆以此不同时日,良有由也。言各有当,亦不嫌同辞。春夏秋冬既各为一时,一日有十二时,然十二月何为不得各为一时之言也!'"①

上文提到,《隋书·经籍志》中记载,庾蔚之著有《礼答问》,则此处所谓《问答》应当就是其《礼答问》一书。此条是《通典》所载庾蔚之所著礼文中唯一直接指明出处的。

(2)《通典》中引述庾蔚之《礼论钞》的条文

《通典》所引庾蔚之著述中的礼文,除上述1处是出于《礼答问》以外,还有78处。这78处文字基本上都有一个共同特点,就是先引前代礼学家的有关观点,然后提出庾蔚之自己的判断和结论。

如《通典》卷八一《天子立庶子为太子薨服议》载:

> 晋惠帝愍怀太子以庶子立为太子,及薨,议疑上当服三年。

> 司隶王堪议:"……"司隶从事王接议:"……"难者曰:"……"答曰:"……"

---

① (唐)杜佑:《通典》卷一〇三《三年而后葬变除议》,中华书局1988年版,第2693—2695页。

宋庾蔚之谓:"王堪以为拜为太子,则全同嫡正。王接据庶子为后,为其母缌,庶名不去,故虽为太子,犹应与众子同,天子不为服。可谓两失其衷,尝试言之:按《丧服传》通经,长子三年,言以正体乎上,又将所传重。……天子诸侯大夫不以尊降,又与众子不同矣。"①

这段文字主要讨论晋惠帝应如何为愍怀太子服丧的问题。先列出王堪、王接等礼学家们对这一问题的不同观点。然后列出庾蔚之对二王观点的评议:庾蔚之以《丧服传》为依据,指出二王所论都有失偏颇,并提出了自己的结论。

《通典》中所引庾蔚之的其他 77 条礼文大都与此段体例大同小异,都是先陈述前世学者针对某一礼的议题所进行的讨论,最后列出庾蔚之针对前人的议论所发表的观点。由此可以推断,这些礼文当是出自庾蔚之的同一本著述。

(3)《通典》所引《礼论钞》78 条佚文举例

第一条:出自《通典》卷四七《皇太子及皇子宗庙》。此条议题为东晋孝武帝太元六年(381 年)诏曰:"亡大兄以司马珣之为国后,祭礼何仪?"此条记载了博士江熙与沈寂对此议题的议论。最后列出庾蔚之的判断:嗣子因无子不得立庙。②

第二条:出自《通典》卷五一《兄弟不合继位昭穆议》。此条议题为东晋元帝建武年间,朝廷议论如何为惠、怀二帝立庙。下面列出贺循的意见:弟不继兄,昭穆同位。然后列出庾蔚之对这一问题的进一步解释。③

第三条:出自《通典》卷五一《兄弟俱封各得立祢庙议》。此条议题为作为次子的晋中山王司马睦是否可以立祢庙。此条罗列了刘熹、荀顗、虞喜、徐禅等人对这一问题的不同意见。最后庾蔚之认为只有宗子才有主持祭祀祖宗的权利;若是弟弟也得立诸侯,可以自立祢庙。并认为虞喜、徐禅的观点有欠妥当。④

① (唐)杜佑:《通典》卷八一《天子立庶子为太子薨服议》,中华书局 1988 年版,第 1229—1230 页。

② (唐)杜佑:《通典》卷四七《皇太子及皇子宗庙》,中华书局 1988 年版,第 1322 页。

③ (唐)杜佑:《通典》卷五一《兄弟不合继位昭穆议》,中华书局 1988 年版,第 1424—1425 页。

④ (唐)杜佑:《通典》卷五一《兄弟俱封各得立祢庙议》,中华书局 1988 年版,第 1428—1430 页。

（4）《晋书》中遗存的庾蔚之礼学著述

①《晋书》卷二〇《礼志中》载：

> 是时中原丧乱，室家离析，朝廷议二亲陷没寇难，应制服不。太常贺循曰："……"元帝令以循议为然。太兴二年，司徒荀组云："……"庾蔚之云："二亲为戎狄所破，存亡未可知者，宜尽寻求之理，寻求之理绝，三年之外便宜婚宦，胤嗣不可绝，王政不可废故也。犹宜以哀素自居，不豫吉庆之事，待中寿而服之也。若境内贼乱清平，肆眚之后，寻觅无踪迹者，便宜制服。"①

此段文字首先记述东晋朝廷召集君臣讨论是否应为陷没于中原的双亲制服，然后记载了贺循、荀组等人对这一问题的见解，最后列出庾蔚之对这一问题的观点。从体例上看，这段文字与前揭《通典》中 78 条礼文相类，当也是出自庾蔚之的《礼论钞》。

②《晋书》卷二〇《礼志中》载：

> 骠骑将军温峤前妻李氏，在峤微时便卒。又娶王氏、何氏，并在峤前死。及峤薨，朝廷以问陈舒："三人并得为夫人不？"舒云："……"庾蔚之云："贱时之妻不得并为夫人，若有追赠之命则不论耳。《峤传》赠王、何二人夫人印绶，不及李氏。"②

此段文字体例与前段相似，先列出议题：讨论温峤三位妻子是否可并立为夫人，然后记述了陈舒对这一问题的见解，最后列出庾蔚之的观点。这段也当是出自庾蔚之的《礼论钞》。

（5）《礼记正义》中遗存的庾蔚之礼学著述

①《礼记·杂记下》："大功之末可以冠子，可以嫁子，父小功之末可以冠子，可以嫁子，可以取妇。己虽小功，既卒哭可以冠、取妻。下殇之小功则不可。"孔颖达疏下引庾氏注《要记》云："卒哭之后，则得与寻常大功同，于大功之末，可以身自冠、嫁。所以然者，虽本期年，但降在大功，其服稍伸，故得冠、嫁也。"③

---

① （唐）房玄龄等：《晋书》卷二〇《礼志中》，中华书局 1974 年版，第 642 页。
② （唐）房玄龄等：《晋书》卷二〇《礼志中》，中华书局 1974 年版，第 644 页。
③ （唐）孔颖达：《礼记正义》，载《十三经注疏》，中华书局 1980 年影印版，第 1564 页。

毫无疑问,这段庾氏注《要记》的文字就是引自庾蔚之所注的《丧服要记》。

②《礼记·丧服小记》:"生不及祖父母、诸父、昆弟,而父税丧,已则否。"郑注:"……当其时则服。"①孔颖达疏曰:"《礼论》云:'有服其丧服者',庾氏以为非也。"此条当是节略引自庾氏之《礼论钞》。

综上所述,我们共在《梁书》与《礼记正义》中为庾蔚之所注《丧服要记》辑录了 2 条佚文;在《通典》中为庾氏《礼答问》辑录了 1 条佚文;在《颜鲁公集》《礼记正义》《通典》与《晋书》中共为庾氏《礼论钞》辑录了 82 条佚文。

庾蔚之的著述中,只有《礼记略解》是义疏之作,《礼记略解》虽未冠以义疏之名,但其在体例上是既释经文又释郑注,应是三礼义疏之作。下面重点介绍庾蔚之《礼记略解》解释经、注的特色。

(二) 庾蔚之《礼记略解》释经、注的特点

1. 以方言释词

方言释词法是指用方言释经、注之词。如《礼记·内则》"舅姑若使介妇,毋敢敌耦于冢妇"条,郑注:"虽有勤劳,不敢掉磬。"郑注之"掉磬"颇使人费解,庾氏疏云:"齐人谓之差圩。"②庾氏用方言互证之法释疑难词语,多为后人所仿效,如崔灵恩云:"北海人谓相激之事为掉磬。"何胤云:"齐人谓相绞圩为掉磬。"③则崔、何二人对"掉磬"的训释之法应都是模仿庾氏。

2. 释句读而求新解

此法是通过对经、注重新断句从而重新解释经、注之义。如《礼记·郊特牲》"灌用鬯臭,郁合鬯"条,庾蔚之对此句的断句为:"灌用鬯,臭郁合鬯。"④陆德明从"臭"后断句,庾蔚之从"鬯"后断句,学者多遵从陆氏之说。如孔疏云:

"灌用鬯臭"者,臭,谓鬯气也。未杀牲,先酌鬯酒灌地以求神,是尚臭也。"郁合鬯"者,郁,郁金草也;鬯,谓鬯酒,煮郁金草和之,其气芬芳

---

① (唐)孔颖达:《礼记正义》,载《十三经注疏》,中华书局 1980 年影印版,第 1497 页。
② (唐)孔颖达:《礼记正义》,载《十三经注疏》,中华书局 1980 年影印版,第 1463 页。
③ (唐)孔颖达:《礼记正义》,载《十三经注疏》,中华书局 1980 年影印版,第 1463 页。
④ (唐)孔颖达:《礼记正义》,载《十三经注疏》,中华书局 1980 年影印版,第 1458 页。

调鬯也,又以捣郁汁和合鬯酒,使香气滋甚,故云郁合鬯也。[①]

从孔疏分释"灌用鬯臭"与"郁合鬯"来看,孔疏明显是依陆氏之说。但是我们以为庾氏之说更合理。从语义搭配上看,灌为动词,鬯为液体,臭为气体,"灌"一般搭配液体,因此应如庾氏之说,在"鬯"后断句,而下一句则为"臭郁合鬯",而此句又与下一句"臭阴达于渊泉"格式是一样的,这两句的主语都是"臭"。所以无论从语法还是从上下文来看,庾氏的断句都要好于陆氏与孔氏。

3. 校勘正义

校勘正义法就是校版本之误,以求经、注本义。如《檀弓下》"夫人门"条,郑注:"北面辟正主。"当时《礼记》版本多将郑注中之"北面"当作经文看待。庾蔚之认为"北面"并非为经文,而是注文,庾氏之说与古本《礼记》及卢本、王本《礼记》契合。

再如《杂记上》"有父母之丧,尚功衰,而附兄弟之殇,则练冠附于殇"条,郑注:"此兄弟之殇,谓大功亲以下之殇也。"孔疏记载当时有多种版本将此注写作"大大功亲之下殇"。而郑玄又云:"冠而兄为殇,谓同年者也。兄十九而死,己明年因丧而冠。"这句话本是郑玄提出的一个特殊情况,即若死者是当事人的兄长的话,死者与当事人都十九岁,因此当事人才能于二十成年加冠时,"练冠附于殇"。而下殇为八岁至十一岁而死之殇,因此诸儒难郑玄云:"既是下殇,何得有弟冠?"[②]按:下殇为八岁至十一岁而死之殇,而经文所云"练冠附于殇",只能是殇者与其弟都十九岁,因此殇者之弟才能于二十成年加冠时,"练冠附于殇"。若是"大功亲之下殇"则与经义不符,因此才有诸儒之难。而庾蔚之则认为"大功亲之下殇"为传写之误,并非郑玄有误。

4. 通语法而释名物

庾蔚之虽没有语法的概念,但因擅长训诂之法,能不自觉地从语法着手来解释名物,因此对名物的解释常常高人一等。如《玉藻》"大夫以鱼须文竹"

① (唐)孔颖达:《礼记正义》,载《十三经注疏》,中华书局1980年影印版,第1458页。
② (唐)孔颖达:《礼记正义》,载《十三经注疏》,中华书局1980年影印版,第1554页。

条,庾蔚之疏云:"以鲛鱼须饰竹以成文。"①而崔灵恩则云:"用文竹及鱼班也。"②卢植云:"以鱼须及文竹为笏。"③崔氏与卢氏都将鱼须与文竹视为并列二物,其实是对经文理解有误,联系下文"士竹,本,象可也",即士以竹为本,以象牙饰边,可推理"文"为"文饰"之意,为动词并非为形容词,故庾氏之说更合经文本义。何胤亦采庾氏之说,何氏云:"以鱼须饰文竹之边。"可见庾氏之得,在于其通语法,认识到"文"为"修饰"之义,崔氏与卢氏之失也在于二人不通语法。

5. 好以义理治《丧服》

从总体上看,庾氏之疏关于丧服的论说最为精到。庾蔚之的著述除《礼记略解》以外,还有《丧服》《丧服世要》《礼论钞》《礼答问》以及《丧服要记注》。《丧服》《丧服世要》《丧服要记注》自然是丧服之作,而从上文所辑《礼论钞》《礼答问》的内容来看,也与丧服有关,由此可见庾蔚之必是精于丧服之学。庾氏分析服制时善于从义理着手:

(1)注意阐释服制背后的义理

如《丧服小记》"庶子不为长子斩,不继祖与祢故也"条,庾蔚之疏:

> 用恩则父重,用义则祖重,父之与祖,各有一重,故圣人制礼,服祖以至亲之服,而传同谓至尊。己承二重,而为长子。若不继祖,则不为长子斩也。④

庾氏此疏则用恩与义的观念来解服制,庾蔚之认为要为长子服斩须要同时符合恩与义之理。而"用恩则父重,用义则祖重",只有同承二重,才合恩、义之义理,才可为长子服斩。

(2)善于从义理入手,解决学术纷争

对于前代的某些学术纷争,庾蔚之并没有一味地通过考证之法来证实,而是直接从义理出发来解经。

---

① (唐)孔颖达:《礼记正义》,载《十三经注疏》,中华书局1980年影印版,第1480页。
② (唐)孔颖达:《礼记正义》,载《十三经注疏》,中华书局1980年影印版,第1480页。
③ (唐)孔颖达:《礼记正义》,载《十三经注疏》,中华书局1980年影印版,第1480页。
④ 现存于日本早稻田大学图书馆《礼记子本疏义》,早稻田大学已公布其清晰影像,网址:http://www.wul.waseda.ac.jp/kotenseki/html/ro12/ro12_01134/index.html。

如《丧服小记》"故期而祭,礼也。期而除丧,道也。祭不为除丧也"条,庾疏云:"谓除丧虽由哀衰,而除丧之时,必致感,感故有祭,除祭不必皆在亲亡之月,卒哭与禫皆是。"①有关期祭(小祥祭)之礼义,礼学家有多种观点,一般情况下认为小祭之祭,是因此月为亲亡一年之正月,因而有祭,而庾氏认为祭与否关键不在于时间,而在于是否致"感",致感就"有祭"。卒哭祭与禫祭,因为有感而"有祭",所以"除祭"不一定非要在亲亡之月。

三、何胤与《礼记隐义》

(一) 何胤生平及著述

何胤,庐江灊人,字子季,《梁书·处士传》载何胤著有"《礼记隐义》二十卷、《礼答问》五十五卷"。除此以外,《隋书·经籍志》载何胤还著有十卷《政礼仪注》、九卷《士丧仪注》。何胤师事刘瓛,据《梁书·处士传》载:

> (何胤)年八岁,居忧哀毁若成人。既长好学。师事沛国刘瓛,受《易》及《礼记》《毛诗》;又入钟山定林寺听内典:其业皆通。而纵情诞节,时人未之知也;唯瓛与汝南周颙深器异之。②

(二) 何胤《礼记隐义》释经、注的特点

何胤之疏更多地继承了汉朝章句、训诂之学的传统,他特别注重对文字及名物制度的解释。

1. 善于随文释义

何胤尤善于随文给经、注中的字词下定义。如《礼记·曲礼上》"负剑辟咡诏之"条,何疏:"口耳之间曰咡。"③又如《礼记·曲礼上》"主人未辩,客不虚口"条,郑注:"虚口,谓酳也。"何疏:"饭毕荡口也。"④又如《礼记·檀弓下》"礼有微情者"条,何疏:"微者,不见也。"⑤又如《礼记·檀弓下》"人喜则斯

①　现存于日本早稻田大学图书馆《礼记子本疏义》,早稻田大学已公布其清晰影像,网址:http://www.wul.waseda.ac.jp/kotenseki/html/ro12/ro12_01134/index.html。

②　(唐)姚思廉:《梁书》卷五一《处士传》,中华书局1975年版,第735页。

③　(唐)孔颖达:《礼记正义》卷一,载《十三经注疏》,中华书局1980年影印版,第1234页。

④　(唐)孔颖达:《礼记正义》,载《十三经注疏》,中华书局1980年影印版,第1242页。

⑤　(唐)孔颖达:《礼记正义》,载《十三经注疏》,中华书局1980年影印版,第1304页。

陶"条,何疏:"陶,怀喜未畅意也。《孟子》曰:'郁陶以思君。'"①又如《礼记·王制》:"居民山川沮泽,时四时,观寒暖燥湿。"郑注:"沮,谓莱沛。"《释文》引何疏云:"草所生曰莱。"②又如《礼记·仲尼燕居》"万物服体"条,郑注:"万物之符长,皆来为瑞应也。"《释文》引何疏云:"符,谓甘露醴泉之属,长,谓麟凤五灵之属。"③这些都是随文下定义的方式解释词语。

2. 好观境训义

用这种方法解释的词义多是在具体语言环境下词的语境义。如《礼记·曲礼上》"饮玉爵者弗挥"条,《释文》引何疏云:"振去余酒曰挥。"④何胤将"挥"解释成"振去余酒",这是解释了"挥"在特殊语境下的具体意义。再如《曲礼上》"《诗》《书》不讳"条,何疏:"《诗》《书》谓教学时也。"⑤《诗》与《书》本指《诗经》与《尚书》,何胤《诗》《书》指的是教学,是揭示了具体语境《诗》《书》的意义。

何疏也有时会过度使用观境训义法而导致望文生义,如《礼记·郊特牲》"犹明、清与盎酒于旧泽之酒也"条,郑注:"沛清酒以旧醳之酒者,为其味厚腊毒也。"何疏:"腊,久也,久酒有毒。"⑥何疏通过释"腊"为"久",进而推理"久酒有毒",最后解释郑注"为其味厚腊毒"。按:《国语·周语》"厚味寔腊毒"条,韦昭注:"腊,亟也。"⑦由韦昭注可证郑注"腊"之义为副词,意思是极或甚。何疏释"腊"为"久",并无证据,乃其望文生义之说。

3. 好以相似之物互释

如《曲礼上》"器之溉者不写,其余皆写"条,郑注:"溉谓陶梓之器,不溉谓萑竹之器也。写者,传己器中乃食之也。劝侑曰御。"何疏:"梓,漆也。"⑧何疏以"漆"释"梓"。漆与梓本是两种树,古代漆与梓都是用以制造琴瑟的材

---

① （唐）孔颖达:《礼记正义》,载《十三经注疏》,中华书局 1980 年影印版,第 1304 页。
② （唐）陆德明:《经典释文》,载《十三经注疏》,中华书局 1980 年影印版,第 1338 页。
③ （唐）陆德明:《经典释文》,载《十三经注疏》,中华书局 1980 年影印版,第 1615 页。
④ （唐）陆德明:《经典释文》,载《十三经注疏》,中华书局 1980 年影印版,第 1244 页。
⑤ （唐）孔颖达:《礼记正义》,载《十三经注疏》,中华书局 1980 年影印版,第 1251 页。
⑥ （唐）陆德明:《经典释文》,载《十三经注疏》,中华书局 1980 年影印版,第 1457 页。
⑦ 徐元诰撰,王树民等点校:《国语集解》,中华书局 2002 年版,第 85 页。
⑧ （唐）孔颖达:《礼记正义》,载《十三经注疏》,中华书局 1980 年影印版,第 1243 页。

料,故"梓漆"可代称琴瑟,何疏是因为漆与梓相似,所以用"漆"释"梓"。按:何疏以相似之物互释,也可体现南北朝义疏求"通"不求"实"的特点。

相对前文已证南北朝礼学家好释例以治礼,何胤释名物以治礼也是治礼学的一个重要途径。何胤偏重于名物的训诂,是希望能通过对名物词语的解释,达到对经、注本义的理解。如《礼记·曲礼上》云"解屦不敢当阶",经文之所以称脱鞋为解,何疏云:"古者屦头鼻綦绳相连结之,将升堂解之也。"①何胤通过解了古时屦的形制,即屦头鼻有綦绳相联结,进而说明升堂时必须要解屦。又如《礼记·少仪》"适公卿之丧,则曰'听役于司徒'"条,何疏:"公卿亦有司徒官,以掌丧事。"②何氏此疏是先考证古时司徒官制,即国家有司徒之职而公卿也有司徒之职。在对司徒官制考证基础上进一步说明经文所云"听役于司徒"乃公卿之司徒。

四、贺玚与《礼记新义疏》

(一) 贺玚生平及著述简介

贺玚,会稽山阴人,字德琏。《梁书·贺玚传》载:

> (贺玚)祖道力,善三礼,仕宋为尚书三公郎、建康令。玚少传家业。齐时沛国刘瓛为会稽府丞,见玚深器异之。尝与俱造吴郡张融,指玚谓融曰:"此生神明聪敏,将来当为儒者宗。"瓛还,荐之为国子生。举明经。……所著《礼》《易》《老》《庄》讲疏,朝廷博议数百篇,《宾礼仪注》一百四十五卷。③

贺玚的著述,除《梁书》本传所载《宾礼仪注》外,《隋志》著有《礼论要钞》《礼记新义疏》。马国翰《玉函山房辑佚书》中有《礼记新义疏》的辑本。

(二)《礼记新义疏》释经、注的特点

1.注重建构三礼学基本理论框架

郑玄遍注三礼后,三礼学逐渐成为专门之学,郑玄曾为建立三礼学的理论体系做过最基础的探讨。如《礼记正义·序》云:"郑作序云:'礼者,体也,履

---

① (唐)孔颖达:《礼记正义》,载《十三经注疏》,中华书局1980年影印版,第1240页。
② (唐)孔颖达:《礼记正义》,载《十三经注疏》,中华书局1980年影印版,第1511页。
③ (唐)姚思廉:《梁书》卷四八《儒林传》,中华书局1975年版,第672页。

也。统之于心曰体,践而行之曰履。'"贺疏云:"其体有二,一是物体,言万物贵贱高下小大文质各有其体;二曰礼体,言圣人制法,体此万物,使高下贵贱各得其宜也。"①郑玄只将礼进行了体与履的区分,郑玄所谓的体是指礼的本体,而所谓的履,是指礼的运用。贺场则进一步将体进行了理论上的分析,他认为体有二义:一是物体,即所谓"万物贵贱高下小大文质各有其体";二是礼体,即所谓"圣人制法,体此万物,使高下贵贱各得其宜也"。我们认为贺场所谓物体指礼器等自然物质,而礼体则指以礼器为载体而制定的一系列礼的规范。

2. 显示出一定的形而上色彩

如《中庸》"天命之谓性"条,贺场疏曰:

> 性之与情,犹波之与水,静时是水,动则是波;静时是性,动则是情。案《左传》云:"天有六气,降而生五行。"至于含生之类,皆感五行生矣。唯人独禀秀气,故《礼运》云:"人者五行之秀气,被色而生。"既有五常仁、义、礼、智、信,因五常而有六情,则性之与情,似金与镮印,镮印之用非金,亦因金而有镮印。情之所用非性,亦因性而有情,则性者静,情者动。故《乐记》云:"人生而静,天之性也。感于物而动,性之欲也。"故《诗序》云"情动于中"是也。但感五行,在人为五常,得其清气备者则为圣人,得其浊气简者则为愚人。降圣以下,愚人以上,所禀或多或少,不可言一,故分为九等。孔子云:"唯上智与下愚不移。"二者之外,逐物移矣,故《论语》云:"性相近,习相远也。"亦据中人七等也。②

这里贺场将性与情的关系比作波与水、金与印之间的关系。显然,这是受佛教影响,且带有形而上的色彩。有关这一点详见第三章第六节的第一小节。

五、崔灵恩与《三礼义宗》

(一) 崔灵恩生平及其著述简介

崔灵恩为清河武城人。有关崔灵恩的生平,历史记载不多,崔灵恩既为清河人,则很可能是河北大族清河崔氏后人。崔灵恩是由北迁南的礼学家,《梁

---

① (唐)孔颖达:《礼记正义》序,载《十三经注疏》,中华书局1980年影印版,第1225页。
② (唐)孔颖达:《礼记正义》,载《十三经注疏》,中华书局1980年影印版,第1625页。

书·崔灵恩传》载：

> 少笃学，从师遍通五经，尤精三礼、三传。先在北仕为太常博士，天监
> 十三年归国。高祖以其儒术，擢拜员外散骑侍郎，累迁步兵校尉，兼国子
> 博士。灵恩聚徒讲授，听者常数百人。性拙朴无风采，及解经析理，甚有
> 精致，京师旧儒咸称重之，助教孔金尤好其学。……灵恩集注《毛诗》二
> 十二卷，集注《周礼》四十卷，制《三礼义宗》四十七卷，《左氏经传义》二
> 十二卷，《左氏条例》十卷，《公羊穀梁文句义》十卷。[1]

《隋书·经籍志》记载崔灵恩的礼学著述有《集注周官礼》《三礼义宗》。
马国翰《玉函山房辑佚书》有《三礼义宗》的辑本。

（二）《三礼义宗》释经、注的特点

1. 工于义例分析

崔灵恩之疏最明显的特点善于厘析义疏，从而发明经、注之义例，此为南北
朝三礼义疏共同的特征，但礼学家新发明礼例毕竟有一定的主观性，有的符合
经义，有的不合经义。崔灵恩所发明的礼例，常常超出同时代甚至是后代的礼
学家。如《丧服小记》"斩衰，括发以麻，为母括发以麻，免而以布"条，皇疏云：

> 为父未成服之前所服也。礼：亲始死，子布深衣去冠，而犹有笄繼、徒
> 跣，扱上衽，至将小敛，去笄繼，著素冠，视敛，敛讫，投冠而括发。

> "免而以布"者，此谓为母与父异者也，亦自小敛后而括发，至尸出
> 堂，子拜宾之时，犹与为父不异。至拜宾竟后，子往即堂下之位时则异也。
> 若为父，此时犹括发而踊，袭经带，以至大敛而成服。若母丧，于此时则不
> 复括发，乃著布免踊而袭经带，以至成服，故云"免而以布"也。[2]

崔疏主要论述括发的时间。崔灵恩认为："为父括发一作以至成服，若应
冠弁临祭，则于括发上著之也。括发本为丧变，非代冠者故也。"崔氏又云：
"大夫以上尸袭后而孝子素弁，素弁乃素冠以其经日，故《檀弓》叔孙武既小
敛，出户投冠是也。若士丧日浅，小敛前不冠也。"在崔氏看来，大夫在小敛以
前已经括发，而一旦括发，则一直到成服，若是碰到临祭之时，则只需在括发上

---

① （唐）姚思廉：《梁书》卷四八《儒林传》，中华书局 1975 年版，第 680 页。

② 《礼记子本疏义》残卷只存有"子往即堂下之位时则异也"至"故云'免而以布'也"部
分，上半句据孔疏补。

加素弁即可,并一针见血地指出:"括发本为丧变,非代冠者故也。"崔氏此论具有明显的针对性,因皇疏云:"或问曰:'为父括发至成服,其中二敛之祭,应用冠弁而括发暂除而犹括发乎?'"皇疏所引此句,因有"或问曰"当是反映了当时礼学界普遍的疑问,即碰到二敛之祭,是否因加冠弁而除括发,崔氏所谓"括发本为丧变,非代冠者故也"以及"若应冠弁临祭,则于括发上著之也"正是从根本原则上解决了这个问题。崔氏不仅考证了"括发"的时间问题,而且阐发了"括发"的义理,是"丧变"而非"代冠"。而郑灼显然没有理解崔灵恩的意思,他在皇侃疏文后面所作的按记云:"然括上有冠,此则随人通耳。"在郑灼看来,崔氏所论于经文无证,是其自由的发挥。事实上崔氏所论并非其随意的发挥。《檀弓上》:"叔孙武叔之母死,既小敛,举者出户,出户袒,且投其冠,括发。"孔疏引郑玄注《丧服要记》云:"袭而括发者,彼据大夫以上之礼,死之明日而袭,与士小敛同日,俱是死后二日也。"此句表明郑玄认为按大夫及以上之礼,死后第二天袭尸之时括发,也就是说卿大夫括发是在小敛之前,士之括发才是小敛之后。而无论卿与士大夫,括发之时都是死后第二天,与是否小敛无关。崔氏所论括发,并非针对士而言,正与郑注相符,而郑注只是从时间上确定括发的时间,而没有指出丧后第二天括发背后的意义,而崔氏指出括有"丧变"之义,则比郑注更前进了一步。而孔疏因主要引用皇疏,因此虽然引用了郑玄注《丧服要记》之论,却武断地认为括发必须在小敛之后,并判定崔氏的观点为非。按:孔疏否定崔氏的主要依据是《礼记·士丧礼》与《礼记·丧服小记》。《士丧礼》云:"卒敛彻帷,主人西面冯尸,踊,无算,主妇东面冯,亦如之。主人髻发,袒,众主人免。"此句中"髻发"即括发,《士丧礼》此句是针对士而言的,士之括发在小敛后与崔氏之论并无矛盾。而《丧大记》云"卒小敛,主人袒,说髦,括发以麻",此处括发,实为卿大夫小敛后因脱髦后导致头发散乱而重新括发,并非指小敛后才开始括发。又《丧大记》云:"主人袒,说髦,括发以麻。妇人髽,带麻于房中。"郑注:"士既殡,说髦。此云小敛,盖诸侯礼也。士之既殡,诸侯之小敛,于死者但三日也。"此句表明郑注已解释明白,小敛后脱髦然后括发,大概指的是诸侯礼。孔疏以此来说明括发应在小敛之后,因而是错误的。而崔氏之解则超越了皇侃、郑灼、孔颖达等人。

2. 直接指出经文之误

如《王制》"天子五年一巡守。岁二月,东巡守,至于岱宗……五月南巡守,至于南岳……八月西巡守,至于西岳……十有一月北巡守,至于北岳"条,崔疏云:

> 唐虞五载巡狩一岳,二十年方遍四岳,周则四十八年矣。若一出四岳皆遍,且阙四时祭享。唐虞衡山为南岳,周氏霍山为南岳。其制,吉行五十里,若以二月到东岳,五月到南岳,八月到西岳,十一月到北岳,路程辽远,固必不及。此知每至一岳即归,斯义为长也。①

崔氏认为天子巡守四岳,因四岳之间路途遥远,故而从常理推断不可能一年之中四岳皆巡,每年只能巡守一岳。按:崔氏推论虽然有一定的道理,但崔氏忽略了古今之制的差别,因上古天子出巡,其仪节并非如秦代以后那样隆重,随行人员并非太多,轻车简从,一年四巡是可能的,故《通典》对崔疏评论道:

> 按尧舜简俭,常称茆茨土阶,巡狩四方,羽仪导从必少。一年四岳,五载复往,宗庙享祭,暂委有司。展义省方,观风察俗之大政,如或二十年方遍,及于民物,不亦乖疏?详《周官》本文与孔氏注解,既改制十有二载,比唐虞已甚退阔,如四十八年乃遍,岂非益为旷邈乎!且周虽尚文,天子诸侯,降杀以两,穆王巡历天下,万姓不甚告劳。始皇游幸四方,属车八十一乘,二汉以降,至于隋,或东封告成,或观省风俗,百辟悉至,群司毕从,不下十余万人,何止千乘万骑!所以旷代多阙斯礼。崔生谓尧舜及周帝王行幸车徒礼数,与秦汉以后无异。斯不达古今丰约之别,复不详《周官》之文,辄肆臆度之说耳!②

虽然崔疏指正经文之说并不一定成立,但可以由此看出南北朝三礼义疏勇疑权威、善于创新的精神。

六、皇侃与《礼记义疏》

(一) 皇侃的生平及礼学著述考述

皇侃其生平见于《南史·儒林传》:

---

① (唐)杜佑:《通典》卷五四《巡狩》,中华书局1988年版,第1506页。
② (唐)杜佑:《通典》卷五四《巡狩》,中华书局1988年版,第1506页。

皇侃,吴郡人,青州刺史皇象九世孙也。少好学,师事贺玚,精力专门,尽通其业,尤明三礼、《孝经》《论语》,为兼国子助教。于学讲说,听者常数百人。撰《礼记讲疏》五十卷。书成奏上,诏付秘阁。顷之,召入寿光殿说《礼记义》。梁武帝善之,加员外散骑侍郎。侃性至孝,常日限诵《孝经》二十遍,以拟《观世音经》。丁母忧,还乡里。平西邵陵王钦其学,厚礼迎之。及至,因感心疾卒。所撰《论语义》《礼记义》,见重于世,学者传焉。①

《隋书·经籍志》记载皇侃著有《丧服文句义疏》《丧服问答目》《礼记讲疏》《礼记义疏》。只有《礼记义疏》部分内容流传于世,今见于二处:

1. 马国翰所辑皇侃《礼记义疏》

皇侃《礼记义疏》有相当多的内容保存在孔颖达主持编纂的《礼记正义》之中,《礼记正义》本身就是以皇侃《礼记义疏》为本编纂而成。《礼记正义·序》云:"爰从晋、宋,逮于周、隋,其传《礼》业者,江左尤盛。其为义疏者,南人有贺循、贺玚、庾蔚(之)、崔灵恩、沈重、(范)宣、皇甫侃等;北人有徐遵明、李业兴、李宝鼎、侯聪、熊安(生)等。其见于世者,唯皇、熊二家而已。……今奉敕删理,仍据皇氏以为本,其有不备,以熊氏补焉。"②可见《礼记正义》序言已交代清楚了这个问题,即《礼记正义》本于皇疏。

2.《礼记子本疏义》

现存日本早稻田大学图书馆《礼记子本疏义》残卷③,内容为疏解《礼记·丧服小记》的一部分,其中多处有"灼案"之案语。罗振玉据此考定该《礼记子本疏义》为皇侃学生郑灼抄自皇侃《礼记义疏》④。此卷题为《礼记子本疏义》,"子本"者,当即是指此抄本义疏,原疏为母本,抄本则为子本,而"疏义"与"义疏"只是书写的不同。《日本现在书目》就记载皇侃撰《礼记子本义

① (唐)姚思廉:《梁书》卷四八《儒林传》,中华书局1975年版,第680页。
② (唐)孔颖达:《礼记正义》卷首,载《十三经注疏》,中华书局1980年影印版,第1222页。
③ 现存于日本早稻田大学图书馆《礼记子本疏义》,早稻田大学已公布其清晰影像,网址:http://www.wul.waseda.ac.jp/kotenseki/html/ro12/ro12_01134/index.html。
④ 罗振玉:《六朝写本礼记子本疏义》,载《罗雪堂先生全集》第七编,台湾大通书局1976年版,第892—893页。

疏》百卷①。故此残卷应是皇侃《礼记义疏》之郑灼抄本。

（二）皇侃《礼记义疏》释经、注的特点

1. 直接指出经、注之误

（1）指明经文之误

一般情况下当皇侃认为经文出现错误时，则努力弥缝之。然而如果出现无法弥缝之处，皇侃则直指经文为误。如《曾子问》"祝声三，曰：'某之子某，从执事。'"条，皇疏云："于时未立子名，不得云某氏之子某从执事。下有'某'字者，误也。"②依皇侃之意，子见殡之时，仍未有名，则"某之子"后面则不应有"某"字，即经文此处有误。皇氏之所以认为告殡之时，世子尚未有名，是因为世子见殡之后，"大宰命祝史，以名遍告于五祀山川"，皇侃据此认为，此时才是为世子起名之时，故而上文"某之子"后不应有"某"字。按：皇氏之说未必合理，因为完全有可能在世子见殡之前，太宰已为世子起好了名，而下文大宰命祝史将世子之名遍告五祀、山川之前，世子之名亦可能起好，而下文郑注所云"因负子名之，丧于礼略也"并不能说明此时才给世子起名。可见勇于怀疑经文本身，是皇疏一大特色。

（2）直接指明郑注之误

皇侃弃郑注用他说或立新说，一般不直接指明注文的错误，有些情况下，他认为注文有明显错误之处，他则直接指出。如《曾子问》"孔子曰：'非礼也。古者男子外有傅，内有慈母，君命所使教子也，何服之有？'"条，郑注："言无服也。此指谓国君之子也。大夫士之子，为庶母慈己者服小功，父卒乃不服。"而《仪礼·丧服》"君子子为庶母慈己者"条，郑注曰："士之妻自养其子。"依皇氏之意，《丧服》郑注既言士妻自养其子，则其子不应有"庶母慈己者"，故而皇氏直接指出"大夫士之子，为庶母慈己者服小功"，其中有"士"为非。③ 此是直指注文之失。

---

① 罗振玉：《六朝写本礼记子本疏义》，载《罗雪堂先生全集》第七编，台湾大通书局1976年版，第892—893页。

② （唐）孔颖达：《礼记正义》，载《十三经注疏》，中华书局1980年影印版，第1389页。

③ （唐）孔颖达：《礼记正义》，载《十三经注疏》，中华书局1980年影印版，第1393页。

2.受佛学与玄学影响

(1)皇疏受佛学的影响

佛学对皇疏的影响主要表现在皇疏之体例上,即皇疏采用佛教章段体式。牟润孙认为章段体式起源于佛教的讲经仪式。① 章段体式在皇侃著《论语集解义疏》中多处出现,如《论语·学而第一》开篇,皇侃即用章段体式,疏云:"《学而》为第一篇别目,中间讲说多分为章段矣。"②随后经文"子曰:'学而时习之,不亦说乎?'"后,皇侃又运用章段体式,疏云:

> 就此一章分为三段:自此至"不亦说乎"为第一,明学者幼少之时也,学从幼起故以幼为先也。又从"有朋"至"不亦乐乎"为第二,明学业稍成,能招朋聚友之由也,既学已经时,故能招友为次也,故《学记》云:"一年视离经辨志,三年视敬业乐群,五年视博习亲师,七年视论学取友,谓之小成是也。"又从"人不知"讫"不亦君子乎"为第三,明学业已成,能为师为君之法也。③

而孔疏亦保留了皇侃《礼记义疏》中部分章段体式,如《礼运》:"昔者仲尼与于蜡宾,事毕,出游于观之上,喟然而叹。"皇侃采用章段体式,释曰:

> 从"昔者仲尼"以下至于篇末,此为四段。

> 自初至"是谓小康"为第一,明孔子为礼不行而致发叹。发叹所以最初者,凡说事必须因渐,故先发叹,后使弟子因而怪问,则因问以答也。

> 又自"言偃复问曰:如此乎礼之急"至"天下国家,可得而正也"为第二,明须礼之急。前所叹之意,正在礼急,故以礼急次之也。

> 又自"言偃复问曰:夫子之极言礼也"至"此礼之大成也"为第三,明礼之所起。前既言礼急,急则宜知所起之义也。

> 又自"孔子曰:'呜呼哀哉'"讫篇末为第四,更正明孔子叹意也。以前始发,未得自言叹意,而言偃有问,即随问而答,答事既毕,故更备述所

① 牟润孙:《论儒释两家之讲经与义疏》,载《现代佛学大系》第 26 册,台湾弥勒出版社 1984 年版,第 54 页。

② (梁)皇侃:《论语义疏》第一册,《知不足斋丛书》本,古书流通处 1926 年影印版。

③ (梁)皇侃:《论语义疏》第一册,《知不足斋丛书》本,古书流通处 1926 年影印版。

怀也。①

皇侃以章段体式释经之法在《乐记》中表现得淋漓尽致。有关《乐记》的篇目,孔疏云:

> 盖十一篇合为一篇,谓有《乐本》、有《乐论》、有《乐施》、有《乐言》、有《乐礼》、有《乐情》、有《乐化》、有《乐象》、有《宾牟贾》、有《师乙》、有《魏文侯》。今虽合此,略有分焉。……故刘向所校二十三篇,著于《别录》。今《乐记》所断取十一篇,余有十二篇,其名犹在。……其十二篇之名,案《别录》十一篇,余次《奏乐》第十二,《乐器》第十三,《乐作》第十四,《意始》第十五,《乐穆》第十六,《说律》第十七,《季札》第十八,《乐道》第十九,《乐义》第二十,《昭本》第二十一,《招颂》第二十二,《窦公》第二十三是也。……其二十三篇之目,今总存焉。②

从孔疏所载可以得知《乐记》有二十三篇,而《礼记》存有十一篇,其篇目孔疏都有一一记载。然《礼记·乐记》已将其所存十一篇归成一篇,并未标明各段归属,郑玄亦未解决这个问题。而皇侃则通过归纳分析,将《乐记》分成十一段,分别对应十一篇。《史记·乐书》:

> 凡音之起,由人心生也。人心之动,物使之然也。……礼乐刑政,其极一也,所以同民心而出治道也。

《史记正义》引皇疏云:

> 此章有三品,故名为《乐本》,备言音声所起,故名乐本。夫乐之起,其事有二:一是人心感乐,乐声从心而生;一是乐感人心,心随乐声而变也。③

即皇侃将此段归于《乐本》篇。《乐记》:"乐者为同,礼者为异……如此,则民治行矣"段下孔疏引皇疏云:

> 从"王道备矣"以上为《乐本》,从此以下为《乐论》,今依用焉。此十一篇之说,事不分明。郑《目录》十一篇略有分别,仔细不可委知。④

---

① （唐）孔颖达:《礼记正义》,载《十三经注疏》,中华书局1980年影印版,第1413页。
② （唐）孔颖达:《礼记正义》,载《十三经注疏》,中华书局1980年影印版,第1527页。
③ （汉）司马迁:《史记》卷二四《乐书第二》,中华书局1963年版,第1179页。
④ （唐）孔颖达:《礼记正义》,载《十三经注疏》,中华书局1980年影印版,第1529页。

从所引材料可以看出,《史记正义》标明第一章《乐本》为皇侃所定。《礼记正义》标明第一章《乐本》与第二章《乐论》为皇侃所定。实际上《史记正义》《礼记正义》将《乐记》分为十一章,其章节顺序都为:第一章《乐本》,第二章《乐论》,第三章《乐礼》,第四章《乐施》,第五章《乐言》,第六章《乐象》,第七章《乐情》,第八章《魏文侯》,第九章《宾牟贾》,第十章《乐化》,第十一章《师乙》。《史记正义》明确标明其章节篇目出自皇氏的只有第一章《乐本》。而《礼记正义》则标明第一章《乐本》、第二章《乐论》、第五章《乐言》、第六章《乐象》、第七章《乐情》这五篇篇目都出自皇氏之论。可以推论无论是《礼记正义》还是《史记正义》都将《乐记》划分为十一章,对每一章篇名的确定,都出自皇侃之说。皇侃所确定的这十一篇的顺序与郑玄《目录》记载不一样,故孔疏在《乐礼》章云:

> 此章是《乐记》第三章,名曰《乐礼》章也。章中明王者为治,必制礼作乐,故名《乐礼》章也。案郑《目录》云第三是《乐施》,第四是《乐言》,第五是《乐礼》。今记者以《乐礼》为第三言,郑《目录》当是旧次未合之时,此今所列,或记家别起意,意趣不同故也。[1]

乔秀岩认为皇侃所确定的编次与郑玄《目录》及刘向《别录》确定次序不一样,是皇侃自己依据《乐记》内容归纳排列的。皇氏的这种编排,主要是运用了分科别段方法。皇侃除了用分章段的方法将《乐记》加以编目外,《史记正义》还记载皇侃将每一篇目内容都分章段。如上文《史记正义》引皇疏,除将第一章定为《乐本》篇外,还将此章分为三品,故下文《史记正义》又云:

> 此《乐本》章第二段,明乐感人心也。人心即君人心也。乐音善恶由君上心之所好,故云生于人心者也。
>
> ……
>
> 此《乐本》章第三段也。前第一段明人心感乐,第二段明乐感人心,此段圣人制正乐以应之。此段自有二重:自"凡音"至"反人道"为一重,却应第二段乐感人心也;又自"人生而静"至"王道备矣"为一重,却应第一段人心感乐也。

---

① (唐)孔颖达:《礼记正义》,载《十三经注疏》,中华书局1980年影印版,第1530页。

……

正义此第三段第二重也。人初生未有情欲，其至静禀于自然，是天之
性也。①

可见皇氏不仅将《乐本》章本为三段，还将第三段分为两重。《史记正义》
从《乐本》章以下，第一章内部都分章段，虽不再标明出自皇氏，但其分段体例
与第一段类似，应都是出自皇侃之论。

（2）皇疏受儒、玄融合的影响

南北朝时儒学与玄学开始相互影响。一方面，玄学名士在当时仍备受推
崇；另一方面，玄学家对魏晋名士过于放诞不羁、不守礼制的行为有所反思，故
而从东晋以来，玄学家也提倡遵守礼法，如《晋书》载：

> 惇字思悛，孝友淳粹，高节迈俗。性好学，儒玄并综。每以为君子立
> 行，应依礼而动，虽隐显殊途，未有不傍礼教者也。若乃放达不羁，以肆纵
> 为贵者，非但动违礼法，亦道之所弃也。乃著《通道崇检论》，世咸称之。②

又如《晋书》载：

> （李充）尝著《学箴》，称：《老子》云"绝仁弃义，家复孝慈"岂仁义之
> 道绝，然后孝慈乃生哉？盖患乎情仁义者寡而利仁义者众也。道德丧而
> 仁义彰，仁义彰而名利作，礼教之弊，直在兹也。先王以道德之不行，故以
> 仁义化之，行仁义之不笃，故以礼律检之。……圣教救其末，老庄明其本，
> 本末之涂殊而为教一也。……惧后进惑其如此，将越礼弃学而希无为之
> 风，见义教之杀而不观其隆矣，略言所怀，以补其阙。引道家之弘旨，会世
> 教之适当，义之违本，言不流放，庶以祛困蒙之蔽，悟一往之惑乎！……道
> 不可以一日废，亦不可以一朝拟，礼不可以千载制，亦不可以当年止。③

李充此论虽以老庄为本，但也认为礼教不可废。这说明竹林七贤时代反
对名教、不遵礼法的行为已失去市场。余英时认为："魏晋南北朝之士大夫尤
多儒道兼修者，则其人大抵为遵群体之纲纪而无妨于自我之逍遥，或重个体之

---

① （汉）司马迁：《史记》卷二四《乐书第二》，中华书局1963年版，第1182—1186页。
② （唐）房玄龄等：《晋书》卷五六《江统传子惇附传》，中华书局1974年版，第1539页。
③ （唐）房玄龄等：《晋书》卷九二《文苑传》，中华书局1974年版，第2389—2390页。

自由而不危及人伦之秩序也。"①黄汝成《日知录集释》引杨绳武云：

> 六朝风气,论者以为浮薄,败名俭、伤风化,固亦有之。然予核其实,
> 复有不可及者数事,曰:尊严家讳也,矜尚门地也,慎重婚姻也,区别流品
> 也,主持法仪也。盖当时士大夫虽祖尚玄虚,师心放达,而以名节相高,风
> 义自矢者,咸得纡经其志。至于冗末之品,凡琐之材,口里有陶、猗之赀,
> 不敢妄参乎时彦;口里有董、邓之宠,不敢肆志于清流。而朝议之所不及,
> 乡评巷议犹足倚以为轻重。故虽居偏安之区,当陆沈之后,而人心国势犹
> 有与立,未必非此数者补救之功,维持之效也。②

此文表明玄学之士仍以礼法为重。到南北朝时礼学家们也都是"儒玄双修"之士。伏曼容、明山宾、太史叔明、吴苞等皆既谈老、庄,又通三礼。以上所论旨在说明从东晋至南朝时期,在儒玄融合趋势之下,即使是玄学名士,亦须遵守儒家之礼法。皇侃之疏受到南北朝时儒玄融合趋势的影响。如《檀弓下》：

> 孔子之故人曰原壤,其母死,夫子助之沐椁。原壤登木曰:"久矣,予
> 之不托于音也。"歌曰:"狸首之班然,执女手之卷然。"

皇侃释曰：

> 原壤是上圣之人,或云是方外之士,离文弃本,不拘礼节,妄为流宕,
> 非但败于名教,亦是误于学者。③

皇侃一方面承认原壤是上圣之士或方外之士,另一方面对其不拘礼节的行为持批判态度。而孔颖达则认为:"其云原壤中庸下愚,义实得矣。"在孔氏看来,原壤根本称不上所谓上圣之士或方外之士,只是下愚之人。二者对原壤的评价相对比,皇氏的观点更为辩证一些。皇氏对于原壤的态度正是反映了东晋到南朝时期学界出现的这种儒、玄融合的新思潮。正因为如此,皇侃对原壤才有正反两方面评价,一方面原壤在母丧之时,对其前来助丧的朋友唱歌的行为确有庄子遗风,整个魏晋南北朝时期玄学之士一直受

---

① 余英时:《士与中国文化》,上海人民出版社 1987 年版,第 398—399 页。

② (清)顾炎武著,(清)黄汝成集释:《日知录集释》,花山文艺出版社 1990 年版,第 589—590 页。

③ (唐)孔颖达:《礼记正义》,载《十三经注疏》,中华书局 1980 年影印版,第 1316 页。

社会各阶层的推崇,故而皇侃称其为上圣之士或方外之士,而唐朝时期,玄学已衰落,传统的名士风流已不被社会所崇尚,故而孔颖达直接从人品与智力上对原壤加以否定;另一方面到南北朝时,玄学名士都自觉遵守礼法,魏晋风流早期不遵礼法的行为到此时已不被社会所接受,故而皇疏对原壤不拘礼节的行为表示批评。

3. 受宗法制度影响

南朝独特的宗法制度与宗法观念在皇疏中打上了一定的烙印。如《丧服小记》"大夫吊之,虽缌必稽颡"条,皇疏曰:

> 若平等来吊,则小功以下不稽颡。若大夫吊士,士宜起敬,虽复缌亲之为稽颡也。然此稽颡谓前拜而后稽颡耳,犹异于重亲也。①

孔颖达《礼记正义》则云:

> 前文"为父母、长子稽颡",谓平等来吊,故先稽颡而后拜。若为不杖齐衰以下,则先拜宾后稽颡。今大夫吊士,虽是缌麻之亲,必亦先稽颡而后拜,故皇氏载此稽颡,谓"先拜而后稽颡",若平等相吊,小功以下,皆不先拜后稽颡;若大夫来吊,虽缌麻,必为之先拜而后稽颡,今删定。云"小功以下不稽颡",文无所出。又此稽颡与上文稽颡是一,何得将此为先拜后稽颡? 其义非也。②

二疏相对比明显可以看出皇疏认为大夫吊士,大夫虽然位尊,若士服制较轻,只能对大夫先拜而后稽颡,因先稽颡而后拜只能是在服重服时进行,大夫虽贵,然此时丧主只服缌麻之服,异于重丧,故而不得先稽颡。孔疏则认为皇疏的解释有误,认为大夫吊士,士"必亦先稽颡而后拜"。孔疏判定皇疏有误的依据有二:一是"大夫吊之,虽缌必稽颡"中的"稽颡"与上文"为父母、长子稽颡"中的"稽颡"都是一样,而上文"为父母、长子稽颡"中的"稽颡"指的是先稽颡而后拜,此条"大夫吊之,虽缌必稽颡"中的"稽颡"在皇疏中却是先拜而后稽颡,因此孔疏认为这是皇疏的第一处错误;二是皇疏中有所"若平等来吊,则小功以下不稽颡",孔疏认为此句"文无所出",即没什么依据,所以"其

---

① 现存于日本早稻田大学图书馆《礼记子本疏义》,早稻田大学已公布其清晰影像,网址:http://www.wul.waseda.ac.jp/kotenseki/html/ro12/ro12_01134/index.html。

② (唐)孔颖达:《礼记正义》,载《十三经注疏》,中华书局1980年影印版,第1495页。

义非也"。实际上造成二者理解不同是因为经文"大夫吊之,虽缌必稽颡"一句的确容易引起歧义,其中的"缌"一是可以理解成客观的"缌麻之服",二是可以理解成关系比较疏远之义。皇疏是按第一种理解,即此句意思是强调当服缌麻服时,若大夫来吊士,士应稽颡,言外之意,平等身份之人来吊则不需稽颡,而缌服为小功以下之服,故而此句的确有皇疏所谓:"若平等来吊,则小功以下不稽颡"之义。而孔疏则按第二种理解,即此"为父母、长子稽颡"代表重服时,对平等来吊之人应先稽颡后拜,若服轻服,对平等来吊之人则先拜后稽颡,若来吊之人是大夫这样身份尊贵之人,即使是服像缌麻这样的轻服,也要先稽颡后拜。虽然从表面上看是由于对经文的不同理解造成了孔疏与皇疏的差别,但是更深层次的原因是二者所处的社会文化背景的不同。皇侃是南朝梁时人,南北朝时世家大族占据着社会的统治地位,为了巩固其自己的利益,世家大族特别重视维护他们高贵出身的宗法制度,丧服制度主要就是维护这种宗法制度,因此丧服之学在南北朝是显学。正因为如此,当政治地位的高低与服制的轻重发生矛盾时,政治地位要服从服制,因此大夫吊士时,若士所服丧服较轻,士只对大夫行先拜后稽颡之礼。这种情况也只有在南北朝时期才会出现,南北朝时期政治地位屈从于宗法出身的现象比比皆是。如《南史·王弘传子僧达附传》记载:

> 黄门郎路琼之,太后兄庆之孙也,宅与孙达门并。尝盛服车诣僧达,僧达将猎,已改服。琼之就坐,僧达不与语,谓曰:"身昔门下驺人路庆之者,是君何亲?"遂焚琼之所坐床。太后怒,泣涕于帝曰:"我尚在而人陵之,我死后乞食矣。"帝曰:"琼之少年,无事诣王僧达门,见辱乃其宜耳,僧达贵公子,岂可以此加罪乎?"[1]

路琼之贵为皇亲国戚,政治地位已经比较高了,但因出身寒门,就受到出身士族的王僧达的侮辱,虽太后出面告状,皇帝也无可奈何。由此可见南朝时出身是何等之重要,所以皇疏的观点正体现了南北朝时特殊的宗法制度。而唐朝时九品中正制已废除,宗法制度已不占据社会制度的中心地位,因此政治地位的高低超越了出身的高低,反映到对经文的解释,自然会对政治地位比较

---

[1]　(唐)李延寿:《南史》卷二一《王弘传子僧达附传》,中华书局1975年版,第574页。

高的大夫更加重视,此时服制的轻重要屈从于政治地位的高低,所以孔疏才会作出如上解释。

4.受自然环境影响

前面已论述,南北朝礼学与礼制建设之间关系密切,这说明南北朝礼学比较注重与实践相结合。皇疏在解释经、注时甚至注意结合南朝独特的自然环境。

如《玉藻》"君子狐青裘豹襃,玄绡衣以裼之"条,郑注:"君子,大夫、士也。绡,绮属也,染之以玄,于狐青裘相宜。狐青裘,盖玄衣之裘。"皇侃疏云:

> 凡六冕及爵弁无裘,先加明衣,次加中衣;冬则次加袍茧,夏则不袍茧,用葛也,次加祭服。若朝服布衣,亦先以明衣亲身,次加中衣;冬则次加裘,裘上加裼衣,裼衣之上加朝服;夏则中衣之上不用裘而加葛,葛上加朝服。①

皇侃认为六冕、爵弁等祭服无裘。按:《周礼·春官·司服》云:

> 王之吉服:祀昊天上帝则服大裘而冕,祀五帝亦如之;享先王则衮冕;享先公、飨、射则鷩冕;祀四望、山川则毳冕;祭社稷、五祀则希冕;祭群小祀则玄冕。②

《周礼》此段记载得非常清楚,祭昊天上帝与五帝之时着冕都服大裘,皇侃不应疏于此文,皇侃之所以认为祭服无裘乃是由江南的地理、气候使然。因为裘为皮衣,北方冬天所着之衣物,故《月令》云:"是月也,以立冬……天子始裘。"而江南冬天温暖,冬天祭祀时则不需衣裘。《通典》卷六一《君臣服章制度》记载:

> 天监七年……帝又曰:"《礼》:'王祀昊天,服大裘而冕。'大裘不存,其于质敬,恐未有尽。"五经博士陆玮等并云:"王祀昊天服大裘,明诸臣礼不得同。自魏以来,皆用衮服。今请依古,更制大裘。"诏可。玮等又按:"郑玄注《司服》云'大裘,羔裘也',既无所出,未为可据。按六冕之

----

① (唐)孔颖达:《礼记正义》,载《十三经注疏》,中华书局 1980 年影印版,第 1479—1480 页。

② (唐)贾公彦:《周礼注疏》,载《十三经注疏》,中华书局 1980 年影印版,第 781 页。

服,皆玄上纁下。今宜以缯为之,其制式如裘,其裳以纁,皆无文绣。"
诏可。①

这说明直到梁武帝天监七年(508 年),南朝才开始讨论祭天时是否
要服大裘。虽此时梁武帝认为"大裘不存,其于质敬,恐未有尽",要求恢
复古制,祭天时服大裘,但陆玮认为郑玄引郑司农注《司服》云"大裘,羔裘
也"是文无所出,应该用缯来代替,只要式样如裘即可。陆玮的建议得到了
梁武帝的认可。《通典》此段说明南朝梁武帝时祭天不用裘,后虽依礼要用
裘,仍从江南气候的实际情况出发,将制裘的材料换成了缯。皇侃认为六
冕、爵弁等祭服无裘,正是反映在独特气候下南朝祭天时所穿祭服的实际
情况。

5. 在重大礼学问题上以郑学为准

虽然皇疏常有背离郑注之处,但皇疏与郑注相左之处多是枝节问题,凡是
重大礼学问题,皇疏都遵从郑说。如祭天制度是当时礼学领域的一个重大问
题,是研究热点也是郑、王之间重要的分歧,在当时南朝所行礼制,仍受王学影
响。在祭天制度这个问题上,皇疏遵从郑学。如《郊特牲》"郊特牲而社稷大
牢"条,皇疏云:

> 天有六天,岁有八祭,冬至圜丘,一也,夏正郊天,二也,五时迎气,五
> 也,通前为七也,九月大飨,八也。雩与郊禖为祈,祭不入数。②

皇疏此论说明了他认为祭天活动有八,分别是:冬至圜丘祭、夏正郊天祭、
五时迎气祭、九月大飨祭。而雩、郊禖只为祈天而非祭天。皇氏此论说明他认
同圜丘祭与郊天祭分开进行之制。祭天这个重大问题上,皇侃采取郑玄郊、丘
分立之说。

6. 着重强调上下经文的联系

《礼记》多数篇章内部上下经文之间的联系并不是很强,而皇疏则刻意强
调前后经文之间的联系,把原本并不系统的经文解释得更具系统性。实际上
这些联系前后经文之论是皇疏赋予经文的新意义,但因主观性较强,孔疏多将

---

① (唐)杜佑:《通典》卷六一《君臣服章制度》,中华书局 1988 年版,第 1718 页。
② (唐)孔颖达:《礼记正义》,载《十三经注疏》,中华书局 1980 年影印版,第 1445 页。

304

其删去。如"王者禘其祖之所自出,以其祖配之"条,皇疏云:

> 前明亲亲,此辨尊尊而尊也。其祖,始祖也,自出谓所感帝其祖配之。
> 若周之先祖出自灵威仰也。唯天子以此礼,故云不王不禘也。①

皇疏用亲亲、尊尊之义将前后经文相联系,实际上是赋予了经文新的意义。而孔疏则将这条皇疏删除。

7. 保留问难之辞

皇疏中有大量问难之辞,孔疏多将其删除。如《丧服小记》"男子免而妇人髽"条,皇疏云:

> 或问曰:"丈夫麻、布,则括、免异名,妇人三髽,何意髽称不别?"答曰:"男文故名随时易,妇质所以髽之不改。"或问曰:"《既夕》何云丈夫髽耶?"通曰:"郑注彼云耳妇人也。"②

按:此问答分两句,第一句因男子括发用麻而免以布,括、免名称不一,而对应的女子无论麻髽还是布髽都称髽,因此问到为何女子之髽只有这一个名称。皇疏给出答案:因为"男文",因而"名随时易";而"女质",因而"髽之不改"。第二句问者问到为何《既夕礼》中提到"丈夫髽"?答者认为郑注已解释明白,《既夕礼》中之"髽"并非指男子,而是指妇人。皇疏第一处问答之辞为进一步加深对免与髽的理解,第二处是为了引用郑注来弥缝《仪礼·既夕礼》与《礼记·丧服小记》经文之不同。孔疏则将此问答之语删除。从《礼记子本疏义》可以看出皇疏有很多这类问答之辞,这体现出皇侃义疏的一大特色。皇疏乃南北朝义疏典范,南北朝儒家义疏受佛、玄谈辩之风的影响,其内容多有问答之辞,具有一定的思辨色彩。而孔疏虽是在皇疏的基础上删理而成,但由于它负有规范统一学术之目的,而问答之语中多有问难,必不利于学术之规范,因此多将此类问答之语删去。

8. 重视构建三礼学基本理论框架

皇侃受他的老师贺玚影响,也注重建构三礼学基本的理论框架体系。如

---

① 现存于日本早稻田大学图书馆《礼记子本疏义》,早稻田大学已公布其清晰影像,网址:
http://www.wul.waseda.ac.jp/kotenseki/html/ro12/ro12_01134/index.html。

② 现存于日本早稻田大学图书馆《礼记子本疏义》,早稻田大学已公布其清晰影像,网址:
http://www.wul.waseda.ac.jp/kotenseki/html/ro12/ro12_01134/index.html。

《礼记正义·序》引皇氏云:"礼有三起:礼理起于大一,礼事起于遂皇,礼名起于黄帝。"①皇侃将礼分为礼理、礼事与礼名。我们认为皇侃所谓礼理有两种含义:一是义理,即仪节、礼例、名物等所蕴含着的精神层面的东西;二是礼例,礼例可以看作是一种物之理,即客观的规则。礼事即上文所提到的具体的仪节。礼名即与礼相关的名物。由此看来皇侃已经将三礼学的基本术语区分得比较清楚,皇氏已经构建了基本的三礼学理论框架。

第五节　北朝主要礼学家及其礼学著作

相对南朝,北朝三礼义疏有佚文流传于世的比较少,主要有刘芳的《礼记义证》与熊安生的《礼记义疏》。

一、刘芳与《礼记义证》

(一) 刘芳生平及著述介绍

刘芳,北魏礼学家,彭城人,字伯文。《魏书·刘芳传》载:

> 汉楚元王之后也。六世祖讷,晋司隶校尉。祖该,刘义隆征虏将军、青徐二州刺史。父邕,刘骏兖州长史。……后与崔光、宋弁、邢产等俱为中书侍郎。俄而诏芳与产入授皇太子经,迁太子庶子、兼员外散骑常侍。从驾洛阳,自在路及旋京师,恒侍坐讲读。芳才思深敏,特精经义,博闻强记,兼览《苍》《雅》,尤长音训,辨析无疑。……芳撰郑玄所注《周官仪礼音》、干宝所注《周官音》、王肃所注《尚书音》、何休所注《公羊音》、范宁所注《穀梁音》、韦昭所注《国语音》、范晔《后汉书音》各一卷,《辨类》三卷,《徐州人地录》二十卷,《急就篇续注音义证》三卷,《毛诗笺音义证》十卷,《礼记义证》十卷,《周官》《仪礼》义证各五卷。②

---

① (唐)孔颖达:《礼记正义》,载《十三经注疏》,中华书局1980年影印版,第1224页。
② (北齐)魏收:《魏书》卷五五《刘芳传》,中华书局1974年版,第1219—1227页。

从史载可见,刘芳著述颇丰,且是朝廷倚重的礼学大家。现仅存《礼记义证》辑本,存于《玉函山房辑佚书》中。

（二）《礼记义证》释经、注的特点

1. 专守郑注,不引他说

从刘芳《礼记义证》书名就可以看出其书主旨就是专门证明经、注之成说,从所辑刘疏几则佚文可见刘芳只遵郑注,而不遵他说。这体现了北朝三礼义疏的特点。

2. 尤长音训

南北朝义疏家大多都擅长音训,而《魏书》则称刘芳"尤长音训"。刘芳有多部音训著述,如上文所引《魏书》:"芳撰郑玄所注《周官仪礼音》、干宝所注《周官音》、王肃所注《尚书音》、何休所注《公羊音》、范宁所注《穀梁音》、韦昭所注《国语音》、范晔《后汉书音》各一卷……《急就篇续注音义证》三卷,《毛诗笺音义证》十卷。"①可以看出刘芳特善音训之学。刘芳《礼记义疏》亦有音训之处。如《曲礼上》"凡卜筮日"条,刘芳疏:"卜,赴也,赴来者之心。"②

3. 工于礼例分析

发明经、注所未言明之礼例,乃是南北朝三礼义疏所共有的特点,刘氏之说虽然只保留了不到十条,其中亦可体现刘芳善揭礼例之特点。这一点已作详细说明,此处不再赘述。刘氏善揭礼例之能力,亦被当时礼学大家所称道。《魏书》载:

> 高祖宴群臣于华林,肃语次云:"古者唯妇人有笄,男子则无。"芳曰:"推经《礼》正文,古者男子、妇人俱有笄。"肃曰:"《丧服》称'男子免而妇人髽,男子冠而妇人笄'。如此,则男子不应有笄。"芳曰:"此专谓凶事也。《礼》:初遭丧,男子免,时则妇人髽;男子冠,时则妇人笄。言俱时变,而男子妇人免髽、冠笄之不同也。又冠尊,故夺其笄称。且互言也,非谓男子无笄。又《礼·内则》称:'子事父母,鸡初鸣,栉、縰、笄、总。'以兹而言,男子有笄明矣。"高祖称善者久之。肃亦以芳言为然。……酒阑,

---

① （北齐）魏收:《魏书》卷五五《刘芳传》,中华书局1974年版,第1220—1227页。
② （唐）孔颖达:《礼记正义》,载《十三经注疏》,中华书局1980年影印版,第1251页。

芳与肃俱出，肃执芳手曰："吾少来留意三礼，在南诸儒，亟共讨论，皆谓
此义如吾向言，今闻往释，顿祛平生之惑。"芳理义精通，类皆如是。①

可见，王肃与南朝礼学家都认为古时只有女人有笄，男子无笄，王肃认为
《丧服小记》"男子免而妇人髽，男子冠而妇人笄"证明男子无笄。而刘芳则认
为古时男女都有笄，并举《礼记·内则》"子事父母，鸡初鸣，栉、纚、笄、总"来
证明男子有笄。最后刘芳之论受到孝文帝与王肃的称赞。

二、熊安生与《礼记义疏》

（一）熊安生生平及著述简介

熊安生，长乐阜城人，字植之。《周书·儒林传》载：

少好学，励精不倦。初从陈达受三传，又从房虬受《周礼》，并通大
义。后事徐遵明，服膺历年。东魏天平中，受《礼》于李宝鼎。遂博通五
经。然专以三礼教授。弟子自远方至者，千余人。……时朝廷既行《周
礼》，公卿以下多习其业，有宿疑硕滞者数十条，皆莫能详辨。天和三年，
齐请通好，兵部尹公正使焉。与齐人语及《周礼》，齐人不能对。乃令安
生至宾馆与公正言。公正有口辩，安生语所未至者，便撮机要而骤问之。
安生曰："礼义弘深，自有条贯。必欲升堂睹奥，宁可汩其先后。但能留
意，当为次第陈之。"公正于是具问所疑，安生皆为一一演说，咸究其根
本。公正深所嗟服，还，具言之于高祖。高祖大钦重之。……安生既学为
儒宗，当时受其业擅名于后者，有马荣伯、张黑奴、窦士荣、孔笼、刘焯、刘
炫等，皆其门人焉。所撰《周礼义疏》二十卷、《礼记义疏》四十卷、《孝经
义疏》一卷，并行于世。②

从《周书·儒林传》所载可以看出，熊氏是北朝中后期大儒。他师从名
家，后来所授弟子成名者众多，朝廷对他非常器重。熊安生有礼学著述流行于
世，但是《隋书·经籍志》并未著录。熊安生的《礼记义疏》佚文主要散见于
《礼记正义》之中，《礼记正义》编纂成书时，熊氏《礼记义疏》也是重要参考。

---

① （北齐）魏收：《魏书》卷五五《刘芳传》，中华书局1974年版，第1220页。
② （唐）令狐德棻等：《周书》卷四五《儒林传》，中华书局1971年版，第812—813页。

《礼记正义·序》云："其为义疏者,南人有贺循、贺玚、庾蔚（之）、崔灵恩、沈重、（范）宣、皇甫侃等;北人有徐遵明、李业兴、李宝鼎、侯聪、熊安（生）等。其见于世者,唯皇、熊二家而已。……今奉敕删理,仍据皇氏以为本,其有不备,以熊氏补焉。"①马国翰《玉函山房辑佚书》中有熊氏《礼记义疏》辑本。

（二）熊安生《礼记义疏》释经、注特点

1. 专守郑学

相对于南朝三礼学虽主郑注却好引他说,熊氏之疏全以郑注为据,不以其他的观点否定郑注。后来的《礼记正义》虽以皇侃为主,但是在对郑注的遵守程度上却是与熊安生一致,完全以郑注为标准。熊疏对郑注的遵守主要表现为以下几个方面:

（1）解郑注常高人一筹

熊安生因专守郑学,不受他学干扰,故而对郑注的解释常常高人一筹。如《曾子问》"其吉祭特牲"条,郑注:"尊宗子从成人也。凡殇则特豚,自卒哭成事之后为吉祭。"熊疏云:"殇与无后者,唯祔与除服二祭则止。此言吉祭者,唯据祔与除服也。"②郑注认为吉祭是卒哭成事以后之祭,熊疏进一步申郑,认为吉祭就是指祔祭与除服祭。而庾蔚之认为:"吉祭,通四时常祭。"按:庾氏之论与经意不符,因《檀弓》云:"卒哭曰'成事',是日也,以吉祭易丧祭。"这表明《檀弓》明确说明了吉祭是指服丧期间卒哭之后之祭,包含四时常祭,不过对于殇祭而言,其吉祭到祔祭与除服祭就停止了。熊疏因对郑注理解较深,故其结论相对庾疏要更正确。

熊疏虽解郑注常高人一筹,但偶有对郑注理解有误之处。《学记》"未卜禘不视学"条,郑注:"禘,大祭也。天子、诸侯既祭,乃视学考校,以游暇学者之志意。"熊疏云:"此禘谓夏正郊天,视学谓仲春视学。若郊天则不视学。"③依熊疏之意,经文之"禘"乃郊天大祭,而孔疏则指出熊疏之解不合郑注本意,孔疏云:"若如熊氏义,礼不王不禘,郑注何得云'天子、诸侯既祭乃

---

① （唐）孔颖达:《礼记正义》序,载《十三经注疏》,中华书局1980年影印版,第1222页。
② （唐）孔颖达:《礼记正义》,载《十三经注疏》,中华书局1980年影印版,第1400页。
③ （唐）孔颖达:《礼记正义》,载《十三经注疏》,中华书局1980年影印版,第1522页。

视学'？既连诸侯言之,则此禘非祭天。熊说非也。"①孔疏对熊疏的评价可谓中肯,因郑注所云"天子、诸侯既祭"就是指的经文之"禘",若是郊天之祭,则与诸侯无关,因依礼"不王不禘"。此经所云之"禘"乃四时祭之夏禘,非郊天之禘。

（2）作新说亦存郑注

熊疏专守郑注并不意味着不立新说。不过和南朝三礼义疏作新说而背郑注不同的是,熊疏在作新说的同时,并不否定郑注。有关这一特点,在第三章第二节已作详细分析。

（3）引他说亦存郑注

熊疏亦偶有引他说之处,和南朝三礼义疏引他说而背郑注不同的是,熊疏在引他说的同时,还保存郑注,使读者能够较清楚地了解郑注的有关情况。详见第三章第三节。

（4）偶指郑注之误

熊疏虽遵郑注,若郑注有明显错误且不可弥缝之处,熊疏则直接指明其错误。如《杂记下》"如三年之丧,则既颖。其练、祥皆同"条下,郑注：

> 言今之丧既服颖,乃为前三年者变除而练、祥祭也。此主谓先有父母之服,今又丧长子者。其先有长子之服,今又丧父母,其礼亦然。然则言未没丧者,已练、祥矣。颖,草名,无葛之乡,去麻则用颖。

熊氏与庾氏并云："有父者,误也,当应云又丧母,不得并称父也。"②熊、庾二人所云"有父者,误也"是针对郑注所云"其先有长子之服,今又丧父母"中之"父"。因依礼,父在不得为长子服三年丧,而郑注云"先有长子之服,今又丧父母",这说明为长子服丧时,父尚健在。依礼此时不得为长子服三年丧,因此此处郑注就与经文"三年之丧"相矛盾。因此熊、庾认为郑注有"父"为误。

2. 不善音训

南北朝三礼学义疏多擅长音训,而孔疏所引熊疏却不见因声求义之例,

---

① （唐）孔颖达:《礼记正义》,载《十三经注疏》,中华书局 1980 年影印版,第 1522 页。

② （唐）孔颖达:《礼记正义》,载《十三经注疏》,中华书局 1980 年影印版,第 1560 页。

《经典释文》也不见引用熊氏释音之例。不仅如此,熊疏还有因不明音韵而释义有误之处。如经文:"礼闻取于人,不闻取人。"注:"谓君人者。取于人,谓高尚其道。取人,谓制服其身。"熊疏曰:

> 此谓人君在上招贤之礼,当用贤人德行,不得虚致其身。"礼闻取于人"者,谓礼之所闻,既招致有贤之人,当于身上取于德行,用为政教,不闻直取贤人,授之以位,制服而已,故郑云"谓君人者"。①

熊氏此论,当是阐发郑注之意。郑注既云"取于人,谓高尚其道",熊氏依此而阐发曰:"谓礼之所闻,既招致有贤之人,当于身上取于德行,用为政教";郑注又云:"取人,谓制服其身。"熊氏依此而阐发曰:"不闻直取贤人,授之以位,制服而已,故郑云'谓君人者'。"对此句理解的关键是"取"的意思,如将"取"字理解成"取得"之意,此句的确很难理解,而郑注与熊氏都将"取"理解成"取得"的意思。实际上此句"取"当是"趋"的通假字,即"礼闻趋于人,不闻趋人",此句与下一句"礼闻来学,不闻往教"文意相承,即君子主动向老师学习,而不能屈老师之尊到自己的处所。"取"字训作"趋",并不仅于此文,《韩非子·难势》:"夫良马固车,使臧获御之,则为人笑;王良御之,而日取千里。车马非异也,或至乎千里,或为人笑,则巧拙相去远矣。"此句"取"即应训为"趋"。而陆德明《经典释文》就注意到理解此句的关键在于"取"的意义,陆曰:"取于,旧七树反,谓趣就师求道也。"②陆德明认为"取"有"趣"的意思,"趋"又常假作"趣",所以此处"趣"即"趋"义。如《易·系辞》"变通者,趣时者也"中之"趣",即"趋"之义。

3.注意对语法的解释

熊安生那个时代还没有语法的概念,但在熊疏中可以看出熊安生能意识到语法的存在。如《祭法》"有虞氏禘黄帝而郊喾"条,熊疏云:"虞氏云'有'者,以虞字文单,故以有字配之,无义例也。"③熊氏认为有虞氏之"有",只是因为虞为单字词,故配以"有"字,并非义例。按熊氏之说契合现代语言学理论,即"有"为语气虚词,并无实在意义,以"有"配"虞",形成双音节词,符合

① （唐)孔颖达:《礼记正义》,载《十三经注疏》,中华书局1980年影印版,第1231页。
② （唐)陆德明:《经典释文》,载《十三经注疏》,中华书局1980年影印版,第1231页。
③ （唐)孔颖达:《礼记正义》,载《十三经注疏》,中华书局1980年影印版,第1587页。

汉语的韵律。

4.客观分析经文之间的联系

相对皇疏时常脱离经文本意而强调上下经文联系,熊疏联系经文之论多立足经、注本意。

如《礼记·礼运》"故事大积焉而不苑,并行而不缪,细行而不失,深而通,茂而有间,连而不相及也,动而不相害也。此顺之至也"条,熊疏云:

> 此普据天下万事,有大有细,有深有通,有连有动。言人皆明礼顺政事,无蓄乱滞合,各得其分理,顺于其职,所以大小深浅,并合得其宜,此顺之至。结自"四体既正"以下至此,并是顺之至极也。[①]

熊疏所云"结自'四体既正'以下至此,并是顺之至极也"是连接上文之语,上文云:

> 四体既正,肤革充盈,人之肥也。父子笃,兄弟睦,夫妇和,家之肥也。大臣法,小臣廉,官职相序,君臣相正,国之肥也。天子以德为车,以乐为御,诸侯以礼相与,大夫以法相序,士以信相考,百姓以睦相守,天下之肥也。是谓大顺。[②]

熊氏认为从"四体既正"往下,礼的作用依次是"人之肥""家之肥""国之肥""天下之肥",最终达到大顺,就是"顺之至也"。熊氏之论确合经文之义。

又如《曲礼下》"国君死社稷,大夫死众,士死制"条,熊疏云:

> 上云国君"去社稷",此云"死社稷",上云大夫"去宗庙",士"去坟墓",此不云大夫"死宗庙",士"死坟墓",而云"死众"、"死制"者,以宗庙、坟墓已私有之,大夫、士为臣事君,不可为私事而死,只得死君之师众及君政令。然君言"死社稷",则宗庙、坟墓亦死可知也。但社稷受于天子,故特举言焉。[③]

按:熊氏所云上文经文如下:

> 国君去其国,止之曰:"奈何去社稷也?"大夫,曰:"奈何去宗庙也?"

---

① (唐)孔颖达:《礼记正义》,载《十三经注疏》,中华书局1980年影印版,第1427页。
② (唐)孔颖达:《礼记正义》,载《十三经注疏》,中华书局1980年影印版,第1427页。
③ (唐)孔颖达:《礼记正义》,载《十三经注疏》,中华书局1980年影印版,第1261页。

士,曰:"奈何去坟墓也?"①

依熊氏之义,此条经文前后有某种对应规律,即国君对社稷,大夫对宗庙,士对坟墓。而下文"国君死社稷,大夫死众,士死制"却没有遵守这条规律,故熊氏认为,下文经之所以没有遵守这条规律,一定是有原因的,熊氏总结认为其原因是"以宗庙、坟墓已私有之,大夫、士为臣事君,不可为私事而死,只得死君之师众及君政令"。

5. 好引外义以解经

孔颖达在《礼记正义·序》云:"熊则违背本经,多易外义,犹之楚而北行,马虽疾而去逾远矣。"这说明熊氏好引儒学以外之义以解礼。如《曲礼上》"道德仁义,非礼不成"条,熊疏云:"此是《老子》'失道而后德,失德而后仁,失仁而后义'。"熊氏引道家以释此经,既不合郑注,亦常被后儒否定,孔疏云:

> 此经道谓才艺,德谓善行,故郑注《周礼》云:"道多才艺,德能躬行,非是《老子》之道德也。"②

孔疏认为郑注《周礼》所云"道德",道指才艺,德指善行,根本不是《老子》中的道德。

又如《礼记·曲礼上》"太上贵德"条,熊疏既引纬书又引《老子》。熊疏云:

> 所以《中候·握河纪》云"皇道帝德,非朕所专"是三皇行道,五帝行德,不同者但德由道生,道为其本,故道优于德。散而言之,德亦是道,故总云"贵德"。既三皇行道,五帝行德,以次推之,则三王行仁,五霸行义。五帝虽行德,亦能有仁,故《大学》云"尧舜率天下以仁"是也。案:《老子》云:"道常无名。"河上公云:"能生天地人,则当大《易》之气也。"《道德经》云:"上德不德。"其德稍劣于常道。③

6. 注意《礼记》各篇观点多元现象

《礼记》各篇,成自多人之手,熊疏比较重视《礼记》各篇观点不一的现

---

① (唐)孔颖达:《礼记正义》,载《十三经注疏》,中华书局1980年影印版,第1260页。
② (唐)孔颖达:《礼记正义》,载《十三经注疏》,中华书局1980年影印版,第1231页。
③ (唐)孔颖达:《礼记正义》,载《十三经注疏》,中华书局1980年影印版,第1232页。

象。如《礼记·间传》"斩衰三日不食,齐衰二日不食,大功三不食,小功、缌麻再不食,士与敛焉,则壹不食"①条,此条经文与《礼记·丧大记》"五月、三月之丧,壹不食,再不食"②条有矛盾,因《丧大记》之"壹不食,再不食"分别指的是小功与缌麻之服,而《间传》则认为小功与缌麻都是"再不食",只有与敛之士才"壹不食"。对于二者的矛盾,熊氏云:"异人之说,故其义别也。"③可见在熊氏看来,《间传》与《丧大记》来自不同礼学家之说,因此二者才会有所不同。

第六节　南北朝三礼学的特点和影响

一、南北朝三礼学的特点

南北朝三礼义疏很大程度上继承了汉学的传统。南北朝三礼义疏都是从两汉三礼学发展而来的,继承汉学重训诂词语、名物以及证成经文之说的特点。南北朝三礼学在阐发义理时所主要阐发的伦理义理与政治义理也是继承汉学传统。南北朝三礼学都主遵郑学也说明了这点。

一个时代有一个时代的学术,南北朝三礼学除继承前代以外,还表现出了比较鲜明的时代特色。

（一）稍具形而上色彩

传统经学都善谈义理,汉学所阐发的义理政治色彩及伦理色彩较浓,宋学所阐发的义理则形而上色彩较浓。南北朝三礼学受佛、玄的影响,也体现出一定的形而上色彩,有开宋学风气之端倪。

南北朝礼学家中多有好佛之士。据《高僧传》载:

> 远内通佛理,外善群书。夫预学徒莫不依拟。时远讲《丧服经》。雷次宗、宗炳等并执卷承旨。次宗后别著《义疏》,首称雷氏。宗炳因寄书

---

① （唐）孔颖达:《礼记正义》,载《十三经注疏》,中华书局1980年影印版,第1660页。
② （唐）孔颖达:《礼记正义》,载《十三经注疏》,中华书局1980年影印版,第1577页。
③ （唐）孔颖达:《礼记正义》,载《十三经注疏》,中华书局1980年影印版,第1660页。

嘲之曰："昔与足下共于释和上间面受此义,今便题卷首称雷氏乎。"①

由此可知,南朝儒宗雷次宗的《丧服》之学受自慧远和尚。南朝礼学家何胤也好佛,据《梁书·处士传》载:"(何胤)入钟山定林寺听内典,其业皆通。"梁武帝既擅长三礼学,又好佛学,并以佛教之义改革礼仪实践。如《隋书·经籍志》载,梁武帝撰有三卷《制旨革牲大义》,又据《隋书·礼志二》载:

> 八座又奏:"既停宰杀,无复省牲之事,请立省馔仪。其众官陪列,并同省牲。"帝从之。十月,诏曰:"今虽无复牲腥,犹有脯修之类,即之幽明,义为未尽。可更详定,悉荐时蔬。"左丞司马筠等参议:"大饼代大脯,余悉用蔬菜。"帝从之。②

这说明梁武帝依佛教教义规定在祭祀时停止杀牲而以果蔬、大饼代替牺牲。

北朝礼学家也好佛教之说。如北朝大儒刘献之就著有《涅槃经》。卢景裕也好佛学,据《魏书·儒林传》载:

> (卢景裕)又好释氏,通其大义。天竺胡沙门道悕每论诸经论,辄托景裕为之序。景裕之败也,系晋阳狱,至心诵经,枷锁自脱。是时又有人负罪当死,梦沙门教讲经,觉时如所梦,默诵千遍,临刑刀折,主者以闻,赦之。此经遂行于世,号曰《高王观世音》。③

南朝三礼学家大多是玄、儒双修之士。如梁代礼学家伏曼容,既善《丧服》之学,又善老庄之学。据《梁书·儒林传》载:

> 曼容早孤,与母兄客居南海。少笃学,善《老》《易》……永明初,为太子率更令,侍皇太子讲。卫将军王俭深相交好,令与河内司马宪、吴郡陆澄共撰《丧服义》,既成,又欲与之定礼乐。……天监元年,卒官,时年八十二。为《周易》《毛诗》《丧服集解》《老》《庄》《论语义》。④

再如礼学家严植之,擅长《丧服》《礼记》,他对玄学的造诣也很深,据《梁

---

① (梁)释慧皎等:《高僧传合集·高僧传》卷六《释慧远传》,上海古籍出版社1995年版,第40页。

② (唐)魏徵等:《隋书》卷七《礼志二》,中华书局1973年版,第120页。

③ (北齐)魏收:《魏书》卷八四《儒林传》,中华书局1974年版,第1859页。

④ (唐)姚思廉:《梁书》卷四八《儒林传》,中华书局1974年版,第662—663页。

书·儒林传》载：

> 植之少善《庄》《老》，能玄言，精解《丧服》《孝经》《论语》。及长，遍治郑氏《礼》《周易》《毛诗》《左氏春秋》。①

南北朝三礼学家好佛、玄之学，南北朝的三礼学也一定程度上受到了佛、玄的影响。佛、玄好谈形而上之理，受其影响，南北朝三礼义疏谈义理也有一定的形而上色彩。孔颖达在《礼记正义·序》云："熊则违背本经，多易外义，犹之楚而北行，马虽疾而去逾远矣。"孔颖达批评熊安生《礼记义疏》多用"外义"，这里的"外义"当主指佛、玄之义，从《礼记正义》所引熊氏《礼记义疏》来看，熊氏所引"外义"几乎被孔颖达等人删除殆尽，这也从侧面说明南北朝与唐朝治礼风气之不同。某些保存比较完整的南北朝经学义疏，就有比较明显的形而上色彩。如皇侃《论语义疏》卷六《先进》"子曰：'回也，其庶几屡空'"条，皇疏引南朝齐时顾欢解云："夫无欲于无欲者，圣人之常也，有欲于无欲者，贤人之分也。二欲同无，故全空以目圣；一有一无，每虚以称贤。"其中谈到的"有""无""空""虚"等概念明显受佛、玄之影响。张恒寿认为六朝儒经之义疏实乃宋明理学之滥觞。②

虽然《礼记正义》回归汉代经学尚实的传统，但在《礼记·中庸》等义理性较强的篇章中，还保留南北朝三礼学家具有形而上色彩的论述。如《礼记·中庸》"天命之谓性"条，《礼记正义》引贺玚《礼记新义疏》云：

> 性之与情，犹波之与水，静时是水，动则是波；静时是性，动则是情。案《左传》云："天有六气，降而生五行。"至于含生之类，皆感五行生矣。唯人独禀秀气，故《礼运》云："人者五行之秀气，被色而生。"既有五常仁、义、礼、智、信，因五常而有六情，则性之与情，似金与镮印，镮印之用非金，亦因金而有镮印。情之所用非性，亦因性而有情，则性者静，情者动。故《乐记》云："人生而静，天之性也。感于物而动，性之欲也。"故《诗序》云"情动于中"是也。但感五行，在人为五常，得其清气备者则为圣人，得其浊气简者则为愚人。降圣以下，愚人以上，所禀或多或少，不可言一，故分

---

① （唐）姚思廉：《梁书》卷四八《儒林传》，中华书局 1974 年版，第 671 页。
② 张恒寿：《六朝儒经注疏之佛学影响》，载《中国社会与思想文化》，人民出版社 1989 年版，第 408—409 页。

为九等。孔子云："唯上智与下愚不移。"二者之外，逐物移矣，故《论语》云："性相近，习相远也。"亦据中人七等也。①

张恒寿认为性、情关系是宋代儒家形而上哲学研究的中心问题。贺场将性与情的关系比作是波与水、金与印之间的关系，超越了汉儒以阴阳五行解性、命关系之传统，并认为贺氏性、命关系之比喻方法取自佛教。② 我们同意张氏的观点。对于这条经文，孔疏云：

> 天命之谓性者，天本无体，亦无言语之命，但人感自然而生，有贤愚吉凶，若天之付命遣使之然，故云"天命"。老子云："道本无名，强名之曰道。"但人自然感生，有刚柔好恶，或仁、或义、或礼、或知、或信，是天性自然，故云"谓之性"。③

申屠炉明认为孔氏此疏所云"天本无体，亦无言语之命"开周敦颐"无极而太极"的理论源头。④ 这样看来，就算是孔疏本身（亦可能是孔疏引自皇疏）也受南北朝三礼学的影响而不可避免地带有一定的形而上色彩。

（二）疏亦破注，勇于疑经

本章第三节已论述南朝三礼义疏时有对郑注的背离。南朝三礼义疏虽然与唐代的《五经正义》一样，都是兼释经、注的，但在体例上也有不同之处。唐代的《五经正义》坚持"疏不破注"的原则。而南北朝三礼义疏，特别是南朝三礼义疏，虽宗主郑注，却经常疏亦破注，孔颖达在《礼记正义·序》中就指出："皇氏虽章句详正，微稍繁广，又既遵郑氏，乃时乖郑义，此是木落不归其本，狐死不首其丘。"⑤这正说明南朝三礼义疏"疏亦破注"的特点。

另外，从现存南北朝三礼义疏佚文可以看出无论是南朝的皇侃还是北朝的熊安生或是自北向南的崔灵恩，都有指正经文错误之处，这说明南北朝三礼学创新性较强。

---

① （唐）孔颖达：《礼记正义》，载《十三经注疏》，中华书局1980年影印版，第1625页。
② 张恒寿：《六朝儒经注疏之佛学影响》，载《中国社会与思想文化》，人民出版社1989年版，第394—396页。
③ （唐）孔颖达：《礼记正义》，载《十三经注疏》，中华书局1980年影印版，第1625页。
④ 申屠炉明：《孔颖达、颜师古评传》，南京大学出版社2006年版，第176页。
⑤ （唐）孔颖达：《礼记正义》序，载《十三经注疏》，中华书局1980年影印版，第1222页。

（三）求"通"不求"实"

南北朝三礼学好用弥缝之法，凡是礼例之间有相互矛盾之处，义疏家并不考证究竟矛盾双方哪个是正确的，而是想办法加以弥缝之，化解矛盾。南北朝三礼学多用文献互证之法，或以上下文互证，或以他篇以证本篇，或以三礼互证，或以他经与三礼互证，凡此种种努力，都力求疏通三礼经、注并将其疏解成为一个可以互相证明、互相贯通的体系。

由此看来，所谓"义疏"之"疏"，确为疏通之义，并非为牟润孙所说"记"义，[①]义疏也并非为讲经的笔记。乔秀岩认为南北朝诸义疏"为文字通理之学""与清人实事求是、名物考据之学判为二途"。[②]乔氏之说较为通达，言之成理。如何看待南北朝三礼学这种求"通"不求"实"的现象，曾军先生在研究清代对《礼记》的诠释时所提出的一个观点可以为本书作一个很好的注解："在中国学术追根溯源的模式下，传统文化中的考据似乎不是为了科学的真实，而是为了寻找来自历史的根据和来历，因为有了来历和根据，该文本就有了存在的合法性。然后，建立在合法文本上的诠释才是有必要的。所以，在某些时候对经典的诠释也是在为经典的合法性提供依据和辩护。"[③]我们赞同曾先生的观点。南北朝五经义疏普遍都有证成经、注之说从而维护经、注合法性的倾向，对于三礼学来说，维护经、注权威还有为现实礼制服务的目的。南北朝时五礼制度发展迅速，迫切需要权威的理论指导，而权威理论则来源于经典之中。如《魏书》载：

> 业兴曰："我昨见明堂四柱方屋，都无五九之室，当是裴頠所制。明堂上圆下方，裴唯除室耳。今此上不圆，何也？"异曰："圆方之说。经典无文。何怪于方？"业兴曰："圆方之言。出处甚明，卿自不见，见卿录梁主《孝经义》亦云'上圆下方'，卿言岂非自相矛盾？"异曰："若然，圆方竟出何经？"业兴曰："出《孝经援神契》。"异曰："纬候之书，何用信也？"业

① 牟润孙：《论儒释两家之讲经与义疏》，载《现代佛学大系》第 26 册，台湾弥勒出版社 1984 年版，第 3—4 页。

② ［日本］乔秀岩：《义疏学衰亡史论》，生活·读书·新知三联书店 2017 年版，第 221 页。

③ 曾军：《义理与考据——清中期〈礼记〉诠释的两种策略》，博士学位论文，华中师范大学 2008 年，第 42 页。

兴曰:"卿若不信,灵威仰、叶光纪之类经典亦无出者,卿复信不?"异不答。①

从上面李业兴与朱异的谈话可以看出,李业兴认为梁所营建的明堂不合明堂"上圆下方"之例。而朱异认为"上圆下方"之例"经典无文",而李业兴则认为"上圆下方"之例出《孝经援神契》,并认为《孝经援神契》虽是纬候之书也算经典。从二人对话可以看出是否经典有据是当时礼制建设的首要准则。南北朝三礼学者为了适应这一形势,必须采取以上方法来消弭礼书经与经之间、经与注之间的矛盾,确保三礼经典的权威性,从而能更好地指导现实的礼制建设。

（四）例学比较发达

从汉代开始,《春秋》例学开始兴起,魏晋南北朝时期,《春秋》例学一直比较繁荣,在《春秋》例学的影响下,其他几经例学也开始兴起。如据《隋书·经籍志》记载,三国王弼著有《易略例》一卷,三国虞翻、陆绩有《周易日月变例》六卷,南北朝刘瓛著有《周易四德例》一卷。南北朝时期也出现礼例学的专著——《五服略例》。《五服略例》现已失传,但从其书名可以想见,此书主要内容是丧服例学。

从方法上看,《礼记略解》等早期的三礼义疏在厘析义例时主要是采用依正例推求变例法从而完善已有的义例,而到南北朝中后期,在皇侃、熊安生的《礼记义疏》中,厘析义例之法已经比较成熟,已经不是单一地完善现有的义例,而是综合运用归纳、推理、弥缝等法来寻求新的义例。从所厘析的对象来看,南北朝的例学既发明经文之礼例又发明郑注之礼例。从实际需求来看,南北朝时期,五礼制度建设发展迅速,急需礼例之学的指导。学术界一般对清代的礼例之学比较关注,而我们认为,从各方面来看,南北朝时代礼例之学已经比较发达。

（五）与现实礼制建设联系密切

南北朝以前,三礼学基本上限于学术范围内的研究,现实的礼制建设与三礼学结合得并不密切。南北朝以后,礼制建设已基本定型,三礼学又完全回归

---

① （北齐）魏收:《魏书》卷八四《儒林传》,中华书局 1974 年版,第 1863 页。

到学术领域。纵观各代,南北朝时期三礼学与现实礼制建设结合得最密切。

二、南北朝三礼学对后世的影响

（一）对唐代三礼学的影响

1. 体例上的影响

南北朝三礼学既释经文又释郑注,而唐朝孔颖达的《礼记正义》及贾公彦的《周礼疏》《仪礼疏》都沿用这一体例。本章在《北朝三礼学对郑注的笃守》一段文字中已经论证过北朝三礼义疏专著郑注极少否定郑注,唐朝三礼义疏坚持"疏不破注"的原则与北朝三礼义疏笃守郑注的原则乃一脉相承。

2. 内容上的影响

孔颖达《礼记正义·序》云:"其见于世者,唯皇、熊二家而已。……今奉敕删理,仍据皇氏以为本,其有不备,以熊氏补焉。"[1]说明孔氏主持编撰的《礼记正义》其内容主要来自皇侃与熊安生的《礼记义疏》。《礼记正义·序》已明确说明《礼记正义》以皇侃《礼记义疏》为主,以熊安生《礼记义疏》为辅删理而成。至于具体怎样删理,此序并未明言。现存日本早稻田大学图书馆《礼记子本疏义》残卷[2],罗振玉考定该《礼记子本疏义》为皇侃学生郑灼抄自皇侃《礼记义疏》[3]。《礼记正义·序》在论述孔疏删理皇疏的原则时说:"必取文证详悉,义理精审,翦其繁芜,撮其机要。"[4]至于具体的删理方法则语焉不详。目前所能见到的南北朝三礼义疏都是辑本,唯《礼记子本疏义》残卷虽短,但最能体现南北朝三礼义疏原貌。为此,我们拟在本书中通过比较《礼记正义》与《礼记子本疏义》的异同,探究孔疏据皇疏删理成书的方法与义例,以窥南北朝三礼学对唐代三礼学内容上的影响。

南北朝三礼义疏对唐代三礼义疏内容上的影响,主要有以下几个方面:

---

① （唐）孔颖达:《礼记正义》序,载《十三经注疏》,中华书局 1980 年影印版,第 1222 页。

② 现存于日本早稻田大学图书馆《礼记子本疏义》,早稻田大学已公布其清晰影像,网址: http://www.wul.waseda.ac.jp/kotenseki/html/ro12/ro12_01134/index.html。

③ 罗振玉:《六朝写本礼记子本疏义·跋》,载《罗雪堂先生全集》第七编,台湾大通书局 1976 年版,第 892—893 页。

④ （唐）孔颖达:《礼记正义》序,载《十三经注疏》,中华书局 1980 年影印版,第 1222 页。

（1）孔疏从文字方面修订皇疏

孔疏中有相当部分内容是在直接引用皇疏的基础上，只将皇疏中个别字、句进行了调整修订，从而使文章更加准确、规范、严谨、流畅。

如经文"为父后者，为出母无服"条下，皇疏云：

> 母犯七出，为父所遣。而母子至亲，义不可绝。若犹在，子皆为出母期。若父没后，则适子一人不复为服，所以然者，己系著烝尝，不敢以己私废先祖之祀，故无服也。①

孔疏云：

> 谓母犯七出，为父所遣。而母子至亲，义不可绝。父若犹在，子皆为出母期。若父没后，则适子一人不复为母服，所以然者，己系嗣烝尝，不敢以私亲废先祖之祀，故无服。②

按孔疏将皇疏中之"若犹在"改为"父若犹在"；将皇疏中之"则适子一人不复为服"改为"则适子一人不复为母服"；将皇疏中的"不敢以己私废先祖之祀"改为"不敢以私亲废先祖之祀"。孔疏的这种修改，使文意更加明确。此外孔疏还将皇疏中的"系著烝尝"中的"著"字改为"嗣"，此处用"嗣"字，的确更加贴切，更能体现对先祖祭祀的继承。再如经文"齐衰恶笄以终丧"条下，皇疏云：

> 前明男子为父，此明女子为母也。为父故据男为说，说其初丧之礼；为母故以女为论，论其成服之法也，此服乃多，今主谓女子在室为母也。"恶笄"者，榛木为笄也。妇人质，笄以卷发，带以持身，于其自卷持者，有除无变，故要绖及笄，不经受易，至服竟一除，故云"恶笄终丧"也。

孔疏云：

> 此一经明齐衰，妇人笄带终丧无变之制。"恶笄"者，榛木为笄也。妇人质，笄以卷发，带以持身，于其自卷持者，有除无变，故要绖及笄，不须

---

① 现存于日本早稻田大学图书馆《礼记子本疏义》，早稻田大学已公布其清晰影像，网址：http://www.wul.waseda.ac.jp/kotenseki/html/ro12/ro12_01134/index.html。下文所引皇疏均出自该《礼记子本疏义》，恕不一一标注。

② （唐）孔颖达：《礼记正义》，载《十三经注疏》，中华书局1980年影印版，第1495页。

受易,至服竟一除,故云"恶笄以终丧"。①

皇疏前一部分说明这条经文主要是对在室女子为母而言;而孔疏则改为:这条经文是说明妇人在服丧过程中的"要(腰)绖"与"笄"终丧无变。显然,孔疏的说法较皇疏更准确。孔疏的后半部分基本上是直接引用皇疏,但将皇疏的"不经受易"改为"不须受易"。皇疏的"不经受易"很费解,似有"不辞"之感,而孔疏修改为"不须受易"后,则文意豁然贯通。总体上虽有对个别字词的修改,但是大部分内容可以说是孔疏直接照搬皇疏。

(2)孔疏删理皇疏

①孔疏对皇疏的删简

孔疏的许多内容是在对皇疏"翦其繁芜,撮其机要"的基础上编定而成,亦即孔疏在据皇疏编定成书时对皇疏有所删简。其删简工作主要有四种类型:

A.删简皇疏中比较烦琐的解释

如经文"男主必使同姓,妇主必使异姓"条下:皇疏云:

> 庾云:"丧有男主以接男宾,女主以接妇宾。若父母之丧,则适子为男主,适妇为女主也。"此云男主必使同姓,故郑云知为无后者主也,问同姓宗之人也。同宗之妇,其姓必异,故郑云异姓同宗之妇也。女子生有外成之义,故虽亲不得为主,而以同宗之妇为主也,《杂记下》云:"姑姊妹其夫死,而夫当无兄弟,使夫之族人主丧,妻之党虽亲弗主夫。""若无族,则前后家东西家,无则里尹主之。"此谓无子孙,正男主,使亲疏,以次为其摄男也。《丧大记》云:"丧有无后,无无主。"斯其义也。后云:"女子子在室为父母,主丧者不杖,则子一人杖之。"谓为男主者非子孙,则长女一人杖。《丧大记》云:"妇人迎客送客不下堂,下堂不哭,男子出寝门见人不哭。"此谓并有男女正主也。《大记》又云:"其无女主,则男主拜女宾于寝门内,其无主则女主拜男宾于阼阶下。"此谓或无男主或无女主递相兼摄也。其摄男主,则女主不拜男宾于阼阶下也。

孔疏则删简为:

---

① (唐)孔颖达:《礼记正义》,载《十三经注疏》,中华书局1980年影印版,第1494页。

此一经论妇人外成之事。庾氏云："丧有男主以接男宾，女主以接女宾。若父母之丧，则适子为男主，适妇为女主也。"今或无适子、适妇为正主，遣他人摄主。若摄男主，必使丧家同姓之男。若摄妇主，必使丧家异姓之女。①

孔疏引用了皇疏中所引庾蔚之的论断，庾蔚之认为一般情况下父母之丧嫡子为男主，嫡妇为女主，则男主接男宾，女主接女宾。而孔疏承接庾蔚之所论，认为若无嫡子、嫡妇为正主，就使同姓之男摄男主，异姓之女摄女主。孔疏承接庾氏所论的一般情况，进一步论述其特殊情况，从文意上看自然顺承。而皇疏除引庾氏之论以外，还引用《杂记下》《丧大记》中所有与主丧有关的论述，包括同姓女子不得为主以及男、女主递相摄主等，孔疏可能认为皇疏所论过于铺陈，因而将其删并。除此以外，皇疏中有的解释，孔疏大概认为原经、注之意已很明白，无须多作解释，故而对其也删而不用。如经文"士妾有子而为之緦"与"无子则已"，皇疏分别为"士妾无娣姪，悉是贱人，妾若有子者，则为之服緦也"与"已，止也，妾若无子则止，不服緦也"，孔疏对这两句经文未作解释，大概在孔疏看来此两句文意简单，无须解释，因而也没有引用皇疏。

B. 删简皇疏中的问答内容

皇疏中有许多问答之语，孔疏多将其删简。如经文"男子免而妇人髽"条下，皇疏中有一段有关髽的问答之辞：

或问曰："丈夫麻、布，则括、免异名，妇人三髽，何意髽称不别？"答曰："男文故名随时易，妇质所以髽之不改。"或问曰："《既夕》何云丈夫髽耶？"通曰："郑注彼云耳妇人也。"

此问答分两句，第一句因男子括发用麻而免以布，括、免名称不一，而对应的女子无论麻髽还是布髽都称髽，因此问到为何女子之髽只有此一名称；皇疏给出答案：因为"男文"，因而"名随时易"；而"女质"，因而"髽之不改"。第二句问者问到为何《既夕礼》中提到"丈夫髽"？答者认为郑注已解释明白，《既夕礼》中之"髽"并非指男子，而是指妇人。皇疏此处所设此问答之辞第一处为进一步加深对免与髽的理解，第二处是为了引用郑注来弥

———————————

① （唐）孔颖达：《礼记正义》，载《十三经注疏》，中华书局1980年影印版，第1495页。

缝《仪礼·既夕礼》与《礼记·丧服小记》经文之不同。孔疏则将此问答之语删去。

皇疏中有很多此类问答之语,体现出皇侃义疏的一大特色。皇疏乃南北朝义疏典范,南北朝儒家义疏受佛、玄讲经时谈辩、问答方式之影响,因而其内容多有问答之辞,具有一定的思辨色彩。而孔疏虽是在皇疏的基础上删理而成,但由于它负有规范统一学术之目的,而问答之语中多有问难,必不利于学术之规范,因此多将此类问答之语删去。

C. 删简皇疏联系前后经文之论

如经文"王者禘其祖之所自出,以其祖配之"条下,皇疏云:

> 前明亲亲,此辨尊尊而尊也。其祖,始祖也,自出谓所感帝。其祖配之,谓若周祭灵威仰,则以始祖后稷配之也。唯天子有此礼,故云不王不禘也。

孔疏云:

> 禘,大祭也,谓夏正郊天。自,从也。王者夏正,禘祭其先祖所从出之天,若周之先祖出自灵威仰也。"以其祖配之"者,以其先祖配祭所出之天。①

皇、孔二疏最大的不同是孔疏将皇疏所云"前明亲亲,此辨尊尊而尊也"一句删去。孔疏所删此句正是皇疏联系前后经文之论,孔疏之所以将其删去是因为在孔颖达等人看来经文此句是讨论有关祭祀的制度,而"尊尊"则是针对服制而言,此句经文并不含"尊尊"之义,故而孔疏将皇疏所云"前明亲亲,此辨尊尊而尊也"删去。

《礼记》某些篇目前后经文之间的联系并不是太密切,而皇疏则有意识地强调前后经文之间的联系,孔疏则更加强调尊重经文之本意,故而多将此联系前后经文之说删除。乔秀岩先生也注意到这一问题,他认为皇侃《礼记义疏》与《论语义疏》都重视前后经文之间的联系,有时甚至不惜采用附会之说②。

---

① (唐)孔颖达:《礼记正义》,载《十三经注疏》,中华书局 1980 年影印版,第 1495 页。
② [日本]乔秀岩:《南北朝至初唐义疏学研究》,博士学位论文,北京大学中文系,1999 年,第 3—9 页。

D. 概括、归纳皇疏

孔疏有时通过概括、归纳的方法将皇疏加以删简,如经文"故期而祭,礼也。期而除丧,道也。祭不为除丧也"条下,皇疏引庾蔚之、贺玚①二人的观点,云:

> 贺云:"祭与除丧并由礼制,而祭称礼除丧称道者,将以祭礼会思慕之情,除丧乖终身之志。会情则无待抑引,故但称礼;而乖志则宜抑夺,故远征天道,天道有变,故便使人情从之也。"又云:"二祥之祭,义无二理,正月存亲,丧服除改,并宜有祭,二事会于一时,故一祭兼有二理,而除丧之祭物所耻供,知正月存亲,其理常昧,记者欲显存亲之义,故云不为除丧,明此不令为除丧,非谓除义,不须祭也。"庾云:"谓除丧虽由哀衰,而除丧之时,必致感,感故有祭,除祭不必皆在亲亡之月,卒哭与禫皆是。"

孔疏则云:

> 庾氏、贺氏并云:"祭为存亲,幽隐难知。除丧事显,其理易识。恐人疑之祭为除丧而祭,故记者特明之,云:'祭不为除丧也。'"②

可见孔疏是将皇疏所引庾、贺二人的观点进行了归纳,提炼了二论的共同点再加以引用。

②孔疏对引自皇疏的部分内容加以标注

孔疏的大部分内容都以上述两种方式据皇疏删理而成,也就是说孔疏对皇疏的删理工作主要体现在文字上的修订以及内容的删简。而以上述两种方式删理而成的孔疏都未标明出自皇疏,因此后人在阅读这部分孔疏时,难以知道其源自皇疏。而孔疏还有部分内容标明出自皇疏。通过考察比较,我们发现孔疏对出自皇疏的内容的标注并非杂乱无章,而是有一定的规律,主要有以下三种情况:

A. 孔疏指正皇疏中的错误

孔疏认为皇疏某些论断与经义不符或与理不合,都加以指正。如经文

---

① （唐）孔颖达《礼记正义》中凡称引"贺云""贺氏云"之文,已难以确考是贺循还是贺玚之说,马国翰《玉函山房辑佚书》将明确称引贺循及《丧服要记》之文辑入贺循《丧服要记》,而将其他凡称"贺云""贺氏云"之文都归于贺玚《礼记新义疏》。本书姑从马氏之说。

② （唐）孔颖达:《礼记正义》,载《十三经注疏》,中华书局 1980 年影印版,第 1497 页。

"大夫吊之,虽缌必稽颡"条下,皇疏云:

> 若平等来吊,则小功以下不稽颡。若大夫吊士,士宜起敬,虽复缌亲之为稽颡也。然此稽颡谓前拜而后稽颡耳,犹异于重亲也。

孔疏云:

> 前文"为父母、长子稽颡",谓平等来吊,故先稽颡而后拜。若为不杖齐衰以下,则先拜宾后稽颡。今大夫吊士,虽是缌麻之亲,必亦先稽颡而后拜,故皇氏载此稽颡,谓"先拜而后稽颡",若平等相吊,小功以下,皆不先拜后稽颡;若大夫来吊,虽缌麻,必为之先拜而后稽颡,今删定。云"小功以下不稽颡",文无所出。又此稽颡与上文稽颡是一,何得将此为先拜后稽颡? 其义非也。①

孔疏指出了皇疏两个错误。第一处是若大夫来吊,拜与稽颡到底孰先孰后,皇疏以为大夫来吊应先拜后稽颡,原因是大夫虽贵,然此时丧主只服缌麻之服,异于重丧,故而不得先稽颡;而孔疏以为上文"为父母、长子稽颡"中之"稽颡"与此处"大夫吊之,虽缌必稽颡"中之"稽颡"都是一样,既然上一处"稽颡"指先稽颡而后拜,从文义上理解,孔疏认为后一处"大夫吊之,虽缌必稽颡"也应指先稽颡而后拜,并明确指出此处删定皇氏之说。按从上下文来看,孔疏理解似更有道理,而皇疏之观点则反映出南北朝时宗法制度的重要性,因此大夫虽贵,若丧家之服较轻,也只能对大夫先拜而后稽颡。孔疏指出皇疏另外一个错误之处是皇疏中所谓"小功以下不稽颡",孔疏中认为其"文无所出",没有根据,并直接指出"其义非也"。

B. 孔疏引用皇疏中的合理新论

皇疏中的某些论述,为经、注所未明言,孔疏认为其合理,便加以引用,并标明这些论述出自皇氏。

其一,孔疏完全采用皇疏的合理新论。

孔疏对皇疏的新论如果完全认可,便全部采用。如经文"大功者主人之丧,有三年者,则必为之再祭。朋友虞、祔而已"条下,郑注:"谓死者之从父昆

---

① (唐)孔颖达:《礼记正义》,载《十三经注疏》,中华书局 1980 年影印版,第 1495 页。

弟来为丧主。有三年者,谓妻若子幼少,大功为之再祭,则小功、缌麻为之练祭可也。"①经文中只提到大功亲的从父兄弟为有三年丧的亲属主丧,主丧的人就必须为他们主持练、祥两祭,若是朋友则只为其主持虞、祔祭即可;郑注进一步推论若是小功、缌麻之亲为亲属主三年之丧,只要主持练祭即可,而皇疏则在郑注的基础上进一步推论说:

> 郑义大功主丧为有三年者至大祥,则小功、缌麻为有三年者主丧则为
> 至期矣。若死者但有期者,则大功主之至期,小功、缌至祔。若又无期,则
> 各依服月数而止。故《杂记》云:"主兄弟丧,虽疏与虞之。"谓无三年及
> 期也。

孔疏则云:

> 皇氏云:"死者有三年之亲,大功主者为之练、祥。若死者有期亲,则
> 大功主者为之至练。若死者但有大功,则大功主者至期,小功、缌麻至祔。
> 若又无期,则各依服月数而止。"故《杂记》云:"凡主兄弟之丧,虽疏亦虞
> 之。"谓无三年及期者也。②

对比皇疏与孔疏,可见孔疏只作了文字上的修订,对皇疏新的观点全部采用。从上引皇疏可以看出,皇疏有关大功、小功、缌麻亲为有三年丧的亲属主丧的结论与郑注一致,而皇疏在郑注的基础上进一步推论,如果死者只有期亲以及期亲以下,则大功、小功、缌麻亲属则如何为之主丧。孔疏必定认为皇疏的结论虽不见于郑注,却是在郑注的基础上的合理推论,因此加以引用并标明出自皇氏。

其二,孔疏进一步阐释皇疏的合理新论。

对于皇疏中的某些论述,如果孔疏认为基本合理但论述有欠透彻,亦加以采用,并对其进一步阐释,使文意更明确。如郑注"宗子之诸父无后者,为埳祭之"条下,皇疏云:

> 宗子即祖嫡也。此祖嫡若是曾庶,则不得祭诸父,则祖亦是嫡也。假
> 令己是祖曾之嫡,为大夫,大夫三庙,一为太祖,二为祖祢,而曾无庙。诸

---

① (唐)孔颖达:《礼记正义》,载《十三经注疏》,中华书局1980年影印版,第1497页。
② (唐)孔颖达:《礼记正义》,载《十三经注疏》,中华书局1980年影印版,第1497页。

父附曾,故为埠祭之。若有曾庙者则附庙不为埠也。若宗子是士,士唯二庙,故为埠附诸父于曾耳。然大夫有二坛,今不于坛而云埠是体贱不得坛。注《曾子问》亦云为埠。

孔疏云:

> 宗子合祭诸父,诸父当于宗子曾祖之庙,宗子是士,唯有祖、祢二庙,无曾祖庙,故诸父无后者,为埠祭之。若宗子为大夫得立曾祖庙者,则祭之于曾祖庙,不于埠也。若宗子有太祖者,不立曾祖庙,亦祭之于埠。按《祭法》云先坛后埠。今祭之埠者,皇氏云:"以其无后,贱之,故于埠也。"①

《祭法》有先坛后埠之义,而此处注文中"宗子之诸父无后者,为埠祭之"只云"埠祭",而不云"坛祭",皇疏推论认为是因为"体贱不得坛",皇氏此论很好地弥缝了《祭法》与《丧服小记》之不同,因此孔疏认为皇疏的推论合理,对皇疏加以概括引用,并标明出自皇疏。而孔疏又认为皇疏所云"体贱"之义不明,因此孔疏以"以其无后,贱之"对皇侃新论加以进一步阐释。

其三,孔疏部分修正皇疏的新论。

皇侃的某些新论,孔疏认为部分合理,就对合理部分加以采用,对于不合理部分进行修正。如"男子免而妇人髽"中有关"髽"的解释,皇疏对于"髽"有三种解释:

> "髽"者,形有多种,有麻、有布、有露紒也,其形有异,同谓之"髽"也……男子之免,乃有多时,而唯一种。若妇人之髽,则有三。别其麻髽之形,与括发如一,其著之以对男子括发时也,前云"斩衰括发以麻",则妇人于时髽亦用麻也……则知有麻髽以对男括时也。又知有布髽者,按此云"男免"对"妇髽",男免既用布,则妇髽不容用麻也,是知男子为母免时,则妇人布髽也……知有露紒髽者,《丧服》云:"布总、箭笄、髽、衰,三年。"明知此服并以三年,三年之内,男不恒免,时则妇人不用布髽,故知恒露紒也。

皇疏中将髽分为三种,分别是麻髽、布髽与露紒髽。此"三髽"说是在经、

---

① (唐)孔颖达:《礼记正义》,载《十三经注疏》,中华书局 1980 年影印版,第 1496 页。

注的基础上推论所得,孔疏则在标明以上"三髽"之说出自皇氏的基础上进一步考证,认为髽只有两种,孔疏云:

> 此三髽之殊,是皇氏之说。今考校以为正有二髽,一是斩衰麻髽,二是齐衰布髽,皆名露紒。必知然者,以《丧服》:"女子子在室为父箭笄、髽、衰。"是斩衰之髽用麻。郑注以为露紒,明齐衰髽用布,亦谓之露紒髽也。①

可见孔疏认为这两种髽分别是斩衰麻髽与齐衰布髽,而无论麻髽还是布髽都是露紒,孔疏据《仪礼·丧服》经文以及郑注判断既然斩衰麻髽为露紒,而郑玄并未特别说明齐衰布髽,因此可以推理齐衰布髽亦为露紒。孔疏"二髽"说是在皇疏"三髽"新论的基础上修正而来的。

C.孔疏否定皇疏有违郑注之论

唐修《五经正义》坚持"疏不破注"的原则,而南北朝义疏虽宗主一家,却常有对注的突破。孔疏对皇疏中与郑注不一致之处都加以指正。如经文"亲亲、尊尊、长长,男女之有别,人道之大者也"条,皇疏将"亲亲"释为"结前亲亲,以三为五之属也";皇疏将"尊尊"释为"结前'王者禘以下'";皇疏将"长长"释为"结前庶子不祭殇以下也"。按皇疏此说亦是强调经文前后之联系,而孔疏则直接指明"皇氏说非也",其根据就是皇疏与郑注不符。因郑注对此句经文的解释为:"言服之所以隆杀。"如按郑注,则"亲亲、尊尊、长长"都是针对服制而言,并不涵括皇疏所释之丰富内容,因此孔疏以郑注为依据,否定皇疏之说。

以上三种情况,孔疏都标明引自皇疏,此义例有助于我们更好地认识皇侃《礼记义疏》之辑本。皇侃《礼记义疏》流传于今的内容,除此残卷外,还有马国翰所辑《礼记皇氏义疏》。此辑本中除了部分辑自《经典释文》以外,其他疏文主要是马国翰从《礼记正义》中辑出,而所辑的依据就是孔疏对引自皇疏部分的标明。通检马氏所辑《礼记皇氏义疏》中辑自《礼记正义》的皇疏,亦不出以上所总结三种情况:或皇疏有误,孔疏加以指正;或是皇疏有合理新论,孔疏加以采用;或是皇疏有违郑注之论,孔疏则直接加以否定。

当然孔疏并非全据皇疏而成,也有弃皇疏而引他疏之处。如经文"其义:

---

① （唐）孔颖达:《礼记正义》,载《十三经注疏》,中华书局1980年影印版,第1494页。

为男子则免,为妇人则髽"条下,孔疏先引庾蔚之的论述,后引崔灵恩的论述。孔疏此处所引庾氏的论述也见于皇疏,而此处所引崔氏的论述其内容要比皇疏所引崔氏的论述丰富得多,当非引自皇疏。《礼记正义·序》指出:"其见于世者,唯皇、熊二家而已。"①此句表明孔颖达等当时所见《礼记》疏只有皇侃与熊安生两家,而《礼记正义·序》又曰:"其有不备,以熊氏补焉。"②由此可知,孔疏此处所引崔灵恩之观点当是来自熊氏之疏。

孔疏对皇疏文字上的修订与对皇疏部分内容的删简以及引用皇疏的合理新论,说明孔疏主要内容来自皇疏。孔疏指正皇疏之误并对皇疏新论有所修正或阐释说明孔疏对皇疏的发展。皇疏中的问难之辞,使皇疏具有一定的思辨色彩;皇疏中强调前后经文联系之论多有对经、注原义的突破。从皇疏我们可以看到南北朝义疏因受佛、玄的影响,一定程度上突破了汉学的朴学传统,更注重个人发挥。张恒寿先生认为:"惟由皇侃诸人书中,推寻佛儒杂糅及以后演进之痕迹,庶可见思想发展之路径,亦无损于宋儒之创新。"③牟润孙先生认为:"同为义疏,于宋则有助于义理之树立,于清则建考据之基础。"④这说明张、牟二人都认为南北朝义疏已初露宋学之端倪。孔疏将皇疏问难之辞及强调经文前后联系之论大部分删去并否定皇疏有违郑注之论说明孔疏更加强调尊重经、注本义,回归汉学传统。

不仅孔颖达《礼记正义》主要内容来自南北朝三礼义疏,贾公彦所著《周礼义疏》与《仪礼义疏》同样如此。焦桂美引清人成果认为贾疏多引沈重、黄庆、李孟悊等人之疏:

> 贾公彦《周礼疏》据陈邵及沈重二家为之甲。陈邵为晋初东海人,《晋书·儒林传》云:"撰《周礼评》,甚有条贯,行于世。"沈重南人,后虽入北,然其经学著述及治经风格主要形成于南朝。又,贾氏学承熊安生,其《疏》虽不见安生之名,然其援引安生之说当不在少数,孙诒让《周礼正

---

① (唐)孔颖达:《礼记正义》序,载《十三经注疏》,中华书局1980年影印版,第1222页。
② (唐)孔颖达:《礼记正义》序,载《十三经注疏》,中华书局1980年影印版,第1222页。
③ 张恒寿:《六朝儒经注疏之佛学影响》,载《中国社会与思想文化》,人民出版社1989年版,第408—409页。
④ 牟润孙:《论儒释两家之讲经与义疏》,载《现代佛学大系》第26册,台湾弥勒出版社1984年版,第63页。

义》对贾氏借用熊氏说处多有考证。贾氏《仪礼疏》则是在北齐黄庆及隋李孟悊《义疏》的基础上撰写而成国,黄、李皆为信都人,则《仪礼疏》沿用北人成果居多。①

贾公彦的《周礼义疏》《仪礼义疏》都比较注重对礼例的发明,应该也是受南北朝三礼学的影响。如《仪礼·士婚礼》"主人以宾升,西面,宾升西阶,当阿,东面致命,主人阼阶上,北面,再拜"条,贾公彦疏曰:"宾则使者也,礼之通例。宾主敌者,宾主俱升,若《士冠》与此文是也。"②又如《周礼·御史》"素车,芰蔽,犬裩,素饰,小服皆素"条,郑注:"素车,以白土垩车也。芰读为蔪,蔪麻以为蔽。其裩服以素缯为缘。此卒哭所乘,为君之道益着在车,可以去戈。"贾疏:"云'裩服以素缯为缘'者礼之通例。"③再如《仪礼·燕礼》"降席,坐奠爵,拜,告旨"条,郑注:"降席,降席西也。"贾疏:"郑云降席席西,不言面。案:前体例降席,席西拜者,皆南面,拜讫则告旨。"④贾疏所谓"礼之通例""体例"即礼例。

通过以上分析,我们认为唐代三礼学无论是在体例上还是在内容上多借鉴南北朝三礼学。

（二）对清代三礼学的影响

清代三礼学研究特别注重对礼例的发明,清人凌廷堪《礼经释例》云:

> 《仪礼》十七篇,礼之本经也。其节文威仪、委曲繁重,骤阅之如治丝而棼,细绎之皆有经纬可分也。乍睹之如入山而迷,徐历之皆有途径可跻也。是故不得其经纬途径,虽上哲亦苦其难,苟得之,中材固可以勉而赴焉。经纬途径之谓何?例而已矣。如《乡饮酒礼》此饮食之礼也,而有司彻祭毕饮酒,其例亦与之同。⑤

可见凌廷堪认为"例"为治礼之途径,并举例说明有司撤祭毕而饮酒之例与《乡饮酒礼》饮食之礼相同,在文中凌廷堪所谓的"例"就是礼例。陈澧《东

①　焦桂美:《南北朝经学史》,上海古籍出版社 2009 年版,第 510 页。
②　(唐)贾公彦:《仪礼注疏》卷四,载《十三经注疏》,中华书局 1980 年影印版,第 961 页。
③　(唐)贾公彦:《周礼注疏》卷二七,载《十三经注疏》,中华书局 1980 年影印版,第 824 页。
④　(唐)贾公彦:《仪礼注疏》卷一四,载《十三经注疏》,中华书局 1980 年影印版,第 1016 页。
⑤　(清)凌廷堪:《礼经释例》,载《续修四库全书》第 94 册,上海古籍出版社 2002 年影印版,第 2 页。

塾读书记》云：

> 《仪礼》难读，昔人读之之法，略有数端：一曰分节；二曰绘图；三曰释
> 例。今人生古人后，得其法以读之，通此经不难矣。①

陈澧所云"释例"之"例"，指的就是礼例。皮锡瑞也力倡治礼尤其应重视
通例。皮氏云："《春秋》有凡例，《礼经》亦有凡例。读《春秋》而不明凡例，则
乱读；读《礼经》而不明凡例，则苦其纷繁。"②有清一代，出现了多部有关礼例
的专著，最著名的为凌廷堪的《礼经释例》，另外还有胡匡衷的《仪礼释官》、任
大椿的《弁服释例》、夏燮的《五服释例》、江永的《仪礼释例》等。另外近人曹
元弼的《礼经学》第一章就是《明例》，由此可以看出清人例学研究之盛。清人陈
澧云："近时则凌氏《礼经释例》，善承郑、贾之学，大有助于读此经者矣。"③南北
朝时期三礼义例之学已经较为发达，而且专门的礼例著作《五服略例》在南北朝
时期已经出现，因此可见南北朝三礼学也对清代礼例之学的繁荣甚有功焉。

　　南北朝三礼学主要表现为三礼义疏之学，南北朝义疏除了解经以外，主要
是解注。南北朝三礼义疏对郑注的背离与笃守，都是为了发展郑注、完善郑
注。三礼义疏通过对经、注的诠释，维护了经典的崇高地位，一方面促进了学
术的规范与统一，另一方面也为现实的礼制建设提供了权威的理论指导。

　　独特的社会文化背景造就了南北朝三礼学独特的个性。一方面在汉代章
句之学的影响下，南北朝三礼义疏重视对字词、名物、制度的考据；另一方面，
在佛、玄、道的影响下，南北朝三礼义疏注重问答与辩难，并具有一定的形而上
色彩。南北朝礼学家在诠释经注时同时具备了"我注六经"与"六经注我"两
个特点。南北朝三礼学既推动了唐代三礼学发扬汉学之风，又为宋代三礼义
理之学埋下了种子。

　　南北朝时期三礼学研究已经发展到了一个新的阶段。这一时期礼学家已
经提出了礼学的基本概念，构建了基本的理论框架。如郑玄只区别了礼的本
体与礼的运用，贺场则进一步将礼的本体进行了细分，他认为礼的本体有两种

---

① （清）陈澧：《东塾读书记》，生活·读书·新知三联书店 1998 年版，第 138 页。
② （清）皮锡瑞：《经学通论》，中华书局 1954 年版，第 31 页。
③ （清）陈澧：《东塾读书记》，生活·读书·新知三联书店 1998 年版，第 47 页。

含义:一是物体,即礼器等自然物质;二是礼体,即人所制定的一系列礼的规范。又如皇侃就专门区分了礼理、礼事、礼名等基本的三礼学概念。同时南北朝三礼学内部又出现了一些小的分类,如从内容上看,汉魏时期已经出现的《丧服》专门之学在南北朝时期继续发展;从研究方法上看,以例治礼的三礼例学也比较发达,出现了专门的礼例学专著,这为清代三礼例学的发展奠定了基础。

本书编委会

主　编：丁　鼎

副主编：邓声国

著　者：丁　鼎　邓声国　郭善兵　张　帅

　　　　潘　斌　林素英　夏　微　马金亮

三礼学通史

中　卷

丁　鼎　主　编

邓声国　副主编

人民出版社

2009年度国家社会科学基金项目（批准号：09BZX031）

教育部人文社会科学重点研究基地
山东师范大学齐鲁文化研究院"十三五"规划重大项目

中　　卷

第四章　隋唐五代时期的三礼学

第一节　历史文化背景与三礼学概述

一、历史文化背景

（一）社会政治背景

581 年,北周外戚杨坚以"禅让"的方式,逼迫北周末代皇帝周静帝逊位,取而代之,改国号为隋。隋开皇八年（588 年）,隋朝大举南伐。次年正月,隋军攻占南朝陈都城建康（今江苏南京）,俘获陈后主,陈朝灭亡。至此,隋朝结束了自东汉献帝初平元年（190 年）以来,长达近 400 年的分裂割据、军阀混战局面①,重新实现了国家的大一统。

隋文帝杨坚统一全国后,励精图治,发展生产,对社会各个领域进行了一系列改革,逐步形成了政治稳固、社会安定、编户大增、民生富庶、文化繁荣的局面。但好景不长,隋炀帝继位后,倒行逆施,好大喜功,频繁发动战争,滥用民力,穷奢极欲,终于引发全国范围的民变,导致隋王朝政权的瘫痪和崩溃。于是隋朝太原留守李渊趁机于隋大业十三年（617 年）起兵,攻占首都长安。立隋炀帝孙代王杨侑为帝,李渊自封大丞相、唐王,掌控朝政。次年三月,隋炀帝在江都被部将所杀。五月,李渊以"禅让"方式,逼迫杨侑退位,改国号为唐。开始了中国古代历史上声威卓著的唐帝国统治时期。

唐朝前期,由于多位统治者,如唐太宗、唐玄宗励精图治,先后出现了被后

---

① 在此期间,唯有西晋武帝太康年间约十年时间算是国家统一、社会相对和平稳定的时期。

人称誉的"贞观之治""开元盛世"等盛世时期。唐朝的政治、经济、文化发展水准,都大大超越了以往。

唐玄宗天宝十四年(755 年),安禄山发动叛乱。757 年,安禄山为其子安庆绪所杀。不久,安禄山部将史思明又杀安庆绪,自称皇帝。直至唐广德元年(763 年),安史之乱始被平定。随后唐朝陷入藩镇割据混战、官僚党争倾轧、宦官擅权混乱状态,日渐衰落。

唐天祐四年(907 年),朱温逼迫唐朝末代皇帝哀帝逊位自立,改国号为梁,史称后梁。此后,后唐、后晋、后汉、后周四个朝代相继代立。大致与此同时,南方先后有十个割据政权相继代立。史称五代十国时期。国家重新陷入分裂割据状态。直至宋太平兴国四年(979 年),宋太宗灭北汉,结束了五代十国分裂局面,北宋始重新实现了国家的统一。

(二) 学术发展背景

长期的政治分裂,致使南、北朝经学陷入多门歧义的状态之中:"江南河北,义例不同。博士不能遍涉。学生皆持其所短,称己所长。"①隋朝平陈,结束南北分裂的纷乱局势,政治趋向统一,社会趋于稳定。政治的统一,必然要求经济文化的统一。隋文帝、炀帝曾采取加强中央集权和恢复农业生产的积极措施以及一系列文化方面的改革,在一个时期内使得国家安定统一,为南北文化交融提供了有利条件。然而终因王朝短暂,仅二世就遭覆国,改革举措亦中断。隋朝历时 37 年,虽然年岁不长,但在历史发展进程中有着重要意义。

隋代结束南北分立局面,学术亦趋向统一。《隋书·儒林传序》载:"于是四海九州强学待问之士靡不毕集焉……京邑达乎四方,皆启黉校……讲诵之声道路不绝,中州儒雅之盛自汉魏以来一时而已。"②隋代学术的趋于一统为唐朝义疏之学创造了有利条件。

唐高祖李渊登基之后,虽然"朝廷草创,未遑制作。郊祀享宴,悉用隋代旧制"③。但尊孔崇儒,立周公、孔庙于国学,注重"弘风阐教、崇贤彰善",以儒家思想统治天下,并亲事祭奠,为天下学者导向,儒教开始复兴。"武德二

---

① (唐)魏徵等:《隋书》卷七五《儒林传·房晖远》,中华书局 1973 年版,第 1716 页。
② (唐)魏徵等:《隋书》卷七五《儒林传》,中华书局 1973 年版,第 1706 页。
③ (五代)王溥:《唐会要》卷三七《五礼篇目》,中华书局 1955 年版,第 669 页。

年,始诏国子学立周公、孔子庙;七年,高祖释奠焉,以周公为先圣,孔子配。九年,封孔子之后为褒圣侯。"①通过对周公、孔子的重视以形成崇儒风气。

唐高祖的政权"虽得之马上,而颇好儒臣"②。早在武德二年(619年),高祖即下诏阐述儒教的重要意义,尊崇儒家创始人周公、孔子,为其修庙、祭祀:

> 爰始姬旦,匡翊周邦,创设礼经,尤明典宪。启生人之耳目,穷法度之本源,化起《二南》,业隆八百,丰功茂德,冠于终古。……粤若宣父,天资睿哲,经论齐、鲁之内,揖让洙、泗之间,综理遗文,弘宣旧制。四科之教,历代不刊;三千之文,风流无歇。惟兹二圣,道著群生,守祀不修,明褒尚阙。朕君临区宇,兴化崇儒,永言先达,情深绍嗣。宜令有司于国子学立周公、孔子庙各一所,四时致祭。仍博求其后,具以名闻,详考所宜,当加爵土。③

统治者的旨趣,为儒学的复兴提供了保障。史载此后"是以学者慕向,儒教聿兴"④。

至唐太宗时,随着国内的逐渐统一,社会逐渐趋于稳定。和平、稳定的政治、社会环境,为文化教育事业的发展,提供了重要的保障。

唐太宗是一位具有远大抱负并具备雄才大略的君主。在文教方面,他尤其注重儒家经学的教化作用:"夫功成设乐,治定制礼。礼乐之兴,以儒为本。弘风导俗,莫尚于文;敷教训人,莫善于学。"⑤并身体力行:"贞观以来,手不释卷,知风化之本,见政理之源。行之数年,天下大治而风移俗变,子孝臣忠。"⑥

唐太宗曾提出"朕虽以武功兴,终以文德绥海内"的治国总纲⑦,偃武修文,尊经学,兴教化。先后开设文学馆、弘文馆,立十八学士讲述经义,又广征天下儒士,凡能通一经以上者,都可以为官,故而儒学复兴。太宗有感于南北

① (宋)欧阳修、宋祁等:《新唐书》卷一五《礼乐五》,中华书局1973年版,第373页。
② (后晋)刘昫等:《旧唐书》卷一八九上《儒学列传上》,中华书局1975年版,第4940页。
③ (后晋)刘昫等:《旧唐书》卷一八九上《儒学列传上》,中华书局1975年版,第4940页。
④ (后晋)刘昫等:《旧唐书》卷一八九上《儒学列传上》,中华书局1975年版,第4940页。
⑤ (唐)李世民著,吴云、冀宇校注:《唐太宗全集》,天津古籍出版社2004年版,第617—618页。
⑥ (唐)吴兢:《贞观政要》卷一〇《慎终》,上海古籍出版社1978年版,第294页。
⑦ (宋)欧阳修、宋祁:《新唐书》卷二一《礼乐志十一》,中华书局1975年版,第467页。

朝流传下来的经学异说纷纭，不利于科举取士，便下令国子祭酒孔颖达等人撰定五经义疏，统一经义，定名《五经正义》并颁行全国，于是经学统一。

首先，重儒学之士。唐太宗锐意经籍，开文学馆以待四方之士。大儒高士廉、颜师古、姚思廉、孔颖达、陆德明、盖文达，经学化的名臣魏徵、褚亮、房玄龄、杜如晦等都得以重用。其次，考定五经，令天下传习。长期的社会分裂使得南北朝学术未能统一，典籍版本与经义的训释颇有分歧，不利于推行和振兴儒学，故而太宗命大儒颜师古、孔颖达等考定五经、撰述经义、训诂疏义，以实现统一儒学的历史重任。贞观十二年（638年），太宗命孔颖达等撰定《五经正义》，征天下名儒为学者，四方学者云集京师，高丽、百济、高昌、吐蕃皆遣子弟至长安求学，国子监生徒达8000余人。《五经正义》成为官方经学的定本，自此至宋代数百年间，每年科举考试，都被天下士子奉为必循之标准。再次，制定《贞观礼》等礼典。贞观初，诏中书令房玄龄、秘书监魏徵礼官学士群考旧仪，制定新礼。贞观七年（633年）正月，诏颁示《贞观礼》。贞观十一年（637年）四月，唐太宗下诏颁行唐礼及郊庙新乐。

玄宗即位后，社会空前繁荣。不仅社会经济高度发达，而且文化艺术也被推上一个新的高峰。生产的发展和社会状况的好转，民间社会的富足和财富的积累，使人们开始寻求精神的快意和人生意气的放纵，自然便开始追求礼乐文化上的排场。这一时期，编订《大唐开元礼》，完备礼制建设；编纂《大唐六典》，完备行政法典；大力提倡教育，广泛设立公私学校，一系列措施的推行使天下大治，教化大兴，"于时垂髫之倪，皆知礼让"①。盛唐时期，"以文德绥海内"的治国纲领，使得伦理与礼乐的内外配合，重建了以儒学思想为主体的文化体系。张说提出了以"礼乐"构建新的时代文明的设想。一方面，认同天人感应，肯定礼乐在沟通天人层面的积极作用，因而力主封禅、郊祀等古礼不可或缺，礼器、乐舞、太常乐器极近完善；另一方面，强调人的主观能动性，重视礼乐风上化下的教化功能。玄宗时，朝廷设《九经正义》以取士，《仪礼》用贾公彦《仪礼疏》，《仪礼疏》被提高到与《仪礼注》平等的地位，并开始作为经学的范本而被广大士子习用。据记载，唐代科举取士分等，"凡《礼记》《春秋左氏

---

① （后晋）刘昫等：《旧唐书》卷九，中华书局1975年版，第236页。

传》为大经,《诗》《周礼》《仪礼》为中经,《易》《尚书》《春秋公羊传》《穀梁传》为小经。通二经者,大经、小经各一,若中经二。通三经者,大经、中经、小经各一。通五经者,大经皆通,余经各一,《孝经》《论语》皆兼通之"①。

贞元、元和时期的制礼、议礼活动主要表现在朝廷礼书的修撰,设三礼、《大唐开元礼》为贡举与吏部铨选科目,通过典礼制度论争发掘礼仪精神三个方面。

首先,朝廷礼书的修撰。德宗即位伊始就重视制定礼仪,首要举措是制定山陵制度。"盖春秋之大事,莫先乎祀;王者之盛礼,莫重于郊。"②礼院编撰王泾考次历代郊庙沿革之制,以及祝史陈告之词、工歌大雅之什,而图其坛屋神位升降之序,于贞元九年(793 年)上《大唐郊祀录》十卷。德宗朝的重礼举措发展至宪宗朝,重新编纂仪注成为风气。

其次,恢复常礼,并设三礼、《大唐开元礼》为贡举与吏部铨选科目。德宗朝完善太常礼院制度,恢复了天宝以来久废之常礼。为加强礼典科目,鼓励士子研习国家礼仪。贞元二年(786 年),德宗下诏将《大唐开元礼》立为官学,开科取士。③ 而后,《大唐开元礼》、三礼在贞元九年(793 年)又成了科目举、科目选的内容。④ 唐人修习之"礼"有两种情况:一是礼经,三礼是常选进士明经试的考试内容。《礼记》为大经,《周礼》《仪礼》为中经。孔颖达等注疏的《礼记正义》作为《五经正义》的一种,被列为全国统一教材。此外,在铨选科目试中,另设三礼科。二是朝廷礼制,其中最为重要的是《大唐开元礼》。《大唐开元礼》后来成为常选中的一科。礼学至此既成为礼部的贡举选科目,又成为吏部的科目选科目。把当代礼典作为科举考试科目,而且录用从宽、授官从优,使习礼尤其是当代礼制的选人从科举考试到铨选注官均受到不同程度的重视。通过这一系列举措,德宗一朝将礼学地位提到了开元后最高峰。

最后,通过典礼制度论争发掘礼义精神。德宗朝的禘祫典礼制度之争是

---

① (宋)欧阳修、宋祁等:《新唐书》卷四四《选举志上》,中华书局 1975 年版,第 1160 页。

② (唐)张九龄:《开元十一年南郊敕》,载《唐大诏令集》卷六八,商务印书馆 1959 年版,第 380 页。

③ (五代)王溥《唐会要》卷七六录其敕:"《开元礼》,国家盛典,列圣增修……自今已后,其诸色举人中,有能习《开元礼》者,举人同一经例。"(中华书局 1955 年版,第 1396 页)

④ (唐)杜佑:《通典》卷一五《选举》贞元九年五月敕,中华书局 1988 年版,第 359 页。

关于皇室祭祀的较大的一次争论。初唐时期,虽然作为国家制度的礼制日臻完善、齐备,但自上而下在社会政治与思想文化领域却多有僭越违礼之举,后导致安史之乱的发生。鉴于此,中唐统治者所主导的礼制复兴并没有仅仅停留在书本上或制度上,而是将儒学的核心问题自礼乐开始向道德内转,心性儒学成为唐代后期儒学思考的核心问题。初唐时期,《五经正义》所代表的经学思想的走向,基本上还是因循汉代以来的章句、训诂之学,"止限于记诵章句,绝无意义之发明"。中唐以后,以韩愈、李翱、柳宗元等为代表的一批关心以儒学真精神治国平天下的儒士纷纷努力发掘"圣人之志""先王之道",弘扬孔孟之道的微言大义,学术转型已露端倪。子学与史学开始盛兴,士人在回眸经典、复兴古道时,力究天人之际、成一家之言,展现出追求理性化与个性化的学术特点,"开启赵宋以降之新局面"①。

二、隋唐五代时期的三礼学发展

唐代是中国古代礼制发展的高峰时期。经济基础、社会结构、政治体制以及意识形态相对于前期发生了巨大变化,因而唐代礼制建设不仅"沿隋法汉"上溯三代,而且还依据当时的社会需要进行了大规模的调整和改造工作。唐代礼制可谓三代以来礼制发展成果的全面总结与创新,是中国古代礼制发展史上的又一个高峰。太宗贞观、高宗武后时期,玄宗开元、德宗贞元和宪宗元和时期,都有大的礼制活动。唐初修《贞观礼》,是继《隋礼》之后,对南北礼学的总结。其后经历《显庆礼》的补充,到开元时期对二礼加以调整和增删,制成《大唐开元礼》。《大唐开元礼》以五礼为基本构架,体系庞大,体例严谨,是对秦汉到隋唐封建礼制完备化的总结,从而造就了唐朝空前的礼制规模,并且促使礼制在更深广的层面上发挥影响。

唐代礼制的制定,与当时以儒家文化为主流思想的社会环境是直接相关的。礼是先秦以来儒家思想的重要内涵。依儒家观点,用礼义精神约束社会秩序,才有安定的基础和完全的人性,礼的约束会引导人性走向道德理性的自

---

① 陈寅恪:《论韩愈》,载《金明馆丛稿初编》,生活·读书·新知三联书店 2009 年版,第319—332 页。

觉。正因为此，唐朝皇帝即位后多重视礼仪的建设，礼制活动的整顿，这也促进了对礼学经典的阐释和注解。

自贞观初起，统治者为思想学术文化的发展、繁荣提供了安定的政治局面，且唐太宗超越前代圣主明君政治抱负和注重以史为鉴、以经治国的学术素养，促成了《五经正义》的撰修。由孔颖达等撰作的《礼记正义》、贾公彦撰作的《周礼疏》《仪礼疏》，可谓是对汉魏晋南北朝以来历代儒者三礼诠释成果的集大成之作，达到了当时三礼学研究的最高水准，对后世三礼学术发展史产生了长远、深刻的影响。

不过，《礼记正义》《周礼疏》《仪礼疏》的颁行似乎对唐五代时期的三礼学研究也产生了一定的消极影响，那就是三礼诠释著作无论是数量，还是质量，与以往相比，都出现了明显的减少和下滑。这或许也是学说定于一尊必然产生的不良影响。

（一）《周礼》学著作述略

西魏北周时，因宇文泰以恢复"周礼"为凝聚关陇集团的利器，①按照《周礼》的职官模式进行改制，建立《周礼》所载周代六官制度，因而北朝后期盛兴起一股《周礼》热。隋唐五代时期学术界虽然对《周礼》较为关注，但相关研究著述却数量不多，与本时期的《礼记》学著述相比较而言，颇显逊色。

这一时期撰作的《周礼》学著作共有 3 部，65 卷。② 其中，尚存于世者有 1 部，③即贾公彦《周礼疏》50 卷。已佚 2 部，15 卷，包括王玄度《周礼义决》3

---

① 陈寅恪曰："宇文泰为了对抗高氏与萧梁，必应别有一个精神上独立的、自成系统的文化政策，以维系关陇地区胡汉诸族的人心，使之成为一家，从思想文化上巩固关陇集团。宇文泰的关陇文化本位政策，要言之，即阳傅《周礼》经典制度之文，阴适关陇胡汉现状之实。内容上是上拟周官的古制。"（万绳楠整理：《陈寅恪魏晋南北朝史讲演录》，黄山书社 1987 年版，第 316—317 页）然其实质与周礼，仅有皮毛之仿象，而无本质之相袭："凡西魏、北周之创作有异于山东及江左之旧制，或阴为六镇鲜卑之野俗，或远承魏、（西）晋之遗风，若就地域言之，乃关陇区内保存之旧时汉族文化，所适应鲜卑六镇势力之环境，而产生之混合品。"（陈寅恪：《隋唐制度渊源略论稿》，生活·读书·新知三联书店 2001 年版，第 4 页）

② 王锷《三礼研究论著提要》著录的《周礼》类著作中，自第 0040 条王晓撰《周礼音》起，止于第 0046 条《周官郊祀图》，虽然在隋唐时期的文献，如《经典释文叙录》《隋书·经籍志》中皆有著录，但作者、撰作时代皆不可考，故不计入此处统计之数内。

③ 《经义考》《三礼研究论著提要》中皆有著录的（唐）杜牧所撰《杜注考工记》二卷，已被确定为后世伪托之作（详见《三礼研究论著提要》，第 37 页），故不计在内。

卷、黄君俞《周礼关言》12卷。①

《周礼疏》是本时期最重要的《周礼》学著作。贾公彦,唐高宗永徽年间洛州永年(今河北永年)人,曾受业于瀛洲张士衡。他虽在"十八学士"之外,但也是当时成绩斐然的儒学大师,历官太学博士。他所撰作的《周礼疏》是一部对《周礼》经文及郑玄注文进行综合诠释的经典著作,是对汉魏晋南北朝《周礼》学一次系统的总结,同时也将《周礼》学的研究推向了一个新的高峰。

《周礼疏》内容宏富。概括来说,主要包括以下七个方面:(1)解释历史人物。(2)解释经典注释的体裁。(3)对郑玄《周礼注》引用其他儒者的注释及相关问题的说明。(4)解释《周礼》各官设置的意义、其各自在《周礼》中所处位置及先后顺序的缘由。(5)标明郑众、郑玄等儒者注释中征引文献之出处,并通过完整征引相关文献原文,直接或间接地指出郑玄等征引相关文献时对原文的改动。(6)解释《周礼》经文及杜子春、郑众、郑玄、王肃等儒者所作注文。并比较、评论各自的得失,以及贾公彦自己的有关结论。(7)概括《周礼》命官之规律。

贾公彦非常注重引用先前的文献典籍的有关记载,对《周礼》经文、郑玄注,或予以印证,或予以详尽补充、说明。其所征引的文献,既包括儒家类文献(如自汉代至宋代时历代最高统治者钦定为经典的"十三经"、非"十三经"其他儒家文献、汉魏晋南北朝时期历代儒者对"十三经"的注释之作、纬书、小学类文献),也有史部类文献(包括正史、别史、仪注类文献,以及学者对有关文献的注释),还包括子、集类文献。在贾氏征引的14部儒家经典文献中,若就征引涉及诸文献所含篇章而言,似以《周礼》《仪礼》《礼记》三书为最。这固然与三礼文献内容本身同属"礼"而性质相近有关,但在某种意义上反映出贾公彦注重"以礼解礼"的思想倾向。

(二)《仪礼》学著作述略

《仪礼》虽然本为儒家五经之一,但由于《仪礼》的内容多为礼之"仪",多

---

① 王锷认为:"黄君俞,事迹不详,《通志艺文略》载此书,在贾公彦《周礼疏》后,疑为唐北宋时人,今佚。"(《三礼研究论著提要》,第37页)故此处将其计入隋唐五代人之著作。

为跪拜登降之礼"仪";而礼之"义"(伦理纲常、修身养性之"义")多集中阐发于《礼记》之中,因而自南北朝后期起,国家统治者与学术界对《礼记》的重视,逐渐超越《仪礼》。至唐太宗诏令孔颖达等撰修《五经正义》时以《礼记》作为五经之一,取代了《仪礼》的地位。其后,在科举考试中《礼记》被列于"大经",而《仪礼》则仅被列入"中经"。于是唐代便出现了这样的学术局面:人们普遍重视《礼记》一书,"人皆竞读"①;而《仪礼》一书,则研习者越来越少,以致开元年间的国子祭酒杨玚在奏章中奏称:"《仪礼》及《公羊》《穀梁》殆将废绝,若无甄异,恐后代便弃。"②因而本时期有关《仪礼》的诠释著作屈指可数。

王锷《三礼研究论著提要》中列举的隋唐五代时期时代、姓名具体可考的《仪礼》诠释著作,共有 12 部,160 卷。分别是隋代张冲所撰《丧服义》3 卷、《仪礼传》80 卷、李孟悊所撰《仪礼章疏》(又名《仪礼注》)、唐代贾公彦撰《仪礼疏》50 卷、孟诜撰《丧服正要》2 卷、王方庆撰《礼经正义》10 卷、凌准撰《仪礼注》1 卷、张荐撰《五服图》、殷价撰《丧服极议》1 卷、庞景昭撰《丧服制》1卷、裴茝撰《五服议》2 卷、仲子陵《五服图》10 卷。

概括而言,这一时期的《仪礼》研究主要有如下两个特点:一是出现了贾公彦《仪礼疏》这样的《仪礼》学巨著。这一时期统治者虽然不太注重《仪礼》,但其在国家礼典之制定与实行方面,仍具有不容置疑的权威性。因此,唐高宗时,贾公彦奉敕撰《仪礼疏》。在系统总结、吸收汉魏晋南北朝时期历代儒者《仪礼》研究成果的基础上,加以选择、取舍、裁断、创新,使《仪礼》学之研究达到了前所未有的高度。《仪礼疏》也成为《仪礼》传承史中一部皇皇巨著,对当时及后世发挥了长远深刻的影响。二是《丧服》篇之诠释、研究仍颇受这一时期《仪礼》研究者的重视,在这一时期撰作的《仪礼》诠释著作中,仍占有较大的比例。

贾公彦撰《仪礼疏》50 卷,以南朝齐黄庆的《仪礼章疏》与隋代李孟悊的《仪礼注》为底本,广搜博辑,择善而从,兼增己义,成书 50 卷。《旧唐书·经籍志》《新唐书·艺文志》《宋史·艺文志》均载此书。《直斋书录解题》卷二

---

① (唐)杜佑:《通典》卷一五《选举》,中华书局 1988 年版,第 355 页。
② (后晋)刘昫等:《旧唐书》卷一八五下《杨玚传》,中华书局 1975 年版,第 4820 页。

云:"《古礼疏》五十卷,唐弘文馆学士临洛(洺)贾公彦等撰。初有齐黄庆、隋李孟悊二家行于世,公彦以为本而增损之。"①贾公彦对自汉至唐的《仪礼》研究成果首次进行了全面总结整理,其《仪礼疏》堪称《仪礼》学自郑注以后又一部集大成之作。

该书秉承了孔颖达《五经正义》的著述原则,基本上以"疏不破注"为诠释理念。特别是贾公彦在疏解《仪礼》本经及郑注时,凡遇到可以发凡起例的礼例,大都给予总结,这是对郑玄礼经学研究的进一步发挥。

到了唐玄宗诏定《九经正义》时,《仪礼疏》便作为"正义"之一供士子研习,并因此奠定了《仪礼疏》的重要地位。自此以后,整个唐代,没有能够超越贾公彦《仪礼疏》的著作出现,《仪礼疏》成为《仪礼》学史上承前启后的一部重要著作。

(三)《礼记》学著作述略

魏晋南北朝时期,三礼学非常发达,有关三礼学的著述总计接近 180 种。其中有关《周礼》学的著作 15 种,有关《仪礼》学的著作 72 种,有关《礼记》学的著作 32 种,总论三礼学的著作有 9 种,通论礼学的著作有 50 种。

《礼记》包含着丰富的可为万世通则的礼义,因而日益得到统治者和学者的重视和研究兴趣,并于曹魏时被立于学官,设博士,一改两汉时期被视为《仪礼》附庸之局面。到唐代初年,《礼记》得到唐太宗的大力推崇,并在孔颖达等人奉诏撰修《五经正义》时被作为五经之一,取代了《仪礼》的地位。唐太宗之所以推崇《礼记》,当是由于它比较符合其礼治思想与政治意志。唐太宗重视的当然是礼之"义",而非礼之"仪";在乎礼的变通,而非礼的细枝末节。这应该是《礼记》在唐代由附庸而成大国,取代《仪礼》五经之一地位的一项主要原因。

隋唐五代时期撰著的《礼记》学著作共 27 部,303 卷(篇)。② 其中现今尚存且作者、时代可考者有 3 部,75 卷。文献已佚,但作者、时代尚可考者 17

① (宋)陈振孙:《直斋书录解题》卷二,上海古籍出版社 1987 年版,第 41—42 页。

② 《隋书》卷三二《经籍志》、《旧唐书》卷四六《经籍志上》、《新唐书》卷五七《艺文志一》收录有《礼记义疏》38 卷、《礼记疏》11 卷、《礼大义》10 卷、《礼大义章》7 卷、《礼记音义隐》7 卷、《礼记隐》26 卷、《礼记类聚》10 卷、《礼记区分》10 卷、刘隽《礼记评》11 卷、《月令纂要》《复月令奏议》1 卷、《明堂记纪要》2 卷等,因其作者、撰著时代均不可考,难以断定上述文献为隋唐五代时期儒者操作,故此处不予统计。

部,143 卷。文献存佚不详,但作者、时代可考者 6 部,85 卷(篇)。

孔颖达主持编撰的《礼记正义》是隋唐五代时期《礼记》学的集大成之作。《礼记正义》的撰作,既是唐初儒学振兴的结果之一,又与南北朝隋唐时期《礼记》地位的不断提升,密切相关。唐太宗既以《礼记》为五经之一,以之作为官方意识形态的理论根据,自然不能允许自汉魏晋南北朝时期始历代儒者争议纷纭的局面继续下去。撰作统一的《礼记》注释著作,统一异说,自然势在必行。于是遂有包括《礼记正义》在内的《五经正义》国家文化工程的启动。

《五经正义》于贞观十六年(642 年)告竣后,因学者对其多有指责之辞,所以终唐太宗世,未曾刊行。唐高宗永徽二年(651 年),诏长孙无忌等领衔,重新修订《五经正义》。永徽四年(653 年),修订工作宣告完成,诏颁于天下。此后每年明经考试命题,均以《五经正义》作为依据。

第二节　贾公彦《周礼疏》

自北朝后期,《小戴礼记》之地位与影响,逐渐超越《周礼》《仪礼》,导致唐太宗钦定五经时,以《小戴礼记》取代了《仪礼》作为五经之一的地位。但西魏、北周对《周礼》的尊崇,又使得唐初统治者对《周礼》无法漠然视之。至唐高宗时,遂有贾公彦奉敕撰写《周礼疏》之举。

贾公彦,生卒年不详,唐高宗时期经学家、三礼学家。唐洺州永年(今河北永年)人,官至太学博士。《旧唐书》《新唐书》对贾公彦的师承、生平、著作、评价等有关问题的记载均非常简略。《旧唐书·贾公彦传》载:"(张)士衡既礼学为优,当时受其业擅名于时者,唯贾公彦为最焉。……洺州永年人。永徽中,官至太学博士。撰《周礼义疏》五十卷、《仪礼义疏》四十卷。"①《新唐书·贾公彦传》载:"(张)士衡以《礼》教诸生,当时显者永年贾公彦、赵李玄植。公彦终太学博士,撰次章句甚多。"②由此可知,贾公彦所作《周礼疏》,也称作

① (后晋)刘昫等:《旧唐书》卷一八九上《儒学列传上》,中华书局 1975 年版,第 4949、4950 页。

② (宋)欧阳修、宋祁等:《新唐书》卷一九八《儒学列传上》,中华书局 1975 年版,第 5649 页。

《周礼义疏》。由于贾氏的《周礼疏》选用郑玄注,既解经文,又解郑玄注文,故后世也名之为《周礼注疏》

又据《新唐书·艺文志一》记载,贾公彦曾参与孔颖达主持的《五经正义》中的《礼记正义》的编撰工作,当时其职位为国子助教。①

贾公彦精通三礼,《周礼疏》是由贾公彦负责编撰的。何时开始编《周礼疏》已难以详考。据该书署名"朝散大夫行太学博士弘文馆学士臣贾公彦等奉敕撰",可知此书当是奉唐高宗之命而编撰的。该书体例基本上仿照《五经正义》。《四库全书总目提要》评曰:"公彦之疏,亦极博核,足以发挥郑学。《朱子语录》称五经疏中,《周礼疏》最好。"②

一、《周礼疏》的内容

贾公彦《周礼疏》选用郑玄注本 12 卷,汇综诸家经说,扩大为《义疏》50卷,内容可谓宏富。概括来说,主要包括以下七个方面的内容:

(一) 解释历史人物

对书中所涉及的历史人物的姓名、家世和仕历的介绍是一项重要内容。如介绍郑玄身世、名字曰:"郑氏者,汉大司农,北海郡郑冲之孙,名玄,字康成。"③

(二) 解释经典注释的体裁

贾公彦在解释汉魏以来历代儒者的儒家经典注释之作,何以有的称"传",有的称"注"时说:"'注'者,于经之下自注己意,使经义可申,故云'注'也。孔君、王肃之等则言'传','传'者,使可传述。若然,或云'注'、或言'传'不同者,立意有异,无义例也。"④

(三) 对郑玄注引用其他注释及相关问题的说明

贾公彦在分析郑玄《周礼注》在征引前代儒者之说时或称其名,或称其曾

---

① (宋)欧阳修、宋祁等:《新唐书》卷五七《艺文志一》,中华书局 1975 年版,第 1433 页。

② (清)永瑢等:《四库全书总目提要》卷一九《经部十九》,载文渊阁《四库全书》第 1 册,上海古籍出版社 1987 年影印版,第 390 页。

③ (唐)贾公彦:《周礼注疏》卷一,载《十三经注疏》,中华书局 1980 年影印版,第 639 页。

④ (唐)贾公彦:《周礼注疏》卷一,载《十三经注疏》,中华书局 1980 年影印版,第 639 页。

担任的官名的原因说:"郑司农者,郑众,字仲师。但《周礼》之内,郑康成所存注者有三家:司农之外,又有杜子春,郑大夫者,郑少赣。二郑皆康成之先,故言官不言名字。杜子春非己宗,故指其名也。"①在解释郑玄征引杜子春注、郑众注及郑玄自己所作注,还有郑玄对杜、郑众注和己注的先后排列顺序及用意时,贾公彦解释曰:"'玄谓'者,大略一部之内,郑玄若在司农诸家上注者,是玄注可知,悉不言'玄谓'。在诸家下注者,即称'玄谓',以别诸家。又在诸家前注者,是诸家不释者也。又在诸家下注者,或增成诸家义,则此司农云'别四方',于文不足,引《考工记》以证之是也。或有破诸家者,则此司农正位谓正君臣面位,引《召诰》为宫室朝廷之位破之是也。"②

（四）　对《周礼》各官意义及所处位置的解释

贾疏的一项重要内容是解释各种官职设置的意义,并说明其所处位置的缘由。如《周礼·天官·序官》"宫正"疏曰:

> 上大宰至旅下士总御群职,故为上首。自此宫正以下至夏采六十官,随事缓急为先后,故自宫正至宫伯,二官主宫室之事。安身先须宫室,故为先也。自膳夫至腊人,皆供王膳羞、饮食、馔具之事。人之处世,在安与饱,故食次宫室也。自医师已下至兽医,主疗疾之事,有生则有疾,故医次食馔也。自酒正至宫人,陈酒饮肴羞之事。医治既毕,须酒食养身,故次酒肴也。自掌舍至掌次,安不忘危,出行之事,故又次之。自大府至掌皮,并是府藏计会之事。既有其余,理须贮积,或出或纳,宜计会之,故相次也。自内宰至屦人,陈后、夫人已下,内教妇功,妇人衣服之事。君子明以访政,夜以安息,故言妇人于后也。夏采一职记招魂,以其死事,故于末言之也。③

《周礼·天官·序官》"兽人""渔人""鳖人""腊人"诸官疏曰:

> 案其(兽人)职云:"掌罟田兽,冬献狼,夏献麋。"供膳羞,故在此也。……案其(渔人)职云:"掌以时渔为梁。春献王鲔。"亦供鱼物,故在此也。……案其(鳖人)职云:"祭祀,供蠯、蠃、蚳。"亦是供食物,故在此

---

① （唐）贾公彦:《周礼注疏》卷一,载《十三经注疏》,中华书局1980年影印版,第639页。
② （唐）贾公彦:《周礼注疏》卷一,载《十三经注疏》,中华书局1980年影印版,第639页。
③ （唐）贾公彦:《周礼注疏》卷一,载《十三经注疏》,中华书局1980年影印版,第640页。

也。……以其(腊人)供脯、腊、膴、胖食物,故亦在此也。①

(五) 标明郑注及其他注疏征引文献的出处

贾疏在标明郑众、郑玄等注释中征引文献之出处时,往往通过完整征引相关文献原文,直接或间接地指出郑玄等征引相关文献时对原文所作的改动:

> 又言"野则九夫为井",此是《地官·小司徒》职文。彼云"乃井牧其田野,九夫为井,四井为邑,四邑为丘,四丘为甸,四甸为县,四县为都"也。……又云"王之卿六命,其大夫四命"者,《典命》文。②

(六) 评论各家《周礼》注的得失

解释《周礼》经文及杜子春、郑众、郑玄、王肃等所作注文,并比较、评论其优劣得失。如在诠释汉魏时期很有争议的郊祀礼问题时,贾公彦重点诠释了郑玄、王肃在祭祀对象问题上,即郑众、王肃所主之"一天"说及郑玄所主"六天说"的分歧:

> 郑司农云"昊天,天也"者,案《孝经》云:"郊祀后稷以配天。"《典瑞》亦云:"四圭有邸以祀天。"故云"昊天,天也"。云"上帝,玄天也"者,案《广雅》云:"乾,玄天。"《易·文言》云:"夫玄黄者,天地之杂也,天玄而地黄。"以天色玄,故谓玄名天,先郑盖依此而读之,则二者异名而同实也。若然,则先郑与王肃之等,同一天而已,似无六天之义,故以天解昊天上帝为一也。……"玄谓昊天上帝,冬至于圜丘所祀天皇大帝"者,案《大司乐》下文"凡乐圆钟为宫"云云,"冬日至于地上之圜丘奏之。若乐六变,则天神皆降"是也。引之,以破先郑昊天上帝与五天为一之义。③

(七) 概括《周礼》命官规律

《周礼》所载三百余官,其官名之选定或命名,是否有规律可寻?自汉代郑玄以来,历代儒者,如东晋干宝、唐代孔颖达等,都对此问题进行过探究,试图寻找出其内在的规律。

贾疏记述郑玄推究对《周礼》职官命名的原因说:

---

① (唐)贾公彦:《周礼注疏》卷一,载《十三经注疏》,中华书局 1980 年影印版,第 641 页。
② (唐)贾公彦:《周礼注疏》卷一,载《十三经注疏》,中华书局 1980 年影印版,第 640 页。
③ (唐)贾公彦:《周礼注疏》卷一,载《十三经注疏》,中华书局 1980 年影印版,第 757 页。

或言"氏",或言"人"者,郑注《考工记》云:"其曰某人者,以其事名官也。其曰某氏者,官有世功,若族有世业者也。"①

干宝则对《周礼》职官的命名原则解释说:

凡言"司"者,总其领也。凡言"师"者,训其徒也。凡言"职"者,主其业也。凡言"衡"者,平其政也。凡言"掌"者,主其事也。凡言"氏"者,世其官也。凡言"人"者,终其身也。不氏不人,权其材也。通权其才者,既云不世,又不终身,随其材而权暂用也。②

不过,对于干宝上述若干解释,后世学者多有异议。如孔颖达等提出:

然案《周礼》建官列职,有"司会"之属,是言"司"者也。有"甸师"之属,是言"师"者也。有"职内"之属,是言"职"者也。有"川衡"之属,是言"衡"者也。有"掌舍"之属,是言"掌"者也。有"师氏"之属,是言"师"者也。有"庖人"之属,是言"人"者也。有"宫正"、"膳夫"、"外饔"、"内饔"之属,皆不"氏"不"人"者也。③

贾公彦在郑玄、干宝、孔颖达等学者解说的基础之上,提出了新的解释说:

《周礼》之内,宗伯之类,诸言"伯"者,伯,长也,以尊长为名。县师之类言"师"者,皆取可师法也。诸称"人"者,若轮人、车人、腊人、鳖人之类,即冬官郑云"其曰某人者,以其事名官"。言"氏"者有二种,谓若桃氏为剑、筑氏为削之类,郑注《冬官》"族有世业,以氏名官"。若冯相氏、保章氏、师氏、保氏之类,郑注引《春秋》"官有世功,则有官族"是也。诸称"司",若司裘、司市之类,言"司"者,皆是专任其事,事由于己,故以"司"言之也。诸典妇功、典丝、典枲之类,言"典"者,出入由己,课彼作人,故谓之为"典"也。诸称"职"者,谓若职币、职内、职岁,财不久停,职之而已。凡云"掌"者有三义:一者,他官供物,己则暂掌之而已,若幕人供帷幕幄帘,掌次张之也;二则掌征敛之官,若掌皮、掌染草之类是也;三者,掌非己所为,则掌节、掌固、掌疆,本非己造,废坏修之而已也。自外不称

---

① (唐)孔颖达:《礼记正义》卷四,载《十三经注疏》,中华书局1980年影印版,第1261—1262页。

② (唐)孔颖达:《礼记正义》卷四,载《十三经注疏》,中华书局1980年影印版,第1262页。

③ (唐)孔颖达:《礼记正义》卷四,载《十三经注疏》,中华书局1980年影印版,第1262页。

"典"、"司"、"职"、"掌"者,皆是逐事立名,以义铨之可晓也。①

显然,贾疏较前儒的解释理据似乎更充分,基本上都能自圆其说。

二、《周礼疏》的特点

(一) 基本上遵循"疏不破注"的原则,多维护郑玄《周礼注》

贾公彦《周礼疏》对郑玄《周礼注》进行了详密的疏解,并探究了郑玄《周礼注》诠释经文的若干规律,还分析了郑玄《周礼注》诠释经文中所载制度的若干常例、变例,这在很大程度上丰富和补充了郑玄《周礼注》中的训诂、考证。可以说是对两汉以来的《周礼》研究成果做了一次较全面系统的总结。此书最大的特色即在于基本上遵循"疏不破注"的原则。贾公彦《周礼疏》对郑玄《周礼注》既有增益阐发,也有少部分解释郑玄《周礼注》而不得郑注之意者。贾公彦为遵循"疏不破注"之体例,有时主动或被动地沿袭郑玄《周礼注》之误,甚至曲为之说。

(二) 旁征博引,以证成郑玄《周礼注》及己说

贾公彦在《周礼疏》中非常注重引用前世的有关文献记载,对《周礼》经文、郑玄注或予以印证,或予以详尽补充、说明。其征引之广博,为后人所称羡。其所征引的文献,既包括《尚书》《周易》《左传》《礼记》《孝经》《尔雅》《诗经》《论语》《公羊传》《穀梁传》《仪礼》《周礼》《孟子》等儒家经学"十三经"。也包括"十三经"之外的其他儒家文献。如《逸礼》《大戴礼记》《京房易传》《尚书大传》《韩诗外传》《春秋繁露》《孔子家语》《白虎通》及许慎《五经异义》、郑玄《驳五经异义》等。还包括汉魏至唐代儒者对上述经典的注疏之作。如郑玄、王弼等人的《周易》注;孔安国、郑玄、服虔、贾逵等人的《尚书》注;《诗经》则主要征引毛氏《传》和郑玄《笺》;《周礼》则以征引郑玄注为主,兼采郑众、贾逵、马融、杜子春、王肃诸家之说;《仪礼》《礼记》则以征引郑玄注为主;《左传》则以征引服虔、杜预注为主;《公羊传》则引用何休注;《穀梁传》则引用范宁注;《论语》注亦以征引郑玄注为主;《尔雅》则兼采孙炎、郭璞注。

贾公彦《周礼疏》也引用当代学者的有关著述,如孔颖达《礼记正义》和贾

---

① (唐)贾公彦:《周礼注疏》卷一,载《十三经注疏》,中华书局1980年影印版,第640页。

公彦本人的《仪礼疏》也间或有所征引。值得注意的是，贾公彦在征引前代学者关于《诗经》《周礼》《仪礼》《礼记》这四部经典的注释之作时，主要以征引郑玄注为主，反映出郑玄学说虽在两晋时期暂时中衰，但至南北朝隋唐时，重新在经学界获得了崇高的地位与强大的影响力。

除上述"十三经"及部分儒家文献外，贾公彦《周礼疏》还大量引用汉魏时期出现并盛行的纬书文献。如《易纬》之《乾凿度》《通卦验》，《尚书纬》之《考灵曜》，《礼纬》之《稽命征》，《春秋纬》之《元命包》《命历序》《文耀钩》《运斗枢》《演孔图》等，《孝经纬》之《援神契》《钩命决》等都在《周礼疏》中多所引用。

贾公彦《周礼疏》中，还大量征引文字训诂、音韵方面的小学类文献。如西汉史游《急就章》(《周礼·天官·序官》疏谓之"史游《章》")、扬雄《方言》(《輶轩使者绝代语释别国方言》一书的简称)、东汉许慎《说文解字》、三国曹魏时张揖撰《广雅》《小尔雅》、南朝宋颜延之《纂要》、南朝梁刘杳《要雅》等。①

贾公彦《周礼疏》还大量征引史部类文献，来证成其有关诠释。其所征引，既包括史部原典文献，如《国语》《世本》《史记》《汉书》《汉官解诂》《后汉书》等，也包括后世学者对上述文献所作注释，如应劭、张晏、臣瓒等《汉书》注，应劭、张晏的《史记》注，韦昭的《国语注》等。

此外，贾公彦《周礼疏》还征引有其他文献，如《周髀》《七曜》《司马法》《老子》及注，《管子》《本草》《素问》《酒赋》《魏都赋》《淮南子》《九章算术》《武陵太守星传》《石氏星经》《兵书》《鬼谷子》《庄子》《孙子兵法》《蚕书》《鄹子》《吕氏春秋》《墨子》《上林赋》《盈不足术》《相玉书》《楚辞》《山海经》《皇览》《别录》等。

综观贾公彦《周礼疏》所征引文献，可以看出，贾公彦撰作《周礼疏》时，统治者钦定的经典虽仅有《周易》《毛诗》《尚书》《礼记》《左传》所谓的五经，但贾公彦在选取史料时，并未局限于上述五经，而是在包括上述五经及其时尚未

---

① 明代胡翰认为刘杳为宋(南朝刘宋或赵宋)人，参见(明)胡翰:《牺尊辨》，载(明)唐顺之编:《稗编》卷三五《礼十三》，载文渊阁《四库全书》第953册，上海古籍出版社1987年影印版，第689页。此说不确。刘杳为南朝梁人，生平事迹具载《梁书》卷五〇《文学列传下》，中华书局1973年版，第714页。

钦定为经典的其他八部儒家文献中广搜博采,则需择善而引。

在贾氏征引的 14 部儒家经典文献中,若就征引涉及诸文献所含篇章而言,似以《周礼》《仪礼》《礼记》三书为最。[①] 这固然与三礼文献内容本身因同属"礼"而性质相近有关,但在某种意义上反映出贾公彦注重"以礼解礼"的思想倾向。同样,从贾氏征引亦不难看出,贾氏在"春秋三传"中,相对而言重视《左传》,而不太重视《公羊传》《穀梁传》。

贾公彦在引用后世儒者对儒家经典所作注释时,具有如下特点:

第一,注重郑玄注文。这在郑玄注释的,且由唐人撰作的《五经正义》中的《毛诗正义》《礼记正义》即分别以毛亨传、郑玄笺和郑玄注为依据的两部经典中,贾公彦频繁地引用郑玄注文,其取向固不待言。即便在《周易正义》(唐代撰修《周易正义》依三国曹魏王弼、晋韩康伯注本)、《尚书正义》(唐代撰修《尚书正义》依汉孔安国传本)中,亦时或引用郑玄注文。在何晏撰作的《论语集解》收录的包咸、周氏、孔安国、马融、郑康成、陈群、王肃及周生烈八家注中,贾公彦征引的《论语》注中,除一处引用包咸注、一处注者不详外,其他全部引用郑玄注,则贾公彦对郑玄注文的重视,固不待言。

第二,除郑玄注文外,贾公彦对其他儒者的注文,亦择善而从,不因人废言。如在引《尚书》注文中,引有汉代儒者贾逵、服虔等儒者之说。在引《周礼》注文中,亦有贾逵、马融、郑众、三国曹魏王肃等诸儒者之说。甚至还引用当代儒者,如孔颖达等,甚至包括己说。

三、《周礼疏》的得失

贾公彦所撰《周礼疏》对郑玄《周礼注》进行了详密的疏解,并探究了郑玄《周礼注》诠释经文的若干因由,还分析了郑玄《周礼注》诠释经文中所载制度的若干常例、变例,这在很大程度上丰富和补充了郑玄《周礼注》中的

---

① 今本《仪礼》十七篇,贾氏引文全部涉及。今本《礼记》四十九篇,贾氏引文涉及其中四十四篇。《周礼》所载六官所辖属官共 377 官(天官系统共有 63 种职官,地官系统共有 78 种职官,春官系统共有 70 种职官,夏官系统共有 69 种职官,秋官系统共有 66 种职官,冬官《考工记》在总述各项工艺、职务后,分述 31 种工匠职务。合计 377 种职官)。(详见丁鼎:《"三礼"概说》,载郑杰文、傅永军主编:《经学十二讲》,中华书局 2007 年版,第 172—174 页)贾氏引文涉及其中 358 种职官。

训诂、考证和经义,可以说是对两汉以来的《周礼》研究成果做了一次总结性的整理。

毋庸讳言,贾公彦《周礼疏》也存在着如下诸多不足之处:

(一)误解郑意、曲说强辩

贾疏有少部分解释郑玄《周礼注》而不得郑注之意者,贾疏亦不乏沿袭郑玄《周礼注》之误,且为其曲说强辩。此类事例,不胜枚举。

(二)混淆异篇

《周礼·天官·序官》疏曰:"案《书传》云:'一年救乱,二年伐殷,三年践奄,四年建侯卫,五年营成周,六年制礼作乐,七年致政成王。'"①其中,"一年救乱,二年伐殷,三年践奄"数句,出自《尚书大传·多方传》;"四年建侯卫,五年营成周,六年制礼作乐,七年致政成王"数句,则出自《洛诰传》。② 贾公彦此处征引时,混淆二篇之不同,将两处文字揉合为一处。

(三)轻易改动、增略文献原文

如《周礼·天官·大宰》疏曰:"蒯通说范阳令曰:'天下之人所以不敢剚刃于公之腹者,畏秦法也。'"③稽诸史籍,此事《史记》《汉书》皆有记载。《史记·张耳陈馀列传》:"然而慈父孝子莫敢剚刃公之腹中者,畏秦法耳。"④《汉书·蒯通传》:"慈父孝子所以不敢事刃于公之腹者,畏秦法也。"⑤《周礼·天官·序官》疏谓《论语》有"晨人":"则《论语》谓之晨人也。"⑥然遍稽《论语》,并无其文。贾氏所谓之"晨人",《论语》谓之"晨门":"子路宿于石门。晨门曰:'奚自'?"注曰:"晨门者,阍人也。"疏曰:"晨门,掌晨昏开闭门者,谓阍人也。"⑦贾氏以意改之。

(四)混淆经文及注文

《周礼·天官·序官》疏曰:"而秦《诗》云:'欲见国君,先令寺人。'"⑧稽

---

① (唐)贾公彦:《周礼注疏》卷一,载《十三经注疏》,中华书局1980年影印版,第639页。
② (清)皮锡瑞:《尚书大传疏证》,清光绪丙申年(1896年)师伏堂刻本。
③ (唐)贾公彦:《周礼注疏》卷二,载《十三经注疏》,中华书局1980年影印版,第645页。
④ (汉)司马迁:《史记》卷八九《张耳陈馀列传》,中华书局1959年版,第2574页。
⑤ (汉)班固:《汉书》卷四五《蒯通传》,中华书局1962年版,第2159页。
⑥ (唐)贾公彦:《周礼注疏》卷一,载《十三经注疏》,中华书局1980年影印版,第642页。
⑦ (宋)邢昺:《论语注疏》卷一四,载《十三经注疏》,中华书局1980年影印版,第2513页。
⑧ (唐)贾公彦:《周礼注疏》卷一,载《十三经注疏》,中华书局1980年影印版,第642页。

诸《诗经》，并无贾氏所言秦《诗》之文。《诗经·秦风·车邻》："未见君子，寺人之令。"笺云："欲见国君者，必先令寺人，使传告之。"①贾疏所谓"秦《诗》"当是误把郑笺混淆为《秦风》诗句。

四、《周礼疏》的影响与评价

尽管贾公彦《周礼疏》存在着这样那样的不足，甚至是错误之处。但从总体上来说，贾氏《周礼疏》不仅是总结汉魏晋南北朝时期《周礼》诠释著作的集大成之作，又在郑玄等儒者注释的基础上有诸多发展、完善，将《周礼》学的研究推向一个新的高峰，加之《周礼疏》撰写完毕后，由唐高宗诏令颁行天下，作为此后国家科举考试及士人阅读、学习《周礼》的权威用书，此书遂在《周礼》学学习、研究领域几居"独尊"地位。恰如北宋欧阳修所说："至唐太宗时，始诏名儒撰定九经之疏，号为'正义'，凡数百篇。自尔以来，著为定论，凡不本正义者谓之异端，则学者之宗师，百世之取信也。"②唐高宗后，唐代儒者《周礼》诠释著作数量稀少，或与《周礼疏》之"独尊"，有密切之关系。

自宋代迄今，贾公彦《周礼疏》之影响，仍不容忽视。这其中既有历代儒者的推崇，如宋儒朱熹称《周礼注疏》在五经中是最好的，清儒孙诒让也对贾疏《周礼》极尽颂赞之辞。③ 也有许多儒者或频繁征引贾氏《周礼疏》，如宋儒王与之所撰《周礼订义》，征引贾公彦《周礼疏》共计1373条，在《周礼订义》征引诸家学说中居第三位。④ 或援其说以立论。

虽然贾公彦《周礼疏》是古代中国《周礼》研究领域的一部经典之作，但后人对贾公彦《周礼疏》的评价，可谓毁誉参半。誉之者对其推崇备至，如欧阳修在描述唐代中期至北宋中期经学界对包括《周礼疏》在内的九经《疏》的推崇现象曰："至唐太宗时，始诏名儒撰定九经之疏，号为正义，凡数百篇。自尔

---

① （唐）孔颖达：《毛诗正义》卷六，载《十三经注疏》，中华书局1980年影印版，第368页。

② （宋）欧阳修：《文忠集》卷一一二《论删去九经正义中谶纬劄子》，载文渊阁《四库全书》第1103册，上海古籍出版社1987年版，第147页。

③ 吴雁南、秦学顺、李禹阶主编：《中国经学史》，福建人民出版社2001年版，第248页。

④ 夏微：《〈周礼订义〉研究》，吉林人民出版社2011年版，第102页。

以来,著为定论,凡不本正义者谓之异端。"①前引宋儒朱熹、清儒孙诒让等皆对贾氏《周礼疏》多有颂赞之辞。毁之者亦不吝激烈抨击之辞。如欧阳修曰:"然其所载既博,所择不精,多引谶纬之书,以相杂乱,怪奇诡僻,所谓非圣之书,异乎正义之名也。"②近现代学者对《周礼疏》的评价,多以正面肯定为主。如马宗霍认为:"诸经义疏,朱子语录谓《周礼疏》最好……此论最为公允,非深于义疏之学者不能道。清儒以汉学植名,颇薄魏晋以来经说。因唐人义疏之多主魏晋也,益从而诋之。"③钱玄曰:"贾氏《周礼正义》简约平实,朱熹谓《周礼疏》最好。盖以《周礼》本身行文整齐,故贾氏《周礼正义》亦有条不紊,阐义亦周。其博或不及孔氏,而精细则过之。"④

第三节　隋唐五代时期的《仪礼》学

一、隋代的《仪礼》学

由于南北朝的长期分裂,南北经学陷入多门歧义的状态:"江南河北,义例不同。博士不能遍涉,学生皆持其所短,称己所长。"⑤隋朝(581—618)平陈,结束南北分裂的纷乱局势,政治趋向统一,社会趋于稳定。政治的统一,必然要求经济文化的统一。隋文帝、炀帝在加强中央集权和恢复农业生产的同时,积极推行文化革新政策,广建学校,培育人才,吸纳广大士人参与文化建设工作。史载:"自正朔不一,将三百年,师说纷纶,无所取正。高祖膺期纂历,平一寰宇,顿天网以掩之,贲旌帛以礼之,设好爵以縻之,于是四海九州强学待问之士靡不毕集焉。……京邑达于四方,皆启黉校。齐鲁赵魏,学者尤多,负

① (宋)欧阳修著,李之亮笺注:《欧阳修集编年笺注》卷一一三《论删去九经正义中谶纬札子》,巴蜀书社2007年版,第437页。
② (宋)欧阳修著,李之亮笺注:《欧阳修集编年笺注》卷一一三《论删去九经正义中谶纬札子》,巴蜀书社2007年版,第437页。
③ 马宗霍:《中国经学史》,上海书店1984年版,第97页。
④ 钱玄:《三礼通论》,南京师范大学出版社1996年版,第59—60页。
⑤ (唐)魏徵等:《隋书》卷七五《儒林列传·房晖远》,中华书局1973年版,第1716页。

笈追师,不远千里。讲诵之声道路不绝。中州儒雅之盛,自汉魏以来,一时而已。"①隋代学术的复兴为唐朝经学的复兴和统一奠定了坚实的基础。

隋王朝历时短暂,留下关于《仪礼》的著作极少。据清朱彝尊《经义考》考证,隋代的《仪礼》主要有张冲《丧服义》3卷②、《仪礼传》80卷和李孟悊的《仪礼章疏》③。

张冲,字叔玄,隋吴郡(今江苏苏州)人。官至汉王侍读。梁零陵太守僧绍之子。仕陈为左中郎将、右军将军。张冲覃思经典,潜心著述,著有《春秋义》《论语义》等书。其有关《仪礼》的论著《丧服义》3卷和《仪礼传》80卷,分别著录于清朱彝尊《经义考》卷一三六和卷一三一,但清代初年已经散佚不存。

李孟悊,隋朝人。其有关《仪礼》的论著《仪礼章疏》,不见于正史记载,唯贾公彦《仪礼疏序》提及李氏有此书,并多有引用。贾公彦《仪礼疏序》云:"《周礼》《仪礼》,发源是一;理有终始,分为二部,并是周公摄政太平之书。《周礼》为末,《仪礼》为本;本则难明,末便易晓。是以《周礼》注者,则有多门;《仪礼》所注,后郑而已。其为章疏则有二家:信都黄庆者,齐之盛德;李孟悊者,隋曰硕儒。庆则举大略小,经注疏漏,犹登山远望而近不知;悊则举小略大,经注稍周,似入室近观而远不察,二家之疏,互有修短;时之所尚,李则为先。"④由此可知如下三点:(一)隋人李孟悊的《仪礼》学著作名称当是《仪礼章疏》⑤;(二)唐代贾公彦的《仪礼疏》是在北齐黄庆和隋代李孟悊二家的《章疏》的基础上编修而成;(三)隋唐时期,学术界普遍认为李氏《章疏》的质量高于黄氏《章疏》的质量。清人朱彝尊《经义考》卷一三一著录李孟悊《仪礼章疏》为"今佚"⑥。由此可知朱彝尊编撰《经义考》时,李孟悊的《仪礼章疏》已经散佚。

---

① (唐)魏徵等:《隋书》卷七五《儒林列传》序,中华书局1973年版,第1706页。
② (清)朱彝尊:《经义考》卷一三六,中华书局1998年版,第722页。
③ (清)朱彝尊:《经义考》卷一三一,中华书局1998年版,第696页。
④ (唐)贾公彦:《仪礼注疏》卷一,载《十三经注疏》,中华书局1980年影印版,第945页。
⑤ 按王锷《三礼研究论著提要》第144页著录李氏此书为"《仪礼注》"。不知其何所据而云然,待考。
⑥ (清)朱彝尊:《经义考》卷一三一,中华书局1998年版,第696页。

二、唐代的《仪礼》学

（一）贾公彦《仪礼疏》

贾公彦精于三礼之学,撰有《周礼疏》50卷,《仪礼疏》40卷,《礼记疏》80卷,遗憾的是《礼记疏》已经亡佚不存。又据《新唐书·艺文志》记载,贾氏担任国子助教之时,也曾参与过孔颖达《五经正义》的编撰工作。

1. 贾公彦《仪礼疏》的撰作背景

在《仪礼》学史上,《仪礼疏》是继郑玄《仪礼注》之后的集大成之作,又一部承前启后之作,也是整个唐代《仪礼》研究的巅峰之作。《仪礼疏》的撰作与产生,当是受到了以下几方面因素的影响:

首先,从唐初的社会政治与学术环境因素角度来看。随着唐王朝的建立,政治趋向统一,社会趋于稳定,文化上的大一统成为一种时代的必然性要求。统治者立国之初即采取以经学取士的人才任用政策,包括三礼在内的儒家原典,成为国子监和京都、都督府、州、县各级地方学校生徒研读的重要读本。唐太宗甚至下诏要求整理《五经正义》予以推广传播,并将其作为"明经取士"的重要范本和教科书,"每年明经以此考试,自唐至宋,明经取士,皆尊此本"①。可以认为,唐太宗令孔颖达等编撰《五经正义》,对儒家经学的影响与汉武帝"罢黜百家,独尊儒术"之举有着同样重要的意义。正是在这一社会背景下,经学研究得以进一步发展起来,经学教育和经学教化得到自上而下的高度重视和尊崇,"贞观以来,手不释卷,知风化之本,见政理之源。行之数年,天下大治而风移俗变,子孝臣忠"②。此后一直影响着整个唐代社会,演进发展成为一种学术潮流和时代风尚。

其次,从儒家经学尤其是三礼学自身的发展趋势来看。如前章所述,南北朝时期出现了礼学名家,且大都喜著书立说。就《仪礼》的研究而言,有两大明显的诠释特点,一是由于丧服制度关系着人与人之间的亲疏远近,丧服制度的现实功用特别明显,因而对《丧服》篇的诠释与说解尤其受到诠释者的关注和重视;二是注重阐释郑玄礼经注释语,出现了一批《丧服》篇"义疏"体著作,

---

① （清）皮锡瑞:《经学历史》,中华书局2008年版,第198页。
② （唐）吴兢:《贞观政要》卷一〇《慎终》,上海古籍出版社1978年版,第294页。

据《隋书·经籍志》记载,有贺梁砀《丧服义疏》2 卷、梁司马宪《丧服经传义疏》5 卷、齐楼幼瑜《丧服经传义疏》2 卷、刘瓛《丧服经传义疏》1 卷、齐沈麟士《丧服经传义疏》1 卷、梁何佟之《丧服经传义疏》1 卷、梁皇侃《丧服文句义疏》10 卷等。按照皮锡瑞的说法,"南北朝《儒林传》记载兼通三礼者,犹不乏人"①。然而,到唐初之际,上述义疏之作大多已散佚殆尽,而且除《丧服》篇外,《仪礼》的其他 16 篇义疏注释成果尤为少见。因此,为适应经学发展的需要,适应经学教育和科举取士的需要,对《仪礼》经文文本及其郑玄注语重新做一番整理和疏解,在唐初就显得尤为必要。

再次,从贾公彦的学术渊源情况来看。贾公彦研究三礼学多有传承,贾公彦早年受业于张士衡,张士衡从熊安生问学,熊安生从李铉,李铉从徐遵明,徐遵明习郑氏三礼,师承授受非常清晰。从这一礼经传承授受情况可知,贾氏接受的是南北朝时期的北学路子,主要是以郑学为宗,因而四库馆臣在谈到贾氏《周礼疏》时,对其给予了相当高的评价:"公彦之疏亦极赅,足以发挥郑学。"贾公彦为《仪礼》所作的《疏》,和《周礼疏》一样,同样遵循了北学"礼是郑学"的治学理路。贾公彦在《仪礼疏·序》中称:"《仪礼》所注,后郑而已。其为章疏,则有二家:信都黄庆者,齐之盛德;李孟悊者,隋曰硕儒。庆则举大略小,经注疏漏,犹登山远望而近不知;悊则举小略大,经注稍周,似入室近观而远不察。二家之疏,互有修短。时之所尚,李则为先。"②又说:"今以先儒失路,后宜易涂,故悉鄙情,聊裁此疏,未敢专欲,以诸家为本,择善而从,兼增己义,仍取四门助教李玄植详论可否,佥谋已定,庶可施以函丈之儒,青衿之后,幸以去瑕从玖,得无讥焉。"③事实上,贾疏正是在总结齐黄庆、隋李孟悊二家旧有疏说的基础上,进一步参照其他各家,去其瑕疵,保存精华而成,诚可谓《仪礼》本经和郑氏《注》之功臣。

2. 贾公彦《仪礼疏》的体例特点

作为一部义疏类著作,贾公彦的《仪礼疏》在著述体例上具有以下几方面的特点:

---

① (清)皮锡瑞:《经学通论》,中华书局 1954 年版,第 29 页。

② (唐)贾公彦:《仪礼注疏》卷一,载《十三经注疏》,中华书局 1980 年影印版,第 945 页。

③ (唐)贾公彦:《仪礼注疏》卷一,载《十三经注疏》,中华书局 1980 年影印版,第 945 页。

（1）从诠释局部的体例安排上看，与孔颖达《五经正义》以及贾氏自身的《周礼疏》一样，采取了"疏注体"的诠释体式。《仪礼疏》采用汉代学者郑玄的注，逐字、逐句、逐章地解释经文和注文。贾公彦作《疏》时，往往先标示下文要解释的经文起止，再具体串讲解释礼经正文；释经完毕，接着又标注郑氏注文起止，然后解释注文申解之所以然。释经与释注不相混乱，有条不紊，显得全书行文体例秩然有序。

（2）从诠释篇章的体例安排上看，贾公彦对《仪礼》十七篇各篇的诠释还表现为给具体经文划分章节，并概括总结各节章旨，从而呈现出一种独特的诠释方式。贾公彦在疏解礼经正文时，一般以"自此至某某，论……"来概括这一部分的主要礼节内容，对经文注文内容进行划分段落，总结段意。以该书卷一《士冠礼》篇为例，贾氏于经文"士冠礼。筮于庙门"及本句郑注下疏解说："自此至'宗人告事毕'一节，论将行冠礼，先筮取日之事。"继之，又于"主人戒宾，宾礼辞，许"句及郑注后疏解说："自此以下至'宾拜送'一节，论主人筮日讫三日之前，广戒僚友，使来观礼之事也。"①凡此之类，不仅有助于读者明了本节大意，同时也有助于彰显经文的层次性和逻辑关系。

（3）从诠释郑注所涉及的情况来看，较为严整地遵循着"疏不破注"的疏证诠释原则。据罗椒生《仪礼正义序》，胡培翚自述其《仪礼正义》一书申解郑注的体例时称："曰补注，补郑君所未备。曰申注，申郑君注义也。曰附注，近儒所说，虽异郑恉，义可旁通，附而存之，广异闻，佽专己也。曰订注，郑君注义偶有违失，详为辨证，别是非，明折衷也。"②事实上，这并非属于胡培翚所原创，贾公彦所撰《仪礼疏》在遵循"疏不破注"原则的基础上，对郑注的疏解早已注意到了这样几个方面：

①申注者，即申解发覆郑注训释之所以然，这是贾疏诠释疏证工作的重点要务。主要涉及两种情况：一是说明郑注训释之理据所在，二是说明郑注训释之潜在意蕴。例如，《聘礼》："其实枣蒸栗择，兼执之以进"，郑注："兼，犹两也。右手执枣，左手执栗。"贾疏："云'兼，犹两'者，谓一人执两事。知'右手

---

① （唐）贾公彦：《仪礼注疏》卷一，载《十三经注疏》，中华书局 1980 年影印版，第 945 页。
② （清）胡培翚著，段熙仲整理：《仪礼正义》，江苏古籍出版社 1993 年版，第 1 页。

执枣,左手执栗'者,见下文云'宾受枣,大夫二手授栗',则大夫先度右手,乃以左手共授栗,便也。明知右手执枣可知,必用右手执枣先度之者,郑注《士虞礼》云'枣美,故用右手执枣也'。"①贾疏对郑注"兼,犹两也"的申解,主要在于结合经文补充说明郑玄训语的隐义;而对郑注"右手执枣,左手执栗"的申解疏证,则在于补充说明郑玄训释的具体依据所在。

②补注者,"补郑君所未备",即补充训释《仪礼》经文郑玄注语疏漏的相关仪文及语词。例如,《觐礼》:"侯氏降自西阶,东面授宰币,西阶前再拜稽首,以马出,授人,九马随之",郑注:"以马出,随侯氏出授王人于外也。王不使人受马者,主于享,王之尊益君,侯氏之卑益臣。"并没有涉及经文中"宰"的指称情况,故贾氏为之疏解说:"此单言宰,即大宰,大宰主币,故《周礼·大宰职》云:'大朝觐会同,赞玉币、玉献、玉几、玉爵。'注云'助王受此四者'是也。"②"宰"有"大宰"和"小宰"之别,贾疏结合《周礼·大宰职》经文及其彼文郑注进一步加以疏释,有助于廓清读者对于此文"宰"的职能的认知。

③附注者,即"近儒所说,虽异郑恉,义可旁通,附而存之,广异闻,佉专己",对于前贤有与郑注解释相异者,贾公彦有时也兼采纳入《疏》中,以便增广郑氏的训解。例如,《乡饮酒礼》:"宾西阶上疑立",郑注:"疑读为'疑然从于赵盾'之疑。疑,正立自定之貌。"贾疏:"案:宣公六年《公羊传》云:晋灵公欲杀赵盾,'于是伏甲于宫中,召赵盾而食之。赵盾之车右祁弥明者,国之力士也,仡然从乎赵盾而入,放乎堂下而立'。何休云:'仡然,壮勇貌。'郑氏以'仡然从乎赵盾而入,放乎堂下而立',不取何休注义,以《乡射》注云'疑,止也,有矜庄之色',自定其义,不殊字义,与何少异也。"③由于郑玄引"疑然从于赵盾之疑"辅助解释,故贾公彦援引《公羊传》及何休注文补充说解,但何休的注解取义与郑玄不同,故贾公彦两义并存之,以广异闻。

④订注者,"郑君注义偶有违失,详为辨证,别是非,明折衷也",即纠正郑氏训释之误也。例如,《士昏礼》篇郑玄《目录》云:"士娶妻之礼,以昏为期,因而名焉。必以昏者,阳往而阴来,日入三商为昏。"贾疏:"郑云'日入三商'者,

① (唐)贾公彦:《仪礼注疏》卷二〇,载《十三经注疏》,中华书局1980年影印版,第1051页。
② (唐)贾公彦:《仪礼注疏》卷二七,载《十三经注疏》,中华书局1980年影印版,第1091页。
③ (唐)贾公彦:《仪礼注疏》卷八,载《十三经注疏》,中华书局1980年影印版,第981页。

商谓商量,是漏刻之名,故《三光灵曜》亦日入三刻为昏,不尽为明。案:马氏云:'日未出、日没后皆云二刻半,前后共五刻。'今云三商者,据整数而言,其实二刻半也。"①按:贾公彦在疏证郑氏《目录》"日入三商为昏"一语之意之余,又兼采郑玄之师马融之说,进而又称"今云三商者,据整数而言,其实二刻半也",表面上看是在调和郑、马二家之说,其实质是更为认同马融的说解,而不赞成郑玄的说解也。

3.仪节诠释特点

自郑玄开始,礼经的仪文节制便是历代《仪礼》诠释者关注的重点和难点,贾公彦疏解礼经及其郑注亦不例外。无论是对礼经正文的逐字逐句解释,还是对郑玄注文的申解疏证,贾公彦都在充分吸纳前贤注疏成果的基础上,运用各种诠释手段,阐释礼经经文蕴含的隐微仪节,充分还原礼经的仪文节制内容。具体而言,贾疏在对礼经仪节内容进行诠释的过程中,主要呈现出如下几方面特点:

(1)注重从各类文献典籍中寻找大量的相关性材料,予以征引帮助进行礼制阐释。贾公彦在作《仪礼疏》时,尤为注重旁征博引,取材非常繁富,举凡与礼经所载礼制相关的文献材料,大都受到贾氏的关注和援引。其引书除《仪礼》本经各篇外,还广泛征引《诗经》《尔雅》《国语》及其他经典的文字以证成己说。其引书情况,大体上可分为这样几类:一是援引《仪礼》本经进行疏证;二是援引《周礼》《礼记》二礼之文进行疏证;三是引用《诗经》、《尚书》、《春秋》及三传、《尔雅》、《论语》、《孝经》等各类儒家经典文献;四是援引《山海经》、纬书;五是援引传世的各类经师旧说、礼图等。从《仪礼疏》整体来看,为充分论证经文注文,在遵循"疏不破注"的基础上,贾氏引书可谓数目众多,种类繁杂。

(2)强调对礼经行文和郑玄《注》文进行发凡起例,归纳和总结礼例。对礼经行文进行发凡起例,郑玄《注》文就已出现,而贾疏疏解礼经文本,延续了这一治学传统,例如,《士冠礼》:"士冠礼。筮于庙门"郑注:"庙,谓祢庙。"贾疏:"然《仪礼》之内单言庙者,皆是祢庙,若非祢庙,则以庙名别之。"又同篇

---

① (唐)贾公彦:《仪礼注疏》卷四,载《十三经注疏》,中华书局1980年影印版,第961页。

"前期三日,筮宾,如求日之仪"①。郑注:"筮宾,筮其可使冠子者,贤者恒吉。"贾疏:"云'贤者恒吉'者,解经先戒后筮之意。凡取人之法,先筮后戒。"②由此可见,贾氏或总结礼例,或总结行事的方法,要皆有助于经文礼制之发覆。

贾氏不仅发凡礼经行文礼例,同时也善于总结郑玄释注礼经当中的凡例情况,例如,《士冠礼》:"布席于门中,阑西阈外,西面",郑注:"古文阑为槷,阈为蹙"。贾疏:"《仪礼》之内,或从今,或从古,皆逐义强者从之。若二字俱合义者,则互挽见之,即下文云'壹揖壹让升',注云:'古文壹皆作一。'《公食大夫》'三牲之肺不离赞者辩取之一以授宾',注云:'古文一为壹。'是大小注皆叠。今古文二者俱合义,故两从之。"③显而易见,这是针对郑玄注从今从古的不同情况作出具体分析,并为之发凡立例。清人陈澧对此方面情况深有研究,他总结郑玄与贾公彦的发凡情况说:"郑注发凡者凡数十条,有郑注发凡,而贾疏辨其异同者;有郑注不云凡,而与发凡无异,贾疏申明为凡例者;有郑注不发凡而贾疏发凡者;有经是变例,郑注发凡而疏申明之者;有贾疏不云凡而无异发凡者。"④由此亦可见,贾公彦对于礼经正文及郑注理解之深刻。

(3)长于考察礼经行文文例,并据此发覆行文蕴含之隐奥礼文节制内容。众所周知,《仪礼》经文言简意赅,表述精练,许多仪节情况需要联系经文上下文乃至不同篇章内容进行综合研判补充,贾公彦对此深有体悟,故其往往特别强调发覆礼文叙述中存在的独特行文方式,如"省文""互文""相兼乃具""散文""对文""此经文不具,当依彼文为正"等,进而补充说明详细的行礼仪节情况。例如,《丧服》:"大功布衰裳,牡麻绖,无受者",郑注:"大功布者,其锻治之功粗沽之"。贾疏:"章次此者,以其本服齐衰斩,为殇死,降在大功,故在正大功之上,义齐衰之下也。不云月数者,下文有缨绖、无缨绖,须言七月、九月,彼已见月,故於此略之。且此经与前不同,前期章具文,於前杖章、下不杖章直

---

① (唐)贾公彦:《仪礼注疏》卷一,载《十三经注疏》,中华书局 1980 年影印版,第 945 页。
② (唐)贾公彦:《仪礼注疏》卷一,载《十三经注疏》,中华书局 1980 年影印版,第 947 页。
③ (唐)贾公彦:《仪礼注疏》卷一,载《十三经注疏》,中华书局 1980 年影印版,第 946 页。
④ (清)陈澧著,杨志刚点校:《东塾读书记》,生活·读书·新知三联书店 1998 年版,第 143 页。

言其异者,此殇大功章首为文略於正具文者,欲见殇不成人故,故前略后具,亦见相参取义。"①贾氏所谓"前略后具,亦见相参取义",正可发见《丧服》省文情况。

又如,《士冠礼》:"加爵弁,如初仪。三醮,有乾肉折俎,哜之,其他如初。北面取脯,见于母。"郑注:"乾肉,牲体之脯也。折其体以为俎。哜,尝之。"贾疏:"前二醮有脯醢,更加此乾肉折俎。言'哜之'者,哜谓至齿尝之。案:下'若杀'、'再醮'不言摄,此经再醮言摄,三醮不言摄,则再醮之后皆有摄,互文以见义也。"②此例贾氏明言"互文以见义",即谓下经虽然不言"摄",实际上兼上经可明。

再如,《既夕礼》:"御者四人,皆坐持体",郑注:"为不能自转侧。御者,今时侍从之人"。贾疏:"案:《丧大记》云'体一人',注云:'为其不能自伸屈也'。若然,四体各一人,亦为不能自转侧。《诗》云'辗转反侧',据身;云'不能自屈伸',据手足,二文相兼乃具。"③在贾氏看来,《既夕礼》据身,《丧大记》据手足,二文相兼,转侧的意义才更为明了,故有"相兼乃具"之说,只有结合两处注文,对于经文的训释方才准确完备。由此可见,贾氏疏解《仪礼》经、注,十分重视利用和发挥礼经上下文语境的作用,甚至于寻绎礼经前后不同篇章行文情况,据此来补充诠释和发覆礼经行文隐奥之仪节情况。

4. 语词诠释特点

语词诠释是郑玄《仪礼注》的重要诠释工作方面,同样也是贾公彦诠释工作中的重要方面。贾氏作《疏》时,对于郑玄的语词训释语,往往作出有针对性的阐发,从不同诠释角度加以申解发覆,帮助读者不仅知其然,而且知其所以然。其中颇具特色的方面主要有:

(1)长于运用汉代学者的"六书"理论分析字形,并据此进行字词的训释分析。例如,《仪礼·士冠礼》:"爵弁服,纁裳,纯衣,缁带,韐韐",郑注:"纁裳,浅绛裳"。贾疏:"云'今文纁皆作熏'者,纁是色,当从丝旁为之,故叠今文不从熏,从经文古纁也。"在贾公彦看来,郑玄之所以从古文"纁"不从今文

---

① (唐)贾公彦:《仪礼注疏》卷三一,载《十三经注疏》,中华书局1980年影印版,第1111页。
② (唐)贾公彦:《仪礼注疏》卷三,载《十三经注疏》,中华书局1980年影印版,第956页。
③ (唐)贾公彦:《仪礼注疏》卷四〇,载《十三经注疏》,中华书局1980年影印版,第1158页。

"熏"字,是因为"纁裳"从"熏"无法展示"纁是色,当从丝旁为之"的命名特征。又如,《特牲馈食礼》:"主妇绡笄宵衣,立于房中,南面",郑注:"宵,绮属也,此衣染之以黑,其缯本名曰宵"。贾疏:"云'其缯本名宵'者,此字据形声为绡,从丝,肖声,但《诗》及《礼记》《仪礼》皆作宵字,故郑云'其缯本名曰宵'。"①在贾公彦看来,依据郑注的解释,经文中的"宵衣"之"宵"字本字应为"绡",从丝肖声,如此方与郑注的解释相吻合。

（2）重视透过发覆文字之间的音义关系,揭示经文异文存在的通假现象。例如,《士相见礼》:"凡侍坐于君子,君子欠伸,问日之早晏,以食具告",郑注:"古文伸作信,早作蚤"。贾疏:"云'古文伸作信,早作蚤'者,此二字古通用,故《大宗伯》云'侯执身圭',为信字。《诗》云:'四之日其蚤,献羔祭韭。'为蚤字。既通用,叠古文者,据字体非直,从今为正,亦得通用之义也。"②贾公彦通过考察二例在《周礼》《诗经》中的用字情况,指出郑玄从今文用字为正,而古文用字则属于用字假借现象。贾氏揆度上下文,破除通假字,确定本字,务实文从字顺,把握郑注古今异文取舍之一端。

（3）注重疏通和辨析同义词之间的共性与细微差别。例如,《聘礼》:"劳上介,亦如之",郑注:"君使卿韦弁,归饔饩五牢。变皮弁,服韦弁,敬也。韦弁,韎韦之弁,兵服也。而服之者,皮韦同类,取相近耳"。贾疏:"有毛则曰皮,去毛熟治则曰韦,本是一物,有毛无毛为异,故云取相近耳。"③贾氏对郑注的疏解,着眼于"皮弁""韦弁"二者之间的差异进行辨析,深有助于后人理解郑注。少数情况下,又如,《丧服》:"布总,箭笄,髽,衰,三年",郑注:"箭笄,筱竹也"。贾疏:"云'箭笄,筱竹也'者,案《尚书·禹贡》云'筱簜既敷',孔云:'筱,竹箭'。是箭、筱为一也。"④

特别值得称许的是,贾氏尤为注重疏通经文名物的历时称谓变化,从而有助于读者明了古今异语的嬗变情况。例如,《仪礼·丧服》云:"公士、大夫之众臣,为其君布带、绳屦。"郑注:"绳屦者,绳菲也。绳菲,今时不借

---

① （唐）贾公彦:《仪礼注疏》卷四四,载《十三经注疏》,中华书局1980年影印版,第1181页。
② （唐）贾公彦:《仪礼注疏》卷七,载《十三经注疏》,中华书局1980年影印版,第977页。
③ （唐）贾公彦:《仪礼注疏》卷二一,载《十三经注疏》,中华书局1980年影印版,第1059页。
④ （唐）贾公彦:《仪礼注疏》卷二九,载《十三经注疏》,中华书局1980年影印版,第1101页。

也。"贾疏:"云'绳菲,今时不借也'者,周时人谓之屦,子夏时人谓之菲,汉时谓之不借者,此凶茶屦,不得从人借,亦不得借人,皆是异时而别名也。"①该例中,贾氏从辨析"绳屦""绳菲"二者之间的称谓异名入手,用历时的、发展的眼光看待"异时而别名"现象,极有助于加深人们对于郑玄注语的认知,甚具训释效果。

(4)长于从特定的语境角度,尤其是从所谓"对文"与"散文"的视角,考察语词之间的意义指称关系。例如,《士相见礼》:"若先生、异爵者请见之,则辞",郑注:"先生,致仕者也。异爵,谓卿大夫也。辞,辞其自降而来。走犹出也。先见之者,出先拜也。《曲礼》曰:'主人敬宾,则先拜宾。'"贾疏:"彼云客,此云宾者,对文,宾客异;散文,宾客通。故变文云宾也。"②又如,《乡射礼》:"大夫及众宾皆说屦,升,坐",郑注:"说屦则抠衣,为其被地"。贾疏:"《曲礼》云'抠衣趋隅',彼谓升席时,引之证说屦,低身亦然,若不抠衣,恐衣被地履之。但对文上曰衣,下曰裳,散文衣、裳通,此衣即裳也。"③以上二例,皆考察礼经正文与《曲礼》篇行文的用语情况,发覆其间存在的"对文"与"散文"差异,对于礼经行文的深入解读颇具指导性。

综上所述,贾公彦《仪礼疏》确然有着自身独到之处,它在宗主郑氏注解的基础上,逐字逐句解释经文和注文,并旁征博引古籍和前人的解说,补注文所未备,释注文所未详,着实是对唐以前学者《仪礼》研究成果的一大总结,具有承前启后之地位,诚如黄侃先生所说:"《仪礼疏》有条不紊,选言既富,阐义亦周,对于经注细心推勘,如遇不合,必求其致误之由,其博不及孔,而精细则过之。"④这番评述并不为过,整个隋唐时代,也没有出现一部超越之作,后世人们研究《仪礼》也难以离开这部礼经学著作。当然,金无足赤,贾公彦《仪礼疏》自然也存在某些方面的疵瑕。乾隆年间,四库馆臣就指出其不足之处说:"郑注训诂深奥,猝不易通。贾疏文繁句复,虽详赡而伤于芜蔓,端绪亦不易

---

① (唐)贾公彦:《仪礼注疏》卷二九,载《十三经注疏》,中华书局1980年影印版,第1102页。
② (唐)贾公彦:《仪礼注疏》卷七,载《十三经注疏》,中华书局1980年影印版,第978页。
③ (唐)贾公彦:《仪礼注疏》卷一三,载《十三经注疏》,中华书局1980年影印版,第1008页。
④ 黄侃:《礼学说略》,载陈其泰等编著:《二十世纪中国礼学研究论集》,学苑出版社1998年版,第431页。

明。"①又称:"郑注简约,又多古语,贾公彦《疏》尚未能一一申明。"②嘉庆、道光间学者阮元在《十三经注疏校勘记·序》中也指出贾公彦《仪礼疏》"文笔冗蔓,词意郁辖,不若孔氏《五经正义》之条畅"③。尽管如此,都无损于贾公彦《仪礼疏》在礼经学史上极其重要而又不可或缺的历史地位。

(二) 其他学者的《仪礼》研究

1. 通释类著作研究者王方庆、凌准等

(1)《礼经正义》10 卷,王方庆撰

王方庆,唐雍州咸阳(今属陕西)人。官至太仆少卿,中宗即位后,追赠吏部尚书,谥曰贞。其博学好著书,撰有杂书二百余卷,尤精三礼,好事者多询之,家藏书甚丰,不减秘阁。《新唐书·艺文志》《经义考》卷一三一均载此书,今佚。

(2)《仪礼注》1 卷,凌准撰

凌准,字宗一,唐德宗时富阳(今属浙江)人。官至翰林学士,著有《六经解围》等书。《两浙著述考》著录,今佚。

2. "五服"类专门著作研究者孟诜、张荐、殷价、庞景昭等

唐代有关《仪礼》研究除体现在贾公彦等人对《仪礼》全书的研究外,还有一个显著的特色是对"五服"类专门著作研究。主要有:孟诜《丧服正要》2卷、张荐《五服图》、殷价《丧服极议》1 卷、庞景昭《丧服制》1 卷、裴茝《五服仪》2 卷、仲子陵《五服图》10 卷。

(1)《丧服正要》2 卷,孟诜撰

孟诜,唐梁(今属安徽)人。举进士,垂拱初官凤阁舍人,官至同州刺史。《新唐书·艺文志》著录,《经义考》卷一三七著录,并云已佚。

(2)《五服图》,张荐撰

张荐,字孝举,唐陆泽(今属河北)人。敏锐有文辞,德宗时官充史馆修撰,官至御史中丞,卒谥宪。《经义考》卷一三七著录,并云已佚。

---

① (清)永瑢等:《四库全书总目》卷二〇《仪礼要义》提要,中华书局 1965 年版,第 160 页。
② (清)永瑢等:《四库全书总目》卷二〇《仪礼集说》提要,中华书局 1965 年版,第 161 页。
③ (唐)贾公彦:《仪礼注疏》卷一,载《十三经注疏》,中华书局 1980 年影印版,第 942 页。

（3）《丧服极议》1 卷，殷价撰

殷价，唐朝人。《通志·艺文略》著录。《经义考》卷一三七著录，并云已佚。

（4）《丧服制》1 卷，庞景昭撰

庞景昭《丧服制》1 卷，《通志·艺文略》著录，《经义考》卷一三七著录，并云已佚。

（5）《五服仪》2 卷，裴茞撰

裴茞，唐元和时官太常少卿。《新唐书·艺文志》著录，《经义考》卷一三七著录，并云已佚。

（6）《五服图》10 卷，仲子陵撰

仲子陵，唐峨眉（今属四川）人。举贤良方正，官太常博士，通礼学。《通志·艺文略》著录，《经义考》卷一三七著录，并云已佚。

（三）《仪礼》诠释的风格与特色

1. 集南北朝时期义疏体成果之大成

南北朝义疏学非常发达，南北朝时期大多数经解著述都冠以义疏之名。义疏体著述的主要特点是在经、传、注的基础上，对儒家经典作进一步的阐释。义疏在两汉、魏晋旧注的基础上，主要通过对旧注的阐发，来达到疏通经义之目的，既是对两汉、魏晋传注之学的继承和发展，也是南北朝至唐初经学成果的集中体现。南北朝有关《仪礼》的著述主要是义疏体例的。义疏之产生、发展、演变，是南北朝经学发展史上最突出的事件。

《隋书·经籍志》中有关《仪礼》义疏体著述的有："《仪礼义疏见》二卷。《仪礼义疏》六卷。……《丧服义疏》二卷（梁步兵校尉、五经博士贺场撰。梁又有《丧服经传义疏》五卷，齐散骑郎司马宪撰；《丧服经传义疏》二卷，齐给事中楼幼瑜撰；《丧服经传义疏》一卷，刘瓛撰；《丧服经传义疏》一卷，齐徵士、沈麟士撰）。《丧服经传义疏》一卷（梁尚书左丞何佟之撰，亡）……《丧服文句义疏》十卷（梁国子助教皇侃撰）。《丧服义》十卷（陈国子祭酒谢峤撰）。《丧服义钞》三卷（梁有《丧服经传隐义》一卷，亡）。"[1]

---

[1]　（唐）魏徵等：《隋书》卷三二《经籍志一》，中华书局 1973 年版，第 919—924 页。

唐代传承了南北朝时期的义疏体,有关《仪礼》的著述亦多沿袭南北朝时期的义疏体。唐代有关《仪礼》义疏体著述主要有贾公彦撰《仪礼疏》50 卷,以南朝齐黄庆的《仪礼章疏》与隋代李孟悊的《仪礼注》为底本,广搜博辑,择善而从,兼增己义,成书 50 卷。贾公彦的《仪礼疏》对后世经学的发展影响很大,现今流传的《十三经注疏》之《仪礼注疏》即郑玄《仪礼注》与贾公彦《仪礼疏》的合刻本。另外,唐代官修《五经正义》,明确地将《礼记》上升到经的位置,而对《仪礼》的重视不及《礼记》。至唐文宗开成年间,石刻《九经》,内列《仪礼》,从此《仪礼》之名便成定称。唐代自贾公彦之后,《仪礼》研究开始衰落。"贾公彦对自汉至唐《仪礼》的研究成果做了首次总结整理,堪称《仪礼》自郑注以后又一部集大成之作。"①

2. 关注《丧服》经传的研究

今传《仪礼》的《丧服》篇由"经""记""传"三个部分组成。《仪礼·丧服》"缌麻章"后标有"记"字,"记"字之前为经文部分,"记"字之后为《记》文部分,而"经""记"部分均有标注"传曰"的解释性文字,即《丧服传》。据沈文倬先生考证,《记》附于本经篇末,是行文上不便插入正文的解释性、补充性的文字,与《经》是同时撰作的一书的两个部分。《传》本是《丧服经》以外自成体系的单传,主要解释《丧服》"经""记"之文,作于战国晚期。东汉马融初入东观点校秘书时,把《传》与《经》合编,成《丧服经传》1 卷,并撰注单行,晚年撰三礼全注,合于 17 篇,以后郑玄等相继撰注,流传至今。②

《仪礼·丧服》在儒学经典体系中占有非常重要的地位,而且其内容与古代宗法制度相辅相成。从社会学的角度来观察,可以发现,在"经"的神圣外衣下,《仪礼·丧服》实际上是先秦社会丧葬礼俗和宗族关系的"社会产物"③,是研究古代社会丧葬制度、亲属制度、家庭关系的重要资料,因而《丧服》的经传研究在汉魏两晋南北朝一直很受重视。期间出现众多有关《仪礼·丧服》的诠释著作。

---

①　王锷:《三礼研究论著提要》,甘肃人民出版社 2001 年版,第 145 页。

②　沈文倬:《汉简〈服传〉考》,载沈文倬:《宗周礼乐文明考论》,浙江大学出版社 1999 年版,第 33、182、192—193 页。

③　李安宅:《〈仪礼〉与〈礼记〉之社会学研究》,上海人民出版社 2005 年版,第 1 页。

不过,唐代贾公彦编撰《仪礼疏》时,许多南北朝时期问世的有关《仪礼》的义疏之作已经亡佚,能参考引用的唯有北齐黄庆和隋代李孟悊二家之"章疏"。而其中的《丧服》一篇情况则有所不同。贾公彦作疏时,还能征引到袁准、孔伦等十几家注。根据《旧唐书·经籍志》记载,当时有马融、郑玄、袁准、陈铨、蔡超宗、田僧绍等人所注《丧服纪》,以及戴德撰《丧服变除》,王肃注《丧服要纪》,杜预撰《丧服要集议》,贺循撰、谢微注《丧服要纪》,郑玄撰《丧服变除》,贺循撰、庚蔚之注《丧服要纪》,王俭撰《丧服古今集记》,王逡之撰《丧服五代行要记》,沈文阿撰《丧服发题》,皇侃撰《丧服文句义》,谢慈撰《丧服天子诸侯图》,崔游撰《丧服图》,蔡谟撰《丧服谱》,贺循撰《丧服谱》,赵成问、仇祈答《丧服要难》①等有关《丧服》的经学研究和规范丧服制度的仪注、图、谱。因此,在贾公彦的《仪礼·丧服》疏融合汉魏以来南北经学家的见解,注疏水平较高。后世关于《仪礼·丧服》的研究,也都建立在郑注贾疏的基础上。

贾公彦《仪礼·丧服》疏通过对汉魏以来丧服研究的继承和创新,进一步论证和强化了传统的以父权制伦理道德为基本内容的家庭伦理理论。其理论核心是对父权制的论证和维护,主要内容则是父权制家庭和家族体系的构建和维护。一方面极力完善以父系亲属为中心的家庭结构和亲属关系模式,严格家庭等级身份制度;另一方面着重通过对女性家庭身份地位的依附性、边缘化、卑幼化论述来树立父家长的独尊地位。这是唐代国家丧服制度建设的理论基础。

通过对丧服制度的阐发,儒家学者为社会设计和建立了一个值得依赖的价值系统与社会保障体系。依赖这个价值体系,家庭和家族成员的身份地位获得保障。父在系统中获得稳定的领导者地位。子在系统中获得家庭和家族的庇荫,并具有服从父的义务。女子在系统中获得相对的身份从属和界定,并获得相应地位。由于这个价值系统的存在,个人存在的价值和意义通过在家庭和家族中的义务和权利得到体现和阐发。当礼由家族扩展到整个社会时,它就变成一个国家的准则,构造整个社会的权力结构和秩序,克服种种社会动荡,维持着社会生活的稳定延续。所以,当唐代完成天下一统,开始制礼作乐,

① (后晋)刘昫等:《旧唐书》卷四六《经籍志上》,中华书局 1975 年版,第 1961 页。

构建统治秩序的时候,丧服制度作为其中重要的组成部分,成为统治者关注的对象。①

3.论著数目较少,体例缺乏创新

尽管唐朝以《易》《书》《诗》《周礼》《仪礼》《礼记》《左传》《公羊传》《穀梁传》九经取士,但《仪礼》由于文字难通,所以考试使用的并不多;即使是同为大经的《礼记》和《左传》,《礼记》由于篇幅较小,易于记诵,故而习《左传》者往往更少,《仪礼》的研习更可想而知。士子既不读,且唐代取士是用括帖式,只念注疏,不明经义,也限制了包括《仪礼》在内的经学的发展。因此,在唐代,《仪礼》学的发展极为缓慢,论著数目极少,且这些著作的影响也都不大,学子所宗奉的仍是郑注和贾疏,注疏一出,基本上整个唐代的经学就停滞在这一点上,也没有可以超越或替代注疏的著作出现。因此,终唐一代,《仪礼疏》在唐代《仪礼》学史上的地位实际上就相当于它在科举史上的地位。

在体例上,唐代有关《仪礼》的注疏,其特点与《五经正义》一样,都遵循疏不破注的原则,"注不驳经,疏不破注"。贾公彦所撰《仪礼疏》,也是遵循这一时代和义疏体的特点,在解释郑注基础上的解经。贾公彦《仪礼疏序》:"《仪礼》所注,后郑而已。其为章疏,则有二家:信都黄庆者,齐之盛德;李孟悊者,隋曰硕儒。""以诸家为本,择善而从,兼增己义。仍取四门助教李玄植,详论可否。"②由此可知,贾公彦以郑玄《仪礼注》为主,采取齐黄庆、隋李孟悊章疏及其他各家之说,同时加上自己的见解,而完成《仪礼疏》。疏文主要对郑注和经文进行疏解。对郑注,或引申,或阐述,或补充,若他说与郑注相违背,那么就会极力申说,甚至曲为维护。当然,对郑注也不是盲从,而是有一定的辨析。罗椒生《仪礼正义序》亦有云:"先生自述其例有四:曰补注,补郑君所未备。曰申注,申郑君注义也。曰附注,近儒所说,虽异郑恉,义可旁通,附而存之,广异闻,怯专己也。曰订注,郑君注义偶有违失,详为辨证,别是非,明折衷也。"③唐代包括贾公彦《仪礼疏》在内的《仪礼》学研究著述虽然在观点上有

---

① 赵澜:《唐代丧服制度研究》,博士学位论文,福建师范大学,2008 年。

② (唐)贾公彦:《仪礼注疏》卷一,载《十三经注疏》,中华书局 1980 年影印版,第 945 页。

③ (清)胡培翚著,段熙仲点校:《仪礼正义》,段熙仲整理,江苏古籍出版社 1993 年版,第 1 页。

所创见,但体例多沿袭义疏体,因循旧注,体例上缺乏创新。

朱熹曾评价唐人的九经疏,认为《周礼疏》最好,"《仪礼疏》说的不甚分明"①。《四库全书总目·仪礼集说》也评价曰:"郑注简约,又多古语,贾公彦《疏》尚未能一一申明。"②这主要是由于《仪礼疏》所能依据的材料太少,因而水平相对较低。

第四节　隋唐五代时期的《礼记》学

一、隋唐五代时期的《礼记》学概述

（一）《礼记》地位的提升

《周礼》《仪礼》《礼记》三礼中,由于《仪礼》本来是五经之一,而《周礼》与《礼记》原不在儒家经典之列,未立于学官,因而西汉时学术界当然比较重视《仪礼》,而对《周礼》较为漠视。西汉末,虽在王莽、刘歆的倡导下,《周礼》一度立于学官、设博士,但王莽新朝覆灭后,《周礼》又被罢学官,地位回落。直至东汉末郑玄重视《周礼》,为其作注,并将其列于三礼之首,《周礼》的地位才得到提升。

郑玄的三礼学大致上以《周礼》为宗,其注释《仪礼》和《礼记》,多引《周礼》裁定分歧、整齐礼制。清代学者皮锡瑞即明确指出,郑玄礼学"以《周礼》为经,《礼记》为记,其别异处皆以《周礼》为正"③。

魏晋南北朝时期,重《周礼》而轻《仪礼》《礼记》的学术倾向,开始逐渐有所改变。这从这一时期研究、注释三礼的经学著作的数量,亦可见其一斑。这一时期儒者撰作的《周礼》相关著作有 15 种,《仪礼》相关著作有 72 种,《礼记》相关著作有 32 种,总论三礼的著作有 9 种,通论礼学者 50 种,总计接近180 种,远远超过对其他经典的研究。这时期的《礼记》研究一改以往被视为《仪礼》学附庸之局面,不仅于曹魏时被统治者立于学官,而且引起学者的极

---

① （宋）黎靖德编:《朱子语类》,中华书局 1986 年版,第 2195 页。
② （清）永瑢等:《四库全书总目》卷二〇《仪礼集说》提要,中华书局 1965 年版,第 161 页。
③ （清）皮锡瑞:《经学通论》,中华书局 1954 年版,第 55 页。

大兴趣与关注,撰作了许多《礼记》诠释著作。其中缘由,盖如清儒焦循所说:"《周官》《仪礼》,一代之书也。《礼记》,万世之书也。必先明乎《礼记》,而后可学《周官》《仪礼》。"①从某种意义上来说,《礼记》包含的可为万世通则的礼义,是魏晋以后《礼记》日渐引起统治者和学者浓厚兴趣与极大关注的原因所在。

隋代礼制已初步综合了南北礼学,而尤为重视南朝礼学。隋文帝开皇年间,以北周礼学为主,融合北齐及南朝礼学为辅。隋炀帝大业年间,则进一步采纳南朝礼学,形成了南学为主的礼制体系。这一礼制体系对于代隋而兴的唐代而言,当有改造之必要。在这一改造过程中,以颜师古、孔颖达、贾公彦为代表的礼学家,与隋代大业时期的礼学倾向不同,他们持有强烈的北学立场,并以跨越陈、隋旧学为旨归,从而形成了北学色彩极为浓厚的新的唐初礼学系统。其具体表现,即在于《礼记》地位得到了提升。

北齐以来,北方学者重视《小戴礼》超过《周礼》和《仪礼》。孔颖达在领衔编纂《五经正义》时把《礼记》纳入五经系统而将《仪礼》排除在外,正体现了北朝礼学重视《礼记》学的典型风貌。在此基础上,孔颖达等人又对南北礼学加以整合,可谓是北学融合南学的结果。隋唐之际的南方学者陆德明在南朝陈末撰成《经典释文》,其《序录》可谓代表了南朝经学的权威观点。在《经典释文序录》中,陆德明认为《礼记》只是《周礼》《仪礼》的补充性著作,《礼记》的重要性不能与《周礼》《仪礼》相比肩。而孔颖达等人却更为重视《礼记》,以《礼记》取代了《仪礼》的五经之一的资格。在南北礼学渐趋融合的背景下,唐初学者之重视《礼记》,可说是在北朝礼学传统与社会礼俗风貌共同影响下而产生的结果。②

唐太宗重视的是礼之"义",而非礼之"仪";在乎的是礼的变通,而非礼的细枝末节。这应该是《礼记》入选五经的一个关键因素。唐太宗推崇《礼记》,如太宗君臣议论国事,《礼记》是一部常被征引的典籍。如在《贞观政要》一书中,唐太宗君臣引用《礼记》多达18例。其中,魏徵引7次,唐太宗引3次,李

① (清)焦循:《礼记补疏序》,载(清)王先谦编:《清经解续编》,凤凰出版社2005年版,第8778页。

② 潘忠伟:《唐初〈礼记〉地位的提升与北朝礼学传统》,《中华文化论坛》2011年第3期。

百药引 2 次,刘洎、宁文本、褚遂良、张蕴古等各引 1 次,未知名者引 2 次。相比较而言,他们征引《周礼》《仪礼》各 1 次。唐太宗推重《礼记》,故有大力表彰《礼记》的编撰者戴圣之举。贞观二十一年(647 年)春,唐太宗下诏以左丘明等二十一人配享孔子庙,其中即有戴圣。同年,又诏以左丘明、戴圣等二十二位前代儒者春秋二仲行释奠之礼。唐太宗不仅自己熟读《礼记》,甚至要求太子及诸王学习《礼记》。故唐太宗钦定的五经中,《仪礼》的地位被《礼记》所取代。唐太宗还敕令孔颖达等撰作《礼记正义》,对汉魏晋南北朝时期《礼记》诠释进行了系统的总结。唐朝中期,《礼记》被定为科举考试的"大经",进一步确立了其在经学领域的权威地位:

> 凡《礼记》《春秋左氏传》为大经,《诗》《周礼》《仪礼》为中经,《易》《尚书》《春秋公羊传》《穀梁传》为小经。通二经者,大经、小经各一,若中经二。通三经者,大经、中经、小经各一。通五经者,大经皆通,余经各一,《孝经》《论语》皆兼通之。凡治《孝经》《论语》共限一岁,《尚书》《公羊传》《穀梁传》各一岁半,《易》《诗》《周礼》《仪礼》各二岁,《礼记》《左氏传》各三岁。①

五代时期,关于经书的流传,值得称道的是将《礼记》等雕版印刷。王国维先生认为,文献所谓之九经、五经,实包括《易》《书》《诗》《周礼》《仪礼》《礼记》《孝经》《论语》《尔雅》和"春秋三传",并附以《五经文字》《九经字样》,与唐石经同。儒家经典《礼记》等刊刻于木板,始于前蜀毋昭裔,刊于成都。后唐长兴三年(932 年),宰相冯道命田敏等仿雕九经,但《周礼》《仪礼》《公羊》《穀梁》未能刊刻。后汉乾祐元年(948 年),又命国子监雕刻《周礼》等四经,至后周广顺三年(953 年)刻板雕毕,由田敏奏上,历经二十余年。

(二)《礼记》学著作

隋唐五代时期儒者撰作的《礼记》诠释、音义著作共 27 部,303 卷(篇)。其中,现今尚存且作者、时代可考者有 3 部,75 卷,包括:

1. 孔颖达等《礼记正义》70 卷。

2. 李林甫等《御刊定礼记月令》1 卷。

---

① (宋)欧阳修、宋祁:《新唐书》卷四四《选举志上》,中华书局 1975 年版,第 1160 页。

3. 成伯屿《礼记外传》4 卷。

文献虽已佚,但作者、时代尚可考者 17 部 143 卷,包括:

1. 王元规《礼记音》2 卷。

2. 褚晖《礼记文外大义》2 卷。

3. 牛弘《明堂议》1 卷。

4. 王劭《勘定曲礼》。

5. 魏徵《次礼记》20 卷。

6. 上官仪《投壶经》1 卷。

7. 史玄道《续投壶经》1 卷。

8. 李袭誉《明堂序》1 卷。

9. 王玄度《礼记注》20 卷。

10. 李林甫《月令并时训诗》1 卷。

11. 王元感《礼记神愆》30 卷。

12. 元行冲《类礼义疏》55 卷。

13. 王涯《月令图》1 卷。

14. 杜仲连《月令诗》1 卷。

15. 张大颐《明堂仪》1 卷。

16. 姚璠《明堂仪注》3 卷。

17. 郭山恽《大享明堂仪注》2 卷。

文献虽存佚不详,但作者、时代可考者 6 部,85 卷(篇),包括:

1. 魏徵《明堂议》1 篇。

2. 颜师古《明堂议》1 篇。

3. 冯宗《明堂大享议》1 篇。

4. 贾公彦《礼记疏》80 卷。

5. 孔颖达《明堂议》1 篇。

6. 王方庆《明堂告朔议》1 篇。

文献已佚,作者虽不详,但时代可考者 1 部,1 卷。

1.《礼记字例异同》1 卷。

二、孔颖达等《礼记正义》

（一）《礼记正义》的撰作背景

《礼记正义》的撰作，如前文所述，既是唐初儒学振兴的结果之一，又与南北朝隋唐时期《礼记》地位的不断提升密切相关。

唐太宗既以《礼记》为五经之一，以之作为官方意识形态，自然不能允许自汉魏晋南北朝时期历代儒者异说纷呈、争议纷纭的局面继续下去。撰作统一的《礼记》注释著作，统一异说，自然势在必行。于是遂有包括《礼记正义》在内的《五经正义》的撰作。

（二）《礼记正义》的修撰与颁行

关于唐太宗时期《礼记正义》的修撰，史籍记载曰："太宗又以经籍去圣久远，文字多讹谬，诏前中书侍郎颜师古考定五经，颁于天下，命学者习焉。又以儒学多门，章句繁杂，诏国子祭酒孔颖达与诸儒撰定《五经义疏》，凡一百七十卷，名曰《五经正义》，令天下传习。"①

参与撰作《礼记正义》的学者，据孔颖达《礼记正义·序》记载，最初参与撰作的学者，主要有中散大夫守国子司业朱子奢、国子助教李善信、守太学博士贾公彦、行太常博士柳士宣、魏王东阁祭酒范义頵、魏王参军事张权等对共量定。至贞观十六年（642 年），又奉敕与前修疏人及儒林郎、守太学助教、云骑尉周玄达、儒林郎、守四门助教、云骑尉赵君赞、儒林郎、守四门助教、云骑尉王士雄等，对敕使赵弘智覆更详审。

孔颖达，字仲达，冀州衡水（今河北衡水）人。八岁就学，日诵千余言。及长，尤明《左氏传》《郑氏尚书》《王氏易》《毛诗》《礼记》，兼善算历，解属文。以教授为务。隋大业初，举明经高第，授河内郡博士。时炀帝征诸郡儒官集于东都，令国子秘书学士与之论难，颖达为最。补太学助教。隋末战乱，颖达避难于武牢。唐太宗平定王世充时，引为秦府文学馆学士。武德九年（626 年），擢授国子博士。贞观初，封曲阜县男，转给事中。太宗初即位，留心庶政，颖达数进忠言，益见亲待。贞观六年（632 年），累除国子司业。岁余，迁太子右庶子，仍兼国子司业。与诸儒议历及明堂，皆从颖达之说。又与魏徵撰成《隋

---

① （后晋）刘昫等：《旧唐书》卷一八九上《儒学列传上》，中华书局 1975 年版，第 4941 页。

史》，加位散骑常侍。贞观十一年（637年），又与朝贤修定五礼，所有疑滞，咸谘决于颖达。书成，进爵为子。太子李承乾令撰《孝经义疏》，颖达因文见意，更广规讽之道，学者称之。太宗以颖达在东宫数有匡谏，与左庶子于志宁各赐黄金一斤、绢百匹。贞观十二年（638年），拜国子祭酒，仍侍讲东宫。与颜师古、司马才章、王恭、王琰等诸儒受诏撰定五经义训，凡一百八十卷，名曰《五经正义》。太宗下诏付国子监施行。时太学博士马嘉运驳颖达所撰《正义》，诏更令详定，功竟未就。贞观十七年（643年），以年老致仕。贞观十八年（644年），图形于凌烟阁。贞观二十二年（648年）卒，陪葬昭陵，赠太常卿，谥曰宪。直至唐高宗永徽二年（651年），诏中书门下与国子三馆博士、弘文馆学士考正之，尚书左仆射于志宁、右仆射张行成、侍中高季辅就加增损，书始布下。其生平事迹具载《旧唐书》卷七三《孔颖达传》、《新唐书》卷一九八《儒学列传上》。

据《贞观政要》相关记载可知，唐太宗令颜师古考定五经事在贞观四年（630年）："贞观四年，太宗以经籍去圣久远，文字讹谬，诏前中书侍郎颜师古于秘书省考定五经。"①修撰《礼记正义》之开始，则必在贞观四年后。孔颖达《礼记正义·序》曰："至十六年，又奉敕……覆更详审，为之《正义》，凡成七十卷。"②可知当在贞观十六年（642年）前修撰完成。《唐会要》曰："贞观十二年，国子祭酒孔颖达撰《五经义疏》一百七十卷。"③贞观十二年（638年）或为修撰开始之年。因为《旧唐书》卷七三《孔颖达传》记载曰："十一年，又与朝贤修定《五礼》……书成，进爵为子……十二年，拜国子祭酒，仍侍讲东宫。"④贞观十一年（637年）时，孔颖达等修定《五礼》，故修撰《正义》恐难于此时并行。贞观十二年（638年），孔颖达"拜国子祭酒"，与其主持修撰时的头衔相一致。又贞观十七年（643年），孔颖达"以年老致仕"。那么，《礼记正义》当在贞观十六年（642年）修撰完成并通过复审。

《五经正义》不可避免地存在一定的疏漏与谬误。孔颖达等将修撰完成的《五经正义》原稿（或抄本）献于唐太宗御览，由于存在问题而未能刊行。历

① （唐）吴兢：《贞观政要》卷七《崇儒学》，上海古籍出版社1978年版，第220页。
② （唐）孔颖达：《礼记正义》序，载《十三经注疏》，中华书局1980年影印版，第1223页。
③ （五代）王溥：《唐会要》卷七七《贡举下》，中华书局1955年版，第1405页。
④ （后晋）刘昫等：《旧唐书》卷七三《孔颖达传》，中华书局1975年版，第2602页。

经六七年,一直到贞观二十二年(648 年)孔颖达去世。贞观二十三年(649年),唐太宗驾崩,《五经正义》仍未能刊行。

唐高宗永徽二年(651 年)三月十四日,"诏太尉、赵国公长孙无忌及中书、门下及国子三馆博士、宏文学士:'故国子祭酒孔颖达所撰《五经正义》,事有遗谬,仰即刊正。'至四年三月一日,太尉无忌、左仆射张行成、侍中高季辅及国子监官,先受诏修改《五经正义》,至是功毕。进之。诏颁于天下,每年明经,依此考试。"①则参与修定人员,当包括长孙无忌、李勣、于志宁、张行成、高季辅、裙遂良、柳奭、谷那律、刘伯庄、王德韶、贾公彦、范义頵、柳宣通、齐威、史士宏、孔志约、薛伯珍、郑祖元(玄)、随德素、赵君赞、周玄达、李玄植、王真儒等,共 23 人。长孙无忌、李勣等开国元勋,或总领其事而已。直接参与《礼记正义》的修定工作的,有首次参与修撰者,如贾公彦、范义頵、柳士宣(即柳宣通)、周玄达、赵君赞等,共 4 人。另外,根据诸贤的学术特长,估计还可能参与的有孔志约、李玄植 2 人。

(三)《礼记正义》的校勘②

孔颖达《礼记正义》分别对经文、注文、前人之疏等进行了校勘。《礼记正义》进行校勘时,因孔颖达等推崇郑学,故以郑玄《礼记注》为底本,同时采用汉魏晋南北朝时期形成并流传至唐代的《礼记》众本,主要有"郑诸本""郑又一本""或本""一本""诸本""颜师古定本""俗本""皇(侃)疏本""蔡邕本""熊安生本""卢植本""王肃本""南本""北本""礼本""徐邈《礼记音》本""而本""他本",以上所列 18 种,当有重复并包或遗漏现象。孔疏语焉不详,故不可臆测。孔疏参考的版本,地域上有南、北本之分,来源有官府、民间(如俗本)之别,以达到精校的目的。

(四)《礼记正义》对《礼记》创作、成书及性质的阐述

《礼记正义》作为义疏体注释之作,其主要内容是疏解《礼记》经文与郑玄《礼记注》。其对二者的文本所进行的注释,主要包括四个方面:首先是对《礼记》一书的作者、成书、成篇问题进行了考论;其次则就《礼记》一书的性质、内

---

① (五代)王溥:《唐会要》卷七七《贡举下》,中华书局 1955 年版,第 1405 页。

② 本节内容主要依据陶广学《礼记正义研究》(博士学位论文,扬州大学,2012 年)撰成,特此致谢。

容以及各篇题旨、要义展开论述与归纳,这是其文本考论的主要内容;再次是对《礼记》部分篇章进行了结构分析,总结其文法义例;最后还对郑玄《礼记注》的文法义例作以总结。

1. 论《礼记》的作者

纵观《礼记》学,最难解决的问题莫过于其成书问题。孔颖达《礼记正义》亦要面对此一问题。故于疏中对《礼记》的性质、作者及编纂者、成书年代等问题进行了探究。关于《礼记》成书,孔颖达的认识是深刻的,他并没有将《礼记》四十九篇视作一个整体来讨论其写作年代,而是将写作者、编撰者分开讨论,这无疑是正确的。孔颖达论《礼记》的作者问题,包含三个层面:

(1)"《礼记》之作,出自孔氏"

孔颖达认为,《礼记》是圣人教授生徒之口头文本,今所谓"讲义"者。

(2)"七十二子之徒共撰所闻,以为此《记》"

《礼记》诸篇的记录者、写作者是孔门七十子之徒,他们"共撰所闻",而所闻之源头则是孔子。孔子逝后,儒家分裂,故《礼记》内容尤为驳杂。孔颖达曰:"《中庸》是子思伋所作;《缁衣》,公孙尼子所撰。"他还援引郑玄、卢植诸儒之说,对《月令》《王制》的作者或成书年代问题进行了阐述:"郑康成云:《月令》,吕不韦所修;卢植云:《王制》,谓汉文时博士所录。"①

(3)"戴圣传《礼》四十九篇,则此《礼记》是也"

孔颖达采用郑玄《六艺论》说,认为《礼记》的编撰者是西汉的戴圣。《礼记》成书,历经口述者(孔子)、记录者(孔门弟子)、写作者(后世再传弟子)与整理编辑者(戴圣)等诸多环节。孔疏之说,大致符合《礼记》成书实情。

2. 论《礼记》的写作形式

关于《礼记》各篇的具体写作,孔颖达认为是"知今温古"的博物通人"考前代之宪章,参当时之得失,俱以所见,各记旧闻。错总鸠聚,以类相附"②。其写作过程,则采用"或录旧礼之义,或录变礼所由,或兼记体履,或杂序得失"四种具体方式。③ 孔颖达于63卷疏文中,为之发凡起例:

---

① (唐)孔颖达:《礼记正义》序,载《十三经注疏》,中华书局1980年影印版,第1226页。
② (唐)孔颖达:《礼记正义》序,载《十三经注疏》,中华书局1980年影印版,第1222页。
③ (唐)孔颖达:《礼记正义》序,载《十三经注疏》,中华书局1980年影印版,第1226页。

（1）"或录旧礼之义"

孔疏认为《礼记》文中，言"《记》曰"5 例、"《礼》（《曲礼》）曰"3 例，以及多处"故曰"，皆系"录旧礼之义"。

（2）"或录变礼所由"

伴随时代发展，礼亦随之演变，《礼记》记载了大量"变礼"，固然表现出先秦"礼崩乐坏"的一面，实质上也体现了时代发展对礼的要求。《礼记》中凡载变礼，孔颖达等皆详加训释。

（3）"或兼记体履"

孔颖达继承郑玄说，认为礼可分为"体"与"履"，所谓《周礼》为体，《仪礼》为履。《礼记》兼记有《周礼》《仪礼》的相关内容。如记载礼节仪式者为"履"，所谓"威仪三千"；而记载官职设立及制度者为"体"，所谓"经礼三百"。按此说，则《礼记》中《王制》《月令》《明堂位》等篇当为"体"，其他多可视为"履"，其中又杂记了一些"体"的内容。

（4）"或杂序得失"

《礼记》49 篇，非出自一时一人之手，各篇之间，时有抵牾，且春秋、战国时代，实为社会动荡时代。孔颖达认为，《礼记》系孔子弟子所录夫子"圣旨"，又以"周公制礼，永世作法"①，《礼记》本不应如此杂乱、自相矛盾。而其杂乱、矛盾的原因，则是"时经幽、厉之乱，又遇齐、晋之强，国异家殊，乐崩礼坏，诸侯奢僭，典法诡舛，是以普天率土，不闲礼教"，而"作记之人，随后撰录，善恶兼载，得失备书"。②

3. 论《礼记》中 21 篇的成篇时间或撰者

除《中庸》《缁衣》《月令》《王制》4 篇外，孔颖达还对另 17 篇，《檀弓》《礼运》《礼器》《郊特牲》《明堂位》《乐记》《祭义》《经解》《奔丧》《投壶》《儒行》《冠义》《昏义》《乡饮酒义》《射义》《燕义》《聘义》的成书时间，进行了阐述。

孔颖达在有关《礼记》成书问题的论述中体现出尊重郑学、恪守郑注的学术倾向。如他倾向于郑玄《六艺论》戴圣编撰《礼记》49 篇之说，而与同时代

---

① （唐）孔颖达：《礼记正义》，载《十三经注疏》，中华书局 1980 年影印版，第 1281 页。
② （唐）孔颖达：《礼记正义》，载《十三经注疏》，中华书局 1980 年影印版，第 1281 页。

学者陆德明《经典释文》所持"小戴删大戴说"①及魏征《隋志》所持"马融足三篇说"②立异。他又依郑玄《目录》,断定诸篇成书时代与撰者:《月令》篇出自《吕氏春秋》:"按郑《目录》云:'名曰《月令》者,以其记十二月政之所行也,本《吕氏春秋·十二月纪》之首章也,以礼家好事抄合之。后人因题之名曰《礼记》,言周公所作,其中官名、时事,多不合周法。'"③《奔丧》《投壶》"实逸《曲礼》之正篇也"④"亦实《曲礼》之正篇"⑤,《儒行》所作"盖孔子自卫初反鲁之时也"⑥。他依据郑注,推断《王制》成书时间"盖在秦汉之际"⑦。为提高《礼记》经学地位,他认为"其《礼记》之作,出自孔氏。……至孔子没后,七十二子之徒共撰所闻,以为此《记》"⑧。而陆德明却说:"《礼记》者,本孔子门徒共撰所闻以为此记,后人通儒各有损益。"⑨与《释文》相较,孔疏此论,进一步提升了《礼记》的地位。不仅如此,他还认为,《经解》《儒行》等篇直接出自孔子之手。这些篇章当视为经。他认为《礼记》是由"或录旧礼之义,或录变礼所由,或兼记体履,或杂序得失"⑩四种形式写作而成,解释了其内容驳杂的性质。

4.《礼记》的性质及各篇要义

《礼记正义》就《礼记》一书的性质及各篇的要义进行了归纳。

(1)《礼记》的性质

孔颖达主要从《礼记》作者与内容两方面论其性质:

---

① (唐)陆德明著,吴承仕疏证:《经典释文序录疏证》,中华书局1984年版,第91页。
② (唐)魏徵等:《隋书》卷三二《经籍志一》,中华书局1973年版,第925页。
③ (唐)孔颖达:《礼记正义》,载《十三经注疏》,中华书局1980年影印版,第1352页。
④ (唐)孔颖达:《礼记正义》,载《十三经注疏》,中华书局1980年影印版,第1653页。
⑤ (唐)孔颖达:《礼记正义》,载《十三经注疏》,中华书局1980年影印版,第1665页。
⑥ (唐)孔颖达:《礼记正义》,载《十三经注疏》,中华书局1980年影印版,第1668页。
⑦ (唐)孔颖达:《礼记正义》,载《十三经注疏》,中华书局1980年影印版,第1321页。
⑧ (唐)孔颖达:《礼记正义》序,载《十三经注疏》,中华书局1980年影印版,第1226页。
⑨ (唐)陆德明著,吴承仕疏证:《经典释文序录疏证》,中华书局1984年版,第91页。
⑩ (唐)孔颖达:《礼记正义》序,载《十三经注疏》,中华书局1980年影印版,第1226页。

①"出自孔氏"之《记》

《礼记》一书,陆德明《音义》推断其命名的缘由曰:"此记二礼之遗阙,故名《礼记》。"①意思是说:《礼记》不过是《周礼》《仪礼》二经的"记",其内容虽是二经的遗阙,但若是二经撰作者有意遗阙者,则其价值自然较之二经,有所逊色。孔颖达则认为,《周礼》《仪礼》是经,因此,《礼记》地位自然不能与之并提并论。然而,孔颖达又曰:"《礼记》之作,出自孔氏。"②则《礼记》非一般之记,圣人之意蕴含其中。加之"正《礼》残缺,无复能明"③,而《礼记》完整,自然可弥补"正礼"的残缺与不足,其地位与价值不可不重视。

②内容庞杂的儒家丛书

孔颖达的一些阐述,事实上已经正确地指出《礼记》丛书的性质,远较汉以来所谓"记二礼之阙遗"的认识大为精确。

(2)《礼记》各篇要义

《礼记》49篇,作者之众,内容之杂,致其命名也复杂多样,甚至命名带有很大随意性,与内容并无紧密关系。郑玄《礼记目录》于《礼记》各篇题下皆阐释其题旨与要义,亦由于内容庞杂,《目录》所释,多有失偏颇。孔颖达《礼记正义》全部采用郑玄《目录》之说,时而为之疏通或补充,体现出鲜明的尊郑学术倾向。因此,郑玄《目录》所释准确者,孔疏亦承其说,郑氏解题有误者,孔疏亦承继其误。

①郑、孔注疏题旨、要义确当者20篇

包括《曲礼下》第二、《檀弓下》第四、《月令》第六、《礼运》第九、《内则》第十二、《丧服小记》第十五、《学记》第十八、《乐记》第十九、《杂记下》第二十一、《祭义》第二十四、《祭统》第二十五、《中庸》第三十一、《三年问》第三十八、《儒行》第四十一、《冠义》第四十三、《昏义》第四十四、《乡饮酒义》第四十五、《射义》第四十六、《燕义》第四十七、《聘义》第四十八。

②郑、孔注疏题旨、要义需商榷或补充者14篇

包括《王制》第五、《大传》第十六、《少仪》第十七、《丧大记》第二十二、

---

① (唐)孔颖达:《礼记正义》,载《十三经注疏》,中华书局1980年影印版,第1229页。
② (唐)孔颖达:《礼记正义》序,载《十三经注疏》,中华书局1980年影印版,第1226页。
③ (唐)孔颖达:《礼记正义》序,载《十三经注疏》,中华书局1980年影印版,第1226页。

《坊记》第三十、《表记》第三十二、《奔丧》第三十四、《问丧》第三十五、《服问》第三十六、《间传》第三十七、《深衣》第三十九、《投壶》第四十、《大学》第四十二、《丧服四制》第四十九。

③郑、孔注疏题旨、要义有误者 15 篇

《曲礼上》第一、《檀弓上》第三、《曾子问》第七、《文王世子》第八、《礼器》第十、《郊特牲》第十一、《玉藻》第十三、《明堂位》第十四、《杂记上》第二十、《祭法》第二十三、《经解》第二十六、《哀公问》第二十七、《仲尼燕居》第二十八、《孔子闲居》第二十九、《缁衣》第三十三。

（3）论《礼记》部分篇章的结构

《礼记》一书内容庞杂，其篇与篇之间绝大多数缺少必然联系，故其整书的结构实难划分。孔颖达《礼记正义》对《礼记》的大部分篇章未能进行结构分析。孔疏训释，采取随文而释，对于层次有法者，孔疏亦努力解析之。具体言之，一是对其整篇进行划分，二是对有些篇中的具体章节进行划分。

①划分整篇结构

孔疏共对《文王世子》《礼运》《乐记》《经解》《孔子闲居》《坊记》《儒行》7 篇进行了结构分析。其中对《孔子闲居》《坊记》《儒行》3 篇的结构划分是可行的，《文王世子》《礼运》《乐记》《经解》4 篇的结构划分，则值得商榷。

②对某些篇中具体章节的层次划分

孔疏为便于疏通，对部分篇中一些具体章节多有层次划分。孔疏总结《礼记》文法，概言之，有对用词的发凡起例、有对修辞的揭示、有总结整篇或部分片段之体例等三个层次。

（4）对《礼记》用词（词组）发凡起例

孔疏对《礼记》文本中某些词（词组）的使用规律，进行随文归纳。孔疏多以"（凡）言……者"形式总结之。

（5）揭示《礼记》的修辞手法

《礼记》中的修辞以互文手法的运用居多，郑注已有所训释，孔疏对《礼记》中的互文现象，揭示、总结甚多。孔疏主要对《月令》《曾子问》《坊记》《表记》《聘义》等篇的体例，有所总结。孔疏总结体例于《月令》篇最详。

（6）总结部分章节的体例

受汉以来"章句"体注经影响,孔疏对《礼记》亦分章节训释,并总结了部分片段的体例。

孔疏论《礼记》文法,很有精当之处。不过,孔疏所言皆为只言片语,多类似点评性质的感悟,而缺乏整体性的把握。

《礼记正义》还对郑玄《礼记注》加以考论,孔颖达本着知人论世的原则,首先简介郑玄其人,又重点训释作为解书之名的"注"之含义。

郑注用语言简意赅,善用"春秋笔法",其中微言大义,孔疏多有揭示、发明。

郑注引文灵活,孔疏曰其"常变文为语"。概言之,有变称书名法,如引讳书常以"说"名之。有引书"变文"法,有简略原文即"约文"法,据孔疏所释,郑玄《礼记注》共约文59处。

（五）《礼记正义》训诂考释

孔氏《正义》于训诂体式采取最基本的随文注释体。孔疏常曰"各随文解之",时而曰"今各随文解之"或"亦各随文解之",其法即随经典原文进行注释疏通,一般是逐篇、逐段（节）、逐句、逐字加以注释,包括对旧注的疏证在内。虽然注文与原文可以分编单行,但并不改变注释随原文而出的特点。此体实乃训诂体式中的正宗。

总结《五经正义》五篇序文的训诂思想,大致可以概括为:第一,反对以释、老等学说训释儒经,主张儒经的正统地位,并借以维护儒经的纯洁。第二,反对肆意攻击前贤经注,主张尊重、汲取前贤成果,遵循"疏不破注"原则。第三,反对训释经典过于穿凿附会,甚而借训释经文卖弄才学或感情用事,主张解经应有是非分明、言之有据的态度。第四,对训释语言的要求是,反对华而不实,提倡简洁、朴素的语言风格。

（六）《礼记正义》的得失

《礼记正义》是唐代儒者对汉魏晋南北朝时期历代儒家学者《礼记》学的一次系统、全面的整理和总结,因而保存了大量这一时期诸多儒者的有关学说、理论,从文献保存、传承方面来说,厥功至伟。同时,孔颖达等人也对《礼记》经文及前代,包括郑玄在内的诸多儒者的注释,多有补充、完善、批驳、匡正之处,体现出了唐代儒者在《礼记》学研究领域的丰硕成就。其以引用广博详赡,论证严谨缜密,而得到唐代以后历代诸多儒者的肯定和认可,被视为中国古代《礼记》学研究领域的一座难以企及的学术高峰。其在文献学方面的诸多成就,详见前文所述,值得后世学者遵循。

不可否认的是,《礼记正义》也不可避免地因受时代局限性及撰作方式等因素的影响,而存在若干瑕疵之处。概括来说,主要有如下四个方面的不足之处:

1. 尊经宗郑,曲意回护

正如诸多学者指出的是,《礼记正义》疏解《礼记》本经和郑玄《注》时,确立"疏不破注"的原则,对郑注或疏证,或补阙,或考郑注之所据,绝无驳郑之例。尽管孔颖达等对与郑玄注文不同的异说,多能依据其学术水准,加以取舍,如淘汰一些学术水准低下的异说,保存一些具有较高学术水准的异说。《礼记正义》中大量存在的诸说并存的现象,体现了孔颖达等人严谨求实的学风,以及对学术及读者负责的态度。

孔颖达等对并存诸说,主要采取了如下的处理方式:如果不能确定哪种说法正确或者认为其意俱通,则诸说并存;如果不同意该说法,则引用而批驳之。两说相权取其优。对于有的问题,众说纷纭,莫衷一是,孔颖达等人亦不能下判断,而是给出自己认为较合理的一种说法供读者参考。

需要注意的是,孔颖达等人并非处处都维护郑注,有时对郑注也有所怀疑,只不过态度很委婉。不过,从总体上来看,由于孔颖达等基本遵循"疏不破注"的原则,因此,《礼记正义》强调"礼是郑学"。由此而产生了诸如郑注误而不辨、因循作解、曲为之说等现象。

2. 博采众说,失于剪裁

《礼记正义》主要是广采他说、删理旧疏而成,孔颖达等人大量采用南北朝以来的义疏:有的直接引用,指明来自何人或何书,却失于剪裁、整理;有的则直接对所引材料进行删理,而不标明其来源出处。这些做法都容易产生芜杂不精之弊。

3. 言非一家,强求会通

《礼记》各篇非出于一时一人之手,又属于杂记性质,因此各篇之间多有矛盾抵牾之处,孔疏却常常强求会通,而有牵强附会之弊。

4.训释不当,错误多见

孔疏训诂之误,究其原因,概言之有误解经、注而误,强解经、注而误,从郑注误而误,及训释自相矛盾等四种情况。

第五章　宋代的三礼学

第一节　宋代三礼学发展的社会文化背景

宋代是中国历史上经济与文化教育最繁荣的朝代之一,分北宋和南宋,历十八帝三百二十年。960年,后周大将赵匡胤黄袍加身,建立宋代。1127年,金兵大举南侵,宋钦宗、宋徽宗二人被金人掠至五国城,史称"靖康之耻",北宋灭亡。宋高宗赵构南迁,于陪都南京应天府建立了南宋。1276年,元朝军队攻占临安;1279年崖山海战后,宋代彻底灭亡。从精神文化层面来说,宋朝实现了儒家文化的复兴,传统经学研究锐意革新,进入了"宋学"的新阶段,呈现出"理学化"的经典诠释学特征,并促进了儒、道、佛三家相互交会的深入发展。就三礼学的发展而言,这一时期的社会文化背景值得重点关注的,主要有如下数端。

一、战争频仍与儒者的忧患意识

北宋建立之前,正值五代十国混战,经历了数十年的战乱,民生凋敝,百姓流离失所。赵匡胤建立政权、定都开封之后,定下了先南后北的战略方针,于乾德三年(965年)正月灭了后蜀,六年之后,又征服了南汉。开宝八年(975年)十一月,在大军破城之后,南唐后主李煜奉表投降,宣告了南唐的灭亡。经历了一系列的统一战争,到宋太宗赵光义统治时期,北宋基本上实现了局部的统一。

内忧虽然有所缓解,但是外患却一直困扰着这个新生王朝。太宗驾崩之后,真宗即位,此时宋朝北部的辽国经常在宋、辽边界抢劫掳掠,给边疆稳定带来了极大的危害,至景德年间,辽国已经不满足于抢劫掳掠,开始大规模派兵,最终演变成了侵略战争。真宗御驾亲征,最终在机缘巧合之下与辽军议和,促成"澶渊之盟",使得双方维持了近百年的和平境况。北宋仁宗宝元元年(1038年),党项人李元昊称帝,建立了西夏国,与宋朝发生了多起战争。由于宋朝军事力量薄弱,双方征战往往以宋军败退收尾,从而导致岁币的增加,加重了宋朝的负担。

除了辽和西夏,金也一直威胁着宋王朝,金与宋签订海上之盟,共同攻辽,但最终却以宋军大败收场。金兵屡次南进,靖康元年(1126年)九月攻陷太原,十一月又攻下了开封外城,宋朝议和失败,最终在靖康二年(1127年),宋徽宗、钦宗被金人所掳,北宋从此覆灭,宋室南迁,南宋王朝拉开了序幕。南宋王朝迁于江南,其实力已经远不如北宋,再加上内忧外患,国力已经衰败。经历了五次宋金战争,两次宋元战争,最终被蒙古灭国。

宋代虽然面临频繁的对外战争,但其文化却出现了繁荣昌盛的局面。在积贫积弱的社会背景之下,儒者们也充满着忧患意识,这种忧患意识直接体现在宋代士大夫对国家、民族、天下百姓的关怀。范仲淹在其《岳阳楼记》当中阐述的"先天下之忧而忧,后天下之乐而乐"的思想,就是当时士大夫们忧患意识的客观表现。苏轼在其《赐新除中大夫守尚书右丞王存辞免恩命不允诏》一文中也说过:"夫享天下之利者,任天下之患。居天下之乐者,同天下之忧。"[①]欧阳修在《易童子问》当中也将其忧患意识进行了充分的表达:"圣人忧以天下,乐以天下。其乐也,荐之上帝祖考而已,其身不与焉。众人之豫,豫其身耳。圣人以天下为心者也,是故以天下之忧为己忧,以天下之乐为己乐。"[②]在忧患意识的驱使之下,宋代的儒者也乐于用儒家的经典思想为政治服务,进行政治改革,如王安石推行的变法,就是在忧国忧民的意识驱使之下实行的。王安石推崇《周礼》,著有《周官新义》,其所推行的变法在很大程度上借鉴了经学的研究成果。

---

① (宋)苏轼撰,(明)茅维编:《苏轼文集》卷四〇,中华书局1986年版,第1150页。
② (宋)欧阳修著,李逸安点校:《欧阳修全集》卷七六,中华书局2001年版,第1109页。

二、社会礼俗的破坏与学者治礼之风的兴起

连年的战乱之下,民生凋敝,百姓生存尚且无法保障,制礼作乐更是成为一种奢望,因此两宋的礼俗也随着战争和动乱而逐渐地凋敝、毁坏。面对如此情形,宋代的儒者表现出了一定的担忧,不少知名的学者纷纷推崇礼学,倡导礼学研究。"宋初三先生"中的胡瑗著有《原礼篇》,认为:"民之于礼也,如兽之于圈也,禽之于绁也,鱼之于沼也,岂其所乐哉?勉强而制尔。民之于侈纵奔放也,如兽之于山薮也,禽之于飞翔也,鱼之于江湖也,岂有所使哉?情之自然尔。"[1]胡瑗认为人的天性是恶的,圣人制作礼乐是为了限制约束人的恶念。与胡瑗同时代的李觏则持相反的看法,他认为圣人之所以制礼是为了顺应人情,并不是为了压制人性。李觏有关礼以顺人情的论述在北宋产生了较大的影响,如苏轼在礼与情的关系上就赞同李觏的观点,他认为:"夫礼之初,缘诸人情,因其所安者,而为之节文,凡人情之所安而有节者,举皆礼也,则是礼未始有定论也。然而不可以出于人情之所不安,则亦未始无定论也。"[2]同样,二程在这一问题上也持相同的观点,程颢有言:"礼者因人情者也,人情之所宜则义也。三年之服,礼之至,义之尽也。"[3]程颐则说:"礼之本,出于民之情,圣人因而道之耳。礼之器,出于民之俗,圣人因而节文之耳。圣人复出,必因今之衣服器用而为之节文。其所谓贵本而亲用者,亦在时王斟酌损益之耳。"[4]当然,二程虽然赞同礼顺人情的观点,但同时又指出礼只顺应合乎人性的方面,至于不合乎人性的恶的方面则是礼压制的对象,并因此提出了"克己复礼"的主张。

宋代学者提倡礼学的研讨,其中朱熹在礼学方面下的功夫尤其大。朱熹不仅培养了一批从事礼学研究的人才,还组织弟子门人编修礼书。在朱熹培养的弟子中,李如圭、黄榦、杨复都是不可多得的人才。李如圭著有《仪礼集释》,黄榦和杨复跟随朱熹的学术脚步,协助朱熹编纂了《仪礼经传通解》和

---

① (宋)李觏:《与胡(瑗)先生书》,载《李觏集》卷二八,中华书局2011年版,第302页。
② (宋)苏轼:《礼以养人为本论》,载《苏轼文集》卷二,中华书局1986年版,第49页。
③ (宋)程颢、程颐:《河南程氏遗书》卷一一《明道先生语一》,载《二程集》,中华书局2004年版,第127页。
④ (宋)程颢、程颐:《河南程氏遗书》卷二五《伊川先生语十一》,载《二程集》,中华书局2004年版,第327页。

《仪礼经传通解续编》，一改前人的治礼方法，对后世礼学研究产生了深远的影响。杨复另外编有《仪礼图》，以《仪礼》当中的礼节为对象，用礼图绘制的方法进行经典阐述。在朱熹等人的积极倡导和亲自实践之下，宋代学者在礼学研讨上所下的功夫很大，流传下来的有关三礼学的著作也颇为不少。

三、佛教的兴盛对礼乐教化功能的促进

宋代的文化发展迅速，出现了欣欣向荣的局面，儒、释、道三家缤纷多彩的思想在此时也逐渐融合。宋代的统治者重视文人，政策上多重文抑武，文人的地位得到了很大程度的提高，加上印刷术的发展，文化的传播也非常便利而迅速，这种种条件促进了宗教事业的发展，佛教也趁着这股风气兴盛了起来。宋代佛教兴盛的一个表现就是佛学典籍的大量出现，陈垣先生的《中国佛教史籍概论》收录了佛学典籍 35 种，其中宋代即占了 11 种，可见其时佛学之盛况。不仅如此，宋代的佛学典籍在体例上也渐趋完善，众体兼备，超越了之前的藩篱。

佛学的发展还受到统治者的鼓励，太平兴国八年（983 年），太宗以新译经五卷示宰相，并说："浮屠氏之教有裨政治。"①雍熙二年（985 年），太宗诏令供奉僧于道场时说："朕恐百姓或有灾患，故令设此，未必便能获佑，且表朕勤祷之意。"②对于不信佛教、排斥佛教的人，宋代统治者则给予一定的惩处，如乾德四年（966 年），河南进士李蔼"不信释氏，尝著数千言，号《灭邪集》，又辑佛书缀为衾"，太祖知道后以"非毁圣道，诳惑百姓"罪发配沙门岛③。凡此种种均促进了佛教的兴盛，至南宋之时，面对佛教泛滥的境况，朱熹还不无感慨地说："佛氏乃为逋逃渊薮。今看何等人，不问大人，小儿，官员，村人，商贾，男子妇人，皆得入其门。最无状，是见妇人便与之对谈。"④

佛教的泛滥必然会对社会造成巨大的影响，佛教劝人向善的属性决定了其对世人的影响主要集中在礼乐教化方面。宋代佛教迎合了中国的传统

---

① （宋）李焘：《续资治通鉴长编》卷二四，中华书局 2004 年版，第 554 页。
② （宋）李焘：《续资治通鉴长编》卷二六，中华书局 2004 年版，第 596 页。
③ （宋）李焘：《续资治通鉴长编》卷七，中华书局 2004 年版，第 169 页。
④ （宋）黎靖德编：《朱子语类》卷一二六，中华书局 1986 年版，第 3037 页。

文化,逐渐与儒家思想融合,其中比较值得关注的一条就是将以"孝"为代表的中国传统伦理观融入佛教的体系中,主张"律制佛子,必减衣盂之资,以养父母"①。佛教关注来世,注重轮回,对于人的生老病死都非常关注,尤其注意丧礼和葬礼,因此宋代的丧葬礼俗也深受佛教的影响。如宋代"世俗信佛屠,以初死七日至七七日、百日、小祥、大祥必作道场"②。除此之外,宋代的很多节日习俗也受到了佛教的影响,有关这些节日的习俗记载,宋人金盈之《醉翁谈录》、孟元老《东京梦华录》、吴自牧《梦粱录》、周密《武林旧事》等笔记中有非常详细的记载。

第二节　宋代《周礼》学

一、宋代《周礼》学著作概述

下面从《周礼》学著作的数量、分类和解经特点三方面介绍宋代的《周礼》学著作。

（一）宋代《周礼》学著作的数量

宋代《周礼》学著作的数量,较之前代,有大幅增加。如清人朱彝尊《经义考》著录的由汉迄唐的《周礼》学著作共有 38 种,而宋代的《周礼》学著作有 97 种;王锷《三礼研究论著提要》著录的由汉迄唐的《周礼》学著作共有 52 种,而宋代的《周礼》学著作有 106 种。

我们参考历代公藏目录、私藏目录、序跋目录、史志目录和地方志等文献资料,也对宋代《周礼》学著作的数量进行统计,认为目前尚可考见的宋代《周礼》学著作大约有 120 种,其中 27 种流传至今③。这 27 种流传至今的宋代《周礼》学文献包括 17 种专著和 10 种论解之作。

---

① （宋）释契嵩:《镡津集》卷三《辅教编》下,载文渊阁《四库全书》第 1091 册,上海古籍出版社 1987 年影印版,第 432 页。

② （宋）俞文豹:《吹剑录外集》,载文渊阁《四库全书》第 865 册,上海古籍出版社 1987 年影印版,第 499 页。

③ 宋人夏休《周礼井田谱》20 卷,《经义考》云"未见"。北京大学图书馆所藏确为夏氏之书,则现存宋代《周礼》学文献为 29 种。

宋代《周礼》学著作流传至今的 17 种分别是：李觏《周礼致太平论》10卷、王安石《周官新义》①、黄裳《周礼义》2 卷、王昭禹《周礼详解》40 卷、胡铨《周礼解》6 卷、史浩《周礼讲义》②、黄度《周礼说》5 卷、俞庭椿《周礼复古编》1卷、叶时《礼经会元》4 卷、夏惟宁《礼经会元节要》4 卷、易祓《周官总义》③、郑伯谦《太平经国之书》11 卷、朱申《周礼句解》12 卷、魏了翁《周礼折衷》4 卷、王与之《周礼订义》81 卷、林希逸《鬳斋考工记解》2 卷、无名氏《周礼集说》④。这其中王安石《周官新义》、黄度《周礼说》、易祓《周官总义》本已佚亡，今天所见到的是清人的辑佚本。

宋代《周礼》学著作流传至今的 10 种论解之作分别是：刘敞《七经小传》卷中《周礼》、张载《经学理窟》卷中《周礼》、陈埴《木钟集》卷七《周礼》、《朱子语类》卷八六、《丽泽论说集录》卷四《门人集录〈周礼〉说》、叶适《习学记言》卷七《二礼》、王应麟《困学纪闻》卷四《周礼》、黄震《黄氏日抄》卷三〇《读周礼》、《六经奥论》卷六《周礼经》、章如愚《群书考索》卷四《六经门·周礼类》。

此外，宋代还有关于《周礼》的序跋、论说《周礼》的单篇文章 27 种流传至今，如胡宏《极论〈周礼〉》、范浚《读〈周礼〉》、林之奇《周礼讲义序》、陈傅良《进〈周礼说〉序》、楼钥《书〈周礼井田谱〉》、王焱《周礼论》、方大琮《周礼

---

① 据王安石《周官新义·序》云，此书共 23 卷，《郡斋读书志》《直斋书录解题》记载的王安石《周官新义》是 22 卷，清人辑佚的《周官新义》是 16 卷（附《考工记解》2 卷，《考工记解》乃郑宗颜著）。

② 据《玉海》记载，此书原本 14 卷，今残存 8 卷。

③ 关于此书卷帙有两种记载：一是 30 卷，见于《郡斋读书志附志》《玉海》；二是 36 卷，见于《宋史》卷二〇二《艺文志一》。清人辑佚的《周官总义》是 30 卷。

④ 元人陈友仁在《周礼集说序》中云：“《周官》六典，周公经制之书也。画井田，立封建，大而军国调度、礼乐刑赏，微而服御饮食、医卜工艺，毫芥纤悉，靡不备载。六官之属，各从其长，其要则统于天官，大纲小目截然有纪，万世有国者之龟鉴也，周家太平气象不可复见。愚于此书窃有志焉，然而诸儒训释甲是乙非，无所折衷，学者病之，余友云山沈君则正谓余曰：‘近得《集说》于雪，手泽尚新，编节条理与《东莱诗记》《东斋书传》相类，其博雅君子之为欤，名氏则未闻也。’……于是携其书以归，是岁留于山前表伯之西楣，就而笔之，训诂未详者，则益以贾氏、王氏之疏说；辨析未明者，则附以前辈诸老之议论。越明年，是书成，非特可以广其传，亦予之夙志也，姑叙梗概于卷末。”据此可知，南宋末年，无名氏撰《周礼集说》，然未及刊行，后沈则正于雪县得到此部书稿，沈氏友陈友仁爱重此书，对其重新编辑润色，遂刊行于世。南宋无名氏《周礼集说》原稿虽未能流传至今，但陈友仁《周礼集说》是在此书基础上编撰而成的，故也可视此书见存。

疑》、洪迈《〈周礼〉非周公书》、黄仲元《周礼》等。

（二）宋代《周礼》学著作的分类

参照《中国丛书综录》的《周礼》学文献的分类方案，这里也将宋代《周礼》学著作分传说之属、分篇之属、专著之属、图之属四类进行介绍。

1. 传说之属

传说之属《周礼》学著作，是指对《周礼》经文进行注疏、论说的文献。此类文献占据宋代《周礼》学著作总量的绝大部分，可以说是宋代《周礼》学著作的主流。根据诠释方式的差异，我们再将宋代传说之属《周礼》学著作分为五类进行介绍。

（1）依经诠义类

宋代依经诠义类《周礼》学著作，依旧保持着传统的传注形式，即随经文章句训字释经，变化的是诠释重点，即不再以训诂考证经文字句为中心，而是侧重阐发《周礼》蕴含的制作精义、圣人微旨。此类《周礼》学著作占据宋代传注之属《周礼》学著作的绝大部分，如王安石《周官新义》、王昭禹《周礼详解》、易祓《周官总义》、黄度《周礼说》、朱申《周礼句解》、郑锷《周礼解义》、史浩《周礼讲义》等皆属此类著作。

（2）借经抒议类

宋代借经抒议类《周礼》学著作，不再保持传统的传注形式，既不列经文，也不随经文章句训字释经，而是采取别立标题的方式阐发《周礼》精义，并结合古今历史，婉转地表达对现实政事的建议。此类《周礼》学著作完全摆脱了汉唐《周礼》学著作对经文亦步亦趋的训诂考证，作者可依据经文大意，更多阐发自己的政治见解、伦理观点，这种议论解经的方式与其说是注经，倒不如说以经注己更为贴切。借经抒议类《周礼》学著作是宋代《周礼》学著作的一大特色，李觏《周礼致太平论》、黄裳《周礼义》、叶时《礼经会元》和郑伯谦《太平经国之书》等皆属此类文献。

（3）补亡《冬官》类

宋代补亡《冬官》类《周礼》学著作，是作者依据己意重新编次《周礼》六官经文，再对割裂、改窜的《周礼》经文加以论解。因为汉唐不存在此类《周礼》学著作，所以这类《周礼》学著作可谓是宋代《周礼》学著作的一大创造。

受宋代影响,元明时期的补亡《冬官》类《周礼》学著作骤增,由此产生了《周礼》研究史上的"《冬官》不亡派"。宋代俞庭椿《周礼复古编》、王与之《周礼订义》即属此类著作。

(4)集解类

宋代集解类《周礼》学著作,一般以"集传""集说""集注"命名,采用传统的传注形式诠释《周礼》,其特点在于能够汇聚众家《周礼》学说,有的还能折中己见。集解类《周礼》学著作汉唐已然出现,宋代的王与之《周礼订义》、黄钟《周礼集解》和无名氏《周礼集说》即属此类文献。

(5)辨疑类

宋代辨疑类《周礼》学著作,在诠释《周礼》本经方法上发扬宋学怀疑的精神,质疑《周礼》真伪、作者、残缺、内容,批驳郑玄《周礼注》、贾公彦《周礼疏》,勇于提出新见,其论瑕瑜互见。宋代辨疑类《周礼》学著作,一般以"辨疑""释疑""辨学""辨义""辨略""考疑"命名,杨时《周礼辨疑》、董濬《周官辨疑》、王居正《周礼辨学》、徐焕《周官辨略》、尤袤《周礼辨义》、薛季宣《周礼释疑》、陈汲《周礼辨疑》、乐思忠《周礼考疑》、包恢《六官辨疑》、杨恪《周礼辨疑》、马晞孟《周礼辨学》皆属此类文献。

2.分篇之属

分篇之属《周礼》学著作,是指就《周礼》中的一官、一篇展开注疏、论说的文献。宋代此类文献较之汉唐有大幅增加,内容也更加丰富。目前尚可考知的宋代分篇之属《周礼》学著作有 14 种,根据诠释内容的差异,我们再将宋代分篇之属《周礼》学著作分为三类进行介绍。

(1)就某一官进行传说类

就《周礼》中某一官进行传说类著作,是指以《周礼》所载六官系统中的一职官为中心进行诠释的《周礼》学著作。如易祓《周官总义职方氏注》、周必大《周礼庖人讲义》即分别围绕职方氏、庖人二职官进行注解、论说,属于此类文献。

(2)就某一篇或几篇进行传说类

就《周礼》六官系统中某一官或几官系统进行传说类著作,是指以《周礼》中的一篇或几篇为中心进行诠释的《周礼》学著作。如史浩《周礼天地二官讲义》(又名《周礼讲义》)、曹叔远《周礼地官讲义》、江与山《周礼秋官讲义》、尹躬《冬官解》即属此类文献。

（3）对《考工记》进行传说类

对《考工记》进行传说类著作,是指专一诠释《考工记》的著作。如陈用之《考工记解》、赵溥《兰江考工记解》、林亦之《考工记解》、王炎《考工记解》、叶皆《考工记辨疑》、林希逸《鬳斋考工记解》即属此类著作。

3. 专著之属

专著之属《周礼》学著作,是指针对《周礼》所载制度进行专门研究的著作。此类著作汉唐时期已经出现,如郑玄《答临孝存周礼难》、陈邵《周官礼异同评》。目前尚可考知的宋代专著之属《周礼》学著作有 3 种:夏休《周礼井田谱》、魏了翁《周礼井田说》和程霆《周礼井田议》,研究主要集中于井田制度。因为宋代实行“田制不立”“不抑兼并”的土地政策,这就造成土地不均,继而引发严重的社会危机。这一社会现实问题反映在经学研究上,就表现为宋人对《周礼》井田制度特别重视,这也体现了宋代《周礼》研究讲求实用的特点。

4. 图之属

图之属《周礼》学著作,是指通过绘制礼图的方式诠释《周礼》的著作。汉唐时期没有此类著作,图之属《周礼》学著作是宋代《周礼》学著作的一大贡献。目前尚可考知宋代图之属《周礼》学著作计有 9 种,其中 8 种已亡佚,王洙《周礼礼器图》是奉宋仁宗之命而撰,其内容包括车服、冠冕、笾豆、簠簋等礼器的具体图形;魏了翁《周礼井田图说》则是宋儒以“图说”形式关注理想田制——井田制度的著作;其余礼图之作如:龚原《周礼图》、吴沆《周礼本制图论》、郑景炎《周礼开方图说》、项安世《周礼丘乘图说》等,内容已不得其详。存世 1 种是杨甲《六经图》中的《周礼文物大全图》,共 65 图,此书今有《四库全书》本传世。

（三）宋代《周礼》学著作的解经特点

宋代《周礼》学著作的经解特点如下:

1. 以义理解《周礼》

郑玄《周礼注》和贾公彦《周礼疏》,在训诂名物、考论制度方面取得了后人难以逾越的成就,宋人一方面吸纳郑、贾之说解经,另一方面又对郑玄、贾公彦汲汲于名物训诂、制度考证的解经路径提出批评。在宋人看来,以郑玄、贾公彦为代表的汉唐注疏之学,以章句训诂为主,不仅破碎大道,而且是非各异,难以穷尽经典的大义,甚至累及《周礼》遭世人怀疑。

基于对汉唐《周礼》学的批判与反思,宋人开辟了以义理解《周礼》的研究新途径。阅读宋代的《周礼》学著作,不难发现名物训诂、制度考证已非宋人解经的重点,阐发制作之精义、圣人之微旨才是宋人诠释《周礼》的重中之重。在《周礼》诠释方法上,宋人将考证之学转变为论辩之学,全面突破汉唐《周礼》学的解经方法,以义理解《周礼》。需要指出的是,宋人虽然强调自己阐发的是《周礼》制作之精义、圣人之微旨,但实际上是借阐述先王政治的微言大义来表达自己的思想,至于是否符合所谓《周礼》制作之精义、圣人之微旨则是仁者见仁、智者见智了。

2. 以议论解《周礼》

以议论解《周礼》在诠释方法上是一大创新,而这一创新与宋代出现的借经抒议类《周礼》学著作是分不开的。此类著作采用别立标题、借经抒议的全新方式诠释《周礼》,解经不列经文,也甚少涉及对经文的训诂、考证,作者诠释的侧重点在于表达自己的思想,而不是注解《周礼》经文,经文仅是作者表达思想的工具,不再是注解的中心,这既不同于汉代出现的传体、注体,也不同于南北朝以来大行其道的义疏体。

李觏的《周礼致太平论》、黄裳的《周礼义》、叶时的《礼经会元》和郑伯谦的《太平经国之书》,都是采用议论的方式诠释《周礼》,突破传统经注先列经文,次列传注的模式,而是基本不列经文,作者依据想表达的主题,选取经文中与其相关的内容,直接切入,广征博引,展开论述。这一方面摆脱了经文次序的限制,另一方面突破了注疏对表达的束缚,作者可以更加灵活、自由地表达自己的思想。需要指出的是,以议论解《周礼》这种诠释方式也有其自身的局限性,如议论太盛,反而远离了诠释经典本意的初衷,虽然作者能更自由灵活地表达个人思想,但就解经而言,与其说是注经,倒不如说以经注己更贴切。

3. 通经和致用紧密结合

"汉代确立了儒家经典的权威,经典成为朝廷大臣的话语工具和决断政治事务的准则,汉儒也多标榜'以经术饰吏事'。"①"但另一方面,章句训诂之学支离烦琐,党同伐异,又限制了通经致用功能的发挥。"②宋人对汉儒的通经致用观持批评态度,很多宋人认为,通经只是手段,致用才是目的。如李觏在《周礼致太平论》"序"中云:"岂徒解经而已哉!唯圣人君子知其有为言之也。"③

宋人讲的"通经致用",是强调研究学问应当关注现实问题,注重社会实践,把经典研究和政治实践紧密结合。李觏、王安石、张载、薛季宣、陈傅良、叶适等很多宋代学者,诠释《周礼》,都具有鲜明的通经致用的特点。他们把经典诠释和政治实践紧密地结合在一起,关注现实问题,依照《周礼》中的理想模式对现实政治提出批评,并希望能从《周礼》中找到解决现实问题的良方,按照自己的理想去改造社会。

4. 改经、删经、移易经文以就己说

为了更好地解释经典,有的宋人大胆地擅出己意改、删、移易《周礼》经文,以就己说。

如刘敞在《公是七经小传》卷中《周礼》,对《周礼》经文进行改易,曰:"太宰以八柄诏王驭群臣……八曰诛,以驭其过。诛者,杀也。'过'当作'祸',声之误耳,有驭其福,则有驭其祸矣,福称生,则祸称诛矣。"④此处,刘敞改《大宰》经文"八曰诛,以驭其过"中的"过"为"祸",理由有二:其一,"过"与"祸"音近,由于"声之误"造成经文之误;其二,经文上言"福",与之相对,此则应言"祸",且上言"福"称"生",下既称"诛",当称"祸",而非"过"。刘敞虽能说出改易经文的理由,可是支撑这些理由的证据并不充分,臆断的成分更大些。

宋代对《周礼》经文的删改主要集中于《周礼》的"叙官"部分。如王昭禹《周礼详解》一书的《天官》《地官》《春官》《夏官》《秋官》,基本保留了"惟王建国,辨方正位,体国经野,设官分职,以为民极"开篇几句,《天官》《地官》

---

① 杨世文:《走出汉学——宋代经典辨疑思潮研究》,四川大学出版社 2008 年版,第 54 页。
② 杨世文:《走出汉学——宋代经典辨疑思潮研究》,四川大学出版社 2008 年版,第 55 页。
③ (宋)李觏:《盱江集》卷五,载文渊阁《四库全书》第 1095 册,上海古籍出版社 1987 年影印版,第 66 页。
④ (宋)刘敞:《公是七经小传》卷中,载文渊阁《四库全书》第 183 册,上海古籍出版社 1987 年影印版,第 16 页。

《夏官》还保留了部分叙述官员官名、爵等、人数等内容的经文,而《春官》《秋官》则没有这部分内容。又如朱申《周礼句解》一书也删去了"叙官"部分的经文,只保留了"惟王建国,辨方正位,体国经野,设官分职,以为民极"几句,和其后四个格式整齐对称、文字略异的文句,分述各官职系统所属官员的官名、爵等、人数的大部分叙官经文被删去。王昭禹、朱申这种随意删去"叙官"经文的做法,颇受清儒诟病。清代的四库馆臣就曾评价曰:

　　五官皆不载叙官,元末朱申作《句解》,盖从其例,究为一失。①

　　惟序官乃经文之纲领,申以其无假诠释,遂削而不载,颇乖体要,是则因陋就简之失矣。②

　　且自朱申以后,苟趋简易,以叙官为无用而删之,经遂有目无纲……③

在清儒看来,叙(序)官乃《周礼》经文之纲领,王昭禹擅自删去是《周礼详解》一书的失误,朱申认为无用而删去,也有因陋就简之失。

宋代对《周礼》经文的移易主要有两种情况:其一,移易"叙官"部分经文于各官经文之前;其二,移易五官经文,补亡《冬官》。

移易"叙官"部分经文于各官经文之前,主要见于王与之《周礼订义》一书。据陆德明《经典释文》记载,晋人干宝《周官礼注》曾将"叙官"列于各职之前,而《周礼订义》也循干宝《周官礼注》之旧例,将"叙官"分列于各职之前。王与之明言此举的用意有二:其一,"分'序官'目录于每职之前,欲因爵之尊卑、权之轻重,与其属府、史、胥、徒之多寡、有无,以知所职之事安在"④;其二,"分目录于每官之首令学者易见"⑤。可知,王与之分列"叙官"于各职之

　　① (清)永瑢等:《四库全书总目》卷一九《周礼详解》提要,中华书局1965年影印版,第150页。

　　② (清)永瑢等:《四库全书总目》卷一九《周礼句解》提要,中华书局1965年影印版,第153页。

　　③ (清)永瑢等:《四库全书总目》卷一九《周礼注疏删翼》提要,中华书局1965年影印版,第155页。

　　④ (宋)王与之:《周礼订义》卷首《编集条例》,载文渊阁《四库全书》第93册,上海古籍出版社1987年影印版,第7页。

　　⑤ (宋)王与之:《周礼订义》卷首《论五官目录》,载文渊阁《四库全书》第93册,上海古籍出版社1987年影印版,第10页。

前,既出于凸显每一职官所司职事轻重缓急的考虑,也顾及学人检阅的方便。

王与之分列"叙官"之举也为清儒所诟病,曰:

> 其以序官散附诸官,考陆德明《经典释文》,晋干宝注《周礼》,虽先有此例,究事由意创,先儒之所不遵,不得援以为据也。①

民国学者胡玉缙则有不同之论:

> 臧琳《经义杂记》云:"郑于每一官之前总列六十职序,当是古本,干于各职前列之,盖如诗三百篇,序别为一卷,毛公冠于每篇之前,书百篇序,马、郑、王为一卷,伪孔移于每篇之首,皆变乱旧章。"其意颇致不满,窃谓马融《周官传》欲省学者两读,就经为注,近皆承袭之,干移于各职前,亦所以省便学者也。②

在胡玉缙看来,干宝等人移"叙官"于每职之前虽不遵先儒成例,但与马融合《周礼》经注为一相同,皆有便省学者之意。胡氏此论,也可备一家之说。

移易五官经文,补亡《冬官》,主要见于俞庭椿《周礼复古编》一书。俞庭椿的《周礼复古编》主要阐述"《冬官》不亡"说,即主张《冬官》未亡,只是由于简编错乱,散于五官之中了。俞庭椿分《天官》系统、《地官》系统、《春官》系统、《夏官》系统和《秋官》系统五部分陈述了移易五官经文的方案:将《天官》系统的 11 职官割裂出来补入《冬官》系统;将《地官》系统的 2 职官割裂出来补入《春官》系统,又将 23 职官割裂出来补入《冬官》系统;将《春官》系统的 9 职官割裂出来补入《天官》系统,又将 6 职官割裂出来补入《冬官》系统;将《夏官》系统的 9 职官割裂出来补入《冬官》系统;将《秋官》系统的 8 职官割裂出来补入《春官》系统。经过以上一番移易五官经文的工作,俞庭椿对《冬官》的补亡,实际上就是取传世本《周礼》五官中的 49 官补入《冬官》。③ 至清代,这

---

① (清)永瑢等:《四库全书总目》卷一九《周礼订义》提要,中华书局 1965 年影印版,第 152 页。

② 中国科学院图书馆整理:《续修四库全书总目提要(经部)》上册,中华书局 1993 年版,第 461 页。

③ 这 49 官分别是:兽人、獻人、鳖人、兽医、司裘、染人、追师、屦人、掌皮、典丝、典枲、封人、载师、闾师、县师、均人、遂人、遂师、遂大夫、土均、草人、稻人、土训、山虞、林衡、川衡、泽虞、卝人、角人、羽人、掌葛、掌染草、囿人、场人、典瑞、典同、巾车、司常、冢人、墓大夫、弁师、司弓矢、藁人、职方氏、土方氏、形方氏、山师、川师、邍师。

种"《冬官》不亡"说和补亡方法受到学界的广泛指摘。四库馆臣对此批评说：

>　此好立异说者之适以自蔽也,然复古之说始于庭椿,厥后邱葵、吴澄
>皆袭其缪说,《周礼》者遂有《冬官》不亡之一派,分门别户,辗转蔓延,其
>弊至明末而未已,故特存其书,著窜乱圣经之始,为学者之炯戒焉。①

俞庭椿靠移易五官经文完成的补亡之作——《周礼复古编》,被清儒目为
"窜乱圣经"的始作俑者,他所倡导的割裂补亡之论也受到清儒的严厉批判和
抵制。

总之,宋人改、删、移易《周礼》经文之举是轻率的,虽然出发点是为了更
好地解释经典,但正确解经的前提是保持经典原貌,改、删、移易《周礼》经文
以就己说,缺乏对经典的尊重,所作出的解释也不一定符合经典本意。

二、宋儒诠释《周礼》的主要观点

宋儒对《周礼》真伪的认识、对《周礼》作者的认识,较之前代,更趋向多元
化,南宋最先出现了"《冬官》不亡"说,与之相伴,宋儒主张《考工记》是独立
的古书,并非《周礼》的附庸。

（一）　对《周礼》真伪的认识

"宋儒喜谈三代,故讲《周礼》者恒多"②,加之王安石自谓法《周礼》行变
革,也使《周礼》成为众矢之的,宋代关于《周礼》真伪的争议较之汉唐要复杂,
主要形成了 4 种观点。

1. 尊《周礼》为经

有的学者尊崇《周礼》为经,如北宋的石介、李觏、黄裳、王昭禹。

石介尊《周礼》为"万世之大典",他认为"周自夷王以下,寖衰寖微,京师
存乎位号而已,然五六百年间,绵绵延延不绝如线,而诸侯卒不敢叛者,《周
礼》在故也"③。石介对《周礼》颇为推崇,认为有周一代能立国八百余年,远

---

①　（清）永瑢等:《四库全书总目》卷一九《周礼复古编》提要,中华书局 1965 年影印版,第151 页。

②　（清）永瑢等:《四库全书总目》卷一九《周礼述注》提要,中华书局 1965 年影印版,第155 页。

③　（宋）石介:《徂徕集》卷七《二大典》,载文渊阁《四库全书》第 1090 册,上海古籍出版社1987 年影印版,第 225—226 页。

超夏、商,其重要原因之一是有《周礼》存在,因为《周礼》"明王制",蕴含着先王治国之精华,故对后世君王治国将有助益。黄裳尊崇《周礼》,视《周礼》为经,他认为《周礼》一书"知有上下之分,高卑之势,则循理以避伪,由义以归正,然后号令者顺,而典谟之书行"①。王昭禹认为"圣人循道之序以制礼"②,而《周礼》六官之建,不仅是圣人私智的体现,也是天理的自然作为,他视《周礼》为群经源本,先圣极折中之典,"其义可以幽赞神明,其文可以经纬邦国"③,是不可轻忽的经典。

南宋尊《周礼》为经的学者更多,如林之奇主张《周礼》中有周公所制法度,"后世礼昧于经之大体,则徇常者或病其高阔,好大者乃患于卑近,又岂知夫高阔所以立天下之本,卑近所以尽天下之事欤?"④在他看来,《周礼》一书荟萃三代之礼,体大而思精,其中设官的宏大规模体现了"立天下之本"的宏博,分职的琐细则卑近处又体现"尽天下之事"的细密周到。

郑伯熊尊崇《周礼》,认为《周礼》保存了先王之政、周家法度。一方面,他认为《周礼》司市所载治市之法细大毕举,无有偏失,可正人心、遏乱源,"斯其为王政欤"⑤;另一方面,他认为在刑法上,周家法度也于"大辟"外"有赦、有罚",体现了圣人之于民的不忍之义。⑥

薛季宣对《周礼》抱持尊崇的态度,他力图疏通《周礼》和《尚书》《礼记》《孟子》等经典所载制度的抵牾处,如有关封国之制,《尚书》《礼记》《孟子》所载皆谓诸侯爵分五等,地分三等,而《周礼》则云爵分五等,地亦分五等,且依

---

① (宋)黄裳:《演山集》卷二二《讲〈周礼〉序》,载文渊阁《四库全书》第1120册,上海古籍出版社1987年影印版,第158页。

② (宋)王昭禹:《周礼详解》卷首《序》,载文渊阁《四库全书》第91册,上海古籍出版社1987年影印版,第199页。

③ (宋)王昭禹:《周礼详解》卷首《周礼互注总括》,载文渊阁《四库全书》第91册,上海古籍出版社1987年影印版,第201页。

④ (宋)林之奇:《拙斋文集》卷一六《〈周礼讲义〉序》,载文渊阁《四库全书》第1140册,上海古籍出版社1987年影印版,第495页。

⑤ (宋)王与之:《周礼订义》卷二三,载文渊阁《四库全书》第93册,上海古籍出版社1987年影印版,第387页。

⑥ (宋)王与之:《周礼订义》卷二三,载文渊阁《四库全书》第93册,上海古籍出版社1987年影印版,第379页。

据《周礼》所载封地制度计算,周朝的封疆地域极其广大,故郑众以附庸小国作解,郑玄则以包括一易、再易、三易之地为说。薛季宣此处就指出郑玄所论的封国制度"失之矣",原因在于井田形为"井"字,四边皆有定制,故以开方之法计算其面积;而先王划定九州之地各依其形,非如井田般周围贯通,各有一定,故不能以开方之法计算其面积。郑玄以"方"为其边数,再开方计算面积,故依其说则九州之地广阔非常,不合《礼记·王制》与《孟子·梁惠王下》的记载。在否定郑玄注说的基础上,薛季宣别立新解,主张《周礼》经文之"方"非言边数,是就积数而言,若依此计算,则每州之地方圆千里即可,同《礼记·王制》和《孟子·梁惠王下》的记载不再有抵牾。①

张栻读《周礼·春官·冢人》,联系当时社会实况,折服于先王缘人情以制礼的精义,他说:"近读《周官》,有祭于墓为尸之文,乃始悚然,深惟先王之意存世俗之礼,所以缘人情之不忍,而使之立尸以享,所以明鬼神之义,盖其处之者精矣。"②在张栻看来,《周礼》记载了西周盛世的太平之政,有先王之法在其中。吕祖谦对《周礼》所载制度很尊崇,他说,"《周礼》之书,六官分职,合之则有总,散之则有所司,其关节脉理皆自相应"③。

楼钥主张《周礼》中有周公遗制,他曾向朝廷推荐林椅著作《周礼纲目》,说:"文林郎绍兴府府学教授林椅,淹贯经术,博考古今,所著《周礼纲目》一书专论成周法度,官职以类相从,皆撮精要,周公遗制可举而行,既非泥古以违今,直可据经而从事。自新莽、北周名具实衰,熙宁新法专以理财,遂使指为虚言,实不可用。惟椅之说,灿然可观。"④在他看来,林椅的《周礼纲目》真正把握了周公遗制的精义,甚至可以据之以从事。

陈亮认为《周礼》一书蕴含先王之遗制,此制度"天地之功莫备于此,后有

① (宋)王与之:《周礼订义》卷五七,载文渊阁《四库全书》第94册,上海古籍出版社1987年影印版,第183页。
② (宋)张栻:《南轩集》卷四四《省墓祭文》,载文渊阁《四库全书》第1167册,上海古籍出版社1987年影印版,第777页。
③ (宋)吕祖谦:《丽泽论说集录》卷四《门人集录〈周礼〉说》,载文渊阁《四库全书》第703册,上海古籍出版社1987年影印版,第359—360页。
④ (宋)楼钥:《攻媿集》卷三一《荐黄肤卿林椅劄子》,载文渊阁《四库全书》第1152册,上海古籍出版社1987年影印版,第584页。

圣人不能加毫末于此"①。正因为有这一完美制度的存在，才能维持诸侯的不忍之心，周王朝才能维持八百余年，后期虽徒有天下共主之名，仍能"立于诸侯之上"。

郑锷极尊《周礼》，在《周礼解义》中能驳斥宋儒的疑经之论，维护《周礼》。如张载曾云《周礼》所载"盟诅之属，必非周公之意"②，杨时亦云《周礼》"玉府""戎右""司盟"三官中记载的相盟之事颇为可疑，恐有附会之嫌，郑锷对此进行驳斥，他说《周礼》中"玉府""戎右""司盟"所载盟诅之事并非出于战国，因为《尚书》和《诗经》皆有关于盟诅的记载，是知《周礼》所载盟诅之事不是衰世之事。至于《周礼》专设与盟诅之事相关的官职，郑锷以为："古者结绳足以示信，盟诅虽有而未必用，去古稍远，淳厚一散，世未尝皆君子而无小人，皆善良而无虺瑱，此司盟之官所由设。"③"圣人防患之意，以为盛者有时而衰，合者有时而散，故盟会歃血之事亦有时而不免，然则待衰世、虑后患远矣。"④

陈淳认为《周礼》是周公兴致太平之法见诸实用处，他说："经礼三百，曲礼三千，皆人事日用不可去者，其纤悉详委，是多少品节，尤非可以糊涂。《周礼》又周公经国规模在焉，乃周公之大用流行处。"⑤

叶时极为尊崇《周礼》，他说："是礼也，举本而不遗末，语精而不遗粗，周公以之相七年之治，成王以之致四十年之平，周家以之永八百年之命。即此一书，可以发育万物，峻极于天，非徒为三百礼文而已，此周公之道，所以为周公之法与。然周公岂有它道哉，尧以是传之舜，舜以是传之禹，禹以是传之汤，汤以是传之文、武、周公，《周礼》一书皆此道也。"⑥在他看来，《周礼》是古圣先

① （宋）陈亮：《龙川集》卷一〇《经书发题》，载文渊阁《四库全书》第1171册，上海古籍出版社1987年影印版，第579页。
② （宋）张载：《经学理窟·周礼》，载《张载集》，中华书局1978年版，第248页。
③ （宋）王与之：《周礼订义》卷六三，载文渊阁《四库全书》第94册，上海古籍出版社1987年影印版，第257页。
④ （宋）王与之：《周礼订义》卷一〇，载文渊阁《四库全书》第93册，上海古籍出版社1987年影印版，第165—166页。
⑤ （宋）陈淳：《北溪大全集》卷二七《答陈伯澡五》，载文渊阁《四库全书》第1168册，上海古籍出版社1987年影印版，第714—715页。
⑥ （宋）叶时：《礼经会元》卷一上《礼经》，载文渊阁《四库全书》第92册，上海古籍出版社1987年影印版，第3页。

王治国方略的精华,具有治国典范的经典地位。

易袚认为《周礼》记载着周公治国平天下之政,对《周礼》抱持着尊敬的态度。在《周官总义》中,他有不少针对疑经之论的驳斥,如郑玄注解"稍食""人民"为"吏之廪禄"和"吏之子弟",认为内宰掌管的宫中人员包括官吏及其子弟,胡宏根据郑玄注文,说官吏与妃嫔杂处宫中,内外之禁不严,并以此为由怀疑《周礼》,易袚驳斥曰:"以经考之,自有明文,秋官《掌戮》曰:宫者使守内,盖王内之职,惟内小臣奄四人为上士,其余皆非命士,则知所谓宫者皆人民也。"①易袚认为内宰掌管的宫中人员除内小臣以上由士担任外,其余无官职,且全为阉人,故无所谓帘陛不严而招致的内外之乱,胡宏错解《周礼》官制之意,他疑《周礼》之说是不当的。

郑伯谦以"太平经国"命名其论解《周礼》之作,可见他对《周礼》的尊崇态度。他说:"三代圣人之纪纲法度、宪章文物,所以本诸身而布诸天下者甚设也。而尤周密详备于成王、周公之时,彼其处心积虑,上彻乎尧舜,下及乎万世者也……其兵农以井田,其取民以什一,其教民以乡遂,其养士以学校,其建官以三百六十,其治天下以封建,其威民以肉刑。大本既立,然后其品节条目,日夜讲求而增益之,其上则六典、八法、八则、九柄、九贡、九赋、九式之序,其次则祭祀、朝觐、冠、昏、丧纪、师田、行役之详,下至于车妆圭璧之器,梓匠轮舆之度,与夫画缋、刮摩、抟埴之法,又其细者,则及于登鱼、取鼋、攫鳖之微,毕公所谓克勤小物者,周公尤尽心焉。盖一而再三申复之,贻谋燕翼后世,岂无辟王,而皆赖前哲以免流彘之难,共和摄政,而天下复如故。龙漦作孽,宗周灭矣,犹能挟鼎玺而东。当战国之相吞噬,周块然而处其中,天下犹百余年。而宗主之至于垂亡临绝之际,自分而为东西,其子孙益缪戾乖忤,而弗念厥绍,故天下始去周而为秦。"②郑伯谦认为,《周礼》蕴含三代制度的精华,是周公立政造事的心血结晶,正是因为有此法度,所以周家天下可以绵延千年,即便处于战国乱世,子孙也缪戾乖忤,犹能保持天下百余年。

---

① (宋)王与之:《周礼订义》卷一二引易袚说,载文渊阁《四库全书》第93册,上海古籍出版社1987年影印版,第189页。

② (宋)郑伯谦:《太平经国之书》卷首《〈太平经国书〉原序》,载文渊阁《四库全书》第92册,上海古籍出版社1987年影印版,第187页。

章如愚推崇《周礼》所载制度,针对当时不少人质疑《周礼》不切合实用,不能行于后世,章如愚解释说:"后世不可行周制、用《周礼》者,王莽败于前,荆公败于后,非《周礼》不可行也。成周之时,其法度典章自承流宣化,执法奉公,上自朝廷,下至闾里,外至群国,其相处如闺门之内,故虽五人之长亦皆贤士。是以法度虽严而甚宽,虽详而甚简,天下之大,百官有司之众,而行之如掌握之上,盖其精粗本末兼举之耳。王莽、荆公之时,如何而欲举前古已坠之典行之旦暮之间乎?程明道曰:'有《关雎》《麟趾》之意,然后可以行《周官》之法度。'此知本之说也。"①这反映了章如愚对《周礼》的尊崇态度。

真德秀认为,《周礼》荟萃禹、汤、文王、武王的为政精华,皆是周公深思而得,其间制度精密,"居民有法,养民有政,敛民有制,刑民有典"②。至于后人用《周礼》屡败,真德秀认为是用者之过,刘歆、王安石等人既无周公之心,又无周公之学,他们仅是窃《周礼》一二皮毛缘饰新政,非真明《周礼》、真用《周礼》。我们从中可见真德秀对《周礼》的崇敬之意。

赵汝腾推崇《周礼》,赞叹《周礼》中有"周公为万世开太平之大旨"③。他指出《周礼》不幸,有"三可憾":一是在成周未能为成书,在后世不得为全书,且未尝行;二是孔子不得志,不能推行六典,更不能讨论润色至于大成、备周公之未备;三是秦火后,《周礼》又有残失,亡《冬官》,补以《考工记》。由此,后学不得见周公经制之大成,将此恨完全归咎于刘歆,说他"剿入私说""迎合贼莽",赵汝腾认为是不完全允当的。

王与之认为,《周礼》所载是"礼经三百",是关于礼制的大纲大法;《仪礼》所载是"威仪三千",是关于礼仪的繁文缛节;《礼记》则是礼之传。三礼之中,《周礼》最尊,记载的是纯粹周制,是当之无愧的礼之经。④

---

① (宋)章如愚:《群书考索》卷四《六经门》,载文渊阁《四库全书》第936册,上海古籍出版社1987年影印版,第45页。
② (宋)真德秀:《西山文集》卷二九《周礼订义序》,载文渊阁《四库全书》第1174册,上海古籍出版社1987年影印版,第5—6页。
③ (宋)王与之:《周礼订义》卷八〇《周礼订义后序》,载文渊阁《四库全书》第94册,上海古籍出版社1987年影印版,第569页。
④ (宋)王与之:《周礼订义》卷首《论周礼纲目》,载文渊阁《四库全书》第93册,上海古籍出版社1987年影印版,第10页。

2. 尊且疑

有的学者在承认《周礼》经典地位的同时，认为《周礼》存在讹缺，有些内容可能是后世添加的，需要甄别。如北宋的欧阳修、刘敞、程颢、程颐、王开祖、杨时，南宋的朱熹、陆九渊、叶适、俞庭椿、魏了翁、方大琮、陈振孙、陈藻、王应麟、黄仲元。

欧阳修将《周礼》与《诗经》《尚书》《易经》《春秋》等经典并列，认为虽经历秦火，存在残脱，但《周礼》"其为书备矣，其天地万物之统，制礼作乐，建国居民，养生事死，禁非道善，所以为治之法皆有条理。三代之政美矣，而周之治迹，所以比二代而尤详见于后世者，《周礼》著之故也"①。在他看来，《周礼》内容包罗丰富，具有条理，蕴含着周代治国之法。欧阳修从《周礼》所载制度是否切合实用的角度对《周礼》提出质疑。他说："然汉武以为渎乱不验之书，何休亦云六国阴谋之说，何也？然今考之，实有可疑者，夫内设公、卿、大夫、士，下至府、史、胥、徒，以相副贰，外分九服，建五等，差尊卑，以相统理，此周礼之大略也。而六官之属，略见于经者五万余人，而里闾县鄙之长，军师卒伍之徒不与焉。王畿千里之地，为田几井？容民几家？王官、王族之国邑几数？民之贡赋几何？而又容五万人者于其间，其人耕而赋乎？如其不耕而赋，则何以给之？夫为治者，故若是之烦乎？此其一可疑者也。"②欧阳修此处从制度是否切合实用的角度，怀疑千里王畿能否供养五万余人的官僚队伍。

刘敞在《七经小传》中对《周礼》提出了不少怀疑，甚至主张改动经文，但他不否认《周礼》的经典权威，在有些方面愿意采信《周礼》之说。如《春秋权衡》卷九中，刘敞说："四年，公狩于郎。《公羊》以谓'春曰苗，秋曰蒐，冬曰狩'，非也。《周礼》'春蒐、夏苗、秋狝、冬狩'，得其正矣。《周礼》虽非仲尼所论著，然制度粗存焉，盖周公之旧也。仲尼尝执之矣，其有驳杂，似周衰诸侯所增益也，不足以害其大体。蒐狩之名，则吾从周。"可知，刘敞对《周礼》抱持着尊崇的态度，他认可《周礼》是周公旧章的本质，认为《周礼》中后人增益的内

---

① （宋）欧阳修：《文忠集》卷四八《问进士策三首》，载文渊阁《四库全书》第1102册，上海古籍出版社1987年影印版，第366页。

② （宋）欧阳修：《文忠集》卷四八《问进士策三首》，载文渊阁《四库全书》第1102册，上海古籍出版社1987年影印版，第366页。

容不足以害大体。

程颢、程颐认为,《周礼》保存了周公致治之大法,针对质疑《周礼》之论,他们予以驳斥。如:"又问:《司盟》有诅万民之不信者,治世亦有此乎?曰:盛治之世,固无此事。然人情亦有此事,为政者因人情而用之。"①程门弟子对《司盟》所载的盟诅之事有怀疑,程颐以"因人情而用之"作答,认为先王统辖的诸国之间固无盟诅,但民间百姓有盟诅之事,为政者因人情之故而设官,不能因此而怀疑《司盟》所载。二程怀疑《周礼》存在讹缺,其间有后世添加的内容。如"问:《周礼》之书有讹缺否?曰:甚多,周公致治之大法,亦在其中,须知道者观之,可决是非也"②。"《周礼》不全是周公之礼法,亦有后世随时添入者,亦有汉儒撰入者,如《吕刑》《文侯之命》,通谓之周书"③。

王开祖对《周礼》持尊而有疑的态度。他在《儒志编》中说:"吾读《周礼》,终始其间,名有经、礼有方者,周公之志为不少矣。"在肯定《周礼》存有"周公之志"的同时,王开祖从《周礼》制度是否符合"圣人之心""圣人本义"的角度怀疑《周礼》,他说:"其诸信然乎哉?罗羽刺介,此微事也,然犹张官设职,奚圣人班班欤?奔者不禁,是天下无礼也。复雠而义,是天下无君也。无礼无君,大乱之道,率天下而为乱者,果周公之心乎?削于六国,焚于秦,出诸季世,其存者寡矣,圣人不作,孰从而取正哉?"④在王开祖看来,《周礼》一书经历战国诸侯的刻意毁灭、秦王朝的焚书之祸,再现于西汉,其中留存的西周制度可谓"寡矣",因此,他对流传于世的《周礼》持怀疑态度。

杨时虽不遗余力地攻驳王安石的《周官新义》,但对《周礼》还是抱持着尊

① (宋)程颢、程颐:《河南程氏遗书》卷一八,载《二程集》(一),中华书局1981年版,第230页。
② (宋)程颢、程颐:《河南程氏遗书》卷一八,载《二程集》(一),中华书局1981年版,第230页。
③ (宋)程颢、程颐:《河南程氏外书》卷一〇,载《二程集》(二),中华书局1981年版,第404页。
④ (宋)王开祖:《儒志编》,载文渊阁《四库全书》第696册,上海古籍出版社1987年影印版,第786—787页。

重的态度,他说:"《周官》固已征商,然不云几钱以上乃征之。泉府之法,物货之不售,货之滞于民用者,以其价买之,以待不时而买者,亦不言几钱以上乃买卖。周公制法如此,不以烦细为耻者,细大并举,乃为政体。尊者任其大,卑者务其细,此先王之法,乃天地自然之理。"①可知,杨时认为《周礼》中存有先王之法。但杨时对《周礼》个别经文也有怀疑,他说:"然《周官》有司盟之职,凡诅盟皆天子以吏治之,诸侯不得私相盟也,一有渝盟,则刑随之。春秋之时,诸侯不复听命于天子,故口血未干,而报复之兵已至其境,失政刑矣,凡书盟者皆恶之。……此数者似非圣人之言,恐不足引以为证,更思之如何。"②杨时认为,先王盛世不应有相盟之事,诸侯相约盟诅应是春秋乱世时才出现的,《周礼》中《司盟》的记载显然不符合圣人之意,令人怀疑。

朱熹对《周礼》抱持着尊信的态度。他说:"《周礼》一书好看,广大精密,周家法度在里,但未敢令学者看。"③"大抵说制度之书,惟《周礼》《仪礼》可信,《礼记》便不可深信。"④在朱熹看来,《周礼》体大思精,内容严密周详,保存了周代法度。同时,朱熹对《周礼》经文的细微处也有所怀疑。他说:"后人皆以《周礼》非圣人书。其间细碎处虽可疑,其大体直是非圣人做不得!"⑤朱熹认为,《周礼》设置蔈氏、赤友氏、蝈氏、壶涿氏等官有琐屑、残酷之嫌。

陆九渊认为《周礼》有些内容"必非伪说",但整体内容"未可尽信"。《象山语录》卷一记载:"后世言伏羲画八卦,文王始重之,为六十四卦,其说不然。且如《周礼》虽未可尽信,如筮人言三易,其经卦皆八,其别皆六十有四,龟筮协从,亦见于《虞书》,必非伪说。如此则卦之重,久矣。"⑥可知,陆九渊对《周礼》持尊且疑的态度。

①　(宋)杨时:《龟山集》卷六《神宗日录辨》,载文渊阁《四库全书》第1125册,上海古籍出版社1987年影印版,第155页。

②　(宋)杨时:《龟山集》卷二〇《答胡康侯其三》,载文渊阁《四库全书》第1125册,上海古籍出版社1987年影印版,第302页。

③　(宋)黎靖德编:《朱子语类》卷八六,中华书局1986年版,第2203页。

④　(宋)黎靖德编:《朱子语类》卷八六,中华书局1986年版,第2203页。

⑤　(宋)黎靖德编:《朱子语类》卷八六,中华书局1986年版,第2210页。

⑥　(宋)陆九渊:《象山语录》卷一,载文渊阁《四库全书》第1156册,上海古籍出版社1987年版,第546—547页。

叶适将《诗》《书》《春秋》和《周礼》并列,视《周礼》为文王、武王、周公、召公实政之所在,认为"周之道,固莫聚于此书""周之籍,固莫切于此书"。① 与此同时,叶适对《周礼》也有所怀疑,他说:"然余所疑者,周都丰镐,而其书专治洛邑,然则乡遂郊野,兴贤劝甿,凡国之政将一断于是书,而旧都莫之用耶,或旧都固自有法,而一畿之内可以两治耶,《书》之所不言,不可得考。而周之所以致盛治则犹有不尽具者,此其为深可惜也。"②叶适认为,西周建都镐京,而《周礼》所载治国方略则以洛邑为中心,并不言及镐京,是弃镐京不用,还是镐京别行一套治法,他对此表示怀疑。

俞庭椿对《周礼》抱持着尊而有疑的态度。一方面,俞庭椿尊《周礼》,承认《周礼》是"周之旧典"③,视之为"礼经";另一方面,俞庭椿怀疑《周礼》五官编次存在混乱情况,且《冬官》未亡佚,而是散落在五官之中,为此他精心撰作了《周礼复古编》,阐述自己的这一观点。

魏了翁认为《周礼》行文用语颇为严谨,他说:"周之官联,其联事处最密,故朱文公谓一部《周礼》盛水不漏。"④"《周礼》用字处,文法极严,如《小宰》八成之类,一字移不得。"⑤因此,魏了翁对《周礼》抱持尊重的态度。但他对《周礼》也有所怀疑,如《周礼折衷》说:"古人春不毁胎卵,又数罟不入污池,取禽兽有时节,其法禁甚严。然国客之至,不可以时拘,宾客禽献之事至九十双、七十双之类,不知如何区处,此不可晓。"⑥

方大琮承认《周礼》是"礼经",所载乃周之旧典,他说:"《周礼》,周之旧

① (宋)叶适:《水心集》卷一二《黄文叔〈周礼〉序》,载文渊阁《四库全书》第 1164 册,上海古籍出版社 1987 年影印版,第 246 页。

② (宋)叶适:《习学记言》卷七《二礼》,载文渊阁《四库全书》第 849 册,上海古籍出版社 1987 年影印版,第 379 页。

③ (宋)俞庭椿:《周礼复古编序》,载文渊阁《四库全书》第 91 册,上海古籍出版社 1987 年影印版,第 609 页。

④ (宋)魏了翁:《鹤山集》卷一○四《周礼折衷》,载文渊阁《四库全书》第 1173 册,上海古籍出版社 1987 年影印版,第 484 页。

⑤ (宋)魏了翁:《鹤山集》卷一○四《周礼折衷》,载文渊阁《四库全书》第 1173 册,上海古籍出版社 1987 年影印版,第 484 页。

⑥ (宋)魏了翁:《鹤山集》卷一○五,载文渊阁《四库全书》第 1173 册,上海古籍出版社 1987 年影印版,第 519 页。

典,礼经也,其疑比他经特甚。"①他此处指出学界对《周礼》的怀疑"比他经特甚",在《铁庵集》卷二六《周礼疑》中,方大琮对《周礼》的撰作时代、作者问题、流传过程中遭遇排弃诋毁的原因、流传过程中受到赞美尊崇的根据以及应用《周礼》一再失败的原因,都提出了疑问。可知,方大琮对《周礼》的态度是尊且疑的。

陈振孙承认《周礼》是"先秦古书",认为其中"名物度数可考不诬",但他对《周礼》也有所怀疑。他说:"愚案:此书多古文奇字,名物度数可考不诬,其为先秦古书,似无可疑。愚所疑者,邦土邦事灼然不同其他,繁碎驳杂,与夫刘歆、王安石一再用之而乱天下,犹未论也。"②陈振孙从文字、名物的角度肯定《周礼》是先秦古书,又从与其他文献记载是否吻合、是否切合实用的角度,怀疑《周礼》内容驳杂。

陈藻说:"《周礼》一书,周公致太平之迹是也。"③可知,他尊《周礼》,认为《周礼》是周公致太平之迹。但陈藻对《周礼》也有所质疑,他说:"说者又以为,始皇时,疾《周官》,搜焚独悉,是以隐藏百年,虽自山岩屋壁入于秘府,而五家之儒莫见,夫六经等耳,始皇特疾此书,其亦有说欤,始皇疾之,而汉五家之儒亦莫得见于秘府,何欤? 且是书也,始于成帝之刘歆,识其为周公致太平之迹,永平杜子春一尊信之,从而有郑众、贾逵、马融、康成,迭出而和其唱,其书遂与五经抗衡于世。今读其书,舍注传而难晓,康成后出,所存旧注因称'司农'者众,称'大夫'者兴,兴者众之子,康成以其宗而别其称,后人而指康成,则又以兴为先郑,而彼为后郑焉。且成周之书而释于东汉诸儒之手,官名变矣,器物改矣,其为注传意料臆度,马曰是,而贾曰非,先郑曰然,而后郑曰否,将孰为当耶? 贾公彦等其疏之去取,可信耶,不可信耶?"④陈藻此处对《周

---

① (宋)方大琮:《铁庵集》卷二六《周礼疑》,载文渊阁《四库全书》第1178册,上海古籍出版社1987年影印版,第282—283页。

② (宋)陈振孙撰,徐小蛮、顾美华点校:《直斋书录解题》卷二,上海古籍出版社1987年版,第43页。

③ (宋)陈藻:《乐轩集》卷六《周礼井田沟洫赋税兵政》,载文渊阁《四库全书》第1152册,上海古籍出版社1987年影印版,第86页。

④ (宋)陈藻:《乐轩集》卷六《周礼》,载文渊阁《四库全书》第1152册,上海古籍出版社1987年影印版,第86页。

礼》的传承过程、汉儒经注之是非、贾疏如何去取都提出了疑问。

王应麟对《周礼》的态度是尊而有疑的。在《困学纪闻》卷四《周礼》中，王应麟说："汉河间献王得《周官》，而武帝谓末世渎乱不验之书，唯唐太宗夜读之，以为真圣作，曰：不井田，不封建，而欲行周公之道，不可得也。人君知此经者，太宗而已。刘歆始用之，苏绰再用之，王安石三用之，经之蠹也。唯文中子曰：如有用我，执此以往。程伯子曰：必有《关雎》《麟趾》之意，然后可以行《周官》之法度。儒者知此经者，王、程二子而已。"王应麟赞同唐太宗、王通和程颢对《周礼》的评价，认为唐太宗是"人君知此经者"，王通和程颢是"儒者知此经者"，对于学界因刘歆、王安石而诋毁《周礼》的情况，王应麟颇不赞同，主张对刘歆、王安石人品、作为的评价，不能和《周礼》真伪的评价混为一谈。王应麟对《周礼》也有怀疑，如："玩物丧志，召公以为戒，凡'式贡之余财，以共玩好之用'，恐非周公之典，《无逸》曰'惟正之供'。"①王应麟此处从《周礼》思想主旨的角度，怀疑《大府》所载"共玩好之用"事有玩物丧志之嫌，与周公《无逸》一篇所载"惟正之供"的思想相矛盾。

黄仲元充分肯定《周礼》制度，他认为"惟王建国，辨方正位，体国经野，设官分职，以为民极"五句，是《周礼》纲领，其下所有内容皆围绕此纲领展开，层层推进，有条不紊，就制度而言，《周礼》是完备的。他还说："未论《周礼》是周公作，假使出于汉儒解说，及此，亦是晓得古人井田、封建意思。……古人作书皆有纲领，看此五句，《周官》备矣。"②黄仲元对《周礼》也有所怀疑，他说："礼非全书出，又最后传者，又最寡，此《周礼》之所以可疑。是之者，或失之过；非之者，尤失之过，此《周礼》之所以难讲，大抵此书不可不信，亦不可尽信。"③

3. 疑《周礼》非经

有些学者对《周礼》持怀疑态度，他们认为《周礼》的有些内容或者与其他经典记载不符，或者不切合实际，或者不合乎"圣人之心"，值得怀疑。如北宋

---

① （宋）王应麟：《困学纪闻》卷四《周礼》，载文渊阁《四库全书》第854册，上海古籍出版社1987年影印版，第132页。

② （宋）黄仲元：《四如讲稿》卷四《周礼》，载文渊阁《四库全书》第183册，上海古籍出版社1987年影印版，第781—782页。

③ （宋）黄仲元：《四如讲稿》卷四《周礼》，载文渊阁《四库全书》第183册，上海古籍出版社1987年影印版，第781—782页。

的蔡襄、苏轼、苏辙，南宋的范浚、洪迈、黄震。

蔡襄在《端明集》卷三三《奔者不禁解》中说："《周礼·司徒·媒氏》之职曰：'仲春之月，令会男女，于是时也，奔者不禁。若无故而不用，令罚之。'说者之意，以为重天时，故权许其奔而不禁也。然礼之为言，所以关束人情，而事为之制，而于男女夫妇之际，尤切切谨严分别，将以驱生民一蹈于法，而不陷于乱耳。孔子修《春秋》，讳国恶，至于夫人孙于齐、会于禚之类，皆直书以讥之。宋火，伯姬以傅母不至，不行，而火死，《春秋》大之。《诗》以《关雎》淑女之德冠于《周南》，而洁正之行美于《召南》，其于列国刺奔、刺乱、刺淫昏者凡二百余篇，所以见孔子之用心，于是也愈勤矣，岂不谓明人伦与教化治国家天下斯其大本与？独《周官》书乃权许之，《周官》书虽不见正于孔子，然其传以为周公，立一王之制，以为后世法，而使治国家天下者，每岁仲春辄纵奔者，以之为治，曾夷狄之不如，何礼法之为哉？余谓'仲春之月，令会男女，于是时也，奔者不禁，若无故而不用令者，罚之'，若者，连及之词，谓民有奔者辄不禁止，及无故而不嫁娶者，媒氏皆得罚之也。五经之说谬妄有之，未有败害礼教如是之甚者，故予为之辞。"①蔡襄认为，《周礼·地官·媒氏》所云"奔者辄不禁"，是公开纵容男女相会私奔，败害礼教，破坏人伦，会蹈民于乱，与其他经典传递的价值理念有冲突，不仅有害人伦与教化，也不符合周公立法大本。

苏轼认为，《周礼》记载的五等爵制和封国制"非圣人之制也，战国所增之文也"②，与《礼记·王制》《孟子》和子产所言相对比，苏轼评价说"知《周礼》非圣人之全书明矣"③。

苏辙也怀疑《周礼》所载制度，他说："周之西都，今之关中也，其东都，今之洛阳也，二都居北山之阳、南山之阴，其地东西长、南北短，短长相补不过千里，古今一也。而《周礼》王畿之大，四方相距千里，如画棋局，近郊远郊，甸地稍地，大都小都，相距皆百里、千里之方，地实无所容之，故其畿内远近诸法，类

① （宋）蔡襄：《端明集》卷三三《奔者不禁解》，载文渊阁《四库全书》第1090册，上海古籍出版社1987年版，第620—621页。
② （宋）苏轼：《东坡全集》卷四八《天子六军之制》，载文渊阁《四库全书》第1107册，上海古籍出版社1987年影印版，第678页。
③ （宋）苏轼：《书传》卷九，载文渊阁《四库全书》第54册，上海古籍出版社1987年影印版，第574页。

皆空言耳,此周礼之不可信者一也。"①《周礼》中描述的王畿,四方相距千里,如棋局般整齐,近郊远郊,甸地稍地,大都小都,相距皆百里、千里之方,而这与西周的西都镐京、东都洛阳的实际地理情况不符,若按《周礼》所言,"地实无所容之",而"畿内远近诸法,类皆空言"。在苏辙看来,"《周礼》之诡异远于人情者,皆不足信也"②,他据此断言:"言周公之所以治周者,莫详于《周礼》,然以吾观之,秦汉诸儒以意损益之者众矣,非周公之完书也。"③

范浚从是否符合"圣人之心"的角度出发,怀疑《周礼》"不尽为古书"。他说:"周公作六典,谓之《周礼》,至于六官之属,琐细悉备,疑其不尽为古书也。周公驱猛兽,谓虫蛇恶物,为民物害者,而《蝈氏》云:'掌去蛙黾,焚牡蘜,以灰洒之,则死。'蛙黾不过鸣声聒人,初不为民物害也,乃毒死之,似非君子所以爱物者。又牡蘜焚灰,大类狡狯戏术,岂所以为经乎?"④在范浚看来,《周礼》设官过于琐细,不类于周公仁民爱物之心,倒有类于汉代欲兴榷利的桑弘羊之流,他据此怀疑《周礼》。

洪迈怀疑《周礼》不具备经典的资格,不能与《诗经》《尚书》相提并论。他说,"王安石欲变乱祖宗法度,乃尊崇其言,至与《诗》《书》均匹,以作《三经新义》,其《序》略曰……则安石所学所行实于此乎出,遂谓一部之书理财居其半,又谓《泉府》凡国之财用取具焉,岁终则会其出入,而纳其余,则非特摧兼并、救贫阨,因以足国事之财用,夫然故虽有不庭不虞,民不加赋,而国无乏事,其后吕嘉问法之而置市易,由中及外,害遍生灵"⑤。洪迈认为,王安石误信《周礼》为周公书,据《周礼》推行的青苗、市易诸法,意图达到富国的目的,结果遍害生灵,祸国殃民。在他看来,《周礼》甚可疑,没有忝列

① (宋)苏辙:《栾城后集》卷七《周公》,载文渊阁《四库全书》第1112册,上海古籍出版社1987年影印版,第642页。

② (宋)苏辙:《栾城后集》卷七《周公》,载文渊阁《四库全书》第1112册,上海古籍出版社1987年影印版,第642—643页。

③ (宋)苏辙:《栾城后集》卷七《周公》,载文渊阁《四库全书》第1112册,上海古籍出版社1987年影印版,第642—643页。

④ (宋)范浚:《香溪集》卷五《读周礼》,载文渊阁《四库全书》第1140册,上海古籍出版社1987年影印版,第39—40页。

⑤ (宋)洪迈:《容斋续笔》卷一六《〈周礼〉非周公书》,载文渊阁《四库全书》第851册,上海古籍出版社1987年影印版,第531—532页。

经典的资格。

黄震对《周礼》怀疑颇多,如他怀疑《周礼》的流传过程,说:"孟子生于周末,周室班爵禄之制已不可得而闻,刘歆生于汉末,乃反得今所谓《周礼》六官之书,故后世疑信相半。"①又怀疑《周礼》设官冗滥的问题,说:"占梦,似不必置官。"②"大祝,小祝,丧祝,甸祝,诅祝,司巫,男巫,女巫。八官皆掌祝,似可并省。"③"大行人,掌宾客。小行人,掌宾客之礼籍。司仪,掌摈相之礼。行夫,掌传递之小事。环人,掌送逆。象胥,掌夷国。掌客,掌礼牢。掌讶,掌等籍。掌交,掌节币。掌察,掌货贿。凡十一官,皆为宾礼设,岂无可并省者,且于义合属《春官》《夏官》。"④黄震认为,这几处的官职都可以省并。因为可疑之处甚多,在黄震看来《周礼》已不具备经典的资格,勉强可以视之为《尚书·周官》之注疏。他说:"此书……恐不可以其名列于经,而尽信其书必古书也,亦不过《周官》一篇注疏耳,大训何在,而名经耶?"⑤

4. 诋《周礼》是伪书

受王安石变法影响,有些学者从对王安石的抨击延及对新学的攻击,进而将矛头对准王安石欲立政造事、追而复之的《周礼》,他们态度偏执,言辞激烈,有诋毁之嫌。如北宋的晁说之,南宋的胡宏、包恢。

晁说之认为,《周礼》的内容是拼凑的,"杂之以六国之制,多汉儒之所论次者……大要敛财多货,黩祀烦民,冗碎可施于文,而不可措于事者也"⑥,"大抵烦礼渎仪、靡政僭刑、苛令曲禁、重赋专利、忌讳祈禳,诞迂不切

① (宋)黄震:《黄氏日抄》卷三〇《读〈周礼〉》,载文渊阁《四库全书》第 707 册,上海古籍出版社 1987 年影印版,第 834 页。

② (宋)黄震:《黄氏日抄》卷三〇《读〈周礼〉》,载文渊阁《四库全书》第 707 册,上海古籍出版社 1987 年影印版,第 843 页。

③ (宋)黄震:《黄氏日抄》卷三〇《读〈周礼〉》,载文渊阁《四库全书》第 707 册,上海古籍出版社 1987 年影印版,第 843 页。

④ (宋)黄震:《黄氏日抄》卷三〇《读〈周礼〉》,载文渊阁《四库全书》第 707 册,上海古籍出版社 1987 年影印版,第 848 页。

⑤ (宋)黄震:《黄氏日抄》卷六八《周礼》,载文渊阁《四库全书》第 708 册,上海古籍出版社 1987 年影印版,第 655 页。

⑥ (宋)晁说之:《景迂生集》卷一《元符三年应诏封事》,载文渊阁《四库全书》第 1118 册,上海古籍出版社 1987 年影印版,第 21 页。

事,适莽之嗜也"①。加之,《周礼》是儒家诸经中最晚出者,来历不明,令人怀疑。所以,在晁说之看来,《周礼》不切合实用,不过是迎合王莽嗜欲的伪书。

胡宏认为《周礼》是"乱臣贼子伪妄之书",他说:"孔子定《书》,《周官》六卿,冢宰掌邦治、统百官、均四海者也。今以刘歆所成《周礼》考之……说者谓《周官》三百也,今乃冗滥如是,又设三百六十职焉,其妄诞不经昭昭矣。自刘歆成书,惟郑康成推赞之,真周公之罪人也。谨按刘歆汉家贤宗室向之子,附会王莽,变乱旧章,残贼本宗以趋荣利,《周礼》之书本出于孝武之时,为其杂乱,藏之秘府,不以列于学官,及成、哀之世,歆得校理秘书,始列序为经,众儒共排其非,惟歆以为是。夫歆不知天下有三纲,以亲则背父,以尊则背君,与周公所为正相反者也,其所列序之书,假托《周官》之名剿入私说,希合贼莽之所为耳。"②在胡宏看来,刘歆攀附王莽,汲汲于名利,是对父不孝、对君不忠之人,他所独识的《周礼》不过是假托《周官》之名,剿入一己私说,以迎合王莽的需要,不仅颇为冗滥,且妄诞不经,不能引以为据。

整体而言,宋代对《周礼》真伪问题的研究趋向细致,即便尊崇《周礼》为经,也会质疑个别经文;怀疑《周礼》非经的证据更充实具体,不局限从作者角度攻击;但斥《周礼》为伪书的立论点,仍存在与作者问题相纠缠的倾向。

(二) 对《周礼》作者的认识

在《周礼》作者问题上,绝大多数汉唐学者信主周公作《周礼》,认为"周公致太平之迹,迹具在斯"。宋代关于《周礼》作者问题,争议较之汉唐激烈得多,主要形成了6种观点。

1. 周公作《周礼》

周公作《周礼》这一观点,滥觞于西汉,宋代经学虽讲求变古、创新,但这一传统观点仍有支持者,如北宋的石介、李觏、刘敞、王昭禹。

石介在《徂徕集》卷七《二大典》中云:"《周礼》《春秋》万世之大典乎,周公、孔子制作至矣。"可知,石介赞同传统观点,主张《周礼》出自周公。李觏力

---

① (宋)晁说之:《景迂生集》卷一四《辩诬》,载文渊阁《四库全书》第1118册,上海古籍出版社1987年影印版,第263页。

② (宋)胡宏:《五峰集》卷四《极论〈周礼〉》,载文渊阁《四库全书》第1137册,上海古籍出版社1987年影印版,第207—210页。

倡《周礼》为周公致太平之书,他说:"觐窃观六典之文,其用心至悉,如天焉有象者在,如地焉有形者载。非古聪明睿智,谁能及此? 其曰周公致太平者,信矣。"①在《周礼》作者问题上,刘敞主张周公作《周礼》。他说:"《周礼》出于周公,仲尼未尝删述。"②"周公作《周礼》,冢宰之职,固赏善诛恶,进贤而退不肖。"③王昭禹也赞同周公作《周礼》,在《周礼详解》卷首《周礼互注总括》中,他说:"《周礼》《仪礼》并周公所记,所谓'礼经三百,威仪三千',礼经则《周礼》也,威仪则《仪礼》也。"④

南宋的王炎、郑锷、叶时、易祓、郑伯谦、赵汝腾、朱申、王与之、《六经奥论》作者也赞同周公作《周礼》这一观点。

王炎认为"《周官》六典,周公经治之法也"⑤,他还进一步阐述《周礼》的成书背景、实践过程,说:"周公辅政,管、蔡流言,不安于朝而之于东都,及其《鸱鸮》之诗作,《金縢》之书启,然后成王逆公以归。既归之后,伐管、蔡,作洛邑,迁殷民。管、蔡既平,殷民既迁,洛邑既成,公则归政于成王矣。当公归政之时,成王莅政之初,淮夷犹未定也,而况公未归政,管、蔡未平,殷民未迁,洛邑未成,虽有六典,安得尽举而行之。成王即政,巡侯甸,伐淮夷,中外无事,还归在丰,作《周官》之书以戒饬卿士大夫。则周公之经制盖施行于此时,吾是以知六典之法至,太平而后备,非用六典而能致太平也。"⑥在王炎看来,周公虽作《周礼》,但尚未"致太平之迹"。

郑锷主张周公作《周礼》。他说:"以《洛诰》考之,周公营洛,乃是欲使成

①　(宋)李觏:《盱江集》卷五《周礼致太平论》,载文渊阁《四库全书》第 1095 册,上海古籍出版社 1987 年影印版,第 66 页。

②　(宋)刘敞:《公是七经小传》卷上《尚书》,载文渊阁《四库全书》第 183 册,上海古籍出版社 1987 年影印版,第 5 页。

③　(宋)刘敞:《刘氏春秋意林》卷上,载文渊阁《四库全书》第 147 册,上海古籍出版社 1987 年影印版,第 489 页。

④　(宋)王昭禹:《周礼详解》卷首《周礼互注总括》,载文渊阁《四库全书》第 91 册,上海古籍出版社 1987 年影印版,第 201 页。

⑤　(宋)王炎:《双溪类稿》卷二六《周礼论》,载文渊阁《四库全书》第 1155 册,上海古籍出版社 1987 年影印版,第 732 页。

⑥　(宋)王炎:《双溪类稿》卷二六《周礼论》,载文渊阁《四库全书》第 1155 册,上海古籍出版社 1987 年影印版,第 733 页。

王自服于土中,乱为四方新辟,乃作六典之书以授之,使往治于洛邑。其言曰:'予齐百工,伻从王于周','乃汝其悉自教王','往新邑,伻向即有僚'。盖为成王齐整建官之法,使王往新邑,自教率之,各效其职也。成王灭淮夷而归在丰,董正治官,始以新书从事,然只在丰而不往洛邑,故《周礼》虽成,终不尽用,故经之授田等事今皆难信。正由成王不宅洛,故有其法制之文终不见行之实也,若如此论,则经之首篇'惟王建国,辨方正位'之语,始有所归,其他疑非周公全书皆可以意晓。"①郑锷认为,从《尚书·洛诰》来看,周公营建洛邑,是希望成王能居洛主持政事、统治天下,故周公亲作包括治典、教典、礼典、政典、刑典和事典在内的六典之书——《周礼》,并授《周礼》于成王,希望成王居洛后整齐建官之法,确立政、教、礼、兵、刑诸项制度,使官吏各效其职,以成一代之治。针对苏辙等人疑《周礼》非周公全书的观点,郑锷也阐发了自己的观点,他认为周公虽以《周礼》授成王,但成王终不宅洛,故《周礼》虽成,不能尽用,其中所载的授田等制度就未能付诸实践,若据此而疑《周礼》非周公亲作,是不合理的。

叶时认为周公作《周礼》。他说:"礼仪三百,威仪三千,待其人而后行,夫礼仪三百,经礼也,说者谓《周礼》是也。威仪三千,曲礼也,说者谓《仪礼》是也。二书皆周公所述也。"②

易祓也主张周公作《周礼》。他说:"至周公摄政,建六典之官,大而正朝纲,重国体,凡百司庶府详法略则本数末度靡不毕举"③,"当是时也,周公摄政,制礼作乐,典章文物粲然大备,于是设为六典、八法、八则之制,以作新天下之治"④。在易祓看来,周公摄政,制礼作乐,典章文物粲然大备,在此基础上,周公设六典、八法、八则之制,"以作新天下之治",于是建六典之官,大而正朝

---

① (宋)王与之:《周礼订义》卷首《序〈周礼〉兴废》,载文渊阁《四库全书》第93册,上海古籍出版社1987年影印版,第8页。

② (宋)叶时:《礼经会元》卷一上《礼经》,载文渊阁《四库全书》第92册,上海古籍出版社1987年影印版,第8页。

③ (宋)易祓:《周官总义》卷一,载文渊阁《四库全书》第92册,上海古籍出版社1987年影印版,第278页。

④ (宋)易祓:《周官总义》卷一,载文渊阁《四库全书》第92册,上海古籍出版社1987年影印版,第278页。

纲、重国体,小而百司庶府详法、略则、本数、末度靡不毕举,故《周礼》六典乃周公所作,蕴含着成周兴致太平之道。

在《周礼》作者问题上,郑伯谦持传统观点,赞同周公作《周礼》。他说:"《周官》之书曰:冢宰掌邦治,统百官,均四海;司徒掌邦教,敷五典,扰兆民。前有'六典',后有《周官》,皆周公所作也。'六典'则合官民而并职之,《周官》则分官民而各掌之,何也? ……'六典'合而言之,《周官》分而治之,二书盖相为表里也。"①联系上下文,郑伯谦此处是以"六典"代称《周礼》,他认为《周礼》和《尚书·周官》皆为周公所作,二书所载制度可互为表里。

赵汝腾主张周公作《周礼》。王与之《周礼订义》卷八〇末有赵汝腾撰《〈周礼订义〉后序》,他说:"《周礼》一书,先儒疑信相半,横渠氏最尊敬之,五峰氏最摈抑之,二说交驰,学者幽冥而罔知所从。尝平心思之,《周礼》真周公书,《汉志》所谓'《周官》六篇'是也。"赵汝腾依据《周礼》卷首"惟王建国,辨方正位,体国经野,设官分职,以为民极"五句,同《大宰》《大司徒》相关记载,确定"《周礼》真周公书"。

佚名《周礼详说》说:"洛邑营于周公摄政之五年,此书作于六年,是朝市之位已立矣。何于此而复佐后立市乎,是知此书周公作之为天下后世法。"②可知,朱申不仅主张《周礼》为周公所作,还在郑玄"周公居摄而作六典之职,谓之《周礼》"一说的基础上,言之凿凿地指出《周礼》作于周公居摄六年。

王与之坚定地认为《周礼》作于周公,并试图推原周公作《周礼》的本旨。他说:"孟子曰:周公思兼三王,以施四事。其有不合者,仰而思之,夜以继日;幸而得之,坐以待旦。"③"张南轩曰:是时周公相成王,欲以立经、陈纪、制礼、作乐,成一代之法,故推本三代四圣之心,而施此四事,达之天下,以为无穷之事业也。又曰:凡井田、封建、取士、建官、礼乐、刑政虽起于上世,莫备于周,是皆周公心思之所经纬,本诸三代而达之者也。周公之心,孟子发明

---

①　(宋)郑伯谦:《太平经国之书》卷二《官民》,载文渊阁《四库全书》第92册,上海古籍出版社1987年影印版,第200—201页。

②　(宋)王与之:《周礼订义》卷一二引王氏详说曰,载文渊阁《四库全书》第93册,上海古籍出版社1987年影印版,第194页。

③　(宋)王与之:《周礼订义》卷首《论周礼兴废》,载文渊阁《四库全书》第93册,上海古籍出版社1987年影印版,第8页。

之至矣。"①王与之先引《孟子·离娄下》的记载,再引张栻《癸巳孟子说》卷四中关于此句经文的训释。他认为,孟子对周公作《周礼》的本旨发明最为精到,周公辅相成王,欲立一代之法,故本诸三代封建、建官、礼乐、刑政等制度,推原尧、舜、禹、汤四圣之心,夜以继日地经纬谋划,方撰成《周礼》,这其中记载的经邦定国、礼乐刑政等制度可达于天下,成后世无穷之事业。

《六经奥论》的作者也主张周公作《周礼》。他说:"《周礼》一书,详周之制度而不及道化,严于职守而阔略人主之身,所以学者疑其非圣人之书。案《书传》曰:'周公一年救乱,二年伐商,三年践奄,四年建侯卫,五年营成周,六年制礼作乐,七年致政成王。'则是书之在于周公摄政六年之后,周公将复辟于成王,此是书之所由作,故《周礼》六官之首皆云'辨方正位'者此也。"②"是书之作于周公,与他经不类,《礼记》就于汉儒,则《王制》所说朝聘为文襄时事,《月令》所说官名为战国间事,曾未若《周礼》之纯乎周典也。"③《六经奥论》的作者认为,《周礼》一书是周公摄政六年之后,即将还政于成王时撰作的,书中记载的是"纯乎周典"。

2.《周礼》非周公亲撰,但与周公关系密切

宋代有些学者能从客观、理性的角度审视《周礼》作者问题,一方面承认《周礼》和周公是有联系的,另一方面认为《周礼》不一定是周公亲自撰写的。如北宋的程颢、程颐、张载,南宋的林之奇、朱熹、叶适,皆持此论。

在《周礼》作者问题上,程颢、程颐没有明确指向性的观点,他们只承认周公同《周礼》存在联系。《二程集》记载:"问:《周礼》之书有讹缺否?曰:甚多,周公致治之大法,亦在其中,须知道者观之,可决是非也。"④"《周礼》不全是周公之礼法,亦有后世随时添入者,亦有汉儒撰入者,如《吕刑》《文侯之

① (宋)王与之:《周礼订义》卷首《论周礼兴废》,载文渊阁《四库全书》第93册,上海古籍出版社1987年影印版,第8页。

② 《六经奥论》卷六《周礼辨》,载文渊阁《四库全书》第184册,上海古籍出版社1987年影印版,第105页。

③ 《六经奥论》卷六《周礼辨》,载文渊阁《四库全书》第184册,上海古籍出版社1987年影印版,第106页。

④ (宋)程颢、程颐:《河南程氏遗书》卷一八,载《二程集》(一),中华书局1981年版,第230页。

命》,通谓之周书。"①《周礼》是否是周公作,二程没有详细论解,他们一方面承认周公致治之大法在《周礼》中;另一方面又指出,《周礼》不全是周公礼法,其间有后世添入的内容。

关于《周礼》的作者问题,张载也没有给出确切的观点。同二程一样,他也承认周公和《周礼》存在联系。"《周礼》是的当之书,然其间必有末世添入者,如盟诅之属,必非周公之意。"②张载虽认为《周礼》内容驳杂,其间有末世添入的内容,但他大体是相信《周礼》中存有周公致治之法的。

林之奇承认周公制作法度与《周礼》相关,但同时也指出《周礼》成书并非周公一人之力。他在《周礼讲义·序》中说:"盖圣人之神不与人同忧,而圣人之德不与民同患,故周公制法度于一日之间,以厚天下之风俗,其本如此。虽然,道有升降,时有损益,故以义制礼者,虽昔之所与,而今或制作而不疑;以义变礼者,虽已造于前,而后或因革以为便,则《周礼》之为书,岂特周公之力哉?《易》曰'亨者嘉之会',天之礼也;又曰'嘉会足以合礼',人之礼也。三代之礼,天道人事备于周,上致其隆,下致其杀,中处其中。则是时也,崇天卑地,分群偶物,而不失其统也。大鹏之能高,斥鷃之能小;椿木之能长,朝菌之能短,各以顺受其正,岂有他哉?后世礼昧于经之大体,则徇常者或病其高阔,好大者乃患于卑近,又岂知夫高阔所以立天下之本,卑近所以尽天下之事欤?"③在林之奇看来,道有升降,时有损益,礼亦有因革,《周礼》一经虽以"周"命名,并有周公制作法度在其中,但书中实汇聚了夏、商、周三代之礼,故《周礼》成书并非周公一人之力。

在《周礼》作者问题上,朱熹主张《周礼》不是周公亲自撰作。他说:"看来《周礼》规模皆是周公做,但其言语是他人做。今时宰相提举敕令,岂是宰相一一下笔?有不是处,周公须与改。至小可处,或未及改,或是周公晚年作此。"④

---

① (宋)程颢、程颐:《河南程氏外书》卷一〇,载《二程集》(二),中华书局1981年版,第404页。

② (宋)张载:《经学理窟·周礼》,载《张载集》,中华书局1978年版,第248页。

③ (宋)林之奇:《拙斋文集》卷一六,载文渊阁《四库全书》第1140册,上海古籍出版社1987年影印版,第494—495页。

④ (宋)黎靖德编:《朱子语类》卷八六,中华书局1986年版,第2203页。

"《周礼》毕竟出于一家。谓是周公亲笔作成,固不可,然大纲却是周公意思。"①"未必是周公自作,恐是当时如今日编修官之类为之。"②朱熹认为"《周礼》规模皆是周公做"③"《周礼》是周公遗典也"④,即承认《周礼》和周公存在联系。

叶适主张《周礼》不是周公亲撰,但认为《周礼》的作者必具备周公之能、周公之才方可。他说:"《周官》独藏于成周,孔子未之言,晚始出秦汉之际,故学者疑信不一。好之甚者以为周公所自为,此固妄耳。其极尽小大,天与人等,道与事等,教与法等,粗与细等,文与质等,无疏无密,无始无卒,其简不失,其繁不溢,则虽不必周公所自为,而非如周公者亦不能为也。……盖周召之徒因天下已定,集成其书,章明一代之典法,殆尧、舜、禹、汤所无有,而古今事理之粹精,特聚见于此,如《诗》《书》则尚有兴坏,是非之粗迹存焉故也。"⑤因《周礼》较诸经晚出,孔子又未言及,故此书的真伪问题一直饱受争议。在叶适看来,推崇《周礼》者主张的周公作《周礼》的观点"固妄耳",但《周礼》文繁事富,体大思精,聚古今之事理,"章明一代之典法",虽不是周公亲作,也"非如周公者亦不能为也"。

3. 战国人作《周礼》

"战国人作《周礼》"这一观点,滥觞于西汉,宋代仍有学者支持这一观点,如北宋的苏轼,他赞同何休之说,主张战国人作《周礼》,他说:"先儒或以《周礼》为战国阴谋之书,亦有以也。"⑥南宋的林希逸也比较赞成何休的观点,他说:"大抵《周礼》出于战国,本非成周之制,六国阴谋之说似得。"⑦主张《周礼》成书于战国。

---

① (宋)黎靖德编:《朱子语类》卷八六,中华书局 1986 年版,第 2203 页。

② (宋)黎靖德编:《朱子语类》卷八六,中华书局 1986 年版,第 2203 页。

③ (宋)黎靖德编:《朱子语类》卷八六,中华书局 1986 年版,第 2203 页。

④ (宋)黎靖德编:《朱子语类》卷八六,中华书局 1986 年版,第 2204 页。

⑤ (宋)叶适:《习学记言》卷七《二礼》,载文渊阁《四库全书》第 849 册,上海古籍出版社 1987 年影印版,第 378—379 页。

⑥ (宋)苏轼:《东坡全集》卷四八《天子六军之制》,载文渊阁《四库全书》第 1107 册,上海古籍出版社 1987 年影印版,第 678 页。

⑦ (宋)林希逸:《考工记解》卷上,载文渊阁《四库全书》第 95 册,上海古籍出版社 1987 年影印版,第 26—27 页。

4. 秦或汉初人作《周礼》

这是宋人关于《周礼》作者问题提出的一种新观点，北宋苏辙、南宋魏了翁皆持此论。

苏辙在《历代论·周公》中说："言周公之所以治周者莫详于《周礼》，然以吾观之，秦汉诸儒以意损益之者众矣，非周公之完书也。"①在苏辙看来，《周礼》的作者与秦汉诸儒关系密切。魏了翁认为《周礼》可能是秦或汉初人撰作的，他说："《周礼》《左氏》，并为秦、汉间所附会之书。《周礼》亦有圣贤遗法，然附会极多。"②"《周礼》与《左氏》两部，字字谨严，首尾如一，更无疏漏处，疑秦、汉初人所作，因圣贤遗言遂成之。"③

5. 汉代人作《周礼》

北宋晁说之首次提出《周礼》的作者可能是汉代人，到了南宋，一些学者在晁说基础上，更进一步提出《周礼》的作者很可能是西汉人，如范浚、黄震，胡宏、洪迈甚至明确指出《周礼》的作者是刘歆。

在《周礼》作者问题上，晁说之主张汉人作《周礼》。他说："昔孟子欲言周礼而患无其籍，今之《周礼》最出汉末，杂之以六国之制，多汉儒之所论次者。或谓'六国阴谋之书'则过也，大要敛财多货，黩祀烦民，冗碎可施于文，而不可措于事者也。"④在晁说之看来，《周礼》的作者很可能是汉代人。

范浚主张《周礼》中有西汉人附益的内容。他说："周公作六典，谓之《周礼》，至于六官之属，琐细悉备，疑其不尽为古书也……此必汉世刻敛之臣，如桑羊辈，欲兴榷利，故附益是说于《周礼》，托吾周公以要说其君耳。不然亦何异贱丈夫登垄断而罔市利，其为周公何如哉？"⑤范浚认为，《周礼》内容琐细

① （宋）苏辙：《栾城后集》卷七《周公》，载文渊阁《四库全书》第1112册，上海古籍出版社1987年影印版，第642—643页。

② （宋）魏了翁：《鹤山集》卷一〇八《师友雅言上》，载文渊阁《四库全书》第1173册，上海古籍出版社1987年影印版，第570页。

③ （宋）魏了翁：《鹤山集》卷一〇八《师友雅言上》，载文渊阁《四库全书》第1173册，上海古籍出版社1987年影印版，第570页。

④ （宋）晁说之：《景迂生集》卷一《元符三年应诏封事》，载文渊阁《四库全书》第1118册，上海古籍出版社1987年影印版，第21页。

⑤ （宋）范浚：《香溪集》卷五《读周礼》，载文渊阁《四库全书》第1140册，上海古籍出版社1987年影印版，第39—40页。

悉备,怀疑"其不尽为古书",还指出《周礼》有些内容实属附益,应该是西汉如桑弘羊者,假托周公之名窜入的,目的是"兴权利"。所以,《周礼》的作者可能是西汉人。

胡宏认为《周礼》是伪书,并大胆地提出伪造者就是西汉人刘歆。他说:"《周礼》成于刘歆,歆是不知三纲之人,其书不可引以为证。"①"孔子定《书》,《周官》六卿,冢宰掌邦治、统百官、均四海者也。今以刘歆所成《周礼》考之……说者谓《周官》三百也,今乃冗滥如是,又设三百六十职焉,其妄诞不经昭昭矣。自刘歆成书,惟郑康成推赞之,真周公之罪人也。谨按刘歆汉家贤宗室向之子,附会王莽,变乱旧章,残贼本宗以趋荣利,《周礼》之书本出于孝武之时,为其杂乱,藏之秘府,不以列于学官,及成、哀之世,歆得校理秘书,始列序为经,众儒共排其非,惟歆以为是。夫歆不知天下有三纲,以亲则背父,以尊则背君,与周公所为正相反者也,其所列序之书,假托《周官》之名剿入私说,希合贼莽之所为耳。"②在胡宏看来,《周礼》本是发现于汉武帝时的杂乱简章,不为时人所重,遂藏于秘府,后因刘向、刘歆父子校理秘书,才再被发现,但当时就遭众儒排斥,唯有刘歆认为此书独具价值。而刘歆人品卑污,虽为汉室宗亲,却攀附王莽,变乱旧章,是对父不孝、对君不忠之人。他所独识的《周礼》不过是假托《周官》之名,剿入一己私说,以迎合王莽的需要,不仅颇为冗滥,且妄诞不经,不能引之为据。从"《周礼》成于刘歆""刘歆所成《周礼》""假托《周官》之名剿入私说"等态度鲜明的语句中,可知胡宏主张《周礼》是刘歆伪造的。

洪迈在《周礼》作者问题上,所见与胡宏相同,主张《周礼》出于西汉刘歆之手。他说:"《周礼》一书,世谓周公所作,而非也。昔贤以为战国阴谋之书,考其实,盖出于刘歆之手。"③

黄震反复强调《周礼》是西汉王莽、刘歆时才发现的。他说:"愚恐且当以

① (宋)胡宏:《五峰集》卷二《与彪德美》,载文渊阁《四库全书》第1137册,上海古籍出版社1987年影印版,第141页。
② (宋)胡宏:《五峰集》卷四《极论〈周礼〉》,载文渊阁《四库全书》第1137册,上海古籍出版社1987年影印版,第207—210。
③ (宋)洪迈:《容斋续笔》卷一六《〈周礼〉非周公书》,载文渊阁《四库全书》第851册,上海古籍出版社1987年影印版,第531—532页。

《孟子》为正,若《周礼》虽名为周公之书,而实出于王莽之世,不先于《孟子》也。"①"周之所以为治者,尽见于《尚书·周官》之篇。后千余年,至王莽时,倏有所谓《周礼》六典者出,曰此周公之法也。使果出于周,亦不过《周官》一篇注疏耳。然其烦苛若此,果可见之施行否耶? 设果尝行于周,时异事殊,亦可行于后世否耶?"②在黄震看来,《周礼》出现于西汉,是件很突兀的事,以周公的历史地位,他如此重要的著作在西汉以前的传承居然是空白的,甚至饱学如孔、孟,都未提及,这实在令人费解。所以,黄震主张《周礼》不过是托名周公之作。从黄震反复强调《周礼》出现于王莽、刘歆之时来推断,黄震很可能认为《周礼》就出现于西汉,其作者是西汉时人。

6. 后学编纂历代之书成《周礼》

这是南宋学者在《周礼》作者问题上提出的一种新观点,他们认为《周礼》是由周迄汉的学者编纂前代书中的典章法度而成书的,《周礼》的成书过程可能非一时,作者也可能非一人,陈汲和黄仲元即持此论。

陈汲说:"《周礼》一书,周家法令政事所聚,或政典,或九州,或司马教战之法,或《考工记》。后之作史者,纂其典章法度而成一代之书,有周公之旧章,有后来更续者,犹风、雅、颂通谓之'周诗',誓、诰、命通谓之'周书'也。信之者以为周公作,不信者以为刘歆作,皆非也。"③陈汲认为,《周礼》记载了周代的典章制度,其中既包括西周初年周公所制之法,也有后世增添的内容,崇《周礼》为周公亲撰或诋《周礼》为刘歆伪作皆失之于偏颇。在他看来,《周礼》的作者可能是周代以后的某位或某几位史官,他们参考历代典章法度,不断编纂进而成书,统名之为《周礼》。所以《周礼》不仅包含西周法度,还有后来的制度。

在《周礼》作者问题上,黄仲元的观点与陈汲接近。他在《四如讲稿》卷四

---

① (宋)黄震:《黄氏日抄》卷三四,载文渊阁《四库全书》第707册,上海古籍出版社1987年影印版,第48页。

② (宋)黄震:《黄氏日抄》卷六三,载文渊阁《四库全书》第708册,上海古籍出版社1987年影印版,第568页。

③ (宋)王与之:《周礼订义》卷首《论周礼纲目》,载文渊阁《四库全书》第93册,上海古籍出版社1987年影印版,第10页。

《周礼》中说:"此书法令政事所聚,如后来《百官志》相似,或出于政典,或出于九刑,或出于《司马法》,或出于《考工记》。有周公旧章者,有后来添续者,有春秋战国以来伪安驳杂之书,与秦火之后掇拾于灰烬之余者,有出于汉儒私意,欲用其师说者,有或利其购金而妄言者,后之作者纂其典章法度而成一代之书,故通谓之《周礼》。信者以为周公,非也,不信者以为歆,亦非也。"①黄仲元承认《周礼》内容具有驳杂的特点,并认为这是与其成书过程相关。黄仲元认为,《周礼》可能是后世的一位或几位作者不断收集历代著述中的典章法度,而后纂成的一代制度之书,通名之为《周礼》。因为收集的资料包括周公旧章、春秋战国以来的各种著述、秦火之后残余的著述、汉儒著述等,所以《周礼》所讲法令政事颇驳杂。对于学界两种极端的认识——周公作《周礼》说、刘歆伪造《周礼》说,他认为都是不对的。

　　整体而言,北宋熙宁以前,周公作《周礼》是学界对《周礼》作者问题认识的主要观点;熙宁以后,伴随学界对《周礼》关注的增加,有关《周礼》作者的新观点相继被提出,学界对《周礼》作者问题的认识趋向多元化了。

　　(三) 首倡"《冬官》不亡"说

　　根据《经典释文·叙录》《隋书·经籍志》和《礼记正义·礼器》孔颖达疏和贾公彦《序周礼废兴》所引马融《传》记载,汉代发现的《周礼》已缺失《冬官》一篇,汉人求之不得,才以《考工记》补《冬官》之缺。

　　由汉迄唐,学者们对《冬官》佚亡问题从未产生怀疑,至南宋,胡宏主张"《冬官》未尝阙",理由是"刘歆颠迷,妄以《冬官》事属之《地官》"②,即认为刘歆伪造《周礼》,将《冬官》事纂乱入《地官》,所以传世本《周礼》中不少应属《冬官》的职官隶属于《地官》。程大昌也提出:"五官各有羡数,天官六十三,地官七十八,春官七十,夏官六十九,秋官六十六。盖断简失次,取羡数凡百工之事归之《冬官》,其数乃周。"③后俞庭椿继承了胡宏和程大昌的观点,精心

　　① (宋)黄仲元:《四如讲稿》卷四《周礼》,载文渊阁《四库全书》第183册,上海古籍出版社1987年影印版,第782页。
　　② (宋)胡宏:《五峰集》卷四《极论〈周礼〉》,载文渊阁《四库全书》第1137册,上海古籍出版社1987年影印版,第209页。
　　③ (宋)王应麟:《困学纪闻》卷四《周礼》引"程泰之曰",载文渊阁《四库全书》第854册,上海古籍出版社1987年影印版,第214页。

撰著了《周礼复古编》，是书系统论述了"《冬官》不亡"说，首次提出具体的"《冬官》补亡"方案，并首次运用割裂的方法进行补亡。

《周礼复古编》问世后，新奇的主张引起了学界的关注，"《冬官》不亡"说在宋末流行起来，并且得到了不少学者的拥护赞同，如叶时、王与之。甚至引发了元、明时期盛极一时的补亡热潮，如元代陈友仁《周礼集说》十卷后附俞庭椿《周礼复古编》一卷，可知陈友仁推崇俞庭椿"《冬官》不亡"之说，欲推而广之。丘葵殚精竭虑著《周礼补亡》，在俞庭椿、王与之补亡之说的基础上，参考诸家之说，重新补亡《冬官》，成为"《冬官》不亡"说的推波助澜者。明代更是出现了层出不穷的"补亡《冬官》"之作，目前尚可考知的就有方孝孺《周礼考次目录》《周礼辨正》，何乔新《周礼集注》，陈凤梧《周礼合训》，舒芬《周礼定本》，陈深《周礼训隽》，金瑶《周礼述注》，柯尚迁《周礼全经释原》，王圻《续定周礼全经集注》，郝敬《周礼完解》，钱士馨《冬官补亡》等。

至清代，以四库馆臣为代表的官方学者目俞庭椿《周礼复古编》为"窜乱圣经"的始作俑者，严厉批判和抵制"《冬官》不亡"说，然民间仍有持此论并进行补亡实践者，如李文炤《周礼集传》、高宸《周礼三注粹抄》、王宝仁《周官参证》，可知争议仍在继续。然而伴随清代学术"汉宋之争"的深化，倡导割裂补亡的"《冬官》不亡"之说最终受到学界的广泛指摘，逐渐销声匿迹了。

（四）主张《考工记》是独立的古书，非《周礼》附庸

汉人因《周礼》缺失《冬官》一篇，求之不得，才取《考工记》补《冬官》之阙，并冠以"冬官考工记"之名。① 自此之后，《考工记》依附于《周礼》，获得了经典的地位与学界的关注。汉唐时期，凡为《周礼》作注疏者也将《考工记》作为《周礼》的一部分进行注解、疏释，如杜子春《周官注》、郑众《周礼解诂》、郑玄《周礼注》和贾公彦《周礼疏》等。② 这些研究的共同特点是把《考工记》作为《周礼》的一部分进行诠释，并试图沟通弥合《考工记》与《周礼》所载制度

---

① 孙诒让认为："'冬官考工记第六'者，此西汉补阙时所题署也。"载《周礼正义》卷七四，中华书局1987年版，第3101页。

② 郑玄《周礼注》引杜子春《周礼注》、郑兴《周礼解诂》、郑众《周礼解诂》之说，其中郑玄注解《考工记》部分仍保留杜子春和郑兴之说，据此可确切知道杜子春《周礼注》、郑众《周礼解诂》必对《考工记》进行了注解。

相抵牾处,忽略了《考工记》作为一部古书本身的独立性。

从南宋开始,学界有意识地将《考工记》从《周礼》中剥离出来,关注《考工记》本身的独立性,将其作为独立著作进行的注解、研究,出现了专门诠释《考工记》的著作,如陈用之《考工记解》、赵溥《兰江考工记解》、林亦之《考工记解》、王炎《考工记解》、叶皆《考工记辨疑》、林希逸《鬳斋考工记解》。与此同时,对《考工记》的研究趋于细致、深入,汉唐时期有论及的《考工记》作者、成书时代问题在宋代继续被讨论,出现了对后世颇有启发的见解,如林希逸依据《考工记》的语言特点,判定《考工记》的作者是先秦时期齐国人,后来这一方法也被江永、郭沫若、杨向奎等所借鉴,对后世影响较大。汉唐时期没有讨论过的《考工记》名官之义、《考工记》本身残缺错乱、《考工记》补亡《冬官》合理性等问题也被提出,进行了多方面的深入讨论。

元、明、清时期,越来越多的学者关注《考工记》研究,诠释《考工记》的著作日益增多,蔚为大观。此外,宋人林希逸的《鬳斋考工记解》为了方便初学者了解《考工记》所载器物形制,附图于注解中,这种以图注解《考工记》的方式被后世学者继承并发扬光大。如明、清不少论解《考工记》之作都有附图,如周梦旸《批点考工记》附《图说》一卷,程明哲《考工记纂注》附《图》一卷,徐昭庆《考工记通》附《图》一卷,吕调阳《考工记考》附《图》一卷,郑珍《轮舆私笺》附《图》一卷。清代还出现了以图为主的"图注""图解"之作,如戴震《考工记图注》、阮元《考工记车制图解》等。直至现代,学者们注译《考工记》仍采用图注的方式,辅助说明《考工记》所载器物形制、工艺制作,如闻人军注译的《〈考工记〉译注》就广泛采用最新的出土器物图、画像石拓片、工艺原理示意图等图片辅助说明《考工记》中的器物工艺,收到了很好的注解效果。

三、李觏与《周礼致太平论》

(一) 李觏生平

李觏(1009—1059 年),字泰伯,世称盱江先生,北宋建昌军南城(今江西资溪)人。他博通经术,俊辩能文,但仕进之路并不顺利,景祐年间(1034—1038 年)两次应试均不第,庆历元年(1041 年)举茂才异等,又不中。返乡后,李觏创立了盱江书院,以教授自资,四方学子前来就学者常数十百人,曾巩、邓润甫皆为其高足。后得范仲淹、余靖推荐,皇祐二年(1050 年)旨授李觏为将仕郎、试太学助教;嘉祐二年(1057 年),用国子监奏,召为太学说书;嘉祐三年(1058 年),除通州海门主簿,太学说书如故;嘉祐四年(1059 年),令其权同管勾太学,因迁葬祖母,请假还乡,卒于家,时年 51 岁。李觏一生著述颇多,包括《平土书》《富国策》《安民策》《强兵策》《周礼致太平论》《礼论》《礼论后语》《常语》《明堂定制图序》等。

李觏一生主要生活在以寻求变革之道为主旋律的仁宗朝,儒家诸经中,他特重《周礼》,这同他关心现实政治、积极探寻改革弊政的抱负是分不开的。《周礼致太平论》是李觏的代表作,也是他诠释《周礼》最为重要的著作。

(二)《周礼致太平论》的撰作及流传

《周礼致太平论》共 10 卷 51 篇,包括《叙》1 篇、《内治》7 篇、《国用》16 篇、《军卫》4 篇、《刑禁》6 篇、《官人》8 篇、《教道》9 篇。

据宋人魏峙所撰《李直讲年谱》记载,《周礼致太平论》一书初作于庆历三年(1043 年),当时为 30 篇,此后近 10 年间,李觏又断续增补是书,至皇祐四年(1052 年),《周礼致太平论》10 卷以单刻本的形式刊行于世。

宋元时期,单刻本《周礼致太平论》流传较广,如《郡斋读书志》记载"李泰伯……《周礼致太平论》十卷";《直斋书录解题》著录"李泰伯……《周礼致太平论》十卷";《文献通考》著录"李泰伯……《周礼致太平论》十卷"。

至明代,左赞将李觏诗文合编为 37 卷,前列《年谱》1 卷,后附《外集》3 卷,名曰《盱江集》,其中卷五至卷一四即收录《周礼致太平论》,但此后单刻本《周礼致太平论》就不再见于著录了。

现今传世的李觏《周礼致太平论》仍见收于文集之中,如《四库全书》本《盱江集》《直讲李先生文集》等。四川大学古籍整理研究所编撰的《全宋文》第 42 册,卷九〇一至卷九〇五收录李觏《周礼致太平论》全文,且施以现代标点,颇便省览。

(三)《周礼致太平论》的解经特点

李觏所处之时代,疑经惑传、直探经典义理的新儒学方兴未艾,作为此学风的推波助澜者,李觏论解《周礼》已迥然有别于汉唐经师。以下将从几方面对《周礼致太平论》的解经方法作以分析。

1. 以己意裁断郑玄《周礼注》之说

在经学研究上,李觏坚决反对完全摒弃注疏、以己意解经的空疏之学。在《周礼致太平论》中,李觏就大量引用他认为精当的郑玄《周礼注》之说讲论《周礼》中的制度。同时,李觏也承认汉唐注疏之学有缺陷,论解《周礼》时,并非亦步亦趋地谨守郑玄《周礼注》之说,而是依据己意批驳他认为失当的郑玄《周礼注》之说。李觏取舍郑玄《周礼注》的标准固然是以己意裁断其是否符合经典本意,有武断之弊,但较之一味弃传违注的解经者,其说确有高明之处。此后,王安石、王昭禹、王与之等人的《周礼》学著作皆对郑玄《周礼注》之说据己意加以裁断,或引或驳,这也成为宋代注解《周礼》的特色之一。

2. 以议论解《周礼》

李觏的《周礼致太平论》不是以经典为中心、亦步亦趋的解经之作,全书未从文字、音韵、训诂和名物制度考证方面注解《周礼》,仅是选择《周礼》中与齐家治国、利用厚生密切相关的官制,分立主题,诸如《国用》《刑禁》《官人》《教道》等,再以各主题为中心议题,述论《周礼》中相关的制度与思想,再重点阐发李觏对经典中所蕴微言大义的领悟、对历史事件的评价、对时政的建议。

3. 寓通经致用思想于经文论解之中

李觏论解《周礼》,尤其重视挖掘书中具有先王政治经典意义的制度资源和思想资源,想从《周礼》中寻求解决现实问题的出路,诚如他在《周礼致太平论·序》中所言:"岂徒解经而已哉!唯圣人君子知其有为言之也。"①一语道破了他论解《周礼》的真正意图,是想借诠释经典抒发对现实政治的建议,而不是单纯为了解经而解经。

四、王安石与《周官新义》

（一）王安石生平

王安石（1021—1086 年）,字介甫,抚州临川（今江西抚州）人。幼从父宦游,庆历二年（1042 年）中进士,此后 20 多年间,历任签书淮南判官、鄞县知

---

① （宋）李觏:《盱江集》卷五,载文渊阁《四库全书》第 1095 册,上海古籍出版社 1987 年影印版,第 66 页。

县、舒州通判、群牧判官、常州知州、提点江东刑狱、度支判官、知制诰、纠察在京刑狱。熙宁元年(1068年)，被召为翰林学士兼侍讲，不久越次入对，向神宗陈述其托古改制的改革方略，颇得神宗信重。熙宁二年(1069年)，升任参知政事，开始进行改弦更张的变法运动，先后颁行青苗、募役、保甲、市易等新法。在反对派攻讦和变法派内部倾轧的夹缝中，王安石的执政生涯可谓举步维艰，曾一度于熙宁七年(1074年)罢相，出知江宁府。熙宁八年(1075年)，王安石再次被神宗委任为相，此时反变法的元老重臣虽均已失势，但变法派内部的纷争却势同水火，终使复相后的王安石在政治上无所作为。熙宁九年(1076年)，仕途疲惫的王安石固辞宰相之职，神宗挽留不得，终下诏罢其为镇南节度使、同平章事判江宁府。此后10年，王安石食祠禄，赋闲金陵，寄情山水，啸歌讴吟，但仍时时系念朝廷政局，眷念熙宁功业。元祐元年(1086年)，王安石病逝于金陵。王安石学问渊博，生平著述甚丰，有《易解》《洪范传》《周官新义》《论语解》《孟子解》《老子注》《庄子解》《淮南杂说》《字说》《临川先生文集》等。

《周官新义》既是王安石诠释《周礼》的力作，也蕴含其借鉴古制改革弊政的变法思想，由于《周官新义》曾颁于学官，其书所开创的以义理解《周礼》的方法引领了北宋中后期的《周礼》研究风尚，对南宋的《周礼》研究亦有影响，进而成为宋代诠释《周礼》的重要特色。又因为王安石与《周官新义》同熙宁变法有着千丝万缕的联系，此书之后，《周礼》这部古老经典受到更多的关注，争论也随之纷纭不休，从而促成了宋代《周礼》研究的盛况。

(二)《周官新义》的流传与辑佚

熙宁八年(1075年)，《周官新义》连同《尚书新义》《诗经新义》颁于学官。此后，王安石对包括《周官新义》在内的《三经新义》不断修改。据文渊阁《四库全书》钱吉仪辑佚本卷首王安石《周官新义·序》可知，北宋时王安石上于御府、等待颁行的《周官新义》共23卷。

但晁公武《郡斋读书志》卷一上、陈振孙《直斋书录解题》卷二记载，《周官新义》一书22卷，解经止于《秋官》，不解《考工记》。为什么王氏自序所云卷数和《郡斋读书志》《直斋书录解题》所载宋代流传本卷数会出现差异呢？笔者认为,王安石上奏御府的《周官新义》,书前当有官方牒文、自序、他序等内容,因内容较多故自成1卷,连同正文22卷,共23卷。而南宋时王安石遭受政治抨击,《周官新义》也受牵连,书前的官方牒文、他序等内容很可能被删去,仅保留自序和正文,故《郡斋读书志》《直斋书录解题》记载的《周官新义》少1卷,是22卷。

元代,《周礼集说》《周官集传》皆援引王安石《周官新义》之说,《宋史·艺文志一》、《文献通考》卷一八一也记载此书。明初,编修《永乐大典》曾采录王安石《周官新义》一书,至万历年间(1573—1619年),张萱所撰《新定内阁藏书目录》著录"荆公《周礼义》三册"。可知,《周官新义》一书明代万历年间仍见存于世。清初,《经义考》卷一二二著录此书,云"未见",乾隆年间的四库馆臣称此书"外间实无传本,即明以来内阁旧籍,亦实无此书"①。王安石《周官新义》一书大约已经佚亡于明末了。

鉴于此书具有重要的经学价值,故后世学人才致力于辑佚,现流传于世的《周官新义》就有清代钱吉仪辑本、台湾程元敏辑本。清人钱吉仪据《永乐大典》《周礼订义》辑佚王安石《周官新义》16卷附2卷,辑本收入《四库全书》"经部礼类"中。此辑本《天官》、《春官》、《秋官》、附卷上《考工记一》、附卷下《考工记二》是据《永乐大典》征引辑佚;《地官》《夏官》是据《周礼订义》征引辑佚。需要说明的是,王安石《周官新义》不解《考工记》,而《永乐大典》所载《周官新义》包括对《考工记》的训释,这部分非王安石所撰,系宋人郑宗颜据王安石《字说》解《考工记》之作,因《永乐大典》载其说,且作王安石之解,故附录于辑本之后。20世纪80年代,台湾学者程元敏搜考群书,重新辑佚王安石《周官新义》,1987年12月台北"国立编译馆"出版《三经新义辑考汇评(三)——〈周礼〉》,这一新辑本收录有清代辑本没有收录的若干佚文,对《地官》《夏官》部分也作了尽可能的补充,且在每一节佚文后附相关评说,程元敏的这一辑本已经成为目前研究王安石《周官新义》重要的参考资料,学术价值自不待言。

---

① (清)永瑢等:《四库全书总目》卷一九《周官新义》提要,中华书局1965年影印版,第150页。

（三）《周官新义》的撰作背景

北宋中期以后，政治风气和学术风气都发生了剧变。一方面，因循持重的政治气氛下隐伏的社会危机日益暴露，国家呈现积贫积弱之势，朝野士人皆欲摆脱内忧外患的困境，纷纷"言政教之源流，议风俗之厚薄，陈圣贤之事业，论文武之得失"①，寻求变通之道逐渐成为北宋中期政治思想的主流。另一方面，庆历以后，学风丕变，"宁道孔圣误，讳闻郑服非"的汉学藩篱逐渐被打破，②诸儒探研经学不再固守汉唐传注义疏之学，莫不发明经旨，力图阐发经典中的微言奥旨，甚至大胆疑经改经。

受此影响，宋人研治《周礼》不再满足于汉唐传注义疏之学对名物制度的训诂考证，而是强调在《周礼》中寻求先王治国平天下的制度资源和思想资源，以经世致用作为诠释经典的重要旨归，这成为北宋中期以后经学研究的新趋向。如庆历三年（1043 年）李觏撰《周礼致太平论》，以议论解经的方式，阐发抑止兼并、均平土地赋役和富国强兵的思想，力图从《周礼》中为范仲淹主持的"庆历新政"寻找理论依据。王安石视李觏为江南士大夫能文者，而李觏高足曾巩、邓润甫也同王安石志趣相投，关系密切，故李觏《周礼致太平论》以经术经世务的思想对王安石是有一定影响的。

熙宁四年（1071 年），王安石罢诗赋和明经诸科，以经义论策试士，因其认为汉唐注疏之学深奥烦琐，蒙蔽了先王精义和修经大旨，只会陷溺人心。熙宁六年（1073 年），设置经义局，要重新训释儒家经典，力倡通经致用之学，以经术造士。熙宁七年（1074 年），王安石主持的变法遭遇挫折，他第一次罢相，出知江宁府。在此期间，他重新诠释《周礼》，亲撰《周官新义》。宋人有崇古、复古情结，王安石因此推崇西周政治，认为其间体现了历代圣王长期政治经验的积累和升华，而被奉为儒家经典的《周礼》就记载了西周制度，虽非"全经"，但其中仍蕴含着具有先王政治经典意义的制度资源和思想资源。王安石"欲训而发之"，实际就是想借诠释《周礼》，为正遭遇巨大阻力的变法革新寻找具有经典意义的理论依据，同时驳斥政敌对新法的诬蔑、攻击，实现"以所观乎今，

---

①　（宋）范仲淹：《范文正集》卷七《奏上时务书》，载《四部丛刊初编》第 135 册，上海书店 1989 年影印版。

②　（唐）元行冲：《释疑》，载《全唐文》卷二七二，中华书局 1983 年影印版，第 2760 页。

考所学于古"①,即以经术经世务。

"每当社会变革的时代,便有重新诠释经典的迫切需要。……经典诠释活动常常反映出人们在新与旧之间、活的与死的之间进行选择的制度焦虑与人生焦虑。"②北宋中期以后,政治风气和学术风气急剧变化,朝野之士常患法之不变,他们在儒家经典中寻找改革弊政的理论依据,为治国安民谋求出路,体现了宋代知识分子忧国忧民的情怀。《周官新义》就是在这样的大背景下成书的,王安石亲撰此书的重要目的就是通经致用,既驳斥反对派对新法的攻击,同时也为各项新法举措披上先王政治的经典外衣,从而为变法革新奠定理论基础。

(四)《周官新义》的解经特点

王安石《周官新义》之于宋代《周礼》学的发展影响甚大,这种影响是和政治因素扭合在一起的,促成了两宋学界对《周礼》这部儒家经典的重视,推崇也罢,诋毁也罢,似乎都不能绕过王安石《周官新义》。即使单纯从学术层面评价,我们也不难发现这部书的经学价值是得到学界公认的,无论是被目为新学一流的北宋王昭禹,还是强烈反对以《三经新义》取士的南宋林之奇,在撰著他们自己的《周礼》学著作时,都或多或少受到王安石《周官新义》的影响,及至南宋王与之《周礼订义》、元代陈友仁《周礼集说》都"颇据其说"③,而清代《钦定周官义疏》"亦不废采用"④。

约略说来,述王安石《周官新义》具有如下几方面的经学特点:

1. 以字解经,好立新说

郑玄注经简约,往往"注"的字数要少于"经"的字数,他曾概括自己的注经方法,曰:"举一纲而万目张,解一卷而众篇明,于力则鲜,于思则寡,其诸君

---

① (宋)王安石:《周官新义》卷首《周官新义序》,载文渊阁《四库全书》第 91 册,上海古籍出版社 1987 年影印版,第 3 页。

② 姜广辉:《中国经学思想史·绪论二》(第一卷),中国社会科学出版社 2003 年版,第 41 页。

③ (清)永瑢等:《四库全书总目提要》卷一九《周官新义》提要,中华书局 1965 年影印版,第 150 页。

④ (清)永瑢等:《四库全书总目提要》卷一九《周官新义》提要,中华书局 1965 年影印版,第 150 页。

子亦有乐于是与?"①

王安石《周官新义》的解经方法颇类郑玄,也多从文字训诂入手训释经文,注解简约。清代全祖望就曾评价曰:"荆公解经,最有孔、郑诸公家法:言简意赅。"②

2. 别立新解,不从郑玄《周礼注》之说

郑玄《周礼注》和贾公彦《周礼疏》是汉唐《周礼》学成就的代表作,也是学界公认对经典的权威解释。王安石研治《周礼》不盲从郑玄、贾公彦的注解,而是敢于挑战权威,或补充新解,或提出新见。从《周官新义》辑本来看,王安石对郑玄《周礼注》之说既有采纳,又有驳斥。

3. 依经诠义,发明圣人微旨

郑玄注《周礼》囊括大典,网罗众家,在名物训诂、制度考证方面取得了后人难以超越的成就。魏晋以后,郑玄《周礼注》不仅久立学官,还被学界奉为圭臬,此后注解《周礼》著述虽多,不过是郑玄《周礼注》的支流,皆难脱训名物、考制度之研究窠臼。王安石《周官新义》以"新义"为名,重点阐发《周礼》经文间蕴含的圣人之旨、微言大义,开辟了以义理解《周礼》的研究新途径。王安石释经的路径与郑玄、贾公彦是不同的,名物训诂、制度考证已非王安石解经的重点,他更重视对经文中体现的先王政治精髓的发掘,实际是借阐述先王政治的微言大义来表达自己的思想,经学的旧瓶借助经义的阐释装上了新酒。

五、王与之与《周礼订义》

(一) 王与之生平

王与之,字次点,号东岩,乐清县(今浙江乐清)人③。大约生于孝宗时

---

① (汉)郑玄:《毛诗正义》卷首《诗谱序》,载《十三经注疏》,中华书局 1980 年影印版,第264 页。

② (清)黄宗羲、全祖望:《宋元学案》卷九八《荆公新学略》,载《儒藏》第 18 册,四川大学出版社 2005 年版,第 102 页。

③ 袁甫《赠王次点名与之序》曰:"今天台王君之有志于是也,以与之名,而字以次点……"袁甫称王与之为"天台王君",可知王与之曾旅居天台(今浙江天台)。

(1163—1189 年)①，卒于南宋末年②。他曾师从松溪陈氏③，尽得陈氏所传六典旨要，故于诸经中尤邃《周礼》。因所撰《周礼订义》一书于淳祐二年(1242 年)上奏朝廷，加之温州守令赵汝腾的推荐，淳祐三年(1243 年)理宗下旨尚书省检正都司，授予王与之宾州文学一职，以示优奖。此后，王与之又转任通判泗州，年九十七而卒。王与之撰有《周礼订义》《周官补遗》《周礼十五图》《论语补义》《诗说》等。

(二)《周礼订义》撰著考

《周礼订义》是王与之潜研《周礼》的心血结晶，约自宁宗嘉定年间(1208—1224 年)开始撰作，至理宗绍定五年(1232 年)初步完成，而后不断修改、充实，迟至嘉熙元年(1237 年)夏之前最终完成。

王与之完成《周礼订义》初稿后，曾将此部书稿送给当时名儒真德秀，以就教于真氏。真德秀读罢书稿，深为赞赏，为嘉勉王与之探研《周礼》经义之志，他于绍定五年(1232 年)闰九月甲戌日欣然为《周礼订义》作序。从中可知，绍定五年闰九月之前，《周礼订义》已初步完成了，此部书稿博采众家之说，初具集解规模。

虽得真德秀褒奖，王与之并未因此满足，他越发努力地修改、充实这部书稿，以发明《周礼》所蕴微言大义作为著书之旨归，使其书日臻完善。在王与之一再恳请下，赵汝腾于嘉熙元年(1237 年)夏中伏日为《周礼订义》作《后序》。《后序》中，赵汝腾特意表彰的"成王不迁洛""《冬官》未尝亡"皆是《周礼订义》一书颇具特色的观点，可知《〈周礼订义〉后序》作于《周礼订义》完稿之后，即《周礼订义》一书的最终完成不晚于嘉熙元年夏。

----

① 据《周礼订义》卷首温州守令赵汝腾淳祐二年(1242 年)所上"荐奏"，云王与之"皓首著书数种，《周官》特其一也"，推知当时的王与之已是皓首之年，其年龄大约为五六十岁或以上，因此推断王与之大致出生于南宋孝宗时。

② 据明代永乐年间《乐清县志》卷七记载，"王与之，字次点……遂授宾州文学，终通判泗州，年九十七卒"，王与之被授予宾州文学一职是在淳祐三年(1243 年)四月二十六日，卒于通判泗州，时年 97 岁，由此推断，王与之当逝于南宋末年。

③ 明代永乐年间《乐清县志》卷七载曰："王与之，字次点，从松溪陈氏学，尽传六典旨要，遂著《订义》八十卷。"弘治年间《温州府志》卷一〇亦载曰："王与之，字次点，乐清人。从松溪陈氏学，尽传六典要旨，遂著《订义》八十卷。"

另，赵汝腾云此书乃王与之"研精覃思十余年"之作，可知，《周礼订义》是王与之多年研究《周礼》的精心之作，历十余年方成，由此上推，《周礼订义》约自嘉定年间（1208—1224 年）开始撰作。

（三）《周礼订义》的解经特点

承续汉唐《周礼》学的传统，王与之也重视从训诂名物和考论制度两方面解释《周礼》本经，并在"师古"基础上进一步"变古"，对汉唐《周礼》学权威——郑玄《周礼注》、贾公彦《周礼疏》予以批驳，还推原《周礼》经文字句间所蕴制作精义，以晓当世，力图从中寻求经世良方。

王与之的《周礼订义》具有如下几方面的解经特点：

1. 训诂经文，喜立新解，或于郑、贾无说处立说，或凭己意裁断先儒之说，以参求其是。郑玄注经简明扼要，训诂经文的重点在于理解经文的关键字词，此字或词一解，经意皆了然。因其如此，《周礼》经文中的不少字词，郑玄皆无注，而贾公彦《周礼疏》本"疏不破注"之体例疏解郑注，郑注无说处，贾疏亦多不释。这无疑为宋儒训诂《周礼》经文提供了很大的空间，不少宋儒训诂《周礼》经文喜就郑、贾无说处立说，如王昭禹、项安世等。王与之潜心钻研《周礼》多年，他训诂《周礼》经文颇为细致，郑、贾无说处亦立说为之训解。但由于王与之训诂经文多不以《说文解字》《尔雅》等文字学、训诂学著作为依据，而是结合上下经文及经文大义推寻字词的意思，其说缺乏可靠的立论根基，故真赝错杂。王与之对先儒训诂《周礼》经文之说，不肯轻信盲从，或申或驳，皆据自己的研究心得，能以经释经，又未尝依傍前人，可备一家之说。

2. 考论《周礼》所载制度，不仅能于先儒聚讼纷纭处抒发己见，还能针对现实弊政寻找相应的解决之道，寓经世之思。《周礼》一经文繁事富，其间涉及的名物制度甚为广泛，几乎无所不包，考论《周礼》所载制度是历代学者诠释《周礼》的一大重点。王与之也不例外，他考论《周礼》所载制度，往往能于先儒聚讼纷纭处，提出自己的见解。如庙制问题，王与之申郑（玄）驳王（肃），其论有长亦有短。王与之在南宋后期空谈学风泛滥之际，能钻研错综纷繁的礼制难题，并试图解决，虽然他得出的结论不一定完全正确，但其求真务实的学术精神令人钦佩，崇尚考据的实践也可纠宋学末流之弊，启迪后学。此外，王与之推崇《周礼》所载制度为周公兴致太平之法，因此他在考论《周礼》所载制度的同时,积极在其中寻找解决现实弊政的良方,讲求通经致用,这未尝不是对永嘉学派经世传统的一种继承。

3.折中己见,论断所引诸家《周礼》学说之是非。《周礼订义》中,王与之援引《周礼》数十家说,无论是训诂名物,还是考论制度,他都不是简单地备列众说异同,而是在博引众说的基础上,折中己见,并间或论断所引诸家《周礼》学说之是非,表达自己对相关问题的独立见解,绝不人云亦云。

4.覃思积悟,推寻《周礼》经文字句间所蕴制作之精义。王与之发明《周礼》经义之论较为平实,如《周礼》经文字句间蕴含精微之义,王与之能细心体会,着意发明;如《周礼》所载系修辞,无实意,王与之也尽量明辨,不空发附会之言。

总之,王与之诠释《周礼》既重视阐发经文所蕴微言奥旨,也不忽视传统的训诂考据,可谓兼义理考据之长。

(四)《周礼订义》的学术价值

《周礼订义》是宋代完整流传至今的唯一一部集解体《周礼》学著作,其中保存了很多宋人论解《周礼》的珍贵资料,这成为后世学者辑佚宋代《周礼》学文献的渊薮。《周礼订义》议论精博,集宋人谈《周礼》之精华,是全然展现宋学风气的新经学之作,是研究宋代《周礼》学不可不读的重要文献。以下从文献学、经学两方面论述此书的学术价值:

1.文献学价值

《周礼订义》广征博引,综汇由汉迄宋的《周礼》数十家说,其中宋儒自刘敞以下凡45家见于是书《编类姓氏世次》所载,而不见于《编类姓氏世次》所载的又有10余家,可谓详且博矣。因编集了如此可观的《周礼》学说,保留了大量珍贵的文献资料,使《周礼订义》成为后来学者辑佚宋儒《周礼》著述的渊薮。

据《周礼订义》卷首《编类姓氏世次》记载,是书所采旧说51家,其中汉代4家:杜子春、郑兴、郑众、郑玄;南朝1家:崔灵恩①;唐1家:贾公彦;宋45家:

---

① 王与之将崔灵恩归入"唐二家"中,其说有误。《温州经籍志·经部礼类》"王氏与之《东岩周礼订义》"条,孙诒让案曰:"崔灵恩,实萧梁人。见《梁书·儒林传》。东岩以为唐人,误。"此处不遵《编类姓氏世次》的误说,而将崔灵恩归入"南朝一家"。

刘敞、王安石、刘恕、程颢、程颐、张载、杨时、王昭禹、陆佃、李觏、《礼图说》、《礼库》、胡安国、胡宏、陈祥道、刘彝、方悫、林之奇、郑锷、史浩、朱熹、吕祖谦、薛季宣、陈傅良、郑伯熊、刘迎、王氏、杨恪、陈汲、黄度、郑伯谦、项安世、李叔宝、叶适、易祓、薛衡、陈用之、郑敬仲、周必大、曹叔远、林椅、赵溥、陈汪、李嘉会、孙之宏。除此之外，书中征引，但未列入《编类姓氏世次》的还有 10 余家，如胡伸、窦严、高闶、徐卿、毛彦清、吕芸阁、张南轩、张沂公、陈季雅、陈宏父、蓝氏、唐氏和陈旸《乐书》《尚书精义》等。可见《周礼订义》对宋人《周礼》著述或学说的搜采尤为详博。

据笔者考察，《编类姓氏世次》所列宋代 45 家中，仅有 13 家《周礼》著述或学说流传至今，其余 32 家《周礼》著述和学说或散佚不存，或存佚不明。在这 32 家之中，王与之征引其说达百条以上者就有 12 家，分别是：郑锷《周礼解义》之说 2250 条、易祓《周礼总义》之说 759 条、黄度《周礼说》之说 676 条、王安石《周官新义》之说 513 条、无名氏《周礼详说》之说 332 条、刘彝《周礼中义》之说 305 条、赵溥《兰江考工记解》之说 233 条、项安世《周礼》学说 197 条、陈用之《考工解》之说 177 条、陈傅良《周礼说》之说 123 条、薛季宣《周礼辨疑》之说 117 条、陈汲《周礼辨疑》之说 102 条。可见，《周礼订义》不仅保存了数目相当多的宋代佚亡和存佚不明诸家《周礼》著述或学说，而且征引宋代佚亡和存佚不明诸家《周礼》著述或学说的数量是相当大的。

有赖《周礼订义》的征引，诸多宋儒的《周礼》学说流传至今，毫无疑问，《周礼订义》在辑佚宋儒《周礼》著述或《周礼》学说方面具有极高的价值。对此，清代学者给予高度评价并效仿进行辑佚实践。如乾隆年间，四库馆臣据《周礼订义》所引王安石诠释《地官》《夏官》之说，辑佚《周官新义》的《地官》《夏官》部分[1]；四库馆臣还依据《周礼订义》所引易祓诠释《地官》《夏官》之说，辑佚《周官总义》的《地官》《夏官》部分[2]。再如道光年间，新昌拔贡陈金

---

[1]　清代四库馆臣辑佚王安石《周官新义》主要是依据《永乐大典》，因《永乐大典》缺《地官》《夏官》两部分，故他们依据《周礼订义》所引"王氏曰"辑佚《周官新义》的《地官》《夏官》部分。如《钦定四库全书考证》卷八就有四库馆臣据王与之《周礼订义》校补或补录《周官新义》中《地官》《夏官》的记载。

[2]　（清）永瑢等：《四库全书总目》卷一九《周官总义》提要，中华书局 1965 年影印版，第 152 页。

鉴辑佚黄度《周礼说》,也主要依据《周礼订义》等书①。20世纪80年代,台湾学者程元敏重新辑佚王安石《周官新义》,他注意到《周礼订义》卷五六《职方氏》"其浸五湖"一句经文下所引王安石之说,未被采入清人所辑《周官新义》中,他就将此条补入其撰《三经新义辑考汇评(三)——周礼》之中。可知,《周礼订义》不俗的辑佚价值亦为现代学者所重视。

总之,《周礼订义》对宋人诠释《周礼》之作、讲论《周礼》之说网罗详博,尤其是此书征引宋人《周礼》著述或学说流传至今者不足十分之三,其余十分之七或佚亡,或存佚不明。可见,此书具有相当珍贵的辑佚价值,清人所辑3部宋代《周礼》学论著——王安石《周官新义》、易袚《周官总义》和黄度《周礼说》,无一例外,均依据了此书,因此可以说《周礼订义》是辑佚宋人《周礼》著述或学说的渊薮。

2. 经学价值

宋代是《周礼》研究较为繁荣的历史时期,就《周礼》学论著数量而言,宋代的《周礼》学论著数量较汉唐有明显的增加;就诠释《周礼》的方法而言,宋儒倡导的以义理解《周礼》的新方法,变"考证之学"为"论辩之学",使"郑、贾几乎从祧矣"②,并对元、明乃至清初的《周礼》研究产生深远的影响。

然而,宋代《周礼》学论著散佚严重,流传至今者不过五分之一,这无疑为现在全面而深入地探讨宋代《周礼》学造成一定困难。《周礼订义》作为宋代完整流传至今的唯一一部集解体《周礼》学著作,博引宋代诸家《周礼》著述或学说,这其中就有十分之七的宋人《周礼》著述和学说今已亡佚不存,或存佚不明,有赖是书征引,当代才得窥佚亡或存佚不明诸家《周礼》学说之梗概。可见,《周礼订义》保存了许多宋人诠释《周礼》的珍贵资料,是研究宋代《周礼》学的重要文献。

此外,《周礼订义》中,王与之以"愚案"或"愚按"的方式表达自己的《周礼》学说,既能针对宋人聚讼纷纭的《周礼》学问题提出己见,又能依己意申驳

---

① 中国科学院图书馆整理:《续修四库全书总目提要(经部)》上册,中华书局1993年版,第464页。

② (清)永瑢等:《四库全书总目》卷一九《周礼注疏删翼》提要,中华书局1965年影印版,第155页。

郑(玄)、贾(公彦)的注疏之说,钻研错综纷繁的礼制难题,还能折中己见,间或论断所引诸家《周礼》学说之是非,并推寻《周礼》经文字句间所蕴微言奥旨,其学兼义理考据之长,其说可卓然成一家之言。

六、叶时与《礼经会元》

（一）叶时生平

叶时,生卒年不详,字秀发,自号竹垞愚叟,钱塘(今浙江杭州)人。淳熙十一年(1184 年)进士,授奉国军节度推官,曾任吏部尚书。理宗初年,以显谟阁学士出知建宁府,后以宝文阁学士提举崇福宫。累官至龙图阁学士,晚居嘉兴,卒谥文康。叶时其人,博学,善写文章,对《周礼》研究尤深,为学者所尊,撰有《礼经会元》《竹垞诗集》。

（二）《礼经会元》的内容和体例

1. 内容

《礼经会元》是叶时发明《周礼》治国精髓的呕心之作,共计 4 卷,100 篇,因每卷内容颇多,《四库全书》本《礼经会元》又将每卷分为上、下两部分。此书有 9 篇文章后附图,共附 10 图,分别是《路寝图》《汉南北军图》《王内图》《王畿千里之图》《井邑丘甸图》《舞位四表图》《明堂图》《分星图》《分星宿图》《九畿图》。① 以下分述 4 卷内容及所附图:

"卷一上"包括 14 篇标题文章,分别是《礼经》《注疏》《民极》《官名》《兼官》《相权》《邦典》《官法》《都则》《驭臣》《驭民》《任民》《赋敛》《式法》。

"卷一下"包括 11 篇标题文章,分别是《侯贡》《系民》《正朔》《象法》《考课》《宫刑》《官叙》《官属》《官联》《官成》《朝仪》。其中,《朝仪》一篇后附《路寝图》。

"卷二上"包括 13 篇标题文章,分别是《宫卫》《膳羞》《燕礼》《飨食》《耕藉》《同姓》《医官》《酒正》《藏冰》《盐政》《财计》《内帑》《钱币》。其中,《宫卫》一篇后附《汉南北军图》。

---

① 《四库全书总目》卷一九《礼经会元》提要曰"《朝仪》、《宫卫》、《王畿》、《祭乐》、《明堂》、《分星》六篇各系以图",除此 6 篇外,《内政》《井田》《夷狄》3 篇后也附图。

"卷二下"包括12篇标题文章,分别是《内政》《门制》《奄官》《教化》《王畿》《封建》《井田》《荒政》《乡遂》《军赋》《役法》《选举》。其中,《内政》一篇后附《王内图》,《王畿》一篇后附《王畿千里之图》,《井田》一篇后附《井邑丘甸图》。

"卷三上"包括13篇标题文章,分别是《齿德》《迁邑》《社稷》《教胄》《谏官》《和难》《昏礼》《市治》《水利》《重农》《山泽》《囿游》《制禄》。

"卷三下"包括12篇标题文章,分别是《祭祀》《郊庙》《宾礼》《礼命》《瑞节》《礼乐》《天府》《冕服》《学校》《祭乐》《乐舞》《诗乐》。其中,《祭乐》一篇后附《舞位四表图》。

"卷四上"包括11篇标题文章,分别是《卜筮》《史官》《明堂》《系世》《名讳》《天文》《分星》《车旗》《兵政》《将权》《师田》。其中,《明堂》一篇后附《明堂图》,《分星》一篇后附《分星图》《分星宿图》。

"卷四下"包括14篇标题文章,分别是《功赏》《马政》《火禁》《险固》《射仪》《久任》《图籍》《地理》《刑罚》《诅盟》《鸟兽》《遣使》《夷狄》《补亡》。其中,《夷狄》一篇后附《九畿图》。

综上所述,可知叶时《礼经会元》共有文章100篇,析为4卷,每卷各有25篇,每文皆各自命题,独立成篇,内容大旨皆论解《周礼》所载治国之制,力图对现实政治有所助益,经世致用的意图非常明显。

2.体例

叶时《礼经会元》"括《周礼》以立论"[1],与郑伯谦《太平经国之书》体例相同,采用了别立标题的方式,议论解经。此种解经体例优长之处在于摆脱经文的束缚,作者可更自由地表达自己的思想;缺点则在于议论太盛,经义反淆。

叶时《礼经会元》在体例上具有如下两方面的特点:

第一,别立标题,借经抒议。叶时《礼经会元》完全不列经文,摆脱经文束缚,依据《周礼》所载先王制度,别立100篇标题,除《礼经》《注疏》《补亡》3篇外,其余97篇皆广征博引,对比古今,主旨阐释先王政治遗意,力图对现实弊

---

① (清)永瑢等:《四库全书总目》卷一九《礼经会元》提要,中华书局1965年影印版,第151页。

政有所建议,经世意图相当明显。

第二,每卷25题,每标题两字。叶时《礼经会元》分4卷,共100篇文章。其中,每卷是25篇小文,分布平均。而且,每文标题皆是两字,如《都则》《驭臣》《驭民》《任民》《赋敛》《藏冰》《盐政》《财计》《内帑》《钱币》等。此书体例严整统一,确是其心血之作。

(三)《礼经会元》的解经特点

1. 对郑玄《周礼注》的批驳

叶时《礼经会元》主要是以议论解经,并不随文诂经,然议论的字里行间也征引、评论郑玄《周礼注》之说。就全书来看,叶时对郑玄《周礼注》是以批评和驳斥的态度为主的。这些驳斥虽不一定恰当,但能走出对郑玄《周礼注》的迷信,一定程度上启发后来学者的《周礼》研究。

2. 对《周礼》蕴含经义的阐发

《周礼》乃详言官制之书,叶时《礼经会元》着重阐发《周礼》设官的深刻意旨,字里行间都饱含他对《周礼》官制的推崇,认为高明之处胜过后世,值得后人借鉴。清代四库馆臣曾评价叶时《礼经会元》一书曰:“以其大旨醇正,多能阐发体国经野之深意,故数百年来讲礼者犹有取焉。”[1]可知,对《周礼》蕴含经义充分而独到的阐发是叶时论解《周礼》的一大特色,也是深受后世学者推崇的关键。

3. 从官制沿革角度论述《周礼》制度,讲求通经致用

除了侧重经义的阐发,叶时也讲求通经致用,多从官制沿革角度论述《周礼》制度,并以此辅助经义的阐发,这表达了他拳拳爱国之心,希望能借对《周礼》蕴含先王政治精髓的阐发,通经致用,对当时的弊政进行建议,并希望能有所改善。

4. 对《周礼》研究方法的归纳总结

叶时深于《周礼》研究,对《周礼》一经推崇至极,在叶时看来,后世如想恢复周公致太平之法,舍《周礼》一书无他。随着研究的深入,叶时在《礼经会

---

① (清)永瑢等:《钦定四库全书总目》卷一九《礼经会元》提要,中华书局1965年影印版,第151页。

元》中也对研究《周礼》的方法进行总结,他认为"惟王建国,辨方正位,体国经野,设官分职,以为民极"六句,贯穿《天官》《地官》《春官》《夏官》《秋官》之首,乃《周礼》之纲领。他认为,《周礼》一书就其内容实质而言无非究心民事,主张"经礼三百,一言以蔽之,曰'为民极'",把"为民极"视为《周礼》的中心思想。叶时还认为研究《周礼》,不能仅仅关注《周礼》中的"法",更要注意体会字里行间蕴含的"道"。至于后世仿行《周礼》法度的关键,不在于制度本身,而是推行制度之人是否具有古圣先王般的忠厚之意。叶时对《周礼》研究方法的归纳总结,不仅是他本人常年研究《周礼》的心得体会,也为后来学者研究《周礼》指示了门径。

5. 对宋人《周礼》学说的驳斥

叶时关注宋代学者的《周礼》研究成果,《礼经会元》一书也征引了不少宋人的《周礼》学说,如卷二上《财计》引"王氏详解""刘氏中义",即王昭禹《周礼详解》和刘彝《周礼中义》;卷二下《奄官》引"王金陵"说即出自王安石《周官新义》;卷二下《井田》引李觏《周礼致太平之书》;卷三上《和难》引胡宏、林之奇之说;卷三下《冕服》引陆佃《礼书》;卷四下《诅盟》引张载之说。在吸收的同时,叶时也对他认为不当的地方进行驳斥,表达自己的《周礼》学见解。因时代久远,有些宋人的《周礼》著作已经散佚,通过叶时的征引驳斥,今天才能略窥其学说崖略。

七、郑伯谦与《太平经国之书》

(一) 郑伯谦生平

郑伯谦,生卒年不详,字节卿,永嘉(今浙江温州)人。他是永嘉学者郑伯熊的堂弟,绍熙元年(1190 年)进士,曾任阳山县令、昌国县令、修职郎、衢州府学教授等职,撰有《太平经国之书》。

(二)《太平经国之书》的内容和体例

1. 内容

《太平经国之书》是郑伯谦阐发《周礼》大义的精心之作,共计 11 卷。是书卷首有郑伯谦自序,有些版本还有明嘉靖年间(1522—1566 年)高叔嗣重刊序,如《四库全书》本《太平经国书》即于郑伯谦自序后附高叔嗣序。其后,列

《成周官制图》《秦汉官制图》《汉官制图》《汉南北军图》，其中，《成周官制图》和《汉官制图》后有郑伯谦的注解。这 11 卷的内容分述如下：

卷一包括 6 篇标题文章，分别是《教化》《奉天》《省官》《内治》《官吏》《宰相》。每篇标题下标注双行小字，说明此篇论解的主题。其中，《教化》"论六典以为民极"，《奉天》"论天官冢宰加官"，《省官》"论天官冢宰兼官"，《内治》"论天官冢宰属官"，《官吏》"论六官府史胥徒"，《宰相》"论太宰建邦六典"。

卷二包括 3 篇标题文章，分别是《官民》《官刑》《揽权》。其中，《官民》"论三典官府万民"，《官刑》"论官府都鄙法则"，《揽权》"论八柄八统诏王"。

卷三包括 3 篇标题文章，分别是《养民》《税赋》《节财》。其中，《养民》"论太宰九职任民"，《税赋》"论太宰九赋九贡"，《节财》"论九式均节财用"。

卷四包括 2 篇标题文章，分别是《保治》《考课》。其中，《保治》"论九两系邦国得民"，《考课》"论三官申明考察"。

卷五包括 2 篇标题文章，分别是《宾祭》《相体》。其中，《宾祭》"论六官祭礼宾客"，《相体》"论小宰宰夫行法"。

卷六包括 2 篇标题文章，分别是《内外上》《内外下》，两篇"论三官兼统内外"。

卷七包括 3 篇标题文章，分别是《官制》《臣职》《官民》。其中，《官制》"论叙属职联成计"，《臣职》"论六属从长专达"，《官民》"论六叙八成财用"。

卷八包括 3 篇标题文章，分别是《宫卫》《奉养》《祭享》。其中，《宫卫》"论宫正宫伯宿卫"，《奉养》"论膳饮酒酱供帐"，《祭享》"论祭祀燕享忠厚"。

卷九包括 3 篇标题文章，分别是《爱物》《医官》《盐酒》。其中，《爱物》"论鸟兽鱼鳖昆虫"，《医官》"论医师以下五官"，《盐酒》未标注论解主题。

卷一〇包括 2 篇标题文章，分别是《理财》《内帑》。其中，《理财》"论太府以下三府"，《内帑》"论三府供王玩法"。

卷一一包括 3 篇标题文章，分别是《会计上》《会计下》《内治》。其中，《会计上》《会计下》两篇"论司会以上七官"，《内治》"论内宰下十九"。

综上，郑伯谦《太平经国之书》依据《周礼》所载制度立 30 题，共 32 篇文章，合为 11 卷。

2.体例

郑伯谦《太平经国之书》不是传统意义上的诂经之作,而是效仿李觏《周礼致太平论》一书的体例,采用了别立标题的方式,以议论解经。这跳脱了传统经注先列经文,次列传注的模式,作者可以脱离经文束缚,更灵活地表达自己的思想,但议论太盛,则与经义的阐发处于离合之间,书中的有些篇章与其说是郑伯谦注《周礼》,不如说是《周礼》注郑伯谦。郑伯谦《太平经国之书》在体例上具有以下几方面的特点:

第一,别立标题,借经抒议。郑伯谦《太平经国之书》即依据《周礼》所载制度别立30题,每题各自成篇,书中大部分篇章不列经文,仅《考课》《宾祭》和《相体》3篇开首低正文两字列经文,所列经文是截取与下文论述相关的部分经文,而且存在删减、颠倒的情况。除此3篇外,所有篇章皆不引经文,郑伯谦依据所立标题,确定主题,论解经文中的相关的内容,借此开展论述,灵活地表达自己的思想。

第二,每题以两字为限,题下标注论解主题。郑伯谦《太平经国之书》是采用议论解经的方式诠释《周礼》,全书11卷,共立30标题,每一标题皆是两字,如《教化》《奉天》《省官》《内治》《官吏》《宰相》《官民》《官刑》《揽权》《养民》《税赋》《节财》等,只有《内外》《会计》分上下篇,在标题上题为《内外上》《内外下》《会计上》《会计下》,"上"与"下"在标题中无实意,仅表示篇第,因此这里也将其列入两字标题之列。除《盐酒》1篇外,每篇标题之下皆以双行小字标注此篇论解的主题。

第三,每篇以设为问答的方式展开论解。综观全书32篇文章,皆以设为问答的方式展开论解,表达自己对《周礼》所蕴先王政治精髓的理解,对宋代当时政治的建议。这种体例也是该书撰著的一大特色。

(三)《太平经国之书》的解经特点

在郑伯谦看来,《周礼》宏博浩瀚,读之难晓,说之易惑,孔子、王通、二程、张载诸人虽知周公,习《周礼》,但无诠释《周礼》之作传世,又不得其位,故怅恨不能用《周礼》;房玄龄、杜如晦、魏徵不通《周礼》之学,虽得其位,但惭愧不能用《周礼》;西汉刘歆、北宋王安石通晓《周礼》,又得其位,虽用《周礼》,但计利太卑,求民太甚,是不善用《周礼》,此三者处之不当,难免殃及《周礼》一书,故此书见疑于时君世主。因鉴于此,郑伯谦便以讲明周公之制、发明《周礼》之义为己任,其撰《太平经国之书》就以《周礼》所载制度为主,别立标题,借经抒议,发明先王设官分职的精深蕴义。郑伯谦《太平经国之书》具有如下两方面的解经特色:

1. 将《周礼》所载制度类聚贯通,设为问答,推明建官之义。郑伯谦将《周礼》所载各制度类聚贯通,采用别立标题的方式解经,如《内治》一篇论天官冢宰的属官;《宰相》一篇论大宰建邦之六典;《节财》一篇论九式均节财用;《宫卫》一篇论宫正、宫伯宿卫。每题之下皆自设问答,从《周礼》所载诸官职事关联处入手,比较同异,从而剖析先王如是设官的深思远虑,是《太平经国之书》论解经文的精巧之处,能启发学者从细微处入手研究《周礼》所载职官职事。

2. 多引汉唐史事参证《周礼》所载制度,以推崇古法之善。作为生长于永嘉地区的学者,郑伯谦受当地事功学风的影响,也重视从制度沿革的角度阐释《周礼》,喜引史证经,借经立说,通过古今对比阐发《周礼》所载制度的优越性,推崇古制,这是《太平经国之书》诠释《周礼》的又一特色。

八、胡宏对《周礼》的诠释

(一) 胡宏生平

胡宏(1105—1161 年),字仁仲,世称五峰先生,胡安国之子。他幼承庭训,服膺二程理学,入太学后,师事程门高弟杨时,后又拜侯师圣为师,故其学术以胡氏家学为底蕴,兼得程氏理学之正传。南宋初年,胡宏荫补右承务郎,因不愿与秦桧为伍,遂不就,隐居衡山,致力于学术研究,曾执教碧泉书院、道山书院,并出任岳麓书院山长,湘、湖之士多求学于其门,张栻、彪居正、吴翌等皆为其高足。胡宏一生著述较多,有《皇王大纪》《知言》《叙古蒙求》等。

(二) 主张《周礼》乃刘歆伪作

胡宏是南宋诋毁《周礼》的代表性学者,《极论〈周礼〉》一文是他诠释《周礼》的代表作。北宋晁说之评价《周礼》"诞迂不切事,适莽之嗜也",在此基础上,胡宏从多方面论证《周礼》设官分职极为混乱,反映的不是先王圣人之良法美意,而是衰世乱世之弊政,所以《周礼》是伪造的,绝非周公致太平之书,而是"乱臣贼子伪妄之书",是刘歆伪造的,目的是迎合王莽,获取名利。《周礼》没有资格与《诗》《书》并列,不配称经。①

笔者认为,胡宏对《周礼》评价如此之低,可能是受杨时的影响,也有对秦桧借口王安石新学搞政争的不满。胡宏曾师事杨时,杨时是二程弟子,二程对王安石新法颇有微词,靖康之变后,杨时更将北宋晚期的一切弊政都归罪于王安石,撰《书义辨疑》《周礼义辨疑》《毛诗辨疑》,专攻王安石《三经新义》,试图在学术上肃清新学的影响。南宋建立初期,宋高宗信任秦桧,对金采取妥协投降政策,以图自保,朝中受洛学影响的士大夫,抨击指责秦桧,秦桧则有意抬高王安石新学,打击洛学士大夫。受杨时和时局影响,胡宏也认为王安石以《周礼》祸宋,在抨击王安石的同时,将矛头对准了《周礼》。

总之,胡宏是全面否定《周礼》,不遗余力,而矛头所指,应是王安石新法,以及借口王安石新法搞政争的秦桧等人。

（三）　主张《冬官》不亡

胡宏在《极论〈周礼〉》中说:"《周官》司徒掌邦教,敷五典者也。司空掌邦土,居四民者也。世传《周礼》阙《冬官》,愚考其书而质其事,则《冬官》未尝阙也,乃刘歆颠迷,妄以《冬官》事属之《地官》,其大纲已失乱如是,又可信以为经,与《易》《诗》《书》《春秋》配乎。"②胡宏主张"《冬官》未尝阙",理由是"刘歆颠迷,妄以《冬官》事属之《地官》",即认为刘歆伪造《周礼》,将《冬官》事篡乱入《地官》,所以传世本《周礼》中不少应属《冬官》的职官隶属《地官》。胡宏提出的"妄以《冬官》事属之《地官》"一说,被后来的俞庭椿所吸收,成为"《冬官》不亡"说具有支撑性的观点。

"《冬官》不亡"说虽因俞庭椿和《周礼复古编》而流行,但在俞氏之前,胡宏和程大昌已经提出"《冬官》未尝阙"的观点,若论"《冬官》不亡"说开其源者,当推胡宏和程大昌。

---

① （宋）胡宏:《五峰集》卷四《极论〈周礼〉》,载文渊阁《四库全书》第1137册,上海古籍出版社1987年影印版,第209—210页。

② （宋）胡宏:《五峰集》卷四《极论〈周礼〉》,载文渊阁《四库全书》第1137册,上海古籍出版社1987年影印版,第209页。

第三节 宋代《仪礼》学

《仪礼》之学,至宋而微,宋神宗熙宁四年(1071年),王安石改革科举制度,宣布废罢诗赋及明经诸科,《仪礼》也在废罢之列。自此之后,诵习《仪礼》的学者寥若晨星,《仪礼》之学受到冷落。但宋代在《仪礼》校勘和研究方面,仍有不少值得称道的著作,如张淳的《仪礼识误》,李如圭的《仪礼集释》《仪礼释宫》,魏了翁的《仪礼要义》,朱熹的《仪礼经传通解》和杨复的《仪礼图》等。兹分别介绍如下。

一、张淳与《仪礼识误》

张淳(1121—1181年),字忠甫,永嘉(今浙江温州)人,五试礼部而不中,被人荐之于朝。墓志铭称:"忠甫为人,严重深博,善忍事镇物,绝有材智,抑不使出。其气貌沈沈,伟然丈人也。"①颇有才智,与薛士龙、郑景望齐名,为乾、淳间大儒。毕生仅有《仪礼识误》一书传世。

根据《仪礼识误》自序及彭林先生之研究,张淳撰作该书之旨趣有这样几点:其一,暗射王安石废罢《仪礼》;其二,慨叹《仪礼》版本之失真;其三,欲于正文字、订讹误之中恢复《仪礼》旧貌,以此昭示圣人礼制于天下,恢复《仪礼》之地位。

《仪礼》一书在宋代屡经翻刻后,已经出现很多讹脱衍倒之处,由于诵习者少,很少有人问津。朱熹曾慨叹说:《仪礼》人所罕读,难得善本。因而,《仪礼》经注的校勘,已经迫在眉睫。南宋乾道八年(1172年),两浙转运判官直秘阁曾逮刊刻《仪礼郑氏注》十七卷,陆氏《释文》一卷,张淳为之校定《仪礼》文字的讹误,将所改字句,汇为《仪礼识误》三卷。

就《仪礼识误》一书的治学与校勘情况而言,主要有如下几个特点:

(一)具有强烈的版本校勘意识

四库馆臣云:"今观其书,株守《释文》,往往以习俗相沿之字转改六书正

---

① (清)黄宗羲:《宋元学案》卷五二,中华书局1986年版,第1698页。

体,则朱子所谓不能无舛谬者,诚所未免。然是书存而古经汉注之讹文脱句借以考识,旧椠诸本之不传于今者亦借以得见崖略,其有功于《仪礼》,诚非浅小。"①其所引据的版本,有后周广顺三年(953年)及显德六年(959年)刊行的监本,有津京的巾箱本、杭州的细字本、严州的重刊巾箱本等,又参考陆德明《经典释文》和贾公彦《仪礼疏》,比较异同,再定取舍,至为详审。张氏为宋代名儒,后人有"南宋初,治《仪礼》者莫如张促甫(忠甫)"之语,故此书亦深得后人好评。《朱子语类》也称:"永嘉张忠甫所校《仪礼》甚仔细……但此本较他本为最胜。"②

(二) 善于运用本校、他校诸法

这主要表现为:

一是读《注》《疏》而得经注之误。张淳深于《仪礼》之学,故多有创获,如《聘礼》:"辞曰:非礼也,敢。对曰:非礼也,敢辞。"郑注:"辞,不受也。对,答问也。二者皆卒曰敢,言不敢。"据郑注,辞、对"二者皆卒曰敢",可知经文对曰"敢辞"中的"辞"字为羡文。

二是据《仪礼》本经校勘经文文字讹误。《丧服》:"女女子适人者。""女女子"一词不可解。张淳查检《丧服》经全文,而见前章有"女子子适人者为其父母","女子子在室为父"之语。郑注:"女子子者,女子也,别于男子也。"由此可知"女女子"为"女子子"之误。

三是以《释文》校经注之误。《士丧礼》郑注:"将悬重者也。"《释文》释此"重"字注云:"于重同。"可见重字之前本有"于"字,张淳据《释文》补之。用早于唐石经之《释文》校《仪礼》,是张氏之校勘卓识,对后世学者颇有启发。

张淳之校语为后人留下校勘方法论之识见,不乏精辟之论,足以启迪后学。

二、朱熹与《仪礼经传通解》

朱熹(1130—1200年),字元晦,又字仲晦,号晦庵,晚称晦翁,谥文,世称

---

① (清)永瑢等:《四库全书总目》卷二〇《经部·礼类二》,中华书局1965年影印版,第159页。

② (宋)黎靖德编:《朱子语类》卷八五,中华书局1986年版,第2195页。

朱文公。祖籍江南东路徽州府婺源县(今江西婺源),出生于南剑州尤溪(今属福建尤溪)。宋朝理学家、思想家、哲学家、教育家、诗人,闽学派的代表人物,儒学集大成者,世尊称其为"朱子"。

朱熹在《仪礼》方面的研究成果,除散见于后人所编《朱子文集》及《朱子语类》中,更集中呈现在《仪礼经传通解》当中。朱熹《乞修三礼劄子》所云"以《仪礼》为经,而取《礼记》及诸经史杂书所载有及于礼者,皆附本经之下,具列注疏诸儒之说,略有端绪"①,元代方回《桐江集·读朱文公仪礼经传跋》所云"朱文公取《仪礼》十七篇,分配门类,广掇诸书,充衍其义,已成者家礼、乡学礼、邦国礼,有《仪礼》以为之经,而诸书之不出于《仪礼》者,亦揭之以为经,低一字而书之者为之传,有注或疏,间断以己见,名曰《仪礼经传通解》。王朝礼无经而有传,名曰《仪礼集注》,盖为未成书也"②,即是书也。该书始修于庆元二年(1196 年),但在朱熹临终前,仅成《家礼》《乡礼》《邦国礼》《王朝礼》四礼,因无力续作,便将《丧礼》《祭礼》部分嘱诸弟子黄榦(勉斋);宋宁宗嘉定十二年(1219 年),勉斋始著成《丧礼》,即《仪礼经传通解续》,而以《祭礼》稿本授杨复(信斋),张虙所刊《仪礼经传通解续》一书即据此稿本而成;信斋随时咨询,抄识以待笔削,而勉斋不久即逝,此后"信斋自念齿发浸衰,曩日幸有所闻,不可不及时传述,遂据稿本参以所闻,稍加更定,以续成其书"③,即《四库全书》本《仪礼经传通解续》。

《仪礼经传通解》一书采取通释体的体式编撰而成。在篇章设计上,该书并没有以《周礼·春官·大宗伯》中所称述的"吉、凶、宾、军、嘉"五礼分类模式进行编排,而是以家礼、乡礼、学礼、邦国礼、王朝礼、丧礼、祭礼的模式进行篇章编排的,这大体是对《仪礼》各篇进行分类之后而确定的模式,即以《士冠礼》《士昏礼》为家礼,以《士相见礼》《乡饮酒礼》《乡射礼》为乡礼,以《燕礼》《大射》《聘礼》《公食大夫礼》为邦国礼,以《觐礼》为王朝礼,以《丧服》《士丧

---

①　(宋)朱熹:《乞修三礼劄子》,《仪礼经传通解》卷首《目录》,载文渊阁《四库全书》第 131册,上海古籍出版社版 1987 年影印版,第 12 页。

②　(元)方回:《桐江集》卷三《读朱文公仪礼经传跋》,江苏古籍出版社 1988 年版,第192—193 页。

③　(清)陆心源:《仪顾堂续跋》卷二《宋椠〈续仪礼经传通解〉跋》,载《续修四库全书》第930 册,上海古籍出版社 2002 年版,第 217 页。

礼》《士虞礼》归于丧礼，以《特牲馈食礼》《少牢馈食礼》《有司彻》归于祭礼。这和东汉的郑玄开始将《仪礼》各章分别归于五礼系统的思路全然不同。在内容编排上，该书各篇大多以"经"、"传"（或"记"）、"注"三方面的内容成篇。对于《仪礼》诸篇，以及所附《礼记》的相应内容，该书分为经、传而各录其原文，随文而对其中的一些文字加以训诂，随文记录郑玄注、贾公彦疏、孔颖达疏，然后再以"今按""今详"的形式对汉唐注疏加以评点、申述或补充。此外，该书不拘于《仪礼》十七篇篇目的内容，突破经传的界限分别，贯通三礼，融会诸子史书，扩大古礼文献资料和解说材料的选取范围，从而以经补经、以传补经、以经补传、以子书补经、以史补传，就成为该书的最突出特点。

作为一部具有"新的经、传、记篇章"的礼学著作，《仪礼经传通解》往往通过附加"今按"一类的方式，整理和疏解《仪礼》所载白文及郑注、贾疏的相关语料，借以表明朱熹对于某一具体问题的具体看法，这些诠释见解，对于读者研读和探究经文本身深有裨益。尽管其所加附的按语数量并不多，但透过这些有限的按语，可以深入检讨朱熹整理《仪礼》白文及《注疏》之得失所在。朱熹对《仪礼》白文及郑注和贾疏的整理，主要集中于该书卷一《士冠礼》、卷二《士昏礼》、卷六《士相见礼》、卷七《乡饮酒礼》、卷八《乡射礼》、卷二〇《燕礼》、卷二二《聘礼》、卷二三《公食大夫礼》、卷二四《觐礼》等数篇的"今按"部分的内容，涉及句读、校勘及经文注释、郑注、贾疏之申解与纠谬等方方面面。

众所周知，南宋乾道八年（1172 年），张淳为《仪礼》郑氏注十七卷、陆德明《仪礼释文》一卷进行了校雠，著成《仪礼识误》流传于世。朱熹编撰《通解》一书时，为了读者研习之便，他在张淳《仪礼识误》一书校勘的基础上，进一步对当时通行本之《仪礼》白文及郑注、贾疏文字的某些讹误再次进行了校勘整理。通过对上述诸卷"今按"之校勘实例分析来看，较诸张淳《仪礼识误》一书，朱熹对相关《仪礼》文献的校勘既有与之相似的地方，亦有其自身的独到之处。大致说来，通过对这些"今按"之校勘实例的分析检讨，可以看出这些"今按"主要有以下几个方面的校勘特点：

（一）文献校勘的类别

朱熹对《仪礼》文献的校勘，其所关注的主要在通行本《仪礼》白文本身，及其相应之郑注和贾疏训语的校勘上，并不对陆德明《仪礼释文》一书的词句进行校雠。例如,《仪礼·燕礼》:"膳宰具官馔于寝东。"朱熹《仪礼经传通解》卷二〇:"今按:'于寝'下疑脱'既朝服,则宜于'六字。"这是对所见传习本《仪礼》经文脱文之校勘,因无确凿证据,故朱熹按语中增附"疑脱"二字。诸如此类校勘实例所校勘的错误情况,包括误字、衍文、脱文等各个方面。

(二)　文献校勘的方法运用

朱熹撰《仪礼经传通解》一书时,尽管尚未具备本校、对校、他校、理校等校勘方法一类概念及相关的系统理论,但从其对通行本《仪礼》白文及郑注、贾疏等校勘实例的分析情况来看,朱氏对于这些方法的运用确是较为娴熟的。考察《仪礼经传通解》据以校勘的依据情况,朱熹校勘《仪礼》及其相应《注》《疏》的方法,主要存在这样几种情况:

1. 以《仪礼》本经校经文之误

据《仪礼》本经上下文,或据他篇记载,不仅可以帮助训解《仪礼》本经之仪文节制情况,同样也可以据以纠正通行本经文之误衍讹脱等情况,朱熹校勘通行本经文亦颇注意此法。

2. 据《礼记》《周礼》而得经文之误

在朱熹看来,"《仪礼》是经,《礼记》是解《仪礼》"①,"《仪礼》礼之根本,而《礼记》乃其枝叶。《礼记》乃秦汉上下诸儒解释《仪礼》之书,又有他说附益于其间"②。又说:"《周官》一书固为礼之纲领,至其仪法度数,则《仪礼》乃其本经,而《礼记·郊特牲》《冠义》等篇乃其义疏耳。"③诚如所言,朱熹注意到了《仪礼》与《礼记》《周礼》二书之间的密切联系,故其校勘《仪礼》经文,亦注意依据《礼记》《周礼》之文而校勘通行本《仪礼》经文之误也。

3. 读《注》《疏》而得经文之误

清人顾广圻言:"《仪礼》一经,文字特多讹舛,深于此学者,每读《注》而得经之误,又读《疏》而得《注》之误。"④同样地,读贾疏亦可得经文之误也。简

①　(宋)黎靖德编:《朱子语类》卷八五,中华书局1986年版,第2194页。
②　(宋)黎靖德编:《朱子语类》卷八四,中华书局1986年版,第2186页。
③　(宋)朱熹:《乞修三礼劄子》,《仪礼经传通解》卷首《目录》,载文渊阁《四库全书》第131册,上海古籍出版社1987年影印版,第12页。
④　(清)黄丕烈著,屠友祥校注:《荛圃藏书题识》,上海远东出版社1999年版,第34页。

而言之,读《注》《疏》而得经文之误,可谓一种比较重要的校勘经文错误的途径。朱熹乃深于此法,并屡屡据此校勘经文。当然,朱熹在运用此法校勘经文之时,亦不妄据所见通俗本贾疏之语而轻易校改《仪礼》经文,并不随意增删《仪礼》经文以编入其书中。这一做法是审慎合理的,颇为允当。

4. 读《疏》而得《注》文之误

南宋以前《仪礼》之郑注与贾疏各自单行。"郑注每每先引经之字句,再作训释;贾疏《释》经注,则先标明从某字至某字,再作疏解。翻刻者,往往经文刻错,而注未刻错;或注虽刻错,而别本之疏未刻错,若两相比勘,便可知其误。间有经及注之引文并误,则可于注疏之训释中辨识其误。单注本与单疏本别行、翻刻非出于一手,于其歧异处每可有所得,此其可贵之处。"①朱熹深于《仪礼》之学,故多有创获,如《乡射礼》:"司马出于左物之南,还其后,降自西阶,遂适堂前,北面立于所设楅之南,命弟子设楅。"郑注:"楅,犹幅也,所以承笴齐矢者。"贾疏曰:"训楅为幅者,义取若布帛有边幅整齐之意,故云'所以承笴齐矢'。又《大射》云:'既拾取矢,楅之',注云:'楅,齐等之也。'"朱熹《仪礼经传通解》卷八:"今按:《注》脱'齐'字,据《疏》文补之。"按:此乃据贾疏所引郑注之语,借以补正通行本注文之脱文也。

5. 读经、《注》而得《疏》文之误

朱熹不仅通过考察《注》《疏》行文而考通行本经文之误,同时也注意反向校勘《仪礼》经文及郑注。例如,《乡射礼》记:"取诱射之矢者,既拾取矢,而后兼诱射之乘矢而取之。"《注》:"谓反位已礼成,乃更进取之,不相因也。"《疏》:"云'不相因'者,既自拾取已之乘矢,反位,东西望讫,上射乃更向前,兼取诱射之矢。礼以变为敬,故不相因。"朱熹《仪礼经传通解》卷八:"今按:上经云'后者遂取诱射之矢',此《注》乃云'反位礼成,乃更进取之',似相矛盾,其'上射'字亦与后者二字不相应,当作下耦之下射。"此即朱熹据经、《注》而推断贾疏"上射"之字乃为误字。

6. 据他书所引而得经文之误

《仪礼》一书,在春秋战国之后被广为援引,至于魏晋南北朝乃至唐代各

---

① 彭林:《张淳〈仪礼识误〉校勘成就论略》,《北京图书馆刊》1996 年第 3 期。

种注疏类典籍中,更多所采录。因此,后人往往据各种典籍校勘通行本之《仪礼》经文。这种他校之法,朱熹《仪礼经传通解》也较为重视。例如,《聘礼》记:"所以朝天子圭与繅皆九寸,剡上寸半,厚半寸,博三寸。繅三采六等,朱白苍。"朱熹《仪礼经传通解》:"今按:上记只有'朱白苍'三字,而《杂记疏》所引乃重有之,不知何时传写之误,失此三字。"按:朱熹根据孔颖达《礼记疏》所引《聘礼》"记"文,校勘其所见通行本《仪礼》经文之脱文。

7. 据他人校语而得经文之误

朱熹在校勘通行本《仪礼》经文之误时,也注意吸纳他人的校勘成果,通过考辨分析,据以作出是非之评判,其可信者予以采录,加附按语说明之。可惜这一类情况在朱熹《仪礼经传通解》的按语中记录下来的数量极少,兹胪列一例考见之:《聘礼》记:"辞曰:'非礼也?敢。'对曰:'非礼也,敢辞。'"朱熹《仪礼经传通解》:"今按:诸本下句末有辞字,注无复出辞字,永嘉本张淳《识误》曰:'以《注疏》考之,经下羡一"辞"字,《注》上合更有一"辞"字,盖传写误以《注》文为经文也,当依《注疏》减经以还注。'其说为是,今从之。"因为两"敢"字,据郑注皆言"不敢",如果有"辞"字,则不能作不敢解释,张淳《仪礼识误》因此断言"辞"字乃是衍文,朱熹颇以为然,故加附按语信从其说。

8. 据他书原文而得贾疏引文出处之误

贾疏在申解郑注语时,往往广征博引,增加了申解的可信度,然而贾公彦有时对于引文的出处存在标明错误的情况。例如,《仪礼·聘礼》:"及庙门,公揖入,立于中庭。"《注》:"如此,得君行一臣行二,于礼可矣。"《疏》曰:"又曰'君行一臣行二',出《齐语》晏子辞。"(此《仪礼经传通解》所引)朱熹《仪礼经传通解》:"今按:《齐语》无此辞,今见《曲礼》杂记章。"按:考阮元校刻《十三经注疏》本,同篇"公升二等,宾升,西楹西,东面"一文下贾疏云:"诸侯阶有七等,公升二等,在上仍有五等,而得云君行一,臣行二者,但君行少,臣行多,大判而言,非谓即君行一,臣行二。此文出《齐语》晏子辞。"可见,《仪礼经传通解》所引贾疏之文,乃据此略加删改而成也。然而,贾疏所引之文出处标明有误,故朱熹《仪礼经传通解》加以校勘说明。

(三) 文献校勘的态度

朱熹对《仪礼》白文及郑注、贾疏文字的校勘态度,可谓极为审慎认真。

这一校勘态度,可以从朱熹处理校勘结果的两者方式可以得到印证:一是在据通行本援引《仪礼》及郑注、贾疏时,并不随意删改其原有文字,而是在保留原貌的基础上,加附按语予以说明。例如,《乡射礼》:"三耦拾取矢,皆袒决遂,执弓,进立于司马之西南。"朱熹《仪礼经传通解》卷八:"今按:此'拾取矢'字疑衍。"按照朱熹的说法,经文"三耦拾取矢"中的"拾取矢"三字乃是衍文,尽管如此,他援引经文时并没有直接将此三字删除,而是通过加附按语的方式予以点明。这样的做法,极大程度上尊重和保留了通行本的原貌,既为读者研读《仪礼》经文提供了较好的版本依据,同时也为读者提出了自己的一得之见。二是在对相关《仪礼》经文及郑注、贾疏的校勘中,倘若缺乏明显的证据,乃以"未详孰是""恐误""疑衍""疑脱""疑当作"等一系列不确定的字眼明确加以标识,表示自己的怀疑和结论的不确定性。例如,《燕礼》:"膳宰具官馔于寝东。"朱熹《仪礼经传通解》卷二〇:"今按:'于寝'下疑脱'既朝服,则宜于'六字。"又《聘礼》:"饪一牢,鼎九,设于西阶前,陪鼎当内廉东面北上,上当碑南陈;牛、羊、豕、鱼、腊、肠、胃同鼎,肤鲜鱼、鲜腊,设扃鼏。膷、臐、膮盖陪牛、羊、豕。"郑注:"宫必有碑,所以识日景、引阴阳也。"朱熹《仪礼经传通解》卷二二:"今按:注内'景'下'引'字疑当作'别'。"以上二则校勘例,前者朱熹据上下文文义疑有脱文现象,因无确据,故云经文"疑脱"六字;后者则据常识疑有误字,然亦无确据,故云"疑当作"之语耳。

当然,朱熹《仪礼经传通解》"今按"中的某些校勘实例,其结论并不完全可信。例如,《士冠礼》:"夙兴,设洗,直于东荣,南北以堂深,水在洗东。"郑注:"周制,自卿大夫以下,其室为夏屋。水器,尊卑皆用金罍,及大小异。"朱熹《仪礼经传通解》卷一:"今按:注文'罍'下'及'字恐误。"按:这是一则朱熹对郑注文字的校勘,以"及"字常义解之,"及大小异"之语文义扞格难通,故有存在误字之嫌疑。考贾疏申解郑注语云:"云'水器,尊卑皆用金罍,及大小异'者,此亦案汉礼器制度,尊卑皆用金罍,及其大小异。"乃以"及其"对译"及"字。孙致文在考察王引之《经传释词》、马建忠《马氏文通》、裴学海《古书虚词集释》及阮元《仪礼校勘记》等书的有关古书用例情况后,指出:"'及其'、'及夫'、'及至'又与'至于'的用法相当;'及其大小异'即'若自其大小言之,则异',或'至于其大小,则异'。……若将'及'解为'至于',则郑注'及大小异'句意即明。"①由此可见,朱熹怀疑郑注"及"字误字是站不住脚的。

最后,必须提及的是,朱熹对于南宋学者张淳校雠《仪礼》经文及郑注、陆德明《释文》的态度颇为暧昧。"近世永嘉张淳忠甫校定印本,又为一书以识其误,号为精密,然亦不能无舛谬。若其经首冠以'郑氏目录',而其开卷第一版《士冠礼》篇中第三行即云'主人玄冠朝服,则是于天子诸侯之士朝服皮弁素积',此'诸侯'二字,按贾疏所载本在'天子'字上而为句绝。自《释文》所引误倒其文,而此本因之,遂无文理。盖日视朝之服天子皮弁,而诸侯朝服君臣同之,故郑氏之意以为此主人玄冠朝服,则是诸侯之士。若天子之士,则当服皮弁素积,与此不同耳。又《少牢馈食礼》'日用丁巳',乃戊巳之巳,故《注》云:'取其令名,自丁宁,自变改。'而下条之《注》又云:'不得丁亥。'则巳亥亦可用,其理甚明,而诸本或写巳为辰巳之巳,《释文》遂以祀音,张氏亦不能觉其误也。其尤甚者,则如《乡射》篇'横而奉之',奉或误写作拳,而《释文》遂以权音,张亦不能正而曲从之。推此而言,则其他舛谬计必尚多,姑记此三条以告观者。"②上述话语之中,尽管只胪列了《仪礼识误》三条校勘失误之例,然其又申云"推此而言,则其他舛谬计必尚多",说明他对张淳的校勘并不十分推许。另外,在朱熹《仪礼经传通解》"今按"部分,亦几乎不援引张淳《仪礼识误》一书校语,不以其校勘语作为自己的校勘理据加以佐证。由此可见,朱熹对张淳《仪礼识误》一书之校雠颇不以为然。

三、杨复与《仪礼图》

杨复,字志仁,一字茂才,福建福州人,受业于朱熹,颇有才智,尤善于考索,真德秀督闽,为其修建贵德堂,以供杨复著述讲学,学者称信斋先生,有《祭礼》《家礼杂说附注》诸书。

杨复《仪礼图》十七卷,附《仪礼旁通图》一卷,于绍定元年(1228 年)正式成书,是礼学史上第一部依据《仪礼》制作的完整礼图,是朱子学派礼学思想

①　孙致文:《朱熹〈仪礼经传通解〉研究》,博士学位论文,台湾"中央大学",2004 年,第113—114 页。

②　(宋)朱熹著,刘永翔、朱幼文点校:《晦庵先生朱文公文集》卷七〇《记永嘉仪礼误字》,载《朱子全书》第 23 册,上海古籍出版社、安徽教育出版社 2002 年版,第 3390 页。

发展的重要结晶。杨复在该书自序中称："复曩从先师朱文公读《仪礼》,求其辞而不可得,则拟为图以象之。图成而义显。凡位之先后秩序。物之轻重权衡,礼之恭逊文明,仁之忠厚恳至,义之时措合宜,智之文理密察,精粗本末昭然可见。……盖《仪礼》原未有图,故先师欲与学者考订以成之也。复今所图者,则高堂生十七篇之书也,厘为家乡、邦国、王朝、丧祭礼,则因先师《经传通解》之义例也。附《仪礼旁通图》于其后,则制度名物之总要也。"①该书主要是用礼图的形式来解读《仪礼》的作品,全录《仪礼》十七篇经文,疏解文意,均以图示,共 205 幅。又按宫庙门、冕弁门、牲鼎礼器门等分类,作图 205 幅,称之为《仪礼旁通图》,附于书后。此书依经绘象,随事立图,读者可据此粗见古礼之梗概。但有些图或纵或横,方向不定,远近大小,全无规矩,条理不明,令人端绪莫寻。宫庙门的七图,颇有漏略。

在编撰体例方面,杨复《仪礼图》的各篇内容分为两部分:第一部分是《仪礼》的经文内容,而对郑注、贾疏的内容仅限于"疏通"经文的目的而酌量删减;第二部分则是依据《仪礼》的经文内容,"各详其仪节陈设之方位"而绘制出相应的礼图。上述体例贯穿于杨复《仪礼图》全书,甚至篇数都与《仪礼》相同,显示了杨复《仪礼图》正是严格依照《仪礼》制作礼图。至于不属《仪礼》经文明确记载的内容,如《仪礼》记文、郑注、贾疏等有关礼仪内容则被统一收录在《仪礼旁通图》内,附于《仪礼图》后,由此也证实了杨复《仪礼图》的首要任务正是解读《仪礼》。书中绝大部分图都能循经而绘,古礼之梗概,于此书可睹其大端,对后学颇有启发,多有裨益;作者这种另辟新径研究经文的方法,亦足资后世学者的借鉴。

杨复之《仪礼》研究,除《仪礼图》一书以外,还有《仪礼经传通解续》中的"祭礼"十四卷,于绍定四年(1231 年)书修成。根据刁小龙先生的研究,杨复"祭礼"的研究,有这样两大特点:(1)本诸师训,述而成书;(2)依违贾疏,回归师门。即以再修"祭礼"之章句而言,其中包括以下几种情况:有再修之分解贾疏章句者,有综合贾疏章句者,有订正贾疏章句者,又有于黄榦章句之未

---

① (宋)杨复:《仪礼图序》,转引自《经义考》卷一三二,载文渊阁《四库全书》第 678 册,上海古籍出版社 1987 年影印版,第 662—663 页。

密处杨复亦修订之者。对此,刁小龙高度评价说:"朱子之学终结于礼学,而门人弟子黄榦、杨复前赴后继,终于续成礼书,至杨复竟秉承遗训,先后编撰《礼图》与再修二书,一遂朱子、黄榦之志。"[1]着实可谓的论。

四、李如圭与《仪礼集释》

李如圭(1167—? 年),字宝之,庐陵(今江西吉安)人,南宋绍熙癸丑年(1193 年)进士,官至福建路抚干,宋《中兴艺文志》称其曾与朱子一起校定礼经。除著《仪礼集释》外,李如圭还撰《仪礼释宫》以论宫室之制,著《仪礼纲目》以别章句之旨,其中前二者是戴震从《永乐大典》录出,排纂成书,而后一本书则世无传本。

关于李如圭《仪礼集释》一书,《四库全书》所录乃从《永乐大典》中辑出,十五篇首尾尚属完备,《乡射》《大射》两篇《永乐大典》已不存,四库馆臣乃参取清人惠栋、沈大成二家所校宋本,并证以《唐石经》本,以成《仪礼》之完帙。该书旧本十七篇,每篇即为一卷,四库馆臣病其繁多,遂将其析作三十卷,即为今本卷数。《仪礼集释》全录郑玄注文,并出入经传,旁征博引,为之诠释,多发明唐人贾公彦《疏》所未备,可以说得上是极有功于《仪礼》郑氏学,在宋代《仪礼》学史上具有颇为重要的地位。李如圭《仪礼集释》的具体礼学创解,主要反映在该书的"释曰"部分。据统计,除卷五卷六《乡射礼》、卷九卷十《大射仪》两篇无"释曰"部分外,《仪礼集释》其余十五篇共分二十六卷,全书计出现1326 则释例,这些释语"穷探博采,出入经传,以发明前人之未备"[2],训释内容涉及方面可谓相当广泛。从解经学意义的学术范畴来看,无论是对《仪礼》经文的阐释,还是对郑玄注语的申解,这些诠释性话语的学术意义都极为重大。

(一) 对《仪礼》经文的申解

1. 从训释内容角度看李如圭的解经特色

从训释内容角度来看,李如圭《仪礼集释》"释曰"中的释经部分,既有对

---

① 刁小龙:《杨复〈仪礼〉学初探——以〈特牲馈食礼〉、〈少牢馈食礼〉章句论为中心》,《中国典籍与文化》2014 年第 1 期。

② (宋)陈汶:《仪礼集释序》,李如圭:《仪礼集释》卷首,载文渊阁《四库全书》第 103 册,上海古籍出版社 1987 年影印版,第 35 页。

《仪礼》经文语词的训解、校勘、释音等内容,也有对经文行礼仪节、器物度数、礼仪礼意等方面的阐发,涉及面较广。即使将其置于李如圭之前《仪礼》诠释史的背景下加以观照,《仪礼集释》的经文训释视角方面仍有值得肯定的地方,形成了具有独到取径亮点的解经特色。就其荦荦大端者而言,主要有如下几方面:

(1)善于通过经文用辞的辨析,借以考见《仪礼》经文行文之用辞文例。在李如圭看来,对《仪礼》经文繁文缛节之梳理,首先要从考察经文行文之用词文例入手,从具体语词用例的辨析入手。因而,《仪礼集释》注意发掘《仪礼》经文之用辞文例情况,加深读者对经文的深刻认知。例如,《士冠礼》:"士冠礼筮于庙门",《仪礼集释》卷一:"释曰:龟为卜,策为筮。凡言庙者,皆祢庙。昏礼行事于庙,《记》云受诸祢庙是也。其非祢庙,则皆举庙名以别之。"这一则"释曰"例,李如圭通过辨明"卜"与"筮"的语义差别,以及称"庙"与举"庙名"之间的指称差异,点明了《士冠礼》篇经文用词的文例特殊之处。又如,《既夕礼》:"书遣于策",《仪礼集释》卷二三"释曰":"策者,简之编连者也。《聘礼记》曰:'百名以上书于策,不及百名书于方。'遣物多,故以策书之。"再如,《少牢馈食礼》:"宗人遣宾就主人,皆盥于洗。长枞",《仪礼集释》卷二八"释曰":"此臣也而曰宾者,祭以得宾客之助为荣也。《礼运》曰:'仲尼与于蜡宾。'"以上二例,前者辨明《既夕礼》经文言"书遣于策"而非言"书遣于方"之缘由,后者辨明《少牢馈食礼》经文称"臣"言"宾"的特殊含义,皆可谓一针见血地阐发了《仪礼》经文行文用辞文例之讲究。

(2)善于通过对经文仪节规制、器物度数等的辨析,借以考见《仪礼》经文礼义之所存。例如,《士昏礼》:"挚不用死,皮帛必可制。腊必用鲜,鱼用鲋,必殽全",《仪礼集释》卷二"释曰":"士挚用死雉,故明之。皮帛必可制为衣物,亦告以直信之义。"又云:"用鲜,贵新也。鼎九者腊乃有鲜用鲋殽全者,取相衣附全节之义。"又如,《公食大夫礼》:"公如宾服,迎宾于大门外",《仪礼集释》卷一五"释曰":"出门者,待其君之礼也。臣之意欲尊其君,迎宾于门内,所以顺其尊君之意也。"再如,《士丧礼》:"君降,西乡。命主人冯尸。主人升自西阶,由足,西面冯尸,不当君所,踊。主妇东面冯,亦如之",《仪礼集释》卷二二"释曰":"冯尸不当君所,不敢与君所抚同处也。"总之,如同其尊奉郑玄治礼一样,李如圭同样重视典章制度之考证,强调就其中器物度数的有关规制说解《仪礼》经文行文的礼义所在。

(3)重视对于某些特殊语词的语音发微,借以辨明多音语词之具体语境义,或辨明祝辞一类语段的合辙押韵情况。以《仪礼集释》卷一《士冠礼》篇的部分释音为例,始加缁布冠祝辞曰:"令月吉日,始加元服。弃尔幼志,顺尔成德。寿考惟祺,介尔景福",《仪礼集释》:"服,古音蒲北反,下同。"又云:"福,古音拍逼反,下同。"三加爵弁祝辞曰:"以岁之正,以月之令,咸加尔服,兄弟俱在,以成厥德。黄耇无疆,受天之庆",《仪礼集释》:"庆,古音羌,下同。此辞正与令叶,服与德叶,疆与庆叶。"始醮辞曰:"旨酒既清,嘉荐亶时,始加元服,兄弟具来。孝友时格,永乃保之",《仪礼集释》:"来,古音力之反。"字辞曰:"礼仪既备,令月吉日,昭告尔字,爰字孔嘉。髦士攸宜,宜之于假。永受保之,曰伯某甫",《仪礼集释》:"嘉,古音姬,与宜字叶。"又云:"假,古音古,隔句与甫叶。之,隔句与宜叶。"上述诸注音例,其所谓"叶"者押韵之谓也。他对于士冠礼加冠仪式过程中的祝辞、醴辞、醮辞、字辞等文辞合辙押韵情况的辨析,基本上是对的,值得肯定的。再如,《士昏礼》:"使者玄端至",《仪礼集释》卷二"释曰":"使者,所史反,后使者、奉使皆同。"又《士相见礼》:"主人请见,宾反见,退,主人送于门外,再拜",《仪礼集释》卷三"释曰":"请见,如字,反见、复见同。"以上二则释音例,"使"、"见"皆存在异读异义,《仪礼集释》针对这一语词音义现象,为之加以辨音,借此可以充分考见李如圭对于多音语词之具体语境义指向。在现在看来,这一释音做法仍然是有其可取之处的,对于读者辨读经文具有一定的价值。

(4)关于《仪礼》经文之校勘,并非李如圭《仪礼集释》关注的重点。这是因为在李如圭著述之前,朱熹及其弟子所修纂的《仪礼经传通解》一书已经针对《仪礼》经及郑注做过详细的校勘。尽管如此,《仪礼集释》中仍有少量的这方面内容。主要有这样几种情况:一是对郑注所存今古文用字之抉择提出异议,例如,《士冠礼》:"冠之日,主人紒而迎宾,拜、揖、让,立于序端,皆如冠主,礼于阼",《仪礼集释》卷一"释曰":"礼,当从今文作醴。醴重而醮轻,孤子礼盛醴而不醮也;且士之醴子无作'礼'字者。"二是对据所见别本校勘今本《仪礼》经文流传之讹误,例如,《少牢馈食礼》:"上佐食户内牖东,北面拜,坐,受爵,主人西面荅拜。佐食祭酒,卒爵,拜,坐授爵,兴",《仪礼集释》卷二八"释曰":"授,石本作受。"三是据《仪礼》本经同篇上下文推论经文流传之讹误情况,例如,《少牢馈食礼》:"赍黍于羊俎两端,两下是馂",《仪礼集释》卷二八"释曰":"馂,当如上下文作饙。"四是据《仪礼》本经不同篇章经文推论经文流传之讹误情况,例如,《有司彻》:"主妇设二铏与稷脩,如尸礼。主人共祭稷脩、祭铏、祭酒、受豕匕湆、拜啐酒,皆如尸礼。尝铏不拜",卷二九"释曰":"尸啐酒不拜而云拜啐酒如尸礼者,《特牲》《少牢馈食礼》尸尝铏不拜,则此尸尝铏拜仍为啐酒也。或'拜'字衍。"按:清人盛世佐《仪礼集编》亦认为"啐酒"二字上之"拜"字为衍文,盖即本李如圭校勘之说。由以上四种情况校勘实例来看,除第二种情况外,其余诸例李如圭皆据《仪礼》经文及其礼义加以发挥,校勘家法甚严。

2. 从仪制训释角度看李如圭的解经特色

《仪礼》经文所叙器物陈设众多,行礼节次细密,升降揖让裼袭繁杂,读者常为其微文琐节困惑其间。因而,历代礼经研究者无不重视对于礼经仪文节度的训释说明,李如圭著《仪礼集释》一书也同样如此。从仪制训释的角度来看,李如圭《仪礼集释》中体现出来的解经特色亦极为鲜明,如强调"以礼释礼"的解经原则,强调"治礼以例"的解经原则,强调考察礼之正变的解经原则,强调申说仪节礼义的解经原则,等等。其中最为鲜明的仪制训释特色,主要有如下数端:

(1)善于将《仪礼》置于经文各篇类似的仪制比较中,借以考见《仪礼》十七篇所载相似礼文仪节度数之差异所在。例如,《燕礼》:"主人降洗洗南西北面",《仪礼集释》卷七:"释曰:洗南当北面,今西北面者,当辞宾降也。《乡饮酒》宾主异阶,故主人在阶下辞宾降。宰夫代君为献主,升降不由阼阶,与宾同由西阶升降,故于洗南辞降。"又同篇"受爵于筵前反位主人拜送爵宾升席坐祭酒遂奠于荐东",李如圭"释曰":"于酬膳时宾即拜,且手受而祭之,急承主人之酬重君物也。此皆异于《乡饮酒》酬礼。"《燕礼》篇下此二则"释曰"例,李如圭皆据《乡饮酒礼》之仪节情况加以比较,分析其间异同所在。又如,《士虞礼》:"泰羹湆自门入,设于铏南,蔽四豆,设于左",《仪礼集释》卷二五:"释曰:《士昏礼》大羹湆在爨,《昏礼》《公食礼》大羹皆设于荐右,《虞》未忍异于生,《少牢馈食礼》戴豆设于荐豆之北。"此则"释曰"例,李氏则就《士虞礼》与《士昏礼》《公食大夫礼》《少牢馈食礼》大羹设豆情况略加比较,说明各自仪节差别所在,有助于读者对全经行文仪制的整体把握。其他如《士丧礼》"士盥,举鼎入,西面,北上,如初,载鱼,左首,进鬐,三列,腊进柢",《仪礼集释》卷二二:"释曰:左首,据执者言之。西面,设于奥。于席前则右首也,《公食大夫礼》:右首进鬐。"亦此类训释例。

(2)善于通过发掘礼经行文中的礼例情况,即所谓"治礼以例",从中考见《仪礼》经文隐微之仪文节度内容,借以摆脱难以厘清的诠释困惑。众所周知,郑玄注释礼经多注意发凡立例,贡献极大,李如圭亦承其治礼之法,对郑注未尽言之礼经凡例加以揭橥,例如,《乡饮酒礼》:"主人对。宾坐取爵,适洗南,北面;主人阼阶东,南面辞洗。宾坐奠爵于篚,兴,对主人复阼阶东,西面。宾东北面盥,坐取爵,卒洗,揖让如初,升",《仪礼集释》卷四:"释曰:凡洗必盥,辞洗必既洗而后辞爵,已洗则奠之不于篚下。此经主人辞洗宾奠爵于篚,对则既盥洗矣。盥,又当如《乡射礼》系于适洗南之下,互之于后耳。"又如,《士丧礼》:"新盆、槃、瓶、废敦、重鬲,皆濯,造于西阶下",《仪礼集释》卷二〇:"释曰:凡物无足者曰废,《士虞礼》有废爵、足爵。敦之有足者直名敦,下经敦启会面足是也。"以上二例,前者通过对礼经"盥洗"凡例的总结来诠释乡饮酒礼之盥洗仪节情况,而后者则通过对"废"字的解说揭明礼经名物取义称名的一则规律。凡此之类训解,不仅有助于本篇经文的理解,亦有助于全经仪节规制的宏观把握。

(3)善于通过《仪礼》经文之行文措辞分析,借以推阐本经行文叙事之隐微精妙处。例如,《乡饮酒礼》:"公如大夫入,主人降,宾介降,众宾皆降,复初位。主人迎,揖,让,升,公升如宾礼,辞一席,使一人去之",《仪礼集释》卷四:"释曰:不言出,知迎于门内。"又如,《特牲馈食礼》:"宾曰:某敢不敬从。主人再拜,宾答拜。主人退,宾拜送。厥明夕,陈鼎于门外,北面北上,有鼏。"《仪礼集释》卷二六:"释曰:不言门之东西,知当门。"以上二则"释曰"例,李如圭通过考察行文"不言"之例,推论经文中所隐含的礼仪仪节,识见实属允当精妙。又如,《士丧礼》:"主人要节而踊,皆如朝夕哭之仪。月半,不殷奠",《仪礼集释》卷二二:"释曰:士言'不'者,大夫以上则有之。"这一则"释曰"例,李如圭通过考察行文叙事用词后认为,士月半奠无牲,而大夫月半奠时犹有牲,体现出士礼低于大夫礼的尊卑差异。

(4)善于结合古代礼仪文化背景,或者结合先秦典籍所载有关事类,借以阐释补充《仪礼》经文所载仪文节度之有关情况。例如,《士昏礼》:"若异邦,则赠丈夫送者以束锦",《仪礼集释》卷四:"释曰:《聘》宾去至郊而赠,知此亦就其馆也。古者大夫不外娶,嫌外交,士卑,不嫌,故有异邦送者。"经文乃说明周代士有异邦娶妻舅姑飨送者之礼制情况,而李如圭则结合周代大夫不外娶的礼俗文化史实,借以补充说明士可异邦娶妻之礼仪特殊规制情况。

3. 从文献引证角度看李如圭的解经特色

历代礼经注释者均重视援引各类文献典籍,借以发明《仪礼》经义,实现经文本身的静态仪制与其他典籍记载的动态史料互贯融通,提高自身解经诠释的可信度。就李如圭《仪礼集释》一书而言,同样也强调通过援引各类典籍材料,借以与礼经行文相互发明,加深读者对经文礼制规程的理解。从文献引证的书目情况来看,李如圭引书最为广泛、最为普遍的首先应是三礼及《大戴礼记》之文,其中尤以《小戴礼记》称引最多;其次则遍及宋人所谓十三经之其他儒经,如《诗经》《尚书》《春秋左氏传》《论语》《尔雅》等;再次又推及《荀子》《国语》《孔子家语》《管子》之文,其余各类先秦典籍文献则基本上不予援引。特别值得注意的是,在"春秋三传"中,李如圭往往主要关注《左氏春秋》所叙事类,而较少援引《公羊传》《穀梁传》二书语料。此外,对于汉代以来各类典籍注释语料,李如圭亦较少给予关注,一般不予援引纳入其"释曰"之中。

从文献引证功用的角度来看,李如圭《仪礼集释》的解经亦具有自身的独到之处。援引各类文献材料,其所起到的释经功用是多种多样的,析言之,主要有如下几种情况:

(1)通过援引文献典籍,实现对经文语词的诠释之功。例如,《聘礼》:"宾奉束锦以请觐",《仪礼集释》卷一二:"释曰:《荀子》曰:聘,问也;享,献也;私觐,私见也。"又如,《士丧礼》:"稻米一,豆实于筐",《仪礼集释》卷二〇:"释曰:《春秋传》曰:'四升为豆。'"又如,《既夕礼》:"若赗",《仪礼集释》卷二三:"释曰:《公羊传》曰:'车马曰赗,货财曰赙,衣被曰襚。'"以上三例,李如圭分别援引《荀子》及"春秋三传"文解释经文语词之义,简洁明了。

（2）通过援引文献典籍，实现对自身经文语词诠释的辅证之功。例如，《士相见礼》："执玉者，则惟舒武，举前曳踵"，《仪礼集释》卷三"释曰"："踵，足后跟也。曳，行不离地。《玉藻》曰：'执龟玉，举前曳踵，蹜蹜如也。'"又如，《聘礼》："贾人西面坐启椟取圭垂缫不起而授宰"，《仪礼集释》卷一一"释曰"："椟，函也。《论语》曰：'龟玉毁于椟中。'"以上二例，李如圭分别援引《礼记·玉藻》及《论语》文，借以辅证自身对经文语词的解释，效果极佳。

（3）通过援引文献典籍，实现对经文礼义的诠释之功。例如，《乡饮酒礼》篇"宾西阶上北面坐卒爵，兴，坐奠爵，遂拜，执爵兴。主人阼阶上答拜"，《仪礼集释》卷四"释曰"："《乡饮酒义》曰：'祭荐、祭酒，敬礼也。哜肺，尝礼也。啐酒，成礼也。于席末，言是席之正，非专为饮食也，为行礼也。此所以贵礼而贱财也。卒觯，致实于西阶上，言是席之上，非专为饮食也。此先礼而后财之义也。先礼而后财，则民作敬让而不争矣。'又曰：'乡饮酒之义：主人拜迎宾于庠门之外，入三揖而后至阶，三让而后升，所以致尊让也。盥洗扬觯，所以致絜也。拜至、拜洗、拜受、拜送、拜既，所以致敬也。尊让絜敬也者，君子之所以相接也。君子尊让则不争，絜敬则不慢。不慢不争，则远于斗辩矣；不斗辩，则无暴乱之祸矣。斯君子所以免于人祸也，故圣人制之以道。'"这则"释曰"例，完全通过截取《乡饮酒义》之文，借以达到诠释礼经礼义之功效。

（4）通过援引文献典籍，实现对自身经文礼意诠释的佐证之功。例如，《聘礼》："宾辟不答拜"，《仪礼集释》卷一一"释曰"："辟者，主国君，尊也。《司仪职》曰：'诸臣将币，旅摈，三辞，拜迎，客辟。'"又如，《士虞礼》："尸左执爵，右取肝，擩盐，振祭，哜之，加于俎。宾降，反俎于西塾，复位"，《仪礼集释》卷二五"释曰"："《特牲》《少牢礼》：尸哜肝，加于菹豆。豆近而俎远，远之者，不志于味也。"以上二例，李如圭或借引文证明自己的礼义训解，或借助引文推论其中隐性之礼义内容，佐证之功极为显明。

（5）通过援引文献典籍，实现对经文礼事的诠释佐证之功。例如，《聘礼》："聘遭丧，入竟则遂也"，《仪礼集释》卷一四"释曰"："《春秋传》：'季文子将聘于晋，使求遭丧之礼以行。'谓此礼。"又如，《觐礼》："飨，礼，乃归"，《仪礼集释》卷一六："释曰：《掌客职》又曰：'若弗酌，则以币致之。'《春秋传》：'戎朝于周，发币于公卿。'则诸侯既朝，亦当有币问公卿，如聘问大夫礼。"以上二例,李如圭《仪礼集释》皆援引《左氏春秋》文,借以佐证经文所载礼事也。少数情况下,亦通过援引文献典籍,实现对经文仪制、礼事记载的拓展之功。例如,《士相见礼》:"凡自称于君,士、大夫则曰下臣;宅者,在邦则曰市井之臣,在野则曰草茅之臣;庶人,则曰刺草之臣;他国之人,则曰外臣",《仪礼集释》卷三"释曰":"《孟子》曰:'在国曰市井之臣,在野曰草莽之臣',皆谓庶人,与此异。"乃着眼于交代说明其他典籍所记载的礼仪情况与本书的差异之处。

(6)通过援引文献典籍,实现对经文仪制诠释的佐证之功。例如,《公食大夫礼》:"挩手,兴,北面坐取粱与酱以降,西面坐奠于阶西",《仪礼集释》卷一五"释曰:酱湆粱,公所设,故宾前拥粱与湆,此取粱与酱以降也。《玉藻》曰:'若赐之食而君客之','君既彻,执饭与酱,乃出授从者。'又曰:'主人自置其酱,则客自彻之。'《曲礼》曰:'卒食客自前跪彻饭齐以授相者齐酱属也。'"又如,《觐礼》:"侯氏坐取圭,升,致命,王受之玉。侯氏降,阶东北面再拜稽首,摈者延之,曰:'升。'升,成拜,乃出",《仪礼集释》卷一六"释曰:阶东,西阶之东也。侯氏取圭由门左,升自西阶致命。《郊特牲》曰:'觐礼,(天子)不下堂而见诸侯。下堂而见诸侯,天子之失礼也,由夷王以下。'"以上二例,《仪礼集释》皆通过援引《礼记》之文,达到辅证此前注文仪制诠释的效果。

(二) 对《仪礼》郑注的申解

作为一部纂集体著作,李如圭《仪礼集释》"释曰"部分的解经学价值,不仅体现在解释《仪礼》经文方面,而且还体现在它对郑玄注文的申解与阐发方面。李如圭对郑玄注文的申解与阐发特色,可以从以下几个方面加以观照:

1. 从语词训释角度看释注特色

李如圭《仪礼集释》"释曰"部分中有一些释词篇幅,主要是针对郑玄注文来专门解释的,其目的不在于发覆《仪礼》经文之义,而在于帮助读者加深对郑注的理解。众所周知,郑玄注文的用语属于汉代的语言词汇系统,当社会发展到李如圭所处的南宋之际,某些事物或概念的表述已经发生了很大变化,郑注的一些表述已经成为过去式,难以被读者所理解。有鉴于此,李如圭著《仪礼集释》时,特别注意申解郑注行文中的相关语词之义。当然,也有一些其他方面的原因,造成后世学者需要对郑玄注语加以特别申解说明的地方,李如圭

显然亦对此方面情况特别关注。大致说来,可以从以下几个方面来观照李如圭在郑玄注语文词训释上体现出来的释注特色:

(1)李如圭强调从疏通郑注文意的角度,重视对注语中的某些生僻疑难语词加以训释,便于读者明晰注语要旨。例如,《士冠礼》:"筮人执筴,抽上韇,兼执之,进,受命于主人",郑注:"韇,藏筴之器,今时藏弓矢者谓之韇丸也。"《仪礼集释》卷一"释曰":"筴,蓍也。下韇以承筴上韇韬之。"又如,《聘礼》篇"宰夫内拂几三,奉两端以进",郑注:"内拂几,不欲尘坋尊者。"《仪礼集释》卷一二"释曰":"内拂几,拂之向己也。坋,被也。"以上二例,李如圭皆因郑注中的"筴""坋"等词在南宋之际已不易为人所理解,故专门解释其义。这样做,显然有助于读者准确理解郑注。

(2)对于郑注中的某些较为通俗但易于引起误解之语词,李如圭《仪礼集释》亦常加附训语申解说明之。例如,《聘礼》:"使者入,及众介随入,北面,东上。君揖使者进之,上介立于其左,接闻命",郑注:"进之者,有命宜相近也。"《仪礼集释》卷一一"释曰":"近,附近之近,后'犹近'、'近君'、'相近'同。"同篇:"摈者执上币,士执众币,有司二人举皮,从其币,出请受",郑注:"此请受,请于上介也。摈者先即西面位请之。释辞之时,众执币者随立门中而俟。"《仪礼集释》卷一二"释曰":"随立,一一相随而立。"又如,《士虞礼》:"祝入门左,北面",郑注:"不与执事同位,接神尊也。"《仪礼集释》卷二五"释曰":"执事,兄弟及宾也。"以上三例,李如圭所训释的语词大都极为常见,但在郑注的训语环境中却又易于引起读者误解,因而《仪礼集释》从申解郑注句意的角度加附训语申解说明之,诚可谓有功于郑氏学。

(3)李如圭善于考察礼经上下文行文特征,进一步推阐郑注语词训释之缘由。这其中,有的诠释例乃着眼于推阐郑注的语境义训释之所据,例如,《士相见礼》"始见于君,执挚至下,容弥蹙",郑注:"下,谓君所也。"《仪礼集释》卷三"释曰":"臣视君袷已下,故谓君所为下。"《仪礼集释》乃着意说明郑注云"下,谓君所也"的理据所在。而有的诠释例则着眼于推阐郑注的词汇义训释之所由,例如,《丧服》:"姑之子",郑注:"外兄弟也。"《仪礼集释》卷一九"释曰":"姑外适而生,故曰外兄弟。"同篇"舅之子",郑注:"内兄弟也",《集释》卷一九"释曰":"从于母而服,故对姑之子而名内兄弟。"以上二例,郑注乃着意解释不同于经文的亲属称谓现象,而李如圭释语乃进一步解说郑玄释语称谓词其所命名取义之缘由。

(4)李如圭善于对郑注中的某些特殊义训例加以辨析,从另一视角诠释,进一步推阐郑注语词训释之义。例如,《既夕礼》:"书遣于策",郑注:"策,简也。"《仪礼集释》卷二三"释曰":"策者,简之编连者也。"这一则释例,郑注云"策,简也",乃用近义词相释,但训语词与被训词二者之间实有规模数量上的不同之处,不能一概等同起来,因而《仪礼集释》乃着眼于解释两者之间的关系及异同,从而有助于读者进一步理解经义。

2.从仪制训释角度看申注特色

仪制训释是李如圭《仪礼集释》关注的焦点,其中既有对经文仪文节度的诠释,也有对郑注仪制训释内容的重新梳理。这种对郑注梳理的视角是多方面的,既可以是推阐郑注仪文节度训释之所由,也可以是发掘训语其中隐性的相关仪文节度详情;既可以是发明郑注仪节训释中隐性的礼义内涵,也可以是对郑注所释礼义进一步加以深化解说。凡此种种,皆有助于辨明李如圭《仪礼集释》对郑注申解之价值及特色。析言之,从仪制及其礼义训释角度审察《仪礼集释》的申注特色,主要体现在如下几个方面:

(1)善于考察礼经上下文行文措辞,进一步推阐郑注仪文节度训释之所由。例如,《士冠礼》:"乃宿宾。宾如主人服,出门左,西面,再拜,主人东面答拜",郑注:"主人朝服。"《仪礼集释》卷一"释曰":"筮日朝服,至此无改服之文,知皆朝服。朝服者,常时相见所服也。"按:经言"宾如主人服",而"宿宾"节又并未交代"主人服"为何服,郑注遂补充之言"主人朝服",然亦未交代说明其依据,故《仪礼集释》考经文上下文发现,"筮日朝服,至此无改服之文",这也就是郑玄注释语之所由也。又如,《觐礼》:"诸侯前朝,皆受舍于朝:同姓西面,北上;异姓东面,北上",郑注:"言诸侯者,明来朝者众矣。顾其入觐,不得并耳。受舍于朝,受次于文王庙门之外。《聘礼》曰:'宗人授次,次以帷,少退于君之次',则是次也。"《仪礼集释》卷一六"释曰":"诸侯受聘于桃,知天子受觐亦于桃。郑以文、武庙为二桃,故谓受舍于文王庙门外也。"这一则"释曰"例,主要针对郑注云"受舍于朝,受次于文王庙门之外"的仪制诠释,推阐其训释之理据所在也。

（2）善于通过辨析郑注行文语词，发明郑注所叙礼经仪文节度之详情。例如，《燕礼》："射人自阼阶下请立司正，公许，射人遂为司正"，郑注："君许其请，因命用为司正。君三举爵，乐备作矣。将留宾饮酒，更立司正以监之，察仪法也。射人俱相礼，其事同。"《仪礼集释》卷八"释曰"："三举爵者，为宾、为卿、为大夫举旅也。《晋语》曰：'献公饮大夫酒，令司正实爵与史苏，曰：饮而无肴。'"这一则训例，李如圭乃专就郑注"君三举爵，乐备作矣"一语，详叙"三举爵"之具体规制内容。又如，《士丧礼》："甸人掘坎于阶间，少西；为垼于西墙下，东乡"，郑注："西墙，中庭之西。"《仪礼集释》卷二〇"释曰"："中庭，庭南北之中也。"这一则训例，李如圭乃专就郑注"西墙，中庭之西"所涉为垼方位情况详加解说，发明郑玄释礼之大旨。

（3）善于考察礼经上下文，进一步明辨郑注仪制、礼义训释之所由。例如，《燕礼》："公坐取宾所媵觯，兴，惟公所赐"，郑注："至此又言兴者，明公崇礼不倦也。"《仪礼集释》卷八"释曰"："此为士举旅也，既燕坐而又言兴，明不倦矣。"这一则训例，《仪礼集释》根据上下文仪节秩序，发明郑注训语"明公崇礼不倦"中礼义阐发的行文依据。又如，《既夕礼》："荐车，直东荣，北辀"，郑注："车当东荣，东陈西上于中庭。"《仪礼集释》卷二三"释曰"："中庭，庭南北之中。下《记》荐乘车、道车、稿车，乘车为首；下经陈明器于乘车之西，则陈车西上。"这一则训例，不仅解释了郑注训语所谓"中庭"的方位位置情况，而且还根据本篇上下文及《记》文，进一步辨明了郑注训语"东陈西上于中庭"之所由证。

（4）善于考察礼经上下文，进一步推阐郑注所释仪制之隐含礼义内容。例如，《聘礼》篇："至于阶，让，宾升一等，大夫从。升堂，北面听命"，郑注："宾先升，使者尊。"《仪礼集释》卷一三"释曰"："尊聘君之命。"又如，《公食大夫礼》："公如宾服，迎宾于大门外"，郑注："不出大门，降于国君。"《仪礼集释》卷一五"释曰"："出门者，待其君之礼也。臣之意欲尊其君，迎宾于门内，所以顺其尊君之意也。"又如，《士丧礼》："宾出，主人拜送于门外"，郑注："庙门外也。"《仪礼集释》卷二一"释曰"："不送于外门外，降于君使。"以上三例，分别释言"降于国君""所以顺其尊君之意""降于君使"，对本经仪制及郑玄注文仪制训解中隐含的礼义内容挖掘得极为深刻。

（5）善于考察礼经上下文,推阐解释郑注训语概括性文辞,加深读者对经文仪文节度的了解。例如,《乡饮酒礼·记》:"献工与笙,取爵于上篚;既献,奠于下篚",郑注:"明其异器,敬也。如是,则献大夫亦然。上篚三爵",《仪礼集释》卷四"释曰":"三爵,献宾介众宾一,献工与笙二,献大夫三也。"推考这一则训例,郑注训语言"上篚三爵",乃承上文而言,所谓"上篚"是指堂上东房的篚,郑玄注语乃在于说明献宾、献大夫、献工各不同爵,唯此处注语中"三爵"的表述具体指向过于隐括,故李如圭为之加以推阐说明。

3. 从补释注文角度看申注特色

郑玄《仪礼注》虽然多可称道之处,然其仪节规制的训释亦不无局部瑕疵可议,后人亦多有关注,并为之加以发微补充说明。受整个治学风气的影响,李如圭《仪礼集释》"释曰"部分也有通过补释注文的方式,对郑注的解释加以弥补之例。这里所言之补释注文,或者着眼于补充解说郑玄注文训释较为模糊之处,或者着眼于补释其中训解不到位的地方,当然也有兼及其他方面的补释情况。虽为补释注文,其实亦属于申注的范畴。简括言之,其补释注文之特色主要有以下三点:

（1）对于郑注释义表述不够明晰之例,《仪礼集释》亦注意进一步发覆补充之。例如,《乡饮酒礼》:"乃合乐。《周南》:《关雎》《葛覃》《卷耳》;《召南》:《鹊巢》《采蘩》《采苹》",郑注:"合乐,谓歌乐与众声俱作。"《仪礼集释》卷四"释曰":"合乐,谓堂上歌瑟,堂下钟磬,合奏此诗也。《燕礼》曰:'歌乡乐:《周南》《召南》。'《关雎序》曰:'用之乡人,用之邦国。'用之乡人,此礼是也。用之邦国,《燕礼》是也。《乡饮酒义》曰:'工入,升歌三终……笙入三终……间歌三终,合乐三终',歌与笙每篇为一终,间歌每间为一终,合乐,《鹊巢》合《关雎》,《采蘩》合《葛覃》,《采苹》合《卷耳》,每合为一终。《肆夏》《遏》《渠》,《颂》之族类。"考之该例,郑注言"乐与众声俱",表意略显模糊,易于引起歧义,故《仪礼集释》通过援引文献材料为之详加解说,极为具体,仪制说解补充得十分明晰。又如,《聘礼》:"饪一牢,在西,鼎九,羞鼎三;腥一牢,在东,鼎七",郑注:"中庭之馈也。饪,熟也。熟在西,腥在东,象春秋也。鼎西九东七,凡其鼎实与其陈,如陈饔饩。羞鼎则陪鼎也。"《仪礼集释》卷一一"释曰":"鼎九者,牛、羊、豕、鱼、腊、肠胃、肤、鲜鱼、鲜腊也。鼎七者,无鲜鱼、鲜腊。"考之郑注语,所谓"鼎西九东七"并未表明具体的指称对象,故《仪礼集释》为之逐一说明。又如,《聘礼》篇"受币堂中西北面",郑注:"堂中西,中央之西。"《仪礼集释》卷一二"释曰":"堂中西,盖中堂与西楹之间。"较之郑注,该例中《仪礼集释》释义表述更加明晰具体化,有助于读者对仪节位次的准确把握。

(2)对于郑注未加明确训释而又易于引起误解者,李如圭《仪礼集释》亦注意加以补释之。例如,《聘礼》篇:"其礼如为介三",郑注:"如为介,如为大聘上介。"《仪礼集释》卷一二"释曰":"其礼,谓得主国之礼也。三介者,大夫降于卿二等,然则公之卿聘七介者,小聘使大夫五介;子男之卿聘三介者,小聘使大夫一介。"又如,《士丧礼》:"祝负墉,南面。主人中庭",郑注:"祝南面房中,东乡君。墙谓之墉。主人中庭,进益北。"《仪礼集释》卷二二"释曰":"中庭,庭南北之中。"以上二例,前者郑注语未提及经文中"其礼"所指称的对象为何,后者则经文并注语皆言及"中庭"一语,读者不易明了其所指称方位位次情况,有鉴于此,《仪礼集释》均为之一一加以补充说明。

(3)补充解说与经文、郑注所述密切相关的礼制情况。例如,《燕礼》:"受爵于筵前,反位。主人拜送爵。宾升席,坐祭酒,遂奠于荐东",郑注:"遂者,因坐而奠之,不北面也。奠之者,酬不举也。"《仪礼集释》卷七"释曰":"于酳膳时宾即拜,且手受而祭之,急承主人之酳,重君物也。此皆异于《乡饮酒》酬礼。"此例郑注语专就本经行文为训,而《仪礼集释》则将本经仪制与《乡饮酒礼》酬礼的具体规制相对比,发覆其间仪节及其礼义异同之所在,甚富价值。又如,《公食大夫礼》:"雍人以俎入,陈于鼎南。旅人南面加匕于鼎,退",郑注:"旅人,雍人之属。旅食者也。雍人言入,旅人言退,文互相备也。出入之由,亦如举鼎者。匕俎每器一人,诸侯官多也。"《仪礼集释》卷一五"释曰":"大夫馈食礼,匕俎皆合执以从。"按照郑玄《目录》的说法,《公食大夫礼》乃"主国君以礼食小聘大夫之礼",也就是记述主国国君以礼食招待来小聘的大夫的礼仪,而李如圭则在郑注语所述仪制说解外,补释"大夫馈食礼"与此礼仪"匕俎分执"的差异情况。凡此之类,皆有助于从总体上对《仪礼》本经仪节规制及其礼义的深层次体认。

4.从文献引证角度看申注特色

从文献引证功用的角度来看,李如圭《仪礼集释》的引证申注与引证解经一样,同样具有自身的独到之处,其所起到的申注功用是多方面的,形成了自身的鲜明特色。简略言之,援引各类文献材料的诠释功用,主要体现在如下几个方面:

(1)注意通过援引相关文献典籍语料,进而发覆郑玄注文有关语词训释的依据和来源。例如,《士丧礼》:"稻米一豆实于筐",郑注:"豆四升",《仪礼集释》卷二〇"释曰":"《春秋传》曰:四升为豆。"又如,《既夕礼》:"若賻",郑注:"賻之言补也,助也,货财曰賻。"《仪礼集释》卷二三"释曰":"《公羊传》曰:车马曰赗,货财曰賻,衣被曰襚。"以上二例,《仪礼集释》均通过援引"春秋三传"之文的有关注释性话语,印证郑玄注语语词释义的准确性。特别有意思的是,李如圭基本上不援引汉代以后学者的注释语,可能是出于确保文献引证的可信度而采取的一种做法。

(2)往往通过直接援引相关文献典籍语料,证明郑玄注语仪制训释的正确性。例如,《乡饮酒礼》:"工入升自西阶,北面坐,相者东面坐,遂授瑟,乃降",郑注:"降立于西方,近其事。"《仪礼集释》卷四"释曰":"《乡射礼》:'乐正适西方,命弟子赞工,迁乐',知相者降立西方。"按:这则训例中,郑注以"降立于西方"数语对释经文"降"字,而《仪礼集释》则援引《乡射礼》文为说,推阐郑注训释理据,引文即郑氏理据所在。有些情况下,李如圭亦不添加任何诠释性话语,而是直接援引具体文献典籍语料,佐证郑玄注语训释之所依从,例如,《聘礼》:"辞无常,孙而说",郑注:"孙,顺也。大夫使受命不受辞,辞必顺且说。"《仪礼集释》卷一四"释曰":"《春秋公羊传》曰:'聘礼,大夫受命不受辞。'"又如,《士丧礼》:"升自前东荣,中屋,北面招以衣,曰:皋某复。"郑注:"北面招,求诸幽之义也。"《仪礼集释》卷二〇"释曰":"《檀弓》曰:'复,尽爱之道也。有祷祠之心焉。望反诸幽,求诸鬼神之道也。北面,求诸幽之义也。'"又如,《既夕礼》:"无祭器,有燕乐器可也",郑注:"士礼略也。大夫以上兼用鬼器、人器也。"《仪礼集释》卷二三"释曰":"《檀弓》曰:'明器,鬼器也。祭器,人器也。'士无祭器,故明器实之。兼用之,则虚明器而实祭器。'宋襄公葬其夫人,醯醢百甕。曾子曰:既曰明器,而又实之。'讥其与祭器皆实之。"以上三例,李如圭援引文献,或佐证郑注礼制的说解,或印证郑注礼义之阐发,申注之功亦极为显著。相比较而言,这是最为普遍的一种援引文献材料申注的情况。

(3)少数情况下,通过直接援引相关文献典籍语料,实现对郑注语相关语词进行解释的功效,而不加附任何注释性话语。例如,《士虞礼》:"苴刊茅长五寸,束之,实于筐,馈于西坫上",郑注:"苴,犹藉也。"《仪礼集释》卷二五"释曰":"刊,切也。《易》曰:'藉用白茅。'"这一则训例中,李如圭援引《周易·大过》的行文解释郑注训语中的"藉"字意义,这对于准确理解郑注训语"苴,犹藉也"的含义,具有重要的辅助之功。

(4)在申解阐述郑注有关语句礼仪内容的同时,也常常援引相关文献典籍语料加以佐证。例如,《燕礼》:"射人自阼阶下请立司正,公许。射人遂为司正",郑注:"君许其请,因命用为司正。君三举爵,乐备作矣。将留宾饮酒,更立司正以监之,察仪法也。射人俱相礼,其事同。"《仪礼集释》卷八"释曰":"三举爵者,为宾、为卿、为大夫举旅也。《晋语》曰:'献公饮大夫酒,令司正实爵与史苏,曰:饮而无肴。'"按:李如圭云"三举爵者,为宾、为卿、为大夫举旅也"者,乃在于申解郑注语文辞语句,同时又援引《国语·晋语》文句加以佐证自身对郑注的解释。

5.从校勘释音角度看释注特色

就校勘角度来看,在李如圭之前,有朱熹撰《仪礼经传通解》,对通行本《仪礼》经和《注》《疏》文做了一次详细的校订,正因如此,李如圭《仪礼集释》校勘方面并不如朱熹成就那么突出,价值那么重大,特别是在对郑注本身行文的校勘方面,李如圭几乎没有什么贡献。《仪礼集释》校勘方面的价值,在于它和自身的释注特色贯通在一起,即将校勘的视角集中在了对郑注行文校勘结论的抉择方面。他的主要关注点有二:

(1)对于郑玄有关《仪礼》今古文择取的剖析。例如,《士冠礼》:"布席于门中、闑西、阈外,西面",郑注:"闑,门橛。古文闑为槷,阈为蹙。"《仪礼集释》卷一"释曰":"闑,门中央所竖短木也。闑西而曰门中者,举大分言之。闑与槷音义同,《穀梁传》曰:'置旃以为辕门葛覆质以为槷。'古文,即出于孔氏壁中字以篆书者。"又如,同篇"冠之日,主人紒而迎宾,拜、揖、让,立于序端,皆如冠主,礼于阼",郑注:"今文礼作醴。"《仪礼集释》卷一"释曰":"礼,当从今文作醴。醴重而醮轻,孤子礼盛醴而不醮也,且士之醴子无作礼字者。"以上二例,前者《仪礼集释》乃申解今古文字异而音义实相通也,后者李如圭则申解说明郑玄抉择之不允当,主张改从今文用字为宜。

(2)对于今古文校勘之外的其他校勘语的评判抉择。例如,《士冠礼》:"请醴宾,宾礼辞,许,宾就次",郑注:"此醴当作礼。礼宾者,谢其自勤劳也。"《仪礼集释》卷一"释曰":"士之醴子、醴宾、醴妇,经皆作醴,不必改为礼,大夫以上乃曰傧曰礼耳。"这则例中,经文用字尽管没有今古文之别,但李如圭认为郑玄注改"醴"作"礼"的做法仍有不当之处,故予以行文校改说明之。

就释音角度来看,在整个《仪礼》学研究史上,李如圭《仪礼集释》不仅给《仪礼》经文的语词标音,而且第一次将郑玄训释语中的语词纳入标音的范畴,扩大了注释标音的对象范围。《仪礼集释》关于郑注行文语词的释音,有其自身的独到之处和释注特色,详细言之,可以从其标音功用和标音方式两个方面加以考察:

其一,就其标音功用而言,考察《仪礼集释》对郑注本身行文的语词释音情况,大致可以归结为这样两种情况:一是单纯的语词表音,例如,《士昏礼》:"若舅姑既没,则妇入三月乃奠菜",郑注:"奠菜者,以筐祭菜也,盖用堇。"释曰:"堇,盖亦取谨敬之义。《内则》有堇、萱。音谨。"这一则释语,首先对郑注"盖用堇"的礼义内涵进行了一番申解,然后又针对注语"堇"字专门标示了释音,与"堇"字释义无关。二是通过语词表音的方式,表明注语中多音词的表意情况,例如,《聘礼》:"公曰:'然。而不善乎?'"郑注:"善其能使于四方。"《仪礼集释》卷一三"释曰":"使,所吏反。"又如,《公食大夫礼》:"公辞",郑注:"止其拜,使之卒食",《仪礼集释》卷一五"释曰":"食,如字,下至《注》卒食同。"凡此之类注音例,《仪礼集释》目的不在于单纯的注音,他更强调通过注音这种形式,表明自己对于这个多音多义词的语境义的选择理解和情况。以上两种注音功用,《仪礼集释》明显以后者为主,占其所有释音例的绝大多数。

其二,就其标音方式而言,考察《仪礼集释》对郑注本身行文的语词释音例,主要有两点值得注意:一是李如圭所采取的标音方式有直音、反切、如字三大类,其中直音类注音例较少,例如,《聘礼》:"宾遂左",郑注:"见私事也,虽敌宾犹谦,入门右,为若降等然。《曲礼》曰:'客若降等,则就主人之阶。主人固辞于客,然后客复就西阶。'"《仪礼集释》卷一三"释曰":"复,音服。"即其例是也。二是除了大多数标音例属于一词一音(如上举诸例)外,《仪礼集释》亦有少数情况下也会标注一词二音的例子,例如,《士昏礼》:"主人以宾升,西面,宾升西阶,当阿,东面致命,主人阼阶上北面再拜",郑注:"今文阿为庪",《仪礼集释》卷二"释曰":"庪,居委、居绮二反。"又如,《士丧礼》:"明衣裳用布",郑注:"所以亲身为圭洁也。"《仪礼集释》卷二〇"释曰":"亲,如字,或清刃反。"这样的标音例,一般所标示的语音系统属于宋代时候的语音情况,并不能代表郑玄遍注群经那个特定时期的语音现象,因而这种注音方式并不为后世学者所推崇。从申解郑注的角度来讲,意义亦不大。

五、魏了翁与《仪礼要义》

　　魏了翁(1178—1237 年),字华父,号鹤山,学者称"鹤山先生",邛州蒲江(今属四川)人。庆元五年(1199 年)进士,授签书剑南西川节度判官。历任国子正、武学博士、试学士院,以阻开边之议忤韩侂胄,改秘书省正字,出知嘉定府。史弥远当国,力辞召命,起知汉州、眉州。嘉定四年(1211 年),擢潼川路提点刑狱,历知遂宁、泸州、潼川府。嘉定十五年(1222 年),召为兵部郎中,累迁秘书监、起居舍人。宝庆元年(1225 年),遭诬陷后被黜至靖州居住。绍定五年(1232 年),起为潼川路安抚使、知泸州。端平元年(1234 年),召权礼部尚书兼直学士院,以端明殿学士、同签书枢密院事之职督视江淮京湖军马。嘉熙元年(1237 年)卒,年六十,赠太师、秦国公,谥文靖。

　　作为一名经学家,魏了翁对儒家经典多有研究,著有《九经要义》,《仪礼要义》即为其一,颇受后世学者关注。宋理宗宝庆元年(1225 年),魏了翁遭朱端常弹劾,诏降三官,靖州居住。该书便完成于谪居靖州期间,"山中静坐,教子读书,取诸经、三礼自义疏以来重加辑比,在我者益觉有味,不知世间何乐可以如此"①。所谓九经是除《公羊传》《穀梁传》《尔雅》和《孝经》之外的九部

---

① （宋）魏了翁:《鹤山集》卷三四《答范殿撰》,载文渊阁《四库全书》第 1172 册,上海古籍出版社 1987 年影印版,第 401 页。

经典。所谓"要义"乃魏了翁删节《九经正义》或注疏,取其可阐发义理者,而绝不轻改一字。《仪礼要义》共五十卷,在诸经要义中,卷数仅次于《春秋左传要义》,由此可见魏了翁对《仪礼要义》一书的重视。

魏了翁整理三礼的目的,根本上是为了剔除其中后人的附会之处,以恢复圣人本义。在三礼当中,他认为《仪礼》为本,《礼记》居中,《周礼》为末,他的《仪礼要义》取郑玄注、贾公彦疏之精华,分列纲目,条理井然。

关于《仪礼要义》一书的内容和体例,《四库全书总目》云:"于每篇各为条目,而节取《注》《疏》,录于下方,与《周易要义》略同。盖其著书本例如是也。"又说:"了翁取而删剟之,分胪纲目,条理秩然,使品节度数之辨,展卷即知,不复以辞义缪辅为病。其梳爬剔抉,于学者最为有功。虽所采不及他家,而《仪礼》之训诂备于郑、贾之所说,郑、贾之精华备于此书之所取。后来诠解虽多,大抵以《注》《疏》为蓝本,则此书亦可云提其要矣。"①

《九经要义》的一个重要特点是该书称得上是一部考据、义理兼备的经学著作,《仪礼要义》也是如此。但其编撰目的并非要继往开来,流传后世,胡玉缙先生曾说:"《要义》为谪居靖州时所作,盖读经自课摘要,以便检阅,并无删订之心,故每篇各为条目,经文、注文皆阙不完,又不甚依经次第。"②可见,魏了翁的《仪礼》诠释,继承了汉代学者群籍诠释兼顾字词训诂和义理发微的双重特性。

第四节　宋代《礼记》学

一、宋代《礼记》学概述

宋代是中国学术思想发展的高峰时期,宋学以其与汉学迥异的治学方法和理念,对中国中古以后的学术思想产生了深远影响。中唐以前,经学是以撰定《五经正义》为中心内容的,《五经正义》结束了经学多门、章句繁杂的局面。

---

① （清）永瑢等:《四库全书总目》卷二〇《经部·礼类二》,中华书局1965年影印版,第160页。
② 中国科学院图书馆整理:《续修四库全书总目提要》,中华书局1993年版,第546页。

《五经正义》的特点是注不破经、疏不驳注，专宗一家，不取异义。经本和经说一旦钦定，人们就只能照搬照抄，不敢越雷池一步，其结果必然窒息了经学的生机。中唐以后，注疏之学的弊端已经被一些学者所觉察。到了宋代，经学的变古风气越来越盛，王应麟云："自汉儒至于庆历间，谈经者守训故而不凿，《七经小传》出而稍尚新奇矣，至《三经义》行，视汉儒之学若土埂。"①皮锡瑞称宋代是经学的"变古时代"，此时期经学领域最大的变化是汉唐笺注之学的没落。北宋初中期的怀疑之风也深深地影响到《礼记》学的发展。宋代《礼记》学批判并继承了汉唐时期的笺注之学，同时又启元明清重视义理的《礼记》研究风格，其学术价值自不待言。

与汉唐时期的《礼记》学相比，宋代《礼记》学的特点有三：

首先，宋儒重视以义理解《礼记》。宋代经学研究的最大特点是以义理解经。宋儒以义理解《礼记》主要体现在两个层面：一是礼义的层面，即寻求礼之仪节制度背后的意义。礼义层面的，如有刘敞的《七经小传》之《礼记》部分、方悫的《礼记解》、陆佃的《礼记解》、叶梦得的《礼记解》等。二是哲学的层面，即以《礼记》为文本依托，阐发哲学思想。哲学层面的，如有朱熹的《大学章句》和《中庸章句》、吕大临的《中庸解》以及袁甫的《蒙斋中庸讲义》等。

其次，宋儒治《礼记》时多疑经文和旧注。刘敞《七经小传》中的《礼记》部分、李觏的《读儒行》、王安石的《礼记发明》、陆佃的《礼记解》、方悫的《礼记解》等，不仅怀疑经文，还怀疑郑注和孔颖达正义。

最后，宋儒治《礼记》时还对经书文本进行改动。汉唐诸儒治《礼记》均尊重《礼记》文本原貌，而鲜有改之者。宋儒则反此道而行之。北宋时期，先有程子改动《大学》《中庸》在前，南宋又有朱熹等人改动《大学》《中庸》在后。此外，南宋卫湜撰《礼记集说》，分各家之说于《礼记》经文之下，以众家之说代替郑、孔之见。南宋宗朱学者黄震《黄氏日抄·读礼记》和魏了翁《礼记要义》也与《礼记》文本多有分合。

两宋学人撰写了大量的《礼记》学论著。清朱彝尊《经义考》著录的宋代

---

① （宋）王应麟：《困学纪闻》卷八《经说》，载《四部丛刊三编》第 3 册，商务印书馆 1935 年版，第 21—22 页。

《礼记》学著述有 270 余部,其中单篇之属约有 200 篇。单篇文献中,《中庸》文献约有 70 篇,《大学》文献约有 40 篇,《大学》和《中庸》合论文献约有 30 篇。王锷《三礼研究论著提要》著录宋代《礼记》学文献为 124 部,其中不包括宋代《大学》和《中庸》文献。《三礼研究论著提要》在《经义考》的基础上有如下增补:陈襄《礼记讲义》、周行己《礼记讲义》、沈焕《礼记订义》、朱熹《礼记章句》和《大小戴礼论》、徐自明《礼记说》、亡名氏《礼记举要图》。

笔者从专著、专论和序跋入手对宋代的《礼记》学文献进行了统计。宋代《礼记》学专著是指:(1)宏观研究《礼记》的著述,包括注、解、论、说、讲义、传等;(2)独立成篇,单独刊行,或学界习惯上单言其名,或比较著名的目录书予以著录者。以此为著录标准,宋代《礼记》学专著约 110 种,分别为 93 位学者所作。其中流传至今的有 14 种,亡佚和存佚不明的有 96 种。宋代《礼记》学专论文献是指:未单独刊行,寓于学者各自的文集之中而又单独成篇,从微观上研治《礼记》的有关文献,不包括寓于四书学中的有关《大学》和《中庸》文献。以此为辑录标准,宋代专论类《礼记》学文献 81 种,涉及学者 26 位。序跋类,包括“序”和“跋”,也包括“后记”。奏议包括“奏”“进”“表”“札子”等。这些文献对于研究宋代《礼记》学文献的撰写雕版等情况有着重要的参考价值。宋代《礼记》学文献序跋类、奏议类文献共 27 种,涉及学者 20 位。

因学人对宋代《礼记》学进行研究时更多的是涉及专著和专论类,所以有必要对宋代专著专论类《礼记》学文献作进一步的分析。宋代专著类《礼记》学文献的内容与形式多样。内容上有考察名物的,有研究礼制的,有研究文字、音韵、训诂的,有阐发义理的;形式上有传、注、疏、图等。考虑到宋代《礼记》学文献内容与形式的实际情况,笔者将宋代专著专论《礼记》学文献分为论说类、训诂义理并重类两大类型,此划分均是以文献诠释方式为着眼点。

宋代“论说类”《礼记》学文献又可分为两个小的组成部分:一是经学家或理学家在其专门的《礼记》学文献中借《礼记》阐发自己的思想,而非对《礼记》文本中的文字、名物礼制加以考证。如张载在其《礼记说》中通过对《礼记》的训释而阐发自己的哲学思想,不但涉及中庸、礼乐等多方面内容,而且还涉及太虚即气、格物、天理人欲、民吾同胞等切要至论。又如王安石在其《礼记发明》中表达自己的政治意愿。二是一些学者的文集或笔记中有关于

《礼记》不成体系的论述，或以《礼记》中的经文作为阐发自己思想的依托，或对《礼记》各篇的作者、成书情况进行说明。如李觏《盱江集》于《礼记》中的《曲礼》《王制》《月令》《文王世子》《礼运》《礼器》《内则》《玉藻》《学记》《乐记》《祭法》《经解》《哀公问》《中庸》《儒行》《乡饮酒义》《丧服四制》等篇的内容皆有援引，以此建立自己的礼学体系。又如《朱子语类》中既有关于《礼记》单篇的论说，也有关于《礼记》与《仪礼》关系之认识。

所谓宋代"考据义理并重类"《礼记》学文献，是相对于"论说类"《礼记》学文献来界定的。"论说类"《礼记》学文献重视义理的阐发，而"考据义理并重类"《礼记》学文献不但重视义理，也重视考据。"考据义理并重类"《礼记》学文献又可以分为两小类：一是一些宋儒在解《礼记》时考据义理并重。如朱熹倡导义理决不能脱离语言文字而独立存在，他说："吾道之所寄不越乎言语文字之间。"①朱熹在《礼记》学方面的著作，如《大学章句》《中庸章句》是理学史上的重要著作，其重视义理，亦不废考据。自朱熹倡导重视义理不废考据的治经方法后，吕祖谦等人亦皆是在阐发《礼记》义理的同时，重视对其名物礼制进行考证。二是一些集解形式的《礼记》学文献于汉唐诸儒之说和宋儒解义均有援引。如卫湜的《礼记集说》大量征引汉唐和宋代的《礼记》解义，汉宋兼采是此书的最大特点。又如黄震的《黄氏日抄·读礼记》援引不少文字音义方面的材料，同时还引用不少考证礼制的内容，由此可见黄震对考据学的重视。黄震还十分重视朱熹解义，又反映出他对义理学的看重。因此，《黄氏日抄·读礼记》是一部考据与义理兼重的《礼记》学著述。

宋代《礼记》学文献主要分布情况如下：

一是经部的宋代《礼记》学文献。唐代以后重要的《礼记》学文献大多通过丛书的形式流传下来。《四库全书》"经部礼类"收录的宋代《礼记》学文献有卫湜的《礼记集说》，单篇类有张虙的《月令解》、袁甫的《蒙斋中庸讲义》、金履祥的《大学疏义》等。此外，《四库全书》经部所收的一些经学论著中也有关于《礼记》的文献，如刘敞《七经小传》中有关于《礼记》的解义三十一则，郑樵《六经奥旨》卷六也是对《礼记》的训释内容，毛居正《六经正误》卷六也是

---

① （宋）朱熹：《中庸章句序》，载《四书章句集注》，中华书局1983年版，第15页。

专门训释《礼记》的。《续修四库全书》"经部礼类"收录了魏了翁的《礼记要义》。一些经学文献丛书也保留一些宋代的《礼记》学文献,如清代《通志堂经解》采辑宋、元、明以来儒者说经之书140种,其中包括宋代《礼记》学文献数种,分别是卫湜的《礼记集说》、赵顺孙的《大学纂疏》《中庸纂疏》、真德秀的《大学集编》和《中庸集编》等。

二是史部的宋代《礼记》学文献。在中国传统图书分类中,目录类属于史部。宋代晁公武的《郡斋读书志》卷一著录了吕大临《芸阁礼记解》,并有关于《芸阁礼记解》的提要;陈振孙的《直斋书录解题》著录了吕大临的《芸阁礼记解》、方悫的《礼记解》、马希孟的《礼记解》等,并有关于这些文献的解题。这些关于宋代《礼记》学著述的解题也属于宋代《礼记》学文献的范畴。此外,在一些类书中也保留了不少《礼记》学文献,应当予以重视。

三是子部的宋代《礼记》学文献。《礼记》学文献也有不少分布在子部。如《四库全书》"子部儒家类"收录朱熹所编《二程遗书》和黎靖德所编《朱子语类》,这两部书包括二程和朱熹对《礼记》一书的看法,以及对《礼记》的部分诠释内容。《二程遗书》卷一九记载了程颐怀疑《儒行》和《经解》的内容。《朱子语类》卷八七有朱子专论《礼记》的内容,并对各篇有诠释。《四库全书》"子部儒家类"收录的宋代《礼记》学文献还有吕祖谦的《少仪外传》和王晫的《曾子》。

四是集部的宋代《礼记》学文献。《礼记》学文献也有分布于集部的。四川大学古籍所编的《全宋文》就收有不少《礼记》学文献。书启方面如有陈傅良《答丁子齐书》专论《曾子问》,朱熹《答赵恭父》中论《祭义》《内则》等;颂赞方面如有晁迥《大顺颂》论《礼运》等;论说方面如有范浚《月令论》、周行之《经解》、杨简《孔子闲居解》、朱熹《乐记动静说》、李覯《读儒行》;序跋方面如有周行之《礼记讲义序》、周谞《礼记解自序》、魏了翁《卫正叔礼记集说序》等;奏议方面如有张虑《进月令解表》、文彦博《奏赐儒行中庸篇并七条事》等。

五是单刻本流传的《礼记》学文献。除了丛书收录宋代《礼记》学文献以外,还有不少宋代《礼记》学文献有单刻本或后人的翻刻本流传至今。这些刻本多保存在全国各地的图书馆里。如魏了翁的《礼记要义》,除了被《续修四库全书》《四部丛刊续编》《宛委别藏》《五经要义》等丛书收录以外,还有多个单刻本,如有宋淳祐十二年(1252年)魏克愚刻本(《北京图书馆古籍善本书目》)、清光绪丙戌江苏书局景刊宋抄本(《江苏省立国学图书馆图书总目》)、清江苏书局校刊本(《江苏省立国学图书馆图书总目》)等。又如卫湜的《礼记集说》,除了被《通志堂经解》《四库全书》和《摛藻堂四库全书荟要》收录外,也有单刻本流传,如有明抄本(《中国古籍善本书目》)、影宋抄本(《江苏省立国学图书馆图书总目》)、广东书局刊本(《江苏省立国学图书馆图书总目》)、高丽刻本(《书目答问二种》)等。

宋代的《礼记》研究在《礼记》学史上和理学史上具有特殊的地位。汉唐时期学者们重视笺注之学,中唐以后学风开始转变,注不驳经、疏不破注的经学研究路数开始被疑经疑传的风气所取代。在学风的转变中,《礼记》文本及其注疏常常被宋儒怀疑论断,如欧阳修对《礼记》中的《坊记》《中庸》等篇目提出了异议,刘敞也怀疑《礼记》经文和郑注,并以己意改易《礼记》经文。理学兴起以后,宋儒在《大学》和《中庸》中阐发自己的理学思想,研究《大学》和《中庸》的论著增多,这些论著成为四书学的组成部分。宋儒研究《大学》和《中庸》的论著是宋代《礼记》学的亮点。至于宋儒如何运用《大学》和《中庸》来阐发思想和建立学说体系,当值得深入的探讨。宋儒治《礼记》也并非一味讲求义理而不顾考据,朱熹的《礼记》学就体现了考据与义理相结合的学风。朱熹之后,学者们于《礼记》的训释风格上已经与北宋有所不同,如南宋中后期的魏了翁、黄震、卫湜等人在训释《礼记》时,均是考据与义理并重。纵观元、明、清时期的《礼记》学,可以看到元代《礼记》学效法宋代,元代的《礼记》学受宋代的影响主要体现在两个方面:一是宗朱学,二是改易《礼记》。明代经学效法元代,其《礼记》学著述数量不少,但还是停留于宋代《礼记》研究的路数上,而少有突破。清儒治《礼记》受到宋代《礼记》学的影响颇深,如杭世骏《续卫氏礼记集说》100卷,体例完全是仿照宋代卫湜的《礼记集说》,此外,惠栋的《九经古义》、王引之的《经义述闻》等经学著作中关于《礼记》的考释也多受宋儒的启发。

二、北宋的《礼记》学

宋儒比较重视《礼记》学的研究。北宋时期在《礼记》学方面作出较大贡献的学者有刘敞、张载、吕大临、王安石等人。下面就对他们的《礼记》学成加以考述,以见北宋《礼记》学之成就及特色。

(一) 刘敞的《礼记》学

刘敞(1019—1068 年),字原父,号公是,北宋临江军新喻(今江西新余)人。庆历六年(1046 年)进士,授大理评事,通判蔡州。皇祐三年(1051 年)召试学士院,擢太子中允,直集贤院,翌年改判史部南曹。至和元年(1054 年)迁右正言,知制诰。二年(1055 年)八月奉使契丹,使还,出知扬州,徙知郓州,兼京东西路安抚史。旋召还纠察在京刑狱。嘉祐五年(1060 年)因言事与台谏异,自请出知永兴军。八年(1063 年)还朝判三班院。后知汝州。治平三年(1066 年)改集贤院学士、判南京(今河南商丘)御史台。熙宁元年(1068 年)卒,年五十。刘敞学问渊博,为文敏赡。著有《公是集》及《春秋权衡》《春秋传》《春秋意林》《春秋传说例》《七经小传》《公是先生弟子记》等。《宋史》卷三一九有传。

刘敞的《七经小传》以笔记的形式为《尚书》《毛诗》《周礼》《仪礼》《礼记》《公羊传》和《论语》七种经书作新传。其中为《礼记》作新传三十一则,包括《曲礼上》二则、《曲礼下》二则、《檀弓上》二则、《檀弓下》三则、《王制》三则、《文王世子》二则、《郊特牲》一则、《玉藻》一则、《丧服小记》一则、《学记》一则、《乐记》三则、《杂记上》三则、《杂记下》一则、《丧大祭》一则、《祭义》一则、《中庸》一则、《表记》二则、《射义》一则。在这些《礼记》新传中,刘敞既疑《礼记》经文,又疑郑注。

此外,刘敞还有数篇关于《礼记》的论文保存于《公是集》。《公是集》卷四六中的《疑礼》,是刘敞对《礼记》作者和成书的认识。《疑礼》又见于《江右文钞》卷一。刘敞撰《投壶义》,对《礼记》《大戴礼记》所记载投壶礼的礼义加以阐发。《投壶义》见《公是集》卷三七,又见《永乐大典》卷二二五七、《江右文钞》卷一。刘敞还撰《与为人后议》,见《公是集》卷四一,又见《江右文钞》卷一。

1. 疑改《礼记》经文和郑注

刘敞疑《礼记》经文和郑注,并好以己意改经。今以刘敞的著述为主,结合清儒的意见,对刘敞疑改《礼记》经注的内容加以分析和讨论。①

（1）疑《礼记》经文

汉唐时期,《礼记》由"记"逐渐升格为"经",特别是唐代以《礼记正义》作为科考的标准后,《礼记》的权威性得到更多人的认可。然而刘敞却大胆怀疑《礼记》经文。

如《檀弓下》:"人喜则斯陶,陶斯咏,咏斯犹,犹斯舞,舞斯愠,愠斯戚,戚斯叹,叹斯辟,辟斯踊矣。"刘敞云:"按:人舞宜乐,不宜更愠,又不当渐至辟踊,此中间有遗文矣。盖本曰:'人喜则斯陶,陶斯咏,咏斯犹,犹斯舞,舞斯蹈矣;人悲则斯愠,愠斯戚,戚斯叹,叹斯辟,辟斯踊矣。'自喜而下,五变而至蹈;自悲而下,亦五变而至踊。所谓孺子慕者也。"②刘敞认为,"舞斯愠",在"舞斯"与"愠"之间,脱"蹈矣人悲则斯"六字。

清人对刘敞此论多有辨释,大致可以分为两派:

一派认为刘敞此处增字解经合理,持此论的有万斯大、江永。

万斯大云:"据本文是哀乐相生之序,但此章是论丧礼之踊。上文云'辟踊,哀之至也',哀亲之死,岂因乐极而生乎?诸家纷纷其说,未悟斯旨。孔《疏》云郑康成诸本,亦有无'舞斯愠'一句者,而刘氏欲于'犹斯舞'之下增'矣'字,而删'舞斯愠'三字,即孔《疏》意,此为可从。盖上文固言愠、哀之变也,此言辟踊始于愠,方与哀死意合。"③万斯大认为《檀弓下》此段文字前有"辟踊哀之至也"一语,刘敞增字,使辟踊始于愠之义得以呈现。

江永曰:"'舞斯愠',按:此句疑有误字。或是'舞斯蹈'对下文'辟斯踊',或是'忧斯愠'对上文'喜斯陶'。"④按江永之意,此段经文应为"人喜则斯陶,陶斯咏,咏斯犹,犹斯舞,舞斯蹈;忧斯愠,愠斯戚,戚斯叹,叹斯辟,辟斯

①　刘敞以郑玄《礼记注》为考察对象,并多有疑义,这必然引起清代以许郑之学自居的汉学家们的注意。万斯大、惠栋、江永、翁方纲、孙希旦等人常以刘敞的结论为起点,进而展开论述。

②　（宋）刘敞:《七经小传》卷中,载文渊阁《四库全书》第183册,上海古籍出版社1987年影印版,第26页。

③　（清）万斯大:《礼记偶笺》卷一,载《丛书集成初编》第1020册,中华书局1985年版,第17页。

④　（清）江永:《礼记训义择言》卷一,载文渊阁《四库全书》第128册,上海古籍出版社1987年影印版,第324页。

踊矣。"江永增字解经,与刘敞之说如出一辙,显然是受到了刘敞的启发。

另一派认为"舞斯愠"三字为衍文,刘敞增字解经不当。持此论的是惠栋和孙希旦。

如孙希旦云:"独'舞斯愠'一句在其中间,言哀乐循环相生之意,详文义,似不当著此。孔《疏》谓郑他本或无此句,或本系衍文,如陆氏之说与?"①陆德明有"本或于此句上有'舞斯愠'一句并注皆衍文"之说,孙希旦据之,认为"舞斯愠"三字系衍文。

惠栋的观点较孙希旦明确。惠栋曰:"栋谓刘氏之说是也,而以为中间有遗文者,非盖衍文也。案古本《礼记》无'舞斯愠'及注'愠犹怒也'七字,故陆氏《释文》云'此喜怒哀乐相对,本或于此句上有舞斯愠一句,并注皆衍文'。'喜则陶'以下叙乐之节也。'愠斯戚'以下叙哀之节也,文自相配,不须增入'人悲则斯愠'五字。古文文简而意备,非若后世之繁重也。《释文》具在,何不以取正之,而为是臆说耶?"②惠栋认为,虽然刘敞发现了《檀弓下》此处经义不通,但是其增字解经则是多余之举。惠栋认为,陆德明《释文》早已言"舞斯愠"及其注释为衍文,去"舞斯愠"三字及其注释,文义自通。

郭店楚简的出土,为解决学术公案提供了新证据。郭店楚简《性自命出》曰:"喜斯陶,陶斯奋,奋斯咏,咏斯犹,犹斯舞。舞,喜之终也。愠斯忧,忧斯戚,戚斯叹,叹斯辟,辟斯踊。踊,愠之终也。"简文由"喜"到"陶",由"陶"到"奋",由"奋"到"咏",由"咏"到"犹",由"犹"到"舞",然后以"舞,喜之终也"作为小结;再由"愠"到"忧",由"忧"到"戚",由"戚"到"叹",由"叹"到"辟",由"辟"到"踊",最后以"踊,愠之终也"作为结束语。而《檀弓下》由"舞"到"愠",缺乏逻辑,且与情不符。据简文,笔者认为《经典释文》是正确的,《檀弓下》原文不当有"舞斯愠"三字。③

---

① (清)孙希旦著,沈啸寰等点校:《礼记集解》卷一〇,中华书局1989年版,第272页。
② (清)江永:《礼记训义择言》卷三,载文渊阁《四库全书》第128册,上海古籍出版社1987年影印版,第324页。
③ 彭林指出,《檀弓下》此段文字语意散乱,"舞斯愠"尤不可解。郭店楚简《性自命出》的相关记载与《檀弓下》所记略有不同,语意甚明,应以楚简为是。(参见彭林:《经田遗秉偶拾》,载《学林漫录》第14辑,中华书局1999年版,第267—270页。)

（2）疑郑注

自汉末以来，郑玄《礼记注》为学林所尊，少有异议。而刘敞则以理性的眼光审视之，并为《礼记》作新传。刘敞所作新传之"新"主要是与郑注为异。

如《檀弓上》："圣人之葬人与？人之葬圣人也，子何观焉？"郑注："与，及也。"①《檀弓上》此之"与"字，郑玄视为连词。王肃云："'圣人葬人与'，属上句以言。若圣人葬人与，则人庶有异闻，得来观者；若人之葬圣人，与凡人何异，而子何观之？"②王肃此解以"与"为语助辞，与郑玄为异。孔疏已知王注合理，然囿于"疏不破注"之陈条，还是极力为郑注辩护。刘敞支持王肃之说，云："与，语助辞。"③若依刘敞之说，此句断句应为："圣人之葬人与？人之葬圣人也，子何观焉？"刘敞支持王肃之说，不为孔疏所蔽，可见其经典诠释是颇有主见的。事实上，王肃之说的合理性，后来也得到了很多清儒的认可，如清人江永在训释《檀弓上》这段经文时云："按：王肃说是。"④孙希旦云："案：'与'字，郑注训为及，如字，读下属为句，故《释文》无音。王肃读平声，属上句，今从之。"⑤朱彬《礼记训纂》亦从之⑥。

又如《乐记》："《清庙》之瑟，朱弦而疏越，一倡而三叹，有遗音者矣。大飨之礼，尚玄酒而俎腥鱼，大羹不和，有遗味者矣。"郑注："遗犹余也。"⑦孔疏："此皆质素之食，而大飨设之，人所不欲也。虽然，有遗余之味矣，以其有德质素，其味可重，人爱之不忘，故云'有遗味者矣'。"⑧孔疏从郑注，训"遗"为"余"，其既言"质素之食"本为"人所不欲也"，又言"其味可重，人爱之不忘"。刘敞云："此皆言贵其本而忘其末也。遗者，忘也，弃也。《清庙》之瑟，美其德

①　（唐）孔颖达：《礼记正义》，载《十三经注疏》，中华书局1980年影印版，第1292页。
②　（唐）孔颖达：《礼记正义》，载《十三经注疏》，中华书局1980年影印版，第1292页。
③　（宋）刘敞：《七经小传》卷中，载文渊阁《四库全书》第183册，上海古籍出版社1987年影印版，第26页。
④　（清）江永：《礼记训义择言》卷二，载文渊阁《四库全书》第128册，上海古籍出版社1987年影印版，第318页。
⑤　（清）孙希旦著，沈啸寰等点校：《礼记集解》卷九，中华书局1989年版，第227页。
⑥　（清）朱彬著，饶钦农点校：《礼记训纂》卷三，中华书局1996年版，第115页。
⑦　（唐）孔颖达：《礼记正义》，载《十三经注疏》，中华书局1980年影印版，第1528页。
⑧　（唐）孔颖达：《礼记正义》，载《十三经注疏》，中华书局1980年影印版，第1529页。

而忘其音;大飨之礼,美其敬而忘其味。"①刘敞训"遗"为"忘""弃",将经文贵本轻末之义得以呈现。刘敞之训释,于古文献中有成例可寻,如《孝经·孝治》:"昔者明王之以孝治天下也,不敢遗小国之臣",此之"遗"即作"忘"讲。又如《孔子家语·五刑解》:"斗变者,生于相陵;相陵者,生于长幼无序而遗敬让",王肃注:"遗,忘。"清人王引之释"有遗音者矣,有遗味者矣",云:"上质贵本,故曰有进乎味。言进乎音,则所贵者不在音,故其乐之质素有遗忘乎音者矣。言进乎味,则所贵者不在味,故其礼之质素有遗忘乎味者矣。此谓不尚音与味,非谓其有余音余味也,不当如郑注所云。"②王引之训"遗"为"遗忘",与刘敞之说如出一辙。

刘敞疑郑注有过勇之处,如《曲礼下》:"执玉,其有藉者则裼,无藉者则袭。"郑注:"藉,藻也。裼,袭,文质相变耳。有藻为文,裼见美亦文。无藻为质,袭充美亦质。圭璋特而袭,璧琮加束帛而裼,亦是也。"③关于"缫"字,郑玄《仪礼·聘礼注》云:"杂采曰缫,以韦衣木板饰以三色,再就,所以荐玉重慎也。"④何谓"藻"?陆德明曰:"藻音早,本又作缫。"孔疏:"凡执玉之时,必有其藻,以承于玉。若尽饰见美之时,必垂藻于两端,令垂向于下,谓之'有藉'。当时所执之人,则去体上外服,以见在内裼衣,故云'有藉者则裼'也。其事质充美之时,承玉之藻,不使下垂,屈而在手,谓之'无藉'。当时所执之人,则掩其上服,袭盖裼衣,谓之'无藉者则袭'。"⑤郑、孔认为,"有藉""无藉",是指缫承玉时是否下垂的状态。刘敞云:"'执玉,其有藉者则裼,无藉者则袭',此直谓朝聘时耳。圭、璋、璧、琮、琥、璜,皆玉也。执璧、琮、琥、璜,则与帛、锦、绣、黼同升,所谓'有藉'。有藉则裼,裼者,礼差轻,尚文也。执圭、璋则特达,所谓'无藉'。无藉则袭,袭者,礼方敬,尚质也。裼、袭系于有藉、无藉,不系于有缫、无缫。又缫非藉,藉非缫。藉者,荐也;缫者,组也。礼之质文,以圭、璋、

① (宋)刘敞:《七经小传》卷中,载文渊阁《四库全书》第183册,上海古籍出版社2009年影印版,第28页。
② (清)王引之:《经义述闻》卷一五,《续修四库全书》第174册,上海古籍出版社2002年影印版,第613页。
③ (唐)孔颖达:《礼记正义》,载《十三经注疏》,中华书局1980年影印版,第1256页。
④ (唐)贾公彦:《仪礼注疏》,载《十三经注疏》,中华书局1980年影印版,第1072页。
⑤ (唐)孔颖达:《礼记正义》,载《十三经注疏》,中华书局1980年影印版,第1256页。

琥、璜为轻重,而不在一尺之组屈伸也。"①刘敞认同郑玄"裼袭文质相变"的观点,不过刘敞认为"有藉"之义为执璧、琮、琥、璜等玉器与帛、锦、绣、黼同升,"无藉"为执圭、璋时不与帛、锦、绣、黼同升。刘敞此说受到清人的重视,如万斯大云:"《仪礼·聘礼·记》曰'凡执玉,无藉者袭',此条盖即是语而申之。"②江永云:"按:《聘礼》,聘君以圭,聘夫人以璋,皆特达,无束帛以藉,其时使者袭,而君受玉亦袭。享君以璧,享夫人以琮,皆有束帛藉之,其时使者裼,而君受玉亦裼。此经所谓'有藉''无藉'者,本谓此。"③朱彬《礼记训纂》采江永此说。④ 笔者认为,《仪礼》是"经",《礼记》是"记",万、江据《仪礼·聘礼》所记载的"有藉"和"无藉"释《曲礼》,结论较为可靠。刘敞之疑的启示意义自不待言,然其解义没有文献依据,故有师心自说之嫌。

又如《曲礼上》:"太上贵德,其次务施报。"郑注:"太上,帝皇之世,其民施而不惟报。三王之世,礼始兴焉。"⑤刘敞曰:"太上者,致极之称,犹言大备全德之人也。全德之人,自得而已,夺之不以为损,予之不以为益,爱之不自以为仁,利之不自以为义,所谓不知有之者也。其次,夺之知损,予之知益,爱之为仁,利之为义,所谓亲之誉之者也。故施则必报,是以不可无礼也。自《礼记》《左氏》《老子》,凡所言太上者皆若此,系其人,不系其时。"⑥郑玄以"太上"为"帝皇"之世,"其次"为"三王之世";刘敞则认为"太上"是"大备全德之人","太上"指人而非时代。言下之意,"其次"则为"非大备全德之人"。据下文"礼尚往来,往而不来,非礼也;来而不往,亦非礼也"可知,此"其次"为制作交往之礼者,"务施报"为行交往之礼,《曲礼上》对"其次务施报"持肯定和赞赏

---

① (宋)刘敞:《七经小传》卷中,载文渊阁《四库全书》第183册,上海古籍出版社2009年影印版,第26页。

② (清)万斯大:《礼记偶笺》卷一,载《丛书集成初编》第1020册,中华书局1985年版,第3页。

③ (清)江永:《礼记训义择言》卷一,载文渊阁《四库全书》第128册,上海古籍出版社1987年影印版,第300页。

④ (清)朱彬著,饶钦农点校:《礼记训纂》卷二,中华书局1996年版,第52页。

⑤ (唐)孔颖达:《礼记正义》,载《十三经注疏》,中华书局1980年影印版,第1231页。

⑥ (宋)刘敞:《七经小传》卷中,载文渊阁《四库全书》第183册,上海古籍出版社1987年影印版,第26页。

的态度。若依刘敞之说,"其次务施报"是经文作者所反对的,这与经文原义不合。①

2. 考证礼制和阐发礼意

除了怀疑《礼记》经文和旧注,刘敞还对《礼记》所记礼制有所考证。如《文王世子》:"凡释奠者,必有合也,有国故则否。凡大合乐,必遂养老。"刘敞曰:"合谓合乐也。春释菜,合舞。秋颁学,合声。释奠则并合之,以侑神也。有国故者,谓凶礼师旅也,惟是不合。"②此"释奠",乃设置脯醢菜酒供奉先圣以及先师。郑玄注曰:"国无先圣先师,则所释奠者当与邻国合也。若唐虞有夔、伯夷,周有周公,鲁有孔子,则各自奠之,不合也。"③郑玄认为,若本国没有先圣先师,那么则当与邻国合而祭之。刘敞不同意郑氏之说,他认为此"合"为"合乐"之意,正与"凡大合乐"义同。据刘敞此解,文义可通,故受到了后世学者的肯定,如朱熹云:"以下文考之,'有合'当为合乐。"④明人戴冠云:"经文既曰'必有合也',又曰'凡大合乐',则合是合乐无疑矣。谓合祭邻国之先圣先师者,非是。"⑤清人江永比较了郑注与刘敞、朱熹之说后,认为"当从刘氏朱子说"⑥。翁方纲、孙希旦等人亦是批评郑玄,而肯定刘氏之说。⑦

《礼记》《大戴礼记》虽然记载了投壶礼的仪节,但是没有对投壶礼的意义加以阐发。为此,刘敞撰《投壶义》,对投壶礼的意义作了阐释。其曰:"古者

---

① 孙希旦云:"郑氏曰:大上,帝皇之世,其民施而不惟报。三王之世,礼始兴焉。愚谓太上,上古之时;其次,谓后王也。……然施之有报,乃理之当然,而情之不可以已者,故后王有作,制为交际往来之礼,称情立文,而礼制于是大备矣。"孙氏虽不同意郑注,但还是认为"太上"和"其次"当指时代,而非指人,并认为"施之有报"是礼的内容。参见(清)孙希旦著,沈啸寰等点校:《礼记集解》卷一,中华书局1989年版,第12页。

② (宋)刘敞:《七经小传》卷中,载文渊阁《四库全书》第183册,上海古籍出版社1987年影印版,第27页。

③ (唐)孔颖达:《礼记正义》,载《十三经注疏》,中华书局1980年影印版,第1406页。

④ (宋)卫湜:《礼记集说》卷五一,载文渊阁《四库全书》第118册,上海古籍出版社1987年影印版,第73页。

⑤ (明)戴冠:《礼记集说辨疑》,载《丛书集成初编》第1020册,中华书局1985年版,第6页。

⑥ (清)江永:《礼记训义择言》卷四,载文渊阁《四库全书》第128册,上海古籍出版社1987年影印版,第337页。

⑦ (清)翁方纲:《礼记附记》卷二,载《丛书集成初编》第1022册,中华书局1985年版,第34页;(清)孙希旦著,沈啸寰等点校:《礼记集解》卷二〇,中华书局1989年版,第561页。

投壶之礼,主人以宾燕而后投壶也。燕者,礼之轻者也。轻则易,易则亵,亵则慢。酒之祸,恒由此作。是以君子恶其亵以慢也,为壶矢以节其礼,全其欢也。君子之于人,苟有以欢之,必有以礼之;苟有以礼之,必有以乐之;苟有以乐之,必有以言之。宾者所法也,非法人也;所养也,非养人也。主人奉矢以亲之,言卑其身以事贤也。主人三请不怠,宾三辞不烦,尊礼重乐之义也。尊礼则敬矣,重乐则和矣。敬以和,故上下能相亲也。君子之所异乎人者,其惟易事而难说乎。不亵其接,所以致难说也。主人拜送,宾辟;宾拜受,主人辟。授受之礼也。授受者,人道之大也,不可以不敬也,拜以敬之也。胜饮,不胜者罚也。辞不曰罚,曰养,不尚人以胜也,不耻人以不能也。饮曰赐灌,不耻过也,不忌人以胜己也。故尚人以胜则矜,耻人以不能则怨,自耻其过则忿,忌人以胜也则怼,矜以怨,忿以怼,此辨讼之所由作也。胜者有爵,贵也;有马,富也。内不失其乐,外不失其功,然后富贵可保也。投顺为入,不顺,虽入不释,明顺而后有功也。”①刘敞认为,燕礼易轻慢,酒祸由此而生,君子恶燕礼所生之轻慢,遂以投壶礼为之节,以全其欢。此是言投壶礼产生的原因。刘敞还认为,主人奉矢是卑身以事贤,主人三请、宾三辞是尊礼重乐,对于不胜者不罚而言“养”是不以胜为荣、不以不胜为耻。此是言投壶礼的意义。

在中国经学史上,一涉及疑经问题,刘敞必被提及,可见刘敞疑经影响之深远。如果仅从表象上看,刘敞疑经惑传与汉唐学人尊经风尚可谓背道而驰。然而从实质上来看,刘敞疑经惑传的动机却是尊经。刘敞尊崇儒家经典,认为儒家经典记载的是圣人之道。他说:“圣人之政,吾非得亲见之也,而有礼存焉。圣人之言,吾非得亲闻之也,而有道存焉。”②刘敞还认为经书乃君子修身行事之准则。他说:“《礼》者德行之本也,《诗》者言语之本也,《书》者文学之本也,《春秋》者政事之本也。此四本者,君子之所尽心也。”③

刘敞的思路是:由于尊经,所以要疑经,疑经是为了更好地尊经。刘敞怀

---

① （宋）刘敞:《投壶义》,见《公是集》卷三七,载文渊阁《四库全书》第1095册,上海古籍出版社1987年影印版,第720—721页。

② （宋）刘敞:《公是弟子记》卷四,载文渊阁《四库全书》第698册,上海古籍出版社1987年影印版,第470页。

③ （宋）刘敞:《公是弟子记》卷一,载文渊阁《四库全书》第698册,上海古籍出版社1987年影印版,第446页。

疑经书在传抄的过程中简文有讹脱衍倒,于是他便要改经文和句读。刘敞认为郑玄注不尽合经义,于是他便撇开郑注而阐发新义。只有洞悉了刘敞疑经惑传的初衷,才能对其观点作出客观公允的评价。

刘敞对《礼记》经文旧注的疑改受到后世经学家特别是清儒的高度重视。清儒对刘敞之疑改内容重新做了审视,并在刘敞之说的基础上提出新的观点。清儒如江永、惠栋、翁方纲、孙希旦等人的《礼记》学著述中,常常可见"刘原父""刘氏"字样,可见刘敞《礼记》解义影响之深远。清人的论证揭示,刘敞对《礼记》经文旧注的疑改既有眼光独到之处,又有臆断的成分。刘敞疑《礼记》经文旧注的最大价值,在于他的发现。《礼记》经文有不连贯、于文义有不通者,汉唐近千年以来无异议,刘敞却看到了,这是他最大的贡献。

至于刘敞解经方法和提出的解决方案,则是有得有失,需要具体看待。比如刘敞对《礼记》经文旧注的怀疑大多是建立在文献分析基础之上,故其方法还是笃实的,这与后来理学家以天道性命之学来改造《礼记》经文旧注的思路相去甚远。四库馆臣云:"敞之谈经虽好与先儒立异,而淹通典籍,具由心得,究非南宋诸家游谈无根者比。故其文湛深经术,具有本原。"①在具体问题的考证上,刘敞也有所得。如其对《檀弓上》"与"字,以及对《文王世子》"合乐"的解释,均可更正郑注、孔疏之误。刘敞解经之失在于主观臆断、好以己意改经。永瑢等云:"盖好以己意改经,变先儒淳实之风者,实自敞始。"②如其对《曲礼上》"太上",以及《曲礼下》"有藉""无藉"的理解,则属于臆断。

(二) 李觏的《礼记》学

李觏不但重视《周礼》,而且十分重视《礼记》。李觏礼学思想体系之建构,与其对《礼记》的研究有着至为密切的关系。

1. 以《礼记》构建礼学思想体系

在李觏的思想体系中,礼学思想占有十分重要的地位。李觏一生"学通

---

① (清)永瑢等:《四库全书总目》卷一五三《集部·别集类六》,中华书局 1965 年影印版,第 1316 页。

② (清)永瑢等:《四库全书总目》卷三三《经部·五经总义类》,中华书局 1965 年影印版,第 270 页。

五经,尤长于礼"①,"礼"在李觏的思想体系中居于核心的地位,贯穿着李觏学说的各个方面。李觏认为,礼乃仁、义、智、信之本,如果只知仁、义、智、信,而不知求之于礼,那只是"率私意,附邪说,荡然而不反,此失其本者也"②。因此,从事李觏的礼学之探讨是把握其思想的关键。

李觏重视《周礼》,因为《周礼》可以作为阐发经世致用思想的资源。李觏重视《礼记》,是因为《礼记》义理性强,可满足构建礼学思想体系的需要。一些学者将李觏与荀子的《礼论》加以比较,认为李觏是继承和发展了荀子的礼学思想。③ 然而笔者发现李觏《礼论》更多地继承和发展了《礼记》的礼学思想。

在《礼论》七篇中,李觏多次引用《王制》《中庸》《乐记》《郊特牲》《月令》《曲礼》《丧服四制》《礼运》中的内容,并加以解说和议论,而于《荀子》之篇目却不曾提及。此外,李觏在对礼之起源的论述上,也是以《礼记》为思想基础。从下面两段文字的比较可以清楚地看到这一点。《礼运》云:"夫礼之初,始诸饮食,其燔黍捭豚,污尊而抔饮,蒉桴而土鼓,犹若可以致其敬于鬼神。及其死也,升屋而号,告曰'皋某复',然后饭腥而苴孰,故天望而地藏也。体魄则降,知气在上,故死者北首,生者南乡,皆从其初。昔者先王未有宫室,冬则居营窟,夏则居橧巢。未有火化,食草木之实,鸟兽之肉,饮其血,茹其毛。未有丝麻,衣其羽皮。后圣有作,然后修火之利,范金合土,以为台榭、宫室、牖户,以炮以燔,以亨以炙,以为醴酪;治其麻丝,以为布帛。以养生送死,以事鬼神上帝。皆从其朔。"④李觏云:"夫礼之初,顺人之性欲而为之节文者也。人之始生,饥渴存乎内,寒暑交乎外。饥渴寒暑,生民之大患。食草木之实、鸟兽之肉,茹其毛而饮其血,不足以养口腹也。被发衣皮,不足以称肌体也。圣王有作,于是因土地之宜,以殖百谷;因水火之利,以为炮燔烹炙。治其犬豕牛羊及

---

① （宋）罗伦:《建昌府重修李泰伯先生墓记》,载《李觏外集》卷三,中华书局2011年版,第517页。

② （宋）李觏:《礼论第五》,载《李觏集》卷二,中华书局2011年版,第12页。

③ 姜国柱:《李觏的"礼论"思想》,《江汉论坛》1983年第6期;赖井洋:《略论李觏对荀子〈礼论〉的继承和发展》,《韶关大学学报》1999年第6期。

④ （唐）孔颖达:《礼记正义》,载《十三经注疏》,中华书局1980年影印版,第1415—1416页。

酱酒醴酏,以为饮食;艺麻为布,缫丝为帛,以为衣服。夏居橧巢,则有颠坠之忧;冬入营窟,则有阴寒重腿之疾,于是为之栋宇。取材于山,取土于地,以为宫室。手足不能以独成事也,饮食不可以措诸地也,于是范金斫木,或为陶瓦,脂胶丹漆,以为器皿。"①李觏认为,"礼"乃顺应先民的物质欲望、解决人们衣食住行等需要而产生的"节文"者。先民初生,饥欲食、渴欲饮、寒欲暖等生活方面的需求便应然而生,为了满足并节制人们的欲望,圣王才制定了礼。通过将《礼运》与李觏《礼论》中的这两段文字加以比较,可知二者在用词、行文及思想上都具有一致性。后者直接取材于前者没有疑义。②

在关于礼之范围的认识上,李觏不同意前人将礼与乐、刑、政、仁、义、智、信并列的传统提法,而以其他各条目均是"一本于礼"。李觏说:"曰乐,曰政,曰刑,礼之支也。而刑者,又政之属矣。曰仁,曰义,曰智,曰信,礼之别名也。是七者,盖皆礼矣。"③有人发问:"吾子之论乐、刑、政、仁、义、智、信咸统于礼也。其始得之于心与?抑尝闻圣人之言及此者与?"李觏曰:"予闻诸圣人矣。《礼运》记孔子之言曰:'禹、汤、文、武、成王、周公,此六君子者,未有不谨于礼者也。以著其义,以考其信,著有过,刑仁讲让,示民有常。'其下文曰'礼者,君之大柄也。所以别嫌明微,傧鬼神,考制度,别仁义,所以治政安君也'。周公作六官之典,曰治典,曰教典,曰礼典,曰政典,曰刑典,曰事典,而并谓之《周礼》。今之《礼记》其创意命篇有不为威仪制度者,《中庸》《缁衣》《儒行》《大学》之类是也。及其成书,总而谓之《礼记》。是其本传之者,亦知礼矣。"④李觏认为,他所说的礼统乐、刑、政、仁、义、智、信并非出于己意,而是得之于圣人。他引用《礼运》中的内容,认为《礼运》记孔子所言六君子均是谨于礼之人,礼乃国君手中之权柄,国君以礼别嫌疑,明隐微,敬鬼神,立制度,别仁

---

① (宋)李觏:《礼论第一》,载《李觏集》卷二,中华书局2011年版,第6页。

② 《荀子·礼论》云:"礼起于何也?曰:人生而有欲,欲而不得,则不能无求,求而无度量分界,则不能不争。争则乱,乱则穷。先王恶其乱也,故制礼义以分之,以养人之欲,给人之求。使欲必不穷乎物,物必不屈于欲,两者相持而长,是礼之所起也。"有学者认为,李觏是继承和发展了荀子关于礼起源的思想。笔者认为,李觏与《礼运》不仅在关于礼的起源的思想上一致,而且在表述上也大体相同,因此,李觏关于礼起源的思想直接源于《礼运》,而非源于《荀子·礼论》。

③ (宋)李觏:《礼论第一》,载《李觏集》卷二,中华书局2011年版,第5—6页。

④ (宋)李觏:《礼论第六》,载《李觏集》卷二,中华书局2011年版,第19—20页。

义。礼是用来治国理政、保君安位的。李觏还认为,除《中庸》《缁衣》《儒行》《大学》以外,《礼记》其他篇目之记载均有关于礼仪制度的。据李觏之意,正是由于圣人有所言,书中有所记,所以礼乃乐、刑、政、仁、义、智、信之本,其他各条目均是礼之别名。

《礼运》是《礼记》的第九篇,主要论述了礼的起源、发展、演变及作用,也探讨了圣王制礼的依据、原则,还探讨了礼与仁、义、乐的关系,特别强调了礼对于治理社会的意义。据《礼运》,可知礼的范围很广泛,礼的功能也很全面,仁、义等条目均涵纳于礼。李觏认为礼与仁、义、乐是包含与被包含的关系,其文献依据仅限于此。李觏以《礼运》外的其他《礼记》篇目来论证礼的范围则失偏颇。除《礼运》外,《礼记》其他篇章所记礼与乐的关系似乎并非包含与被包含的关系。如《乐记》:"乐者,天地之和也。礼者,天地之序也。和,故百物皆化;序,故群物皆别。""乐也者,情之不可变者也,礼也者,理之不可易者也。乐统同,礼辨异。""乐者敦和,率神而从天;礼者别宜,居鬼而从地。故圣人作乐以应天,制礼以配地。礼乐明备,天地官矣。"《郊特牲》:"乐由阳来者也,礼由阴作者也,阴阳和而万物得。"《乐记》《郊特牲》以礼和乐来概括事物之间互相依存的状态,礼与乐既相互对立,又相互统一,似乎并非本与末的关系。

礼统仁、义、智、信是李觏礼学思想的重要内容。在《礼论》七篇中,李觏多处征引《礼记》中的内容,或遵从、或反驳,其取舍的标准皆以是否有利于建构礼统仁、义、智、信的礼学思想体系。当《礼记》中的内容与自己的礼学思想一致时,李觏便予以征引。有人问:"仁义智信,疑若根诸性者也。以吾子之言,必学礼而后能乎?"李觏回答说:"圣人率其仁、义、智、信之性,会而为礼,礼成而后仁、义、智、信可见矣。……圣与贤,其终一也。始之所以异者,性与学之谓也。《中庸》曰:'自诚明,谓之性;自明诚,谓之教。诚则明矣,明则诚矣。'自诚明者,圣人也;自明诚者,贤人也。"①《中庸》于此将圣人与贤人做了区分。李觏据此认为,"性"与圣人相关,"学"则与贤人相关,"性"与"学"相当于礼与仁、义、智、信的关系。《中庸》区分圣人、贤人的观点有利于阐发礼统诸端的礼学思想,故得到李觏的赞同。不过,李觏以区分圣贤引申出礼与诸

---

① 　(宋)李觏:《礼论第四》,载《李觏集》卷二,中华书局2011年版,第11—12页。

端之关系,并非《中庸》文本原义。

当《礼记》经文及郑注不利于构建自己的礼学思想体系时,李觏便予以批评。有人问:"《月令》之推五性亦然矣,如何?"李觏曰:"《月令》之书,盖本于战国之时吕氏门人所作,至唐增修之,未足以观圣人之旨也。后之人见仁、义、礼、智、信列名而齐齿,谓五者之用,各有分区。故为仁、义、智、信则不取于礼,而任其私心为礼,则不能辩仁、义、智、信。但以器服物色,升降辞语为玩,以为圣人作礼之方,止于穷奢极富,炫人听览而已矣。"①《月令》将礼与仁、义、智、信相提并论,与李觏礼统诸端的观点不通,遂招致李觏的批评。

又如在《礼论第五》中,李觏曰:"郑氏注《中庸》性命之说,谓'木神则仁,金神则义,火神则礼,水神则信,土神则智',疑若五者并生于圣人之性,然后会而为法制。法制既成,则礼为主,而仁、义、智、信统乎其间,若君臣之类焉。"②又云:"郑氏之学,其实不能该礼之本,但随章句而解之。句东则东,句西则西,百端千绪,莫有统率。故至乎性命之说,而广求人事以配五行,不究其端,不揣其末,是岂知礼也哉?"③《中庸》郑注将仁、义、礼、智、信相提并论,与李觏礼统诸端的思想不合。李觏遂驳郑注,为自己的礼学思想辩护。

在批评《礼记·乐记》的基础上,李觏对礼乐的功能作了讨论。有人问:"《乐记》曰'圣人作乐以应天,制礼以配地,礼乐明备,天地官矣'。又以天地卑高,动静方物,在天成象,在地成形,以为礼者,天地之别也。地气上齐,天气下降,阴阳相摩,天地相荡,雷霆风雨,四时日月,百化之兴,以为乐者,天地之和也。由此观之,则礼乐之比隆竞大,盖已著矣。而吾子统之于礼,益有疑焉?"李觏回答:"彼以礼为辩异,乐为统同,推其象类,以极于天地之间,非能本礼乐之所出者也。礼也者,岂止于辩异而已哉?乐也者,岂止于统同而已哉?是皆见其一而忘其二者也。"④李觏认为,《乐记》所言"礼辩异""乐统同"并非礼乐的全部功能。李觏又曰:"乐、刑、政各有其物,与礼本分局而治。十二管,五声八音,干戚羽旄,乐之物也;号令官府,军旅食货,政之物也;铁钺刀

---

① (宋)李觏:《礼论第五》,载《李觏集》卷二,中华书局2011年版,第15页。
② (宋)李觏:《礼论第五》,载《李觏集》卷二,中华书局2011年版,第14—15页。
③ (宋)李觏:《礼论第五》,载《李觏集》卷二,中华书局2011年版,第15页。
④ (宋)李觏:《礼论第六》,载《李觏集》卷二,中华书局2011年版,第18页。

锯、大辟、宫、刖、墨、劓、刵、鞭、扑、流、赎,刑之物也。是三者之物,与饮食、衣服、宫室、器皿、夫妇、父子、长幼、君臣、上下、师友、宾客、死丧、祭祀之目少异,故得谓之支而强其名也。夫仁、义、智、信岂有其物哉?总乎礼、乐、刑、政而命之,则是仁、义、智、信矣,故止谓之别名也。"①在李觏看来,乐、刑、政为礼之支,仁、义、智、信为礼之别名。从李觏所列乐、刑、政、仁、义、智、信的丰富内容来看,礼乐的功能远不止"辩异"和"统同"。

2. 以《礼记》为据阐发治世理论

李觏重视教化,其通过征引《礼记》等文献,成《教道》九篇。李觏征引《礼记·经解》来强调教化的重要性,他说:"善观民者,见刑之不胜恶也,则反之曰是教之罪也。焉可以刑不胜恶而谓教益不可用也?譬诸人身,导养得理则无疾,疾作而后用药,药所以不胜病也。善观身者,见药之不胜病也,则反之曰是导养之失也。焉可以药不胜病而谓导养益不可用也?《记》曰:'昏姻之礼废,则夫妇之道苦,而淫辟之罪多矣。乡饮酒之礼废,则长幼之序失,而争斗之狱繁矣。丧祭之礼废,则臣子之恩薄,而倍死忘生者众矣。聘觐之礼废,则君臣之位失,诸侯之行恶,而倍畔侵陵之败起矣。故礼之教化也微,其止邪也于未形,使人日徙善远罪而不自知也。是以先王隆之也。'"②李觏援引《经解》,以婚礼、乡饮酒礼、丧祭之礼、聘觐之礼的丧失,从反面来说明古礼对于教化民众、安定百姓所具有的重要意义。

在《教道第二》中,李觏论述了养老之礼对于教化的意义。他说:"夫养老之礼,自古帝王未始不隆之也。《王制》曰:'凡养老,有虞氏以燕礼,夏后氏以飨礼,殷人以食礼,周人修而兼用之。五十养于乡,六十养于国,七十养于学,达于诸侯。''有虞氏养国老于上庠,养庶老于下庠。夏后氏养国老于东序,养庶老于西序。商人养国老于右学,养庶老于左学。周人养国老于东胶,养庶老于虞庠。虞庠在国之西郊。有虞氏皇而祭,深衣而养老。夏后氏收而祭,燕衣而养老。商人冔而祭,缟衣而养老。周人冕而祭,玄衣而养老。'凡四代之制虽时有改,然其道则莫之变也。"③李觏援引《礼记·王制》于虞、夏、商、周养

---

① (宋)李觏:《礼论第五》,载《李觏集》卷二,中华书局2011年版,第17页。
② (宋)李觏:《安民策第一》,载《李觏集》卷一八,中华书局2011年版,第174—175页。
③ (宋)李觏:《教道第二》,载《李觏集》卷一三,中华书局2011年版,第117—118页。

老礼之记载,意在说明养老礼于四代虽有变更,孝悌之道却始终如一。

在《教道第三》中,李觏论述了乡饮酒礼对于教化的作用,其佐证材料主要来自《礼记·乡饮酒义》和《礼记·经解》。李觏曰:"《乡饮酒义》曰:'六十者坐,五十者立侍,以听政役,所以明尊长也。六十者三豆,七十者四豆,八十者五豆,九十者六豆,所以明养老也。民知尊长养老而后乃能入孝弟。民入孝弟,出尊长养老,而后成教,成教而后国可安也。'《经解》曰:'乡饮酒之礼废,则长幼之序失,而争斗之狱繁矣。'夫二人同居,亦一长一幼,如使幼皆顺长,则争何由兴?推此以及千万人,宜乎其狱讼之寡也。而况尊人之长,以及吾长,养人之老,以及吾老,则轻重可知矣。轻重可知,而不孝不弟者,其唯禽兽之心乎?若是,则教焉得不成,国焉得不安也哉!"①李觏引《乡饮酒义》所记不同年龄的老人所受的礼遇,说明此礼的意义在于使民知孝悌,教化才能成,国才能安。李觏又引《经解》所记载的不行乡饮酒礼可能产生的后果,从反面说明乡饮酒礼的重要性。即若不行乡饮酒礼,民众则不孝不悌,与禽兽无异,教化不成,国不得安。

在《教道第九》中,李觏征引《王制》《文王世子》来说明世子教育的重要意义。他说:"师保诏王以善,谏王之恶,王者既立乎无过之地矣。又使教养国子,而世子与焉,是策之上也。《王制》曰:'乐正崇四术,立四教,顺先王《诗》《书》《礼》《乐》以造士。春秋教以《礼》《乐》,冬夏教以《诗》《书》。王太子,王子,群后之太子,卿大夫元士之嫡子,国之俊选皆造焉。'则古之教人者,世子无不在也。《文王世子》曰:'行一物而三善皆得者唯世子而已,其齿于学之谓也。故世子齿于学,国人观之曰:将君我而与我齿让,何也?曰:有父在则礼然,然而众知父子之道矣。其二曰:将君我而与我齿让,何也?曰:有君在则礼然,然而众著于君臣之义也。其三曰:将君我而与我齿让,何也?曰:长长也,然而众知长幼之节矣。故父在斯为子,君在斯谓之臣,居子与臣之节,所以尊君亲亲也。故学之为父子焉,学之为君臣焉,学之为长幼焉。父子君臣长幼之道得而国治。'夫将以宗庙社稷属之,可不教乎?"②世子即天子诸侯之嫡长

① (宋)李觏:《教道第三》,载《李觏集》卷一三,中华书局 2011 年版,第 119 页。
② (宋)李觏:《教道第九》,载《李觏集》卷一四,中华书局 2011 年版,第 125—126 页。

子。李觏征引《王制》于教学参与者之记载，认为天子诸侯的嫡长子需要在国学中学习。李觏还征引《文王世子》于世子"序齿"教育之记载，认为世子教育可使人知父子之亲、君臣之义、长幼之序。

李觏通过征引《礼记·王制》《经解》《乡饮酒义》《大传》《文王世子》等篇目中的内容，从而说明教化的重要性，并指出实现教化的途径。李觏征引《礼记》所记古昔圣贤之说，并非发掘经典之原义，而是将圣贤之说作为自己思想的注脚。

3. 李觏《礼记》诠释的特色

郑玄《礼记注》重视文字训诂和礼制考证。汉唐以后，治《礼记》者无不受郑玄的影响。李觏的《礼记》诠释则摆脱汉唐，自创新义。其特点主要体现在以下三个方面：

第一，李觏很少从文献的角度从事《礼记》经文之诠释。李觏所关注的，并不是《礼记》的文字训诂，而是礼义的阐发。《礼记》义理性较强，迎合了李觏构建礼学体系的需要。如果说刘敞的《礼记》诠释还具有汉学特征的话，李觏的《礼记》诠释则是完全脱离汉学，走上了宋学义理解经之路。

第二，李觏对《礼记》经文多有新解。虽然李觏并未明言自己是在否定《礼记》旧注，但是其解义已经在事实上否定了旧注。作为一个擅长以义理解经的学者，李觏的《礼记》诠释有着独特的视角，其于《礼记》之解义，在文献学上的价值不大，但是从学术思想史的角度来看还是有其时代的合理性。

第三，李觏是政论家，其著述仅仅是手段，最终的目的是经世致用。汉唐学人重视《礼记》经文之训诂、名物制度之考证；宋代理学家则以《礼记》为资源来建立理学体系，阐发天道性命之说。李觏的《礼记》诠释，既无汉学家们的详密考证，又无哲学体系之建构，他所在意的，是利用《礼记》来阐发礼学、政治、经济及教化思想。李觏对《礼记》之诠释是从两个维度展开的：若《礼记》之记载有助于建构自己的礼学思想体系，则予以征引；若《礼记》之记载与他的礼学思想不符，则予以批判。由此可见，李觏对《礼记》的征引和论说，仅仅意在使《礼记》成为自己学说的佐证。

（三）王安石的《礼记》学

从目录和相关著作的著录来看，王安石的《礼记》学著作有《礼记要义》和

《礼记发明》两种。南宋赵希弁《郡斋读书志附志》卷五载王安石有《礼记要义》二卷,南宋卫湜《礼记集说》的"集说名氏"载王安石有《礼记发明》一卷。赵希弁、卫湜只记书名,不记版刻。明代朱睦㮮《授经图义例》卷二〇载王安石有《礼记要义》二卷、《礼记发明》一卷,也不言二书的版刻。以汇录经籍版本丰富著称的《经义考》于卷一四一亦仅著录"王氏安石《礼记发明》一卷""《礼记要义》二卷",俱云"未见",可见两书散佚已久。

清乾隆四十三年(1778年),永瑢校阅《礼记集说》时云:"《礼记集说》一百六十卷,宋卫湜撰。湜字正叔,吴郡人。其书始作于开禧、嘉定间,自序言'日编月削,几二十余载而后成'。……绍定辛卯,赵善湘为锓版于江东漕院。越九年,湜复加核订,定为此本。自作前序、后序,又自作跋尾,述其始末甚详。盖首尾阅三十余载,故采摭群言最为赅博,去取亦最为精审。自郑注而下,所取凡一百四十四家,其他书之涉于《礼记》者,所采录不在此数焉。今自郑注、孔《疏》而外,原书无一存者。朱彝尊《经义考》采摭最为繁富,而不知其书与不知其人者,凡四十九家,皆赖此书以传,亦可云礼家之渊海矣!"[1]"采摭最为繁富"的《经义考》和搜罗天下群书的《四库全书》的编者,皆未见世间有王安石《礼记要义》《礼记发明》二书的刊行,而且断定《礼记集说》所取包括王安石《礼记发明》在内的一百四十四家,除郑注、孔疏以外,"原书无一存者",可见王安石《礼记要义》和《礼记发明》早已散佚。

王安石一生著述甚丰,然而由于北宋末年的党派之争,以及后世的毁誉之论,其著作散佚颇多。自近代以来,陆续有学者从经籍中辑出王安石的《易解》《三经新义》《老子注》《字说》中的佚文,然而迄今尚没有王安石《礼记》学的辑本面世。[2] 为了能够复原王安石的佚书《礼记发明》,今学者曾按照辑佚书的一般原则,依据南宋卫湜的《礼记集说》、元代吴澄的《礼记纂言》、明代胡

---

① (清)永瑢等:《四库全书总目》卷二一《经部·礼类三》,中华书局1965年影印版,第169页。

② 如刘成国辑得《易解》七十八条佚文,参见刘成国著《荆公新学研究》附录,上海古籍出版社2006年版,第278—304页;容肇祖有《王安石老子注辑本》,中华书局1979年版;蒙文通《道书辑校十种》亦收王安石《老子注》佚文多条,参见蒙文通《道书辑校十种》,巴蜀书社2001年版;张宗祥有《熙宁字说辑》,现存浙江图书馆;程元敏在《四库全书》本之基础上另辑有《三经新义辑考》,由台湾编译馆于1987年出版;邱汉生辑有《诗义钩沉》二十卷,由中华书局于1982年出版。

广所编《礼记大全》、清代乾隆年间的《钦定礼记义疏》、清纳兰性德的《陈氏礼记集说补正》等著述,从中采辑王安石《礼记》训释62条,合为一编,以见王安石《礼记发明》之梗概①。

1. 对《礼记》文本的重新诠释

王应麟云:"自汉儒至于庆历间,谈经者守训故而不凿,《七经小传》出而稍尚新奇矣,至《三经义》行,视汉儒之学若土埂。"②自北宋庆历年间开始,疑经惑传之风气盛行于学界。王应麟于此特别提到了王安石,因为其对于北宋学风的转变产生了深远的影响。王安石认为,汉唐经学之失在于治学方法不妥,即拘泥于家传师说,恪守章句,与圣人传授之意相悖。他说:"古之学者,虽问以口,而其传以心;虽听以耳,而其受以意。故为师者不烦,而学者有得也。孔子曰:'不愤不启,不悱不发,举一隅不以三隅反,则不复也。'夫孔子岂敢爱其道,骜天下之学者,而不使其早有知乎! 以谓其问之不切,则其听之不专;其思之不深,则其取之不固。不专不固,而可以入者,口耳而已矣。吾所以教者,非将善其口耳也。孔子没,道日以衰熄,浸淫至于汉,而传注之家作。为师则有讲而无应,为弟子则有读而无问。非不欲问也,以经之意为尽于此矣,吾可无问而得也。岂特无问,又将无思。非不欲思也,以经之意为尽于此矣,吾可以无思而得也。夫如此,使其传注者皆已善矣,固足以善学者之口耳,而不足善其心,况其有不善乎? 宜其历年以千数,而圣人之经卒于不明,而学者莫能资其言以施于世也。"③王安石抛弃了汉唐时期繁冗的章句之学,以注解的形式阐发思想,自出新义。其所撰《礼记发明》,从书名"发明"二字就可知其《礼记》诠释之目的在于获取新义。

汉唐经学家秉承"注不驳经、疏不破注"的原则,把经书的一些理想化记载当作事实看待。王安石则从情理出发,对这些理想化的记载作了重新审视和叩问,并提出新见。

---

① 潘斌:《王安石佚书〈礼记发明〉辑考》,《古代文明》2010年第2期。

② (宋)王应麟:《困学纪闻》卷八《经说》,载《四部丛刊三编》第3册,商务印书馆1935年影印版,第21—22页。

③ (宋)王安石著,秦克等标点:《王安石全集》卷三三《书洪范传后》,上海古籍出版社1999年版,第301页。

如《王制》云："乐事劝功，尊君亲上，然后兴学。"王安石曰："'乐事劝功，尊君亲上，然后兴学'，礼乎？曰：学者，先王之所以教，有教然后使人能乐事劝功，尊君亲上。教成然后立学，似非先王之法也。孔子谓富而后教之者，民窘于衣食，固不可驱而之善也。故富之者，王道之始。虽然，所以教者未尝待民以大富足之后乃始兴之也，随其力之厚薄，势之缓急，而为之礼，皆所以教之也。教不可以一日废，则学不可一日亡于天下也。"①王安石认为，"乐事劝功""尊君亲上""然后兴学"不符合先王之道；不是要等富裕后才兴办教育，要根据人之力量的大小、情势的缓急而推行教育，教育不可一日没有，学习也不可一日荒废。

王安石对《礼记》所记礼制之诠释时与旧注有异。如《曲礼下》："大夫士去国，逾竟，为坛位，乡国而哭，素衣、素裳、素冠，彻缘、鞮屦、素簚，乘髦马，不蚤鬋，不祭食，不说人以无罪，妇人不当御，三月而复服。"孔疏云："此大夫士三谏而不从，出在竟上。大夫则待放，三年听于君命，若与环则还，与玦便去。……若士不待放，临去皆行此礼也。"②王安石云："孔氏云'大夫三年待放竟上，士不待放'，恐无此礼。孔子屡仕屡去，岂常行待放之礼乎？或者古之大夫有得罪，被放于竟上三年，而后听其去者乎？故季孙请因于费以待察，《春秋》有放大夫之文，盖缘此礼也。又三谏不从则去，亦不可必以为常。要之，三谏不从而不能去，则苟禄者也。如孔子去国乃未尝一谏也，且待放得环则还，是以待放要君耳。三谏不从，以为不合，则可以去，虽有庶几其君或改之心，如孟子三宿然后出，昼可也，何待三年？"③王安石认为，《春秋》虽有放大夫之记载，然非常礼；孔子、孟子皆曾去国，而未待放竟上三年，故大夫三年待放竟上之礼纯属子虚乌有。清人孙希旦赞同王安石此说，曰："王氏安石曰：孔氏云'大夫三年待放竟上'，'士不待放'，恐无此礼。……愚谓大夫待放之说，出于《公羊》，然春秋二百四十年间，大夫之去国者多矣，未闻有待放三年

---

① （宋）卫湜：《礼记集说》卷三二，载文渊阁《四库全书》第 117 册，上海古籍出版社 2009 年影印版，第 664 页。

② （唐）孔颖达：《礼记正义》，载《十三经注疏》，中华书局 1980 年影印版，第 1258 页。

③ （宋）卫湜：《礼记集说》卷一一，载文渊阁《四库全书》第 117 册，上海古籍出版社 2009 年影印版，第 219 页。

而后去者。孔子去鲁,曰'迟迟吾行也'。孟子去齐,三宿而后出昼。以道去君者,宜无如孔孟,亦未闻其待放三年而后去者也。孟子之告齐宣王曰:'谏行言听,膏泽下于民。有故而去,则君使人导之出疆;去三年不反,然后收其田里。'古之去国者,其君臣相与有礼,不过如此,则其去固不俟三年,而必无待放竟上、赐环则还、赐玦则去之事矣。"①孙希旦批驳了孔氏之说,维护了王安石之论。

王安石对《礼记》所蕴含礼义的阐释与旧注有异。如《曲礼上》:"三赐不及车马。"郑注曰:"三赐,三命也。凡仕者,一命而受爵,再命而受衣服,三命而受车马。车马,而身所以尊者备矣。卿、大夫、士之子不受,不敢以成尊比逾于父。天子、诸侯之子不受,自卑远于君。"②郑玄认为,因为子不敢成尊逾于父,故天子、诸侯、卿、大夫、士之子不受车马。王安石驳郑注曰:"'三赐不及车马',若以为有辞逊之心而终必受之,则虽不为人子不害辞逊。若以为人子则辞逊而不敢受,则舜亦人子,而未尝辞百官、牛羊、仓廪之奉也。车服爵命,所以序功德,天下之公义,古今之达礼,苟当其功,苟称其德,虽人子弟有辞逊之心,而终必不敢不受,以申其逊弟之志者,不以小廉小逊害天下之大公也。凡礼有辞逊之文者,以难进易退为道也,辞逊自是君子之常,岂系为人子哉?"③王安石认为,车服爵命用以序功德,只要与功德相称,人子以辞逊之心受之无可厚非。清人江永赞同王安石此说,曰:"疑此不及车马,亦谓受之而不敢用耳。若天子之赐,又爵秩所当得,岂容独辞而不受耶?"④江永认为,若是天子之赐,又是爵秩所当得,则车马可受。⑤

又如《曲礼上》:"赐人者不曰来取,与人者不问其所欲。"郑注曰:"与人不问其所欲,己物或时非其所欲,将不与也。"⑥郑玄认为,赠人礼物,首先要询问

---

①　(清)孙希旦著,沈啸寰等点校:《礼记集解》卷五,中华书局 1989 年版,第 119—120 页。

②　(唐)孔颖达:《礼记正义》,载《十三经注疏》,中华书局 1980 年影印版,第 1233 页。

③　(宋)卫湜:《礼记集说》卷三,载文渊阁《四库全书》第 117 册,上海古籍出版社 1987 年影印版,第 67 页。

④　(清)江永:《礼记训义择言》卷一,载文渊阁《四库全书》第 128 册,上海古籍出版社 1987 年影印版,第 292 页。

⑤　王安石、江永于此疑"三赐不及车马",可备一说。此外,吕大临、朱熹、孙希旦、王引之、朱彬等人于"三赐不及车马"亦有不同的理解。

⑥　(唐)孔颖达:《礼记正义》,载《十三经注疏》,中华书局 1980 年影印版,第 1249 页。

对方是否有需要,若对方无需要,则不必赠之。王安石出新解曰:"'赐人者不曰来取,与人者不问其所欲',为人养廉也。"①王安石认为,不问是否有需要而赠人以礼,意在养廉,而防生贪欲之心。王安石此说对清人颇有启发,如江永云:"临川王氏云:'为人养廉也。'陈氏云:'赐者君子,与者小人。'朱氏云:'君子有守,必将之以理,小人无厌,必节之以礼。'按:尊者曰赐,敌者曰与。王氏为人养廉之说甚善。陈氏、朱氏之说,则因《玉藻》赐君子与小人不同日而误。彼所谓与者,连及之辞,非谓君子曰赐、小人曰与也。"②孙希旦曰:"王氏安石曰:为人养廉也。吕氏大临曰:赐人者使之来取,人之所难取也。与人者问所欲,人之所难言也。赐之而难取,与之而难言,非所以惠人之道也。……愚谓君子多自好,故赐之不曰'来取',所以养其廉。小人多苟得,故与之不问其所欲,所以节其贪。"③江永、孙希旦与王安石之说如出一辙,由此可见王安石此说之深远影响。

又如《檀弓上》:"曾子之丧,浴于爨室。"郑注:"见曾元之辞易箦,矫之以谦俭也。礼,死浴于适室。"④孔疏:"此一节论曾子故为非礼以正其子也。……曾子达礼之人,应须浴于正寝,今乃浴于爨室,明知意有所为。"⑤王安石驳郑注、孔疏曰:"此自元申失礼于记,曾子无遗言,郑何以知其矫之以谦俭也?"⑥王安石认为,此失礼之举乃曾子之子曾元所为,并非曾子故意为之。王安石此说对后世影响深远,如元代陈澔曰:"《士丧礼》'浴于适室',无浴爨室之文。旧说曾子以曾元辞易箦,矫之以谦俭,然反席未安而没,未必有言及此,使果曾子之命,为人子者亦岂忍从非礼而贱其亲乎? 此难以臆说断之,当阙之。"⑦陈澔此说显然受到了王安石的启发。明代胡广修《礼记大全》、清人李光坡撰著《礼

---

① (宋)卫湜:《礼记集说》卷七,载文渊阁《四库全书》第117册,上海古籍出版社1987年影印版,第151页。

② (清)江永:《礼记训义择言》卷一,载文渊阁《四库全书》第128册,上海古籍出版社1987年影印版,第298—299页。

③ (清)孙希旦著,沈啸寰等点校:《礼记集解》卷三,中华书局1989年版,第78页。

④ (唐)孔颖达:《礼记正义》,载《十三经注疏》,中华书局1980年影印版,第1281页。

⑤ (唐)孔颖达:《礼记正义》,载《十三经注疏》,中华书局1980年影印版,第1281页。

⑥ (宋)卫湜:《礼记集说》卷一六,载文渊阁《四库全书》第117册,上海古籍出版社1987年影印版,第339页。

⑦ (元)陈澔:《礼记集说》卷二,载文渊阁《四库全书》第121册,上海古籍出版社1987年影印版,第713页。

记述注》、鄂尔泰等奉敕编《钦定礼记义疏》皆采陈氏之说。①

对于《礼记》经文，王安石主张义理推求，进而得出新的解义。如其不信汉唐经学家之说，对《王制》所记制度进行重新审视。《王制》所记载的多属于理想化的政治模式，而非史实。王安石认为《王制》的记载"于人情似不合"②"恐于事亦难如此"③，其以己意解经的倾向昭然若揭。

2. 借《礼记》阐发政治思想

王安石有着古典理想主义的特质，他借《礼记》之诠释，阐发崇圣复古思想。其在训释《礼记》时多使用"先王"一词，体现的正是他的这一思想倾向。如《檀弓下》："战于郎，公叔禺人遇负杖入保者息，曰：'使之虽病也，任之虽重也，君子不能为谋也，士弗能死也。不可。我则既言矣。'与其邻重汪踦往，皆死焉。鲁人欲勿殇重汪踦，问于仲尼，仲尼曰：'能执干戈以卫社稷，虽欲勿殇也，不亦可乎？'"王安石曰："以此知先王制礼，大为之防，而事有常变，不可以常礼制之者，可变而从宜也，小德出入可也。"④王安石认为先王制礼义在为人行事立定规则。

又如《礼运》："后圣有作，然后修火之利，范金合土，以为台榭、宫室、牖户，以炮以燔，以亨以炙，以为醴酪，治其麻丝，以为布帛，以养生送死，以事鬼神上帝，皆从其朔。"王安石曰："皆从其初，皆从其朔，或言初，或言朔，何也？初者，一始而不可变；朔则终而复始。故于始诸饮食则言初，于后圣有作则言朔，盖先王为后世所因，乃其所以为朔也。"⑤王安石认为先王当为后世所效法。

---

① 参见胡广《礼记大全》卷三、鄂尔泰《钦定礼记义疏》卷一〇、李光坡《礼记述注》卷三。关于《檀弓上》此段经文之义，各家意见不一，尚无定论。如江永、孙希旦认为曾子所为并非矫子谦俭，此必传闻之误，可参见孙希旦《礼记集解》卷七、江永《礼记训义择言》卷二。李调元仍支持郑、孔之说，可参见李调元《礼记补注》卷一。

② （宋）卫湜：《礼记集说》卷二四，载文渊阁《四库全书》第117册，上海古籍出版社1987年影印版，第491页。

③ （宋）卫湜：《礼记集说》卷二六，载文渊阁《四库全书》第117册，上海古籍出版社1987年影印版，第531页。

④ （宋）卫湜：《礼记集说》卷二二，载文渊阁《四库全书》第117册，上海古籍出版社1987年影印版，第445页。

⑤ （宋）卫湜：《礼记集说》卷五四，载文渊阁《四库全书》第118册，上海古籍出版社1987年影印版，第139页。

王安石虽然主张"法先王",但绝非亦步亦趋地效法和模仿。王安石认为法先王当法其意,他说:"以今之世,去先王之世远,所遭之变、所遇之势不一,而欲一二修先王之政,虽甚愚者,犹知其难也。然臣以谓今之失,患在不法先王之政者,以谓当法其意而已。夫二帝三王,相去盖千有余载,一治一乱,其盛衰之时具矣。其所遭之变,所遇之势,亦各不同,其施设之方亦皆殊,而其为天下国家之意,本末先后,未尝不同也。臣故曰:当法其意而已。法其意,则吾所改易更革,不至乎倾骇天下之耳目,嚣天下之口,而固已合乎先王之政矣。"①"当法其意",即效法先王为天下国家之意,唯有如此,才符合先王本意。

王安石《礼记》之诠释,尊崇周公和周礼的倾向颇为明显。如《礼运》:"孔子曰:'……鲁之郊禘,非礼也,周公其衰矣。'"王安石云:"鲁有周公之功而用郊,不亦可乎? 鲁之郊也,可乎? 曰:有伊尹之心,则放其君可也,有汤武之仁,则绌其君可也,有周公之功,用郊不亦宜乎?"②郊礼祭天,被历代统治者所看重。王安石认为,鲁国若有周公之功,就可以行郊祭。由此可见王安石对周公之尊崇态度。

王安石还以《礼记》为资源讨论性情。宋初胡瑗、晁说之等人已注意到了《中庸》的心性资源,但是没有受到当时人的重视。当王安石的《淮南杂说》问世以后,学林风气为之一变。蔡卞《王安石传》云:"宋兴,文物盛矣,然不知道德性命之理。安石奋乎百世之下,追尧舜三代,通乎昼夜阴阳所不能测而入于神。初著《杂说》数万言,世谓其言与孟轲相上下。于是天下之士始原道德之意,窥性命之端。"③蔡卞乃王安石女婿,此记载难免有溢美之辞。不过借此可知王安石对性命之学颇有一番研究。王安石所言性命之学影响深远,苏轼云:"昔王衍好老庄,天下皆师之,风俗凌夷,以至南渡。王缙好佛,舍人事而修异教,大历之政,至今为笑。故孔子罕言命,则为知者少也。子贡曰:'夫子之文章,可得而闻也,夫子之言性与天道,不可得而闻也。'夫性命之说,自子贡不

① (宋)王安石著,秦克等标点:《王安石全集》卷一《上皇帝万言书》,上海古籍出版社1999年版,第1页。
② (宋)卫湜:《礼记集说》卷五五,载文渊阁《四库全书》第118册,上海古籍出版社1987年影印版,第150页。
③ (宋)赵希弁:《郡斋读书后志》卷二,载文渊阁《四库全书》第674册,上海古籍出版社1987年影印版,第394页。

得闻,而今之学者,耻不言性命,此可信也哉! 今士大夫至以佛老为圣人,粥书于市者,非庄老之书不售也,读其文,浩然无当而不可穷,观其貌,超然无著而不可捉,岂此真能然哉?"①

王安石的著述如《淮南杂说》《性情》《原性》《性说》《性论》《扬孟》《答王深甫书二》皆言性命之理。今天研究王安石性命之说者,所依据的文献也仅限于此。实际上,王安石的性命之说还见于其《礼记发明》。②

王安石依据《中庸》,从两个维度对性情之来源作了阐释:

首先,以《中庸》为思想资源论性情之起源。王安石曰:"人之生也,皆有喜、怒、哀、乐之事,当其未发之时谓之中者,性也,能发而中喜、怒、哀、乐之节谓之和者,情也。后世多以为性为善而情为恶,夫性情一也,性善则情亦善,谓情而不善者,说之不当而已,非情之罪也。《礼》曰:'人生而静,天之性也,感物而动,性之欲也。'则是中者,性之在我者之谓中,和者,天下同其所欲之谓和。夫所谓大本也者,性非一人之谓也,自圣人愚夫皆有是性也。达道也者,亦非止乎一人,举天下皆可以通行。致中和,天地位焉,万物育焉,此论中和之极,虽天地之大亦本中和之气。天位于上,地位于下,阳气下降,阴气上蒸,天地之闲薰。然春生夏长,而万物得其生育矣,《易》曰:'天地交而万物生。'其中和之致也。"③王安石认为,性是"当其未发之时谓之中者",情是"能发而中喜、怒、哀、乐之节谓之和者",性是"未发",情是"已发",二者分别属于心理活动的不同阶段。这与王安石在《性情》中的观点如出一辙。④ 王安石还对性情的来源作了追溯,他说:"人受天而生,使我有是之谓命,命之在我之谓性。不唯人之受而有是也,至草木、禽兽、昆虫、鱼鳖之类,

---

① (宋)苏轼:《议学校贡举状》,《苏轼文集》卷一九,载曾枣庄、舒大刚编:《三苏全书》第11册,语文出版社2001年版,第435—436页。

② 刘成国《荆公新学研究》第三章第二节以及第五章第三节对王安石的性命之学作了较为全面的探讨,不过其所据材料没有涉及《礼记发明》。

③ (宋)卫湜:《礼记集说》卷一二四,载文渊阁《四库全书》第120册,上海古籍出版社1987年影印版,第42页。

④ 王安石云:"喜、怒、哀、乐、好、恶、欲未发于外而存于心,性也;喜、怒、哀、乐、好、恶、欲发于外而见于行,情也。"(见王安石著,秦克等标点:《王安石全集》卷二七《性情》,上海古籍出版社1999年版,第234页。)

亦禀天而有性也。"①由此可见,王安石在《中庸》的启发下,还将超越的"天"作为性情的来源。王安石从超越的角度论性情起源,与宋初以来佛教心性论的影响有很大关系。

其次,以《中庸》为资源论人性。王安石云:"盖君子养性之善,故情亦善;小人养性之恶,故情亦恶。"②王安石受孟子性善论的影响,更多地强调性善③,他说:"然性果何物也? 曰:善而已矣。性虽均善,而不能自明,欲明其性,则在人率循而已,率其性不失,则五常之道自明。然人患不能修其五常之道以充其性,能充性而修之,则必以古圣贤之教为法。而自养其心,不先修道,则不可以知命。《易》曰:'穷理尽性以至于命。'《易》何以不先言命,而此何以首之? 盖天生而有是性,命不修,其道亦不能明,其性,命也,是《中庸》与《易》之说合。此皆因中人之性言也,故曰:'自诚明谓之性;自明诚谓之教。'夫教者在中人,修之则谓之教,至于圣人,则岂俟乎修而至也? 若颜回者,是亦中人之性也,唯能修之不已,故庶几于圣人也。"④王安石认为,圣人之性纯全,故不需要教化;对于普通人来说,只有通过教化,天所赋之性才能显明。

(四) 张载、吕大临的《礼记》学

关学是北宋张载创立的一个理学学派。张载是关中人,弟子也多为关中人,故称之为关学。世称张载"横渠先生",因此关学又有"横渠之学"之称。就关学的内涵性质而言,其属于宋明理学"气本论"的一个哲学学派。张载之时,"关学之盛,不下洛学"。据《宋元学案》可知,关学代表还有吕大忠、吕大钧、吕大临、范育、苏昞、游师雄、种师道、李复等。明清时期的王廷相、王夫之、戴震等思想家都深受关学的启发,继承并发展了关学的传统。关学重视礼学,主张躬行礼教,强调通经致用。

张载的《礼记》学著述,朱熹《近思录》"引用书目"、晁公武《郡斋读书

① (宋)卫湜:《礼记集说》卷一二三,载文渊阁《四库全书》第120册,上海古籍出版社1987年影印版,第16页。

② (宋)王安石著,秦克等标点:《王安石全集》卷二七《性情》,上海古籍出版社1999年版,第235页。

③ 王安石学术与《孟子》关系密切,其所著《淮南杂说》就是拟孟之作。

④ (宋)卫湜:《礼记集说》卷一二三,载文渊阁《四库全书》第120册,上海古籍出版社1987年影印版,第16页。

志》、陈振孙《直斋书录解题》以及《宋史·艺文志》均无著录。最早介绍张载《礼记》学著述的是南宋时期的魏了翁，魏了翁有云："今《礼记说》一编，虽非全解，而四十九篇之目，大略固具。且又以《仪礼》之说附焉。然则是编也，果安所从得与？尝反复寻绎，则其说多出于《正蒙》《理窟》《信闻》诸书。或者先生虽未及定著为书，而门人会粹遗言，以成是编与？"①从魏了翁所言，可知张载曾为《礼记》作注，且有《礼记说》一书问世。不过魏氏已经不知《礼记说》是否是张载亲定。

南宋卫湜《礼记集说》对张载《礼记》的礼记解义多有征引。"集说名氏"云："横渠张氏，字子厚，《记说》三卷。"②"《记说》"乃《礼记说》之省称。由此可见，卫湜可能曾见到过张载的《礼记说》，并对《礼记说》有所征引。

从卫湜所征引之解义来看，张载《礼记说》与《经学理窟》《正蒙》《语录》中的部分内容相同。如《乐记》："乐者，音之所由生也，其本在人心之感于物也……是故先王慎所以感之者。"《礼记集说》引张载解义为："古乐不可见，盖为后人求之太深，始以古乐为不可知。但以《虞书》言'诗言志，歌永言，声依永，律和声'求而得之，乐之意尽于是。诗止言志，歌但永其言而已，永转其声，令人可听耳，今学者亦以转声不变字为善歌。既长言之要入于律，则知音者察之，知此声入得何律，错综以成文矣。"③《经学理窟·礼乐》云："古乐不可见，盖为今人求古乐太深，始以古乐为不可知。只此《虞书》'诗言志，歌永言，声依永，律和声'求之，得乐之意盖尽于是。诗只是言志。歌只是永其言而已，只要转其声，合人可听，今日歌者亦以转声而不变字为善歌。长言后却要入于律，律则知音者知之，知此声入得何律。"④通过比较可知，《礼记集说》与《经学理窟·礼乐》中的两段文字大同小异，《经学理窟·礼乐》稍显简略。

《礼记集说》所援引张载解义与《正蒙》《语录》有相同或相似者。如《曲礼》"支子不祭，祭必告于宗子"，《礼记集说》所征引张载解义与《经学理窟·

①　(清)朱彝尊：《经义考》卷一四一，中华书局1998年影印版，第743页。

②　(宋)卫湜：《礼记集说》卷首《礼记集说名氏》，载文渊阁《四库全书》第117册，上海古籍出版社1987年影印版，第11—12页。

③　(宋)卫湜：《礼记集说》卷九一，载文渊阁《四库全书》第119册，上海古籍出版社1987年影印版，第6页。

④　(宋)张载著，章锡琛点校：《经学理窟》，载《张载集》，中华书局1978年版，第262页。

宗法》的相关内容基本一致。《礼记·乐记》"乐也者情之不可变者也""礼也者礼之不可易者也",《礼记集说》所征引张载解义与《语录》中的相关记载基本相同。关于《礼器》的篇名,《礼记集说》所征引张载解义与《正蒙》中的相关记载完全相同。

综上所述,可知张载曾为《礼记》作注,这些注释很可能是张载讲学的讲稿。张载去世之后,其弟子对他的遗稿作了汇编,《礼记说》很可能就是张门弟子在资料汇编时所定的书名。《经学理窟》《语录》亦是由弟子记录并整理的。在整理的过程中,弟子们也择取了一些张载的《礼记》解义,只是取舍与《礼记说》有所不同,《礼记说》与《经学理窟》《语录》遂有同有异。

由于年代久远,书缺有间,张载《礼记说》的流传情况已难确考。据四库馆臣考证,卫湜的《礼记集说》始作于南宋开禧、嘉定年间,成书于宝庆二年(1226 年)①,由此可知南宋开禧、嘉定年间,张载《礼记说》还流传于世。明吕柟于嘉靖五年(1526 年)所编《张子抄释》之序曰:"横渠张子书甚多,今其存者止《二铭》《正蒙》《理窟》《语录》及《文集》,而《文集》又未完,止得二卷于三原马伯循氏。"②由此可见,明嘉靖年间,张载《礼记说》已佚。二程的著作经过朱熹的整理,完整无缺,张载的著作,除《文集》外也大部分散佚,从中可见程朱学派的态度。

张载主要以六经、《论语》和《孟子》为资源,通过对经书的重新诠释从而批判佛老,建立理学思想体系。《正蒙》和《经学理窟》是张载重要的解经注经之作,其中包含了张子思想多个层面的内容。《正蒙》成书于熙宁九年(1076 年),是张载最重要的作品之一。张载对学生说:"此书予历年致思之所得,其言殆与前圣合与!大要发端示人而已,其触类广之,则吾将有待于学者。正如老木之株,枝别固多,所少者润泽华叶尔。"③至于《经学理窟》,朱熹《近思录》和有关传记没有著录,有人据此认为其非张载的作品。根据明代黄巩、当代张

① (清)永瑢等:《四库全书总目》卷二一《经部·礼类三》,中华书局 1965 年影印版,第168 页。

② (明)吕柟著,章锡琛点校:《张子抄释》序,载《张载集》附录,中华书局 1978 年版,第389 页。

③ (宋)吕大临著,章锡琛点校:《横渠先生行状》,载《张载集》附录,中华书局 1978 年版,第384 页。

岱年等人的考辨，《经学理窟》是张载的作品。在《正蒙》《经学理窟》中，张载对《礼记》有深入的研究。《正蒙》的《诚明篇》《乐器篇》《王祎篇》，《经学理窟》的《宗法》《礼乐》《祭祀》《丧纪》等，对《礼记》多有征引和阐释。

吕大临(1046—1092年)，字与叔，号芸阁，其祖上是汲郡(今河南汲县)人，因其祖父太常博士吕通葬于蓝田(今陕西蓝田县)，遂为蓝田人。吕大临是关学的代表。他曾师承张载，张载去世后，又从学于二程，与谢良佐、杨时、游酢并称为"四先生"。史称其学"通六经，尤深于《礼》"①。据晁公武《郡斋读书志》和陈振孙《直斋书录解题》可知，吕大临的礼学著作有《礼记解》《编礼》《家祭礼》。不过在流传中，三书皆佚。

晁公武《郡斋读书志》著录吕大临"《芸阁礼记解》四卷"②，尤袤《遂初堂书目·礼类》作"《礼记解》"③，不记卷数，陈振孙《直斋书录解题》作"《芸阁礼记解》十六卷"④，卫湜《礼记集说名氏》云"《解》十卷"⑤，王应麟《玉海》载"《芸阁礼记解》十卷"⑥。根据宋人的著录，可知吕大临《礼记》学著述全称为《芸阁礼记解》，尤《目》所言《礼记解》和卫湜《名氏》所言《解》，都是省称。各家所著录《芸阁礼记解》的卷数，或为四，或为十六，或为十，可能是流传过程中分卷不一所致。马端临《文献通考》载"《芸阁礼记解》十六卷"⑦，可是到元脱脱等修《宋史》时，却作"《礼记传》十六卷"⑧。宋代目录均无吕大临《礼记

---

① (宋)王称：《东都事略》卷八九，载文渊阁《四库全书》第382册，上海古籍出版社1987年影印版，第576页。

② (宋)晁公武：《郡斋读书志》卷一上《礼类》，载文渊阁《四库全书》第674册，上海古籍出版社1987年影印版，第169页。

③ (宋)尤袤：《遂初堂书目·礼类》，载文渊阁《四库全书》第674册，上海古籍出版社1987年影印版，第440页。

④ (宋)陈振孙著，徐小蛮等点校：《直斋书录解题》卷二《礼类》，上海古籍出版社1987年影印版，第47页。

⑤ (宋)卫湜：《礼记集说》卷首《礼记集说名氏》，载文渊阁《四库全书》第117册，上海古籍出版社1987年影印版，第12页。

⑥ (宋)王应麟：《玉海》卷三九《艺文·三礼》，载文渊阁《四库全书》第944册，上海古籍出版社1987年影印版，第102页。

⑦ (元)马端临：《文献通考》卷一八一《经籍八》，中华书局1986年版，第1559页。

⑧ (元)脱脱等：《宋史》卷二〇二《志第一百五十五·艺文一》，中华书局1977年版，第5049页。

传》的记载,所以很可能是《宋史》将《礼记解》误作《礼记传》。清朱彝尊《经义考》袭《宋史》之误,将《礼记传》与《芸阁礼记解》皆归于吕大临。今人省称《芸阁礼记解》作《礼记解》。

明万历张萱重编《内阁书目》时云:"吕氏《礼记传》(当为《礼记解》)十六卷,今阙第三卷,宋淳熙中朱晦庵刻之临漳学官。"①由此可知,明万历年间,朱熹所刻吕氏《礼记解》还流传于世。朱彝尊和四库馆臣均未见吕氏《礼记解》之刊行,并断定《礼记集说》所取吕大临《礼记解》在内的一百四十四家,除郑注、孔疏外,"原书无一存者",可见《礼记解》在清乾隆时期已失传。

今人陈俊民从《礼记集说》(《四库全书》本)中将卫湜征引吕大临《礼记说》的内容全部辑出,并参考牛兆濂校勘本《蓝田吕氏礼记传》加以点校,成辑本《礼记解》,保存于《蓝田吕氏遗著辑校》中。陈振孙所言十六篇,均已包括在辑本内。据辑本可知,《曲礼》《中庸》《大学》《表记》《缁衣》几乎是全文详解,足以见吕大临《礼记解》的主要内容得以保留下来。

1. 名物礼制之考证

《礼记》有名物礼制之记载,张载从事《礼记》之诠释,重视名物礼制之考证。如《祭法》:"王为群姓立七祀,曰司命,曰中溜,曰国门,曰国行,曰泰厉,曰户,曰灶。……诸侯为国立五祀……大夫立三祀……庶士、庶人立一祀。"张载云:"五祀,户、灶、门、行、中溜而已。一亩之宫,五者皆具,故曰天子至于士,皆立五祀之祭。天子之立五祀,见于经者不一。士之立五祀,见于《士丧礼》。《祭法》有七祀、五祀、三祀、二祀、一祀之法,加以司命及厉。而诸侯不祭户、灶,大夫以下皆不祭中溜,殆非推报之义。又未尝参见诸书及庙祧、坛墠之法,亦与经多不合,恐别是一法,非世之达礼。社稷者,土谷之神。后土、后稷,古司土、司谷之有功德者,故以配之祭社,则后土之功可以报矣。并不在五祀,恐水土之神已属之社。厉无后者也,国祭无后者是亦一术也。中溜恐是天窗漏明处,《诗》所谓'不愧屋漏'是也。盖穴居之处亦必有以取明,及其宫室当深奥处仍有漏明之所。《尔雅》指屋漏于东北隅,不必尽尔。礼浴于中溜,盖就其明也,然则又不可以中庭谓之中溜。五祀曰门、曰行以报功而言,则门、

① (清)朱彝尊:《经义考》卷一四一,中华书局1998年影印版,第744页。

行岂大于井,反不祭井?"①张载认为,中溜是《诗经》之"不愧屋漏",是宫室漏明之处。张载还对《既夕礼》所记士祭五祀的内容作了辨析,认为《祭法》所记载的七祀、五祀、三祀、二祀、一祀非通行之礼。张载此解义影响深远。北宋陈祥道云:"《周官》虽天子亦止于五祀,《仪礼》虽士亦传五祀,则五祀无尊卑隆杀之数矣。《祭法》自七祀推而下之,至于'嫡士二祀'、'庶人一祀',非周礼也。"②清人孙希旦云:"愚谓五祀有二:其大者为五行之神,《大宗伯》'以血祭''祭五祀',《左传》'社、稷、五祀,是尊是奉',是也。其小者为户、灶、门、行、中溜之神,《曲礼》《王制》《月令》《周礼·小祝》《士丧礼》之所言者是也。盖户、灶、门、行、中溜,皆关于饮食起居之至切近者,故自天子以下皆祭其神。若司命以为文昌宫星,则《大宗伯》以櫙燎祭之者不当祭于宫中;若如以为宫中小神督察三命者,则不知其于天神、地祇、人鬼何所属耶? 至泰厉、公厉,则天子诸侯所祭因国之在其地而无主后者,亦不当于中溜、户、灶、门、行为类。且五祀为宫中之神,故自天子以下各自祭之,今乃谓'天子为群姓立七祀',有中溜、户、灶,'诸侯为国立五祀',有中溜,则是国人宫内之神,而乃祭之于天子诸侯之宫,有是理乎?"③陈祥道、孙希旦之说,显然是受张载之启发。

又如《乐记》:"夫乐者,象成者也。总干而山立,武王之事也。发扬蹈厉,大公之志也。武乱皆坐,周、召之治也。……久立于缀,以待诸侯之至也。"郑注云:"成,谓已成之事。"张载云:"舞以八佾,佾以八人为列,则六十四人也。六成者,六奏曲终也。大凡舞者,必于其中以见其象。周始有雍州之地,及灭商,所得者又有冀、青,犹有六州之地。既得天下,必须镇抚其诸侯,故三成而南,镇抚南方诸侯也;四成则见南方之国皆疆理而治也;五成而分,舞列皆分两行以象周、召分而治也;六成复缀以崇,此时必改易衣冠服饰,使之充盛,象治定致文也;天子夹振而驷伐,以舞列分为左右,则总干者在中央振铎,而舞列夹

---

①　(宋)卫湜:《礼记集说》卷一〇九,载文渊阁《四库全书》第119册,上海古籍出版社1987年影印版,第440、366页。

②　(宋)陈祥道:《礼书》卷九四,载文渊阁《四库全书》第130册,上海古籍出版社1987年影印版,第440页。

③　(清)孙希旦著,沈啸寰等点校:《礼记集解》卷四五,中华书局1989年版,第1203—1204页。

而进也。驷伐者,必是舞列四出,象兵四出也。南国是疆之后,亦有不服者,如淮夷是也。其时须当用兵,故言盛威于中国,大中国之威也。分夹而进,夹总干者也。久立于缀,亦是总干者立于缀也,以待诸侯之至,舞中亦必有此象,是舞人四出后,改易衣冠以待其至也。"①郑注以"成"为"已成之事",是对"成"字的误解,正如翁方纲云:"郑注:'成,谓已成之事。'此解未得'成'字义也。"②张载认为,"六成者,六奏曲终也","成"为舞曲之一终。张载以"成"为曲终,见诸经籍,如《论语·八佾》:"子语鲁大师乐,曰:'乐其可知也,始作翕如也,从之纯如也,皦如也,绎如也,以成。'"《论语》称曲终乐尽为"成"。孙希旦云:"成者,舞之一终也。"③此外,张载还对"三成而南""四成而南国是疆""五成而分""六成复缀以崇"等作了诠释,其解义的重点是礼仪考证,而非义理阐发。

《王禘篇》为《正蒙》的第十六篇,篇名源自《礼记·丧服小记》"礼不王不禘"一语。王夫之释此篇的大旨曰:"此篇略释三礼之义,皆礼之大者,先王所以顺天之秩序而精其义者也。张子之学以立礼为本,而言礼则辨其大而遗其细。盖大经有一定之理,而恭敬、樽节、退让之宜,则存乎人之随时以处中,而不在乎度数之察也。"④在《王禘篇》中,张载征引了《周礼》《仪礼》《礼记》《孟子》《论语》,对丧、祭、昏、射诸礼作了解释。

据统计,《王禘篇》引用《礼记》达十六次,其中征引《丧服小记》七次,《王制》三次,《曲礼上》一次,《学记》一次,《射义》一次,《玉藻》一次,《礼器》一次,《丧服四制》一次。征引《仪礼》仅二次,《周礼》一次,《论语》二次,《孟子》一次。由此可知,张载主要是根据《礼记》阐述自己对礼制的认识。如《丧服小记》"礼不王不禘",张载云:"'礼不王不禘',则知诸侯岁阙一祭为不禘明矣。至周以祠为春,以禴为夏,宗庙岁六享,则二享四祭为六矣。诸侯不禘,其

---

① (宋)卫湜:《礼记集说》卷九九,载文渊阁《四库全书》第 119 册,上海古籍出版社 1987 年影印版,第 440 页。

② (清)翁方纲:《礼记附记》卷五,载《丛书集成初编》第 1023 册,中华书局 1985 年版,第 145 页。

③ (清)孙希旦著,沈啸寰等点校:《礼记集解》卷三八,中华书局 1989 年版,第 1024 页。

④ (清)王夫之著,船山全书编辑委员会编校:《船山全书》第 12 册,岳麓书社 1989 年版,第 335 页。

四享与！夏商诸侯，夏特一祫，《王制》谓'礿则不禘，禘则不尝'，假其名以见时祀之数尔，作《记》者不知文之害意，过矣。"①前人只重视对"禘"的解释，张载则对"礼不王不禘"有深入的研究。从其解义可知张载对古礼是十分熟悉的。②

张载在《经学理窟·丧纪》中专论丧礼和丧服。据笔者统计，此篇征引《礼记》达十二次，其中多涉及《檀弓》上、下，另还涉及《杂记》上、下。于《丧纪》中，张载对《礼记》经文表示质疑。如《檀弓下》："卒哭曰成事。是日也，以吉祭易丧祭，明日祔于祖父。其变而之吉祭也，比至于祔，必于是日也接，不忍一日末有所归也。殷练而祔，周卒哭而祔，孔子善殷。"卒哭即止哭，丧主在祭后"止无时之哭"。《礼记·杂记下》："士三月而葬，是月也卒哭；大夫三月而葬，五月而卒哭；诸侯五月而葬，七月而卒哭。"卒哭后次日，把死者的神主敬奉祖庙，依昭穆次序安放在神座上，与祖先一起合祭，称为祔。祭毕，仍奉神主归家。据《檀弓下》可知，祔在卒哭后。张载云："丧须三年而祔，若卒哭而祔，则三年都无事。礼卒哭犹存朝夕哭，若无祭于殡宫，则哭于何处？古者君薨，三年丧毕，吉禘然后祔，因其祫，祧主藏于夹室，新主遂自殡宫入于庙。《国语》言'日祭月享'礼，庙中岂有日祭之礼？此正谓三年之中不彻几筵，故有日祭。朝夕之馈，犹定省之礼，如其亲之存也。至于祔祭，须是三年丧终乃可祔也。"③张载认为，若卒哭而祔，三年之内将无祭祀；卒哭后，朝夕哭犹存，若卒哭后行祔礼，就无可供朝夕哭之殡宫，因此，三年丧终才可行祔礼。

吕大临也重视名物之考证。如《丧服小记》："斩衰括发以麻，为母括发以麻，免而以布，齐衰恶笄以终丧。"吕大临云："免以布为卷帻，以约四垂短发，而露其髻，于《冠礼》谓之'阙项'。冠者必先著此阙项，而后加冠。故古者有罪，免

---

①　(宋)张载著，章锡琛点校：《张载集》，中华书局1978年版，第59页。

②　王夫之注："谓夏、商春礿夏禘，即于夏季时享行大禘，诸侯不禘，则夏不祭。二享，禘、祫；四祭，祠、禴、尝、烝。四时之祭阙其一，合祫而四。周制，诸侯各以其方助祭于天子，故其时不行宗庙之祭。《王制》盖谓诸侯祠则不礿，礿则不尝，亦言阙一祭尔。假夏、商时享之名谓礿为禘，于文未审，恐读者不察，且疑诸侯之亦禘，害于礼矣。夏、商诸侯，夏时天子大禘之时而祫祭，非禘也。作《记》者，汉文帝时博士。"[见(清)王夫之著，船山全书编辑委员会编校：《船山全书》第12册，岳麓书社1989年版，第335—336页。]船山之解并非尽合张子原意，然大体上可从。

③　(宋)张载著，章锡琛点校：《张载集》，中华书局1978年版，第297—298页。

冠而阙项存,因谓之免。音'免',以其与'冕弁'之'冕'其音相乱,故改音
'问'。"①"免"为古代的丧服,吕大临将其与《仪礼·冠礼》"缺项"进行比较,使
"免"之形制得以展现。吕大临还将"免"的读音改为"问",以别于"冕弁"之
"冕"。

　　此处,吕大临也很重视对职官职掌的诠释。如关于《曲礼下》所言天子之
五官、六府、六工,吕大临释之云:"殷人尊神,率民以事神,先鬼而后礼。大宗
以下,皆事鬼神,奉天时之官,故总谓之'天官'。太宰者,佐王代天工以治者
也;大宗,掌事鬼神者也;大史,掌正岁年及颁朔,则奉天时者也;大祝,所以接
神者也;士者,即周司巫,巫所以降神者也;大卜,主问龟,所以求神者也。六
者,皆天事也,人事也,人事可变,天事不可变者也。《周官》司士,则夏官之
属,此别出司士为一官者。司士掌群臣之版,及卿大夫士庶子之数,则所统有
众。与司马、司徒、司空、司寇略等矣,所以并立为五官也。司徒之众,则六乡
六遂是也;司马之众,六军是也;司空之众,百工是也;司寇之众,士师司隶之属
是也,故曰典司五众。六府者,主藏之官,敛藏六者之入,以待国用者也。农以
耕事贡九谷,则司土受之;山虞以山事贡木材,则司木受之;泽虞以泽事贡水
物,则司水受之;圃以树事贡薪刍疏材,则司草受之;工以饬材事贡器物,则司
器受之;商以市事贡货贿,则司货受之。《周官》司土,则廪人、仓人之职;司
木,则山虞、林衡之职;司水,则泽虞、川衡之职;司草,则委人之职;司器、司货,
则玉府、内府之职。所入者,乃农圃虞衡工商之民所贡,故曰'典司六职'。六
工者,饬材为器,以待国用者也;草工,以萑苇莞蒲菅蒯之类为器用者。六工所
治之材,各有不同,故曰'典制六材'。岁终,则司徒以下五官,各致其功,以献
于王,故谓之'享',王得以行其诛赏,大宰不贡者。《周官》大宰诏王废置,则
殷制亦然也。"②吕大临于此随文作注,《曲礼下》所言天子之五官、六府、六工
之职掌粲然可见。清人孙希旦评论吕大临此解义云:"吕氏之说,稍微该括,

①　(宋)吕大临:《礼记解》,载陈俊民辑校:《蓝田吕氏遗著辑校》,中华书局1993年版,第
258页。
②　(宋)吕大临:《礼记解》,载陈俊民辑校:《蓝田吕氏遗著辑校》,中华书局1993年版,第
236—237页。

然亦未有以见其必然也。"①

　　吕大临谙熟礼制,在礼制阐释方面多有新见。如《曲礼下》:"天子当依而立,诸侯北面而见天子,曰'觐';天子当宁而立,诸公东面,诸侯西面,曰'朝'。"吕大临曰:"自此至'曰盟',言朝、觐、会、同、聘、问、盟、誓之所以名也。古者谓相见曰'朝',相问曰'聘'。臣见于君,子见于亲,贱见于贵,皆谓之'朝',以朝暮别之,则朝见曰'朝',暮见曰'夕';以春秋别之,则春见曰'朝',秋见曰'觐'。然考之《舜典》'二月,东巡守,肆觐东后',则春亦曰'觐',盖'朝''觐'互名,至周始以春秋别之。又有夏宗冬遇,以备四时之朝,又曰:'春朝以图天下之事,秋觐以比邦国之功,夏宗以陈天下之谟,冬遇以协诸侯之虑。'则四者非独时异,事亦异矣。此章天子之立,有'当依'、'当宁'之别,其朝位,有'诸侯北面'及'诸公东面'、'诸侯西面'之别,则朝觐之礼,非独事异,仪亦异矣。"②吕大临引用《尚书》之记载,对朝、聘、觐、夕诸礼加以辨析,言之有据,可备一家之说。

　　2. 礼义之阐发

　　《仪礼》记载了冠、昏、丧、祭、乡、射、朝、聘诸礼,《礼记》对这些礼义的意义作了阐发。张载十分重视阐发礼义,他对《礼记》所记礼义作了再诠释。如《杂记下》:"孔子曰:'吾食于少施氏而饱,少施氏食我以礼。吾祭,作而辞曰:疏食不足祭也。吾餐,作而辞曰:疏食也,不敢以伤吾子。'"郑注:"言贵其以礼待己,而为之饱也。时人倨慢,若季氏则不以礼矣。少施氏,鲁惠公子施父之后。"③张载曰:"后世不安于礼,相见唯务简便。至如宾主相与为礼,安然不动,复何相劝相敬之意? 但以酒食相与醉饱而已。古人非不知此简便,必自进笾豆几席,酌酒而拜,所以致其敬也。末世虽宗庙之飨,父母之养,礼意犹有所阙。然所谓如食宜饮,如酌孔取,但取饮食醉饱而已,殊非养老之意,老马反为驹,不顾其后。孔子食于少施氏而饱,必是少施氏有礼也。食于季氏,不食肉而飧。孔子虽欲行礼,施于季氏,必是不知,故不若辞食而已。凡礼必施之知

_____

①　(清)孙希旦著,沈啸寰等点校:《礼记集解》卷五,中华书局1989年版,第134页。

②　(宋)吕大临:《礼记解》,载陈俊民辑校:《蓝田吕氏遗著辑校》,中华书局1993年版,第239—240页。

③　(唐)孔颖达:《礼记正义》卷四三,载《十三经注疏》,中华书局1980年影印版,第1569页。

者,若为不知,礼亦难行。"①在郑注之基础上,张载则对《礼记》这段文字的意义作了阐释。张载认为,后世一味求简,相劝相敬之意渐失;后世虽有宗庙进食礼,但相对古人而言,礼义仍有所缺失。

又如《杂记下》:"子贡问丧。子曰:'敬为上,哀次之,瘠为下。颜色称其情,戚容称其服。'"郑注:"问丧,问居父母之丧也。丧尚哀,言敬为上者,疾时尚不能敬也。"②张载云:"持丧敬则必哀,哀则必瘠,恣适非所以居丧,稍不敬则哀忘之矣。或谓三年致哀于君子,所养得无损乎! 是君子之所养也。居丧以敬为上,敬则一于礼也。"③张载认为,居丧期间必哀,哀之前提是敬,只有敬才是真正的哀,哀则有憔悴黑瘦之模样;居丧期间有敬才能达于礼。清人江永撰《礼记训义择言》时征引张载此说,认为"张子之言至矣"④。

吕大临亦很重视礼义,他说:"冠、昏、射、乡、燕、聘,天下之达礼也。《仪礼》所载,谓之礼者,礼之经也。《礼记》所载,谓之义者,训其经之义也。先王制礼,其本出于君臣、父子、尊卑、长幼之间,其详见于仪章、度数、周旋、曲折之际,皆义理之所当然。故礼之所尊,尊其义也。失其义,陈其数,祝史之事也。知其义,则虽先王未之有,可以义起也;不知其义,则陷于非礼之礼,非义之义,大人弗为也。凡冠、昏、射、乡、燕、聘义,皆举其经之节文,以述其制作之意者也。"⑤又说:"礼之所尊,尊其义也。其文,则揜相习也;其义,则君子知之;修其文,达其义,然后可以化民成俗也。"⑥吕大临认为,《仪礼》为礼经,《礼记》则阐发礼经之义;礼之所尊是礼义,而非仪节度数。基于这样的认识,吕大临对《礼记》所记礼义作了再诠释。

① (宋)卫湜:《礼记集说》卷一〇四,载文渊阁《四库全书》第119册,上海古籍出版社1987年影印版,第285页。

② (唐)孔颖达:《礼记正义》卷四二,载《十三经注疏》,中华书局1980年影印版,第1561页。

③ (宋)卫湜:《礼记集说》卷一〇三,载文渊阁《四库全书》第119册,上海古籍出版社1987年影印版,第253页。

④ (清)江永:《礼记训义择言》卷八,载文渊阁《四库全书》第128册,上海古籍出版社1987年影印版,第385页。

⑤ (宋)吕大临:《礼记解》,载陈俊民辑校:《蓝田吕氏遗著辑校》,中华书局1993年版,第382—383页。

⑥ (宋)吕大临:《礼记解》,载陈俊民辑校:《蓝田吕氏遗著辑校》,中华书局1993年版,第396页。

如《儒行》："儒有衣冠中,动作慎;其大让如慢,小让如伪;大则如威,小则如愧;其难进而易退也,粥粥若无能也。其容貌有如此者。"吕大临曰:"儒者未尝无意乎天下之用,然非其义也,禄之以天下弗顾也。辞其大者,若自尊以骄人,然非自尊也,尊道也;辞其小者,若矫饰而不出于情,然非矫饰也,欲由礼也。由尊道而不屈于世,若有所威;由礼而不犯非礼,若有所愧,此儒者所以贵于天下也。衣冠中,所谓'其服也乡'得其中制,不异于众,不流于俗而已。动作慎,则非礼勿履而已,故曰'难进而易退也,粥粥若无能也'。'其容貌有如此者',非容貌之可贵也,德可贵而已。翔而后集,非义则不就,此所以难进,'色斯举矣',礼貌未衰,言弗行也,则去之,所以易退。难进易退,此所以德可尊也。"①《儒行》记载了儒者应行之礼仪,吕大临对这些礼仪蕴含的礼义作了阐发。吕大临认为,儒者应入乡随俗,不应特立独行,因此"儒有衣冠中";儒者行动要与礼相合,因此"动作慎";儒者贵之在德,而非容貌。

3. 据《礼记》阐发思想

张载著述是采取经学的形式,他通过注释、解说、议论、引用经书的形式将自己的思想表达出来。如《正蒙》一书,就是张载仿《论语》和《孟子》的体例而作。其他如《横渠易说》《经学理窟》等均是解经注经之作。但是,张载解经注经的形式,并非汉唐笺注的简单重复,而是试图以宋代兴起的义理之学取代汉唐的笺注之学。张载说:"学贵心悟,守旧无功。"②又说:"心解则求义自明,不必字字相校。"③张载于此所提到的"心悟""心解",意在对经书的注释和解说中,获得新的思想和见解。他批评只读经而不求义理之人曰:"饱食终日,不图义理,则大非也,工商之辈,犹能晏寐夙兴以有为焉。"④

(1)理学思想

张载是理学的奠基人,此为学界所公认。《宋史》记载,张载之学"以《易》

---

①　(宋)吕大临:《礼记解》,载陈俊民辑校:《蓝田吕氏遗著辑校》,中华书局1993年版,第361—362页。

②　(宋)张载著,章锡琛点校:《张载集》,中华书局1978年版,第274页。

③　(宋)张载著,章锡琛点校:《张载集》,中华书局1978年版,第276页。

④　(宋)张载著,章锡琛点校:《张载集》,中华书局1978年版,第271页。

为宗,以《中庸》为体,以《孔》《孟》为法,黜怪妄,辨鬼神"①。张载的理学思想见诸《横渠易说》《正蒙》《经学理窟》等著述。其通过《礼记》阐发的理论,不但涉及中庸、礼乐,还涉及太虚即气论、格物论、天理人欲、民吾同胞等。

张载提出的太虚即气论,是其思想体系之基础。在张载看来,万物皆由"气"变化而来,"气"是万物之来源。然而"气"与"太虚"又紧密相关,"太虚"是无形的,其是"气之本体"②,"太虚"可以看作"气"存在的空间。"气"聚而为万物,"气"散则变成"太虚"。

张载的"气本论"思想之形成,所依靠的经典主要是《礼记》。如《礼记·中庸》借助于孔子的口,对"鬼神之德"作了描述,即"视之而弗见,听之而弗闻,体物而不可遗"。张载认为,凡是有形状的、能被形容的,都属于"气"的范畴;"气"有不同的表现,促进"气"变化的根源则是"神",即"气之性,本虚而神"③。《中庸》开篇提出"天命""性""道",并对三者之间的关系作了说明,即"天命之为性""率性之为道""修道之为教"。张载据《中庸》,对"太虚""气""性""道"之间的关系作了辨析,其指出:"由太虚,有天之名;由气化,有道之名;合虚与气,有性之名;合性与知觉,有心之名。"④张载认为,"太虚"等同于"天","气"变化的过程是"道","太虚"与"气"合而为"性","性"与"知觉"合而为"心"。此所言"虚与气",乃指"太虚之气"的本性,以及"气"之属性;"太虚之气"聚,从而有了"气","气"聚,从而有了人,因此人之本性源于"太虚"。

张载认为,由于"气"之聚散有异,故人所秉承之"气"不同。得"气"之清者为"天地之性",得"气"之浊者为"气质之性"。在此基础上,张载借助于《礼记·乐记》提出了他的"天理""人欲"之辨理论。《乐记》认为,人不断接触外界事物,就会产生好恶之情,如此,则人容易为物所异化,"人化物也者,

① (元)脱脱等:《宋史》卷四二七《列传第一百八十六·道学一》,中华书局 1977 年版,第 12724 页。

② (宋)张载著,章锡琛点校:《张载集》,中华书局 1978 年版,第 7 页。

③ (宋)卫湜:《礼记集说》卷一二八,载文渊阁《四库全书》第 120 册,上海古籍出版社 1987 年影印版,第 145 页。

④ (宋)卫湜:《礼记集说》卷一二三,载文渊阁《四库全书》第 120 册,上海古籍出版社 1987 年影印版,第 8 页。

灭天理而穷人欲者也"。张载指出,穷人欲,则心无虚,以立天理;而"人心"乃人欲之范畴,"道心"乃天理之范畴,故"穷人欲则灭天理"①,"既无人欲则天理自明"②,在张载看来,所谓"人欲",即人之物欲,此乃恶之源头。张载所言"人欲",并非生理上之欲念。③

张载对《礼记·中庸》有很深的研究,他从理学家的视角对《中庸》中的"诚"作了阐释。④《中庸》曰:"天命之谓性,率性之谓道,修道之谓教。"此语对"天道"和"人道"作了经典性的论述,即以天道为本体、为依据,人道由效法天道而来。那么,"天道"与"人道"之间达成统一的确实途径是什么呢?《中庸》将其归结为"诚","诚者,天之道也;诚之者,人之道也。诚者不勉而中,不思而得,从容中道,圣人也。"意即"诚"乃天道,而效法"诚"乃人道。这样,"诚"就在天道与人道之间架起了一座桥梁,使得二者得以相通。

何谓"诚"?张载曰:"天所以长久不已之道,乃所谓诚。仁人孝子所以事天诚身,不过不已于仁孝而已。故君子诚之为贵。"⑤诚为天之长久不已之道,其最大的特点乃真实无妄。张载论"诚之者"曰:"不诚不庄,可谓之尽性穷理乎?性之德也未尝伪且慢,故知不免乎伪慢者,未尝知其性也。勉而后诚庄,非性也;不勉而诚庄,所谓'不言而信,不恕而威'者与!"⑥"'屈信相感而利生',感以诚也。'情伪相感而利害生',杂以伪也。至诚则顺理而利,伪则不循理而害。顺性命之理,则所谓吉凶,莫非正也;逆理则凶为自取,吉其险幸也。"⑦张载继承了《中庸》关于"诚"真实无妄的特性,认为只有"不勉而诚

---

① (宋)张载著,章锡琛点校:《张载集》,中华书局1978年版,第313页。

② (宋)张载著,章锡琛点校:《张载集》,中华书局1978年版,第313页。

③ 张载是理学背景下"天理人欲之辨"之第一人,其为后来理学家们大谈天理人欲开了先河。北宋的二程,南宋的朱熹、陆九渊无不重视"天理人欲之辨"。在二程、朱熹等人关于天理人欲之论述中,可见张载思想的影子。

④ 张载年轻时"志气不群",年十八"慨然以功名自许",上书范仲淹,范仲淹一见便知其能成大器,遂劝他读《中庸》。张载说:"某观《中庸》义二十年,每观每有义,已长得一格。"[见(宋)张载著,章锡琛点校:《张载集》,中华书局1978年版,第277页。]由此可见,张载的儒学研究是从《中庸》发端的。

⑤ (宋)张载著,章锡琛点校:《张载集》,中华书局1978年版,第21页。

⑥ (宋)张载著,章锡琛点校:《张载集》,中华书局1978年版,第24页。

⑦ (宋)张载著,章锡琛点校:《张载集》,中华书局1978年版,第24页。

庄",自然率性,才能是真正的诚;从人的角度来看,只有诚达到自然而然、没有任何造作的境地,才能实现客观的天道转化为"诚之者"的人道。

张载还对"礼"与"理"的关系作了辨析。《礼记·仲尼燕居》曰:"礼也者,理也。"《礼记·乐记》曰:"礼也者,理之不可易者也。"张载据此认为礼就是理,知理才能制礼。他说:"礼者,理也,须是学穷理,礼则所以行其义,知理则能制礼,然则礼出于理之后。"①张载认为,理出于礼之先,为礼之依据。结合张载对《周易》"形而上者谓之道,形而下者谓之器"的解释,更能看出其对礼与理关系的认识。张载曰:"形而上者,是无形体者也,故形而上者谓之道也;形而下者,是有形体者,故形而下者谓之器。无形迹者即道也,如大德敦化是也;有形迹者即器也,见于事实如礼义是也。"②道是根本、原理,器是表象、事实,道、理是礼的形上依据,礼是道的形下事实,然而道与器不可分离,礼与理亦不可分。由此可见,张载将礼升华到形上依据的高度来看待,礼与理一样,具有恒常意义。不过,在张载的思想体系中,理并非礼的终极根源,这一点,林乐昌已有精辟的论述,其曰:"在张载思想体系中,由于'理'是居于'天'之下的次级范畴,'理'和'天'并未如二程洛学那样同一化为一个整体观念;理虽具有根源涵义,但毕竟还不是终极根源。"③张载将礼的终极依据称作"太虚",他说:"大虚(太虚)即礼之大一(太一)也。大者,大之一也,极之谓也。"④此所云"太虚",是无形的、聚而未散的气,"太虚无形,气之本体,其聚其散,变化之客形尔"⑤。张载于此所说的"本体",是指原始的、本来如此的、永恒的状态。张载以太虚为气的本然状态,气就是虚,虚就是气,太虚与气之含义相当。张载以礼源于太虚,即以礼来源于属于本体范畴的气。张载还认为礼本于"天",他说:"礼本于天,天无形,固有无体之礼。"⑥张载此处认为礼

---

① (宋)张载著,章锡琛点校:《张载集》,中华书局1978年版,第326—327页。

② (宋)张载著,章锡琛点校:《张载集》,中华书局1978年版,第207页。

③ 林乐昌:《张载礼学论纲》,《哲学研究》2007年第12期。

④ (宋)卫湜:《礼记集说》卷五八,载文渊阁《四库全书》第118册,上海古籍出版社1987年影印版,第216页。

⑤ (宋)张载著,章锡琛点校:《张载集》,中华书局1978年版,第7页。

⑥ (宋)卫湜:《礼记集说》卷五八,载文渊阁《四库全书》第118册,上海古籍出版社1987年影印版,第216页。

本于天,天无形,就有无体之礼。张载又说:"虚者天地之祖,天地从虚中来。"①天源自太虚,太虚即气,故追溯天之本原,则又回归于气。既然礼本之于天,天本之于气,按此逻辑,可知礼仍是本之于气。

张载于礼、理关系之认识对朱熹等人产生了深远的影响。如朱熹曰:"所以礼谓之'天理之节文'者,盖天下皆有当然之理。今复礼,便是天理。但此理无形无影,故作此礼文,画出一个天理与人看,教有规矩可以凭据,故谓之'天理之节文',有君臣,便有事君底节文;有父子,便有事父底节文;夫妇长幼朋友,莫不皆然,其实皆天理也。"②又曰:"这个典礼,自是天理之当然,欠他一毫不得,添他一毫不得。惟是圣人之心与天合一,故行出这礼,无一不与天合。其间曲折厚薄浅深,莫不恰好。这都不是圣人白撰出,都是天理决定合着如此。后之人此心未得似圣人之心,只得将圣人已行底,圣人所传于后世底,依这样子做。做得合时,便是合天理之自然。"③在朱熹的哲学体系中,天理是最高概念,是万事万物存在的依据和宇宙运行的规律。朱子认为礼乃天理之节文和天理之当然,是将礼上升到天理的高度来看待。在朱子之前,张载早就提出礼源于理的命题,然而张、朱二人所说的理在各自思想体系中的地位不尽相同,故二者对于礼与理关系的界定有着根本的不同。从逻辑上说,朱子对于礼与理关系之认识是对张载礼学思想的继承和发展。

吕大临的《礼记解》涉及一些理学的重要概念,如:

"吾生所有,既一于理,则理之所有,皆吾性也。人受天地之中,其生也,具有天地之德,柔强昏明之质虽异,其心之所然者皆同。特蔽有浅深,故别而为昏明;禀有多寡,故分而为强柔;至于理之所同然,虽圣愚有所不异。尽己之性,则天下之性皆然,故能尽人之性。"④

"知崇者,所以致吾知也;礼卑者,所以笃吾行也。"⑤

①　(宋)张载著,章锡琛点校:《张载集》,中华书局 1978 年版,第 326 页。
②　(宋)黎靖德编:《朱子语类》卷四二,中华书局 1986 年版,第 1079 页。
③　(宋)黎靖德编:《朱子语类》卷八四,中华书局 1986 年版,第 2184 页。
④　(宋)吕大临:《礼记解》,载陈俊民辑校:《蓝田吕氏遗著辑校》,中华书局 1993 年版,第 298 页。
⑤　(宋)吕大临:《礼记解》,载陈俊民辑校:《蓝田吕氏遗著辑校》,中华书局 1993 年版,第 297 页。

"学至于致知格物,则天下之理斯得,虽质之愚而不明者寡矣。"①

"学问思辨,所以求之也;行,所以至之也。求之至,非人一己百,人十己千,不足以化气质。"②

宋儒讲本体与工夫。吕大临既以"性"为"理",视"理"为本体,又强调"变化气质",故在本体工夫论上主张"格物""致知""穷理""笃行""学问思辨",以及由礼之工夫来变化气质、复性节情。

敬是理学修养的重要方法,其作为完成理想人格、实现人性自觉的重要途径,被理学家广泛使用和宣传。不过理学家们对敬的理解不尽一致,强调的重点也不同。吕大临在从事《礼记》之诠释时将敬的作用凸显了出来。

吕大临认为,敬是指人的仪容呈现之状态。他说:"修身之要有三:貌也,色也,言也。曾子告孟敬子,君子所贵乎道者三:动容貌,出辞气,正颜色而已。《冠义》曰:'礼义之始,在于正容体,齐颜色,顺辞令。'若巧言令色足恭,则反是者也。所谓足者,举动是也。举动即貌也,主于足,故言足也。色者,颜色见于面目者也。口者,言辞是也。修此三者,敬而已矣。不敬则失之,故貌敬则足畏也,色敬则足惮也,言敬则足信也。"③吕大临认为,修身之关键,姿容体态要端正,面部表情要整饬,言谈辞令要理顺,做到这三点才能达到敬的标准;容貌敬才会令人生敬畏,表情敬才会庄重,言语敬才会令人信靠。

吕大临认为,敬贯穿于事天事君等具体的礼仪中。他说:"事天事君,至敬而不敢亵,故有卜筮;因言卜筮之用,礼者敬而已矣。明则敬于人,礼仪三百,威仪三千,敬人之事也。幽则敬于鬼神,内尽志,外尽物,凡祭祀之礼,卜筮之用,皆敬鬼神之事也。"④吕大临认为,礼可使人敬之,故侍奉国君、祭祀神灵

---

① (宋)吕大临:《礼记解》,载陈俊民辑校:《蓝田吕氏遗著辑校》,中华书局1993年版,第297页。

② (宋)吕大临:《礼记解》,载陈俊民辑校:《蓝田吕氏遗著辑校》,中华书局1993年版,第295页。

③ (宋)吕大临:《礼记解》,载陈俊民辑校:《蓝田吕氏遗著辑校》,中华书局1993年版,第312页。

④ (宋)吕大临:《礼记解》,载陈俊民辑校:《蓝田吕氏遗著辑校》,中华书局1993年版,第336页。

皆应循礼。吕大临认为礼的本质是敬,他说:"礼者,敬而已矣,敬者,礼之常也。"①

吕大临认为,只要心中有敬,仪节等可以灵活对待。他说:"礼者,敬而已矣。心苟在敬,财力之不足,非礼之訾也。潢污行潦,可荐于鬼神,瓠叶兔首,不以微薄废礼,此不以货财者也。……丧礼秃者不免,伛者不袒,跛者不踊,此有疾而不能行者也。男女不授受,嫂溺则援之以手;君子正其衣冠,同室有斗,则被发缨冠而救之,此临难而不得已也。居山者不以鱼鳖为礼,居川者不以鹿豕为礼,此土地之所不有也。凡此,皆礼之变也。行礼而知变,所谓非礼之礼也。"②吕大临认为,心存敬,即使财力不足,行礼也不会有缺失;不同境况之下,礼的具体表现会有所不同,然皆可至于敬。

在二程、朱熹的思想世界,敬是修养方法。程颐说:"所谓敬者,主一之谓敬。所谓一者,无适之谓一。且欲涵泳主一之义,一则无二三矣。……至于不敢欺、不敢慢、尚不愧于屋漏,皆是敬之事也。"③专心一意于心中之理,不能有丝毫的懈怠,就是主敬的根本方法。朱熹认为,除了"主一无适",主敬还有"敬畏""收敛身心""整齐严肃""随事专一"等多种含义。④ 在吕大临这里,敬与礼紧密相关,敬不是脱离礼的独立修养方法。由此可见,吕大临《礼记解》应该成书于其投奔二程之前,这也印证了陈俊民的推断,即"《礼记解》无疑是他(吕大临)早年从张载时期的力作"⑤。

(2)礼的形上依据

张载认为礼的来源是"太虚",这是从宇宙本体的角度为礼的存在寻求理论依据。他说:"大虚(太虚)即礼之大一(太一)也。大者,大之一也,极之谓

① (宋)吕大临:《礼记解》,载陈俊民辑校:《蓝田吕氏遗著辑校》,中华书局1993年版,第189页。
② (宋)吕大临:《礼记解》,载陈俊民辑校:《蓝田吕氏遗著辑校》,中华书局1993年版,第206—207页。
③ (宋)程颢、程颐:《河南程氏遗书》卷一五《伊川先生语一》,载王孝鱼点校:《二程集》,中华书局1981年版,第169页。
④ 参见蒙培元:《理学范畴系统》,人民出版社1989年版,第406页。
⑤ (宋)吕大临:《礼记解》,载陈俊民辑校:《蓝田吕氏遗著辑校》,中华书局1993年版,第58页。

也。礼非出于人,虽无人,礼固自然而有,何假于人? 今天之生万物,其尊卑小大,自有礼之象,人顺之而已,此所以为礼。或者专以礼出于人,而不知礼本天之自然。"①张载哲学以"气"为最高的范畴,其所言"太虚"是无形的、聚而未散的气,或者说是气的本然状态,"太虚无形,气之本体,其聚其散,变化之客形尔"②。张载所言"气之本体"中的"本体",即指原始的、本来如此的、永恒的状态。在太虚与气的关系上,太虚是气的本然状态,气就是虚,虚就是气。张载说:"太虚者,气之体。……形聚为物,形溃反原。"③气之聚,成为万物;气之散,形消解复归于无形之太虚。太虚是气的别名,二者含义相当。张载以礼源于太虚,即以礼源于本体范畴的气。

在张载的哲学体系中,"天"具有抽象性,并非有形迹,具有本体的特征。张载认为礼本于天,他说:"礼本于天,天无形,固有无体之礼。礼有形则明于地,明于地则有山川、宗庙、五祀、百神,以至达于丧、祭、射、御、冠、昏、朝、聘,是见于迹也。盖礼无不在,天所自有人以节文之耳。本于天,殽于地,犹是总言之鬼神,则布列于地上也。然则礼非自人而出,至于鸟兽,莫不有父子、配偶、长幼、朋友,蝼蚁之君臣,鸿雁之兄弟,但不能推类而有别,此亦皆天性也,至圣人则能粹美之。"④张载认为,天无形,礼本于天,故有无体之礼;鸟兽有父子、配偶、长幼、朋友,蝼蚁有君臣,鸿雁有兄弟,此皆源自天性,圣人之礼亦源自天性。张载认为,源自天性之礼不可变,他说:"礼亦有不须变者,如天叙天秩,如何可变! ……天地之礼自然而有,何假于人? 天之生物便有尊卑大小之象,人顺之而已,此所以为礼也。"⑤张载认为,天所生造之物之大小、尊卑等属于礼之范畴,这些礼独立于人之外。张载言天之来源,曰:"虚者天地之祖,天地从虚中来。"⑥天源自太虚,太虚即气,追溯天之本原又回归于气。既然礼本

---

① (宋)卫湜:《礼记集说》卷五八,载文渊阁《四库全书》第118册,上海古籍出版社1987年影印版,第216页。

② (宋)张载著,章锡琛点校:《张载集》,中华书局1978年版,第7页。

③ (宋)张载著,章锡琛点校:《张载集》,中华书局1978年版,第66页。

④ (宋)卫湜:《礼记集说》卷五四,载文渊阁《四库全书》第118册,上海古籍出版社1987年影印版,第126—127页。

⑤ (宋)张载著,章锡琛点校:《张载集》,中华书局1978年版,第264页。

⑥ (宋)张载著,章锡琛点校:《张载集》,中华书局1978年版,第326页。

于天，天本于气，按此逻辑，礼即本于气。

张载认为礼还源自"性""情""心"，这是从主体的维度对礼的形上依据所作的探寻。张载说："人情所安即礼也。"①"礼非止著见于外，亦有无体之礼。盖礼之原在心。"②"仁义礼智，人之道也；亦可谓性。"③张载认为性是构成心的要素之一，"合性与知觉，有心之名。"④性与心皆源于气，二者是气所固有的内容。张载说："合虚与气，有性之名。"⑤又云："太虚者心之实也。"⑥张载将仁义礼智的根源归诸于心、性、气，有将道德理性客体化的倾向。

张载还认为礼与情有关。所谓情，张载曰："有形则有体，有性则有情。发于性则见于情，发于情则见于色，以类而应也。"⑦张载认为情源于性，是性的表征，情通过具体事物得以体现。由此可见，张载在探讨礼与心、性、情之关系时，根据是气本论哲学；其对礼的本原的探讨，亦是落实到气本论哲学上。

吕大临亦试图为礼寻找形上依据。其是从两个维度来说明：

第一，礼"象法天地"。吕大临云："先王制礼之意，象法天地，以达天下之情而已。《书》曰'天叙有典'，体也，人伦之谓也；'天秩有礼'，用也，冠、昏、丧、祭、射、乡、朝、聘之类也；二者皆本于天，此礼之所由生也。礼之有吉凶，犹天之有阴阳，可异而不可相干也；礼有恩、有理、有节、有权，犹天之有四时，可变而不可执一也。仁义礼知，人道具矣，人道具则天道具，其实一也。"⑧吕大临认为，先王象法天地而制礼（此处所说之地，实际上仍是天），天为体，礼为用，为"用"之礼源于为"体"之天；礼分吉凶，象天有阴阳，二者相互依存，各不干犯；礼有恩、有理、有节、有权，象天有春、夏、秋、冬，可转化，不可守一。在吕大临看来，礼所具有的一切特点皆与天相合，礼源自天，并体现了天的特点。

---

① （宋）卫湜：《礼记集说》卷五八，载文渊阁《四库全书》第118册，上海古籍出版社1987年影印版，第228页。
② （宋）张载著，章锡琛点校：《张载集》，中华书局1978年版，第264页。
③ （宋）张载著，章锡琛点校：《张载集》，中华书局1978年版，第324页。
④ （宋）张载著，章锡琛点校：《张载集》，中华书局1978年版，第9页。
⑤ （宋）张载著，章锡琛点校：《张载集》，中华书局1978年版，第9页。
⑥ （宋）张载著，章锡琛点校：《张载集》，中华书局1978年版，第324页。
⑦ （宋）张载著，章锡琛点校：《张载集》，中华书局1978年版，第374页。
⑧ （宋）吕大临：《礼记解》，载陈俊民辑校：《蓝田吕氏遗著辑校》，中华书局1993年版，第419页。

第二,礼是人与动物相区别的"理义"。吕大临曰:"人之血气、嗜欲、视听、食息,与禽兽异者几希,特禽兽之言,与人异耳,然猩猩、鹦鹉亦或能之。是则所以贵于万物者,盖有理义存焉,圣人因理义之同然,而制为之礼,然后父子有亲,君臣有义,男女有别,人道所以立,而与天地参也。纵欲怠敖,灭天理而穷人欲,将与马牛犬彘之无辨,是果于自弃,而不欲齿于人类者乎?"①吕大临认为,人在生理方面与禽兽差别很小,人与禽兽异,主要原因在于人有理义,禽兽则无;圣人因理义而制礼,遂有君臣之义、男女之别。与张载、程朱思想体系本体的"理"不同,吕大临于此所言之"理"是人别于禽兽的因素。

张载、吕大临论礼形上依据的思路相似,即从宇宙本体和主体的角度为礼的存在寻找依据。不过二者也有不同,张载在论礼的形上依据时,涉及太虚、天、性、情、心,其讨论丰富而深刻,而吕大临则仅限于天和理义范畴,没有张载思想富有思辨性。

(3)礼学思想

在《经学理窟·礼乐》中,张载曾对礼乐多有论说,其不少观点明显是受到了《礼记》的启发。如关于礼的本质和形上依据,张载云:"时措之宜便是礼,礼即时措时中见之事业者,非礼之礼,非义之义,但非时中者皆是也。非礼之礼,非义之义,又不可以一概言,如孔子丧出母,子思不丧出母,又不可以子思守礼为非也,又如制礼者小功不税,使曾子制礼,又不知如何,以此不可易言。时中之义甚大,须是精义入神以致用,始得观其会通以行其典礼,此则真义理也;行其典礼而不达会通,则有非时中者矣。礼亦有不须变者,如天叙天秩,如何可变!礼不必皆出于人,至如无人,天地之礼自然而有,何假于人?天之生物便有尊卑大小之象,人顺之而已,此所以为礼也。学者有专以礼出于人,而不知礼本天之自然,告子专以义为外,而不知所以行义由内也,皆非也,当合内外之道。"②"时措之宜"一词出自《中庸》,"时中"一词出自《周易·蒙卦》和《中庸》,"孔子丧出母""子思不丧出母""小功不税"出自《檀弓》。张载认为,礼本于天,天所生造之物的属性如大小、尊卑等为礼,这些礼源于人之

---

① (宋)吕大临:《礼记解》,载陈俊民辑校:《蓝田吕氏遗著辑校》,中华书局1993年版,第192页。

② (宋)张载著,章锡琛点校:《张载集》,中华书局1978年版,第264页。

外而又独立存在。换句话说,天是礼产生和存在的依据;礼的本质是"时措之宜",即做事合宜就是礼。

又如《礼记·乐记》云:"凡音者,生人心者也。情动于中,故形于声,声成文,谓之音。是故治世之音安以乐,其政和;乱世之音怨以怒,其政乖;亡国之音哀以思,其民困。声音之道与政通矣。……郑卫之音,乱世之音也,比于慢矣。桑间濮上之音,亡国之音也,其政散,其民流,诬上行私而不可止也。"《乐记》认为,音乐与世道、地域有紧密之关系。张载《经学理窟·礼乐》云:"郑卫之音,自古以为邪淫之乐,何也? 盖郑卫之地滨大河,沙地土不厚,其间人自然气轻浮;其地土苦,不费耕耨,物亦能生,故其人偷脱怠堕,弛慢颓靡。其人情如此,其声音同之,故闻其乐,使人如此懈慢。其地平下,其间人自然意气柔弱怠堕;其土足以生,古所谓'息土之民不才'者此也。若四夷则皆据高山溪谷,故其气刚劲,此四夷常胜中国者此也。"①又云:"声音之道,与天地同和,与政通。蚕吐丝而商弦绝,正与天地相应。方蚕吐丝,木之气极盛之时,商金之气衰。如言'律中大簇','律中林钟',于此盛则彼必衰。方春木当盛,却金气不衰,便是不和,不与天地之气相应。"②张载认为,郑、卫是"邪淫之乐",是因为郑、卫之地濒临大河,土地不厚,不需耕耨,作物也能生长;人成长于此,易轻浮怠惰;此地音乐使人懈慢,是受该地民风之影响;音与天地同和相应,如蚕吐丝时,木气极盛,商金气衰,商弦则绝。通过比较,可知张载此解义受到了《乐记》的启发。

《礼记》对礼的"辨异"功能有颇多论述,如《曲礼上》云:"夫礼者,所以定亲疏、决嫌疑、别同异、明是非也。"《哀公问》云:"民之所由生,礼为大。非礼无以节事天地之神也,非礼无以辨君臣、上下、长幼之位也,非礼无以别男女、父子、兄弟之亲,昏姻、疏数之交也。君子以此之为尊敬然。"礼的主要功能是"辨""别"各种社会关系,从而对社会成员的身份和等级予以确认。吕大临强调礼"别"之功能,他说:"礼主乎别,节文虽繁而不可乱也。因亲疏、长幼、贵贱之等差,以为屈伸隆杀之节文,明辨密察,然后尽乎制礼之意矣。"③吕大临

---

① (宋)张载著,章锡琛点校:《张载集》,中华书局1978年版,第263页。
② (宋)张载著,章锡琛点校:《张载集》,中华书局1978年版,第263页。
③ (宋)吕大临:《礼记解》,载陈俊民辑校:《蓝田吕氏遗著辑校》,中华书局1993年版,第397页。

认为,因为礼使亲疏、长幼、贵贱等皆有等差,所以繁冗的仪节度数不会导致混乱。

吕大临结合社会具体问题对礼的"辨异"功能作了说明。其曰:"礼之所贵,别而已矣。亲疏、长幼、贵贱、贤不肖,皆别也,大别之中又有细别存焉。均亲也,而有斩衰、大功、小功、缌麻、袒免之异;均长也,而有父事、兄事、肩随之异。故以贱事贵,有十等焉,所谓王、公、卿、士、皂、舆、隶、僚、仆、台也。君者,积尊而为之也。苟无差等,民可得而犯之,贵贵之义有所不行,此乱之所由生也。燕礼之别,故上卿、小卿、大夫、士、庶子,其席其就位,皆有次;献君、献卿、献大夫、献士、献庶子,及举旅行酬,皆有序;俎豆、牲体、荐羞,皆有等差。君臣贵贱之义,极其密察,至于此者,所以防乱也。"①又曰:"朝廷之礼,所以别嫌明微,正名分以尊君者也,故有外朝内朝之政。左右九棘,面三槐,左嘉石,右肺石,以别公、卿、大夫、诸侯及群士、群吏之位,以致民而询焉,及辨贵贱之等,叙群吏之治其仪也,有不历位而相言也,不逾阶而相揖也,如此,然后君臣之分明,邦国之政行。"②吕大临认为,亲疏、长幼、贵贱、贤不肖等仅是从大体言,"大别"中有"细别",比如,在血亲的前提下,亲人之间还是有亲疏之别,根据亲疏,丧服有斩衰、大功、小功、缌麻、袒免之异;根据长幼,有父事、兄事、肩随之异等。如此细密的分别,意在防乱之产生。又如朝廷之礼,有内外朝之分、左右九棘、面三槐、左嘉石、右肺石等,皆是明君臣之分。

(4)宗法思想

宗周时期,宗法制盛行。礼的重要功能,是维护宗法制。受礼书之影响,张载对宗法制颇为重视,他说:"管摄天下人心,收宗族,厚风俗,使人不忘本,须是明谱系世族与立宗子法。宗法不立,则人不知统系来处。古人亦鲜有不知来处者,宗子法废,后世尚谱牒,犹有遗风。谱牒又废,人家不知来处,无百年之家,骨肉无统,虽至亲,恩亦薄。"③在《宗法》中,张载通过征引《礼记》等

① (宋)吕大临:《礼记解》,载陈俊民辑校:《蓝田吕氏遗著辑校》,中华书局1993年版,第411页。

② (宋)吕大临:《礼记解》,载陈俊民辑校:《蓝田吕氏遗著辑校》,中华书局1993年版,第312页。

③ (宋)张载著,章锡琛点校:《张载集》,中华书局1978年版,第258—259页。

经籍,对宗法思想多有探讨。

如《礼记·曲礼下》:"支子不祭,祭必告于宗子。"此是言嫡长子在家族中拥有祭祀的特权。关于嫡长子继承制,张载云:"古所谓'支子不祭'也者,惟使宗子立庙主之而已。支子虽不得祭,至于斋戒致其诚意,则与祭者不异;与则以身执事,不可与则以物助之,但不别立庙,为位行事而已。后世如欲立宗子,当从此义,虽不与祭,情亦可安。若不立宗子,徒欲废祭,适足长惰慢之志,不若使之祭犹愈于已也。今日大臣之家,且可方宗子法,譬如一人数子,且以嫡长为大宗。须据所有家计厚给以养宗子,宗子势重,即愿得之,供宗子外,乃将所有均给族人。宗子须专立教授,宗子之得失,责在教授;其他族人,别立教授。仍乞朝廷立条,族人须管遵依祖先立法,仍许族人将已合转官恩泽乞回授宗子;不理选限官,及许将奏荐子弟恩泽与宗子。且要主张门户,宗子不善,则别择其次贤者立之。"①张载认为,虽然庶子不得主持祭祖祭祢,但是其清心斋戒,对先人的思念与宗子无异;庶子可以直接参与祭祀,若不直接参与,以财物助祭亦可。若不立宗子,祭祀则废,怠慢之心遂生。张载认为,官宦之家可仿效宗子法,若一人有数子,则可以年长者为宗子,对宗子予以优待;若宗子不能担其责,就需另择贤者充当。

又如《礼记·曾子问》:"曾子问曰:'宗子为士,庶子为大夫,其祭也如之何?'孔子曰:'以上牲祭于宗子之家。'"据郑注可知,"上牲"为大夫少牢,用大夫之牲是贵禄;庶子为大夫得祭曾祖庙,庶子不合立庙则寄曾祖庙于宗子之家,用少牢,宗子祭。张载借此云:"言宗子者,谓宗主祭祀。宗子为士,庶子为大夫,以上牲祭于宗子之家。非独宗子之为士,为庶人亦然。"②又云:"宗子为士,立二庙;支子为大夫,当立三庙;是曾祖之庙为大夫立,不为宗子立。然不可二宗统,故其庙亦立于宗子之家。"③张载认为,宗子的地位当坚决维护,不但为大夫的宗子如此,为士和庶人的宗子也应如此。

林乐昌认为,张载的礼学是由两套系统构成的,"一套是关于礼的基本观念和礼学结构功能的学理系统,一套是突出礼在教学过程中的作用和意义的

---

① （宋）张载著,章锡琛点校:《张载集》,中华书局1978年版,第260页。
② （宋）张载著,章锡琛点校:《张载集》,中华书局1978年版,第259页。
③ （宋）张载著,章锡琛点校:《张载集》,中华书局1978年版,第261页。

实践系统"①。张载《礼记》之诠释于学理系统、实践系统兼而有之。

张载、吕大临是入世的思想家,他们心忧天下,匡世济民。如张载年少时就有报国之志,喜欢谈论兵法。思想成熟后,又提出了比较系统的社会改革思想,如主张恢复三代"井田""封建"和"肉刑"等。张载、吕大临匡国济民之重要表现,就是对礼教的重视。司马光云:"窃惟子厚平生用心,欲率今世之人,复三代之礼者也,汉魏以下盖不足法。"②《宋元学案》说张载的学问"以礼为体,以孔、孟为极"③。《宋史·张载传》亦云张载"其学尊礼贵德、乐天安命"④。吕大防言吕大临"博及群书,妙达义理,如不出诸口;子之行,以圣贤为法;其临政事,爱民利物"⑤。吕大临强调"克己复礼",并以礼"正心修身"。

汉唐时期,经学家重视《礼记》文字训诂和礼制考证,宋人于《礼记》之研究则重视义理之阐发和理论之建构。张载说:"学者只是于义理中求……道理须从义理生。"⑥吕大临亦云:"礼之所尊,尊其义也。"⑦基于重视义理之学术取向,张载、吕大临对《礼记》所记礼意作了再诠释。此外,张载、吕大临擅长思辨,重视理学体系之建构,从《正蒙》《经学理窟》相关篇目,以及吕大临《礼记解》,可清楚地知道张载、吕大临的《礼记》诠释与理学体系建构之间的密切关系。张载、吕大临《礼记》诠释以义理见长,不以考据为务。尽管如此,他们的部分观点对于理解《礼记》经文本身还是有参考价值的。比如他们于《礼记》经文旧注之辨疑,既有臆断之处,又不乏真知灼见。

(五) 二程的《礼记》学

程颢(1032—1085 年),字伯淳,人称明道先生,北宋洛阳人。与程颐为同

① 林乐昌:《张载礼学论纲》,《哲学研究》2007 年第 12 期。

② (宋)司马光:《论谥书》,载章锡琛点校:《张载集》附录,中华书局 1978 年版,第 387 页。

③ (清)黄宗羲撰,(清)全祖望补:《宋元学案》卷一七《横渠学案上》,中华书局 1986 年版,第 663 页。

④ (元)脱脱等:《宋史》卷四二七《列传第一百八十六·道学一》,中华书局 1977 年版,第 12724 页。

⑤ (宋)朱熹:《伊洛渊源录》卷八,载文渊阁《四库全书》第 448 册,上海古籍出版社 1987 年影印版,第 478 页。

⑥ (宋)张载著,章锡琛点校:《张载集》,中华书局 1978 年版,第 286 页。

⑦ (宋)吕大临:《礼记解》,载陈俊民辑校:《蓝田吕氏遗著辑校》,中华书局 1993 年版,第 396 页。

胞兄弟。举进士后,历官京兆府都县主簿、江宁府上元县主簿、泽州晋城令。神宗初任御史,因与王安石政见不合,不受重用,遂潜心于学术。

程颐(1033—1107年),字正叔,人称伊川先生,北宋洛阳人。为程颢胞弟,历官汝州团练推官、西京国子监教授。元祐元年(1086年)除秘书省校书郎,授崇政殿说书。与其胞兄程颢共创"洛学",为理学奠定了基础。

程颢、程颐,世称"二程"。二程早期受学于理学创始人周敦颐,宋神宗时,建立起自己的理学体系。二程的学说在某些方面有所不同,但基本内容并无二致。二程的著作有后人编成的《河南程氏遗书》《河南程氏外书》《明道先生文集》《伊川先生文集》《二程粹言》《经说》等。程颐另著有《周易传》。二程的学说由南宋朱熹等理学家继承发展,成为程朱学派。

二程不满汉唐学术,其云:"汉之经术安用?只是以章句训诂为事。且如解'尧典'二字,至三万余言,是不知要也。"①二程认为,汉代儒生只重章句训诂,经学大要遂失。二程认为宋初以来的学风亦有其弊:"今之学者有三弊,一溺于文章,二牵于训诂,三惑于异端。苟无此三者,则将何归?必趋于道矣。"②"今之学者,歧而为三:能文者谓之文士,谈经者泥为讲师,惟知道者乃儒学也。"③二程认为,前人解经之弊在于只讲训诂而不讲义理,经学之大旨遂无从说起;解经应寻求古圣先贤的微言大义,从而使经学与道学相通。二程以义理解经,并将经学纳入了理学的轨道。

三礼中,《礼记》多讲礼义,其《大学》《中庸》等篇目,甚至超越礼义,提出了一套修身、齐家、治国、平天下的修己治人之道。《礼记》的义理性,使其受到理学家的高度重视。在《二程集》中,二程论说《周礼》《仪礼》者绝少,而论说《礼记》者,既有《明道先生改正大学》《伊川先生改正大学》等单篇,还有不少零碎解义。今结合二程文集及其门人所辑语录,对二程的《礼记》诠释作以探讨。

---

① (宋)程颢、程颐:《河南程氏遗书》卷一八《伊川先生语一》,载王孝鱼点校:《二程集》,中华书局1981年版,第232页。

② (宋)程颢、程颐:《河南程氏遗书》卷一八《伊川先生语四》,载王孝鱼点校:《二程集》,中华书局1981年版,第187页。

③ (宋)程颢、程颐:《河南程氏遗书》卷一八《二先生语六》,载王孝鱼点校:《二程集》,中华书局1981年版,第95页。

1. 对《礼记》文本的基本认识

二程认为,《礼》书为秦火余烬,"孟子之时,去先王为未远,其所学于古者,比后世为未缺也,然而周室班爵禄之制,已不闻其详矣。今之礼书,皆掇拾秦火之余,汉儒所傅会者多矣,而欲句为之解,字为之训,固已不可,又况一一追故迹而行之乎?"①《礼》书不但有残缺,还有汉儒之附会,故不可尽信。

二程对《礼记》信疑参半,其曰:"《礼记》杂出于汉诸儒所传,谬乱多矣。考之,完合于圣人者,其篇有几?"②二程认为,《礼记》是礼学资料之汇编,其中谬乱处甚多。此外,《礼记》内容瑕瑜互见,"《礼记》除《中庸》《大学》,唯《乐记》为最近道,学者深思自求之。《礼记》之《表记》,其亦近道矣乎!其言正。"③"《礼记》之文多谬误者。《儒行》《经解》,非圣人之言也。夏后氏郊鲧之篇,皆未可据也。"④二程认为,《礼记》有圣人之言,《大学》《中庸》《乐记》是也;也有非圣之言,《儒行》《经解》是也。二程对《礼记》瑕瑜互见之原因作了探寻,其曰:"《礼记》之文,亦删定未了,盖其中有圣人格言,亦有俗儒乖谬之说。乖谬之说,本不能混格言,只为学者不能辨别,如珠玉之在泥沙。泥沙岂能混珠玉?只为无人识,则不知孰为泥沙,孰为珠玉也。"⑤二程认为,《礼记》中圣人与俗儒之说并存,是因为汉儒在对先秦礼学资料加以选编时,没能认真分辨,格言与谬论遂被收录在一起。

二程对《礼记》的部分单篇有所讨论。如《檀弓》:"颜渊之丧,馈祥肉,孔子出而受之,入,弹琴而后食之。"二程曰:"受祥肉弹琴,恐不是圣人举动。使其哀未忘,则子于是日哭,则不歌,不饮酒食肉以全哀,况弹琴可乎?使其哀已

① (宋)程颢、程颐:《河南程氏粹言》卷一《论书篇》,载王孝鱼点校:《二程集》,中华书局1981年版,第1206页。

② (宋)程颢、程颐:《河南程氏文集》卷八《为家君作试汉州学策问三首》,载王孝鱼点校:《二程集》,中华书局1981年版,第580页。

③ (宋)程颢、程颐:《河南程氏遗书》卷二五《伊川先生语十一》,载王孝鱼点校:《二程集》,中华书局1981年版,第323页。

④ (宋)程颢、程颐:《河南程氏粹言》卷一《论书篇》,载王孝鱼点校:《二程集》,中华书局1981年版,第1201页。

⑤ (宋)程颢、程颐:《河南程氏遗书》卷一八《伊川先生语四》,载王孝鱼点校:《二程集》,中华书局1981年版,第240页。

忘,则何必弹琴?"①二程认为,若哀伤未忘,何来饮酒食肉,何况弹琴,若哀伤已忘,则何必弹琴;因此,孔子受祥肉而弹琴,与圣人之作为不合。

又如《王制》记载天子七庙,诸侯五庙,大夫三庙,士一庙。有人问:"天子七庙,诸侯五,大夫三,士二,如何?"二程曰:"此亦只是礼家如此说。"②二程认为,《王制》于此之记载乃礼家之理想,与现实并不一定相符合。

又如《内则》,二程曰:"《内则》谓请醮请浴之类,虽古人谨礼,恐不如是之烦。"③二程认为,《内则》所记请浴之礼太繁,重视礼仪之古人,亦不至于烦琐如是。

又如《儒行》,二程云:"煞害义理。恰限《易》,便只'洁静精微'了却;《诗》,便只'温柔敦厚'了却,皆不是也。"④又云:"《儒行》之篇,此书全无义理,如后世游说之士所为夸大之说。观孔子平日语言,有如是者否?"⑤二程认为,《儒行》对义理有害,且多夸大之说。⑥

二程认为《礼记》个别单篇可信。如《月令》,二程云:"《月令》尽是一部好书,未易破也。柳子厚破得他不是。若春行赏,秋行刑,只是举大纲如此。如云'汤执中,文王视民如伤,武王不泄迩,不忘远',不成圣人各只有一事可称也? 且据一处言之耳。又如'冬日则饮汤,夏日则饮水',不成冬日不得饮水,夏日不得饮汤也?"⑦二程认为,《月令》内容详密,不得随意破之。

二程对《大学》《中庸》推崇备至。后面将作详细探讨,此不赘言。

---

① （宋）程颢、程颐:《河南程氏遗书》卷一五《伊川先生语一》,载王孝鱼点校:《二程集》,中华书局 1981 年版,第 155 页。

② （宋）程颢、程颐:《河南程氏遗书》卷二二上《伊川先生语八上》,载王孝鱼点校:《二程集》,中华书局 1981 年版,第 286 页。

③ （宋）程颢、程颐:《河南程氏遗书》卷二下《二先生语二下》,载王孝鱼点校:《二程集》,中华书局 1981 年版,第 55 页。

④ （宋）程颢、程颐:《河南程氏遗书》卷一九《伊川先生语五》,载王孝鱼点校:《二程集》,中华书局 1981 年版,第 254 页。

⑤ （宋）程颢、程颐:《河南程氏遗书》卷一七《伊川先生语三》,载王孝鱼点校:《二程集》,中华书局 1981 年版,第 177 页。

⑥ 李觏撰《读儒行》一文,认为《儒行》所记非孔子之言。二程疑《儒行》,乃上承李觏,下启朱熹。

⑦ （宋）程颢、程颐:《河南程氏外书》卷五《冯氏本拾遗》,载王孝鱼点校:《二程集》,中华书局 1981 年版,第 375 页。

二程疑《礼记》,多讲义理,而少事考证。其根据既有的制度、人格理想和礼仪规范,对《礼记》之记载加以审视,故认为《王制》《儒行》乃非圣之书。二程摆脱汉唐笺注之学、以义理解经,对于开创经典诠释之新风气有示范意义。

2. 对《大学》的表彰、疑改及阐释

(1) 对《大学》的表彰

《大学》是《礼记》的第四十二篇。唐以前,《大学》不曾单独刊行,学者们仅将其看作《礼记》中的单篇进行研究。中唐韩愈、李翱表彰《大学》,并在《大学》中寻求思想资源与佛学相抗衡,由此开启了唐宋学者《大学》诠释之先河。

二程以前,司马光有《大学广义》一卷,《大学》自此别行于世。四库馆臣云:"惟《大学》自唐以前无别行之本。然《书录解题》载司马光有《大学广义》一卷,《中庸广义》一卷,已在二程以前,均不自洛闽诸儒始为表章。"[1]

二程极力推崇《大学》,掀起了表彰《大学》的高潮。二程认为,"《大学》乃孔氏遗书,须从此学则不差"[2]。"《大学》,孔子之遗言也。学者由是而学,则不迷于入德之门也。"[3]"入德之门,无如《大学》。今之学者,赖有此一篇书存,其他莫如《论》《孟》。"[4]"修身,当学《大学》之序。《大学》,圣人之完书也,其间先后失序者,已正之矣。"[5]二程所言"《大学》之序",是指修、齐、治、平这条内圣外王之道。二程此说被朱熹归纳为"三纲领""八条目"。在朱熹那里,《大学》成为四书之一,被经典化了。

(2) 对《大学》的疑改

① 程颢对《大学》的疑改

《程氏经说》卷五有《明道先生改正大学》一篇。程颢改动《大学》有两

---

① (清)永瑢等:《四库全书总目》卷三五《经部·四书类一》,中华书局 1965 年影印版,第 293 页。

② (宋)程颢、程颐:《河南程氏遗书》卷二上《二先生语二上》,载王孝鱼点校:《二程集》,中华书局 1981 年版,第 18 页。

③ (宋)程颢、程颐:《河南程氏粹言》卷一《论书篇》,载王孝鱼点校:《二程集》,中华书局 1981 年版,第 1204 页。

④ (宋)程颢、程颐:《河南程氏遗书》卷二二上《伊川先生语八》,载王孝鱼点校:《二程集》,中华书局 1981 年版,第 277 页。

⑤ (宋)程颢、程颐:《河南程氏遗书》卷二四《伊川先生语十》,载王孝鱼点校:《二程集》,中华书局 1981 年版,第 311 页。

处：A. 将"《康诰》曰：克明德……与国人交止于信"放到"知所先后，则近道矣"与"古之欲明明德于天下者，先治其国"之间。B. 将"《诗》云：瞻彼淇澳，菉竹猗猗……此以没世不忘也"放到"有国者不可以不慎，辟则为天下僇矣"与"《诗》云：'殷之未丧师，克配上帝，仪监于殷。'"之间。①

程颢的第一次疑改是将《尚书》《诗经》和汤之《盘铭》的内容放到了朱子所谓的"三纲领"之后，这可能与程颢的理学思想有关。杨新勋认为："很明显，依程颢改本，格物、致知必无释文，其改本诚意体察之旨独显而格致涵养工夫无见，这也是程颐与朱熹改本与程颢改本的一个明显不同。"②杨先生着眼于二程、朱熹理学思想之分歧，以见《大学》改本之差异，是有见地的。程颢移易经文，意在彰显《尚书》《诗经》和《盘铭》之"敬""信"，这正是程颢理学思想之体现。③

程颢的第二次疑改是将"《诗》云：瞻彼淇澳，菉竹猗猗……此以没世不忘也"这段经文后置。从改动以后的《大学》文本来看，程颢的初衷是想将《大学》五个以"所谓"为首的文句形成并列关系。如果"《诗》云……此以没世不忘也"位置不移，五个"所谓"就不能形成排比关系，文本就不如改动后齐整。审视程颢之疑改，可知其难弥合文本存在的问题。若要真正实现文本的齐整，《大学》"格物致知"也应有解义，然移改之后的文本同样缺"格物致知"之解义。程颐和朱熹在程颢的基础上作了调和、弥补，使"格物致知"与"诚意"等条目一样有了"传"的部分。

程颢疑改《大学》，所使用的方法是非文献学的，其既没有利用同一文献的不同版本互校，也没有利用相关文献作他校。如果从恢复古文献原貌的角度来看，程颢的《大学》改本不及注疏本合理。事实上，先秦古书非一人一时

---

①　杨新勋认为，程颢此处是将"所谓修身在正其心者……辟则为天下戮矣"放到"德润身，心广体胖，故君必诚其意"与"《诗》云：瞻彼淇澳"之间，其余的顺次连接在一起。（见杨新勋：《宋代疑经研究》，中华书局 2007 年版，第 140 页。）笔者认为，程颢于此是移易"《诗》云：瞻彼淇澳，菉竹猗猗……此以没世不忘也"一段的位置。

②　杨新勋：《宋代疑经研究》，中华书局 2007 年版，第 141 页注释 2。

③　卢连章认为，程颢的哲学在本体论上讲"天者理也""心是理，理是心"，强调主观意识与客观世界的同一性，表现出主观的心本论倾向；而程颢的认识论和道德论是统一的，主张"仁者，浑然与物同体"，强调"以诚敬存之"的内心体认工夫。（见卢连章：《程颢程颐评传》，南京大学出版社 2001 年版，第 118 页。）

之作,《大学》五个以"所谓"开首的文句,并非一定要齐整如一,《大学》缺少"格物致知"的解义就是如此。程颢移易经文,强将五个"所谓"句形成并列关系,带有很强的主观色彩。

程颢虽疑《大学》有错乱,却并不疑《大学》的内涵。程颢认为《大学》乃圣人之书,是修身入德最理想的读本。从这个角度看,程颢疑改《大学》,是其为士人进德修业寻求示范文本意向之体现。

程颢激发了学者们疑改《大学》的兴趣。程颐、朱熹等人从程颢那里获得启发,他们在程颢改本的基础上,对《大学》重新作了调整。除程颐、朱熹外,还有很多人参与到疑改《大学》文本的行列。据清人毛奇龄考证,程颢之后,《大学》有程颐改本、朱熹改本、王柏改本、季本改本、高攀龙改本、崔铣改本、葛寅亮改本。① 由此可见程颢疑改《大学》影响之深远。

②程颐对《大学》的疑改

《程氏经说》卷五有《伊川先生改正大学》一篇。程颐改动《大学》有三处:A. 将"《康诰》曰:克明德……与国人交止于信"与"子曰:听讼,吾犹人也……此谓知本"两段交换位置,并将这两段放到"其所厚者薄而其所薄者厚,未之有也"与"所谓诚其意者"之间。B. 将"《诗》云:瞻彼淇澳,菉竹猗猗……此以没世不忘也"紧接在"有国者不可以不慎,辟则为天下僇矣"之后。C. 经过第二处改动,又将"《康诰》曰:惟命不于常……骄泰以失之"放到"此以没世不忘也"之后。

在改动 A 中,程颐认为"子曰……此谓知本"与"此谓知本,此谓知之至也"两处均有"此谓知本"四字,遂将二者联系起来,并以"此谓知本,此谓知之至也"中的"此谓知本"为衍文。关于程颐此处疑改之动机,程元敏认为"似以之释八目之首目格物、致知者"②,杨新勋认为程元敏之说不妥,原因如下:一是程颐改本下文"《康诰》曰"部分明显为"三纲"的释文,程颐虽然重视格致,但是还不至于认为"格致"高于"三纲",而且与其他条目隔离,均有突兀;二是

---

① (清)永瑢等:《四库全书总目》卷三六《大学证文》提要,中华书局1965年影印版,第305页。
② 程元敏:《王柏之生平与学术》,台湾学海出版社1975年版,第461页。

朱子的改本也没有沿用程颐此举,而是补了"格物致知传"。①

　　笔者认为,程颐之所以将"子曰:听讼,吾犹人也……此谓知本"放到"《康诰》曰:克明德"之前,是因为此句中的"此谓知本"与"自天子以至于庶人,一是皆以修身为本……未之有也"与强调"本"的思想密切相关。程颐此举,意在强调前所言"修身为本"的重要性。而"《康诰》曰:克明德……与国人交止于信"是从修身讲起,从而达到亲民、止于至善,与前面所讲"知本"正好相呼应。不少人认为程颐此处疑改之动机是解释"格物致知"②,我们认为,程颐固然重视"格致",然而认为程颐为解释"格致"而有此疑改之举则似显牵强。程颐对《大学》的改动 B 与程颢的改动是相同的,此可说明二程改本曾相互参考。③

　　程颐对《大学》的文字也有一些改动:A. 认为"大学之道,在明明德,在亲民"中的"亲"当作"新"。这与程颢的观点是一致的。南宋朱熹继承二程之说,将"亲民"改为"新民"。B. 认为"大畏民志,此谓知本"中的"此谓知本"四字为衍文。程颐此处是将几个以"所谓"开首的句子作比较后得出的结论。C. 认为"身有所忿懥,则不得其正"中的"身"为"心"。从《大学》文中的"忿懥""恐惧""好乐""忧患"来看,此处改"身"为"心"可通。D. 认为"见贤而不能举,举而不能先,命也"中的"命"字为"怠"字。

　　(3)对《大学》的阐释

　　关于《大学》"格物"二字,郑玄注:"格,来也。物,犹事也。其知于善深,则来善物;其知于恶深,则来恶物,言事缘人所好来也,此'致'或作'至'。"④中唐李翱曰:"物者,万物也,格者,来也,至也。物至之时,其心昭昭然明辨

---

　　① 杨新勋:《宋代疑经研究》,中华书局 2007 年版,第 148 页注释 1。
　　② 如叶国良认为程颐此处的改动是将《大学》开首"《大学》之道"至"未之有也"当作一部分,是总说;二是将"子曰……此谓知之至也"当作一部分,解释《大学》的"格物致知"。(见叶国良:《介绍宋儒林之奇的〈大学〉改本》,《幼狮杂志》第 18 卷第 4 期。)
　　③ 杨新勋认为,程颐与程颢于此之改动是相同的,由此证明程颐本是在继承程颢改本成果基础上形成的。(见杨新勋:《宋代疑经研究》,中华书局 2007 年版,第 149 页。)笔者不同意杨说,因为程颐、程颢作《大学》改本的时间先后尚不明确,不能据程颢年长于程颐,就认为程颐改本是在继承程颢改本基础上形成的。事实上,二程只有一岁之差,程颢改本是在程颐改本基础上形成的可能性也不能排除。
　　④ (唐)孔颖达:《礼记正义》卷六〇,载《十三经注疏》,中华书局 1980 年影印版,第 1673 页。

焉,而不应于物者,是致知也,是知之至也。知至故意诚,意诚故心正,心正故身修,身修而家齐,家齐而国治,国治而天下平,此所以能参天地者也。"①李翱将《大学》"格物致知"与《中庸》"尽心复性"相结合,使内心本有之"知"对万物予以明辨,从而达到意诚、心正、身修、家齐、国治和天下平。李翱将认识论和修养论结合起来,对程朱有直接或间接影响。

二程对《大学》中的"格物致知"格外重视。《二程集》中有多条关于"格物致知"的解释。程颢云:"'致知在格物'。格,至也,穷理而至于物,则物理尽。"②"'穷理尽性以至于命',三事一时并了,元无次序,不可将穷理作知之事。若实穷得理,即性命亦可了。"③程颢所言穷理方式并不是认识客观事物,而是诉诸内在修养。

程颐认为:"《大学》曰:'物有本末,事有始终,知所先后,则近道矣。'人之学莫大于知本末始终。致知在格物,则所谓本也,始也;治天下国家,则所谓末也,终也。治天下国家,必本诸身,其身不正而能治天下国家者无之。格犹穷也,物犹理也,犹曰穷其理而已也。穷其理,然后足以致之,不穷则不能致也。格物者适道之始,欲思格物,则固已近道矣。是何也?以收其心而不放也。"④程颐认为"格物"即"穷理",《大学》的基本工夫在于穷究事物之理,这就把理学的天理学说与知识论沟通起来了。⑤程颐论穷理的方法曰:"凡一物上有一理,须是穷致其理。穷理亦多端:或读书,讲明义理;或论古今人物,别其是非;或应接事物而处其当,皆穷理也。"⑥由此可见,程颐所言穷理范围是很大的,事物无穷,是否格所有事物后才能"知至"呢?程颐说:"若只格一物便通众理,虽颜子亦不敢

① (唐)李翱:《李文公集》卷二《复性书》(中),载文渊阁《四库全书》第 1078 册,上海古籍出版社 1987 年影印版,第 109 页。

② (宋)程颢、程颐:《河南程氏遗书》卷二上《二先生语二上》,载王孝鱼点校:《二程集》,中华书局 1981 年版,第 21 页。

③ (宋)程颢、程颐:《河南程氏遗书》卷二上《二先生语二上》,载王孝鱼点校:《二程集》,中华书局 1981 年版,第 15 页。

④ (宋)程颢、程颐:《河南程氏遗书》卷二五《伊川先生语十一》,载王孝鱼点校:《二程集》,中华书局 1981 年版,第 316 页。

⑤ 陈来:《宋明理学》,生活·读书·新知三联书店 2011 年版,第 123 页。

⑥ (宋)程颢、程颐:《河南程氏遗书》卷一八《伊川先生语四》,载王孝鱼点校:《二程集》,中华书局 1981 年版,第 188 页。

如此道。须是今日格一件,明日又格一件,积习既多,然后脱然自有贯通处。"①程颐认为,格一物便知众理是不可能的,格物需要积累,当积累到一定程度时就会发生质的飞跃,达到豁然贯通的地步,即达到对普遍天理的认识。

二程于格物范围、对象以及方法的论说由朱熹加以继承。朱熹十分重视《大学》中的"格物",他说:"知读《大学》,甚善。大抵其说虽多,多是为学之题目次第,紧要是'格物'两字。"②朱熹在《大学章句》中将程子的格物论进行了更加系统的发挥,"格物"被其当作"八条目"之一。从此以后,格物成为士人认识论和修养论的重要内容。

3. 对《中庸》的表彰及阐释

《程氏经说》卷八有《中庸解》一篇,此《中庸解》并非二程所撰,而是蓝田吕大临的作品。③ 二程没有专门的《中庸》诠释之作,不过他们对《中庸》是非常重视的。二程于《中庸》之诠释,被其门弟子记录下来,保存在《二程集》中。

(1) 对《中庸》文本的认识

二程认为,子思为传圣人之道而作《中庸》,"然则《中庸》之书,决是传圣人之学不杂,子思恐传授渐失,故著此一卷书。"④"《中庸》之书,是孔门传授,成于子思。"⑤《中庸》是子思为传圣人之道而作,故应受到推崇。程子云:"善读《中庸》者,只得此一卷书,终身用不尽也。"⑥

根据语录可知,二程疑《中庸》文本者仅有一处。《中庸》曰:"小人之中庸,小人而无忌惮也。"二程曰:"'小人之中庸,小人而无忌惮也',小人更有甚

① (宋)程颢、程颐:《河南程氏遗书》卷一八《伊川先生语四》,载王孝鱼点校:《二程集》,中华书局1981年版,第188页。

② (宋)朱熹:《晦庵先生朱文公文集》卷五四《答朱子绎》,载朱杰人等编:《朱子全书》(修定本)第23册,上海古籍出版社、安徽教育出版社2010年版,第2560页。

③ 庞万里:《〈中庸解〉考辨》,《二程哲学体系》附录,北京航空航天大学出版社1992年版,第415—420页。

④ (宋)程颢、程颐:《河南程氏遗书》卷一五《伊川先生语一》,载王孝鱼点校:《二程集》,中华书局1981年版,第153页。

⑤ (宋)程颢、程颐:《河南程氏遗书》卷一五《伊川先生语一》,载王孝鱼点校:《二程集》,中华书局1981年版,第160页。

⑥ (宋)程颢、程颐:《河南程氏遗书》卷一七《伊川先生语三》,载王孝鱼点校:《二程集》,中华书局1981年版,第174页。

中庸？脱一反字。小人不主于义理，则无忌惮，无忌惮所以反中庸也。亦有其心畏谨而不中，亦是反中庸。语恶有浅深则可，谓之中庸则不可。"①二程认为，小人不可能中庸，而只会反中庸，故"小人之中庸"一语，"之"字与"中"字之间脱一"反"字②。

（2）对《中庸》的阐释

二程对《中庸》有所阐释。"中庸"一词，《论语》有记载，孔子曰："中庸之为德也，其至矣乎！民鲜久矣。"《中庸》曰"君子中庸，小人反中庸"，郑玄注："庸，常也；用中为常道也。"③《中庸》，孔颖达解题："名曰中庸者，以其记中和之为用也。庸，用也。"④据郑、孔之说，"庸"可释"用"，即中和之为用；"庸"还可释"常"，即无过无不及之常道。

二程继承了汉唐以来的"中庸"说。程颢云："中之理至矣。独阴不生，独阳不生，偏则为禽兽，为夷狄，中则为人。中则不偏，常则不易，惟中不足以尽之，故曰中庸。"⑤程颐云："中者，只是不偏，偏则不是中。庸只是常。犹言中者是大中也，庸者是定理也。定理者，天下不易之理也，是经也。"⑥程颢此说与具体事物相关，程颐此说则已上升到天理高度。程颐还说："天地之化，虽廓然无穷，然而阴阳之度、日月寒暑昼夜之变，莫不有常，此道之所以为中庸。"⑦程颐认为，万事万物所循之常道是中庸。程颐将中庸之道提升到普遍原理的高度，是对汉唐中庸说的深化和发展。

二程对"中"与"道"、"中"与"性"的关系作了辨析。"中"与"道"，吕大

①　（宋）程颢、程颐：《河南程氏遗书》卷一五《伊川先生语一》，载王孝鱼点校：《二程集》，中华书局1981年版，第160—161页。

②　魏代王肃认为"小人之中庸"应为"小人之反中庸"。[（唐）孔颖达：《礼记正义》，载《十三经注疏》，中华书局1980年影印版，第1625页。]

③　（唐）孔颖达：《礼记正义》，载《十三经注疏》，中华书局1980年影印版，第1625页。

④　（唐）孔颖达：《礼记正义》，载《十三经注疏》，中华书局1980年影印版，第1625页。

⑤　（宋）程颢、程颐：《河南程氏遗书》卷一一《明道先生语一》，载王孝鱼点校：《二程集》，中华书局1981年版，第122页。

⑥　（宋）程颢、程颐：《河南程氏遗书》卷一五《伊川先生语一》，载王孝鱼点校：《二程集》，中华书局1981年版，第160页。

⑦　（宋）程颢、程颐：《河南程氏遗书》卷一五《伊川先生语一》，载王孝鱼点校：《二程集》，中华书局1981年版，第149页。

临云："中者道之所由出。"程子驳曰："中者道之所由出,此语有病。""中即道也。若谓道出于中,则道在中外,别为一物矣。所谓'论其所同,不容更有二名,别而言之,亦不可混为一事。'"①二程认为,"道"与"中"是不分不离的关系。"中"与"性",吕大临云："既云'率性之为道',则循性而行莫非道。此非性中别有道也,中即性也。"二程驳曰："'中即性也',此语极未安。中也者,所以性状之体段。如称天圆地方,遂谓方圆即天地可乎? 方圆既不可谓之天地,则万物决非方圆之所出。如中既不可谓之性,则道何从称出于中? 盖中之为义,无过不及而立名。若只以中为性,则中与性不合,与'率性之谓道'其义自异。性道不可合一而言。中止可言体,而不可与性同德。"②二程认为,"中"多关乎事物存在的状态,"性"则多关乎事物的本质。

二程借《中庸》阐发"中和"思想。如《中庸》曰："喜怒哀乐之未发,谓之中;发而皆中节,谓之和。中也者,天下之大本也,和也者,天下之达道也。"程颐曰："中和,若只于人分上言之,则喜怒哀乐未发既发之谓也。若致中和,则是达天理,便见得天尊地卑、万物化育之道,只是致知也。"③"'喜怒哀乐未发谓之中。'赤子之心,发而未远于中,若便谓之中,是不识大本也。"④程颐的心有体用说,将"未发""已发"联系起来,纳入了心的主体范畴。

二程的人生修养论多从《中庸》汲取资源。如于"诚",程颢言："学要在敬也、诚也,中间便有个仁。"⑤程颢认为,为学之关键在于诚、敬。程颢又云："诚者天之道,敬者人事之本。敬则诚。"⑥程颢借《中庸》"诚者天之道"一语,将

---

① （宋）程颢、程颐:《河南程氏文集》卷九《与吕大临论中书》,载王孝鱼点校:《二程集》,中华书局 1981 年版,第 606 页。

② （宋）程颢、程颐:《河南程氏文集》卷九《与吕大临论中书》,载王孝鱼点校:《二程集》,中华书局 1981 年版,第 606 页。

③ （宋）程颢、程颐:《河南程氏遗书》卷一五《伊川先生语一》,载王孝鱼点校:《二程集》,中华书局 1981 年版,第 160 页。

④ （宋）程颢、程颐:《河南程氏文集》卷九《与吕大临论中书》,载王孝鱼点校:《二程集》,中华书局 1981 年版,第 607 页。

⑤ （宋）程颢、程颐:《河南程氏遗书》卷一四《明道先生语四》,载王孝鱼点校:《二程集》,中华书局 1981 年版,第 141 页。

⑥ （宋）程颢、程颐:《河南程氏遗书》卷一一《明道先生语一》,载王孝鱼点校:《二程集》,中华书局 1981 年版,第 127 页。

诚上升到天道的高度。程颐认为"诚"既是为学之起点，又是学者的最高境界。他说:"《中庸》之书,学者之至也,而其始则曰:'戒慎乎其所不睹,恐惧乎其所不闻。'"①学由"诚"始,便可达到"诚"的境界。二程在对《中庸》"中""中庸"等概念的演绎中,为"诚敬为本"的人生修养说寻找到了理论依据。在二程后学杨时等人的努力下,二程提出的"中""中和""诚"等概念和命题得到了进一步深化;到南宋朱熹作《中庸章句》时,这些概念就更加完善了。

三、南宋的《礼记》学

对南宋时期朱熹、魏了翁、卫湜、黄震的《礼记》学进行介绍,以见南宋时期学人《礼记》研究的成就及特色。

（一）朱熹的《礼记》学

《朱子语类》卷八七有朱熹对《礼记》所作的通论,以及对《礼记》部分篇目的训释。其中"总论"部分共 14 则,主要是论述如何阅读《礼记》,以及辨析《礼记》与《仪礼》的关系等。各篇之训释部分,《曲礼》十九则、《檀弓上》二十一则、《檀弓下》四则、《王制》八则、《月令》八则、《礼运》十七则、《礼器》五则、《郊特牲》五则、《内则》二则、《玉藻》三则、《明堂位》一则、《丧服小记》四则、《大传》四则、《少仪》二则、《学记》八则、《乐记》二十三则、《祭法》四则、《祭义》十六则、《哀公问》一则、《仲尼燕居》一则、《孔子闲居》一则、《表记》五则、《深衣》二则、《乡饮酒义》四则、《乡射义》三则,此外还有拾遗七则。

朱熹特别重视《礼记·大学》,认为《大学》是"入德之门"。朱熹说:"学问须以《大学》为先,次《论语》,次《孟子》,次《中庸》。《中庸》工夫密,规模大。"②又说:"某要人先读《大学》,以定其规模;次读《论语》,以立其根本;次读《孟子》,以观其发越;次读《中庸》,以求古人之微妙处。"③"《论》《孟》《中庸》,待《大学》贯通浃洽,无可得看后方看,乃佳。道学不明,元来不是上面欠

---

① （宋）程颢、程颐:《河南程氏遗书》卷二五《伊川先生语十一》,载王孝鱼点校:《二程集》,中华书局 1981 年版,第 325 页。

② （宋）黎靖德编:《朱子语类》卷一四,中华书局 1986 年版,第 249 页。

③ （宋）黎靖德编:《朱子语类》卷一四,中华书局 1986 年版,第 249 页。

却工夫,乃是下面元无根脚。"①朱熹认为,治学须先读四书,四书则需先读《大学》,因为《大学》是一个总纲,能使学者"定其规模"。朱熹对前人的《大学》研究并不满意,其答许顺之云:"《大学》之说,近日多所更定,旧说极陋处不少,大抵本领不是,只管妄作,自悮悮人,深为可惧耳。"②鉴于此,朱熹在《大学》研究上花费了很多精力,他说:"我平生精力尽在此书。先须通此,方可读书。"③朱熹在广泛参考前人《大学》改本基础上成《大学章句》,他说:"《大学》一篇,经二百有五字,传十章。今见于戴氏礼书,而简编散脱,传文颇失其次,子程子盖尝正之。熹不自揆,窃因其说复定此本。"④由此可见,朱熹《大学章句》是在程子《大学》改本基础上形成的。

朱熹亦重视《礼记·中庸》,其把《中庸》视为高深、难读、谈本体、谈玄妙的著作,并一再告诫学生,读四书时,要将《中庸》放到最后。其《中庸章句序》曰:"异端之说日新月盛,以至于老佛之徒出,则弥近理而大乱真矣。"⑤由此可见,辟佛老是朱熹撰作《中庸章句》的一大目的。朱熹认为前人的《中庸》研究有缺失,他说:"游、杨、吕、侯诸先生解《中庸》,只说他所见一面道理,却不将圣人言语折衷,所以多失。"⑥"游、杨诸公解《中庸》,引书语皆失本意。"⑦在诸家《中庸》解义中,朱熹最重视的是石𡼖的《中庸集解》。石𡼖《中庸集解》收录了周敦颐、张载、二程、吕大临、谢良佐、游酢、杨时等十余家解义,朱子说:"抑子重之为此书,采掇无遗,条理不紊,分章虽因众说,然去取之间不失其当,其谨密详审,盖有得乎行远自迩、升高自卑之意。"⑧朱熹"因其

---

①　(宋)黎靖德编:《朱子语类》卷一四,中华书局1986年版,第250页。

②　(宋)朱熹:《晦庵先生朱文公文集》卷三九《答许顺之》,载朱杰人等编:《朱子全书》(修定本)第22册,上海古籍出版社、安徽教育出版社2010年版,第1746页。

③　(宋)黎靖德编:《朱子语类》卷一四,中华书局1986年版,第258页。

④　(宋)朱熹:《晦庵先生朱文公文集》卷八一《记大学后》,载朱杰人等编:《朱子全书》(修定本)第24册,上海古籍出版社、安徽教育出版社2010年版,第3829—3830页。

⑤　(宋)朱熹:《晦庵先生朱文公文集》卷七六《中庸章句序》,载朱杰人等编:《朱子全书》(修定本)第24册,上海古籍出版社、安徽教育出版社2010年版,第3675页。

⑥　(宋)黎靖德编:《朱子语类》卷六二,中华书局1986年版,第1485页。

⑦　(宋)黎靖德编:《朱子语类》卷六二,中华书局1986年版,第1485页。

⑧　(宋)朱熹:《晦庵先生朱文公文集》卷七五《中庸集解序》,载朱杰人等编:《朱子全书》(修定本)第22册,上海古籍出版社、安徽教育出版社2010年版,第3640页。

《集解》删成《辑略》，别为章句以总其归"①。朱熹以《辑略》繁芜，故又作《章句》。

淳熙元年（1174 年）甲午，朱熹是年四十五岁，他在答吕伯恭时云："《中庸章句》一本上纳，更有详说一书，字多未暇，余俟后便寄去。有未安者，一一条示为幸。《大学章句》并往，亦有详说，后便寄也。"②由此可见，朱熹四十五岁时，《大学章句》和《中庸章句》已草具。据年谱，淳熙十六年（1189 年）朱熹六十岁，是年二月序《大学章句》，是年三月序《中庸章句》，可见，自草本至成书，《大学章句》和《中庸章句》历时十五年之久。在这个过程中，朱熹对二书曾反复修改。有人问："赵书记欲以先生《中庸解》锓木，如何？"朱熹曰："公归时，烦说与，切不可！某为人迟钝，旋见得旋改，一年之内改了数遍不可知。"③在答应仁仲时，朱熹云："《大学》《中庸》屡改，终未能到得无可改处。"④绍熙五年（1194 年），甲寅朱熹辞官还考亭之后，在答詹帅时云："但两年以来，节次改定又已不少。其间极有大义所系，不可不改者，亦有一两文字。若无利害，而不改终觉有病者。……《中庸》《大学》旧本已领，二书所改尤多，幸于未刻，不敢复以新本拜呈。幸且罢议，他日却附去请教也。《中庸序》中推本尧、舜传授来历，添入一段甚详。《大学》格物章中，改定用功程度甚明，删去辨论冗说极多。旧本真是见得未真。"⑤所谓"两年以来"，指的是乙卯、丙辰，朱熹年六十六岁、六十七岁。可见在《大学章句》《中庸章句》成书以后，朱熹还是没有停止对两书的修改。

在撰《四书章句集注》后，朱熹又以诸家之说纷错不一，因此又设问答，以明去取之意，成《四书或问》一书，包括《大学或问》二卷、《中庸或问》三卷。朱熹对《大学或问》用力较多，他说："今年诸书都修得一过，《大学》所改尤多，

---

① （清）朱彝尊：《经义考》卷一五二，中华书局 1998 年影印版，第 799 页。

② （宋）朱熹：《晦庵先生朱文公文集》卷三三《答吕伯恭》，载朱杰人等编：《朱子全书》（修定本）第 21 册，上海古籍出版社、安徽教育出版社 2010 年版，第 1454 页。

③ （宋）黎靖德编：《朱子语类》卷六二，中华书局 1986 年版，第 1486 页。

④ （宋）朱熹：《晦庵先生朱文公文集》卷五四《答应仁仲》，载朱杰人等编：《朱子全书》（修定本）第 23 册，上海古籍出版社、安徽教育出版社 2010 年版，第 2548 页。

⑤ （宋）朱熹：《晦庵先生朱文公文集》卷二七《答潘恭叔》，载朱杰人等编：《朱子全书》（修定本）第 21 册，上海古籍出版社、安徽教育出版社 2010 年版，第 1203 页。

比旧已极详密。"①朱熹反复修改《四书章句集注》，至老未已；而于《四书或问》则无暇修订，故该书相抵牾处甚多。朱熹在《答潘端叔》中云："《论语或问》，此书久无功夫修得，只《集注》屡改不定，却与《或问》前后不相应矣。"②可见朱熹并不忌讳《四书或问》与《四书章句集注》有抵牾处。今人将《或问》与《章句》加以比较研究，可知朱熹《大学》《中庸》诠释之历程。

需要说明的是，朱熹的《大学》《中庸》论著，历代都是归于四书学文献中，这也符合朱熹学术的实际。由于《大学》《中庸》与朱熹理学思想体系之建构有着密切的关系，所以笔者从《礼记》学的角度研究朱熹的《大学》《中庸》诠释，不会脱离朱熹的四书学语境。

据朱彝尊《经义考》卷一四七，可知朱熹有《明堂图说》一卷；据《经义考》卷一五○，可知朱熹有《深衣制度》一卷；据《经义考》卷一四七，可知朱熹有《投壶说》一篇；据《经义考》卷一四八，可知朱熹有《井田类说》一篇。这些文献，《经义考》皆云"存"，今已不可见。

1. 论读《礼记》之方法

在《朱子语类》卷八七的"总论"部分，朱熹着重论述了读《礼记》之方法。

第一，读《礼记》要有先后次序。有人问："看《礼记》《语》《孟》孰先？"朱熹曰："《礼记》有说宗庙朝廷，说得远后，杂乱不切于日用。若欲观礼，须将《礼记》节出切于日用常行者看，节出《玉藻》《内则》《曲礼》《少仪》看。"③朱熹认为，读《礼记》，首先要读那些与日常生活密切相关的篇目，如《玉藻》《内则》《曲礼》《少仪》等。至于那些谈宗庙朝廷而又不切日用者，则宜暂缓。

第二，读《礼记》须先读《仪礼》。朱子云："读《礼记》，须先读《仪礼》。"④"学礼，先看《仪礼》。《仪礼》是全书，其他皆是讲说。如《周礼》《王制》是制度之书，《大学》《中庸》是说理之书。《儒行》《乐记》非圣人之书，乃战国贤士

① （宋）朱熹：《晦庵先生朱文公文集》卷五○《答潘端叔》，载朱杰人等编：《朱子全书》（修定本）第22册，上海古籍出版社、安徽教育出版社2010年版，第2292页。

② （宋）朱熹：《晦庵先生朱文公文集》卷五○《答潘端叔》，载朱杰人等编：《朱子全书》（修定本）第22册，上海古籍出版社、安徽教育出版社2010年版，第2292页。

③ （宋）黎靖德编：《朱子语类》卷八七，中华书局1986年版，第2225页。

④ （宋）黎靖德编：《朱子语类》卷八七，中华书局1986年版，第2225页。

为之。"①《礼记》只是解《仪礼》,如《丧服小记》便是解《丧服传》,惟《大传》是总解。"②《礼记》要兼《仪礼》读,如冠礼、丧礼、乡饮酒礼之类,《仪礼》皆载其事,《礼记》只发明其理。读《礼记》而不读《仪礼》,许多理皆无安著处。"③"《仪礼》,礼之根本,而《礼记》乃其枝叶。《礼记》乃秦汉上下诸儒解释《仪礼》之书,又有他说附益于其间。"④朱子强调,《礼记》依附于《仪礼》,要读《礼记》必须先懂《仪礼》,不懂《仪礼》是不能真正读懂《礼记》的。因此,朱熹对王安石罢《仪礼》而只存《礼记》的做法深表不满,他说:"自荆公废了学究科,后来人都不知有《仪礼》。"⑤荆公废《仪礼》而取《礼记》,舍本而取末也。"⑥

第三,读《礼记》须参考旧注。首先,朱熹认为读《礼记》必须重视郑注和孔疏,他说:"郑康成是个好人,考礼名数大有功,事事都理会得。如汉《律令》亦皆有注,尽有许多精力。东汉诸儒煞好。卢植也好。"⑦"郑注自好。看《注》看《疏》,自可了。"⑧朱子强调,读《礼记》时看郑注和孔疏,《礼记》则可明。

第四,对于与郑学为异的王肃《礼记注》,也可以参考。朱熹说:"《礼记》有王肃《注》,煞好。又,太史公《乐书》载《乐记》全文,注家兼存得王肃。"⑨朱熹认为,王肃《礼记注》值得参考。

第五,朱熹对宋代部分《礼记》注家也表示推崇。他说:"方马二解,合当参考,尽有说好处,不可以其新学而黜之。如'君赐衣服,服以拜赐'。'以辟之命,铭为烝彝鼎',旧点'以辟之'为一句,极无义。辟,乃君也。以君之命铭彝鼎,最是。又如陆农师点'人生十年曰幼'作一句,'学'作一句,下放此,亦有理。'圣人作'作一句,'为礼以教人'。《学记》'大学之教也'作一句,'时

---

① (宋)黎靖德编:《朱子语类》卷八七,中华书局1986年版,第2225页。
② (宋)黎靖德编:《朱子语类》卷八七,中华书局1986年版,第2226页。
③ (宋)黎靖德编:《朱子语类》卷八七,中华书局1986年版,第2225页。
④ (宋)黎靖德编:《朱子语类》卷八四,中华书局1986年版,第2186页。
⑤ (宋)黎靖德编:《朱子语类》卷八七,中华书局1986年版,第2225页。
⑥ (宋)黎靖德编:《朱子语类》卷八七,中华书局1986年版,第2225页。
⑦ (宋)黎靖德编:《朱子语类》卷八七,中华书局1986年版,第2226页。
⑧ (宋)黎靖德编:《朱子语类》卷八七,中华书局1986年版,第2226页。
⑨ (宋)黎靖德编:《朱子语类》卷八七,中华书局1986年版,第2226页。

教必有正业,退息必有居学'。'乃言底可绩三载',皆当如此。'不在此位也',吕与叔作'岂不在此位也'？是。后看《家语》乃无'不'字,当从之。"①朱子抛弃门户之见,认为新学派方悫、马希孟、陆佃等人,以及关学派吕大临等人的《礼记》解义均有可取之处。

2. 疑改《礼记》经文和旧注

在宋代疑经思潮的影响下,朱熹对《礼记》经文和旧注多有疑改。

（1）疑《礼记》经文和旧注

朱熹对《礼记》部分经文有疑义,他说:"《王制》'祀礿、祫禘、祫尝、祫烝'之说,此没理会,不知汉儒何处得此说来。礼家之说,大抵自相矛盾。"②"《表记》言'仁有数,义有长短大小',此亦有未安处。"③"《乡饮酒义》'三让'之义,《注》《疏》以为'月三日而成魄,魄三月而成时'之义,不成文理,说倒了。他和《书》'哉生魄',也不曾晓得,然亦不成譬喻。或云,当作'月三日而成明',乃是。"④

又如《王制》:"凡四海之内九州,州方千里。州建百里之国三十,七十里之国六十,五十里之国百有二十,凡二百一十国。名山大泽不以封,其余以为附庸闲田。八州,州二百一十国。"郑玄注:"建,立也。立大国三十,十三公也。立次国六十,十六卿也。立小国百二十,十二小卿也。名山大泽不以封者,其民同财,不得障管,亦赋税之而已。此大界方三千里,三三而九,方千里者九也。其一为县内,余八各立一州,此殷制也。"⑤郑玄认为,此之经文是论四海之内各州建国之数量,以及附庸闲田之法。郑玄于此随经作注,于经文毫无疑义。朱子曰:"《王制》:'四海之内九州,州方千里。'及论建国之数,恐只是诸儒做个如此算法,其实不然。建国必因其山川形势,无截然可方之理。又,冀州最阔,今河东河北数路,都属冀州。雍州亦阔,陕西秦凤皆是。至青徐兖豫四州皆相近做一处,其疆界又自窄小。其间山川险夷又自不同,难概以三

① （宋）黎靖德编:《朱子语类》卷八七,中华书局 1986 年版,第 2227 页。
② （宋）黎靖德编:《朱子语类》卷八七,中华书局 1986 年版,第 2236—2237 页。
③ （宋）黎靖德编:《朱子语类》卷八七,中华书局 1986 年版,第 2264 页。
④ （宋）黎靖德编:《朱子语类》卷八七,中华书局 1986 年版,第 2265 页。
⑤ （唐）孔颖达:《礼记正义》,载《十三经注疏》,中华书局 1980 年影印版,第 1323 页。

分去一言之。如三代封建其间,若前代诸侯先所有之国土,亦难为无故去减削他。所以周公之封鲁,太公之封齐,去周室皆远。是近处难得空地,偶有此处空隙,故取以封二公。不然,何不只留封近地,以夹辅王室?《左氏》载齐本爽鸠氏之地,其后蒲姑氏因之,而后太公因之。又,《史记》载太公就封,莱人与之争国。当时若不得蒲姑之地,太公亦未有安顿处。又如襄王以原田赐晋文公,原是王畿地,正以他无可取之处故也。然原人尚不肯服,直至用兵伐之,然后能取。盖以世守其地,不肯遽以予人。若封建之初,于诸侯有所减削,夺彼予此,岂不致乱! 圣人处事,决不如此。若如此,则是王莽所为也。"①朱子认为,《王制》所记封国制,只是汉儒立下的算法而已;九州之地,有的极阔,有的则极狭,故疆域大小未必是定制;三代皆有封建,前代诸侯国土大小,很难无故削减,若分封之初削减前朝诸侯之土地,则可能导致社会混乱,圣人明白此道德,故不会如此行。朱子以理性的眼光来看待《王制》经文,自有其合理性,正如孙希旦所云:"愚谓此言畿外八州,每州之内所封之国数也。然立法如此,至其行之,须有变通。盖州有广狭,山川形势有迂曲,不必皆整如棋局,亦不必每州封国必取足于此数而不可增减也。"②

朱熹还怀疑郑玄注,如《曲礼上》:"馂余不祭,父不祭子,夫不祭妻。"朱子曰:"便是此一说,被人解得都无理会了。据某所见,此二句承上面'馂余不祭'说。盖谓馂余之物,虽父不可将去祭子,夫不可将去祭妻。且如孔子'君赐食,必正席先尝之;君赐腥,必熟而荐之'。君赐腥,则非馂余矣,虽熟之以荐先祖可也。赐食,则或为馂余,但可正席先尝而已;固是不可荐先祖,虽妻子至卑,亦不可祭也。"③"'馂余不祭,父不祭子,夫不祭妻',先儒自为一说,横渠又自为一说。看来只是祭祀之'祭',此因'馂余'起文。谓父不以是祭其子,夫不以是祭其妻,举其轻者言,则他可知矣。"④"'馂余不祭,父不祭子,夫不祭妻',古注说不是。今思之,只是不敢以馂余又将去祭神。虽以父之尊,亦不可以祭其子之卑;夫之尊,亦不可以祭其妻之卑,盖不敢以鬼神之余复以

① (宋)黎靖德编:《朱子语类》卷八七,中华书局 1986 年版,第 2235—2236 页。
② (清)孙希旦著,沈啸寰等点校:《礼记集解》卷一二,中华书局 1989 年版,第 316 页。
③ (宋)黎靖德编:《朱子语类》卷八七,中华书局 1986 年版,第 2230 页。
④ (宋)黎靖德编:《朱子语类》卷八七,中华书局 1986 年版,第 2230 页。

祭也。祭,非'饮食必有祭'之'祭'。"①郑注:"食人之余曰馂,馂而不祭,唯此类也。食尊者之余则祭,盛之。"②熊安生曰:"谓年老致仕,传家事于子孙,子孙有宾客之事,故父得馂其子余。"③郑玄、熊安生等人认为,《曲礼》以子、妻为卑,故父亲吃子女剩下的饭菜,或丈夫吃妻子剩下的饭菜,皆无须祭先人。朱熹则认为,郑、熊之注释均不确切,《曲礼》此"祭"为"祭祀"之义,吃剩下的饭菜不可用以祭祀,即使是父亲,也不可用剩下的饭菜祭子,即使是丈夫,也不可用剩下的饭菜祭妻。朱熹此解义受到了清人的推崇,如孙希旦云:"戴氏溪曰:父不祭子,夫不祭妻,各使其子主之,明有尊也。此与馂余不祭,义不相属。顾氏炎武曰:父不祭子,夫不祭妻,不但名分有所不当,而以尊临卑,则死者之神亦必不安,故其当祭则有代之者。此谓平日四时之祭,若在丧,则祥禫之祭未尝不行。此节诸家之说不同。注疏解'祭'字为'祭食'之祭,谓'食尊者之余则祭之','若父得子余,夫得妻余,不须祭,以其卑故也'。愚谓食之有祭,所以报先代始为饮食之人,若用食余以祭,则非所以为敬。故《玉藻》'特牲三俎,祭肺,夕深衣,祭牢肉'若日中而馂,则不祭也。虽尊者之余,亦不可用以祭矣。且礼惟有卑馂尊者之余,若父馂子余,夫馂妻余,尤礼之所未尝有也。……朱子与戴氏、顾氏之说皆可通,但上言'御食于君',下言'御同于长者',故因而及于馂余不祭之事,忽于其间言吉祭,未免不伦,又似朱子之说为长也。"④江永亦云:"按:此经固当断从朱子说,而陈氏《集说》兼存祭食之说,与《注》《疏》小异,亦可玩也。"⑤根据江永、孙希旦之论述,可知朱子所创之新说是可信的。

（2）改易《礼记》经文

在疑《礼记》之基础上,朱熹还改易《礼记》经文。有人认为《礼记》经文不可改,朱熹驳曰:"改经文,固启学者不敬之心。然旧有一人,专攻郑康成解

①　（宋）黎靖德编:《朱子语类》卷八七,中华书局1986年版,第2230页。
②　（唐）孔颖达:《礼记正义》,载《十三经注疏》,中华书局1980年影印版,第1243页。
③　（唐）孔颖达:《礼记正义》,载《十三经注疏》,中华书局1980年影印版,第1243页。
④　（清）孙希旦著,沈啸寰等点校:《礼记集解》卷三,中华书局1989年版,第61—62页。
⑤　（清）江永:《礼记训义择言》卷一,载文渊阁《四库全书》第128册,上海古籍出版社1987年影印版,第296页。

《礼记》不合改其文。如'蛾子时术之',亦不改,只作蚕蛾子,云,如蚕种之生,循环不息,是何义也!且如《大学》云:'举而不能先,命也。'若不改,成甚义理!"①由此可见,朱子改经之主观愿望并非标新立异,而是通过改经使经文文义通达。

朱熹对《大学》和《中庸》加以改易,并划分章句。《礼记》中的《大学》,先有二程序其编次,继有朱熹别为次序。朱熹改易《大学》有两处:一是将"《康诰》曰:克明德……与国人交止于信"提到"而其所薄者厚未之有也"与"《诗》云:瞻彼淇澳"之间;二是将"此为知本,此为知之至也……故君子必诚其意"移至"大畏民志,此谓知本"与"所谓修身在正其心者"之间。其余的内容顺次相接。很明显,朱熹是在程颐《大学》改本的基础上完成的。② 朱熹认为,"听讼"章第二个"所谓知本"不是衍文,"所谓知本"与"此为知之至也"是一个整体。其还认为"此句之上别有阙文,此特其结语耳",因此增补"格物致知传"。由此可见,朱熹对《大学》之改易,意在突出"格物致知"在《大学》中的重要性。

朱熹将《大学》划分为十章,将《中庸》划分为三十三章。朱熹曰:"《大学》一篇,经二百有五字,传十章。今见于戴氏礼书。而简编散脱,传文颇失其次,子程子盖尝正之。熹不自揆,窃因其说复定此本。"③朱熹认为,《大学》有散脱者,顺序也不尽合理,故需移易,并划分章句。其《书中庸后》曰:"熹尝伏读其书,而妄以己意分其章句如此。窃惟是书子程子以为孔门传授心法,且谓善读者得之,终身用之有不能尽,是岂可以章句求哉?然又闻之,学者之于经,未有不得于辞而能通其意者。是以敢私识之,以待诵习而玩心焉。"④朱熹作章句,意在让学者通过章句明《大学》《中庸》之义。

---

① (宋)黎靖德编:《朱子语类》卷八七,中华书局 1986 年版,第 2227 页。

② 程颐将《大学》"子曰:'听讼,吾犹人也,必也使无讼乎?'无情者不得尽其辞,大畏民志,此谓知本"提到"其所厚者薄而其所薄者厚,未之有也"与"此谓知之至也"之间,并将两个"此谓知本"联系起来,认为"此谓知之至也"前面的"此谓知本"是衍文。

③ (宋)朱熹:《晦庵先生朱文公文集》卷八一《记大学后》,载朱杰人等编:《朱子全书》(修定本)第 24 册,上海古籍出版社、安徽教育出版社 2010 年版,第 3829 页。

④ (宋)朱熹:《晦庵先生朱文公文集》卷八一《记中庸后》,载朱杰人等编:《朱子全书》(修定本)第 24 册,上海古籍出版社、安徽教育出版社 2010 年版,第 3831 页。

朱熹改易《大学》，以及为《大学》《中庸》划分章句，多凭主观立论，而无文献依据，"文献考证是朱熹改动《大学》的一个必要条件，但决非充分条件，在没有版本、目录、校勘等文献学的依据下，断然将《大学》分为经传，且明定其作者，已越出了文献学的范畴。"①朱熹云："熹窃谓生于今世而读古人之书，所以能别其真伪者，一则以其义理之所当否而知之，二则以其左验之异同而质之，未有舍此两途而能直以臆度悬断之者也。"②朱熹所谓"义理"，即指"天理""天命之性"。这是朱熹改易经文文本、划分章句的依据。因此，朱熹对《大学》《中庸》的改易和划分章句，是为了更好地阐发理学思想，为理学提供较为完善的思想文本。

朱熹对《礼记》文本的改易，还反映在《仪礼经传通解》的编修上。《仪礼经传通解》是朱熹晚年所修的一部礼书，共三十七卷，包括家礼五卷、乡礼三卷、学礼十一卷、邦国礼四卷、王朝礼十四卷。此书未能完稿，黄榦、杨复续修，此书乃成。朱熹此书割裂《礼记》各篇目，分散于《仪礼》相关内容之下。如《仪礼》中有《士冠礼》，朱熹则附以《礼记·冠义》；《仪礼》中有《士昏礼》，朱熹则附以《礼记·昏义》；《仪礼》中有《乡饮酒礼》，则附以《乡饮酒义》；《仪礼》中有《聘礼》，则附以《聘义》。朱熹还将《乐记》《月令》从《礼记》中析出，分别附在《王朝礼·月令》和《王朝礼·乐制》之下。《曲礼》《杂记》《内则》内容较复杂，朱熹则析离之，并将析离后的材料分散于家礼、乡礼、学礼、邦国礼、王朝礼之下。朱熹此举，是基于"《仪礼》是经""《礼记》是记"的经学观念。

3. 朱熹诠释《礼记》之方法

朱熹从事《礼记》之诠释，既重视义理推求，又重视考据，二者相得益彰。

（1）文献学的方法

朱熹重视考据，他说："学者观书，先须读得正文，记得注解，成诵精熟。注中训释文意、事物、名义，发明经指，相穿纽处，一一认得，如自己做出来底一般，方能玩味反复，向上有透处。若不如此，只是虚设议论，如举业一般，非为

---

① 杨新勋：《宋代疑经研究》，中华书局 2007 年版，第 212 页。
② （宋）朱熹：《晦庵先生朱文公文集》卷三八《答袁机仲》，载朱杰人等编：《朱子全书》（修定本）第 21 册，上海古籍出版社、安徽教育出版社 2010 年版，第 1664 页。

己之学也。"①又说:"字画音韵是经中浅事,故先儒得其大者多不留意。然不知此等处不理会,却枉费了无限辞说牵补而卒不得其本义,亦甚害事也。非但《易》学,凡经之说,无不如此。"②朱熹认为,先儒中有人不重视文字音韵,辞说牵补,而难得经典本义,因此,要读经书,文字训诂必不可少。在从事《礼记》之诠释时,朱熹对考据的重视,体现在他引经史解《礼记》和引旧注解《礼记》两个方面。

①引经史解《礼记》

钱穆在《朱子新学案》中将朱熹与孔子相比,认为中国文化及学术中,没有第三者能与孔、朱二人齐等。孔子是"述而不作",朱熹是"以述代作"。朱熹遍注群经,择前贤时人之见,熔铸建构成为新的儒家思想体系,影响深远。③

朱熹从事《礼记》之诠释,喜引经典之记载为据。如《曲礼上》:"夫为人子者,三赐不及车马。"朱熹曰:"《左氏传》鲁叔孙豹聘于王,王赐之路,豹以上卿无路而不敢乘。疑此'不及车马',亦谓受之而不敢用耳。若尊者之赐,又爵秩所当得,岂容独辞而不受之邪?"④《左传》有叔孙豹聘王而不敢乘大路之事。朱熹据此,认为《曲礼上》"夫为人子者,三赐不及车马"之义为人子受车

---

① (宋)黎靖德编:《朱子语类》卷一一,中华书局 1986 年版,第 191 页。

② (宋)朱熹:《晦庵先生朱文公文集》卷五〇《答杨元范》,载朱杰人等编:《朱子全书》(修定本)第 22 册,上海古籍出版社、安徽教育出版社 2010 年版,第 2289 页。

③ 据钱穆《朱子新学案(中)》的统计,朱熹《四书集注》征引汉魏古注多达五十余家。(见钱穆:《朱子新学案》第 4 册,台湾三民书局 1980 年版,第 189 页。)又据黄俊杰的统计,《孟子集注》征引、袭用赵岐《孟子注》多达五百八十次。(见黄俊杰:《儒学传统与文化创新》,台湾东大图书公司 1983 年版,第 57 页。)此外,朱熹还十分重视征引宋代理学家之四书学成果,如陈铁凡云:"《四书集注》征引诸家解说,共计九二三条。而汉、魏、梁、唐四代学者的解说,一共只引了七十五条(汉六十条、魏四条、梁一条、唐十条);其余八四八条,皆为宋儒之说。而在这八四八条中,二程夫子之说计为三〇四条,程门高弟吕大临、杨时、谢良佐、游酢、尹焞之说二五六,两共五六〇条,已占全数三分之二以上。其余亦皆程门有关学者,或二程之再传、三传弟子之说。其他诸家解说的征引,不过是点缀而已。所以我说,《四书集注》,不只集宋学之大成;而且是传伊洛一家之学。"(见陈铁凡:《四书章句集注来源》,载钱穆等:《论孟论文集》,台北黎明文化事业公司 1982 年版,第 68 页。)陈逢源、黄瀚仪撰《朱熹〈四书章句集注〉征引书目辑考》一文,文中言征引若干笔,而无征引情况之说明,故难见征引意义之所在。(见陈逢源、黄瀚仪:《朱熹〈四书章句集注〉征引书目辑考》,台湾《政大中文学报》第 3 期。)

④ (宋)卫湜:《礼记集说》卷三,载文渊阁《四库全书》第 117 册,上海古籍出版社 1987 年影印版,第 67 页。

马而不敢用。

又如《大学》："《帝典》曰：'克明峻德。'皆自明也。"朱熹曰："峻，《书》作俊。《帝典》《尧典》，《虞书》。峻，大也。"①《尧典》云"克明俊德"，《大学》则云"克明峻德"，朱熹通过比较，认为"峻"乃"大"之义。

又如《中庸》："中庸其至矣乎！民鲜能久矣。"朱熹曰："《论语》无'能'字。"②《论语·雍也》："子曰：'中庸之为德也，其至矣乎！民鲜久矣！'"朱熹将《论语》与《中庸》相比较，指出《论语》于此少一"能"字。

又如《中庸》："忠恕违道不远，施诸己而不愿，亦勿施于人。"朱子曰："尽己之心为忠，推己及人为恕。违，去也。如《春秋传》齐师'违谷七里'之违。言自此至彼，相去不远，非背而去之之谓也。"③《左传·哀公二十七年》有"违谷七里"一语，朱熹引《左传》以释《中庸》"违道"之"违"字。

朱熹亦常以史书为据以释《礼记》。如《中庸》："子曰：'素隐行怪，后世有述焉，吾弗为之矣。'"朱子曰："'素'，按《汉书》当作'索'，盖字之误也。"④《汉书》云："孔子曰：'索隐行怪，后世有述焉，吾不为之矣。'"朱熹据《汉书》"索隐行怪"，认为《中庸》"素"为"索"字。

又如《少仪》："不度民械，不愿于大家，不訾重，"朱熹曰："'訾'犹'计'，度也。下无訾。金玉成器，字义同此。《国语》云訾相其质，《汉书》云为无訾者，又云不訾之身，皆此义。此言不訾重器者，谓不欲量物之贵贱，亦避不审也。"⑤朱熹引《国语》《汉书》于"訾"字之记载，以释《少仪》"不訾重"之"訾"字。

②引旧注解《礼记》

朱熹亦常征引旧注解《礼记》，这可以从以下几个方面来看：

---

① （宋）朱熹：《大学章句》，载朱杰人等编：《朱子全书》（修定本）第6册，上海古籍出版社、安徽教育出版社2010年版，第18页。

② （宋）朱熹：《中庸章句》，载朱杰人等编：《朱子全书》（修定本）第6册，上海古籍出版社、安徽教育出版社2010年版，第34页。

③ （宋）朱熹：《中庸章句》，载朱杰人等编：《朱子全书》（修定本）第6册，上海古籍出版社、安徽教育出版社2010年版，第39页。

④ （宋）朱熹：《中庸章句》，载朱杰人等编：《朱子全书》（修定本）第6册，上海古籍出版社、安徽教育出版社2010年版，第37页。

⑤ （宋）卫湜：《礼记集说》卷八六，载文渊阁《四库全书》第118册，上海古籍出版社1987年影印版，第799页。

第一,朱熹常征引旧注从事《礼记》之校勘。如《中庸》:"君子之中庸也,君子而时中;小人之中庸也,小人而无忌惮也。"朱子云:"王肃本作'小人之反中庸也',程子亦以为然。今从之。"①朱子据王肃、程子之说,认为"中庸"二字前脱一"反"字。

又如《中庸》:"在下位不获乎上,民不可得而治也。"朱子曰:"郑氏曰:'此句在下,误重在此。'"②朱熹据郑注,认为《中庸》此句经文为误置此处。

第二,朱熹常征引《礼记》旧注以解字。如《大学》:"见贤而不能举,举而不能先,命也;见不善而不能退,退而不能远,过也。"朱子云:"命,郑氏云:'当作慢。'程子云:'当作怠。'未详孰是。"③此之"命"字,郑玄作"慢",程子作"怠",朱熹列二者之解义以阙疑。

又如《大学》:"小人閒居为不善,无所不至,见君子而后厌然。"朱熹曰:"閒,音闲。厌,郑氏读为黶。"④朱子取郑注,以释"厌"字的读音。

第三,朱熹常引旧注以释《礼记》章旨。如于《大学》之解题,朱熹云:"子程子曰:'《大学》,孔氏之遗书,而初学入德之门也。'于今可见古人为学次第者,独赖此篇之存,而《论》《孟》次之。学者必由是而学焉,则庶乎其不差矣。"⑤朱子援引程子解义,以明《大学》的作者及大义。

又如于《中庸》,朱熹云:"子程子曰:'不偏之谓中,不易之谓庸。中者,天下之正道,庸者,天下之定理。'此篇乃孔门传授心法,子思恐其久而差也,故笔之于书,以授孟子。其书始言一理,中散为万事,末复合为一理,'放之则弥六合,卷之则退藏于密',其味无穷,皆实学也。善读者玩索而有得焉,则终身

① (宋)朱熹:《中庸章句》,载朱杰人等编:《朱子全书》(修定本)第6册,上海古籍出版社、安徽教育出版社2010年版,第34页。

② (宋)朱熹:《中庸章句》,载朱杰人等编:《朱子全书》(修定本)第6册,上海古籍出版社、安徽教育出版社2010年版,第45页。

③ (宋)朱熹:《大学章句》,载朱杰人等编:《朱子全书》(修定本)第6册,上海古籍出版社、安徽教育出版社2010年版,第26页。

④ (宋)朱熹:《大学章句》,载朱杰人等编:《朱子全书》(修定本)第6册,上海古籍出版社、安徽教育出版社2010年版,第21页。

⑤ (宋)朱熹:《大学章句》,载朱杰人等编:《朱子全书》(修定本)第6册,上海古籍出版社、安徽教育出版社2010年版,第16页。

用之,有不能尽者矣。"①朱熹援引程子的解义,以明《中庸》篇名大义。

第四,朱熹常征引旧注以阐发《礼记》经义。如《大学》:"生财有大道,生之者众,食之者寡,为之者疾,用之者舒,则财恒足矣。"朱熹曰:"吕氏曰:国无游民,则生者众矣;朝无幸位,则食者寡矣;不夺农时,则为之疾矣;量入为出,则用之舒矣。愚按:此因有土有财而言,以明足国之道在乎务本而节用,非必外本内末而后财可聚也。自此以至终篇,皆一意也。"②朱熹征引吕大临的解义,以释《大学》此所谓"生财之道"。

又如《中庸》:"子曰:鬼神之为德,其盛矣乎。"朱熹云:"程子曰:'鬼神,天地之功用,而造化之迹也。'张子曰:'鬼神者,二气之良能也。'愚谓以二气言,则鬼者阴之灵也,神者阳之灵也。以一气言,则至而伸者为神,反而归者为鬼,其实一物而已。为德,犹言性情功效。"③朱熹征引程子、张载之说,以释《中庸》"鬼神"之义。

有人问:"'君子庄敬日强',是志强否?"朱子答曰:"志也强,体力也强。今人放肆,则日怠惰一日,那得强! 伊川云:'人庄敬则日就规矩。'庄敬自是耐得辛苦,自不觉其日就规矩也。"④朱熹征引程颐之说,以明庄敬之重要性。

又如《学记》:"一年视离经辨志……九年知类通达,强立而不反,谓之大成。"朱熹曰:"'九年知类通达',横渠说得好:'学者至于能立,则教者无遗恨矣。此处方谓大成。'盖学者既到立处,则教者亦不消得管他,自住不得。故横渠又云:'学者能立,则自强不反,而至于圣人之大成矣。而今学者不能得扶持到立处。'尝谓此段是个致知之要。如云:'一年视离经辨志。'古注云,离经,断绝句也。此且是读得成句。"⑤朱子两次征引张载之说,以明《学记》"大成"之义;朱熹还征引郑玄注,以明《学记》所云"离经"之义。

---

① (宋)朱熹:《中庸章句》,载朱杰人等编:《朱子全书》(修定本)第 6 册,上海古籍出版社、安徽教育出版社 2010 年版,第 32 页。

② (宋)朱熹:《大学章句》,载朱杰人等编:《朱子全书》(修定本)第 6 册,上海古籍出版社、安徽教育出版社 2010 年版,第 27 页。

③ (宋)朱熹:《中庸章句》,载朱杰人等编:《朱子全书》(修定本)第 6 册,上海古籍出版社、安徽教育出版社 2010 年版,第 41 页。

④ (宋)黎靖德编:《朱子语类》卷八七,中华书局 1986 年版,第 2264 页。

⑤ (宋)黎靖德编:《朱子语类》卷八七,中华书局 1986 年版,第 2250 页。

（2）义理阐发

朱熹解经重视义理之探求，他说："熹窃谓生于今世而读古人之书，所以能别其真伪者，一则以其义理之所当否而知之。"①朱熹认为，古书之真伪，可据义理辨之。其在《中庸集解序》中云："窃谓秦汉以来，圣学不传，儒者惟知章句训诂之为事，而不知复求圣人之意，以明夫性命道德之归。至于近世，先知先觉之士始发明之，则学者既有以知夫前日之为陋矣。然或乃徒诵其言以为高，而又初不知深求其意。甚者遂至于脱略章句，陵藉训诂，坐谈空妙，展转相迷，而其为患反有甚于前日之为陋者。"②朱熹认为，古之学者仅事章句训诂，不求圣人之意，故难明经书性命道德之旨；宋儒既知古人之弊，以发明性命道德为己任，然其全然不讲训诂，亦难得圣人之意。朱熹主张汉、宋兼采，考据、义理并重。

如《礼运》："用人之知，去其诈；用人之勇，去其怒；用人之仁，去其贪。"有人问："知与诈，勇与怒，固相类。仁却如何贪？"朱熹答曰："盖是仁只是爱，爱而无义以制之，便事事都爱好。物事也爱好，官爵也爱，钱也爱，事事都爱，所以贪。诸家解都不曾恁地看得出。"③朱熹认为，仁只是爱，若没有义来节制，事事贪恋，官爵、钱财，不一而足，贪由是以生。朱熹于《礼运》此段经文，重视的是其义理之阐发。

又如《乐记》："乐胜则流，礼胜则离。"朱熹云："礼乐者，皆天理之自然。节文也是天理自然有底，和乐也是天理自然有底。然这天理本是侊侗一直下来，圣人就其中立个界限，分成段子；其本如此，其末亦如此；其外如此，其里亦如此，但不可差其界限耳。才差其界限，则便是不合天理。所谓礼乐，只要合得天理之自然，则无不可行也。"④朱熹将礼乐问题放到天理论中加以讨论，使礼乐问题上升到了哲学的高度。

《礼记》之篇目，朱熹最为重视的是《大学》和《中庸》，他通过《大学》《中

① （宋）朱熹：《晦庵先生朱文公文集》卷三八《答袁机仲》，载朱杰人等编：《朱子全书》（修定本）第 21 册，上海古籍出版社、安徽教育出版社 2010 年版，第 1664 页。

② （宋）朱熹：《晦庵先生朱文公文集》卷七五《中庸集解序》，载朱杰人等编：《朱子全书》（修定本）第 24 册，上海古籍出版社、安徽教育出版社 2010 年版，第 3640 页。

③ （宋）黎靖德编：《朱子语类》卷八七，中华书局 1986 年版，第 2241 页。

④ （宋）黎靖德编：《朱子语类》卷八七，中华书局 1986 年版，第 2253 页。

庸》之诠释，从而建构起其理学思想体系。

蔡方鹿指出："朱熹作为宋学的代表人物和集大成者，不仅在中国经学史上占有重要地位，而且其经学思想对中国经学的进一步发展产生了重要影响。这突出表现在朱熹兼采汉学和宋学，促进了中国经学的发展；其'四书'义理之学对后世中国经学产生了重要影响；以及朱熹的重训诂辨伪对后世经学所产生的重要影响等方面。"①朱熹兼采汉、宋，考据与义理相结合，在其《礼记》诠释上得到充分的体现。朱熹的《礼记》诠释对后世影响很大。宋人魏了翁、黄震，清人孙希旦、朱彬从事《礼记》之诠释，皆是考据与义理相结合，由此可见朱熹《礼记》学影响之深远。

朱熹以《仪礼》为经、《礼记》为记的思想亦影响深远。元代吴澄《礼记纂言序》云："朱子尝与东莱先生吕氏商订三礼篇次，欲取戴《记》中有关于《仪礼》者附之经，其不系于《仪礼》者，仍别为记。吕氏既不及答，而朱子亦不及为。幸其大纲存于文集，犹可考也。"②吴澄对于朱子未能将三礼篇目重新编次即辞世深表遗憾，他以朱子未竟之志自许，割裂《礼记》以释《仪礼》，成《礼记纂言》一书。吴澄还将《大学》《中庸》从《礼记》中析出，与《论语》《孟子》并为四书；又将《投壶》《奔丧》析出，与《大戴礼记》中的《公冠》《诸侯衅庙》《诸侯迁庙》以及郑玄注中提到的《中溜》《禘于太庙》《王居明堂》等集为《仪礼逸经》；又以《礼记》中的《冠义》《昏义》《乡饮酒义》《燕义》《聘义》加上由《射义》析出的《大射义》《乡射义》，再加上《大戴礼记》中的三篇，从而成《仪礼传》。由此可见，吴澄《礼记纂言》之编纂思想，实源自朱子于《仪礼》《礼记》关系之认识。

朱熹以《仪礼》为经、《礼记》为记的思想对清代学人亦有启发。如万斯大曰："《仪礼》一经，与《礼记》相表里。考仪文，则《仪礼》为备，言义理，则《礼记》为精。在圣人即吾心之义，礼而渐著之为仪文，在后人必通达其仪文而后得明其义理。故读《礼记》而不知《仪礼》，是无根之木、无源之水也。悬空无

---

① 蔡方鹿：《朱熹经学与中国经学》，人民出版社2004年版，第582页。
② （元）吴澄：《礼记纂言序》，《礼记纂言》卷首，载文渊阁《四库全书》第121册，上海古籍出版社1987年影印版，第3页。

据,岂能贯通?"①江永亦曰:"《礼记》四十九篇,则群儒所记录,或杂以秦汉儒之言,纯驳不一,其《冠》《昏》等义,则《仪礼》之义疏耳。"②又曰:"散逸之余《仪礼》正篇,犹存二戴之《记》者,如《投壶》《奔丧》《迁庙》《衅庙》之类,已不可多见。"③万斯大、江永皆强调《礼记》对于理解《仪礼》的重要性,与朱熹的礼学观如出一辙。

（二）魏了翁的《礼记》诠释

魏了翁《礼记要义》三十三卷,《宋史·艺文志》载之。明人《授经图义例》亦著录之。清朱彝尊《经义考》著录魏氏《礼记要义》三十三卷,云"未见"。清乾隆年间修《四库全书》时,阮元曾见到此书的一个版本。《四库未收书提要》云:"此书(《礼记要义》)明《聚乐堂艺文目》有之,《经义考》云'未见'。此本从宋刻影抄,存者三十一卷,《曲礼》上、下两篇,亦以遗佚为憾,然较诸《春秋》之所存者,固已胜之。"④

魏了翁《礼记要义》卷一、卷二已佚,今所能见之版本,开卷即第三卷《檀弓上》。今以《续修四库全书》本为据,对魏了翁《礼记要义》的内容、体例和特点分别加以探讨。

1.《礼记要义》的内容和体例

（1）《礼记要义》的内容

《续修四库全书》所收《礼记要义》,卷一、卷二均佚。其中《王制》分为卷上和卷下,故全书实存三十二卷。各卷分布情况为:卷三为《檀弓上》,卷四为《檀弓下》,卷五为《王制上》和《王制下》,卷六为《月令》,卷七为《曾子问》,卷八为《文王世子》,卷九为《礼运》,卷十为《礼器》,卷十一为《郊特牲》,卷十二为《内则》,卷十三为《玉藻》,卷十四为《明堂位》,卷十五为《丧服小记》,卷一

---

① （清）万斯大:《与陈令升书》,《仪礼商》附录,载文渊阁《四库全书》第108册,上海古籍出版社1987年影印版,第285页。

② （清）江永:《礼记纲目序》,《礼记纲目》卷首,载文渊阁《四库全书》第133册,上海古籍出版社1987年影印版,第43页。

③ （清）江永:《礼记纲目序》,《礼记纲目》卷首,载文渊阁《四库全书》第133册,上海古籍出版社1987年影印版,第43页。

④ （清）阮元:《四库未收书提要》,载《揅经室集·外集》卷一,中华书局1993年版,第1183页。

六为《大传》,卷十七为《少仪》,卷十八为《学记》,卷十九为《乐记》,卷二十为《杂记上》,卷二十一为《杂记下》,卷二十二为《丧大祭》,卷二十三为《祭法》,卷二十四为《祭义》,卷二十五为《祭统》,卷二十六为《经解》至《坊记》,卷二十七为《中庸》,卷二十八为《表记》至《缁衣》,卷二十九为《问丧》至《深衣》,卷三十为《投壶》和《儒行》,卷三十一为《大学》《冠义》和《昏义》,卷三十二为《乡饮酒义》,卷三十三为《燕义》《聘义》和《丧服四制》。据卷次来看,散佚的卷一和卷二当分别为《曲礼》上、下。《礼记要义》涵盖了《礼记》的所有篇目,内容是十分丰富的。

《礼记要义》有时先征引经文,再征引郑注、孔疏;有时并不征引经文,而只节录郑注和孔疏。魏氏所征引《礼记》解义,并非原文照搬,而是节录其认为最有价值的内容。归纳起来,魏了翁《礼记要义》主要包括以下三个方面的内容:

①征引解题内容

汉代郑玄《三礼目录》有《礼记》各篇之解题,唐代孔颖达撰《礼记正义》时征引了郑玄之解题,这些解题是理解《礼记》经文之门径。魏了翁重视郑玄、孔颖达为《礼记》各篇所作之解题,并在《礼记要义》中多次援引。

《礼记要义》卷三曰:"案郑《目录》云:'名曰《檀弓》者,以其记人善于礼,故著姓名以显之。姓檀名弓,今山阳有檀氏。此于《别录》属通论。'此檀弓在六国之时,知者,以仲梁子是六国时人,此篇载仲梁子,故知也。"①通过与《礼记正义》相比较,可知魏氏所引并非《檀弓上》孔氏解题的全部内容。魏氏在这段文字前还冠以"檀弓六国时人"的小标题。读者即使不看解题内容,仅凭借小标题,也可以较快知道《檀弓》篇名之义。

又如《礼记要义》卷五标题"《王制》是秦汉时作"下,魏氏曰:"案郑《目录》云:'名曰《王制》者,以其记先王班爵、授禄、祭祀、养老之法度,此于《别录》属制度。'《王制》之作,盖在秦汉之际,知者,案下文云'有正听之',郑云汉有'正平承,秦所置'。又有'古者以周尺'之言,今以周尺之语,则知是周亡

---

① 　(宋)魏了翁:《礼记要义》卷三,载《续修四库全书》第96册,上海古籍出版社2002年影印版,第555页。

之后也。秦昭王亡周,故郑答临硕云:'孟子当赧王之际,《王制》之作,复在其后。'卢植云:'汉孝文皇帝令博士诸生作此《王制》之书。'"①魏氏于此征引孔颖达《礼记正义》于《王制》之解题内容,并有删节。

《礼记要义》卷二七曰:"《正义》曰:按郑《目录》云:'名曰《中庸》者,以其记中和之为用也。庸,用也。孔子之孙子思伋作之,以昭明圣祖之德。此于《别录》属通论。'"②《礼记正义》于《中庸》解题的内容太繁,魏氏仅节录孔氏所引郑玄之说,并冠以小标题"《中庸》子思作"。

②征引有分歧的解义

魏代王肃不喜郑学,处处与郑为异。王肃《礼记注》,驳郑者不在少数。此外,南朝皇侃的《礼记》解义亦时与郑氏之说相左。魏了翁《礼记要义》对王肃、皇侃之解义颇为重视,多有征引。

如《礼记要义》卷三小标题"子思哭嫂,或云原宪"下,魏了翁曰:"'子思之哭嫂也为位',《正义》曰:此子思哭嫂,是孔子之孙,以兄先死,故有嫂也。皇氏以为原宪字子思,若然,郑无容不注,郑既不注,皇氏非也。孔氏《连丛》云:一子相承,以至九世。及《史记》所说亦同者,不妨。虽有二子相承者,唯存一人,或其兄早死,故得有嫂。且杂说不与经合,非一也。"③郑玄认为此"子思"乃孔子之孙。皇侃驳郑玄,认为原宪字子思,此"子思"为原宪。魏氏对郑玄、皇侃之说皆予以征引,以备考证。

《礼记要义》卷二六小标题"都城百雉之说,杜郑异"下,魏了翁云:"'高一丈长三丈为雉'者,《异义》与古《春秋左氏》说。云'百雉为长三百丈,方五百步'者,六尺为步,五六三十,故三百丈为五百步。云'子男之城方五里'者,《周礼·典命》云:'子男五命,其国家,宫室以五为节。'国家谓'城方'也。是子男城方五里也。云'百雉者,此谓大都,三国之一'者,言子男五里,积千五百步。《左传》云:'大都参分国之一。'子、男大都三分国城而居其一,是大都

---

① (宋)魏了翁:《礼记要义》卷五上,载《续修四库全书》第96册,上海古籍出版社2002年影印版,第581页。

② (宋)魏了翁:《礼记要义》卷二七,载《续修四库全书》第96册,上海古籍出版社2002年影印版,第825页。

③ (宋)魏了翁:《礼记要义》卷三,载《续修四库全书》第96册,上海古籍出版社2002年影印版,第560页。

五百步为百雉也。但国城之制，凡有二义，郑之此注，子、男五里，则侯、伯七里，公九里，天子十二里。案郑《驳异义》又云：'天子城九里，公城七里，侯、伯之城五里，子、男之城三里。此云百雉者，谓侯、伯之大都。'杜预同焉。与郑此注异也。"①郑玄认为，子、男城五里，侯、伯城七里，公城九里，天子城十二里；杜预则认为，天子城九里，公城七里，侯、伯城五里，子、男城三里。魏氏征引郑、杜二人之说以存疑。

魏了翁在征引有分歧的解义时，一般不增入自己的意见。在形式上一般是先节录郑注和孔疏，再冠以概括经文大义之小标题。魏了翁所列小标题，主要是陈述事实，而不带主观判断。如上述"子思哭嫂，或云原宪""王肃以'圣人之葬人与'绝句""都城百雉之说，杜郑异"等小标题，皆客观陈述，而无主观判断。《礼记》各家解义之分歧，往往亦是后世学者争论的焦点，魏氏征引之，以俟读者自行裁断。

③征引有疏通或补充意义的解义

汉唐诸家《礼记》著述中，最重要的无疑是郑玄《礼记注》和孔颖达《礼记正义》。魏了翁《礼记要义》在节录郑注和孔疏时，最重视的是于经文有疏通或补充意义的解义。

如《礼记要义》卷三小标题"孔子梦馈食，不梦凶奠"下，魏了翁云："言奠者以为凶象。《正义》曰：时夫子梦见馈食，不梦凶奠也。但奠礼既死之后，未葬之前，柩仍在地，未立尸主，唯奠停饮食，故云奠也。"②此所征引者，乃孔疏于《檀弓上》"予畴昔之夜，梦坐奠于两楹之间"之解义。据郑注，此"奠"字是孔子梦馈食之礼。孔疏在郑注的基础上，对此"奠"字作了阐释。魏氏征引孔疏，意在引起读者的注意，以免将此奠误作"凶奠"。

又如《礼记要义》卷八小标题"年寿不可增损"下，魏了翁云："年寿之数，赋命自然，不可延之寸阴，不可减之晷刻。文王九十七，武王九十三，天定之数。今文王云'吾与女三'者，示其传基业于武王，欲使武王承其所传之业，此

---

① （宋）魏了翁：《礼记要义》卷二六，载《续修四库全书》第96册，上海古籍出版社2002年影印版，第821页。

② （宋）魏了翁：《礼记要义》卷三，载《续修四库全书》第96册，上海古籍出版社2002年影印版，第568页。

乃教戒之义训,非自然之理。"①此所征引者,乃孔疏于《文王世子》之解义。孔颖达认为,文王欲传基业于武王,文王所云"吾与女三"者乃教戒之义,事实上并非如此。魏了翁认为孔疏于经文之理解有助益,遂征引之。

魏了翁《礼记要义》既看重郑注、孔疏直接解经的部分,也看重二者解经的推衍部分。这些推衍部分易被人忽略,魏了翁强调之,有利于人们加深对《礼记》经文的理解。

(2)《礼记要义》的体例

①标明卷次和篇名

《礼记要义》依刘向《别录》于《礼记》篇目之次序,每一卷开始,顶格先标明卷次,卷次下低数格标明篇名。《礼记要义》有时将数篇合为一卷,如卷二八开首,先有"《礼记要义》卷第二十八"字样,其下空出两格,再有"《表记》至《缁衣》"五字,意即此卷内容是《表记》《缁衣》两篇。又如《礼记要义》卷三十一起始,顶格先有"《礼记要义》卷第三一"字样,其下空出四格,再有"《大学》《冠义》《昏义》"六字,意即此卷内容是《大学》《冠义》《昏义》三篇。

②每段之前,各有标题

《礼记要义》每卷皆分为若干段,每段包括若干方面的内容。每段之前都有一个小标题,小标题前有数字标明次序。魏了翁列小标题的用意有二:

第一,概括所征引内容之大旨。《礼记要义》中的小标题,大多是对经文、郑注或孔疏的大旨加以说明。如《檀弓上》第二十四个小标题是"曾子以主人荣己,为之隐讳"②,标题下罗列经文:"曾子吊于负夏……曾子闻之曰:'多矣乎,予出祖者。'"接着罗列郑注:"负夏,卫地。祖谓移柩车去载处,为行始也。填池,当为'奠彻',声之误也。奠彻谓彻遣奠,设祖奠。"③又列孔疏:"此是启殡之后至柩车出之节也。曾子吊于负夏氏,正当主人祖祭之明旦,既彻祖奠之

---

① (宋)魏了翁:《礼记要义》卷八,载《续修四库全书》第96册,上海古籍出版社2002年影印版,第644页。

② (宋)魏了翁:《礼记要义》卷三,载《续修四库全书》第96册,上海古籍出版社2002年影印版,第562页。

③ (宋)魏了翁:《礼记要义》卷三,载《续修四库全书》第96册,上海古籍出版社2002年影印版,第562页。

后、设遣奠之时而来吊,主人荣曾子之来,乃彻去遣奠,更设祖奠。又推柩少退而返之向北,又遣妇人升堂。至明旦,妇人从堂更降,而后乃行遣车礼。从曾子者意以为疑,问曾子云:'此是礼与?'曾子既见主人荣己,不欲指其错失,为之隐讳云:'夫祖者,且也。''且'是未定之辞,祖是行始,未是实行。且去住二者皆得,既得旦住,何为不可以反宿,明日乃去?"①魏了翁所列小标题"曾子以主人荣己,为之隐讳",是对郑注、孔疏大义之概括。

第二,不援引材料,以标题提纲挈领,方便读者。《礼记要义》多处仅有小标题,而不征引具体内容,意在方便读者把握经文和注文之义。如《礼记要义》卷三第二十一个小标题是"师友丧服"②,此标题下没有任何引文。《礼记·檀弓上》:"伯高死于卫。赴于孔子。……知伯高而来者,勿拜也。"孔疏云:"师友为重,所知为轻,所以哭师于寝,寝是己之所居,师又成就于己,故哭之在正寝,此谓殷礼。若周礼,则《奔丧》云,师哭诸庙门外。故郑答赵商之问亦以为然。孙炎云:'《奔丧》,师哭诸庙门外,是周礼也。'依礼而哭诸野,若不依此礼,则不可。"③经文、孔疏均论师友所哭之处。魏氏以"师友丧服"为小标题,是对经文和孔疏大义之概括。读者借魏氏所列小标题,可迅速知晓经文和注文之大义。

2.《礼记要义》的特点

魏了翁《礼记要义》有如下两大特点:

第一,简易不繁,方便读者。

首先,《礼记要义》有时并非全引郑注、孔疏,而是只择其一。《礼记正义》先引郑注,再列孔疏。郑注虽精简,但失之于古奥。孔疏往往长篇累牍,令人难得其要。对于郑注、孔疏之解义,魏了翁往往择其一家。以《礼记要义》卷七为例,此卷共有三十三个小标题,其中只援引郑注的有九个,只援引孔疏的亦有九个。又如《礼记要义》卷一八,此卷共有十八个小标题,其中只采择郑

<hr />

①　(宋)魏了翁:《礼记要义》卷三,载《续修四库全书》第96册,上海古籍出版社2002年影印版,第562—563页。

②　(宋)魏了翁:《礼记要义》卷三,载《续修四库全书》第96册,上海古籍出版社2002年影印版,第561页。

③　(唐)孔颖达:《礼记正义》,载《十三经注疏》,中华书局1980年影印版,第1282页。

注者有三个,只采择孔疏者有十一个。

其次,《礼记要义》对郑注、孔疏并非大段援引,而是有所去取。如《礼记要义》卷六于《月令》之解题为:"案吕不韦集诸儒士著为《十二月纪》,合十余万言,名为《吕氏春秋》,篇首皆有《月令》,与此文同,是一证也。又周无大尉,唯秦官有大尉,而此《月令》云'乃命大尉',此是官名不合周法,二证也。又秦以十月建亥为岁首,而《月令》云'为来岁授朔日',即是九月为岁终,十月为授朔,此是时不合周法,三证也。又周有六冕,郊天迎气则用大裘,乘玉辂,建太常日月之章,而《月令》服饰车旗并依时色,此是事不合周法,四证也。故郑云'其中官名时事多不合周法'。然案秦始皇十二年吕不韦死,二十六年并天下,然后以十月为岁首,岁首用十月,时不韦已死十五年,而不韦不得以十月为正。又云《周书》先有《月令》,何得云不韦所造?又秦并天下立郡,何得云诸侯?又秦以好兵杀害,毒被天下,何能布德施惠,春不兴兵?"[①]孔疏于《月令》之解题,不但有《月令》作者之考证,还引《老子》《易经乾凿度》《考灵耀》以释《月令》所记阴阳之事。魏了翁所引孔疏者,主要是论《月令》与周法之关系,以及《月令》与吕不韦之关系。通过比较,可知魏了翁所征引者,仅是《礼记正义》于《月令》解题之很小部分。

第二,穷经学古,汉宋兼采。

四库馆臣云:"南宋之衰,学派变为门户,诗派变为江湖。了翁容与其间,独以穷经学古,自为一家。……史称了翁年十五时,为《韩愈论》,抑扬顿挫,已有作者之风。其天姿本自绝异,故自中年以后,覃思经术,造诣益深。所作醇正有法,而纡徐宕折,出乎自然。绝不染江湖游士叫嚣狂诞之风,亦不染讲学诸儒空疏拘腐之病,在南宋中叶,可谓翛然于流俗外矣。"[②]四库馆臣认为,魏氏之学"穷经学古",没有宋儒空疏拘腐之病。"穷经学古"之特点,在《礼记要义》中得到体现。对于汉唐学人《礼记》之解义,魏了翁持尊重态度,其《礼记要义》所采择之解义,除《礼记》经文外,全部来自郑注和孔疏。

---

① (宋)魏了翁:《礼记要义》卷六,载《续修四库全书》第96册,上海古籍出版社2002年影印版,第612页。

② (清)永瑢等:《四库全书总目》卷一六二《集部·别集类一五》,中华书局1965年影印版,第1391页。

魏了翁生活于南宋,其《礼记要义》无疑会打上时代学风的烙印。首先,《礼记要义》的编纂有宗朱学之意味。朱熹晚年从事《仪礼经传通解》之编纂,他析离《仪礼》和《礼记》,将《礼记》内容附于《仪礼》相关经文之下。魏氏《礼记要义》分割郑注、孔疏,并将二者附于《礼记》经文之下,冠以小标题,其做法有效法朱熹礼书编纂之意。其次,魏氏有疑经倾向。宋人疑经惑传,视汉唐经解如土梗。魏氏亦不盲从郑、孔解义,他说:"向看'三礼',每叹后郑于礼学极有功,敬之而不敢议,近来再三玩绎,觉得碍处极多。"①由此可见,魏氏在承认郑玄于三礼有功之同时,亦认为其有不可解者。

(三) 卫湜的《礼记》学

卫湜(生卒年不详),字正叔,世称栎斋先生,平江府昆山(今江苏昆山)人。屡中锁厅,除太府寺丞、将作少监,皆不赴。闭门著书。宝庆中,以通直郎知常州武进县。绍定中,尝为江东漕管,后倅金陵。嘉熙三年(1239 年)知严州,寻内召,擢直秘阁。官终直宝谟阁、知袁州。卫湜居处豪华,有园林之胜,以藏书为乐趣。与叶适有密交,叶适有《栎斋藏书记》一篇。卫湜有《礼记集说》一百六十卷,今存。

1.《礼记集说》的体例和特点

(1)《礼记集说》的体例

古书之注释,若体例不完善,则可能导致层次不清,采择不精。卫湜《礼记集说》数十万言,体大思精,条理清晰,采择广博,有条不紊,读来一目了然。

①各卷标明卷次、篇名,并有解题

卫湜《礼记集说》将全书分为一百六十卷,并依刘向《别录》所定《礼记》各篇之次序。从《通志堂经解》和文渊阁《四库全书》所收卫湜《礼记集说》来看,该书各卷开始低一格先标明卷次,并有"宋卫湜撰"字样紧接其后。若某一卷之起始是《礼记》某篇之开篇内容,《集说》则另起一行,顶格标明篇名,并交代此篇于《礼记》四十九篇中所属之篇次。如第一卷之卷首,低一格有如下字样:"《礼记集说》卷一,宋卫湜撰。"另起一行,顶格有如下字样:"《曲礼上》

① (宋)魏了翁:《鹤山集》卷三六《答杨次房》,载文渊阁《四库全书》第 1172 册,上海古籍出版社 1987 年影印版,第 415 页。

第一。"《礼记集说》第二卷仍是《曲礼上》的内容,故不需标明篇名,卷首低一格有如下字样:"《礼记集说》卷二,宋卫湜撰。"

《礼记集说》有些篇目文字较少,卫湜遂将数篇置于一卷之内,不过篇名仍予以标明。如在《礼记集说》卷一五九,卷首低一格有如下字样:"《礼记集说》卷一百五十九,宋卫湜撰。"另起一行,顶格有如下字样:"《燕义》第四十七。"同一卷《燕义》后,接着是《聘义》,顶格文字为"《聘义》第四十八"。

《礼记集说》四十九篇,各篇均有篇名,卫湜于每篇之篇名后另起一行,低一格,以"某氏曰"字样引出某人于篇名之解义。罗列下一解义时,又另起一行,低一格,以"某氏曰"字样引出某人于篇名之解义。如于《曲礼上》之解题,《礼记集说》先低一格,有"唐陆氏曰"字样,接着再列陆德明对《曲礼上》之解题内容。在陆氏观点之后,又另起一行,以"蓝田吕氏曰"字样引出吕大临之解题内容。此外还有石林叶氏,新安朱氏,东莱吕氏、马氏,山阴陆氏,龙泉叶氏等诸家解题内容,格式均与陆氏、吕氏一致。

卫湜在征引各家解题内容时,除了《中庸》,皆不下己意。在《中庸》篇名之后,《礼记集说》另起一行,低两格,曰:"《中庸》一篇,会稽石氏《集解》自濂溪先生而下,凡十家。朱文公尝为之序,已而自著《章句》,以十家之说删成《辑略》,别著《或问》以开晓后学。今每章首录郑注、孔疏,次载《辑略》,即继以朱氏。然十家之说,凡《辑略》所不敢取者,朱氏《或问》间疏其失,仅指摘三数言,后学或未深解。今以石氏本增入,庶几览者可以参绎其旨意,其有续得诸说,则附于朱氏之后。"[①]石子重撰《中庸辑略》,征引了周敦颐、二程、张载、吕大临、谢良佐、杨时等人之解义。朱熹极称赞石氏此书谨密详审,并在石氏之书之基础上成《中庸章句》。卫湜看到了石氏《中庸辑略》与朱熹《中庸章句》之密切关系,故其在征引石氏和朱氏著作时,有必要对二者之关系加以辨析,并阐明自己的征引原则。

②罗列诸家解义,不下己意

卫湜《礼记集说》在征引诸家解题内容后,又另起一行,顶格先列一则《礼

---

① (宋)卫湜:《礼记集说》卷一二三,载文渊阁《四库全书》第120册,上海古籍出版社1987年影印版,第1页。

记》经文,经文后另起一行,低一格列诸家之解义,并以"某氏曰"字样引出解义之内容。引用第二家解义时,又另起一行,格式与第一家同。这样的格式,可使读者对各家解义一目了然。

汉代郑玄的《礼记注》和唐代孔颖达的《礼记正义》为《礼记》汉学之最高成就。卫湜十分重视这两部著作,其《礼记集说》在《礼记》经文后,皆先列郑注,再列孔疏。重视郑注和孔疏之精神,贯穿于整部《礼记集说》。此外,卫湜还以时代先后排列诸家解义,从而有助于读者看到历代解义之因革关系。

与元代陈澔《礼记集说》和清代孙希旦《礼记集解》的体例不同,卫湜只征引诸家解义,而不增入自己的见解。卫湜《礼记集说·后序》云:"他人著书,惟恐不出于己,予之此编,惟恐不出于人。因不敢谓此编能尽经旨,后有达者,何嫌论著,谨无袭此编所已言,没前人之善可也。"①卫湜认为,别人著书以阐发观点为主,自己著书则以罗列他人观点为主。

③不专采成书,对所征引者有删减

孔颖达《礼记正义》、陆德明《礼记释文》、刘敞《七经小传》、张载《礼记说》、吕大临《礼记解》均是《礼记》诠释之专著,卫湜《礼记集说》对此重视有加,所采解义亦多出自这些专著。

不过,《礼记集说》并非专采《礼记》专著之解义,正如朱彝尊所云:"卫氏《集说》援引解义凡一百四十四家,不专采成书也,如文集、语录、杂说及群经详论有涉于《礼记》者,皆裒辑焉。"②卫湜所征引者,除《礼记》学专著外,还有文集、语录、杂说等。宋代不少人于《礼记》没有专门之著述,如二程于《礼记》之解义,散见于《二程遗书》。卫湜将二程的《礼记》解义从《二程遗书》中析离出来,附于《礼记》的相关经文之下。又如朱熹之《礼记》解义散见于文集或语录,卫湜将朱熹的《礼记》解义从文集和语录中析离出来,附于《礼记》的相关经文之下。下面列举数例以明之:

如《曲礼上》:"馂余不祭,父不祭子,夫不祭妻。"卫湜援引朱熹解义曰:

---

①　(清)朱彝尊:《经义考》卷一四二,中华书局 1998 年影印版,第 749 页。
②　(清)朱彝尊:《经义考》卷一四二,中华书局 1998 年影印版,第 749 页。

"'君赐食,必正席先尝之;君赐腥,必熟而荐之'。君赐腥,则非馂余矣,虽熟之以荐先祖可也。赐食,则或为馂余,但可正席先尝而已;固是不可荐先祖,虽妻子至卑,亦不可祭也。"①

《朱子语类》云:"盖谓馂余之物,虽父不可将去祭子,夫不可将去祭妻。且如孔子'君赐食,必正席先尝之;君赐腥,必熟而荐之'。君赐腥,则非馂余矣,虽熟之以荐先祖可也。赐食,则或为馂余,但可正席先尝而已;固是不可祭先祖,虽妻子至卑,亦不可祭也。"②

通过将卫氏所引朱熹解义与《朱子语类》加以比较,可知卫氏所引朱熹解义乃出自《朱子语类》,只是在征引时有所删减。

又如《礼记·檀弓上》:"事亲有隐而无犯,左右就养无方,服勤至死,致丧三年。……事师无犯无隐,左右就养无方,服勤至死,心丧三年。"卫湜援引程子之解义曰:"师不立服,不可立也,当以情之厚薄,事之大小处之。如颜闵于孔子,虽斩衰三年可也,其成己之功,与君父并。其次各有浅深,称其情而已。下至曲艺,莫不有师,岂可一概制服?"③

《河南程氏遗书》卷二上云:"师不立服,不可立也,当以情之厚薄,事之大小处之。如颜闵于孔子,虽斩衰三年可也,其成己之功,与君父并。其次各有浅深,称其情而已。下至曲艺,莫不有师,岂可一概制服?"④

通过比较,可知卫湜此处所引二程《礼记》解义乃出自《二程遗书》,卫氏在征引《二程遗书》解义时无删减。

又如《礼记·檀弓上》:"曾子寝疾病,乐正子春坐于床下……举扶而易之,反席未安而没。"卫湜征引程子之解义曰:"人苟有'朝闻道夕死可矣'之志,则不肯一日安于所不安也。何止一日?须臾不能。如曾子易箦,须要如此乃安。人不能若此者,只为不见实理。实理者,实见得是,实见得非。凡实理,

---

① (宋)卫湜:《礼记集说》卷六,载文渊阁《四库全书》第 117 册,上海古籍出版社 1987 年影印版,第 130 页。

② (宋)黎靖德编:《朱子语类》卷八七,中华书局 1986 年版,第 2230 页。

③ (宋)卫湜:《礼记集说》卷一五,载文渊阁《四库全书》第 117 册,上海古籍出版社 1987 年影印版,第 309 页。

④ (宋)程颢、程颐:《河南程氏遗书》卷二上《二先生语二上》,载王孝鱼点校:《二程集》,中华书局 1981 年版,第 23 页。

得之于心自别。若耳闻口道者,心实不见。若见得,必不肯安于此。"①

《二程遗书》卷一五云:"人苟有'朝闻道夕死可矣'之志,则不可一日安于所不安也。何止一日? 须臾不能。如曾子易箦,须要如此乃安。人不能若此者,只为不见实理。实理者,实见得是,实见得非。凡实理,得之于心自别。若耳闻口道者,心实不见。若见得,必不肯安于所不安。"②

通过比较可知,卫湜于此所征引之解义乃出自《二程遗书》,二者内容大体一致。

卫湜在援引各家解义时,并非原文照录,而是有所删减。卫湜云:"首取郑注孔义,翦除芜蔓,采摭枢要,继遂博求诸家之说,零篇碎简,收拾略遍。"③这突出地体现在卫湜对孔疏的处理上。如《哀公问》:"公曰:'敢问何谓敬身?'孔子对曰:'君子过言则民作辞,过动则民作则,君子言不过辞,动不过则,百姓不命而敬恭,如是则能敬其身,能敬其身则能成其亲矣。'"孔颖达《礼记正义》曰:"以前经对哀公为政在于敬身,故此经公问敬身之事,孔子对以敬身之理。君子过言则民作辞者,以君为民表,下之所从假令过误出言,民犹法之,称作其辞。过动则民作则者,君子假令过误举动,而民作其法则,所以君子出言,不得过误其辞,举动不得过误法则。"④

卫湜《礼记集说》引孔颖达解义之全文为:"哀公因上言敬身,故此问敬身之事,孔子对以敬身之理。"⑤

通过比较可知,卫湜在征引孔疏时并非全文照搬,而是有所删减。

除了孔疏,卫湜对所征引文集中的内容亦有删减。如《郊特牲》:"昏礼不用乐,幽阴之义也。乐,阳气也。昏礼不贺,人之序也。"《二程遗书》卷一八

---

① (宋)卫湜:《礼记集说》卷一六,载文渊阁《四库全书》第117册,上海古籍出版社1987年影印版,第329页。

② (宋)程颢、程颐:《河南程氏遗书》卷一五《伊川先生语一》,载王孝鱼点校:《二程集》,中华书局1981年版,第147页。

③ (宋)卫湜:《礼记集说》卷首《礼记集说序》,载文渊阁《四库全书》第117册,上海古籍出版社1987年影印版,第3页。

④ (唐)孔颖达:《礼记正义》,载《十三经注疏》,中华书局1980年影印版,第1612页。

⑤ (宋)卫湜:《礼记集说》卷一一八,载文渊阁《四库全书》第119册,上海古籍出版社1987年影印版,第537页。

云:"昏礼不用乐,幽阴之义,此说非是。昏礼岂是幽阴? 但古人重此大礼,严肃其事,不用乐也。昏礼不贺,人之序也,此说却是。妇质明而见舅姑,成妇也;三日而后宴乐,礼毕也;宴不以夜,礼也。"①

卫湜《礼记集说》引程子解义之全文为:"昏礼不用乐,幽阴之义,此说非是。昏礼岂是幽阴? 但古人重此大礼,严肃其事,不用乐也。昏礼不贺,人之序也,此则得之。"②

通过比较可知,后者出自前者,且对前者有所删减。

卫湜《礼记集说》的体例十分灵活,其于汉唐以来诸家《礼记》解义之采择,既重视《礼记》学之专著,亦重视文集和语录。此外,卫湜并非照录各家之解义,而是在尊重解义之前提下,力求精练。这样既保证了全书可尽量容纳多家解义,又不至于繁冗杂乱。

(2)《礼记集说》的特点

①援引解义宏富

卫湜《礼记集说》首取郑注和孔疏,还博采除郑、孔以外一百四十二家,分别是田琼、淳于纂、贺循、曹述初、皇侃、崔灵恩、熊安生、庾蔚之、贾公彦、丘光庭、成伯玙、赵匡、陆德明、陆贽、陆佃、陆九渊、范宣、范成大、范钟、范祖禹、刘世明、刘彝、刘敞、刘氏(失名)、刘孟治、王肃、王安石、新安王氏(失名)、王昭禹、王苹、王氏(失名)、魏徵、魏了翁、张守节、张载、张栻、张九成、张幼伦、张氏(失名)、东山何氏(失名)、何胤、何洵直、何平叔、周敦颐、周谞、周行己、周处约、程颢、程颐、程迥、游酢、游桂、杨时、杨复、杨简、吕大临、吕本中、吕祖谦、胡瑗、胡铨、胡安国、胡宏、王子墨、李觏、李道传、李元白、李格非、陈祥道、陈知柔、陈亮、陈骙、陈淳、陈氏(失名)、叶梦得、叶适、叶棣、叶氏(失名)、沈焕、沈括、沈清臣、黄敏求、黄裳、黄榦、司马光、曾巩、侯仲良、方悫、马希孟、谢良佐、尹焞、朱熹、晁以道、郭忠孝、慕容彦逢、唐仲友、辅广、应镛、徐自明、项安世、戴溪、薛季宣、谭惟寅、奚士达、倪思、潘植、袁甫、高闶、家颐、宋远孙、宣缯、真德

① (宋)程颢、程颐:《河南程氏遗书》卷一八《伊川先生语四》,载王孝鱼点校:《二程集》,中华书局1981年版,第244页。
② (宋)卫湜:《礼记集说》卷六七,载文渊阁《四库全书》第118册,上海古籍出版社1987年影印版,第430页。

— 570 —

秀、于有成、顾元常、洪迈、吴华、吴知愚、喻樗、喻仲可、钱文子、钱时、郑耕老、郑氏（失名）、孙佖、孙景南、林光朝、林坰、邵渊、邵甲、海陵查氏（失名）、西蜀董氏（失名）、晏光、湛循、毛信卿、蔡渊、蒋君实、庄夏、施氏、虑氏、费氏、卢氏、谯氏、许氏、俞氏、张氏（均失名）。其中二程算一家，吕本中、吕祖谦算一家，凡一百四十四家。他书涉于《礼记》者，所采录不在此数焉。

卫湜于每段经文下所列解义至少有两家，大多数则在五家以上，最多甚至达到二十余家。如于《大学》"大学之道，在明明德……知所先后，则近道矣"，卫湜所列解义多达十六家，分别是郑氏、孔氏、河南程氏、蓝田吕氏、延平杨氏、新安朱氏、涑水司马氏、广汉张氏、范阳张氏、山阴陆氏、建安真氏、雪川倪氏、晋陵喻氏、新定邵氏、金华邵氏、严陵方氏。又如于《中庸》"天命之谓性，率性之谓道，修道之谓教"，卫湜所列解义达二十四家，分别是郑氏、孔氏、河南程氏、横渠张氏、蓝田吕氏、建安游氏、延平杨氏、新安朱氏、北溪陈氏、涑水司马氏、临川王氏、广汉张氏、海陵胡氏、广安游氏、晋陵喻氏、马氏、山阴陆氏、延平周氏、吴兴沈氏、晋陵钱氏、临邛魏氏、蔡氏、新定顾氏、四明袁氏。

东汉末年，郑学大兴于世，"盖以汉时经有数家，家有数说，学者莫知所从；郑君兼通今古文，沟合为一；于是经生皆从郑氏，不必更求各家。郑学之盛在此，汉学之衰亦在此。"①郑玄出而经学趋于一统，但是与郑学为异者亦大有人在，王肃的《礼记注》、皇侃的《礼记讲疏》《礼记义疏》即如此。宋人疑经惑传，疑郑注、孔疏者更多。对于汉唐以来各家《礼记》解义，卫湜兼而取之，他说："矧会《礼》之家名为聚讼，傥率意以去取，其能息异同之辨、绝将来之讥乎？近世朱文公著《诗传》，多刊削前言，张宣公谓诸先生之见虽不同，然自各有意，在学者玩味如何尔，盖尽载程、张、吕、杨之说，而诸家有可取者亦兼存之。"②又说："至若说异而理俱通，言详而意有本。抵排孔、郑，援据明白，则亦并录，以俟观者之折衷。"③卫湜往往将郑玄、孔颖达与王安石等人的解义并列

---

① （清）皮锡瑞：《经学历史》，载潘斌选编：《皮锡瑞儒学论集》，四川大学出版社 2010 年版，第 19 页。

② （宋）卫湜：《礼记集说》卷首《礼记集说序》，载文渊阁《四库全书》第 117 册，上海古籍出版社 1987 年影印版，第 4 页。

③ （宋）卫湜：《礼记集说》卷首《礼记集说序》，载文渊阁《四库全书》第 117 册，上海古籍出版社 1987 年影印版，第 3 页。

于同一段经文之下。如《檀弓上》"曾子之丧,浴于爨室",郑玄注:"见曾元之辞,易箦矫之以谦俭也。礼,死浴于嫡室。"王安石解义:"此自元、申失礼于记,曾子无遗言,郑何以知其矫之以谦俭也?"[1]王安石认为,此失礼之举是曾子之子曾元所为,并非如郑注、孔疏所云乃曾子故意为之。郑、王两家之分歧昭然若揭,卫湜却兼录之,其良苦用心可见一斑。

②汉宋兼采,以宋学为重

《四库全书总目》卷一《经部总叙》将从汉代到清代的经学划分为汉学和宋学两派,并归纳汉宋两派的特点曰:"夫汉学具有根柢,讲学者以浅陋轻之,不足服汉儒也;宋学具有精微,读书者以空疏薄之,亦不足服宋儒也。"[2]据四库馆臣之划分,汉唐之经学无疑属于汉学系统,宋儒之经学则属于宋学系统。就《礼记》之诠释来说,汉学系统之下的学者以尊经为主,宋学系统下的学者则在尊经中有疑经。卫湜的《礼记集说》,从征引解义之内容看属于汉宋兼采,从编排体例来看则具有明显的宋学特征。

卫湜《礼记集说》大量采择宋儒之说,也不废汉唐诸家之论。《礼记集说》采择汉唐解义共二十家,采择宋代解义则达一百二十余家。卫湜先将属于汉学系统的郑注、孔疏列于某段经文之下,然后再列其他各家。郑注、孔疏在《礼记集说》中所处的显眼位置,可以说明卫湜对汉学是重视的。

汉唐时期的《礼记》学文献大多数已亡佚,除了孔颖达《礼记正义》所保留汉唐学人之解义外,别无他者可据,故卫湜所采《礼记》汉学著述之数量远远少于宋学著述。而宋代雕版印刷术的发展,使文献易于流传和保存,宋代《礼记》著述的数量由此大增。由于卫湜生活于南宋后期,所以《礼记集说》多采宋代诸儒之说就不难理解了。

不过,一个人的学术取向与时代学风是密切相关的,卫湜的《礼记集说》虽然汉宋兼采,却是以宋学为重。

首先,卫湜《礼记集说》特别重视《大学》和《中庸》之诠释。中唐韩愈、李翱为了辟释老,开始重视《大学》《中庸》的心性资源。北宋二程、南宋朱熹以

---

① (宋)卫湜:《礼记集说》卷十六,载文渊阁《四库全书》第 117 册,上海古籍出版社 1987 年影印版,第 339 页。

② (清)永瑢等:《四库全书总目》卷一《经部总叙》,中华书局 1965 年影印版,第 1 页。

《大学》《中庸》等文献为基础,从而构建起以四书为经典依据的理学思想体系。二程、朱熹之努力,使《大学》《中庸》受宋代人的高度重视,并衍生出大量关于《大学》《中庸》之著述。据《经义考》之著录可知,朱熹以后的《大学》《中庸》文献急剧增加。卫湜为《大学》《中庸》每则经文所列解义,少则十余家,多则二十余家,远远高于其他各篇所采之解义。此外,卫湜从事《大学》《中庸》之诠释时,往往长篇大段地引用朱熹、二程等理学家之解义。这表明卫湜对《大学》《中庸》给予了特别的关注。

如《中庸》"喜怒哀乐之未发谓之中……致中和,天地位焉,万物育焉",卫湜采择了二十一家解义,分别是郑氏、孔氏、濂溪周氏、河南程氏、建安游氏、延平杨氏、河东侯氏、河南尹氏、蓝田吕氏、新安朱氏、涑水司马氏、东莱吕氏、临川王氏、延平周氏、长乐陈氏、龙泉叶氏、高要谭氏、广安游氏、建安真氏、蔡氏、新定顾氏。汉唐仅郑玄、孔颖达两家,宋代十九家,所采宋代之解义多出自理学家。宋代诸家中,二程、朱熹解义的篇幅最长。

又如《大学》"所谓诚其意者,毋自欺也……故君子必诚其意",卫湜采择了十五家解义,分别是郑氏、河南程氏、蓝田吕氏、涑水司马氏、新安朱氏、山阴陆氏、石林叶氏、庐陵胡氏、东莱吕氏、龙泉叶氏、建安真氏、新定邵氏、雪川倪氏、延平周氏、长乐陈氏。其中属于汉学系统仅郑玄一家,宋学系统十四家,宋学各家中,朱熹解义的篇幅最长。

宋代理学家重视《大学》《中庸》之诠释,是宋代经典诠释理学化之表征。姜广辉说:"理学家建立'天理'论的思想体系,就是要人们用'天理'论的观点来看待自然、社会和人生。但这种思想体系只有贯通在经典诠释之中,成为儒家经学的指导思想和灵魂,才能最终实现其理论的价值。"[①]二程、朱熹等人通过《大学》《中庸》之诠释,从而阐发理学思想、建构理学体系。卫湜对《大学》《中庸》的重视,以及对理学家解义的大量征引,正是宋代经学理学化的表现。

唐代经学实现一统,由于受到官方的推崇,《礼记》郑注、孔疏的地位之高,远非其他各家所能及。宋儒疑经惑传,打破了迷信经、注之治经传统,因此宋儒与汉唐诸儒之《礼记》解义有很大的区别。在《礼记集说》中,卫湜并不以

---

① 　姜广辉:《论宋明理学与经学的关系》,《湖南大学学报》2004 年第 5 期。

郑注、孔疏为宗,而是将郑注、孔疏与各家解义并列,这实际上是降低了郑注、孔疏之地位。郑注、孔疏由他家不能匹敌之地位降到与诸家并列,显然是宋学风气使然。

2.《礼记集说》的学术价值及影响

（1）宋代《礼记》学文献辑佚之渊薮

孔颖达《礼记正义》采择了汉唐多家解义,保留了不少已佚《礼记》注本的内容,是汉唐《礼记》学文献辑佚之渊薮。卫湜《礼记集说》除了继续收录《礼记正义》所存汉唐诸家解义外,还于宋代《礼记》学文献有大量的征引。四库馆臣云:"故采摭群言最为赅博,去取亦最为精审。自郑注而下,所取凡一百四十四家。其他书之涉于《礼记》者,所采录不在此数焉。今自郑注、孔疏而外,原书无一存者。朱彝尊《经义考》采摭最为繁富,而不知其书与不知其人者,凡四十九家,皆赖此书以传。亦可云《礼》家之渊海矣。"①

卫湜《礼记集说》征引宋儒解义达一百二十余家,征引之文献,除了语录和文集外,还有大量的《礼记》学专著。由于年代久远,不少宋代《礼记》学专著在流传过程中已散佚,卫湜所征引宋人《礼记》解义,可以让后人看到宋代《礼记》诠释之概况。

清人已知卫湜《礼记集说》的辑佚价值。清宣统三年（1911年）,蓝田牛兆濂积十余年之功,从卫湜《礼记集说》（《通志堂经解》本）中辑出了吕大临的《礼记解》十六卷,由清末西京《清麓丛书续编》刊载行世。今人亦重视《礼记集说》的文献价值,如陈俊民从卫湜《礼记集说》（《四库全书》本）中将吕大临的《礼记解》全部辑出,分系于《礼记》各篇经文之下,并参考牛兆濂辑本加以点校,收入《蓝田吕氏遗著辑校》一书。

又如卫湜《礼记集说》保留了叶梦得《礼记解》的解义二百三十余条,清人叶廷管据卫湜《礼记集说》辑有《石林先生礼记解》,共二百三十七则解义,分为二卷。叶德辉在叶廷管的基础上重新辑录。《丛书集成初编》收有叶德辉辑本。

---

① （清）永瑢等:《四库全书总目》卷二一《礼记集说》提要,中华书局1965年影印版,第169页。

卫湜《礼记集说》也是今人从事宋代礼学研究不可或缺的资料来源。如林乐昌曾从卫湜《礼记集说》中辑出张载的《礼记解》，并在《礼记解》和《张载集》之基础上，对张载的礼学作了系统的研究①。潘斌曾从卫湜《礼记集说》中辑出了王安石《礼记发明》的部分内容，并在辑佚的基础上，对王安石的《礼记》诠释作了研究②。

卫湜《礼记集说》保存了大量的宋代《礼记》学资料，对于后人认识宋代的《礼记》学和礼学都有十分重要的意义。随着宋代礼学研究的深入，相信越来越多的学者会认识到卫湜《礼记集说》的文献价值。

（2）后世礼书编纂的资料来源

卫湜《礼记集说》一出，便对宋代的《礼记》学产生了影响。南宋黄震撰《黄氏日抄》，以及陈栎撰《礼记集义详解》时，都从卫氏此书截取材料。黄震云："吴郡卫湜集《礼记》解，自郑康成而下，得一百四十六家，惟方氏、马氏、陆氏有全书，其余仅解篇章。凡讲义、论说尝及之者，皆取之以足其数。其书浩瀚，惟严陵郡有官本。岳公珂《集解》亦然。皆未易遍观。天台贾蒙继之，始选取二十六家，视卫、岳为要，而其采取亦互有不同。其书又惟仪真郡学有录本，世罕得其传。今因并合各家所集而类抄之。"③黄震认为，卫湜《礼记集说》内容过于丰富，学者难以遍览，所以其"合各家所集而类抄之"，其中的"各家"就包括卫湜的《礼记集说》。

明初科举考试采用元人陈澔的《礼记集说》，而将卫湜《礼记集说》束之高阁。清乾隆年间敕修《礼记义疏》时，修纂者从卫湜《集说》所采内容甚多。四库馆臣曰："明初定制，乃以陈澔注立于学官，而湜注在若隐若显间。今圣朝钦定《礼记义疏》，取于湜书者特多。岂非是非之公，久必论定乎？"④四库馆臣认为，卫湜之书的学术价值在陈书之上，虽然陈书一时为科举考试之定本，但从长远来看，卫书的生命力更强，影响更大。

---

① 林乐昌：《张载礼学论纲》，《哲学研究》2007 年第 12 期。

② 潘斌：《王安石〈礼记〉学探论》，《社会科学辑刊》2008 年第 1 期。

③ （宋）黄震：《黄氏日抄》卷一四，载文渊阁《四库全书》第 707 册，上海古籍出版社 1987 年影印版，第 350 页。

④ （清）永瑢等：《四库全书总目》卷二一《礼记集说》提要，中华书局 1965 年影印版，第 169 页。

清代学者从事礼书之编纂,卫湜《礼记集说》是重要的资料来源。如徐乾学撰《读礼通考》,孙希旦撰《礼记集解》,皆大量征引卫书所存宋人之《礼记》解义。

(3)对后世礼书编纂体例的影响

卫湜《礼记集说》一百六十卷,卷帙浩瀚,内容丰富,保存了很多重要文献。对于一般的读者而言,由于卫书浩繁,实难通读。繁必思简,这是学术演变的规律所在。元代陈澔《礼记集说》十六卷,其卷数正好是卫书的十分之一。朱彝尊《经义考》云:"自汉以来,治小戴之《记》者,不为不多矣。以公论揆之,自当用卫氏《集说》取士,而学者厌其文繁,全不寓目。若《云庄集说》,直兔园册子耳,独得颁于学官,三百余年不改,其于度数品节,择焉不精,语焉不详。礼云!礼云!如斯而已乎。"①四库馆臣亦云:"盖说《礼记》者,汉唐莫善于郑、孔,而郑注简奥,孔疏典赡,皆不似澔注之浅显。"②由于陈澔《礼记集说》简易,初学者易于接受,又因为陈澔标榜自己为朱子学统,故陈书在明初被列为学官。

在体例上,卫湜《礼记集说》对清人礼书编纂颇有启发。清杭世骏曾编纂《续礼记集说》一百卷,其所云"续",主要是对卫氏书编纂体例之延续。卫书兼综博采,杭书亦如此。杭书所采汉代至清代解义二百余家,其中所列汉代至宋代四十一家,皆卫书已列而采之未备者;又采司马迁至宋黄仲炎凡四十五家,皆在卫氏以前而卫书未采者;又采自宋张虑至明冯氏凡五十五家,皆在卫氏以后。

卫湜《礼记集说》在卷帙编排上,有经文一篇而《集说》分为数卷者,有经文数篇而《集说》合为一卷者。杭氏《续礼记集说》一百卷,卷帙之分受卫书影响很大,如《曲礼》《檀弓》以解说文繁,竟至十卷、九卷,《王制》《月令》亦至六卷,最少者如卷九六合《深衣》《投壶》为一卷,卷一〇〇合《燕义》等三篇为一卷。如九十四、九十五等卷,则分别合两篇为一卷。这种卷帙之编排,乃受卫氏《礼记集说》之影响也。

---

① (清)朱彝尊:《经义考》卷一四三,中华书局1998年影印版,第753页。
② (清)永瑢等:《四库全书总目》卷二一《礼记集说》提要,中华书局1965年影印版,第170页。

（四）黄震的《礼记》学

黄震（1213—1280年），字东发，号于越，南宋庆元府慈溪（今浙江慈溪东南）人。宝祐四年（1256年）登进士第，调吴县尉。景定元年（1260年）摄华亭县，复摄长洲县，皆有政声。辟主管浙东提举常平帐司文字，改辟提领镇江转般仓分司。擢史馆检阅，与修宁宗、理宗两朝国史、实录。出通判广德军，改绍兴府。咸淳七年（1271年）知抚州，推行荒政，民赖以安。升提举江西常平仓司，恤孤赡贫，全活者众。改提点江西刑狱，决滞狱，清民讼，致豪贵怨，以谗言劾去，奉云台祠。贾似道罢相，以宗正寺簿召。移浙东提举常平，升直宝章阁。宋将亡，归宝幢山中。宋亡，饿而卒，年六十八。门人私谥曰文洁先生。震为人清介自守，尊朱子学，轻讲说，重践履，所著有《古今纪要》十九卷、《古今纪要逸编》一卷、《戊辰修史传》一卷、《黄氏日抄》九十七卷，均存。

《黄氏日抄》九十七卷，前六十八卷为读经、史、子、集日抄。六十八卷之后为作者自作之文。凡读经者三十卷，其中《读孝经》一卷、《读论语》一卷、《读孟子》一卷、《读毛诗》一卷、《读尚书》一卷、《读易》一卷、《读春秋》七卷、《读礼记》十六卷、《读周礼》一卷。《黄氏日抄》读经部分，《礼记》卷帙过半，可见黄震对《礼记》之重视程度。

1.《黄氏日抄·读礼记》的体例

《礼记》之注释，黄震以前已有多种体例。如孔颖达《礼记正义》先著录经文，接着附郑注和《释文》，然后再为郑注作疏。卫湜《礼记集说》则是先列经文，经文下再列诸家解义。黄震参考了前人著述之体例，并有所变通。

一是标明卷次和篇名。文渊阁《四库全书》本《黄氏日抄》卷一四至卷二九为《读礼记》，有的一卷之中包括《礼记》之一篇，有的一卷中包括《礼记》之数篇。每一卷前，先低一格标明卷次和篇名，次行低一格有"读礼记"字样。如果黄震于解题有自己的意见，则又另起一行，低两格列解题的内容。

二是采择前人注释，注明出处，并以"愚按""愚意"等字样附以己意。黄震在采择前人注释时，并非像卫湜《礼记集说》那样务求网罗百家，而是力求采择精当。如果没有解题内容，则于"读礼记"三字的次行，顶格列经文，经文之后，如果需要注音的则以双行小字列陆德明《释文》，次行低一格援引解义。

在解义前,一般不言作者。解义之后,以双行小字注明此解义采自哪一家,常用的术语有"本……氏说""本……氏""右本……氏说"等。如《曾子问》曰:"曾子问曰:'古者师行,必以迁庙主行乎?'孔子曰:'天子巡守,以迁庙主行……'。"这段经文之下,黄震以双行小字援引陆德明《释文》曰:"齐,侧皆反。"①次行低一格援引解义云:"齐车、金路,示有齐敬之心。天子崩,诸侯薨,则藏诸主于祖庙,象有凶事而聚也。君去国,以庙主从,鬼神依人而行者也。主,木主,天子尺二寸,诸侯一尺。祝迎主,祝接神者也。跸,止行者,老聃陈国,苦县赖乡曲仁里人为周柱,下史或为守藏吏。"②在解义后,有双行小字云"郑氏、孔氏"③。

黄震还以"愚按""愚意""用……氏补""补"等字样附以己意。如《中庸》:"君子之道四,丘未能一焉。……君子胡不慥慥尔。"黄震引朱熹解义:"右第十三章。道不远人者,夫妇所能,丘未能一者,圣人所不能,皆费也。而其所以然者,则至隐存焉。下章放此。"解义之后,有双行小字:"愚按:'丘未能一者',皆事父从兄之事,特圣人之谦词。"④黄震于此以"愚按"引出己见。

三是征引前人解义时有所删减。黄震在援引前人解义时并非一成不变,而是有所删减。如《曲礼上》"曲礼曰:毋不敬,俨若思,安定辞,安民哉",黄震征引了吕大临和朱熹两家解义,曰:"曲礼,礼之细也,所谓'曲礼三千'者也。毋,禁止辞。主一之谓敬。俨,矜庄貌,人之坐思,貌必俨然。安定,审也。哉,叹美辞。毋不敬,正其心也。俨若思,正其貌也。安定辞,正其言也。安民哉,正己而物正也。毋不敬,总言主宰处。俨若思,敬之貌。安定辞,敬之言。安民哉,敬之效。(右本吕氏及晦庵说)。"⑤卫湜《礼记集

---

① (宋)黄震:《黄氏日抄》卷一七,载文渊阁《四库全书》第707册,上海古籍出版社1987年影印版,第494页。

② (宋)黄震:《黄氏日抄》卷一七,载文渊阁《四库全书》第707册,上海古籍出版社1987年影印版,第494页。

③ (宋)黄震:《黄氏日抄》卷一七,载文渊阁《四库全书》第707册,上海古籍出版社1987年影印版,第494页。

④ (宋)黄震:《黄氏日抄》卷二五,载文渊阁《四库全书》第707册,上海古籍出版社1987年影印版,第730页。

⑤ (宋)黄震:《黄氏日抄》卷一四,载文渊阁《四库全书》第707册,上海古籍出版社1987年影印版,第351页。

说》所引朱注全文为："毋不敬,是统言主宰处。俨若思,敬者之貌也。安定辞,敬者之言也。安民哉,敬者之效也。若只以事无过举,可以安民为说,则气象浅迫,无含蓄也。"①黄震与卫湜所引朱注大义相同,然文字有异。通过比较,可知黄震对朱注作了删减。

2.《黄氏日抄·读礼记》的特点

清人章学诚云："朱子求一贯于多学而识,寓约礼于博文,其事繁而密,其功实而难,虽朱子之所求,未敢必谓无失也。然沿其学者,一传而为勉斋(黄榦)、九峰(蔡沈),再传而为西山(真德秀)、鹤山(魏了翁)、东发(黄震)、厚斋(王应麟),三传而为仁山(金履祥)、白云(许谦),四传而为潜溪(宋濂)、义乌(王祎),五传而为宁人(顾炎武)、百诗(阎若璩),则皆服古通今,学求其是,而非专己守残,空言性命之流也。"②章学诚认为,宋代虽以义理之学为主,然考据之学亦在发展,且向义理之学渗透。《黄氏日抄·读礼记》重视考据,主要体现在以下三个方面:

一是重视音韵和文字训诂。如《中庸》："今夫山,一卷石之多,及其广大,草木生之,禽兽居之,宝藏兴焉。"郑玄注："卷犹区也。"③朱熹云:"卷,区也。"④郑玄、朱熹均未言"区"字之义。黄震云:"愚按:卷,古注平声,训区。范作去声,亦训区,然未明言区果何义。《礼韵》平声、去声皆训曲,如有卷者,阿之卷,言卷曲也,当参考意者,区乃小石成块之称,如土之言撮欤。"⑤黄震利用《礼韵》,对"区"字作了考证,以补郑注和朱熹解义之未备。

二是重视以其他文献作为校勘依据。如《坊记》:"《诗》云:'尔卜尔筮,履无咎言。'子云:'善则称人,过则称己,则民让善。'《诗》云:'考卜惟王,度

① (宋)卫湜:《礼记集说》卷一,载文渊阁《四库全书》第 117 册,上海古籍出版社 1987 年影印版,第 21 页。

② (清)章学诚:《文史通义》,世界书局 1989 年版,第 55 页。

③ (唐)孔颖达:《礼记正义》,载《十三经注疏》,中华书局 1980 年影印版,第 1633 页。

④ (宋)卫湜:《礼记集说》卷一三四,载文渊阁《四库全书》第 120 册,上海古籍出版社 1987 年影印版,第 277 页。

⑤ (宋)黄震:《黄氏日抄》卷二五,载文渊阁《四库全书》第 707 册,上海古籍出版社 1987 年影印版,第 744 页。

是镐京。惟龟正之，武王成之。'子云：'善则称君，过则称己，则民作忠。《君陈》曰：尔有嘉谋嘉猷，入告尔君于内，女乃顺之于外。曰：此谋此猷，惟我君之德。'"黄震曰："'履'，《诗》作'体'。'度'，《诗》作'宅'。'君'，《书》作'后'。文之烦简亦不同。《君陈》，周公子伯禽弟书，取以为篇名。"①黄震将《坊记》所引内容与《诗》《书》的原文作了比较，认为《礼记》在引《诗》《书》时作了变通。

三是名物礼制考证精详。如《杂记上》："诸侯行而死于馆，则其复如于其国。如于道，则升其乘车之左毂，以其绥复。其輴有裧，缁布裳帷，素锦以为屋而行。至于庙门，不毁墙，遂入，适所殡，唯輴为说于庙门外。"黄震曰："馆，王国所致馆舍。复，招还其魂魄。绥，郑改为綏，庐陵胡氏谓即所执升车之绥。輴，载柩将殡之车饰。裧，鳖甲边缘。缁布裳帷者，谓輴下棺外用缁色之布以为裳帷。素锦屋者，谓于裳帷之中又用素锦为小帷，如屋形以覆棺也。庙所殡宫墙，指裳帷。诸侯死于馆舍，则其招魂如在其国，升屋东荣，用衣而号。如死于道，则升车左毂，以象升屋东荣，用所执之绥，象所服之衣，整车饰而归殡。将入殡宫，惟脱柩上之輴，不脱柩旁之帷裳，上者高而妨入庙门，旁者留之，不露柩也。"②黄震于此对经文中的馆、复、绥、輴、裧等名物一一作了解释；此外还对诸侯死于馆舍与死于道将如何行招魂之礼有所说明。由此可见，黄震重视名物礼制之考证。

黄震从事《礼记》诠释时对义理亦颇为重视，这主要体现在他对朱熹《大学章句》和《中庸章句》的推崇上。如于朱熹《中庸章句》，黄震云："《中庸》，按《家语》，子思所作，实得圣门之亲传，非汉儒所集其他记礼比也。然至唐李翱始为之说，至本朝周濂溪始得其要，至二程先生、张横渠、吕氏、游氏、杨氏、侯氏、谢氏、尹氏始各推衍其义。自是为集解者，凡三家。会稽石𡼖初集濂溪以下十人之说，晦庵先生因其《集解》删成《辑略》，别为《章句》，以总其归，又

---

① （宋）黄震：《黄氏日抄》卷二四，载文渊阁《四库全书》第707册，上海古籍出版社1987年影印版，第713页。

② （宋）黄震：《黄氏日抄》卷二二，载文渊阁《四库全书》第707册，上海古籍出版社1987年影印版，第641—642页。

为《或问》，以明其所以去取之意，已无余蕴矣。"①黄震对朱熹的《大学章句》亦十分推崇，他说："《大学》自二程先生更定，至晦庵先生《章句》益精矣。"②黄震对朱熹《大学章句》和《中庸章句》之推崇，反映了他的理学立场和对义理之学的看重。

---

① （宋）黄震：《黄氏日抄》卷二五，载文渊阁《四库全书》第 707 册，上海古籍出版社 1987 年影印版，第 718 页。
② （宋）黄震：《黄氏日抄》卷二八，载文渊阁《四库全书》第 707 册，上海古籍出版社 1987 年影印版，第 804 页。

第六章　元明时期的三礼学

第一节　元明时期的社会文化背景与三礼学概述

南宋自朱熹以后,程朱理学大盛,对传统经学产生了深刻影响。不过程朱理学对经学的影响主要在南方,而当时金统治下的北方经学研究还是以传统的章句注疏之学为主。元兵南下过程中,一批儒士也逐渐进入了蒙元统治者的决策核心阶层,如耶律楚材、杨惟中、姚枢、窦默等人。这些儒士因为受到了蒙元高层的重用,他们就有条件推动儒学尤其是理学在北方传播。如姚枢于军中寻得被俘大儒赵复,将其保护起来,后又将赵复推荐给当时的决策层,并协助杨惟中在燕京创办太极书院与周子祠,姚枢等则以赵复为师,在姚枢的大力推崇下,许衡、刘因等人开始研究赵复所传授的程朱之学,有些儒士积极参与当时的政权建设,并力图以传统中原的礼仪文化制度来改造蒙元旧有制度,如许衡于至元六年(1269 年),奉命与太常卿徐世隆制定朝仪,仪成,忽必烈大喜。后许衡又奉命与太保刘秉忠、左丞张文谦等制定官制,依中华传统为蒙元政权设置政治架构。至元八年(1271 年),以集贤大学士兼国子祭酒的身份,亲自挑选蒙古弟子并教授他们儒学,这一些蒙古儒生后来又多进入了蒙元政权高层,进一步推动了儒学的影响力。有些儒生则将主要精力投入到程朱理学的批判与继承中,进一步推动了学术的发展,如刘因一方面潜心于程朱理学,另一方面又借鉴陆九渊心学的观点,并开创静修学派,影响较大。难能可贵的是刘因虽服膺理学,却意识到理学之不足,加之早年他曾师从北方大儒砚弥坚,因此他反对理学一统天下,主张问学要重返六经,并认为《诗》《书》《春秋》皆为历史,实开后世"六经皆史"之滥觞,其影响力仅次于以许衡为首的"鲁斋学派"。

对于元统治者来说,他们由最初蔑视儒家到逐渐开始重视儒家。如在窝阔台当政时期,朝廷就命孔元措袭封衍圣公。元朝自建立初期就祭祀孔子,后世皇帝多继承之,据《元史》记载:

> 宣圣庙,太祖始置于燕京。至元十年三月,中书省命春秋释奠,执事官各公服如其品,陪位诸儒襕带唐巾行礼。成宗始命建宣圣庙于京师。大德十年秋,庙成。至大元年秋七月,诏加号先圣曰"大成至圣文宣王"。延祐三年秋七月,诏春秋释奠于先圣,以颜子、曾子、子思、孟子配享。封孟子父为邾国公,母为邾国宣献夫人。皇庆二年六月,以许衡从祀,又以先儒周惇颐、程颢、程颐、张载、邵雍、司马光、朱熹、张栻、吕祖谦从祀。至顺元年,以汉儒董仲舒从祀。齐国公叔梁纥加封启圣王,鲁国太夫人颜氏启圣王夫人;颜子,兖国复圣公;曾子,郕国宗圣公;子思,沂国述圣公;孟子,邹国亚圣公;河南伯程颢,豫国公;伊阳伯程颐,洛国公。①

元统治者通过对孔子及其亲人与弟子的祭祀来争取汉地儒生的支持,另外周敦颐等人的配祀说明了元朝政府对程朱理学的重视。尽管程朱理学在南宋已有很大的影响,"在理宗以后逐渐得到官方的认可,可是,毕竟没有成为制度……然而历史常常出乎逻辑的意料,这种来自汉族文明的知识和思想,没有在宋代完成它与汉族政治权力的结合,却在异族入主中国以后的元代,完成了它的制度化过程,现实了向政治权力话语的转变"②。到元仁宗时,朝廷开始举办科举考试,就主要以程朱理学为考试内容。程朱理学之所以在元代迅速地与政权结合,成为官方的意识形态,是因为程朱理学所提倡的"三纲五常"的理论非常有利于元政权对各族人民的统治。另外,汉族知识分子此时也从理论上为蒙元统治的合法性提出理论依据,如当时的经学家郝经就明确反对华夷之辨,他认为"今日能用士,而能行中国之道,则中国之主也",也就是说只要能接受程朱理学所提倡的道统,那么就是中国人,就可以统治中国,不必在乎其种族如何。

---

① (明)宋濂等:《元史》卷七六《祭祀志五》,中华书局 1976 年版,第 1892—1893 页。
② 葛兆光:《中国思想史》第二卷,复旦大学出版社 2013 年版,第 282 页。

总体看来,元代经学是全面尊崇程朱理学的,因此不可避免有空衍义理之倾向,与汉唐时期的注疏之学有显著差异。元代儒学以宋学为师,在成就总体上却不如宋代,被皮锡瑞称为经学"积衰"的时代。虽然元人学宋儒好空衍义理,不过元代经学因受金朝儒学注重章句之学的影响,仍有实事求是一面,在遵宋学同时,仍参照汉唐注疏。另外,元代经学虽在学术研究的深度上不如宋代,不过元代经学更注重普及,相对以前的经学注疏之作,更加通俗易懂。

元代三礼学研究受宋学影响也是非常明显的,例如吴澄、敖继公、陈澔等人的礼学著作就比较偏重义理的发挥,且时有对郑玄之异议,因注入了宋学的新鲜血液,又没有抛弃传统的注疏之学,元代的礼学研究在某些方面要优于宋代,如宋人比较忽视《仪礼》研究,整个宋代没有特别有影响力的《仪礼》注疏,而元代敖继公的《仪礼集说》则是在传统的《仪礼》学研究中注入了宋学重义理的特质,在一定程度上推动了《仪礼》学研究的发展,在元明清三代都有一定的影响。虽然元代三礼学比较偏重义理的发挥,不过从总体来看,并没有摒弃汉学的传统,特别是元代科举,《礼记》仍用郑注就更具有说明性。

在宋学的影响下,元代三礼学者亦好疑经改经。如元代《周礼》学多信奉《冬官》未亡之说,丘葵等人《周礼》学都力图重新编纂《周礼》现存官职顺序以凑成六官,这主要受宋人俞庭椿"《冬官》未亡"之说影响。再如吴澄等人的《仪礼》学、《礼记》学著述好将经文篇章顺序重新归类排列,这方面也是受到了朱子《仪礼经传通解》的影响。

有元一代,虽有科举,但只举办了十六次,相对前代规模要小得多,大量知识分子在失去了学而优则仕这条道路的背景下,转而比较重视走与下层人结合的道路,所以在文学创作上元杂剧等市井文学兴盛,这一趋势,表现在经学研究上,元代经学也有比较简明易懂的趋向。元人三礼学亦重普及,吴澄归类以释礼,就是增加礼的可读性、可接受性的目的,元人陈澔《礼记集说》亦以简明著称,并因此而成为明代官修《礼记集说大全》之底本。

朱元璋建立明朝,政权再次回到了汉族人手中。为了显示自身政权的合法性与号召力,明政府大力提倡民族主义,将蒙元政权贬为夷狄,元儒所谓的"能行中国之道,则中国之主"的观点已不合时宜。虽然政权已经变动,但是对程朱理学为主要意识形态的传统并没有变,程朱理学提倡的"三纲五常"的观念仍然符合当权者的统治需求,不过相对元朝,明统治者对提倡儒学更加重视。如明太祖朱元璋登基之初,于洪武元年(1368 年)二月就以太牢在国学祭祀孔子,并遣使到曲阜致祭;十一月下令孔子五十六世孙孔希学袭封衍圣公;又于洪武十五年四月,命令天下祭孔子。明政府比较重视文化知识的教育和普及,洪武元年七月,在天下府州县开设学校,《明会要》称"明代学校之盛,唐、宋以来所不及也"。洪武三年(1370 年)五月,明政府即确定科举考试制度,考试范围取自"四书五经",并提倡用八股体式答题。洪武二年(1369 年)八月徐一夔等奉旨纂修《大明集礼》,九月,书成,嘉靖中政府又重新修订《大明集礼》,由此可以看出明政府对礼仪制度建设是非常重视的。明代礼学建设不仅注重庙堂礼仪,而且也看重礼仪的民间普及,如弘治十七年(1504 年),朝廷下令天下乡村立社学,十五岁以下幼童可入社读书,并学习冠、婚、丧、祭礼仪。

明前期,经学研究仍走元人的路子,不过与元人以宋儒为主兼采古注疏治学之路相比,明人治学却少了元人的严谨,如元代科举,《礼记》仍用郑注,而明永乐年间所编修的《四书五经大全》基本上都是摘抄元人著述,其中《礼记集说大全》主要是以元人陈澔《礼记集说》以主,拼凑而成。元人经学成就本就不高,明初拾元人牙慧,其治经学之惰,可见一斑,因此皮锡瑞在《经学历史》中称明代为经学"极衰时代"。

笔者认为,皮锡瑞之论用以概括明初经学尚可,用以概括整个明代经学则有失公允。因为明初诸儒主要服膺朱子理学,创新不足,不过此时已有部分学者主张兼收并蓄,并且援释道入儒,比较典型的是宋濂,开阳明心学之先。到明中后期,经学研究已经突破了朱子理学的藩篱,明儒在对经文的义理阐释方面进入了一个新的境界,阳明心学开始兴盛。明代中期以后的三礼学研究都不同程度受到心学的影响。如唐枢、柯尚迁的礼学著述中就有明显的心学色彩。明人因受理学与心学的熏陶,自是对以考据为先的汉学不屑一顾,如郝敬著有《九部经解》,以批郑、驳郑为能事,《四库提要》评价其《礼记通解》说:"敬作此注,于郑义多所驳难,然得者仅十一二,失者乃十之八九。"①不过郝敬

---

① (清)永瑢等:《四库全书总目》卷二四《经部·礼类存目二》,中华书局 1965 年影印版,第 194 页。

因有强烈的怀疑与批判精神,对郑注的批判虽有过头之处,但也应该看到,郝敬的某些论断的确精到,亦有前人未发之论,因此四库馆臣也不得不称其"十一二"之得。

明代儒生的社会参与意识强,表现出"国事家事天下事事事关心"的家国情怀,反映在学术上,明代的经学著述中就具有比较明显的现实关怀。何乔新、王应电、黄以周等人的三礼学著述强调经世致用,其中就明显有结合时局所作的论述。当然因为明儒提倡学以致用,在学术上就继续走元人解经通俗易懂的道路,所以明代的三礼学著作基本都是通俗易懂,不搞烦琐考据。

元人有疑经、改经、补经之风,明人亦沿袭之。如明儒亦多信"《冬官》未亡"之说,何乔新、舒芬、陈深、金瑶、柯尚迁、郝敬等人都力图证明《冬官》未亡。元人吴澄等受朱子《仪礼经传通解》启发,打乱三礼经文本来的顺序,以己意来对经文进行分类,明人亦有此好。如柯尚迁的《曲礼全经类释》、刘宗周的《礼经考次正集》、湛若水的《仪礼补逸经传测》都是此类著述。

第二节 元明时期的《周礼》学

一、元代《周礼》学概述

元代《周礼》学著作有刘庄孙的《周官集传》,汤弥昌的《周礼解义》,王申子的《周礼正义》,吴澄的《周礼考注》《周官考证》《周礼经传》《批点考工记》,臧梦解的《周官考》,毛应龙的《周官集传》及《周官或问》,丘葵的《周礼补亡》《周礼订本》,吴莱的《古职方录》,汪克宽的《周礼类要》,何梦然、何梦中的《周礼义》,郑宗颜的《周礼讲义》,俞言的《周礼图》等。其中流传于后世的有吴澄的《周礼考注》《批点考工记》,毛应龙的《周官集传》①,丘葵的《周礼补亡》,陈友仁的《周礼辑说》,其中吴澄的《周礼考注》已被《四库全书总目提要》鉴定为明人晏壁所作,陈友仁之书是辑自宋人旧本。现存元人全面研究

---

① 以上所列书目均来自王锷:《三礼研究论著提要》,甘肃教育出版社 2011 年版,第 53—59 页。

《周礼》之著述只有毛应龙的《周官集传》与丘葵的《周礼补亡》。

毛应龙,字介石,元代豫章(今江西南昌)人,大德(1297—1307年)间曾任澧州教授。其所著《周官集传》十六卷是元代《周礼》学的代表作。本书于诸家训释,引据颇为广博。其自出己意者,则均题"应龙曰"以相区别。总体而言,本书继承了宋儒疑古惑经思想,即使参用旧说,亦多以宋人之说为据,这就难免嫌,虽多有所得,误考误论亦不少见,可谓瑕瑜互见。此书最大的价值在于广采博录,保存了宋以来诸家散佚之说,非常宝贵。毛应龙《周官集传》,各家书目均著录为二十四卷,至清代传本已不存。清修《四库全书》,馆臣自《永乐大典》中辑出,但《地官》《夏官》首尾不全,其他尚属完备。馆臣重编为十六卷。

丘葵,字吉甫,元代莆田(今福建莆田)人。丘葵最明显的特点是继承俞庭椿、王与之等人的观点,认为《周礼》原有错简,《冬官》不亡,《四库提要》云其"是书本俞庭椿、王与之之说,谓《冬官》一职散见《五官》,又参以诸家之说,订定《天官》之属五十九,《地官》之属五十七,《春官》之属六十,《夏官》之属五十,《秋官》之属五十七,《冬官》之属五十四"[1]。丘葵在其自序中亦云"夫《冬官》未尝缺也,杂出于五官之中,汉儒考古不深,遂以《考工记》补之,至宋淳熙临川俞庭椿始著《复古编》……葵承二先生讨论之后,加之忝订,的知《冬官》错见于五官中,实未尝亡,而太平六典浑然无失"[2]。可见丘氏的确是继续了俞、王之说。

二、明代《周礼》学概述

经过元代的沉寂,到明代《周礼》学研究已呈复兴之迹:明代的《周礼》学研究有着非常突出的时代特色,主要表现在以下几点。

（一）许多学者认同"《冬官》未亡说"

从宋代俞庭椿开始,许多礼学家开始怀疑《周礼》之《冬官》未亡,而是窜

入其他诸官之中,王与之、丘葵、吴澄①都持此论。明代持此说学者为数不少,如何乔新、柯尚迁、郝敬等人。其他持《冬官》未亡说的明代学者及其著述如下:

1.《周礼定本》,舒芬著,四卷。舒芬,字国裳,南昌进贤人。该书主要遵循俞庭椿《冬官》不亡之说,又在参考伪本吴澄《周礼考注》的基础上,增加了某些个人见解。②

2.《周礼训隽》,陈深著,二十卷。陈深字子渊,长兴人。该书也继承了俞庭椿之说,割裂五官,凑成《冬官》。③

3.《周礼述注》,金瑶著,六卷。金瑶字德温,休宁人。该书认为《周礼》为汉儒所窜改,并本伪本吴澄《周礼考注》及何乔新《周礼集注》之说,认为《冬官》未亡,并在《冬官》之后,附有《改官议》《改文议》两篇文章,评论二书得失。④

4.《周礼说》,徐即登著,十四卷。徐即登,字献和,又字德峻,丰城人。《四库提要》称:"其书前十三卷解五官,不载《考工记》,末一卷为《冬官阙疑》。盖亦取俞庭椿之说,但尚未敢改经耳。然明言某官移易为最允,某官移易为未协,已毅然断为当改矣,何阙疑之云乎!"⑤

(二) 部分学者仍固守郑、贾之说

明代并非所有学者都认同"《冬官》未亡"之说,亦有一些学者遵循郑、贾之说,坚持《冬官》已亡,除了王应电以外,还有如下学者及其著述:

1.《古周礼释评》,孙攀著,六卷。孙攀,字士龙,宣城人。该书是在朱申《周礼句解》的基础上稍加订补,并加以注音与评语,其书价值不大,《四库提要》称其书最大优点是"惟当明之季,异学争鸣,能不删削经文,亦不窜乱次

---

① 吴澄的《周礼考注》已被《四库全书总目提要》鉴定为明人晏璧所作。
② (清)永瑢等:《四库全书总目》卷二三《周礼定本》提要,中华书局1965年影印版,第182页。
③ (清)永瑢等:《四库全书总目》卷二三《周礼训隽》提要,中华书局1965年影印版,第183页。
④ (清)永瑢等:《四库全书总目》卷二三《周礼述注》提要,中华书局1965年影印版,第183页。
⑤ (清)永瑢等:《四库全书总目》卷二三《周礼说》提要,中华书局1965年影印版,第183页。

序,兢兢守郑、贾之本,犹此胜于彼焉"①。

2.《古周礼》,郎兆玉著,六卷。郎兆玉,字完白,仁和人。该书以《古周礼》为名,明显是为了反对俞庭椿等人擅改《周礼》经文而作。②

3.《周礼古本订注》,郭良翰著,六卷。郭良翰,字道宪,莆田人。《四库提要》云:"是编自序云俞庭椿、王与之、丘葵、吴澄、何乔新五家补本,分割殊甚。不知《冬官》可以不补,五官必不可淆。五官自存,《冬官》自阙,何必强臆以乱成经!因取古本订正之。"③该书也以《周礼》古本自名,反对明人乱改经文之举。

4.《周礼注疏删翼》,王志长著,三十卷。王志长,字平仲,昆山人。该书以郑、贾之说为根本,同时采用宋以后多家之说,《四库提要》对其评价较高,称其"在经学荒芜之日,临深为高,亦可谓研心古义者矣"④。

（三）比较注重现实关怀

《周礼》原本就是一本有关政治制度的书,所以也被称为《周官》,后世的学者在解读《周礼》时,很容易与现实政治制度相比较。明代知识分子的社会政治参与度非常高,知识分子都敢于谈论政治,在这种背景下,他们在研究《周礼》时,大多表现出强烈的现实关怀情结,在论述自己的观点时,多对现实政治制度提出自己的见解。

1.《周礼沿革传》,魏校著。魏校,字子才,昆山人。该书力图以《周礼》官制来说明秦、汉以后以至明代的官制改革,《四库提要》称其书"校于数千年后乃欲举陈迹以绳今,不乱天下不止"⑤。这虽是批评之语,却可侧面看出魏校之书服务于现实的倾向。

---

① （清）永瑢等:《四库全书总目》卷二三《古周礼释评》提要,中华书局1965年影印版,第184页。
② （清）永瑢等:《四库全书总目》卷二三《古周礼》提要,中华书局1965年影印版,第184页。
③ （清）永瑢等:《四库全书总目》卷二三《周礼古本订注》提要,中华书局1965年影印版,第184页。
④ （清）永瑢等:《四库全书总目》卷一九《周礼注疏删翼》提要,中华书局1965年影印版,第155页。
⑤ （清）永瑢等:《四库全书总目》卷二三《周礼沿革传》提要,中华书局1965年影印版,第189页。

2.《读礼疑图》,季本著,六卷。季本,字明德,山阴人。该书讨论了《周礼》中的赋役之法,《四库提要》称其书"大旨主于轻徭薄赋"①。

（四）受程朱理学与阳明心学影响明显

明代前期,程朱理学为诸儒所尊,至明中后期,王阳明心学影响甚大,明代礼学家都必然受到理学或心学的影响,如《周礼沿革》之著者魏校就服膺程朱理学,据《明史·儒林传》载:

> 校私淑胡居仁主敬之学,而贯通诸儒之说,择执尤精。尝与余佑论性,略曰:"天地者,阴阳五行之本体也,故理无不具。人物之性,皆出于天地,然而人得其全,物得其偏。"又曰:"古圣贤论性有二:其一,性与情对言,此是性之本义,直指此理而言。其一,性与习对言,但取生字为义,非性之所以得名,盖曰天所生为性,人所为曰习耳。先儒因'性相近'一语,遂谓性兼气质而言,不知人性上下不可添一物,才著气质,便不得谓之性矣。荀子论性恶,杨子论性善恶混,韩子论性有三品,众言淆乱,必折之圣。若谓夫子'性相近'一言,正论性之所以得名,则前后说皆不谬于圣人,而孟子道性善,反为一偏之论矣。孟子见之分明,故言之直捷,但未言性为何物,故荀、杨、韩诸儒得以其说乱之。伊川一言以断之,曰'性,即理也',则诸说皆不攻自破矣。"②

从上文可见,魏校私淑理学家胡居仁,其论"性"之真义,驳荀、杨、韩诸说,推崇程颐"性即理"之说,礼学家王应电等是他的学生。另一些学者在其阐释《周礼》时也明显表现出其受心学的影响,主要有唐枢、柯尚迁等人。

三、毛应龙的《周礼》学

毛应龙,字介石,元代豫章（今江西南昌）人。著有《周官集传》十六卷、《周官或问》五卷。毛应龙《周官集传》最大的价值是搜集引征广博,保留了宋以来诸家散佚之说,《四库提要》称"是书于诸家训释,引据颇博,而于郑锷之

---

① （清）永瑢等:《四库全书总目》卷二三《读礼疑图》提要,中华书局1965年影印版,第183页。

② （清）张廷玉等:《明史》卷二八二《儒林传上》,中华书局1974年版,第7251页。

《解义》、徐氏之《音辨》及欧阳谦之之说,所采尤多。……宋以来诸家散佚之说,尚因是以存其崖略,则搜辑之功,固亦非鲜矣"①。

毛应龙《周官集传》不仅有搜集之功,亦多所创见,如《周礼·天官》"醯人:奄一人,女醢二十人,奚四十人;醯人:奄二人,女醯二十人,奚四十人;盐人:奄二人,女盐二十人,奚四十人;幂人:奄一人,女幂十人,奚二十人;宫人:中士四人,下士八人,府二人,史四人,胥八人,徒八十人"条,毛应龙云:"古者燧人王而始庖割,轩辕帝而始栋宇,故饮食居处之事虽并陈而先后有序。"有关醢人、醯人、盐人、幂人、宫人排列的顺序,前人多未专门作出解释。毛氏以先有燧人氏时之庖割之事,后有轩辕黄帝时之栋宇之事,来解释经文先有饮食之官后有居处之官,毛氏之说较有新意且能自圆其说。

又如《周礼·天官》"庖人,掌共六畜、六兽、六禽,辨其名物"条,毛应龙曰:

> 六兽:司农以为麋、鹿、熊、麕、野豕、兔,康成以狼易熊,干宝以麋易麕;六禽:司农以为雁、鹑、鷃、雉、鸠、鸽,康成引"未孕曰禽"以为羔、豚、犊、麛、雉、雁。愚按:《经》曰:大禽公之,小禽私之,当是六畜:马、牛、羊、豕、犬、鸡之大者曰六兽,小而未孕者六禽,至于狼兔之属野物之数不畜于国,兽人共之也。②

有关六兽、六禽之分类,前人郑司农、郑玄之说各不相同,主要是缺乏权威的分类依据,毛应龙则依据《诗经》"大兽公之,小兽私之"之说,认为六兽、六禽应有统一的分类标准,即六兽、六禽都属于经人训养之六畜,即马、牛、羊、豕、犬、鸡,成年之六畜为六兽,幼而未孕的为六禽。

毛应龙《周官或问》原书已佚,只残存三十五条,附于其《周官集传》之中。《四库全书总目》卷一九《周官集传》条曰:"应龙所著,别有《周官或问》五卷,在《集传》之外,《永乐大典》割附《集传》之后。其存者仅《天官》十九条,《春官》十四条,《秋官》《冬官》各一条。篇幅寥寥,不能别成一帙,今仍附于各传

---

① (清)永瑢等:《四库全书总目》卷一九《周官集传》提要,中华书局1965年影印版,第153页。
② (元)毛应龙:《周官集传》,载文渊阁《四库全书》第95册,上海古籍出版社1987年影印版,第809页。

下,既免于畸零散佚,且使一家之说互相参证,亦足以资发明焉。"①

四、何乔新的《周礼》学

何乔新,字廷秀,江西广昌人,其事迹见于《明史》本传。其所著《周礼集注》特点有二。

（一）认同"《周官》未亡说",调整《周礼》职官顺序

何乔新《周礼集注》沿袭宋儒"《周官》未亡"之说,对《周礼》职官顺序随意加以调整。正如《四库提要》所说:"是书谓《冬官》不亡,大约沿俞庭椿、王与之、丘葵及晏璧伪托吴澄之说,臆为窜乱。……是皆妄取前人谬戾之论,割裂倒置,蹈其失而加甚。故前后义例,率不能自通,徒为谈《周礼》者所诟病耳。"②如《春官·太史》"太史:下大夫二人,上士四人"条,何氏曰:

> 自太史至御史,旧在《春官》,王氏以为当属《天官》,丘氏曰:史官公道所系,清议所出,君相有过,直笔而书,由是言之,为《天官》之属无疑。③

从上文可见,太史、御史等官职本在《春官》之中,前儒王次点、丘葵都以为应属天官,依何乔新之意,当从王、丘之说。

又如《天官·女史》"女史二人,奚十有六人"条,何乔新曰:

> 世妇,后宫也,卿大夫、士皆奄人为之,女府、女史,宫女有才智者,故使之掌府藏、典文书。奚,给使者,犹后世之官婢,或曰:亦奄人也。又按《天官》《春官》皆有世妇,在天官者不言数,在《春官》者则有数,而其职掌之文略同。吴氏存其在《春官》者,俞氏并为一而丽于《天官》,以理推之,俞氏之说为优,今从之。④

---

① （清）永瑢等:《四库全书总目》卷一九《周官集传》提要,中华书局1965年影印版,第153页。

② （清）永瑢等:《四库全书总目》卷二三《周礼集注》提要,中华书局1965年影印版,第182页。

③ （明）何乔新:《周礼集注》,载《四库全书存目丛书》第81册,齐鲁书社1997年版,第179页。

④ （明）何乔新:《周礼集注》,载《四库全书存目丛书》第81册,齐鲁书社1997年版,第182页。

从何乔新之说可见,在《天官》《春官》中皆有世妇之职,前人吴澄仅保留《春官》世妇之职,而俞庭椿则将二职并为一,且附于天官之宫,何氏比较二说,认为俞氏之说更优且从之。

再如《春官·天府》"上士一人,中士二人,府四人,史二人胥二人,徒二十人"条,何乔新云:

> 天府旧在《春官》,王氏谓当丽于此。府,藏物之所也,名之天者,以其所藏皆宝玉得器,故尊其所藏若天物然也。①

可见何乔新依前儒之说,将原在《春官》之天府附于《天官》之中,并进一步说明原因,即天府所藏之物为"天物",故应放于《天府》。

在调整《周礼》各职官顺序这个问题上,何乔新对前儒的观点并不一味地盲从,而是有所取舍并根据自己的研究作出判断。如《地官》开篇,何氏云:

> 地,众也,谓万民也,地官掌教以尽民之性、成民之德,使之克绥厥猷,故谓之司徒。
>
> 愚按:《周礼》得于秦火之余,简编朽折散乱,六官之文互相错杂而《地官》所属,半为《冬官》之文,盖编书者以《司空》掌邦土,而土即地也,故凡山川土地稼穑之事悉归诸《地官》,以此致误,而《冬官》阙焉。汉儒承讹,踵谬莫觉其非,其所训释不过随文生义而已。至宋淳熙间,临川俞庭椿始悟《冬官》不亡而删《地官》《封人》《载师》以下二十三官归诸《司空》,又取《掌土》之职见于他官者以补之,作《复古编》,朱子深取其说。嘉熙间永嘉王次点又作《周礼补遗》多祖俞氏之说,而《司徒》《司空》之职掌稍正矣。至元临川吴幼清又删《乡师》以下凡非教师者尽归之《司空》,以为《司空》未尝亡而《司徒》之文实亡,其存者仅数章耳。愚按:尝合三家之说而轴绎之,《司徒》掌邦教之官固也,然先王未必因一事设一官,《司马》掌兵而而兼论其材任官之事,《司寇》掌刑而兼除妖鸟、驱猛兽之事,六官之兼理者多矣,《司徒》之职,实兼教养……顾去圣既远,无所就质,姑取俞氏、王氏之说,依贾、郑之本,还遂人以下附于《司徒》之后,

---

① （明）何乔新:《周礼集注》,载《四库全书存目丛书》第81册,齐鲁书社1997年版,第180页。

以俟后之君子云。①

从上文可见,有关《地官》所掌之职官,俞庭椿、王次点、吴澄所作改动甚大,与世传《周礼》相差甚远,何乔新从原则上同意这三人的观点,即世传《地官》中相当一部分职官应属于《冬官》,不过何氏对这种做法非常谨慎,在他看来,依据《地官》兼具教养之职这一原则,凡是能体现教养之功的,都应仍留于《地官》之中,最后他综合俞、王、吴之说,又依郑、贾之本对《地官》属职作出了相对保守的调整,将遂人以下官职仍附于《司徒》之后。

又如《地官·掌节》"掌节:上士三人,中士四人,府二人,史四人,胥二人,徒二十人"条,何乔新云:

> 自司门至掌节,旧在《司徒》,丘氏从之,吴氏以为当属《司空》。愚皆未以为然。盖司关以察奇衺,掌节以达往来,正与掌固、司险之职相类,故取而丽于《司马》。②

可见,丘葵认为司门至掌节都依旧在《司徒》,吴澄以为当在《司空》,而何乔新则认为司关、掌节之职与掌固、司险之职相类似,因此当属于《司马》。

(二) 具有强烈的现实关怀

何乔新之书,多通过对《周礼》的解读,来表达他对现实问题的看法。如《天官·内宰》"内宰:下大夫二人,上士四人,中士八人,府四人,史八人,胥八人,徒八十人"条,何氏曰:

> 内宰掌宫禁之事,嫔御阍寺皆在所统以下,大夫为之,其任亦重矣。愚谓成周内宰、宫正、宫伯皆士大夫为之而又统于大宰,非若后世用奄竖而大臣不得与闻宫禁之事也。汉初大长秋、中常侍犹参用士人,东京以降,尊用宦者而人君燕游居养大臣不复知矣,有志于格心训士者宜致思焉。③

---

① (明)何乔新:《周礼集注》,载《四库全书存目丛书》第 81 册,齐鲁书社 1997 年版,第 227 页。

② (明)何乔新:《周礼集注》,载《四库全书存目丛书》第 81 册,齐鲁书社 1997 年版,第 329 页。

③ (明)何乔新:《周礼集注》,载《四库全书存目丛书》第 81 册,齐鲁书社 1997 年版,第 181 页。

从何乔新之论可以看出,他认为依《周礼》,内宰任重,由大夫任之,成周内宰、宫正、宫伯都由士大夫担任,由太宰统一管理,即士大夫可以参与宫禁之管理,他认为后世宦官垄断宫禁之事弊端很大,并希望能引起当时负责选拔人才之士的反思。

又如在《夏官》"大司马,卿一人;小司马,中大夫二人;军司马,下大夫四人;舆司马,上士八人;行司马,中士十有六人;旅下士三十有二人,府六人,史十有六人,府六人,史十有六人,胥三十有二人,徒三百有二十人"条,何乔新云:

> 凡擐甲而即戎者,皆前日之农也,秉麾而驭众者,皆前日之卿大夫也。兵无坐食之费,将无握兵之权,此先王之制所以为善也。①

可以看出,何乔新认为周时之兵制,即"擐甲而即戎者,皆前日之农也,秉麾而驭众者,皆前日之卿大夫也",如此一来,则无费用大量国力之军队,也无手握重权之将领。当然社会的发展趋势是军队越来越专业化,何氏之论虽看起来不合时代的发展趋势,但也反映出何氏对军费耗大、将领专权等现象的一种反思。

五、唐枢的《周礼》学

唐枢,字惟中,归安人,明嘉靖五年(1526 年)进士,后任刑部主事,因上疏李福达案,触怒嘉靖帝,被罢官,隆庆初年复官。唐枢潜心学问达四十余年,著述颇丰,其主要著作都收在《木钟台集》中,其中不同著述达二十九种之多,唐枢主要礼学著述流传于后世的主要是《周礼因论》。唐枢的《周礼因论》主要有如下几方面的特点。

（一）采取一问一答式,专释疑难之处

《周礼因论》并非典型的以注疏解释之作,而是通过问答的形式来阐发自己对《周礼》的认识,《四库全书总目》认为"其文如语录,寥寥数条,未为详备,不足以言诂经也"②。虽然其书篇幅不大,但书中每条问答都是针对经文中一

---

① （明)何乔新:《周礼集注》,载《四库全书存目丛书》第 81 册,齐鲁书社 1997 年版,第 328 页。

② （清)永瑢等:《四库全书总目》卷二三《周礼因论》提要,中华书局 1965 年影印版,第 183 页。

些疑难的问题展开的,具有较高的学术价值。

其中有对《周礼》中的制度之例及功用进行提炼并加以阐述的,如:

> 问:比法。曰:事有统纪,则法可持循,而德能流运,故比法王政所由始。以之制民,而比、闾、族、党、州、乡必从于正比;以之制兵,而伍、两、卒、旅、师、军必从于得伍;以之制田,而井、邑、丘、甸、县都必从于设井。居之者自约而推广则易承,其临之者自尊以及卑则易行,故卿大夫、士、府史、胥、徒品次不紊。①

有关比法,散见于《周礼》各章节之中,唐枢则将散见于制民、制兵、制田之比法进行了简单的梳理并着重阐述了比法的功用。

有对容易混淆的制度进行详细区别的,如:

> 问:土训、诵训之别。曰:土训之诏以诏民,诵训之诏以诏王,若王巡守,二训皆夹王车,合存以备考也。②

唐枢比较了土训与诵训两种制度,并以功用是"诏民"还是"诏王"将两种制度进行了比较清楚的区别。又如:

> 问:设仪辨位,宗伯所主,忝以大司马,不已杂乎? 曰:仪位之立,自宗伯,仪位乱则勒司马,故司马立而仪位守矣。二者皆不可缺,非忝赘也。太宰之建牧立监亦然。③

按:《大司马》有"设仪辨位,以等邦国"之职能,而礼仪之职主要用大宗伯所掌,那么大司马所掌"设仪辨位"之职能是否为赘,唐枢则区别了大司马与大宗伯在礼仪职能上的区别,即宗伯掌仪位之立,司马则防仪位之乱。

有对《周礼》的礼制设置进行深入阐发或补充说明的,如:

> 问太宰职十条? 曰:六典是经常之法,八法、八则是治典中分立总目;八柄、八统乃行治典之法,故以诏王,言不敢专也。九职法以养民者,九赋法以取民者,九式法也用于上者,九贡、九两法以和于民者。太宰正天下

---

① (明)唐枢:《周礼因论》,载《续修四库全书》第78册,上海古籍出版社2002年影印版,第97页。

② (明)唐枢:《周礼因论》,载《续修四库全书》第78册,上海古籍出版社2002年影印版,第97页。

③ (明)唐枢:《周礼因论》,载《续修四库全书》第78册,上海古籍出版社2002年影印版,第100页。

之官僚,必使万民得所于下而王躬立极于上,乃为正之之实。①

按:太宰十职为六典、八法、八则、八柄、八统、九职、九赋、九式、九贡、九两,《周礼》只分别叙述了这十职各自的职能,唐枢则在书中深入阐发了太宰十职各自的侧重点以及它们之间的相互关联。又如:

> 问:子不射宿,穴氏攻蛰非惨乎? 曰:此非冬岁之蛰兽之穴,而有害于人,如穿家损贮,城狐社鼠之类。②

按:《秋官·穴氏》云:"穴氏掌攻蛰兽,各以其物火之,以时献其珍异皮革。"而《论语·述而》云:"子钓而不纲,弋不射宿。"因此就有人质疑穴氏攻击蛰兽是不是过于残忍? 唐枢对此加以说明,认为穴氏所攻之并非冬天野兽之穴,而是狐鼠之类有害于人之兽。

有疑先儒之说而自立其论的,如:

> 问:荒政蕃乐,自来读蕃为藩,谓闭藏乐器。是否。曰:先王体民之情而欲以聚之,恐其情无聊或致流徙或成疾,故广为宽解之备,盖虚作娱畅,非致宴无制以糜财也。后世乐教不行,蕃则恣情侈费,又不可。③

何为蕃乐,郑注引杜子春之说,云:"杜子春读蕃乐为藩乐,谓闲藏乐器而不作。"贾公彦疏亦同意此说。然从以上引文可以看出,唐枢并不认同这种观点,他认为蕃不必解释为闭藏义,可以按蕃的本义来理解,蕃有多之义,依唐枢之意,所谓蕃乐即先王在荒政之年行乐教之方式,即作乐以缓解民众之疲惫,并非"后世乐教不行,蕃则恣情侈费"。

(二) 以"民极"为《周礼》的根本宗旨

《四库提要》云:"是书以'民极'为《周礼》本原,盖本叶时《礼经会元》之说,谓《诗》蔽以一言曰'思无邪',《周礼》蔽以一言曰'为民极'也。"④唐枢在

---

① (明)唐枢:《周礼因论》,载《续修四库全书》第78册,上海古籍出版社2002年影印版,第95页。

② (明)唐枢:《周礼因论》,载《续修四库全书》第78册,上海古籍出版社2002年影印版,第102页。

③ (明)唐枢:《周礼因论》,载《续修四库全书》第78册,上海古籍出版社2002年影印版,第96页。

④ (清)永瑢等:《四库全书总目》卷二三《周礼因论》提要,中华书局1965年影印版,第183页。

《周礼因论》一书中,多处明确提到"民极"的思想。如:

> 问:"周家典礼郁郁乎文,集百王之大成,孔子谓周监于二代,是如何监?"予应之曰:"陈同甫云'自伏羲、神农、黄帝以来,顺风气之宜,因时制法,凡以为人道之极。'监是观会而求其通,以立一王之法,非集百王之大成。"[1]

这句话先是提出周如何借鉴前代而制法这一问题,唐枢引陈亮之说,认为历代制法都是因时制法而为人道立极,那么作为周代的典礼《周礼》也应是借鉴前代制法的精神,即以"人道之极"(民极)为标准来制法,而不仅仅是"集百王之大成"。又如:

> 问:"郑渔仲云:'《周礼》一书详于制度而不及道化,严于职守而阔略于人主之身,所以学者疑其非圣人之书。'何故周公不阐由衷之典,作无头学问?"予曰:"六官之设,总是个以为民极,民极乃《周礼》的本原,关楗人主专专以此体道成化,同人心出治法。"[2]

本段话就明确提出"民极乃《周礼》的本原"这一立论,并指出人主是靠"民极"来"体道成化,同人心出治法"。极的意思是准则,那么对于民来说,他们的准则具体体现在何处? 唐枢用问答的方式进行论述:

> 问:"民在何处归极?"曰:"君子贤其贤而亲其亲,小人乐其乐而利其利,亲贤乐利只是教养,上有准则。"[3]

也就是说,唐枢认为,百姓之极体现在亲贤乐利的准则上。唐枢以其"民极"之说为基础,对一些疑难问题作出疏解。如:

> 问:"和布何义?"曰:"这是与民同体,须能和于民,才可为民极,周之所以为王道,全在这和这极。"[4]

---

① (明)唐枢:《周礼因论》,载《续修四库全书》第 78 册,上海古籍出版社 2002 年影印版,第 94 页。

② (明)唐枢:《周礼因论》,载《续修四库全书》第 78 册,上海古籍出版社 2002 年影印版,第 94 页。

③ (明)唐枢:《周礼因论》,载《续修四库全书》第 78 册,上海古籍出版社 2002 年影印版,第 94 页。

④ (明)唐枢:《周礼因论》,载《续修四库全书》第 78 册,上海古籍出版社 2002 年影印版,第 95 页。

这段话是针对《周礼》中“和布”的解释。按:“和布”在《周礼》中出现多次,如“正月之吉始和布治于邦国都鄙”“正月之吉始和布教于邦国都鄙”“正月之吉始和布政于邦国都鄙”“正月之吉始和布刑于邦国都鄙”等。其中“和”各家有多种解释,如郑注云:“凡治有故言始和者若改造云尔。”其中并没有对“和”有明确的解释;贾疏云:“始调和上六典八法已下之事和讫当月即颁布此治职文。”可以看出贾疏认为“和”有“调和”之义。王应电在《周礼传》中认为“和”有“和洽”之义,而唐枢在文中认为“和”是与民同体之义,只有与民同体,才能为“民极”,“和”与“极”是周所以能行王道的关键。

(三) 具有浓郁的心学及禅学色彩

唐枢著作除总集《木钟台集》外,其他著作在《四库全书总目》中大多都有提要,其中《嘉禾问录》之《提要》云:“枢于嘉靖壬庚、癸巳间讲学嘉兴,其门人录为此编。初名《四书杂问》,邑令周显宗改题今名。其言格致心性诸说,率宗王守仁之绪论。”又《积承录》之《提要》云:“卷首即拈‘真心’二字立义,盖其宗旨如此。”《酬物难》之《提要》云:“其立名,本之韩非《说难》,皆以阐明心学。”从《嘉禾文录》的提要可见唐枢宗王阳明学说,而《继承录》之提要又着重指出唐枢有“真心”之论。而据《明史》记载,唐枢并非王守仁门人,而是师承湛若水,《明史·唐枢传》云:“枢少学于湛若水,深造实践。又留心经世略,九边及越、蜀、滇、黔险阻厄塞,无不亲历。蹑屩如草,至老不衰。”①又据《明史·儒林传》载:“湛氏门人最著者,永丰吕怀、德安何迁、婺源洪垣、归安唐枢。怀之言变化气质,迁之言知止,枢之言求真心,大约出入王、湛两家之间,而别为一义。垣则主于调停两家,而互救其失。皆不尽守师说也。”②可见唐枢师承湛若水,又受王守仁心学的影响。有关唐枢的学术思想,黄宗羲在《明儒学案》中有更详细的评述:

> 先生初举于乡,入南雍,师事甘泉,其后慕阳明之学而不及见也,故于甘泉之随处体认天理、阳明之致良知两存而精究之,卒标“讨真心”三字为的……此“讨真心”之言不得已而立,苟明得真心在我不二不杂,王、湛

① (清)张廷玉等:《明史》卷二〇六《唐枢传》,中华书局1974年版,第5441页。

② (清)张廷玉等:《明史》卷二八三《儒林传二》,中华书局1974年版,第7267页。

两家之学俱无弊矣。然真心,即良知也,讨即致也,于王学尤近。①

黄宗羲认为唐枢之"讨真心"论乃综合王、湛二人之说,更接近于王守仁的学说。又其《景行馆论》之《提要》云:"嘉靖十七年,浙人辟景行馆延枢讲学。枢因作论三十一篇,其门人钱镇叙而梓之。枢平日专以讨真心为教,故论中首及此旨。是时尚在枢罢官讲学之初,其说未尽流于禅,故持论尚不甚诡于正云。"其《因领录》之《提要》云:"其提倡禅宗,悍然无忌,又不止于阳儒而阴释矣。"从四库馆臣为他的这两本书所作提要可以看出,唐枢好谈禅理。

尽管《周礼》一文偏重制度,留给经学家借以进行哲理思辨的空间并不多,但作为对心学浸淫较深并有自己理论独创的唐枢,仍用其心学思想对《周礼》中的一些问题作出解释。如:

> 问:吕东莱云:"《周礼》先王五礼六乐三物十二教定方位国野,设官分职以为民极,朝不混市,野不逾国,人不侵官,后不敢奸王之权,诸侯不敢借天子之制,公卿大夫不侔商贾之利,六卿九牧相属而听命于三公。"其见似详明有序。曰:数言隐括殆尽,只末后一语禾以为然? 三公坐而论道不预政,卿牧元不相属,职无听命之义。道有时宜,物何两大?②

此段针对吕祖谦"六卿九牧相属而听命于三公"一句,唐枢提出疑问,并作出自己的论断,即"三公坐而论道不预政,卿牧元不相属,职无听命之义",其中一句富有禅机的"道有时宜,物何两大"之语,涉及了"道"与"物"有关系,乃与心学相关的命题。那么三公所论之"道"如何获得? 下文对此作了注脚,云:

> 问:"公孤不列职守,何故?"曰:"公孤以道重,天子不得而臣,诸侯亦不得友……若公孤则论道格心以正治原。"③

从此文可以看出,三公所论之"道"乃"格心"而得,此"格心"应合唐枢提出的"讨真心"之说。

---

① (清)黄宗羲著,沈芝盈点校:《明儒学案》,中华书局 1985 年版,第 950 页。

② (明)唐枢:《周礼因论》,载《续修四库全书》第 78 册,上海古籍出版社 2002 年影印版,第 94 页。

③ (明)唐枢:《周礼因论》,载《续修四库全书》第 78 册,上海古籍出版社 2002 年影印版,第 94 页。

除以"心学"解《周礼》之外,唐枢在此书中还常大谈"道"与"性",体现出宋明理学家的共同特点。如:

> 问:"六官之治皆和布以为民极,天之立君惠利民生,却似大司徒一典已尽。"曰:"天官行意,地官尽实,以下四官辅翼此而已。先王所以仁天下,只有教养使之赡其生而复其性,有不率而禁防之,有不解而明驱之,有不能而处导之。中间却非一人可办,直须详列百僚,以收吏治,故必天官惟急,四官惟明,莫非行得大司徒一典。"①

又如:

> 问:"王与后何以不设医?"曰:"王与后以道自律,顾调于未病之先,只有食医掌和王之六食、六饮、六膳、百羞、百酱、王珍之齐,故曰:'君子之食,恒放焉。'尽养道以为学也。"②

上引两则材料中所谓"赡其生而复其性""以道自律""养道以为学"就是以宋明理学家常用的"道"与"性"之说来解《周礼》。

因唐枢偏好谈禅,因此本书中也不可避免地染上了一些佛学的色彩。如:

> 问:"九两何义?"曰:"两故化两则无我,无我然后能平天下。故曰得民曰系邦国之民。"③

这里面提到了"无我"之语,就带有明显的佛学色彩。

(四) 评论前人之作,时有卓见

《周礼因论》对唐宋以来的《周礼》学著作进行评论,多有心得。如:

> 问:夏休《井田谱》、林勋《本政书》、项安世《丘乘说》等议论可羽翼周制否? 曰:诸著述覃思曲画,尽是通论,只以后世而申此策,总是说空话,乌能见诸作为?④

---

① (明)唐枢:《周礼因论》,载《续修四库全书》第78册,上海古籍出版社2002年影印版,第96页。

② (明)唐枢:《周礼因论》,载《续修四库全书》第78册,上海古籍出版社2002年影印版,第95页。

③ (明)唐枢:《周礼因论》,载《续修四库全书》第78册,上海古籍出版社2002年影印版,第95页。

④ (明)唐枢:《周礼因论》,载《续修四库全书》第78册,上海古籍出版社2002年影印版,第103页。

按:夏休《井田谱》妄图恢复井田旧制乃历史的倒退。唐枢批评其"说空话",符合社会历史的发展。《四库全书总目》对此有较高的评价:"其驳夏休《井田谱》之妄,亦卓然有识。"①

六、王应电的《周礼》学

王应电,字昭明、明斋,明代昆山人,师承魏校。据《明史·儒林传》记载:

> 王应电……笃好《周礼》,谓《周礼》自宋以后,胡宏、季本各著书,指摘其瑕衅至数十万言。而余寿翁、吴澄则以为《冬官》未尝亡,杂见于五官中,而更次之。近世何乔新、陈凤梧、舒芬亦各以己意更定。然此皆诸儒之《周礼》也。覃研十数载,先求圣人之心,溯斯礼之源;次考天象之文,原设官之意,推五官离合之故,见纲维统体之极。因显以探微,因细而绎大,成《周礼传诂》数十卷。以为百世继周而治,必出于此。②

从上述记载可见,王应电笃好《周礼》,并认真研究胡宏、季本、余寿翁、吴澄、何乔新、陈凤梧、舒芬等人《周礼》研究之得失,用功数十载,成一家之言。王应电《周礼传》有如下几方面的特点。

(一) 反对《冬官》未亡之说

元明两代,《冬官》未亡、《周礼》乱简之说甚盛,王应电在其书自序中云:

> 后之学礼者吾惑焉,诵其文不究于用,泥其名不揆诸道,类以当世之弊政而释先王之良法,致后之瞀蒙圣经是疑,而或知其分不知其合,见其异不见其同,乃欲析其合同而化理者,分隶以补《冬官》之缺,纷纷臆见,人自为书。③

可见王应电并不为当时这种流行的观点所左右,并批评当时武断地割裂

---

① (清)永瑢等:《四库全书总目》卷二三《周礼因论》提要,中华书局 1965 年影印版,第183 页。

② (清)张廷玉等:《明史》卷二八二《儒林传一》,中华书局 1974 年版,第 7251 页。

③ (明)王应电:《周礼传》,载文渊阁《四库全书》第 96 册,上海古籍出版社 1987 年影印版,第 4 页。

《周礼》原文以补《冬官》的做法，坚持自己的学术观点，认为《冬官》已亡，此书弃后人所补《考工记》不录，专解古经，而在其所著此书之《翼传》中，王氏专门写有一章《冬官补义》，据己之意以补《冬官》，《四库提要》云：

> 其《冬官补义》，拟补土司空、工师、梓人、器府、四渎、匠人、垒壁氏、巡方、考工、准人、啬夫、柱下史、左史、右史、水泉、鱼政、盐法、冢人十八官，未免意为揣测。①

王书另外一个在体例上明显的特点是割裂《周礼》原序文，将其置于不同的职官前面，如序官"宫正：上士二人，中士四人，下士八人，府二人，史四人，胥四人，徒四十人；宫伯：中士二人，下士四人，府一人，史二人，胥二人，徒二十人"下紧接着就讲到了宫正与宫伯之职，与《周礼》每官之中先总述序官再分别介绍各属官职能之体例有所不同。这种做法说明王应电虽反对补《冬官》之说，但也一定程度上受了当时疑经、改经思潮的影响。

（二）遵郑注而不盲从

王应电《周礼传》多直接引用郑玄之说，如"以宾礼亲邦国，春见曰朝，夏见曰宗，秋见曰觐，冬见曰遇"条，王氏云：

> 郑氏云朝犹朝也，取其来之早。宗尊也，取其尊王。觐之言勤也，取其勤王事。遇，偶也，若不期而遇。按：朝、宗、觐、遇王朝定名，诸侯来者，随所值之时，即用其礼。《汉书》吴王不朝，使人为秋请，是也。若拘以四方之说，岂东方无觐，而西方无朝乎？②

又如"时见曰会，殷见曰同"条，王氏云：

> 时，事也，王将有征讨之事，为坛于国外，合诸侯而命事焉。《春秋传》所谓有事而会也。殷，众也，即职方氏之殷国，大行人之殷同。十二岁王不巡守，则六服尽朝，王亦为坛，合诸侯而命政也。郑氏曰：殷国，所在无常，或在城之外，或往诸侯之国，四方四时分来，终岁则遍。愚谓周公为东都，以为会诸侯之所，取其道里之中盖，即殷同之事也。其后穆王巡游无度，昭王巡守不反，遂废巡守之，礼而亦不殷同矣。六者诸侯见天子

---

① （清）永瑢等：《四库全书总目》卷一九《周礼传》提要，中华书局1965年影印版，第154页。
② （明）王应电：《周礼传》，载文渊阁《四库全书》第96册，上海古籍出版社1987年影印版，第132—133页。

之礼所谓大宾也。①

除了直接引用郑注之外,王应电《周礼传》还往往概括引用郑玄观点。如"以肆献祼享先王,以馈食享先王,以祠春享先王,以禴夏享先王,以尝秋享先王,以烝冬享先王"条,王氏云:

> 人死而魂灵之游变曰鬼,宗庙之祭四时一举,主祭夫高、曾、祖、祢之四亲庙与夫祖之始受命、宗之有功德而不毁者,祭必于四时取夫疏数之中也。三年一祫主,陈夫毁庙之主而合祀之也;五年一禘,主追祭夫祖之所自出而以祖配之也。②

其中"三年一祫主,陈夫毁庙之主而合祀之也;五年一禘,主追祭夫祖之所自出而以祖配之也"之说即遵从郑玄"三年一祫,五年一禘"之说。

王应电于《周礼》用功颇深,在训释经文时虽以郑注为主,但并非一味述郑,而时有不同于郑注的创见。

如"以吉礼事邦国之鬼神示,以禋祀祀昊天上帝,以实柴祀日月星辰,以槱燎祀司中司命飌师雨师"条,王应电云:

> 天之灵曰神,天神之祭莫尊于昊天上帝,其次祀日日月星辰。星谓木火土金水之五星,辰谓日月五星,所会之十二次也。"小祀曰司中"而下,旧解文昌第四星为司命,第五星为司中。愚谓虚宿下有司命星,主人之寿夭,名义甚正,司中无考,岂天枢北极主天之中气,故祀之欤?若文昌六星自主天子文德,不当与此混也。③

按:有关司中、司命之星,郑玄注引郑司农云:"司中、司命,文昌第五、第四星",而王应电则认为司命星主人之寿夭,司中星可能是北极星,而文昌六星主天子文德,故而王氏认为郑玄观点有误。

又如"小宗伯之职掌建国之神位,兆五帝于四郊,兆山川丘陵坟衍各因其

---

① (明)王应电:《周礼传》,载文渊阁《四库全书》第96册,上海古籍出版社1987年影印版,第133页。

② (明)王应电:《周礼传》,载文渊阁《四库全书》第96册,上海古籍出版社1987年影印版,第132页。

③ (明)王应电:《周礼传》,载文渊阁《四库全书》第96册,上海古籍出版社1987年影印版,第131页。

方"条,王应电云：

> 按冬日至祀天圜丘则天神皆降,夏日至祀地方泽则地示皆出,而此复有四郊之兆者,盖冬至乃祀天之正祭,因而总祀夫天神,夏至乃祀地之正祭,因而总祀夫地示,此则各因夫气之流行与夫天神地示之所居分方而特祀之也。又郑氏云："兆日于东郊,兆月与风师于西郊,兆司中、司命于南郊,兆雨师于北郊。"其说无据而有得失。愚按：四望之兆,若五岳、四渎、四海皆原有定方,四类之兆则日于东月于西已无可疑,其余风师当于东,雨师当于西。观《大司徒》所云"日东多风,日西多雨"盖可验矣。唯夫星辰等兆无可考。愚观五星流行及七政交错之次舍皆在天之南,司中、司命实居紫微垣之北,然则星辰其兆于南郊,而司中、司命其兆于北郊欤？[1]

从王应电之论可以看出,郑玄认为"兆日于东郊,兆月与风师于西郊,兆司中、司命于南郊,兆雨师于北郊",王氏则认为郑玄之论有误,应兆风师于东,兆雨师于西,因为《大司徒》有"日东多风,日西多雨"之文可作依据,王氏又认为应兆星辰于南郊,因"五星流行及七政交错之次舍皆在天之南",又因"司中、司命实居紫微垣之北",故而应兆司中、司命于北郊。

（三）解经简洁易晓

郑、贾诸儒解经重考据,一字一句必求其来历,有时候其考据过程显得过于烦琐。而王书解经,只求通俗易懂,不做过多地引经据典。如《天官·冢宰》"辨方正位"条,王应电释"辨方"即"以日景定其方向"；释"正位"即"中为王宫、后宫,前朝后市,左祖右社,即《洛诰》攻位于洛汭也"。对于同样一句经文,郑注对"辨方、正位"的解释为：

> 辨,别也,郑司农云："别四方、正君臣之位,君南面,臣北面之属。"玄谓《考工》："匠人建国,水地以县,置槷以县,视以景。为规,识日出之景与日入之景,昼参诸日中之景,夜考之极星,以正朝夕。"是别四方。《召诰》曰："越三日戊申,太保朝至于雒,卜宅,厥既得卜,则经营。越三日庚戌,太保乃以庶殷攻位于雒汭。越五日甲寅,位成。"正位,谓此定宫庙。

---

① （明）王应电：《周礼传》,载文渊阁《四库全书》第96册,上海古籍出版社1987年影印版,第138页。

郑注分别引用郑司农之论以及《考工记》原文来解释"辨方"之义,又引用《召诰》来解释"正位"之义。贾疏比郑注的解释更为烦琐,就不再赘述。可见郑注、贾疏除了要通晓文义以外,还要引经据典为其所释经文做旁证,王氏之书显然是不再注重知识性的考据,做到通俗易懂即可。

(四) 多采用因声求义的训诂方法

王应电于小学用力颇深,据《明史·儒林传》载:

> 应电又研精字学,据《说文》所载为讹谬甚者,为之订正,名曰《经传正讹》。又著《同文备考》《书法指要》《六义音切贯珠图》《六义相关图》。①

王应电在进行解经时,多用因声求义之法,尤能见其小学功底。如"用黍稷以荐也,春物初生,祭时品物少,主以词达诚,故曰'祠';夏阳盛主用盛乐,故曰'禴',字从龠或从勺皆乐器名也,秋物初成主以荐新为事,故曰'尝'冬物大备主合众物以享故曰'烝'"条,王应电以"词"释"祠",以"乐"释"禴",皆音声求义。再如"赞之言致也,所执以自致其诚也"条,王氏以"致"释"赞",亦是因声求义法。

(五) 有强烈的现实关怀

《周礼》本是一部系统的制度之书,所以学者在对《周礼》进行解读时,很容易与现实的社会制度联系起来。王应电师承魏校。魏校治《周礼》,就有强烈的现实关怀,王应电继承了魏校的学风,如"以九职任万民"条,王氏曰:

> 九职既任,即《大学》所谓生之者众,为之者疾也,何忧乎贫! 今民之无职者多矣! 一曰佛、二曰老、三曰冗兵、四曰冗吏、五曰游民、六曰作无益之工、七曰通异物之商,宜乎民之困穷而无以为生矣! 抑不特此风俗奢僭于下,赋役岁增于上,而纵贪污官吏日夜疾视其民而敛之,若仇不至于大坏不止也。善乎! 节卿郑氏之论曰:先王制民之产以厚其生,既而听民自为生,下则困之使民无以为生。呜呼! 天之立君以为民,夫何使之至于此极也,大有为之君听民自为生不止也,其当制民之产哉!②

---

① (清)张廷玉等:《明史》卷二八二《儒林传一》,中华书局 1974 年版,第 7251 页。
② (明)王应电:《周礼传》,载文渊阁《四库全书》第 96 册,上海古籍出版社 1987 年影印版,第 10 页。

王应电在这里一是指出历代社会食利者众多的现象,即"一曰佛、二曰老、三曰冗兵、四曰冗吏、五曰游民、六曰作无益之工、七曰通异物之商"。王氏认为这必然会导致"民之困穷而无以为生"的窘境,而"纵贪污官吏日夜疾视其民而敛之"。二是难能可贵地提倡"天地立君以为民"这样一种民本思想,认为君王对待百姓不止听民自生,还要制民之产以助民生。

又如"以八统诏王驭万民,一曰亲亲,二曰敬故,三曰进贤,四曰使能,五曰保庸,六曰尊贵,七曰达吏,八曰礼宾"条,王应电云:

> 四海之广兆,民之众大,君以一人之身,欲操御之,使皆循轨,苟无其道,不几于举一而废百乎?惟其统领之道有此八者,然后能不动而变,无为而成耳。……让八者上行而下效,故能以一而御万,所谓譬如北辰,居其所而众星拱之者也,是故先王以道治天下,似难而实易,后世以法把持天下,似易而实难也。①

《周礼》本是典型的儒家经典,而王应电却用"无为而成""先王以道治天下,似难而实易,后世以法把持天下,似易而实难也"等道家思想来解释《周礼》,可以看出王氏解《周礼》乃是为现实服务,并非拘泥于门派之争。

再如王应电遵其师魏校之说,力图从《周礼》看古今兴衰之道。如"以九式均节财用"条,王氏曰:

> 师曰:九式言均节也者,以三十年之通制国用,总计国赋岁入若干,国费岁出若干,四分为率,量用其三,而存其一,三年矣则其积可供一年,三十年则有十年之积,国不幸多故,不待加赋以病民,民不幸有水旱之灾,上又得以蠲赋,所以养王仁心,助成恭俭之德而禁奢侈于未萌也。事有定格,王不得滥费,有司毋敢滥供,监守者不得侵没,上下交相正焉。祖宗创业立法,谨严子孙守成,遵而不易,不至由俭入奢,王政之至善也。呜呼!九式废,人主太平逸乐,将必生其侈心,而有司逢君为容说,国费日靡,民赋且日增。至于穷奢极欲,竭民之脂膏而不能给矣,上下相师,风俗胥为侈靡,四海所以困穷也。今欲复九式,则何先曰寡欲则费省而税敛薄,多

---

① (明)王应电:《周礼传》,载文渊阁《四库全书》第 96 册,上海古籍出版社 1987 年影印版,第 9 页。

欲则多费而多取于民,此古今治乱兴亡之诀也。①

从上引王应电述其师之文中可以看到,他们明确地提出了古治乱之道在于君王与官吏必须做到寡欲省费,并给出了具体的计算比例,即国用一年省出三分之一,三十年就有了十年的收入,就算有天灾百姓的负担也不至于过度严重。

七、柯尚迁的《周礼》学

柯尚迁(1500—1583 年),字时益,号乔可,又号阳石山人,明代福建长乐人,明嘉靖年间礼学家、数学家,其书《周礼全经释原》虽沿袭《冬官》未亡之说,但因其解经"训诂经义,尚条畅分明,有所阐发"②,因此该书成为为数不多的收入《四库全书》的明人《周礼》学著述,其主要特点有:

(一) 具有浓厚的心学色彩

明代中后期,心学研究兴盛,柯尚迁之书也在一定程度上受心学的影响。如:

> 心也者,道之管也。道与心一,斯心与政一矣;心与政一,斯法与礼一矣;法与礼一,然后谓之王制也。心与政一,然后谓之王道也。道与心一,然后谓之天德也。故程子曰:"有天德斯可与语王道。"张子曰:"不闻性与天道而言制作者,末矣。"是以君子格物以诚意,慎独以养心,则天德具矣。立诚以动物,由心以行政,顺应以平施,则王道行矣,则地稽天损益。因礼变通宜民,则制作协乎自然矣。故能会心、政、礼、法为一道,则成周之治夫岂远哉。③

柯尚迁在陆王心学的影响下,从心出发,认为只有心与道统一,才能心与政统一,才能法与礼统一,最后才能建立完备的制度,所以要做到成周之治,必

---

① (明)王应电:《周礼传》,载文渊阁《四库全书》第 96 册,上海古籍出版社 1987 年影印版,第 11 页。

② (清)永瑢等:《四库全书总目》卷一九《周礼全经释原》提要,中华书局 1965 年影印版,第 154 页。

③ (明)柯尚迁:《周礼全经释原》,载文渊阁《四库全书》第 96 册,上海古籍出版社 1987 年影印版,第 484 页。

须以心为本,才能接近成周之治。可见柯氏创造性地将心学应用于礼学。

（二）仍沿用《冬官》未亡之说

《冬官》未亡之说,由俞庭椿所创,到明代流行甚广,柯尚迁亦主此说,不过他对前儒《冬官》未亡之说进行改进,相较于前儒《冬官》未亡之说,似更能自圆其说。柯氏在《周礼全经释原》序言中说:

> 夫《冬官》未尝亡,何必购以千金? 又胡为补以《考工记》? 后此诸儒训,释名物不为无功,虽大意未见,然尚承袭汉本,不敢更定。至元有俞庭椿氏者始谓《冬官》不亡,散于五官之中,作《复古编》以伸其说,永嘉王氏、临川吴氏、清源丘氏、椒丘、何氏咸宗之,各于五官之中杂取诸职以补《冬官》。人持所见,各自为编,则《周礼》虽存,纷纭舛错,几不可读矣。①

可见,柯尚迁虽然认为俞庭春等人发现《冬官》未亡,但《冬官》各属官散于何职,各家说法纷纭,从而使《周礼》"几不可读"。柯氏于其序又云:

> 今观遂人以下,《地官》之半实《冬官》也,不知何人次于"掌节"之后;而《大司空》之职举而杂于《大司徒》之中。遂起千古不决之疑,无乃战国诸侯之所乱乎?
>
> 《周礼》三百六十属,见于"小宰"丝毫不可增减也。先儒以合六官所统为三百六十官,故参差不齐,移易经文之原起于此。今以属首"宰夫"下大夫四人,倍至上士八人,中士十有六人,则二十八人矣,加以旅下士,三十有二人,则六十人矣。他官不称旅也。合六官则为全经,读《周礼》者必先明乎此,则六官统纪斯正,而无疑于微细诸职矣。②

可见柯尚迁是将《地官》遂人以下之职归为《冬官》,柯氏之所以这样划分,一个很重要的原因是遂人后之属官遂师"下大夫四人,上士八人,中士十有六人,旅下士三十有二人"正好六十人,因为柯氏认为遂人其实就是小司空,而大司空与小司空之属官正好六十,符合六官三百六十之数,可以说这是柯氏最能自证其说之发现。柯氏对其发现颇为自得,云:

---

①　（明）柯尚迁:《周礼全经释原》,载文渊阁《四库全书》第96册,上海古籍出版社1987年影印版,第485页。

②　（明）柯尚迁:《周礼全经释原》,载文渊阁《四库全书》第96册,上海古籍出版社1987年影印版,第503页。

及得《周礼》读之，研精覃思，为日既久，似有得其要领者。然后知武周之治迹，孔孟之作用，举备于此，乃敢会众说而折其中，洗千年之晦蚀，决诸儒之壅塞。是故复"遂人"以下为《冬官》而六典备，考乡遂以下为乡官，而位职明，发在位之职与在职之位而封建定，推师保谏救之教而学校举，表"宰夫""乡师""遂师""肆师""士师"以下为六十属，而三百六十之数定。……敢竭鄙见，作原以发明之，其他先儒之论有可采如叶氏、邱氏、李氏、郑氏之类，能推明大义者，俱书于所释之后，与鄙原相错，非敢繁也，俾圣经之大旨敷畅阐明焉耳。今古儒者注述《周礼》莫可胜纪，敬以其表，见于世者，借论于此云。①

（三）阐释《周礼》设官之义理

如《天官》主在掌邦治，则为何又主管大量后宫之事？柯尚迁曰：

冢宰何以掌邦治也？曰：治之大者则统乎天下，自典法则而下以及监牧、立监，设官分职凡所以立国而宜民者，皆其职之所掌，故曰邦治。然则其掌王宫何也？曰：天下之治，修身为本，未有治国平天下不本于修身以齐其家者也，故冢宰所职虽曰治平之事，然其本务则唯为王经理修齐二事而已，故"宫正"而下，《天官》所统之职岂出于修齐之外？……故天官之职，以治天下为末，以修身齐家为本。此所以佐王而为首相焉。②

柯尚迁以儒家修、齐、治、平之原理来解释《天官》属官的设置，即自执政部门体现了治、平之事，而其他所掌宫中之事，则是冢宰为周王经理修、齐之事，从中依稀可见其受宋明理学之影响。

（四）阐明各官阙职原因

《夏官·小司马》之职基本亡佚，《夏官》还阙军司马、舆司马、行司马等职，柯尚迁对这些官职所阙的原因进行了解释，云：

曰：小司马既亡矣，军司马乃属之首，而阙其职不知所掌，何事也？
曰：治诸侯之法度必详于小司马，军司马乃其考也，有振肃之道焉。孔子

---

① （明）柯尚迁：《周礼全经释原》，载文渊阁《四库全书》第96册，上海古籍出版社1987年影印版，第492页。
② （明）柯尚迁：《周礼全经释原》，载文渊阁《四库全书》第96册，上海古籍出版社1987年影印版，第493—494页。

曰:礼乐征伐自天子出。孟子曰:天子讨而不伐,诸侯伐而不讨,此天下之大闲,司马之根本也。诸侯恶害已而去籍,使司马之职存,则周固不为春秋,亦不为战国矣。孔子生于周末,悼王道之不昭,惧浸淫于战国也,故作《春秋》以寓王法。大抵本于司马之职掌,故曰诛、曰杀、曰征、曰伐、曰盟、曰会,孰非执司马之权以治天下诸侯乎?①

从上文可以看出,柯尚迁认为小司马之所以亡佚,主要的原因是小司马中详细地记载了天子治理诸侯的法度,而诸侯害怕对自身不利,所以有意让其亡佚,柯氏进一步认为孔子作《春秋》就是为了彰显王法,而《春秋》王法的基本内容是诛、杀、征、伐、盟、会,这六点就是本于《司马》的执掌。

(五)　推崇《周礼》的地位

柯尚迁将《周礼》提到了很高的地位,他说:

> 是四经皆出于《周礼》者也。邵子曰:天之四府者,时也,阴阳升降于其间矣。圣人之四府者,经也,礼乐污隆于其间矣。是知《周礼》《仪礼》者,四经之本也,命之曰全经,夫岂苟哉。
>
> 《周礼》所以合《仪礼》为六经者,何也?《礼记·经解》叙六经为:《诗》《书》《易》《春秋》《礼》《乐》。《乐》,无经,今配礼为六,何也?记曰:乐由阳来,礼自阴作。盖礼体虽阴而用则阳,乐体虽阳而用则阴,阳能统阴,故礼必兼乐。《周礼》有大司乐属于礼官,乐之本也。乐之用,则在《仪礼》,故郊庙、燕飨、乡射、饮酒,必用乐。乐之声虽自阳来,而用则从于礼而为阴。无礼则无乐矣,故乐不成经,从于二礼称六经云。②

柯尚迁此论颇为新颖。他认为《周礼》也为六经之一,因为《周礼》有大司乐,为乐之本,而《仪礼》为乐之用,并认为《周礼》《仪礼》并为其他四经之本。

(六)　注重现实关怀

明代《周礼》学者在研究《周礼》时,多与现实制度相比较,表现出强烈的现实关怀,柯氏亦不例外。如柯尚迁云:

---

① (明)柯尚迁:《周礼全经释原》,载文渊阁《四库全书》第96册,上海古籍出版社1987年影印版,第500页。

② (明)柯尚迁:《周礼全经释原》,载文渊阁《四库全书》第96册,上海古籍出版社1987年影印版,第502—503页。

原曰:巫者所以通神明、去不祥、迎福、禳灾者也,曷可少之? 世儒咸曰:先王之世正道明、邪说息,安有巫祝之事? 此未明天地阴阳之理也。《易》曰:用史巫纷若吉。《国语》曰:民之精爽不携贰者,而又能斋肃衷正,其智能上下比义,其圣能光远宣朗,其明能光照之,其聪能听彻之,在男曰巫,在女曰觋,是岂后世淫巫、左道治符水、厌胜之术者哉? 虽然,今之巫觋固非古矣,特以今之设官自汉以来皆阙此职,故淫祀諂祭无所不至,邪诞妖妄诳惑愚民以至于今杂乱极矣,神、人举不得其所矣。夫幽之与明,犹阴之与阳,不可偏去者也,是宜以今之巫觋之实理,正以古人之法,则其礼仪事务必有所当讲者,理幽之道得,则理人之道可无憾也。奚可以今之巫觋皆非实理,而为正道所绝哉。①

柯尚迁认为《周礼》中巫觋之职并非后世淫巫、左道、治符水、厌胜之旁门左道,当今正是因为缺少了专门管理巫觋的官职,故而没有控制好淫巫等邪术的泛滥,神与人都不能得其所。

（七）发明礼例

《周礼》之中多处已言明礼例,柯尚迁则发掘出一些隐藏的礼例,云:

原曰:酒之于人大矣,以交神明,以洽燕飨,不可废也,故以祭祀言则谓之凡酒,以饮食言则谓之饮酒,以陈设言则谓之陈酒,以献酬言则谓之礼酒,以禄养言则谓之秩酒。②

柯尚迁将酒分为凡酒、饮酒、陈酒、礼酒、秩酒五例。又如,柯氏云:

原曰:成周举选之法有二节焉,其大贤大能则行乡饮酒之礼以之为宾,而兴之进于天子,入于太学教养之,司马辨论官材举以任百官府之治矣。其次贤次能则乡射以举之,而进乡官之秩焉然,其举虽二,其教一也。二十五家之间,岁时读法而书其敬敏;任恤百家之族,月吉属民读法而书其孝友睦姻有学;五百家之党正岁属民读法,始书其德行道艺之全矣。③

———————————

① （明）柯尚迁:《周礼全经释原》,载文渊阁《四库全书》第96册,上海古籍出版社1987年影印版,第802—803页。

② （明）柯尚迁:《周礼全经释原》,载文渊阁《四库全书》第96册,上海古籍出版社1987年影印版,第517页。

③ （明）柯尚迁:《周礼全经释原》,载文渊阁《四库全书》第96册,上海古籍出版社1987年影印版,第654页。

柯尚迁先是发明了周代人才选举之例法,一是选举大贤大能,在乡饮酒礼上进行选举,所选之才都进献给天子。然后送入太学学习。之后由司马依其材能将其任命到各府之中。二是选举次贤次能者。这是在乡射礼中进行选拔,选出后进献给乡官。柯尚迁又发明了周代教化之例法,即二十五家之间,岁时读法;百家之族,月吉读法;五百家之党,正岁读法。

(八) 客观评价前儒观点

前贤的观点,柯尚迁并非盲从,而是辨明是非,并作出自己的结论。如"若邦凶荒则以荒辩之法治之,令移民通财纠守缓刑,凡以财狱讼者正之,以傅别约剂"条,云:

> 释曰:郑氏曰:辩当为贬,犹朝士之凶荒虑刑贬,谓国事有所贬损,作权时法也。愚谓当如字,荒辩之法,即移民通财,民可移则移之以就谷,或通财移谷以赒之,即《梁惠王》所谓"河内凶则移其民于河东,移其粟于河内"。此即古荒辩之法也。①

可见郑玄认为"荒辩之法"中的"辩"乃"贬"之通假字,而柯尚迁则认为"辩"字应如字,所谓"荒辩之法"即移民以通财。

八、郝敬的《周礼》学

郝敬(1558—1639 年),字仲舆,明代京山(今湖北京山)人,明代后期重要的思想家,其一生所著颇丰,主要著述有《周易正解》《易领四类》《尚书辨解》《毛诗完解》《周礼完解》《仪礼节解》《礼记通解》《春秋直解》《谈经九卷》《孟子说解》《史记琐琐》《时习新知》《小山草》等书。郝敬好作发新论,《四库提要》认为《周礼完解》有"务胜古人之过"②。《周礼完解》主要特点有如下数端:

(一) 认为《冬官》未亡,《考工记》非后人所补

有关《冬官》存否的问题,古时多数学者都认为《冬官》已亡,明代学者则

---

① (明)柯尚迁:《周礼全经释原》,载文渊阁《四库全书》第96册,上海古籍出版社1987年影印版,第920页。

② (清)永瑢等:《四库全书总目》卷二三《周礼完解》提要,中华书局1965年影印版,第183页。

多认为《冬官》未亡,郝敬虽也认同《冬官》未亡之说,但他阐释《冬官》未亡之缘由则不同于以往任何的学者。郝氏云:

> 盖是书取法天地四时,天地之运成于五,五为参两之合,天惟五行,人惟五事。是书六官以配天辰十二,省《司空》官属以法五行而用五数,非阙也。曰:然则宜散天官于五官可也? 以《冬官》分寄何也? 曰:《冬官》主事,而四时惟冬无事,万物冬藏,故其官为《司空》。……阳分六官以成岁序,阴省《冬官》以法五行,亦盖天所以能为万物主者,唯其不显;君所以能为万民主者,唯其不测。不测之谓神,不显之谓德。故《乾元》用九潜而勿首,此作者之意,而世儒以为错简,正附其云雾中矣。①

郝敬用阴阳五行之说来阐发他的观点,即《冬官》不亡的原因并非俞庭椿等人所谓《周礼》错简之说,郝敬认为《冬官》则是作者有意安排散于五官之中,是为了法五行之数。

就算一般认为《冬官》未亡的学者也都认同《考工记》为汉人所补,而郝敬则认为《考工记》非汉人所补。郝氏云:

> 《周礼》非阙也,而世儒以为阙也;《考工记》非补也,而世儒以为补也。非阙而使人疑其为阙、非补而使人疑其为补,是书所以奇也。五官之文直而正,《考工》之文曲而奇,人疑其裁自两手而不知其同也。是书所以愈奇也。世儒谓汉儒补记,谓周公作五官。夫五官非圣人之作,而记亦非汉儒所能补,其诸六国处士之学,其纵横之言乎?②

从上文可以看出,在郝敬看来《考工记》原来就在《周礼》之中,认为五官与《考工记》都是六国处士之学,属于纵横家之言。

(二) 贬低《周礼》地位

郝敬认为,《周礼》非经,也非周公致太平之书,郝敬云:

> 凡读书明白易简者,圣贤之大道也。其烦琐隐僻者,百家之小术也。《周礼》与大道相违远矣。六经言道德,是书专言名法;六经之辞易简,是

---

① (明)郝敬:《周礼完解》卷首《读周礼》,载《四库全书存目丛书》第83册,齐鲁书社1997年版,第1页。

② (明)郝敬:《周礼完解》卷首《读周礼》,载《四库全书存目丛书》第83册,齐鲁书社1997年版,第1页。

书之辞冗僻。

　　《周礼》之不可为经也,不在五官之错乱,而况五官本无错乱。今儒者急议改订,苟改订矣,《周礼》可遂行乎? 如《司徒》乡老一职,而公卿大夫至下士凡一万八千七百五十人,一市之中商贾几何? 司市官属凡一百四十二人,一商之肆,自肆长至史二百有十人,行此法也,骚扰烦苛民其能堪乎?①

　　从引文可以看出,郝敬认为《周礼》设官繁杂,官多民少,不合常情,不可当作经来看待。

第三节　元明时期的《仪礼》学

一、元明时期《仪礼》学概述

　　元明时期的经学在理学的影响下空衍义理,与汉唐时期的注疏之学形成显著差异。受当时整体儒家经学研究风气影响,"《仪礼》宋学"作为《仪礼》学的一个学术分支开始抬头,注入了宋学重义理的某些学术特质。与此同时,《仪礼》学的地位日益下降,研究论著偏少,著述体例缺乏创新。明代礼经学地位继续下降,《五经大全》未能列入,礼经补佚之风有所下降,图解研究受到重视。《明史·艺文志》所著录的《仪礼》的著作仅有汪克宽《经礼补逸》九卷,黄润玉《仪礼戴记附注》五卷,何乔新《仪礼叙录》十七卷,湛若水《仪礼补逸经传测》一卷等四种。此外,还有屈指可数的其他几种关于婚礼、丧礼、射礼、乡饮酒礼的著述。清朱彝尊《经义考》于黄氏、何氏、湛氏书皆注"未见",又补入程敏政《仪礼注》、丁现《仪礼注》、胡缈宗《仪礼郑注附逸礼》、何澄《正仪礼纂疏》等十余种,且其中几部亦注曰"未见"。《四库提要》于明代《仪礼》类著作竟未著录一部。而其存目之《仪礼》著作,主要有郝敬《仪礼节解》十七卷,张凤翔《礼经集注》十七卷,朱朝瑛《读仪礼略记》十七卷三种。总的来说,

---

　　① 　(明)郝敬:《周礼完解》卷首《读周礼》,载《四库全书存目丛书》第83册,齐鲁书社1997年版,第4页。

明代关于《仪礼》的著作确乎不多。

二、吴澄与《仪礼逸经传》

吴澄(1255—1330年),字幼清,晚年改字伯清,抚州崇仁(今属江西)人。幼聪敏好学,曾受教于朱熹再传弟子饶鲁的门人程若庸,与其族子程巨夫为同学。宋度宗咸淳六年(1270年),应乡贡中选。次年,就试礼部,落第。授徒于乡里,结草屋以居,题名"草庐",因此被称为草庐先生。入元后,避兵乱隐居乐安布水谷,从事著述,至元二十年(1283年)还居草庐。至元二十三年(1286年),程巨夫奉诏到江南搜罗人才,从之至大都,不久即辞归。元贞年间,讲学于龙兴(今江西南昌),为江西行省左丞董士选所赏识,荐于朝。大德五年(1301年),授应奉翰林文字,次年至京,而该职已改授他人,遂南还。大德八年(1304年),任江西等处儒学副提举,迁延不赴,后称病辞职。至大元年(1308年),授国子监丞;至大四年(1311年),升司业。皇庆元年(1312年),辞职还家。次年,集贤院奏请召为国子祭酒,反对者指责他为陆学,不合许衡尊信朱子之义,不可为国子师,于是作罢。延祐五年(1318年),授翰林直学士,遣虞集驰驿召入朝,中途因病不行。至治三年(1323年),超拜翰林学士,复遣近臣至其家征召,乃入京。泰定元年(1324年),命为经筵讲官,复命修《英宗实录》。泰定二年(1325年),《实录》成,辞官南归。晚年仍致力于著述、讲学,南北士人来从学者甚多。元统元年(1333年),卒于家,谥文正。

吴澄著述丰富,尤精研诸经,在《仪礼》学方面素有研究,先后著述有《仪礼逸经传》《重刊仪礼考注》《三礼叙录》等相关著作。

《仪礼逸经传》二卷。吴澄深惜《仪礼》17篇尚不完备,于是从《礼记》《大戴礼记》《小戴礼记》以及郑玄《三礼注》等广泛摄拾,编成《仪礼逸经》8篇,即《投壶礼》《奔丧礼》《公冠礼》《诸侯迁庙礼》《诸侯衅庙礼》《禘于太庙礼》《王居明堂礼》。他又从《大戴礼记》《小戴礼记》中采摭,编成《仪礼传》10篇,即《冠仪》《昏仪》《士相仪》《乡饮酒仪》《乡射仪》《燕仪》《大射仪》《聘仪》《公食大夫仪》《朝事仪》等。此书仿朱熹《仪礼经传通解》之例,按照古人行礼之节次编纂经传文字,其条理显得较为缜密。所引逸文,编次先后,依行礼节次,不尽原文。所引二戴《记》,注明出处,于郑氏《三礼注》则否。

《三礼叙录》一卷则以《仪礼》为首,因朱子所分礼章,重加伦纪,编纂之法,条而不紊。其后则《周官》《大戴礼记》序次为之。

至于《重刊仪礼考注》一书,根据清初学者张尔岐的说法,"《考注》一书,前人已判其为伪,而犹流传至今者,以此经习之者鲜,人不及深考,遂致坊贾流布不已耳"①。如此,则今人所见此书并非吴澄所撰,而是后人冒名之伪书。不仅如此,《蒿庵闲话》里有三条关于吴澄《三礼考注》中《仪礼考注》的考述,主于考辨当时所传吴氏《仪礼考注》之伪,其中以卷二第一条考辨论证最为全面。张氏之所以判定其为伪书,主要是基于三方面的考虑:其一,该书《仪礼·记》文的编排方式不同;其二,从《序》文所列正经、《逸经》、《传》之篇目来看,可以证实世传《仪礼考注》之伪;其三,根据《序》文所列各篇卷目次第归属,与今传习本《仪礼考注》次第处理的差异情况,可以判定该书属于伪作。张氏的伪作说,后来为四库馆臣所采纳。

三、敖继公与《仪礼集说》

敖继公,生卒年不详,字君善,福建长乐人,寓居于吴兴。据《宋元学案·艮斋学案》,敖继公尝擢进士,因对策忤时相,遂不仕。大德中荐为信州教授,未任而卒。其人深通经学,赵孟頫尝师之。敖继公生前"深通经学,动遵礼法",为跨宋入元的宿儒,一生勤于《仪礼》学研究,其所传世之《仪礼集说》一书,是为驳议郑玄的《仪礼注》而著,全书共十七卷,分别一一对应原著,附郑玄《注》,一些地方也附上贾疏作为参量。

《仪礼集说》一书成书于元大德五年(1301年)。众所周知,《仪礼》一书文古义奥,郑玄始为作注,此后学者多恪守郑学。唐疏之后则罕有习《仪礼》者,虽有朱熹等人承继绝学,终未成显学。至元代,敖继公因郑注"疵多而醇少,学者不察",故撰《仪礼集说》十七卷,"删其不合于经者,而存其不谬者;意义有未足,则取《疏》《记》或先儒之说以补之;又未足则附之以一得之见焉"②。

---

① (清)张尔岐著,张翰勋整理:《蒿庵闲话》卷二,齐鲁书社1991年版,第355页。
② (元)敖继公:《仪礼集说》卷首《自序》,载文渊阁《四库全书》第105册,上海古籍出版社1987年影印版,第36页。

就全书体例而言,《仪礼集说》采取随文释义的解经方式,列郑注或贾疏,或解释经义,或考辨经文,部分卷末附有正误以考辨字句。因解经简明,一度颇有影响力,明代及清初治礼者多宗其说。例如,明人郝敬《仪礼节解》、清初学者姚际恒《仪礼通论》等,在训释《仪礼》经、记时即称颂引录;清初学者纳兰性德、徐乾学等衷集宋元经注,将其编入《通志堂经解》。纳兰氏甚至撰《仪礼集说·序》文,为之申解。

就该书治学取向而言,敖继公企图在郑玄之外构建成一家的《仪礼》解经家法。众所周知,宋儒崇尚思辨,好谈心性理气,不信汉人注疏,好用义理疑经、解经。因此,尽管郑氏经学闳通博大,简明精要,结构严密,但已和宋末元初的时代要求相抵牾。于是敖继公便在《仪礼》学领域担当起向以郑玄为代表的汉学挑战的任务。敖继公在《仪礼集说·自序》中这样写道:"此书旧有郑康成注,然其间疵多而醇少,学者不察也。予今辄删其不合于经者,而存其不谬者;意义有未足,则取《疏》《记》或先儒之说以补之;又未足,则附之以一得之见焉,因名曰《仪礼集说》。"①简言之,是书于礼学衰微之际多方会通礼义,于礼学传承之功甚伟,且书中多有创见,往往有其根据,于郑玄之外可自成家法,故其影响深远,元明清三朝学者,多为之披靡。但也因为破除了郑玄的解经家法,故在乾嘉考据学兴起后,礼学家则多力诋敖氏为异说,更趋向于以郑玄治学家法为宗。

关于《仪礼》经文后之《传》《记》文,敖继公亦多有独到认知。例如,他主张《丧服传》一文并非子夏所作,反对传统之说。《丧服》篇末敖氏加附案语说:"此《传》则不特释经文而已,亦有释《记》文者焉,则是作《传》者又在于作《记》者之后明矣。今考《传》文,其发明礼意者固多,而其违悖经义者亦不少。然则此《传》亦岂必皆知礼者之所为乎? 而先儒乃归之子夏,过矣。"又说:"后之儒者见其为经、《记》作《传》,而别居一处,惮于寻求,而欲从简便,故分散《传》文而移之于经、《记》每条之下焉。疑亦郑康成移之也。"②力求自谓新

---

① (元)敖继公:《仪礼集说》卷首《自序》,载文渊阁《四库全书》第105册,上海古籍出版社1987年影印版,第36页。

② (元)敖继公:《仪礼集说》卷一一,载文渊阁《四库全书》第105册,上海古籍出版社1987年影印版,第439页。

解。另外,朱熹作《仪礼经传通解》时,曾将《仪礼》中十三篇的《记》加以割裂,分属于经文各条之下。敖氏认为,《记》有专为一条而发者,有兼为两条而发者,有兼为数条而发者,还有在经义之外别见于他礼者,若任意移掇其文,则将有失《记》之本意。因此,敖氏将《记》文全部聚归原处,这是很有识见的。

为了追求新解,敖氏常取"以意求之"的解经态度,颇有斥经文为"长语"(意即废话)的举措;又动辄谓《仪礼》经文有脱文、衍文的现象存在,此以后世文理推断古经,目无圣人,其为正统经生如褚氏反感者实在此。如《士昏记》:"贽不用死,皮帛必可制",敖氏云:"此文在皮帛之前,则是指纳采之类言也。夫贽云者,亲奉其物以相见之称也。纳吉之类,礼虽用雁,然遣使为之,固不可谓之贽。以贽为言,记者过也。且不用死之云,亦似长语。古人非昏礼而用雁,岂有用死者乎?似重失之。制,制为衣裳也,然则他礼之用皮帛者其有不可制者乎?亦似长语矣。"①这两句《记》文,在敖氏看来,既是废话又是错误,此绝非汉学解经态度。又《仪礼》经、《记》互有详略,敖氏或谓"过于详","似不必言",或谓"文意又似失之不备",直欲替圣人改文。经文多发凡,敖氏往往质疑,如《乡饮酒记》"主人、介凡升席自北方,降自南方",敖氏云:"此仪各一见于经记,云'凡'者,似为不见者言也,二席南上升降皆当由下,其降由上者,由便耳。若例指为正礼则似失之。且经于主人之酢云自席前适阼阶上,是其降亦未必皆自南方也,乃言凡何与?"②总之,在敖继公看来,"郑注疵多而醇少,删其不合于经者,意义有未足,则取《疏》《记》或先儒之说以补之;又未足,则附以一得之见。"③郑注简约,又多古语,贾疏未能一一申明,敖氏则逐字研求,务畅其旨,故颇能有所发挥。

尽管敖继公以破除郑氏解经家法为宗尚,但是他也不一味反对郑玄的解经方法,相反还多有继承与发扬。郑注素称简奥,贾疏亦不能尽得其义,后人

① （元）敖继公:《仪礼集说》卷二,载文渊阁《四库全书》第 105 册,上海古籍出版社 1987 年影印版,第 85 页。

② （元）敖继公:《仪礼集说》卷四,载文渊阁《四库全书》第 105 册,上海古籍出版社 1987 年影印版,第 13 页。

③ （元）敖继公:《仪礼集说》卷首《自序》,载文渊阁《四库全书》第 105 册,上海古籍出版社 1987 年影印版,第 36 页。

不得注义,每转从贾疏,其实贾疏多望文阐义,非关实学。敖氏钻研《仪礼》极深,故于郑学亦深入堂奥。综观敖氏《集说》,其云"凡",大抵经以求例,复据例以通经,包含名物、仪节及礼意诸多方面,其言或详宾主之礼,或重尊卑之义,皆礼例之大者,实本郑玄家法。清人凌廷堪《礼经释例》引敖氏发凡起例加以推证者,就颇为不少。因而有学者认为:"观敖氏说解每每前后呼应,用心细密,实非出主入奴、抄撮义疏之辈可以比拟。敖氏于注末往往另附案语,多为郑注之引申和补充,亦无轻视之意。"

该书以"集说"称名,正表明为"集解"之学。《集说》博采唐宋经说,立论多以经为据,本经不可通,则引他经相比例,所得多出郑注之外,于所不知则秉阙疑之道,称"未闻""未详"或"不可强通"。《集说》虽多新解,但简明扼要,且重视"礼意"阐释,故后儒乐于从事。《集说》引注疏、后儒说之后,多以"继公谓"表达己见,末尾所缀"继公案",则多为郑注之订补。

四、郝敬与《仪礼节解》

郝敬(1558—1639年),字仲舆,号楚望,因世居湖北京山,世称"郝京山先生"。"早岁出入佛老,中年依傍理学,垂老途穷,乃输心大道。"[①]明万历十六年(1588年)中举,次年进士及第。万历十八年(1590年),郝敬被任命为浙江缙云县知县,一年后改调为永嘉县令,由于政绩颇佳,三年后升任礼科给事中。郝敬在此任上仅一年,即因家事告假归家,三年后复补户科给事中。在这个职位上,郝敬极尽谏诤及纠察之责,屡屡陷入政治争斗,直到万历三十二年(1604年)挂冠而归,闭门筑园著书,不通宾客,终老田园。

郝敬在《仪礼》学方面的研究,传世之作有《仪礼节解》十七卷。就该书的《仪礼》研究考察情况而言,既有与其他诸经研究共通之处,也有不同于他经研究的地方。概括说来,郝敬的《仪礼》研究有以下几个特点。

(一) 不拘成说,自成一家

黄宗羲称郝敬治学"疏通证明,一洗训诂之气,明代穷经之士,先生实为

---

① (明)郝敬:《时习新知》卷首《自序》,明万历至崇祯年间郝洪范刻《山草堂集》增修本。

巨擘"①。其解经注经巨著《九经解》，即五经之外加上《仪礼》《周礼》《论语》《孟子》等九部经典的疏解，包括《周易正解》《尚书别解》《毛诗原解》《周礼完解》《仪礼节解》《礼记通解》《春秋直解》《论语详解》《孟子说解》等多种。之所以名为九经而非传统所言的五经，是因为郝敬认为："三礼皆礼也，《论》《孟》皆传也，犹之五也，五用九，天则也。"②完全取消了四书的说法。具体到礼的认知来说，在郝敬看来，天地万物之自然差别即蕴含礼。此是人世间制礼的根据。礼仪虽繁，而其根据则约。《仪礼》十七篇说礼繁多，但只是礼的一部分。礼之项目节次无穷尽，关键在得其精神。得其精神就是得其纲领。礼之精神，在郝敬看来，就是孔门之仁爱。礼仪若无仁爱为其根本，则为虚文浮格。他说："礼非强作，是人道之经纬。无礼则无人道。孔子曰：仁者，人也。亲亲为大。义者，宜也。尊贤为大。亲亲之杀，尊贤之等，礼所生也。仁义生尊亲，尊亲生等杀，等杀生礼。天地之大德曰生。知生之说者，则知天；知天之说为经。夫仪之不可为经，犹经之不可为仪也。经者，万世常行；仪者，随时损益。父子、君臣、夫妇、长幼、朋友，经也；礼仪三百，威仪三千，仪也。皆以节文斯五者。"③天所表现的伦理原则是经，具体仪文是经的表现。

（二）重仪文之内涵

郝敬由重视礼之精神内涵而称叙述外在仪节的《仪礼》为"虚影"，认为只有掌握了礼的本质，外在的仪节才是有意义的，并对郑玄注礼之方向甚有微词，他说："《仪礼》皆古人虚影。学者精神淹贯，方有理会。若但寻行数墨，如郑康成辈校勘同异，辨正文字，按本演习，如傀儡登场，无生机血脉，老腆所谓当狗，庄生所谓绸甲，辜负圣人雅言之意。"④郝敬由此对《仪礼》诸多不敬之辞，如："《仪礼》作于衰世，故其仪文虽详，而大纲不清。虽不及天子之礼，而

---

①　（清）黄宗羲：《明儒学案》卷五五，中华书局 2008 年版，第 1313 页。

②　（明）郝敬：《谈经题辞》，载《谈经》，明万历至崇祯年间郝敬《山草堂集》刻本。

③　（明）郝敬：《仪礼节解》卷首《读仪礼》，载《四库全书存目丛书》经部第 87 册，齐鲁书社 1995 年版，第 344—345 页。

④　（明）郝敬：《仪礼节解》卷首《读仪礼》，载《四库全书存目丛书》经部第 87 册，齐鲁书社 1995 年版，第 345 页。

时或杂越,以大夫乱诸侯,诸侯乱天子者,往往有之。"①又云:"作《仪礼》者亦未及亲见古人,故其辞多罔象。"②"是书详处太琐。"郝敬之《读仪礼》用了大量篇幅指出《仪礼》太过琐细之处,丧礼、祭礼、冠冕、服色、饮食、宫室、车骑、名义皆有。他的结论是:"若斯之类,风影附合,涛张为幻,不可从也。""《仪礼》成于后儒之手,而古籍亡矣。"③他认为,如此烦琐、屑细的仪节,且不说其中有大量诡蚌难通之处,即使辑补完整,校勘精切,也不能一一用于今日。

（三）好以私意穿凿解经

《四库提要》评论郝敬《仪礼节解》说:"敬所作《九经解》,皆好为议论,轻诋先儒。此编尤误信乐史'五可疑'之说,谓《仪礼》不可为经,尤其乖谬。所解亦粗率自用,好为臆断。……敬之所辨,亦时有千虑一得,然所见亦罕矣。"④郝敬注《仪礼》,首明《仪礼》成于后儒之手,非圣人之书,故对其中内容多不惬于心。礼学大师郑玄之注,前人尊信,莫敢异同,郝敬则大力抨击。他对《仪礼》,未如他经恭敬,重言攻击处甚多。郝敬此书前有《读仪礼》一篇,以上对《仪礼》之见解,尽见于此篇中。郝敬之不喜《仪礼》,首先起因于他轻视礼的仪节形式,着重礼的本质这一点。他于《读仪礼》开篇即说:"夫道莫大于礼。天高地下,万物散殊,而礼制行矣。故夫礼未可以一端尽也。圣贤以礼修身,以礼教人,而不举其数。……圣人盛德至善,从心所欲,自然周旋中礼。惟其有温良恭俭让之意,而后有鞠躬椒踏之容。虚文浮格,似是而非,是象恭也。承迷习醉,可由而不可知,是凡民也。故圣人教人以礼,而其言礼以约。得其要,即一拜一揖,见古人之精神;不得其要,虽三千三百,木偶而衣冠耳。"⑤对朱子之以《仪礼》为纲,《周礼》《礼记》为辅从和补充的观点,郝敬明确表示不

① （明）郝敬:《仪礼节解》卷首《读仪礼》,载《四库全书存目丛书》经部第87册,齐鲁书社1995年版,第345页。
② （明）郝敬:《仪礼节解》卷首《读仪礼》,载《四库全书存目丛书》经部第87册,齐鲁书社1995年版,第345页。
③ （明）郝敬:《仪礼节解》卷首《读仪礼》,载《四库全书存目丛书》经部第87册,齐鲁书社1995年版,第349页。
④ （清）永瑢等:《钦定四库全书总目》（整理本）卷二三,中华书局1997年版,第297页。
⑤ （明）郝敬:《仪礼节解》卷首《读仪礼》,载《四库全书存目丛书》经部第87册,齐鲁书社1995年版,第344页。

同意,就是因为他不甚看重《仪礼》。对朱子《仪礼》难读的说法,郝敬也不以为然,他质疑道:"昔人谓《仪礼》难读,未知文辞难耶,义理难耶? 义理不奥于他经,文辞烦琐,详思自解。三礼惟戴《记》多名理,《周礼》多疑窦,《仪礼》差易。郑康成拘泥名理,殊非所长。人见其附会多端,以为特详于制,然纰漏处难可一二数也。"①认为《仪礼》并不难读,是郑注之烦琐名理导致其难读。

由此看来,郝敬注经解经的方式,实在于开清初学者回归六经之先声,对此后学术界产生了广泛而持久的影响。"郝敬注经解经,与其说是注释,不如说是借注经之名表达自己的思想。他从未把研究重点放在训诂考据上,也没有满足于批驳朱王空疏、玄虚之弊,而是强调由虚返实,回归经典的治学理路,继而提出重实践、重实事的思想精神,并突出利用经典解决当下问题的现实意义。"②

第四节　元明时期的《礼记》学

学界普遍认为元明是中国经学发展的衰落时代,其衰落表征之一,就是宋元明的经学一代不如一代。如清儒皮锡瑞曰:"宋、元、明三朝之经学,元不及宋,明又不及元。……宋儒学有根柢,故虽拨弃古义,犹能自成一家。若元人则株守宋儒之书,而于注疏所得甚浅。如熊朋来《五经说》,于古义古音多所抵牾,是元不及宋也。明人又株守元人之书,于宋儒亦少研究。如季本、郝敬多凭臆说,杨慎作伪欺人,丰坊造《子贡诗传》《申培诗说》以行世而世莫能辨,是明又不及元也。"③皮氏认为,宋儒虽拨弃古义,然宋儒毕竟学有根柢,故仍可自成一家。元人株守宋儒之学,明人又株守元人之学,故元代之经学不如宋代,明代之经学又不如元代。与元明时代之经学相似,元明时代之《礼记》学

---

① （明）郝敬:《仪礼节解》卷首《读仪礼》,载《四库全书存目丛书》经部第87册,齐鲁书社1995年版,第346页。

② 左攀:《郝敬生平及学术特质述论》,《荆楚学刊》2013年第3期。

③ 皮锡瑞:《经学历史》,载潘斌选编:《皮锡瑞儒学论集》,四川大学出版社2010年版,第34—35页。

亦不甚发达,较有水平的《礼记》学著作屈指可数。

一、元明时期《礼记》学概述

据《元史·选举志》,可知元代的科考大抵以宋人注疏为主,《春秋》用胡安国《春秋传》,《礼记》则用古注疏。除《春秋》和《礼记》二经之外,元人皆宗朱子学。元代所立考试科目,三礼之中仅用《礼记》,可见自唐代以来,官方重视《礼记》之学远甚于《周礼》和《仪礼》。元人在《礼记》学方面的成就主要体现在陈澔的《礼记集说》和吴澄的《礼记纂言》两书上。魏慈德将元代《礼记》学之特色归纳为三点:守宋儒之说;为朱子礼学的再现;沿宋人疑经改经的风气。

明代学术空疏,经学领域亦然。据《明史·选举志》,可知永乐以前科举考试的课目沿用元人之法,《礼记》仍用古注疏。而到了明永乐年间《五经四书大全》颁布以后,其中的《礼记大全》一书,乃是以元人陈澔的《礼记集说》为底本撰成。陈氏《礼记集说》由此被列于学官。《四库全书》所收明人的《礼记》学著作较多,但是对后世有影响者却甚少。

《经义考》著录元代《礼记》学文献共 29 种,其中单篇之属占 12 种。王锷《三礼研究论著提要》在《经义考》的基础上又增补了数种,分别为陈澔《改正音训礼记》四卷、彭廉夫《礼记纂图注义》十三卷、黄舜祖《礼记说》、鲜云龙《大月令》。笔者的统计结果与上面基本一致。由此可知,元代的《礼记》学文献至少有三十种。

《经义考》著录的明代《礼记》学文献共一百五十种,其中单篇之属约为五十种。王锷《三礼研究论著提要》据《两浙著述考》,在《经义考》的基础上增补了近六十种。笔者在王锷研究成果的基础上又增补了十余种,分别是梅鹗的《礼记稽疑》(《安徽通志》)、倪章的《礼记讲义》(《徐氏家藏书目》)、蔡官治的《礼记删繁》(《千顷堂书目》)、林来岳的《戴记解》(《江西通志》)、赖涣的《礼记合解》(《江西通志》)、桂实的《礼记选注》(《江西通志》)、邹元标的《礼记正义》(《江西通志》)、孙延铎的《礼记叙纂》(《山东通志》)、张若麟的《礼记课》(《山东通志》)、董养性的《礼记订疑》(《山东通志》)、杨丕基的《礼记集解补注》(《山东通志》)。这十一种著作均已亡佚。综合以上统计数据,可知明代的《礼记》学文献至少有二百种。

二、元代的《礼记》学

本部分对元代吴澄、陈澔的《礼记》学加以介绍,以见元代学人《礼记》研究之成就及特色。

（一）吴澄的《礼记》学

吴澄(1249—1333年),字幼清,号草庐,抚州崇仁(今江西崇仁)人。宋元之际学者、理学家。官至国子监、翰林学士,为学主张折衷朱、陆两派,近于朱派。元泰定初年任经筵讲官,敕修《英宗实录》。曾校定《皇极经世书》《老子》《庄子》《太玄经》《乐律》《八阵图》《葬书》等。一生从事教学长达六十余年,著有《易纂言》《易纂言外翼》《书纂言》《仪礼逸经传》《礼记纂言》《春秋纂言》《孝经定本》《道德真经注》《吴文正集》等。

吴澄的《礼记纂言》具有如下几方面的特点:

1. 割裂《礼记》,重新加以编排

是书自序云:"汉兴,得先儒所记礼书二百余篇,大戴氏删合为八十五,小戴氏又损益为四十三,《曲礼》《檀弓》《杂记》分上下,马氏增以《月令》《明堂位》《乐记》,郑氏从而为之注,总四十九篇,精粗杂记,靡所不有。秦火之余,区区掇拾,所存什于千百,虽不能以皆醇,然先王之遗制,圣贤之格言,往往赖之而存。第其诸篇,出于先儒著作之全书者无几,多是记者旁搜博采,剿取残篇断简,会稡成书,无复铨次,读者每病其杂乱而无章。唐魏郑公为是作《类礼》二十篇,不知其书果何如也,而不可得见。朱子尝与东莱先生吕氏商订《三礼》篇次,欲取戴记中有关于《仪礼》者附之经,其不系于《仪礼》者仍别为记。吕氏既不及答,而朱子亦不及为,幸其大纲存于文集,犹可考也。晚年编校《仪礼》经传,则其条例与前所商订又不同矣。其间所附戴《记》数篇,或削本篇之文而补以他篇之文,今则不敢,故止就其本篇之中,科分栉别,以类相从,俾其上下章文义联属,章之大旨标识于左,庶读者开卷了然。"①朱熹的《仪

①　(元)吴澄:《礼记纂言·序》,《礼记纂言》卷首,载文渊阁《四库全书》第121册,上海古籍出版社1987年影印版,第3页。

礼经传通解》以《仪礼》为经,并取《礼记》及诸经史杂书所载有及于礼者附于本经之下,又列注疏诸儒之说。不过朱子未能完成此书之编撰便离世。吴澄遗憾朱子未能完成三礼之重新编排,遂仿效魏徵、朱熹,将《礼记》诸篇重新分类编排。

吴澄《礼记纂言》主要通过如下四种方式将《礼记》各篇重新加以编排:

(1)将《大学》《中庸》归于四书,《礼记纂言》不再录取。朱子将《大学》《中庸》从《礼记》中析出,与《论语》《孟子》合为四书。朱子之说影响深远,后人对朱子析离《大学》《中庸》之举多有承袭。吴澄认为:"《大学》《中庸》,程子、朱子既表章之,《论语》《孟子》并而为四书,固不容复厕之礼篇。"①故《礼记纂言》不录《大学》《中庸》之文。

(2)将《礼记》的《投壶》《奔丧》析出,加上《大戴礼记》中的相关篇目及郑玄《三礼注》中的相关内容,共八篇,辑为《仪礼逸经》。有人认为《仪礼》十七篇乃《礼古经》五十六篇之部分内容,《礼古经》五十六篇中,除所传"十七篇"外皆亡佚,亡佚诸篇称为《逸礼》。根据经籍之记载,《逸礼》可考的,除《天子巡狩礼》《朝贡礼》《烝尝礼》《王居明堂礼》等篇目外,还有《投壶》《奔丧》等篇。吴澄将《礼记》的《投壶》《奔丧》析出,并以此二篇为《仪礼》之逸经。吴氏此举产生了深远的影响,清末刘师培撰《逸礼考》,亦以《礼记》之《投壶》《奔丧》为《逸礼》。

(3)将《礼记》中的《冠义》《昏义》《乡饮酒义》《燕义》《聘义》等辑成《仪礼传》。《礼记》中有不少篇目是解释《仪礼》的,如《仪礼》有《士冠礼》,《礼记》有《冠义》,《仪礼》有《士昏礼》,《礼记》有《昏义》,《仪礼》有《乡饮酒礼》,《礼记》有《乡饮酒义》,《仪礼》有《乡射礼》《大射礼》,《礼记》有《射义》,《仪礼》有《燕礼》,《礼记》有《燕义》,《仪礼》有《聘礼》,《礼记》有《聘义》。宋代朱熹将《礼记》与《仪礼》相关的内容聚合在一起,以方便学人,如《仪礼经传通解》有《家礼·士昏礼》,朱熹先录《仪礼·士昏礼》的全部内容,然后将《礼记·昏义》分割,列于《士昏礼》之下。由此可见,吴澄将《礼记》的《冠义》等

---

① (元)吴澄:《礼记纂言·序》,《礼记纂言》卷首,载文渊阁《四库全书》第121册,上海古籍出版社1987年影印版,第3页。

篇作为《仪礼》之传文,与朱熹之礼学思想如出一辙。

（4）将《礼记》剩下的三十六篇分为通礼、丧礼、祭礼、通论四类。其中通礼九篇、丧礼十一篇、祭礼四篇、通论十二篇。《通礼》九篇,分别是《曲礼》《内则》《少仪》《玉藻》《深衣》《月令》《王制》《文王世子》《明堂位》;丧礼十一篇,分别是《杂记》《丧服小记》《服问》《檀弓》《曾子问》《大传》《间传》《问丧》《三年问》《丧服四制》;祭礼四篇,分别是《祭法》《郊特牲》《祭义》《祭统》;通论十二篇,分别是《礼运》《礼器》《经解》《哀公问》《仲尼闲居》《孔子闲居》《坊记》《表记》《缁衣》《儒行》《学记》《乐记》。

2. 阐释经义,多有发明

吴澄在整理《礼记》编次的同时,还对经文作了疏解。其解经的内容及特色可从以下几个方面来看。

（1）吴澄秉承朱熹的治经思路,既重视汉唐注疏,又不忽视宋人之说。如于《少仪》之解题,吴澄曰:"陆氏曰:'《内则》:十年学幼仪,此篇其类也。'方氏曰:'篇中所言,不特少者,然壮者之仪亦在少时所习。'郑氏曰:'少犹小也,记相见,及荐羞之小威仪。'范阳张氏曰:'先儒训少为小,其意以为所记者小节尔。圣人之道无大小,此为小,孰为大? 少有副意,如太师之有少师,少者所以副其大仪者,所以副其礼也。'"①吴氏于此释《少仪》之文,既引用汉代郑玄之解义,又引用宋代陆佃、方悫等人之说解。

又如《礼记·王制》:"大夫祭器不假,祭器不成,不造燕器。"吴澄曰:"孔氏曰:皇氏云:此谓有地大夫,故祭器不假,若无地大夫,则当假之,故《礼运》云:'大夫祭器不假,声乐皆具,非礼也,谓无地大夫也。'长乐陈氏曰:'无田禄者不假祭器,故《礼运》以祭器不假为非,有田禄者必其祭器,故《王制》以祭器不假为礼,君子营宫室则先宗庙,造器则先祭器。'延平周氏曰:'庶人共祭器,而大夫则不假者,以其家邑足以具之也。祭器未成不造燕器者,先神而后人也。'"②吴氏于此既引用南朝皇侃之说,又采纳宋人陈祥道、周谞等人之解义。

---

① （元）吴澄:《礼记纂言》卷三,载文渊阁《四库全书》第121册,上海古籍出版社1987年影印版,第91页。
② （元）吴澄:《礼记纂言》卷七,载文渊阁《四库全书》第121册,上海古籍出版社1987年影印版,第221页。

　　吴澄释《礼记》，重视思想之阐发。如《礼记·曲礼》："夫为人子者，出必告，反必面，所游必有常，所习必有业，恒言不称老。"吴澄曰："郑氏曰：'告、面同尔，反言面者，从外来，宜知亲之颜色安否。有常有业，缘亲之意欲知之。不称老，广敬。'方氏曰：'出必告者，欲亲知其所往之方也。反必面者，欲亲知其所至之时也。有常者，游必有方，虑贻亲之忧也。所习必有业者，虑违亲之志也。'孔氏曰：'老是尊称，称老是已自尊大，非孝子卑退之情。'吕氏曰：'亲虽老，而不失乎孺子慕者，爱亲之至也。五十而慕于大舜，见之故髧彼两髦，为孺子之饰，亲没然后束之。苟恒言而称老，则忘亲而非慕也。'黄氏曰：'父母之年，不可不知，一则以喜，一则以惧。惧者，惧父母之年衰暮非久也，既惧其老，忍称之哉？此乃教人子对父母常言须避讳老字，一则伤父母之心，一则孝子不忍斥言，非谓人子自身称老也。"①吴氏于此释《曲礼》之文，既引汉代郑玄、唐人孔颖达之解义，又引宋人方悫、吕大临、黄震之说。

　　(2)吴澄解《礼记》时重视天道性命之学。如《乐记》曰："夫物之感人无穷，而人之好恶无节，则是物至而人化物也。人化物也者，灭天理而穷人欲者也。"程朱理学所言"天理人欲"，其思想资源就是《乐记》于此之言。吴澄释之曰："朱子曰：物之诱人固无穷，然亦是自家好恶无节，所以被物诱去，若自有主宰，如何被诱？夫好恶之节，天之所以与我也，而至于无节，宰制万物，人之所以为贵也，而反化于物焉。天理唯恐其存之，有未至也，而反灭之，人欲唯恐其制之不力也，而反穷之，则人所以为人者，至是尽矣。然天理秉彝，终非可殄灭者，虽化物穷欲至于此极，苟能反躬以求，则天理之本然者，物未尝灭也。但染习已深，难觉而易昧，难反而易流，非厉知耻之勇，而致百倍之功，则不足以复其初耳。"②吴澄引朱子之说以释《乐记》，足见其对理学之推崇。

　　吴澄之《礼记纂言》继承朱熹等人的礼学思想，打破《礼记》原有之编排格局，重新加以组合编排，这对于辨析《礼记》与《仪礼》的关系，认识《礼记》之思想内涵，皆有着积极意义。不过，吴澄治《礼记》，不管是从思路上还是从方

---

① （元）吴澄：《礼记纂言》卷一，载文渊阁《四库全书》第121册，上海古籍出版社1987年影印版，第11页。

② （元）吴澄：《礼记纂言》卷三六，载文渊阁《四库全书》第121册，上海古籍出版社1987年影印版，第652页。

法上,都是沿袭朱子,而鲜创新。后人对此书的评价毁誉参半。如四库馆臣云:"澄复改并旧文,俨然删述,恐亦不免僭圣之讥。以其排比贯串,颇有伦次,所解亦时有发明,较诸王柏删《诗》,尚为有间,故录存之。"

（二）　陈澔的《礼记》学

陈澔(1260—1341年),字可大,号云住,人称"经归先生"。南康路都昌县(今江西都昌)人,宋末元初理学家、教育家。一生不求闻达,隐居不仕,主要从事讲学和著述。勤学而好古,秉承祖业,精于《易》《礼》《书》,曾在都昌建云住书院讲学,亦称经归书院。后又应邀在庐山白鹿洞书院主讲两年,不少名门俊彦慕名就学,一时间书院学风大盛。

陈澔陈述《礼记集说》撰作之由曰:"前圣继天立极之道莫大于礼,后圣垂世立教之书亦莫先于礼。礼仪三百,威仪三千,孰非精神心术之所寓,故能与天地同其节。四代损益,世远经残,其详不可得闻矣。《仪礼》十七篇,《戴记》四十九篇,先儒表章《学》《庸》,遂为千万世道学之渊源,其四十七篇之文,虽纯驳不同,然义之浅深同异诚未易言也。郑氏祖谶纬,孔疏惟郑之从,虽有他说,不复收载,固为可恨,然其灼然可据者不可易也。近世应氏《集解》于《杂记》《大》《小记》等篇皆阙而不释。噫! 慎终追远,其关于人伦世道非细,故而可略哉。先君子师事双峰先生十有四年,以是经三领乡书为开庆名进士,所得于师门讲论甚多,中罹煨烬,只字不遗,不肖孤僭,不自量,会萃衍绎,而附以臆见之言,名曰《礼记集说》。盖欲以坦明之说,使初学读之即了其义,庶几章句通,则蕴奥自见,正不必高为议论而卑视训诂之辞也。"①由此可见,陈澔撰《礼记集说》荟萃经说,而参以己意,意在方便初学。陈澔《礼记集说》主要有以下几方面的特点。

1. 注释精简,语言平实

陈澔是书与宋人卫湜所撰《礼记集说》同名,与卫氏之书相比较,陈氏此书的特点是精练,要言不繁,甚便学人。

如关于篇目之解题,孔疏动辄千言,卫湜《集说》广征博引,令人不知所

①　(元)陈澔:《礼记集说·序》,《礼记集说》卷首,载文渊阁《四库全书》第121册,上海古籍出版社1987年影印版,第680页。

从。陈澔之解题则简明易懂。如《曲礼上》,陈澔曰:"经曰《曲礼》三千言,节目之委曲,其多如是也,此即古礼经之篇名,后人以编简多,故分为上下。张子曰:'物我两尽,自《曲礼》入。'"①陈氏于此释篇名,并对篇目之分合略有说明。

又如《学记》,陈澔曰:"石梁王氏曰:六经言学字,莫先于《说命》。此篇不详言先王学制,与教者学者之法多是泛论,不如《大学》篇教是教个甚,学是学个甚。"②陈氏于此将《学记》与《说命》《大学》加以比较,以明《学记》之内容和要点。

又如《射义》,陈澔曰:"疏曰:《系辞》云:弦木为弧,剡木为矢。又《世本》云:挥作弓,夷牟作矢。注云:二人黄帝臣。《书》云:侯以明之。夏殷无文,周则具矣。"③陈氏于此引用孔疏对射礼之制的形成略有说明。

又如《聘义》,陈澔曰:"吕氏曰:天子之于诸侯,诸侯之于邻国,皆有朝礼,有聘礼。朝则相见,聘则相问也。朝宗,觐遇,会同,皆朝也。存、俯、省、聘、问,皆聘也。故聘礼有天子所以抚诸侯者,大行人岁遍存,三岁遍俯,五岁遍省是也。有诸侯所以事天子者,大行人时聘以结诸侯之好,殷俯以除邦国之慝是也。有邻国交修其好者,大行人诸侯之邦交,岁相问,殷相聘是也。《仪礼》所载,邻国交聘之礼也。聘义者,释聘礼之义。"④陈氏于此征引吕大临之说,以明《聘义》所记聘礼之意义。

在诠释《礼记》经义时,陈澔亦要言不繁。如《学记》:"发虑宪,求善良,足以謏闻,不足以动众。"陈澔曰:"发虑宪,谓致其思虑,以求合乎法则也。求善良,亲贤也。此二者可以小致声誉,不能感动众人。"⑤又如《礼器》:"礼也者,

---

① (元)陈澔:《礼记集说》卷一,载文渊阁《四库全书》第 121 册,上海古籍出版社 1987 年影印版,第 681 页。

② (元)陈澔:《礼记集说》卷六,载文渊阁《四库全书》第 121 册,上海古籍出版社 1987 年影印版,第 874—875 页。

③ (元)陈澔:《礼记集说》卷一〇,载文渊阁《四库全书》第 121 册,上海古籍出版社 1987 年影印版,第 1005 页。

④ (元)陈澔:《礼记集说》卷一〇,载文渊阁《四库全书》第 121 册,上海古籍出版社 1987 年影印版,第 1010 页。

⑤ (元)陈澔:《礼记集说》卷六,载文渊阁《四库全书》第 121 册,上海古籍出版社 1987 年影印版,第 875 页。

反本修古,不忘其初者也。故凶事不诏,朝事以乐。"陈澔曰:"本心之初,天所赋也,贵于反思而不忘礼制之初。圣所作也,贵于修举而不坠。养老尊贤之事必作乐,以乐之亦以惬其本心之愿望也。此二者是反本之事。"①陈澔言其书名为"集说",然其在很多时候仅以己意释经,很少长篇大段征引他家之说。陈氏于此对经文逐句解说,皆是随文而发,并非引自他说。

此外,陈澔之《礼记集说》语言平实,易为一般读者所接受。如《礼运》:"今大道既隐,天下为家。……是谓小康。"陈澔曰:"天下为家,以天下为私家之物而传子孙也。大人,天子诸侯也。父子相传为世,兄弟相传为及。纪,纲纪也。贤勇知,以勇知为贤也。涿鹿之战,有苗之征兵,非由后王起也。谓兵由此起,举汤武之事言之耳。著,明也;考,成也;刑仁,谓法则,仁爱之道。讲让,讲说逊让之道。示民有常,言六君子谨礼而行,著义以下五事,示民为常法也。在势,居王者之势位也。言为天下之君,而不以礼行此五事,则天下之人以为殃。民之主而共废黜之也。此谓小小安康之世,不如大道大同之世也。陈氏曰:礼家谓太上之世贵德,其次务施报往来,故言大道为公之世,不规规于礼,礼乃道德之衰,忠信之薄,大约出于老庄之见,非先圣格言也。"②陈澔于此逐句释《礼运》之文字,既没有烦琐的考证,亦不用冷僻的词汇,如其以"天下为家"为"以天下为私家之物而传子孙",以"大人"为"天子诸侯",皆简明易晓,切中经义。

又如《玉藻》:"天子玉藻,十有二旒,前后邃延,龙卷以祭。"陈澔曰:"玉,冕前后垂旒之玉也。藻,杂采丝绳之贯玉者也。以藻穿玉,以玉饰藻,故曰玉藻。邃,深也,延,冕上覆也。玄表而𫄸里,前后邃延者,言前后各有十二旒,垂而深邃,延在其上也。龙衮,画龙于衣衮也。祭,祭宗庙也。余见《礼器》。"③陈澔于此逐字逐句释《玉藻》之经文。汉唐经学家对《玉藻》此所言"玉藻""旒""邃延"等皆有烦琐之考证,且争议颇多。陈氏于此不引前人之说,仅用

①　(元)陈澔:《礼记集说》卷五,载文渊阁《四库全书》第121册,上海古籍出版社1987年影印版,第816页。

②　(元)陈澔:《礼记集说》卷四,载文渊阁《四库全书》第121册,上海古籍出版社1987年影印版,第799页。

③　(元)陈澔:《礼记集说》卷六,载文渊阁《四库全书》第121册,上海古籍出版社1987年影印版,第842页。

浅显的语言以释之,甚便初学者。

陈澔《礼记集说》简明扼要、语言平实,遂受到后人的重视。明代永乐年间,胡广等人奉旨修《五经四书大全》,其中的《礼记大全》即以陈澔此书为本。明代科举考试,陈氏《礼记集说》便成为官方指定的教材。到清代乾隆时期颁布《礼记义疏》之前,陈氏此书一直是科举考试的教材,其在士人中的影响长达三百余年。今人曾军曰:"他对经义的解读,对当时各家注疏的选择,对某些问题的有意忽视,都使《礼记》诠释不再沿着既定路线进行,反而朝世俗化、简明化的方向迈步。对于文繁古奥、骤读为难的《礼记》来说,陈书的疏解无疑开启了一道便捷的门径,使初学者能由此而渐进于古经,对《礼记》的普及起到很大作用。所以,《礼记集说》算不上理学的功臣,却实际发挥着教育的功能。"①

2. 虽株守宋学,但亦间采汉唐之说

陈澔《礼记集说》对宋人之说重视有加,亦对汉唐学人之说有所采择。

陈澔所处之江西,理学兴盛,思想家辈出。杨万里曾言:"窃观国朝文章之士,特盛于江西,如欧阳文忠公、王文公、集贤殿学士刘公兄弟、李公泰伯、刘公恕、黄公庭坚,其大者故经术足以名世,其余则博学多识,见于议论,溢于词章者,亦皆各自名家,求之他方,未有若是其众者。"陈澔受宋学影响甚深,故其治《礼记》时对宋学重视有加。

一是大量征引宋人之解义。如《乡饮酒义》:"介必东乡,介,宾主也。主人必居东方,东方者春,春之为言蠢也。……建国必立三卿,三宾者,政教之本,礼之大参也。"陈澔曰:"张子曰:坐有四位者,礼不主于敬,主欲以尊贤。若宾主相对,则是礼主于敬主矣。故其位,宾主不相对坐,介僎于其间,以见宾贤之义,因而说四时之坐皆有义,其实欲明其尊贤。吕氏曰:天子南面而立、而坐,宾亦南乡者,尊宾之至也。介,间也。坐宾主之间,所以间之也。方氏曰:饮食之养,则主人之所造也,而有产万物之象,所以居东。"②陈澔于此释《乡饮

---

① 曾军:《从民间著述到官方教材——从元陈澔〈礼记集说〉看经典诠释的独特现象及其思想史意义》,《华中师范大学学报(人文社会科学版)》2007年第4期。

② (元)陈澔:《礼记集说》卷一〇,载文渊阁《四库全书》第121册,上海古籍出版社1987年影印版,第1005页。

酒义》，所征引的是北宋张载、吕大临、方悫的解义。

又如《祭统》："祭者所以追养继孝也，孝者畜也，顺于道不逆于伦，是之谓畜。"陈澔曰："应氏曰：追其不及之养，而继其未尽之孝也。畜，固为畜养之义，而亦有止而畜聚之意焉。刘氏曰：追养其亲，于既远继续其孝，而不忘畜者，藏也。中心藏之而不忘，是顺乎率性之道，而不逆天叙之伦焉。《诗》曰：心乎爱矣，遐不谓矣。中心藏之，何日忘之。此畜之意也。"①陈澔于此释《祭统》，所征引的有北宋应镛、刘氏之解义。

二是重视义理之阐发。如《乐记》："然后好恶形焉，好恶无节于内，知诱于外，不能反躬，天理灭矣。夫物之感人无穷，而人之好恶无节，则是物至而人化物也，人化物也者，灭天理而穷人欲者也。"陈澔曰："刘氏曰：人生而静者，喜、怒、哀、乐未发之中，天命之性也。感于物而动，则性发而为情也。人心虚灵，知觉事至物来，则必知之，而好恶形焉。好善恶恶，则道心之知觉原于义理者也。好妍恶丑，则人心之知觉发于形气者也。好恶无节于内，而知诱于外，则是道心昧而不能为主宰，人心危而物交物，则引之矣，不能反躬以思其理之是非，则人欲炽而天理灭矣。况以无节之好恶而接乎无穷之物感，则心为物役，而违禽兽不远矣。违禽兽不远，则爪刚者决力强者夺此，所以为大乱之道也。"②理学中的"天理人欲之辨"，思想资源即《乐记》所言之"天理""人欲"。陈澔于此引用刘氏之说，其中所涉及的"人心""道心""性""情"等，皆是理学之核心概念。

三是陈澔《礼记集说》于郑注、孔疏亦较为重视。是书喜征引郑、孔之说以为据，如《王制》："天子、诸侯宗庙之祭，春曰礿，夏曰禘，秋曰尝，冬曰烝。"陈澔曰："郑氏曰：此盖夏殷之祭名，周则春曰祠，夏曰礿，以禘为殷祭。疏曰：礿，薄也，春物未成，祭品鲜薄也，禘者，次第也。夏时物虽未成，宜依时次第而祭之。尝者，新谷熟而尝也。烝者，众也，冬时物成者众也。郑疑为夏殷祭名者，以其与周不司其夏殷之祭，又无文，故称'盖'以疑之。"③陈澔于此征引郑

---

① （元）陈澔：《礼记集说》卷八，载文渊阁《四库全书》第121册，上海古籍出版社1987年影印版，第942页。

② （元）陈澔：《礼记集说》卷七，载文渊阁《四库全书》第121册，上海古籍出版社1987年影印版，第883页。

③ （元）陈澔：《礼记集说》卷三，载文渊阁《四库全书》第121册，上海古籍出版社1987年影印版，第751页。

玄、孔颖达之说以为据,表明其对汉唐学人之说亦不排拒。

乾隆年间,四库馆臣站在汉学的立场评论陈澔的《礼记集说》曰:"其书衍绎旧闻,附以己见,欲以坦明之说,取便初学。而于度数品节择焉不精,语焉不详,后人病之。盖自汉以来,治戴记者百数十家,惟卫湜《集说》征引极审,颇为学者所推许。澔是书虽袭其名,而用意不侔,博约亦异。"①四库馆臣既肯定该书简明易晓,又指出该书不及卫湜《集说》之精审。朱彝尊云:"按自汉以来,治小戴之《记》者不为不多矣,以公论揆之,自当用卫氏《集说》取士,而学者厌其文繁,全不寓目,若云庄《集说》,直兔园册子耳。"②尽管如此,该书对后世之《礼记》学产生了深远的影响,清代孙希旦的《礼记集解》、朱彬的《礼记训纂》等书皆直接或间接地引用陈澔的《礼记集说》。

三、明代的《礼记》学

明代学人《礼记》研究,以胡广、黄道周、郝敬为代表。

(一) 胡广的《礼记集说大全》

胡广(1370—1418 年),一名靖,字光大,号晃庵,江西吉水人。建文二年(1400 年)庚辰科状元,文渊阁大学士,官至内阁首辅。永乐十六年(1418 年)去世。赠礼部尚书,谥文穆。明朝文臣得谥号,自胡广始。明仁宗即位后,加赠胡广为太子少师。胡广传世著作有《胡文穆杂著》等。《礼记集说大全》(简称《礼记大全》)之修撰,始于永乐十二年(1414 年),此后不到一年的时间,修成此书。该书主要有以下几方面的特点。

1.该书以陈澔《礼记集说》为本

《礼记大全》所选传注本是陈澔的《礼记集说》。《礼记集说》乃元人陈澔所撰,以浅显简明著称,故影响深远。清朱彝尊云:"云庄《集说》直兔园册子耳,独得颁于学官三百余年不改于其度数品节,择焉不精,语焉不详。"③明成祖要求所修之书为大全,故又不能全袭旧有之书。如明成祖朱棣与翰林院学士

① 纪昀等:《〈礼记集说〉提要》,载陈澔:《礼记集说》卷首,载文渊阁《四库全书》第 121 册,上海古籍出版社 1987 年影印版,第 679 页。
② (清)朱彝尊:《经义考》卷一四三,中华书局 1998 年版,第 753 页。
③ (清)朱彝尊:《经义考》卷一四三,中华书局 1998 年版,第 753 页。

胡广、侍讲杨荣、金幼孜论及修撰三部《大全》之宗旨时曰："五经四书唱圣贤精义要道，其传注之外，诸儒议论，有发明余蕴者，尔等采其切当之言，增附于下。"胡广等人遂以陈澔《礼记集说》为本，并在陈书的基础上有所增益。

首先，《礼记大全》对陈澔《礼记集说》旧例及释文几乎是原样照搬。陈书训释《礼记》之例，如"校雠经文"，沿袭《集说》经文与蜀大字本、宋旧监本、兴国于氏本等六种版本校勘，以避免流传中所造成的讹脱衍倒；"援引书籍"，列引书近四十余种，其中有《礼记正义》《经典释文》《程氏遗书》《四书章句集注》等。"注说去取"，陈氏提出"凡名物度数据古注正义，道学正论宗程子、朱子，精义详尽泛取诸家，发明未备，则足以己意"，由此以明《集说》的去取原则。"音文反切"，遇义同古注依陆氏《释文》，发明新义则各据诸家。最后一条原则是"章句分段"。由此可见，《礼记集说大全》不仅采纳陈书之释文，连立意、体例等皆沿袭陈氏之书。有学者指出："《礼记集说大全》把《集说》的凡例当作自己的凡例的组成部分，足见其对《集说》成就的充分肯定，但是，重编者把原书的凡例全盘纳入，是比较罕见的。"[1]

其次，《礼记集说大全》除了全部采纳陈澔的《礼记集说》外，还做了增广补益。胡广等人在"大全"上下了一番功夫。如《曲礼上》"毋不敬，俨若思，安定辞，安民哉"，《大全》除了全部采纳陈氏《集说》，还增益真德秀之解义。从《曲礼上》整篇来看，所增益的有真德秀、马希孟、永嘉周氏、吕大临、朱熹、方慤、永嘉戴氏、金华邵氏、吴郡范氏、张载、应镛、陈祥道、长乐刘氏、王子墨、游酢、王安石、清江刘氏。在陈澔《集说》之外引用吕大临之说尤多，引用方慤、马希孟、陈祥道之说亦不少。

2. 该书以宋学为宗

明成祖言《五经四书大全》撰作之要领时曰："其周、程、张、朱诸君子性理之言，如《太极》《通书》《西铭》《正蒙》之类，皆六经之羽翼。然各自为书，未有统会，尔等亦别类聚成编。务极精备，庶几以垂后世。"[2]这体现了明代统治者以程朱理学来正人之心术、止邪说暴行之意愿。《礼记集说大全》之撰作，

---

① 曾贻芬：《明代官修"大全"散论》，《史学史研究》1996年第2期。

② （明）陈建：《皇明通纪·历朝资治通纪》卷七，中华书局2008年版，第471页。

其功用正是在此。

胡广《礼记集说大全》之书首有《总论》一篇,由程子、永嘉周氏、延平周氏、朱子、虑氏诸儒议论排列而成。其中,程子所言主要关乎《礼记》各篇与道学之关系,如其曰:"《礼记》除《大学》《中庸》,唯《乐记》为最近道学者,深思自得之,《礼记》之《表记》,其亦近道矣乎,其言正。"永嘉周氏主要言礼之功能,如其曰:"故所以行其身与其家与其国与其天下者,礼治则治,礼乱则乱,礼存则存,礼亡则亡。"延平周氏所言主要关乎礼与仁义、礼意与度数之关系,如其曰:"亲亲之杀,尊贤之等,礼所生也,方其为之节文,则道德仁义反有资于礼也。"朱子所言,内容关乎《礼记》产生之时代,如其曰:"或谓《礼记》是汉儒说,恐不然。""总论"乃此书编撰者用心,亦是全书总精神之体现,故从"总论"可知胡广等人编撰此书之目的。"总论"所征引者皆是宋代理学家,如程朱等人皆是理学之核心人物。故从《礼记集说大全》之"总论",可知该书有着很明显的理学倾向。

此外,《礼记集说大全》一书处处体现了宗宋学之取向。宋代卫湜撰《礼记集说》,在采纳郑注、孔疏的同时,重点采择宋人之说。故卫氏《礼记集说》乃汉宋兼采之作,只不过以宋学为重。陈澔之《礼记集说》轻忽考据,而重义,其所采择解义多是本自卫氏之书。将胡广《礼记集说大全》与卫湜之书相比较,可知胡氏《大全》只是对卫氏之书加以剪裁,其几乎无新说之采择,更谈不上学术创新。尽管如此,明人在对宋人学说的采择上,体现了他们在新的时代的学术立场。经学方面,元人株守宋人之说,明人又株守元人之说,故明代之经学,基本沿袭的是宋学。从《大全》所吸纳的材料来看,绝大部分都是出自宋人,程朱之说当然需要征引,新学派之王安石、马希孟、方悫等人之说亦在采择之列。此外,从治学方法上看,《大全》仅是采纳成说,而于文字、名物、制度等皆无考证,其学风空疏,与后来出现的汉学有着根本的区别。因此,《礼记集说大全》乃是卫氏《礼记集说》之节略本,乃宋学精神在明代之延续。

胡广《礼记集说大全》受到后世学人的颇多非议。如清顾炎武认为"经学之废,实自此始"①,将明代经学衰微的原因归结到《大全》上。清费密《弘道

---

① (清)顾炎武著,(清)黄汝成集释:《日知录集释》卷一八《四书五经大全》,上海古籍出版社 1985 年影印版,第 1388 页。

书》曰:"明永乐专用熹说,《四书五经大全》命科举以为程序,生徒趋时,递相祖受,七十子所遗汉唐相传共守之实学殆绝。"①清朱彝尊《经义考》云:"当日诸经大全,皆攘窃成书,以罔其上,此亦必元人成书,非诸臣所排纂也。"②四库馆臣云:"陈澔《集说》略度数而推义理,疏于考证,舛误相仍,纳喇性德至专作一书以攻之。凡所驳诘,多中其失。广等乃据以为主,根柢先失。其所援引,亦不过笺释文句,与澔说相发明。……特欲全录明代五经,以见一朝之制度。姑并存之云尔。"③今人马宗霍氏亦痛陈《大全》之弊,其曰:"明自永乐后,以《大全》取士,四方秀艾,困于帖括,以讲章为经学,以类书为策府。其上者复高谈性命,蹈于空疏,儒林之名,遂为空疏藏拙之地。"④诸家所言《礼记集说大全》之弊,一是《大全》沿袭前人之说而无发明,二是《大全》疏于考证,当其成为科举考试的依据之后,士子只见《大全》,而经学益微。

　　然而从历史的角度来看,《礼记集说大全》的出现并非偶然。明代一统天下之后,在文化上亟须重建,而文化重建之资源,最理想也是最有教化意义莫过于宋元遗留下来之理学。宋代理学是对汉唐以来的经学之更新,其影响力绝不仅限于宋代,从经学史来看,宋学在清代都是官方学术,影响直至清末。故在经学史上,明代是一个十分尴尬的时代,宋学精神的强势,使得明代的经学思想家难以在理论上有新的建树,除非像王阳明那样吸纳禅学以重构思想体系。当然,当宋学逐渐走向空疏,特别是王阳明心学造成学人束书不观之习后,经学必然又要重新得以更新,遂有乾嘉考据之学的兴起。故明代之经学,主要是考虑教化之目的,士人们所关注的,亦多是功令,而非征实之学。

　　(二)　黄道周的《礼记》学

　　黄道周(1585—1646年),字幼玄,号石斋,福建漳浦人。天启二年(1622年)进士,历任崇祯朝翰林院编修、詹事府少詹事,以及南明弘光朝礼部尚书、隆武朝内阁首辅等职。隆武二年(1646年)抗清失败,被俘殉国,终年六

---

①　(清)费密:《弘道书》上卷,载《续修四库全书》第946册,上海古籍出版社2002年版,第14页。

②　(清)朱彝尊:《经义考》卷一四四,中华书局1998年版,第755页。

③　(清)永瑢等:《四库全书总目》卷二一,中华书局1965年影印版,第170页。

④　马宗霍:《中国经学史》,商务印书馆1936年版,第134页。

十二岁。黄道周学问渊博,著述宏富,代表作有《易象正义》《春秋揆》《孝经集传》《石斋集》等。

黄道周对儒家经典几乎都有注释,其《礼记》方面的著作有《月令明义》《表记集传》《坊记集传》《缁衣集传》《儒行集传》等。黄道周对每一篇皆重新分章,并定章名。

《表记集传》共分三十六章,分别是《归表章第一》《敬忌章第二》《敬辨章第三》《辟远章第四》《日强章第五》《戒亵章第六》《明报章第七》《置法章第八》《考道章第九》《数度章第十》《勉偁章第十一》《德基章第十二》《称服章第十三》《有事章第十四》《小心章第十五》《便人章第十六》《尊亲章第十七》《民敝章第十八》《寡怨章第十九》《虞帝德章第二十》《成信章第二十一》《望受章第二十二》《式穀章第二十三》《正虑章第二十四》《远辞章第二十五》《敬终章第二十六》《厚事章第二十七》《顺命章第二十八》《淡成章第二十九》《作忠章第三十》《诺责章第三十一》《情辞章三十二》《不违龟筮章第三十三》《易富章第三十四》《威敬章第三十五》《用祭器章第三十六》。

《坊记集传》分为三十章,章各创为之目,上卷之目曰《大坊第一》《去乱第二》《己畔第三》《章别第四》《盍旦第五》《远害第六》《人浮于食第七》《贵让第八》《作让第九》《可臣托第十》《酌言第十一》《让善第十二》《作忠第十三》《作孝第十四》《敬美第十五》。下卷之目曰《微谏第十六》《睦族第十七》《敬辨第十八》《敬老追孝第十九》《食义第二十》《教敬教睦第二十一》《卒事第二十二》《不贰第二十三》《先事后禄第二十四》《遗利第二十五》《别嫌第二十六》《厚别第二十七》《辟远第二十八》《民纪第二十九》《亲迎第三十》。

《缁衣集传》一篇各为章目,共分二十三章,分别是《不烦第一》《咸服第二》《孙心第三》《民表第四》《好仁第五》《王言第六》《禁行第七》《德壹第八》《壹德第九》《示厚第十》《不劳第十一》《成教第十二》《忠敬第十三》《亲贤第十四》《慎溺第十五》《体全第十六》《壹类第十七》《好正第十八》《坚著第十九》《德惠第二十》《声成第二十一》《成信第二十二》《恒德第二十三》。

《儒行集传》一篇,共分十七章,分别是《服行第一》《自立第二》《容貌第三》《备豫第四》《近人第五》《特立第六》《刚毅第七》《又自立章第八》《儒仕第九》《忧思第十》《宽裕第十一》《举贤第十二》《任举第十三》《特立独行第十四》《规为第十五》《交友第十六》《尊让第十七》。

黄道周以《春秋》与《表记》互证。黄氏曰:"夫子以《春秋》之意酌为礼本,以大民坊,又以《诗》《书》《礼》《乐》之意表其行事,而洗心于《易》,致用于《春秋》,是《表记》之所为作也。《坊》《表》二记不专为《春秋》,而以《春秋》发其条例,则百世而下有所稽,测得其晷影焉。"①黄氏认为,《表记》与《春秋》相通,故可以《春秋》与《表记》互证。

黄氏先逐句列《表记》原文,后则以《春秋》之记载证之。如《敬忌章第二》,黄道周先列《表记》原文,即:

> 子曰:"君子不失足于人,不失色于人,不失口于人。是故君子貌足畏也,色足惮也,言足信也。《甫刑》曰:'敬忌而罔有择言在躬。'"

黄道周释曰:

> 躬者,言之的也。敬者,躬之彀也。不正不力,则其得失无数矣。故敬其躬,则罔有择言。《诗》曰:几百君子,各敬尔身,言敬忌也。敬忌而后寡失,寡失而后不辱,不辱而后可以树表于天下,故身为匹夫,而有王侯之贵,则亦以此也。
>
> 僖公二十有六年夏,齐人伐我北鄙。公子遂如楚乞师,冬,公以楚师伐齐,取穀,公至,自伐齐。
>
> 齐以洮之盟侵我西鄙,再伐北鄙,以展喜之言旋师而反矣。又乞师于楚,何也? 必以楚伐齐,则是周公太公世世相害也。伐齐取谷无损于齐,而徒使神遂张楚入杞,如齐以权籍自卫,故君子之言放于德,小人之言放于势,以公子遂之逆,臧文仲之谲,入楚乞师,其失足失色失口有不可以告人者矣。《诗》曰:尔勇伊何,为犹将多。尔居徒几何其,公子遂之谓与,然则不去其公子,何也? 曰:著之也,其以公子著祸久矣。②

黄道周于此引《春秋》僖公二十六年之事以明《表记》所言之君子。

又如《坊记》,黄道周在《大坊章》先引《坊记》原文,即:

---

① (明)黄道周:《表记集传》卷一,载文渊阁《四库全书》第122册,上海古籍出版社1987年影印版,第838—839页。

② (明)黄道周:《表记集传》卷一,载文渊阁《四库全书》第122册,上海古籍出版社1987年影印版,第838—839页。

子言之:"君子之道辟则坊与,坊民之所不足者也。大为之坊,民犹踰之,故君子礼以坊德,刑以坊淫,命以坊欲。"

黄道周释曰:

礼者,天之教也;刑者,天之制也;命者,天之令也;王者本天,百姓本王,圣人因天与王以立其坊,损益百世,以为春秋。《春秋》五始皆以明礼纠刑申天之令也。命始于元年,行于春中,于王发于正月,著于位顺者为之礼,逆者为之刑,因人之性,无有不足,其有不足者,情欲泄败而末流自匮也。圣人以性坊情,以命坊性,察其原始,而救其末流,故为三坊,以著于《春秋》,《春秋》之礼,有郊,有禘,有朝,有聘,有薨,有葬,有祀,有飨,有亲迎,有即位,有从王,在内者正始为大,在外者从王为大。《春秋》之刑有去爵,去名,去氏,有伐,有杀,有执,有刺,有放,大者施之诸侯,细者施之于盗。在外者坊及盟主,在内者坊及小君,亦唯是天所命礼,王所命刑也。天王所命,本于无欲,故无欲之为天,有欲之为人,无欲之为王,有欲之为霸,《春秋》以是三者差等,百王治当世之诸侯大夫,故知命者足以立礼,立礼者足以去刑,去刑者足以作乐,崇德殷荐之上帝以配祖考也。《易》恒言礼,《书》恒言刑,《诗》恒言命,夫子兼取之以为《春秋》。《春秋》以命归天,以刑归王,以礼归圣,因三者而为之律度权衡,是乐所繇起也。乐生于律,律生于《春秋》,《春秋》立而刑与乐不别为经,使知命守礼者为之,则刑与乐取之律度而无不足也。是记者所述《春秋》之旨也。

隐公元年,春,王正月。

具四始而不书即位,是礼以坊德之始也。礼,元妃薨则继室为夫人,隐公出于声子,桓公出于仲子,声子继正也,仲子非继正也,而隐公推父之意,摄位以俟,桓公既摄位以俟,桓公则必贬母以尊仲子,既贬母以尊仲子,则必不可一日与于会盟宗祏之位,故隐公之为礼,不足于德,其为德不足于礼也。然则桓公即位乎?曰未即位也。未即位则谁为丧主?曰皆摄也,摄则必有嗣主,犹周公之复子也。而宗祏盟会皆称曰公,故公非摄也,非摄而不即位为文者也。《春秋》不以文灭质,故于隐公缺正始焉。

秋七月,天王使宰咺来归惠公仲子之赗。

天王使赗仲子,则仲子未为夫人也。未为夫人而赗之,则仲子得为夫人也。仲子得为夫人，则隐公必没尊其继嫡生绌其慈母，故寪舍之祸则于是始也。①

黄道周于此引《春秋》隐公元年之事以释《表记》所言君子坊德、坊淫、坊欲。

黄道周以《春秋》与《礼记》中的篇目互证，重视阐发微言大义，而不事考据，故其经学偏向于今文经学。众所周知，自汉代以来，《春秋》是今文经学最重要的经典。黄道周以《春秋》与《表记》《坊记》等互证，体现了今文经学的特点。四库馆臣云："至《表记》篇则多言君子恭敬仁义之德，而必以《春秋》证之，于经之本义反荒矣。又引韦鼎见王通之事，则误信伪书，于考据亦疏，而其说《春秋》互证旁通颇有发明，犹之胡安国《春秋传》，虽未必尽得经意，特以议论正大，因事纳规，甚有关于世教，遂亦不可废云。"②不过，黄道周以《春秋》与《礼记》互证并非全是附会之辞，其以《春秋》例与《表记》互相发明，可谓经典会通之一例证。如四库馆臣云："且《坊记》之文，如曰制国不过千乘，都城不过百雉，家富不过百乘，以此坊民，诸侯犹有畔者，是隐为《春秋》书大夫之强起例。又云《春秋》不称楚越之王，丧则明著《春秋》之法，《孟子》引孔子曰'其义则丘窃取之'，《坊记》所述，固《春秋》之义之散见者，则道周此书亦非漫无所据、尽出附会也。"③

黄道周治经，不看重考据，特强调经世致用。如黄道周《缁衣》的《不烦章第一》曰："言好善也，好善而言刑不烦，何也？好善恶恶，民之性也，民性定则教化兴，而争攘息民知为善之，可好为不善之，可恶闾阎之下，先有好恶以为赏罚，而明廷之赏罚皆后矣。故好贤不笃，则下衰于仁，恶恶不坚，则下衰于义，仁义不立，则刑罚不清，而叛乱滋起，故好恶者礼乐之所从出也。好繇天作，恶繇地奋，天动而好善，故因善以饰乐。地静而流恶，故因恶以立礼，礼乐有其本，仁义有其用，故百姓相告而非僻不作也。子曰：'举直错诸枉则民服，举枉错诸直则民不服。'民既不服而后为刑，威以治之，虽集干戈丛斧钺而已不足

---

① （明）黄道周：《坊记集传》卷一，载文渊阁《四库全书》第 122 册，上海古籍出版社 1987 年影印版，第 930 页。

② （清）永瑢等：《四库全书总目》卷二一《经部·礼类三》，中华书局 1965 年影印版，第 171 页。

③ （清）永瑢等：《四库全书总目》卷二一《经部·礼类三》，中华书局 1965 年影印版，第 171 页。

矣。明主审之于先,先平其好恶以察人之善否,见贤而后举,举而遂先,见不贤而后退,退而遂远,故所举错不过一二人,而天下之不仁者已远也。人主之举错不严于一二人,而使干戈斧钺严于天下圣人,谓是已烦矣。故举要以明之。"①

又如黄道周在《坊记集传原序》中曰:"臣闻之,《记》曰:礼禁乱之所繇生,犹坊止水之所自来也。以旧坊为无所用而坏之者,必有水败;以旧礼为无所用而弃之者,必有乱患。乱患之坊莫大于《春秋》,圣人本春以立礼,本王以立刑,本天以立命,命以坊欲,刑以坊淫,礼以坊德,三坊立而乱患息,乱患息而后礼乐可举也。《易》之立坊,始于天地,以天地而正父子,以父子而正君臣,以君臣而正夫妇;《诗》始于夫妇;《春秋》始于兄弟。三始虽殊,其以坊德、坊淫、坊欲则一也。"②

从上面两段引文,可知黄道周在解《礼记》时重视经世致用。如其借注《缁衣》阐释人主所行之道,借注《坊记》释圣人立礼、立刑、立命以正父子君臣夫妇之位。由于黄氏在释《表记》等篇时专事大义之发挥,而不重视考据,故后世学人在肯定其治经的同时,亦颇有微词。如关于《儒行》,四库馆臣言:"至若《礼记》五篇,则意不主于解经,不过目击时事之非,借经以抒其忠愤。又一年之中辑书五种,亦成之太易,故考证时或有疏,特以其为一代伟人,又引君当道之心有足多者,故至今尚重其书焉。"③又如关于《缁衣》,四库馆臣曰:"其于经济庶务条目之间,虽有未悉,而于君心好恶纲领之原,以至三代而下,治乱盛衰之故,亦略云赅备。且是编本以《缁衣》为目,而郑注以好贤为解,道周此书,虽泛引史事,要其指归,固亦不乖于古训矣。"④

在晚明学术界,黄道周比较重视经学。其曾有《冰天小草》一书,该书已

① (明)黄道周:《缁衣集传》卷一,载文渊阁《四库全书》第122册,上海古籍出版社1987年影印版,第1014页。

② (明)黄道周:《坊记集传》卷一,载文渊阁《四库全书》第122册,上海古籍出版社1987年影印版,第929页。

③ (清)永瑢等:《四库全书总目》卷二一《经部·礼类三》,中华书局1965年影印版,第172页。

④ (清)永瑢等:《四库全书总目》卷二一《经部·礼类三》,中华书局1965年影印版,第171页。

佚,其门人洪思说:"时天下将乱,王畿、李贽之言满天下,世之治制举义者,不归王则归李。归王之言多幻,归李之言多荡。凡不则不洁之言皆形于文章。子忧之,谓谢煜曰:'为王汝中,李宏甫则乱天下无疑矣,吾将救之以六经。'辛未四五月,乃伏枕为之,皆自意向以自道其怀,与世之为制举义者异。倪文正公见之,喜甚,为之论列示海内,大江左右为之一变,士之以六经为文章,盖自《冰天小草》始也。"①由此可见,在晚明学术界,黄道周的经学思想实际上是对阳明学流弊之反动。

（三）郝敬的《礼记》学

郝敬(1558—1639年),字仲舆,号楚望,湖北京山人,世称"郝京山先生"。万历年间进士,晚明经学家和思想家。郝敬在经学上有很深的造诣,于三礼学也多有建树。黄宗羲在《明儒学案》中云"明代穷经之士,先生为巨擘",其一生著述颇丰,著有《周易正解》《尚书别解》《毛诗原解》《毛诗序说》《周礼完解》《仪礼节解》《礼记通解》《春秋直解》《论语详解》《孟子说解》《四书摄提》和《四书制义》等。

郝敬对朱子的《礼记》观多有异议。

郝敬治经,常非先儒。其曰:"礼家言杂而多端,学者须灵镜独照,然后可以观古人陈迹,苟无高明豁达之见耳,食训诂,随人短长,则逐处成滞矣。"②郝敬认为,治礼者不应该步前人之陈迹,亦不应拘于训诂,否则言杂多端,逐处成滞。

如朱子阐述《礼记》与《周礼》《仪礼》的关系云:"《仪礼》,礼之根本,而《礼记》乃其枝叶。《礼记》乃秦汉上下诸儒解释《仪礼》之书,又有他说附益于其间。"③朱子强调《礼记》依附于《仪礼》,因此在阅读时两者不可分离,"读《礼记》,须先读《仪礼》"④。"《礼记》要兼《仪礼》读,如冠礼、丧礼、乡饮酒礼之类,《仪礼》皆载其事,《礼记》只发明其理。读《礼记》而不读《仪礼》,许多理皆无安著处。"⑤朱熹强调,《仪礼》为经,《礼记》为记,要真正读懂《礼记》,

① （明）黄道周:《冰天小草·自序》,载《黄漳浦集》卷二一,铅印本。

② （明）郝敬:《读礼记》,《礼记通解》卷首,载《续修四库全书》第97册,上海古籍出版社2002年版。第71页。

③ （宋）黎靖德编:《朱子语类》,中华书局1986年版,第2186页。

④ （宋）黎靖德编:《朱子语类》,中华书局1986年版,第2225页。

⑤ （宋）黎靖德编:《朱子语类》,中华书局1986年版,第2225页。

必须首先读懂《仪礼》。

郝敬则对朱熹之说存有异议。他说:"先儒推《周礼》《仪礼》以为经,欲割《礼记》以为传,夫三书皆非古之完璧,而《周礼》尤多揣摩,杂以乱世阴谋富强之术。《仪礼》枝叶繁琐,未甚切日用,惟此多名理微言、天命人性、易简之旨,圣贤仁义、中正之道往往而在,如《大学》《中庸》两篇,岂《周官》《仪礼》所有,故三礼以《记》为正。"①郝敬认为,《周礼》中有阴谋之术,《仪礼》烦琐不切日用,而《礼记》则多名理微言、天命人性、易简之旨,以及圣贤仁义、中正之道,故三礼中当以《礼记》为正。

又如朱熹将《礼记》中的《大学》《中庸》析离出来,与《论语》《孟子》合为四书。郝敬对朱熹的《礼记》观作了重新审视,他说:"先儒以《大学》《中庸》两篇为道学之要,别为二书。夫礼与道非二物也,礼者道之匡郭,道无垠堮,礼有范围,故德莫大于仁,而教莫先于礼。圣教约礼为要,复礼为仁,礼仪三百,威仪三千,致中和,天地位,万物育,此道之至极而礼之大全也。故曰即事之治谓之礼,冠昏丧祭礼之小数耳。子曰:'民可使由之,不可使知之。'世儒见不越凡,民执小数遗大体,守糟粕而忘菁华,如《曲礼》《王制》《内则》《玉藻》《杂记》则以为礼,如《大学》《中庸》则以为道,过为分疏,支离割裂,非先圣所以教人博文约礼之意。自二篇孤行,则道为空虚,而无实地,四十七篇别列,则礼似枯瘁而无根柢,所当亟还旧观者也。"②郝敬认为,礼与道不可分离,礼为道之载体,道乃礼之旨归。在他看来,朱熹等人将《大学》《中庸》从《礼记》中析离的做法非先圣所以教人博文约礼之意。

郝敬的《礼记通解》对郑玄的《礼记注》多有驳难。他说:"郑康成解礼多强作,俗士诧为辩博,小有异同,辄云学问未到康成地焉。敢高声议汉儒,夫议论前人长短,非也,议论前人所议论道理文字,何伤?"③郝敬认为,郑玄解经,多穿凿附会,从而导致后世学人苦于读《礼》。有鉴于此,郝敬撰《礼记通解》,

---

① (明)郝敬:《读礼记》,《礼记通解》卷首,载《续修四库全书》第97册,上海古籍出版社2002年版,第71页。

② (明)郝敬:《读礼记》,《礼记通解》卷首,载《续修四库全书》第97册,上海古籍出版社2002年版,第73—74页。

③ (明)郝敬:《读礼记》,《礼记通解》卷首,载《续修四库全书》第97册,上海古籍出版社2002年版,第76页。

对郑玄的《礼记注》多有辨析。

如《檀弓上》："公仪仲子之丧,檀弓免焉。仲子舍其孙而立其子,檀弓曰:'何居,我未之前闻也。'"郑玄曰:"故为非礼,以非仲子也。《礼》:'朋友皆在他邦,乃袒免。'"孔颖达曰:"此一节论仲子废嫡立庶,为檀弓所讥之事。公仪仲子身今丧亡,檀弓与之为友,又非处他邦,为之著免,故为重服。讥其失礼,所以讥者,仲子嫡子既死,舍其嫡孙而立其庶子。"郝敬曰:"此节明继世以嫡之礼。公仪氏,仲子字,鲁同姓大夫。免、絻通,免冠而加布曰絻,盖初丧未成服之服,今人初丧以白布缠头,其遗制也。凡五服以至朋友皆然。公仪仲子初死,檀弓为之絻,亦亲在五服内者。郑康成谓故为非礼以讥其废嫡之失,凿也。仲子嫡子,死而又嫡孙,舍嫡孙立庶子,檀弓疑之何居,言于礼何在也。"①又曰:"按免与絻异,脱帽露顶曰免。免冠戴布曰絻,故《史记·礼书》引《荀子》云'郊之麻絻',与免同。《丧服小记》云'为母而以布',然则为父免而不以布可知,不以布免也,以布则絻也。《丧服记》云:朋友在他邦,袒免,亦免以布也。五服初丧未成服,皆免,何为非礼?"②孙希旦曰:"愚谓免者,郑注《士丧礼》,谓'以布广一寸,从项中而前交于额上,又仰向后而绕于髻'也。丧礼,既小敛,自齐衰以下皆免,无服而免者,惟同姓五世及朋友皆在他邦者耳。檀弓于仲子,乃不当免者,未知其所以免之意。郑氏谓檀弓以仲子废嫡立庶,故为非礼之服以非之。盖以子游之吊司寇惠子者推之。然《记》文上言'檀弓免焉',下言'仲子舍孙立子',则似檀弓既吊方见仲子立子而怪之。注说亦不知是否也。"③郑玄认为檀弓于此本不当免,其免乃是讥仲子舍嫡立庶之事。孔疏与郑说同。郝敬驳郑玄,认为檀弓免,即用布包头,乃吊丧之常礼,不违礼。孙希旦认为檀弓先吊而后知仲子废嫡立庶,故对郑玄之说不置可否。综观各家之说,可知郝敬之说可通,其说对于理解《檀弓》此段经文有参考意义。

又如《檀弓上》:"鲁庄公及宋人战于乘丘,县贲父御,卜国为右。马惊,败

---

① （明）郝敬:《礼记通解》卷三,载《续修四库全书》第97册,上海古籍出版社2002年版,第119页。

② （明）郝敬:《礼记通解》卷三,载《续修四库全书》第97册,上海古籍出版社2002年版,第119页。

③ （清）孙希旦:《礼记集解》卷七,中华书局1989年版,第164页。

绩。公队,佐车授绥。公曰:'末之,卜也!'县贲父曰:'他日不败绩,而今败绩,是无勇也!'遂死之。圉人浴马,有流矢在白肉。公曰:'非其罪也。'遂诔之。士之有诔,自此始也。"此之"末之卜也",郑玄曰:"末之犹微哉,言卜国无勇。"孔疏:"此卜国也,以其微弱无勇,致使我马败绩。"郝敬曰:"县贲父,鲁士名。卜,龟卜也。国人名右,勇士为车右者,佐车,副车也。马惊车败,公坠地而副车授绥以载公也。末通言,但卜车右,未卜御士,所以致败,盖怨贲父之辞,故贲父自言已御君久矣。君未尝卜人,今日临敌败绩,是已无勇也。"①孙希旦曰:"愚谓末之卜,言未尝卜也。凡战,于御、右必卜之。……注疏以末之卜为责卜国,非也。"②郑玄以"卜"为姓氏,孔颖达以郑玄之说为是。郝敬认为此之"卜"非姓氏,而当作"占卜"讲。孙希旦承郝氏之说,以卜为占卜。综观诸家之说,可知郝氏之说为是,而郑说为非也。

又如《檀弓上》:"士之有诔,自此始也。"郑玄云:"记礼失所由来也。周虽以士为爵,犹无谥也。殷大夫以上为爵。"又曰:"诔其赴敌之功以为谥。"郝敬曰:"按诔如今挽辞祭文之类,鲁哀公诔夫子是也。郑引《士冠礼》'生无爵、死无谥'解之,县贲父为公御,非无爵之士而谥,与诔异。公诔之,非谥之也。又谓二人同死,记言死者惟御耳,郑之纰缪如此。"③孙希旦云:"又谓'诔其赴敌之功以为谥',亦非也。果尔,则当言'士之有谥自此始',不当言'士之有诔自此始'也。"④综合各家之说,可知郝氏之说为是,而郑说为非也。

又如《礼运》:"呜呼哀哉,我观周道,幽、厉伤之。吾舍鲁何适矣!鲁之郊禘,非礼也,周公其衰矣!杞之郊也,禹也;宋之郊也,契也。是天子之事守也。"郑玄云:"鲁之郊,牛口伤,鼷鼠食其角,又有四卜郊不从,是周公之道衰矣。言子孙不能奉行兴之。"郝敬曰:"按此节文义甚明。鲁用郊,非周公之旧。郑氏引《春秋》书'郊牛口之伤'之类,以为子孙不能奉行周公之道,岂惟不知礼,亦不知《春秋》。《鲁颂》云:'周公之孙,庄公之子。龙旂承祀,六辔耳

---

① (明)郝敬:《礼记通解》卷三,载《续修四库全书》第97册,上海古籍出版社2002年版,第124页。
② (清)孙希旦:《礼记集解》卷七,中华书局1989年版,第177页。
③ (明)郝敬:《礼记通解》卷三,载《续修四库全书》第97册,上海古籍出版社2002年版,第124页。
④ (清)孙希旦:《礼记集解》卷七,中华书局1989年版,第177页。

耳。春秋匪解,禴祀不忒。皇皇后帝,皇祖后稷。'非僖公之事与? 故《春秋》书郊牛,自僖公始。使鲁郊由伯禽,则僖以前岂无一牛灾,而独于僖以后数数尔邪? 惟鲁郊非周公之旧,夫子所以叹也。至于祀宋之郊,亦季世之僭,夏商亡其子若孙,虽时王客之,而大礼不可假借。惟鲁郊,故杞宋亦郊,鲁以杞宋为可,故亦自以为可承讹袭敝,非一朝夕王迹熄而诗亡,《春秋》所以作也。"①程子曰:"周公之功固大矣,然皆臣子之分所当为,鲁安得独用天子之礼乐哉?成王之赐,伯禽之受,皆非礼也。其因袭之弊,遂使季氏八佾,三家僭雍徹,故仲尼讥之。"孙希旦云:"愚谓鲁僭郊、禘,以理言,则程子之言为尽。"②郑玄认为,鲁郊中有牛口伤之类,不合于礼,故孔子叹之。而程颐则认为,鲁郊乃用天子之礼,故孔子讥之。孙希旦以程子之说为是。郝敬之说与程子之说同。综观诸说,可知郝敬、程子之说比较符合经义。

四库馆臣将郝敬的《礼记通解》列为存目,并于提要中曰:"言《礼记》者当以郑注为宗。虽朱子掊击汉儒,不遗余力,而亦不能不取其《礼注》。盖他经可推求文句,据理而谈。三礼则非有授受渊源,不能臆揣也。敬作此注,于郑义多所驳难,然得者仅十一二,失者乃十之八九。"③又曰:"大抵郑氏之学,其间附会谶文以及牵合古义者,诚不能无所出入,而大致则贯穿群籍,所得为多。魏王肃之学百倍于敬,竭一生之力与郑氏为难,至于伪造《家语》以助申己说。然日久论定,迄不能夺康成之席也。敬乃恃其聪明,不量力而与之角,其动辄自败,固亦宜矣。"④四库馆臣认为郝敬的《礼记通解》"得者仅十一二,失者乃十之八九",郝敬驳郑注,是"恃其聪明,不量力而与之角",这些观点成为后世学人评价郝敬学术的重要依据。四库馆臣对明人的学术可谓不屑,他们对明人的解经之作更是批评者多,而肯定者少。但是我们通过考察郝敬的《礼记通解》,发现郝氏之说往往能发前人之所未发,其释义虽往往缺乏考据,但却不乏精见。

---

① (明)郝敬:《礼记通解》卷八,载《续修四库全书》第97册,上海古籍出版社2002年版,第252—253页。

② (清)孙希旦:《礼记集解》卷二一,中华书局1989年影印版,第598页。

③ (清)永瑢:《四库全书总目》卷二四《经部·礼类存目二》,中华书局1965年影印版,第194页。

④ (清)永瑢:《四库全书总目》卷二四《经部·礼类存目二》,中华书局1965年影印版,第194页。

本书编委会

主　编：丁　鼎
副主编：邓声国
著　者：丁　鼎　邓声国　郭善兵　张　帅
　　　　潘　斌　林素英　夏　微　马金亮

三礼学通史

下 卷

丁 鼎 主 编

邓声国 副主编

人民出版社

2009年度国家社会科学基金项目（批准号：09BZX031）

教育部人文社会科学重点研究基地
山东师范大学齐鲁文化研究院"十三五"规划重大项目

下　卷

第七章　清代的三礼学

第一节　清代的社会文化背景与三礼学成就概述

一、清代三礼学发展兴盛的社会文化背景

经过元明两代的衰微后,三礼学到清朝逐步复兴,并进入一个鼎盛时期。其实,从顺治元年(1644 年)开始,一直延续到乾隆二十年(1755 年)前后,便是《仪礼》学研究的复兴和大发展时期。清初礼学的复兴,并不是一蹴而就的,而是有其外在的历史政治因素和内在的学术发展规律影响与制约的。

如果说清统治者"稽古右文"和大兴文字狱等政策,成为清代前期礼学复兴和发展的外因,那么,明清易代导致的对明末心学末流的反思,倡导通经致用的实学主张,学者开始向原始经典回归,以及各种礼学思潮的兴起等,则是清代前期礼学复兴和发展的内因。

同时,清代前期政权对汉族士人的政策递变,经历了由利用到高压,由高压到怀柔,又由怀柔转为一意压制的过程。在康熙朝中后期一直到乾隆时期,随着三藩等反清势力的平定,清朝国力呈极盛之势,统治者的注意力逐渐转移到文治方面。清初统治者打出儒家思想的牌子,尊孔子为"大成至圣文宣先师"。清廷还特别注意儒家经典的普及工作。如乾隆元年(1736 年),弘历谕示总理事务王大臣说:"从来经学盛则人才多,人才多则俗化茂。"并督令各省抚藩诸臣,加意招募书坊商贾,"听其刷印,通行鬻卖"。目的是"但使坊贾皆乐于刷印,斯士子皆易于购买。庶几家传户诵,足以大广厥传"①。

---

① 清代官修:《清高宗实录》卷十七,载《清实录》第九册,中华书局 1985 年影印版,第 448 页。

在乾隆二十年(1755年)至道光初期的整个清中期,清朝封建统治势力已经占据了相对稳定的统治地位,政治稳定统一,康熙、雍正及至乾隆前期各朝的统治者都特别强调经济大繁荣与发展,陆续颁布了一系列恢复生产的政策,采取了一些可行性高的促进经济发展的举措,为礼学的兴盛奠定了充足的物质基础。清廷在其统治地位确立后,便十分重视文化建设,确立了"佑文兴学"的文化政策,并通过崇儒重道、尊孔尊朱、纂集图书、解除书院禁令、科举取士等一系列统治措施与手段,极力拉拢和重用汉族出身的知识分子。乾隆皇帝登基以后,延继了"佑文兴学"的文化政策。

顺治、康熙、雍正、乾隆四朝,是清代文字狱频发时期。在这样一种紧张的文化气氛之下,思想文化领域自然而然地产生了许多禁区。因而直到道光年间,龚自珍还发出"避席畏闻文字狱,著书都为稻粱谋"的深层感慨。随着清廷统治地位的巩固和民间社会的稳定,遗老恢复故国的愿望不断落空,士人们原本的民族情绪逐渐在淡化,救时济世的责任感、使命感也犹如断线的风筝般从人们的学术追求中逐渐隐遁。乾隆、嘉庆年间学者孜孜不倦从事的学术研究,与清代初年的顾炎武、黄宗羲等著名学者和毛奇龄、李光坡、汪琬、徐乾学等礼学大师的学术研究相比,其研究宗旨已经发生了很大的变化。他们皓首穷经,孜孜追求的不再是清初学者的经世致用,不再去寻求救时济世的良方何在。经世精神的日渐淡化,带来的是本末倒置的"为学问而学问""为考证而考证,为经学而治经学"①现象。

清中期礼学的兴盛,除了受乾隆中后期持续的文化高压与怀柔、考据学风的兴起等外在因素的引发外,还与这一时期出现的礼学思潮变迁有内在关联。清初,遗老顾炎武等学者有感于晚明王学的流弊,将复兴经学作为治学切入点,倡导"以经学济理学之穷",并申称"古之所谓理学,经学也,非数十年不能通也",有意识地引导士人将研究重心转移到经学原典上来,得到了当时诸儒的积极响应,遂成一时之学界共识,朴实穷经成为一种新思潮。经过一段时间的酝酿和经学诠释实践的检验,到乾隆前、中期,"以礼代理"的学术思想渐趋萌芽,由安徽歙县凌廷堪撰文《复礼》上中下三篇,首先揭开这一学说,随后又

---

① 梁启超:《清代学术概论》,上海古籍出版社1998年版,第5页。

得到了阮元等人的唱和与响应。一时之间,学界上下掀起一股读礼、研礼、践礼的文化热潮。总之,在乾隆中后期政治文化更新与学术自身内在逻辑发展之共振作用下,原本的儒学研究呈现出由理学向经学转型的新态势。凌廷堪所提出的"以礼代理"的学说逐步取代了清初顾炎武提出的"以经学济理学之穷"的学术取向,并渐次居于学界的主流地位。

清后期,经历乾、嘉时期的兴盛发展之后,随着清朝社会动荡不安局面的到来,传统经学研究步入了一个转型时期,礼学研究亦是如此。研究者开始总结和反思乾隆二十年(1755年)以来礼学发展历程中存在的得失,甚至有些学者将研究目光与社会改革潮流联系起来,强调经学研究"经世致用"的一面。可以说,礼学研究随着"总结与衰微期"的到来,虽然不再如乾、嘉间那般兴盛,却仍然彰显出与此前礼经研究截然不同的诱人风采。

道光以下迄光绪、宣统之世,清政府遭遇内乱外侵交加的局面,社会矛盾日益尖锐,有如晚明动荡的乱局。康乾之际的"太平盛世"已成明日黄花,整个社会呈现出一片乱世景象。面对政治腐败、经济衰敝和社会动荡,学者们再也不可能"镇日书帏校勘劳,出门不觉已秋高"。汉学赖以生存、发展的社会环境和经济基础不复存在。晚清今文经学的复兴,是在资本主义萌芽已有所孕育、封建危机四处隐伏、阶级矛盾渐趋激化的背景之下出现的一大学术思潮,是适应晚清特定的社会背景与文化背景应运而生的特殊产物。在这样一种社会变革背景下,很多学者纷纷从传统考据学的纯训诂风气中走了出来,将目光投注于现实社会的改革倡言与实践之中。他们借助《春秋公羊传》中的"微言大义",讥切时政,把晚清的今文经学与社会改革潮流联系起来,强调经世致用。

正是在这样一种社会背景与文化背景的双重激荡之下,今文经学以其鲜明的经世特点异军突起,尤其是随着《公羊》学的复兴,由庄存与首倡,中经刘逢禄、宋翔凤的播扬,后经魏源、龚自珍等人发展成一股经世思潮,在晚清跳出了单纯的学术范畴,成就一段显赫的文化思潮。值得注意的是,虽然这一阶段社会如此纷乱,传统的考据式经学研究却并没有停滞不前。尽管传统的吴派学术研究后继乏人,皖派学者则坚持延续朴实的乾嘉治学传统,继续从事经学研究。

二、三礼馆的开设对清代三礼学的促进

清王朝建立之后，为了在文化上得到人们的认同，提高其政治合法性，便大力推行"稽古右文"政策，积极进行文化建设。清代乾隆年间三礼馆的开设是清代三礼学史上的一件大事，也是清代经学史上的一件富含政治意义的学术事件。三礼馆的开设不仅推动和促进了清代三礼学的发展，而且也推动和促进了清代经学的发展。正如林存阳所说："有清一代学术，以经学为中坚，而经学的复兴，则以《三礼》学发其先声，此后积微成巨，蔚为大观，于乾嘉学派与乾嘉学术的发皇起到了积极的推动作用。"①

三礼馆的设置是关系乾隆一朝政治、社会和学术演进的大事。② 从政治上说，清廷诏开三礼馆这一举措，一方面进一步彰显了顺治、康熙年间以来确立的"崇儒重道""以礼为治"的政治文化政策，另一方面又为后来乾隆皇帝诏开四库全书馆的举措奠定了基础。从学术自身发展而言，它为稍后"由理学而经学"学术风气的转型提供了良好的发展契机，既是对前一阶段礼经学研究的阐发与总结，同时也为当时的礼经学研究人员提供了良好的学术保障。简言之，三礼馆的诏开，为当时的政治和学术搭建了一个彼此连接的中介性平台。

乾隆元年(1736年)六月十六日，乾隆帝因其祖父康熙帝已钦定编写了《御纂四经》——《御纂周易折中》《钦定书经传说汇纂》《钦定诗经传说汇纂》《钦定春秋传说汇纂》，唯独《三礼》还没有相应的《义疏》，于是特下诏成立"三礼馆"纂修《三礼义疏》，从而揭开了"三礼馆"运作的序幕。七月初九日，乾隆帝又亲自任命了第一批主持《义疏》纂修工作的总裁、副总裁人员，其中大学士鄂尔泰、张廷玉、朱轼、甘汝来等人充任总裁，杨名时、徐元梦、方苞、王兰生四人也被充任副总裁，标志着三礼馆作为内阁的独立机构正式成立和运行。据乾隆十九年(1754年)闰四月二十五日奉旨开列的诸臣职人员名单，当时充任纂修官的达46人之多，有的是入选博学鸿词科的人士，也有的是科举

---

① 林存阳：《三礼馆：清代学术与政治互动的链接》，社会科学文献出版社2008年版，"前言"第11页。

② 陈祖武：《三礼馆：清代学术与政治互动的链环·序》，载林存阳：《三礼馆：清代学术与政治互动的链环》卷首，社会科学文献出版社2008年版，第1页。

中式者,还有的则是由总裁、纂修官特荐加入的士人。再加上中途补任副总裁之职的李清植、任启运二人,可谓集中了当时一流的三礼学专家学者。这48人在纂修《三礼义疏》的过程中,各有分工。其中纂修《周官义疏》者主要有:惠士奇、官献瑶、赵青藜、钟琬、陶敬信、雄晖吉、杨述曾等;纂修《仪礼义疏》者主要有:徐用锡、王文清、李清植、吴廷华、诸锦、程恂、潘乙震、徐铎、吴绂、王士让、叶酉等;纂修《礼记义疏》者主要有:杭世骏、潘永季、王文震等。从此,一项以清廷统治者政治意志为导向的礼学文化整理项目,登上政治舞台。

从三礼馆正式开馆纂修《三礼义疏》之日起,一直到乾隆十九年(1754年)四月三礼馆封馆,整个纂修工作前后跨度长达十九年。经过一大批纂修官的努力,正式完成《三礼义疏》的定本工作。在此期间,方苞领纂的《周官义疏》48卷、周学健领纂的《仪礼义疏》48卷、李绂领纂的《礼记义疏》82卷,次第完成,蔚为大观,实为清兴以来三礼学之集大成之作。次年(1755年)十月,礼部正式照会各直省,"敬谨刊刻,准人刷印,听坊间翻刻,以广传习"①,开始了《三礼义疏》在全国的传播推广工作。

三礼馆的诏开和《三礼义疏》的完成,标志着清代前期三礼学研究趋于大成,成为清代礼学发展史上乃至经学发展史上的一件重要大事,影响了前后数十年时间的三礼研究发展走向,并为下一阶段礼学研究的文化转型提供了重要契机。

正如张涛所说:"《三礼义疏》成书于乾隆初年,标志着'御纂七经'最终完成。……《义疏》本身即构成一意义自足的研究对象。而三礼馆历时十数年之久,参与学者百余人,不但负责编纂《义疏》,同时兼具修订康、雍两朝所遗《日讲礼记解义》的任务。透视其特定历史动因与独特发展轨迹,可以窥见进乾隆前期政治文教举措风貌之一隅。"②从某种意义上可以说,三礼馆的开设和《三礼义疏》的修撰体现了以乾隆皇帝为代表的清代统治者"以礼经世"的政治和学术新取向,奠定了清代学术由理学向经学意识形态取向的转型。《三礼义疏》的完成既是对前此三礼学研究成果的总结和继承,又示范了新的

---

① 《钦定学政全书》,载沈云龙主编:《近代中国史料丛刊》第30辑,台湾文海出版社1968年版,第92—120页。

② 张涛:《乾隆三礼馆史论》,上海世纪出版集团2015年版,第2页。

礼学研究路径,在清代三礼学的发展演进过程中发挥了承前启后的重要作用,开启了清初学术向乾嘉学派治学方法和取向的转向。

三、清代礼学思想的嬗变

在清代礼学研究和发展的演进轨迹中,礼学思潮的嬗变一直与礼经研究的学术取向相终始,对三礼学的研究发挥着导向性的作用。清代后期的学术史同样证明了这一规律。"嘉道之际,汉、宋调和成为学术主潮,融合理学与礼学的趋势随之增强。"①在清后期学术与社会均呈纷纭变幻、错综复杂的形势下,围绕"礼"与"理"、"礼学"与"理学"的关系认识问题,出现了两种近似而又略存差异的观点,一是陈澧提出的"理学即礼学"说,一是黄以周的"礼学即理学"说。

其一,陈澧的"理学即礼学"。陈澧(1810—1882年),字兰甫、兰浦,号东塾,广州番禺县人,祖籍浙江绍兴。他以惩救学风之弊端、发挥经学"经世致用"功用为己任,因而他声言"读经而详味之,此学要大振兴","读书能寻味经文,则学行渐合为一矣,经学、理学不相远矣"②。这一见解,无疑是对清初顾炎武"经学即理学"说法的继承和扬弃。在陈澧看来,学问贵在学有师承,但却不可以有汉学与宋学的门户之见,"合数百年学术之弊而细思之,若讲宋学而不讲汉学,则有如前明之空陋矣;若讲汉学而不讲宋学,则有如乾、嘉以来之肤浅矣"。于是,陈澧致力于会通汉、宋之学,借以挽救世风、学风。

对于"礼"及三礼之学,陈澧毕生没有从事过名物器数、繁文缛节的烦琐考据,但从其著述中散存的点滴记载来看,他在这方面亦曾有过细致的思考。在他看来,"周公制礼,若细微之事,皆为撰定,则毕世不能成矣。大纲既举,天下遵行,其余细事,则学士大夫各加讲求。有不能较若画一者,无足怪也,岂必由于乱离崩坏哉?"③陈澧认为:"《仪礼》,礼之文也;《礼记》,礼之意也。"但他同时也指出:"礼文之中有礼意焉,不可不知也。不明礼文,不可以求礼意;

---

① 罗检秋:《学术调融与晚清礼学的思想活力》,《近代史研究》2007年第5期。
② 陈澧:《赠王玉农序》,载杨寿昌:《陈兰甫先生澧遗稿》,《岭南学报》第二卷第三期(1932年)。
③ 陈澧著,杨志刚校点:《东塾读书记·礼记》(九),中西书局2012年版,第159页。

然明礼文而不明礼意,则或疑古礼不可行于后世,不知古今礼文异而礼意不异。礼意即天理也,人情也,虽阅百世不得而异也。"①据此,陈澧阐为"理学即礼学"的礼学思想。陈澧由此认为,研究《仪礼》,既要"明礼文",更要"明礼意"。从发微"礼文"与"礼意"的角度,陈澧对凌廷堪和郑玄给予了高度评价,他说:"朱笥河以《仪礼》难读,欲撰释例之书;又以礼莫精于丧礼,欲撰礼意之书。释例则凌次仲为之矣,礼仪意则郑注最精,非独丧礼也","读郑注,乃知正己以帅人之意。其深微至此,得郑注而神情毕见,可谓抉经之心矣"②。

其二,黄以周的"礼学即理学"。黄以周本名元同,字元同,号儆季,"少承家学,以为三代下之经学,汉郑君、宋朱子为最。而汉学、宋学之流弊,乖离圣经,尚不合于郑、朱,何论孔、孟?"③黄以周有感于顾炎武"经学即理学"之说,"乃体顾氏之训,上追孔、孟之遗言,于《易》《诗》《春秋》皆有著述,而《三礼》尤为宗主。"④黄以周之所以专研礼学,便是试图借此改革汉学、宋学之流弊,倡导汉、宋合流之经学研究。与陈澧一样,黄以周同样存在以礼学统摄儒学的做法,试图将经学问题礼学化。他在承继其父黄式三"礼者,理也。古之所谓穷理者,即治礼之学也"⑤思想的基础上,又针对陈澧"理学即礼学"之说加以修正,进一步提出了"礼学即理学"的治学主张。在黄氏看来,"礼者,理也","古人论学,详言礼而略言理,礼即天理之秩然者也","故考礼之学,即穷理之学也"⑥。他又说:"经以载道,经学即是理学,经学外之理学为禅学"⑦。细细体悟黄以周的这番话语,不难发现,其所谓"经学即理学",换一种表述便是

----

① 陈澧:《赠王玉农序》,载杨寿昌:《陈兰甫先生澧遗稿》,《岭南学报》第二卷第三期(1932年)。

② 陈澧著,杨志刚校点:《东塾读书记·仪礼》(八),中西书局2012年版,第150页。

③ 徐世昌编纂,舒大刚等校点:《儆居学案》(上),载《清儒学案》第八分册卷一百五十三,人民出版社2010年版,第4027页。

④ 徐世昌编纂,舒大刚等校点:《儆居学案》(下),载《清儒学案》第八分册卷一百五十四,人民出版社2010年版,第4044页。

⑤ 黄家岱:《礼记笺正叙》,《嬹艺轩杂著》卷下,《儆季杂著》附载本,江苏南菁讲舍刻刊本,光绪二十年。

⑥ 黄以周:《曾子论礼说》,《儆季杂著》文钞一,江苏南菁讲舍刻刊本,光绪二十年。

⑦ 黄以周:《南菁书院立主议》,《儆季杂著》文钞六,江苏南菁讲舍刻刊本,光绪二十年。

"礼学即是理学"。无怪乎后来缪荃孙揭示说:"先生(按:这里指黄以周)以经学为理学,即以礼学为理学。顾氏之训,至先生而始阐。"①

从上述三个时期的礼学思潮状况来看,从清初顾炎武首先倡为"经学即理学"学说,到中期凌廷堪、阮元等提出"以礼代理"的礼学思想,再到后期陈澧"理学即礼学"学说、黄以周"礼学即理学"思想的发微,皆与各个历史阶段的社会政治思潮、学术取向相适应,对于彰显礼经学的经世致用功能,引导礼经学的学术走向,具有重要的导向性作用。

四、清代三礼图学的兴盛

在中国古代礼学著述中,有一类以绘制图像为主并辅以相应的文字对三礼中所涉仪节和器物进行诠解的礼图学著作。这类礼图学著述虽然不是礼学研究的大宗,但在汉代以来的三礼学研究中一直发挥着重要的不可替代的作用,占有非常重要的地位。从汉代正式形成三礼学之后,就出现了以绘图的方式诠解礼学经典的文献形式。现在所能见到的最早的礼图是东汉碑刻《六玉图》(见于南宋洪适所作《隶续》)。

清代学者陈澧《东塾读书记》卷八云:"《仪礼》难读,昔人读之之法,略有数端:一曰分节;二曰绘图;三曰释例。今人生古人后,得其法以读之,通此经不难矣。"②清末今文经学家皮锡瑞也有与此大致相同的说法:"读《仪礼》重在释例,尤重在绘图,合以分节。三者备,则不苦其难。"③与陈氏的说法相比,皮氏把以图治礼的方法看得更重要。需要说明的是,陈、皮二氏所谓"绘图"法,虽然只是就《仪礼》学而言,但实际上,学术史上也有许多学者以"绘图"的方式对《周礼》和《礼记》进行解读和阐释,撰写绘制了许多礼图类著述。

这些有关三礼学的礼图类著述及相关的研究著述虽然不是礼学研究的大宗,但在汉代以来的三礼学研究中一直发挥着不可替代的作用,占有非常重要的地位,可谓三礼学的一个子学科。

---

① 缪荃孙:《中书衔处州府学教授黄先生墓志铭》,载《续碑传集》卷七五,江楚编译书局宣统二年刊本。
② 陈澧:《东塾读书记》卷八《仪礼》,朝华出版社2017年版,第215页。
③ 皮锡瑞:《经学通论》,中华书局1954年版,第31页。

礼图类著述大约创始于东汉时期的郑玄与阮谌。郑玄是东汉集大成的经学大师。他遍注群经,尤精于三礼之学。阮谌,字士信,东汉陈留(今河南开封)人,生卒年不详。他曾任东汉侍中,也是著名礼学家。《隋书·经籍志》载:"《三礼图》九卷,郑玄及后汉侍中阮谌等撰。"①《隋志》本条记述不太分明!不知是郑玄与阮谌合著《三礼图》?抑或是二人分别撰有《三礼图》。有待于进一步考证。

宋聂崇义《三礼图集注》曾称引郑玄与阮谌旧《图》。由此可知郑玄、阮谌所作《三礼图》宋初犹存于世,后来不知何时亡佚了。清代马国翰《玉函山房辑佚书》辑有后汉郑玄、阮谌撰《三礼图》一卷,共辑佚一百五十五条。

不过,《四库全书总目》于聂崇义《三礼图集注》下提要曰:"考《礼图》始于后汉侍中阮谌。……勘验《郑志》,玄实未尝为《图》。殆习郑氏学者作《图》归之郑氏欤?"②四库馆臣认为《礼图》创始于阮谌;所谓郑玄《三礼图》当是郑玄后学所为。按郑玄孙郑小同《郑志》卷中记载:"赵商问《司服》王后之六服之制,目不解,请图之。答曰:'大裘、衮衣、鷩衣、毳衣、絺衣、玄衣,此六服皆缥裳、赤舄。韦弁衣以韎,皮弁衣以布,此二弁皆素裳、白舄……'"③这里记载郑玄的学生赵商向郑玄请教王后六服之制,并请郑玄画图解之。这里只记述郑玄以语言进行了讲解,未记述郑玄是否画图解之。《四库提要》可能就是据此认为"玄实未尝为《图》"。四库馆臣的这一推论并无文献学依据,理据并不充分。

值得注意的是,东汉时期一些碑刻中出现了一些"五玉"或"六玉"图,也可以看作是早期的《礼图》。据宋人洪适《隶释》所载东汉桓帝永寿年间所立"益州太守碑"碑阴刻有"五玉三兽"。据洪适《隶释》记载,蜀中汉碑还有柳敏碑阴和冯绲墓道刻有"双排六玉碑,又有单排六玉碑"。④ 这些碑刻上所刻的"五玉"或"六玉"就是璧、琮、圭、璋、璜、琥等玉制礼器。然则《隶

① (唐)魏徵:《隋书》,中华书局1973年版,第924页。

② (清)永瑢等:《四库全书总目》卷二二《经部·礼类四》,中华书局1965年影印版,第176页。

③ (三国)郑小同:《郑志》卷中,载文渊阁《四库全书》第182册,上海古籍出版社1987年影印版,第336页。

④ (宋)洪迈:《隶释》卷十七《益州太守碑阴》,中华书局1986年版,第177页。

释》所载这些蜀地汉碑所刻的"五玉图"或"六玉图"就可以看作是早期的礼图。

《隋书·经籍志》还著录了三国吴射慈的《丧服变除图》五卷、晋崔游《丧服图》一卷、南朝齐王俭的《丧服图》一卷,以及佚名学者撰作的《丧服礼图》《五服图》《冠服图》等;《新唐书·艺文志》载夏侯伏朗《三礼图》十二卷,张镒《三礼图》九卷;《崇文总目》载梁正《三礼图》九卷。这些魏晋至隋唐时期的礼图学著述虽在历代史志目录中有案可稽,但后来均已亡佚了。其中有些有清人辑佚本,有些完全亡佚,不可复见其原貌。

两宋时期,学者们很重视三礼学的研究,且有多部礼图学著作流传于后世。其中影响最大的就是聂崇义根据郑玄、阮谌、夏侯伏朗、张镒、梁正和开皇官撰等六家礼图学著作,参互考定而撰作的《新定三礼图》二十卷。

聂崇义的《新定三礼图》是一部具有划时代意义的"礼图学"集大成之作。聂崇义,洛阳(今属河南)人,北宋初年经学家,善《礼》学,学问赅博,深受世人推崇。五代后汉乾祐(948—950 年)中,聂崇义累官至国子《礼记》博士。后周世宗诏崇义参定郊庙祭玉,崇义因取三礼旧图,重加考订。至北宋建隆三年(962 年)四月,聂崇义将其所著《新定三礼图》进献朝廷,得到宋太祖的嘉奖。太祖诏令颁行聂氏《三礼图》于天下,并画于国子监讲堂之中。聂崇义《三礼图》所作图象虽"未必尽如古昔",但援据经典,考释器象,较旧图大有新意,具有重要的参考价值,因而博得学界高度评价,大行于世。本书有图,有解说,凡图 380 余幅。现存礼图之近于古者,莫若是书。《四库提要》称其"抄撮诸家,亦颇承旧式,不尽出于杜撰"[①]。

北宋吕大临的《考古图》、王黼的《宣和博古图》、王洙的《周礼礼器图》、陈祥道的《礼书》和《周礼纂图》、龚原的《周礼图》,南宋杨甲的《六经图》和杨复的《仪礼图》《仪礼旁通图》,是两宋时期有代表性的礼图学著作。

陈祥道的《礼书》一百五十卷是北宋时期一部卷帙浩繁、很有特色的礼图学著作。陈祥道,字用之,福州(今属福建)人,治平四年(1067 年)进士。北

---

① (清)永瑢等:《四库全书总目》卷二二《经部·礼类四》,中华书局 1965 年影印版,第 176 页。

宋熙宁年间,王安石在宋神宗支持下实施变法,改组了国子监,撤换一批反对变法的官员。陈祥道由于是王安石的门生,且推崇、支持王安石的变法策略,因而被委任为国子监直讲(后诏改为太学博士)。陈祥道《礼书》论辨详博,附以绘画,于唐代诸儒之论,近世聂崇义之图,或正其失,或补其缺。是一部很有价值的礼图学著作。作为王安石的学生,陈祥道在本书中多从宋学的立场"掊击郑学,如论庙制,引《周官》《家语》《荀子》《谷梁传》,谓天子皆七庙,与康成天子五庙之说异。论禘祫,谓圜丘自圜丘,禘自禘,力破康成禘即圜丘之说。论禘大于祫并祭及亲庙,攻康成禘小祫大,祭不及亲庙之说。辨上帝及五帝,引《掌次》文辟康成上帝即五帝之说。盖祥道与陆佃皆王安石客,安石说经既刱造新义,务异先儒。故祥道与佃亦皆排斥旧说。"①据此可知,陈祥道的《礼书》体现了宋学精神。

此外,王安石的另一位学生陆佃(即陆游的祖父)所作《礼象》也是一部影响较大的礼图学著作,为明代刘绩《三礼图》所借鉴和取资。但此书现已亡佚。

南宋杨复所作的《仪礼图》在礼图学史上有着特殊的地位。杨复,字茂才,号信斋,宋福州(今属福建)人,曾受业于朱熹之门。杨复《仪礼图》是礼学史上第一部以绘图的方式对《仪礼》各仪节进行阐释的完整的礼图学著作,受到后世学者的高度评价,对后世礼图学产生了重要影响。清人张惠言负有盛名的《仪礼图》就是在杨复《仪礼图》的基础上发展完善而成。故陈澧《东塾读书记》曰:"杨信斋作《仪礼图》厥功甚伟。惜朱子不及见也。《通志堂经解》刻此图,然其书巨帙不易得,故信斋此图罕有称述者。张皋文所绘图更加详密,盛行于世,然信斋创始之功不可没也。"②

南宋林希逸的《考工记解》(又名《鬳斋考工记解》)二卷也是一部礼图学著作。此书于明代由张鼎思补图、屠本畯补释,以《考工记图解》为名流行于世。林希逸,字肃翁,号鬳斋,福清(今属福建)人,南宋理宗端平二年(1235年)进士。林希逸《考工记解》的特点是:"仅存宋儒,务攻汉儒。故其书多与

---

① (清)永瑢等:《四库全书总目》卷二二《经部·礼类四》,中华书局1965年影印版,第178页。

② (清)陈澧:《东塾读书记》卷八《仪礼》,朝华出版社2017年版,第221页。

郑康成注相刺谬。"①体现了林希逸反对汉学的宋学立场。

宋代还出现了一些以"考古""博古"为名的图书,著录了许多与礼学、礼器相关的古器物。这类图谱类著作虽不以"礼"为名,但也属于礼图学著述的范畴。这类著作以北宋吕大临的《考古图》和王黼的《宣和博古图》为代表。

吕大临,字与叔。其先汲郡(今河南汲县)人,后移居蓝田(今属陕西)。他是王安石变法时期保守派人物吕大防之弟。历官太学博士,秘书省正字。初学于张载,后从二程(颢、颐)游。吕大临所作《考古图》共十卷,著录了当时宫廷和私家收藏的古代铜器、玉器。卷一至卷六为鼎、鬲、簠、爵等商周器。卷七为钟、磬等乐器。卷八为玉器。卷九、卷十为秦汉器。《考古图》通过著录大量古器物图并加以考证,使得古器物与"三礼"制度得以联系,对于考证古礼很有学术价值。本书为我国最早而有系统的古器物图录,在著录古器物的体例上具有开创性的功绩。

王黼,北宋开封府祥符县(今河南开封)人,字将明,原名甫,后因与东汉宦官王甫同名,赐改为黼,崇宁进士,历翰林学士、承旨。宣和元年间任宰相。在其任相期间,他奉敕组织编纂了《宣和博古图》。本书著录了宋代皇室在宣和殿收藏的自商代至唐代的青铜器839件。分为鼎、尊、罍、彝、舟、卣、瓶、壶、爵、觯、敦、簠、簋、鬲、镀及盘、匜、钟磬、錞于、杂器、镜鉴等,凡二十类。各种器物均按时代编排。每类器物都有总说,每件器物都有摹绘图、铭文拓本及释文,并记有器物尺寸、重量与容量。有些还附记出土地点、颜色和收藏家的姓名,对器名、铭文也有详尽的说明与精审的考证。

虽然元明时期礼图学著述明显不如宋代发达和繁荣,但也出现了许多礼图学著述。其中影响较大的礼图学著作有:元代龚端礼的《五服图解》,韩信同的《韩氏三礼图说》;明代刘绩的《三礼图》,王圻、王思义的《三才图会》等。

其中,刘绩《三礼图》最为著名。刘绩,字用熙,号芦泉,江夏(今湖北武汉江夏区)人,明代弘治庚戌进士,官至镇江府知府。刘绩《三礼图》多本于宋人

---

① (清)永瑢等:《四库全书总目》卷一九《经部·礼类一》,中华书局1965年影印版,第152页。

陆佃《礼象》、陈祥道《礼书》、林希逸《考工记解》诸书，而取诸《博古图》者为尤多。"不惟补崇义之阙，且以拾希逸之遗。其他斑荼曲植之属，增旧图所未备者，又七十余事。"①在宋明理学思潮的影响下，刘绩《三礼图》的一个最大特点是反对汉学，而崇信宋学。刘绩在《三礼图》卷首《三礼图说》中自谓其撰写本书的旨趣曰："三代制度本于义，故推之而无不合。自汉以来失其传，而率妄作。间有微言训诂者又误，遂使天下日用饮食衣服作止皆不合天人，而流于异端矣。绩甚病之。既注《易》以究其原，又注《礼》以极其详。顾力于他经不暇，故作此图以总之。"②

清代是我国经学史上汉学复兴的时期，也是三礼学全面发展的时期。这一时期的"礼图学"出现了大发展、大繁荣的局面。清代礼图学著述非常繁荣，盛极一时。不仅乾隆钦定《三礼义疏》后分别附有《周礼图》四卷、《礼器图》四卷、《礼节图》四卷和《礼记图》五卷，而且有清一代还先后出现了多达几十种礼图学专著。诸如江永的《乡党图考》、戴震的《考工记图》、阮元的《考工记车制图解》、焦循的《群经宫室图》、胡培翚的《燕寝考》、张惠言的《仪礼图》、吴之英的《仪礼礼事图》和《礼器图》等，都在以图像解礼方面作出了重要贡献，在礼图学史上占有很高地位。

江永的《乡党图考》虽然本是一部有关《论语·乡党》篇名物制度的专门研究著作，但由于其内容大多与礼学有关涉，因而可以看作一部特殊的礼图学著作。江永，字慎修，清徽州婺源（今江西婺源）人，是清代早期经学家、礼学家。戴震、金榜皆从其受业。他有鉴于当时经学研究中"著述家得其大者遗其细，如宫室、衣服、饮食、器用皆未暇数之"，遂"辑《乡党图考》十卷，自圣迹至一名一物，必稽诸经传，根据注疏讨论源流，参证得失，宜作图谱者，绘图彰之。界画表之。"③本书乃为《论语·乡党》篇名物制度的专门研究著作。卷一为图谱，有《孔子先世图》《孔子年谱》等图表三十幅，每图皆辅以文字说明。

————————

①　（清）永瑢等：《四库全书总目》卷二二《经部·礼类四》，中华书局1965年影印版，第176—177页。

②　（明）刘绩：《三礼图》卷一《三礼图说》，载文渊阁《四库全书》第129册，上海古籍出版社1987年影印版，第286页。

③　（清）江永：《乡党图考·序》，载文渊阁《四库全书》第210册，上海古籍出版社1987年影印版，第216页。

卷二为圣迹,考孔子一生足迹所至,立目十七。此外,卷三为朝聘,卷四为宫室,卷五、六为衣服,卷七为饮食,卷八为器用,卷九为容貌,卷十为杂典。本书体例每先引经文及传注,附以按语,加以考证,多有精义新见。

张惠言《仪礼图》是清代最著名的礼图学著作之一。张惠言,原名一鸣,字皋文,号茗柯先生,常州武进(今属江苏)人,嘉庆四年(1799年)进士,清代经学家。他精研《周易》,与惠栋、焦循一同被称为"乾嘉易学三大家"。又精研礼学,著有《仪礼图》十八卷。张惠言《仪礼图》是一部继承发展宋代杨复《仪礼图》的礼图学著作。本书兼采唐宋元明诸儒的有关成果,断以经注,首为宫室图、衣服图,总挈大纲,然后随事立图,使读者对于揖让进退之节、房室堂庭之位与豆笾尊鼎之陈均有清楚的了解。

吴之英的《仪礼礼事图》和《礼器图》是清代晚期最有代表性的礼图学著作。吴之英,字伯𡲶,又字伯杰,号西蒙愚者、西蒙老渔、蒙阳渔者等。清末民初四川名山(今四川雅安名山)人。其《仪礼礼事图》将《仪礼》各篇经文依其行仪次序、步骤分解为诸多节目或章次并进行了较全面的图解。吴之英《仪礼礼器图》主要包括宫室图和器物图两部分,其中器物图主要绘画《仪礼》十七篇各篇所涉器物之图像、形制。当代著名学者谢兴尧评述吴之英的礼图学著作说:"是编虽取袭前人之图,而分门别类,条分缕析,颇称宏博,且能以《说文》、古史证明古制,发前人所未发,致力之深,洵足钦矣。"又说:"此书于各类名物,考据极精,至所附图,则多附会,然不害其为杰构也。"①由此可知,吴之英的《仪礼礼事图》和《礼器图》可以称得上是集清人礼图学研究成果之大成的著作。

值得注意的是,清乾隆帝诏令修撰的《钦定三礼义疏》是当时一部有关三礼学的集大成之作。三礼义疏也都附有相应的礼图。《周官义疏》共四十八卷,其中凡文四十四卷,《周官图》四卷。《仪礼义疏》共四十八卷,凡文四十卷,《仪礼图》八卷。《礼记义疏》共八十二卷,凡文七十七卷,《礼记图》五卷。《三礼义疏》中所附的《周官图》四卷、《仪礼图》八卷、《礼记图》五卷成为全书的有机组成部分,对三礼的诠释发挥了很好的作用。

---

① 中国科学院图书馆:《续修四库全书总目提要》,中华书局1993年影印版,第525页。

总而言之,清代的三礼图学非常发达,甚至可以说,以绘图的方式诠释礼学经典成为清代三礼学的一个特点、一种风尚。除了上述较重要的礼图学著述以外,据《清史稿·艺文志》和其他相关书目文献记载,清代还有下列数十种三礼图学著作:

任启运《朝庙宫室考(附田赋考)》二卷,书中附有宫室图八幅。

金榜《礼笺》书中附有礼器图若干。

汪中《述学》书中附有宫室图四幅,皆天子之宫室。

孔广林《仪礼臆测》书中附有宫室图一组(含郑玄旧说与孔氏改定图两部分)。

孔广森《礼学卮言》书中附有宫室图四幅。

阮元《考工记车制图解》一卷。

郑珍《考工轮舆私笺》二卷(内附《图》一卷,珍子知同撰)。

万斯同《庙制图考》四卷。

孙星衍《三礼图》三卷。

孙星衍《明堂考》书中附宫室图八幅。

朱轼《仪礼节略》十七卷,《图》三卷。

王宗涑《考工记考辨》八卷。

王绍兰《仪礼图》不分卷。

何济川《宫室图说》四卷。

焦循《群经宫室图》二卷。

盛世佐《仪礼集编》四十卷,书中附有今定夫妇席前设馔图、北堂图、一组乡饮酒礼宾位图、无算爵图、射礼方位图。

吕宣曾《古宫室图》一卷,附《古冠服图》。

沈彤《仪礼小疏》一卷,书中附有室中、夫人、堂下兄弟哭位图各一幅。

褚寅亮《仪礼管见》三卷,书中附有共牢设馔图与公食大夫陈馔图各一幅。

洪颐煊《礼经宫室答问》二卷,书中附有宫室图八幅。

吴嘉宾《丧服会通说》四卷,书中附有丧服图若干。

俞樾《士昏礼对席图》一卷,书中附有前人所绘士昏礼对席图六幅。

俞樾又有《群经平议》,书中附有宫室图若干,以及聘礼陈撰图一幅。

黄以周《礼书通故》凡五十卷,后三卷中有服制表,丧服表,还有三百余幅礼器图,二十四幅宫室图,以及按照《仪礼》经文篇次编排的近二百幅行礼方位图。

吴之英著有《寿栎庐仪礼奭固礼事图》十七卷,又有《寿栎庐仪礼奭固礼器图》十七卷。

张锡恭《丧服郑氏学》十六卷,书末附有深衣图六幅。

于鬯《读仪礼日记》不分卷,书中附有射侯图若干。

曹元弼《礼经学》七卷,书中附有七幅宫室图,二十余幅礼服图,及丧服表若干。

林乔荫《三礼陈数求义》三十卷,内附宫室图,宗法图,服制表若干。

林颐山《经述》书中附有深衣图一组(含江氏图,有对比之意)。

第二节　清代《周礼》学

一、清代《周礼》学研究的整体特点

清代三礼学研究非常兴盛,成就远远超越宋元明三代,名家辈出,著作如林。清代《周礼》学在研究内容与研究方法上主要呈现出如下特点。

（一）推崇汉学,重视考据

清代学术一反宋明理学空言心性的取向,转而推崇汉唐经学,重视实事求是的、无征不信的考据之学,因而形成朴学发达的学术局面。清代《周礼》学在整体上也呈现出推崇汉学、重视考据的特点。注重对《周礼》的文字训诂和名物制度的考证,是清代许多《周礼》学著作的普遍特点。

清初学者毛奇龄的《周礼问》二卷、李光坡的《周礼述注》二十四卷、方苞的《周官集注》十二卷、江永的《周礼疑义举要》七卷、惠士奇的《礼说》十四卷、惠栋的《周礼古义》一卷、吴廷华的《周礼疑义》四十四卷、姜兆锡的《周礼辑义》十二卷、段玉裁的《周礼汉读考》等都是清代体现汉学精神、以考据见长的代表性的《周礼》学著述。这些《周礼》学著述的共同特点就是普遍秉持汉唐注疏的朴实学风,以无征不信的态度对《周礼》的文字和名物制度进行诠释。如《四库提要》称赞江永《周礼疑义举要》说:"是书融会郑注,参以新说,于经义多所阐发。其解《考工记》二卷,尤为精核。"①又称赞惠士奇《礼说》曰:"士奇此书,于古音、古字皆为之分别疏通,使无疑似,复援引诸史百家之文,或以证明周制,或以参考郑氏所引之汉制,以递求周制,而各阐其制作之深意。在近时说礼之家,持论最有根柢。"②

在清代众多《周礼》学著述中,特别值得称道的是清代末年孙诒让所著《周礼正义》八十六卷。该书是清代一部有关《周礼》学的集大成之作。本书坚持以经决注、以注决疏的原则,以实事求是的态度对待前人的研究成果。凡前人有关的研究成果,本书几乎甄录无遗,正确者引以参证;不正确者别自疏通;有抵触难以互通者,则存其异说。既能准确吸收郑注贾疏及前人的相关研究成果,又能有理有据地廓清前人误说。

(二) 重视专门制度研究

清代《周礼》学研究还有一个显著特点,就是特别关注专门制度研究。这方面最有代表性著作有如下几部。

1. 沈彤著《周官禄田考》三卷。沈彤,字贯云,清代吴江人。《四库提要》称其书:"自欧阳修有《周礼》官多田少,禄且不给之疑,后人多从其说。即有辨者,不过以摄官为词。彤独详究周制,以与之辨,因撰是书,分《官爵数》《公田数》《禄田数》三篇。凡田、爵、禄之数不见于经者,或求诸注;不见于注者,则据经起例,推阐旁通,补经所无,乃适如经之所有。其说精密淹通,于郑、贾注疏以后,可云特出。"③

2. 王鸣盛著《周礼军赋说》。王鸣盛,字凤喈,清嘉定人。其书专论军赋,以郑注为本,该书"序"云:

> 汉杜子春,先、后郑皆说此经,惟郑氏康成会通众家,后定为注,无遗

① (清)永瑢等:《四库全书总目》卷十九《经部·礼类一》,中华书局 1965 年影印版,第157 页。

② (清)永瑢等:《四库全书总目》卷十九《经部·礼类一》,中华书局 1965 年影印版,第156 页。

③ (清)永瑢等:《四库全书总目》卷十九《经部·礼类一》,中华书局 1965 年影印版,第157 页。

憾焉。贾公彦疏虽尚粗略,要为有功,赵宋以下诸儒能发挥注疏者颇少,而妄加驳难不知而作顾所在多有,予恒病之。曩官翰林锡山秦文恭公欲辑《五礼通考》,猥以军礼见属。予闭户读此经注疏数月,乃得其端绪,削稿以复于公,意在以郑注为宗而步贾氏之后尘者也。凡宋以后人妄驳郑者,辨正之,能发明郑义者,采而列之。……且使后人观之而知古义之不可妄驳。①

王鸣盛在该书序言中明确提出要"以郑注为宗步贾氏后尘","凡宋以后人妄驳郑者,辨正之"。如"总论王畿军制"条引《地官·载师》郑注:

> 凡王畿内,方千里积百同,九百万夫之地也,有山陵、林麓、川泽、沟渎、城郭、宫室、涂巷,三分去一余六百万夫,又以田不易、一易、再易,上中下相通,定受田者三百万家也。②

此条有关王畿受田户数的解释全以郑注为准。书中所引他人之论述如有与郑注相抵牾之处,则以郑注为准,如"总论王畿军制"条引朱熹之论:

> 郊地四同,乡、遂井田在内,甸地十二同,小都在内,疆地三十六同,大都在内,甸地之外皆谓之野,家邑、小都、大都皆谓之都鄙。

王鸣盛按:

> 朱子此条总举王畿大数,最佳,但郊地四同,只有六乡在内,遂不在内,又其地为沟洫,不为井田,《载师》以公邑之田任甸地,郑谓甸为六遂余地,为公邑,不得以甸与遂为二,又甸、稍、县、都皆有公邑,非单属甸。《遂人》云凡治野,遂亦称野,则远郊外皆谓之野,非甸地之外为野,此数项恐皆未定之论。③

对比朱熹之论与王鸣盛按语,可见王氏首先对朱子关于王畿各组行政单位面积的总结表示同意,但同时对朱子的某些观点提出异议。如朱子认为乡、遂都在郊地之内,而王氏则认为只有乡在郊地之内,遂不在内,并认为遂之地

① (清)王鸣盛:《周礼军赋说》,载《续修四库全书》第80册,上海古籍出版社2002年影印版,第115页。

② (清)王鸣盛:《周礼军赋说》,载《续修四库全书》第80册,上海古籍出版社2002年影印版,第117页。

③ (清)王鸣盛:《周礼军赋说》,载《续修四库全书》第80册,上海古籍出版社2002年影印版,第117页。

为沟洫不为井田。王氏依《载师》郑注之甸为六遂余地,为公邑之说,否定朱子甸与遂为二之说。又朱子认为甸地之外才谓之野地,而王氏则依《遂人》认为凡是远郊之地都可称之为野地。

3.程瑶田著《沟洫疆理小记》。程瑶田,字易田,清代安徽歙县人,著有礼学著作多部。他所著《沟洫疆理小记》凡二十一篇,"据经文推阐,以明郑注。首为遂人、匠人沟洫同异考,次曰井田沟洫名义记、遂人、匠人沟洫形体记、沟洫纵横无奇数说等,其苦心研究,详为条析,驳宋人及清人诸书之非,申郑注之是,实确有所见"①。

(三) 先后出现了两部《周礼》研究的集大成之作

清代《周礼》学非常发达,先后出现了两部有关《周礼》研究的集大成之作:一部是乾隆朝官修的《钦定周官义疏》,一部是孙诒让著的《周礼正义》。关于《钦定周官义疏》的内容、体例和长处,《四库全书总目提要》介绍、评价说:

> 乾隆十三年《御定三礼义疏》之第一部也。考《汉志》载《周官》经六篇,传四篇,故杜子春、郑兴、郑众、贾逵、卫宏、张衡所注,皆称《周官》。马融、郑元所注,犹称《周官礼》。迨唐贾公彦作疏,始沿用省文,称为《周礼》,实非本名。今仍题曰《周官》,从其朔也。首冠以《御制日知荟说》,论《周官》者十则,以昭千古之权衡。其采掇群言,则分为七例:一曰正义,直诂经义,确然无疑者也;二曰辨正,后儒驳正,至当不易者也;三曰通论,或以本节本句参证他篇,比类以测义,或引他经与此互相发明者也;四曰余论,虽非正解,而依附经义,于事物之理有所推阐者也;五曰存疑,各持一说,义亦可通,又或已经驳论,而持此者多,未敢偏废者也;六曰存异,名物象数,久远无传,难得其真,或创立一说,虽未即惬人心,而不得不存之以资考辨者也;七曰总论,本节之义已经训解,又合数节而论之,合一职而论之者也。大抵《周官》六典,其源确出周公,而流传既久,不免有所窜乱,不必以为疑,亦不必以为讳。说《周官》者以郑氏为专门,而训诂既繁,不免有所出入。不可护其短,亦不可没其长。是书博征约取,持论至

---

① 王锷:《三礼研究论著提要》,甘肃教育出版社 2011 年版,第 90 页。

平。于《考工记·注》奥涩不可解者,不强为之词,尤合圣人"阙疑"之义也。①

四库馆臣的评介可谓中肯公允。该书的体例有七例,分别是正义、辨正、通论、余论、存疑、存异、总论,用此七例,基本可以将前人研究《周礼》之精华非常清晰地展现出来。该书以方便易学为出发点,不搞烦琐考证,"博征约取,持论至平",非常方便一般读书人对《周礼》的学习。

孙诒让(1848—1908年)的《周礼正义》是《周礼》学史上最负盛名的著作。孙诒让,字仲容,一作仲颂,号籀庼,晚清经学大师。《周礼正义》八十六卷,二百余万字,是孙诒让一生用力最久最深的著作。他自同治十二年(1873年)着手此书,编作长编,数易其稿,到光绪二十五年(1899年)才最后写定,历时共二十七年。

孙氏《周礼正义》历来被推崇为有清一代经学史上的殿军之作,也是《周礼》学的集大成之作,受到学术界普遍尊崇。这部《周礼》学著述内容广博浩繁,长达八十六卷,二百余万字。梁启超高度评价《周礼正义》的学术地位说:"此书和黄儆季(以周)的《礼书通故》,真算得清代经师殿后两部名著了。……仲容(孙诒让)斯疏,当为清代新疏之冠。虽后起者胜,事理当然,亦其学识本有过人处也。"②

二、毛奇龄的《周礼》学

(一) 毛奇龄的生平与学术成就

毛奇龄(1623—1713年)③,曾名甡,字大可,号秋晴、初晴,又以郡望称西河,浙江萧山人。明亡后,曾一度参加抗清武装。失败后,逃回家乡。不久后又遭仇家陷害,不得不变姓名亡命江淮间近二十年。逃亡期间,他或拜师交友,或读书论学,先后结识阎若璩、姚际恒、朱彝尊、施闰章等学者,开始从事

---

① (清)永瑢等:《四库全书总目》卷十九《经部·礼类一》,中华书局1965年影印版,第155页。

② 梁启超:《中国近三百年学术史》,广陵古籍刻印社1990年版,第200—201页。

③ 关于毛奇龄的卒年,或曰1716年。兹据陈祖武:《清初学术思辨录》,中国社会科学出版社1992年版,第282页。

"考索经史"之学。康熙十七年（1678 年），五十六岁的毛奇龄应征参加博学鸿儒科制举，试列二等，授翰林院检讨，遂入史馆预修《明史》。康熙二十四年（1685 年），告假南归，后称病不出，潜心经学，以著述终老故里。

毛奇龄才华超群、学识渊博、著述宏富，在清代经学史上占有非常重要的地位。他狂放不羁、恃才傲物、喜标新立异、好与人负气争胜的性格特点既使得他往往不受传统思想的束缚，在经学研究中提出许多言之成理、发千年之覆的独到见解，又使得他的不少著作存在意气用事、强词夺理、"以博济辩"之失。因而对于毛奇龄的学术成就和学术地位，乾嘉以来一直争议不断，毁誉参半。誉之者认为他是清代乾嘉汉学的不祧之祖，推崇他的学问"足以自立于千古"①；毁之者认为他晚节不保（指其晚年仕清）、人格卑下，学问也不足称道。

无论是在文艺创作、史学撰述方面，还是在经学研究领域，毛奇龄都取得了非凡的成就。尽管毛奇龄的经史研究存在这样或那样的问题或不足，但是瑕不掩瑜，他在经史研究领域所取得的丰硕成果具有重要而独到的价值，这一点不容否定。

毛奇龄著述极丰，说经之书多达五十种，其中礼学研究成果就有《周礼问》2 卷、《昏礼辨正》1 卷、《丧礼吾说篇》10 卷、《三年服制考》1 卷、《仪礼疑义》2 卷、《曾子问》4 卷、《檀弓订误》1 卷、《明堂问》1 卷、《庙制折衷》1 卷、《大小宗通释》1 卷等 15 种。此外还有《经问》18 卷、《经问补》3 卷，其中许多内容都与三礼学相关。这些礼学著作，大都著述于康熙二十四年（1685 年）返乡之后，诸书内容各有所长。

清代学者李塨赞扬毛氏的礼学成就说："至若昏礼、祭礼、丧礼、庙礼、大小宗礼、大礼议、礼问之明礼，……无非发前儒未发，以救正古先圣王危微一线之绝学，何其大也。"②由此可见毛奇龄在清代礼学研究中的重要地位和影响。他的礼学思想和治礼方法对于乾嘉时期的考据之风产生了重要影响。

----

① （清）阮元：《研经室一集》卷七《毛西河检讨全集后序》，中华书局 1985 年版，第 502 页。
② （清）李塨：《西河合集》总序，载《清代诗文集汇编》第 87 册，上海古籍出版社 2009 年版，第 4 页。

（二）毛奇龄的《周礼问》及其他《周礼》学著述

毛奇龄有关《周礼》学的论述主要集中于其《周礼问》2 卷和《经问》18 卷、《经问补》3 卷及《与李恕谷论〈周礼〉书》（《西河集》卷二十）等著述之中。

毛奇龄在《周礼问》中以问答的形式讨论有关《周礼》的一些学术纷争。该书主要讨论了 17 个学术纷争，《四库提要》对此总结说：“（该书）一论《周礼》非汉人伪作，凡四条；一论六官、三官、二官，凡二条；一论古无三司名，一论冢宰，一论《周礼》与《尚书》《大戴礼》表里；一论周六卿、唐虞六卿；一论司徒、司空，一论天地四时之名所始；一论宰夫，一论官名官职同异；一论人数多寡；一论禄数不及人数；一论分土三等同异；一论九州闲田；一论《周官》非秦制；一论罗氏攻《周礼》之谬；一论与他经同文。”①

毛奇龄在讨论考证这些问题时基本上坚持“以经证经”的原则，持之有故，言之成理。毛奇龄的《周礼问》与《经问》《经问补》对《周礼》学的许多问题进行了多方面的考证和论述，多有创见。其中最为学界称道的是对如下三个方面的考证和论述。

1.《周礼》并非出于周公，当成书于周秦之际

传统观点认为，《周礼》是周公所作，是周公“制礼作乐”的产物。对于《周礼》成书年代这一问题，毛奇龄以实事求是的态度，不为传统观点所拘，明确指出《周礼》并非周公所作，当成书于周秦之际。他在《周礼问》中论述说：

> 《周礼》自非圣经，不特非周公所作，且并非孔孟以前之书，此与《仪礼》《礼记》皆同时杂出于周秦之间，此在稍有识者皆能言之。若实指某作则自坐诬妄，又何足以论此书矣。②

他在《与李恕谷论〈周礼〉书》中进一步论证说：

> 周秦以前，并无周公作《周礼》《仪礼》一语见于群书。亦并无周、秦以前群书，若孔、孟、老、荀、列、墨、管、韩诸百家及《礼记·大学》《中庸》《坊记》《表记》《孝经》所引经有《仪礼》《周礼》一字一句，则周公不作此

---

① （清）永瑢等：《四库全书总目》卷二三《经部·礼类存目一》，中华书局 1965 年影印版，第 186 页。

② （清）毛奇龄：《周礼问》卷一，载《续修四库全书》第 78 册，上海古籍出版社 2002 年影印版，第 383 页。

书明矣。①

他又在《经问》中论述道:"《周礼》为周末之书,不特非周公所作,即战国孟子以前皆未曾有。故孔子引经,及春秋诸大夫引经,以及东迁以后,混一以前,凡诸子百家引经,并无一字及此书者。"他还指出:"孔子言'吾学周礼',及韩宣子聘鲁所云'周礼尽在鲁',皆非此书。""此书系周末秦初儒者所作,谓之周人礼则可,谓之伪《周礼》则不可,以并无有真《周礼》一书,而此窃袭之以假其文也。是以是书在前亦早有知其非者。(按:指东汉林孝存称《周礼》为'末世渎乱不验之书',何休则称其为'六国阴谋之书'。)"②

毛奇龄关于《周礼》成于周秦之际的论断为后世许多学者所认可与接受。如皮锡瑞评价说:"毛氏以《周官》为战国时书,不信为周公所作,又力辨非刘歆之伪……最为持平之论。"③

2.《周礼》非汉儒伪作

针对宋代开始出现的怀疑《周礼》为刘歆伪造的观点,毛奇龄在《周礼问》中进行了有理有力的辩驳。他首先列举《史记》《汉书》的有关记载,证明汉武帝时已有是书,其出处踪迹历历可寻,非刘歆所能伪作。他说:

> 尝读《景十三王传》,知此书出自武帝之朝为河间献王所献,武帝但藏之内府而不行其书。至成帝朝刘向奉诏校理秘书,始发《周礼》《古文尚书》《左氏春秋》诸书,编作《七录》,此皆刘向事并非刘歆。故《艺文志》云:成帝时,以书颇散亡,使谒者陈农求遗书于天下,诏光禄大夫刘向校书经传诸子。向条其篇目,撮其指要而奏之。会向卒,哀帝复使向子歆卒父业。歆于是总群书奏其《七略》,故有《六艺》《七略》之属。是《周礼》一书在武帝时已有之,成帝时又从而校理之,且其校理者是向不是歆。④

① (清)毛奇龄:《与李恕谷论〈周礼〉书》,《西河集》卷二十,载文渊阁《四库全书》第1320册,上海古籍出版社1987年影印版,第171—172页。

② 毛奇龄:《经问》卷二,载文渊阁《四库全书》第191册,上海古籍出版社1987年影印版,第18—19页。

③ 皮锡瑞:《经学通论》,中华书局1954年版,第51页。

④ (清)毛奇龄:《周礼问》卷一,载《续修四库全书》第78册,上海古籍出版社2002年影印版,第383页。

持"《周礼》为刘歆伪作说"的学者多认为刘歆是为了取悦王莽而造《周礼》,以为其居摄称帝的理论依据。对此,毛奇龄批驳道:"且歆之发《周礼》立博士非阿莽也,歆继向校书实有表彰《周官》《左传》及《古文尚书》《毛诗》之意,故移文博士劝立学官并非阿莽而设。观莽所愿效者仿《大诰》、拟《金滕》皆今文而非古文,余可推矣。世无学者但读《王莽传》谓:莽母功显君死,不欲居衰,遂开秘府,发《周礼》会群儒定制,引《周礼》云:王为诸侯缌弁,而加环绖。遂拟摄皇帝仿诸侯之服为母服缌。此实无理之极。"并且如果"因莽欲短母丧,故特造一书以谄莽",还不如专造一条,"太宰居摄则负扆行政不当私为父母服丧,或绝或降而徙"。他引用《司服职》云:"王为三公六卿锡衰,为诸侯缌衰,为大夫士疑衰,其首服皆弁绖",而此与摄皇帝服母服并不相干,因而断定其内容并非专意所造。同时,毛奇龄指出了持论者的矛盾之处:

> 且莽传明云:平帝四年,征天下通一经教授十一人以上,及有《逸礼》《古书》《毛诗》《周官》《尔雅》诸书能通知其意者皆诣公车。则在平帝未崩、莽母未死以前,显行《周官》著于令甲。而谓《周官》之伪始于居摄,则莽传且未终读,何况他耶?①

毛奇龄对"《周礼》为刘歆伪造说"的批驳有理有据,可为定谳。

3.《周礼》中存有周制

此外,毛奇龄还认为《周礼》与《仪礼》《礼记》二经虽并非出自周公,但其所记载的大部分内容确实为周之制度是不能否定的,其史料价值十分珍贵,因此决不能因其晚出而一概否定其学术价值。他说:"今天下攻《周礼》者众,总只周公之书四字害之。周秦以前,并无周公作《周礼》《仪礼》一语见于群书,亦并无周、秦以前群书,若孔、孟、老、荀、列、墨、管、韩诸百家及《礼记》《大学》《中庸》《坊记》《表记》《孝经》所引经有《仪礼》《周礼》一字一句,则周公不作此书明矣。《周礼》非周公作,何害?《大学》《中庸》不知何人作,其为经自在也。必欲争《周礼》为周公作,《大学》孔子作,则无据之言,人将无据以争之,

---

① (清)毛奇龄:《周礼问》卷一,载《续修四库全书》第78册,上海古籍出版社2002年影印版,第384—385页。

事大坏矣。天下是非，原有一定，《周礼》惟非周公作，非圣经。然周人所言《周礼》，即周之礼也，其中虽有与春秋诸礼不甚相合，然亦周礼也。如《公羊》言礼，全与左氏《策书》不相合，然亦周人之书也。况周礼全亡，所借此一书，稍为周备，可为言礼考据，若又排击之，则无书矣。如此说《周礼》方是妥当。"①这一看法，是非常通达的，是颇有见地的。

三、李光坡的《周礼》学

李光坡（1651—1723 年），字耜卿，清代安溪人，为大学士李光地之弟。李光地一直鼓励光坡专心为学，李光坡亦深受其兄影响，如李光坡在《周礼述注》云：

> 坡伯兄曰：右自大司乐以下为官二十，自大司乐至小胥，皆以教国子为职，而掌乐之政令焉。自大师至眡瞭，则专乎声歌乐器之事，故次之。典同本律吕，审声音，以造乐器，故又次之。磬师、钟师、笙师、镈师其所掌之乐器，盖大师以下所未备，故又次之。有声歌必有舞，钥师教舞，故又次之。钥章、鞮鞻师、旄人、韎韐氏，或前世之音，或列国四夷之乐，王者盖常肄而时用焉，故又次之。典庸器，声器也；司干，舞器也；皆藏器以待事而已，故又次之。然则三代乐官于是为著，虽节目不能具备，其大要可知也夫。其用至于无所不周。其效至于无所不格然，乃国之所以教师弟子，之所以讲古人之于乐何如哉。后世乐云乐云，其亦未考诸此矣。②

此段主要讨论春官中大司乐至司干各官的职能并由此说明各官的排列次序，上文开头有"坡伯兄曰"四字，表明这是李光坡在引述其兄李光地的观点。其文多处引用李光地之论，又如："坡伯兄曰：先儒谓义理以养其心，声音以养其耳，舞蹈以养其血脉，古人所谓以乐教者如此。"

李光坡一生潜心向学而不仕，著有《三礼述注》，在清代礼学史上有重要的地位。《四库提要》称赞其所著《周礼述注》曰："其书取注疏之文，删繁举

---

①　（清）毛奇龄：《西河集》卷二十《与李恕谷论〈周礼〉书》，载文渊阁《四库全书》第 1320 册，上海古籍出版社 1987 年影印版，第 171—172 页。

②　（清）李光坡：《周礼述注》卷十，载文渊阁《四库全书》第 100 册，上海古籍出版社 1987 年影印版，第 199 页。

要,以溯训诂之源,又旁采诸家,参以己意,以阐制作之义,虽于郑、贾名物度数之文,多所刊削。而析理明通,措词简要,颇足为初学之津梁。"①《周礼述注》主要有以下特点。

(一) 删理郑注、贾疏

李光坡《周礼述注》主要以郑注、贾疏之论为基础,删繁就简,简明扼要地阐释经文之义。

如:"治官之属……胥十有二人徒,百有二十人"条,李氏引注与疏云:

注曰:此民给徭役者,若今卫士矣。胥读如谞,谓其有才知为什长。

疏曰:有胥必有徒,胥为什长故也,腊人之类有徒无胥者,得徒则足,不假长帅也;食医之类胥徒并无者,专官行事不假胥、徒也;《礼记·王制》云:下士视上农夫,食九人,禄足以代耕。则府食八人,史食七人,胥食六人,徒食五人,禄其官并亚士,故号庶人在官者也。②

原注云:"此民给徭役者,若今卫士矣。胥读如谞,谓其有才知为什长。"

原疏云:

胥有才智,为什长,徒给使役,故一胥十徒也。注释曰:案下《宰夫·八职》云:七曰胥,掌官叙以治叙;八曰徒,掌官令以征令。郑云:治叙次序官中,如今侍曹伍伯传吏朝也。征令趋走,给召呼。案:《礼记·王制》云:下士视上农夫,食九人禄,足以代耕。则府食八人,史食七人,胥食六人,徒食五人,禄其官并亚士,故号庶人在官者也。郑云若今卫士者,卫士亦给徭役,故举汉法况之。又云胥读如谞,谓其有才智为什长者,案《周礼》之内称胥者多谓若大胥、小胥、胥师之类,虽不为什长,皆是有才智之称,彼不读从谞,从此读可知唯有追胥,胥是伺捕盗贼,非有才智也。《易·归妹》"六二以须"注云:须,才智之称,天文有须女,屈原之姊名女须,彼须字与此异者,盖古有此二字,通用俱得为有才智也。《周礼》上下文有胥必有徒,胥为什长故也,腊人之类,空有徒无胥者,得徒则足,不假

① (清)永瑢等:《四库全书总目》卷十九《经部·礼类一》,中华书局1965年影印版,第155页。

② (清)李光坡:《周礼述注》卷一,载文渊阁《四库全书》第100册,上海古籍出版社1987年影印版,第4页。

长帅故也;食医之类,胥徒并无者,以其专官行事不假胥徒也。①

对比可见,李光坡所引注文与原注文一样,而对原疏进行了大量刊削,择其要而述之。

又如"职岁,上士四人,中士八人,府四人,史八人,徒二十人"条,注云:"主岁计,以岁断。"疏云:"释曰:在此者,案其职云:'掌邦之赋出,以贰官府、都鄙之财出赐之数,以待会计而考之。'总断一岁之大计,故与司会同在此也。"李光坡云:"坡谓:职岁主赋出之簿书,谓之岁者岁计之也。"对比郑注与李氏之论可见,李氏是以更加明畅的语言来申述注、疏。

(二) 对郑注、贾疏之说进行修正

李光坡并非一味遵从郑、贾之说,若他认为郑、贾之说有可商榷之处,他就以非常谨慎的态度进行考证。如"辨方正位"条,郑云:

辨,别也。郑司农云:"别四方,正君臣之位,君南面、臣北面之属。"玄谓:《考工》:"匠人建国,水地以县,置槷以县,视以景。为规识日出之景与日入之景。昼参诸日中之景,夜考之极星,以正朝夕",是别四方。《召诰》曰:"越三日戊申,太保朝至于雒,卜宅,厥既得卜,则经营。越三日庚戌,太保乃以庶殷攻位于雒汭。越五日甲寅,位成。"正位谓此定宫庙。

"体国经野"条,郑云:

体犹分也。经谓为之里数。郑司农云:"营国方九里,国中九经九纬,左祖右社,面朝后市;野则九夫为井,四井为邑之属是也。"

李光坡对"辨方正位"与"体国经野"的解释其实与郑注并不一样,"辨方正位"条,李氏云:

坡谓:辨方,辨其山林、川泽、丘陵、坟衍、原隰之方也;正位,致日景求地中正王国之位也。②

"体国经野"条,李氏云:

① (清)李光坡:《周礼述注》卷一,载文渊阁《四库全书》第100册,上海古籍出版社1987年影印版,第4页。
② (清)李光坡:《周礼述注》卷一,载文渊阁《四库全书》第100册,上海古籍出版社1987年影印版,第3页。

坡谓:体,犹分也,体国分五百里至百里五等之国也;经谓为之里数;野,都鄙之地也。①

总体比较而言,郑玄认为"辨方正位"主要是辨别方位而确定宫庙之位,而李光坡则认为是辨别国土田地,确定王国之方位;郑玄认为"体国经野"主要是针对王城而言,而李光坡则认为是对整个王国而言的。对于此条与郑注不同的结论,李氏专门作了解释:

> 或问:"辨方正位,体国"异于注,何也? 曰:非敢臆解,据从《大司徒》成文也。今试即是而推言之,则见王者立国先辨方土、民物之宜,相民宅、知利害而后正王国,是其天下为家,厚下安宅,而不徒于一人计安享之利矣。次之以体国经野,则建邦设都以蕃王室以乱兆民,指臂之势成而中土永奠。八字之中广大精密,规模宏远焉。注说虽善然,缘文生义或偶未察于司徒之全文也。②

可见,对于自己作出的与郑注不同的结论,李光坡显得非常谨慎。他认为《大司徒》之职的经文就为"辨方正位"与"体国经野"作了注脚,并进一步认为这正体现了王者以天下为先的治国理念。按《大司徒》之职经文云:

> 以天下土地之图,周知九州之地域广轮之数,辨其山、林、川、泽、丘、陵、坟、衍、原、隰之名物,而辨其邦国都鄙之数,制其畿疆而沟封之,设其社稷之壝而树之田主,各以其野之所宜木,遂以名其社与其野……以土圭之法测土深,正日景,以求地中,日南则景短,多暑。日北则景长,多寒。日东则景夕,多风。日西则景朝,多阴。日至之景,尺有五寸,谓之地中,天地之所合也,四时之所交也,风雨之所会也,阴阳之所和也。然则百物阜安,乃建王国焉。制其畿方千里而封树之。凡建邦国,以土圭土其地而制其域。诸公之地,封疆方五百里,其食者半。诸侯之地,封疆方四百里,其食者参之一。诸伯之地,封疆方三百里,其食者参之一。诸子之地,封疆方二百里,其食者四之一。诸男之地,封疆

---

① (清)李光坡:《周礼述注》卷一,载文渊阁《四库全书》第 100 册,上海古籍出版社 1987 年影印版,第 3 页。
② (清)李光坡:《周礼述注》卷一,载文渊阁《四库全书》第 100 册,上海古籍出版社 1987 年影印版,第 4—5 页。

方百里,其食者四之一。①

李光坡主要是以《大司徒》之职这段经文为据而得出上述结论。笔者认为李光坡的结论比郑玄的讲法更合情合理。

(三) 对郑注、贾疏之说进行完善

若郑、贾之说不够明确或不够周全,李光坡就进一步完善之。如“二曰教典,以安邦国,以教官府,以扰万民”条,郑注云:“扰,犹训也。”疏云:“教典云‘安’者,地道主安,故云‘安’。”李光坡云:“坡谓:安者,治生明伦则邦本固,是安之也。教者,教以善民之道也。扰者,顺其性之固有而又敷之以宽也。”对比可见,注中只对“扰”进行了训释,即“扰,犹训也”,而李氏所云“扰者,顺其性之固有而又敷之以宽也”是在郑注的基础上做进一步的引申。李氏所谓“顺其性”之“顺”,其实是基于注所释“扰”为“训”。“顺”与“训”在词源上具有同源关系,后世黄侃云:“训者,顺也”,可见李氏之论确是在注文的基础上进一步的引申发挥。另注文并未对经文“安”与“教”进行解释,而李氏所释是注文所未解释之处且亦非引自疏文,乃李氏个人之论。

又如“凡阳祀用骍牲毛之,阴祀用黝牲毛之,望祀各以其方色牲毛之”条,郑注云:“骍牲,赤色毛之,取纯毛也。阴祀祭地北郊及社稷也。望祀五岳四镇四渎也。郑司农:‘云阳祀春夏也。’黝,读为幽,幽黑也。玄谓阳祀祭天于南郊及宗庙。”李光坡云:

> 阳祀祈谷于南郊及宗庙,骍牲赤色毛之,取纯毛也。阴祀大社也。黝读为幽,幽黑也。望祀兆五帝于四郊也。大宗伯云苍璧礼天,黄琮礼地,下云牲放其色,则圜丘、方丘无用骍牲、黝牲者。用骍牲,惟祈谷于南郊;用黝牲,惟大社与? 宗伯又云青圭礼东方,赤璋礼南方,白琥礼西方,玄璜礼北方,牲放其色,望祀各以其方之色牲毛之者,正谓此也。②

对比郑注可见,李光坡之解在郑注的基础上,增加了一部分解释。所增加的部分是引用《大宗伯》之文来证明阳祀用骍牲专指南郊,而不指圜丘与方

---

① (清)李光坡:《周礼述注》卷七,载文渊阁《四库全书》第 100 册,上海古籍出版社 1987 年影印版,第 105—111 页。

② (清)李光坡:《周礼述注》卷八,载文渊阁《四库全书》第 100 册,上海古籍出版社 1987 年影印版,第 142 页。

丘,阴祀用黝牲则专指大社。所增加的部分应该是李氏的新见。

再如"执国法及国令之贰,以考政事,以逆会计"条,郑注曰:"国法,六典、八法、八则。"李光坡云:"国令,即《天官·司会》职令、田野令、民职之令也。执国法之贰以考政事,执国令之贰以逆会计。"可见郑注只解释了"国法"之义,李光坡则进一步解释"国令"之义,并说明了国法与国令之职的区别与联系。

有时李光坡在征引注疏的同时,自己还会提出另外一种比较合理的解释。如"职方氏,掌天下之图,以掌天下之地辨其邦国、都鄙、四夷、八蛮、七闽、九貉、五戎、六狄之人民与其财用、九谷六畜之数要,周知其利害"。针对其中的"利害",注云:"利,金、锡、竹、箭之属;害,神、奸、铸、鼎所象百物也。"李光坡则提供了另外一种解释:"周知其利害者,周知其山川江湖之支凑可以设险之利与要害之处也。"

(四) 征引诸家之说

除了主要采用注疏之外,李光坡对于诸家合理之处,也多加采用。如:"职币,上士二人,中士四人,府二人,史四人,贾四人,胥二人,徒二十人。司裘,中士二人,下士四人,府四人,史四人,徒四十人。掌皮,下士四人,府二人,史四人,徒四十人。"李氏引南宋学者陈傅良(字君举)云:

> 陈君举曰:古之皮、币,乃国家所重,天府所用,甚广,故礼贽皆以皮、币为主,观当时皮事无所不会,惟王不会,故知出入之数极多大,较与货贿相敌,此所以亦属宰府,皆司会为之长。[1]

陈傅良指出了皮、币在当时的重要作用以及用皮数量之巨大。李光坡认为陈氏之论合情合理,因此加以引用。

再如"县师掌邦国、都鄙、稍、甸、郊里之地域而辨其夫家人民、田莱之数及其六畜车辇之稽。三年大比,则以考群吏而以诏废置"。郑注曰:"郊里,郊所居也,自邦国以及四郊之内是所主数周天下也。莱,休不耕者。郊内谓之易,郊外谓之莱。善言近。"李氏引南宋学者吕祖谦(字伯恭)曰:"先王自封建

---

[1] (清)李光坡:《周礼述注》卷十九,载文渊阁《四库全书》第100册,上海古籍出版社1987年影印版,第375页。

诸侯外有闲田,散在诸侯之国,或谓诸侯有罪则削其地,以为闲田,若有功则以闲田增封之,天子平时各命王官以掌之,县师掌邦国、都鄙、稍、甸、郊里之地域而兼天下之闲田,以总其目。此皆古人封建相维之意。"[1]吕祖谦的主要创新之处是有关闲田的解释,且郑注并未阐明。李光坡认为吕氏之论合理,故而直接加以采用。

又如《考工记·辀人》"进则与马谋,退则与人谋"条,郑注曰:"言进退之易与人马之意相应,马行主于进,人则有当退时。"李光坡征引南宋学者王昭禹(字光远)云:"马所以驾车,车之进则以马行为主,故进则与马谋;人所以驭马车之退,则以人驭为主,故退则与人谋。"[2]郑注的解释相对简约,王光远的解释则更加详明,且通俗易懂。因而李光坡在这里征引王光远之说以申说经义。

（五）对经文作出新解

李光坡除了紧密联系注、疏进行诠释,有所创见以外,也时有对经文的新解。

1. 梳理前后经文的逻辑关系,从而贯通经义,提出新见

如"大均之礼恤众也,大田之礼简众也,大役之礼任众也,大封之礼合众也"条,李光坡云:"兵以卫国,赋以足食,故居首,田以习战,与大师相表里,赋役一也,故大役与大均亦表里焉,凡四者皆必民聚而后可为,故以大封之礼终之。"[3]李光坡之论揭示了大均之礼、大田之礼、大役之礼、大封之礼四者之间的共同点及它们的先后次序所体现出来的义理。

又如"以嘉礼,亲万民;以饮食之礼,亲宗族兄弟;以昏冠之礼,亲成男女;以宾射之礼,亲故旧朋友;以飨燕之礼,亲四方之宾客;以脤膰之礼,亲兄弟之国;以贺庆之礼,亲异姓之国"条,李光坡云:

> 饮、食、昏、冠所以亲于家也,宾、射、飨、燕所以亲于国也,脤、膰、贺、

---

[1]　（清）李光坡:《周礼述注》卷九,载文渊阁《四库全书》第100册,上海古籍出版社1987年影印版,第149页。

[2]　（清）李光坡:《周礼述注》卷二三,载文渊阁《四库全书》第100册,上海古籍出版社1987年影印版,第484页。

[3]　（清）李光坡:《周礼述注》卷十二,载文渊阁《四库全书》第100册,上海古籍出版社1987年影印版,第208页。

庆所以亲于天下也。而家国天下之中,亲疏内外又各有序焉。夫先王之治天下,报本反始,敬之至也;救灾恤患,爱之大也;吉凶之礼备矣。敬之至爱之大则诸侯悦服,以正王面为宾礼,以宾之而谋其不协,威其不轨,于是又有大师之礼,至若通乎上下因其所善,以厚道先之亲亲敬故,使贵贱疏戚皆维系于厚,则嘉礼之为也。①

李光坡之论主要说的是吉、凶、宾、军、嘉五礼的先后次序,以及这种次序背后所蕴含的礼义。

又如:"一曰野刑上功纠力,二曰军刑上命纠守,三曰乡刑上德纠孝,四曰官刑上能纠职,五曰国刑上愿纠暴。"李光坡云:"五者之序,自遂而乡,自乡而官而国,由外以至内。"②李光坡之论指出了五刑的顺序中所体现的逻辑关系,即"遂而乡,自乡而官而国,由外以至内"。

2. 适当调整某些属官的顺序

如"鼓人,中士六人,府二人,史二人,徒二十人。舞师,下士二人,胥四人,舞徒,四十人"条,郑注曰:"舞,徒给繇役能舞者以为之"。李光坡云:"鼓人、舞师二职在此无属,当在《春官》镈师之下,靺师之上。"又云:

> 或问:移鼓人、舞师二官何也? 曰:太师所掌之乐,钟、磬、笙、镈莫不有师,若鼓者五声不得不和,安无专职? 今以次之镈师职下,则金、奏、鼓、鎜之掌,适与相类,而且其官皆中士也。靺乐、散乐、夷乐犹设靺师、旄人以教,岂山川等祀之舞舞之正者而独缺此? 今以首之靺师职上,则教舞之掌适与相类,而且其官皆下士也,况乎上封人之职有掌祭祀诸礼牛牲,与牧人牛人充人诸官为类,间此二职实为错综举,而归之各得其从,庶或可欤。③

又如:《夏官》"凡祭祀,掌士之戒令,诏相其法事,及赐爵,呼昭穆而进之,帅其属而割牲,羞俎豆"条,李光坡云:"此割牲兼羞俎豆,文承祭祀之后,则据

---

① (清)李光坡:《周礼述注》卷十二,载文渊阁《四库全书》第100册,上海古籍出版社1987年影印版,第209页。

② (清)李光坡:《周礼述注》卷二一,载文渊阁《四库全书》第100册,上海古籍出版社1987年影印版,第396页。

③ (清)李光坡:《周礼述注》卷六,载文渊阁《四库全书》第100册,上海古籍出版社1987年影印版,第97—98页。

祀事也。当在赐爵之前,疑或错简。"①在李光坡看来,所谓"帅其属而割牲,羞俎豆"从文意上看应在"凡祭祀,掌士之戒令"后,而在"及赐爵,呼昭穆而进之"前,因此他怀疑是错简的原因。

3.对前后经文书法辞例进行说明

如"党正各掌其党之政令教治。及四时之孟月吉日,则属民而读邦法以纠戒之"条,李光坡云:"《州长》曰'法',此曰'邦法'则不止于教也,凡一年政令及十二教皆兼之矣。"②按《地官·州长》云:"州长各掌其州之教、治、政、令之法。"李氏认为《州长》云"法"而《党正》云"邦法"体现了书法义例的差别,《党正》云邦法是因为党正之职不止于教,而是兼有发布政令之责。

又如"正岁属民读法而书其德行道艺"条,李光坡云:"上读'法'则纠戒之,此书'法'则书其德行道艺,礼既异数,是正月与正岁俨然异时,而不可以正岁即正月明矣。"③所谓"上读法则纠戒之",即"州长,各掌其州之教治政令之法,正月之吉,各属其州之民而读法以考其德行道艺而劝之,以纠其过恶而戒之"。李氏认为上下文都有"读法",而上文是"纠戒之",此处却"书其德行道艺",书法辞例都是"读法",功能却不一样,原因是进行的时间不一样,上文是"正月",而此处是"正岁"。

4.阐发郑注、贾疏未明之经义

如《周礼·地官·调人》曰:"调人,掌司万民之难而谐和之。凡过而杀伤人者以民成之。鸟兽亦如之。凡和难,父之仇辟诸海外,兄弟之仇辟诸千里之外,从父兄弟之仇不同国,君之仇视父,师长之仇视兄弟,主友之仇,视从父兄弟"。对于这段经文,郑注与贾疏都只对经文字面意思进行了疏解,而未对其中蕴含之礼义进行阐发,而李光坡则认为此段经文有非常重要的意义,李光坡云:

---

① （清）李光坡:《周礼述注》卷十八,载文渊阁《四库全书》第100册,上海古籍出版社1987年影印版,第349页。

② （清）李光坡:《周礼述注》卷八,载文渊阁《四库全书》第100册,上海古籍出版社1987年影印版,第133页。

③ （清）李光坡:《周礼述注》卷八,载文渊阁《四库全书》第100册,上海古籍出版社1987年影印版,第134—135页。

此经为过而杀、伤人者立法。《虞书》曰宥过无大,《康诰》曰大辠非终乃不可杀,正谓此也。故过而杀伤人者,律之以王法,则无死。本之以忠臣、孝子之心,则无生。惟辟而去焉。因其可生而生之,非惜一人之命而纵逆恶,非堕王章以弛忠孝之伦也。仇者已远则臣子之憾亦可少泄已,所以酌情理之中而为是权法耳。君、师、主、友乃因父兄之仇比类。及之不通,上文"和难"为义,盖君无过而杀伤之事也!呜呼!无关睢麟趾之意而欲行斯法也,吾恐故杀者布财于官吏将托为过杀而出之矣!是启之也,又在善用之者。①

李光坡之论对经文有比较深入的分析。其论先指出经文是为杀、伤人者立法,并指出之所以要促使与人立仇者远避他乡,并非纵恶也并非坏忠孝之义,乃权法酌情,"可生而生之",并认为要行好此法难度非常之大,行法之人须有关睢麟趾之意才可,否则很可能助长行贿渎职之风。

5. 对《冬官》未亡之说进行辩驳

自宋以降,《冬官》未亡之说甚广,有人认为《冬官》之简错于《地官》。李光坡则不同意这种说法,李氏云:

或曰:司徒敷教也,而教职惟乡官、师保等十数人耳,其间所措理者,养民之事居多焉,先儒疑为《司空》之错简将无信然否也?是不然。……《司徒》一篇教养相伴,盖圣人酌乎天理人情之安,措之天下既并举而相成着之为经,亦贯通而匪二是,是乃尽伦尽制之道也,何疑其错简哉然!则《司空》所司之职者何与?窃疑《周礼》为书委曲周详无不备者……意《司空》之职必如前所云者,而春秋战国之世,强凌弱,下替上,开阡陌,尽地力,相兼以力,相侈以僭,《司空》一篇必最其所深病而急欲去其籍者也,其失盖已久矣。若夫窜缀纷纭离散全经,区区之心则病其援周公以从已也。②

在《司徒》全文中教职只有乡官、师保等十数人,大多数官职的设置是与

---

① (清)李光坡:《周礼述注》卷八,载文渊阁《四库全书》第100册,上海古籍出版社1987年影印版,第156—157页。

② (清)李光坡:《周礼述注》卷十一,载文渊阁《四库全书》第100册,上海古籍出版社1987年影印版,第193—194页。

养民之事相关,有人据此认为是《周礼》编者将事官《司空》之简错杂于此。但是李氏认为这正体现了"教养相侔"之道,不应据此认为是《司空》错简于此。且李氏进一步认为《司空》早已失传,其原因大概是《司空》一篇最能损害春秋战国诸侯国的利益,故"必最其所深病而急欲去其籍者也"。

四、方苞的《周礼》学

方苞(1868—1749年),字凤九,桐城人,清代桐城派大家。方苞所著《周官集注》与《周官析疑》二书,风格迥异,应该是面对不同的阅读群体。《周官集注》应该是一本《周礼》启蒙书,不为突出己见,故引用多不标明。其在《条例》中云:"依朱子《集注》例,凡承用注疏及掇取诸儒一二语串合己意者,皆不复识别。全述诸儒及时贤语则标其姓字。正解本文者居前,总论居后,不分世代为次。注疏及诸儒之说必似是而非者乃辨正焉。"①如"宫正:上士二人,中士四人,下士八人,府二人,史四人,胥四人,徒四十人"条,方氏云:

> 正,长也。序官不以尊卑为先后,而以缓急为次第,故宫正隶前,内宰等隶后。凡命官曰"正者",总其政也;曰"司"者,察其事也;曰"典"者,守其法也;曰"职"者,主其业也;曰"掌"者,专其任也;曰"师"者,训其徒也;曰"氏"者,世其官也;曰"人"者,称其材也;其余如宫伯、膳夫、山虞、林衡之类,则各因其职事以起义也。②

以上方苞所列不同官职称呼之名例,晋代干宝等人已有总结。方苞在其书中对这种成论则直接引用,不标明其出处。

方苞所著的《周官析疑》新见颇多,学术性较强,其主要特点有以下几点。

(一) 对先儒之论提出质疑

方苞《周礼析疑》中很大一部分内容是对先儒的注释提出质疑,并作出自己的解释,其中主要是对郑注提出质疑或加以说明。陈世倌在此书序言中曰:

---

① （清）方苞:《周官集注》卷首条例,文渊阁《四库全书》第101册,上海古籍出版社1987年影印版,第5页。

② （清）方苞:《周官集注》,文渊阁《四库全书》第101册,上海古籍出版社1987年影印版,第7页。

余尝谓汉儒注经,博而流于杂,宋儒解经,约而探其原。康成尊奉子骏,句解字析,惟务征引以实之,其于制作之心源未尝然契而神会。程、张、朱三子则直溯道德之统宗,而明其为运用天理烂熟之书,一博一约,得失昭然。先生读书由博归约,其宜与程、张、朱之议论相合也。且先生所辨有更补先儒所未及者。昔人言《周礼》有阙文、省文、互见之异,陈止斋则谓郑注之误有三,今先生卓然自出特见,论欵则证以公孙禄、班史,安石新法罪由康成,而治经当求实用,言皆的当不易。①

朱轼在其序中则云:

望溪先生之论曰:《周官》,万世无弊之良法也。世人所疑议乃王莽、刘歆所增窜,而郑康成每据汉法莽事以诂《周官》,故介甫又用之以祸宋也。②

从二人之序可知,方苞《周官析疑》一书对郑注多有指摘,并认为王安石新法之祸根源在郑玄。方苞在本书开篇就对郑注有所质疑,如《天官》"体国经野"条,郑注:"体犹分也,经谓为之里数。郑司农云:营国方九里,国中九经九纬,左祖右社,面朝后市。野则九夫为井,四井为邑之属是也。"方苞则云:

左祖右社,面朝后市,乃正位之事,非体国也。王城面九里,畿内面五百里,近郊远甸稍县疆之地,各有所任,人有所宜,事取其便,皆量国中之体势,以定野外之经制。五等之国,以次相杀,则其野外都邑、郊关、沟涂、大小远近,必与相称。旧说似误。③

郑玄引郑司农"左祖右社,面朝后市"来解释"体国经野",而方苞认为"左祖右社,面朝后市"乃正位之事,与体国无关。又郑玄云"体犹分也,经谓为之里数",则依郑之意"体国"与"经野"为并列二事,而依方苞之意,"体国经野"乃"量国之体势,以定野外之经制","野外"之经制与"国中"之体势相称,则"体国"与"经野"是相顺承的关系。

又《天官》"以为民极"条,郑注:"极中也,令天下之人各得其中不失其

① (清)方苞:《周官析疑》,载《续修四库全书》第79册,上海古籍出版社2002年影印版,第3页。

② (清)方苞:《周官析疑》,载《续修四库全书》第79册,上海古籍出版社1987年影印版,第4页。

③ (清)方苞:《周官析疑》,载《续修四库全书》第79册,上海古籍出版社2002年影印版,第4页。

所。"郑玄训"极"为"中",方苞则同意朱熹的解释,认为训"极"为"至极""标准"之义更好。笔者认为方苞以上两条对郑注的辩驳还是很有道理的。

又如《地官》"保氏下大夫一人,中士二人,府二人,史二人,胥六人,徒六十人"条,郑注:"保,安也,以道安人者也。《书叙》曰周公为师,召公为保,相成王为左右圣贤,兼此官也。"依郑之意,《司徒》之保氏类同召公之职,而方苞则认为郑玄举例有误。方苞云:"师氏中大夫、保氏下大夫,则非三公之师保明矣。《大戴记》称周公为太傅,召公为太保,乃六卿上兼三公之位,而非此经之师氏、保氏也。后郑误引以诂此职。魏氏之说得之。"①方苞之说的确有道理,因周公、召公之职位列三公,实不可与仅仅是中、下大夫之师氏、保氏相混。

又如《秋官·乡士》"乡士掌国中,各掌其乡之民数而纠戒之"条,方苞云:

> 乡士八人,注谓四人各主三乡,恐未安。岂二人主国中而六人各主一乡,中士则四人主国中,而十二人分主六乡与?②

依上文可见,郑注乡士八人要主六乡,则四人各主三乡。方苞则认为郑玄的解释可能不是很准确,他主张乡士有二人主国中之事,其余六人则分主六乡之事。不过方苞也没有足够的证据证明郑注是错误的,所以在指出郑注的问题时,语气相对委婉。

方苞针对郑注所作的疏解也并非全是否定郑注,有时候也在基本同意郑注的基础上稍作修正。如《夏官·叙官》"虎贲氏"条,郑注:"不言'徒',曰'虎士',则虎士,徒之选有勇力者。"方苞对经文的解释为:"虎贲氏,不言'徒',曰'虎士',盖勇而有志行者。"③二者相比,方苞将郑注中的"有勇力者"改为"勇而有志行者",主要意思基本一样。除此之外,方苞还有对郑注进行进一步的解释。如《地官》"乡师下大夫四人"条,郑注:"师,长也。司徒掌六乡,乡师分而治之,二人者共三乡之事,相左右也。"依郑之意,既然司徒掌六乡,而乡师只有四人,则自然二人共掌三乡之事。而方苞则认为郑注所谓二人

---

① (清)方苞:《周官析疑》,载《续修四库全书》第79册,上海古籍出版社2002年影印版,第79页。

② (清)方苞:《周官析疑》,载《续修四库全书》第79册,上海古籍出版社2002年影印版,第339页。

③ (清)方苞:《周官析疑》,载《续修四库全书》第79册,上海古籍出版社2002年影印版,第259页。

共三乡之事应有更深层的原因,他说:"六乡四面而环王城,乡师四人,宜各主一面,而注谓两人共主三乡,盖以同乡之州不宜中分,而各有所属且以备有故,而兼有摄也。"①也就是说,在方苞看来,六乡四面环王城,而乡师四人正好一人主一面。然则就会出现同属一乡的州分属两面的情况,所以郑注提出二人共掌三乡之事可以解决这个问题。

方苞不仅对郑注提出置疑,还对其他先儒之论提出相左观点。如《夏官·叙官》"旅贲氏"条,贾疏:"言旅见其众,言贲见其勇。"依贾之意,"旅"是众多之义。方苞不同意贾疏,他说:

> 虎贲氏掌先后王而趋以卒伍,其趋者虎也,徒之强力者也。虎贲之外,更设旅贲,夹王车而趋,乃任官之士强力而笃于忠义者,故夹王车之左右,视先后者尤亲且近矣。曰"旅贲"示可以任心膂之寄也。疏以众训,则莫众于虎士,而旅贲则少,或曰以为下士而曰旅也。②

在方苞看来,旅贲士是王车之左右侍卫,数量上应该比虎贲士还要少,因此他断定贾疏释"旅"为"众"之义有误。他认为"旅"为"膂"之义,表示心膂之寄的意思。

(二) 发经、注之隐义

1. 正名

如有关内府之名,方苞云:"内者,乃对国郊野县都而言,非对掌邦布之外府而为内也。"③又如有关职岁之名,方苞云:"不曰'职出'而曰'职岁'者,岁有丰凶,所出一以岁为准,而不过得也。"④又如寺人,方苞云:"诸职称'奄',言其精气之闭藏而已,惟王之正内谓之'寺人',言能侍御于王。"⑤以上三条

---

① （清）方苞:《周官析疑》,载《续修四库全书》第79册,上海古籍出版社2002年影印版,第77页。
② （清）方苞:《周官析疑》,载《续修四库全书》第79册,上海古籍出版社2002年影印版,第259页。
③ （清）方苞:《周官析疑》,载《续修四库全书》第79册,上海古籍出版社2002年影印版,第8页。
④ （清）方苞:《周官析疑》,载《续修四库全书》第79册,上海古籍出版社2002年影印版,第8页。
⑤ （清）方苞:《周官析疑》,载《续修四库全书》第79册,上海古籍出版社2002年影印版,第9页。

从不同角度解释了有关职名的内涵理据。

2. 揭示书法辞例

《天官》"司裘掌大裘以共王祀天之服"条,方苞云:"他职曰祀五帝旅上帝,独此云祀天者,明此服本共圜邱之祭,非四郊所通用也。"①方苞揭示了"祀五帝、旅上帝"之辞之通例与此处独言"祀天"之变例相区别的原因。

又如《地官》"乃立地官司徒,使帅其属而掌邦教,以佐王安扰邦国"条,对其中的"安扰邦国",方苞云:"不曰'安扰万民',而曰'安扰邦国',何也? 举万民则不足以该邦国,举邦国则安扰其民,即所以安扰邦国具见矣。"②方苞此处揭示了用"邦国"之辞的原因。

又如《春官》"掌五礼之禁令与其用等"条,方苞云:"先言'禁令'而后及'用等'者,禁令不止于用等也。如丧礼之饮酒、食肉、御内,嘉礼之燕饮、合食,军礼之坐作、进退,贵贱同之,其类至多,皆不在用等之内。如曰'掌五礼之用等与其禁令',则似止用等中之禁令矣。"③方苞认为:先言"禁令"后言"用等"是为了说明"禁令"并非"用等"(各种礼仪中的尊卑等级)中的禁令,从而避免了歧义。

3. 阐发经文义理

如《春官》"以吊礼哀祸灾"条,方苞云:"《春秋传》曰'陈不救火,许不吊灾,君子是以知陈、许之先亡也。'可见成周盛时,天子哀邦国之忧,而诸侯同方岳者皆重救患分灾之礼,所以养诸侯而兵不用也。"④方苞主要引用《春秋》之事来说明吊礼之义,即"养诸侯而兵不用也"。

又如《夏官·大司马》"设仪辨位以等邦国"条,方苞云:

> 设仪、辨位本大宗伯主之,大行人办之,小行人协之,司仪诏之,又列

① (清)方苞:《周官析疑》,载《续修四库全书》第79册,上海古籍出版社2002年影印版,第65页。

② (清)方苞:《周官析疑》,载《续修四库全书》第79册,上海古籍出版社2002年影印版,第77页。

③ (清)方苞:《周官析疑》,载《续修四库全书》第79册,上海古籍出版社2002年影印版,第185页。

④ (清)方苞:《周官析疑》,载《续修四库全书》第79册,上海古籍出版社2002年影印版,第178页。

于九法之中,而大司马并掌焉,合诸侯之六耦则以属大司马焉。与觐礼享毕,侯氏出而肉袒请刑同义,盖严于礼法,乃所以销兵刑于未萌也。①

在这段论述中,方苞首先讲解了在"设仪、辨位"之中大宗伯、大行人、小行人、司仪和大司马等职的不同分工,接着点明大司马在"设仪、辨位"中有"严于礼法,乃所以销兵刑于未萌也"之义。

方苞此书,确实新见迭出。他对先儒特别是郑注所作的质疑或对经文所发掘出的一些隐义都并非故意标新立异,而是言之成理。但是有时候所作结论似乎也有失轻率。如《春官·宗伯》"卿执羔、大夫执雁、士执雉"条,方苞云:"雁非家禽,不时得,又不可畜,盖舒雁也。取其安舒而洁白,膳夫受挚以为膳,则皆恒用之",②在方苞看来,经文之"雁"应指"舒雁"即鹅,这种说法对后世影响很大,但是方苞所作结论的主要依据是雁并非家禽,不容易捕获,又不容易伺养,所以应该是鹅。但是这个结论主观推测成分较多,文献证据不够,且《礼记》之中"雁"与"舒雁"并称,说明古人并没有以"雁"代替"舒雁"。有关这一问题,胡新生有专门考证③,兹不赘述。

五、惠栋的《周礼》学

惠栋(1697—1758年),字定宇,清代江苏元和人。其代表性《周礼》学著作《周礼古义》出自《九经古义》。《周礼古义》主要特点有以下几点。

(一) 重视字词训诂

惠栋于《九经古义》序云:

> 汉人通经有家法,故有五经师。训诂之学皆师所口授,其后乃著竹帛,所以汉经师之说立于学官,与经并行。五经出于屋壁,多古字、古言,非经师不能辨。经之义存乎训,识字、审音,乃知其义,是故古训不可改也,经师不可废也。余家四世,传经咸通古义,守专室,呻稿简,日有省也,

① (清)方苞:《周官析疑》,载《续修四库全书》第79册,上海古籍出版社2002年影印版,第262页。
② (清)方苞:《周官析疑》,载《续修四库全书》第79册,上海古籍出版社2002年影印版,第182页。
③ 胡新生:《〈仪礼·士婚礼〉用雁问题新证》,《文史哲》2007年第1期。

月有得也,岁有记也。顾念诸儿尚幼,日久失其读,有不殖将落之忧,因述家学作《九经古义》一书,吾子孙其世传之,毋堕名家韵也。①

从惠栋之序可以看出,《九经古义》一书主要是通过识字、审音之法以考古义,从而辨经之义,以达到其传承其经学世家的传统。《周礼古义》乃《九经古义》一章,其内容大抵承序言之旨。如:

> 《大宰》六典,二曰教典以扰万民。注云:"扰,犹驯也。"案《春秋传》云:"乃扰畜龙。"应劭曰(《史记注》):"扰,音柔,扰,驯也。"《尚书》:"扰而毅。"徐广曰:"扰,一作柔,字本作㹠,见《玉篇》。"㹠,有柔音。故《史记》或作柔,又有驯音,故李轨、徐邈皆音寻伦反。或音而小反,失之。②

惠栋在这里引用多条书证来证明郑注所云"扰,犹驯也",为释"扰"为"驯"提供了比较令人信服的证据。他还指出扰音柔或音驯,发音为"而小反"者为非。

(二)　注重对名物典制的考据

如《天官》"以九赋敛财贿"条,郑注:"关市山泽谓占会百物,币余谓占卖国中之斥币,皆末作,当增赋者。若今贾人倍算矣。"何谓"若今贾人倍算",惠栋云:"此汉律也。应劭《汉书》注云:'汉律人出一算,算百二十钱,唯贾人与奴婢倍算。'"③惠栋此注并非以诂经为目的,而是专门解释郑注所谓"若今贾人倍算"之制。

又如《春官·小宗伯》"凡王之会同、军旅、甸、役之祷祠,肄仪,为位"条,郑注:"肄,习也,故书'肄'为'肆','仪'为'义'。杜子春读'肆'当为'肄','义'为'仪'。若今时肄司徒府也。"何为"肄司徒府",注文并未言明,惠栋云:

> 《淮南王传》云:"与诸侯王、列侯会肄丞相,诸侯议。"注云:"肄,诣也。"《汉旧仪》曰:"哀帝元寿二年,以丞相为大司徒。"

---

① (清)惠栋:《九经古义》卷首《原序》,载文渊阁《四库全书》第191册,上海古籍出版社1987年影印版,第362页。

② (清)惠栋:《九经古义》卷七《周礼古义》,载文渊阁《四库全书》第191册,上海古籍出版社1987年影印版,第425页。

③ (清)惠栋:《九经古义》卷七《周礼古义》,载文渊阁《四库全书》第191册,上海古籍出版社1987年影印版,第425页。

通过惠栋的解释,可以比较好地理解郑注所谓"肄司徒府"是为了解释"肄仪"中"肄"的用法。除此之外,惠栋还指出:汉制曾以丞相为大司徒,所以郑注所云"肄司徒府"正是《史记·淮南王传》中的"肄丞相"。

(三) 校勘纠误

如:

> 师氏掌国中失之事,以教国子弟。注云:中,中礼者也;失,失礼者也。故书"中"为"得"。杜子春云当为得,记君得失,若《春秋》是也。《三仓》曰:"中,得也。"(《史记索隐》)《封禅书》云:"康后与王不相中。"《周勃传》:"勃子胜之尚公主,不相中。"皆训为得。《吕览》云:"禹为司空,以通水潦,颜色黎黑,步不相过,窍气不通,以中帝心。"高诱曰:"中,犹得。"然则中失犹得失,故郑用杜说而不改字。①

《夏官·师氏》"师氏掌国中失之事"之"中",在另外一个版本中,"中"为"得"。杜子春认为经文应该为"得"字。而惠栋引《封禅书》《周勃传》《吕览》等例证明"中"可以训为"得",并肯定郑玄只训"中"为"得"而不改经文之字。

又如《春官·大胥》"大胥掌学士之版以待致诸子"条,惠栋云:

> 《大胥》注:"汉《大乐律》曰:'卑者之子不得舞宗庙之酬,除吏二千石到六百石及关内侯到五大夫子,先取适子,高七尺以上,年十二到年三十,颜色和顺,身体修治者,以为舞人。'"疏云:"既云取七尺以上,而云十二到三十,则十二者误,当云二十至三十。"又引乡大夫职以为证。栋案刘昭《后汉书补注》引卢植《周礼注》所载《大乐律》七尺,作五尺。郑注《论语》云:"六尺谓年十五以上。"则五尺为十二审矣。贾疏失之。②

贾疏认为郑注引用郑司农所云"年十二"应为"年二十"。对此,惠栋通过考据,认为刘昭《后汉书补注》引卢植《周礼注》所载《大乐律》写作"五尺",又郑注《论语》已云身高六尺为十五岁以上,则高五尺正好为十二岁以上。因此惠栋认为郑注中之"高七尺"应为"高五尺"之误,并进而判定贾疏的判断是错误的。

---

① (清)惠栋:《九经古义》卷七《周礼古义》,载文渊阁《四库全书》第191册,上海古籍出版社1987年影印版,第428页。

② (清)惠栋:《九经古义》卷七《周礼古义》,载文渊阁《四库全书》第191册,上海古籍出版社1987年影印版,第432页。

六、孙诒让的《周礼》学

孙诒让(1848—1908 年),字仲容,浙江瑞安人,清代晚期经学大师。孙诒让费时二十多年完成的《周礼正义》为历代《周礼》研究集大成之作。王文锦在《周礼正义》点校本序言中从七个方面对其作出了高度评价:一是体现了实事求是的精神;二是抓住了理解《周礼》的要领;三是无门户之见;四是对名物制度的疏解都带有总结性;五是援引材料注重辨别、求同存异;六是引用别人观点必指明源委,不攘人之善;七是以一人之力,完成如此浩大工程,叹为观止。① 洪诚对《周礼正义》也有高度评价,他认为《周礼正义》的贡献有如下五端:一是无宗派之见;二是博稽约取,义例精纯;三是析义精微平实;四是依据详明,不攘人之善;五是全书组织严密。②

孙诒让在《周礼正义序言》中有十二凡例,可以从中领略《周礼正义》之精华。总括说来,该书主要有如下几个方面的特点。

(一) 抓住了理解《周礼》的要领

孙诒让在十二凡例中云:

> 古经五篇,文繁事富,而要以太宰八法为纲领,众职分陈,区轸靡越。其官属一科,叙官备矣。至司存攸寄,悉为官职;总揭大纲,则曰官法;详举庶务,则曰官常;而官计、官成、官刑,亦错见焉。六者自官职、官常外,余虽或此有彼无,详略互见,而大都分系当职,不必旁稽。唯官联条绪纷繁,脉络隐互,散见百职,钩稽为难。今略为甄释,虽复疏阙孔多,或亦稽古论治之资乎?③

孙诒让以太宰八法提纲挈领,廖廖数语,揭示出《周礼》之关键,使前代《冬官》存亡异说及《周礼》错简之说不再是问题。

(二) 多有超越前贤之说

孙诒让《周礼正义》之所以备受推崇,根本原因在于其中多有超越前贤之说。如孙氏在其十二凡例中云:

> 郑学精甝群经,固不容轻破,然三君之义,后郑所赞辨者,本互有是

---

① (清)孙诒让著,王文锦点校:《周礼正义》,中华书局 1987 年版,第 1 页。
② 洪诚:《读〈周礼正义〉》,载《雒诵庐文集》,凤凰出版社 2000 年版,第 198 页。
③ (清)孙诒让著,王文锦点校:《周礼正义》十二凡例,中华书局 1987 年版,第 3 页。

非。乾嘉经儒考释此经,间与郑异,而于古训古制,宣究详壒,或胜注义。今疏亦唯以寻绎经文,博稽众家为主,主有牾违,辄为匡纠,凡所发正数十百事,匪敢破坏家法,于康成不曲从杜、郑之意,或无悖尔。①

从孙诒让之论可以看出,孙氏认为郑玄之说亦有不合理之处,并对其改正。如"惟王建国"条,孙疏云:

> 郑则以为武王崩,成王年十岁。《周书》以武王十二月崩,至成王年十二十二月丧毕,成王时即位,称己小求摄,周公将代之,管、蔡等流言,周公惧之,辟居东都,故《金縢》云:"武王既丧,管、蔡等流言,周公乃告二公曰:'我之不辟,无以告我先王。'"既丧谓丧服除,辟谓辟居东都。时成王年十三。明年成王尽执拘周公属党,故《金縢》云:"周公居东二年,则罪人斯得。"罪人谓周公属党也。时成王年十四。至明年秋大熟,有雷风之异,故郑注《金縢》云:大熟谓二年之后,明年秋迎周公而反,反则居摄之元年,时成王年十五。《书》传所谓一年救乱,明年诛武庚管蔡等;《书》传所谓二年克殷,明年自奄而还;《书》传所谓三年践奄,四年封康叔;《书》传所谓四年建侯卫,时成王年十八也。故《康诰》云'孟侯',《书》传云天子太子十八称孟侯。明年营洛邑,故《书》传:'五年营成周,六年制礼作乐,七年致政于成王',时成王年二十一,明年乃即政,时年二十二也。"案《诗·豳谱》孔疏引王肃《金縢》注云:"武王九十三而崩,其明年称元年,周公摄政遭流言,作《大诰》而东征,二年克殷,杀管、蔡,三年而归,制礼作乐,出入四年至六年而成。"即《书》伪孔传所本。郑说本于伏传,然伏传所云一年救乱即指武王崩之次年,六年制礼作乐即救乱后六年。郑君则谓武王崩三年丧毕,周公辟居东都二年,至第三年成王迎周公反而居摄,是为周公居摄元年。至六年而制礼作乐,则六年为武王崩后之十年,说与伏传又异。考《史记·周本纪》及《鲁世家》并不云周公辟居东都,反而后居摄。《金縢》"居东二年,罪人斯得"即《大传》所云二年克殷,罪人自指武庚、管、蔡而言,郑以居东二年在居摄之前说殊未安,窃自谓周公摄

政之年当以伏传为正,郑、王之说并失之矣。①

孙诒让在这里引《史记》之《周本纪》与《鲁世家》证郑玄、王肃有关周公摄政之年均失,证明周公摄政之年当以伏传为正。由此可见孙诒让对历史上礼学研究领域最著名的两大学者郑玄与王肃之说也不遑多让。

又如针对《周礼》各官职之名称,郑玄、贾公彦与干宝都认为其中存在着通例。贾疏主要依郑说,如孙疏引贾疏云:

> 《周礼》之内,宗伯之类,诸言伯者,伯,长也,以尊长为名。县师之类言师者,皆取可师法也。诸称人者,若轮人、车人、腊人、鳖人之类,即《冬官》郑云"某曰某人者,以其事名官"。言氏者有二种,谓若桃氏为剑,筑氏为削之类,郑注《冬官》"族有世业,以氏为官"。若冯相氏、保章氏、师氏、保氏之类,郑注引《春秋》"官有世功,则有官族"是也。诸称司,若司裘、司市之类,言司者,皆是专任其事,事由于己,故以司言之也。诸典妇功、典丝、典枲之类,言典者,出入由己,课彼作人,故谓之为典也。诸称职者,谓若职币、职内、职岁,财不久停,职之而已。凡云掌者有三义:一者,他官供物,己则暂掌之而已,若幕人供帷幕幄帟,掌次张之也。二则掌征敛之官,若掌皮、掌染草之类是也。三者,掌非己所为,则掌节、掌固、掌疆,本非己造,废坏修之而已也。自外不称典司职掌者,皆逐事立名,以义铨之可也。凡六官序官之法,其义有二:一则以义类相从,谓若宫正、宫伯,同主宫中事;膳夫、庖人、外内饔,同主造食。如此之类,皆是类聚群分,故连类序之。二则凡次序六十官,不以官之尊卑为先后,皆以缓及为次第,故此宫正之等士官为前,内宰等大夫官为后也。②

孙疏引《礼记·曲礼》孔疏所引干宝注云:

> 凡言司者,总其领也。凡言师者,训其徒也。凡言职者,主其业也。凡言衡者,平其政也。凡言掌者,主其事也。凡言氏者,世其官也。凡言人者,终其身也。不氏不人,权其才也。通权其才者,既云不世,又不终

---

① (清)孙诒让著,王文锦点校:《周礼正义》,中华书局1987年版,第9页。
② (清)孙诒让著,王文锦点校:《周礼正义》,中华书局1987年版,第23—24页。

身,随其才而权暂用也。①

从上引贾疏和孔疏可见,贾、干二人都认为《周礼》官职名称有一以贯之的通例。然而孙氏却认为:

> 然以诸职考之,似皆随事立名,本无定例。如同一乡遂官也,而州比鄼邻称长,党县称正,族酂称师,闾称胥,里称宰,尊卑不嫌同名。又遂人为六遂之长,既非以事名官,亦未必终身任职,则郑、干之说,皆不可通矣。况全经之中,如内饔,本职称饔人;甸师,大祝职称甸人;大仆,射人职称仆人;大驭等五驭,校人职称仆夫;与本职亦不必同。至《仪礼》《礼记》《左传》《国语》官名,与此经复多歧互。如宗伯称宗人,钟师或称钟人,司关或称关人,乡大夫或称乡正,遂人或称遂正,庖人或称庖正,墓大夫或称司墓,官人或称司官,甸师或称甸师氏,大史或称大史氏,若此类甚多。是官名可以互称,尤可证其本无定例。又诸官称氏者,亦不必皆世官。②

孙氏在这里列举了大量确凿的证据说明郑、贾、干等有关《周礼》官名通例之说,皆不可通。其说持之有据,言之成理。

(三) 总结《周礼》之通例

《周礼》之通例,有的是经文原本在行文书写时就按照特定的规律,即书法通例,如"太宰,卿一人;小宰,中大夫二人;宰夫,下大夫四人,上士八人,中士十有六人,旅下士三十有二人"条,孙疏曰:"叙之通例,皆先揭官名,次陈爵等,次纪员数。大宰为治官之正,卿其爵也。"③孙诒让在此点出《周礼》一书在叙述官爵上的次序通例,即前揭其官名,后述其爵名。孙氏进一步指出:"此经王官之爵凡七等:曰公,曰卿,曰中大夫,曰下大夫,曰上士,曰中士,曰下士,而无上大夫。"之所以无上大夫,孙氏申成沈彤"上大夫即孤卿也"之说,证以《仪礼·士相见礼》"上大夫相见以羔"之郑注"上大夫,卿也",并补充说明"孤"是六卿之中执政者的称呼,其爵位等级与卿相等,因此五官之叙官并不见称"孤"官职。

---

① (清)孙诒让著,王文锦点校:《周礼正义》,中华书局 1987 年版,第 24 页。
② (清)孙诒让著,王文锦点校:《周礼正义》,中华书局 1987 年版,第 24 页。
③ (清)孙诒让著,王文锦点校:《周礼正义》,中华书局 1987 年版,第 17 页。

　　《周礼》之通例也并非全都从书法上体现出来,需要礼学家细绎经文,探寻隐含在文中的事理规律。如"九嫔"条,孙疏云:

　　　　"九嫔"者,此官与世妇、女御并王之妾御,不列于百官,以大宰兼治宫政,故以事类属之。全经五篇,凡本非属官而以事类附属者有三:一妇官,此九嫔、世妇、女御、女祝、女史及春官世妇、内外宗等是也;一三公,地官之乡老,爵尊于大司徒是也;一家臣,春官之都宗人、家宗人,夏官之都司马、家司马,秋官之朝大夫、都士、家士是也。三者皆无所系属,故以其职事相近者附列各官,亦大宰八法官属之变例也。①

　　孙疏列举了本非属官而以事类属于他官之通例。此通例所揭橥的三种情况在经书书法上并未有可寻之例,而是孙氏在通贯全书的基础上所揭示出的制度规律。

　　孙疏不仅揭示《周礼》之通例,而且还揭示通例在特殊情况下之变通处理,即变例。如"缝人,奄二人,女御八人,女工八十人,奚三十人"条,孙疏云:"此女御亦非缝人之属,而女工则属女御,又兼属缝人。盖亦大宰八法官属之变例也。"②孙疏在此指出女工同属女御与缝人,是太宰八法的变例。

　　（四）客观评论前人歧说

　　对于某个问题,前人若有歧说,孙诒让如果认为当时没有确凿的证据能够支持一方之观点,则存疑,并不进行主观臆测,表现出实事求是的精神。如"太宰……府六人,史十有二人"条,孙氏云:"凡府史以下,皆谓之庶士。《祭法》'庶士、庶人无庙',注云:'庶士,府史之属。'《国语·鲁语》云:'列士朝服,庶士以下各衣其夫。'韦注以列士为上士,庶士为下士,与郑说不同。《诗·周南·葛覃》孔疏援郑难韦,未知孰是也。"③可见,郑玄以为府、史之类的人为庶士,而经文已明府、史地位要比众下士还要低,所以依郑之意庶士地位要低于下士。而韦昭认为庶士为下士,孙氏认为还没有证据证明哪方正确,所以就客观地存疑。

　　针对前人歧说,孙诒让若是认为其中一方正确,则明确支持一方,而否定

---

①　（清）孙诒让著,王文锦点校:《周礼正义》,中华书局1987年版,第49—50页。
②　（清）孙诒让著,王文锦点校:《周礼正义》,中华书局1987年版,第55页。
③　（清）孙诒让著,王文锦点校:《周礼正义》,中华书局1987年版,第20页。

另一方。如《天官》有"世妇"一职,而《春官》亦有"世妇"一职,郑玄认为《春官》之"世妇"类似汉代的"大长秋"之职,主要由奄人担任,而《天官》之"世妇"则是天子后宫之一类嫔妃。清人惠士奇则否认郑玄的观点,他认为《天官》之"世妇"与《春官》之"世妇",其实是一职,只是因为"世妇属天官内宰,而职掌礼事,故兼属春官,其职本同,文有详略"。惠氏进而列举数条经文,证明了《天官》之"世妇"与《春官》之"世妇"二者职能基本相同。针对二人观点,孙诒让支持惠士奇的观点,并进一步推理世妇有内命妇与外命妇的区别,《天官》之"世妇"是内命妇,而《春官》之"世妇"则是外命妇。他还特别指出郑玄以《春官》之世妇为男子之说为"甚误"。①

(五) 在《周礼》名物制度研究方面收获良多

孙诒让于《周礼》用功极深,在充分总结前人研究的基础上,对《周礼》中所涉及之名物制度进行了严谨深入的考证。因为在较全面地占有书证的前提下,又能客观地比较前人观点的得失,不囿于门户之见,所以孙氏所作名物考据多能令人信服。如《大司徒》"设其社稷之壝而树封之"条,孙疏先云:

> 贾疏云:"谓于中门之外右边,设大稷,王社、王稷。又于庙门之屏,设胜国之社稷。其社稷外,皆有壝埒于四面也。"

然后,孙疏又案:

> 贾说未晐,社之祭,通于公私。《祭法》云:"王为群姓立社曰大社,王自为立社曰王社。诸侯为百姓立社曰国社,诸侯自为立社曰侯社。大夫以下成群立社曰置社。"注云:"大夫不得特立社,与民族居百家以上,则共立一社。"《荀子·礼论篇》云:"社至于诸侯,道及于士大夫。"盖通此诸社而言。此外则乡州遂县及公邑采地之县都等,凡大城邑所在,亦各有公社。若《州长》云"岁时祭祀州社",《论语·先进篇》,子路使子羔为费宰,云"有社稷焉"是也。王侯乡遂都鄙之社,并为公社,置社则为私社。至《校人》又有马社,《内宰》注谓市亦有社,则尤公社之细者。此经设其社稷之壝,蒙上邦国都鄙为文,则大司徒所亲设者,当为大社、王社。其邦

---

① (清)孙诒让著,王文锦点校:《周礼正义》,中华书局 1987 年版,第 52 页。

国以下国社、侯社、置社等,盖亦掌其法而颁之。①

从孙疏可以看出,经文"设其社稷之壝而树封之"中涉及有关"社"这个概念,置社及凡大城邑所在地之公社,公社之内甚至可以细分为马社、市社等。

（六）充分吸取前人小学研究之成果

清代小学发达,从小学入经学基本已是清代治学主流思想。孙诒让作为清末大儒,其治经必然要充分吸取前人小学研究的方法与成就。如《天官》"庖人,中士四人,下士八人,府二人,史四人,贾八人,胥四人,徒四十人"条,郑注:"庖之言包也"。孙疏云:

> 注云"庖之言苞也"者,亦以声类为训也。《说文·广部》云:"庖,厨也。"字亦作"胞",《祭统》云:"胞者,肉吏之贱者也。"庖、苞、胞声类并同。《吕览·本味篇》又作"烰人",高注:"烰犹庖也。"案:庖、烰亦音近假借字。②

孙疏所熟练运用的"声类""假借"等术语,正是吸收了清代小学研究的成果。

又如《地官》"以本俗六安万民:一曰媺宫室……"条,郑注云:"美,善也。"孙疏云:

> 云"美,善也"者,《士丧礼》注同。经作"媺"注作"美"者,亦经用古字,注用今字之例也。《广韵·五旨》云:"美媺同。"钱大昕云:"媺,古美字。此字不见于《说文》。古文微与尾通,《尧典》'孳尾',《史记》作'字微';《论语》'微生亩',《汉书》作'尾生晦'。媺从散,当与娓通,《诗》'谁侜予美',《韩诗》'美'作'娓';《说文·女部》有娓字,则该乎媺矣。"案:钱说是也。《说文·女部》云:'娓,顺也。'顺善义亦相近。③

孙疏首先点出"媺"与"美"是古今字的关系。然后根据清代学者钱大昕利用古音韵与古文字的相关知识论证"媺"与"娓"相通,又根据古书中"娓"与"美"相通的现象,最终判定"媺"与"美"相通。

---

① （清）孙诒让著,王文锦点校:《周礼正义》,中华书局1987年版,第692—693页。
② （清）孙诒让著,王文锦点校:《周礼正义》,中华书局1987年版,第26页。
③ （清）孙诒让著,王文锦点校:《周礼正义》,中华书局1987年版,第749页。

第三节 清代《仪礼》学

清代《仪礼》研究非常兴盛。根据王锷《三礼研究论著提要》所著录的有关《仪礼》学的著述统计,单是这一时期《仪礼》专经类研究专著就有 225 部,涉及的学者多达 177 人,文献数量占整个古代《仪礼》学研究总数的 21.4%。清代的《仪礼》研究可分前期、中期、晚期三个时段来加以考察。前期大体从顺治初年延至乾隆十九年(1754 年),即以乾隆朝完成《钦定三礼义疏》为界。中期大体从乾隆二十年(1755 年),一直延续到道光初期。晚期大体上从道光初期一直延续到清朝末年。

一、清代前期的《仪礼》学

(一)《仪礼》学复兴的揭幕者——张尔岐与《仪礼郑注句读》

1. 张尔岐的生平及其学术取向

张尔岐(1612—1678 年),字稷若,自号蒿庵居士,又号汗漫,山东济南府济阳县人。张尔岐 30 岁开始便致力于《仪礼》一书的探讨,直到 59 岁那年(1670 年),方完成《仪礼郑注句读》这部重要的《仪礼》学著作。他 44 岁以后因结识顾炎武,接受顾氏"博学行己"的主张,开始治史学,但在史学研究领域成就不大。一生著作甚丰,其经学著作除《仪礼郑注句读》(以下简称《句读》)十七卷外,还有《吴氏仪礼考注订误》一卷、《易经说略》八卷、《诗经说略》五卷、《夏小正传注》等;此外,还有文集《蒿庵集》三卷、《蒿庵闲话》二卷行世。

2.《仪礼郑注句读》的内容和体例

在张尔岐众多的学术著作中,最能体现他学术视野和学术成就的,就是他的《仪礼郑注句读》一书。该书始名《仪礼郑注节释》,书定稿后易为今名。顾炎武在该书序言中概述其内容和体例说:乃"录《仪礼》郑氏注,而采贾氏、陈氏、吴氏之说,略以己意断之……又参定监本脱误凡二百余字,并考《石经》之误五十余字,作《正误》二篇,附于其后"①。张氏在该书中综合了前人治《仪礼》的许多成果,对经文和注疏分别进行了定句读、疏字义、录要点、取明注的大量工作,并且在反复参校的基础上,补正了监本《仪礼疏》和《石经补字》,为其后的治《仪礼》者提供了许多方便,在清代影响极大。

张尔歧《句读》的诠释体式较为特殊,它兼采了古代疏注体(如《五经正义》)和章句体(如《孟子章句》)各自的优点。其疏注体式,表现在该书承袭了《五经正义》的训诂方式,既解释《仪礼》原文,又对郑玄注文进行疏解,一尊"疏不破注"的原则。当然,它不像贾公彦《仪礼注疏》那样逐一进行疏解,而是针对经注中较为隐晦难懂的地方加以说明。

3.《仪礼郑注句读》的诠释特点

从诠释策略来看,张尔歧《句读》承继了传统的以考据为基础的做法,重在文本中经传语词的训诂、名物的考订和仪节的诠释,因而长于对礼制的说解是他着力追求的诠释目标。从诠释效果、诠释焦点、诠释方法、诠释风格等角度考察,张氏《句读》的礼经诠释体现出如下特点:

其一,从疏注体的诠释体例和要求来看,张氏《句读》承袭了唐宋《十三经注疏》的训释原则,以"疏不破注"为注释宗旨,宗主郑玄之说。

其二,从对待郑玄注的态度和处置方式来看,《句读》在依尊"疏不破注"训释原则的同时,又不盲从郑注,注重对郑玄、贾公彦说解错误之处进行补正,讲究有理有据,对郑注并不一味拘泥、曲循。

其三,从对待贾公彦疏的处置方式来看,张氏对郑注训语的疏解,大都根据贾疏简洁凝练其文而成。

其四,从《句读》的训释风格情况来看,张氏的训释十分简明而条畅,体现了汉学质朴的治学风格。较之贾公彦疏"冗漫,往往略本文而敷别义"②的训释风格,张氏的解说让人感觉更为明晰可信。

其五,从诠释过程中的文献引证情况来看,张氏《句读》的最大特点是三

---

① (清)顾炎武:《仪礼郑注句读序》,张尔歧《仪礼郑注句读》卷首,载刘晓东、杜泽逊主编:《清经解三编》第7册,齐鲁书社2011年版,第734页。

② (清)黄叔琳:《仪礼郑注句读序》,《仪礼郑注句读》卷首,载刘晓东、杜泽逊主编:《清经解三编》第7册,齐鲁书社2011年版,第737页。

礼互证。张氏强调在不违郑注的基本原则下,广引《周礼》《礼记》经文与相关郑注互证。

4.《仪礼郑注句读》的校勘内容

张尔歧《仪礼郑注句读》的贡献并不仅仅局限在对经文的疏解上,还体现在对《仪礼》经文与郑注在流传过程中出现的文字讹误所进行的校勘上。张氏《句读》着力校勘者涉及以下三种情况:

其一,对坊间流传的《仪礼》监本的文字正误。张尔歧写定《仪礼郑注句读》后,"乃取石本、吴澄本与监本较,摘其脱者、误者、羡者、倒置者、经注互淆者录之"①,依《仪礼》十七篇顺序,逐一纠正《仪礼》监本存在的经文文字讹误情况。

其二,对唐石经《仪礼》经文的文字校勘。其校勘之编排情况,一如《仪礼监本正误》,依十七篇顺序逐一说明。从校勘方法来看,张氏对《仪礼》监本和唐石经本的校勘,主要采取对校加理校法,对校主要是兼采石本、吴澄本与监本等进行文字异同的校勘,然后依理校法定其是非,指出经文文字本来面目,可惜的是《仪礼监本正误》和《仪礼石本误字》中均未能体现出张氏校勘的依据所在。

其三,张氏《句读》有关《仪礼》经文的诠释中,也出现了大量的文字校勘内容。较之前两种情况,它更能反映张氏的校勘思想,体现张氏的校勘方法。从校勘的对象看,《句读》的校勘主要涉及两个方面,一方面是对经文本身文字的校勘,另一方面是对郑玄《注》文的文字校勘。从校勘的方法上看,主要是依据音韵、训诂原理进行校勘,注重对校法、他校法和理校法的运用,尤其是理校法的广泛运用,且大都有较清晰的论证推理过程。站在当代的角度来看,张尔歧的《仪礼》经文校勘颇有发前人所未发明者,尽管如此,由于受时代所囿,资料残缺寡少,有时校勘结论难免失于谬误。

张尔歧在《仪礼》研究方面的成就是巨大的。他的研究开启了清初《仪礼》研究的先声,他的疏解训释简明,为时人研读《仪礼》提供了一个好的读

---

① (清)张尔歧:《仪礼监本正误序》,《仪礼郑注句读》卷末,载刘晓东、杜泽逊主编:《清经解三编》第8册,齐鲁书社2011年版,第61页。

本;他对《仪礼》监本、唐石经本等所做的校勘,也为后来者校勘《仪礼》经注提供了有益的思路和参考借鉴的文本。凡此之类,皆有益于推进清代《仪礼》学研究的深入发展。

(二) 清初《仪礼》学奠基者——姚际恒、毛奇龄、万斯大

清初礼学的复兴运动,首先由张尔岐及其《仪礼郑注句读》揭开序幕。继而在"以经学济理学之穷"学术思潮的影响和浸润之下,一些学者举起清理既往经学的旗号,谓"自汉迄今,从来误解者十居其九;自汉迄今,从来不解者十居其一"①,毅然以"不惮取儒说之祸经者,力为考辨"的"经世大业"自任。这其间,姚际恒、毛奇龄、万斯大等几位富有思辨精神的经学家,务求标新立异,创立新说,成为清代《仪礼》学复兴的奠基者。"从这一派学者《仪礼》著作来看,他们的解经理念受敖继公、郝敬等元明学者治《礼》风气影响很大,好立新说,具有强烈的怀疑思辨精神,或对《仪礼》进行一番辨伪,或对以郑、贾为代表的汉唐学派仪制阐释进行非议和辩驳,强调《礼经》训诂对当代礼制构建的参与功能,具有很强的现实性。"②

1. 姚际恒与《仪礼通论》

(1)生平及著述概说

姚际恒(1647—约 1715 年),字立方,一字善夫,号首源,自号首源子,又号首源主人,原籍安徽休宁。在三礼方面的研究,姚际恒主要有《周礼通论》《仪礼通论》《礼记通论》三书;此外,姚氏关于《小戴礼》方面的一些见解,散见于杭大宗《续礼记集说》中。其中《仪礼通论》17 卷成书于康熙三十八年(1699 年),是姚际恒的《仪礼》学代表作。

(2)《仪礼通论》的内容和特色

《仪礼通论》卷首有《仪礼通论序》及《仪礼论旨》各一篇,概述姚氏的《仪礼》学思想。从体例来看,是书属于评点体著作。全书按《仪礼》刘向、郑玄十七篇次第编排,每篇各一卷为之分章断句,逐篇考论其训诂、礼制、修辞等要义。各卷卷首皆撮论该篇要旨与佳胜处,钩玄提要,并有评论前人经说之议

---

① (清)毛奇龄:《与朱鹿田孝廉论〈论〉〈孟〉书》,《西河集》卷十八,载文渊阁《四库全书》第 1320 册,上海古籍出版社 1987 年影印版,第 146 页。

② 邓声国:《清代〈仪礼〉文献研究》,上海古籍出版社 2006 年版,第 61 页。

论。《仪礼通论》对《仪礼》学史上许多悬而未决的问题提出了自己独到的见解,而且在诠释上展现出自己的特色。

首先,考辨《礼古经》的性质。《礼古经》是汉武帝时期发现的先秦礼书,《礼古经》又称古文《礼》,根据《汉书·艺文志》的说法,《礼古经》共五十六篇,其中十七篇与《仪礼》相同,其余三十九篇称之为《逸礼》,如《汉书·儒林传》:"平帝时又立《左氏春秋》《毛诗》《逸礼》《古文尚书》。"关于《礼古经》的发现者、篇数、内容,以及它和《仪礼》的关系等问题,历代学者争论不休,迄无定论。姚际恒在《仪礼通论》开篇《仪礼论旨》中便对《礼古经》加以考辨,并直斥《逸礼》为伪书。

其次,考辨《仪礼》本经的撰者等问题。姚际恒关于《仪礼》本经的考辨,涉及诸多问题,如《仪礼》的作者及成书年代、《仪礼》礼文的性质、适用对象等等。其中的许多见解都较为独特,与清初众多学者的看法迥然有别。

其一,《仪礼》作者及成书年代之认识。姚际恒在卷首《仪礼通论序》中开宗明义地指出:"《仪礼》作于衰周,上不及文、武之盛,下不尽裨后世之用。"[1]姚际恒断言《仪礼》并非周公所作,也非孔子所作,而是周末儒者所作。

其二,《仪礼》称名及性质之认识。关于《仪礼》的称名,从现存的文献记载情况看,汉末以前称谓不一,或名《礼》《士礼》《礼经》,或云《礼记》,等等。姚际恒承认《仪礼》是《汉书·艺文志》中所说的高堂生所传的《士礼》十七篇,而且认为《仪礼》这一名称始于东汉。

至于《仪礼》一书的性质,即该书到底是"言礼"还是"言仪"之书? 在姚际恒看来,《仪礼》乃是"言仪"之书。姚氏以为《仪礼》不是圣人之书,"上不及文、武之盛,下不尽裨后世之用"[2],只能借《仪礼》以探知古礼之佐助,不足以尽知古礼,仅只是辅礼之传而已。姚氏将《仪礼》称之为"言仪"之书,其根本目的乃是否认《仪礼》的儒"经"地位。

其三,《仪礼》十七篇适用对象之检讨。姚际恒认为,《仪礼》诸篇各自适

---

① (清)姚际恒:《仪礼通论序》,《仪礼通论》卷首,载《续修四库全书》第 86 册,上海古籍出版社 2002 年版,第 7 页。

② (清)姚际恒:《仪礼通论序》,《仪礼通论》卷首,载《续修四库全书》第 86 册,上海古籍出版社 2002 年版,第 7 页。

用对象有别,反对《汉书·艺文志》谓十七篇皆言士礼之说。在他看来,大夫、诸侯、天子礼情况可由士礼之篇推见。简言之,用姚氏的一句话来概括就是:《仪礼》"虽名士礼,不必定是士也。言士可见大夫以上,言大夫以上亦可见士,古人为文本通活,后人自执滞耳"①。从这个意义上说,姚氏主张《仪礼》乃是一部完书:"是十七篇者固为完书,无识之士或为之惜其亡,或为之补其亡,徒自纷挈耳。"②姚氏的"士礼"为"通礼"这一思想贯穿在《仪礼通论》中,并且成为他解释某些名物制度的重要评判标准。

再次,考辩《仪礼》记文的作用和作者。《仪礼》十七篇,除《士相见礼》《大射礼》《少牢馈食礼》《有司彻》之外,其余十三篇篇末都有《记》文。姚际恒认为,《记》文的作用是"杂记其事,以补前文所未备"。至于这些《记》文的作者,姚氏倒没有妄加推测,"或作《仪礼》者所自作,或后人所作,则有不可知也"③。

最后,《仪礼通论》的诠释特色。与清初张尔岐、万斯大、毛奇龄等人的《仪礼》著述相比,姚际恒的《仪礼通论》具有独到的视角和解经方法。姚氏对《仪礼》经文的诠释,并不重视文字训诂,声言"诚不欲伦于俗儒之墨守训诂已也"④,而更注重名物制度以及礼经文本的文学性等方面的考察。

2.礼学异端——毛奇龄的《仪礼》学

(1)毛奇龄《仪礼》学著述举要

毛奇龄(1623—1713年),浙江绍兴人,字大可,世称"西河先生",是清代一位富有激情和个性的经学家。他治学广博,淹贯群书,著述宏富,说经之书多达五十种。毛奇龄对三礼均有深入研究。毛奇龄不仅是清代初年在经史研究领域著述最多的学者,也是清代初年《仪礼》学著述最多的学者。他提出了

---

①　(清)姚际恒:《仪礼通论》卷一,载《续修四库全书》第86册,上海古籍出版社2002年版,第39页。

②　(清)姚际恒:《仪礼论旨》,《仪礼通论》卷首,载《续修四库全书》第86册,上海古籍出版社2002年版,第23页。

③　(清)姚际恒:《仪礼通论》卷一,载《续修四库全书》第86册,上海古籍出版社2002年版,第71页。

④　(清)姚际恒:《仪礼通论序》,《仪礼通论》卷首,载《续修四库全书》第86册,上海古籍出版社2002年版,第8页。

许多独到而有价值的论断,在清初《仪礼》学史上占有非常重要的学术地位。

毛奇龄撰作的《仪礼》学专著有下列四种:《昏礼辨正》1 卷、《丧礼吾说篇》10 卷、《三年服制考》1 卷、《仪礼疑义》2 卷。此外,还有《经问》18 卷、《经问补》3 卷,其中也有许多有关《仪礼》学的内容。兹将《昏礼辨正》《丧礼吾说篇》《三年服制考》等三部最能代表毛奇龄《仪礼》学特色的著作简介如下。

其一,《昏礼辨正》。该书论古代婚礼,除"总论"部分以外,共分 9 目:行媒、纳采纳吉问名、纳征、请期、亲迎、妇至、妇见、庙见、婿见。每一目下,相继罗列相关文献典籍文句,如有可疑可议者,则在所引经文末加附注释语,用小字标明。考毛氏著述策略,全书不以《士昏礼》文本语词训诂和名物的考订为要务,其根本在于"力诋三礼经文"之不足,从而起到补正礼经的诠释效果。以第一目"行媒"为例,该书依次援引《诗·齐风·南山》《礼记·曲礼》《周礼·地官·有媒氏》《离骚》《战国策·燕策》《公羊传·桓公八年》《孟子·滕文公下》等典籍成句,所引文句皆与标目"行媒"紧密相关。毛氏在所引《曲礼》"男女非有行媒,不相知名"文下注云:"必先行媒,然后可问名。"又据所引徐仲山《传是斋日记》文《士昏礼》以纳采为第一礼,无行媒文,则世无謇修未通而可以行采择礼者,此后世王者采宫婢法也。故曰《昏礼》多阙略,此其一也",表明毛氏辩驳《仪礼·士昏礼》不言行媒的缺失。

毛奇龄此书的批评性注释语,几乎每一目下均有体现。如"纳采纳吉问名"目下,引《穀梁传》"纳采、问名、纳征、告期",谓止当有四礼,而《士昏礼》乃误增"纳吉"一礼,又误入"亲迎"于六礼之内;"亲迎"目下,引《曲礼》"齐戒以告鬼神"文,谓亲迎必先告庙,而《士昏礼》不言告庙;又引《春秋》"齐侯越境以送女",谓女之父既迎婿于门外,亦当送之门外,而《士昏礼》乃言不降送;"妇至"目下,引《春秋·桓三年传》"夫人姜氏至自齐,朝至"之文,谓妇至之日当朝庙,而《士昏礼》不言朝庙;又引《诗·关雎》"琴瑟""钟鼓",谓嫁娶亦当用乐,而《郊特牲》乃谓昏礼不用乐。凡此种种,可谓颇为大胆,颇有新意。

由此可见,毛奇龄《昏礼辨正》确实存在力诋《礼经》的问题,因而同时代学者秦蕙田撰《五礼通考》时指出:"毛大可《昏礼辨正》以《仪礼》《家礼》为非是,语多不经,不足置辨。唯论'问名'一条稍有发明,以雁为贽物摄盛,原本朱子语。而考证'亲迎'一条，词亦简括。故附存之。"①另外，《四库全书总目》撰者亦指出："其说颇为辨博。其中论告庙、朝至之仪，虽颇有根据，而核其大致，穿凿者多，未足据为定论也。"②《皇朝文献通考》亦云："《昏礼辨正》一书论颇辨博，多有根据，惟穿凿处在所不免。"③前述秦蕙田与四库馆臣对毛奇龄《昏礼辨正》提出的批评，虽有一定道理，但存在过犹不及之嫌！

实际上，毛奇龄在《昏礼辨正》和其他礼学研究著述中虽不免标新立异、错谬不经之处，然亦不乏真知灼见。他的许多富有创新性的观点和结论虽然未必完全正确，但它们从不同角度和程度开阔了当时和后世学人的学术视野，不应轻易抹杀和否定。

其二，《三年服制考》。毛奇龄《三年服制考》一书亦同样充满了好立新说的特点。如该书第一条云："丧礼莫重于三年，使三年之丧而不能明，则亦无庸读礼矣。然自汉唐宋以迄于今，实亦无能明之者。夫三年之丧三十有六月也，古人无虚悬月日之理。《尧典》百姓如丧考妣三载，《孟子》舜三年丧毕禹避舜之子于阳城，《商书》王宅忧三祀，《论语》百官总己以听于冢宰三年。其云三年、三祀、三载，皆明明三十有六月，并未尝有虚悬月日以二十有七月，当三十六月，如后世所云也。自周制丧有等杀，而战国、汉初为《礼记》者遂各记节次，因有期而小祥、中月而禫之说，以为丧有节次自此而杀，然未尝曰禫服在几月，禫之为服又当有几月，而三年之丧当限于禫服几月内也，乃汉后作经注者（《仪礼》二记二注）皆周章不明，而唐儒袭误，遂因之有二十七月之限，而三年之丧从此绝矣。"④毛氏谓三年之丧当为三十六月，辩二十七月之说为非。虽然立说理据并不充分，但很有启发意义，可成一家之言。

其三，《丧礼吾说篇》。在毛氏的经学著作中，《丧礼吾说篇》算得上是最为标新立异的一部。该书提出了许多令人耳目一新的、与传统经学相左的观

①　（清）秦蕙田：《五礼通考》卷一五五，载文渊阁《四库全书》第138册，上海古籍出版社1987年影印版，第743页。

②　（清）永瑢等：《钦定四库全书总目》（整理本）卷二五，中华书局1997年影印版，第319页。

③　《皇朝文献通考》卷二一七，载文渊阁《四库全书》第637册，上海古籍出版社1987年影印版，第119页。

④　（清）毛奇龄：《三年服制考》，载《丛书集成续编》第68册，台北市新文丰出版公司1988年版，第13页。

点,因而受到了当时许多正统学者的批评。如《皇朝文献通考》指责说:"《吾说篇》则恃才谲辩,妄肆攻击。奇龄说经固多立异,此则其叛经之尤者。"①《四库全书总目》亦指出:"奇龄说经,好立异义,而颠舛乖谬,则莫过于是书。"②二者皆谓毛氏经学著作中,当以《丧礼吾说篇》说解礼制最为乖谬。实际上毛奇龄在礼学研究领域确实存在着刻意"立异"和"叛经"的倾向,但这正体现了他不受传统束缚的学术创新个性。上引《皇朝文献通考》和《四库全书总目提要》是站在传统经学立场上对毛氏《丧礼吾说篇》进行指责和攻讦,虽不无道理,但体现出一定的门户偏见,有失公允,不足为训。

(2)毛奇龄的《仪礼》诠释特色

综观毛奇龄的相关著述,可见其《仪礼》学存在如下几个方面的特点:

其一,勇于标新立异,创立新说。比如对《仪礼》的成书时间及性质的认定,毛奇龄就提出了迥异于前人与时人的观点。毛奇龄认为三礼的地位是有差别的,《礼记》成书最早,也更为可信,而《仪礼》与《周礼》一样都是作于战国之后或周秦之际。这种关于《仪礼》成书于战国后儒的说法,实际上是对《仪礼》持一种否定的态度,既与传统的说法大不相同,也与清初万斯大、姚际恒等人的主张迥然有别。

其二,注重以民间礼俗佐证古代礼制。在毛奇龄看来,"礼失求野。古礼虽亡,然尚有草蛇灰线可隐相踪迹。"③他认为后世民间礼俗可以佐证古代礼制。比如他在《丧礼吾说篇》卷七"三年之丧不折月说"条下论述说:"禫服是纤服,学礼之儒皆所不晓。幸《间传》有'禫而纤'语,而汉文遗诏又适有'纤七日'之文,始知纤者是禫服之色;而七日者乃禫后所服月数。故应劭曰:'纤者,禫也。凡三十六日而释服矣。'"④然后,毛奇龄引用唐宋礼俗作为佐证:"唐元陵仪注:禫日百官服惨公服,诣延英门,问皇帝起居。次日平明,皇帝改

---

① 《皇朝文献通考》卷二一七,载文渊阁《四库全书》第 637 册,上海古籍出版社 1987 年影印版,第 119 页。

② (清)永瑢等:《四库全书总目》(整理本)卷二三,中华书局 1997 年影印版,第 298 页。

③ (清)毛奇龄:《丧礼吾说篇》卷七,载《四库全书存目丛书》第 87 册,齐鲁书社 1997 年版,第 707 页。

④ (清)毛奇龄:《丧礼吾说篇》卷七,载《四库全书存目丛书》第 87 册,齐鲁书社 1997 年版,第 703 页。

服惨吉服。其所为惨，则黪声之误，即纤服之解稍变者。盖纤色黑白，与黪之浅青色同，故赵宋民俗尚有于禫祭之初，先服黪三日而后行祭。即司马温公所辑《书仪》亦尚有男子服黪纱幞头黪衫角带，妇人以鹅黄青碧皂白为衣履。正与禫服之纤冠素端黄裳诸色隐隐相合。"①

又如毛奇龄在《昏礼辨正》"妇见"条下说："士礼，舅姑醴妇与飨妇皆妇至之次日一日行事。《昏义》次日醴妇，又次日飨妇，则三日矣。各不同。今俗三日宴妇，本此。"这是以清代婚俗与古代婚礼相印证。

其三，总体上尊汉学而薄宋学，但对汉学也有所指责。毛奇龄在《经义考序》中这样讲："汉取十三而宋取十一，此非左汉而右宋也。汉儒信经，必以经为义，凡所立说，惟恐其义之稍违于经。"②基本上代表了他对汉、宋儒生解经成果的态度和价值评判。

毛奇龄推崇汉儒经学，却不完全承袭汉儒观点，而是企图在解经上有所创新。而且在某些场合，毛氏对汉儒也多所指摘，如《经问》谓："汉儒信《三礼》，不信《春秋》《论语》《孟子》。"③《大学问》又谓："汉儒解经，惟过于求据，故反有失经义处。此正求据而失之者也。"④在《仪礼》学研究方面，对于郑玄《仪礼注》一书的论调亦基本如此。

对于宋儒的《仪礼》学研究，毛氏因多存门户之见，只言其短，不及其长。毛氏对朱熹将《仪礼》归于周公所著极为不满，认为他并无所据。此其一不满。毛氏《经问》卷三又有如下一番言论："仲长统有'《周礼》为经，《礼记》为传'之语，而宋郑樵袭之，谓《周礼》《仪礼》乃周人之礼，而所谓《礼记》者特二礼之传注耳，此大谬之论。《礼记》与二礼绝不相蒙，何从传注？宋人好分别经传，吕东莱以《楚词·离骚》为经，《九歌》《九章》《九辨》等为传……若朱氏

---

① （清）毛奇龄：《丧礼吾说篇》卷七，载《四库全书存目丛书》第87册，齐鲁书社1997年版，第704页。

② （清）毛奇龄：《经义考序》，《西河集》卷五二，载文渊阁《四库全书》第1320册，上海古籍出版社1987年影印版，第453页。

③ （清）毛奇龄：《经问》卷八，载文渊阁《四库全书》第191册，上海古籍出版社1987年影印版，第91页。

④ （清）毛奇龄：《大学问》，载毛奇龄撰，庞晓敏主编：《毛奇龄全集》第18册，学苑出版社2015年版，第319页。

分《三礼》经传,则又以《仪礼》为经,《周礼》《礼记》为传,与仲长统、郑樵之说不同,然并未成书,而黄榦、吴澂辈续成之,此大不足道者。"①显然毛氏很不认同宋人郑樵、朱熹、黄榦等人对三礼礼经性质的认定,因而毛奇龄批判他们"好分别经传",不足称道。此其二不满。在《经义考序》中,毛氏指责宋人废《士礼》(即《仪礼》),斥《周礼》,祛《王制》《月令》《明堂位》诸篇,并振振有词指责为是"无经"。此其三不满。

3. 万斯大与《仪礼商》

万斯大是清初引人注目的一位礼学家,也是清初为数不多的能够贯通三礼的学者之一。钱基博在《经学通志》中揭示道:"清代兴,礼学重光!而首开风气、驱除先路者,厥推济阳张尔岐稷若、鄞万斯大充宗……自张尔岐、万斯大而后,风气大开,议礼之作日出。"②他所倡导的以经释经、以传证经方法,特别是他不轻信传注的做法,为后来戴震、阮元等人的训诂注疏工作开启了先河,影响极为深远。

(1)生平及研礼历程

万斯大(1633—1683年),字充宗,别号褐夫,晚年因病足自号跛翁,浙江鄞县(今宁波市)人。一生甘于淡泊,不追求科名,不仕清廷。万斯大毕生致力研求经学,乃以礼学为根柢,主于会通诸经、折衷群言而为说。万氏的经学研究,主要集中在《春秋》和《三礼》方面。在康熙十三年(1674年)之后,乃专心于三礼的研究,这一期间,他相继完成了《学礼质疑》2卷(1677年)、《周官辨非》1卷(1678年)、《仪礼商》2卷(1680年)、《礼记偶笺》3卷(1681年)等4部礼学著作。而康熙十九年(1680年)成书的《仪礼商》,就是记录他与应撝谦论辩的成果,也是万斯大与上述诸人质疑问难的硕果仅存者。

(2)《仪礼商》的诠释特色

审视万斯大《仪礼商》正文及其附录,可见万氏研究《仪礼》的价值取向与张尔岐、姚际恒等人颇不相同,因而在治学上亦颇有自己的研究特色。除了上述万氏以经取义、以史传取证的解经方法以外,就其要者而言,主要有如下

---

① (清)毛奇龄:《经问》卷三,载文渊阁《四库全书》第191册,上海古籍出版社1987年影印版,第37—38页。

② 钱基博:《经学通志》,中华书局1936年版,第151—153页。

数点：

其一，从三礼互证的诠释角度来看。早在汉代，"三礼互证"便已成为学者解释《礼经》的重要手段，而与万斯大同时的张尔岐《仪礼郑注句读》注释亦多用三礼互证之法。但在万斯大看来，"三礼互证"之说并不能够成立。他站在《仪礼》诠释的立场上，强调或以《仪礼》本经前后相发明，或以小戴《礼记》与《仪礼》本经相发明。

其二，从《仪礼》本经的仪节训释情况来看。万斯大广泛征引诸经、传记材料，并注意对仪文礼制中正礼、变礼之间的变异情况加以分析，力求不拘泥于已有成说，因而对冠、昏、丧、觐诸礼皆有自己的创见，往往于细微处论前人所未发，颇多可取之处。

其三，从《仪礼》仪节与义理关联性的训释情况来看。万斯大在治礼经过程中，不唯重视礼的形式（礼仪）发覆，更关注礼之精神（礼义）内涵。万斯大治《仪礼》，往往是先"通达其仪文而后得明其义理"的。这种对《仪礼》文本本身丰富义理内容的诠释与剖析，是以对经义的准确把握为目的的，并非纯义理的经典研究，与宋儒讲究的抽象的义理之学是完全不同的。

（三）淹通汉宋派的《仪礼》学

随着清初社会的稳定，一些明清之交出生的学者站在不同的角度，去思考社会的礼制文化问题，并纷纷顺应朝廷"崇儒重道"、扶持礼学的文化导向，注重经学研究。他们优游于有汉迄于明末诸儒的礼学著作中，对于前儒训释莫不一一了然于心，"然后究极经文所以云之意，而以义理折中焉"①，不轻易盲从任何一家之说，不为一家之言所惑。他们往往既择取郑玄、贾公彦之说，又广采博征宋、元、明学者之训释成果。在治学方法上，他们既遵循汉代大儒郑玄之礼经互证、先秦文献互证等法，又能汲取朱熹、敖继公、郝敬等人之治学理念，通过加附"案语"一类方式辨疑出新，并不一味保守旧说，在大量的继承中时有创新。这种折衷诸儒、淹通汉宋之学的风气，在乾隆间开三礼馆纂修《三礼义疏》前后表现得尤为明显，李光坡、方苞、蔡德晋、植、马骕等人，都是这一

---

① 苏惇元：《方苞年谱》"康熙二十六年丁卯二十岁"条，载（清）戴钧衡编：《方望溪先生全集》第十二卷，张元济等辑：《四部丛刊初编》集部第 1749 册，商务印书馆 1929 年版。

流派学者的中坚力量。兹择要分述如下。

1. 李光坡与《仪礼述注》

（1）生平与学术成就

李光坡（1651—1723 年），字皋轩，一字耜卿，号茂夫，又号茂叔，福建泉州府安溪县人。他出身于书香门第。父亲李兆庆是明诸生，究心程朱之学。兄李光地官至大学士，为康熙年间理学名臣。自康熙二十五年（1686 年）起，李光坡一边授徒讲学，一边"沉潜注疏，博征诸家"，开始其长达 30 余年的三礼研究，用力甚勤，至康熙六十一年（1722 年）冬，先后完成了《三礼述注》巨帙的撰著工作。其中，《周礼述注》完稿于康熙四十三年（1704 年）冬，《礼记述注》完稿于康熙四十七年（1708 年），《仪礼述注》（以下简称《述注》）则成书最晚，于康熙六十一年（1722 年）始竣全稿。

（2）礼经诠释旨趣及治经特色

四库馆臣在谈到李光坡的治礼成就时说："其论可谓持是非之公心，扫门户之私见。虽义取简明，不及郑、孔之赅博，至其精要，则亦略备矣。"①和当时大多数学者相比，李光坡的《仪礼》研究理路确有其独到之处，他不一味致力于追求新说，与当时许多学者以考据辩正前贤往哲之说颇不相类，形成了个性鲜明的简约治经风格。概而言之，主要体现在如下几个方面。

首先，将郑注、贾疏作为研治《仪礼》的依凭。在清前期清算前明思想的大潮中，在复兴汉学的氛围中，李光坡强调要重新审视古注古疏的治礼理路。在当时学界普遍追求由王返朱的治学取向下，李光坡指出，"朱子教学者看注看疏自好"，"本述注疏，朱子之教也"，认为朱子治经的根柢就在于治学遵依汉唐训诂注疏旧法，对注疏逐字逐句加以理会，而不是像清初许多学者那样，"经文不解，指为傅会；注疏曲折，指为支离。然傅会者，世近于古；支离者，学多于吾。不顾理之是非而漫为指斥，则将何所承受取信也"②。

其次，注经方法务求简明扼要，脉络分明，不以考证辩论为长。从治学遵循郑玄简洁明了的学术风格出发，李光坡《述注》反对侈口经纬、广张质文的

---

① （清）永瑢等：《四库全书总目》（整理本）卷二一，中华书局 1997 年影印版，第 272 页。

② （清）李光坡：《礼记述注》卷首《自序》，载文渊阁《四库全书》第 127 册，上海古籍出版社 1987 年影印版，第 282 页。

诠释做法,着眼于效仿郑注,一切以标举礼经要旨为根本。他在征引郑注之时,务求消减其注语枝蔓之辞,或删除郑注所载《仪礼》古今异文内容,或删除郑注中有关比况性质的内容,或删节郑注引以佐证词义训诂的文献材料,并不影响读者对礼经的研读和理解。从这一解经注经理念出发,他又对致力于广征博引的贾疏诠释语进行删汰,精择贾疏之言,务求简约彰显其释义内容,弥补郑注训释之所未及,有助于读者抓住贾疏的诠释关键要旨,使疏解更为简明而辞达。

再次,李光坡诠释礼经虽宗郑注、贾疏为主,但并不一味遵从二者之说,而是在继承中又有所修正和发展。《述注》一书有 22 例李氏自注之文,这些按语内容涉及颇广,有对郑注、贾疏提出质疑商榷者,有纠正《小戴礼记》之说者,有点明经文句读者,有涉及文字校勘者,有解释经文字词意义者,有疏解经文所涉礼制情况者。四库馆臣对此亦多加肯定,以为"凡此之类,颇有可取"①。

最后,《述注》还广泛征引宋人旧说,体现出李光坡治学既注重汉、唐《仪礼》研究的成果,又敢于吸收宋人的合理研究结论,不为汉、宋学门户之争所拘囿的特点。根据统计,李氏主要引用杨复、朱熹、陆佃、刘敞、陈祥道、张子(未详具体所指)六家研究成果,其中引杨复说 50 次,散布于除《士相见礼》篇之外的诸篇疏解之中;引朱熹说 36 次,散布于《士冠礼》《士昏礼》《士相见礼》《乡饮酒礼》《乡射礼》《燕礼》《聘礼》《丧服》等篇;引陆佃说只有 2 次,分见于《士昏礼》《聘礼》篇;引刘敞说 2 次,分见于《乡饮酒礼》《少牢馈食礼》篇;引陈祥道说仅 1 次,见于《聘礼》篇。

综上所述,李光坡的《仪礼述注》多为历代治《礼》学者研究成果之汇集,虽然没有提出更多具有学术价值的重要创见,其引录郑注、贾疏及宋人成说亦时有失当,但客观上为清初学者提供了一个疏解简明辞达、资料完备的《仪礼》读本,"使学者不患于难读,亦足为说《礼》之初津矣"②。因而该书在整个清代《仪礼》学研究史上,无疑具有一席之地。

---

① (清)永瑢等:《钦定四库全书总目》(整理本)卷二十,中华书局 1997 年影印版,第 257 页。
② (清)永瑢等:《四库全书总目》(整理本)卷二十,中华书局 1997 年影印版,第 257—258 页。

2.方苞与《仪礼析疑》

（1）生平及其治学趣向

方苞（1668—1749 年），字凤九，一字灵皋，晚年自号望溪，学者多称其望溪先生，江南安庆府桐城县（今安徽桐城）人，为清代桐城古文派一代宗师。从乾隆五年（1740 年）告老还乡时起，一直到他辞世的前一个月，历时八年专意于《仪礼》的研究，撰成《仪礼析疑》十七卷，分篇设卷。此外，他还撰有《礼记析疑》《丧礼或问》等两部礼学著作传世，撰述于康熙五十年（1711 年）至康熙五十二年（1713 年）京城刑部狱中。

（2）《仪礼》学认知观

方苞于三礼之学深有研究，不轻易苟同他人之说，对于礼学的许多基本问题亦深有探讨，颇为同时代学者所关注。对于《仪礼》一书的性质及相关问题，也形成了其独到的一些见解。其值得注意的重要观点，约略言之，有如下数端：

其一，在《仪礼》《周礼》与礼之关系问题的认知上，方苞主张："《仪礼》所详，礼之细目也；《周官》所布，礼之大纲也。"①正是从这一立场出发，方苞研治《仪礼》的主要立论依据，就在于讲究其他礼经文献材料与《仪礼》本经的互证，特别强调依据《周礼》中的文献材料对《仪礼》经文的礼制内涵及其意蕴加以发明。

其二，在《仪礼》是否完缺的问题上，方苞认为，今所传习之《仪礼》并非完本，其中包含有部分王莽、刘歆增窜的成分，也有礼文残缺的情况。在方苞看来，当时所习《仪礼》存在着许多与理、义、性、情等相冲突的地方，实为无稽荒谬之言，必非周公手订之内容，实乃王莽、刘歆增窜经文之结果。

其三，在关于《仪礼》诸篇礼文性质的认知上，有别于《周礼·大宗伯》所谓吉、凶、宾、军、嘉五礼之说。方氏在《仪礼析疑》卷四中，对诸篇礼文的性质有明确的界说："盖《冠》《昏》《士相见》《乡饮酒》《乡射》，乃乡党之通礼，王畿与列国宜通用之。惟《大射》《燕》《聘》《公食大夫》《士丧礼》《祭礼》十篇，

---

① （清）方苞：《仪礼析疑》卷八，载文渊阁《四库全书》第 109 册，上海古籍出版社 1987 年影印版，第 122 页。

经有明文为侯国之礼耳。若《丧服》，则自天子达于庶人皆具焉。《觐礼》，惟王朝有之。"将《仪礼》十七篇分为乡党礼、侯国礼、通礼及王朝礼四大类目，颇有与众人看法不同之处，极为独到。

其四，从《仪礼》所述繁文缛节的可操作性出发，方苞主张《仪礼》是先王制礼时"称情立文""缘情制节""依人性作仪"而制定的产物，后人可以从中发见圣人精微之学。

（3）《仪礼》诠释特色

方苞研治《仪礼》的诠释特色主要有以下数端：

其一，从治礼治学趣向及视野情况来看，方苞长于以义理说礼，而不专究于礼经名物制度的考辨，所谓"穷经文所以云之意，而以义理折中矣"①。在方苞看来，后人从《仪礼》中可以"见圣人尽精微之学"②，《仪礼》所述之仪节实为"圣人因事制宜以尽精微而各不可易者也"③。

其二，从礼制发覆视角情况来看，方苞在注重《仪礼》经文微旨说解的同时，更强调运用"比类推说"之法推阐礼文中的隐微仪制。方氏对《仪礼》仪文典制的探讨，主要通过"比类推说"法进行说解。因为在方氏看来，礼经本身的仪节存在一定的规律，后人说解礼制于未详之处，可以进行类比推理而得知其详。

其三，从礼经行文规律出发，方苞训解《仪礼》，注意有关经文义例的揭示。方氏之所以强调义例的阐发，是因为"圣贤之文简而有法"，"圣人之经辞简而事不遗，义愈著"④。因此，方氏特别注意运用义例进行礼制的串讲分析，深具提纲挈领之功效，颇有助于学人细致研读经文。

其四，从礼经诠释方法论角度来说，方氏说解礼制，具有一系列独特的角度、方法和原则。他基于自身对《仪礼》性质的认知，认为《仪礼》乃周公"缘情制节""体性作仪"的产物。因此方苞说解礼制与义理时，颇喜以义言礼，以情

① （清）方苞：《与吕宗华书》，载《方望溪全集》，中国书店1991年版，第78—79页。
② （清）方苞：《仪礼析疑》卷八，载文渊阁《四库全书》第109册，上海古籍出版社1987年影印版，第127页。
③ （清）方苞：《仪礼析疑》卷十五，载文渊阁《四库全书》第109册，上海古籍出版社1987年影印版，第253页。
④ （清）方苞：《仪礼析疑》卷十五，载文渊阁《四库全书》第109册，上海古籍出版社1987年影印版，分见第203、198页。

言礼,以性言礼。

其五,从处置各家分歧的治学态度来看,方苞主张在前贤众多成说分歧的情况下,加以公平的裁断。方苞认为,《仪礼》一书乃先王缘人情而制礼的产物。面对各种不同诠释见解,"心所不安,不可以前儒既有是说,而溺于所闻也,不可以经传本无是文,而遂谓古无是礼也"①,而应该持一种"一以事理之实求之"②的审慎态度。

综上所述,方苞于《仪礼》的研究颇多究心,特别是其对于《仪礼》中的义理因素的张扬,深受后代学者重视。嘉道间学者胡培翚著《仪礼正义》时,便屡引方苞《仪礼析疑》中的辨正考析文字以为佐证。在清初的《仪礼》学研究中,方苞的《仪礼析疑》占据着非常重要的一席之地。方氏订立的《纂修条例》,甚至主导并影响了《三礼义疏》的编纂,贡献不小,因而颇受有清一代礼学研究者关注。

3. 蔡德晋与《礼经本义》

(1)生平及著述概况

蔡德晋,生卒年不详,字仁锡(一作宸锡),号敬斋,江苏无锡人。蔡德晋于三礼之学颇为精通,"年十五即覃精《三礼》,至忘寝食"③,在礼学研究方面,留下了《礼经本义》17 卷、《礼传本义》20 卷、《敬斋礼说》、《通railways》50 卷等传世之作。另外,秦蕙田《五礼通考》内录蔡氏礼经研究之说甚多,如雍正三年(1725 年)蔡德晋撰成的《祖祫袭记》与《祖祫袭解辨》二文,为秦氏《五礼通考》卷二百二十宾礼"天子诸侯朝"门予以采录。

(2)《仪礼》认知观

其一,立足古文经学家的立场认知《仪礼》经、《记》的作者及其性质。"此书亦周公所作,载行礼仪文节次之详,乃礼之条目也。"④蔡德晋以为,《仪礼》系周公所作,春秋时孔子有所增订。可见,蔡氏基本上是站在古文经学家的立

① (清)方苞:《答礼馆纂修书》,载《方望溪全集》,中国书店 1991 年版,第 89 页。

② (清)方苞:《答礼馆诸君子书》,载《方望溪全集》,中国书店 1991 年版,第 87 页。

③ (清)李桓:《国朝耆献类征初编》卷一四四,载《清代传记丛刊》151 册,台北明文书局 1985 年版,第 547 页。

④ (清)蔡德晋:《礼经本义》卷一,载文渊阁《四库全书》第 135 册,上海古籍出版社 1987 年影印版,第 59 页。

场上看待这一问题的。至于经中出现的《记》文,蔡氏仍然认为是孔子七十子之徒所作的,用以补《仪礼》经文之不足的。在《仪礼》与其他二礼的关系上,蔡氏大体延继了朱熹的看法,他径直转述朱氏的话说:"《周官》,周礼之纲领。至于仪法度数,《仪礼》乃其本经,而《礼记·郊特牲》《冠义》等篇,特其义疏耳。故《仪礼》,经也;《礼记》,传也。"并未置一辞予以否定。

其二,《仪礼》十七篇应以嘉、宾、军、凶、吉五礼之次为序。蔡德晋并没有像吴廷华那样直接指斥郑注、贾疏序次之失,但是从该书对《仪礼》十七篇的次第安排情况,可以考见蔡德晋的主张。《礼经本义》以嘉、宾、军、凶、吉五礼之次为序,嘉礼下所载礼书篇目次第为:《士冠礼》《士昏礼》《乡饮酒礼》《乡射礼》《燕礼》《大射仪》《公食大夫礼》,宾礼下所载篇目次第为:《士相见礼》《聘礼》《觐礼》,军礼则仍缺而未补,凶礼下所载篇目次第为:《丧服》《士丧礼》《士虞礼》(其中《士丧礼》分上、下篇,依郑玄《注》之见将《既夕礼》并入《士丧礼》,是为下篇),吉礼下所载篇次为:《特牲馈食礼》《少牢馈食礼》(《有司彻》统此篇内),以上所论凡十六篇,每篇一卷。其篇次既与旧本不合,盖从朱子《经传通解》本,而间有增损。

其三,《礼古经》五十六篇是孔子所定《仪礼》之全经,郑玄所注《仪礼》十七篇并未完书,有缺逸。"汉高堂生所传凡十七篇,后于孔壁中得《礼古经》五十六篇,与十七篇外增多三十九篇,盖孔子所定礼之全经也。"[①]

(3)礼经诠释特色

首先,从承继郑注的诠释视角来看,蔡德晋的注文基本上是参考郑玄注语,并吸收历代学者研究成果杂糅而成的新产物。

其次,从折衷众说的诠释情况来看,蔡德晋对于诸家异同是非之抉择,大都不轻易苟同其中一家之说,注意将其与郑注、贾疏相互参证,从礼经上下文寻找理据,而对于其所不予认同的说法,一般不予直接引用,较少出现长篇大论式的考辨,体现出与朱熹《通解》《仪礼义疏》等不同的诠释风格。

再次,从十七篇适用范围的诠释角度来看,蔡德晋较少独出新见,更多是

---

① (清)蔡德晋:《礼经本义》卷一,载文渊阁《四库全书》第135册,上海古籍出版社1987年影印版,第59页。

在旧解基础上加以补充论说。由此可见,《礼经本义》有关各篇礼仪适用范畴的见解,其所谓的新说只是对前人旧说的拓展而已。

最后,从《仪礼》存在逸礼的认知出发,蔡德晋极为重视对逸礼遗文的辑佚、整理和诠释。《本义》卷十七专门辑录逸礼之文,凡八篇,分别为《投壶礼》《巡狩礼》《出师礼》《奔丧礼》《吊礼》《诸侯衅庙礼》《诸侯迁庙礼》《袷于太庙礼》。其中《投壶》《奔丧》《诸侯衅庙》《诸侯迁庙》四篇为吴澄《仪礼逸经》所有,其余四篇则其自取经传之文订定,每篇亦多加注释,引宋元明以来诸家之说与郑注、贾疏互相参证。

由此可见,蔡德晋《礼经本义》的礼经诠释,基本上是立足在前贤时哲《仪礼》诠释的基础上,通过考辨众说以抉择其间之是非得失,借以形成自身的诠释见解,兼综众说的特点颇为突出。

4. 吴廷华与《仪礼章句》

（1）生平及著述概况

吴廷华(1682—1755年),初名兰芳,字中林,号东壁,浙江仁和(今杭州)人。先世自休宁迁海盐。吴氏“资禀过人,少即嗜经术,于古今注疏笺义尽读之,而喜援古以证今”。乾隆初年开三礼馆时,他曾被推荐参加纂修《三礼义疏》,循例被授予朝议大夫;乾隆十五年(1750年)举经学,吴氏以老病辞。他晚年寓居天津,“归主崇文书院,讲席弟子从游日众”[1],于乾隆二十年(1755年)八月二十日卒。著有《三礼疑义》《仪礼章句》《曲台小录》《东壁书庄集》各若干卷。

（2）《仪礼》认知观

吴廷华研究《仪礼》,不轻易苟同前贤的训释成说,无论是《仪礼疑义》,或者是《仪礼章句》,都体现了这一治学理路。《仪礼章句》虽以宗主郑注,但亦随处可见吴氏的不同见解,所言多具有启发意义。在《仪礼》经文相关问题的认知上,吴氏的独到认知观主要体现在以下诸方面:

首先,关于《仪礼》的真伪问题,吴廷华认为,现存《仪礼》有后人掺杂的内

---

① (清)沈廷芳:《朝议大夫吴先生廷华行状》,《碑传集》卷一百二,载《清代传记丛刊》111册,台北明文书局1985年版,分见第553、556页。

容,并非周公制礼之旧貌。

其次,关于《仪礼》十七篇的序次问题,吴氏的见解可谓独树一帜,与历来治礼学者看法截然不同。众所周知,《仪礼》十七篇次第,始于大、小戴及刘向三家,且次第又各有不同,而今世所传习十七篇次第乃是郑玄所定。吴氏不同意这种编排顺序。在他看来,《仪礼》一书为《周官·大宗伯》"五礼"节目,因而其序次的编定当以《大宗伯》"五礼"之次为准,传统旧说不当。

最后,对于《仪礼》十七篇适用对象的认知,吴氏也常常具有不同于郑玄《三礼目录》的说法,所诠释的适用对象范围较郑氏所解范围要更大一些,极少将礼文限定在"士礼"的范畴之列。例如:

《士冠礼》一篇,郑玄《目录》云:"童子任职居士位,年二十而冠,主人玄冠朝服,则是仕于诸侯。"郑氏以为此"士"为诸侯之士。吴氏则说:"《注》谓童子居士位二十而冠,于礼未合。又以此士为诸侯之士,其实王朝侯国通用之礼也。"主张《士冠礼》为"王朝侯国通用之礼"。①

(3)《仪礼》诠释特色

首先,从诠释外在方式来看,吴廷华的《仪礼》诠释有两大亮点:一是明句读,二是分章段。为了纠正时俗"句读不明"和"章次不分"之弊,吴氏"用是删繁取约,补脱勘讹,作为《章句》。一篇之中画其节目,一节之内析其句读"②。以《士冠礼》一篇为例,吴氏虽因循《仪礼》贾疏及朱熹《仪礼经传通解》所分之次,但又按其次第分为六章,依次为冠前之礼、正冠之礼、礼子、冠毕余礼、冠礼之变、补上经所不及等内容。每一章里又分数节,如第一章论冠前之礼,分四节,一筮日,二戒宿,三为期,四陈设。该书无论章节,吴氏均注意扼要总结内容大旨,与清初张尔岐《仪礼郑注句读》相类,只是位次略有差异。张氏《句读》往往在每一部分首句下交代说明章节划分及其大旨情况,而吴氏《仪礼章句》则是在每一章节之末句下进行说明。

在句读离析方面,吴廷华特别注意强调形式上的醒目和阅读便利,往往将一个完整句子的各个分句单独进行处置,或是分别在各分句之后解释仪制和

---

① (清)吴廷华:《仪礼章句》卷一,载《皇清经解》第2册,凤凰出版社2005年版,第2109页。
② (清)吴廷华:《仪礼章句》卷首,载《皇清经解》第2册,凤凰出版社2005年版,第2108页。

字词大意,或是将各分句之间用空格分隔开来。通过分章断句,吴氏力求使该书成为"学礼者阶梯",有益于礼经文本的流播和普及。

其次,从诠释内在取向来看,吴廷华治礼在以郑注、贾疏为根本的基础上,广泛采纳吸取往哲时贤已有的合理成说,加附己见予以考订,体现出博通兼综的治学特点。

再次,从文献校勘角度来看,吴廷华在诠释《仪礼》的过程中,特别重视礼经文本的校勘。在清代前期,坊间流传的监本是当时学者所能见到的《仪礼》常见版本,也就是吴廷华《章句》中所说的"俗本",当时的礼学研究者多据之以研读礼经。但这一版本错误较多,因而清初学者多重视对其进行文字校勘,如张尔岐曾撰《仪礼监本正误》,沈彤曾撰《士冠礼监本刊误》《士昏礼监本刊误》《士丧礼监本刊误》三篇。吴廷华所作的校勘,更多属于随文注释体校勘,着眼于对《仪礼》本经进行校勘。

吴廷华校记保存的大量《仪礼》版本信息,客观地展示了当时所见不同版本的异文情况,在《仪礼》校勘学上很有文献价值,尽管有些校勘条文结论颇显不当,但是吴氏客观记录了石经本的异文情况,仍然有助于后人对礼经文字的抉择与考释。

最后,从文字诠释注音角度来看,和张尔岐《仪礼郑注句读》一样,吴廷华力求使著述成为"学礼者阶梯",强调对《仪礼》经文某些字词加以释音。他所标识的释音材料大都来自于陆德明的《仪礼音义》一书。笔者在将吴氏释音和陆氏《音义》对比后发现,吴廷华只是收录了《音义》中一部分注音语料。这主要是因为,吴氏只针对《仪礼》经文本身加以注音,而陆氏《音义》也兼释郑注的某些字词。此外,有些陆氏《音义》注音过的文字,吴氏并未标识释音;有些陆氏《音义》并未注音的地方,吴氏却予以注音。从注音的方法上讲,吴氏基本上承袭了陆德明《音义》的标音方式,包括反切注音、直音、叶音等。反切注音与直音,是从隋唐五代以来广为使用的释音方法,一直延续到清末,都有学者沿用之。至于叶音说,通过明末陈第的古韵研究,已经被彻底破除。《仪礼章句》利用叶音法注音,只能说明吴氏在古音学方面的认知是比较落后的。

(四)经俗贯通派的《仪礼》学

与当时主流《仪礼》学研究者不同的是,也有一小部分学者试图跳出传统礼经学的范畴,企求在《仪礼》与民间礼俗之间达成一种契合。他们的学术研究,更重视沟通礼经与历代民俗礼制之间的关联,找出民俗中"草蛇灰线"式的礼经遗制;在诠释对象的选择上,关注聚焦于《丧服》篇所论"五服"礼制,及其在历代礼俗中的丧制变迁情况;在治学理念上,往往具有"礼时为大"的治学观念。这一流派学者的某些著述,有时也会受到朱熹《通解》、黄榦《通解续》的治学影响,带有纂集体的某些特征。他们的研究尽管并非学术研究的主流意识形态,但对当时的许多《仪礼》研究产生了较大影响,一些礼学家(如蔡德晋等)的礼经学著作甚至也融入了他们主张经俗互贯融通的某些研究要素。这种经俗互贯融通式的《仪礼》研究,清前期主要以汪琬、徐乾学等人为代表,业已跳出狭隘的礼经学研究范畴,更具有礼俗学研究的一些色彩。

1. 汪琬与《仪礼或问》《古今五服考异》等

(1)生平及著述概况

汪琬(1624—1690 年),字苕文,小字夜仙,号钝庵,初号玉遮山樵,晚年尊称钝翁,江苏长洲(今苏州)人。其礼学研究主要集中在"五服"之学方面,著《丧服或问》(以下简称《或问》)1 卷、《古今五服考异》(以下简称《考异》)8卷等,以此彰显"五服"之学的重要性。

汪琬的"五服"学说,除《或问》《考异》外,《尧峰文钞》文集亦收录多篇有关"五服"之文,例如:《丧服继母如母解》《疑丧服继父同居义》《古今五服考异序》《古今五服考异后序》《五服图后序》《妾无服辨》《父卒未殡适孙为祖服辨》《五服皆为衰说》《丧服杂说》《答或人论祥禫书》等等。

(2)治礼方法及著述风格

和历代治"五服"之学研究者相比,汪琬的丧服研究更能彰显"经俗互贯派"的一贯做法。他不执着于礼经《丧服》篇条文的考据和训释,更多地倾注了礼俗学的视野,关注和审视礼经的实用性功能及其变异情况。他的治礼方法以及《或问》《考异》的著述形式、著述风格,都呈现出个性化的特征,约略言之,有如下数端:

其一,汪琬重视"律文",治礼务求"用实"。汪琬精研三礼,有很强的实用意图,即羽翼"律文",施用于当世。他鉴于当时礼乐丧失、持服者私行胸臆,以及宋代以后礼学研究不力等现状,"作此《考》,以《仪礼》为案,而以今之

'律文'断之,中间发明辨正,杂采诸家之书,而稍述鄙见于其末"①,撰成《古今五服考异》。该书得到顾炎武的称许:"五服异同之录,当与天壤并存。斯道之传,将赖之而不坠矣。"②《古今五服考异》最显著的特点,就是比较"律文"与三礼特别是《仪礼》之间的异同,考述古今五服变革,以求羽翼"律文",有用当世。《古今五服考异序二》载或问:"《礼》与'律文'不同,今吾子之为此《考》也,率皆取裁于'律',是毋乃徇今而不古之好与?"汪琬曰:"礼有'与民变革'者矣……而损益其可变革者,不亦善乎?而又何周制之兢兢焉?彼徇今而不通于古,与好古而不协于今,是皆谓之俗儒,君子弗与也。"③据此,汪琬研治"五服"之学的思想,可以概括为具有律、经并重的特点。

其二,汪琬从重"用实"出发,不专事考据训诂,而是强调求大义。汪琬素不喜章句训诂,他认为近古以来能继六经、孔子者仅朱熹一人。他以朱子所说"解经而通世务"为则,与阎若璩欲兴复古学、反对轻视训诂、不喜侈谈性理的做法,形成截然不同的两种风格。《潜丘札记》卷六《又与戴唐器书》说:"钝翁不足攻,生平所心摹手追者,顾也,黄也。"④顾指顾炎武,黄指黄宗羲。阎若璩谓汪琬"不足攻",便是专门针对汪琬不事考据训诂而言。汪琬所向往仰慕的,是顾炎武、黄宗羲那样的治学方法。汪琬的《或问》《考异》均不以《丧服》礼经条文的考据训诂见长。

其三,强调"以史证经"的治学方法,主张将史事和经典中的道理贯通起来,互相参证,为后世的现实服务。他从显明丧服礼制变迁情况出发,条举历代五服条文,进而推原丧服礼制历代因革始末。在汪琬看来,礼有与民变革者,也有不可变革者,"其不可变革者则亲亲也、尊尊也、长长也、男女

<hr>

① (清)汪琬:《古今五服考异序一》,《钝翁前后类稿》卷二六,载李圣华笺注:《汪琬全集笺注》(二),人民文学出版社 2010 年版,第 577 页。

② (清)顾炎武:《答汪苕文》,《蒋山佣残稿》卷二,载《顾炎武诗文集》,中华书局 1983 年版,第 195 页。

③ (清)汪琬:《古今五服考异序二》,《钝翁前后类稿》卷二六,载李圣华笺注:《汪琬全集笺注》(二),人民文学出版社 2010 年版,第 578 页。

④ (清)阎若璩:《又与戴唐器书》,《潜丘札记》卷六,载文渊阁《四库全书》第 859 册,上海古籍出版社 1987 年影印版,第 541 页。

有别也。"①"夫贤君察相因乎其所不可变革而损益其可变革者,不亦善乎?而又何周制之兢兢焉? 彼徇今而不通于古,与好古而不协于今。是皆谓之俗儒,君子弗与也。"②因此,研治丧礼当考察历代五服的因革情况。这一特点在《考异》第三部分"考异"当中尤为突出。

其四,强调打通众经、归纳例证的著述风格。从文献学角度来看,汪琬的"五服"学研究视角同时也延及到先秦两汉儒家典籍上,但这种关注更多的集中在与《仪礼·丧服》篇服制不同的礼制记载方面,借此彰显丧服礼制的变异情况,加强五服研究的对比性。例如,《考异》卷五中,汪氏详列《小戴礼》与《仪礼》服异者九条,《左传》与《仪礼》服异者一条,《荀子》与《仪礼》服异者一条,《仪礼》无服而《小戴礼》有服者十一条,《仪礼》有服而《小戴礼》无服者四条,《仪礼》无服而《孔丛子》有服者一条,《小戴礼》有服而《孔子家语》无服者一条。这种对比,有助于考察古人关乎礼制权变的观念,具有相当程度的礼经学色彩。

其五,汪琬还注意运用图表形式研究五服,分门别类,眉目清晰。《考异》卷二、卷三两部分为"五服图",卷二为器物图,既考察《仪礼》本经服制,又考察律文服制。汪琬在卷三末《五服图总跋》交代云:"勉斋黄氏《仪礼经传续》及信斋杨氏《仪礼图》一书,其丧服门诸图虽本《仪礼》而实参之以《小戴记》,予所作则悉取《丧服传》本文,而又各以律文图次之。盖前贤所重在攻经,而予所重在遵律,宜其彼此不同也。"

2. 徐乾学与《读礼通考》

(1)生平及著述概说

徐乾学(1631—1694年),字原一,号健庵,又号东海,江苏昆山人,顾炎武外甥。康熙十五年(1676年),徐母病故。他在三年丁忧期间,阅读了大量古代典籍,以三礼为经,以史为纬,编著了《读礼通考》一书,如其在《〈读礼通考〉凡例》所云:"是编之作,始于康熙十六年之春,时居先太夫人之丧,因有事于

---

① (清)汪琬:《古今五服考异序一》,《钝翁前后类稿》卷二六,载李圣华笺注:《汪琬全集笺注》(二),人民文学出版社2010年版,第577页。

② (清)汪琬:《古今五服考异序二》,《钝翁前后类稿》卷二六,载李圣华笺注:《汪琬全集笺注》(二),人民文学出版社2010年版,第578页。

此,书苫次先为蒐辑。"①徐乾学归田后对此书稿又加增订,积十余年,三易其稿而成书,凡120卷。该书统括历代丧礼,于丧期、丧服、丧仪节、葬考、葬具、变礼、丧制、庙制诸端皆有所涉,可谓集丧礼之大成。徐氏著述颇丰,其礼学著作除《读礼通考》外,还有《五礼备考》180卷,《四库全书总目》未著录,为三礼综论性著作。

（2）治礼原则与考证方法

徐乾学自叙云:"昔朱子尝以《仪礼》为经,《礼记》为传,编为《通解》之书,诸礼次第告成,独丧祭未竟。勉斋黄氏续成之,信斋杨氏又附图焉。予取两家之章次,益以后世之制,荟萃成篇,其说大约相同。"②可见,徐氏《读礼通考》乃仿朱熹《仪礼经传通解》一书编著体例而作,但因朱熹《仪礼经传通解》无丧礼篇,故又取黄榦《续仪礼经传通解》、杨复《仪礼图》二书章次,补缀以黄、杨氏之后的历代丧礼之文而成,但体例上较之朱熹、黄榦之作更趋合理、精审。

《读礼通考》在所引诸家文献书证材料后面,往往附有徐乾学按语,其中所涉内容颇广,小到经传句读,大到历代丧制内容的比较和丧制臧否的品评,皆有涉猎。从这些按语可见,徐氏治丧礼存在一定的研治原则和考证方法,约略有以下数端:

其一,徐乾学对礼学的研究,强调要"论世知人,以意逆志"。"论世知人,以意逆志"一直是中国经学研究的重要阐释原则。徐乾学的礼学研究,同样注意到了这一点,并将这一原则贯穿到其礼学研究当中,他认为:"盖文质递变,代有因革,古人宫室衣服多与后世不同,论世知人,以意逆志可耳。若执目前之见而致疑于古人,则案以礼经窒碍正多也。"③

其二,徐乾学说解丧制,好以是否近人情来作为评判依据。徐氏认为,礼

---

① （清）徐乾学:《读礼通考·凡例》,载文渊阁《四库全书》第112册,上海古籍出版社1987年影印版,第4—5页。

② （清）徐乾学:《读礼通考》卷三八,载文渊阁《四库全书》第112册,上海古籍出版社1987年影印版,第2页。

③ （清）徐乾学:《读礼通考》卷三五,载文渊阁《四库全书》第112册,上海古籍出版社1987年影印版,第717页。

出自朝廷,乃圣人之立制,而"圣人之立制,因人情而为之者也","其初先王制礼,最重者送死大事,而又恐以死伤生,故丧服有变除,哭踊有时候,所以节其哀而顺其变,其间轻重等杀,皆因人情而为之制"①。因此徐氏认为,对于丧礼的臧否评判,当遵循"礼近人情而设"的原则,并应将此作为礼制采信的一种重要标准。

其三,徐乾学注意运用图表的方式进行比较研究,直观地反映丧礼的各方面内容。《读礼通考》全书各个部分都有大量的图例,如"丧期"部分前三卷,徐氏将历代丧服制度异同情况,表解为十三个图例,依次为:斩衰三年、齐衰三年、齐衰杖期、齐衰不杖期、齐衰五月、齐衰三月(以上卷一部分)、觞大功九月七月、大功九月、穗衰、觞小功五月、小功五月(以上卷二部分)、觞缌麻三月、缌麻三月(以上卷三部分)。

其四,徐乾学善举诸家偶见之失,以证定经传互通之理。如上所述,徐乾学《读礼通考》引书特别丰富,对同一丧制,往往引述诸家论说,尽可能全面反映前人的研究状况,并根据礼经经传所载予以评议,论定其中的是非得失,以证定经传互通之理。对于前人说解纷纭之处,徐氏往往胪列诸说,予以中肯的判断和评述,择善而从,即使难定是非,亦多对诸家之说加以分析,点明自己的倾向性意见,供读者参考。

其五,徐乾学注意丧制说解的现实功用,并据此品评世俗丧制的臧否善恶。如《读礼通考》卷一一五"违礼二·居丧释服"目下,徐氏按语云:"古人居丧,既葬之后始食疏食,既练之后始食菜果,未有饮酒而食肉者,彼于酒肉犹不忍食,而况参预筵燕乎?屡朝之定律非不森严,世之能秉礼而怀刑者谁也?古礼既不知遵,而国宪又不知畏,人心之澌灭将何时而正乎?"②这是针对现实生活中一些人居丧时期不遵古制,无酒食、筵燕之禁的现象有感而发的,点明现实中的违礼情况。

其六,徐乾学在对丧制的认识上,颇具发展的眼光,并不一味盲从古制。

---

① (清)徐乾学:《读礼通考》卷三七,载文渊阁《四库全书》第112册,上海古籍出版社1987年影印版,第766页。

② (清)徐乾学:《读礼通考》卷一一五,载文渊阁《四库全书》第114册,上海古籍出版社1987年影印版,第637页。

《读礼通考》卷七七"丧仪节四十·不伐丧"目下徐氏云:"秦汉以下世变不同,先王之礼亦有不可太拘者,在君子善用之尔矣。"①这等于说,后人不必一味依尊三礼所定礼制,而当择善而从,如有可能,后世儒者自可重新论定有关仪文典制,根据人情所需便宜行事,因为"'有人心'三字警切动人,先王制礼,此其本矣"②。

3. 朱轼与《仪礼节略》

(1)生平及著述概说

朱轼(1665—1736年),字若瞻,又字伯苏,号可亭,谥文端,江西高安人。其曾祖父朱崇,师从明代理学家邹守益,颇有学术造诣。朱轼勤于著述,其礼学著述主要有:《仪礼节略》二十卷,《校补礼记纂言》三十六卷,重订《校补礼记纂言》三十六卷,《吕氏四礼翼》一卷。

(2)治学特点

作为一位经俗通贯派礼学研究者,朱轼虽然重视继承和张扬朱熹的礼学成果,但他编著《仪礼节略》之时,也存在有别于朱熹《仪礼》学研究的一面,形成了自身独特的问学方式与《仪礼》诠释特点。概而言之,可以从如下几个方面加以考见:

首先,从《仪礼节略》一书与朱熹《仪礼》学的关联性方面来看:朱熹在《仪礼》学方面的研究,集中于《仪礼经传通解》和《朱子家礼》二书之中。其中后者是其主讲纲常伦理、礼节礼仪之书,分别为通礼、冠礼、昏礼、丧礼和祭礼五卷,主要着眼于家庭礼仪规范的研究和立制,更具礼俗学的著述色彩,实用性极强。而朱轼著述《节略》一书时,"以朱子《家礼》为纲,旁及晋、唐、宋、明诸礼书;其近世儒者论说于礼少有发明,辄随所见采入。至折衷聚讼,以求适合,则必以十七篇为正鹄焉"(《凡例》第1条)。

其次,从《仪礼节略》一书的著述体例和礼目设置情况来看:如《凡例》所言,朱轼《仪礼节略》是"以朱子《家礼》为纲"。

---

① (清)盛世佐:《仪礼集编》卷七七,载文渊阁《四库全书》第113册,上海古籍出版社1987年影印版,第766页。

② (清)盛世佐:《仪礼集编》卷三一,载文渊阁《四库全书》第112册,上海古籍出版社1987年影印版,第656页。

另外,《仪礼节略》卷十八迄卷二十所绘制的礼图部分,系朱轼在吸纳陈祥道《礼书图》、聂崇义《三礼图》等礼图诠释成果的基础上,又合以《仪礼》、朱子《家礼》诸图,参订互考而成,主要包括《冠礼图》《学义杂图》《昏礼图》《士相见礼图》《乡饮酒礼图》《仪礼丧礼图》《家礼丧礼图》等二十二个类别的礼图内容,每一类别下各根据实际情况分别绘制礼图若干幅。这些礼图的类别颇广,从礼图的类别与内容角度划分,既有仪节图,也有器物图和服制类表解图;从礼图的来源角度划分,既有体现《仪礼》繁文缛节的古代礼制图,也有体现朱子《家礼》俗礼规制的礼制图。

再次,从《仪礼节略》诸礼目的行文重点情况来看:朱轼《仪礼节略》一书的礼目设置,并非专为诠释《仪礼》经文而设。他特别重视发覆礼目仪节的明晰度、实用性和操作性。

复次,从《仪礼节略》诸礼类细目之下所搜罗的文献情况来看,朱轼不仅将《仪礼》经文的相关文句分解开来,同时也重视相关学者的礼制文献,如杜佑《通典》、丘文庄《仪节》、徐乾学《读礼通考》与王带存《丧服制》等文献的诠释成果,将其合理地纳入《仪礼节略》一书当中来。

最后,从所征引文献的补充诠释情况来看。朱轼《仪礼节略》一书的文献诠释,主要有以下两种方式:一是援引与诠释文句密切相关的历代前贤学者已有训释成果,如郑注、贾疏、孔疏、杨复《仪礼图》、吴澄《考注》、万斯大《仪礼商》一类,等等;二是加附"轼按"二字的朱轼本人诠释,这一类注语大多说明与仪节、礼义相关的诠释话题,讨论俗礼当中的礼制得失及其所宜应对的态度与举措,极少涉及文句之中字词的具体含义。这与朱轼关注清初礼制仪俗的施行与改革是密不可分的。

通过上述诸方面的考察可以看出,朱轼《仪礼节略》体现出来的淡化尊经的治礼风格,及其对朱子《家礼》的关注和重视,最能体现朱轼的礼学思想和学术取向,在某种程度上可以说,朱轼的礼学主张和礼学实践,与清初学者陆世仪颇为类似。总之,作为一名经俗通贯派学者,朱轼在著述《仪礼节略》一书时,其治学着眼点与徐乾学著述《读礼通考》之作恰好相反。尽管二者都试图融礼经学与礼俗学研究于一炉,但徐氏《读礼通考》乃是融礼俗学于礼经学研究之中,礼经学研究的色彩更为浓烈;而朱轼《仪礼节略》则不然,更多具有礼俗学的治学色彩,强调融礼经学于礼俗学研究之中。《仪礼》《礼记》等礼学典籍并不是朱轼所要诠释考察的重点。朱轼而且借壳生蛋,试图重建自己心目中的民间礼制,迎合与适应当时官方倡导的礼制重构愿望。

（五）张扬朱学派的《仪礼》学

鉴于晚明王学的流弊,清初一些儒者转向以复兴程朱理学为己任。这样一来,对朱子学的倡导与张扬,就成为了一种必然选择。朱子学的复兴,其实质是"通过对传统理学基本观念的继承与发展,力图使儒学的有益因素得以延续的一种思想理论",同时,"它也是一种学术思潮,是一些张扬程朱理学、试图重建社会伦理秩序的人的思想的集合"①。在《仪礼》研究上,姜兆锡、盛世佐、任启运、梁万方、应撝谦、胡抡等人亦极为推崇朱熹的礼学研究,力图通过效法朱熹《仪礼经传通解》、黄榦《仪礼经传通解续》的治学方法,打破传统礼经研究的窠臼,采取通释体的著述体式,会通事类,分别章目,实现礼经与各类先秦两汉典籍的互贯融通,辑录与编纂礼经十七篇的"义"篇礼文,力求使礼学研究取得新的突破。在姜、盛等人的努力实践下,张扬朱学派悄然兴起,在康、乾之际的礼学论坛上,成为一道亮丽的学术风景线。

1. 姜兆锡与《仪礼经传内外编》

（1）生平及著述概说

姜兆锡(1666—1745 年),字上均,号素清学者,江苏丹阳(今江苏镇江丹阳)人。姜氏从壮年才开始钻研三礼之学,著有多部礼学著作,享誉学界。与他同时的礼学大家方苞亦长于三礼,与姜兆锡集议,二人所持见解多不合。然姜兆锡论出,方苞往往亦不能驳难。姜氏著有《礼记章义》十卷、《大戴礼翼删》四卷、《周礼辑义》十二卷。姜氏在《仪礼》研究方面,主要著作有《仪礼经传内编》二十三卷和《外编》五卷。此外,据《江苏艺文志·镇江卷》记载,姜氏还著有《古今丧服考》。该书目前存佚不详,卷帙亦不清楚。从书目记述来看,该书主于汇通历代丧服制度,既有先秦礼经丧服部分的内容,同时也兼及周代之后各类礼书所载丧服制度的具体内容。

---

① 程宝华:《张杨园与清初朱子学》,《郑州航空工业管理学院学报(社会科学版)》2008 年第 6 期。

姜兆锡《仪礼经传内外编》一书，被《四库全书总目》归入杂礼书之属（见《礼类存目三》），但如《总目》所云：该书"大率以《仪礼》为主"，因而可以视作清代初期《仪礼》学领域的著作。

（2）《仪礼》认知观

和朱熹编纂《仪礼经传通解》一样，姜兆锡在广罗群籍编纂礼经的同时，对于《仪礼》本经及其《记》文的相关问题进行了一些思考，形成了他自己的一系列见解。概而言之，主要反映在如下几个方面。

其一，对于《仪礼》有无缺逸的问题，姜兆锡持肯定的态度。例如《内编》卷九"士大夫投壶礼"下，姜氏申论说："此亦燕以为乐而因以观德之礼，《周礼》不载，《小戴礼》之第四十篇实载之，而《大戴礼》亦有此篇。按：此当为《仪礼》经文而逸之耳，故今以类而附于射礼之后云。"①其观点表述得非常明确，他认为大小戴《礼记》所载"士大夫投壶礼"之文当为"《仪礼》经文而逸之耳"，其实质乃属于原本《仪礼》经文的一部分。由此看来，姜兆锡对《仪礼》经文性质的认定，并不局限于士礼的范畴。他以为汉初高堂生所传《仪礼》十七篇当初就是残缺不全的。从这一认知出发，他对于朱熹《仪礼经传通解》的治学取向是极为认同的。

其二，对于《仪礼》十七篇序次的认知，姜兆锡对传统郑注的编排颇有异议。对于戴德、戴圣及刘向《别录》三种十七篇序次的不同，在姜兆锡看来，三者优劣有别，郑玄所采纳的刘向《别录》编排次第并非最佳："大戴篇目之序，盖以冠昏丧祭为次，而递及于饮射聘觐也。其以《丧服》居后者，上各篇皆言礼仪之节，而此篇乃因礼仪而及其丧服之制，以见凡行丧礼之仪所相依以为用者，故后之与。由是以推，刘向篇目之次固胜于小戴，而其视大戴则有不及者。郑氏盖未免失所从违也。"②正是基于这一认知，姜氏的《仪礼经传内外编》一书在"五礼"序次的编排上有别于其他张扬朱学派学者的各种作法，使得该书在体例上赢得了很大的创新。

---

① （清）姜兆锡：《仪礼经传内外编》卷七，载《续修四库全书》第 87 册，上海古籍出版社2002 年版，第 310 页。

② （清）姜兆锡：《仪礼经传内外编》卷首，载《续修四库全书》第 87 册，上海古籍出版社2002 年版，第 175 页。

其三,对于《仪礼》经文原本编排问题的认知,姜兆锡有着与其他学者完全不同的个性化看法。姜氏认为,《仪礼》传本十七篇礼文编排较为混乱,往往一篇之中涉及多种礼类,有的篇目各小类礼文可以统于一篇之中,而有的篇目中各小类礼文并不适合编排在一起。其中可以统于一篇之中者,主要有《士冠礼》《士昏礼》《相饮酒礼》诸篇,以《士冠礼》为例,篇中"所列诸仪乃父母在为其适子为士者之礼……若父不在而为孤子,或父在而母不在,又或为其庶子,又或其礼不用醴而用酒,及不用干肉折俎而特杀,则其礼并异。而一礼之中且分为数礼矣。然止目以士冠礼者,以并得以士冠统之也。……若《燕礼》《公食大夫礼》《士相见礼》之属,则每篇当分为诸礼,不得相统,而旧盖误合而标之耳"①。

其四,对于《仪礼·记》文的认知。姜兆锡认为,现今传习的《仪礼》经文有《记》文混淆在其中的情况存在,例如《士相见礼》一篇即是如此。姜氏在《内编》卷十中指出:"窃念汉儒承秦火之后,既误以士见大夫及大夫相见以下凡六篇之文而通目为士相见之礼,说经者初不体正其误,而于各礼复率为之训如此,则先圣之遗经将益晦矣。"②另外,对于经文"凡自称于君,士、大夫,则曰下臣;宅者,在邦则曰市井之臣,在野则曰草茅之臣;庶人,则曰刺草之臣;他国之人,则曰外臣"一句,姜氏《内编》卷十云:"本《记》。旧误在经文,今按当为《记》。"③其所谓"本《记》",即是指现今传习《仪礼》一书中的《记》文,与大小戴《礼记》的称谓有别。

(3)整理与诠释特点

作为一名张扬朱学的学者,姜兆锡在礼经文献的整理和注释方面很有特色。从治学手段和治学方法角度而言,他既有承继朱熹、黄榦治学方法的一面,同时也形成了一套自己的治学方法,颇具鲜明特色。究其大略,主要表现在如下诸方面:

---

① (清)姜兆锡:《仪礼经传内外编》卷一,载《续修四库全书》第87册,上海古籍出版社2002年版,第178—179页。

② (清)姜兆锡:《仪礼经传内外编》卷十,载《续修四库全书》第87册,上海古籍出版社2002年版,第340页。

③ (清)姜兆锡:《仪礼经传内外编》卷十,载《续修四库全书》第87册,上海古籍出版社2002年版,第338页。

其一,从姜兆锡博稽参订群书的处置情况来看,姜氏治学态度极为审慎,遇有存疑待考之文献,则列入参订的范畴。

其二,姜兆锡整理礼经时,注意通过博稽群书,着力比对,从而揭示其他诸经及注解之间的异同,纠正错误。

其三,从整理文献的方式来看,姜兆锡《外编》非常重视利用图示进行文献整理,直观明了地呈现给读者。《外编》卷三至卷五载《仪礼图考》,依五礼次第先分后合,一至五依次为嘉礼、军礼、宾礼、凶礼、吉礼图考,《图考六》为后附图考,《图考七》为五礼总图考。当然,姜氏利用图示整理文献的做法亦是历代《仪礼》研究者的通行惯例,朱熹《仪礼经传通解》便亦如此。

其四,从相关类似礼类的文献处置方式来看,姜兆锡《仪礼经传内外编》尤善于互见别著之法,处置详略得当。例如,《内编》卷六当中,"诸侯飨士庶子礼""诸侯飨工礼"二礼,姜氏皆附注云:"见下。"凡此之类,姜氏正是通过行文中的巧妙安排使文章结构更为精简,但同时提供给读者较完整的文献信息。

其五,从《仪礼》经文解读的外在方式来看,姜兆锡继承了朱熹《仪礼经传通解》中分节的治经方法。

其六,从义理阐发的角度来看,姜兆锡《仪礼经传内外编》中多用具体的文献证据予以佐证。作为重视义理阐发的礼学家,他在治学过程中主张要处理章句与义理的关系,正如他在《礼记章义附论八则》所云,既要推义理于章句中,又要求义理于章句外。① 例如,《士昏礼》"婿见妇父母"一节之"义",姜氏引《礼记·郊特牲》《昏义》《曾子问》《坊记》等篇及《白虎通义》《孔子家语》文为证②。与此前同类著作相比,"义"栏目的设置,是姜氏《仪礼经传内外编》著述的一大创举,很有价值。

其七,从文献典籍的注释引文角度来看,姜兆锡《仪礼经传内外编》亦并不墨守成规,时有节略、删改前人注释行文的做法,其中尤以汉唐注疏的援引最为突出,也最具代表性。诚如姜氏在《内外编参义凡例九则》中云:"注疏文

---

① （清）姜兆锡:《礼记章义附论八则》,《礼记章义》卷首,载《续修四库全书》第87册,上海古籍出版社2002年版,第642—643页。

② （清）姜兆锡:《仪礼经传内外编》卷二,载《续修四库全书》第87册,上海古籍出版社2002年版,第204—207页。

繁芜者，或颇有增损；又文不顺者，或稍参为易置；然皆注疏意也，仍以注疏标之。"①姜氏这种摘要式征引注释类文献的方式，完全不同于现代学术著述严格征引原文的学术规范。这种援引注疏的方式，与李光坡《仪礼述注》、盛世佐《仪礼集编》的做法极为相似。②

2. 任启运与《肆献祼馈食礼》等

（1）生平与著述概说

任启运（1670—1744 年），字翼圣，江苏荆溪（今宜兴）人。因居近古钓台，世称钓台先生。任启运晚年因礼学位显，在雍正、乾隆两朝恩遇特隆。乾隆十四年（1749 年），诏学经学，上谕有"任启运研究经术，敦朴可嘉"之语。所著礼学著作主要有：《礼记章句》十卷（又名《礼记类纂》）、《四书约旨》十九卷、《肆献祼馈食礼》三卷③、《朝庙宫室考》十三卷、《夏小正注》等。

（2）治礼风格及诠释特色

任启运的《仪礼》学研究，在继承前人的基础上，也具有自己的一些独到之处，颇为当时学者及四库馆臣所关注。具体说来，任氏的礼学研究有以下一些特点：

首先，任启运研治礼经的基调，在于学宗朱子，却又并不一味盲从，而是继承中又有所变化。一方面，对于三礼的性质问题，他秉承了朱熹的观点，认为《周礼》不是经，《礼记》非孔子定，其中只有一部分才是《仪礼》的传。不过，在这一点上他与朱熹的观点相近而有所不同。针对有人认为《仪礼》是经，《礼记》是传的说法，他说："此以论冠、昏、饮、燕、射、聘诸义则然，他篇不可概论。"④他认为对于《礼记》中的冠、昏、饮、燕、射、聘诸义来说，《仪礼》是经；至于其他各篇，则不可一概而论，因为"《礼记》名为小戴，选经诸儒窜易，实非小

---

① （清）姜兆锡：《仪礼经传内外编》卷首，载《续修四库全书》第 87 册，上海古籍出版社 2002 年版，第 177 页。

② 邓声国：《清代〈仪礼〉文献研究》，上海古籍出版社 2006 年版，第 51—54 页。

③ 关于《肆献祼馈食礼》一书的命名称说由来，任启运曾引王肃之文有过一番说解："礼先祼后肆，而先言肆者，以血腥与荐熟对言之，明非臣所有也。或曰：肆旅也，及群庙，故旅献祼。"

④ （清）任启运：《礼记章句》卷首《自序》，载《续修四库全书》第 99 册，上海古籍出版社 2002 年版，第 3 页。

戴之旧,故亡失亦多"①。另一方面,和朱熹一样,任启运非常重视丧礼和祭礼,其所著《肆献裸馈食礼》,颇有依仿朱子《仪礼经传通解》、黄氏《仪礼经传通解续》的色彩,但有所不同的是,任氏深受当时学界大多数学者重视考据的影响,将考据的成分融入自身的著述当中,兼有通释体和专题考证体的双重特点。

其次,就任启运的治经方法而言。在《礼记章句》一书的"类例"中,任启运概述该书的著述方法,有如下一番话语:"愚反复参互,或始联而后合,或昔信而今疑,或百是而一非,或两存而交备。总求揆之天理而当,质之人情而安,考之古而有据,推之后而可行。非敢求异前人,庶几可俟来哲云尔。"②其实,不仅《礼记章句》一书的编著如此,任氏的《朝庙宫室考》《肆献裸馈食礼》两部著述也是如此。

最后,就文献编纂的角度而言。与康、乾之际其他诸儒的文献编纂相比,任启运的编纂已经有所不同。以《肆献裸馈食礼》为例,这种不同主要表现为这样几方面:

其一,编纂的侧重点不同。姜兆锡《仪礼经传内外编》、江永《礼书纲目》、尹嘉铨《仪礼探本》、杨丕复《仪礼经传通解》等编纂体著作,不仅关注祭礼的编纂,同时也关注冠礼、昏礼、丧礼、军礼等不同方面的编纂,大都涉及《仪礼》一书的方方面面。而任启运则仅仅关注祭礼中的肆献裸馈食之礼,编纂内容所涉范围要小得多。

其二,编纂的体例不同。在具体礼类的编纂过程中,任启运只是参以礼之节次先后编排礼文,而与江永"皆因《仪礼》所有者而附益之"的做法,姜兆锡分别"义""考""记"的编排法,杨丕复沿继朱氏《仪礼经传通解》的体例,等等,绝然有别。

其三,郑注、贾疏的编录方式不同。对于三礼经文的训诂,任启运基本上不援引郑注、贾疏原文,与杨丕复《仪礼经传通解》的三礼文注皆出于郑注的做法迥然不同。

---

① （清）任启运:《礼记章句》卷首《类例》,载《续修四库全书》第 99 册,上海古籍出版社 2002 年版,第 10 页。

② （清）任启运:《礼记章句》卷首《类例》,载《续修四库全书》第 99 册,上海古籍出版社 2002 年版,第 10 页。

其四,编录前人异说的方式不同。与杨丕复《仪礼经传通解》博采群书,不专守一家之论、不贵繁文的做法有别,任启运大都只取所需,倘若有妄说则列入考据之中,寻找依据辨其非是。换言之,姜、江、尹、杨诸儒的书虽以《仪礼》命名,其实质只不过是想按自己的想法和需要,重新编纂一部合乎要求的礼书,而任启运却颇不相同,他的编纂中完全融入了考据的方法,"其根柢纯粹,必本于考亭,而其著述质"①,重证据,追源头,努力寻找以类编礼的事实依据。

其五,任启运立足礼学传世文献,善于通过比类归纳与推理等手段,辑录出有关的佚文,借以还原和了解先前的有关仪节原貌。

其六,从对待前贤成说的角度来看,较之此前的清初学者,任启运在对某些祭礼具体问题的探讨过程中,任氏更注意全面收集反映前人已有的各种不同成说,逐一加以胪列比较,最终得出自身的独到合理见解。

3. 盛世佐与《仪礼集编》

盛世佐(? —1781 年)②,字庸三,浙江秀水人。乾隆十三年(1748 年)进士,历官贵州龙里县知县。盛氏深于经学,尤长于《仪礼》学研究。他用了将近十年时间著成《仪礼集编》40 卷③,最终完稿于乾隆十二年(1747 年)。此外,盛氏又有订正杨复《礼仪图》,辨之亦详。

(1)《仪礼》认知观

盛世佐的《仪礼》认知观较为传统,其较为突出鲜明者主要体现在如下几个方面。

首先,在《仪礼》成书与作者的问题上,盛世佐持传统旧说,并无标新立异

---

① (清)檀萃:《天子肆献裸馈食礼》卷首《序》,载文渊阁《四库全书》第 109 册,上海古籍出版社 1987 年影印版,第 830 页。

② 关于盛世佐的生年,《清史稿》并无明确记载,有人认为是康熙五十七年(1718 年),未详何据;至于其卒年,《清史稿》亦无明确记载,但据卢文弨《仪礼注疏详校自序》记载:"庚子入京,晤程蕺园太史晋芳,……蕺园相晤之明年,旋闻其(盛世佐)卒于秦中,所欲为者,殆亦未就。"乾隆庚子年即乾隆四十五年(1780 年),"明年"即乾隆四十六年(1781 年),据此可见,这一年即盛氏之卒年。

③ 《仪礼集编》今存者有 17 卷和 40 卷两种版本:《浙江遗书总录》称是书 17 卷,且称积帙共二千余翻,乃按篇数编卷次,系嘉庆十年贮云居刻本,今浙江大学图书馆藏此刊本。《四库全书》本则作 40 卷,宋慈抱《两浙著述考》以为"盖终以卷帙太重,不得已而分之"。

之处。他认为:"《礼记》出于汉儒之纂录,犹可曰是夏殷法也;《仪礼》《周礼》皆周公制作时所定,不应枘凿乃尔。"①由此可见,盛世佐乃站在古文经学家的立场上,主张《仪礼》和《周礼》并为周公所定之说。至于《仪礼》经文与孔子的关系问题,《仪礼集编》的"世佐案"中并无相关交代说明。

其次,在《仪礼·记》文成书性质的认知上,与当时其他学者的看法略有不同,认为《记》文的性质较为复杂,包括三种不同的成份来源:"凡为《记》者有三,有记经所未备者,有记礼之变异者,有各记所闻颇与经义相违者。"②认为诸《记》文原本独立于经文之外,直到郑玄注释礼经之时,才被合并到相应篇章之末。盛世佐的这一主张,后来得到了同时代学者马骕的响应,马氏在他的《仪礼易读》一书中便重复了盛氏的这一见解③。

再次,对于《仪礼》是否属于完帙之书这一问题,盛世佐持有佚文之说。他认为此十七篇各篇经文有扞格不通之处,可见此非周公制礼之旧貌。他还以为今本《仪礼》十七篇较之《周礼》更称完备,其所亡者惟军礼之篇耳。盛氏还指出,"《汉志》所谓经十七篇,即高堂生所传也。"他认为所亡佚的军礼部分,汉代即已不复传习,散逸直至今日。

复次,关于《士冠礼》篇经、《记》,盛世佐认为二者有相互混淆的现象存在:"窃谓此篇之经至'归宾俎'而止矣,自此以下皆《记》也。"④盛氏运用审文例的训诂方法,将《士冠礼》后一部分与《昏礼·记》文加以比较,发现它们之间存在很多相同之处,因而得出今本《士冠礼》篇存在经、《记》混淆的结论来。

另外,《士冠礼》经文后的诸辞(如戒宾辞、宿宾辞、醴辞、醮辞等)部分,盛世佐认为亦应属于经、《记》文混于经文的内容,"诸辞之当为《记》,敖氏已见及之,特狃于汉儒所定本而未能断耳,且不知是篇之《记》混于经者固

---

① (清)盛世佐:《仪礼集编》卷二一,载文渊阁《四库全书》第111册,上海古籍出版社1987年影印版,第5页。
② (清)盛世佐:《仪礼集编》卷二,载文渊阁《四库全书》第110册,上海古籍出版社1987年影印版,第107页。
③ (清)马骕:《仪礼易读》,载《四库全书存目丛书》第88册,齐鲁书社1997年版。
④ (清)盛世佐:《仪礼集编》卷二,载文渊阁《四库全书》第110册,上海古籍出版社1987年影印版,第107页。

不止此也"①,是盛氏承敖继公《仪礼集说》之端倪而发此见。

最后,对于今本《士相见礼》篇没有《记》文的情况,盛世佐亦有发见。他认为并非古来就没有《记》文,只不过已经被归并到原有经文当中,后人难以分辨而已。在盛世佐看来,《士相见礼》篇《记》文的"消失"现象,只不过是"编礼者误合于经耳"造成的结果。

(2)著述体例

《仪礼集编》是一部集注性质的《仪礼》学著述,呈现出鲜明的资料汇纂性质的体例特点——"专仿何晏、范宁胪先说而衷之己意,襄然成编"②,这与盛氏治学强调"博综、折衷"的价值取向是相吻合的。概括说来,大致可以从如下两个方面来概括本书的体例特点:

首先,从全书的编排体例来看,《仪礼集编》具有如下几大特点:一是盛氏准依郑玄所定体例,将《仪礼》经文与《记》文各自编排,"经自为经,《记》自为《记》",不相杂厕,从而与朱熹《仪礼通解》以《记》分属于经文每条之下的做法区别开来。二是盛氏依仿章句体著作体例,将《仪礼》经文进行分节。分节法始于朱熹《仪礼经传通解》,后儒治《仪礼》亦多遵从沿用,以便于读者阅读,但各自分合之处参错不一。盛世佐斟酌众本,择善而从。三是盛氏《仪礼集编》依仿张尔岐《仪礼郑注句读》的著述体例,亦将《记》文分章,从而与以往的《仪礼》类纂类著作截然有别。

其次,从引书情况来看,《仪礼集编》具有如下几个特点:一是引书数量众多,涉及面广。二是众说编排次第颇有讲究,"一以时代为序,二说略同则录前而置后,后足以发前所未备,始兼录之"③。三是撷录众说但求详备,不求芟除异说。四是引用贾疏往往有所删改。五是在援引郑注上,一般来说盛氏不予节省,但遇有重复之嫌的情况则删节之。六是在引用前人说解的同时,亦不

① (清)盛世佐:《仪礼集编》卷二,载文渊阁《四库全书》第110册,上海古籍出版社1987年影印版,第116页。

② (清)桑调元:《仪礼集编序》,《仪礼集编》卷首,载文渊阁《四库全书》第110册,上海古籍出版社1987年影印版,第2页。

③ (清)盛世佐:《仪礼集编》卷首《凡例》,载文渊阁《四库全书》第110册,上海古籍出版社1987年影印版,第3页。

排除引据同时代学者的研究成果,例如,张尔岐、万斯大、朱彝尊、汪琬、毛奇龄、阎若璩、姜兆锡等人的著述见解,在《仪礼集编》中亦多有撷引。

4. 乾隆《钦定仪礼义疏》

乾隆元年(1736 年)六月十六日,清高宗乾隆帝诏令成立三礼馆,负责纂修《三礼义疏》。不久,又任命大学士鄂尔泰、张廷玉、朱轼、甘汝来等人充任总裁,杨名时、徐元梦、方苞、王兰生四人充任副总裁,主持《三礼义疏》纂修工作。后又补充李清植、任启运二人担任副总裁。当时充任纂修官的共达 48 人之多,可谓集中了当时全国专精礼学的大多数专家。通过十几年的努力,《钦定三礼义疏》终于宣告完成。《钦定三礼义疏》质量上乘,可谓清代初年一部官修的三礼学集大成之作。其中《仪礼义疏》由徐用锡、王文清、李清植、吴廷华、诸锦、程恂、潘乙震、徐铎、吴绂、王士让、叶酉等学者负责纂修,可谓集体智慧的结晶。兹将该书在体例和内容方面的有关情况简述如下:

(1)著述体例

就《钦定仪礼义疏》的文献整理体式而言,它是整个清代出现的第一部官修《仪礼》类纂类著作。该书初稿完成的时间,可能要早于李清植的《仪礼纂录》和盛世佐的《仪礼集编》。与此前历代各种《仪礼》学著作相比,该书在体例方面多有创新。

其一,会通众说,于异同是非多加案断。从著述体例情况来看,该书是一部类纂类著作。但其纂修者并不满足于简单的诠释资料汇编,而是主于会通众说,于异同是非始末之际,加按语出己意,给予总结,与其他同类体式著作往往只追求资料详备,不深究训释效果,又多无案断者绝然不同。这是该书的一大优长之处。

其二,全书按"义例"编排内容,类目清楚。三礼馆在纂修《三礼义疏》时,特别拟定了七大"义例":"一曰正义,乃直诂经义确然无疑者;二曰辨正,乃后儒驳正旧说至当不易者;三曰通论,或以本节本句参证他篇比类以测义,或引他经与此经互相发明;四曰余论,虽非正解,而依附经义于事物之理有所推阐;五曰存疑,各持一说义亦可通,又或已经驳论而持此者多未敢偏废;六曰存异,名物象数久远无传,难得其真,或创为一说,虽未即惬人心而不得不姑存之以资考辨;七曰总论,本节之义已经训解,又合数节而论之,合一职而论之。"①和《周官义疏》《礼记义疏》一样，《仪礼义疏》采掇群言也分为正义、辨正、通论、余论、存疑、存异、总论七个义例，对于历代礼学研究成果进行剖析整合，胪列于相应的义例之下，使得全书的类目非常清晰，突破了传统《仪礼》学论著的体例范式，同时也彰显了编纂者对于各类立说的是非判断。

其三，全书以大小写的形式编排前人的相关注释。从照应全书"义例"编排的需要出发，《义疏》在辑录各类注释成果的书写形式上，通过大小写的形式分类，彰显编纂者的治学取向。关于这一点，纂修官在是书"凡例"中有这样一段说明："贾疏释《注》者双行小书，各分附本注之下，后儒说有与《注》《疏》相证相足者亦然。其推阐经义者，仍大书特列。"②换言之，凡历代申解郑注之训语，则用小字列出，其余诠释《仪礼》经文要义者则用大字书写。另外，《仪礼义疏》中注音及郑注中有关古今异文部分的内容，亦用小字书写，附于《仪礼》正文各句之后。

（2）《仪礼义疏》的学术取向

《仪礼义疏》从总体上呈现出"超越汉宋"或"兼采汉宋"的学术取向，在征引历代注家诠释时，务求其是，而不偏主一家。此外，在征引历代注家诠释之外，凡有涉于《仪礼》者，亦广搜博采，一切以有助于礼经说解为指归。《义疏》的这一编纂取向，可以从其对待郑玄《仪礼注》、朱熹《仪礼经传通解》、敖继公《仪礼集说》三者的态度及诠释取舍情况得到印证。

其一，对待郑玄《仪礼注》之态度及取舍方式。除古今文校勘语外，《仪礼义疏》几乎全文收录郑玄注，而且对《仪礼》十七篇篇次的编排，也完全依循郑玄所据刘向《别录》之旧。

不过，《仪礼义疏》对古今文的取舍较为审慎，并没有完全沿用郑注的处置方式。据该书《凡例》第6条称："《仪礼》高堂生所传者为今文，出于淹中者为古文，经文并同，而字间有异。郑氏于二者之中，择从其一，而仍存古文某为

---

① 《钦定周官义疏·凡例》，载文渊阁《四库全书》第98册，上海古籍出版社1987年影印版，第6页。

② 《钦定仪礼义疏·凡例》，载文渊阁《四库全书》第106册，上海古籍出版社1987年影印版，第2—3页。

某、今文某为某于注末,志慎也。兹另提附经文音切之下,以省溷目。其后人有所论说,或不从郑氏者,仍入本注。"这种编排处置古今文的方式颇为审慎。

其二,对待朱熹《通解》的态度及取舍方式。《仪礼义疏》对朱熹《仪礼经传通解》一书的著述体例并不是一味肯定和遵从,而是有所取舍。如在《仪礼》经文章段划分方面,《仪礼义疏》肯定了朱熹的做法。该书《凡例》第 3 条说:"朱子谓《仪礼》经不分章,所以难读,每篇俱案行礼之节次分为章段。以后杨氏复作《仪礼图》,敖氏继公著《仪礼集说》,俱分章段,而与朱子本微有异同。兹所分章,大概遵用朱子,而于杨、敖两家亦参取其长者。"①《仪礼义疏》经文章段的划分以朱子《仪礼经传通解》为主,又参考了杨、敖两家的一些分节作法,取长补短,不宗主一家之说。

但是在《仪礼》经、《记》离合方面,《仪礼义疏》没有采纳朱熹《仪礼经传通解》的体例。该书《凡例》第 4 条说:"兹以经还经,以《记》还《记》,悉无移置。而于《记》文,亦略分节次,以为识别焉。"可见,纂修官不赞同仿效朱熹《仪礼经传通解》割裂《记》文附经的做法,而是采取经自为经、记自为记的处置方式,二者各不相混;同时,又仿效朱熹给《仪礼》经文分章节次的举措,为《仪礼》之《记》文略分节次,实属一种创新之举。

其三,对敖继公《集说》的态度。《仪礼义疏》在名物训诂与仪节阐释方面,若遇不满意郑注之处,往往参考元儒敖继公《仪礼集说》的解释,认为其抉摘阐发《仪礼》经文多有可取之处。诚如《凡例》第 9 条说:"元儒敖继公《集说》细心密理,抉摘阐发,颇能得经之曲折;其偶驳正注疏,亦词气安和。兹编所采特多,其有未是者仍加驳论。"②后来,《四库全书总目》谈到《仪礼义疏》的著述大旨时,也客观地指出:"惟元敖继公《仪礼集说》疏通郑注而正其失,号为善本。故是编大旨以继公所说为宗,而参核诸家补正其舛漏。"③不过,《仪礼义疏》也并不是一味盲从敖继公的解说,尽管所采敖氏说特多,但对于

---

①　《钦定仪礼义疏·凡例》,载文渊阁《四库全书》第 106 册,上海古籍出版社 1987 年影印版,第 1 页。

②　《钦定仪礼义疏·凡例》,载文渊阁《四库全书》第 106 册,上海古籍出版社 1987 年影印版,第 3 页。

③　(清)永瑢等:《钦定四库全书总目》(整理本)卷二十,中华书局 1997 年影印版,第 255 页。

敖氏说解考虑未周密处，纂修官也会加以批驳。

(3)《仪礼义疏》的学术影响

作为一部官修之作，而且是集中了诸多礼学名家集中讨论纂修之作，《仪礼义疏》可以称得上是对清代之前礼学成果的一次集大成式的整理实践，同时也对乾隆元年(1736年)以迄乾隆二十年(1755年)前后的《仪礼》学研究产生了较大的影响，致使这一期间出现了多部类纂类与通释体《仪礼》诠释著作。后来，《四库全书总目》评价说："举数百年庋阁之尘编，搜剔疏爬，使疑义奥词涣然冰释，先王旧典可沿溯以得其津涯，考证之功实较他经为倍蓰，岂非遭遇圣朝表章古学、万世一时之嘉会欤？"[1]

首先，就文献整理体式方面的影响而言，《仪礼义疏》的纂修，催生了《仪礼纂录》《仪礼集编》等一批纂集体礼学著作的诞生。李清植《仪礼纂录》、盛世佐《仪礼集编》的撰著，皆得益于《仪礼义疏》的纂修与参编，使得他们接触到了大量的礼学文献，加深了他们对于礼经的理解。另外，《仪礼义疏》的纂修，也促使一些学者加深了朱子《仪礼经传通解》治学地位的认知，并借助《仪礼经传通解》通释体形式编纂了《礼乐通考》《五礼通考》《重刊朱子仪礼经传通解》等一批礼学著作。这些著作，大都成书于《仪礼义疏》纂修期间，或纂修完成后不久。

其次，就纂修官"兼采汉宋"的治学取向而言，《仪礼义疏》引导了当时一批学者自觉打破经学研究中汉学与宋学泾渭分明的学术界限。根据林存阳《〈御纂七经〉引用姓氏统计表》的统计，《钦定仪礼义疏》引用历朝历代学者196家之说，其中数目较大的朝代情况分别是：汉代学者39家，晋代学者21家，唐代学者17家，宋代学者65家，元代学者9家，明代学者25家，其他朝代学者都不超过5家，而且许多朝代都只有1家。[2] 可见，《仪礼义疏》主要追求的是一种博学，强调广征博采的著述形式，其中既有大量汉学家的诠释成果，也有宋代以来一批宋学家的诠释成果，纂修官心目中并无所谓汉、宋之学的明显界限。

---

① (清)永瑢等：《钦定四库全书总目》(整理本)卷二十，中华书局1997年影印版，第255页。
② 林存阳：《三礼馆：清代学术与政治互动的链环》，中国社会科学出版社2008年版，第148页。

再次，就诠释实践的研究方法而论，纂修官特别重视《仪礼》礼例研究的诠释方法，所谓"礼无不归之例，而天下亦无难治之经"①，并且大力倡导"或以本节本句参证他篇比类以测义，或引他经与此经互相发明"的礼经诠释方法，从理论上揭示和总结了自东汉郑玄以来历代治《仪礼》学者的主要诠释方法，对推进《仪礼》的深入研究有较大意义。与此同时，纂修者还重视结合具体的礼经诠释来印证、实践诸般方法，借以揭示前人训诂之失，或进一步阐发经义。

复次，就治礼原则而言，纂修官所倡导的"圣人因人情而治礼"礼学研究原则，对于彰显礼经的现实意义，拓展学者礼经研究的视角，有着重要的启示。纂修官往往通过具体的诠释"案语"，揭示礼学研究的这一治学原则。

最后，就对待前贤诠释成说的态度而言，纂修官主张要在尊重旧解的同时，注重推陈出新，反对一味因循守旧、抱守残缺的不合理陈规。这种创新，主要体现在"案语"部分，"案语"往往是各以类附着于各个"义例"之下。有的案语重在申解经文，补充前贤之所未及之处，有的案语重在驳正前人误说。

综上所述，《仪礼义疏》纂修官在根植于此前《仪礼》学发展学术积累的基础上，吸收了往代诠释者的解礼经验，形成了自己的诠释风格与特色，孕育出新的学术生长点。如纂修官王士让的《仪礼训解》、秦蕙田的《五礼通考》等著述，就是承受这种影响的赓续之作，为清代《仪礼》学由理学向经学的转型奠定了良好的基础。当然，《仪礼义疏》亦存在一些可以商榷之处，如纂修官所罗列辑录的礼学研究成果，多是明代以前学者的成果，而对清初学者的研究成果则辑录的偏少，难以全面彰显清初礼学的发展成绩；又如，尽管承认郑注的重要性，并且大量予以引用，但在礼经有关名物语词及相关需要破读的语词诠释上，未能在审音以明义的基础上强调语音与字义的内在关系。

二、清代中期的《仪礼》学

(一) 汉学考据派的《仪礼》学

"乾隆以后，许、郑之学大明，治宋学者已鲜，说经皆主实证，不空谈义理，

① （清）杭世骏：《礼例序》，《道古堂文集》卷四，载《续修四库全书》第1426册，上海古籍出版社2002年版，第235页。

是为专门汉学。"①乾嘉时代,推崇考据的汉学已形成当时学术主流,是为乾嘉考据之学。考据学者中,虽然历来素有吴派、皖派之分,但这主要是就其居住地区而言,而并非二者在学术取向上的分野。其实他们二者在学术取向上大同小异,推崇汉唐诸儒的考据之学是他们的共同特点。如吴派大师惠栋、皖派大师戴震两人在《仪礼》学研究方面的治学旨趣和治学方法就颇为相近,他们均"谐声诂字必求旧音,援传释经必寻古义,盖彬彬乎有两汉之风焉"②。

1. 惠栋与《仪礼古义》

(1)生平及治学趣向

惠栋(1697—1758 年),字定宇,号松崖,江苏元和(今苏州吴县)人。惠栋治学范围颇广,贯通诸经。其治经主张沿继顾炎武之途,倡导汉学研究之风。强调从古文字入手,重视古音训诂,以为非经师不能辨之,作《九经古义》22 卷。惠氏对汉儒遗说搜辑钩稽,不遗余力,"凡古必真,凡汉必好"。他评《毛诗注疏》时说"宋儒之祸,甚于秦灰",故开一派学者求古而不问是非的风气,成为吴派经学的重要思想特征。其经学往往为考证而考证,以致有"饾饤烦琐""株守汉学""嗜博泥古"之讥。受其祖父惠周惕、父惠士奇皆治《易经》的影响,惠栋亦长于易学研究。乾隆十四年(1749 年),惠栋着手总结父祖经说及己治《易》心得,后撰成《周易述》23 卷及《易汉学》《易例》等其他易学著作。此外,其所著还有《古文尚书考》2 卷、《后汉书补注》24 卷、《明堂大道录》8 卷、《禘说》2 卷、《松崖文钞》等。

(2)对"礼"与《仪礼》的认知

在对"礼"的认知上,惠栋有自己的独到见解。他认为礼就是理,治天下当以礼为本,礼重践履。惠栋说:"周公作《周礼》,其法于《易》乎?"③礼之精义实存于"发乎情,止乎礼"一句,礼并不反对人的欲望,它只是让欲的发动和实现处在一个合理的制度之中。惠栋因此提出所谓"礼者谓有理"之说。他

---

① 皮锡瑞:《经学历史》,中华书局 1959 年版,第 341 页。
② (清)凌廷堪:《校礼堂文集》卷二三《与胡敬仲书》,中华书局 1998 年版,第 206 页。
③ (清)惠栋撰,江藩补,袁庭栋整理:《周易述》,巴蜀书社 1993 年版,第 63 页。

转述《管子·心术上》之语说:"《心术》曰:德者,道之舍,物得以生。德者,得也。以无为之谓道,舍之之谓德。故道之与德无间,故言之者不别也。间之理者,谓其所以舍也(道德之理可问者,则以有所舍、所以舍之异也)。义者,谓各处其宜也。礼者,因人之情,缘义之理,而为之节文也。故礼者,谓有理也。理也者,明分以喻义之意也。故礼出乎义,义出乎理,理因乎宜者也。"①显然《管子》这段话是将"理"理解为明分之意,与前面惠栋以理为分节之义相同。《管子》在明分之义的基础上认为"礼者谓有理",完全可以看作是惠栋思想的表达。所谓礼者、理者,都是人情之宜,礼只是理的制度化表达而已。其潜在的含义则是以三代之"礼"代替宋儒之"理"。

在关于"礼"的通经致用观方面,惠栋亦与清初学者的看法略有差异。惠栋特别强调尊礼、守礼,主张实现尊礼、守礼与治训诂章句之学两方面的知行合一。他在《趋庭录》中说:"章句训诂,知也;洒扫应对,行也。二者废其一,非学也。"②显而易见,惠栋认为,通过章句训诂可以知理,但圣人之义理实是要人依此而行,二者不能偏废,只有实行以礼代理的为学主张,才能避免宋人的空疏之学,才能做到知行合一。在《周易述》中,惠栋又明确声言:"郑《礼记序》曰:'礼者,体也、履也,统之于心曰体,践而行之曰履。'……礼以敬为主也。"③这里引述郑玄之言,旨在将礼看作知行合一的统一体。惠栋认为,礼于心则为理,行之则为礼,由心而达外一以贯之,这需要敬来保证。只有敬才能保证礼落实到内心深处,而非出于畏惧去服从礼的规定。

在有关《仪礼》撰者问题的认知上,惠栋崇守传统之见,主张为周公所作说。他在《吕坤尊朱子而驳周公》一书中有如是一番言说:"《仪礼》为周公所定,夫人而知之。《经典叙录》曰:'周公居摄,曲为之制,故曰经礼三百,威仪三千。经礼谓《周官》也,威仪谓《仪礼》也。'"④这一认知,与惠栋尊汉黜宋、

---

① (清)惠栋撰,江藩补,袁庭栋整理:《周易述》,巴蜀书社1993年版,第63页。
② (清)惠栋:《九曜斋笔记》卷二《趋庭录》,载《丛书集成续编》第92册,上海书店1994年版,第526页上。
③ (清)惠栋:《周易述》卷四,载文渊阁《四库全书》第52册,上海古籍出版社1987年影印版,第55页。
④ (清)惠栋:《九曜斋笔记》卷二《吕坤尊朱子而驳周公》,《丛书集成续编》第92册,上海书店1994年版,第513页。

主张恢复经的本义的治学取向是一致的。不过,惠栋又认为,《仪礼》的最终成文与孔子有着密切关联:"孔子当春秋之世,有天德而无天位,故删《诗》,述《书》,定《礼》,理《乐》,制作《春秋》,赞明《易》道。"①在某种意义上说,惠氏乃承袭了古文经学派的传统观念。

(3)《仪礼》诠释特色

在三礼学研究方面,惠栋著有《周礼古义》《周礼会最》《仪礼古义》各1卷,均收录在《九经古义》一书里面。《仪礼古义》乃《九经古义》中之一卷。在该书中惠栋不全录经文,唯于有可考者录经文释之。据统计,全书共60条,校勘条目占一半以上,属于古今异文疏证例39条,其他校勘例8条。考察该书有关古今异文的疏证情况,不难发现,其对异文之间的音义关系分析颇为细密,不轻易妄为断言,虽然仅讨论了39条古今异文的音义情况,然亦颇有益《仪礼》经文及其郑注的研读。具体而言,该书在以下三方面颇具鲜明特色:

其一,强调从文字形体与声韵入手,揭示古今异文之间的语义关系。惠栋注意从形体分析入手,沟通字与字之间的声韵内在联系,进而揭示古今异文之间的语义关系。

其二,大量运用金石文献佐证训诂分析。较诸其他学者考辨疏证古今异文之作,惠栋这一特征最为突出。同时代其他学者虽然也存在运用金石材料进行训诂的现象,不过疏证的实例较少,而惠栋则广泛运用金石文献进行疏解,充分体现了惠栋治学之精深严谨。

其三,广征传世经籍异文及古注破读材料疏证郑注。有学者在谈到《九经古义》的引书情况时曾说:"惠栋对九经经书的考释,大都以经文为本,以所宗诸家之说为基础。考订古字古音,则博及经传诸子及《说文》《释文》等书,对钟鼎、石经、汉简等,也兼而采之,详加考证,以归于古。其考古训,则博引群书,发明所宗之说,最终一一归本于汉儒诂训。"②事实上,惠栋的《仪礼古义》亦是如此。

---

① (清)惠栋:《周易述》卷十一,载文渊阁《四库全书》第52册,上海古籍出版社1987年影印版,第119页。

② 尹彤云:《惠栋〈周易〉学与九经训诂学简评》,《宁夏社会科学》1997年第1期。

2. 戴震与《仪礼》研究

（1）生平及治学旨趣

戴震（1724—1777 年），字东原，一字慎修，号杲溪，休宁隆阜（今安徽黄山屯溪）人。二十岁那年（1742 年），他偶遇年过六旬的江永，此后遂从江永问学。后经钱大昕举荐受聘于秦蕙田，助秦编纂《五礼通考》。乾隆二十二年（1757 年），戴震离京客居扬州，并结识经学家惠栋，二人论学往复，"交相推重"，引为知己。自此戴震治学方式及思想观念发生了很大的改变。乾隆三十八年（1773 年），诏开《四库全书》馆，戴震以举人受特召任纂修官。乾隆四十年（1775 年）戴震第六次会试下第，因学术成就显著，特命参加殿试，赐同进士出身，为翰林院庶吉士，仍从事《四库全书》的编纂。次年三月，戴震得足疾，行走不便，仍在寓所著述不辍。由于劳心过度，加之生活贫困，戴震于乾隆四十二年（1777 年）五月二十七日殁于北京崇文门西范氏颖园。

（2）充任纂修官期间的《仪礼》研究

乾隆三十八年（1773 年）二月，乾隆皇帝下令开四库全书馆。这年秋天，四库全书馆正总裁于敏中因纪昀、裘日修之荐，向乾隆帝推举戴震，特召入京为四库馆纂修官。此后一直到戴震终老为止，凡五年时间。这期间，戴震从事与《仪礼》研究相关的工作，主要有如下数端：

其一，《仪礼》文献的辑佚和辨伪。例如，戴震从《永乐大典》中辑录出李如圭所撰《仪礼集释》一书，并厘订为三十卷。众所周知，清乾隆年间并无该书单行本传世，当时学界端赖戴氏所辑，才得以发见该书原貌。戴震在四库馆期间，对所接触到的许多古书条别参证，辨明真伪，"对所校官书从撰人名氏、著述时代、著录传授、思想渊源、材料来源、原书文体等方面综合考辨，体现出辨伪方法的高明和见解的审慎"①。

其二，《仪礼》文献提要的撰写。戴震任纂修官期间，他一共为《四库全书》撰写了十六篇提要。这些提要所涉文献有：《仪礼识误》《仪礼集释》《仪礼释宫》《大戴礼记》《蒙斋中庸讲义》《海岛算经》等。其中《仪礼》文献三篇提要撰写各具特色，如《仪礼识误》"提要"指出："是书存而古《经》汉《注》之

---

① 徐道彬：《戴震辨伪成就述论》，《古籍整理研究学刊》2007 年第 1 期。

讹文脱句藉以考识,旧椠诸本之不传于今者,亦藉以得见崖略。"①中肯地揭示了本书的版本学价值。又如《仪礼集释》"提要"谓:该书"全录郑康成《注》,而旁征博引以为之释,多发贾公彦《疏》所未备。"②清楚地说明了该书的注释特点和在《仪礼》传播与接受史上的版本学价值。再如《仪礼释宫》"提要"对当时学界关于该书作者的认识错误进行了较为精当的考订辨伪。这些提要均有很高的学术价值。

其三,《仪礼》文献的校订与刊误。例如,戴震据《永乐大典》辑录出来的《仪礼集释》,当时并非完本,"十七篇中,首尾完具者尚十五篇。惟《乡射》《大射》二篇在《永乐大典》阙卷内,其纲目一篇亦阙,无从考补,姑仍其旧。然已得其十之九矣"③。《仪礼》一经,因唐宋之后研治者少,经、注均存在较多讹脱现象。戴氏乃据《集释》订补贾公彦《仪礼注疏》中的脱字、讹字、衍字,使《仪礼》成为可读之书。后来凌廷堪撰《礼经释例》,张惠言撰《仪礼图》,均是在戴氏《仪礼》定本的基础上完成的。

这里特别值得一提的是,戴震对于当时传习本《仪礼》经文及郑玄《注》文的校勘,价值尤其巨大。宋人李如圭撰《仪礼集释》一书,尽管尚能得见古本,然其所据引宋本《仪礼》经、《注》不无文字讹舛。明人将其编入《永乐大典》时亦未能予以精刊精校。戴震遂以所见《十三经注疏》本为主要参校本,并参考唐《石经》及陆德明《经典释文》、张淳《仪礼识误》及各种文献典籍所引,"补《注疏》本经文脱字二十四,改讹字十四,删衍字十,补《注》文脱字五百有三,改讹字一百三十二,删衍字一百六十九"④。这些校勘成果,大都保存在文渊阁《四库全书》收录的李如圭《仪礼集释》一书小字校语里面。概括起来说,当时戴震的这些校勘实践,很有特色。戴震的这些文献整理工作,体现出他治学上以"精专"为最高的学术追求,所谓"知十而皆非真知,不若知一之为真也"⑤。他在校勘《仪礼》经、《注》之际,在校勘态度上强调求真务实,在校勘

---

① (清)永瑢等:《钦定四库全书总目》(整理本)卷二十,中华书局1997年影印版,第250页。
② (清)永瑢等:《钦定四库全书总目》(整理本)卷二十,中华书局1997年影印版,第251页。
③ (清)永瑢等:《钦定四库全书总目》(整理本)卷二十,中华书局1997年影印版,第251页。
④ (清)永瑢等:《钦定四库全书总目》(整理本)卷二十,中华书局1997年影印版,第251页。
⑤ (清)段玉裁:《经韵楼集》卷八《娱亲雅言序》,上海古籍出版社2008年版,第192页。

方法上既有继承又有创新,在校勘论证的过程中更极力强调对于语料的搜寻。凡此种种,在很大程度上确保了戴震校勘结论的可信度。可以这样说,戴震对《仪礼》经、《注》之精心校雠在一定程度上推动了此后《仪礼》文献校勘学的繁荣与发展。

(3)礼学"十三记"的撰述与实施

《七经小记》是戴震制订的宏大的著述计划,这个计划的实施贯穿戴震的一生。《七经小记》的各部组成,又形成了戴震的全部思想体系。这其中,礼学"十三记"就是《学礼篇》的条目纲纪。这十三篇文章分别是:《记冕服》《记皮弁服》《记爵弁服》《记朝服》《记玄端》《记深衣》《记中衣裼衣襦褶之属》《记冕弁冠》《记冠衰》《记括发免髽》《记经带》《记缫藉》《记捍决极》。倘若加上《周礼太史正岁年解》《大戴礼记目录后语》《明堂考》《三朝三门考》《匠人沟洫之法考》《乐器考》等八篇论文,总数是二十一篇。有学者认为,戴震的这些考证与诠释拨开了礼学的千年尘封,还古代制度的本来面目,充分体现出其朴学考证精神①。

众所周知,《七经小记》"学礼篇"并未完全成书,因而笔者很难窥测其中《仪礼》学研究的全貌。但从《学礼篇》现存诸篇目条文情况来看,戴震此书的礼学研究并不属于单经研究。该书的礼学研究大致呈现出如下特点:

首先,就礼学"十三记"礼学研究的性质而言,这些篇目的研究打破了传统三礼及《大戴礼记》的单经研究范畴,是一种综合性礼制研究,但仍然属于礼经学的研究范畴,不属于泛礼学的范畴。

其次,就礼学"十三记"讨论的焦点内容来看,戴震钻研礼学,对于典章制度的说解是其重点所在。这些篇目主要论述了古代的一系列服饰名物制度,大多数与《仪礼》经文中所及名物密切相关。

再次,就礼学"十三记"礼学研究的行文特点来看,戴震说解名物、礼制的文献依据主要来源于三礼及《大戴礼记》,有时也兼及其他儒经的礼制记载文句,行文礼制的说解风格极为传统。

除上述叙述诸典籍涉及礼经研究的情况外,戴震文集中的少数篇章亦蕴

① 余国庆:《戴震文献学著作述评》,《古籍研究》2002 年第 2 期。

含着戴震关于礼经典章制度的一些见解,如《答朱方伯书》《与任孝廉幼植书》(《东原文集》卷九)等,皆有关于礼经研究的内容。

3.凌廷堪与《礼经释例》

(1)生平及著述概说

凌廷堪(1755—1809年),字次仲,一字仲子,祖籍安徽歙县。祖父始寄居于江苏海州板浦(今灌云县),廷堪即出生于斯地。廷堪少赋异禀,读书一目十行,但年幼家贫,弱冠之年方始读书治学。后"慕其乡江永、戴震之学"①而渐好治经,故自称为戴震的私淑弟子。他治学勤奋刻苦,博闻强记,游走于徽州、扬州、北京等地,广交师友,学问日益增长。凌氏曾一度主讲敬亭、紫阳二书院,后因阮元聘请,担任阮常生之学业恩师。他晚年下肢瘫痪,仍致力于著述十余年。生平著述有《礼经释例》《燕乐考原》《校礼堂文集》《梅边吹笛谱》《充渠新书》《元遗山年谱》等,另外还有诗集十四卷及读书札记若干卷。

在经学研究方面,凌廷堪尤专精于礼学,年将三十始肆力于《仪礼》研究,终成《礼经释例》一书。该书曾先后五易其稿,其中初稿撰写于乾隆五十二年丁未(1787年)。凌氏仿《尔雅》之例,著为《礼经释名》十二篇。凌氏以为,《仪礼》宏纲细目必以例为主,有非训诂名物所能赅者,于是于乾隆五十九年(1794年)开始对原稿《礼经释名》加以删芜就简,并仿杜预《春秋释例》,将其更定为《仪礼释例》。嘉庆四年己未(1799年),凌氏利用任职宁国府教授的闲暇期间,完成了《释例》三稿的写作。另据张其锦《凌次仲先生年谱》卷三、卷四记载,凌氏又先后于嘉庆九年甲子(1804年)、嘉庆十三年戊辰(1808年),陆续完成《释例》一书的四稿、五稿的写作与修订。而五稿的完成,已是他去世的前一年。可见,《释例》的著述前后历时长达22年之久,称得上是凌廷堪毕生《仪礼》研究的一部呕心沥血之作,也是清代中期礼学研究的一部集大成之作。

(2)礼学观点及思想

凌廷堪在礼学研究过程中,颇有一些独特的认知,并据此进行《仪礼》礼制的考据和探究。纵观《礼经释例》《校礼堂文集》中的相关言论,可将凌廷堪

---

① 赵尔巽等撰:《清史稿》卷四八一,中华书局1977年版,第13228页。

重要的礼学观点及其礼学思想大致归结为以下三个方面：

首先,是凌廷堪的"三礼性质"认知观。这其中,涉及两个方面的认知问题：

其一,《仪礼》的性质问题。凌廷堪认为,现存《仪礼》十七篇并非周公制礼之完本,《尚书·顾命》就尚存其制,后世所谓"逸礼",可能便是周公制礼之遗存内容,因而后世学者据各类可信的传世文献以"补《礼经》之阙可也"。

其二,《仪礼》和《礼经》的称名认知问题。凌廷堪指出："《仪礼》一经,在汉与《易》《书》《诗》《春秋》并列为五。《史记·儒林传》《汉书·艺文志》皆以此书为《礼》经。后人不曰《礼》经而曰《仪礼》者,犹之《易》曰《周易》、《书》曰《尚书》也。"①换言之,在凌廷堪看来,《仪礼》和《礼》经两者的指称对象是一回事,只不过后者是简称,而前者是全称而已。

其次,是凌氏"以礼代理"的治学思想。凌廷堪在顾炎武提出的"经学即理学"思想基础上,进一步提出了"以礼代理"的学术思想。他在《复礼》上、中、下三篇当中,对儒家制礼思想、礼理之辨多所阐发,系统地概括为"以礼代理"的观点。究其要点而言,主要有如下数端：

其一,凌氏认为儒家经典之中言"礼"而不言"理","礼"乃是儒家思想的核心要素。他在《复礼》中指出："《论语》记孔子之言备矣,但恒言礼,未尝一言及理也。"②"夫圣人之制礼也,本于君臣、父子、夫妇、昆弟、朋友,五者皆为斯人所共由,故曰道者所由,适于治之路也,天下之达道是也。若舍礼而别求所谓道者,则杳渺而不可凭矣。"既然如此,那么"圣人之道,一礼而已矣","礼之外,别无所谓学也"。"盖至天下无一人不囿于礼,无一事不依于礼,循循焉日以复其性于礼而不自知也"③。既然"礼"在儒学中的地位如此重要,那么,是什么导致"礼"丧失了它的原有地位呢？凌氏说："后儒不察,乃舍礼而论立,纵极幽深微渺,皆释氏之学,非圣学也。"④他认为由于受到了佛教讲究性、理的影响,宋代以后的理学家在诠释儒家经典之际,舍弃了原有儒家的"礼"

---

① （清）凌廷堪：《校礼堂文集》卷二二《与阮伯元孝廉书》,中华书局1998年版,第198页。
② （清）凌廷堪：《校礼堂文集》卷四,中华书局1998年版,第31页。
③ （清）凌廷堪：《校礼堂文集》卷四,中华书局1998年版,第27—28页。
④ （清）凌廷堪：《校礼堂文集》卷四,中华书局1998年版,第32页。

而去空谈所谓的"理",从而使得包括礼学在内的儒家经典诠释背离了"礼"这一核心要素。

其二,凌氏认为儒家经典所言之"礼"关乎人的修身之本,也关乎圣人的治世之要。一方面,礼具有端正人的心理思想的功能:"夫人之所受于天者,性也;性之所固有者,善也;所以复其善者,学也;所以贯其学者,礼也。"如果舍弃了"礼"而空谈所谓的"复性",就"必如释氏之幽深微眇而后可"。① 另一方面,礼又具有建构和稳定社会秩序的功用:"圣人知其然也,因父子之道而制为士冠之礼,因君臣之道而制为聘觐之礼,因夫妇之道而制为士昏之礼,因长幼之道而制为乡饮酒之礼,因朋友之道而制为士相见之礼。"②简言之,"礼"既是修身之本,也是平天下之本;既是约束人们行为、加强道德修养的外在准则,同时也是提升和改善国家社会政治秩序的基本准则。

其三,凌氏认为既然"礼之外,别无所谓学也",那么研究诠释儒家经典就必须正视"礼"这一核心要素。所谓"说圣人之遗书,必欲舍其所恒言之礼,而事事附会于其所未言之理,是果圣人之意邪?"③既然"礼"既是修身之本,也是平天下之本,具有实践性的特点,那么礼经学研究的根本方向,不是为学术而进行礼制考证。考诸礼经的具体礼制内容,从"礼"的角度言,"冠、昏、饮、射,有事可循也;揖、让、升、降,有仪可按也;豆、笾、鼎、俎,有物可稽也"④。因此,研究礼经,就是要讲究经世致用,求得一条能够"明道救世"的发展道路,这才是清代社会崇尚礼经研究的根本目标。

(3)礼经诠释特色

从诠释学角度来看,凌廷堪的《仪礼》研究既遵循着东汉郑玄以来的礼经诠释传统,又提倡乾嘉时期朴学的考据之风,学术风格自成一体,有别于当时其他学者的诠释之作。概要言之,其治学特色主要体现在如下几个方面。

首先,从诠释方法上看,凌廷堪特别强调对于礼经的"发凡立例",并借此安排全书的著述体式,按类分卷。考之《礼经释例》一书,其文献整理体式明

---

① (清)凌廷堪:《校礼堂文集》卷四,中华书局1998年版,第27—28页。
② (清)凌廷堪:《校礼堂文集》卷四,中华书局1998年版,第28页。
③ (清)凌廷堪:《校礼堂文集》卷四,中华书局1998年版,第32页。
④ (清)凌廷堪:《校礼堂文集》卷四,中华书局1998年版,第31页。

显属于单书释例体中的专门释例体著作。它通过归纳礼经通例,以例治经,为研治礼经学开辟了一条新的学术路径。如前所述,凌氏乃仿照杜预《春秋释例》而作,《春秋释例》全书共分通例、饮食之例、宾客之例、射例、变例、祭例、器服之例、杂例八类。礼例的总结条目明晰,类目合理,颇具纲举目张之功效,有助于经文具体仪节的训诂。倘若将该书与杜预《春秋释例》、江永《仪礼释例》之所立义例情况相比,不难发现凌氏立例类目更趋明晰,所设方面更加周密。这种礼例式的礼经研究方法,更多是建立在一种排比式的文献考察基础上的,因而其对于读者正确理解本经是很有好处的。

其次,从对待引经、《传》《记》三者解经的态度来看。纵观《礼经释例》诠释的考证发微,凌廷堪更为强调据经解经,而引《传》《记》文解经则为次之。这是因为在凌氏看来,《礼记》属于古经师解释《仪礼》之辞,“《传》《记》之文有与经合者,有与经违者,当据经以正《传》《记》,未可强经以就《传》《记》”①。倘若碰到本经与《礼记》等《传》《记》文相违者,当取本经为是。

再次,从文献引证的采纳和援引情况来看。与其他学者研治礼经一样,凌廷堪治学崇尚质朴,注重从传世儒家经籍中寻求诠释立论的依据,进而揭示礼经凡例之正变、盛衰的礼义和礼意。具体到《礼经释例》对众凡例的训释考据而言,大致体现在以下三个方面。

一是凌廷堪注重以《仪礼》经文及郑注证成凡例,经文仪节叙述详明者录之,经文略而不具或语焉不详者则举郑注阐释之,务求使得每一条礼经“凡例”的考证都能达到精善的地步。

二是凌廷堪对礼制引证文献的采录,不仅关注礼经自身语料的取用,同时也涉及《周礼》《礼记》《诗经》《尚书》《春秋》及三《传》《论语》等儒家经典的采录,以及《荀子》《吕氏春秋》《白虎通》等诸子文献的语料取用。与此同时,对于《开成石经》之类石刻文献,《尔雅》《经典释文》之类小学文献,凌氏亦莫不予以采录引证。

三是凌氏善于汲取同时代学者的研究成果,但又持谨而慎之的客观态度。

---

① (清)凌廷堪:《礼经释例》卷一,载《续修四库全书》第90册,上海古籍出版社2002年版,第29页。

举凡他人有可取以证成己说者征引之;有不足取信者,或是尚存疑之例,则据凡例论证其失。即便是凌廷堪所仰慕的江永、戴震二人,对于他们的研究见解,《礼经释例》也不一味盲从,而是从凡例的提炼出发,对于不同见解加以区别对待。

复次,从诠释视角来看,《礼经释例》的礼经诠释并不仅仅局限于对所提炼出的众多礼经凡例的疏通证明,同时还结合礼经凡例的申说,纠正前贤时哲颇具影响力的错误观点。评述颇为客观,结论大多也颇具说服力。

最后,从礼意的阐释角度来看。"国朝儒者之于礼学,为宋以后所不及。然考证礼文者多,发明礼意者少。"①和清中期许多学者不同的是,凌廷堪关于礼经的诠释,尤其善于立足于"尊尊""亲亲"的诠释理路,于纷繁复杂的礼节中,探讨具体仪节凡例的正变之别和盛杀之异,进而深层次探究周公制礼之精义与礼意奥妙。

4.胡承珙与《仪礼古今文疏义》

(1)生平及著述概说

胡承珙(1776—1832年),字景孟,号墨庄,安徽泾县人。承珙自幼颖悟,"五岁诵读倍常,十岁能文辞,十三补博士弟子"②。道光四年(1824年)十月卸职回归故里。承珙回归乡里后,不预外事,闭户著书。在《仪礼》学研究方面,胡氏著有《仪礼古今文疏义》十七卷。该书前有自序一篇,乃主于《仪礼》今古文发凡起例之作。

(2)《仪礼古今文疏义》的诠释疏证特色

东汉之时,郑玄为《仪礼》作注释时,对今古文经学兼通博综,或从今文或从古文,"皆逐义强者为之",并在《注》中详加交待,保存了大量可贵的校勘实例。这些校勘成果,受到了乾嘉时期《仪礼》研究者的高度重视。程际盛《仪礼古文今文考》、李调元《仪礼古今考》、徐养原《仪礼古今文异同》③,等等,皆是此类著作,大都受惠栋《仪礼古义》著述的影响甚深。胡承珙的《仪礼古今

---

① (清)陈澧:《赠王玉农序》,载《东塾集》卷三,光绪十八年菊坡精舍刊本,第2页。

② 钱仲联编:《广清碑传集》,苏州大学出版社1999年版,第688页。

③ 上述诸书的古今异文疏证校勘情况,可看邓声国:《清代〈仪礼〉文献研究》第八章第三节,上海古籍出版社2006年版,第389—402页。

文疏义》也是一部这样的礼学著作。作为一部疏证体之作,胡氏《仪礼古今文疏义》体裁结构简明。其条文安排,胡氏乃先依《仪礼》分卷次序,摘录相应本经;次录郑注今文作某,古文作某;再列本卷中及他卷同字经文及相应郑注。然后另起一行作疏证:先求诸郑玄《仪礼》本文注及他卷注,次引另外二礼郑注及贾疏,不明则征引《说文》《尔雅》及《广雅》《方言》《一切经音义》等字书,更不明则引后人说经之书。如有己见,则以"承珙案"领起其文,以与引书区分开来。若以校勘考辨今古文异文而论,胡氏《仪礼古今文疏义》的特色大致体现在以下几个方面:

首先,第一次对郑玄折衷古今异文之抉择义例进行了系统的探究。在胡承珙之前,程际盛、宋世荦、徐养原等人的著作中皆无这方面内容,这属于胡氏著述所独有。

其次,胡承珙对异文音义关系的探讨,较之程、李、宋、徐等人有了更进一步的认识。除了音义通假关系、语义对等之同义关系、讹字与正字关系外,胡氏第一次引进了古今字的概念说明异文之关系。

再次,其理校之法的运用既有文字、音韵、训诂等小学层面的介入,同时亦继承了礼经治学的传统,强调审本句文辞、审本篇上下文、审他篇礼文的综合考辨。在这方面,较之程、李、宋、徐等人大都局限于文字本身的疏证工作,其结论更具有说服力,具有更高的可信度。

复次,由于胡承珙精通小学,因而是书特别注意《说文》、段注与郑说之异同比较,或增成郑注训义,或考辨郑、许所从异同。

最后,和宋世荦《仪礼古今文疏证》一样,胡承珙《仪礼古今文疏义》也强调典籍异文材料之广综博采,但在处理方式上与宋氏略有不同。宋氏《仪礼古今文疏证》按郑氏十七篇次第编排,凡首见已加疏证之古今异文,其后不复论证,只注明见某篇某条。而胡氏则将《仪礼》本经诸篇相同异文材料全部置于首见之篇,以后各篇不再逐一条举,至于其他先秦两汉典籍异文材料则置诸按语当中。这种处置方式,在一定程度上体现了胡氏治学的互贯融通特性,同时也节省了全书的篇幅。

（二）淹通汉宋派的《仪礼》学

继清前期李光坡、方苞、蔡德晋、吴廷华等人之后,乾隆中后期乃至嘉庆年间,仍有少数学者致力于淹通《仪礼》汉宋之学,主张杂糅各个朝代礼学家关于《仪礼》研究成果,博征兼通,折衷众说,力求于继承中有所创新,取得新的创见。这一时期的淹通汉宋派《仪礼》学者,主要以焦以恕、韦协梦、胡匡衷等人为代表。与汉学考据派相比,他们的研究在当时拥有一定的学术影响,但却并非当时《仪礼》学研究的主流研究风格。

1. 焦以恕与《仪礼汇说》

(1)生平及著述概说

焦以恕(1698—1773年),字心如,号越江,江苏金山县(今属上海)人。焦袁熹(1661—1736年)第四子。焦以恕从事《仪礼》一书研究较迟,自中年后方始肆力其间。① 焦氏乃取古今礼经训故,谨遵《钦定仪礼义疏》,历经十五年时间,分别编成《仪礼便读》《仪礼汇说》二书。其中,"依内外注而顺文诠释者,曰《便读》;博采众说,以己意衷其是否者,曰《汇说》"②。

(2)礼经诠释特点

首先,对《礼经》相关构成要素的认知,焦以恕亦有自己独到的见解。对于《仪礼》经文中的《记》文,焦氏认为,"经后之《记》,所以补经文之不见者,盖并时而作,无先后也"③,与大多数先儒的观点颇不相类。至于《丧服》篇之《传》文,此前一般学者以为系春秋时子夏所作,焦以恕则持不同看法。他认为:"《传》之作后于经,经为周公、孔子所定,则《传》出七十子之手,固宜有之,而敖氏以为又在作《记》者之后,则臆说,未足凭矣。"他还说:"《周易十翼》《春秋左传》皆不与经文相杂,而后世儒者移而置之经文之间,则《仪礼》之《传》亦同斯例可知也。敖氏谓康成为之者,未知果否也。"④由此看来,焦氏以为《丧服传》之作晚于《仪礼》经文,且其初原与《丧服》经文不相杂,今所以

① (清)焦以恕:《仪礼汇说目录后自跋》,《仪礼汇说》卷首,载《续修四库全书》第 89 册,上海古籍出版社 2002 年版,第 3 页。

② 《嘉庆松江府志》卷五九,载《中国地方志集成》第 1 册,上海书店出版社 2010 年影印版,第 397 页。

③ (清)焦以恕:《仪礼汇说》卷十一,载《续修四库全书》第 89 册,上海古籍出版社 2002 年版,第 96 页。

④ (清)焦以恕:《仪礼汇说》卷十一,载《续修四库全书》第 89 册,上海古籍出版社 2002 年版,第 96 页。

相杂者,系出于后世儒者移置的结果。至于《传》文作者是谁,焦氏没有具体明言,似不赞成子夏所作之说。但他认为《传》文出于孔子后学"七十子"之手的可能性最大。

其次,从著述的诠释体例来看,《仪礼汇说》属于集解体著作。如上所述,是书之作一遵《钦定仪礼义疏》,征引前儒之说,集为是书,一般不全列经文,惟于有汇说者,引经据典,给以疏证,亦有特见。其引述前贤之说,多据郑注、贾疏、孔疏、李如圭《仪礼集释》、杨复《仪礼图》、敖继公《仪礼集说》、郝敬《仪礼集解》等著作。值得一提的是,焦氏称引《钦定仪礼义疏》之文,若属"愚按"部分之引,则径称《钦定仪礼义疏》云云。另外,其征引前贤之说解,往往亦据《钦定仪礼义疏》转引,称"'余论'某氏云""'通论'某氏云""'存疑'某氏云"。因而,虽源自《钦定仪礼义疏》,但著述极其简明扼要,体例极其严谨,特色鲜明,避免了《钦定仪礼义疏》原本"卷帙繁重"的缺失。

再次,从诠释方法来看,焦以恕说解礼制大多据《仪礼》本经互证,或据上下文推论,或据各篇相关礼制类推互证,一般不广征其他先秦著作互证。这是因为在焦氏看来,"凡经所不载而以例起之者,互见于别处经文,或《记》中具之也。若都无所见,则初无是礼而无事纷纭,乃所以确守经文矣。"①例如,《燕礼》篇"'射人告具'节",焦氏疏证云:"敖氏云:'是时盖在阼阶东南,南乡,射人北面告之。'愚按:下文'卿大夫入门,公降,立于阼阶之东南。'敖氏云:'公侯其入,乃降而揖之,明尊之义也。'若然,则前者告具时,未即在阼阶东南矣,敖说不免自相矛盾也。解经者遇此阙所疑焉可也。"②据上下文辨敖继公说解之非是,体现了严谨的治学态度。

最后,从对待敖继公《仪礼集说》、郝敬《仪礼集解》的态度来看,焦以恕并不像清中期许多礼学家那样持基本否定的态度,而是依据自己的理解或臧或否,大致和《钦定仪礼义疏》编纂者所持观点趋于一致,并无全盘否定的态度。③ 然

---

① （清）焦以恕:《仪礼汇说》卷五,载《续修四库全书》第 89 册,上海古籍出版社 2002 年版,第 31 页。

② （清）焦以恕:《仪礼汇说》卷六,载《续修四库全书》第 89 册,上海古籍出版社 2002 年版,第 37 页。

③ （清）焦以恕:《仪礼汇说》卷九,载《续修四库全书》第 89 册,上海古籍出版社 2002 年版,第 88 页。

而,对于敖继公训解《仪礼》仪节时,常持所谓"变礼"之说,却是极力加以反对。焦以恕认为:"凡敖氏往往言某礼变于某礼,愚谓礼唯其宜,实不须屑屑示变以著其新异。"①因此,凡遇见此类诠释情况,焦氏皆力辨敖氏"变礼"说之非。

综上所述,焦以恕《仪礼汇说》,大体依尊《钦定仪礼义疏》,但又更趋于简洁明了,可谓《钦定仪礼义疏》礼学传播之功臣。在取法《钦定仪礼义疏》诠释方法的同时,焦氏亦有自己的创见,并非完全沿袭现有成说。当然,作为一部依尊《钦定仪礼义疏》之作,该书也存在某些不足之处,如:每一条诠释条文,由于体例上不载《仪礼》经文,仅标识"某某节",不利于读者对相应礼经的研读;在诠释视角与诠释内容方面,较少涉及具体语词的训释,大都停留在仪文节制的诠释方面,无法彰显"汇说"一词的方方面面情况,等等。尽管如此,《汇说》的编纂和诠释仍有其可取之处。

2.韦协梦与《仪礼蠡测》

(1)生平及著述概说

韦协梦,字云吉(一说字静山),安徽芜湖人,生卒年不详。韦谦恒(1715—1792年)之子。韦协梦毕生之经学研究,主要专事于《仪礼》学,未留下其他经学方面研究著作。韦氏曾先后作《仪礼集解》《仪礼章句》十七卷、《仪礼蠡测》十七卷,可惜前二书均未能刊刻传世,至今存佚不详。至于《仪礼蠡测》的成书时间,从两篇序文的写作时间可大致推定。韦协梦所作《自序》撰于乾隆四十六年(1781年)三月既望(十六),而翁方纲的《序》文则成于乾隆四十七年(1782年)冬十月十日。那么,至迟在乾隆四十七年翁氏作序之前,韦氏便已经完成《蠡测》书稿的写作。

(2)《仪礼》认知观

首先,关于《仪礼》经文作者及其成书情况,韦协梦《仪礼蠡测》并未言及这方面内容,但对经后之《记》及《丧服传》的作者问题,却有所讨论。《仪礼蠡测》卷十一:"先儒以《传》为子夏所作,细玩《传》文,释经兼释《记》,《记》出于

---

① (清)焦以恕:《仪礼汇说》卷六,载《续修四库全书》第89册,上海古籍出版社2002年版,第43页。

七十子之手，子夏于诸弟子中年为差长，安有子夏之《传》转在七十子后乎？疑亦戴圣之流所为而假托子夏之名。"①由此可见，韦氏主张《记》文出于孔子弟子七十子之手，至于《丧服传》则是戴圣之流假托子夏之名所作，不可能是出于孔子弟子及再传弟子之手。

其次，关于《仪礼·记》文性质的认识，韦协梦与清初学者的说法亦有不同。"《记》者，记经文之未备，及经义之未明者也。"但也有《记》之变体存在，如《士冠礼》篇"记冠义"下，韦氏注释说："此篇所记，专释经义，与《郊特牲》略同，盖又《记》之变体也。"②一般说来，《仪礼》十七篇当中，除《士相见礼》《大射仪》《少牢馈食礼》三篇无《记》文之外，其余各篇大多数《记》文是通其一文而言。但韦氏认为《乡射礼》一篇篇末之《记》却并非如此，"《记》不言篇名，盖此篇所记有通《燕射》《大射》而言者，非独为《乡射》而记也。此据州长春秋以礼会民而射于州序，用此《乡射礼》者也。若行此礼于宾兴贤能之后，则宾即《乡饮》所谋之宾，乌可易乎？"③

关于《士相见礼》《大射仪》《少牢馈食礼》三篇之所以没有《记》文的缘由，韦协梦亦深有思考。其一，《士相见礼》篇没有《记》文，是因为"至此篇总论卿大夫士相见之礼，本《记》体也，何必又为《记》以赘于后乎"，不存在"记经之未备，释义之未明"的必要性，至于"盛氏强分士相见一章为经，士见于大夫以下为《记》，夫士见于大夫以后诸章各为一体，与士相见礼绝不相关，安见彼为经而此为《记》乎？盖盛氏不知此篇乃泛论相见之礼，非仅为士立文也，故不能不为是割裂耳。"④其二，"《大射》《少牢》与《乡射》《特牲》其仪制多有同者，《乡射》《特牲》有《记》，则二篇可无"⑤。

---

①　（清）韦协梦：《仪礼蠡测》卷十一，载《续修四库全书》第89册，上海古籍出版社2002年版，第625页。

②　（清）韦协梦：《仪礼蠡测》卷一，载《续修四库全书》第89册，上海古籍出版社2002年版，第565页。

③　（清）韦协梦：《仪礼蠡测》卷五，载《续修四库全书》第89册，上海古籍出版社2002年版，第585页。

④　（清）韦协梦：《仪礼蠡测》卷三，载《续修四库全书》第89册，上海古籍出版社2002年版，第570页。

⑤　（清）韦协梦：《仪礼蠡测》卷三，载《续修四库全书》第89册，上海古籍出版社2002年版，第570页。

最后，关于《仪礼》十七篇各篇适用对象的认知，虽有与前贤说解相同者，如《乡射礼》篇，韦协梦云："乡射之礼，主于州长。《周礼·乡大夫职》云：'退而以乡射之礼五物询众庶'，即谓以州长乡射之礼也。"①与郑氏《目录》说法相同。但韦氏亦时常有不同于郑玄、贾公彦《仪礼注疏》的见解。如《士冠礼》《士昏礼》二篇，郑氏《目录》云："童子任职居士位，年二十而冠，主人玄冠朝服，则是仕于诸侯。天子之士，朝服皮弁素积。古者四民世事，士之子恒为士。"又"士娶妻之礼，以昏为期，因而名焉。"这是专指童子任职居士位者而言，而韦氏则云："士者，男子之美称。《王制》命乡论秀士升之司徒曰选士。是未仕者亦谓之士。"既然如此，则《士冠礼》"此篇所载，盖兼已仕、未仕而言也。古者四十强而仕，其未冠而仕，特偶有之，《注》专指童子任职居士位，言犹未备"②。韦氏认为《士昏礼》"此篇所载，亦兼已仕、未仕而言也。《注》专据已仕言，亦未备"③。

（3）礼经诠释特点

尽管韦协梦身处乾嘉时期，但他的《仪礼》学研究与同时代的一些学者风格颇有不同，在很多方面有些类似于清代前期学者的治学特性。其中颇为值得关注者，主要表现在如下几个方面：

首先，从总体治学旨趣来看，韦协梦的《仪礼》诠释研究颇有清初淹通汉宋派学者的特点，广采汉、唐以来学者的治学成说，参考本经及其他典籍折衷形成己见。如韦氏所作《仪礼蠡测序》云，他尝博采郑注、贾疏及朱熹、黄榦、杨复、敖继公诸说，勒成《仪礼集解》一书。《仪礼蠡测》尽管有考订的成分，但其治学大旨并未发生根本性的变化，这从该书的诠释话语中可以得到印证。书中或肯定郑注而否定敖氏说，或否定郑注而肯定敖氏说，或糅合折衷二者之

---

① （清）韦协梦：《仪礼蠡测》卷五，载《续修四库全书》第89册，上海古籍出版社2002年版，第576页。

② （清）韦协梦：《仪礼蠡测》卷一，载《续修四库全书》第89册，上海古籍出版社2002年版，第561页。

③ （清）韦协梦：《仪礼蠡测》卷二，载《续修四库全书》第89册，上海古籍出版社2002年版，第566页。值得注意的是，韦氏并未将所有以"士"名篇的"士"者都兼已仕、未仕而言，如《士丧礼》篇，韦氏云："《士丧礼》与《士冠》《士昏》不同，《士冠》《士昏》统已仕、未仕而言，则此专指已仕而言也，但未仕者之丧礼亦大同小异耳。"（卷一二，第636页）与该篇郑注、贾疏说法基本一致。

说而解经,或从贾疏而否定他说,等等,不一而足。

其次,从文献诠释体式角度来看,《仪礼蠡测》一书属于注体之著作。在《仪礼蠡测》之前,韦氏所撰《仪礼集解》一书应属于纂集体著作,《仪礼章句》一书则属于章句体著作。《仪礼蠡测》较诸此二者,显然篇幅更为短小,诠释更趋简明,并不划分章段和概括章旨,"是书不尚引证,意在空隙处推求"①《仪礼》经文仪制,务求形成一家之言。该书十七卷,各卷凡一篇,依刘向、郑玄《仪礼》十七篇次第编排,每一篇亦不全录经文,而是仅节录所需注释的文句,另起一行加以注释。在诠释话语的组织上,一是务求简明扼要,即便是援引前贤诠释结论,也不一一标注表明;二是诠释的焦点更多集中在礼经仪制及其礼义的发覆上,较少关注常规语词及名物语词的诠释;三是务求有别于郑注、贾疏的诠释焦点,发覆其中隐略之处。

再次,从韦氏诠释考察的方法来看,韦氏更强调从《仪礼》经文文本的推求和解读入手,不大讲求通过大规模旁征博引式的诠释方法实现礼经文本的训诂。

最后,从《蠡测》征引其他先秦文献来诠释经文的情况来看,与清代前期方苞、盛世佐、吴廷华、沈彤等淹通汉宋派学者有所不同,韦氏并不广泛援据《周礼》《礼记》及其他先秦儒家典籍来解释礼经。

3. 胡匡衷与《仪礼释官》

(1)生平及著述概说

胡匡衷(1728—1801 年),字寅臣,号朴斋,安徽绩溪人。胡匡衷的经学研究,乃以三礼学研究最具代表性,影响也最为深远。《仪礼释官》六卷为其代表作。此书之作,胡匡衷以《周礼》所记皆天子之官,特详考《仪礼》诸篇所见诸侯之官,分别胪列,根据郑注、贾疏,采摭其他经传,次第诠释,汇为一编。自清乾嘉以来,研究周代侯国官制当以此书最为详审。胡氏之所以撰述此书,主要是有感于《周官》"皆纪天子之官,而诸侯之官弗传,春秋列国之官莫详。左氏《传》而往往出东迁后所僭设,不尽可据"②。有鉴于此,胡匡衷遂

①　中国科学院图书馆整理:《续修四库全书总目提要》(经部全二册),中华书局 1993 年版,第 509 页。

②　(清)胡匡衷:《仪礼释官》卷首《仪礼释官自序》,载《续修四库全书》第 89 册,上海古籍出版社 2002 年版,第 304 页。

致力于《仪礼》官制研究,并于嘉庆六年(1801 年)完成《仪礼释官》的著述任务。

除《仪礼释官》外,胡匡衷还有《周礼井田图考》(今存佚不详)、《井田出赋考》《侯国官制补考》二卷、《侯国职官表》一卷(附《大夫家臣考》一篇)、《周礼畿内授田考实》(《昭代丛书》道光本)一卷、《郑氏仪礼目录校证》《三礼札记》(今存佚不详)等礼学专著。其中,《仪礼释官》与《郑氏仪礼目录校证》《侯国官制补考》《侯国职官表》均被收入《续修四库全书》当中。《郑氏仪礼目录校证》被置于《仪礼释官》卷首,《侯国官制补考》《侯国职官表》被列为《仪礼释官》卷七、八、九,与《仪礼释官》形成一个有机的整体。

(2)治学及诠释特色

仔细研读胡匡衷的礼学著作,可知胡匡衷的治学态度极为严谨,也很有个性,形成了自己独特的治学路径。概而言之,主要有以下几个特点:

首先,就著述体式而言,《仪礼释官》属于一部考证体著作。该书"刺取十七篇中所陈各官条举件系,一准《周礼》为差次,明其所以分职联事之意,成书六卷;又取《左传》《国语》《戴记》诸官名为《仪礼》所未有而有合于《周礼》者,别辑为《侯国官制考》二卷、《侯国职官表》一卷,总名曰《仪礼释官》"①。

其次,在治学视角上,胡匡衷并不注重对于三礼本经的逐字逐句诠释,而是更多将注意力集中在古代"井田"制度和侯国"职官"制度的研究上,进而有所突破。

再次,在治学方法上,胡匡衷著述尽管不以文字、声韵、训诂一类小学考据手段见长,也不以旁征博引先秦两汉以来经史子集文献语料见称,而是延续了历代礼学大家"以经治经"的诠释理路,履践三礼学"本经互证""三礼互证""他经引证"的考据方式。

最后,在对待历代注家的态度上,胡匡衷持取"折衷"的治学取向,主张会合诸家之论而持其平,治学力求持论公平,实事求是,体现出一种"博通兼综"

---

① (清)胡承珙:《仪礼释官序》,《仪礼释官》卷首,载《续修四库全书》第 89 册,上海古籍出版社 2002 年版,第 302 页。

的学术面目。

纵观汉代以来的三礼诠释学史,以《仪礼》各篇所设侯国职官作为考证对象的专门论著,胡匡衷的《仪礼释官》是第一部,因而其意义和价值毋庸赘言。胡氏以汉学家的学术视野,从儒家诸经籍特别是三礼诸篇,以及历代注家的诠释文献中,逐一爬梳各种文献史料,加以互贯疏证,取得了颇为可喜的成绩。因而,龚丽正、胡承珙、汪莱、王引之等人先后为之撰写序文,给予了高度评价。如汪莱称此书"断据精确,足补《注疏》所未及,诚古来治《仪礼》者未有之作,而实不可少之作也"①;王引之称此书"足以裨补前贤,启发后学。洵考官制者不可无之书也"②,等等。即便是就今日而言,若要研究先秦时期的职官制度,《仪礼释官》也是非常重要的参考书目。

(三) 尊尚郑学派的《仪礼》学

1. 褚寅亮与《仪礼管见》

(1)生平与治学旨趣

褚寅亮(1715—1790 年),宁搢升,号鹤侣、宗郑,江苏长洲(今江苏苏州)人。他自幼潜心于经史之学,"少以博雅名,心思精锐,于史书鲁鱼,一见便能订其误谬"。乾隆三十六年(1771 年),他遭遇父丧,开缺回籍,居家丁忧,"日读《仪礼》,以郑注精深,非后儒可及,遂以'宗郑'自号焉"③。褚氏研治《仪礼》较晚,大约起始于乾隆三十六年(1771 年)为父丁忧守丧期间,日读《仪礼》精研郑注,十分膺服郑氏礼学,遂发彰显郑氏《仪礼注》之愿,后著有《仪礼管见》三卷传世,被收入《丛书集成初编》之内。关于《管见》之著成时间,《仪礼管见·自序》并未有所交代,但王鸣盛所作《仪礼管见序》标明作序时间为"乾隆四十有九年岁在甲辰正月上日"。也就是说,乾隆四十九年(1784 年)正月王氏便已完成序文写作,在此之前王氏应该阅读过褚氏《仪礼管见》。因而可以肯定此书至迟在乾隆四十八年(1783 年)

---

① (清)汪莱:《仪礼释官序》,载胡匡衷著,邓声国点校:《仪礼释官》卷首,江西人民出版社 2019 年版,第 5 页。

② (清)王引之:《仪礼释官序》,载胡匡衷著,邓声国点校:《仪礼释官》卷首,江西人民出版社 2019 年版,第 6 页。

③ 赵尔巽等撰:《清史稿》卷四八一《儒林二》,中华书局 1977 年版,第 13190 页。

年底便已著述完毕。

(2)礼经诠释特色

褚寅亮研习《仪礼》，从宗主郑注的立场出发，在乾隆中后期的《仪礼》学思潮当中可谓独树一帜，并形成了有别于他人的鲜明的诠释特色。概而言之，主要体现在如下几个方面：

首先，在对待敖继公《仪礼集说》的态度及诠释取舍上，驳斥敖说之非而不全盘否定《仪礼集说》。褚寅亮尽管在《自序》中批评敖氏解《仪礼》"穿凿支离，破碎灭裂，实弥近似而大乱真"，但同时也表明了著述《仪礼管见》时的客观态度："摭敖说之故与郑违而实背经训者，一一订而正之，其指摘偶有一二条可采者，亦间附焉。"①褚氏所说的"敖说之故与郑违而实背经训者"，主要有两种情况，即妄改经文为说和随意破注为说。

其次，在对待郑玄《仪礼注》的诠释态度及诠释方式上，强调宗主郑氏礼学而不一味墨守成说，主张是其是而非其非。尽管褚寅亮《自序》声言郑注"简而核，约而达，精微而广大"，但他也不否认郑注存在这样那样的诠释失误，并在《仪礼管见》中不惜行文发覆其失。

褚寅亮对于郑注的关注与体认，更在于重视阐发和解释郑注的合理性和诠释依据。

如前所述，褚寅亮《仪礼管见》引用郑玄、贾公彦、孔颖达之论为根本基础，延展而言之，褚氏不仅对待郑注强调"是其是而非其非"，对于贾公彦疏、孔颖达正义的取舍亦是如此，只不过褚氏并未将其作为立说的基础立足点和驳议的主要标靶，更多是作为一种诠释参照物、诠释依据来对待。

再次，从褚寅亮诠释方法的视角来看，褚氏较少采取广征博考的方式来进行训释，更强调和重视"以经解经"之法，尤其重视运用《仪礼》本经互证和三礼互证的方法来推阐训释礼经仪节。褚氏十分推崇郑玄注、诋斥敖说，是因为在他看来"《注》皆依经立训"，而敖继公《仪礼集说》则是往往"欲破《注》而倍经"②，

① (清)褚寅亮：《仪礼释官自序》，《仪礼释官》卷首，载《续修四库全书》第89册，上海古籍出版社2002年版，第304页。

② (清)褚寅亮：《仪礼管见》卷中之二，载《续修四库全书》第88册，上海古籍出版社2002年版，第425页。

"《注》俱依经设解,夫安可破? 破《注》已非,而况改经乎"①。在论及《士昏礼》篇的婚制情况时,他批评唐代学者杜佑的诠释是"舍经不信,而信孙卿、王肃等言",主张到《仪礼》本经与《周礼》当中去寻找证据,强调要"力扫群说而独申郑义"②。褚氏的这一治学路径,后来赢得了钱大昕"皆贯串全经,疏通证明,虽好辩者莫能置其喙"③的赞誉。

最后,从褚寅亮的诠释态度情况来看,《仪礼管见》一书持"大胆假设,小心求证"的治学态度,在无凿然可信证据可以断定之时,往往言辞之中表露出某些猜测和怀疑,不强就己说而改经、注。例如,《士虞礼》:"祝俎,髀、脏、脊、胁、离肺,陈于阶间敦东",褚氏曰:"此与《特牲》执事俎陈处同云'敦东',明不正在东西之中也。《注》谓统于敦,明神惠,似可商。"④又如,《有司彻》:"司马羞涪鱼",褚氏论曰:"敖氏谓'司马'当作'司士',不敢妄改经文,姑阙其疑。"⑤以上二例,前者据本经他篇为说,然无更多确凿证据,故云郑注"似可商";后者则因无确凿证据推倒敖氏改经之说,但因反对敖氏妄改经文的做法,故称言"姑阙其疑"表明己见。

2.张惠言与《仪礼》学著述

(1)生平及著述概说

张惠言(1761—1802 年),原名一鸣,字皋文,一作皋闻,号茗柯,江苏武进人。在礼学研究领域,张惠言著《仪礼图》六卷,又著《读仪礼记》二卷、《仪礼词》一卷。张氏研治《仪礼》之学,实得安徽歙县学者金榜(1735—1801 年)礼学研究之真传。金氏与戴震同为江永之高足弟子,精通三礼,著有《礼笺》一书。嘉庆七年(1802 年),张惠言在给金榜所作祭文中称,"则理其秽,则沦其

① (清)褚寅亮:《仪礼管见》卷上之二,载《续修四库全书》第 88 册,上海古籍出版社 2002 年版,第 385 页。

② (清)褚寅亮:《仪礼管见》卷上之二,载《续修四库全书》第 88 册,上海古籍出版社 2002 年版,第 384 页。

③ (清)钱大昕:《仪礼管见序》,《仪礼管见》卷首,载《续修四库全书》第 88 册,上海古籍出版社 2002 年版,第 374 页。

④ (清)褚寅亮:《仪礼管见》卷下之三,载《续修四库全书》第 88 册,上海古籍出版社 2002 年版,第 460 页。

⑤ (清)褚寅亮:《仪礼管见》卷下之六,载《续修四库全书》第 88 册,上海古籍出版社 2002 年版,第 477 页。

清,恢之拓之,以崇以闳"①。由此可见,金榜在经学研究上对张氏的影响是很深的。在这三部礼学著作当中,《仪礼词》一卷已佚,无由考见该书原貌。至于《读仪礼记》一书,张惠言在世时并无刻本传世。据《中国古籍善本书目·经部》记载,道光元年(1821年),张惠言之子张成孙曾依其手稿本缮录之,即复旦大学图书馆藏抄本。而且,该书颇具札记特点,可能系其平日读书点滴条记所得。据此,该书很有可能在其辞世之际方始完稿。

(2)《读仪礼记》诠释特点

通读《读仪礼记》,可见该书与张氏另一部礼学著作《仪礼图》的礼经研究颇不相同,具有自身鲜明的诠释特点:

其一,从诠释体式来看。该书属于考辨体著作,不载《仪礼》全文,依篇次探究,对于郑注、贾疏之中有疑误者,或需加补充申明者,则先列所解原文,继加考辨,随文注释的色彩十分明显。

其二,从对待贾公彦《仪礼疏》的态度情况来看。据统计,在《读仪礼记》的119条诠释例中,就有63条诠释例与贾疏有关,占所有诠释条例之52.94%强。其中,申解贾疏诠释之例8条,校勘贾疏文字讹误之例2条,驳斥贾疏诠释《仪礼》、申解郑注讹误之例有53条,而后者在63条诠释例中又占据了84.13%的比重。由此看来,纠正驳斥贾疏诠释《仪礼》讹误,称得上是《读仪礼记》最主要的诠释任务。

其三,从对待郑玄《仪礼注》的态度情况来看。据统计,在《读仪礼记》的119条诠释例中,就有33条诠释例与郑注有关,占所有诠释条例之27.73%强。其中,校勘郑注文字讹误之例11条,驳斥郑注诠释《仪礼》讹误之例有7条,申解郑注诠释之例15条,而后者在33条诠释例中又占据了45.45%的比重。由此看来,张扬申解和客观评价郑注诠释《仪礼》之功,着实是《读仪礼记》的第二大诠释目标。

其四,从礼经文献校勘角度来看。受清代前期、中期学者重视礼经文献校勘治学风气的影响,张惠言在日常研礼过程中,也十分重视这方面的文献整理

① (清)张惠言:《祭金先生文》,《茗柯文四编》,载《续修四库全书》第1488册,上海古籍出版社2002年版,第569页。

工作。据统计,在《读仪礼记》的 119 条诠释例中,就有 18 条诠释例涉及文献校勘,占所有诠释条例之 15.13%强。其中,校勘《仪礼》经文文字讹误之例 5条,校勘郑注文字讹误之例 11 条,校勘贾疏文字讹误之例 2 条。张惠言的文献校勘,并不像阮元、卢文弨等人那样重视版本对校,更多是从上下文文意推导角度进行校勘,理校色彩非常鲜明。

其五,从礼经诠释的方式方法角度来看。张惠言《读仪礼记》的 119 条诠释例基本上不关注礼经某个字词的含义,而更多关注于礼经仪文节制的诠释。从这一诠释立足点出发,张惠言所据以诠释的依据主要有二:一是礼经文本本身,从上下文及其礼经凡例入手发覆礼制情况;二是《仪礼》郑玄注语,从郑注仪节诠释语入手,推导发覆礼经礼制情况。

其六,从《丧服》的诠释情况来看,张惠言亦善于从礼义阐释入手,辨析"五服"规制的合理性。在张氏看来,"盖先王之制礼也,原情而为之节,因事而为之防。民之生固有喜、怒、哀、乐之情,即有饮食、男女、声色、安逸之欲,而亦有恻隐、羞恶、辞让、是非之心。故为之婚姻、冠笄、丧服、祭祀、宾乡相见之礼,因以制上下之分,亲疏之等,贵贱长幼之序,进退揖让升降之数。使之情有以自达,欲有以自遂,而仁、义、礼、智之心油然以生,而邪气不得接焉。"①

另外,张惠言《读仪礼记》很少提及此前的各类《仪礼》文献著述,仅偶尔引及敖继公《仪礼集说》、张尔岐《仪礼郑注句读》、沈彤《仪礼小疏》、金榜《礼笺》等数部注解,而且大都属于张氏礼制诠释时树立的批判对象,并非站在正面称引的立场证成己见。

(3)《仪礼图》与礼图编制

通过绘制图表的方式来诠释礼经,是汉代以来一些礼经学家著书立说的又一重要形式。张惠言延继了这一治学手段,他的《仪礼图》便是全方位展示其礼经研究创见的又一重要成果。从著述体例与结构情况来看,张氏《仪礼图》属于一部图解体著作,凡六卷,卷一包括"宫室图"与"衣服图"两部分,卷二至卷六则主要涉及《仪礼》经文仪节图、器物图、服制表解图三类。其中,

---

① （清）张惠言:《原治》,《茗柯文编·三编》,载《续修四库全书》第 1488 册,上海古籍出版社 2002 年版,第 548—549 页。

《士冠礼》《士昏礼》《士相见礼》在卷二,《乡饮酒礼》《乡射礼》《燕礼》《大射仪》在卷三,《聘礼》《公食大夫礼》《觐礼》在卷四,《丧服》《士丧礼》《既夕礼》《士虞礼》在卷五,《特牲馈食礼》《少牢馈食礼》《有司彻》在卷六。在张氏之前,宋代学者杨复著有同名之作《仪礼图》十七卷,又分《宫庙门》《冕弁门》《牲鼎礼器门》,制图 25 幅,名为《仪礼旁通图》附于之后。

张惠言《仪礼图》是在继承杨复《仪礼图》研究成果的基础上,在批判性吸收历代礼经家《仪礼》研究成果的基础上,依据礼图绘制和文字诠释的需要,"断以经、《注》"而成的一部创新性著作,达到了那个时代应有的礼图研究高度。关于张惠言的《仪礼》研究,清人支伟成有这样一番评价:"先生治《礼》,专宗康成。以宋杨复作《礼仪图》,虽经文完具,而地位或淆,因兼采唐、宋、元及近儒之义,断以经注,首述宫室图,而后依图比事,按而读之,步武朗然。又详考吉凶冠服之制,为之图表,别成《仪礼图》六卷。"[1]支伟成的评述是较为客观而准确的。

3. 凌曙与《仪礼礼服通释》及其他著述

(1)生平与学术著述概说

凌曙(1775—1829 年),字晓楼,一字子昇,江苏江都(今扬州)人。凌氏礼学研究,主要集中在"五服"领域,著有《仪礼礼服通释》6 卷、《礼论略抄》1 卷、《礼说》4 卷等。其中,《仪礼礼服通释》是修正徐乾学《读礼通考》之作。众所周知,清初徐乾学曾经综合历代丧礼研究成果,撰成《读礼通考》120 卷。然而,凌曙在研读过程中发现,该书存在某些弊端,其中最大的问题在于:徐乾学"独持论稍偏,不能慎选,往往取后世之臆说而驳先儒之传说,所短盖在所是矣。"[2]有鉴于此,凌曙产生了对于《读礼通考》的修正之心,并将《通考》中的《丧期》29 卷删减至 6 卷,即今所见《仪礼礼服通释》6 卷。关于它的著述时间,据该书卷首《序》文末题"道光元年冬十有二月八日江都凌曙撰"等字样来看,《通释》至迟应该在道光元年(1821 年)便已完成全书写作。

---

① 支伟成:《清代朴学大师列传》,岳麓书社 1998 年版,第 244 页。
② (清)凌曙:《仪礼礼服通释序》,载《仪礼礼服通释》卷首,清光绪丁亥年重雕李氏《木犀轩丛书》本,第 1 页。

《礼说》4卷是凌曙"五服"研究的又一重要著作,而《礼论略钞》1卷可能是其简本,因为后者的条目在《礼说》中大都能够找到。毛岳生曾经言及凌曙博考古书及前人礼论之事说:"余友江都凌君子昇性质厚,好学,少通《公羊》家言,尝为其《礼说》《礼疏》十余卷,后尤殚心服术,于是因前人论礼偶舛与他立异攻康成者,原本此经,博考古书史传钩校,浩赜异同,统疏条列,正所由讹,复成《礼论》百余首,其善者率明确可资辩驳。"①由此看来,《礼说》《礼论》的成书,大致经历了一个由"《礼说》《礼疏》十余卷"到"《礼论》百余首"的由博返约过程。而《礼论略钞》一书,应该又是在《礼说》的基础上精简而成。据该书卷首凌氏《自序》,该书大致完成于道光二年(1822年)。

（2）《仪礼礼服通释》诠释特点

凌曙《仪礼礼服通释》一书主要有如下诠释特点:

其一,从著述体例情况而言,《仪礼礼服通释》是一部删节体著作,它沿袭徐书著书旧貌,"仍以《礼服》为经,而传记群说为纬,其有合于经传者存之,并不拘以时代",借以实现"使治礼之士庶几有所依据,而不惑于新奇可喜之讥"的诠释效果。②

其二,从考察《仪礼礼服通释》删节的礼文情况来看,如前所述,凌曙删节徐氏《通考》一书《丧期》部分时,所删去的那部分历代传记群说,大都属于凌氏认为与《丧服》经传不相合之说。例如,胡培翚《仪礼正义》曾经引凌曙驳敖继公言缌麻章"长殇中殇"等四句为经之脱文,及程瑶田以此四句为经之说,《仪礼礼服通释》皆未收入其中。《仪礼礼服通释》对于所保留的以及所删除的内容,亦没有附加按语表明取舍之由,故颇有"过分简略"之嫌。即使在他的《礼说》一书中,也缺乏理据说明,很容易遭人质疑。

其三,从引证的诠释话语类文献角度而言。凌曙所援引的文献,最常见的主要涉及子夏《丧服传》《礼记》经文、马融注、郑玄注、贾公彦疏、孔颖达正义、杜佑《通典》等少数几种。

---

① （清）毛岳生:《礼论略钞序》,载凌曙:《礼论略钞》卷首,道光六年丙戌越缦堂藏萤云阁《凌氏丛书》刻本。

② （清）凌曙:《仪礼礼服通释序》,载《仪礼礼服通释》卷首,光绪丁亥年重雕李氏《木犀轩丛书》本,第1页。

（3）《礼说》诠释特点

与《仪礼礼服通释》不同，《礼说》《礼论略钞》二书，体现了凌曙礼学研究的另一类特色。具体来说，主要有如下几方面的诠释特色：

首先，从文献的诠释体式情况来看。《礼说》《礼论略钞》二书都属于群籍考辨体著作，专门考论辨正前人"五服"礼制说解中所存在的疑难失误，一般先点明所要考辨的对象及其具体内容，然后展开详细辨疑。

其次，从礼经诠释的风格而言。《礼说》《礼论略钞》以宗守郑注为主。凌曙自言："唐人作《礼疏》，亦专宗郑说，然唐代典礼多违古义。延及宋、元，臆说谈经如敖氏、郝氏，破道甚矣。近儒知崇汉学，然尚不免改郑君之旧辙，助敖、郝之狂澜。故辨正诸儒之说，而受裁于郑氏云。"①从这一理念出发，凌氏对元敖继公《仪礼集说》多有微辞。在他看来："敖于全经之中或疑《传》《注》之明文，或破先儒之旧说，无所发明。"②凌氏认为，先儒之注辞深义奥，非悉心反覆不能明也，不可以轻易妄加怀疑。

再次，从礼经诠释的方法而言。凌曙对于"五服"服制的诠释，从维护郑注的角度出发，选择合适的诠释方法。就其要者而言，主要有以下三种方法：

一是强调礼经"例"的发掘，据礼例来诠释"五服"。在凌曙看来，《仪礼》和《易》《春秋》一样，"皆以例言者也"。这种所谓的"例"，凌氏以为是丰富多样的："其中有正例，有变例，且有变例中之正例，有正例中之变例，更有变例中之变例也，参伍错综，非比而同之不能知也。"③

二是强调从《传》《注》材料中发覆《丧服》经文的内涵。凌曙特别强调指出："凡经所不见者，当以意求之。《传》《注》所以与经相表里者，以能足成其义耳。经不具，故待《传》《注》以补之也。若经所不言，《传》亦不言，尚何需

---

① （清）凌曙：《礼论略钞序》，载凌曙：《礼论略钞》卷首，道光六年丙戌越缦堂藏董云阁《凌氏丛书》刻本。

② （清）凌曙：《礼说》卷二，载《续修四库全书》第110册，上海古籍出版社2002年版，第520页。

③ （清）凌曙：《礼说》卷一，载《续修四库全书》第110册，上海古籍出版社2002年版，第505页。

于《传》《注》耶?"①

三是强调发明礼经行文凡例阐释"五服"条文。凌曙非常尊崇《丧服传》及郑注,反对说经者"逸出于经传之外以求胜于古人"②,但这并不意味着他对于《传》《注》只是一味地继承。前人研究《仪礼》,多强调发明行文凡例,凌氏亦重视这方面的内容阐释。例如,他揭示《丧服》篇"昆弟""兄弟"之行文凡例说:"《丧服》条例,亲者言昆弟,疏者言兄弟,自斩至缌,经、《传》中无言'兄弟'者,唯《记》乃有之耳。"③

最后,从对待清代诸礼经学者的"五服"成果态度来看。"我朝经学昌明,说经之儒辈出,昆山顾氏为之倡,徐健庵、秦树峰为之继,近时江慎修、金辅之诸君皆能恪守古训,博而有要,虽论难时有牴牾,而综覈无伤,本始诚不朽之盛业也。"④与《仪礼礼服通释》极少参考清人的研究成果不同的是,凌曙《礼说》从维护郑玄学术理念的角度,虽然肯定"近儒知崇汉学",但也认为他们的诠释著作存在"不免改郑君之旧辙,助敖、郝之狂澜"⑤的缺失。而凌氏《礼说》"摭拾汉、魏、六朝及近代诸名家言凡与礼经有稍背者,必条举而缕剖之"的考礼举措,足以实现其"羽翼康成之学"⑥的诠释目标。

综上所述,凌曙的"五服"研究,从《仪礼礼服通释》到《礼说》《礼论略钞》,都着重在对于《传》《注》的诠释发挥,以及对古书礼制记载及前贤"五服"研究的是非考辨方面。就《仪礼礼服通释》而言,虽然只是一部删汰取舍之作,并无强烈的辨非色彩,倘若将其与《读礼通考》略加比对,仍不难发现凌

---

① (清)凌曙:《礼说》卷二,载《续修四库全书》第110册,上海古籍出版社2002年版,第518页。

② (清)凌曙:《礼说》卷一,载《续修四库全书》第110册,上海古籍出版社2002年版,第508页。

③ (清)凌曙:《礼说》卷一,载《续修四库全书》第110册,上海古籍出版社2002年版,第508页。

④ (清)曾燠:《礼论略钞序》,载凌曙:《礼论略钞》卷首,道光六年丙戌越缦堂藏蓻云阁《凌氏丛书》刻本。

⑤ (清)凌曙:《礼论略钞序》,载凌曙:《礼论略钞》卷首,道光六年丙戌越缦堂藏蓻云阁《凌氏丛书》刻本。

⑥ (清)曾燠:《礼论略钞序》,载凌曙:《礼论略钞》卷首,道光六年丙戌越缦堂藏蓻云阁《凌氏丛书》刻本。

曙的某些"五服"礼制诠释思想。后人大可从中受到许多启发。而《礼说》《礼论略钞》二书,则着实彰显了凌氏尊崇郑学的学术理念,为清后期株守郑学派学者和今文经学派学者的礼学研究开启了先河。

4. 丁晏与《仪礼释注》

(1)生平与礼学著述概说

丁晏(1794—1875 年),字俭卿,号柘唐,一作柘堂,别署柘翁、俭翁、淮亭、晚年号石亭居士等,江苏山阳柘塘(今江苏淮安洪泽县)人。他出生于一个儒学世家,故自幼即习治儒经,性嗜典籍,见典籍即详阅默识心通,勤学不辍。丁晏在礼学研究方面,有《三礼释注》八卷,《佚礼枝微》一卷,《投壶考原》一卷。《三礼释注》八卷是丁晏最为重要的礼学著作,包括《周礼释注》二卷、《仪礼释注》二卷、《礼记释注》四卷。

(2)礼经诠释特色

从《仪礼释注》二卷来看,丁晏的礼经研究尽管篇幅不大,但却是其倾力研究《仪礼》的结晶,著述中体现出鲜明的诠释特色。简而言之,主要体现在如下两个方面:

其一,从治学旨趣角度而言,丁晏笃好郑学,曾专门为郑玄辑《郑康成年谱》一书,且因郑氏有《六艺论》,而署其堂曰"六艺",推崇郑学之意十分明显。丁晏著述《仪礼释注》一书,乃以诠释郑玄《仪礼注》为治学要旨,表现出明显的株守郑学趣向。

其二,从维护郑玄《仪礼注》出发,丁晏还对世传郑注俗本中的文字舛错现象加以认真校勘,纠正其间存在的错误,颇有益于学界。有学者称:"从丁晏《说文通说》有关版本的校勘内容来看,首先丁氏贯彻了古人'书不校不能读'的正确观点。"①诚然,丁晏校勘郑注也是如此。例如,《士昏礼》:"则妇入三月,乃奠菜。"《仪礼释注》卷一:"案:'婿,悉计反'以下十四字乃《释文》,非郑注也。刊《注疏》者以《音义》散附句下,而又讹为大字溷入《注》文,遂致贻误耳。阎氏《尚书古文疏证》卷五亦误以此文为郑注,谓郑作反语有此一条,晏谓汉儒注经未有翻切,潜邱据俗本《注疏》谓郑有反

---

① 赵铮:《清丁晏〈说文通说〉平议》,《襄樊职业技术学院学报》2006 年第 3 期。

语,失之甚矣。"①

除上述特点外,《仪礼释注》的诠释风格亦极为简约。尽管丁晏重视收集文献依据,一切以文献史实为论断,但并未陷入繁冗的考证之中。

(四) 张扬朱学派的《仪礼》学

继清前期姜兆锡、盛世佐、任启运、胡抡、梁万方等人之后,乾隆中后期乃至嘉庆年间,仍有少数学者延续了朱熹《仪礼经传通解》、黄榦《仪礼经传通解续》的礼经治学做法,致力于融通先秦两汉的文献典籍,其中尤以杨丕复、尹嘉铨、秦蕙田等人为代表。不过,相较于清中期整个《仪礼》学研究的状况考察来看,这一派学者的研究,并不占据主导地位,而且到了道光初年之后,便退出了历史舞台,此后不复重现。

1. 杨丕复与《仪礼经传通解》

(1)生平与学术著述概说

杨丕复(1780?—1829 年?),字愚斋,湖南武陵人。杨氏之《仪礼》学研究,大致依仿朱子《仪礼经传通解》、黄榦《仪礼经传通解续》体例,著有《仪礼经传通解》58 卷。该书卷首有《序说》《杂说》《纲领》《目录》,《序说》主要收录《汉书艺文志礼经序》《朱子乞修三礼箚子》《朱子语录文集十条》《朱子在刊仪礼经传通解序》《杨氏复仪礼经传通解续序》《张氏虑刊仪礼经传通解续序》《杨氏复更定祭礼序》《新定仪礼经传通解序》《凡例》,其中《新定仪礼经传通解序》(嘉庆元年所作)、《凡例》为杨丕复所作;《杂说》包括《礼学源流》《说礼得失》《读礼方法》《后代礼仪》《后儒纂修》等目,胪列历代史书及礼学家所言各相关专题内容话语;《纲领上》首为"总论""论《周礼》""论《仪礼》""论《礼记》",摘引前人论说而成诸篇,次载《仪礼释宫》,并详加考辨,有申有驳,次又为"朱子跪拜坐说""朱子九拜辨"二篇;《纲领下》为"今纂《三礼释器》",均为杨氏新著而成。

据杨丕复自言:"丙辰夏,编纂《仪礼经传通解》既竣,后又再四推详,而家、乡、学、邦国四礼,虽经朱子手定,于愚心似犹有未安,不辞僭妄,更取而参

校之。所有增损更易,总期归于一是而已。缮写既毕,因复记其梗概于此。时嘉庆戊午立秋前八日杨丕复再书。"①嘉庆戊午为嘉庆三年(1798年),丙辰为嘉庆元年(1796年)。据此可知,杨氏《仪礼经传通解》初稿完成于嘉庆元年(1796年),但此后陆陆续续又有增损更易,一直到嘉庆三年方始定稿。

(2)《仪礼经传通解》著述体例

首先,相较于朱熹《仪礼经传通解》、黄榦《仪礼经传通解续》的著述体例而言,杨丕复《仪礼经传通解》与之既有相同之处也有一些差异。杨丕复《仪礼经传通解》正文58卷,大致仿朱子《仪礼经传通解》、黄勉斋《仪礼经传通解续》的体例结构。全书共分《家礼》《乡礼》《学礼》《邦国礼》《王朝礼》《丧礼》《祭礼》七类。朱、黄二氏之书只有六礼,杨丕复《仪礼经传通解》在其书原有基础上,又增成《学礼》一目。该书85篇,其中从《家礼》之《士冠礼》以迄《学礼》之《保傅传》,篇题依朱子《仪礼经传通解》原本,经文则较朱子所纂内容更为丰富。

其次,从杨丕复《仪礼经传通解》各礼类、礼目收录的各篇正文来源来看,该书仿朱子《仪礼经传通解》之例,以《仪礼》十七篇为本,而别取《周礼》、大小戴《礼记》及诸经、史、杂书所载有关于礼者,附于诸篇之下。

再次,从杨丕复《仪礼经传通解》有关《仪礼》经、《记》的编排与处理方式来看,对于礼经十七篇经文的编排,杨氏《通解》大多悉仍其旧,"间有移易亦尠矣"。尽管十七篇经文都依次分解到七大礼类中去,但其序次大体保留了刘向《别录》、郑玄《仪礼注》的《礼经》十七篇顺序,"今所编次,悉准郑氏,而以《家》《乡》《学》《邦国》《王朝》《丧》《祭》七者分之"。这是因为杨氏对于刘、郑的排序最为认同:"盖《仪礼》之次,贱者为先,而人年二十而冠,三十而娶,四十强而仕,既有挚见乡大夫、见国君之等,又有乡大夫、州长行乡饮酒、乡射之事,已下先吉后凶,凶尽则又行吉礼也。"②至于其他经典文献,则"不无割截以成章者,要必令其文义完全方不失本经之旧"。在《仪礼》经、《记》的编排与处理方式上,该书将所载《仪礼》诸篇《记》文,随附于各章之后,而非置于经

① (清)杨丕复:《仪礼经传通解》卷首《序说》,光绪十九年博约堂刊本,第24页。
② (清)杨丕复:《仪礼经传通解》(第4册)《目录》卷首,光绪十九年博约堂刊本,第1页。

文末尾之旧次。至于《仪礼》未备而取其他经记缀补为篇者,亦仿此法,同样分经、《记》两大块,大致"以言其纲者为经,以言其细目者为《记》",《记》文随附于各章之后。

(3)礼经诠释特色

作为一部以张扬朱氏学为治学主旨的著作,杨丕复《仪礼经传通解》并不局限于对礼经正文的诠释,但又着实存在着鲜明的礼经诠释特色。约略说来,该书有如下数方面特点:

其一,对于《仪礼》与"礼古经"关系的认知,杨丕复主张《仪礼》是"礼古经"的一部分,"盖汉世诸儒每为专门之学,各不相通。时礼家立于学官者,惟戴德、戴圣、庆普,而此三家所传则高堂生十七篇也。故古经所多之三十九篇,虽已献于孔安国,而藏之秘府,伏而未发,以其为三家所不习者也"①。

其二,从治学视野角度来看,杨丕复治学更趋注重宏通开阔的学术理念总结,在所著《通解》卷首《杂说》部分,专门设立"礼学源流""说礼得失""读礼方法"等专题,抽绎出前贤围绕专题主题发覆之见解言论,罗列于所属专题之下,按照时间顺序依次排列,客观反映出礼学研究过程中形成的共识性认知,借以指导当下乃至此后的礼学研究。

其三,就礼文纂辑重构的处置方式而言,杨丕复继承了朱熹《仪礼经传通解》"厘析经文""分节经文"的作法。众所周知,朱子《仪礼经传通解》"所载《仪礼》诸篇咸非旧次,亦颇有所厘析"②,并且为重新纂辑而成的经文进行"分节"。这一治学方式为清代张扬朱学派学者所继承,成为该派学者一种重要的礼制诠释手段,杨氏编纂同名作品也是如此。例如,该书卷六收录了《仪礼·士相见礼》一文,并将经文分解为初相见、复见、士见大夫、士尝为臣者见于大夫、大夫相见、尊者请见等数节。对于收录的《仪礼》之外的其他礼文,杨氏也采取同样的分节方法,突出了礼文自身的逻辑层次性。特别值得一提的是,杨氏对于《仪礼》各篇经文的处置上,时有差异之处。

其四,从礼文注释的处置方式来说,杨丕复《仪礼经传通解》既有相似于

---

① (清)杨丕复:《仪礼经传通解》(第1册)卷首《序说》,光绪十九年博约堂刊本,第3页。

② (清)永瑢等:《钦定四库全书总目》(整理本)卷二二,中华书局1997年版,第280页。

朱子《仪礼经传通解》之处，但也有其独特的地方。全书的礼文注释部分，包括转引他人旧注及按语式自注两大类别。根据杨氏《仪礼经传通解》卷首《凡例》所言，其礼文注释有这样几大特点：一是虽然不如朱子、黄榦著述那么博采群书，但也不专守一家之论，凡解释经旨，不贵繁文，"而遇有辨正，则不惮反覆言之"。而朱熹《仪礼经传通解》、黄榦《仪礼经传通解续》则只载《注疏》，间有附存他说及自申己意者。二是举凡三礼之注皆出于郑玄《注》文，亦有转引历代先贤训诂之文。三是纂辑罗列之他经注解，亦多称引历朝代表性注家之见，皆著其姓氏，"在诸儒之说，既各别以姓字，其有遵用朱子、黄氏之说，今亦以'朱子曰'及'黄氏曰'别之"。四是"其有引用近说而原书（指朱子、黄氏《通解》《通解续》）未注姓氏者，则亦以按字别之"。五是"其有稍出己见与先儒相参酌者，则又以'愚按'或'今按'别之"。六是"凡引用，于一条中或有是非，则去其非而存其是，而辞义惟有损无增"①。

2. 尹嘉铨与《仪礼探本》

（1）生平与学术著述概说

尹嘉铨（1711—1782 年），字亨山，尹会一（1661—1748 年）之子，直隶博野（今河北博野）人。由于曾拜师于礼学家方苞门下，因而尹嘉铨在《仪礼》学方面亦颇有探究，著述有《仪礼探本》13 卷。

（2）礼经诠释特色

从训诂体式角度来看，是书属于通释体著作，大致依仿朱熹《仪礼经传通解》、黄榦《仪礼经传通解续》，主于重新编次所解原文，分别章目，会通事类，集传集解。具体说来，有以下几个方面值得关注：

其一，是书《士冠礼》《士昏礼》《士丧礼》《士虞礼》《特牲馈食礼》《少牢馈食礼》《有司彻》诸篇，依朱子《仪礼经传通解》、黄榦《仪礼经传通解续》之例，经、《记》厘析分章，《记》文附于相应经文章节大义之下。此外，尹氏又对《仪礼》经文稍有变更，如卷五《士丧礼上》篇，本于《仪礼·士丧礼》篇经文，《记》文原在经后，尹氏依黄氏《仪礼经传通解续》"厘其事目，析本《记》文，并

---

① （清）杨丕复：《仪礼经传通解》第 1 册卷首《凡例》，光绪十九年博约堂刊本，第 18—24 页。

取《小戴记》诸篇分载各目礼节之下",而"其重出杂引者亦为删去,以省繁文"①;又《士丧礼下》即本《仪礼·既夕礼》经文,亦"厘其事目,析本《记》文,并取《小戴》诸篇之言葬礼者及他书一二条,分载各目下"②。

其二,在《仪礼》训诂的方法上,强调与大小戴《礼记》及其他先秦两汉文献的融贯互通。这完全可以从以上各卷篇目大致反映出来。是书强调哀集先秦两汉文献材料汇编成冠、昏、丧、祭四礼之"义"。

其三,是书举凡《仪礼》之经、《记》原文的训诂,基本上乃剪裁《释文》、郑注、贾疏、朱子《仪礼经传通解》、敖继公《仪礼集说》及方苞《仪礼析疑》诸注,兼采其他学者研究成果汇纂而成。至于由其他先秦两汉文献采择编入的训诂材料,则汇编于其所自出诸典籍早期代表性诸家注解之下,一般不另行作注。不过,少数情况下尹氏亦出己见,如《特牲馈食礼》篇"宰自主人之左赞命"数句下尹氏云:"《注》谓不言妃,容大祥后禫月之吉祭,非也。享祖考未有遗先妣者,必邦国礼已前见也。《少牢》复著之,示臣下之礼同也。既见于《少牢》,则《特牲》不待言矣。虞未全吉,故吉祭犹未配。附记于虞,《特牲馈食》全吉,而同于祥后禫月之不配,则义无所处矣。时祭所卜惟一日,则袷无疑也。"(卷十)

3. 秦蕙田与《五礼通考》

(1)生平及学术著述概说

秦蕙田(1702—1764 年),字树峰,号味经,江苏常州府金匮县(今无锡)人。世服其知人,学者称味经先生。秦蕙田"少承家学,以经术笃行,为江阴杨名时所知"③。秦蕙田尤其长于礼学研究,曾耗费三十八年时间写成《五礼通考》262 卷。书中所言"五礼",系根据《周礼·大宗伯》的说法,所谓"吉礼"是祭祀典礼,"嘉礼"是节日庆典,"宾礼"是宾主之间的礼节,"军礼"是军旅礼节,"凶礼"是天灾人祸(如丧葬类)的哀悼。

(2)治学与诠释特色

作为一部清中期礼学集大成之作,《五礼通考》继承和发展了朱熹、黄榦

---

① (清)尹嘉铨:《仪礼探本》卷五,乾隆间世德堂刊本,第 1 页。
② (清)尹嘉铨:《仪礼探本》卷六,乾隆间世德堂刊本,第 1 页。
③ 支伟成:《清代朴学大师列传》,岳麓书社 1998 年版,第 218 页。

《仪礼经传通解》《仪礼经传通解续》的礼经诠释理念和方式、方法,同时也充分彰显出了秦蕙田的治学特色。就其要者而言之,主要体现在如下几个方面:

其一,从学术取向来看,秦蕙田继承并发展了朱熹礼学的"会通"治学思想,致力于以会通三礼为突破口,打破了经史分离、经俗对立的界限。

其二,从对待礼制因革的态度来看,秦蕙田推崇"礼时为大"的礼制观念,故在其编纂《五礼通考》之时,多关注及搜罗历代礼俗、礼制变革情况。秦氏主张编制《五礼通考》须"述礼制因革","上自王朝,下逮民俗,古礼今制,靡弗该载",包括唐《开元礼》、宋《政和礼》在内的历代礼制变革情况,《五礼通考》均有详细收罗反映,务使"《大宗伯》之五礼古今沿革、本末源流、异同失得之故,咸有考焉"①。

其三,从探求礼之意蕴奥旨的视角来看,秦蕙田通过各类文献资料的合理编排,将礼制考索与礼义探究统筹兼顾,可谓把握住了朱子《仪礼经传通解》治礼之根本和精髓。

其四,从诠释类按语来看,秦蕙田《五礼通考》诠释《仪礼》经文的视角和内容,更多集中在仪文节制方面,而不在具体语词和具体名物的诠释上。即便是面对经文仪节诠释的明显不同说法,秦氏也不过多进行考据性辨正,有时仅仅略加交代,说明自己的取舍观点而已。按语中的这种诠释态度和诠释方式,明显趋同于清初学者的治学理念。按语中体现出来的礼经仪节的阐释依据和方法,也更多倾向于根据三礼本身的礼制记载进行判断推理,不以旁征博引先秦典籍为长。

(3)延继朱子《仪礼经传通解》治学风格

作为张扬朱学派学者,秦蕙田著述《五礼通考》承继了朱熹《仪礼经传通解》的诸多治学特点,主要体现在如下几个方面:

其一,从著述体式情况来看,和朱熹《仪礼经传通解》一样,秦氏《五礼通考》同样采取了通释体这一文献整理体式。"近代昆山徐氏乾学著《读礼通考》一百二十卷,古礼则仿《经传通解》兼采众说,详加折衷;历代则一本正史,

---

① (清)秦蕙田:《五礼通考·凡例》,载文渊阁《四库全书》第135册,上海古籍出版社1987年影印版,第62页。

参以《通典》《通考》,广为搜集,庶几朱子遗意所关经国善俗,厥功其巨,惜乎吉、嘉、宾、军四礼属草未就。是书因其体例,依《通典》五礼次第,编辑吉礼如干卷,嘉礼如干卷,宾礼如干卷,军礼及凶礼之未备者如干卷,而《通解》内之王朝礼别为条目,附于嘉礼,合徐书。"①在"五礼"的安排序次上,依次为吉礼、嘉礼、宾礼、军礼、凶礼,其中吉礼 127 卷,嘉礼 92 卷,宾礼 13 卷,军礼 13 卷,凶礼 16 卷。

其二,从礼经各篇处置的方式来看,和朱熹《仪礼经传通解》一样,秦氏《仪礼经传通考》亦将《仪礼》十七篇的经文依据其内容归属到不同的礼类范畴当中,打散了《仪礼》十七篇的原有次序。按照传统礼学观,《仪礼》十七篇可以在《周官·大宗伯》所谓吉、凶、军、宾、嘉"五礼"中找到对应礼类,仅仅无与"军礼"相对应的篇目礼文。

其三,从礼经经文编排来看,和朱熹《仪礼经传通解》一样,同样采取了"分节"的诠释方式。

其四,从注释文献援引情况来看,和朱熹《仪礼经传通解》一样,秦氏《五礼通考》不以个性化的经文诠释考证为长,他对《仪礼》各篇经文的诠释,主要是通过征引汉代以来各家诠释文来实现的。从所引注释文献的来源看,秦氏征引最多的注释文献,清代以前主要有郑注、贾疏、朱熹《仪礼经传通解》、杨复《仪礼图》、敖继公《仪礼集说》、郝敬《仪礼集解》、陈祥道《礼书》;清代前期礼学著作,则引用张尔岐《仪礼郑注句读》、盛世佐《仪礼集说》、蔡德晋《礼经本义》《钦定仪礼义疏》等几种最为频繁。而且,其援引敖继公《仪礼集说》、郝敬《仪礼集解》二家之说,并未像清初以来的许多学者那样,持所谓批判的诠释眼光,更多属于正面援引。

(五) 专事校勘的《仪礼》学

"乾、嘉时期,校勘学已经成为考据学中的一门显学。"②与乾、嘉年间诸儒重视小学考据,主张"求其训诂、核其制度、明其道义"以通经学相应的是,这

---

① （清）秦蕙田:《五礼通考·凡例》,载文渊阁《四库全书》第 135 册,上海古籍出版社 1987 年影印版,第 62 页。

② 李慧玲:《试论阮元〈十三经注疏校勘记〉得以问世的客观条件》,《东南学术》2013 年第 1 期。

一时期学术界也出现了一批以专事校勘为毕生治学目标的经学家,如卢文弨、顾广圻、阮元等人。他们大都具有广博的学识和求实的学风,从"死校"到"活校",各有专长。"考诸经《正义》,宋端拱、咸平、景德递有校正,而版本久湮,明以来公私刻板,亦有据宋本刊正者,而所校往往不同。"①在这一背景之下,颇有一些校勘名家将校勘的目光投入到《仪礼》经文和郑注、贾疏的身上,出现了众多《仪礼》类校勘著作,如《仪礼注疏正字》《仪礼经注疏正讹》《仪礼注疏详校》《仪礼注疏校勘记》等。尽管这些学者的注疏校勘著作较多,有的注重"死校",有的则更多着眼于"活校",未能形成一个特定的《仪礼》学流派,但他们都在《仪礼注疏》的传播方面起到了很大的促进作用。

1. 浦镗与《仪礼注疏正字》

(1)生平与学术著述概说

浦镗,字金堂,号声之,一号秋稼,生卒年不详,浙江嘉善人,廪贡生。在家闲居期间,浦镗尝与同里陈唐、周澧、章恺为讲学之会,各攻一业。浦镗独究心注疏,每遇古籍善本,辄广为购借,于文字之异同,参互考订,前后历 12 年,最终完成《十三经注疏正字》81 卷。该书兼综条贯,抉微纠谬,功不在陆德明《经典释文》之下。仁和沈廷芳为御史时,尝录存该书副本。后携书北上,及丧归,则原稿已失。因此,文渊阁《四库全书》误将其归入沈廷芳名下。

(2)《仪礼注疏正字》文献校勘特点

《仪礼注疏正字》系《十三经注疏正字》的一部分,居于《十三经注疏正字》的卷三十三至卷四十三,凡十一卷。该书校勘《仪礼注疏》的特点,可以从校勘对象、校勘底本选择、校勘行文范式、校勘方法、校勘态度等多个方面进行考察。兹略为分析如下。

首先,从校勘对象来看,较之陆德明《仪礼音义》的异文校勘,《仪礼注疏正字》的校勘对象并不局限于《仪礼》经文和郑注,它还要校勘贾疏。举凡校勘对象中的衍脱、讹误、倒乙等,书中皆有是正。"字有形误,有声误,上下互易,左右跳行,前脱者后重,初衍则中落,甚者以《释文》羼《注》,以传、注并经,或《疏》存而经亡,或彼《疏》而此《注》,诸如此例,难可因仍。若《疏》中标目

① (清)永瑢等:《钦定四库全书总目》(整理本)卷三三,中华书局 1997 年版,第 437 页。

自某至某,间有缪讹,经注可考,则从省略。"①不仅如此,它又将陆德明《仪礼音义》一并纳入校勘的范畴,如《士昏礼》"下达"节,陆氏《仪礼音义》云:"取妻,七住切,下同。"《仪礼注疏正字》卷三十三:"'七'字脱。"②对《仪礼音义》的校勘,是其后学者金曰追、卢文弨、阮元等人的校勘著述均未涉足的领域。这种凭一人或二人之力从事如此广度的校勘,确实需要很大的勇气,着实值得称道。

其次,从校勘底本选择来看,《仪礼注疏正字》的校勘底本主要为监本修板和毛氏汲古阁本。《四库总目》云:"是编校正《十三经注疏》,以监本、重修监本、陆氏闽本、毛氏汲古阁本参互考正;而《音义释文》则以徐氏通志堂本为准。"③馆臣谓该书校勘《仪礼注疏》以四本"参互考正",恐有误,《例言》中著者明言:"十三经所见者有四本:一监本,一监本修板(修板视原本误多十之三),一陆氏闽本,一毛氏汲古阁本。闽本及旧监本世藏较少,故据监本修板及毛氏本正焉。《释文》则从徐氏通志堂本校。"可知该书没有使用监本及陆氏闽本作为底本,只使用了其他两个版本,即监本修板和毛氏汲古阁本。这两个版本,也就是《仪礼注疏正字》校勘十三经使用的底本。至于陆德明《仪礼音义》的校勘,则一以徐乾学刻通志堂本为底本,情况较为单一。

再次,从校勘的行文范式来看,《仪礼注疏正字》的校勘行文范式较为严谨。浦镗在《凡例》当中对此有一个总纲性的说明:"一字一本误者曰某本误,并误者曰某字误,某误而无可考者曰当某字误,可商曰疑某字误,不可知曰某字疑,或脱或衍或误而不能定则概曰疑。"

复次,从校勘方法来看,《仪礼注疏正字》的校勘方法较为多样,本校、对校、他校、理校诸校法均有涉猎,但是主要仍以对校法为主。例如,该书校《士相见礼》篇《疏》文"是特见图事之时并宾反见之燕义也"一句云:"图事之时,误'皆图事';'并'下衍'与'字,从《通解》校。"(卷三十四)这是根据《仪礼经

---

① (清)沈廷芳:《十三经注疏正字》卷首《例言》,载文渊阁《四库全书》第192册,上海古籍出版社1987年影印版,第3页。
② (清)沈廷芳:《十三经注疏正字》卷三三,载文渊阁《四库全书》第192册,上海古籍出版社1987年影印版,第447页。
③ (清)永瑢等:《钦定四库全书总目》(整理本)卷三三,中华书局1997年版,第437页。

传通解》本校勘监本修板和毛氏汲古阁本二底本之误。校《乡射礼》篇《疏》文"案经乡大夫射于庠"一句云："案,《通解》及《仪礼图》作'然此'二字。"(卷三十五)此系据《仪礼经传通解》及《仪礼图》二本校勘底本异文。在运用对校法校勘时,沈氏据以校勘的其他版本主要有监本、陆氏闽本、《释文》本、朱子《仪礼经传通解》本、杨氏《仪礼图》本、敖氏《仪礼集说》本、石经本,等等。

最后,从校勘态度来看,《仪礼注疏正字》的每一条校勘篇幅虽然较为短小精炼,但亦较为重视校勘理据。浦镗校勘《仪礼注疏》时,特别强调对版本文字异同及语词顺序倒乙一类情况作出明确的是非判断,每一条校勘实例皆先标其本句,而后标明其讹误于下,"其据某本改者并显出之,有未定者则以疑存之,或有据某人说者亦缀附焉。于形声'六体',尤所究详。"①如前所述,《仪礼注疏正字》善于通过一定的行文范式说明校勘依据:"一字一本误者曰某本误,并误者曰某字误,某误而无可考者曰当某字误,可商曰疑某字误,不可知曰某字疑,或脱或衍或误而不能定则概曰疑。"读者可从其行文表述据以推断校例之类型。而其援引敖继公《仪礼集说》的校勘语料证成己见,更是彰显出著述者对前人校勘成说的重视。

2. 金曰追与《仪礼经注疏正讹》

(1)生平与学术著述概说

金曰追(1737—1781年),字对扬,号璞园,浙江嘉定(今上海)人。他是乾隆四十五年(1780年)庚子岁贡生②,受业于同乡学者王鸣盛(1722—1797年)。王氏尝语江藩曰:"予门下士以金子璞园为第一。"③受其师王鸣盛的影响,金曰追着力于《十三经注疏》的校勘工作,后著成校勘学巨著《十三经注疏正讹》。金氏于《仪礼》学方面的学术成就,主要在于对《仪礼注疏》的校勘。《仪礼经注疏正讹》17卷,是金氏从事《仪礼》文献校勘的重要成就,亦是其《十三经注疏正讹》之一。后来阮元奉诏校勘仪礼石经,即多采该书校勘

① (清)永瑢等:《钦定四库全书总目》(整理本)卷三三,中华书局1997年版,第437—438页。

② 《清史稿·儒林传》《清史列传·儒林传》均载金曰追为"诸生"。考光绪间杨震福等纂《嘉定县志》卷十四《科贡》载,金氏乃是一名岁贡生,光绪八年刻本,第45—46页。另外,清光绪四年重刻道光本《练川名人画像续编》,亦标明其为岁贡生身份。

③ (清)江藩:《国朝汉学师承记》,中华书局1983年版,第40页。

之说。

（2）《仪礼经注疏正讹》文献校勘特点

作为乾隆年间第二部《仪礼注疏》专门校勘体著作，与沈廷芳《仪礼注疏正字》的校勘相比，金曰追的《十三经注疏正讹》往往呈现出一些不同之处，体现出自身独到的校勘特点。具体说来，该书具有如下几个方面特点：

首先，就该书校勘著述体例情况而言，金氏著述时，乃依仿唐宋《正义》旧例，于每节经文仅标起止各二字，而以所校经、《注》《疏》明于下。这样做，避免了"若全载经文，则浩繁无既"①的不便。该书各卷行文当中，凡经文有脱讹，则顶格书一经字，而旁注异同脱误，然后列经文于下；《注》则于次行低一格标一"注"字，《疏》则于又次行低两格标一"疏"字，而旁注异同脱误，然后列《注》文《疏》文于下；至于辨讹之语，则不论经、《注》《疏》皆低三格写。

其次，就该书校勘底本的选择情况而言，当时民间士人中，普遍流传的《仪礼注疏》版本有五种：一是宋刻本，二是元刻附注释文本，三是万历北监重刻本，四是毛氏汲古阁本，五是建本。就普及面而言，主要以万历北监重刻本为主。金氏在《例言》中说，尽管经过长时间多次搜罗，但毕生仍然没有见到宋刻本与元刻附注释文本，至于监本和毛氏汲古阁本，"皆承监刻之旧，而其误更多"。据此，金氏以为，"读经《疏》者当先考之万历监本，然后更订监本、毛本之讹"②。就《正讹》一书校勘参校本的选择而言，根据是书《例言》所述，金氏乃专据朱熹《仪礼经传通解》为主，附以杨复《仪礼图》、敖继公《仪礼集说》，元陈凤梧、明钟人杰两郑注本，以及沈彤《仪礼小疏》、马骕《仪礼易读》诸说。和沈氏《仪礼注疏正字》比较起来，由于著述时间要晚一些，金氏所据以校勘的版本更丰富多样一些。

再次，就该书校勘对象和校勘内容而言，和绝大多数《注疏》类校勘著作一样，金曰追《仪礼经注疏正讹》所关注的校勘对象，主要涉及《仪礼》经文及

---

① （清）金曰追：《仪礼经注疏正讹》卷首《例言》，载《续修四库全书》第89册，上海古籍出版社2002年版，第424页。

② （清）金曰追：《仪礼经注疏正讹》卷首《例言》，载《续修四库全书》第89册，上海古籍出版社2002年版，第424页。

其郑注、贾疏。金氏关注的校勘重点为:"是录标题有脱文、脱句、脱字、异文、异句、异字、误句、误字、衍文、衍字、误倒等名色。"①可见,该书校勘内容涉及面广,举凡历代校勘实践中的各个方面,包括脱文、脱句、脱字、异文、异句、异字、误句、误字、衍文、衍字、误倒等十一大类目,金氏《仪礼经注疏正讹》都有涉猎。至于各种《注疏》版本校勘对象的篇章错讹差异情况,金氏亦有关注,以《仪礼》十七篇经文情况为例,"《仪礼·既夕》篇则经与《注》并误衍一节,非此经而误为此经,非此注而误为此注,赖有开成石经、钟氏旧本,更参以《小戴礼·丧大记》文,遂得著明。相沿《通解》之讹,特与校正涂乙"②。至于《仪礼》其他十六篇经文,脱、讹、衍文情况"亦不过一二字"而已,明显存在错讹的不均衡性。

通观金曰追《仪礼经注疏正讹》一书的校勘情况,可知金氏并不满足于仅仅依赖所据各种文献版本加以本校,表明异同与判定是非,他还往往将各种校勘方法结合起来综合运用,在一定程度上使得校雠结论更趋客观、合理,可信度亦更高。

最后,从本书对前贤校勘成说的吸纳与处置情况来看,如前所述,此前浦镗《仪礼注疏正字》曾收罗征引敖继公《仪礼集说》的校勘结论,其他学者著述校勘成果则基本上未能吸纳进去;而金氏《仪礼经注疏正讹》较之《仪礼注疏正字》则更有所突破。特别是有关《仪礼》经文及其郑注的校勘方面,金曰追更多吸收了前人时哲的研究成果,但同时又有所突破。

据此可见,金曰追的校勘比此前学者顾炎武等人的零星校勘有更加合理的成分,校勘成就有天壤高下之别。金氏老师王鸣盛在《仪礼经注疏正讹序》中,也曾经有过如下一番比较:"即以顾氏所校经之正文与璞园所校参观之,如《士昏礼》一篇'主人'至'答拜'节,'主人拂几授挍',挍当改校;'馔于'至'皆盖'节,'葅醢四豆',葅当改菹;'女从'至'其后'节,'被颎黼',颎当改颖;'席于北牖下'节,牖当改墉;'命之'至'宗事'节,'命之辞曰',辞字衍。此五

---

① (清)金曰追:《仪礼经注疏正讹》卷首《例言》,载《续修四库全书》第89册,上海古籍出版社2002年版,第425页。

② (清)金曰追:《仪礼经注疏正讹》卷首《例言》,载《续修四库全书》第89册,上海古籍出版社2002年版,第425页。

条皆顾氏之所未及而璞园得之,其他可知矣。"①显然,金氏的《仪礼》文献校勘成果并不是对前贤校勘成果的简单罗列与综合,是建立在亲身的校勘实践基础上的,既有继承又有发展和突破,不可因其有某些缺失与不足而妄加否定和忽视,在清代《仪礼》校勘学史上颇有值得特书之处。

3. 卢文弨与《仪礼注疏详校》

(1)生平及著述旨趣

卢文弨(1717—1795 年),初名嗣宗,字绍弓,一作召弓,号矶渔,又号檠斋,晚号弓父,署必庵、万松山人。其堂号曰抱经堂,世称抱经先生。浙江杭州府仁和县东里坊人,余姚县籍,其先祖从范阳迁越,明代时从余姚迁杭州,故自署"杭东里人"。卢文弨为乾隆十七年(1752 年)进士,授翰林院编修充侍读学士。历任广东乡试主考官、提督湖南学政。曾主讲江浙崇文、钟山、龙城等书院 20 余年。他一生多从事文献整理校勘工作,尤精于校勘学。其所校勘、注释经书诸子,汇刻为《抱经堂汇刻书》。其有关《仪礼》的校勘成果为《仪礼注疏详校》17 卷。该书之所以称"详校",是因为"凡经、《注》及《疏》一字一句之异同,必博加考定,归于至当"②。

(2)《仪礼注疏详校》文献校勘特点

从清代《仪礼》校勘学著作发展演变情况来看,卢文弨《仪礼注疏详校》的文献校勘有其独到之处,既有继承沈廷芳《仪礼注疏正字》、金曰追《仪礼经注疏正讹》的一面,又有发展创新的一面。详言之,可以从如下几个方面加以审视:

首先,从《仪礼注疏详校》校勘对象来看,和金曰追《仪礼经注疏正讹》一样,卢文弨《详校》对《仪礼》经文、郑玄注、贾公彦疏三者都非常关注。乾隆年间学者注意到,士人所见明监本、汲古阁本《仪礼注疏》舛误特盛,故多有学者为之校勘,"昆山顾氏、济阳张氏既据开成石本校正其经文矣,校郑注者则有休宁戴氏,并校贾疏者则有嘉定金氏。戴氏所据者小字宋本、嘉靖相台本,金

①　(清)王鸣盛:《仪礼经注疏正讹序》,《仪礼经注疏正讹》卷首,载《续修四库全书》第 89 册,上海古籍出版社 2002 年版,第 420—421 页。

②　(清)凌廷堪:《〈仪礼注疏详校〉序》,卢文弨:《仪礼注疏详校》卷首,载《续修四库全书》第 88 册,上海古籍出版社 2002 年版,第 487 页。

氏所据者明钟人杰本、陈凤梧本。至于所校贾疏，惟据《经传通解》一书而已"。而卢文弨《仪礼注疏详校》则在博采方面下大力气，"自宋李氏《集释》而下，所引证者数十家，凡经、《注》及《疏》一字一句之异同，必博加考定，归于至当，以云'详校'诚不虚也"①。正是在汲取众家之所长的基础上，《仪礼注疏详校》成为当时最为详尽的校勘读本。

其次，从《仪礼注疏详校》校勘内容方面来看，和浦镗《仪礼注疏正字》、金氏《仪礼经注疏正讹》一样，《仪礼注疏详校》也重视订正《仪礼》经、《注》《疏》中字句的讹误、脱衍、倒乙和错简等情况，但卢文弨并不局限于此，他还注意纠正后人刻书之变乱旧有体式的情况，力求恢复古书行款格式以及篇第之原貌，甚至连补圆圈、改空格亦逐一注明。后一方面之校勘工作，与古人注重探求著述义例、考察旧刻格式的主张是相适应的。诚如朱一新《无邪堂答问》所云："不通其书之体例，不能读其书，此即大义之所存，昔人所谓义例也。校勘字句，虽亦要事，尚在其后，此其大纲。校勘其细目，不通此则愈校愈误。"②从《仪礼》经文到郑注、贾疏，如果不通其著书"义例"，于各本比而同之，随意互改，其校勘结果必然会多失其真，愈校愈误。例如，《士冠礼》："蒲筵二在南"，贾疏："云筵席也者"，卢氏校云："句上'郑注'二字衍。案：旧本俱经注连释，官本始分作两段，然体例亦不尽合。"③又如，《公食大夫礼》："先者反之，由门入，升自西阶"，贾疏："释曰：反之者"，卢氏校云："此《疏》五十五字旧误作《注》，大书于'先者反之'之下，考朱、李、杨本皆不误，今官本从之。依大例，尚当增小字阴文'注'字，并添'庶羞至取也'及一圈，方合作《疏》之式。"④以上二例校勘，前者通过考察贾疏体例判定其中衍文情况，后者则从贾疏自身的体例角度，据以考察判定旧本之误。

再次，从《仪礼注疏详校》吸纳前贤时哲校勘成说的情况来看，较之浦镗

---

① （清）凌廷堪：《〈仪礼注疏详校〉序》，卢文弨：《仪礼注疏详校》卷首，载《续修四库全书》第88册，上海古籍出版社2002年版，第487页。

② （清）朱一新著，吕鸿儒、张长法点校：《无邪堂答问》卷五，中华书局2000年版，第183页。

③ （清）卢文弨：《仪礼注疏详校》卷一，载《续修四库全书》第88册，上海古籍出版社2002年版，第497页。

④ （清）卢文弨：《仪礼注疏详校》卷九，载《续修四库全书》第88册，上海古籍出版社2002年版，第574页。

《仪礼注疏正字》、金曰追《仪礼经注疏正讹》，卢文弨的学术视野更趋开阔，主张合理吸收前人的学术成果。在具体校勘实践中，卢氏充分认识到古代典籍和时人学术研究成果的重要性和启发意义，因而他反对闭门造车，也反对全盘接受的作法，主张积极地引用与批判地吸收前人与时人的成果，为己所用，在继承之中更要有所创新，力争达到"是其是而非其非"的校勘效果。

复次，从《仪礼注疏详校》运用对校法的情况来看，卢文弨特别重视广泛搜罗《仪礼》经及郑注、贾疏之各种版本，再三比勘对校，充分提高校雠质量。作为一名"藏书家中的校雠家"，卢氏在实际校勘《仪礼》经文及其注疏的过程中，主要以对校之法为主。卢氏所见《仪礼》之注疏版本颇为完备，如宋本、石经本、官本（官刻《注疏》本）、汲古阁本、明监本尽皆囊括在内，且前人注本（如《通解》本、《集释》本、《释文》本、《义疏》本等）及其校勘成果一并得以反映，因而其对《仪礼》经文及其注疏的校勘，远远超过了此前清代学者的死校成果，和顾广圻等人比较起来亦毫不逊色。卢氏运用对校法进行校勘时，遵循底本流行广泛性的原则，进行《仪礼注疏》校勘底本的选择，根据该书《凡例》云，"外间常行之本惟汲古阁所刻，家有其书，今所摘误字皆就此本而言，他本间一及之，未能详也"，则此书乃以通行之汲古阁本为校雠底本无疑。

续次，从《仪礼注疏详校》运用他校法的情况来看，比之浦镗《仪礼注疏正字》、金曰追《仪礼经注疏正讹》，卢氏运用他校法的频率远远要高得多，而且无论是校勘《仪礼》经文，还是校勘郑注、贾疏，都有此类校例。众所周知，自唐、宋以来，《仪礼》经文及其注疏在流传过程中皆有讹误，纯据各类版本互校，已经很难保证校书的质量。因而卢文弨也重视运用他校法来弥补对校之不足。根据邓声国《清代〈仪礼〉文献研究》的考察，《仪礼注疏详校》运用他校法主要涉及三种情况：一是校勘《仪礼注疏》引文的异文情况，二是校勘《仪礼注疏》引文的书名称谓讹误情况，三是校勘《仪礼》经文及其郑注、贾疏训语的异文情况。①

又次，从《仪礼注疏详校》运用本校法的情况来看，卢文弨运用本校法校勘《仪礼》经文及注疏，同样也强调论定校勘文字之是非得失，借以求得更接

---

① 邓声国：《清代〈仪礼〉文献研究》，上海古籍出版社 2006 年版，第 365 页。

近版本原貌。卢氏善于通过考察校勘对象自身行文的语言事实,借以实现本经互证、《注》文互证,从而校勘和纠正通俗《注疏》本行文之误。

最后,从《仪礼注疏详校》运用理校法的情况来看,较之浦镗《仪礼注疏正字》、金曰追《仪礼经注疏正讹》,卢氏的理校实践更趋详审合理,论证更趋严密,结论更趋可信。此前论及该书注重探求著述义例、考察旧刻格式,通过类比推论,考察俗本之误和古本旧貌,便属于这一校勘方法。后来,段玉裁便高度评价卢氏这种据"义例"校勘古书的作法:"公治经有不可磨之论,其言曰:'唐人之为义疏也,本单行,不与经、《注》合。单行经、《注》,唐以后尚多善本。自宋后附《疏》于经、《注》,而所附之经、《注》,非必孔、贾诸人所据之本也,则两相钮铻矣。南宋后又附《经典释文》于《注》《疏》间,而陆氏所据之经、《注》,又非孔、贾诸人所据也,则钮铻更多矣。浅人必比而同之,则彼此互改,多失其真,有改之不尽以滋其钮铻者,故《注疏》《释文》合刻似便而非古法也。'其读书特识类如此。"①段玉裁说这是"不可磨之论",可见其对卢氏此类校勘推崇之甚。

但卢文弨的理校法并不限于此。他兼通小学,娴熟古代名物典制,注意到古书"多古言古义,往往有不易得解者,则又或以其难通而疑之"②,因而主张从语言、体例、史实等不同角度,考察和推断其错误原因,并据此加以改正版本文字缺失。例如,《士昏礼》:"祝盥妇",贾疏:"言若张子、李子也",卢氏校云:"当依《特牲·注》作伯子、仲子为是。"③卢文弨以为贾疏用词不当,不合古人行文表述风格,主张依《特牲·注》作"伯子、仲子"改动为宜,如此方合古人说话特点,并非校勘通俗本之文字错误也。又如,《聘礼》:"夫人使下大夫劳以二竹簠方",卢氏校云:"石经簠作簋,敖同,戴校《集释》亦从之,并注'簠亦作簋'。文弨案:此从《释文》作'簠'是也。簋者外圆,今云'竹簠方',故《注》云'状如簋而方',簠者外方,知此虽名竹簠而实不圆,状如簋之方也。若

---

① (清)段玉裁:《翰林院侍读学士卢公墓志铭》,《抱经堂文集》卷首,载《续修四库全书》第1432册,上海古籍出版社2002年版,第553页。

② (清)卢文弨:《抱经堂文集》卷三《段若膺说文解字读序》,载《续修四库全书》第1432册,上海古籍出版社2002年版,第574页。

③ (清)卢文弨:《仪礼注疏详校》卷二,载《续修四库全书》第88册,上海古籍出版社2002年版,第508页。

本是簋,则何必更言方? 至云'状如簋而方',更不辞矣,是知'簠'字为是。"①
卢文弨首先根据版本对校,发现了各本文字异同。为此,他一方面考察了簠、
簋二物异形之事实,同时又考察了郑注自身行文的文辞情况,加以综合推断,
得出应从"簠"为是的结论。卢氏往往还通过《注》《疏》各自体例的考察,校
勘文辞次第等,此不赘举。

　　总之,卢文弨凭一己之力完成如此鸿篇巨制,这种精神实在让人赞赏。卢
文弨虽以对校著称于世,但从上述校勘实例可以看出,他在具体校勘实践当
中,总是尽可能综合运用各种校法,因而这在一定程度上确保了校勘理据之充
分和校勘结论的扎实可信。当然,由于时代因素的制约,卢氏所见到的与《注
疏》相关的文献版本有限,难以与阮元时代相比,因而《仪礼注疏详校》中存在
一些缺陷在所难免。后来阮元等作《十三经注疏校勘记》便纠正了该书的一
些失误。

　　4. 阮元与《仪礼石经校勘记》及其他

　　(1)生平及著述旨趣

　　阮元(1764—1849 年),字伯元,号芸台,又号雷塘庵主,晚号怡性老人,谥
号"文达",江苏仪征人。他是乾隆五十四年(1789 年)进士,历官乾隆、嘉庆、
道光三朝,先后任礼部、兵部、户部、工部侍郎,山东、浙江学政,浙江、江西、河
南巡抚及漕运总督、湖广总督、两广总督、云贵总督等职。他在经史、数学、天
算、舆地、编纂、金石、校勘等方面都有着非常高的造诣,被尊为三朝阁老、九省
疆臣、一代文宗。

　　在《仪礼》文献校勘方面,阮元亦取得了很大的成就,撰有《仪礼石经校勘
记》四卷、《仪礼注疏校勘记》五十卷。这是乾嘉时期较为重要的两部《仪礼》
校勘学著作。

　　(2)《仪礼石经校勘记》与石经校勘

　　乾隆五十六年(1791 年)十一月,阮元奉旨充任《石经》校勘官,得分校
《仪礼》一经。当时士人所见《仪礼》石经本多有残字,而其校本又未尽精审,

---

　　①　(清)卢文弨:《仪礼注疏详校》卷八,载《续修四库全书》第 88 册,上海古籍出版社 2002
年版,第 559 页。

急需重新加以校勘,诚如阮氏《自序》所云:"《仪礼》汉石经仅有残字,难校全经。自郑康成作《注》参用今古文后,至隋末陆德明始作《释文》校其异同,今《释文》本又多为唐宋人所乱。唐开成石经所校未尽精审,且多朱梁补刻及明人补字之讹。宋张淳校刻浙本,去取复据臆见。"①后来,阮氏在《仪礼注疏校勘记·引据各本目录》中提及《唐石经》时也注解说:"明王尧惠补缺。案:此刻自五季以来,名儒俱不窥之,不特张淳、李如圭诸人生于南宋,固不及见,即敖继公当元一统之时,亦未尝过而问焉。至国朝顾炎武、张尔岐,始取以校监本,多所是正。"②有鉴于此,阮元乃据各种《仪礼》版本重加校勘,并择辨其是非。具体说来,该书校勘主要有这样几个特点:

其一,从依据的校勘版本来看,当时阮元校勘《仪礼》唐石经,所据版本搜罗较广,胪列诸本,择善而从,每一条校勘例之首载诸本文字异同情况,然后才进行疏证考辨,如《乡饮酒》:"遵者降席席东",《校勘记》卷一:"石经、李本、杨本、敖本、《义疏》、殿本皆如此,惟监本作'降席东',少一'席'字。臣元谨按:《乡射礼》云:'大夫降席,席东南面。'大夫即遵者也,彼亦叠席字,今拟从石经诸本。"这段文字首先交代诸本文字异同,然后运用本校法进行文字辨择去取。关于该书校勘中所据参校底本情况,阮氏《序》有交代云:"臣今揔汉石经残字、陆德明《释文》、唐石经、杜佑《通典》、朱熹《经传通解》、李如圭《集释》、张淳《识误》、杨复《图》、敖继公《集说》、明监本、《钦定义疏》、武英殿《注疏》诸本以及内廷《天禄琳琅》所收诸宋元本、曲阜孔氏宋本综而核之,经文字体择善而从。"

其二,从吸纳前贤时哲的校勘成说情况来看,尽管该书也注意吸收当时学者的某些校勘结论,"胪列诸本,反覆经义,兼又博访通儒,务从人善。如'以为昏姻之故为庶子适人者'则用戴东原编修说,'宾服乡服卿大夫'则用刘端临教谕说,'脊胁胳肺'则用王伯申明经说,《丧服传》刊去四十字则用金辅之修撰说。又钱辛楣宫詹、王怀祖给谏亦曾执手问"③。戴震、刘台拱、王念孙、

① (清)阮元:《仪礼石经校勘记序》,《仪礼石经校勘记》卷首,载《粤雅堂丛书》(第十八集)刻本,第1页。

② (清)阮元:《仪礼注疏校勘记序》,《十三经注疏校勘记·仪礼注疏校勘记》卷首,载《续修四库全书》第181册,上海古籍出版社2002年版,第287页。

③ (清)焦循:《仪礼石经校勘记后序》,《仪礼石经校勘记》卷首,载《粤雅堂丛书》(第十八集)刻本,第1页。

王引之、钱大昕、金榜等人,都是当时学界翘楚,也都属于汉学阵营学者,阮元采纳他们的学术见解,可谓从善如流。然而,与浦镗早年校勘《仪礼注疏正字》一样,本书也没有注意吸纳清初及康、乾时期一大批礼学名家(如顾炎武、方苞、李光坡等)的校勘成果,大量此前清代学者校勘成果均未收入其间。另外,阮氏对《仪礼》石经的校勘,虽然起步晚于卢文弨《仪礼注疏详校》,但成书时间却更早于该书,因而也未能将卢氏的校勘成果吸收进来。虽然有"内廷《天禄琳琅》所收诸宋元本、曲阜孔氏宋本"等宋元旧本之类善本参校,但较诸卢文弨《仪礼注疏详校》与阮元此后所撰《十三经注疏校勘记》,《仪礼石经校勘记》的总体学术视野显得较为狭窄一些。

其三,从校勘的性质来看,阮元的《仪礼石经校勘记》倾向于融活校于死校当中,特别是他往往在各个版本对校的基础上,通过加附案语的方式,并运用本校法、他校法和理校法,进行较为详审的异文疏证和是非辨别,形成较为可信的校勘结论。阮元对《仪礼》本经亦颇为娴熟,因而,他善于从考察《仪礼》本经的行文入手,通过明辨文例的方式寻找证据,对各种版本的异文及前贤校勘结语加以是非抉择,择其善者而从之。例如,《乡射礼》:"众宾皆",《校刊记》卷一:"臣元谨按:敖继公谓此三字衍,非是。诸篇仪节相同者,属辞不妨互有详略,转以相补,非互为衍脱也。敖说虽细密,多武断。"又,《有司彻》:"主妇洗于房中",《校勘记》卷三:"石经、李本、宋本、敖本、《义疏》皆如此,监本、殿本'洗'下有'爵'字。臣元谨按:《少牢馈食》亦有'主妇洗于房中'之文,与《特牲馈食》'主妇洗爵于房'不同者,《少牢》《有司》之爵皆为妇赞者所授,则洗之为洗爵者;《特牲》篇不言赞者授爵一节,故云'主妇洗爵于房'。此古人文字之疏密也。拟从石经。"以上二例,前一例中,阮氏注意到敖氏的校勘成说不确切,故从考察《仪礼》各篇仪节叙述特点入手,明辨其非;后一例中,阮氏则不仅校勘各本异文,同时又通过考察《仪礼》诸篇的属辞、行文文例、上下文等方面情况,借以判定各本文字是非,可谓择善而从之。

阮元精通小学和文字训诂,也谙熟于古书刊刻体例,因而有时亦强调借助小学知识辅助校勘,娴熟地运用理校法进行文字疏证和是非取舍。如,《士丧礼》:"苴绖大鬲",《校勘记》卷三:"石经、《释文》、李本、宋本、《义疏》、殿本皆作鬲,敖本作搹。臣元谨按:石经、《释文》皆作鬲,敖继公改从搹,意在与《丧服传》'且经大搹'画一,不知以字体而论,鬲古于搹,《士丧礼》乃周初人所撰,《丧服传》乃周末人所撰,其间字体已略变异,未可画一。况鬲,搹也,搹与扼同,《考工记》大车鬲与扼虽二物,其扼牛颈义同也。拟从鬲义长,近古。"阮氏从《士丧礼》《丧服传》成书年代不同入手,考察鬲、搹二字乃文字形体演变之结果,说明不能以时代较晚之书推考年代更早著作的用字情况。

(3)《十三经注疏校勘记》

嘉庆年间,阮元主持编纂了《十三经注疏校勘记》,聘请了段玉裁、顾广圻、徐养原等一批知名学者参加。该书原名《十三经注疏考证》,后改名为《十三经注疏校勘记》,共217卷。该书实行分任纂辑,其中《仪礼注疏》部分乃由徐养原负责汇合诸本,详列异同,然后经阮元复加核定其是非。该书系阮元任浙江巡抚时所作,整部《十三经注疏校勘记》乃于嘉庆十一年(1806年)完稿。《仪礼注疏校勘记》一出,海内研治《仪礼》学者大为受益。故林伯桐盛赞该书说:"读阮宫保《十三经注疏校勘记》,精深广大,三礼会通,本末具详,折衷一是,尊其所闻,固治礼者之幸也。"①由此亦可见该书深具学术价值,影响甚为宏大。由于阮氏在此之前已经著有《仪礼石经校勘记》一书,并对经文进行过精深细致的校勘,因而《仪礼注疏校勘记》17卷的校勘重点主要集中在郑注、贾疏二者的释语上。阮氏该书在校勘《仪礼》之郑注、贾疏方面,着力颇巨,在继承和总结前人校勘成果的基础上,又有新的贡献,形成了鲜明特色。举凡各种版本的异文校勘及讹字、衍文、脱文、语词顺序之倒乙等情况,《十三经注疏校勘记》中皆有全面涉猎,同时还涉及对《仪礼注疏》著述编排格式方面的校勘,称得上是清代《仪礼》注疏类校勘研究之集大成者。

三、清代后期的《仪礼》学

(一) 汉学考据派的《仪礼》学

清代后期,尽管众多学者大力倡导"经世致用"的治学取向,甚至有学者主张为政治而做学问,但仍有部分学者延继乾嘉以来的治学理路。这其中,主要以陈光熙、孙诒让、于鬯等人的《仪礼》研究为代表。就著述形式而言,除陈

---

① （清）林伯桐:《修本堂稿》卷五,清道光二十四年(1844年)《修本堂丛书》本。

光煦的《礼经汉读考》一书外,这一阶段汉学考据派学者很少形成专门的《仪礼》学专门论著,大多以群书札记形式出现。这些成果在《仪礼》学史上的地位和影响尽管不如乾嘉时期那么重要和深远,但也很值得称道。

1. 陈光煦与《仪礼通诗释》《礼经汉读考》

(1)生平与学术著述概说

陈光煦,生卒年不详,字斗垣,四川酉阳(今属重庆市)人。其《仪礼》学著作有《仪礼通诗释》17 卷和《礼经汉读考》17 卷。陈光煦著《礼经汉读考》一书,缘起于段玉裁《仪礼汉读考》之未完稿(仅成《士冠礼》一篇)。嘉庆十九年(1814 年)十二月,段氏在其书卷末作《跋》称:"《礼经汉读考》一卷,其他十六卷未成,后之人当有能踵为之者。"①有鉴于此,陈光煦继之而起,踵武段氏之书而作《礼经汉读考》17 卷,大约完成于宣统元年(1909 年)。至于陈氏撰写《仪礼通诗释》一书,主要原因有二:一是他发现《仪礼》中的礼制记载大多可以在《诗经》中得到印证。二是他发现汉儒释礼多引《诗经》相互印证。陈氏《仪礼通诗释》卷首前有自序一篇,作于光绪二十八年(1902 年),该书至迟成书于这一年。

(2)《仪礼通诗释》诠释特色

作为一部汉学考据性著作,《仪礼通诗释》有别于清后期众多礼学著作,不求烦琐的考据,治学颇具学术个性,特色亦较为鲜明,简言之,主要体现在如下数端:

其一,从诠释视角来看,该书采取注体的训诂体式,主于《诗》《礼》互证,摘取《礼》经与《诗》文可互相发明贯通者诠释之,或者说,注重根据《诗》文解释《仪礼》经文。这是该书最大的学术特点。可见,陈光煦此书的著述,在很大程度上是对汉代学者以《诗》释《礼》、《诗》《礼》互证传统的延续,旨在实现帮助读者明了"惟通其大义,则六艺皆圣人经世之书"的诠释目的。

其二,从文献称引角度来看,该书也有别于同时代其他学者的著作:一是陈氏称引文献不追求广博,不致力于旁征博引,一切以简明实证为诠释手段。二是称引的文献主要集中在《诗》《礼》经文及其相应的汉人注释文献。三是

---

① （清)段玉裁:《仪礼汉读考》卷末,载《清经解》第 4 册,上海书店 1988 年版,第 227 页。

《诗经》文句的称引一般不标识所属篇目,仅说明诗文出处的类属。如该书卷一部分,《士冠礼》"兄弟毕袗玄"一条下,有这样一段诠释文字:"《注》:'兄弟,主人亲戚也。'《小雅》:'兄弟无远',《笺》:'兄弟,父之党,母之党。'"[①]陈光煦仅仅通过征引《仪礼》《诗经》经文及郑注、笺,便圆满地达到了诠释目的,行文亦极为简明。

其三,从诠释方法来看,陈光煦强调适当借助音韵分析的因声求义诠释方法,帮助读者明了古注中难以明晰的礼制文化内涵。例如,该书有这样一条,《乡饮酒礼》"乃息司正",陈氏诠释说:"《注》:'息,劳也。劳赐昨日赞执事者。'《周颂》:'兕觥其觩,旨酒思柔,不吴不敖,胡考之休',《笺》:'柔,安也。绎之旅士用兕觥。'按:觥、觚一声之转,用木用兕异耳。自大夫以下谓之觯,君爵谓之觚。礼所谓象膳觯者其实酒。养老则宾醴所容加至一斗,故又谓之大斗。旨酒,醴也。休,息也。祭之明日而燕,燕之意主于休息,故《记》云'明日乃息司正'。"[②]一句简简单单的"觥、觚一声之转",却道破了古人名物命名取义之由;一句"休,息也",揭示了二者之间的双声关系及意义关联。

其四,从部分按语条目的诠释来看,陈光煦较少关注礼经文本的礼义,更多着眼于以小见大,揭示个别词语中蕴含的礼制文化内涵。另外,从著述卷次的安排角度来看,陈光煦《仪礼通诗释》17卷诠释的礼经篇目与贾公彦疏十七篇次第相对应,每一卷下都根据礼经各篇原文的先后次序罗列考释。这些举措充分表明,陈光煦对于《仪礼》十七篇刘向、郑玄编排次第的完全赞同与高度体认。

(3)《礼经汉读考》诠释特色

陈光煦《礼经汉读考》乃踵武段玉裁《仪礼汉读考》一书而作,称得上是清后期汉学考据派最为重要的一部礼经学著作。就该书的礼经诠释而言,陈氏研究颇具特色,主要体现在如下几个方面:

其一,从诠释理路而言,该书除了具有传统经学的诠释特性外,同时也具有一些现代语言文字学的诠释色彩。陈光煦著述《礼经汉读考》之时,随着西

---

① (清)陈光煦:《仪礼通诗释》卷一,国家图书馆藏抄本。
② (清)陈光煦:《仪礼通诗释》卷四,国家图书馆藏抄本。

学东渐的不断深入和影响加大,晚清之际,语言文字学作为一门学问逐渐从经学附庸的"小学"中独立出来,文字学、音韵学的影响更趋深入到传统学者的学术视线。正是在这样一种学术背景影响之下,陈光熙的古今异文疏证被更多赋予了一种新的学术元素,充溢着现代语言文字学的诠释色彩。

其二,从继承段玉裁《仪礼汉读考》的角度来看,陈光熙的《礼经汉读考》在诠释视角、诠释体例、诠释方法等方面都对段氏《汉读考》既有所继承,又有发展创新。光绪乙未年(1895年)三月,赵藩给陈氏之书撰写《跋》文称:"陈斗垣孝廉仍段氏体例,踵而为之,统成书十七卷,辨晰今古文之同异,博取群经故训以为左证,阙疑存信,精当不苟,于郑注时有推勘,匪第足以纠段。"①

其三,从诠释视角来看,陈光熙《礼经汉读考》更善于借助音韵手段,深入探究《仪礼》今古文异文之间的音义关系。更强调运用清儒最新的上古音研究成果,特别是借助段玉裁《六书音韵表》的古音十七部划分理论,进行文字的上古音韵探究与分析,从而使其诠释理据更充分,说服力更强。

其四,从文献引证角度来看,陈光熙《礼经汉读考》引据详博。《仪礼》今古文校勘类著作的治学目的在于,结合各类音韵、训诂材料,疏证《仪礼》今古文异文之间的音义关系,明辨郑注取舍之精。陈氏《礼经汉读考》作为此类校勘成果的代表作,更加强调引证文献的广博性和确切性。

其五,从崇尚郑学的角度来看,陈光熙《礼经汉读考》的礼制疏证取法郑玄据行文辞例推论的作法,对于推导分析郑玄古今异文的取舍理据颇有参考价值,彰显了汉学考据派的考辨功夫。

其六,从还原礼经、郑注的角度来看,陈光熙通过今古文异文疏证,不仅强调还原《仪礼》经文今古文异文情况,更有助于纠正郑注流布过程中产生的文字讹误。郑注在流传的过程当中,其记载古今异文之语往往也会出现讹误。陈光熙《礼经汉读考》对这一现象颇为关注,并取得了大量的研究成果。

其七,从对各篇雷同古今异文疏证方式的处置来看,陈光熙《礼经汉读考》和胡承珙著作一样,都非常重视依照郑注对《仪礼》十七篇的诠释,举凡各篇相同的古今异文之例,只于首见例下加以疏证,其余诸例则只列目注明参见

① (清)赵藩:《仪礼汉读考跋》,载陈光熙:《礼经汉读考》卷末,宣统元年石印本,第39页。

某某篇。这样的处置方式,既兼顾了与郑注今古文异文标注的序次,同时也减省了著述本身的行文篇幅。

2. 孙诒让与《仪礼注疏校记》

(1)生平与学术著述概说

孙诒让(1848—1908 年),字仲容,号籀庼,浙江瑞安人,同治六年(1867年)举人,五应会试不中。历官刑部主事。孙诒让是晚清经学大师,与俞樾、黄以周合称"清末三先生",有"晚清经学殿军""朴学大师"之誉。

孙诒让一生精研学术,著作等身。其三礼学著述有《周礼正义》《大戴礼记斠补》和《仪礼注疏校记》等。

(2)《仪礼注疏校记》校勘特色

《仪礼注疏校记》为孙诒让所著《十三经注疏校记》之一种①。从《校记》研读情况来看,孙氏校读的《十三经》以江西刻阮元校勘之《十三经注疏》为底本,《仪礼注疏校记》同样如此。如其校《注疏》卷九《〈乡饮酒礼〉疏》"以其云献荐脯醢"云:"'献'字不当删,闽本误,余初校误从之。"②雪克指出:"阮氏《校勘记》云:'闽本无献字',孙校据阮《记》而言。"由此亦可证实,此书"札记实有先后,非一时之作"。从中可见孙氏治学之求精、严谨、务实态度。

从校勘对象角度来看,与其他注疏类校勘著作不同的是,孙诒让之作并不对《仪礼》经文进行校勘。孙氏的《仪礼》文献校勘只针对贾疏,纠正其中的文字讹误,不过有时亦兼及对郑注的校勘。《仪礼注疏校记》的校勘,并不仅仅局限于《疏》文讹误方面,往往还包括其他方面内容,有校正《疏》引书出处之误,如《仪礼注疏》卷四《〈士昏礼〉疏》"《郊特牲》云五齐加明水,三酒加玄酒,不言郁鬯者,记人文略也",其校云:"此《郊特牲》注文,非正文,不得云'记人文略'。"③以上诸多方面,都是同朝代其他《仪礼》注疏校勘类著作所缺乏的。由此可见,孙诒让的校勘与卢文弨、阮元等人的校勘关注重点并不相同,具有

---

① 据雪克之《辑点说明》交代,是书生前未经刊定,其中"札记实有先后,非一时之作",包含了孙诒让中年和晚年校经的手笔,雪克先生称此书是继阮元《十三经注疏校勘记》之后"清代学者通校《十三经》的又一份重要的学术成果",诚属笃论。

② (清)孙诒让:《十三经注疏校记》,齐鲁书社 1983 年版,第 408 页。

③ (清)孙诒让:《十三经注疏校记》,齐鲁书社 1983 年版,第 404 页。

更多训诂疏证的性质,并非处在同一个校勘性质层面上。

除校勘郑注、贾疏外,孙诒让亦重视对阮元《十三经注疏校勘记》校勘结论之疏证考论。孙氏往往将各卷之《十三经注疏校勘记》文与注疏文校勘单独区分开来,如阮刻《十三经注疏》本卷十九首载一例《疏》文校勘,然后附载《十三经注疏校勘记》文之二例再校勘。据统计,《仪礼注疏校记》之中这一类校勘实例有 31 条,就其考论角度而言,有的主要指出其校勘之误,对于阮氏没有说明异文取舍者,孙氏则往往加以深入考辨;有的则说明前人所校依据;有的亦主于补充异文情况。此类校勘,大多具有拾遗补缺之性质,颇有助于促进《仪礼》校勘的深化。

在对待前人校勘成果之态度上,孙诒让的态度是求真务实的,既有取从,更对前人校勘之失多所纠驳。这从以上论孙氏对阮氏《十三经注疏校勘记》的校勘情况完全可以得到印证。除阮氏外,《仪礼注疏校记》亦多称引曹元弼《礼经校释》和黄以周《礼书通故》之说,不过一般是从正面转引其说。

如上所述,孙诒让《仪礼注疏校记》的校勘是精审严密的,它还在一定程度上弥补纠正了阮氏《十三经注疏校勘记》的许多不足,"裨补遗阙"之功极大,更多方便了此后治《仪礼》学者的研究。当然,该书也有许多校例仅仅只是交代其校勘结果,而不说明校勘理据所在,如《仪礼注疏》卷十一《〈乡射礼〉疏》"今大夫言席于尊东,明为宾夹尊可知"一文,孙氏校云:"'为',当为'与'。"①凡此之类,可能与该书未经刊定有关。这小小缺失,仍丝毫无损于《仪礼注疏校记》一书的整体价值。

3. 于鬯与《读仪礼日记》及其他著述

(1)生平及学术著述概说

于鬯(1854—1910 年)②,字醴尊,一字东厢,自号香草,江苏南汇县(今属上海市)人。于鬯一生博览群书,研经治史,著述宏富,有《香草校书》60 卷刊行于世。此外,他还著有《周易读异》《尚书读异》《仪礼读异》《殇服》《夏小正

---

① 　(清)孙诒让:《十三经注疏校记》,齐鲁书社 1983 年版,第 409 页。
② 　关于于鬯的生年,有学者认为是 1862 年,此采从王年生《于鬯对〈内经〉的校注》(《安徽中医院学报》1983 年第 4 期),取生于咸丰四年(1854 年)之说。

塾本》《新定鲁论语疏正》《史记散笔》《古女考》《香草随笔》等。

于鬯于《仪礼》颇有研究,专著有《读仪礼日记》《仪礼读异》2 卷等。此外,其《香草随笔》中也有许多有关《仪礼》研究的内容。

(2)《仪礼》诠释特色

从《香草校书》《读仪礼日记》等著述中的数十条《仪礼》札记来看,于鬯的礼经考释呈现出鲜明的汉学考据特色。概而言之,体现在以下几个方面:

其一,于鬯善于据全书文例考订《仪礼》各篇的行文类属。如于氏《香草校书》礼经第 7 条主要就《士相见礼》一篇的行文类属问题,提出了独到的见解:"此篇即上《士昏记》之下半篇,非别篇也。……盖自首至尾尽《记》文也。"①

其二,于鬯特别强调对于《仪礼》行文风格的体认发明和运用。于鬯注意到《仪礼》古经具有"简而有法"的行文风格特征,因此他在《香草校书》中亦非常重视考察《仪礼》经文的行文风格,因为这涉及对经文本义的深层次把握,亦有助于对礼经仪文节度的准确理解。

其三,于鬯特别注重对于"郑注有两存之例"的发覆与溯源。于鬯对郑玄注释深有体悟,他认为郑注诠释过程中的一大特点便是"郑注有两存之例"。而郑注这种独特体例的用意,"盖两存以待后人抉择,意至善也"②。

其四,于鬯主张援引《礼记》证释《仪礼》须注意对等性原则。从《香草校书》一书训释情况来看,于鬯对礼经行文仪制的训释,更多地依据《仪礼》上下文,从具体仪节叙事语境考察分析入手,阐发其中蕴含的隐性的揖让程序、器物摆放位次等诸方面内容;与此同时,于鬯解释《仪礼》经、记、传文时,亦不排除从《礼记》中寻绎相关礼文证据借以辅证阐发礼经的隐性仪制内容,从而达到还原礼经仪制本来面目的训释效果。不过,于氏在援引《礼记》证释礼经仪制时,特别强调礼制语境的对等性原则。其所推阐的礼制语境"对等性"诠释原则,强调在运用《礼记》文献材料诠释仪节时,用于推论和被推论的两种或两种以上仪节在性质上务须相同。而这种性质的内涵则包括多方面的对应情况,如

① (清)于鬯:《香草校书》卷二六,中华书局 1984 年版,第 527 页。
② (清)于鬯:《香草校书》卷二八,中华书局 1984 年版,第 565 页。

礼之正礼与变礼、隆礼与杀礼、祭礼与常礼、吉礼与凶礼、妇人礼与男子礼,等等。

其五,于鬯强调透过文字声形破除语词训释障碍。《仪礼》素称难读,这不仅是由于其繁文缛节,同时也由于隐藏在常见语词之下的特殊语义选择,如果不明了具体语境中的语义,则不能准确解读经文的大旨。有鉴于此,于鬯解读《仪礼》经文时,常常透过文字表面的声形要素,结合上下文及其叙述文例,探寻语辞的具体语境之义。

其六,作为一名"汉学考据派"学者,于鬯对于郑玄《仪礼注》的态度,并不像"宗守郑学派"学者那样一味维护,而是主张是其是、非其非,秉持一种客观、公正的治学态度:"阮氏元叙程书曰:'夫玩索经之全文,以求经之义,不为《传》《注》所拘牵,此儒者之所以通也。'鬯谓阮氏此言,可为读书之准。此非不讲师承也,乃正善于讲师承也。所恶于异郑者,为其师心自用、违经背理也。若本经以为义,则又何恶?且郑君之学惟不专主一家,故能成其大。今学郑而惟郑之是,不适坏郑氏之家法乎?必非郑君所许矣。"①由此可知,于鬯虽然遵守郑氏治礼家法,但并非唯郑是从。

(二) 折衷旧说派的《仪礼》学

1. 胡培翚与《仪礼正义》

(1)生平与学术成就

胡培翚(1782—1849 年),字载屏,号竹村,安徽绩溪人,胡匡衷孙。胡培翚于嘉庆二十四年(1819 年)举进士,后官至内阁中书,转户部广东司主事。培翚一生沉潜经学,孜孜以求,研几探微,成就斐然。他继承祖父匡衷之学,又师承歙县凌廷堪,为学精审,于礼学尤洽熟,为徽州经学"绩溪三胡"之一。

他笃于友谊,郝懿行、胡承珙之遗书,即赖其为之付刻行世。

胡培翚为学能扫除门户之见,兼采汉、宋诸儒所长,融会贯通。胡氏汉学专长于礼学。其礼学著作非常宏富,包括《仪礼正义》40 卷、《研六室杂著》10 卷、《仪礼宫室定制考》《燕寝考》3 卷、《禘祫问答》1 卷、《仪礼贾疏订疑》《仪礼释文校补》等②。其中《仪礼正义》一书为其礼学研究毕生心血所在,是清

---

① （清）于鬯:《读仪礼日记》,载《续修四库全书》第 93 册,上海古籍出版社 2002 年版,第 367 页。

② 胡氏《仪礼宫室定制考》一书,现今存佚不详。

代《仪礼》学的集大成之作。

（2）《仪礼正义》著述内容和价值

胡培翚所著《仪礼正义》一书，实胡氏积四十余年之功而成。其侄胡肇智《〈仪礼正义〉书后》云："道光乙巳，智奉讳南归，见《丧服经传》《士丧礼》《既夕礼》《士虞礼》四篇已成，《特牲馈食礼》《少牢馈食礼》《有司彻》诸篇草稿粗具。其余各篇，皆经考订，尚未排比。先叔父初意专解《丧服》，故从丧祭诸礼起手也。是年四月，患风痹，犹力疾从事，左手作书。以族侄肇昕留心经学，命助校写。己酉夏，尝寄智书曰：'假我数月，全书可成。'讵意背疽复发，遽于七月弃世。尚有《士昏礼》《乡饮酒礼》《乡射礼》《燕礼》《大射仪》五篇，未卒业。江宁杨明经大堉，昔从先叔父学礼，因为补缀成编。书中有'堉案'及'肇昕云'者，即二君之说。"①由此可见，现存 40 卷之篇幅当中，尚杂有其族侄胡肇昕之说，且其中《士昏礼》《乡饮酒礼》《乡射礼》《燕礼》《大射仪》五篇十二卷，为胡氏门人杨大堉采辑补缀，全书甫告完成。

《仪礼正义》的内容无非校、释两端。关于校勘，胡氏的校勘关注点集中在《仪礼》经文以及《仪礼注疏》之校勘上，就其校勘底本的选择而言，《仪礼》经文俱从唐石经，郑注文俱从严州单注本（即黄丕烈翻刻本），皆为当时所见之最早、最佳本子。就其校勘性质和内容而言，《仪礼正义》属于《仪礼注疏》类校勘，深具特色。他特别注意吸纳阮元《仪礼注疏校勘记》及其他校勘成果，并广泛参考众本进行校勘②。至于"释"部分，胡氏采用疏注体这一传统体式，既释经文，又释郑注，不过胡氏在唐人《仪礼注疏》的基础上又有所变异。众所周知，唐人作《疏》通例，一般是先释经，次述注。就释经部分而言，若将胡氏《仪礼正义》与贾氏《仪礼注疏》对比，可以发现，贾公彦释经部分往往随文阐义，所述内容或与郑注相重复，而释注转多疏略；而《仪礼正义》释经已非主体内容，所占比例极小，即有注释亦唯崇尚简要，疏注部分已具者咸从省约。

就释郑注体例而言，据罗淳衍《仪礼正义序》言，胡氏自述其《仪礼正义》

---

① （清）胡肇智：《〈仪礼正义〉书后》，载胡培翚：《仪礼正义》卷末，江苏古籍出版社 1993 年版，第 2434 页。

② 该书校勘主要有四个特点：一是依据善本，择善而从；二是校勘经注，文字异同详核完备；三是广纳前贤时哲的校勘成果，择取其中之可信者入《正义》之中；四是旁征旧籍，分别异同。

之例有四："曰补注,补郑君注所未备也;曰申注,申郑君注义也;曰附注,近儒所说,虽异郑恉,义可旁通,附而存之,广异闻,俟专己也;曰订注,郑君注义偶有违失,详为辨正,别是非、明折衷也。"①胡培翚在《与顺德罗敦衍书》中亦述其撰《仪礼正义》之四例云："一曰疏经以补《注》,二曰通《疏》以申《注》,三曰汇各家学说以附注,四曰采他说以订注。"②

胡培翚在《仪礼》经、记章次的划分上也十分讲究,仪节次第分明,井然有条。"旧本经不分章,朱子作《经传通解》,始分节以便读者,至张氏尔岐《句读》本,分析尤详。此书分节多依张本,而亦时有更易云。"③可见,《仪礼正义》分节多依张尔岐《仪礼郑注句读》划分之法,同时又据吴廷华《仪礼章句》之划分稍加更异,择取吴氏之划分合理者引为己用。总之,在章节划分方面,胡培翚对张尔岐及吴廷华二人的研究成果进行了吸纳和考辨,形成自己的为学见解。

胡培翚之前许多研究礼经者大都强调礼例的考察,如凌廷堪就曾提及礼例对《仪礼》仪制研究的重要性:"《仪礼》十七篇,礼之本经也。其节文威仪,委曲繁重,骤阅之,如治丝而棼,细绎之皆有经纬可分也。……不得其经纬途径,虽上哲亦苦其难。……经纬途径之谓何? 例而已矣。"④另外,清儒凌曙在《礼说》一书的绪言中亦倡言要"治礼以例",而其所论之礼例则有所谓"正例""变例""变例中之正例""正例中之变例""变例中之变例"等名目⑤。胡

---

① （清）罗淳衍:《仪礼正义序》,载胡培翚:《仪礼正义》卷首,《续修四库全书》第91册,上海古籍出版社2002年版,第591页。

② 此处所引《与顺德罗敦衍书》文,并未见于《续修四库全书》第1507册影印之胡培翚《研六室文钞》当中,系据赵尔巽等编撰《清史稿》(第四十三册)卷四八二《列传二百六十九·儒林三》转引,中华书局1977年版,第13273页。

③ （清）胡培翚:《仪礼正义》卷一,江苏古籍出版社1993年版,第6页。

④ （清）凌廷堪:《〈礼经释例〉序》,《礼经释例》卷首,载《续修四库全书》第90册,上海古籍出版社2002年版,第2页。

⑤ 见凌曙《礼说》卷一之首。凌曙并举例揭示云:"如斩衰章子为父,臣为君,此正例也。设有祖为君,祖死而父应继立,或以废疾不立,或以早死不立,是祖死父不得立而孙立,则今君受国于祖,不受国于父,将以常例服祖期乎? 抑不服祖期也? 受宗庙社稷之重,不得以轻服服之,恐人致疑焉,故《传》以为父卒然后为祖父后者服斩,此变例也。然凡父卒传重于祖者莫不服斩,是变例中之正例也。此指祖为君,父卒而孙为君,则今君之臣也,祖之臣也,孙为祖服斩,臣为君斩,固。乃有始封之君,其父与祖无君臣之分,从不可从服斩也,故君为父祖斩,而臣从服期也,变例中之变例也。"(载《皇清经解》)颇为繁杂,常人难以厘清。

氏师承凌廷堪,其所著《仪礼正义》亦多采师说,但其著述却未沿袭这一治礼途径,不用正、变之例来解释仪节训诂中的诸多特例,而是纯就经文及其传、注本身以立其义,因为"标准的模糊则不能说明变例以为常例,实合于礼的理由。"①这样做,有助于避免正例与变例之间的纠缠、难以厘清的诠释困惑。例如,《丧服》篇"父为长子",凌曙从礼例角度揭示云:"斩衰章子为父,臣为君,此正例也。"②而胡培翚《仪礼正义》卷二十一云:"古者重宗法,父为长子服斩衰三年,亦敬宗之义,故即次于'子为父'、'臣为君'之后也。"③胡氏变而从血缘关系及宗法制度方面加以阐述,"要其关键,正例在于尊君,变例在于亲疏而已。就尊君来说形成的是君统,而就亲疏来看则是宗统内与否的差异。"④如从这一角度来看凌曙所述之各种"五服"礼例之正变情况,则完全可以根据"尊尊""亲亲"的"五服"制服原则加以考察说明。

在论及《丧服》篇"五服"制度的研究方面,有这样两点值得注意:一是胡培翚的"五服"制服原则立场。胡氏承袭凌廷堪的"封建尊尊服制"及"亲亲服制"解经原则。这在其训释《丧服》篇经文大旨时表现尤为突出。不过,在对待"尊尊""亲亲"的态度上,胡氏有一个较为明晰的义序,即先"尊尊"后"亲亲"。这一"五服"制服原则的认知观念,与胡氏本人重视礼义探究、强调礼之实用性的一贯作风是一脉相承的。另外应予说明的是胡培翚的"五服"义例观问题。胡氏所述"五服"义例有三,即降服、正服、义服。这三种义例之目最早由汉儒郑玄提出,此后学者研究"五服"亦多有讨论,胡氏参稽综贯贾公彦、黄榦、杨复、盛世佐、江筠五家之说,并断以己意,著成《降、正、义服说》,附于《仪礼正义》卷二十五之末。胡氏在这方面的研究,颇有功于"五服"制度的深入研究。

---

① 程克雅:《胡培翚〈仪礼正义〉释例方法探究——兼述段熙仲之"以例治礼"说》,《台湾"中央大学"中国文学研究所集刊》1995 年第 2 期。

② (清)凌曙:《礼说》卷一之首,载《续修四库全书》第 110 册,上海古籍出版社 2002 年版,第 505 页。

③ (清)胡培翚:《仪礼正义》卷二一,载《续修四库全书》第 92 册,上海古籍出版社 2002 年版,第 367 页。

④ 程克雅:《胡培翚〈仪礼正义〉释例方法探究——兼述段熙仲之"以例治礼"说》,《台湾"中央大学"中国文学研究所集刊》1995 年第 2 期。

由此看来,胡培翚《仪礼正义》一书诚可谓是历代《仪礼》研究的集大成之作,大致汇总了汉唐以迄清中期诸学者的研究成果,在此基础上又加参互证绎,以发郑注之渊奥,裨贾疏之遗缺,有功于《仪礼》研究,有功于郑氏之学。洪诚在论及孙诒让《周礼正义》时,以为孙氏之书有六大优点:一是无宗派之见;二是博稽约取,义例精纯;三是析义精微平实;四是以实物证经;五是依据详明,不攘人之善;六是全书组织严密。① 揆诸胡培翚《仪礼正义》全书,除"以实物证经"一条以外,其余五大优点,亦完全适合于对其《仪礼》文献研究的评价。至于研究之不足,恐最大之失在于对历代《礼经》图解体著作及治学方式重视和利用不足。因为图解法是《仪礼》文献学研究的一种重要方式方法,当然这一缺失与著书体例有一定的关联。至于《仪礼正义》具体诠释中其他未尽善处,更多是由于《仪礼》本身佶屈聱牙之难读造成的,出现这样那样的误解是难以避免的。总之,"宜乎今之治《仪礼》者,均以《正义》为最佳之读本。"②

2. 曹元弼与《礼经校释》等

(1)生平及学术著述概说

曹元弼(1867—1953年),字毅甫③,又字师郑,一字懿斋,号叔彦,晚号复礼老人,又号新罗仙吏,室名复礼堂,江苏吴县(今江苏苏州)人。光绪二十年(1894年)会试中选,但因为眼疾没有参与廷试。次年他补考殿试,得中二甲第八十一名进士。不久后两江总督张之洞延揽其为广雅书局总校。1897年,张之洞转任两湖总督,又延聘其主讲两湖书院。1908年,江苏奏设存古学堂,延请其为经学总教。1911年,辛亥革命爆发,江苏存古学堂停办,曹元弼自此闭户绝世,殚心著述。

曹元弼毕生致力于经学研究,著述颇丰。其礼学著作有《周礼学》《礼经

① 洪诚:《读〈周礼正义〉》,载杭州大学语言文献研究室编:《孙诒让研究》(内部发行),1963年版。
② 钱玄:《三礼通论》,南京师范大学出版社1996年版,第68页。
③ 有关曹元弼的字号,文献记载不一,此据陈戍国《中国礼制史(先秦卷)》(湖南教育出版社1991年版,第2页)说。另外,王欣夫《吴县曹先生行状》(载钱仲联编校:《〈广清碑传集〉补遗六篇》,《苏州大学学报》2000年第2期)谓"字毅甫",张敬煜《礼学思想研究——以〈礼经学〉为考察重点》(江西师范大学硕士学位论文,2009年)也认为是字毅甫,等等。

校释》二十二卷、《礼经学》七卷。此外,据曹氏《礼经校释》卷末所附《礼经纂疏序》言,他还曾著有《礼经纂疏》一书,著述始于光绪十三年(1887 年)二月。但该书可能最终没有完成,如曹氏本人所云,"其成与否,则先圣先师在天之灵实主之,非小子之所敢知也"①,现亦未见存书在世。

(2)曹元弼《仪礼》学思想

关于《仪礼》经、《记》《传》的撰者与成书年代问题,经、《记》有无互混的问题,《仪礼》有无逸篇的问题,《仪礼》十七篇的序次问题,等等,历来学者多有不同认知。围绕诸如此类问题,曹元弼在他的著述中亦有所论述,体现出一位古文经学家的独到认识。曹元弼的《仪礼》学思想,主要表现在如下诸方面:

其一,关于《仪礼·记》的撰者问题,曹元弼赞成胡培翚"《记》文出于孔门七十子之徒"的主张。曹氏主张《记》之主体部分出于孔氏门人,其中《丧服》篇《记》文则由子夏传之、卜氏弟子增续之。

其二,关于《丧服传》的撰者问题,曹元弼仍坚持子夏所作的旧说。

其三,关于经、记有无互混的问题,曹元弼否认《仪礼》存在经、记互混的现象,主张现有经文十七篇,经、记各有其独立性。

其四,关于《仪礼》与《周礼》的关系,曹元弼反对孔颖达所谓"《周礼》为本,《仪礼》为末"的说法,而倾向于贾公彦《仪礼疏·序》的论断:"《周礼》为末,《仪礼》为本。本则难明,末便易晓。"

(3)《礼经校释》诠释特点

从《礼经校释》一书的诠释情况来看,曹元弼的礼经研究颇具特点,与胡培翚的诠释风格截然迥异。

从著述体式的选择与体例的安排情况来看,和一般注疏体著作不同的是,《礼经校释》一般不详细罗列《仪礼》全文,更多点明解释、校勘"某某节"的某一句经文,某一句的郑注、贾疏。曹元弼将贾疏作为重要的诠释考辨对象,而且为其安排了相当大的篇幅,在《仪礼》学史上,可谓首创之举,对彰显贾疏的学术价值很有意义。

---

① 曹元弼:《礼经纂疏序》,《礼经校释》卷末,载《续修四库全书》第 94 册,上海古籍出版社 2002 年版,第 541 页。

从曹元弼引述前人研究成果情况来看,《礼经校释》一书颇有自己的引书风格。在考辨诠释部分,用曹氏自己的话说,便是:"《士冠》至《觐礼》,《士丧》至《有司》,援引各家止撮大意,以所据多出胡氏《正义》,可覆案也;《丧服》不从此例,以释疑本礼疏长编备引各家之说也。各篇所引在《正义》外者,亦备载其文,俾阅者寻省易了。"①

从曹元弼的关注焦点来看,曹氏并不局限于单纯的词义与礼制诠释,同时也注意相关礼制背后的礼义发覆。曹氏《礼经校释》一书力图通过发明礼义来诠释礼制的合理性。例如,《乡饮酒礼》:"主人释服",《礼经校释》卷四:"戒宿同服,礼之常也。《乡射》则因礼轻于《乡饮酒》而戒宾用玄端,以明《乡饮》之重;《公食》则因宾有不敢当之意而先服玄端,犹归大礼之日宾朝服礼辞乃皮弁以受,皆礼以义起者。"②

从《礼经校释》的治学取向来看,曹元弼的治学既有尊崇郑注、贾疏的一面,同时又不排斥汉唐以来其他学者的治学成果,只要有一得之见,曹元弼便加以肯定,体现出实事求是的治学态度。

在对于贾疏的评价上,与清初以来的大多数学者相比,曹元弼给予了极高的评价,疏解中多有反对清儒轻诋贾疏的言辞。在曹氏看来,胡培翚《仪礼正义》引贾疏特少,而且时议其非,皆其千虑之失,事实上"贾疏有极条畅处,有极简当处,实非不善行文者"③。宋以来学者指责贾疏之误,有的并不是贾公彦的学术失误,而是贾疏在后世流传过程中产生的文字错讹造成的。

从诠释礼经的方法角度来看,曹元弼《礼经校释》亦承继了前贤研治礼经的科学方法。考察《礼经校释》一书的诠释行文,可知曹氏运用了一系列科学的诠释方法,最为主要的有如下几种:第一,强调考察句法、文例推求语词之义。第二,解释难解字词,应从音韵、训诂入手。第三,强调从礼经凡例的考察入手诠释仪制之常例与变例。

---

① 曹元弼:《礼经校释·条例》卷末,载《续修四库全书》第 94 册,上海古籍出版社 2002 年版,第 530 页。

② 曹元弼:《礼经校释》卷四,载《续修四库全书》第 94 册,上海古籍出版社 2002 年版,第 171 页。

③ 曹元弼:《礼经校释》卷十八,载《续修四库全书》第 94 册,上海古籍出版社 2002 年版,第 487 页。

从文献校勘角度来看,曹元弼遵循"校其失校,校其误校"的校勘原则,对郑注、贾疏中卢文弨、阮元等人失校、误校的文句,再作精细的校勘,校勘结论大都合理可信。

3. 吴之英与《仪礼奭固》等

(1)生平与学术著述概说

吴之英(1857—1918 年),字伯玥,又字伯杰,号西蒙愚者、西蒙老渔、蒙阳渔者等,清末民初成都的"五老七贤"之一。戊戌维新失败后,吴氏回乡隐居,潜心研究学问,专心著述,有《寿栎庐丛书》七十二卷著述传世,包括《仪礼奭固》《礼器图》《礼事图》各 17 卷,《周政三图》3 卷,《汉师传经表》1 卷,《天文图考》4 卷,《经脉分图》4 卷,《文集》1 卷,《诗集》1 卷,《厄言和天》8 卷。此外,已散失的著作有《诸子通倅》15 册,《中国通史》20 册,《公羊释例》7 册,《小学》4 册,《以意录》4 册,《蒙山诗钞》1 册,《北征记概》1 册。

(2)《仪礼奭固》诠释特色

吴之英所著《仪礼奭固》,是一部类似于郑玄《仪礼注》的注释类著作,但又有别于郑注,并不以释疑解纷为诠释要务,颇具普及性注释类著作的特点。尽管如此,《仪礼奭固》亦形成了自身独特的诠释风格,这可以从如下几个方面得到印证:

其一,从诠释体式角度而言,吴之英著述《仪礼奭固》一书时,有意识地选择了注体形式,悠游折衷于古今诸儒经说而加取舍,采可信之说,或断以己见,解释礼经经义,或考究经文词义,或诠释行文礼制。在《仪礼》十七篇安排次第上,是书十七卷完全依从郑氏十七篇叙次划分卷目,按照十七篇原本礼经行文次第,依次逐一诠释词句,但诸篇皆不划分章节,亦不标注各章段要旨。对于《仪礼》十七篇礼目的各种次第情况,大都在各篇"解题"下交代说明。

其二,从与郑玄《仪礼注》的对比来看,吴之英的注释既有继承又有发展变化,主要表现为:一是保留了郑注简约的诠释风格,有助于《仪礼》初学者研读;二是保留了郑玄注古今异文所有内容,同时也并未像乾嘉时期的学者那样,对异文之间的语义关系加以疏通考辨;三是在释词术语的使用上,承袭了"曰""谓""谓之"等术语,有时亦兼及术语"犹",但用例极少。至于诠释上的最大差异之处,主要有如下几点:一是并未沿袭郑注广征博引各类先秦文献佐证词义与礼制训释的作法,一切以简约为尚,直接突出训义;二是不像郑玄那样进行语词训诂的比况为训,也不注重全书礼制的发凡起例,而是强调直接解释具体经文之语境义;三是基本上不采用声训法,而是以义训法为主要训释方法;四是吴氏注意吸取前贤研究成说,但又不像郑玄《仪礼注》那样明确标注前贤之说,其无论取从何家诠释见解,均不明确标注说明。

其三,《仪礼奭固》注释中折衷前贤成说的痕迹虽然较为隐晦,但若细致探讨其注语的来源,可谓吸纳了此前众多学者研究之所长,只不过没有明确标注而已。

其四,从《仪礼》十七篇"题解"的诠释视角来看,《仪礼奭固》较之郑玄《三礼目录》更趋丰富。众所周知,郑氏《目录》强调礼制适用对象、礼类性质、礼目篇第等方面内容的探究,如其解释《燕礼》篇题说:"诸侯无事,若卿大夫有勤劳之功,与群臣燕饮以乐之。燕礼于五礼属嘉。《大戴》第十二,《小戴》及《别录》皆第六。"[1]吴之英《仪礼奭固》则并不局限于这些内容,其解释更着眼于从篇题用词的解释与分析入手,挖掘其中所蕴含的各种礼目的成因,如吴氏于《士冠礼》篇解题说:"礼行始士,子得从父,故题'士'。古者八岁以下为幼,八岁至十九为童,二十加冠,齿之成人,故有冠礼。"[2]又《士相见礼》篇解题说:"士既冠,出见大夫以挚,因推论见礼,题曰'相见'。"[3]又《公食大夫礼》篇解题说:"公,主国君,题尊爵,起五爵通。大夫,异邦臣,不别上下,兼见法。食,食礼,使臣来宾,待以盛馔。公犹无席,亲设酱湆与粱,加以侑币,礼之最隆。"[4]又如,《士虞礼》篇解题说:"既葬,形藏,意神或留其居,度而祭,故曰'虞'。葬反则虞,不忍一日离也。"[5]凡此种种,诠释视角颇为独特,拓展了传统《仪礼》十七篇解题的诠释方法。

---

① (唐)贾公彦:《仪礼注疏》卷十四,载《十三经注疏》,中华书局1980年影印版,第1014页。
② 吴之英:《仪礼奭固》卷一,载《续修四库全书》第93册,上海古籍出版社2002年版,第383页。
③ 吴之英:《仪礼奭固》卷三,《续修四库全书》第93册,上海古籍出版社2002年版,第402页。
④ 吴之英:《仪礼奭固》卷九,载《续修四库全书》第93册,上海古籍出版社2002年版,第488页。
⑤ 吴之英:《仪礼奭固》卷十四,载《续修四库全书》第93册,上海古籍出版社2002年版,第546页。

（3）《仪礼礼事图》诠释特色

历代礼图的类别，按照清人黄以周《礼书通故》的说法，大致可以分为三大类：礼节图表、礼节图、名物图。吴之英《仪礼礼事图》一书凡17卷，大致依据刘向《别录》及郑玄《仪礼注》十七篇次第，分别逐一绘制考订其中有关礼节图和礼节图表。其中卷十一《丧服》所制诸图为礼节图表，其余16卷图例皆属于礼节图。这与《丧服》篇经文的行文规制性质有关。为显明计，兹分别加以说明分析如下。

其一，礼节图。"礼节"又称"仪节"，指《仪礼》各篇之节目或章次，即将《仪礼》各篇经文依其行仪次序、步骤离析分解为诸多节目或章次。吴之英的《仪礼礼事图》可谓集清人仪节研究之大成的成果。其中21幅礼事图①，并不是根据《士昏礼》经文的仪节行文划分来确定礼图数目的，而是从经文涉及的礼事数目来确定的。吴之英礼事图研究最具创获之处，则表现在对于某些具体礼事的考证上，这些考证或补充解说《仪礼》经文仪文节制之隐晦省略处，或阐述仪节中某一环节之隐性礼意要旨，或对前贤旧说之失加以订正，颇有助于读者对于吴氏所绘制礼事图的仪文节制的理解，有助于帮助读者加深对于《仪礼》经文的准确解读。

其二，礼节图表。"礼节图表"之名源自黄以周《礼书通故》一书，黄氏所言之礼节图表包括十个大类：冕服、弁冠服表、妇服表、器服升数表、器服表、变除表、宗法表、井田表、学校表、六服朝见表。其实，从现存文献情况来看，至少早在南宋之际，便有朱熹弟子杨复用礼节图表进行著述。不过，此后学者大多用于绘制《丧服》篇经文的有关内容。这是因为《丧服》篇经文的仪节不同于其他十六篇，"《丧服》言服制，不及于仪"②，不需要将行礼节次之位次及器物陈设之次第置身于宫室之中。

如果将南宋杨复、清代张惠言与吴之英三家礼节图表进行对比分析，可以发现，在这三者之间各自有着一些不同的特点，主要表现在以下几个方面：

---

① 吴之英：《仪礼礼事图》卷二，载《续修四库全书》第94册，上海古籍出版社2002年版，第11—16页。

② （清）万斯大：《仪礼商》附录，载文渊阁《四库全书》第108册，上海古籍出版社1987年影印版，第283页。

首先,从诸家图例的类型和编排体例、性质来看,吴之英的礼图性质更为单纯,属于纯粹的礼节图表内容;而张惠言《仪礼图》则注重图、表并用,而且似乎存在一定程度的编排序次紊乱现象。

其次,从诸家属于礼节图表性质的图目设置来看,杨氏、张氏、吴氏三家礼节图表的关注重点亦大不相同,各有差异。兹以《丧服》篇为例,比较说明三家礼图的差异:

	图表目次
杨　复	斩衰正义服图、齐衰三年降正服图、齐衰杖期降正服图、齐衰不杖期降正义服图、齐衰三月义服图、大功殇降服图、大功降正义服图、小功殇降服图、小功降正义服图、缌麻降正义服图、五服衰冠升数图、本宗五服图、为人后者为其本宗服图、女子子适人者为其本宗服图、己为姑姊妹女子子女孙适人者服图、天子诸侯正统旁期服图、大夫降服或不降图、大夫妇人为大宗服图、己为母党服图、母党为己服图、妻为夫党服图、己为妻党服图、妻党为己服图、臣为君服图、臣从君服图、君为臣服图、妾服图、公士大夫士为妾服图(28 幅,另有衰裳图、冠图、绖带图三图,属于器物图的性质,不在此列)
张惠言	亲亲上杀下杀旁杀表、丧服表、衰服变除表、麻同变葛表(4 幅,另有衰裳、中衣、冠、绖、绞带、屦、笄、杖、明衣裳、绞、纷、衾、夷衾、冒、鬠笄、布巾、掩、瑱、幎目、握手、决极、角柶、浴衣、铭、重、夷槃、轴、侇床、柩车、柩饰、折、抗木抗席、茵、苞、御柩功布等 35 幅图,属于器物图的性质,不在此列)
吴之英	斩衰裳苴绖杖绞带冠绳缨菅屦者、布总箭笄髽衰三年、布带绳屦、疏衰裳齐牡麻绖冠布缨削杖带疏屦三年者、疏衰裳齐牡麻绖冠布缨削杖带疏屦期者、不杖麻屦者、疏疏衰裳齐牡麻绖无受者、大功布衰裳牡麻绖无受者、大功布衰裳牡麻绖缨布带三月受以小功衰即葛九月者、穗衰裳牡麻绖既葬除之者、小功布衰裳澡麻带绖五月者、小功布衰裳牡麻绖即葛五月者、缌麻三月者、五服升数(14 幅)

杨复礼图的关注重点,在于详细考察各种丧服服制的"义例"情况,以及不同服丧主体、客体变化所造成的条文隶属差异,如斩衰正义服图、齐衰三年降正服图、大功殇降服图、本宗五服图、女子子适人者为其本宗服图、己为母党服图等;而张惠言礼图的重点,主要集中在器物图例的考察方面,对于"五服"的"义例"情况并未讨论,而且张氏所制"亲亲上杀下杀旁杀表""丧服表""衰服变除表""麻同变葛表"诸表,也并不是从服丧主体、客体的角度考察的,与杨复礼图之间内容侧重点上并不雷同,不属于重复性研究。至于吴之英的礼节图表性质的图目,则截取《丧服》篇经文中有关于陈服一类的描述性文字,

借以作为礼节图表的图目,图目本身并不反映具体丧服条文的服制义例情况。

(4)《仪礼礼器图》诠释特色

吴之英所著《仪礼礼器图》一书,主要包括宫室图和器物图两部分。其中器物图主要绘画《仪礼》十七篇各篇所涉器物之图像、形制。今日看来,吴氏之"礼器图"与黄以周《礼书通故》所谓"名物图"大致相当,后者"名物图"包括九大类,即:"一曰宫室,二曰衣服,三曰玉瑞符节,四曰尊彝鼎,五曰乐器,六曰射器,七曰兵器,八曰车制,九曰器服、器器。"这些礼图对象与类别,在吴氏《礼器图》里皆有礼图可寻。

从考据方法来看,吴之英《礼器图》的考证亦极具特色。关于是书,谢兴尧有过一番非常精要的评述:"是编虽取袭前人之图,而分门别类,条分缕析,颇称宏博,且能以《说文》、古史证明古制,发前人所未发,致力之深,洵足钦矣。"又说:"此书于各类名物,考据极精,至所附图,则多附会,然不害其为杰构也。"①谢氏的话至少有三方面的含义:其一,吴之英是书所附诸图,大多数主要沿袭前人之图;其二,吴之英是书在类目处理方面条例颇为清晰,"分门别类,条分缕析,颇称宏博",具有极为个性化的鲜明特色,值得称道;其三,吴之英是书在名物考据方面极为精审,且能引《说文》、古史证明古制,洵为有益于后人。

关于"名物图"的考订方法问题,清人黄以周在《礼书通故》当中曾经提出过有关考订的具体途径:"据经记之文,参注疏之言,疑以传疑,信以传信,虽曰仿佛,思过参半。"②借此标准衡量吴之英《礼器图》的考证条文,可以说,吴氏对黄以周所言之法运用得极为娴熟到位。在著述所参所据文献的选择上,吴氏表现得极为严谨缜密,体现出一定的层次性:第一层次,三礼及郑注,这也是吴氏认为最为可信的文献材料;第二层次,借助《说文》《尔雅》等小学类文献,辅证名物的解说;第三层次,借助其他儒家经典如《诗经》《论语》等文献典籍及其汉人注释,寻找有关古史材料证明古制。由此可以看出,吴之英的《仪礼》学研究,在一定程度上遵守着汉代学者郑玄研究《仪礼》的家法,虽然他在

① 中国科学院图书馆整理:《续修四库全书总目提要》,中华书局1993年版,第525页。
② (清)黄以周撰,王文锦点校:《礼书通故》卷四九,中华书局2007年版,第2257页。

经义阐释方面与郑玄有许多不同见解。

（三）株守郑学派的《仪礼》学

清代后期的《仪礼》学研究，不仅有汉学考据一派的学者，更有部分学者不满足于恢复汉代解经的朴实学风。他们在治学中更表现出对于《仪礼》郑注的极度推崇和张扬，甚至宣称"古礼之学，以康成为宗。……盖沉潜好古之儒，唯谨守旧说，确知郑注精微，莫可抵巇"，力主为郑学辨诬，为后人释疑，使"千古礼宗不淹晦于饰伪乱真之手"①，所谓"墨守康成"之学是也。推本溯源，在这些学者看来，随着清代礼学的复兴，"郑学之晦"的局面并没有得到根本性的改变，当时学界传承郑氏之学存在两种弊端，"曲护郑失，是为佞臣，其弊一也"，"末学诐陋，谬生党伐，其弊二也"。这些弊端带来的严重后果，便是"佞臣之失，渐至荒经；党伐之兴，且将诬道"，于是各类申解笺释郑注之作大量出现，为郑学者"皆掇拾于散亡之余，远绍绝学"②。在这一风气影响之下，《仪礼》研究亦有张扬并宗守郑氏礼学者。这其中又以郑珍、张锡恭等人的治学最具鲜明的代表性，形成了一种迥异前贤时哲的治学风格，于学界独树一帜。

1. 郑珍与《仪礼私笺》

（1）生平及学术著述概说

郑珍（1806—1864 年），字子尹，号柴翁，别号五尺道人，自署子午山孩、巢经巢主、小礼堂主人，晚号且同亭长，贵州遵义人（先世为江西人）。郑珍以经学驰名，毕生研习汉学与宋学，考订精审，学贯古今，著作宏富，后世誉为"西南巨儒"。其治学以《说文》和三礼为主要研究方向，著有《仪礼私笺》八卷、《轮舆私笺》二卷、《亲属记》一卷、《说文逸字》二卷、《附录》一卷、《深衣考》等。

（2）礼经诠释特点

郑珍《仪礼私笺》虽然现在已非完帙，仅存《士昏礼》《公食大夫礼》《丧

---

① （清）郑知同：《〈仪礼私笺〉后序》，《仪礼私笺》书后，载《郑珍全集》（一），上海古籍出版社 2012 年版，第 206 页。

② （清）黄彭年：《郑学录序》，郑珍《郑学录》卷首，载《郑珍全集》（一），上海古籍出版社 2012 年版，第 445 页。

服》《士丧礼》四篇诠释部分,但仍可从一斑窥全貌。尽管只有短短的八卷篇幅,但该书"考订了经文的脱字、错字和衍文,删除后世增入的经文,并订正经文、《传》文相混之处,订正错简与句读划分,还对一些术语如'媒氏'、'报'、'庶妇'、'兄弟'与'昆弟'等,作了新的解释,确有不少发明"①。从目前已知的情况来看,郑氏训释礼经最具特色之处,约而言之,大致有如下数端:

首先,从著述体例来看,《仪礼私笺》的文献诠释体式当属于笺体。郑玄《六艺论》论其笺《诗》大旨云:"注《诗》宗毛为主,其义若隐略,则更表明;如有不同,即下己意,使可识别也。"②郑珍仿郑玄笺《毛诗故训传》之例,择取《仪礼注》之训例,对郑注隐晦质略者加以申明,或补足郑氏训义,诠释《仪礼》经文基本上主于宗主郑玄礼学见解。

其次,从《仪礼》十七篇礼类的性质认知来看,郑珍并不同意将其中以"士"命名之篇归之于"士礼",主张要视情况分别对待。至于如今称名《士昏礼》之由来,《私笺》谓"录记者乃首标'士昏礼',其所记亦多士庶所行,至汉大师题次篇目,因于经目外加'士'字,标目'士昏礼第二',其实经原不以为士礼也。"③显然,郑珍认为《士昏礼》篇原非士礼,篇名中的"士"字系汉代人所加。

再次,从诠释视角来看,郑珍较少就事论事,就某一词句单独作解,而是强调要通贯某一礼经篇章乃至《仪礼》全经,据此借以阐释说明郑注的合理性。郑珍以为,"解经必先守经",郑玄解经即往往"据通篇文例断之",故郑珍治《仪礼》亦承袭了此法。他诠释礼经,总是强调要"总揽全经,贯串精密,既从全经大旨以观照经文片断,又善于引据他经以补正,使经文意旨更加明晰。"④

最后,从诠释门户观来看,一如他的其他经学著作一样,郑珍著述《仪礼私笺》之时,仍以"墨守郑注"、维护郑注为要务,但在实际诠释过程中,郑珍并没有一味坚守郑注,对郑注中存在的某些差错并不曲为回护。

---

① 黄万机:《评郑珍的经学成就》,《贵州文史丛刊》1986 年第 2 期。
② (唐)孔颖达等:《毛诗正义》,载《十三经注疏》,中华书局 1980 年影印版,第 269 页。
③ (清)郑珍:《仪礼私笺》卷一,载《郑珍全集》(一),上海古籍出版社 2012 年版,第 61 页。
④ 黄万机:《评郑珍的经学成就》,《贵州文史丛刊》1986 年第 2 期。

2. 张锡恭与《丧礼郑氏学》

（1）生平及学术著述概说

张锡恭（1858—1924 年），字闻远，一字殷南，号炳烛，清松江府娄县（今属上海松江区）人。光绪十四年（1888 年）乡试中举人，后益潜心研究三礼，以郑玄为宗，兼攻百家之说。他曾在松江府中学堂执教，又在姚、韩两大姓家坐馆，以经学负盛名，与曹元忠、元弼交游最密。光绪二十五年（1899 年），被张之洞聘为两湖书院经学分教，治学严谨，任教 3 年，学生悦服。光绪三十三年（1907 年），北京设"礼学馆"，纂修《大清通礼》，他被征召为纂修官，分任纂订丧礼部分，著有《修礼刍议》2 卷和《释服》若干条（均收入《茹荼轩文集》）。民国十三年（1924 年）江浙战起，他为躲避兵乱而至其甥封文权家，是年九月，病逝于封家。著有《礼学大义》《丧礼郑氏学》。《丧服郑氏学》卷帙浩繁，刊未及半，抗战爆发而中止[①]。

张锡恭有关"五服"制度的研究，除有专著《丧服郑氏学》外，还在其《茹荼轩文集》中多有论述。如：《庶孙之殇中从下辨》《庶子为父后者为其目贾疏辨》《释服》（一至三十八）、《修礼刍议》（九至二十）、《继母之党非徒从辨》《高祖元孙非无服辨》《昆弟之曾孙从父昆弟之孙无服辨》《侯国大夫朝服元端考》《大夫无缌服辨》《满臣行制丧三年议》《敖氏从服降等例辨》，等等。这些篇目的"五服"诠释，虽然将"五服"研究的范围扩大到《仪礼·丧服》篇之外，但就其主要思想而言，仍然和他的《丧服郑氏学》一书是相互融贯互通的。

张锡恭可谓清代《丧服》学研究之集大成者。当代学者张舜徽评价说："与锡恭同时友善、同为《礼经》之学者，有吴县曹元忠、元弼兄弟。元忠著有《礼议》，元弼著有《礼经校释》《礼经学》，而皆不及锡恭之精。"[②]评价可谓中肯。

（2）《丧服》学诠释特色

从清代《仪礼》学发展史来看，张锡恭称得上是清后期株守郑学派的一位重要代表人物，其所著《丧服郑氏学》署名"郑氏学"，便是意指自己治学师承

---

① 原稿藏吴县王欣夫处，至今未及刊行，仅存四卷。

② 张舜徽：《郑学传述考》，载《郑学丛著》，齐鲁书社 1984 年版，第 192 页。

于郑玄,虽亦有所发挥,但是不敢擅自称为己说,故谦称标明为"学"。概而言之,张氏此书关于《丧服》篇的诠释,其特色主要体现在如下几个方面:

首先,从治学取向上看,张锡恭对于"五服"学的研究,诚如《丧服郑氏学》一书命名称谓表现出来的那样,集中体现在对郑玄《注》文的认同上。张锡恭著述该书时,并不像清初学者那样轻易否定郑氏注语之说。以"女子子为祖父母"条为例,张氏疏解说:"锡恭案:注疏之义,从下章曾祖父母比例而得者也。下章前言曾祖父母为之者,兼男女言;后言女子子嫁者未嫁者为曾祖父母,专以不敢降者言也。此章前言祖父母亦兼男女,此言女子子为祖父母,亦专以不敢降为言,故《传》云然也。但下经两言嫁者未嫁者,此经不言而但云女子子,是立文主于未嫁者,而已嫁者谊包于中,故《注》云有出道也。有出道,非已出者也,此又其修辞之同而异者也。"①张氏从上下两章的比较中,分析出两者的异同所在,由此可以证明郑注诠释的依据是充分的,其结论也是可信的。

其次,从对待贾公彦《仪礼疏》的态度与处置方式来看,张锡恭有别于其他株守郑学派学者的作法。贾公彦《仪礼疏》虽然强调"疏不破注",是唐代礼学研究的代表性著作,但对于它的许多学术结论,清代乾嘉之后很多学者颇有微词,就连向以株守郑学著称的丁晏、郑珍等,亦表现出颇不以为然的态度。然而,张锡恭却给予它一种特殊的礼遇,正如刘承幹所说的那样,"其于《疏》也,全录而不遗"②。

再次,从对清初以来学者诠释成果的征引方式与处置态度来看,张锡恭亦颇具原则性立场。在《丧服郑氏学》所引前人"五服"成说中,清代学者研究成果居多,连同清后期集大成者胡培翚、曹元弼二人的见解亦都在征引之列。《丧服郑氏学》征引前人成说有一个重要原则:"于诸儒之言发明《注》谊者甄录之,与《注》立异者明辨之。"③重在征引那些张氏认同的解说,特别是那些

---

① (清)张锡恭:《丧服郑氏学》卷七,载《续修四库全书》第96册,上海古籍出版社2002年版,第263页。

② (清)刘承幹:《〈丧服郑氏学〉序》,《丧服郑氏学》卷首,载《续修四库全书》第96册,上海古籍出版社2002年版,第1页。

③ (清)刘承幹:《〈丧服郑氏学〉序》,《丧服郑氏学》卷首,载《续修四库全书》第96册,上海古籍出版社2002年版,第1页。

准确揭示出郑注训释所以然之训例。如果与郑注有明显相违者,大多不在征引之列。少数情况下,清人研究见解是非参半者亦为张氏征引。对于那些明显站不住脚的见解,张锡恭多通过按语形式加以非议,表明不认同的态度。

复次,从诠释视角与诠释焦点的情况来看,张锡恭对于《丧服》的经文研究,也涉及对于丧服条文以及郑注词句训义的疏解诠释。如《丧服》"大夫、公之昆弟、大夫之子,于兄弟降一等",郑注:"兄弟,犹言族亲也。凡不见者,以此求之也。"张氏申解疏证说:"此兄弟训族亲,与'为人后者'节兄弟皆兼容大功以上,然《注》云'凡不见者,以此求之',则《记》者补经不见者也。为人后者降等,若子之服,多不见于经,则《记》所补者多大夫降一等之服,惟小功以下不见,若期降一等者,备见大功章矣。殇大功仅不见叔父,大功仅不见昆弟之女子适士者,则所兼容大功以上者直此二人耳,然不可谓非兼容也。此《注》训族亲之谊也。"①与此同时,张氏更强调通过考察"亲亲""尊尊"等制服原则,探寻古人制礼之精微大旨,进而挖掘宗法制度的深层内涵,实现"五服"学规制的合理诠解。

最后,从治学谨严的学术立场出发,张锡恭十分重视对所引诸家释语中的校勘订正之类的内容进行整理,并以按语的方式随文标注说明,体现出实事求是的治学态度。

第四节　清代《礼记》学

清代是经学的昌盛时期。清代《礼记》学在继承前代的基础上又有新的发展。清初学者汉宋兼采,清中期乾嘉汉学兴起,清末今文经学复兴。总体上看来,清代学人的《礼记》学取得了超越前代的卓越成就。

一、清代《礼记》学概述

清初顾炎武、黄宗羲、王夫之、朱鹤龄等人治学反对空谈,主张"经学即理

---

① 张锡恭:《丧服郑氏学》卷十五,载《续修四库全书》第 96 册,上海古籍出版社 2002 年版,第 482—483 页。

学"。在治经风格上,顾、黄、王、朱等人主张汉宋兼采。如王夫之的《尚书稗疏》多驳宋儒蔡沈《书集传》及苏轼《书传》,朱鹤龄的《尚书埤传》订正《蔡传》、诠释义理,而又不废考据,游离于汉宋之间。清前期学人治《诗》,或宗朱《传》,或宗毛《传》、郑《笺》,或采朱子之《集传》,亦不废毛《传》、郑《笺》,有着融通汉宋的学术特点。

乾嘉时期是清代政治经济发展的极盛期,同时也是中国学术发展的高峰期。这个时期,学人们埋头于考据,出现了大批经史学大家,考据学全面兴盛。按梁启超《中国近三百年学术史》中的说法,乾嘉时期的学术按师承和地域可分为三派:一是吴派,这一派学人擅长经、史,表现出详博的特点,代表人物有惠周惕、惠士奇、惠栋、钱大昕、王鸣盛、余萧客、江声、汪中等;二是皖派,这一派学人擅长经、子和小学,表现出专精的特点,代表人物有江永、戴震、金榜、孔广森、凌廷堪、段玉裁、王念孙、王引之等;三是浙东派,这一派学人重史学,代表人物有万斯同、全祖望、邵晋涵、章学诚等。①

由常州庄氏发轫,经龚自珍、魏源等学者的推波助澜,清代今文经学逐渐兴起。从经学研究的重点看,乾嘉学派重视东汉贾、马、许、郑之学,于各经无所不究,而今文经学家则特重汉代董、何之《公羊》学;从经学研究的内容上看,乾嘉学派重视文字、音韵、训诂及名物典制的考证,而今文经学家则重视微言大义的发掘;从经学研究的宗旨来看,乾嘉学派是为了经学而研究经学,而今文经学家则是为了经世致用而研究经学。今文经学发展到晚清,康有为之学便成了中心。梁启超说:"今文学运动之中心,曰南海康有为。然有为盖斯学之集成者,非其创作者也。"②

皮锡瑞认为,清代乃经学的"复盛时代"。清代经学复盛的表征之一,是稽古右文超越了前代。皮氏曰:"康熙五十四年,御纂《周易折中》二十二卷;乾隆二十年,御纂《周易述义》十卷;康熙六十年,钦定《书经传说汇纂》二十四卷,钦定《诗经传说汇纂》二十卷,序二卷;乾隆二十年,御纂《诗义折中》二十卷;乾隆十三年,钦定《周官义疏》四十八卷,钦定《仪礼义疏》四十八卷,钦定

① 梁启超:《中国近三百年学术史》,上海三联书店 2006 年版,第 19 页。
② 梁启超:《清代学术概论》,上海古籍出版社 1998 年版,第 77 页。

《礼记义疏》八十二卷；康熙三十八年，钦定《春秋传说汇纂》三十八卷；乾隆二十三年，御纂《春秋直解》十六卷；乾隆四十七年，钦定《四库全书总目》，以经部列首，分为十类。"①皮氏认为，清代官方稽古右文之成就，远超前代；康熙年间御纂《周易折中》，钦定《书经传说汇纂》《诗经传说汇纂》《春秋传说汇纂》，乾隆年间御纂《周易述义》《诗义折中》《春秋直解》，钦定《周官义疏》《仪礼义疏》《礼记义疏》《四库全书总目》，皆是清代稽古右文之代表作。清代经学复盛的表征之二，是清人在辑佚、校勘、小学等领域皆取得了巨大的成就，并有功于后学。皮氏曰："一曰辑佚书。……其余间见诸家丛书，抱阙守残，得窥崖略，有功后学者，此其一。一曰精校勘。……国朝多以此名家，戴震、卢文弨、丁杰、顾广圻尤精此学。阮元《十三经校勘记》，为经学之渊海。余亦间见诸家丛书，刊误订讹，具析疑滞，有功后学者，又其一。一曰通小学。……顾炎武《音学五书》，始返于古。江、戴、段、孔，益加阐明。是为音韵之学。段玉裁《说文解字注》，昌明许慎之书。同时有严可均、钮树玉、桂馥，后有王筠、苗夔诸人，益加阐明。是为音韵兼文字之学。经师多通训诂假借，亦即在音韵文字之中；而经学训诂以高邮王氏念孙、引之父子为最精，郝懿行次之。"②皮氏认为，清儒有功于后学者，一是辑佚书，二是精校勘，三是通小学。对于古代散佚之经学论著，清儒的稽考和缀合皆十分精密，出现了一大批规模可观的辑佚丛书。清儒善于将小学、目录、版本的研究成果用于校勘，集历代校勘学之大成。清儒在文字、音韵、训诂等方面的研究水平超越了前人。

清代的《礼记》研究虽然不及《周礼》《仪礼》研究之盛，但是还是出现了一大批影响深远的著述。据王锷《三礼研究论著提要》的著录，清代《礼记》学文献为250种左右。笔者结合地方志和相关藏书目录，在《三礼研究论著提要》基础上又增补了80余种。综合历代的统计数据，可知从汉代到清代的《礼记》学文献有800多种，而流传至今的不到200种。汉至隋唐时期的《礼记》学文献绝大部分都已经亡佚，只有通过清代的辑佚书才能窥见其部分内

①　（清）皮锡瑞：《经学历史》，载潘斌选编：《皮锡瑞儒学论集》，四川大学出版社2010年版，第35页。
②　（清）皮锡瑞：《经学历史》，载潘斌选编：《皮锡瑞儒学论集》，四川大学出版社2010年版，第37—38页。

容。宋、元、明时期，印刷术的发明使得书籍得以大量印刷，加之时代较近，因此《礼记》学文献保存至今的比较多，但是佚失的也很多。清代的《礼记》学文献数量为历代之最，流传至今的有 120 种左右，还有相当一部分《礼记》学文献的存佚情况不明。清代的《礼记》研究可分清初、清中期、清晚期三个时段来加以考察。

清初官方科举考试沿袭元明旧制，《礼记》以陈澔的《礼记集说》为本。但是清初私学已经开始摆脱单一的义理解经的途径，重视考据和义理的结合。如王夫之的《礼记章句》、万斯大的《礼记偶笺》、郑元庆的《礼记集说》、方苞的《礼记析疑》、汪绂的《礼记章句》、纳兰性德的《陈氏礼记集说补正》、李光坡的《礼记述注》等都是汉宋兼采之作。

清中期考据学全盛，形成乾嘉学派。乾嘉之学不讲经世致用，沉溺于文献考据，可以按照地域和师承分成吴派、皖派和浙东派。乾嘉学派的皖派在《礼记》方面的造诣最深，所取得的成果也最多，有江永《礼记训义择言》、朱彬《礼记训纂》、王引之《经义述闻·礼记》等一系列优秀之作。乾嘉学派的吴派擅长经、史，表现出博详的特点。乾嘉学派的吴派在《礼记》学方面的成就总的来说不及皖派，代表作是惠栋的《礼记古义》。乾嘉学派的浙东派以史学为主，在《礼记》方面成就不明显。

乾嘉、道光时期，乾嘉学派以外的其他经学家在《礼记》训释领域也撰作了一些优秀著作，如刘沅的《礼记恒解》、金曰追的《礼记经注疏正讹》、郭嵩焘的《礼记质疑》等，都是很有影响的《礼记》诠释著作。

晚清今文经学兴起，一些今文经学家通过诠释《礼记》全书或其中的单篇来阐发自己的思想。如廖平以《王制》为基础，撰《王制订》《王制集说》《王制学凡例》，主张孔子素王改制之说，认为《王制》为孔子所作，并博采古说经义以明《王制》。又如康有为撰《礼运注》偏主今文，并阐发了维新变法思想。受今文经学之影响，古文家治经学亦重视以礼制辨析今古文，如刘师培亦重视《王制》之研究。

二、清代前期的《礼记》学

本时期《礼记》学的代表性学者主要有王夫之、万斯大、纳兰性德、李光坡等人。下面对他们的《礼记》学成就分别加以介绍。

（一）王夫之的《礼记》学

王夫之(1619—1692年)，字而农，号姜斋，又号夕堂，湖广衡州府衡阳县（今湖南衡阳）人。他自幼随父兄读书，青年时参加反清复明斗争，晚年隐居石船山著书立说。其著作宏富，《周易内传》《周易外传》《尚书引义》《礼记章句》《春秋世论》《黄书》《噩梦》《读通鉴论》《宋论》皆是其影响深远之作。其在文学、历史、哲学、艺术等方面都作出了别开生面的理论贡献，成为矗立在中国思想史上的一座不朽的丰碑。

王夫之承北宋张载之学术取向，既重视形上哲学思想体系之建构，又重视形下世道人心之维护。与张载一样，王夫之认为维护世道人心之最紧要者莫过于礼学。王夫之十分重视礼学研究，其所撰《礼记章句》八十余万言，既重视辨正名物训诂，又重视礼义之阐发。① 王夫之《礼记章句》遵从《礼记》原书的篇章次序，一篇为一卷，共四十九卷。据刘毓崧《王船山先生年谱》，可知《礼记章句》成书于1677年，是年王夫之五十九岁。是书对于认识王夫之的学术思想和人生理念，以及探究明清之际的学术轨迹，皆有着极为重要的价值。然而王夫之此书并没有受到当今学界的足够重视，相关研究成果寥寥无几。② 有鉴于此，笔者在探讨王夫之境遇与其《礼记章句》撰作关系之基础上，进而考察其《礼记》诠释的方法、特色及对后世的影响，以期更加清楚地认识王夫之的礼学及明清之际思想家的学术旨趣。

1. 汉宋兼采的诠释方法

清初学人治经大都是汉宋兼采。直到乾隆年间钦定《三礼义疏》时，《仪礼义疏》仍是多从敖继公之说，而兼采郑注。受时代学风之影响，王夫之的

---

① 王夫之《礼记章句》采用章句体从事《礼记》之诠释。《汉书·桓谭传》注云："章句，谓离章辨句，委曲枝派也。"由此可知，章句这种诠释体式，首先是对文本进行分章，继而概括章节大义、阐述义理。章句体既有文字训诂、名物制度考证，又有义理阐发，被历代经学家广泛采用。如在《汉书·艺文志》中，《书》类有欧阳、大小夏侯《章句》，《春秋》类有《公羊章句》和《穀梁章句》。东汉赵岐有《孟子章句》，王逸有《楚辞章句》。南宋朱熹有《大学章句》和《中庸章句》。

② 今人林存阳在其《清初三礼学》(社会科学文献出版社2002年版)第三章对王夫之《礼记章句》略有介绍，可能是由于篇幅所限，作者对王夫之《礼记》诠释的思想文化背景、方法及影响未能有深入之论述。此外，张学智所撰《王夫之对礼的本质的阐释》(《北京大学学报》2006年第6期)借王夫之《礼记章句》中的部分内容，对王夫之的礼学诠释方法有所探讨。

《礼记》诠释亦是汉宋兼采。其解经的汉学方法主要体现在如下两个方面。

第一，王夫之重视《礼记》文本校勘和名物考证。《礼记》文本在传抄过程中难免有讹脱衍倒，汉唐时期郑玄、孔颖达等人对《礼记》文本做了大量的校勘工作。在《礼记章句》中，王夫之对《礼记》文本亦有校勘。如《曲礼上》"若夫坐如尸"，郑玄以"若夫"为句，且释之曰："言若欲为丈夫也。"王夫之驳曰："此盖有阙文，详见《大戴记》。"①按：《大戴礼记·事父母》："若夫坐如尸，立如斋，弗讯不言，言必斋色，此成人之善者也，未得为人子之道也。"《大戴礼记》此"若夫"二字显然为发语词。② 王夫之以《大戴礼记》为对校之资，认为《曲礼上》此"若夫"二字之后有衍文。

王夫之还对《礼记》所载名物多有考证。如《内则》："濡豚，包苦实蓼；濡鸡，醢酱实蓼；濡鱼，卵酱实蓼；濡鳖，醢酱实蓼。"王夫之曰："'濡'，谓烹肉得汁以和羹也。'包'，炮也，合煮之也。'苦'，大苦，甘草也。'实'，犹置也，置蓼汁中，以芼羹而不糁也。'醢酱'，肉酱也。'卵酱'，鱼子酱。"③按：王夫之于此对"濡""包""苦""实""醢酱"分别做了训释。又如《内则》所言"蜩""范"，王夫之释之曰："'蜩'，蝉也。'范'，蜂也。二者皆今人所不食。按《庄子》称丈人承蜩，则古人盖采而食之矣。《尔雅》'大蜂'，郭璞曰：'似土蜂而小，在树上，江东人食其子。'则古今异味，犹今人食虾蟹而古人未之闻尔。"④王夫之于此征引《尔雅》及郭璞注，以释"蜩""范"。

第二，王夫之将《大学》《中庸》还原为《礼记》中的单篇。《大学》《中庸》分别是《礼记》的第四十二、第三十二篇。唐以前，《大学》《中庸》并没有单独刊行，学者们也只是将其看作《礼记》的单篇而加以研究。中唐韩愈、李翱以

---

① （清）王夫之：《礼记章句》卷一，载《船山全书》第 4 册，岳麓书社 2011 年版，第 14 页。

② 古今学人认识有相通者，如今人王梦鸥曰："疑此处'若夫坐如尸，立如斋'之下，本有'弗讯不言，言必斋色，此成人之善，未得为人子之道也'二十一字，故下文复申之曰：'礼从宜，使从俗，夫礼者所以定亲疏……'云云。盖礼从'宜'者，有'亲'之宜，'疏'之宜，为人子而对于父党，果亦如尸如斋，弗讯不言，言必斋色，则非所宜矣。是故盱衡上下文义，稽以大戴本文，此处似脱去二十一字。唯有此二十一字，然后前后语意衔接，用以解释'俨若思'之义，庶几圆满无所偏。"（见王梦鸥：《〈曲礼〉校释》，《政治大学学报》第 11 期。）王氏据《大戴礼记》，认为《曲礼》"若夫坐如尸，立如斋"之下脱"弗讯不言，言必斋色，此成人之善，未得为人子之道也"二十余字。

③ （清）王夫之：《礼记章句》卷一二，载《船山全书》第 4 册，岳麓书社 2011 年版，第 692 页。

④ （清）王夫之：《礼记章句》卷一二，载《船山全书》第 4 册，岳麓书社 2011 年版，第 694 页。

及宋代二程、朱熹表彰和推崇《大学》《中庸》。特别是朱熹将《大学》《中庸》从《礼记》中抽离出来，并为之作章句。自此以后，《大学》《中庸》之学大兴。元仁宗延祐年间恢复科举，《大学》《中庸》被列为举业必修书以后，二者作为四书中的两部，已成为经中之经，受到格外的重视。

然而在《礼记章句》中，王夫之视《大学》《中庸》为《礼记》之单篇，并没有强调二者优于其他篇目。王夫之认为，《大学》《中庸》二篇，"今既专行，为学者之通习，而必归之《记》中者，盖欲使五经之各为全书，以见圣道之大，抑以知凡戴氏所集四十九篇，皆《大学》《中庸》大用之所流行，而不可以精粗异视也"①。在王夫之看来，若将《大学》《中庸》从《礼记》中抽离出来，五经则非完书，圣道之大亦难见。

宋元明以来，四书取代五经，是宋学取代汉学的重要标志。明中期以后，延续几百年的宋学积弊逐渐显现出来，批评宋学的声音亦越来越大。明清之际，学界对于宋学之反动表现各异，黄宗羲、顾炎武强调从经学角度看理学，姚际恒、阎若璩等人疑经辨伪，张尔岐则倡清人治《仪礼》之新风。汉学之风渐盛，借此可得窥见。受时代学风之影响，王夫之亦重视以汉学的方法解经。其将《大学》《中庸》还原为《礼记》的单篇而加以诠释，实际上是对宋儒割裂和移易经典文本之否定，亦是其以汉学方法解经之体现。

王夫之的《礼记》诠释亦有着强烈的宋学特色，这可从以下三个方面来看。

第一，王夫之对《礼记》文本有疑义。宋人疑经改经成风，皮锡瑞曰："宋人不信注疏，驯至疑经；疑经不已，遂至改经、删经、移易经文以就己说，此不可为训者也。……他如俞廷椿《复古编》，割裂五官，以补《冬官》；吴澄《礼记纂言》，将四十九篇颠倒割裂，私窜古籍，使无完肤。宋、元、明人说经之书，若此者多。"②如于《儒行》，吕大临、李觏、程颐、朱熹、杨简皆疑之。如李觏认为"《儒行》非孔子言也，盖战国时豪士所以高世之节耳"③。程颐认为"《儒行》

---

① （清）王夫之：《礼记章句》卷三一，载《船山全书》第4册，岳麓书社2011年版，第1246页。

② （清）皮锡瑞：《经学历史》，载潘斌选编：《皮锡瑞儒学论集》，四川大学出版社2010年版，第32—33页。

③ （宋）李觏：《读儒行》，载《李觏集》卷二九，中华书局2011年版，第343页。

之篇……如后世游说之士所为夸大之说"①。

王夫之治经,亦凭理性断经书内容之是非。其于《礼记》亦多有疑之者。如于宋儒普遍怀疑的《儒行》,王夫之曰:"《儒行》一篇,词旨夸诞,略与东方朔、扬雄之言相似。蓝田吕氏以谓:'有矜大胜人之气,无从容深厚之风,与不知者力争于一旦,盖末世儒者将以自尊其教而托为圣人之言,有道者不为也。'其说是已。顾抑曰:'其言儒者之行,不合于义理者殊寡,学者果践其言,亦不愧于儒。'则亦不知其博而寡要,有枝叶而不知根本,使循是以为之而求之合,亦必不可得之道也。且其文句复乱险涩,似多脱误,有不可得而通者,益以知言由德立,非知德者,则欲其词之安定必不可得,而况其深焉者乎?盖深于戴《记》四十九篇之中独为疵戾,而不足与五经之教相为并列。"②王夫之认为,《儒行》篇语言风格与东方朔、扬雄近似,内容与圣人之言不合;此外,《儒行》文本有脱误、文义有不通者。在王夫之看来,《儒行》乃末世儒者托为圣人之言。他认为《儒行》并非出自圣人的观点,与宋儒之说如出一辙。

第二,王夫之从事《礼记》诠释时多承张载和朱熹之说。宋人张载从事学术思想体系之建构,《礼记》为其重要的思想资源。③ 王夫之对张载的《礼记》解义颇为重视。如在《礼运》篇的解题中,王夫之征引张载《正蒙·至当篇》于《礼运》之解义。又如《礼运》"鬼神之会五行之秀气也"中的"鬼神"二字,王夫之亦是直接征引张载之解义。

此外,王夫之对朱子的《大学章句》和《中庸章句》亦较重视。如关于《中庸》,王夫之曰:"朱子《章句》之作,一出于心得,而深切著明,俾异端之徒无可假借,为至严矣。"④在《礼记章句》中,王夫之先列《中庸》经文,再征引朱子《中庸章句》,最后才予以疏解。王夫之曰:"夫之不敏,深悼其所为而不屑一与之辨也,故憪承朱子之正宗为之衍,以附诸《章句》之下,庶读者知圣经之制

① (宋)程颐、程颢:《河南程氏遗书》卷一七,载《二程集》,中华书局2004年版,第177页。
② (清)王夫之:《礼记章句》卷四一,载《船山全书》第4册,岳麓书社2011年版,第1457页。
③ 据朱彝尊《经义考》卷一四一所引魏了翁语,可知张载曾撰《礼记说》一书。张载此书已佚,幸有南宋卫湜《礼记集说》征引部分内容,今借卫氏书,可窥张载《礼记》诠释之梗概。
④ (清)王夫之:《礼记章句》卷三一,载《船山全书》第4册,岳麓书社2011年版,第1245页。

作,朱子之述,皆圣功深造体验之实,俾学者反求自得,而不屑从事于文词之末,则亦不待深为之辨,而驳儒淫邪之说亦尚息乎!"①对于朱子所作《大学章句序》,王夫之亦极尽赞誉,他说:"是篇之序,万世为学不易之道也。"②王夫之还全部征引朱子《大学章句》的内容,并作了疏解。

第三,王夫之从哲学的角度对《礼记》作了诠释。礼学是征实之学,文字训诂、名物制度考证乃治礼学之要务,东汉郑玄三礼注和唐代孔颖达《礼记正义》、贾公彦《仪礼义疏》等学者的礼学著作皆是如此。

王夫之治学长于思辨,其治经之宗旨并非在于典制考证。在《礼记章句》中,王夫之哲学诠释的特色非常明显。

一是借《礼记》对礼之依据和本质作了哲学诠释。

王夫之认为礼具有高于一般伦理规范的本体意义。借《礼运》言先王制礼,王夫之曰:"先王制礼,既承天道,抑顺人情……明人之有情,率原于天道之自然,故王者必通其理以治情,而情无不得,则礼之所自设,深远普遍而为生人之急者,其愈明矣。"③他认为,先王顺天道、合人情而制礼,可知礼具有不以人的意志为转移的普遍意义。

王夫之认为,礼的本体意义还可从其存在的方式表现出来。其在《礼运》之解题中曰:"'运'者,载而行之之意。此篇言礼所以运天下而使之各得其宜,而其所自运行者,为二气五行三才之德所发挥以见诸事业,故洋溢周流于人情事理之间而不莫不顺也。盖唯礼有所自运,故可以运天下而无不行焉。本之大,故用之广,其理一也。"④王夫之认为,礼可自运于天下,通过阴阳二气、五行及三才之德亦可显诸事物;且礼与"人情事理"乃本末之关系。他将礼的存在方式提升到本体地位,从而为"人情事理"寻求本体依据。

王夫之认为,礼的本体意义还体现在礼与其他本体概念有不可分的关系。《礼运》云:"是故夫礼必本于大一,分而为天地,转而为阴阳,变而为四时,列而为鬼神。"王夫之曰:"'大',至也。至一者,理无不函、富有万殊而极乎纯者

---

① (清)王夫之:《礼记章句》卷三一,载《船山全书》第4册,岳麓书社2011年版,第1246页。
② (清)王夫之:《礼记章句》卷四二,载《船山全书》第4册,岳麓书社2011年版,第1467页。
③ (清)王夫之:《礼记章句》卷九,载《船山全书》第4册,岳麓书社2011年版,第569页。
④ (清)王夫之:《礼记章句》卷九,载《船山全书》第4册,岳麓书社2011年版,第535页。

也。语其实则谓之诚;无所感而固存、四应而不倚,则谓之中;其存于人而为万善之所自生,则谓之仁;其行焉皆得而不相悖害,则谓之顺。……天地、阴阳、四时、鬼神,皆大一之所函,函则必动,体有阖辟而天地定矣,气有嘘吸而阴阳运矣,变通相禅而四时成矣,由是而生化之几出焉。伸以肇天下之有则神也,屈以归固有之藏则鬼也,莫不囊合于大一之中以听自然之推荡,而高卑之位,刚柔之德,生杀之序,幽明之效,皆于是而立,则礼之所本也。"①王夫之吸收《易传》《孟子》《中庸》和周敦颐《通书》、张载《正蒙》中的思想,认为礼本于"大一",而"大一"乃"道""理""诚""中""仁"等本体概念之别称,由此可知礼已超越现象而具有本体意义。②

二是借《礼记》阐发理欲观。北宋张载、二程和南宋朱熹、陆九渊等人皆热衷于"天理人欲之辨"。他们普遍主张存天理而灭人欲,如张载曰:"古人安分,至一箪食,一豆羹,易衣而出,只如此其分也;后人则多欲,故难能。"③二程亦曰:"昏于天理者,嗜欲乱之耳。"④理学家所言"人欲"是指人的贪欲,而非人的基本欲求。

王夫之亦以宋明理学的理欲说释《礼记》。《曲礼上》云:"毋不敬,俨若思,安定辞,安民哉。"又云:"敖不可长……若夫坐如尸,立如齐,礼从宜,使从俗。"孔疏认为此意在"明人君立治之本先当肃心、谨身、慎口"。⑤王夫之则认为"此章言节情去私为礼之本……上章言存理之学,而此章乃遏欲之事。先存理而次遏欲者,圣学所以异于异端而有本也"⑥。王夫之于此突破孔疏,而以宋明理学中常用的"理""欲"概念来阐释上述两段经文之关系。在王夫之看来,前后两段经文乃存理与遏欲之关系,前段言存理,后段言遏欲。

---

① (清)王夫之:《礼记章句》卷九,载《船山全书》第4册,岳麓书社2011年版,第569—570页。

② 关于这一点,王夫之自己亦有陈述,其曰:"推明人生受命之原,以显人道之所自立,盖言命而性在其中,与《中庸》《孟子》意相发明,而周子《通书》、张子《西铭》皆自此出,学者不可不详玩焉。"见(清)王夫之:《礼记章句》卷九,载《船山全书》第4册,岳麓书社2011年版,第569页。

③ (宋)张载:《经学理窟·气质》,载《张载集》,中华书局1978年版,第266页。

④ (宋)程颐、程颢:《河南程氏粹言》卷一,载《二程集》,中华书局2004年版,第1194页。

⑤ (唐)孔颖达等:《五经正义》卷一,载《十三经注疏》,中华书局1980年影印版,第1230页。

⑥ (清)王夫之:《礼记章句》卷一,载《船山全书》第4册,岳麓书社2011年版,第14页。

《曲礼上》有关于饮食礼仪之记载,关于此,王夫之又以理欲说以释之。其曰:"《记》曰:'礼始于饮食。'又曰:'饮食男女,人之大欲存焉。'天理之节文,不舍人欲而别自为体;尽其宜、中其节则理也,弗之觉察而任之焉则欲也,亦存乎心之敬肆而已矣。"①王夫之认为,天理并非舍人欲而别自为体,饮食男女乃人之大欲,若能尽其宜、中其节,则与天理无二致,若放任自流,则流于人欲。夫之此说,与宋儒天理人欲说若合符节。

三是借《礼记》阐发动静观。宋代理学家从哲学的角度对动静关系作了辨析。如理学开山之祖周敦颐曰:"圣人定之以中正仁义,而主静,立人极焉。"②朱熹继承周敦颐的主静说,曰:"静者为主,而动者为客,此天地阴阳自然之理,不可以寂灭之嫌而废也。"③王夫之不承认宋明理学的主静说,他认为动是绝对的、根本的,而静是相对的、表面的。王夫之曰:"天地之气恒生于动而不生于静。"④"太极动而生阳,动之动也;静而生阴,动之静也。"⑤王夫之认为,静由动得,而动不借于静,运动变化的根本原因在事物的内部,在生生不息的气化流行之中。王夫之将运动变化的根本原因称作"细缊",细缊既具有本体意味,同时也存在于气化流行之中。

王夫之亦借《礼记》阐发其动静观。如《乐记》云:"凡音之起,由人心生也。人心之动,物使之然也。感于物而动,故形于声。"《乐记》认为音由人心所生,而人心之动是感于万物所致。王夫之认为《乐记》不知静含动理、情为性绪,喜怒哀乐之正者,皆因天机之固有而时出以与物相应,"以寂然不动者为心之本体,而不识感而遂通之实,举其动者悉归外物之引触,则与圣人之言不合,而流为佛、老之滥觞,学者不可不辨也"⑥。王夫之认为静本含动,动因不可全归诸外物,若依《乐记》此说,则易流为释老之说。

---

① （清)王夫之:《礼记章句》卷一,载《船山全书》第4册,岳麓书社2011年版,第50页。
② （宋)周敦颐:《太极图说》,载《周敦颐集》卷一,中华书局2009年版,第6页。
③ （宋)朱熹:《晦庵先生朱文公文集》卷五四《答徐彦章》,载《朱子全书》第23册,上海古籍出版社、安徽教育出版社2002年版,第2581页。
④ （清)王夫之:《读四书大全说》卷一〇,载《船山全书》第6册,岳麓书社2011年版,第1076页。
⑤ （清)王夫之:《思问录内篇》,载《船山全书》第12册,岳麓书社2011年版,第402页。
⑥ （清)王夫之:《礼记章句》卷一九,载《船山全书》第4册,岳麓书社2011年版,第889页。

清末皮锡瑞曰:"国初诸儒治经,取汉唐注疏及宋、元、明人之说,择善而从。由后人论之,为汉、宋兼采一派。"①王夫之于《礼记》之诠释,既有文本和名物之考证,又有哲理之阐发,可谓汉宋兼采。与只事考据或空言义理者不同,王夫之的学术视野宏阔,他既有宋明理学的深厚学养,又强调治经"以汉儒为门户"②,因此其《礼记》诠释既有考据派的专业和扎实,又有义理派的思辨和灵性。梁启超说:"船山虽喜言哲理,然而对于纯主观的玄谈,则大反对。"③梁氏此说,可在王夫之的《礼记》诠释中得到印证。

2. 王夫之《礼记章句》的特色及影响

王夫之《礼记》诠释的特色及影响可从以下三个方面来看:

第一,王夫之《礼记章句》是明清之际学风转变中不可忽视的经学巨著。钱穆论王夫之与明清之际学术转变之关系曰:"余观船山平生踪迹所及,止于湘、桂之间。其师友往还极少,声光甚暗。著书亦至晚清始显。然考其议论,同时如浙东梨洲、乾初,河北颜、李,稍后如休宁戴氏,所以砭切宋明理学走入玄虚之弊者,大略皆一致。可见学术思想,到必变之时,其所以为变者,固自有豪杰大智为之提倡,而风气转动,亦自有不知其然而然者存其间。故得闭门造车,出门合辙,有如是之巧。而船山之博大精深,其思路之邃密,论点之警策,则又掩诸家而上之。其用意之广,不仅仅于社会人事,而广推之于自然之大化,举凡心物、人天、种种现象,皆欲格通归纳,治之一炉,良与横渠《正蒙》之学风为近。而流风余韵,视夫颜、李尤促,则信夫近三百年之学风,与其深义理为无缘也。"④钱氏指出,王夫之虽然当时与师友交游不广,但其博大精深的著述对明清之际学术风气的转变产生了重要影响。钱氏认为,王夫之与明清之际诸大儒有一共同的学术旨趣,即"砭切宋明理学走入玄虚之弊者"。王夫之的《礼记章句》既有义理之阐发,又有考据为前提;既涉及哲学概念之辨析、哲学命题之演绎,又关乎世道人心之维护、良善美俗之形成。该书对于纠正晚

---

① (清)皮锡瑞:《经学历史》,载潘斌选编:《皮锡瑞儒学论集》,四川大学出版社 2010 年版,第 36 页。

② 支伟成:《清代朴学大师列传》,上海人民出版社 2014 年版,第 19 页。

③ 梁启超:《中国近三百年学术史》,上海三联书店 2006 年版,第 73 页。

④ 钱穆:《中国近三百年学术史》,商务印书馆 1997 年版,第 128 页。

明以来理学空言心性、心学流于狂禅之弊有积极意义。

需要指出的是，王夫之对于陆王心学的批判存在过犹不及的问题。如前所引《大学》《中庸》之解题，涉及王夫之对陆王心学之批判。对此，嵇文甫批评说："这是何等偏激的说法！他认定陆王是诞妄，无忌惮，避难就易，判圣学而趋于佛老，所以拿出孟子辟邪说正人心的态度，猛烈攻击。这是明末'狂禅派'所引起的反动，有激而发，并不能算持平之论。"①从思想史的角度看，陆王心学自有其精义所在，且有积极正面之影响。王夫之批陆王心学，是对晚明以来心学不良学风之反动，其用语过激值得商榷，其用心之切却可体谅。

第二，王夫之《礼记》诠释超越专门之学，将博与精很好地结合起来。从汉代开始，经学研究变得越来越专门化。汉代设五经博士，各经博士专守一经，而于他经并不一定有深入之研究。"三礼"亦如此，除了汉末马融、郑玄以及宋代朱熹这样博通群经的大儒外，汉代以后的经学家更多的是以三礼中的某一经名闻于世，如贾公彦、王与之、孙诒让的《周礼》研究，张淳、李如圭、张尔岐、胡培翚的《仪礼》研究，孔颖达、卫湜、孙希旦、朱彬的《礼记》研究，皆属于专经之学。各家皆致力于三礼的某一经，而于他经着力较少。

王夫之礼学研究的重点在《礼记》，不过其《礼记》研究与上述专门名家之学有很大的不同。王夫之学术思想极为广博，上下古今，宏识孤怀，极深研几。从其《礼记》诠释所涉及的哲学概念、提出的命题以及对礼义之阐发，可窥其学术思想之精深博大。清代中期，乾嘉学派兴起，诸儒汲汲于考据之学，其中于《礼记》之研究不乏专精者。然从诠释主体的知识广博、思想邃密程度来看，各家皆难以与王夫之匹敌，因此乾嘉考据派的《礼记》诠释，亦难达到王夫之《礼记章句》立意的高度。曾国藩曾精研王夫之《礼记章句》②，曾氏曰："船

---

① 嵇文甫：《船山哲学》上篇《性理哲学》，载《船山全书》第16册，岳麓书社2011年版，第1029页。

② 据曾国藩《日记》，可知曾氏于同治五年（1866年）五月初三日至该年六月二十日曾认真研读王夫之的《礼记章句》。如同治五年五月初四日，曾氏《日记》曰："早饭后……阅《礼记章句》十页……中饭后阅《礼记》十五页。"同治五年五月初五日，曾氏《日记》曰："早间……阅《礼记章句》五十页……中饭……再阅《礼记》十页，微加批识。"同治五年六月初七日，曾氏《日记》曰："傍夕……再问王氏《礼记章句》，温近日所已看者。"俱见《曾国藩全集》日记二，岳麓书社1988年版，第1261、1261、1271页。

山说经高于论史,卓见极是。而说经又以《礼记章句》为最。"①"先生说礼多通于性命之原。"②

王夫之学术虽以思辨见长,然于考据亦颇精审,这在《礼记》诠释上亦得以体现。曾国藩曰:"余以《礼记章句》为先生说经之最精者。"③曾国藩《读书录》中,记载关于读《仪礼》的一则笔记,其曰:"'冒:缁,质长与手齐。赪杀掩足。'按:王夫之《丧大记章句》云:'冒、杀之制,皆如囊,缝合一头,与一旁,其一旁则缀带以维结之,所谓缀旁也。'张尔岐谓:缀,质与杀相接之处。是质则缀下,杀则缀上,不得名曰'缀旁'矣。恐当从王说。"④曾国藩认为,此于《仪礼》冒的形制之考证,当以王夫之解义为是。郭嵩焘撰《礼记质疑》时大量征引王夫之的《礼记》解义。如《礼记》"远之于成均",郭嵩焘曰:"王氏《章句》引《燕礼》:'尊两方壶于东楹之西以酌卿大夫士,尊两圆壶于门西以酌士旅食者。东楹之方壶对门西之圆壶,为上尊,取爵上尊,则升而为士矣。''远之于成均',盖'达之于成均'之误。王氏之说是也。"⑤又如《礼记·郊特牲》:"朝市之于西方。"郑玄曰:"朝市宜于市之东偏。《周礼》市有三期:大市日昃而市,百族为主;朝市朝时而市,商贾为主;夕市夕时而市,贩夫贩妇为主。"郭嵩焘曰:"此经并言祭礼,郑据《周礼·司市》为言,于文为不类。王氏《章句》:'"朝市",盖"朝事"之讹。'所见甚允。"⑥由曾国藩、郭嵩焘对王夫之所作考证之肯定,可窥王夫之考据之深远影响。

第三,王夫之《礼记》诠释深受张载礼学之影响,然与张载的礼学旨趣有所不同。北宋思想家张载擅长思辨,其提出的诸多哲学概念、命题,对于宋明理学有深远影响。张载不但重视理学体系之建构,还对礼学给予了特别的关注。《宋史》曰:"其(张载)学尊礼贵德,乐天安命。……其家昏丧葬祭,率用

① (清)曾国藩:《致欧阳兆熊》,载《曾国藩全集》书信,岳麓书社 1988 年版,第 6686 页。
② (清)曾国藩:《曾国藩全集》日记二,岳麓书社 1988 年版,第 1264 页。
③ (清)曾国藩:《曾国藩全集》日记二,岳麓书社 1988 年版,第 1260 页。
④ (清)曾国藩:《读书录》,载《曾国藩全集》,岳麓书社 1988 年版,第 33 页。
⑤ (清)郭嵩焘:《礼记质疑》卷八,载《续修四库全书》第 106 册,上海古籍出版 2002 年版,第 334 页。
⑥ (清)郭嵩焘:《礼记质疑》卷一一,载《续修四库全书》第 106 册,上海古籍出版社 2002 年版,第 371 页。

先王之意,而传以今礼。又论定井田、宅里、发敛、学校之法,皆欲条理成书,使可举而措诸事业。"①张载生当北宋中前期,当时的北宋外有异族入侵,边患不断,内则是学风混乱、民风凋敝。他重视礼学,希望通过研究和推广古礼来化民成俗、除去社会积弊。张载的礼学,是其"为天地立心,为生民立命,为往圣继绝学,为万世开太平"的人生抱负和社会理想之外化。

王夫之"希张横渠之正学"②,在哲学体系的建构方面大量借鉴并重新诠释张载提出的哲学概念、命题,此外还将张载重礼学的学术取向发扬光大。钱穆说:"船山论学,始终不脱人文进化之观点,遂以综会乎性天修为以为说,其旨断可见矣。……曰'养其生理自然之文而修饰之以成乎用者,礼也',推极于礼以为教,则横渠关学之遗意也。"③钱先生所言,深刻揭示了王夫之礼学与张载礼学之关系。王夫之所处明清鼎革之际,社会转型,文化转轨,与张载所处时代有很大的相似性。王夫之借诠释《礼记》之机严厉批判佛、老和阳明学,在他看来,世道人心之坏乱,佛、老和阳明学难脱干系。此外,王夫之终身有着强烈的"遗民"意识,有着"亡国孤臣"的哀愤和无奈,也由此滋生了对于传统文化的特殊眷恋。王夫之通过《礼记》诠释伸张民族大义,凡《礼记》经文有"夷狄"字样者,王夫之必有华夷之辨,这正体现了其捍卫传统文化的立场和信念。

需要指出的是,由于时代境遇不同,王夫之与张载的礼学思想与实践又存在一些差异。当得君行道的理想破灭以后,晚年的张载回到家乡陕西眉县,将自己的礼学思想付诸实践。其"与学者议古之法,共买田一方,画为数井,上不失公家之赋役,退以其私正经界,分宅里,立敛法,广储蓄,兴学校,成礼俗,救灾恤患,敦本抑末"④。张载在家乡所做的努力,使当地逐渐形成了重礼尚礼之风气。与张载不同的是,中年以后的王夫之僻处山泽,肥遁自甘。他重视并继承张载的礼学思想,特别是对张载《礼记》诠释的内容和方法多有借鉴,但对于古礼在社会上的推广和应用,王夫之则限于现实原因而着力较少。

---

① (元)脱脱等:《宋史》,中华书局 1985 年版,第 12724 页。
② (清)王夫之:《自题墓石》,载《船山全书》第 15 册,岳麓书社 2011 年版,第 229 页。
③ 钱穆:《中国近三百年学术史》,商务印书馆 1997 年版,第 128 页。
④ (宋)吕大临:《横渠先生行状》,载《张载集》附录,中华书局 1978 年版,第 384 页。

（二） 万斯大的《礼记》学

万斯大(1633—1683年)，字充宗，别字褐夫，因患足疾而自号跛翁。浙江鄞县(今宁波)人。他生逢乱世，不事科举，授徒自给，读书之外无他事。他曾携幼子万经馆于武林，慨然以穷经自任，还曾从黄宗羲学，并在鄞县创建讲经会，一时胜友如云，质疑问难，号称极盛。关于万斯大之经学成就，黄宗羲曰："学不患不博，患不能精。充宗之经学，由博以致精，信矣其可传也。"①由此可见黄氏对万氏经学评价之高。诸经之中，万斯大尤精于三礼，《清史稿》言斯大"根柢《三礼》，以释《三传》，较宋元以后空谈书法者殊"②。其礼学著作有《学礼质疑》《周官辨非》《仪礼商》《礼记偶笺》《庙寝图说》等。

万斯大《礼记偶笺》就《礼记》诸篇，节其句为条，共一百五十三。下面对《礼记偶笺》加以考察，以见万氏《礼记》诠释之方法和特色。

1. 经文之辨析

万斯大治经，务在自出新义。他认为《礼记》经文有不可信者。如《礼记·檀弓下》："季武子寝疾……及其丧也，曾点倚其门而歌。"万斯大曰："按《春秋》书季武子之卒，在鲁昭公七年，孔子生于襄公二十二年，至此方十七岁。曾点之年，《史记》不著，《论语》四子侍坐，以齿为序，点居子路下，子路少孔子九岁，时方八岁，点当益幼矣。倚门而歌，必无此事，即有之，亦是儿戏。乃欲据以言狂，何邪?"③万斯大据《春秋》《论语》之记载，认为曾点在季武子卒年尚幼，不可能倚其门而歌，即便有此事，亦是儿戏。孙希旦《礼记集解》对万斯大这条解义颇为重视，并予以征引。孙氏虽未明言万斯大本条解义之是非，然由其征引之举，可知其对斯大解义表示肯定。

《王制》："道路，男子由右，妇人由左，车从中央。"万斯大曰："注云'道中三途'，是已。然必左右皆一定，往来悉由之，男女方不杂。窃意途之从者以西为右，以东为左;途之横者以南为右，以北为左。如旧说，则往之男与来之

---

① （清)黄宗羲:《万充宗墓志铭》，载《黄宗羲全集》第10册，浙江古籍出版社2012年版，第418页。

② 赵尔巽等撰:《清史稿》卷四八一，中华书局1977年版，第13170页。

③ （清)万斯大:《礼记偶笺》卷一，载《续修四库全书》第98册，上海古籍出版社2002年版，第613页。

妇,遇来之男与往之妇欤? 不病杂乎?"①据《王制》,男子靠道路之右行,妇人靠道路之左行,由此而有男女之别。万斯大认为,道路有东西,亦有南北,因此南北与东西相会,则会有男女相杂,男女分别并不能得到体现。言下之意,《王制》于此之规定并不合理。

万斯大认为《礼记》经文有脱误者。如《檀弓下》:"人喜则斯陶,陶斯咏,咏斯犹,犹斯舞,舞斯愠,愠斯戚,戚斯叹,叹斯辟,辟斯踊矣。"万斯大曰:"据本文是哀乐相生之序,但此章是论丧礼之踊。上文云'辟踊,哀之至也',哀亲之死,岂因乐极而生乎? 诸家纷纷其说,未悟斯旨。孔《疏》云郑康成诸本,亦有无'舞斯愠'一句者,而刘氏欲于'犹斯舞'之下增'矣'字,而删'舞斯愠'三字,即孔《疏》意,此为可从。盖上文固言愠、哀之变也,此言辟踊始于愠,方与哀死意合。"②按:宋人刘敞曰:"按:人舞宜乐,不宜更愠,又不当渐至辟踊,此中间有遗文矣。盖本曰:'人喜则斯陶,陶斯咏,咏斯犹,犹斯舞,舞斯蹈矣;人悲则斯愠,愠斯戚,戚斯叹,叹斯辟,辟斯踊矣。'自喜而下,五变而至蹈;自悲而下,亦五变而至踊。"③刘敞认为,"舞斯"与"愠"之间脱"蹈矣人悲则斯"六字。万斯大认为,刘敞增字,使辟踊始于愠之义得以呈现,故以刘氏增字解经可从。

万斯大认为《礼记·月令》乃吕不韦所作。在此观念之下,万斯大对《月令》所记名物制度作了辨析。如《月令》:"春居青阳,夏居明堂,中央居太庙太室,秋居总章,冬居玄堂。"万斯大曰:"此等名号,唯明堂自古有之,其余不见于他经,必吕不韦以意定之,欲施之乎一天下之后者也。然自古唯天子之始祖庙得称太庙,今以生人所居于其中堂俱称太庙,此何义乎? 不韦自成不韦之书,吾还其为不韦之制而已,必欲多为之说,奚为乎?"④万斯大认为,太庙仅用

---

① (清)万斯大:《礼记偶笺》卷一,载《续修四库全书》第98册,上海古籍出版社2002年版,第613页。

② (清)万斯大:《礼记偶笺》卷一,载《续修四库全书》第98册,上海古籍出版社2002年版,第616页。

③ (宋)刘敞:《七经小传》卷中,载文渊阁《四库全书》第183册,上海古籍出版社1987年影印版,第26页。

④ (清)万斯大:《礼记偶笺》卷二,载《续修四库全书》第98册,上海古籍出版社2002年版,第621页。

于始祖庙,不得称生人所居者为太庙;《月令》于此以生人所居者为太庙,乃吕不韦自创之说,不合古制。

《月令》:"仲春,命乐正习舞释菜。"万斯大曰:"《吕氏春秋》作'入舞,舍菜',注云:'入学宫也。舍,置也,置采帛于先师之前,以赞神也。'按《夏小正》云:'二月万,用入学,丁亥者,吉日也。万也者,干戚之舞也。入学也者,太学也。谓今时大舍采也。'据此相参,益知当从吕《纪》原文。"①万斯大据《吕氏春秋》,认为《月令》此文当是根据《吕氏春秋·十二纪》改编而来。

《月令》:"天子乃祈来年于天宗,大割祠于公社,及门闾。"万斯大曰:"此秦国所行之礼,不韦即著之以为天子之礼耳。孔《疏》谓天宗公社门闾谓之蜡。按《郊特牲》言天子大蜡八,不及此数者,岂数者之祀反小而不得谓之大蜡乎?必不然也。所以于此月祈来年者,秦初奉周正朔,此月之次月即是来年,故祈于此月,此改建寅尚因之,而未变耳。"②万斯大据《礼记·郊特牲》,认为孔疏"以天宗公社门闾谓之蜡"之说不能成立;此外他还认为,于此月祈来年者,为秦初所行之礼,吕不韦著之,并以之为天子之礼。

2. 论前人解义之非

在《礼记偶笺》一书中,万斯大对郑注、贾疏等皆有辨析。其所论者,多是前人解义之"非"。此所谓"非",当然是万氏自己的判断。兹举数例以见之:

《檀弓上》:"宋襄公葬其夫人,醯醢百瓮。曾子曰:'既曰明器矣,而又实之。'"郑注:"言之为明器,而与祭器皆实之,是乱鬼器与人器。"万斯大曰:"夏后氏用明器,殷人用祭器。明器,鬼器也,当虚。祭器,人器也,当实。宋殷之后,当用祭器。此醯醢百瓮,曾子谓为明器,要知宋襄公非不用祭器,必其侈张过制于祭器常数之外,又用明器,而实以醯醢,是不知明器、祭器之有别也。故曾子讥之,其侈不合理,即此可见。"③郑玄认为,此是曾子讥宋襄公失礼之事;曾子不是讥器多,而是讥明器实以醯醢。万斯大则认为,宋襄公并非不用祭

---

① (清)万斯大:《礼记偶笺》卷二,载《续修四库全书》第98册,上海古籍出版社2002年版,第622页。

② (清)万斯大:《礼记偶笺》卷二,载《续修四库全书》第98册,上海古籍出版社2002年版,第623页。

③ (清)万斯大:《礼记偶笺》卷一,载《续修四库全书》第98册,上海古籍出版社2002年版,第612页。

器,而是在祭器外还用明器,并将明器实以醯醢;明器当空,实以醯醢为非,故曾子讥之。

《曲礼下》:"大飨不问卜,不饶富。"郑注:"祭五帝于明堂,莫适卜也。"孔疏:"此大飨总祭五帝,其神非一,若卜其牲日,五帝总卜而已,不得每帝问卜。……不饶富者,富之言备也。虽曰大飨诸帝,配以文武,然礼有常,取备而已。"①郑玄认为此所谓"大飨",乃祭五帝之事。孔颖达承郑氏之说,认为五帝其神非一,不得每帝卜问。万斯大驳郑氏、孔氏之说曰:"方氏谓礼言大飨有别《月令》季秋大飨帝礼,《郊特牲》大飨腥,祀帝也。《礼器》又言'大飨君三重席而酢',《仲尼燕居》言'大飨有四',《坊记》言'大飨废夫人之礼',两君相见之礼也。《杂记》言'大飨卷三牲之俎',凡飨,宾客之礼也。先儒以此大飨为冬至祀天,夏至祭地。愚考《礼经》祀帝祀先,牲日皆卜,此言不问卜,乃指两君相见,及凡宾客之礼也。宾客既行朝聘,当飨即飨,牲日皆不卜。"②按大飨之礼,前人论之者多,如宋人陈祥道曰:"明堂之飨帝,宗庙之飨先王,王飨诸侯,两君相见,皆谓之大飨。大飨不问卜,飨宾之礼也。"③陈氏认为,大飨礼包括飨帝、先王、诸侯,以及两君相见。万斯大认为,大飨有祭帝礼和两君相见礼,此言大飨不问卜,乃两君相见之礼。万氏于此驳郑注、孔疏,其说与陈祥道解义的渊源依稀可见也。

《冠义》:"见于母,母拜之。"孔疏:"庙中冠子,以酒脯奠庙讫,子持所奠酒脯以见于母,母拜其酒脯,重从尊者处来,故拜之,非拜子也。"④吕大临曰:"妇人之义,在家从父,已嫁从夫,夫死从子。母虽尊也,卒有从子之道,故当其冠也,以成人之礼礼之。"⑤万斯大曰:"考《礼》,妇人之拜有二:一肃拜,一手拜。肃拜者,端肃立微,俯躬非跪拜也。手拜者,手至地,首至于手,跪拜也。《少

① (唐)孔颖达等:《礼记正义》卷五,载《十三经注疏》,中华书局 1980 年影印版,第 1270 页。

② (清)万斯大:《礼记偶笺》卷一,载《续修四库全书》第 98 册,上海古籍出版社 2002 年版,第 610 页。

③ 转引自(宋)卫湜:《礼记集说》卷十四,载文渊阁《四库全书》第 117 册,上海古籍出版社 1987 年影印版,第 298 页。

④ (唐)孔颖达等:《礼记正义》卷六一,载《十三经注疏》,中华书局 1980 年影印版,第 1679—1680 页。

⑤ (宋)吕大临著,陈俊民辑校:《蓝田吕氏遗著辑校》,中华书局 1993 年版,第 385 页。

仪》云:'妇人吉事,虽有君赐肃拜。'则此之拜受,肃拜也。母拜子,亦何嫌?"①按《冠义》于此所云母拜子之原因,前人意见纷纭。孔颖达认为,子所持酒脯来自庙中,即从尊者处来,故母须拜之;吕大临认为,母虽尊,然有从子之道,加冠以后,子已成人,故母须以成人之礼拜之。万斯大认为,妇女之拜分肃拜和手拜两类,妇人于此拜子是肃拜,仅弯腰而不跪地。在万氏看来,前人刻意求新,不合经义。

当然,万斯大并非全然否定前人之解义。其对郑注、贾疏之不明晰者会有进一步申说。如《檀弓上》:"复、楔齿、缀足、饭、设饰、帷堂并作。"孔疏曰:"'并作'者,作,起为也。自'复'以下,诸事并起以帷堂,故云'并作'。"②万斯大曰:"按《士丧礼》,复与楔齿缀足绝气即行之,设饰指沐浴后设明衣裳一事,设饰后乃饭,以士丧礼序言之,复、楔齿、缀足最先,帷堂次之,设饰次之,饭又次之。言并作者,谓并作于一日也。"③孔疏认为诸事一时并起,即所谓"并作"。万斯大认为,复、楔齿、缀足、帷堂、设饰、饭有先后之分,然皆在一日完成,此即所谓"并作"。万斯大此处的解义使孔疏更明晰。

《檀弓上》:"绖也者,实也。"郑注:"所以表哀戚。"万斯大曰:"此明绖之义。实者,诚信之谓也。人子于亲丧附棺必诚必信,故因绖著义,欲人之顾名而自尽也。"④万斯大释经文所言"绖"为诚信之义。元人陈澔曰:"麻在首在要曰绖。绖之言实,明孝子有忠实之心也。"⑤陈澔释"绖"为"忠实"之义,万斯大此说与陈澔之说如出一辙也,然义更明晰。

3.《礼记》诠释之方法

万斯大以经解经,此经典诠释法在《礼记偶笺》中常用之。如《檀弓下》:

---

① (清)万斯大:《礼记偶笺》卷三,载《续修四库全书》第98册,上海古籍出版社2002年版,第638—639页。

② (唐)孔颖达等:《礼记正义》,载《十三经注疏》,中华书局1980年影印版,第1292页。

③ (清)万斯大:《礼记偶笺》卷一,载《续修四库全书》第98册,上海古籍出版社2002年版,第612页。

④ (清)万斯大:《礼记偶笺》卷一,载《续修四库全书》第98册,上海古籍出版社2002年版,第611页。

⑤ (元)陈澔:《礼记集说》,载文渊阁《四库全书》第121册,上海古籍出版社1987年影印版,第781页。

"葬于北方,北首,三代之达礼也,之幽之故也。"郑注:"北方,国北也。"孔疏:"言葬于国北及北首者,鬼神尚幽暗,往诣幽冥故也。"万斯大驳经文及注疏曰:"古者井田制行,民皆族葬,故《孟子》云死徙无出乡。《王制》云墓地不请。所谓北方北首,亦就其乡之北耳。下文赵文子观于九京,亦在晋国之北,诸大夫皆于此葬乎?"①郑玄、孔颖达认为此所谓"北方",乃国之北。万斯大据《孟子》《王制》,认为经文所谓"北方",指乡之北,而非国之北。万斯大之说,有《孟子》《王制》等文献为据。

又如《曲礼下》:"诸侯未及期相见曰遇。"郑注训"及"为"至"。孔颖达曰:"今若未至前所期之日,及非所期之地,而忽相见,则并用遇礼相接,故曰遇也。"②按孔氏之说,此"未及期",即不到相见的日期。万斯大驳孔疏,曰:"按此文即《左传》所云'不期而会曰遇也',言两君未及相期,忽然道途相见,故曰遇。非谓有期日而先期相见也。旧说非。"③万斯大据《左传》"不期而会曰遇",认为此"未及期",即未能确定相见日期之义,而非不到相见日期之义。万斯大此说,前人已言及,如吕大临曰:"会、遇、聘、问、誓、盟,皆诸侯之礼也。……期而相见曰会,日有期,地有所也。……不期而相见曰遇,日有期,地无所也。"④吕氏以"未及期"之义为不期而遇。万氏驳孔《疏》之理由,吕大临已及之。

万斯大还从情理的角度对前人解义提出质疑。如《檀弓上》:"子思之母死于卫。"郑注:"子思,孔子孙,伯鱼之子。伯鱼卒,其妻嫁于卫。"万斯大驳郑注曰:"旧说伯鱼死,其妻嫁于卫,此妄说也。伯鱼之死,年几五十,其妻亦既衰沉,上有圣舅,下有贤子,岂比穷民无告者而至有改适之事乎?故知妄也。谓孔子、子思皆出妻亦然。"⑤万斯大认为,伯鱼死时,其妻亦年老,故不可能再

---

① (清)万斯大:《礼记偶笺》卷一,载《续修四库全书》第98册,上海古籍出版社2002年版,第615页。
② (唐)孔颖达等:《礼记正义》,载《十三经注疏》,中华书局1980年影印版,第1268页。
③ (清)万斯大:《礼记偶笺》卷一,载《续修四库全书》第98册,上海古籍出版社2002年版,第610页。
④ (宋)吕大临著,陈俊民辑校:《蓝田吕氏遗著辑校》,中华书局1993年版,第240页。
⑤ (清)万斯大:《礼记偶笺》卷一,载《续修四库全书》第98册,上海古籍出版社2002年版,第612页。

嫁;此外,伯鱼之妻上有圣舅,下有贤子,不可能随意再嫁于卫地。万斯大于此驳郑注,并无文献依据,而是据己意断之。

又如《曲礼下》:"问士之富,以车数对。"孔疏曰:"'问士之富,以车数对'者,士有地不多,亦无邑宰,故其属吏但以其车数对也。上士三命,则得赐车马也,副车随命。中士乘栈车,无副车也。"①孔氏认为,此上士得赐车马有定数。万斯大驳之曰:"士已食禄,公朝不与,齐民伍,纵未有命,车亦得自为之,故问其富则以车数对。见其家富者得多为车,数未有定也。若如旧说,上士三命,得赐车马,则命车唯一而已,数岂无定? 且又何以见其富也?"②万斯大认为,士之车可得自为之,家富者则车多,数未有定。若依孔氏之说,上士所得车马之数一定,人皆知之,则何需问。万氏于此驳孔疏,是从情理的角度立论。

万斯大《礼记偶笺》全书皆欲独出新义,或辨经文有讹,或论前人解义为非。所论辩者不乏真知灼见,且受到后世治《礼记》者之重视。孙希旦等人对《礼记偶笺》部分内容的征引,即可见一斑。然该书亦有疑经传过勇者。四库馆臣指出:"是书与所为《学礼质疑》相表里,皆独欲出新义,而多不能自通。如谓《士丧礼》所云乘车、道车、藁车即是遣车,则士亦有遣车,郑注谓士无遣车,误。……至谓祭天之圜丘即观礼之方明坛,则尤骇见闻,不足深诘已。"③四库馆臣的批评虽较为严厉,但还算中肯。

(三) 纳兰性德的《礼记》学

纳兰性德(1655—1685 年),又作纳喇性德,叶赫那拉氏,字容若,号楞伽山人,原名成德,避太子保成讳改名为性德,清满洲正黄旗人,清代词人和经学家。纳兰性德自幼饱读诗书,文武兼备,师从顾贞观、陈维崧、徐乾学研习经学,曾耗资四十万金刻《通志堂经解》一千八百六十卷。著有《大易集仪萃言》《删补大学义萃言》《陈氏礼记集说补正》《通志堂集》《饮水词》《渌水亭杂识》《词韵正略》等。其所撰《陈氏礼记集说补正》(以下简称《集说补正》)乃清初

---

① (唐)孔颖达等:《礼记正义》卷五,载《十三经注疏》,中华书局 1980 年影印版,第 1268 页。
② (清)万斯大:《礼记偶笺》卷一,载《续修四库全书》第 98 册,上海古籍出版社 2002 年版,第 610 页。
③ (清)永瑢等:《四库全书总目》卷二四,中华书局 1965 年版,第 196—197 页。

礼学史上的代表性著作之一。① 兹对该书的诠释内容、方法等加以探讨,从而考察纳兰性德经典诠释之特色以及该书在中国经学史上的地位和影响。

1. 纠陈澔《礼记集说》之"误"

唐人孔颖达《礼记正义》及宋人卫湜《礼记集说》卷帙浩繁,不便初学。鉴于此,元人陈澔撰《礼记集说》十六卷,该书撰作之目的即在方便初学。陈澔在《礼记集说序》曰:"欲以坦明之说,使初学读之,即了其义,庶几章句通,则蕴奥自见正,不必高为议论而卑示训诂之学也。"②陈澔此书文字简练、注释浅显,迎合了当时士子科考之需。明代胡广等人修《五经大全》时,《礼记大全》即以陈澔《礼记集说》为主。然陈氏此书用于训蒙则有余,用于经术则不足,且书中之讹误疏漏者亦不少见,贻误后学,此已为后世学者所识。如朱彝尊曾云:"自汉以来治小戴之《记》者不为不多矣,以公论揆之,自当用卫氏《集说》取士,而学者厌其文繁,全不寓目。若云庄《集说》,直兔园册子耳,独得颁于学官三百余年不改,于其度数品节,择焉不精,语焉不详,礼云礼云,如斯而已乎?"③《集说补正》因陈氏《礼记集说》舛误太甚,遂条析而辨之。该书共三十八卷,皆先列经文,次引陈氏《礼记集说》,再列己说以证陈氏之遗误。凡补陈氏之疏漏者谓之"补",纠陈氏之讹误者谓之"正"。《集说补正》究陈氏《礼记

---

① 方苞在《书陈氏集说补正后》一文中云:"余少治戴《记》,见陈氏《集说》于《记》之本指,时有未达而反以蔽晦之者;及得昆山徐司寇所刻《集说补正》,而惑之解者过半。念此必吴中老儒勤一世以为之,恨子孙不能守而流传势家;又怪司寇听其假托而不辨也。既而思秦、周以前,作者名不概见;盖胸中所知见,不能自已,而欲传之其人,岂以争名于没世邪? 厥后见嘉定张朴村叩之,曰:'此吾乡陆翼王先生所述也。先生于诸经多开阐,兹其仅存者耳。'夫秦、周以前,作者虽不知其谁何,而无有假托者;吕不韦、刘安名以书传,然众知非不韦、安作也。若陆氏此书,非朴村为征,则他人据而有之矣。以是知无实而掠美者,必有物焉以败之也。"[见(清)方苞:《书陈氏集说补正后》,载《方苞集》卷五,上海古籍出版社 2008 年版,第 116—117 页。]《四库全书总目》和张之洞《书目答问笺疏》袭方氏此书,亦认为《陈氏礼记集说补正》系陆元辅代笔。值得注意的是,方苞此说仅据嘉定张朴村之言,而无其他证据。《陈氏礼记集说补正》卷三曰:"尝读吾师徐先生健庵所著《读礼通考》,然后知丧出母为礼之正,而记礼者志其变礼之始,不得反以夫子为行权也。"(见纳兰性德:《陈氏礼记集说补正》卷三,载文渊阁《四库全书》第 127 册,上海古籍出版社 1987 年影印版,第 34 页。)纳兰性德十七岁入国子监,被祭酒徐文元推荐给内阁学士徐乾学,此称徐乾学为"吾师",可证该书很可能出自纳兰性德之手。

② (元)陈澔:《礼记集说序》,《礼记集说》卷首,载文渊阁《四库全书》第 121 册,上海古籍出版社 1987 年影印版,第 680 页。

③ (清)朱彝尊:《经义考》卷一四三,中华书局 1998 年影印版,第 753 页。

集说》之"讹"者,可从以下几个方面来看。

一是驳陈澔《礼记集说》在《礼记》文本考证中的失误。由于年代久远,《礼记》文本的传抄、释读难免出现讹误。尽管郑玄、陆德明、孔颖达、陈澔等人在《礼记》文本的校勘、释读方面做出了很大努力,并取得了丰硕的成果,但是他们的成果并非毫无瑕疵。对此,纳兰性德有清楚之认识,他在《集说补正》中,对陈澔于《礼记》文本之考证方面,有诸多疑义,兹举数例以见之:

《集说补正》认为陈澔于《礼记》经文断句方面有值得商榷处。如《檀弓上》:"将军文氏之子其庶几乎! 亡于礼者之礼也。"陈氏《礼记集说》:"文氏之子其近于礼乎,虽无此礼,而为之礼。"陈氏又引《疏》曰:"庶几堪行乎无于礼文之礼也。"①《集说补正》曰:"窃按:陈氏前之所云,是以'其庶几乎'为句,'亡于礼者之礼也'为句。后引孔《疏》,又似作一句读。两说无定,当以孔《疏》为正。"②《集说补正》认为,对于《檀弓上》之记载,陈澔之理解与孔疏有异,然陈澔还是征引孔疏以为据,由此可见陈氏于此对经文的断句无定解。《集说补正》于此以孔疏之断句为正。

《集说补正》认为陈氏于《礼记》衍文、脱文之判断不准确。如《文王世子》"文王之为世子也",陈氏《礼记集说》征引石梁王氏曰:"文王之为世子也一句衍文。"又引刘氏曰:"伯禽所行,即文王所行世子之道,文王所行,乃诸侯世子之礼,故曰文王之为世子也,言伯禽所行非王世子之礼也。"③《集说补正》云:"窃按:此篇'文王之为世子也'句,所以结上文王之为世子三节,教世子句所以结'凡三王教世子'诸节,'周公践阼'句所以结'武王崩'诸节,皆结上文之事,而标其目于后也。而石梁以为衍文,非矣。刘氏谓伯禽所行即文王所行世子之道,则又不免于牵强,《集说》两存之,何欤?"④《文王世子》文中

① (元)陈澔:《礼记集说》卷二,载文渊阁《四库全书》第 121 册,上海古籍出版社 1987 年影印版,第 718 页。

② (清)纳兰性德:《陈氏礼记集说补正》卷五,载文渊阁《四库全书》第 127 册,上海古籍出版社 1987 年影印版,第 55 页。

③ (元)陈澔:《礼记集说》卷四,载文渊阁《四库全书》第 121 册,上海古籍出版社 1987 年影印版,第 791 页。

④ (清)纳兰性德:《陈氏礼记集说补正》卷十二,载文渊阁《四库全书》第 127 册,上海古籍出版社 1987 年影印版,第 110 页。

"文王之为世子也"一句,石梁王氏认为是衍文,刘氏则认为此文不衍,而是有深义存焉。陈氏《礼记集说》于王氏、刘氏之说皆征引之。《集说补正》认为,《文王世子》此文乃结上文之用。笔者以为,郑注云"题上事",《集说补正》之说盖源于此。《文王世子》分数小篇,有题小篇之名于篇首,有题小篇之名于篇末,此"文王之为世子也",乃题篇末者。王氏和刘氏之说,皆未得经义,《集说补正》此说可据。

《集说补正》认为陈氏转抄郑玄解义有笔误。如《礼记·曲礼下》:"诸侯皇皇。"陈澔《礼记集说》:"皇皇,壮盛显明之貌。"①《集说补正》曰:"窃案:郑注《聘礼》云:'皇皇,庄盛也。'《疏》援以为说。今《集说》曰'壮盛',恐转写之误。"②按:"皇皇",《仪礼·聘礼》郑注释为"庄盛",陈氏《礼记集说》释为"壮盛显明貌"。《集说补正》认为陈氏转写郑注时,误"庄盛"为"壮盛"。笔者以为,考之经文,当以"庄盛"为是。

二是驳《礼记集说》之释字。历代学者于《礼记》经字皆有释义,然由于所据材料不同,见解亦有异。陈澔于《礼记》经字多有释义,然其部分解义受到了纳兰性德的质疑,兹举数例以见之:

《礼记·曲礼下》:"死曰薨。"陈澔《礼记集说》:"薨之为言薨也,幽晦之义。"③《集说补正》曰:"窃案:下文'天子死曰崩,诸侯曰薨'。郑氏云:'自上倾坏曰崩。薨,倾坏之声。'孔疏曰:'崩者,譬若天形坠压然,则四海必睹。古王者登假,率土咸知也。薨者,崩之余声,声远,劣于形压,诸侯之死,知者亦狭也。'是以薨为倾坏之声,而非幽晦之义也。今以《诗》'螽斯羽薨薨兮'及'虫飞薨薨'、'度之薨薨'考之,或谓飞声,或谓众声,则郑、孔之说良是。若以幽晦释之,当从薨,而不从薨矣。"④《礼记》于此所言薨,郑玄认为乃倾坏之声。

①　(元)陈澔:《礼记集说》卷四,载文渊阁《四库全书》第 121 册,上海古籍出版社 1987 年影印版,第 102 页。

②　(清)纳兰性德:《陈氏礼记集说补正》卷二,载文渊阁《四库全书》第 127 册,上海古籍出版社 1987 年影印版,第 29 页。

③　(元)陈澔:《礼记集说》卷四,载文渊阁《四库全书》第 121 册,上海古籍出版社 1987 年影印版,第 702 页。

④　(清)纳兰性德:《陈氏礼记集说补正》卷二,载文渊阁《四库全书》第 127 册,上海古籍出版社 1987 年影印版,第 29 页。

孔颖达承郑氏此说,认为虉乃崩之余声。陈澔认为虉作薨解,乃幽晦之义。《集说补正》据《诗》,认为郑玄、孔颖达以虉为倾坏声之义为是,陈澔以虉为幽晦之义为非。

《王制》:"丧祭,用不足曰暴,有余曰浩。"陈澔《礼记集说》:"暴者,残杀之义言,不齐整也。浩者,泛滥之义,谓以美没礼也。"①《集说补正》曰:"窃案:郑注:'暴犹耗也,浩犹饶也。'长乐刘氏推明其意曰:'以三年之仂共丧祭,斯不足矣。踰礼越中,残暴其物,俾有不足,故曰暴。俭于礼而不尽其财,使财有余,故曰浩。'此甚足明'暴'、'浩'之义。而《集说》不取,顾以残杀泛滥为解,何耶?"②《王制》此所言"暴""浩",郑玄分别以"耗""饶"释之,《礼记集说》则分别以"残杀"和"泛滥"释之。《集说补正》推崇郑玄解义,并以宋人刘彝之说作为参证。清人孙希旦云:"愚谓不足,谓财匮而用不给,由于用之无度,而物力伤残也,故曰暴。有余,谓财多而用不尽,由其用之有节,而储蓄丰羡也,故曰浩。"③孙氏此说之义,与郑玄、刘彝之说如出一辙。笔者以为,《礼记集说》之说有误,而《集说补正》之说可从。

《月令》:"其臭朽。"陈澔《礼记集说》:"朽,水属,水受恶秽,故有朽腐之气。"④《集说补正》云:"窃案:水之清香者多矣,何为以朽腐定其臭?水虽受恶,亦能涤恶流,活而不朽腐也。郑注云'若有若无曰朽',此言为当。"⑤此"朽"字,郑玄释为"若有若无",《礼记集说》则释为"朽腐"。《集说补正》申郑氏而驳陈氏。笔者以为,据上下文,可知《集说补正》于此袭郑说可取。

《月令》:"天子亲载耒耜,措之于参保介之御间。"陈澔《礼记集说》:"参,参乘之人也。保介,衣甲也,以勇士为车右,而衣甲。御者,御车之人,车右及

① (元)陈澔:《礼记集说》卷三,载文渊阁《四库全书》第 121 册,上海古籍出版社 1987 年影印版,第 750 页。
② (清)纳兰性德:《陈氏礼记集说补正》卷八,载文渊阁《四库全书》第 127 册,上海古籍出版社 1987 年影印版,第 81—82 页。
③ (清)孙希旦:《礼记集解》卷十三,中华书局 1989 年版,第 339 页。
④ (元)陈澔:《礼记集说》卷三,载文渊阁《四库全书》第 121 册,上海古籍出版社 1987 年影印版,第 774 页。
⑤ (清)纳兰性德:《陈氏礼记集说补正》卷十,载文渊阁《四库全书》第 127 册,上海古籍出版社 1987 年影印版,第 103 页。

御人皆是参乘。天子在左,御者居中,车右在右,以三人,故曰参也。"①《集说补正》:"窃案:此本郑、孔《注》《疏》也。然以介为甲,是矣。以保为衣,则有未安。盖保为保护之义,人君之车,必使勇士衣甲居右,而参乘所以备非常而保护之也。"②《月令》此"保"字,郑玄释为动词"衣","保介"即"衣甲"。陈氏《礼记集说》从之。《集说补正》认为,此"保"字乃"保护"之义,不应作动词"衣"解。笔者以为,《集说补正》此说无文献依据,乃推理之辞,故聊备一说耳。

《王制》:"开府库,出币帛,周天下,勉诸侯,聘名士,礼贤者。"陈澔《礼记集说》:"周,济其不足也。"③《集说补正》:"窃案:《集说》之云本之郑注,然尝考方氏、吴氏之说,则谓开府库,所以出币帛,将以聘名士,礼贤者也。周天下,以言聘礼之广。古者诸侯必贡士于天子,以是劝勉诸侯,欲其所聘所礼周于天下,而一无所遗也。则周天下,盖指聘礼而言。若谓周济其不足,则上已言'发仓廪,赐贫穷,振乏绝',此所云出币帛,系于赐贫穷之上足矣。且举天下之无衣者,而皆以帛周之,必有所不给,似不若方氏、吴氏之说为长也。"④

《王制》此之"周"字,郑玄云:"周,谓给不足也。"陈氏《集说》依郑氏此说。宋人方悫曰:"周天下,言其所聘所礼之广。"⑤元人吴澄云:"劝勉诸侯,聘礼之,欲其所聘所礼周于天下,而一无所遗也。"⑥《集说补正》依方氏、吴氏之说,以"周"为周遍之义。方氏此说,不仅得到吴澄、《集说补正》的承袭,还得到清人孙希旦等人的认可。笔者以为,从上下文来看,方氏之说更能服人,

---

①　(元)陈澔:《礼记集说》卷三,载文渊阁《四库全书》第121册,上海古籍出版社1987年影印版,第763页。

②　(清)纳兰性德:《陈氏礼记集说补正》卷九,载文渊阁《四库全书》第127册,上海古籍出版社1987年影印版,第93页。

③　(元)陈澔:《礼记集说》卷三,载文渊阁《四库全书》第121册,上海古籍出版社1987年影印版,第766页。

④　(清)纳兰性德:《陈氏礼记集说补正》卷九,载文渊阁《四库全书》第127册,上海古籍出版社1987年影印版,第95页。

⑤　(宋)卫湜:《礼记集说》卷四一,载文渊阁《四库全书》第117页,上海古籍出版社1987年影印版,第813页。

⑥　(元)吴澄:《礼记纂言》卷六上,载文渊阁《四库全书》第121册,上海古籍出版社1987年影印版,第145页。

《集说补正》驳郑氏而申方氏、吴氏,可信可据。

三是《集说补正》对于陈澔《礼记集说》之释《礼记》所载名物多有异议。兹举数例以见之:

《曾子问》"吾闻诸老聃曰",陈澔《礼记集说》:"冯氏曰:郑注老聃,古寿考者之称。石梁王氏曰:'此老聃非作五千言者。'"①《集说补正》:"窃案:《集说》引冯氏、王氏之言,以断老聃非老子,盖因《记》所称老聃明于礼文,作五千言之老子则灭弃礼法也。然乌知其非为柱下史习于掌故,见礼之粗而不得先王之微意,遂厌为繁文,而思逃于清净乎? 先儒未有不以老聃为老子者。《礼记集说》之云未敢以为必然也。"②《曾子问》所云"老聃",孔颖达认为是道家的老子,而冯氏和王氏认为老聃非老子。《集说补正》认为,老子早年很可能习礼法,只是后来于礼法生厌弃之心,遂逃于清净之地;且先儒称老聃皆为老子,故老聃即老子。笔者以为,陈氏《礼记集说》称引之说虽新,然并无文献依据。《集说补正》以老聃为老子,其说可信。此外,通过《集说补正》所云"未敢以为必然也",可窥纳兰性德的谨慎、阙疑精神。

《月令》:"盲风至。"郑玄曰:"盲风,疾风也。"陈澔《礼记集说》:"盲风,疾风也。"③《集说补正》云:"窃案:孔《疏》皇氏'秦人谓疾风为盲风',故郑玄取以解《月令》,而《集说》本之。然'盲'字,义终不甚明,惟严陵方氏以为'盲者闭暗之义',当建西阖户之月,故其风谓之盲风,又谓之阊阖。以此其说为当。"④《月令》此"盲风",郑玄、孔颖达以"疾风"释之。陈氏《礼记集说》承之。宋人方悫认为"盲"字作"闭暗"之义解,《集说补正》承之。笔者以为,郑氏、方氏此说皆可通。

四是《集说补正》认为陈澔《礼记集说》于《礼记》经义之阐发有不当者。

① （元)陈澔:《礼记集说》卷四,载文渊阁《四库全书》第121册,上海古籍出版社1987年影印版,第784页。

② （清)纳兰性德:《陈氏礼记集说补正》卷九,载文渊阁《四库全书》第127册,上海古籍出版社1987年影印版,第103页。

③ （元)陈澔:《礼记集说》卷三,载文渊阁《四库全书》第121册,上海古籍出版社1987年影印版,第772页。

④ （清)纳兰性德:《陈氏礼记集说补正》卷十,载文渊阁《四库全书》第127册,上海古籍出版社1987年影印版,第99页。

兹举两例以见之：

《礼记·曲礼上》："很毋求胜，分毋求多。"陈澔《礼记集说》："况求胜者，未必能胜；求多者，未必能多。"①《集说补正》："窃案：毋求胜，毋求多，乃不忮不求、惩忿窒欲之事。毋求多，即与'毋苟得'相似，财利者，人所最易惑者也，故再言之。陈氏乃云'求胜未必胜，求多未必多'，却不免计校得失。若是，则可以必胜必多，将不难为之矣。"②案：郑注："为伤平也。"孔《疏》："凡人所争，皆欲求胜。故记人戒之。……'分毋求多'者，此元是众人之物，当共分之，人皆贪欲，望多入己。故《记》人戒之，云所分之物毋得求多也。"③孔疏指出此《记》意在警戒人之贪欲，可谓得经义也。而陈澔言"求胜者未必能胜""求多者未必能多"，并没有惩忿窒欲之义。《集说补正》指出，陈澔所言未免计较得失，与经文强调的忮不求、惩忿窒欲之义相去甚远。《集说补正》驳陈澔此说，可谓深得经义。

《礼记·曲礼下》："君子行礼，不求变俗。祭祀之礼，居丧之服，哭泣之位，皆如其国之故。谨修其法而审行之。"郑注："不务变其故俗，重本也。谓去先祖之国，居他国。"陈氏《礼记集说》曰："言卿大夫有徙居他国者，行礼之事不可变其故国之俗，皆当谨修其典法而审慎以行之。"④《集说补正》曰："窃案：此郑氏说也，诸儒多从之。此乃误认'如其国之故'一语，遂谓人臣去国者，不变其故国之俗，与下文'去国三世'混为一事，殊非本义。此'君子'，盖指在位者言，不求变俗，不改其旧俗。特言丧祭者，尤人情所不忍变也。《王制》云'修其教，不易其俗'，《左传》封鲁因商奄之人，封康叔于殷墟，启以商政；封唐叔于夏墟，启以夏政，皆因其旧俗也。岂得以下章之说为此章之说乎？李氏及广安游氏、庐陵胡氏皆常以《注》义为非，今即其说而引伸之。"⑤郑玄认为，本条经文所言，乃居国外之君子应按照本国礼法而谨慎行事。陈澔《礼记集说》袭郑氏此说。

① （元）陈澔：《礼记集说》卷一，载文渊阁《四库全书》第121册，上海古籍出版社1987年影印版，第682页。

② （清）纳兰性德：《陈氏礼记集说补正》卷一，载文渊阁《四库全书》第127册，上海古籍出版社1987年影印版，第17页。

③ （唐）孔颖达：《礼记正义》卷一，载《十三经注疏》，中华书局1980年影印版，第1230页。

④ （元）陈澔：《礼记集说》卷一，载文渊阁《四库全书》第121册，上海古籍出版社1987年影印版，第697页。

⑤ （清）纳兰性德：《陈氏礼记集说补正》卷一，载文渊阁《四库全书》第127册，上海古籍出版社1987年影印版，第26—27页。

宋人游桂、胡铨、李氏驳郑氏,认为此"君子"乃在位者,"如其国之故"之义,即不改变过去的风俗。《集说补正》以《礼记·王制》《左传》之记载为据驳郑注,申游桂、胡铨等人之说。笔者以为,《集说补正》于此所言可通,成一家之言。

2. 补陈澔《礼记集说》之"未备"

除了纠正陈澔《礼记集说》之"误",《集说补正》还对陈氏《集说》之"未备"者加以补充。此可从以下几个方面来看。

一是补陈澔《礼记集说》无解义者。陈氏《集说》于《礼记》部分经文无解义,《补正》认为当补之。兹举两例以见之:

《王制》:"小国二卿,皆命于其君。"陈澔《礼记集说》无解。《集说补正》曰:"窃案:郑氏云:'小国亦三卿,一卿命于天子,二卿命于其君。此文似误脱,或者欲见畿内之国二卿与?'吴临川亦云:'案上文小国之上卿,位当大国之下卿,中当其上大夫,下当其下大夫。则是小国亦有上、中、下三卿,而此云小国二卿,郑氏疑为文脱,诚然。'《集说》竟置不辨,疏矣。"①郑玄认为,小国亦三卿,差次而言,应一卿命于天子,二卿命于其君,《王制》于此惟言小国二卿,似脱误。《集说补正》认为,郑玄于此所做之辨析对于理解经义颇为重要,陈氏《礼记集说》于此竟无所辨析,乃疏失也。

《礼器》:"羔豚而祭,百官皆足。"陈澔《礼记集说》无解。《集说补正》曰:"窃案:羔豚,薄物也。《王制》大夫、士无田则荐,谓用羔豚,言荐而已,乃谓之祭者,盖别而言之,则有荐祭之异,以事礼言之,则荐亦可谓之祭也。"②陈氏《礼记集说》于此无解,《集说补正》补之。

二是补陈澔《礼记集说》解义之未详者。《集说补正》认为,陈氏《礼记集说》部分内容不尽详备,遂补充之。如《礼运》第九,陈氏《集说》曰:"此篇记帝王礼乐之因革,及阴阳造化流通之理。"③《集说补正》曰:"窃案:《集说》似

---

① (清)纳兰性德:《陈氏礼记集说补正》卷八,载文渊阁《四库全书》第127册,上海古籍出版社1987年影印版,第81页。

② (清)纳兰性德:《陈氏礼记集说补正》卷一四,载文渊阁《四库全书》第127册,上海古籍出版社1987年影印版,第124页。

③ (元)陈澔:《礼记集说》卷四,载文渊阁《四库全书》第121册,上海古籍出版社1987年影印版,第798页。

矣而未详明。"①遂取黄氏《日录》发挥之。又如《礼器》"祭天特牲",陈氏《集说》曰:"特,独也。"②《集说补正》曰:"《疏》云天神尊,贵质,故祭止一特。《集说》本之,然尚有未详者。"③遂以卫湜《礼记集说》所引新说以释之。除了征引前人解义以补陈氏《礼记集说》之未详者外,《集说补正》还以己意补之。兹举两例以见之:

《檀弓上》:"公仪仲子之丧,檀弓免焉。"陈澔《礼记集说》:"公仪,氏,仲子,字,鲁之同姓也。"④《集说补正》曰:"窃案:郑注以公仪仲子为鲁同姓者,盖因鲁公族有公鸟、公若,又有公仪休为相,以仲子与休同氏而同称公。且意下文子服伯子即子服景伯,故云盖鲁同姓。盖者,疑辞,未敢质言也。今《集说》直云鲁之同姓,非先儒传疑之意。"⑤郑玄因鲁有公鸟、公若以及公仪休,认为公仪仲子可能是鲁之同姓。《集说补正》认为,郑注于此用"盖"字,有不确定之义;陈澔直言公仪仲子乃鲁之同姓,未能得先儒传疑之意。

《礼器》:"尧授舜,舜授禹,汤放桀,武王伐纣,时也。《诗》云:'匪革其犹,聿追来孝。'"陈澔《礼记集说》曰:"革,急也。言文王之作丰邑,初非急于成己之谋,惟欲追先人之事,而致其方来之孝,以不坠先业耳。"⑥《集说补正》:"窃案:引《诗》者盖证上文'礼时为大'之意,言武王聿追文王之道,以趋时也。今但依《诗》文演义,而不顾上文殊记旨矣。"⑦按:《礼器》于此引《诗》,《礼记集说》仅就《诗》文而释之。《集说补正》认为,当据《礼器》上文,从而知

① (清)纳兰性德:《陈氏礼记集说补正》卷一三,载文渊阁《四库全书》第127册,上海古籍出版社1987年影印版,第116页。
② (元)陈澔:《礼记集说》卷五,载文渊阁《四库全书》第121册,上海古籍出版社1987年影印版,第812页。
③ (清)纳兰性德:《陈氏礼记集说补正》卷一四,载文渊阁《四库全书》第127册,上海古籍出版社1987年影印版,第124页。
④ (元)陈澔:《礼记集说》卷二,载文渊阁《四库全书》第121册,上海古籍出版社1987年影印版,第707页。
⑤ (清)纳兰性德:《陈氏礼记集说补正》卷三,载文渊阁《四库全书》第127册,上海古籍出版社1987年影印版,第33页。
⑥ (元)陈澔:《礼记集说》卷五,载文渊阁《四库全书》第121册,上海古籍出版社1987年影印版,第811页。
⑦ (清)纳兰性德:《陈氏礼记集说补正》卷十四,载文渊阁《四库全书》第127册,上海古籍出版社1987年影印版,第124页。

《礼器》于此引《诗》乃是为上文"礼时为大"作参证;陈氏《礼记集说》解义对于理解《诗》之本义固然不错,然并没能释《礼器》经文之大义。

据以上所举诸例,可知纳兰性德对陈澔《礼记集说》各方面内容皆有"补正"。之所以在"补正"二字上加引号,是因为纳兰性德所"补"所"正"者,皆是其对于陈澔《礼记集说》之主观判断。纳兰性德于陈氏《集说》之讹误者所做之纠正,对于疏漏者之补充,大多持之有据,言之有理,这体现了纳兰性德深厚的礼学素养和治学功力。正如四库馆臣所云:"然综核众论,原委分明,凡所指摘,切中者十之八九。即其据理推求者,如《曲礼》'很毋求胜,分毋求多',澔《注》称'况求胜者未必能胜,求多者未必能多',性德则谓'此乃不忮不求,惩忿窒欲之事。陈氏所云,不免计较得失。若是则可以必胜,可以必多,将不难于为之矣'。是虽立澔于旁,恐亦无以复应也。然则读澔《注》者,又何可废是编欤?"①

不过,纳兰性德所认为是者未必是,所认为非者未必非。四库馆臣早已意识到此问题,馆臣曰:"凡澔之说皆一一溯其本自何人,颇为详核,而爱博嗜奇,亦往往泛采异说。如《曲礼》'席间函丈',澔以两席并中间为一丈。性德引《文王世子》席之制三尺三寸三分寸之一驳之,是也。而又引王肃本文作'杖',谓可容执杖以指挥,则更谬于《集说》矣。《月令》'群鸟养羞',性德既云《集说》未为不是,而又引《夏小正》'丹鸟羞白鸟'及项安世'人以鸟为羞'之说,云足广异闻。则明知《集说》之不误,而强缀此二条矣。《曾子问》鲁昭公慈母一条,既用郑注、孔《疏》以补澔《注》,又引陆佃之谬解,蔓延于《集说》之外。是正陆氏,非正《集说》矣。凡斯之类,皆征引繁富,爱不能割之故。"②笔者在阅读《集说补正》时,亦发现该书有可议者。如《王制》:"五岳视三公,四渎视诸侯。"陈澔《礼记集说》:"谓视其饔饩牢礼之多寡,以为牲器之数也。"③《集说补正》曰:"窃案:郑注视三公、视诸侯,视其牲器之数也。《集说》取之。然秦溪杨氏云:'五岳视三公,四渎视诸侯,特言其礼有隆杀重轻耳。

① (清)永瑢等:《四库全书总目》卷二一,中华书局 1965 年影印版,第 173 页。
② (清)永瑢等:《四库全书总目》卷二一,中华书局 1965 年影印版,第 173 页。
③ (元)陈澔:《礼记集说》卷三,载文渊阁《四库全书》第 121 册,上海古籍出版社 1987 年影印版,第 751 页。

《注》《疏》拘于牲币、粢盛、笾豆、爵献之数,不免太泥。'"①郑注于此言牲器之数,亦是言礼之轻重隆杀。孔疏承之。笔者以为,陈澔《礼记集说》从郑注、孔疏,可谓得经文和郑注之义;秦溪杨氏认为郑注、孔疏太泥,未能得经文和郑氏之意,故《集说补正》征引秦氏解义以驳陈氏《集说》,并未达到纠谬之效果。

3.《陈氏礼记集说补正》的诠释风格及影响

清初诸儒对于王学末流之弊深恶痛绝。梁启超曾说:"从顺治元年到康熙二十年约三四十年间,完全是前明遗老支配学界。他们所努力者,对于王学实行革命(内中也有对于王学加以修正者)。他们所要建设的新学派方面颇多,而目的总在'经世致用'。他们元气极旺盛,像用大刀阔斧打开局面,但条理不免疏阔。"②清初诸儒倡导"经世致用"的表征之一,便是他们重视礼学研究。黄宗羲、顾炎武虽然没有专门的礼学著作,但是他们对于治礼学颇为推崇,如顾炎武对于张尔岐的《仪礼》学赞赏有加;王夫之则亲撰《礼记章句》,引领清初礼学发展之新风尚。此外,姚际恒的《仪礼通论》、万斯大的《仪礼商》、李光坡的《仪礼述注》等,皆是推动清初学风转变之代表性著作。

纳兰性德生活于顺治、康熙朝,其去世于康熙二十四年(1685年),仅比梁启超所说的"康熙二十年"晚四年。纳兰性德生活的时代,正是"前明遗老支配学界"的时代,经世致用是那个时代诸大儒的学术价值取向。在清代礼学史上,纳兰性德的《集说补正》是经世致用学风之产物,预示着清代礼学复兴之大势。作为八旗子弟,纳兰性德对于礼学的重视具有特别的意义。康熙十七年(1678年)下诏设立博学鸿词科,所试者有诗、赋、经、史。康熙曰:"自古一代之兴,必有博学鸿儒,振起文运,阐发经史,润色词章,以备顾问著作之选。朕万几余暇,游心文翰,思得博学之士,用资典学。"③康熙此举,意在笼络明朝遗老和社会名流,缓和民族矛盾。然此举在客观上也为经学的发展提供了空间。作为统治者上层之一员,纳兰性德关注礼学,并于《礼记》有深入之研究,正说明对于经学之推崇和阐扬,乃是当时朝野上下之共同愿望。

---

① (清)纳兰性德:《陈氏礼记集说补正》卷八,载文渊阁《四库全书》第127册,上海古籍出版社1987年影印版,第83页。

② 梁启超:《中国近三百年学术史》,上海三联书店2006年版,第14页。

③ (清)永瑢等:《四库全书总目》卷八三,中华书局1965年版,第719页。

纳兰性德《集说补正》与清初汉宋兼采的经典诠释方法相一致。其不仅重视郑玄、孔颖达的注释,还大量征引宋元学人之解义。宋人陈祥道、王安石、陆佃、方悫、马希孟、张载、吕大临、刘彝,元人吴澄的解义,皆在征引之列。宋人的经典诠释重义理,王安石、张载等人皆重视发掘《礼记》中的微言大义,或经世致用,或从事理学思想体系之建构。纳兰性德《集说补正》征引汉唐和宋元学人之解义,说明其重视考据的同时亦重义理,这与同时代王夫之、万斯大、李光坡等人汉宋兼采的经典诠释路径如出一辙。

(四) 李光坡的《礼记》学

李光坡(1651—1723 年),字耜卿,号茂夫,一号皋轩,福建泉州府安溪县人,大学士李光地之弟。他少受庭训,弱冠为诸生,览濂、洛、关、闽书,旁及子、史。他一生际遇坎坷,居家不仕,数十年皆用心于经学。从康熙二十五年(1686 年)起,他开始了长达三十余年的三礼研究,最终于康熙六十一年(1722年)完成《周礼述注》24 卷、《仪礼述注》17 卷、《礼记述注》28 卷。三书合称《三礼述注》,今传于世。

李光坡《礼记述注》依《礼记》四十九篇而为之序,按《礼记》各篇之篇幅大小,或一篇一卷,或多篇合为一卷,共二十八卷。关于此书之撰作,李光坡在《礼记述注序》中有所交代。李光坡认为,元人陈澔的《礼记集说》及明人胡广的《礼记大全》对注疏的评价“不诚”;陈澔“抵冒前人”“欺负后生”,胡广全袭《礼记集说》,而无新义。鉴于此,李光坡决定撰《礼记述注》,以补前人之未备。《礼记述注》的经典诠释方法及特色可从以下几个方面来看。

1. 汉宋兼采,扫门户私见

前已述及,李光坡治《周礼》《仪礼》皆是汉宋兼采,治《礼记》亦是如此。《礼记述注序》曰“今也不量其力,本述《注》《疏》、朱子之教也”①,“陈氏杂合《注》《疏》诸儒为文,或仍之,或以《注》《疏》增其未备,损其枝辞,标‘集说曰’从其实也”②。李光坡既重视郑注、孔疏,又不废朱熹、陈澔等宋学解义。兹举

---

① (清)李光坡:《礼记述注序》,《礼记述注》卷首,载文渊阁《四库全书》第 127 册,上海古籍出版社 1987 年影印版,第 281 页。

② (清)李光坡:《礼记述注序》,《礼记述注》卷首,载文渊阁《四库全书》第 127 册,上海古籍出版社 1987 年影印版,第 281 页。

数例以见之：

《檀弓上》："子上之母死而不丧。"郑注："曰子上，子思子名白其母出。"李光坡于此引郑注以释经文。

《王制》："天子之三公之田视公侯，天子之卿视伯，天子之大夫视子男，天子之元士视附庸。"陈澔《礼记集说》："曰此言王朝有位者之田。"①方悫曰："三公而下食采邑于畿内禄之多少，以外诸侯为差，元士，上士也，与元子、元侯称元同。不言中士、下士，则视附庸惟上士也。"②李光坡于此引宋人方悫、元人陈澔解义以释经文。

《曲礼上》："礼从宜，使从俗。"郑注："事不可常也。"吕大临曰："敬者，礼之常。礼，时为大，时者，礼之变也。……体常尽变，则礼达之天下，周旋而无穷也。"③应镛曰："大而百王百世质文损益之时，小而一事一物泛应酬酢之节。"又曰："五方皆有性，千里不同风，所以入国而必问俗也。"④李光坡于此既引汉郑注，又引宋人吕大临、应镛解义。

笔者对《礼记述注》卷一、卷二、卷二十征引诸家解义之情况做了统计，数据如下：

《礼记述注》卷一征引郑注六十二次，熊安生解义七次，陆德明解义二次，孔疏九十八次，马希孟解义二次，刘氏解义二次，方悫解义四次，应氏解义十四次，朱熹解义十一次，陈澔《礼记集说》一百零六次。

《礼记述注》卷二征引郑注二十三次，孔疏三十四次，吕大临解义十七次，马希孟解义一次，方悫解义三次，陈澔《礼记集说》六十八次。

《礼记述注》卷二十征引郑注二十五次，熊安生解义十九次，孔疏二十六次，马希孟解义十三次，方悫解义一次，程子解义一次，朱熹解义二次，刘氏解义一次，石梁王氏解义一次，陈澔《礼记集说》三十八次。

---

① （元）陈澔：《礼记集说》卷三，载文渊阁《四库全书》第 121 册，上海古籍出版社 1987 年影印版，第 745 页。
② （元）陈澔：《礼记集说》卷三，载文渊阁《四库全书》第 121 册，上海古籍出版社 1987 年影印版，第 745—746 页。
③ （宋）吕大临著，陈俊民辑校：《蓝田吕氏遗著辑校》，中华书局 1993 年版，第 189 页。
④ （元）陈澔：《礼记集说》卷一，载文渊阁《四库全书》第 121 册，上海古籍出版社 1987 年影印版，第 682 页。

据以上的统计数据,可知李光坡治《礼记》特别重视郑玄《礼记注》、孔颖达《礼记疏》以及陈澔《礼记集说》,此外,还于朱熹、二程、陆佃等人之解义偶有采择。

宋人疑经惑传,对于郑注、孔疏时有异议。如郑玄、孔颖达皆认为《礼记·中庸》为子思所作,宋人陈善、叶适、王十朋等人则认为《中庸》非子思作。又如郑玄、孔颖达认为《儒行》出自孔子,宋儒则普遍认为《儒行》语言有矜大自夸的特点,与圣人气象不合。与宋儒不同,李光坡对于郑注、孔疏持信任态度。宋人对于《礼记》作者、成书的传统观点持怀疑态度,对《礼记》经文亦多有异议。在《礼记述注》一书中,李光坡大量征引郑注、孔疏,有些地方甚至仅从郑、孔之说而不及其他,由此可窥李光坡对郑注、孔疏之重视和信服程度。对于宋人解义,以及沿袭宋人治经风格的元人陈澔解义,李光坡亦持开放态度。与后来乾嘉时期不少汉学家鄙弃宋人解义之做法不同,李光坡认为宋人解义有合理者则可采信。在《礼记述注》中,朱熹、二程、吕大临、方悫、马希孟等人解义时有呈现。汉宋兼采乃清初学界治经之普遍方法。李光坡生于清初,其于汉唐与宋代解义之同等看待,正是时代学风之体现。四库馆臣认为,李光坡治《礼记》,"其论可谓持是非之公心,扫门户之私见"①。正是由于李光坡等人孜孜以求,宋末以来式微之《礼记》学才逐渐复兴,经过清代诸大儒之潜心研究,《礼记》学取得了超越前代的卓越成就。

2. 补前人解义之未备

李光坡认为,郑玄、孔颖达及其他各家之解义有不完备者。在《礼记述注》一书中,李光坡并非简单地征引前人解义,而是对前人解义之未备者加以补充。

一是补郑注、孔疏之未备。兹举数例以明之:

《曲礼上》:"贤者狎而敬之,畏而爱之。"郑注:"狎,习也,近也。"李光坡曰:"言人之贤者,虽素相近习,必敬之,不可亵,虽畏服之,必爱其德,义不可疏。此亲仁之道也。"②郑玄于此仅释"狎"字,且于"狎"字之解义亦过简。李

---

① (清)永瑢等:《四库全书总目》卷二一,中华书局 1965 年影印版,第 173 页。
② (清)李光坡:《礼记述注》卷一,载文渊阁《四库全书》第 127 册,上海古籍出版社 1987 年影印版,第 283 页。

光坡在释郑注之基础上,认为"狎而敬之""畏而爱之"皆"亲仁之道"。

《曲礼上》:"积而能散,安安而能迁。"郑注:"谓已今安此之安,图后有害,则当能迁。晋咎犯与姜氏醉重耳而行,近之。"李光坡曰:"积,蓄财也。散,施也。上安据心,下安据处,安安,即怀居也。能迁,所谓见怀思威也。此自治之道也。"①经文"积""散"二字,郑注无解义,李光坡则对此二字做了解释。此外,李光坡对"安安而能迁"亦有更直观的解释。

《曲礼上》:"疑事毋质,直而勿有。"孔疏曰:"质,成也。已之所疑,则毋得成言之,故孔子戒子路云'不知为不知也'。直,正也,所不疑者,仍须谦退,当称师友所说以正之,勿谓已有此义也。"李光坡曰:"如县子讥子游之汰正,所谓有之也。疑事毋质,阙疑也。直而勿有,慎言也。"②李光坡于此以县子讥子游之汰正为例,以明经文及孔疏;此外,李光坡还以"阙疑""慎言"以明"疑事毋质""直而勿有"之义,从而补孔疏之不备也。

二是补陈澔《礼记集说》之未备。兹举数例以明之:

《檀弓上》:"曰:'仲子舍其孙,而立其子,何也?'伯子曰:'仲子亦犹行古之道也。昔者文王舍伯邑考而立武王,微子舍其孙腯而立衍也。夫仲子亦犹行古之道也。'子游问诸孔子,孔子曰:'否,立孙。'"对于此段经文,陈澔《礼记集说》:"曰,弓之问也。犹,尚也,亦犹拟议未定之辞。伯邑考、文王长子。微子舍孙立衍,或是殷礼,文王之立武王,先儒以为权,或亦以为遵殷制,皆未可知,否则以德不以长,亦如大王传位季历之意欤。"③应镛曰:"《檀弓》默而不复言,子游疑而复求正,非夫子明辨以示之,孰知舍孙立子之为非乎?"④李光坡先引陈澔《礼记集说》以释之,又引应氏解义以补陈氏《礼记集说》之未备。

《曾子问》:"曰:'女未庙见而死,则如之何?'孔子曰:'不迁于祖,不祔于

① (清)李光坡:《礼记述注》卷一,载文渊阁《四库全书》第127册,上海古籍出版社1987年影印版,第283页。

② (清)李光坡:《礼记述注》卷一,载文渊阁《四库全书》第127册,上海古籍出版社1987年影印版,第284页。

③ (元)陈澔:《礼记集说》卷二,载文渊阁《四库全书》第121册,上海古籍出版社1987年影印版,第707页。

④ (元)陈澔:《礼记集说》卷二,载文渊阁《四库全书》第121册,上海古籍出版社1987年影印版,第707—708页。

皇姑,壻不杖、不菲、不次,归葬于女氏之党,示未成妇也。'"对于此段经文,陈澔《礼记集说》:"曰不迁于祖,不迁柩而朝于壻之祖庙也。不祔于皇姑,以未庙见,故主不得祔姑之庙也。壻齐衰,期,但不杖、不草屦、不别处哀次耳。女之父母自降服大功。"①李光坡先引陈澔《礼记集说》以释之,又曰:"归葬于女氏之党,仍祔其女家之王母,夫家不祀之也。详见《杂记上》。"②李光坡增益己说,以补陈氏《礼记集说》之未备。

《曾子问》:"曾子问曰:'取女有吉日而女死,如之何?'孔子曰:'壻齐衰而吊,既葬而除之。夫死亦如之。'"陈澔《礼记集说》:"若夫死女以斩衰,往吊既葬而除也。"李光坡曰:"此礼可谓仁至,虽有义夫贞女,有本服以寄其哀,有数月以尽其礼,则自知循礼之为是,且曰既葬除之,盖恩未深而礼有终,则自知轻死之为过情矣。"③李光坡增益己说,以补陈氏《礼记集说》之未备。

《文王世子》:"文王谓武王曰:'女何梦矣?'武王对曰:'梦帝与我九龄。'文王曰:'女以为何也?'武王曰:'西方有九国焉,君王其终抚诸?'"陈澔《礼记集说》:"文王疾瘳之后,武王乃得安寝,故问其何梦。武王对云梦天帝言,与我九龄,龄字从齿,齿之异名也。故言年龄,又言年齿,其义一也。《大戴礼》云男八月生,齿八岁,而龀齿是人寿之数也。"④李光坡曰:"《金縢》求代之请与与龄,皆非常理,学者何信彼而斥此也。若以寿得于有生之初,不可减益,则《中庸》必得其寿之言何称乎?盖大德非性,生而成则必得,断非有生而定也。理有明见者,有不可测者,未能精义,阙之可也。"⑤李光坡增益己说,以补陈澔《礼记集说》之未备。

① (元)陈澔:《礼记集说》卷四,载文渊阁《四库全书》第 121 册,上海古籍出版社 1987 年影印版,第 783 页。
② (清)李光坡:《礼记述注》卷七,载文渊阁《四库全书》第 127 册,上海古籍出版社 1987 年影印版,第 491—492 页。
③ (清)李光坡:《礼记述注》卷七,载文渊阁《四库全书》第 127 册,上海古籍出版社 1987 年影印版,第 492 页。
④ (元)陈澔:《礼记集说》卷四,载文渊阁《四库全书》第 121 册,上海古籍出版社 1987 年影印版,第 790 页。
⑤ (清)李光坡:《礼记述注》卷八,载文渊阁《四库全书》第 127 册,上海古籍出版社 1987 年影印版,第 508—509 页。

3.受陈澔《礼记集说》影响尤深

宋末元初,陈澔荟萃经说,参以己意,成《礼记集说》。明永乐年间,胡广等人奉旨修《五经四书大全》,其中《礼记大全》即以陈氏此书为蓝本。清乾隆时期颁布《礼记义疏》之前,陈氏《礼记集说》一直为科举考试官方指定的教材,在士人中的影响长达三百余年。① 李光坡撰《礼记述注》时,对陈澔《礼记集说》给予了充分的重视,尽管李光坡认为陈书征引郑注、孔疏有不可信者,然从整体上来看,对陈氏之书的肯定远远大于否定。陈氏之书对李光坡《礼记述注》之影响,主要表现在以下几个方面:

一是继承陈澔《礼记集说》简明扼要风格。陈澔《礼记集说》的最大特色是简明扼要。陈氏自《序》云:"不肖孤僭,不自量,会萃衍绎,而附以臆见之言,名曰《礼记集说》,盖欲以坦明之说,使初学读之即了其义,庶几章句通,则蕴奥自见,正不必高为议论而卑视训诂之辞也。"②陈氏撰《礼记集说》,意在方便初学。四库馆臣曰:"其书衍绎旧闻,附以己见,欲以坦明之说,取便初学。"③由于陈氏以简明扼要的文字阐释《礼记》经文和注疏,所以该书一出,即受到官方和民间的普遍欢迎。李光坡对陈氏《礼记集说》精简之风格颇为赞赏,并将此风格贯穿于《礼记述注》一书中。《礼记述注》虽征引郑注、孔疏及宋元学人之说,然而其并非大段征引,而是对前人解义之关键部分予以征引。对于名物考证的大篇幅文字,或释经之引申文字,李光坡则删之。李光坡此举,让《礼记》之初学者能抓住要点,不惑于烦琐之考证文字。

二是对陈澔《礼记集说》所征引他家解义不做变动地加以转引。如《曲礼上》"敖不可长,欲不可从,志不可满,乐不可极",陈澔征引朱熹、应镛之说以

---

① 陈氏此书亦饱受后人诟病,如四库馆臣云:"而于度数品节择焉不精,语焉不详,后人病之。盖自汉以来,治戴记者百数十家,惟卫湜《集说》征引极审,颇为学者所推许。澔是书虽袭其名,而用意不侔,博约亦异。"[(清)纪昀等:《礼记集说提要》,陈澔:《礼记集说》卷首,载文渊阁《四库全书》第121册,上海古籍出版社1987年影印版,第679页]朱彝尊亦云:"按自汉以来,治小戴之《记》者不为不多矣,以公论揆之,自当用卫氏《集说》取士,而学者厌其文繁,全不寓目,若云庄《集说》,直兔园册子耳。"(朱彝尊:《经义考》卷一四三,中华书局1998年版,第753页)

② (元)陈澔:《礼记集说》卷首,载文渊阁《四库全书》第121册,上海古籍出版社1987年影印版,第680页。

③ (清)纪昀等:《〈礼记集说〉提要》,陈澔:《礼记集说》卷首,载文渊阁《四库全书》第121册,上海古籍出版社1987年影印版,第679页。

释之。李光坡《述注》于此之征引内容与陈澔之书如出一辙。又如《曲礼上》"若夫坐如尸,立如斋",陈澔征引孔疏和朱熹之说以释之。李光坡《述注》于此之征引内容亦与陈澔之书完全相同。

三是直接征引陈澔之解义。据笔者统计,李光坡于《檀弓上》直接征引陈澔解义有八十一则,于《檀弓下》直接征引陈澔解义达一百零七则。如《檀弓上》:"公仪仲子之丧,檀弓免焉,仲子舍其孙而立其子。檀弓曰:何居,我未之前闻也。趋而就子服伯子于门右。"陈澔《礼记集说》于此未征引他家解义,而是独自为说。李光坡《礼记述注》则征引陈氏解义而无按语。又如《檀弓上》:"孔子既得合葬于防,曰:'吾闻之,古也墓而不坟,今丘也,东西南北之人也,不可以弗识也。'于是封之,崇四尺。"陈氏于此乃独自为说,而不引他家解义。李光坡征引陈氏解义,而不附按语。

李光坡的《礼记述注》虽然没有精深的考证和太多独到的见解,但是在清初《礼记》学史上,自有其独特的意义。章太炎说:"'三礼'郑注之后,孔、贾之疏已为尽善,清人以贾疏尚有未尽,胡培翚作《仪礼正义》、孙诒让作《周礼正义》。由今观之,新疏自比贾疏更精到。《礼记》孔疏理悉而词富,清儒无以复加。"[1]由于孔疏有"无以复加"之成就,故清代没有出现像孙诒让《周礼正义》和胡培翚《仪礼正义》那样的《礼记》新疏。这并非是说清代的《礼记》研究没有超越郑注、孔疏之处,比如孙希旦的《礼记集解》、朱彬的《礼记训纂》也不乏精到之解义,部分解义还可正郑注、孔疏之失。清代《礼记》学著作的数量也大大超过以前任何时代。受时代学风的影响,宋代以后的《礼记》研究较为空疏,可谓一代不如一代。褒贬不一的陈澔《礼记集说》和靠官方推行的胡广《礼记大全》又垄断学界数百年,所以到了明清之际,《礼记》学已跌入低谷。清初学人王夫之、李光坡等人对陈氏《礼记集说》和胡氏《礼记大全》加以反思,将《礼记》学重新纳入研究的视野。他们以实事求是为指归,对郑注、孔疏不怀宋人之偏见。李光坡等人的《礼记》研究,对于纠正宋、元、明以来的空疏学风有积极意义,对于清代《礼记》学的复兴也有先导作用。

---

① 章太炎:《经学略说》(下册),载《章太炎全集》第 2 辑,上海人民出版社 2015 年版,第926 页。

三、清代中期的《礼记》学

这里对孙希旦、朱彬、杭世骏的《礼记》学加以考察,以概见清中期《礼记》研究之成就及特色。

（一）孙希旦的《礼记》学

孙希旦(1736—1784 年),字绍周,号敬轩,瑞安碧山桐田人。乾隆四十三年(1778 年)一甲探花,是清朝温州 35 位进士中唯一进入一甲的人。授翰林院编修,曾参加《四库全书》的编纂工作。他一生博览群书,尤精三礼,后专治《礼记》。所著除《礼记集解》外,另有《尚书顾命解》一卷,《求放心斋诗文集》若干卷。

《礼记集解》是孙希旦的代表作。关于是书之撰作,《孙敬轩先生年谱》有记叙,其曰:"先是,府君锐意《三礼》,见《注》《疏》之未当,辄附以己意。……辛卯以后,始专治《小戴》,《注》说有未当,辄以己意为之诂释,谓之《注疏驳误》。……项几山先生曰:'《礼记集解》,始名《注疏驳误》,凡八大册。其初,属稿即就《注疏》书额,诂释几满。'"①《礼记集解》共六十一卷,以各篇《记》文分隶于其下。除《大学》《中庸》两篇仅著篇目,下标"朱子章句"、不录《记》文以外,其余 47 篇,每篇都有解题。该书的成就及特色可以从以下几个方面来看。

第一,孙希旦的《礼记集解》对于宋学之经说多有采择。《敬轩先生行状》曰:"其于程朱之说,尤笃信之,而务在实体诸身。"②在训释《礼记》时,孙希旦亦多采宋学诸儒之说。如《檀弓下》"重,主道也",孙希旦于此既引郑玄、孔颖达等汉唐学人之说,又引用宋人朱熹之说。《明堂位》一篇,引用陈祥道的解义四次,还引用刘敞、方悫、陈澔等人的解义。兹举数例,以见孙氏对宋学经说之重视。

如《曲礼上》:"赐人者不曰来取,与人者不问其所欲。"郑注曰:"与人不问其所欲,己物或时非其所欲,将不与也。"郑玄之意为,送人东西,要问对方是否需要,因为所送的东西可能并非所欲。而王安石却另出新解,认为送人东西

---

① 孙延钊:《孙敬轩先生年谱》,《瓯风杂志》1934—1935 年第 4—6、11—16、23—24 期。

② (清)孙衣言:《敬轩先生行状》,载孙希旦:《礼记集解》卷首,中华书局 1989 年版,第 5—6 页。

不问对方是否需要,目的是为了养廉,防止对方生贪欲之心。对于王氏此说,清人多有评断。孙希旦曰:"王氏安石曰:为人养廉也。吕氏大临曰:赐人者使之来取,人之所难取也。与人者问所欲,人之所难言也。赐之而难取,与之而难言,非所以惠人之道也。……愚谓君子多自好,故赐之不曰'来取',所以养其廉。小人多苟得,故与之不问其所欲,所以节其贪。"①以此可见,王安石此说为孙希旦所接受。

又如《杂记下》:"天子饭九贝,诸侯七,大夫五,士三。"郑注:"此盖夏时礼也。周礼,天子饭含用玉。"陆佃曰:"士丧礼,贝三实于笄,此士三之证也。案珠玉曰含玉,贝亦曰含,则散言之,饭、含通也。郑氏谓'盖夏时礼。周礼,天子饭含用玉',误矣。《典瑞》言玉职也,贝非所言。《大戴礼》天子饭以珠,含以玉;诸侯饭以珠;大夫、士饭以珠,含以贝。《典瑞》大丧,共饭玉含玉,则珠有以玉为之者矣。《玉府》所谓珠玉是也。诸侯言饭不言含,则蒙上含以玉可知。然则饭以珠,不必言矣。其言之,则以天子珠兼以玉,诸侯以珠而已。《稽命征》曰'天子饭以珠,含以玉,诸侯饭以珠,含以璧',相备也。相备而天子言玉,诸侯言璧,璧,器也。"②郑玄认为,《杂记下》于此的记载乃是夏礼,并非周礼。而陆氏以《典瑞》《大戴礼》《玉府》《稽命征》中的相关记载来反驳郑注。关于此,孙希旦有一段评论可以参考,孙氏曰:"愚谓饭,含也。对文则米曰饭,贝玉曰含;通而言之,含亦谓之饭也。《周礼·玉府》'共含玉',《典瑞》'大丧,共饭玉、含玉',上篇诸侯致含以璧,《左传》'陈子行,命其徒具含玉',《士丧礼》'实贝三',不用玉,则大夫以上含用贝、玉,士惟用贝也。此但言'贝'者,据上下之所通用者言其差尔。郑氏以为夏礼,无所据也。"③可以看出,孙希旦支持陆氏之见,而不同意郑氏之说。

又如《曲礼上》:"邻有丧,舂不相;里有殡,不巷歌。"郑注:"助哀也。相,谓送杵声。"孔颖达《仪礼正义》于此无解。方悫曰:"除丧而后祥,故未祥之前通谓之有丧。启殡而后葬,故未葬之前通谓之有殡。于邻言有丧,舂不相,则

① (清)孙希旦:《礼记集解》卷四,中华书局 1989 年版,第 78 页。
② (清)卫湜:《礼记集说》卷一〇四,载文渊阁《四库全书》第 119 册,上海古籍出版社 1987 年影印版,第 271 页。
③ (清)孙希旦:《礼记集解》卷四二,中华书局 1989 年版,第 1110 页。

有殡可知。于里言有殡,不巷歌,则有丧可知。舂犹不相,则不巷歌可知。不巷歌,则容或相舂矣。五家为邻,五邻为里,邻近而里远,邻寡而里众,近而寡者其情昵,远而众者其情疏,故哀不能无轻重浅深之别焉。"①方氏于此先对"有丧""有殡"分别作了解释,然后还对"邻有丧,舂不相""里有殡,不巷歌"的关系进行了探讨。方氏此说启发了孙希旦,孙氏曰:"愚谓方氏之说皆是,惟云'里言有殡,不巷歌,则有丧可知',尚未当。盖里有殡,不巷歌,则既葬之后,歌或非所禁也。邻里之哀,非但轻重浅深之不同,而其久暂固有别矣。"②

又如《礼器》:"礼也者,合于天时,设于地财,顺于鬼神,合于人心,理万物者也。是故天时有生也,地理有宜也,人官有能也,物曲有利也。故天不生,地不养,君子不以为礼,鬼神弗飨也。居山以鱼鳖为礼,居泽以鹿豕为礼,君子谓之不知礼。"郑注:"鬼神,所祀事有德也。言皆有异。天不生,谓非其时物也。地不养,谓非此地所生。不顺其乡之所有也。"郑注中没有对"合于天时""设于地财""顺于鬼神""合于人心""理万物者"等进行解释。孔《疏》虽有解释,但不如方氏解义详备。方氏还对经文中的"合""设""顺""理"四字分别作了解释。此外,对于经文中上言"鬼神"而下不言"鬼神"的原因,方氏也进行了探究。这是郑、孔所忽略之处。清人对方氏此解十分重视,如孙希旦在撰《礼记集解》时于方氏此处解义悉数抄录,孙希旦云:"上言'鬼神',而下不言者,盖鬼神体物不遗,天地之所生养莫非鬼神之所为,不可专指一事为言也。"③这明显是受到了方悫解义的影响和启发。

又如《礼器》:"经礼三百,曲礼三千,其致一也。"朱子云:"'经礼三百',便是《仪礼》中士冠、诸侯冠、天子冠礼之类。此是大节,有三百条。如始加,再加,三加,又如'坐如尸,立如斋'之类,皆是其中之小目,便有三千条。或有变礼,亦是小目。吕与叔云:'经便是常行底,纬便是变底。'恐不然。经中自有常、有变,纬中亦自有常、有变。"④郑玄以为,《礼器》所云"经礼"当指《周

---

① (宋)卫湜:《礼记集说》卷七,载文渊阁《四库全书》第 117 册,上海古籍出版社 1987 年影印版,第 153 页。

② (清)孙希旦:《礼记集解》卷四,中华书局 1989 年版,第 80 页。

③ (清)孙希旦:《礼记集解》卷二三,中华书局 1989 年版,第 627 页。

④ (宋)黎靖德编:《朱子语类》,中华书局 1986 年版,第 2243 页。

礼》，"曲礼"当指《仪礼》。朱子不同意郑注，他认为《礼器》所云"经礼"指《仪礼》中所记诸仪，如冠礼、昏礼等；"曲礼"当指冠礼、昏礼等诸仪中更小的仪节。朱子此论影响甚大，清人多有认同者，如孙希旦云："贵多谓之大，贵少谓之小，外心谓之显，内心谓之微。经礼者，常行之礼，如《仪礼》冠礼、昏礼之类，其目有三百也。曲礼者，仪文之委屈，如冠礼有三加，昏礼有六礼之类，其目有三千也。礼文虽繁，而莫得乎大、小、微、显之宜，则其致一也。惟其然，故人之所行莫不由之，如入室必由户而不可外也。"①孙希旦于此以朱注为是，而以郑注、孔疏为非。

第二，孙希旦注释《礼记》重视宋学，然亦不废汉学。孙希旦在为《礼记》作集解时，对郑玄、孔颖达、熊安生诸儒之说也多有援引。每一篇之经文下，孙氏一般是先引郑玄之说，次引孔颖达之说，然后再及宋、元、明、清诸儒之说。如《明堂位》一篇，孙希旦引用郑玄的解义有三十次，引用孔颖达的解义有十五次。由此可见孙氏对郑玄、孔颖达之说的重视程度。

孙希旦精于校勘，如《曲礼上》："《曲礼》曰：'毋不敬，俨若思，安定辞，安民哉。'此之"毋"字，《释文》曰："毋音无。"《说文》云："止之辞。其字从女，内有一画，象有奸之形，禁止之，勿令奸。古人云毋，犹今人言莫。"孙希旦云："按'毋'字与'父母'字不同，俗本多乱，读者皆朱点'毋'字以作无音，非也。后放此。疑者特复音之。"②又如《曲礼上》："人生十年曰幼，学。"朱熹曰："陆农师点'人生十年曰幼'为句，'学'字作一句，下至'百年曰期'皆然。"孙希旦曰："愚谓郑氏解'幼学'云：'名曰幼，始时可学也。'则本于'幼'字读断，孔疏始以'幼学''弱冠'等相连解之，失郑氏之意矣。"③孙希旦认为朱熹、陆佃准确理解了郑玄的解义，孔颖达等人的解释则是歪曲了郑玄的解义。

孙希旦对《礼记》所载名物的考证方面可谓精详。如《王制》："凡执技论力，适四方，裸股肱，决射御。凡执技以事上者，祝、史、射、御、医、卜及百工。凡执技以事上者，不贰事，不移官，出乡不与士齿。仕于家者，出乡不与士齿。"方悫曰："祝若《周官》大祝之类，史若《周官》大史之类，祝史皆事神之

---

① （清）孙希旦：《礼记集解》卷二四，中华书局1989年版，第651—652页。
② （清）孙希旦：《礼记集解》卷一，中华书局1989年版，第3页。
③ （清）孙希旦：《礼记集解》卷一，中华书局1989年版，第13页。

官。以其作辞以事神,故曰祝;以其执书以事神,故曰史。射则《周官》之五射,若白矢参连之类;御则《周官》之五御,若鸣和鸾逐禽左之类;医则医师之类;卜则卜师之类;百工则土工、木工、金工、石工之类,以其类之非一,故以百言之,以其足以兴事,故谓之工焉。凡此者,皆执技之名也。"①方氏于此以《周礼》所记"大祝""大史"来解释《王制》所记之"祝"和"史",又以《周礼》所记"五射"释《王制》此处之"射",以《周礼》所记"五御"释《王制》此处之"御"。方氏以《周礼》所记官职来解《王制》是值得商榷的。孙希旦不同意方氏解义,孙氏曰:"愚谓此又因上言'执技论力'而备陈执技之人也。执技之人凡七:祝一,史二,射三,御四,医五,卜六,百工七。射、御,上文已见,而重言之者,因五者而并列之也。此皆谓执技之贱人,非《周礼》大祝、大史、射人、大驭、医师、大卜等之官也。"②而朱彬却对方氏此解表示认同。笔者认为孙希旦的意见较为合理。《周礼》所记大祝、大史、射、御乃官职,从《王制》的前后文来看,前论大乐正、司马等,这是属于官职之列,后论祝、史、射、御、医师、大卜以"执技以事上者",并非属于官职之列。

在礼制的考证方面,孙希旦也多有新见。如《曲礼上》:"馂余不祭,父不祭子,夫不祭妻。"朱子曰:"便是此一说,被人解得都无理会了。据某所见,此二句承上面'馂余不祭'说。盖谓馂余之物,虽父不可将去祭子,夫不可将去祭妻。且如孔子'君赐食,必正席先尝之;君赐腥,必熟而荐之'。君赐腥,则非馂余矣,虽熟之以荐先祖可也。赐食,则或为馂余,但可正席先尝而已;固是不可祭先祖,虽妻子至卑,亦不可祭也。"③"'馂余不祭,父不祭子,夫不祭妻',先儒自为一说,横渠又自为一说。看来只是祭祀之'祭',此因'馂余'起文。谓父不以是祭其子,夫不以是祭其妻,举其轻者言,则他可知矣。"④"'馂余不祭,父不祭子,夫不祭妻',古注说不是。今思之,只是不敢以馂余又将去祭神。虽以父之尊,亦不可以祭其子之卑;夫之尊,亦不可以祭其妻之卑,盖不

①　(宋)卫湜:《礼记集说》卷三三,载文渊阁《四库全书》第 117 册,上海古籍出版社 1987 年影印版,第 684 页。
②　(清)孙希旦:《礼记集解》卷一三,中华书局 1989 年版,第 369 页。
③　(宋)黎靖德编:《朱子语类》,中华书局 1986 年版,第 2230 页。
④　(宋)黎靖德编:《朱子语类》,中华书局 1986 年版,第 2230 页。

敢以鬼神之余复以祭也。祭,非'饮食必有祭'之'祭'。"①郑玄、孔颖达、熊安生等人均认为,《曲礼上》这段经文是说父亲在吃子女剩下的饭菜或丈夫在吃妻子剩下的饭菜时,就无需祭先人,因为子、妻为卑。朱熹则认为,郑、孔、熊等人于此注释均不确,《曲礼上》此文之"祭"当为"祭祀"之"祭",而非"饮食必有祭"之"祭"。意谓吃剩下的饭菜不可用以祭祀,即使是父亲,也不可用剩下的饭菜祭子,即使是丈夫,也不可用剩下的饭菜祭妻。朱熹此解受到清人的推崇,孙希旦云:"戴氏溪曰:父不祭子,夫不祭妻,各使其子主之,明有尊也。此与馂余不祭,义不相属。顾氏炎武曰:父不祭子,夫不祭妻,不但名分有所不当,而以尊临卑,则死者之神亦必不安,故其当祭则有代之者。此谓平日四时之祭,若在丧,则祥禫之祭未尝不行。此节诸家之说不同。注疏解'祭'字为'祭食'之祭,谓'食尊者之余则祭之','若父得子余,夫得妻余,不须祭,以其卑故也'。愚谓食之有祭,所以报先代始为饮食之人,若用食余以祭,则非所以为敬。故《玉藻》'特牲三俎,祭肺,夕深衣,祭牢肉'若日中而馂,则不祭也。虽尊者之余,亦不可用以祭矣。且礼惟有卑馂尊者之余,若父馂子余,夫馂妻余,尤礼之所未尝有也。……朱子与戴氏、顾氏之说皆可通,但上言'御食于君',下言'御同于长者',故因而及于馂余不祭之事,忽于其间言吉祭,未免不伦,又似朱子之说为长也。"②从孙希旦所论可以看出,朱子这里的怀疑及新解当是合理的。

又如《祭法》:"王为群姓立七祀,曰司命,曰中霤,曰国门,曰国行,曰泰厉,曰户,曰灶。王自为立七祀。诸侯为国立五祀,曰司命,曰中霤,曰国门,曰国行,曰公厉。诸侯自为立五祀。大夫立三祀,曰族厉,曰门,曰行。嫡士立二祀,曰门,曰行。庶士、庶人立一祀,或立户,或立灶。"张载认为,天子至于士皆立五祀之祭。天子之立五祀之祭,经书所记不尽一致。士立五祀之祭见于《既夕礼》(《既夕礼》是《士丧礼》的续篇,所以张载言《士丧礼》,而不言《既夕礼》)。《祭法》此处所记有七祀、五祀、三祀、二祀、一祀之别,之所以有这样的差别,张载认为《祭法》此处所记并非通行之礼。此外,张载还重点对中霤作

---

① (宋)黎靖德编:《朱子语类》,中华书局1986年版,第2230页。
② (清)孙希旦:《礼记集解》卷三,中华书局1989年版,第61—62页。

了解释,他认为中霤就是《诗经》中所记之"不愧屋漏",并认为中霤是宫室漏明之处。"天子之立五祀,见于经者不一",张载没有明说"经者"为何,很可能是《周礼·大宗伯》所记"祭五祀"。此外,他还考察了《既夕礼》中关于士祭五祀的内容,最后认定《祭法》关于七祀、五祀、三祀、二祀、一祀之法非通行之礼。张载于此所作解义影响颇为深远,孙希旦云:"愚谓五祀有二:其大者为五行之神,《大宗伯》'以血祭''祭五祀',《左传》'社、稷、五祀,是尊是奉',是也。其小者为户、灶、门、行、中霤之神,《曲礼》《王制》《月令》《周礼·小祝》《士丧礼》之所言者是也。盖户、灶、门、行、中霤,皆关于饮食起居之至切近者,故自天子以下皆祭其神。若司命以为文昌宫星,则《大宗伯》以槱燎祭之者不当祭于宫中;若如以为宫中小神督察三命者,则不知其于天神、地祇、人鬼何所属耶? 至泰厉、公厉,则天子诸侯所祭因国之在其地而无主后者,亦不当于中霤、户、灶、门、行为类。且五祀为宫中之神,故自天子以下各自祭之,今乃谓'天子为群姓立七祀',有中霤、户、灶,'诸侯为国立五祀',有中霤,则是国人宫内之神,而乃祭之于天子诸侯之宫,有是理乎?"①孙希旦所言,明显是受到了张载解义的启发,不过孙希旦在张载的基础上,对经书的矛盾之处进行了调和。

孙希旦的《礼记集解》有着很高的学术价值,如孙衣言曰:"其大指在博参众说,以明古义,而不为诡词曲论。故论者谓先生之言礼,其于名物制度,考索精详,可以补汉儒所未及;而其深明先王制作之意,以即乎人心之所安,则又汉儒所不逮也。"②孙锵鸣曰:"是书首取郑注孔《义》,芟其繁芜,掇其枢要,下及宋元以来诸儒之说,靡不博观约取。苟有未当,裁以己意。其于名物制度之详,必求确有根据,而大旨在以经注经,非苟为异同者也。至其阐明礼意,往复曲畅,必求即乎天理人心之安,则尤笃实正大,粹然程朱之言也。"③阮元曰:"自郑氏以下及孔冲远、朱子以来,共□□□□家之说,用其所长,舍其所短,辨其所误,析其所疑,复自下以己意以发明昔人之所未发,又于每节之下作为

---

① (清)孙希旦:《礼记集解》卷四五,中华书局 1989 年版,第 1203—1204 页。
② (清)孙衣言:《敬轩先生行状》,载《礼记集解》卷首,中华书局 1989 年版,第 5—6 页。
③ (清)孙锵鸣:《孙锵鸣序》,载《礼记集解》卷首,中华书局 1989 年版,第 1—2 页。

释文。于是《礼记》之义毕著矣。"①诸家所作评论,实非虚言也。

(二) 朱彬的《礼记》学

朱彬(1753—1834年),字武曹,江苏宝应人,乾隆六十年(1795年)举人。朱彬幼有至行,年十一丧母,哀戚如成人。长丁父忧,敛葬尽礼,三年蔬食居外。他自少至老,好学不厌,承其乡王懋竑经法,与外兄刘台拱互相切磋,每有所得,辄以书札往来辨难,必求其是而后已。他于训诂、声音、文字之学,用力尤深。著有《经传考证》4卷,《礼记训纂》49卷,《游道堂诗文集》4卷。

《礼记训纂》是朱彬的代表作。关于是书之撰作,朱彬在自序中曰:"本朝经学昌明,诏天下诸生习《礼记》者兼用古注、疏,于是洪哲俊彦之论,钻研经义,遐稽博考,盖彬彬矣。不揣樗昧,年逾知命,始取《尔雅》《说文》《玉篇》《广雅》诸书之故训,又刺取《北堂书钞》《通典》《太平御览》诸书之涉是《记》者,虎观诸儒所论议,《郑志》师弟子之问答,以及魏晋以降诸儒之训释,撮其菁英,以为辑略。管窥蠡测,时有一得,亦附于编。"②是书共四十九卷。由于《大学》《中庸》两篇被纳入四书之中,所以朱彬没有另作注释,而只是采用了汉代郑玄注。

朱彬《礼记训纂》的最大特点是汉宋兼采。此书在编纂的过程中,既采纳汉学之著作,又采纳宋学之解义。朱彬《礼记训纂》采纳了上百位前代或当代学者的见解。如汉代的有服虔、马融、卢植、郑玄、荀爽;晋代的有王肃;南北朝时期的有庾蔚之、贺玚、皇侃、熊安生;隋唐时期的有陆德明、孔颖达、贾公彦;宋代的有朱熹、王安石、陈祥道;元朝的有吴澄;清代的有顾炎武、江永、戴震、朱轼、金榜、惠栋、郑元庆、藏琳、邵晋涵、王念孙、王引之、程瑶田、钱大昕、段玉裁等,前贤的研究成果被朱彬大量采用。如果说卫湜的《礼记集说》更多的是材料的罗列,那么朱彬的《礼记训纂》则是汇聚众说而浑然一体。作者征引的材料很多,不少地方都用"彬谓"的形式表明自己对经义的理解,以实现对众家之说的疏解和补正。

---

① (清)阮元:《礼记集解序》,转引自孙诒让著,孙猛校补:《温州经籍志》,上海社会科学院出版社2005年版,第136页。

② (清)朱彬:《礼记训纂》卷首《礼记训纂序》,中华书局1996年版,第2页。

朱彬的《礼记训纂》对汉学著作颇为重视，征引郑玄、孔颖达及王念孙、王引之、江永、刘台拱等人的成果尤多。王念孙、王引之、江永、刘台拱是清代汉学家，他们深入研究《尔雅》《说文》，在文字、音韵、训诂等领域都有很深的造诣，在《礼记》研究领域也提出了很多新见。

如《曲礼上》："夫为人子者，三赐不及车马。"郑玄曰："三赐，三命也。凡仕者，一命而受爵，再命而受衣服，三命而受车马。"孔疏曰："三赐，三命也。言为人子，虽受三命之尊，终不敢受车马。"①王引之曰："郑言三命不受车马之赐，非也。赐，犹予也。谓为人子者，不敢以车马予人也。言三赐者，约言之为三耳。犹《论语》言'三仕''三已''三以天下让'也。《逸周书·太子晋篇》'王子赐之乘车四马'，孔晁注曰：'礼，为人子三赐不及车马，此赐则白王然后行可知也。'盖《礼记》旧注有如此解者，故晁本之为说。"②朱彬曰："彬案：《坊记》曰：'父母在，馈献不及车马。'是其明证。"③郑玄认为这里的"三赐"就是"三命"。王引之驳之，认为此"三"当为约数，经文之义，是为人子者不敢以车马予人。朱彬则以《坊记》为据，申王驳郑，认为"三"为约数，"三赐"并非"三命"。

又如《郊特牲》："为人臣者无外交，不敢贰君也。"郑注："私觌是外交也。"孔疏："无外交，唯专一事君，既从君而行，不敢贰心于他君。"④王引之曰："如《正义》言，经文但言'不敢贰'足矣，何须言'贰君'邪？今案：君谓己之君。贰者，并也，偶也。……其君与诸侯交，而臣亦与之交，则并于己之君，故曰'贰君'。"⑤孔颖达以"贰君"为"贰心于他君"，王引之驳之，认为"贰"乃"并"之义，"贰君"，即国君与诸侯外交，臣子也与诸侯有外交，臣子与国君并也。朱彬于孔、王之说皆引之，以俟存疑。

《曾子问》："若宗子死，告于墓，而后祭于家。"郑注："言祭于家，容无庙也。"江永曰："家者，对墓言之，祭于家，即是祭于庙，非谓无庙也。盖宗子无罪，去他国，宜以庙从，宗子死，自有子祭之。惟其有罪居他国，庙犹在本国。

---

① （唐）孔颖达等：《礼记正义》卷一，载《十三经注疏》，中华书局 1980 年影印版，第 1233 页。
② （清）王引之：《经义述闻》卷十四，上海书店 2012 年版，第 325 页。
③ （清）朱彬：《礼记训纂》卷一，中华书局 1996 年版，第 10 页。
④ （唐）《礼记正义》卷二五，载《十三经注疏》，中华书局 1980 年影印版，第 1447 页。
⑤ （清）王引之：《经义述闻》卷十五，上海书店出版社 2012 年版，第 364 页。

宗子虽有子,不能归而祭,故庶子代祭。若无庙,则是庶人。庶人以时荐于寝,无牲无尸,不成其为祭,夫子亦不必言之矣。"①关于"祭于家",郑玄认为是无庙之故。江永则认为"祭于家"即是"祭于庙",非若郑玄所谓"无庙"也。郑、江二人观点相反,朱彬皆引之,以俟存疑。

《曾子问》:"宗子死,称名不言'孝',身没而已。"郑注:"至子可以称孝。"孔疏:"庶子身死,其子则是庶子嫡子,祭庶子之时,可以称孝。"②江永曰:"此论正统之祭,未论祭庶子。庶子无爵,荐而不祭,亦不必言。或是孙祭祖,得称'孝孙'与?抑或庶子摄祭,止于其身,庶子之子为庶人,则当鬼其祖,不复更祭与?"③郑玄认为,宗子死后,称其名不言孝,而庶子之嫡子祭庶子时,则可以称孝。江永认为,此仅言正统之祭,未言及祭庶子,庶子无爵,故不祭,亦不必言。郑、江之说不合,朱彬皆引之,以俟存疑。

又如《月令》:"律中黄钟之宫。"郑注:"黄钟之宫最长也,十二律转相生,五声具,终于六十焉。季夏之气至,则黄钟之宫应。《礼运》曰:'五声六律十二管,还相为宫。'"孔疏:"蔡氏及熊氏以为黄钟之宫谓黄钟少宫也,半黄钟九寸之数管长四寸五分。"④朱彬曰:"彬谓蔡氏熊氏是也。黄钟九寸,谓最长,浊津,主十一月之气,不得复言于长夏之后。"⑤朱彬在这里还引《汉书·律历志》与孟康、臣瓒之说作为佐证。

朱彬的《礼记训纂》亦多采宋学之释义。其中采择朱熹、方悫、陈祥道之说最多,王安石、刘敞等人之说也时有涉及。

如《礼器》:"有以大为贵者:宫室之量,器皿之度,棺椁之厚,丘封之大,此以大为贵也。"方悫曰:"《周官·典命》宫室以命数为节,自上公至子男,或以九,或以五,此宫室以大为贵也。天子之路谓之大路,弓谓之大弓,斗谓之大斗,房谓之大房,此器皿以大为贵也。尊者之棺四重,卑者止一重,椁周于棺,

① (清)江永:《礼记训义择言》卷四,载文渊阁《四库全书》第128册,上海古籍出版社1987年影印版,第334页。
② (唐)孔颖达:《礼记正义》卷十九,载《十三经注疏》,中华书局1980年影印版,第1399页。
③ (清)江永:《礼记训义择言》卷四,载文渊阁《四库全书》第128册,上海古籍出版社1987年影印版,第334页。
④ (唐)孔颖达:《礼记正义》卷十六,载《十三经注疏》,中华书局1980年影印版,第1372页。
⑤ (清)朱彬:《礼记训纂》卷六,中华书局1996年版,第255页。

此棺椁以大为贵也。《冢人》'以爵等为丘封之度'，此丘封以大为贵也。于宫室言量，于器皿言度，互相备也。"①此处郑玄无解，朱彬引方悫之说以为据。可见其对宋学亦不排斥。

又如《礼器》："一献质，三献文，五献察，七献神。"陈祥道曰："五帝先王之类，大祀也。社稷、五祀、五岳之类，中祀也。四方百物之类，小祀也。大祀献多，小祀献寡，则社稷所献，宜加于山川也。先王祭服，各有象数，则希冕三章以祭社稷者，非卑之于山川，以献数不系于服章也。宾客之礼，士一献，卿大夫三献，子男五献，侯伯七献，上公九献。而王飨诸侯，自子男五献以至诸侯长十有再献，皆服鷩冕七章，孰谓献数必系于服章哉？"②郑玄此处之解释太略，朱彬引陈祥道之说为据。可见其对宋学亦不排斥。

朱彬的《礼记训纂》汉宋兼采，没有门户之见，如章太炎曰："若夫汉宋兼采者，亦不止浙粤为然，宝应刘台拱、朱彬二家皆宋学意味，而朱之《礼记》为甚。即皖学大师江、戴二公亦然。至高邮、曲阜始醇粹无杂耳。"③《续修四库提要》曰："是书小注皆先录郑注，如《曲礼上第一》注所引郑注，后吕与叔即吕大临、吴幼清即吴澄，而朱熹子说为多，是可为不分汉宋之证。"④朱彬的《礼记训纂》与孙希旦的《礼记集解》一样，皆是汉宋兼采之作。不过在孙希旦时代，乾嘉学派学人如王引之等人的经解尚未刊布，故孙氏《礼记集解》多采宋学之说而少汉学家之见。朱彬生活在乾嘉汉学兴盛时期，他能广泛采纳高邮王氏父子、江永、戴震、刘台拱等汉学大家之成果，因此大大提升了其《礼记纂言》之学术成就。

相较于孙希旦的《礼记集解》，朱彬《礼记训纂》多承袭前贤时人之说，而少有自己对经义的发明。朱彬《礼记训纂》所引述的他人说解，既有相同的意

---

①　（宋）卫湜：《礼记集说》卷六十，载文渊阁《四库全书》第118册，上海古籍出版社1987年影印版，第273页。

②　（宋）陈祥道：《礼书》卷八五，载文渊阁《四库全书》第130册，上海古籍出版社1987年影印版，第537—538页。

③　章太炎：《与支伟成论清代学术书》，载傅杰编校：《章太炎学术史论集》下辑，中国社会科学出版社1997年版，第340页。

④　中国科学院图书馆整理：《续修四库全书总目提要》卷四九，中华书局1993年版，第560页。

见,也有相左的观点。对于不同的说解,朱彬甚少案断。若有自己的见解,朱彬一般是以"彬案"引出。总之,朱彬《礼记训纂》较少自己的见解,即使有,也较为简略。这是《礼记训纂》最大的不足之处。

朱彬《礼记训纂》能充分吸收清代学者的研究成果来校勘经文和疏通旧注,其于名物制度、文字音义、义理等无不涉及。该书在清代经学史和中国《礼记》学史上有一定的地位。林则徐评价是书曰:"先生承其乡先进王氏懋竑经法,又与刘端临台拱、王石臞念孙、伯申引之父子切劘有年,析疑辨难,奥窔日辟。故编中采此四家之说最多。复旁证国初讫乾嘉间诸家之书,亦不下数十种,而仍以《注》《疏》为主。撷其精要,纬以古今诸说,如肉贯串。其附己意者,皆援据精确,发前人所未发,不薄今而爱古,不别户而分门,引掖来学之功,岂浅鲜哉!"① 今人张舜徽亦曰:"《礼记训纂》四十九卷,博采群言,发明郑义,其精湛虽不逮邵氏之于《尔雅》、胡氏之于《仪礼》、孙氏之于《书》、陈氏之于《诗》,要亦不失为专谨之作,胜于陈澔《集说》固甚远。"②由此可见是书影响之深远。

(三) 杭世骏的《礼记》学

杭世骏(1695—1773年),字大宗,号堇浦,别号智光居士、秦亭老民、春水老人,浙江仁和(今浙江杭州)人,雍正二年(1724年)举人,乾隆元年(1736年)举鸿博,授翰林院编修之职,校勘武英殿《十三经》《二十四史》,纂修《三礼义疏》。乾隆八年(1743年),他因上疏言事,遭帝诘问,革职后以奉养老母和攻读著述为事。乾隆十六年(1751年)得以平反,官复原职。晚年主讲广东粤秀和江苏扬州两书院。他平生勤于学术,虽以诗名,实精于史。著有《续礼记集说》《诸史然疑》《史记考证》《两汉书疏证》《三国志补注》《晋书补传赞》《两浙经籍志》《道古堂文集》《道古堂诗集》《榕城诗话》《榕桂堂集》等流传于世。

1.《续礼记集说》的撰作缘由

南宋卫湜所撰《礼记集说》一百六十卷,在中国礼学史上占有重要的地位。关于《礼记集说》的写作缘起,卫湜在该书自序中说:"《礼记》四十九篇,

---

① (清)林则徐:《礼记训纂序》,载《礼记训纂》卷首,中华书局1996年版,第1页。

② 张舜徽:《清人文集别录》,华中师范大学出版社2004年版,第252页。

自二戴分门,王、郑异注,历晋迄陈,虽南北殊隔,家传师授,代不乏人。唐贞观(原作'正观')中,孔颖达等详定疏义,稍异郑说,罔不芟落,诸家全书自是不可复见。由贞观(原作'正观')至五代,逾三百年,世儒竞攻专门之陋学,《礼》者几无传矣。本朝列圣相承,崇显经学,师友渊源,跨越前代。故经各有解,或自名家,或辑众说,逮今日为尤详。《礼记》并列六籍,乃独阙焉,率散见杂出,而又穷性理者略度数,推度数者遗性理,欲其参考并究,秩然成书,未之有也。予晚学孤陋,滥承绪业,首取郑注孔《义》,翦除芜蔓,采摭枢要,继遂博求诸家之说,零篇碎简,收拾略遍。至若说异而理俱通,言详而意有本,抵排孔、郑,援据明白,则亦并录,以俟观者之折衷。"①卫湜认为,唐代孔颖达撰《礼记正义》,经学归于一统,《礼记正义》之外,汉唐《礼记》著述皆已散佚;宋人虽然重视《礼记》,但各家偏重有所不同,有人重视名物制度的考证而忽略礼义之阐发,有人重视性理之学却忽略名物制度之考证。鉴于此,卫湜取郑注、孔《疏》的枢要部分,并博求汉唐及宋代各家之说,以成一书。至于各家观点有抵牾之处,其亦予以援引,以待读者折衷。卫湜又说:"予之《集说》,窃取斯义,是则此书之博也,非所以为学者造约之地邪。犹愧寡闻,访论未尽。然《六经》之典,敷畅发明,至是粗备,或于圣代阙文小有补云。"②卫湜认为,博采诸家解义可以方便学者观览,也于"圣代阙文"有所补益。

杭世骏《续礼记集说》受卫湜《礼记集说》影响甚大。在《续礼记集说序》中,杭氏云:"余成童后,始从先师沈似裴先生受《礼经》,知有陈澔,不知有卫湜也。又十年,始得交郑太史筠谷,筠谷赠以卫氏《礼记集说》,穷日夜观之,采茸虽广大,约章句训诂之学为多,卓然敢与古人抗论者,惟陆农师一人而已。"③杭氏认为,卫氏《礼记集说》采择前人解义虽繁富,然所采择多是一脉

---

① (宋)卫湜:《礼记集说序》,《礼记集说》卷首,载文渊阁《四库全书》第117册,上海古籍出版社1987年影印版,第3页。
② (宋)卫湜:《礼记集说序》,《礼记集说》卷首,载文渊阁《四库全书》第117册,上海古籍出版社1987年影印版,第4页。
③ (清)杭世骏:《续礼记集说序》,《续礼记集说》卷首,载《续修四库全书》第101册,上海古籍出版社2002年版,第1页。

相传者,至于所收的驳前人解义者,仅宋人陆佃而已。① 杭氏言下之意,是要在卫湜的基础上扩大征引解义之范围,甚至兼采一些观点对立的解义。

杭世骏《续礼记集说》的编撰,还与其参与朝廷《礼记义疏》的纂修经历分不开。乾隆元年(1736 年),清高宗颁布上谕,命总理事务王大臣等筹措开馆纂修《三礼义疏》。一大批学者应诏到三礼馆,参与乾隆时期这项文化工程建设。杭世骏承担了《礼记》中《学记》《乐记》《丧大记》《玉藻》等篇的义疏纂修工作。乾隆八年(1743 年),杭氏得罪乾隆帝,遂遭罢官。由于杭氏在三礼馆工作期间,对历代《礼记》学文献有透彻之掌握,故其在离职以后有条件对《礼记》做更加全面、深入的研究。《续礼记集说》征引文献浩富,所征引之文献,大多是杭氏在纂修《礼记义疏》的过程中积累的。可以说,《续礼记集说》是杭氏纂修《礼记义疏》的副产品。杭氏曰:"通籍后,与修三礼馆吏以《礼记》中《学记》《乐记》《丧大祭》《玉藻》诸篇相属,条例既定,所取资者则卫氏之书也。京师经学之书绝少,从《永乐大典》中有关于三礼者悉皆录出,二礼吾不得寓目,《礼记》则肄业及之。……卫氏后者……元儒莫如吴草庐《纂言》变乱篇次,罔分名目,乃经学之骈枝,非郑、孔之正嫡也。广陵宋氏有意驳经,京山郝氏居心难郑,姑存其说,为迂儒化拘墟之见,而不能除文吏深刻之习。宋元以后,千喙雷同,得一岸然自露头角者,如空谷之足音,跫然喜矣。国朝文教覃敷,安溪高安两元老潜心三礼,高安尤为杰出。《纂言》中所附解者,非草庐所能颉颃,馆中同事编耷者,丹阳姜孝廉上均、宜兴任宗丞启运和吴通守廷华皆有撰述,悉取而备录之,贤于胜国诸儒远矣。"②由此可知杭氏在从事《礼记义疏》的编撰过程中不仅对卫氏《礼记集说》有深切之体认,对于元明以来诸儒之《礼记》学亦有全面之掌握。其希望通过文献之梳理编排,以续卫氏之书征引解义之范围,进而推动《礼记》学研究之开展。

2.《续礼记集说》的体例

---

① 汉唐时期,非议郑玄《礼记》解义者大有人在,除了学界熟知的王肃以外,梁人皇侃的《礼记讲疏》《礼记义疏》亦有不少解义与郑注相左。杭氏认为仅陆佃有驳前人解义之举,此说未免武断。

② (清)杭世骏:《续礼记集说序》,《续礼记集说》卷首,载《续修四库全书》第 101 册,上海古籍出版社 2002 年版,第 1—2 页。

杭世骏《续礼记集说》书名中的"续"字之义有二:一是继承卫湜《礼记集说》集解体的经典诠释体式,二是接续卫湜《礼记集说》征引元、明、清诸家之解义。杭氏此书对卫湜《礼记集说》体例之继承和发展,可从以下三个方面来看。

(1)卷帙之编排

卫湜《礼记集说》在卷帙编排上,有经文一篇而《集说》分为数卷者,有经文数篇而《集说》合为一卷者。杭世骏《续礼记集说》共一百卷,卷帙分合亦很灵活。《曲礼》《檀弓》因解说繁杂,竟至十卷、九卷,《王制》《月令》亦至六卷。一篇分为五卷者,则有《曾子问》《杂记》,分为四卷者,则有《礼运》《郊特牲》《杂记》《中庸》《内则》《玉藻》,分为三卷者,则有《文王世子》《礼器》《丧服小记》《丧大祭》等。此外还有多篇合为一卷者,如卷九十六合《深衣》《投壶》为一卷,卷一百则合《燕义》等三篇为一卷,卷九十四、九十五等则合两篇为一卷。

(2)诠释之体式

卫湜《礼记集说》采用集解体的诠释体式,博采汉唐经学家的解义达一百四十四家。该书罗列《礼记》经文之后,另起一行征引诸家解义。每段经文下所列解义至少有两家,最多达二十家。卫湜于各家解义后并无按语,他说:"他人著书,惟恐不出于己,予之此编,惟恐不出于人。因不敢谓此编能尽经旨,后有达者,何嫌论著,谨无袭此编所已言,没前人之善可也。"①

杭世骏《续礼记集说》沿袭卫湜《礼记集说》之集解体,采择汉代郑玄至宋人魏了翁之解义凡四十一家,皆卫氏《礼记集说》已列而采之未备者。其中汉代有郑玄,魏有王肃,晋有贺循,梁有崔灵恩、皇侃,北齐有熊安生,唐代有陆德明、孔颖达、贾公彦、张守节、赵匡、成伯玙,宋代有刘敞、司马光、何洵、方悫、马希孟、刘彝、陆佃、程颐、张载、周谞、吕大临、周行己、李觏、陈祥道、陈旸、胡安国、叶梦得、应镛、程迥、林光朝、吕祖谦、朱熹、项安世、辅广、杨复、游桂、顾元常、沈焕、魏了翁。杭氏曰:"已上诸儒,卫氏已列其名氏,而其说有采之未备者,今取其有与后儒之说互相发明,重加辑录,间多节取,以广卫氏所遗。"②

---

① (清)朱彝尊:《经义考》卷一四二,中华书局 1998 年影印版,第 749 页。

② (清)杭世骏:《续礼记集说》卷首《姓氏》,载《续修四库全书》第 101 册,上海古籍出版社 2002 年版,第 3 页。

杭世骏《续礼记集说》采择汉代司马迁至宋代黄仲炎凡四十五家,皆在卫湜以前而《礼记集说》未采者。包括汉代司马迁、孔安国、戴德、班固、郑众、马融、许慎、卢植、何休、赵岐、蔡邕、高诱、李巡、孙炎、谯周、韦昭,晋代杜预、傅咸、徐邈、刘智,南朝梁的贺玚、何子季,北魏李谧、袁翻,唐代韩愈、柳宗元,宋代聂崇义、孙奭、欧阳修、苏轼、顾临、刘恕、吕希哲、彭汝砺、程大昌、郑樵、林之奇、王炎、郑锷、蔡沈、叶时、祝穆、真德秀、严粲、黄仲炎。杭氏曰:"已上诸儒,并在卫氏以前,而《集说》俱未经采及,盖缘其说多散见他书,本非言礼专家,今取其与礼经发明者,间为节录,以广卫氏所未备。此后诸儒皆卫氏所不及见,悉采而录之,所以续卫书也。"①

杭世骏《续礼记集说》采择宋代张虑至明代冯氏凡五十五家,皆在卫湜以后。包括宋代张虑、陈埴、饶鲁、王应麟、朱申、黄震、谢枋德,元代马端临、敖继公、吴澄、金履祥、熊朋来、陈澔、陈栎、戴侗、彭廉夫、李廉、彭丝,明代刘基、汪克宽、方孝孺、邱濬、何孟春、姚舜牧、徐师曾、邓元锡、郝敬、余心纯、王圻、黄乾行、张怡、杨鼎熙、芮城、秦继宗、何兆清、汤三才、卢翰、王石渠、张燧、史骃孙、胡迥、王子墨、董玮、王乔桂、董师让、董应旸、张鹤门、杨秀、汤道衡、徐氏、张氏、彭氏、王氏、许氏、冯氏。杭氏曰:"元儒吴氏(澄)、陈氏(澔)言礼有专书,家弦户诵,其他诸儒之说或散见别部,或为诸书所引用,或有专书而未盛行于世,仅可得之掇拾者,删其重复,节其冗蔓,务取其说,不袭卫氏陈言,而别具新义者,辑录于编,故征引虽五十余家,而著录者无多焉。"②

杭世骏《续礼记集说》采择清人解义四十六家,包括万斯大、万斯同、顾炎武、毛奇龄、来燕雯、徐束、章大来、盛唐、李日煜、毛文晖、毛远宗、钱彦隽、王锡、朱襄、胡绍安、胡绍简、何瑾栗、陈佑、李庚星、汪熷、柴世堂、凌绍颐、罗肇桢、姚炳、张于康、洪潮、王洪、陆邦烈、邵国麟、姚之骃、冯氏、姚际恒、陆陇其、汪琬、李光坡、徐乾学、朱轼、陆奎勋、张永祚、姜兆锡、周发、方苞、全祖望、任启运、齐召南、吴颖芳。杭氏曰:"已上诸家,有全书备录者,犹卫氏之于严陵方

---

① (清)杭世骏:《续礼记集说》卷首《姓氏》,载《续修四库全书》第101册,上海古籍出版社2002年版,第4页。

② (清)杭世骏:《续礼记集说》卷首《姓氏》,载《续修四库全书》第101册,上海古籍出版社2002年版,第6页。

氏、庐陵胡氏之例也。其余多从节取,有与先儒复者,概从删削,有别出新义者,虽稍未醇,亦存备一解,又尝备员词馆与修三礼日,与同馆诸公往复商榷,存其说于箧,衍及主讲粤秀诸生,亦有执经问难者,录为质疑一编,不忍弃置,悉附于各条之末。衰耄侵寻,旧雨零落,闭门著书,自谓未经论定,秘不示人者,则采录所未到,均有俟诸异日。"①

杭世骏《续礼记集说》采择汉代至清代《礼记》解义达一百八十七家,所采解义分为四类,皆以不雷同旧说及发明新义者为主。所采择清儒解义,以姚际恒、姜兆锡、方苞、任启运为多。兹举数例,以明杭氏《续礼记集说》征引历代解义之概况。

《曲礼上》:"曲礼曰:毋不敬,俨若思,安定辞,安民哉。"卫湜《礼记集说》所征引者有郑玄、陆德明、胡铨、程颐、程颢、真德秀、张载、朱熹、叶梦得、吕大临、周谞、马希孟、沈清臣、戴溪、家颐,共十五家。杭氏《续礼记集说》所征引者有程颐、朱熹、徐师曾、范祖禹、刘彝、姚际恒、朱轼、陆奎勋、姜兆锡、方苞。②

通过比较,可知卫氏《礼记集说》和杭氏《续礼记集说》征引各家解义之异同如下:

一是卫湜所征引者,杭世骏尽量避免征引。如卫湜所征引的郑玄、陆德明、胡铨、真德秀、张载、叶梦得、吕大临、周谞、马希孟、沈清臣、戴溪、家颐等十余家,杭氏则不征引。

二是出自卫湜前之解义,卫湜未引及,杭世骏却有征引。如刘彝、范祖禹之解义,杭氏之书征引之,而卫氏之书无。

三是杭世骏与卫湜之书皆征引者,在具体内容上有同有异。卫氏与杭氏之书皆征引朱熹、程颐之解义,然杭氏所征引朱熹、程颐解义与卫氏所征引者有同有异。程颐云:"主一之谓敬,无适之谓一……但整齐严肃,则心自一,一

---

① (清)杭世骏:《续礼记集说》卷首《姓氏》,载《续修四库全书》第101册,上海古籍出版社 2002 年版,第8页。

② (清)杭世骏:《续礼记集说》卷一,载《续修四库全书》第101册,上海古籍出版社 2002 年版,第 15—16 页。

则自无非僻之干矣。"①卫氏和杭氏之书皆征引之。程子又曰:"心定者其言重以舒,不定者其辞轻以疾。"②此说杭氏征引之,卫氏之书则无。朱熹曰:"毋不敬,是统言主宰处。俨若思,敬者之貌也。安定辞,敬者之言也。安民哉,敬者之效也。若只以事无过举可以安民为说,则气象浅迫,无含蓄也。"③此说卫氏之书征引,而杭氏则无。朱熹又曰:"此君子修身之要,乃礼之本也。"④杭氏征引朱熹此说,而卫氏则无。卫氏所引朱子之说乃是释经之字义,而杭氏所引者乃是明此段经文之大要。由此可见,在同一段经文之下,杭氏与卫氏之书即使征引同一家解义,所征引之具体内容也可能有所不同。

四是杭世骏在卫湜之基础上,征引宋代以后学人之解义,以续卫氏之书。杭氏之书所征引而卫氏未征引者共六家,其中有明人徐师曾,清人姚际恒、朱轼、陆奎勋、姜兆锡、方苞等。

例如,《王制》:"天子之田方千里,公侯田方百里,伯七十里,子、男五十里。不能五十里者,不合于天子,附于诸侯曰附庸。"卫湜所征引者有郑玄、孔颖达、陈祥道、马希孟、叶梦得、胡铨、王安石、徐自明、胡宏、朱熹、刘孟治、李氏、项安世。杭世骏所征引者有郑玄、熊安生、成伯玙、陈澔、汪克宽、彭丝、姚际恒、陆奎勋、姜兆锡、方苞、任启运、齐召南。⑤

再如,《文王世子》:"立大傅、少傅以养之,欲其知父子君子之道也。大傅审父子君臣之道以示之。……入则有保,出则有师,是以教喻而德成也。"卫湜之所征引者有郑玄、孔颖达、方悫、马希孟、胡铨、叶梦得、陈祥道、陆佃、真德秀。杭世骏征引各家解义时为了避免与卫氏之书重复,于汉唐各家仅征引熊安生之解义,其他所征引者皆出自宋以后,分别是郝敬、黄启蒙、姚际恒、朱轼、姜兆锡、方苞、全祖望、齐召南。

---

① 转引自(清)孙希旦:《礼记集解》卷一,中华书局1989年版,第3页。

② (宋)程颢、程颐:《河南程氏处书》卷十一,载《二程集》,中华书局2004年版,第414页。

③ (宋)卫湜:《礼记集说》卷一,载文渊阁《四库全书》第117册,上海古籍出版社1987年影印版,第21页。

④ 见于(清)杭世骏:《续礼记集说》卷一,载《续修四库全书》第101册,上海古籍出版社2002年版,第15页。

⑤ (清)杭世骏:《续礼记集说》卷一九,载《续修四库全书》第101册,上海古籍出版社2002年版,第278—282页。

通过以上诸例,可知杭世骏《续礼记集说》在征引历代学人解义方面所秉承的原则是尽量避免与卫湜《礼记集说》相重复。即使所征之书有与卫氏所征相重复的,在征引内容上也有差异。杭氏之书所关注的,或是出自卫氏之前而卫氏不曾征引者,或是出自卫氏之后而卫氏不能征引者,或是同一学人解义而卫氏未全面征引者。通过以上诸例,还可见杭氏对清初学人姜兆锡、方苞、任启运等人之解义颇为重视。

（3）解义采择之范围

卫湜《礼记集说》在援引某一家解义时,若有成书则多从书中援引。如孔颖达《礼记正义》、陆德明《礼记释文》、刘敞《七经小传》、张载《礼记说》、吕大临《礼记解》皆是《礼记》学专著,卫湜多从这些专著中采择解义。不过,卫氏所采解义并不局限于专著,朱彝尊云:"卫湜《集说》援引解义凡一百四十四家,不专采成书也,如文集、语录、杂说及群经讲论有涉于《礼记》者,皆哀取焉。"①卫湜所采者还包括文集、语录、杂说等。宋代理学家中,不少人没有专门的《礼记》学著述,如二程对《礼记》有所论述,但是这些训释材料零散地分散于《二程遗书》中。卫湜从《二程遗书》中将二程的《礼记》解义分离出来,并附于《礼记》的相关经文之下。又如朱熹有不少《礼记》解义散见于文集或语录,卫湜从文集和语录中采择了不少朱熹的《礼记》解义。卫氏此举,使其《礼记集说》的内容异常丰富。

与卫湜《礼记集说》一样,杭世骏《续礼记集说》所采择解义之范畴亦不限于专著。比如卫氏以前,有非礼学专家而言礼者,杭氏亦加采录。杭氏曰:"其说多散见他书,本非言礼专家,今取其与礼经发明者,间为节录,以广卫氏所未备。"②从杭氏所征引诸家来看,不少人既无礼学著述,在礼学史上也无大的影响,然杭氏博览群籍,择其解义而著录之,以广礼学研究者之见闻,其用心之良苦,由此可见也。

3.《续礼记集说》的诠释风格及学术价值

卫湜《礼记集说》一百六十卷,既大量采择宋人之说,又不废汉唐诸儒之

---

① （清）朱彝尊:《经义考》卷一四二,中华书局1998年影印版,第749页。

② （清）杭世骏:《续礼记集说》卷首《姓氏》,载《续修四库全书》第101册,上海古籍出版社2002年版,第4页。

解义。据笔者统计，《礼记集说》采择汉唐经学家解义共二十家，采择宋人解义达一百二十余家。卫湜一般是先将属于汉学系统的郑注、孔疏罗列于某一段经文之下，再罗列其他诸家解义。郑注、孔疏在卫氏《礼记集说》中的显眼位置也说明了卫氏对汉学的重视。除郑注、孔疏以外，汉唐时期的其他《礼记》学文献皆亡佚殆尽，而宋代雕版印刷术的发展，使宋代《礼记》学文献得以大量流传下来。故卫湜所采汉学《礼记》学文献的比例远远小于宋学。此外，卫湜生活于南宋后期，采择两宋的《礼记》文献当属便利，其多采宋代诸家之说就不难理解了。从卫氏采择各家《礼记》解义的时代分布上，可知卫氏《礼记集说》主张汉宋兼采。

根据前面所做的统计，杭世骏《续礼记集说》既大量征引汉唐学人解义，又大量征引宋、元、明、清诸儒之说，故杭氏此书乃汉宋兼采之作。实际上，清代之《礼记》学著述，并非如后世学人所想象的那样有汉学、宋学之严格区分。皮锡瑞在考察清代经学概况时曾说："雍、乾以后，古书渐出，经义大明。惠、戴诸儒，为汉学大宗，已尽弃宋诠，独标汉帜矣。惠周惕子士奇，孙栋，三世传经。栋所造尤邃，著《周易述》《古文尚书考》《春秋补注》《九经古义》等书。论者拟之汉儒，在何邵公、服子慎之间。而惠氏红豆山斋楹帖云：'六经宗孔孟；百行法程朱。'是惠氏之学未尝薄宋儒也。戴震著《毛郑诗考正》《考工记图》《孟子字义疏证》《仪礼正误》《尔雅文字考》，兼通历算声韵，其学本出江永，称永学自汉经师康成后，罕其俦匹。永尝注《朱子近思录》；所著《礼经纲目》，亦本朱子《仪礼经传通解》。戴震作《原善》《孟子字义疏证》，虽与朱子说经抵牾，亦只是争辨一理字。《毛郑诗考正》尝采朱子说。段玉裁受学于震，议以震配享朱子祠。……段以极精小学之人，而不以汉人小学薄朱子《小学》。是江、戴、段之学未尝薄宋儒也。宋儒之经说虽不合于古义，而宋儒之学行实不愧于古人。且其析理之精，多有独得之处。故惠、江、戴、段为汉学帜志，皆不敢将宋儒抹杀。"[1]皮氏认为，清代雍、乾以后的经学家并非有严格意义上的汉、宋门户之分，相反，他们在重视考据的同时，对于宋人著述、宋人义

---

① （清）皮锡瑞：《经学历史》，载潘斌选编：《皮锡瑞儒学论集》，四川大学出版社2010年版，第36—37页。

理之学也多有继承和发扬。杭氏《续礼记集说》的经典诠释风格,正可谓皮氏此论断之注脚。

杭世骏继承卫湜《礼记集说》的编撰体例,对宋代以来的《礼记》解义做了通盘的研究,并择其精要者录而成书。该书受到梁启超等人的赞赏,梁氏曰:"清儒于《礼记》,局部解释之小书单篇不少,但全部笺注,尚未有人从事。其可述者,仅杭大宗(世骏)之《续礼记集说》。其书仿卫湜例,为录前人说,自己不下一字。所录自宋元人迄于清初,别择颇精审,遗佚之说多赖以存。例如姚立方的《礼记通论》,我们恐怕没有法子再得见,幸而要点都采撷在这书里头,才能知道立方的奇论和特识,这便是姚书的功德。"①梁氏认为,杭氏采择精审,并有保存文献之功。② 除了梁氏所说的姚际恒之外,该书还保存了来燕雯、徐束、章大来、盛唐、李日焜、毛文晖、毛远宗、钱彦隽、王锡、朱襄、胡绍安、胡绍简、何瑾栗、陈佑、李庚星、汪熷、柴世堂、凌绍颐、罗肇桢、姚炳、张于康、洪潮、王洪、陆邦烈、邵国麟、姚之骃、冯氏、张永祚、周发、吴颖芳等人的部分解义。这些学人不为治经学者所熟悉,他们的著作亦难为今人所知,故通过杭氏此书,可使我们对于清代中前期的《礼记》诠释之状况多一些了解。需要指出的是,由于杭氏所处时代的印刷术已很发达,刻书、印书比较容易,故经学著作的流传和保存较卫氏所处时代要容易得多。今人欲研究宋代《礼记》学,卫氏的《礼记集说》可谓最重要的参考书,因为该书所收解义之原书绝大多数已亡佚。然而今人从事清代中前期的《礼记》学研究,所倚靠的《礼记》学著作大多可以找到,比如《续礼记集说》所存姜兆锡、任启运、方苞等人解义之原书,今仍可见。从这个意义上来,杭氏之书的文献价值当在卫氏之书之下。正如《续修四库全书总目提要》云:"是书全体,蒐辑颇广,自宋季至清乾隆以前,于

① 梁启超:《中国近三百年学术史》,上海三联书店2006年版,第174页。
② 对于梁氏此说,《续修四库全书总目提要》有不同的看法,其曰:"是书引姚氏际恒所说,则谓多近禅学,且有诋为禅学下乘者,并斥《中庸》'致中和'诸经文为好说大话,'至诚无息'诸文为近于长生久视之缪。即于《礼运》,亦肆诋毁。殊不知朱升《大学》《孟子》为经,实以提倡民权,厌薄汉唐之治。《中庸》则更广大精深,所谓尽物性赞化育者,如今声光电化诸学,及轮船、铁路、飞机潜艇等,皆在其中,岂得谓近于释老之虚谬!即《礼运》之'大道为公'、'选贤与能'诸义,今如美、法诸邦,亦为近之。姚氏轻为诋议,实为识度狭浅之证。杭氏好奇,载之连篇累牍,不免有寡识之慨。"(见胡玉缙等编:《续修四库全书总目提要》,中华书局1993年版,第553页)

说《礼记》者亦见荟萃。若云足绍卫氏,则似不及也。"①在名物礼制的辨析方面,杭氏除了征引解义外可谓不着一辞。从这个角度来看,杭氏此书与江永、孙希旦等人的《礼记》学著作相比,确实稍逊一色。

四、清代晚期的《礼记》学

这里对俞樾、郭嵩焘、皮锡瑞的《礼记》学加以考察,以概见清晚期《礼记》研究之成就及特色。

(一) 俞樾的《礼记》学

俞樾(1821—1907 年),字荫甫,自号曲园居士,浙江德清人,清末文学家、经学家、古文字学家、书法家。清道光三十年(1850 年)进士,曾任翰林院编修。他治学以经学为主,旁及诸子学、史学、训诂学,乃至戏曲、诗词、小说等,可谓博大精深。他一生著述宏富,所著《群经平议》《诸子平议》《古书疑义举例》等书为乾嘉学派后期代表作;《春在堂随笔》《茶春室丛钞》等笔记搜罗甚广,保存了丰富的学术史和文学史资料。俞樾在三礼研究方面成就斐然,其所撰《群经平议》包括《周礼平议》《仪礼平议》《礼记平议》《大戴礼记平议》《考工记世室重屋明堂考》。此外,俞樾还撰有《九族考》《士昏礼对席图》《玉佩考》《礼记异文笺》《礼记郑读考》。

1.俞樾《礼记》研究的成就与特色

(1)《礼记》文字之校勘

在《群经平议》一书中,俞樾对《礼记》文字作了校勘。此所谓"文字",既包括《礼记》之经文,亦包括《礼记》之注文。

俞樾《礼记》的校勘成果,主要收录在《群经平议》一书中。该书有《礼记》经文之释义、名物礼制之考证,并非专事《礼记》校勘。然观俞氏之语,可知其在《礼记》校勘方面有很多真知灼见。

如《礼记·曲礼下》:"天子同姓谓之伯父。"《释文》出"天子谓之伯父",云:"本或有'同姓'二字,衍文。"俞樾云:"樾谨按:正义本亦无'同姓'二字,今正义云'天子同姓谓之伯父'者,此'同姓'二字后人所加也。何以知之?下

① 胡玉缙等编:《续修四库全书总目提要》,中华书局 1993 年版,第 553 页。

文'天子同姓谓之叔父',正义曰'一本云天子同姓',则所据本无'同姓'二字明矣。盖下既别言异性,其为同姓自见,乃古人属辞之省也。唐后经误衍'同姓'二字,而各本从之,非郑、孔所据之旧矣。"①俞氏以《释文》为据,认为《曲礼下》于此之"同姓"二字为衍文,其观点可备一说也。

又如《月令》:"土润溽暑,大雨时行。"郑注:"润溽,谓涂湿也。"孔疏曰:"土既润溽,又大雨应时行也。"②俞樾云:"樾谨按:郑所据本疑无'暑'字,故但释'润溽'之义而不及'暑'字。下文注曰'土润溽,膏泽易行也',是郑本无'暑'字之明证也。正义言'土既润溽',又'大雨应时行',是孔氏所据本亦无'暑'字矣。《周书·时训篇》有'暑'字,且曰'土润不溽,暑罚不应物',则'润''溽'二字不连读,与郑义异。然'土润不溽暑',文义殊为不安,疑《周书》原文亦作'土润溽',其下则曰'土不润溽,罚不应物',今本乃传写之误,不足据也。"③俞氏认为经文于此之"暑"字为衍文。孙希旦云:"按注疏皆不解'暑'字,疑本无此字,后人据《吕氏春秋》增之耳。"④然《说文》云:"溽暑,湿暑也。"段玉裁曰:"润溽双声字,《记》言土涂湿而暑上蒸也。"⑤许慎、段玉裁之说亦可通,故俞氏之观点可备一说。

又如《月令》:"文绣有恒。"俞樾云:"樾谨按:'恒'当作'常',此由学者不知'常'是本字,误以为汉人避文帝讳,所改如'恒山'作'常山'之例,遂改正之,而转失其本字矣。'文绣有常',与上文'裳'字下文'长'字'量'字'常'字为韵,今'常'误作'恒',而下文'度有短长'句又误作'长短',则皆失其韵矣。《吕氏春秋·仲春纪》皆不误,可据以订正。"⑥俞氏据《吕氏春秋》,认为经文于此之"恒"当为"常",其观点可备一说。

再如《月令》:"以固而闭地气沮泄。"郑注:"而,犹女也。"俞樾云:"樾谨

①　(清)俞樾:《群经平议》卷一九,载《续修四库全书》第 178 册,上海古籍出版社 2002 年版,第 305—306 页。

②　(唐)孔颖达:《礼记正义》卷十六,载《十三经注疏》,中华书局 1980 年影印版,第 1371 页。

③　(清)俞樾:《群经平议》卷二〇,载《续修四库全书》第 178 册,上海古籍出版社 2002 年版,第 319 页。

④　(清)孙希旦:《礼记集解》卷一六,中华书局 1989 年版,第 459 页。

⑤　转引自(清)朱彬:《礼记训纂》卷六,中华书局 1996 年版,第 253 页。

⑥　(清)俞樾:《群经平议》卷二〇,载《续修四库全书》第 178 册,上海古籍出版社 2002 年版,第 320 页。

按:此本作'以固天闭地,阳气且泄',《吕氏春秋·音律篇》曰:'黄钟之月,土事无作,慎无发盖,以固天闭地,阳气且泄。'是其证也。师古注《汉书·扬雄传》曰:'固,闭也。'然则'固天闭地'文义正一律,因'天'字、'而'字篆文相似,故'天'误作'而',传写又夺'阳'字,遂以'地'字属下读,而文义不可通矣。《吕氏春秋》仲冬纪作'无发盖藏,无起大众,以固而闭。发盖藏,起大众,地气且泄'。此必后人据已误之《月令》改之也。《吕氏》原文当作'无发盖藏,无起大众,以固天闭地,发盖藏,起大众,阳气且泄',如此乃与《音律篇》合。幸后人所改者止《仲冬篇》,而于《音律篇》固未及改,尚得考见其旧耳。至'沮泄'之为'且泄',则古本《月令》皆然,《释文》不为'沮'字,作音可见也。"①孙希旦、王梦鸥等人皆据《吕氏春秋》以校《月令》此文。俞氏之说更详尽,对理解《月令》文义有着一定的参考价值。

然俞樾所作之校勘亦间有可商榷之处,有的地方甚至有明显错误。如《礼运》:"细行而不失。"孔疏云:"'细行而不失'者,谓大夫、士出聘者也,天子不遗小国之臣,是不失也。"②俞樾云:"樾谨按:'行'字,衍文也,本作'细而不失',涉上句'并行而不缪',误衍'行'字,则文不可通矣。正义以'不遗小国之臣'解之,是其所据本正作'细而不失',故以'小国之臣'解'细'字也。乃其述经文,亦作'细行而不失',疑后人据已误之经文增益之,非其旧矣。"③孙希旦引陈澔之说曰:"以大顺之道治天下,则虽事之大者积叠在前,亦不至于胶滞;虽事之不同者一时并行,亦不至舛谬;虽小事,所行亦不以微细而有失也。"④通过比较,可知陈澔之说较平实,得经文之义也。孔氏释"细"为小国之臣,有穿凿之嫌。故俞樾据孔说以"行"字为衍文,其说不可信从。

(2)《礼记》文字之释义

俞樾继乾嘉学派之余绪,精于文字之训诂。缪荃孙在《俞先生行状》中称

① (清)俞樾:《群经平议》卷二〇,载《续修四库全书》第178册,上海古籍出版社2002年版,第321页。

② (唐)孔颖达:《礼记正义》卷二二,载《十三经注疏》,中华书局1980年影印版,第1427页。

③ (清)俞樾:《群经平议》卷二〇,载《续修四库全书》第178册,上海古籍出版社2002年版,第327页。

④ (清)孙希旦:《礼记集解》卷二二,中华书局1989年版,第621页。

赞道："曲园之学,以高邮王氏为宗,发明故训,是正文字,而务为广博,旁及百家,著述宏富,同光之间蔚然为东南大师。"①俞氏在"三礼"文字释义方面精见颇多。

俞樾对《礼记》之文字作了考释,不少成果可正前人之误。如《檀弓上》:"为尔哭也来者,拜之;知伯高而来者,勿拜也。"孔疏曰:"若与伯高相知而来哭者,女则勿拜也。"②俞樾云:"樾谨按:'知'犹'为'也,《国语·周语》'若是而知晋国之政,楚越必朝',韦注曰:'知政,谓为政也。'《吕氏春秋·长见篇》'三年而知郑国之政',高注曰:'知,犹为也。'然则知伯高而来,即是为伯高而来,与上句'为尔哭也来者'文义一律,上句言'为',下句言'知',文异而义同。古书多有此例,正义以'相知'解之,失其旨矣。"③俞氏于此以《国语》韦注、《吕氏春秋》高注为据,认为《檀弓》此处的"知"字当作"为"字解,甚合经义,可从。

又如《王制》:"三十国以为卒。"郑注:"属、连、卒,州犹聚也。"孔疏曰:"属是系属,连是连接,卒是卒伍,州是聚居,故云'属连卒,州犹聚'也。"④俞樾云:"樾谨按:'卒'当读为'萃',《周易·序卦传》曰'萃者,聚也','萃'从'卒'声,故即以'卒'为之耳,正义谓取'卒伍'之意,失之。"⑤郑玄释"属"为"系属","连"为"连接","系属""连接"皆为动词,故与"属""连"并列之"卒"亦当为动词。俞氏据《周易·序卦传》,认为"卒"当读"萃",聚之义,甚合经义,可从。

俞樾为《礼记》文字所作考释,有些观点与前人迥异,然能持之有据,令人耳目一新。如《曲礼上》:"夫人之讳,虽质君之前,臣不讳也。"郑注:"质犹对也。"俞樾云:"樾谨按:质有致音,襄三十年《左传》'用两珪质于河',《释文》'质如字,又音致',昭十六年传'与蛮子之无质也',《释文》'质,之实反,或音致',并其证也。故古字'质'与'致'通用。《史记·苏秦传》'赵得讲于魏,至公子延',《索引》曰'至当为质,谓以公子延为质也',此'质''至'通用之证。

　　① 徐世昌纂:《清儒学案》卷一八三,中国书店 1990 年版,第 374 页。

　　② (唐)孔颖达:《礼记正义》卷七,载《十三经注疏》,中华书局 1980 年影印版,第 1282 页。

　　③ (清)俞樾:《群经平议》卷一九,载《续修四库全书》第 178 册,上海古籍出版社 2002 年版,第 308 页。

　　④ (唐)孔颖达:《礼记正义》卷十一,载《十三经注疏》,中华书局 1980 年影印版,第 1325 页。

　　⑤ (清)俞樾:《群经平议》卷一九,载《续修四库全书》第 178 册,上海古籍出版社 2002 年版,第 313 页。

虽质君之前者,虽至君之前也。郑训为对,则但云'虽质君'足矣,何必加'之前'二字乎?"①郑玄于此训"质"为"对",有双方对质、对话之义。"质君之前",即在国君前对话,可以不讳其夫人之名,因为夫人的名讳不出家门。俞氏训"质"为"至",亦可通,故可备一说。

不过,俞樾为《礼记》文字所作考释亦有明显失误之处。如《王制》:"夫圭田无征。"郑注:"'夫'犹'治'也,征税也。孟子曰'卿以下必有圭田',治圭田者不税,所以厚贤也。"俞樾云:"樾谨按:'夫'之训'治',他无所征,殆曲说也。此'夫'字疑当读为'大夫'二字。古人书'大夫'字,或止于'夫'下积二画,如峄山碑刻'御史夫(二),臣德是也',故后讹作'夫夫'。《庄子·田子方篇》'于是旦而属之夫夫',《释文》曰:'夫夫,古读为大夫。'是也。又或传写夺去'二'画,而仅存一'夫'字,《晏子春秋·问篇》晏子聘于鲁,鲁昭公问曰'夫俨然辱临'是也。'夫圭田无征',即大夫圭田无征。圭田,卿大夫士皆有之,独言大夫者,举中以包上下耳。"②俞氏认为,此"夫"当为"大夫",此独言"大夫",以包"卿""士"。俞氏此说,未达经义也。笔者按:夫,地积名,古以百亩为夫。孙希旦云:"《士虞记》云:'孝子某圭为而哀荐之。'圭田在田禄之外,所以奉祭祀也。《孟子》曰:'卿以下必有圭田,圭田五十亩。'井田之法,九夫为井,以中一夫为公田,八家耕之,而君取其一夫之入。若圭田,则九夫之中,其一夫为圭田者,入于有圭田者之家,而国家不复征之也。"③孙说是也。

(3)对《礼记》郑注疏解及辨正

尊郑好古是乾嘉学者治经特色之所在,俞樾承其流,亦不例外。他说:"唐宋以后儒者,于训诂名物,虽亦有所发明,终不若两汉经师之足据也。"他在诂经精舍期间"特奉许、郑两先师栗主于精舍之堂"④,借以告诫学生要以汉学为宗。

郑玄精于《礼记》之学,俞樾对郑玄《礼记》之部分注文作了疏解。俞樾

① (清)俞樾:《群经平议》卷一九,载《续修四库全书》第 178 册,上海古籍出版社 2002 年版,第 305 页。

② (清)俞樾:《群经平议》卷一九,载《续修四库全书》第 178 册,上海古籍出版社 2002 年版,第 314—315 页。

③ (清)孙希旦:《礼记集解》卷一三,中华书局 1989 年版,第 356 页。

④ 赵所生、薛正兴主编:《中国历代书院志》第 8 册,江苏教育出版社 1995 年版,第 318 页。

撰有《礼记异文笺》，对《礼记》之异文作了考辨。他说："《仪礼》之有古文今文也，胡氏承珙为作《仪礼古今文疏义》，《周礼》之有故书也，徐氏养原为作《周礼故书考》，辨别异同，有功经学。然郑康成注《礼记》亦间存异文，前人未有考究者，辄作此笺以补其阙。"①俞氏主要是从字的形音义等方面考证郑玄所从之字与异文的关系。从俞氏所作考证，可知郑玄不从或本之原因。

俞樾对郑玄注之不当者作了考辨。如《玉藻》："疾趋则欲发，而手足毋移。"郑注："欲或作数。"俞樾云："按欲、数声近而误。以义言之，转似作数为长。"②《尔雅·释诂下》："数，疾也。"《史记·屈原贾生列传》："淹数之度兮，语予其期。"裴骃《集解》引徐广云："数，速也。"③由此可见，郑玄于此取作"欲"者，于文意未了，不及俞氏取作"数"者为优。

又如《聘义》："故勇敢强有力者，天下无事则用之于礼义，天下有事则用之于战胜。用之于战胜则无敌。"郑注："胜，克敌也。或为陈。"俞樾云："据与礼义为对文，则从或本作战陈为长。"④杨天宇曰："按据此记文意，当以从或本作陈为是。勇敢而有强力者，当天下有事时用之于战陈（阵），亦即用之于战争，下文接以'用之于战阵则无敌'，无敌而后能取胜。若谓'用之于战胜'，则是已胜矣，敌人已败而无对手矣，勇敢而有强力者则无用武之地矣，又何谓'用之于战阵则无敌'？"⑤由此可见，郑氏于此以作"胜"者为是，是未了文意。俞氏以作"陈"者之本为优，更符合经义。

2. 俞樾《礼记》学之不足

不过，俞樾的《礼记》研究并非尽善，其中也有失误。姑举数例以见之：

（1）《曲礼上》："食飨不为槩。"郑注："槩，量也，不制待宾客馔具之所

① （清）俞樾：《礼记异文笺》，载《续经解三礼类汇编》第3册，艺文印书馆1986年版，第2910页。
② （清）俞樾：《礼记异文笺》，载《续经解三礼类汇编》第3册，艺文印书馆1986年版，第2917页。
③ （汉）司马迁：《史记》卷八四，中华书局1959年版，第2498页。
④ （清）俞樾：《礼记异文笺》，载《续经解三礼类汇编》第3册，艺文印书馆1986年版，第2928页。
⑤ 杨天宇：《郑玄三礼注研究》，中国社会科学出版社2008年版，第514页。

有。"俞樾云:"樾谨按:'不为概',与下句'不为尸'一律郑以'概量'说之,非也。'不为概'者,不为主也。《广雅·释诂》曰:'概,主也。''概'与'概'古字通用,定四年《左传》吴'夫概',《史记·项羽纪》正义作'夫概',是其证也。父母在,则食飨宾客不敢为主,《广雅》'概'训为'主',疑本礼家之旧说矣。"①郑玄训"概"为"量",熊安生曰:"谓传家事、任子孙。事由尊者所裁,子不得辄豫限量多少也。"②由此可知,"概"是划定容量之器具,其引申之义为"裁定""限制",人子于待客所用之物的多少不可自作主张。俞氏据《广雅》,以"概"为"主","概"与"概"通,故"概"可训为"主"。平心而论,俞氏之说看似有据,实则有迂曲之嫌,不如郑注妥当。

(2)《曲礼上》:"游毋倨。"孔疏曰:"游,行也。倨,慢也。身当恭谨,不得倨慢也。"俞樾曰:"樾谨按:自此以下所戒各事,皆是为其不敬也,如'立毋跛'、'坐毋箕'、'寝毋伏'之类,末一字皆与上一字文义相应。此云'毋倨',则凡事皆不可倨慢,何独于游戒之乎? 正义所说,殆非经旨也。今按'倨'当读为'踞',谓虽游戏之时不可蹲踞也。昭二十五年《左传》曰'公从释甲执冰而踞',二十七年传曰'岂其伐人而说甲执冰以游',同一事而前言踞,后言游,可知游者多蹲踞也,故记人因以为戒耳。'倨'、'踞'古通用,《史记·郦生陆贾传》曰'方倨床',亦是假'倨'为'踞'也。"③孔疏训"倨"为"慢","游毋倨"即行走时不得傲慢。此处经文曰"游毋倨,立毋跛,坐毋箕,寝毋伏",分别讲述行走、站立、坐时以及睡时之规矩。古时"倨"虽与"踞"通,然"踞"为蹲踞,临下而蹲坐状。俞氏训"倨"为"踞",实际是将行路与蹲坐混为一谈,有欠得当。故孔疏训"倨"为"慢"更合经义。

(3)《文王世子》:"一有元良。"郑注:"元,大也。良,善也。"俞樾云:"樾谨按:《诗·桑柔篇》郑笺云:'善,犹大也。'是'大'与'善'义通。'元'训'大',故亦训'善'。《王制篇》'天子之元士',郑注曰:'元,善也。'然则

---

① (清)俞樾:《群经平议》首一九,载《续修四库全书》第178册,上海古籍出版社2002年版,第302页。

② (唐)孔颖达:《礼记正义》卷一,载《十三经注疏》,中华书局1980年影印版,第1234页。

③ (清)俞樾:《群经平议》卷一九,载《续修四库全书》第178册,上海古籍出版社2002年版,第303页。

'元'、'良'一也,注分为二,义似转失之。"①《说文》云:"良,善也。"《汉书》颜师古注:"元,大也。"②由字书及古注,可知郑玄训"元"为"大"、"良"为"善"皆是。俞氏以"元""良"可通,遂以郑注为非,是未能看到二字之义各可独立为训。故俞说不可从。

(二)　郭嵩焘的《礼记》学

郭嵩焘(1818—1891年),字筠仙,号云仙、筠轩,别号玉池山农、玉池老人,湖南湘阴人。他于1847年中进士,曾任翰林院编修、南书房行走、广东巡抚、福建按察使、清政府驻英法公使。郭嵩焘是近代洋务思想家,也是中国职业外交家的先驱。其一生著述甚丰,有《礼记质疑》《大学章句质疑》《中庸章句质疑》《史记札记》《使西记程》《郭侍郎奏疏》《养知书屋遗集》《养知书屋文集》《郭嵩焘日记》《玉池老人自叙》等传世。

《礼记质疑》四十九卷是郭嵩焘的经学代表作。郭氏在该书序中言撰作缘由曰:"咸丰壬子,避乱山中,有终焉之志。读船山《礼记章句》,寻其意恉,将合《大学中庸章句》为一书,以还戴《记》之旧,所得经义为多,鄙心窃独好之。有疑辄标识简端,乃益求之注疏,讨论其源流得失。"③由此可知,郭嵩焘萌发从事《礼记》诠释之念头当在咸丰壬子年(1852年),产生此念头直接原因是受王夫之《礼记章句》之启发。此后郭氏花费心力从事《礼记》之诠释,二十余年方成书。郭嵩焘曰:"成书二十余年,夺于仕宦,老病乞休,又迫人事;既乖夙昔求进之心,又自忖年衰学俭,志意销落,无由增益其所不能,束置高阁久矣。"④《礼记质疑》写成以后并没有立即出版,直到光绪庚寅年(1890年)方由思贤讲舍排版印行。在清代礼学史和湖湘文化史上,郭氏《礼记质

---

①　(清)俞樾:《群经平议》卷二〇,载《续修四库全书》第178册,上海古籍出版社2002年版,第324页。

②　(汉)班固:《汉书》卷十一,中华书局1962年版,第340页。

③　(清)郭嵩焘:《礼记质疑自序》,载《礼记质疑》卷首,岳麓书社1992年版,第1页。

④　(清)郭嵩焘:《礼记质疑自序》,载《礼记质疑》卷首,岳麓书社1992年版,第3页。

疑》颇为引人注目,褒贬之声皆有①。该书之内容及特色可从以下几个方面来看。

1. 郭嵩焘的《礼记》观

《礼记》四十九篇之作者和纂集成书的时代等问题历来多有争议。此外,汉代郑玄的《礼记注》虽然被历代治《礼记》者奉为圭臬,但是其部分解义仍然受到历代学人之诟病。对《礼记》文本和郑玄《礼记注》的省思,是历代学人治《礼记》之前提,郭嵩焘亦不例外。

郭嵩焘对《礼记》文本作了省思,其观点如下:

一是《礼记》是阐发《周礼》《仪礼》意义之书。郭嵩焘曰:"凡戴《记》所录,皆发明二经之义趣者也。"②至于《礼记》之记载,"其文或参差互见,或繁复相抵,或引其一端而辞有偏胜,或殊其旨要而义实兼通"③。在此观念下,郭氏强调治《礼记》当"求之《仪礼》《周官》经,推测其立言之旨。……二经所未具,亦常推广而补明之"④。

二是《礼记》所记史实可发明《春秋》义理。郭嵩焘曰:"其言列国时事,多与《左氏》异同,要以发明《春秋》之义例,以著礼之大经。"⑤故在治《礼记》时,郭氏强调"诚欲上考古礼,必此之为涂径也"⑥。

三是《礼记》部分篇目不可全信。郭嵩焘曰:"戴《记》一书发明《礼经》之意,周秦间儒者为之,其言非尽纯也。"⑦如于《檀弓》,郭嵩焘曰:"《檀弓》一书,多假借春秋时事以为之辞,不必言之果信而有征也。"⑧又曰:"《檀弓》之

---

① 今人孙致文《郭嵩焘〈礼记质疑〉解经方法及态度初探》、田汉云《中国近代经学史》第四章、陈玫琪《郭嵩焘〈礼记质疑〉驳议郑〈注〉、孔〈疏〉之研究》、周忠《〈礼记质疑〉研究》、吴保森《郭嵩焘三〈质疑〉研究》、陈冠伟《〈礼记质疑〉研究》等,已从多个角度对郭嵩焘《礼记质疑》进行研究,并取得可喜的成绩。不过各家缺乏对郭嵩焘质疑《礼记》旧注内容的详细分析,亦缺乏从清代经学史、文化史的角度对《礼记质疑》进行评价。
② (清)郭嵩焘:《礼记质疑自序》,载《礼记质疑》卷首,岳麓书社 1992 年版,第 1 页。
③ (清)郭嵩焘:《礼记质疑自序》,载《礼记质疑》卷首,岳麓书社 1992 年版,第 1 页。
④ (清)郭嵩焘:《礼记质疑自序》,载《礼记质疑》卷首,岳麓书社 1992 年版,第 2 页。
⑤ (清)郭嵩焘:《礼记质疑自序》,载《礼记质疑》卷首,岳麓书社 1992 年版,第 1 页。
⑥ (清)郭嵩焘:《礼记质疑自序》,载《礼记质疑》卷首,岳麓书社 1992 年版,第 1 页。
⑦ (清)郭嵩焘:《礼记质疑自序》,载《礼记质疑》卷首,岳麓书社 1992 年版,第 3 页。
⑧ (清)郭嵩焘:《礼记质疑》卷三,岳麓书社 1992 年版,第 78 页。

文,多非事实,注家又更以意拟之以重其诬,证之《礼经》,而固知其不然矣。"①如《丧服四制》:"资于事父以事母,而爱同。天无二日,土无二王,国无二君,家无二尊,以一治之也。故父在为母齐衰期者,见无二尊也。"郭嵩焘曰:"案:郑注以此一段四十五字属之上节'以节制者也'之下。孔《疏》云:自'资于事父'以下,'申明节制,欲尊归于一'。大戴本此四十五字在'三日而食'上,先言丧服之有制,次言丧期之有制,于文为顺。此当为错简耳。"②《丧服四制》此段文字言丧制,而其前段和后段文字皆言丧期。郭氏据此认为这段言丧制文字为错简,并认为这段文字的本来位置当在"三日而食"之上。又如《礼运》:"达于丧、祭、射、御、冠、昏、朝、聘。"清人邵晋涵认为此段经文以及后之"饮食、冠昏、丧祭、射御、朝聘"中的"御"皆当作"乡",理由是《乐记》"乡射食飨所以正交接也",《仲尼燕居》"射乡之礼所以仁乡党也",皆是"射乡"连文;《昏义》"和于射乡",《乡饮酒义》"合诸射乡",并指乡饮酒言之。郭氏亦认为此段经文中的"御"当为"乡",其征引邵氏此说,并补充道:"邵氏此论极允。丧、祭、射、乡、冠、昏、朝、聘八者,《仪礼》备详其文,不当与六艺之射御为类。"③郭氏认为,《仪礼》于冠、昏、丧、祭、乡、射、朝、聘之记载皆详备,故《礼运》此之"御"应为"乡"。

四是将《大学》《中庸》归为《礼记》之一般篇目。中唐以前,学人视《大学》《中庸》为《礼记》中的两篇,并无特殊看待。中唐韩愈讲道统、李翱说心性,皆重视《大学》《中庸》,开后世表彰《大学》《中庸》之先。后经程子之推崇,以及朱熹撰《大学章句》《中庸章句》,《大学》《中庸》便成为经中之经。朱熹的《大学章句》《中庸章句》与《论语集注》《孟子集注》合为四书,成为元、明、清科举考试之依据。明清之际,王夫之撰《礼记章句》,始将《大学》《中庸》与《礼记》其他篇同等看待,并为之笺释。王氏此举受到清人李光坡、朱彬等人的效法,王氏、李氏和朱氏等人有意识地使《大学》《中庸》之研究逐渐从理学回归经学。值得注意的是,王夫之还有《四书稗疏》《四书考异》《四书笺

---

① （清）郭嵩焘:《礼记质疑》卷三,岳麓书社1992年版,第82页。
② （清）郭嵩焘:《礼记质疑》卷四九,岳麓书社1992年版,第732页。
③ （清）郭嵩焘:《礼记质疑》卷九,岳麓书社1992年版,第250页。

解》《读四书大全说》等著述。在这四部著述中,王氏仍从四书学的视域来看待《大学》《中庸》。在《礼记质疑》中,郭嵩焘视《大学》《中庸》为《礼记》之一般篇目,而无特殊之对待。其曰:"读船山《礼记章句》,寻其意恉,将合《大学中庸章句》为一书,以还戴《记》之旧,所得经义为多。"①郭氏还结合朱熹《章句》,对郑玄《注》、孔颖达《疏》提出了不少异议,其内容则重在文字训诂、名物制度之考证。与王夫之相似,郭嵩焘亦有从理学的角度对《大学》《中庸》予以诠释之著述,即《大学章句质疑》和《中庸章句质疑》。在此二书中,郭氏对朱子解义提出异议,借驳朱子以"尊经也","亦即所以尊朱子也"。② 郭氏此举,实际上亦是在经学与理学之间开新路,体现了清人徘徊在理学和经学之间的复杂心态。

郭嵩焘对郑玄《礼记注》亦作了省思,其观点如下:

一是认为郑玄《礼记注》有崇高的学术地位和深远的学术影响。郭嵩焘曰:"史称郑氏'囊括大典,网罗众家,删裁繁诬,刊改漏失,学者以知所归'。自汉至唐数百年,言经者归郑氏。……故知郑氏之邃于礼,二千年未有能易者也。"③又曰:"郑君于三家之书会通抉择,始注而传之,于礼为专门之学而用心尤勤。其考论典章制度及古今文声音训诂,流传至今,学者得知所归。"④郭氏指出,郑氏乃是对前人解义"会通抉择",故其为"专门之学";此外,郑氏的声音训诂之学以及于典章制度之考证,使后之学者"得知所归"。

二是认为郑玄《礼记注》有不可信者。郭嵩焘认为,郑玄《礼记注》"包罗群籍,兼综并揽,折衷于礼,时有出入",然其"或拘于一义而无由会其通,或淆于众说而时未免决以臆"。⑤

三是历代学人对郑玄《礼记注》多所肯定、回护而少持异议,郭嵩焘则有所不同。他指出:"孔子后千有余年而郑君出,由宋以前有言礼者受范焉。又千余年而朱子出,由元以至于今,言礼者受范焉;政教所趋,人心所向,凡所著

---

① (清)郭嵩焘:《礼记质疑自序》,载《礼记质疑》卷首,岳麓书社1992年版,第1页。
② (清)郭嵩焘:《大学章句质疑序》,《大学章句质疑》卷首,载《续修四库全书》第159册,上海古籍出版社2002年版,第240页。
③ (清)郭嵩焘:《礼记质疑后序》,载《礼记质疑》卷末,岳麓书社1992年版,第735页。
④ (清)郭嵩焘:《礼记质疑自序》,载《礼记质疑》卷首,岳麓书社1992年版,第2页。
⑤ (清)郭嵩焘:《礼记质疑后序》,载《礼记质疑》卷末,岳麓书社1992年版,第735页。

书与其行礼之实,确守而尊事之,莫敢违越。而独《礼经》之传授持之有本,其异于郑说者终无几也。"①郭嵩焘指出,历代学者言礼宗郑玄,即使宋以后学界有巨大影响的朱子,亦对郑玄礼学尊崇有加,而罕有与郑注为异者。郭氏还指出,即使在考据学大兴之清代,仍有不少人曲经以从郑。他说:"国朝诸儒创立'汉学'、'宋学'之名,援其说以诋程朱,而郑学乃大显。讨论研习之深,精义之发于人心,亦足上掩前贤矣。而援引傅会,曲经以从其说者,盖亦多也。"②郭氏认为,清人盲从郑注,故多附会之辞。正是基于对郑玄《礼记注》的不信任,郭氏才会在《礼记质疑》中对郑注、孔疏不遗余力地批评。

2. 对于郑注、孔疏之质疑

郭嵩焘《礼记质疑》以"质疑"名,可知郭氏此书的学术取向。其所疑者,主要是郑玄《礼记注》和孔颖达《礼记正义》的部分解义,偶及其他诸家之说。在《礼记质疑》之后序中,郭氏言治《礼记》之方法曰:"其言之蕃变交午,通诸'三礼'之文,可以辨而析之。其言之微举见义,证诸《礼经》之以类相从,可以疏而明之。如是,郑义即有抵牾,旁推交通,曲折融贯,涣然无有疑难,其庶以为读郑注者之津梁乎?"③又曰:"嵩焘区区,时有疑义,一准之经,以校注之有合与否,不敢意为从违。"④郭氏认为,郑玄解义之抵牾处,可通过三礼互证来融会贯通。在郭氏看来,《周礼》《仪礼》乃"经",而《礼记》是"记",故当"记"与"经"相抵牾时,当以"经"为是。然在证郑注、孔疏之非时,郭氏所据者并非《周礼》《仪礼》。他所采用之方法,并非仅是以"经"驳"注"。郭氏在质疑前人解义时,所采用的方法可从以下两方面来看。

一是以文献为依据驳前人之解义。兹举三例以见之:

《曲礼上》:"曲礼曰:'毋不敬。'"郑玄《注》:"礼主于敬。"孔《疏》:"案郑《目录》云'曲礼之中,体含五礼'……然五礼皆以拜为敬礼。"郑氏认为五礼皆以敬为本,此段经文"俨若思""安定辞""安民哉"等皆言"毋不敬"之具体内

① （清）郭嵩焘:《礼记质疑自序》,载《礼记质疑》卷首,岳麓书社 1992 年版,第 2 页。
② （清）郭嵩焘:《礼记质疑自序》,载《礼记质疑》卷首,岳麓书社 1992 年版,第 2 页。
③ （清）郭嵩焘:《礼记质疑后序》,载《礼记质疑》卷末,岳麓书社 1992 年版,第 735—736 页。
④ （清）郭嵩焘:《礼记质疑自序》,载《礼记质疑》卷首,岳麓书社 1992 年版,第 2 页。

容。郭嵩焘驳曰:"《疏》以拜为敬,又引熊氏以'兵车不式'为不敬而辨其不然,以释'毋不敬'之义,极为迂曲。《论语》:'君子所贵乎道者三,曰动容貌,曰正颜色,曰出辞气。'皆礼之行于其身者,故曰'修己以安百姓'。戴氏记礼引此以冠全经之首,所以为行礼之本也。……郑注'礼主于敬',亦略尽之。疏家创为'以拜为敬'之文,稍失郑意矣。"①郭氏据《论语》所言君子行礼之内容与《曲礼上》所言"毋不敬"相印证,进而指出孔氏仅以五礼之拜以释"毋不敬",未及容貌、辞气,未得郑注之精义。②

《月令》:"乃命大酋。"郑玄注:"酒熟曰酋。大酋,酒官之长;于周为酒人。"《周礼·酒正》言酒正"以式法授酒材""辨五齐之名";郑玄释《酒正》,引《月令》"乃命大酋"与酒正职掌互证。郭嵩焘驳曰:"《说文》:'酋,绎酒也。从酉,水半见于上。《礼》有大酋,掌酒官也。'《周礼·酒正》:'辨三酒之物:一曰事酒,二曰昔酒,三曰清酒。'郑注:'事酒,今之醳酒。昔酒,今之酋久白酒,所谓旧醳者也。'酋酒以久酿为良,故以名官。高注《吕览》:'大酋,于《周礼》为酒正。掌酒之政令,以式法授酒材。'正与此合。郑偶误为酒人耳。"③《周礼·酒人》言酒人为酒之供给者,而无监督之权。郭氏据《周礼》和《说文》,认为郑氏误以"大酋"为"酒人"。

《月令》:"盲风至。"郑玄注:"盲风,疾风也。"郑氏以"疾风"释"盲风",郭嵩焘驳曰:"荀卿《佹诗》:'列星陨坠,旦暮晦盲。'秋后日色暗闭,不雨而风,尘沙上扬,有若晦盲,故曰盲风。孔疏云:'秦人谓疾风为盲风。'恐未然。"④郭氏于此据荀子《佹诗》以驳郑氏和孔氏,并以"有若晦盲"以释"盲风"之"盲"字。

二是据义理为驳前人之解义。兹举例以见之:

《月令》:"鹰乃祭鸟,用始行戮。"郑玄注:"鹰祭鸟者,将食之,示有先也。既祭之后不必尽食,若人君行刑,戮之而已。"郑玄认为鹰"祭鸟"后不必尽食,

---

① (清)郭嵩焘:《礼记质疑》卷一,岳麓书社 1992 年版,第 1 页。
② 考《曲礼上》经文和郑《注》,可知此"毋不敬"乃总括语,后之"俨若思""安定辞"皆是敬的具体内容,涉及容貌和辞气。孔颖达《礼记正义》以"五礼皆以拜为敬礼"以释《曲礼上》,此"敬"字,仅及人之行为,而于容貌、辞气无涉也。卫湜《礼记集说》、陈澔《礼记集说》、孙希旦《礼记集解》、朱彬《礼记训纂》皆弃孔氏此说而不引,亦可窥孔氏此说之谬。
③ (清)郭嵩焘:《礼记质疑》卷六,岳麓书社 1992 年版,第 206 页。
④ (清)郭嵩焘:《礼记质疑》卷六,岳麓书社 1992 年版,第 198 页。

如人君行刑,戮之而已。郭嵩焘驳曰:"獭祭鱼、鹰祭鸟、豺祭兽,皆谓猎取陈之如祭然,戮则杀而食之。于鹰、豺言戮者,鹰亦鸟类,豺亦兽类,鹰、豺应秋气而始鸷,以类相戕,如行戮也,文义本自相足。郑注析分二义,则鹰固知礼且廉于食矣,似非经旨。"①郭氏认为,此"行戮"是指鹰杀鸟而食之,不类人君行刑之义。

《礼运》:"今大道既隐,天下为家。……以设制度,以立田里,以贤勇知,以功为己。故谋用是作,而兵由此起,禹、汤、文、武、成王、周公,由此其选也。"郑玄注曰:"谋用是作,兵由此起,以其违大道敦朴之本也。教令之稠,其弊则然。老子曰:'法令滋章,盗贼多有。'"孔颖达疏:"田,种谷稼之所;里,居宅之地,贵贱异品也。……贤犹崇重也,盗贼并作故须勇,更相欺妄故须知也,所以勇知之士皆被崇重也。"②郑氏、孔氏认为经文所言,乃各私其亲、大道已去的三代之末。郭嵩焘驳曰:"三代步法,各有不同,田亩随步变更,一代有一代之田制,故曰'以立田里'。其云'以贤勇知,以功为己',与'以设制度,以立田里'文法并同;勇知则贤之,为己则以功归之。四者皆三代所以创制,显庸以立国家之基。汤武征诛,所谓谋也兵也。谋者,制治保邦之深机;兵者,戡乱定暴之大用。禹、汤、文、武、成王、周公所以用谋与兵,圣人之权也,时为之也。郑注似以谋作兵起由教令致然,孔《疏》因据为'奸诈之谋'、'战争之兵',大失经旨。"③郭氏认为,经文所言兵谋之起乃是"圣人之权也",有"制治保邦之深机""戡乱定暴之大用",并非如郑氏、孔氏所云乃衰乱之世。④

《礼器》:"是故昔先王之制礼也,因其财物而致其义焉尔。……是故天时雨泽,君子达亹亹焉。"郑玄注:"君子爱物,见天雨泽,皆勉勉劝乐。"孔颖达疏:"君子谓天子也。天以高圆为质,地以下方为体,天子爱物为用,故天地感

---

① (清)郭嵩焘:《礼记质疑》卷六,岳麓书社1992年版,第196—197页。

② (唐)孔颖达等:《礼记正义》,载《十三经注疏》,中华书局1980年影印版,第1414页。

③ (清)郭嵩焘:《礼记质疑》卷九,岳麓书社1992年版,第248—249页。

④ 宋人陆佃曰:"盖礼义虽可以息兵,亦可以起兵,以著己之义,以考己之信。著人之有过,若丘也幸。苟有过,人必知之,周公之过不亦宜乎?以有礼著焉故也。仁以有礼,故刑让以有礼,故讲若虞芮质厥成是也。虞芮讲让,而文王之仁刑矣,礼示民有常,易示人有变。"(转引自卫湜:《礼记集说》卷二四,载文渊阁《四库全书》第118册,上海古籍出版社1987年影印版,第124页)郭氏此说与陆氏解义相近。

祭而降雨泽,天子皆爱物生,而勉勉劝乐,所以与天地合德也。"①郑玄于此所言义晦不明。孔颖达认为先有天子之祭,后有天降雨泽,天子见此而开心奋勉。郭嵩焘驳曰:"《祭义》:'霜露既降,君子履之,必有凄怆之心''雨露既濡,君子履之,必有怵惕之心'即此二语之义。雨泽者,天时之见端也。因天时自然之运油然而沛为雨泽,君子以知春秋之时之变,而亹亹焉自达其心之诚而不容己,此祭享所由兴也。"②郭氏以《祭义》为据,认为《礼器》此段文字之义是先有天降雨泽,君子见此而有感动,遂有祭享之兴。③

从以上所举诸例可见,郭嵩焘驳郑氏和孔氏之解义,所征引者既有《周礼》《礼记》《论语》,亦有《说文》等字书,还有《荀子》等子书。实际上,郭氏《礼记质疑》所引以为据者还包括《尚书》《仪礼》《诗》《大戴礼记》《左传》《公羊传》《穀梁传》《孟子》《孔子家语》《孔丛子》《逸周书》《国语》《尔雅》《集韵》《方言》《经典释文》《白虎通义》《春秋繁露》《吕氏春秋》《史记》《汉书》《九章算术》《本草纲目》等经史子书,此外还征引前人之《礼记》解义,如宋代方悫、陆佃、朱熹、胡铨、应镛,元代陈澔,清代王夫之、万斯大、陈启源、邵晋涵、王引之、林乔荫等人之解义皆在征引之列。郭氏驳郑氏和孔氏并非仅依文献,还以义理为审核,其结论有得有失。

3. 对前人诠解之因袭

郭嵩焘《礼记质疑》所"疑"者主要是郑玄注和孔颖达疏,而于郑氏、孔氏以外的历代各家解义则多有承袭。郭氏所承袭者,大部分有交代。如于《乐记》"合乐三终",郭氏以"万氏充宗云"引出万斯大之说,以"近林乔荫云"引出林乔荫之说;又如《乐记》"笙入三终""间歌三终",郭氏交代所引之解义分别出自郑玄、刘敞、朱熹、郝敬、陈启源。郭氏《礼记质疑》还有不少内容因袭前人之说,这让郭氏此书之学术价值大打折扣。

郭嵩焘对宋人的《礼记》诠解颇为重视,除了直接征引外,还往往因袭之。宋人中,郭氏因袭较多的是应镛,兹举两例以见之:

---

① (唐)孔颖达等:《礼记正义》,载《十三经注疏》,中华书局1980年影印版,第1440页。

② (清)郭嵩焘:《礼记质疑》卷一〇,岳麓书社1992年版,第288页。

③ 《礼记》此前言"是故昔先王之制礼也",可知此段文字是针对先王制礼而言,故郭氏之说较合经义也。

《曲礼上》：“虚坐尽后，食坐尽前。”郑玄注：“尽后，谦也；尽前，为汙席。”郭嵩焘云：“此云‘尽后’、‘尽前’，前后皆当虚席一尺，所谓虚坐即徒坐也。盖平居即席之常礼，凡席升降皆自旁，其升席就坐当以中为准，虚坐则当膝处宜中而虚其前以待事，食坐尽前以就食。豆去席尺，足以相及。曰虚坐者，正言不与宾客为礼也。尽后不当为谦，郑注似泥。”①郑玄认为此“尽后”是为表谦让。郭氏则认为“近前”“尽后”是即席之常礼，亦是为行礼之方便。郭氏此说，宋人应镛早已言及。应氏曰：“虚坐则书策琴瑟设张于前，且以待他人之周旋往来，故尽后而欲其宽广焉。食坐则俎豆尊爵前列于地，且欲便宾主之酬酢授受，故尽前而欲其亲近焉。”②应氏认为“尽前”“尽后”是为行礼者周旋往来提供方便，而无他意。通过比较，可知郭氏因袭应氏之说。

《乐记》：“君子以好善，小人以听过。”孔颖达疏曰：“君子谓在位尊者，小人谓士庶之等。”郭嵩焘曰：“此君子、小人以德言之。情见义立，则中和之道著而文武之用殊。君子由之以见圣人之情，故‘好善’。小人由之而缀兆有位，进退有节，俯仰疾徐有容；一有不齐以正焉，则失伦矣，故曰‘小人以听过’。”③应镛驳孔《疏》曰：“君子乐得其道，今乃好善而进于道；小人乐得其欲，今乃听过而抑其欲。听者退听而自省也。”④应氏、郭氏皆以德分别《乐记》所言之“君子”与“小人”，可见郭氏此说源自应氏。

除应镛以外，郭嵩焘对宋人方悫、胡铨等人之解义亦颇为重视，往往袭之而不言出处。

《乐记》：“及优侏儒，獶杂子女。”郑玄注曰：“獶，猕猴也，言舞者如猕猴戏也，乱男女之尊卑。獶或为优。”孔颖达疏曰：“俳优杂戏，侏儒短小之人，獶杂谓猕猴也，言舞戏之时状如猕猴，间杂男子妇人，言似猕猴，男女无别也。”⑤郭

---

① （清）郭嵩焘：《礼记质疑》卷一，岳麓书社 1992 年版，第 12 页。
② （宋）卫湜：《礼记集说》卷四，载文渊阁《四库全书》第 117 册，上海古籍出版社 1987 年影印版，第 98 页。
③ （唐）孔颖达等：《礼记正义》，载《十三经注疏》，中华书局 1980 年影印版，第 1537 页。
④ （宋）卫湜：《礼记集说》卷九七，载文渊阁《四库全书》第 119 册，上海古籍出版社 1987 年影印版，第 132 页。
⑤ （唐）孔颖达：《礼记正义》卷三九，载《十三经注疏》，中华书局 1980 年影印版，第 1540 页。

嵩焘曰:"侏儒、子女二事。侏儒为俳优,以悦人耳;子女相獂杂,以眩人目。獂犹乱也。《疏》混合言之,恐误。齐人归女乐,郑人赂晋以女乐二八,所谓'獂杂子女'也。俳优、子女之兴,皆在春秋之世。"①孔氏训"优侏儒""獂杂子女"为一事,郭氏则以二事释之。其实郭氏此说,宋人方悫早已言及之。方氏曰:"倡优侏儒,皆淫乐以之为戏也。獂即猿也,戏若猿獂之无辨,故言獂杂子女。"②郭氏以"优侏儒""獂杂子女"为二事,得之于方氏也。

郭嵩焘对清人之说亦颇为重视,而王引之的《礼记》解义受到格外的注重。郭氏往往因袭王氏之说,兹举两例以见之:

《乐记》:"克顺克俾。"郑玄注:"慈和遍服曰顺,俾当为比,声之误也。择善从之曰比。"郭嵩焘曰:"郑所引昭公二十八年《左传》文。杜《注》:'比方善事,使相从也。'《尔雅·释诂》:'俾,从也。'字异而义同。顺,谓德普于人而人服之。俾,谓善备于身而人从之。克顺克俾,则化民成俗之道著矣。比、俾同训,不必改字。"③王引之于《经义述闻·尚书》曰:"今案:《尔雅》:'俾,从也。''罔不率俾',犹《文侯之命》言'罔不率从'也。'海隅出日,罔不率俾',犹《鲁颂》言'至于海邦,莫不率从'也。此言'海隅出日,罔不率俾',《大戴礼·少闲篇》曰:'出入日月,莫不率俾。'《五帝德篇》曰:'日月所照,莫不从顺。'义并同也。俾之言比也,比,《象传》曰:'比,下顺从也。''比'与'俾'古字通,故《大雅》'克顺可比',《乐记》作'克责克俾'。……余谓俾者,从也,受责从如流者,受人责而即改其过,从之如流水也。"④王引之据《周易》《尚书》《大戴礼记》《尔雅》,认为"俾"有"从"义,不必训"比"。郭氏因袭王氏,认为"俾"不必训"比"。

《儒行》:"虽分国,如锱铢。"郑玄注:"八两曰锱。"郭嵩焘曰:"《说文》:'锱,六铢也。'《风俗通》:'六铢为锤,倍锤则锱,倍锱则两。'《韵会》:'八铢曰锱。''锱'、'铢'二字相连,言轻微也。杨倞注《荀子》'八两曰锱',高诱注《淮

---

① (清)郭嵩焘:《礼记质疑》卷一九,岳麓书社 1992 年版,第 481—482 页。

② (宋)卫湜:《礼记集说》卷九八,载文渊阁《四库全书》第 119 册,上海古籍出版社 1987 年影印版,第 150 页。

③ (清)郭嵩焘:《礼记质疑》卷一九,岳麓书社 1992 年版,第 482 页。

④ (清)王引之:《经义述闻》卷四,上海书店出版社 2012 年版,第 117 页。

南子》'六两曰锱',《玉篇》亦云'八两为锱',皆沿郑说。似当以从《说文》为正。"①王引之曰:"引之谨案:二十四铢为两,八两为锱,锱与铢轻重相远,不得并称矣。古人言锱者,其数或多或少,《淮南·诠言篇》'割国之锱,锤以事人',高《注》曰:'六两曰锱,倍锱曰锤。'《说文》亦曰:'锱,六铢也;锤,八铢也。'《众经音义》卷二十引《风俗通》曰:'铢六,则锤二。'锤则锱,又以十二铢为锱,此数之少者也。《记》以锱铢并称,轻重必不相远,则当以'六铢曰锱'为正解。《荀子·富国篇》'割国之锱铢以赂之',亦当训锱为六铢,而杨倞《注》曰'八两为锱',失之。"②王引之据《说文》和《淮南子》高诱注、《荀子》杨倞注及《风俗通义》关于"锱""铢"之记载,认为《儒行》所言"锱""铢"当据《说文》释之,"锱""铢"不得轻重相远。郭嵩焘因袭王引之此说,亦以《说文》于"锱""铢"之释义为是。

4.《礼记质疑》之特色和影响

郭嵩焘《礼记质疑》一书的特色和影响,可从以下几个方面来看:

第一,《礼记质疑》并非就《礼记》全书展开诠释,而是对郑玄、孔颖达等人旧注中有问题的内容进行质疑和讨论。在清代《礼记》学史上,王夫之的《礼记章句》、李光坡的《礼记述注》、方苞的《礼记析疑》、杭世骏的《续礼记集说》、吴廷华的《礼记章句》、孙希旦的《礼记集解》、朱彬的《礼记训纂》等,皆是《礼记》全经笺释之作。而万斯大的《礼记偶笺》、江永的《礼记训义择言》则是《礼记》部分文句笺释之作。臧琳的《经义杂记》、惠栋的《九经古义》、王引之的《经义述闻》等,亦有《礼记》部分文句之笺释。全经与部分文句笺释之作各有其优短,全经笺释者的视野在"全经",对于《礼记》之体认比较全面,然于文句之考释往往不够细致;部分文句之笺释者的视野在"部分文句",对于《礼记》部分文句往往有深入之笺释,但对于《礼记》之整体则乏全面体认。

郭嵩焘《礼记质疑》乃《礼记》部分文句笺释之作,其择《礼记》四十九篇之有疑义者分条而释之。如郭氏于《曲礼上》之笺释共四十六则,于《月令》之笺释共四十则。每则笺释文字多则上千,少则百余。从郭氏所作笺释之内容

①　(清)郭嵩焘:《礼记质疑》卷四一,岳麓书社 1992 年版,第 692 页。

②　(清)王引之:《经义述闻》卷十六,上海书店出版社 2012 年版,第 397 页。

来看,其所关注的或为前人争论不休者,或为前人不曾关注而自得之者。相对于臧琳《经义杂记》和王引之《经义述闻》,郭氏于《礼记》旧注所提出之异议要多得多,故郭氏此书较为全面地展现了《礼记》旧注之学术公案。

梁启超说:"清儒于《礼记》,局部解释之小书单篇不少,但全部笺注,尚未有人从事。其可述者,仅杭大宗之《续礼记集说》。……次则郭筠仙的《礼记质疑》,对于郑注所匡正不少。将来有著《礼记》新疏的人,这两部书总算最好的资料了。"①梁氏认为清代无人从事《礼记》全经之笺释纯属臆说。不过梁氏在清代《礼记》学之背景下指出郭氏《礼记质疑》对于将来经学研究所具有的资料价值,则是高明之见。

第二,《礼记质疑》征引前人解义无门户之见。郭嵩焘《礼记质疑》力驳郑玄注和孔颖达疏,然于《尔雅》《说文》以及宋代、清代学人之解义则多有征引,可见郭氏在解经时无汉、宋门户之见。清代学人潘祖荫对郭氏《礼记质疑》多有褒扬,潘氏曰:"兹读郭伯琛丈所著《礼记质疑》,条举其说,栉疏帚杷,务融会于六艺,贯通于诸子,兼采宋以后诸家之义;平心衡量,无门户骑墙之见,无攻击争胜之心。国朝经儒林立,于郑学之卓然者阐扬申绎,几无复遗,而拾其阙失以归至是,诚亦高密之功臣也。是编也出,吾知读之者益知钻研于郑注,亦求其得失之所在,而至以陈汇泽之《集说》为足尽戴经之蕴,且以见尚博通而无墨守,正亦郑氏家法也。"②潘氏认为,郭氏治《礼记》无"门户骑墙之见","无攻击争胜之心"。此外,郭氏驳正、阐扬郑玄解义亦颇有功绩。潘氏之评论有溢美之词,然其谓郭氏《礼记质疑》无门户之见,实乃一言中的。

不过,郭嵩焘《礼记质疑》因袭化用前人解义而无说明,则有掠美之嫌。宋人卫湜所编《礼记集说》征引汉代至宋代学人解义百余家,为宋以后《礼记》学文献之渊薮。从《礼记质疑》来看,郭氏对卫湜《礼记集说》所存宋人解义多有征引。清代学人之《礼记》解义十分丰富,由于郭氏与诸家年代相去不远,故得亲睹诸家之文字,并屡有承袭。对于各家解义,郭氏有时交代出自何人,有时则化用因袭。故郭氏所谓"质疑"之内容,许多并非其自得之见。

---

① 梁启超:《中国近三百年学术史》,上海三联书店 2006 年版,第 174 页。

② (清)潘祖荫:《礼记质疑序》,载《礼记质疑》卷首,岳麓书社 1992 年版,第 5 页。

第三,郭嵩焘治《礼记》重考据,然于艰深之篇则乏精深考证。清代学人在前人研究之基础上,对《礼记》文本及郑注又作了省思,特别是乾嘉时期诸大儒如江永、惠栋、王引之等人,将《礼记》文本及郑注之考订水平提升到前所未有的高度。郭嵩焘治学亦重考据,其曰:"读书必自经始,读经书必自训诂始,学问本原,必由于此。要之,训诂考订,著书名家,学中之一艺耳。"①又曰:"自乾隆盛时表彰六籍,老师大儒,承风兴起,为实事求是之学,其间专门名家考据者又约有三途:曰训诂,研审文字,辨析豪芒;曰考证,循求典籍,穷极流别;曰雠校,搜罗古籍,参差离合。三者同源异用,而各极其能。"②郭氏认为,若能将此训诂、考证、雠校三者相结合,则是著述之幸。

在《礼记质疑》一书中,郭嵩焘大量吸收历代学人的考据学成果,又广泛征引字书从而考订《礼记》经文与注疏。清代学术大家陈澧对郭氏此书赞美有加,其曰:"国朝经学极盛,诸经师林立,而兼治'三礼'者盖寡。湘阴郭公兼治'三礼',著书满家。……公之读书,一句一字,注目研思,抽绎乎礼文,反复乎注疏,必求心之所安而后已,其有不安则援据群经,稽核六书而为之说,故有易注者,有易疏者,有与注疏兼存者,于国朝经师中卓然为一家。"③陈氏指出,郭氏治礼,于不安处"援据群经""稽核六书",对于注疏或疑或从,在清代经师中"卓然为一家"。陈澧还推崇郭氏之治学态度曰:"近者经学衰矣,求治经者于韦布中,犹不可多得也。有大吏为经师,庶可以振而兴之。儒者读书,出则办天下之事,处则兴天下之学。办事必藉权位,兴学则得自为之。礼学虽难,然《记》有之曰:'难者不避人。'人皆避难就易,经学安得不衰与?且公之书多与注疏异义,而题曰'质疑',又示学者谦慎之意。为其难,复存其慎,尤可以持风气于不敝。"④陈氏认为,礼学难治,然郭氏不因礼学之难治而避之,可知其有挽经学走向衰微之功。此外,郭氏多与郑注、孔疏为异,然却以"质疑"名书,可知其有"谦谨之意"。在陈澧看来,郭氏不避艰难,且态度谦谨,故于世

① （清）郭嵩焘:《郭嵩焘日记》第四卷,湖南人民出版社 1983 年版,第 204 页。
② （清）郭嵩焘:《王氏校定衢本〈郡斋读书志〉序》,载《郭嵩焘诗文集》,岳麓书社 1984 年版,第 28 页。
③ （清）陈澧:《礼记质疑序》,载《礼记质疑》卷首,岳麓书社 1992 年版,第 4 页。
④ （清）陈澧:《礼记质疑序》,载《礼记质疑》卷首,岳麓书社 1992 年版,第 4 页。

道学风有引领作用。①

（三）皮锡瑞的《礼记》学

皮锡瑞（1850—1908 年），字鹿门，一字麓云，湖南善化（今长沙市）人。由于他景仰伏生之治《尚书》，署所居名"师伏堂"，因而被学界称为"师伏先生"。其父皮鹤泉为举人，曾任浙江宣平、松阳县知县，对儒学崇尚有加。皮锡瑞幼承家训，6 岁开始读书，12 岁补县学生员。清光绪八年（1882 年），他赴顺天乡试中举人，与余尧衢、文廷式、陈三立为同科，后多次参加会试皆落第，于是潜心著书讲学。皮锡瑞历任湖南高等师范馆、中路师范、长沙府中学堂讲席，学务公所图书课长及长沙定王台图书馆纂修等职。

皮锡瑞为晚清经学家。他学识渊博，精研覃思，著作甚多。其所著《五经通论》，示学人以途径；《经学历史》，尤为经学入门之作。又著有《尚书大传疏证》6 卷，辑有《师伏堂丛书》《师伏堂笔记》《师伏堂日记》等。其《礼记》学值得注意的主要有如下数端：

1. 赞同"《礼记》由戴圣编纂成书说"

清人陈寿祺推阐郑义而否定"小戴删大戴""马融足三篇"之说。在陈氏论证之基础上，皮锡瑞进一步论证"小戴删大戴""马融足三篇"之说不可信。皮氏曰："据郑所引刘向《别录》，已有《月令》《明堂位》《乐记》三篇，刘与戴圣年辈相近，远在马融之前，四十九篇，必是小戴原书，而非马融增入可知。且《六艺论》明云'戴圣传《记》四十九篇'，郑受学于马融，使三篇为融所增，郑必不得统同言之，而尽以属之戴圣矣。"②皮氏认为，郑玄引刘向《别录》有《月令》《明堂位》《乐记》三篇，足证此三篇成于马融之前；郑玄受学于马融，若马

---

① 民国时期所编《续修四库全书提要》于郭氏《礼记质疑》多有褒扬，其曰："是其学兼存汉宋，无所依阿。是书虽以郑宋之说为主，而一字一句皆沈潜反复，绀绎乎礼文，以求乎心之所安。其有注疏未当者，则援据群经，稽核六书，而为之说，故全书中有以朱说易注者，有以朱说易疏者，有兼存注疏而不取宋儒之说者，亦有独抒所见者。于郑学之卓然者，阐扬申绎，几无复遗。以至宋人之精义，亦多采取。是其平心衡量，无门户骑墙之见，无攻击争胜之心，治学态度尤为难得也。"（《续修四库全书总目提要·经部》上册，中华书局 1993 年版，第 565 页）通过比较，可知此评价基本上是袭自陈澧和潘祖荫，而于原书并无深考也。

② （清）皮锡瑞：《经学通论》，载潘斌选编：《皮锡瑞儒学论集》，四川大学出版社 2010 年版，第 164 页。

融增益此三篇,郑玄不会不知;《礼记》四十九篇为戴圣所辑,非成于马融。

皮锡瑞认为,郑玄对三礼所作的分别,可证"小戴删大戴""马融足三篇"之说非是。皮氏论证说:"《礼记正义序》又引《六艺论》云:案《汉书·艺文志》《儒林传》云,传《礼》者十三家,唯高堂生及五传弟子戴德、戴圣名在也。……'五传弟子'者,熊氏云:'则高堂生、萧奋、孟卿、后仓及戴德、戴圣为五也。'又引《六艺论》云:'今《礼》行于世者,戴德、戴圣之学也。'又云:'戴德传《记》八十五篇,则《大戴礼》是也;戴圣传《记》四十九篇,则此《礼记》是也。'郑君分别今之《仪礼》及《大戴礼》《小戴礼记》甚明。"①皮氏据郑玄《六艺论》之记载,认为大、小戴《礼记》在西汉时期已各有传承,故"小戴删大戴""马融足三篇"之说不攻自破。

皮锡瑞不信"小戴删大戴""马融足三篇"之说,认为戴德、戴圣分别传《大戴礼记》和《小戴礼记》。皮氏所作之论证可谓承前启后。在皮氏之前,四库馆臣不信"小戴删大戴""马融足三篇"之说。皮氏之后,王国维、龚道耕、吴承仕、洪业、钱玄、王文锦、杨天宇等人皆力辨"小戴删大戴""马融足三篇"之说非是。

皮锡瑞秉承郑玄的观点,认为《礼记》的最终纂集者为西汉时期的戴圣。不过皮氏对《礼记》成书问题之探讨并不限于此,其受陈寿祺之启发,对戴圣之前的《礼记》传授统绪作了说明。皮氏曰:"《周礼》出于出岩屋壁,五家之儒莫见,其授受不明,故为众儒所排。《仪礼》传自高堂生,有五传弟子,其授受最明,故得立于学官。《礼记》删定由于二戴,其前授受亦莫能详,魏张揖以为叔孙通撰辑,揖去汉不远,其说当有所受。"②又曰:"《礼记》为叔孙通所撰,说始见于张揖,揖以前无此说。近始发明于陈寿祺,寿祺以前,亦无此说。"③西汉戴圣之前《礼记》的传授统绪,学者们多有忽略。皮氏受陈寿祺之启发,认为西汉时期的叔孙通为戴圣之前《礼记》的撰辑者。皮氏之依据,是魏张揖以

---

① (清)皮锡瑞:《经学通论》,潘斌选编:《皮锡瑞儒学论集》,四川大学出版社 2010 年版,第 162 页。

② (清)皮锡瑞:《经学通论》,潘斌选编:《皮锡瑞儒学论集》,四川大学出版社 2010 年版,第 205 页。

③ (清)皮锡瑞:《经学通论》,载潘斌选编:《皮锡瑞儒学论集》,四川大学出版社 2010 年版,第 206 页。

《礼记》为叔孙通撰辑,张揖去汉代不远,其说当有所受。皮锡瑞继承陈寿祺以《礼记》为叔孙通所撰辑的观点,虽非定论,然对于探讨戴圣之前《礼记》的传承问题仍有积极意义。

2. 皮锡瑞的《礼记·王制》研究

清代晚期,在今文经学兴起的背景下,《礼记·王制》日益得到重视。一些今文经学家遂对《王制》单篇展开全方位的重点研究,除训解经文和阐释礼制外,重在阐发其微言大义。晚清学者以《王制》发挥微言大义最有影响力者当是廖平,学术界也因此多将目光聚集于他。而实际上,皮锡瑞的《王制》研究同样有特色,其所撰《王制笺》以及在《经学通论》中关于《王制》的论说,在清代经学史上和中国古代政治思想史上都有很大的影响。

《王制》是《礼记》中的一篇。《史记·封禅书》云汉文帝"使博士诸生刺六经中作《王制》,谋议巡狩封禅事"①。汉代古文家以此为据,认为《王制》为汉文帝时期的作品。如后汉卢植曰:"汉孝文皇帝令博士诸生作此《王制》之书。"②而郑玄认为《王制》成书于先秦,在孟子之后。

清代今文家多以《王制》为经典,对其极为推崇,因此极力驳斥《史记·封禅书》有关《王制》篇作者的说法,认为《礼记》中的《王制》非汉文帝时博士诸生所作之《王制》。如陈寿祺曰:"《封禅书》曰:'文帝召鲁人公孙臣拜为博士,与诸生草改历服色事,明年使博士诸生刺六经中作《王制》,谋议巡守封禅事。'然今《王制》无一语及封禅,言巡守者,特一端耳。司马贞《史记索隐》引刘向《别录》云:'文帝所造书,有《本制》《兵制》《服制》篇。'以今《王制》参检,绝不相合。此则博士所作《王制》,或在《艺文志》礼家《古封禅群祀》二十二篇中,非《礼记》之《王制》也。"③与陈寿祺的思路相一致,皮锡瑞亦力斥《王制》为汉代作品之说,他云:"后儒多信卢植之言,以为汉博士所定一代之制,不知《王制》体大物博,用其书可以治天下,非汉博士所能作也。"④皮氏驳《王制》

---

① (汉)司马迁:《史记》卷二八,中华书局 1959 年版,第 1382 页。
② (清)阮元校刻:《十三经注疏》,中华书局 1980 年版,第 1321 页。
③ (清)陈寿祺:《左海经辨》卷上,载《续修四库全书》第 175 册,上海古籍出版社 2002 年版,第 419 页。
④ (清)皮锡瑞著,王锦民校笺:《〈王制笺〉校笺》,华夏出版社 2006 年版,第 13 页。

出自汉博士,理由是《王制》体大物博,用其书可以治天下,非汉博士所能作。

此外,皮锡瑞还力驳郑玄以《王制》出于孟子之后的说法。他说:"郑君以为在孟子后,盖以其与《孟子》多合,似出孟子之徒。考《王制》一书与《孟子》大同小异,当是作此书者与孟子各记所闻,不能判定《王制》的作者必出于孟子后也。"①皮氏认为,从内容上看,《王制》与《孟子》确实大同小异,然并不能以此推出《王制》据《孟子》所作。在皮氏看来,作《王制》者当是与孟子各记所闻,未见其必出于孟子之后。

学宗乾嘉汉学而又不拘泥今古之分的俞樾说:"《王制》者,孔氏之遗书,七十子后学者所记也。王者孰谓? 谓素王也。孔子将作《春秋》,先修王法,斟酌损益,具有规条,门弟子与闻绪论,私相纂辑,而成此篇。"②俞氏于此指出《王制》与《春秋》多有联系,为孔氏之遗书,七十子后学者所记。皮锡瑞对俞氏之说加以肯定:"锡瑞案:俞说近是。郑《驳异义》曰:'《王制》是孔子之后大贤所记先王之事。'则已知《王制》之出于孔门。"③在俞说的基础上,皮氏进一步对《王制》的作者加以说明:"《王制》一书,体大物博,非汉博士所能作,必出孔门无疑。……俞氏以《王制》为素王之制,发前人所未发,虽无汉儒明文可据,证以《公羊》《穀梁》二传,及《尚书大传》《春秋繁露》《说苑》《白虎通》,诸书所说,制度多相符合,似是圣门学者原本圣人之说,定为一代之制。其制损益殷周,而不尽同殷周,故与《春秋》说颇相同,而于《周礼》反不相合,必知此为素王改制礼与《春秋》二经,始有可通之机。"④皮氏认为,《王制》一书体大物博,非汉博士所能作,必出孔门。皮氏又以《公羊》《穀梁》二传、《尚书大传》《春秋繁露》《说苑》《白虎通》诸书今文之说为据,可知《王制》圣门学者本圣人之说,为素王改制之礼。

在皮锡瑞看来,《王制》的作者问题关乎今文之家法。皮氏曰:"后人于《周礼》尊之太过,以为周公手定,于《王制》抑之太过,以为汉博士作,于是两

①　(清)皮锡瑞著,王锦民校笺:《〈王制笺〉校笺》,华夏出版社2006年版,第13页。
②　(清)皮锡瑞著,王锦民校笺:《〈王制笺〉校笺》,华夏出版社2006年版,第9—10页。
③　(清)皮锡瑞著,王锦民校笺:《〈王制笺〉校笺》,华夏出版社2006年版,第10页。
④　(清)皮锡瑞:《经学历史》,载潘斌选编:《皮锡瑞儒学论集》,四川大学出版社2010年版,第208—209页。

汉今古文家法大乱,此在东汉已不甚晰,至近日而始明者也。"①皮氏认为,从今文家法的角度来看,《王制》为孔门弟子所作;而古文家以《王制》为汉博士所作,此是抑《王制》太过;以《周礼》为周公所作,是尊《周礼》亦太过。今古文家法因此而大乱。皮氏进一步指出:"《周礼》一书,何休以为六国人作,盖亦当时有志之士采撷周法,参以己见,定为一代之制,窃比素王改制之意。而封国大小全然不同,盖以周初本有四五百里之封,遂欲定为通制。后人不知二书皆出周末,于《周礼》则推而上之,以为周公所为,于《王制》则抑而下之,以为汉儒所作,或据《王制》《孟子》驳《周礼》,或据《周礼》驳《王制》《孟子》,徒滋聚讼,未有折中。以郑君之明,而于二书未观其通,强欲调停,多乖事实。"②皮氏认为,《王制》和《周礼》中均有素王改制之意;由于后人不知观二书之会通,于《周礼》则推而上之,以为周公所为,于《王制》则抑而下之,以为汉儒所作;或有人据《王制》《孟子》驳《周礼》,或有人据《周礼》驳《王制》《孟子》。郑玄以《周礼》解《王制》,此是强欲调停,多与事实不符。

皮锡瑞力辟《王制》出自汉博士说,与晚清今文家的观点一脉相承。从陈寿祺到廖平、皮锡瑞、康有为,这些今文经学家均力主《王制》非出自汉儒。其观点较平允者,如陈寿祺、皮锡瑞则将《王制》的作者归为孔门弟子;其较激进者,如廖平、康有为则直接将《王制》的作者归为孔子。今文家将《王制》的作者归为孔子或孔子后学,其用意在于赋予《王制》以经典意义,提升其神圣性。而反过来,通过对《王制》微言大义之发掘,则又可以达到崇经尊孔之目的。这与经今文家将六经的作者归为孔子,并以之为"孔子的致治之术"的意义大致相同。③ 皮锡瑞认为,在孔子以前不得有经,他说:"经学开辟时代,断自孔子删定'六经'为始。孔子以前,不得有经;犹之李耳既出,始著五千之言;释迦未生,不传七佛之论也。"④皮氏认为经学之开辟,乃断自孔子删定六经为

① (清)皮锡瑞:《经学通论》,载潘斌选编:《皮锡瑞儒学论集》,四川大学出版社2010年版,第207页。
② (清)皮锡瑞著,王锦民校笺:《〈王制笺〉校笺》,华夏出版社2006年版,第20—21页。
③ 参见周予同:《中国经学史讲义》,上海文艺出版社1999年版,第36页。
④ (清)皮锡瑞:《经学历史》,载潘斌选编:《皮锡瑞儒学论集》,四川大学出版社2010年版,第1页。

始。只有当孔子作六经之后,六经有了微言大义,才有了经。他说:"孔子有帝王之德而无帝王之位,晚年知道不行,退而删定'六经',以教万世。其微言大义实可为万世之准则。后之为人君者,必遵孔子之教,乃足以治一国;所谓'循之则治,违之则乱'。后之为士大夫者,亦必遵孔子之教,乃足以治一身;所谓'君子修之吉,小人悖之凶'。此万世之公言,非一人之私论也。孔子之教何在? 即在所作'六经'之内。故孔子为万世师表,'六经'即万世教科书。"①皮氏于此阐述了经与孔子的关系:孔子删定六经,以教万世,其微言大义可为万世之准则。孔子为万世师表,六经即万世教科书。既然《王制》为孔门弟子所作,其神圣性同样不可忽视。循此思路,皮氏进一步指出"《王制》为今文大宗"②。此观点亦为廖平等人所极力倡导,体现了晚清今文家崇经尊孔的学术特点。

今古文经学区别的标准自汉代本就不甚清楚,东汉末年郑玄、三国魏王肃混淆今古文,今古文经学的区别在后世变得更加模糊了。直到晚清,今文家将今古之分的问题重新提起,"后起的今文经学常州学派,推本汉代公羊学大师董仲舒、何休,重在微言大义的探讨,以汉代公羊学相标榜,使今文经学与古文经学之争被重新提起。这样,清末学术的发展,就使今文经学与古文经学之分成为必须解决的问题"③。首先是陈寿祺在疏证许慎《五经异义》时,已触及今古文经学的礼制之分,廖平称其能"以今古分别礼说"④。然而陈氏只是略知本源,未能详细厘清二者的原委和差异。

受陈寿祺的启发,廖平亦对《五经异义》经说加以分析,发现今古文经学虽然分为很多派,然而在封国、爵禄、官制、丧葬等很多礼制方面却是"今与今同,古与古同,二者不相出入"⑤。廖氏认为,今古文经学所言礼制分别是主《王制》和《周礼》,他以《王制》主今学,《周礼》主古学,先立两旗帜,然后招集

---

① (清)皮锡瑞:《经学历史》,载潘斌选编:《皮锡瑞儒学论集》,四川大学出版社2010年版,第2页。
② (清)皮锡瑞:《经学通论》,载潘斌选编:《皮锡瑞儒学论集》,四川大学出版社2010年版,第207页。
③ 黄开国:《廖平评传》,百花洲文艺出版社2010年版,第59—60页。
④ (清)廖平:《今古学考》卷下,载《廖平选集》(上),巴蜀书社1998年版,第76页。
⑤ (清)廖平:《今古学考》卷上,载《廖平选集》(上),巴蜀书社1998年版,第38页。

流亡,各归部属。以《王制》为统宗,《穀梁传》《公羊传》《仪礼记》《戴记》今学篇为今文经学先师依经立说之书;以《周礼》为统宗,《孝经》《仪礼经》《左传》《逸礼》《戴记》古学篇,为古文经学先师依经立说之书。尽管皮锡瑞认为廖平从今古文的角度对经典所作的区分"未必尽可据",然而他同廖平一样亦以"《王制》为今文大宗"①。

与晚清今文家的立场一样,皮锡瑞也有尊今抑古的倾向②。他以《王制》为圣门之书,《周礼》非周公之书。皮氏曰:"今之《周官》,与周时制度多不符,则是当时并未实行,其非周公之书可知。孔子所谓吾学周礼,亦非《周官》之书。北宫锜问周室班爵禄,《周官》言班爵禄极详,孟子乃云其详不可得闻,而所谓尝闻其略者,又不同《周官》而同《王制》。若《周官》为周公手定,必无孔孟皆未见之理,其书盖出孔孟后也。后人知《周官》与周时制度不合,乃以为未成之书,又以为未行之书。"③既然《周礼》非周公所作,为未成之书,那么其可行性则远不及《王制》。皮氏曰:"《王制》据郑君说,出在赧王之后,《周官》据何劭公说,亦出战国之时,是其出书先后略同,而为说不同,皆由圣门各据所闻,著为成书,以待后世之施行者。《王制》简便易行,不比《周官》繁重难举,学者诚能考定其法,仿用其意,以治今之天下,不必井田封建,已可以甄殷陶周矣。"④皮氏认为,《王制》简明,而《周礼》繁重,作为今文大宗的《王制》简便易行,而作为古文大宗的《周礼》却难行于后世。他说:"《周礼》在周时初未举行,何能行于后世? 古之治天下至纤至悉,后世尚简而戒烦苛,无论赊贷市易,必不可行,即饮射读法,亦将大扰。"⑤在皮锡瑞看来,《周礼》中的一些制度在

---

① (清)皮锡瑞:《经学通论》,载潘斌选编:《皮锡瑞儒学论集》,四川大学出版社 2010 年版,第 207 页。

② 黄开国指出,廖平继平分今古之后,又提出尊今抑古的新看法,尊今抑古是廖平经学史研究中的又一重要贡献;尊今见于廖平的《知圣篇》,抑古见于廖平的《辟刘篇》。参见黄开国:《廖平评传》,百花洲文艺出版社 1993 年版,第 92 页。

③ (清)皮锡瑞:《经学通论》,载潘斌选编:《皮锡瑞儒学论集》,四川大学出版社 2010 年版,第 204 页。

④ (清)皮锡瑞:《经学通论》,载潘斌选编:《皮锡瑞儒学论集》,四川大学出版社 2010 年版,第 209 页。

⑤ (清)皮锡瑞:《经学通论》,载潘斌选编:《皮锡瑞儒学论集》,四川大学出版社 2010 年版,第 201 页。

周代未能实行,因此在尚简而戒烦苛的后世则更难实行。

皮锡瑞倡导治经要守家法,他说:"说经宜知汉今、古文家法。"①"治经必严家法,方不至臆说乱经;五经博士各治本经,方不至变改师说。"②"今之治经者,欲求简易,惟有人治一经,经主一家;其余各家,皆可姑置;其他各经,更可从缓。……此古之治经者所以重家法而贵颛门也。"③皮氏推崇"人治一经,经主一家"的经学路数。在经学家法观念下,皮氏对汉儒的《王制》说解多有评论。

郑玄相信《周礼》为周公所作,他说:"《周礼》是周公之制,《王制》是孔子之后大贤所记先王之事。"④因此郑玄在解《王制》时必以《周礼》为证。皮氏认为郑玄以《周礼》解《王制》和同今文与古文,从而导致经学家法不明。皮氏考郑注,指出其失有六:一曰土地,二曰封国,三曰官制,四曰征税,五曰礼典,六曰学制。如皮氏驳郑玄引《周礼》解《王制》封国之制和官制云:"《王制》云'公、侯田方百里',与《孟子》《公羊》《白虎通》合。张、包、周皆不信《周礼》有五百里之封。郑据《周礼·大司徒》文创为周公斥大九州之界,以自圆其说。"⑤"《王制》云'天子三公九卿',篇中所云大司徒、大司马、大司空即三公,冢宰、司寇、大乐正、市当在九卿之列。郑据《周礼》六卿,以《王制》之司徒诸官为《周礼》之司徒诸官。考其职掌,不甚相符。"⑥皮氏解经重经学之家法,他说:"古文家即尊信《周礼》,亦但可以《周礼》解《周礼》,不可以《周礼》解各经。"⑦在他看来,郑玄以古文之《周礼》为据解今文之《王制》,此是"昧于家法,而自生葛藤"⑧。

---

① (清)皮锡瑞:《经学家法讲义》,载潘斌选编:《皮锡瑞儒学论集》,四川大学出版社 2010 年版,第 302 页。

② (清)皮锡瑞:《经学家法讲义》,载潘斌选编:《皮锡瑞儒学论集》,四川大学出版社 2010 年版,第 297 页。

③ (清)皮锡瑞:《经学历史》,载潘斌选编:《皮锡瑞儒学论集》,四川大学出版社 2010 年版,第 39 页。

④ (唐)孔颖达等:《礼记正义》卷十一,载《十三经注疏》,中华书局 1980 年影印版,第 1346 页。

⑤ (清)皮锡瑞著,王锦民校笺:《〈王制笺〉校笺》,华夏出版社 2006 年版,第 4 页。

⑥ (清)皮锡瑞著,王锦民校笺:《〈王制笺〉校笺》,华夏出版社 2006 年版,第 4 页。

⑦ (清)皮锡瑞:《经学通论》,载潘斌选编:《皮锡瑞儒学论集》,四川大学出版社 2010 年版,第 200 页。

⑧ (清)皮锡瑞著,王锦民校笺:《〈王制笺〉校笺》,华夏出版社 2006 年版,自序。

在强调经学家法的基础上,皮氏进一步对汉儒解《王制》加以考察。如《王制》:"诸侯之于天子也,比年一小聘,三年一大聘,五年一朝。"许慎《五经异义》云:"《公羊》说诸侯比年一小聘,三年一大聘,五年一朝天子。《左氏》说十二年之间八聘,四朝,再会,一盟。许慎谨按:《公羊》说,虞、夏制。《左氏》说,周礼。《传》曰:'三代不同物。'明古今异说。"①郑玄《驳五经异义》云:"《公羊》说比年一小聘,三年一大聘,五年一朝,以为文、襄之制。录《王制》者,记文、襄之制耳,非虞、夏及殷法也。"②皮氏评论许、郑之说云:"许、郑杂引今古文以解经。许以《公羊》说为虞、夏制,与'群后四朝'不合,以《左氏》说为周礼,亦无明文可证。郑据《周礼》以疑《王制》,断为文、襄之制。《王制》作于周秦之际,其时《左传》未出,未必是据《左传》。"③皮氏认为许慎、郑玄解经不守经学之家法,如郑玄以古文之《周礼》为据疑今文之《王制》,结论未必可据。

又如《王制》:"岁二月东巡守,至于岱宗。……五月南巡守,至于南岳。"《尔雅·释山》:"霍山为南岳。"郭璞注:"即天柱山,潜水所出。"④邢疏曰:"郭云霍山,今在庐江潜县西南,别名天柱山,汉武帝以衡山辽旷,移其神于此,今其土俗人皆呼之为南岳,南岳本自以两山为名,非从近也。"⑤皮锡瑞评论曰:"南岳据今文说,当为霍山。《尚书大传》《说苑·辨物篇》《水经》《白虎通》《说文》《论衡·书虚篇》皆以霍山为南岳。《尔雅·释山》说五岳云:'江南衡。'用古文说。又云:'霍山为南岳。'用今文说。郭璞不知古说南岳有二,乃云武帝因谶纬移神。谶纬多同今文,故汉武案古图书复南岳之旧,非霍山为南岳始自汉武也。郭又以为一山二名,不知实有二说。孔《疏》引郭《注》不加辨正,亦不知南岳有二说。《王制》为今文说,解《王制》当从今文,以为霍山

① (唐)孔颖达等:《礼记正义》卷十一,载《十三经注疏》,中华书局 1980 年影印版,第1328 页。

② (唐)孔颖达等:《礼记正义》卷十一,载《十三经注疏》,中华书局 1980 年影印版,第1328 页。

③ (清)皮锡瑞著,王锦民校笺:《〈王制笺〉校笺》,华夏出版社 2006 年版,第 60—61 页。

④ (宋)邢昺等:《尔雅注疏》卷七,载《十三经注疏》,中华书局 1980 年影印版,第 2618 页。

⑤ (宋)邢昺等:《尔雅注疏》卷七,载《十三经注疏》,中华书局 1980 年影印版,第 2618 页。

也。"①皮氏认为，南岳有二，即今文中的霍山和古文中的衡山；郭璞不知，乃云武帝因谶纬移神；而实际上，汉武案古图书复南岳之旧，非霍山为南岳始自汉武。皮氏认为，《尚书大传》《说苑·辨物篇》《水经》《白虎通》《说文》《论衡·书虚篇》今文说皆以霍山为南岳，《王制》为今文说，当以今文说解之，故《王制》于此所云南岳即霍山。由此可见，皮氏解《王制》是在他所倡导的恪守今文家法的前提下进行的。

晚清今文经学家如廖平等人都认为《王制》为今文之大宗。《王制》进入晚清今文经学家的视阈绝非偶然。由于《周礼》是古文学的基本经典，汉代的古文经学家以及后来的不少学者都将其归为周公所著，代表的是真正的周代之制。而汉代今文家如张禹、包咸、何休等人则从根本上否认《周礼》所记乃周代礼制。今文家最为重视《公羊》经，然而《公羊》经虽多言改制，而具体制度的记述却远不及《王制》系统。如何找到一种能与《周礼》言制度相抗衡的今文经典，是晚清今文家跃上学术舞台时的一个重要使命。② 在这样的背景下，与《周礼》一样重视制度的《王制》便进入了今文家的视阈。廖平、皮锡瑞、康有为等纷纷对《王制》给予特别的关注和挖掘，以《王制》为今文之大宗。《王制》遂成为晚清今文学的经中之经，以统帅今文诸经。

从晚清经学演变的角度来看，皮锡瑞的《王制》研究细化了经学中今古文之分的问题，从而为后世学人所重。毋庸讳言，皮锡瑞的《王制》研究，观点多袭自廖平，然而由于皮氏治经持论比廖平、康有为等今文家平允，因此在对《王制》作者的考订上较廖、康二人审慎。其对《王制》所言制度所作的考释，亦多是持之有据，可以补廖平、康有为持论激切而欠考据之弊。

3. 探讨、总结研治《礼记》的方法

三礼之中，《礼记》篇目多，各篇体例不一，且内容驳杂。关于《礼记》研究之方法，皮锡瑞在《经学通论》中亦作了说明。

第一，研治《礼记》当需要条理经文，以类相从。皮锡瑞说："《礼记》四十

---

① （清）皮锡瑞著，王锦民校笺：《〈王制笺〉校笺》，华夏出版社2006年版，第67—68页。

② 清末至民初，钻研《王制》的学者还有不少，如耿极有《王制管窥》，程大璋有《王制通论》《王制义案》，刘师培有《王制集证》等。其中刘师培为古文经学家。

九篇,众手撰集,本非出自一人,一篇之中,杂采成书,亦非专言一事。"①"平心而论,《礼记》非圣人手定,与《易》《书》《诗》《春秋》不同,且《礼经》十七篇已有附记,《礼记》文多不次,初学苦其难通,《曲礼》一篇,即其明证,若加分别部居,自可事半功倍。"②皮氏认为,对于初学者来说,分别《礼记》之内容,以类相从,则可达到事半功倍的效果。他赞同汉唐时期孙炎和魏徵分类抄辑的方法,曰:"据《隋志》,'《礼记》三十卷,魏孙炎注',则其书唐初尚存。炎学出郑门,必有依据,魏徵因之,更加整比,若书尚在,当远胜于《经传通解》《礼记纂言》,而大有益于初学矣。"③在皮氏看来,孙、魏之书若存,其价值将远胜于朱熹的《仪礼经传通解》和吴澄的《礼记纂言》。三国时期魏人孙炎曾受学于郑玄,孙炎在注《礼记》时曾以类相从,《旧唐书·元行冲传》云:"尚书左丞相张说奏曰:今之《礼记》,是前汉戴德、戴圣所编录,历代传习,已向千年,著为经教,不可刊削。至魏孙炎始改旧本,以类相比,有同抄书,先儒所非,竟不行用。贞观中,魏徵因孙炎所修,更加整比,兼为之注。"④可见,汉唐时期的学者已试图将《礼记》的内容进行分类整比,从而更好地理解《礼记》。

第二,研治《礼记》当重视郑注、孔疏。郑玄以前,马融等人曾注《礼记》,而且所依据的《礼记》原本并不相同。郑玄作《礼记注》时,多采别本异文。根据李云光《三礼郑氏学发凡》的统计,郑玄《礼记注》中存异文多达206条。这些异文得以保存下来,为人们研究汉代的《礼记》学提供了宝贵的材料。郑玄还对《礼记》的经文进行了校勘,其校勘的体例和方法甚为详密,或以别本校之,或以他书校之,或以本书内他篇经文校之,或以本书内上下经文校之,或以字形校之,或以字音校之,或以文例校之,等等。郑玄对《礼记》所作的注释兼采众说,择善而从,一反西汉以来今文经学家解经的烦琐之风。正因为郑玄注《礼记》简约精当,所以当其《礼记注》出,其他注

① (清)皮锡瑞:《经学通论》,载潘斌选编:《皮锡瑞儒学论集》,四川大学出版社 2010 年版,第 210 页。

② (清)皮锡瑞:《经学通论》,载潘斌选编:《皮锡瑞儒学论集》,四川大学出版社 2010 年版,第 211 页。

③ (清)皮锡瑞:《经学通论·三礼》,载潘斌选编:《皮锡瑞儒学论集》,四川大学出版社 2010 年版,第 211 页。

④ (后晋)刘昫等:《旧唐书》卷一百二,中华书局 1975 年版,第 3178 页。

本就逐渐亡佚了。《礼记正义》由孔颖达、贾公彦等人共撰而成。《礼记正义》的特点有三:其一,基本上坚持"疏不破注"的原则。对郑注或疏证,或补阙,或考郑注之所据,少有驳郑之处。其二,此书以皇侃的《礼记义疏》为本,以熊安生《礼记义疏》为补,多驳前人异说,以三礼互证,并以小序叙述各篇之所属。其三,此书征引繁富,保存了很多资料。魏晋南北朝时期的《礼记》学文献绝大多已佚,而《礼记正义》吸收了很多前代的成果,保存了王肃、皇侃、熊安生、沈重等人为《礼记》所作注疏的部分内容,这些保存下来的资料成为清代辑佚家们辑佚的渊薮。在《五经正义》中,《礼记正义》的成就比较高,正如近人吴承仕云:"《小戴》四十九篇,杂有古今文说,自郑氏作注,条例滋繁。南北章疏,义有多门,甘其臭尚,毕生无厌。孔氏略本熊、皇,博采众说,今欲上窥魏晋六朝旧义,惟恃此编,诚郑学之喉襟、礼家之渊薮也。清儒于各家皆有新疏,唯《礼记》独阙,将由孔疏翔实,后儒无以加,意包孕其弘,非一人所能了也。"①

　　对于历代《礼记》学著作,皮锡瑞最推崇的是郑注和孔疏,他说:"若卫湜《礼记集说》一百六十卷,空衍义理者多,杭世骏《续礼记集说》一百卷,亦未免于炫博。陆元辅《陈氏集说补正》,足匡陈澔之失。王夫之《礼记章句》、朱彬《礼记训纂》、孙希旦《礼记集解》,虽有可采,皆不及孔疏之详博,亦不尽合古义,此等书皆可缓。郑注《礼记》,因卢、马之本而加校正,其所改字必有精意。宋陆佃、方悫、马希孟等以郑改读为非,而强如本字读之,解多迂曲。又或以后世之见疑古礼之不近人情,不但疑注疏,而并至疑经,足以迷误后学。陈澔《集说》尤陋,学者仍求之《注》《疏》可也。"②虽然皮锡瑞所作评论比较严苛,但也不乏真知灼见。如他认为卫湜《礼记集说》空衍义理者多,杭世骏《续礼记集说》未免于炫博,新学学者的《礼记》学著作解多迂曲等,可谓切中肯綮之见。在批评了历代《礼记》学著作后,皮氏旋即提出习《礼记》者当熟玩《注》

---

　　①　吴承仕:《经典释文叙录疏证》,中华书局 2008 年版,第 99 页。
　　②　(清)皮锡瑞:《经学通论》,载潘斌选编:《皮锡瑞儒学论集》,四川大学出版社 2010 年版,第 212 页。

《疏》，他说：“学者熟玩《礼记注疏》，非止能通《礼记》，且可兼通群经。”①皮氏认为《礼记》初学者当熟玩《注》《疏》，此亦很有见地，因为后世《礼记》学著作均由《注》《疏》而发议论，研治《礼记》以《注》《疏》为基础，当是学有根柢。

① （清）皮锡瑞：《经学通论》，载潘斌选编：《皮锡瑞儒学论集》，四川大学出版社 2010 年版，第 212 页。

第八章　民国时期的三礼学

　　20世纪上半期,中国发生了天翻地覆的变化。1911年辛亥革命推翻帝制,建立中华民国。之后历经军阀混战、北伐战争、抗日战争和解放战争,到1949年中华人民共和国成立。这近40年的时间就是中国历史上所谓的民国时期。民国时期是一个剧烈动荡的社会转型时期,也是一个文化范式的转型时期。作为传统显学的三礼学在本时期基本上被边缘化。这一时期,一方面有一些晚清学者继续按照传统经学理路进行三礼学的研究工作;一方面在西风东渐的影响下,出现了许多新派学者利用西方传入的人文社会科学理论对传统三礼学的一些问题从历史学、文献学、社会学、民俗学的角度进行了新的探究。

　　需要说明的是,本时期那些沿用传统经学路径从事三礼学研究的学者,大多是在晚清时期已经成名的经学家、礼学家,如皮锡瑞、俞樾、廖平、康有为、刘师培、吴之英、曹元弼等人均属此类。由于他们的礼学研究活动实际上跨越晚清和民国两个时期,因而对于他们的三礼学研究成果,笔者采取两种变通的处理方法:有的安排在清代晚期进行介绍和论述;另一些酌情安排在民国时期进行介绍和论述。

第一节　社会文化背景与三礼学概况

　　在中国古代,儒学是社会上下都认同的最为正统的思想体系。晚清以及民国初年,一些学者对儒学的这种正统地位仍坚信不疑。然而20世纪前期发生的一系列社会革命运动,如辛亥革命、五四新文化运动、北伐战争、抗日战争、解放战争等,使儒学失去了昔日的辉煌。其中对儒学冲击最厉害、影响最深远的,当属五四新文化运动。作为五四新文化运动的先锋,陈独秀、胡适、吴虞、鲁迅等人对中国儒学进行了严厉的批判。他们批判的核心,就是儒家所宣导的"礼教"。鲁迅在《狂人日记》中更是斥"礼教""吃人"。虽然他们批判的核心是"礼教"中的等级制,但是他们的批判在客观上使儒学成了众矢之的,儒家所说的"礼"在相当长一段时间内成了封建落后的代名词。

学术研究与世运密切相关,20 世纪上半期是传统与现代激烈碰撞的年代。三礼学这门古老而又重要的学问没有受到应有的重视,不过仍有部分学人继续坚持从事传统文化研究,并在三礼研究领域作出了贡献。如清末皮锡瑞、俞樾、廖平、康有为、刘师培、吴之英、曹元弼等在传统崇经尊孔的观念下,对三礼之学仍然抱有极大的兴趣,继续对三礼学进行多方面的研究和探讨。此外,钱穆、李安宅、郭沫若等人亦对《周礼》作了较多的研究。综合起来看,20 世纪上半期学人三礼研究的成就和特色主要有以下几点:

第一,沿用传统的经学考证方法进行"三礼"研究。文字训诂和名物制度考证的研究方法在晚清民国时期学者的三礼研究中得到了广泛的应用。如刘师培的《西汉周官师说考》《周礼古注集疏》《礼经旧说》等重视对古注所记名物制度之疏证;曹元弼的《礼经学》《礼经校释》以郑注、贾疏为宗,兼采唐宋诸儒及清代诸家之说折中以求其是;吴之英的《仪礼奭固》取校注体,集古今经说而折中之,或解释经义,或考究字说,继承并发展了自郑玄以来的治经传统。此外,吴之英所绘制的《礼事图》和《礼器图》,使《仪礼》中复杂难明的名物礼制变得形象和直观。这些图谱的精密程度已超越前人,如刘师培认为吴之英"《图》亦较张(惠言)为优"①。此外,廖平的《坊记新解》,以及皮锡瑞的《经学通论》的"三礼"部分,亦走的是传统经学研究的路子,在研究方法上并没有创新。

第二,有的学者从制度史和思想史的角度对《周礼》和《礼记·礼运》的成书年代展开了讨论。钱穆于 1932 年发表《周官著作时代考》一文,认为《周

---

① 吴虞:《吴虞日记》上册,四川人民出版社 1984 年版,第 45 页。

礼》成书于战国晚期。此观点得到了郭沫若、杨向奎、顾颉刚、蒋伯潜、范文澜等人的赞同。钱氏此文的价值不仅在于他的结论，还在于他的研究思路和开创的研究方法。钱穆的研究思路，是通过对《周礼》所记制度和思想的考察，从而判定《周礼》的成书时代。比如从刑法制度的角度考察《周礼》的成书时代，钱穆首先花了大量的笔墨梳理春秋战国时代法家刑法思想演变的过程。如关于法的观念之演变，钱穆对春秋子产、战国李悝、吴起、商鞅等人的刑法思想作了考察，进而判定《周礼》中较为成熟的法观念当出自商鞅等人之后。

郭沫若于 1932 年发表的《周官质疑》一文，选取金文中的卿事寮、大史寮、三左三右、作册、宰、宗伯、大祝、司卜、冢司徒、司工、司寇、司马、司射、左右戏繁荆、左右走马、左右虎臣、师氏、善夫、小辅、鼓钟、里君、有司、诸侯诸监等二十职官，与《周礼》所记职官作了比较研究，发现《周礼》与金文所记职官有很大差异，进而判定《周礼》所记职官不出于周初至春秋中叶，周公作《周礼》之说不能成立。郭沫若以金文为据所做的研究，不管是对于《周礼》成书年代的研究，还是对于《周礼》官制的研究，皆有开风气之先的意义。后来一些学者，如张亚初、刘雨等人，皆是采纳郭沫若所开创的研究方法，并作了更广更深的研究。

需要说明的是，20 世纪 20—30 年代兴起的疑古思潮对《周礼》成书问题的研究产生了很大的影响。如传统的观点认为《周礼》的作者是周公，《周礼》可作为西周史研究的材料，然而钱穆在《周官著作时代考》一文中却认为《周礼》当是战国晚期晋人所作，郭沫若更将《周礼》的作者归之于战国晚期荀子的弟子。钱穆、郭沫若关于《周礼》作者和成书年代的观点与传统的观点迥异，有着明显的疑古倾向。

20 世纪上半期，学界关于《礼运》大同章的学派属性的争论也十分激烈。康有为《礼运注》、方竑《礼运说》、李证刚《孔子大同小康说之现实价值》、高鸿缙《礼运大同篇五读》等皆持《礼运》大同思想属儒家说。早在 1917 年，吴虞就作《儒家大同之义本于老子说》一文，认为《礼运》之大同、小康思想出自道家。另有不少学人认为《礼运》大同说出自墨家。如伍非百《墨子大义述》、金德建《思想史上之汉代礼运篇本质与汉代社会的研究》、蒙文通《论〈墨子〉书备三墨之学》皆认为《礼运》出于墨家。还有一部分学者认为《礼运》是儒、道、墨诸家融合的产物。蒋维乔《近三百年中国哲学史》、王新民《礼运大同篇溯源》、钱基博《读礼运卷头解题记》皆认为《礼运》由儒、道、墨三家思想融汇而成。《礼运》的学派属性问题引起了 20 世纪学人的普遍重视。20 世纪参与《礼运》学派属性讨论的学者人数多,其中不乏学问大家,相关讨论也很深入,即使是继承前人的观点,也还是有更为细致的论证,否定前人观点者,亦是建立在文献比较研究基础之上。

第三,20 世纪初的一些学者以三礼作为阐发自己思想的资源。如康有为撰《礼运注》一书,以《礼运》的大同思想为资源以构建自己的政治思想体系。其所撰《中庸注》一书,试图会通《中庸》与公羊学,以阐发他的社会政治思想。《礼运注》《中庸注》两书皆有着强烈的经世倾向。又如廖平特别重视三礼中的《周礼》和《礼记》,其经学理论体系的建构与他对这两部经典的考察有着密切的关系。廖平以《周礼》为古文大宗、代表周时旧法,《王制》为今文大宗、代表孔子所立新法,这种观点的影响十分深远。除此之外,廖平还在《礼记识》一书中利用《礼记》来阐发他的"天学人学""今学古学"理论。

第四,李安宅开始应用社会学的研究方法对《仪礼》和《礼记》展开研究,开辟了三礼研究的新领域。商务印书馆于 1930 年出版了李安宅所撰的《〈仪礼〉与〈礼记〉之社会学的研究》一书。关于该书的研究方法,李氏在该书的"绪言"中作了交代,他说:"本文下手的方法,完全是客观地将《仪礼》和《礼记》这两部书用社会学的眼光来检讨一下,看看有多少社会学的成分。换句话说,就是将这两部书看成已有的社会产物,分析它所用以影响其他的社会现象(人的行动)者,是哪几方面。至于这两部书,这项社会产品之成于谁手,成于何代,都不是本文的中心问题,不管知道这些事是怎样有价值。"①所谓"社会学",是起源于 19 世纪末期的一门学科,学科最初得名于法国人孔德,其研究对象十分广泛,包括政治、经济、历史、社会结构、人口变动、民族、城市、乡村、社区、婚姻、家庭、宗教信仰、现代化等。在《〈仪礼〉与〈礼记〉之社会学的研究》一书中,李氏从礼、语言、物质文化、乐、知识、宗教与仪式、社会组织、政治等方面对《仪礼》和《礼记》做了研究。该书是第一本从社会学的角度研究

---

① 李安宅:《〈仪礼〉与〈礼记〉之社会学的研究》,上海人民出版社 2005 年版,第 1 页。

《仪礼》和《礼记》的专著,其研究方法和研究范式对后来的学者产生了广泛而深远的影响。有学者评论曰:"李安宅教授学贯中西,既从事社会学研究,又谙熟我国古代历史文献。他将社会学的观察,追溯运用于中国古代社会,从而在传统的'礼学'研究中,开辟了新领域。……全书虽不过是五万字,但读此一篇,对《礼记》《仪礼》一书所阐述的基本思想,及其对我国社会的主要影响,即可一目了然,并有清晰的认识,李安宅教授运用社会学研究古代文献,开辟社会学研究新领域的精神是令人十分崇敬和钦佩的。"①

第二节　三礼成书问题研究

一、《周礼》成书

自古以来,《周礼》的成书问题就是众说纷纭、莫衷一是。民国学人廖平、刘师培、钱穆、郭沫若等人在前人之基础上,对《周礼》的成书问题作了新的探讨,得出了各种不同的结论。

《周礼》被汉代古文经学奉为经典,并被认为为周公所作。但汉代今文经学家何休却认为《周礼》是"六国阴谋之书"。晚清今文经学家皮锡瑞坚定地支持何休之说,而且对清人毛奇龄的观点亦推崇有加,他论述说:《周官》当从何休之说,出于六国时人,非必出于周公,亦非刘歆伪作。"②又说:"毛氏以《周官》为战国时书,不信为周公所作,又力辨非刘歆之伪,而谓周制全亡,赖有《周礼》《仪礼》《礼记》三经,有心古学,宜加护卫,最为持平之论。"③皮氏之所以认为《周礼》非周公所作,其理由有三:

第一,周公制礼极慎重,而《周礼》与周代之制度多不相符。皮锡瑞云:"既已优游三年,乃敢制作,又待营洛之后,乃始班行,所以不能不慎重者。观

---

① 李安宅:《〈仪礼〉与〈礼记〉之社会学的研究》,上海人民出版社 2005 年版,"编后记"第162 页。

② (清)皮锡瑞:《经学通论》,载潘斌选编:《皮锡瑞儒学论集》,四川大学出版社 2010 年版,第195 页。

③ (清)皮锡瑞:《经学通论》,载潘斌选编:《皮锡瑞儒学论集》,四川大学出版社 2010 年版,第196 页。

后世如汉贾谊、董仲舒、王吉、刘向，皆请制礼而未能定，曹褒定礼而未能行，唐《显庆》《开元礼》，宋《政和礼》，其书具在，迄未行用，周公盖虑及此，故必慎之于始，其始既如此慎重，其后必实见施行。今之《周官》，与周时制度多不符，则是当时并未实行，其非周公之书可知。"①皮氏认为，周公的经历以及后世制礼之历程，皆可证明周公当年制礼当十分慎重；故周公所制之礼后世必曾实行。然而今之《周礼》所记制度与周制多不相符，故可推知《周礼》非周公所作。

第二，《周礼》若为周公所作，孔子、孟子不会不知。皮锡瑞云："孔子所谓吾学周礼，亦非《周官》之书。北宫锜问周室班爵禄，《周官》言班爵禄极详，孟子乃云其详不可得闻，而所谓尝闻其略者，又不同《周官》而同《王制》。若《周官》为周公手定，必无孔孟皆未见之理，其书盖出孔孟后也。"②

皮锡瑞认为，孔子言"吾学周礼"，此所谓"周礼"，非《周礼》之书也；若《周礼》出自周公，孟子当熟悉此书，不可谓"尝闻其略"者。此外，《孟子》言制度与《王制》同，而与《周礼》异。孔子、孟子生当周公之后，既然孔、孟皆未见《周礼》，可知《周礼》非出自周代，更非周公所作。

第三，后世以《周礼》为周公未成或未行之书的观点不成立③。皮锡瑞曰："欲以《周官》强归周公，乃以后世苟简之法例周公，伏《传》云'制礼方致政'，正是制礼必行之证，何得反据伏《传》以为不能遂行？显庆、开元作礼书、饰太平，而不能实行，后世苟简之法则然，岂有周公制礼亦如是者？虽欲强为傅会，

---

① （清）皮锡瑞：《经学通论》，载潘斌选编：《皮锡瑞儒学论集》，四川大学出版社 2010 年版，第 204 页。

② 皮氏此说受毛奇龄的影响甚深，毛氏《经问》曰："《书》《诗》《易》三经，则《礼记》多引之。《周礼》《仪礼》《礼记》三经，则《诗》《书》《易》三经并未道及。即孔孟二书，其论经多矣，然未有论及《三礼》只字者。何也？曰：此予之所以疑此书为战国人书也。"皮氏评论曰："毛氏说经多武断，惟解《周官》心极细，论亦极平。"皮锡瑞之意，即是对毛氏以《周礼》作者非周公的观点表示赞同。参见《皮锡瑞儒学论集》，第 196 页。

③ 《困学纪闻》引九峰蔡氏云："周公方条治事之官，而未及师保之职，《冬官》亦阙，首尾未备，周公未成之书也。"《黄氏日钞》引孙处之说曰："《周礼》之作，周公居摄之后，书成归丰，而实未尝行。惟其未行，故建都之制不与《召诰》《洛诰》合，封国之制不与《武成》《孟子》合，设官之制不与《周官》合（《武成》《周官》皆伪书，可引），九畿之制不与《禹贡》合，凡此皆豫为之也，而未尝行也。"参见潘斌选编：《皮锡瑞儒学论集》，四川大学出版社 2010 年版，第 204 页。

要无解于孔孟未见也。"①皮氏认为,以《周礼》出自周公,乃后世之人以周公制作与苟简之法相比拟,故不可据;即便此说可通,亦难释孔孟未见《周礼》之疑。

皮锡瑞认为,《周礼》非出自周代,亦非周公所作,《周礼》当出自战国,为战国时代的人所作。皮氏曰:"《周礼》体大物博,即非周公手笔,而能作此书者,自是大才,亦必掇拾成周典礼之遗,非尽凭空撰造。其中即或有刘歆增窜,亦非歆所能独办也。惟其书是一家之学,似是战国时有志之士据周旧典,参以己意,定为一代之制,以俟后王举行之者,盖即《春秋》素王改制之旨。"②皮氏认为,《周礼》一书体大物博,典章具备,是战国时学识很高的人据周时之旧典、并参以己意而成;该书即使有刘歆之增窜,亦非刘氏一人所能为也。

皮锡瑞认为《周礼》成书于战国,而非周公所作,与其今文经学立场是紧密相关的。晚清今文家如廖平等人以《王制》为今文之大宗、《周礼》为古文之大宗,往往扬《王制》而抑《周礼》。皮氏主今文学,其以《周礼》出自战国,意在降低该书之神圣性。

皮氏关于《周礼》成书于战国时代的观点对当时和后世产生了重大影响,这种观点基本上成为近现代学界的主流观点。

近人钱穆、郭沫若、杨向奎等许多学者采用文献考证方法对《周礼》的作者和成书时代作了进一步探讨,得出了与皮氏相近的结论。如钱穆从祀典、刑法、田制等多个角度论《周礼》之成书时代,认为《周礼》"似属晋人作品,远承李悝、吴起、商鞅,参以孟子"③。"与其谓《周官》乃周公所著,或刘歆伪造,均不如何氏之说遥为近情"④。"《周官》书出战国晚世,当在道家思想转成阴阳学派之后;而或者尚在吕不韦宾客著书之前"⑤。

此外,蒋伯潜、范文澜、钱玄、齐思和、徐喜辰、史景成等人皆认为《周礼》

① (清)皮锡瑞:《经学通论》,载潘斌选编:《皮锡瑞儒学论集》,四川大学出版社 2010 年版,第 204—205 页。
② (清)皮锡瑞:《经学通论》,载潘斌选编:《皮锡瑞儒学论集》,四川大学出版社 2010 年版,第 200 页。
③ 钱穆:《两汉经学今古文平议》,商务印书馆 2001 年版,第 405 页。
④ 钱穆:《两汉经学今古文平议》,商务印书馆 2001 年版,第 322 页。
⑤ 钱穆:《两汉经学今古文平议》,商务印书馆 2001 年版,第 369 页。

成书于战国。

兹将民国时期有关《周礼》成书问题的几种有代表性的不同观点简述如下：

（一）廖平的"刘歆伪造"说

廖平经学凡六变，继"平分今古"说之后，廖平又提出了"尊今抑古"的新观点。廖氏"抑古"之说的理论前提是刘歆伪造《周礼》说。刘歆伪造《周礼》之说并非滥觞于廖平，宋人胡宏、洪迈、晁说之、包恢以及清人康有为、崔适等皆持是说。廖平对"刘歆伪造"说作了更进一步的申论。

廖平认为，《周礼》乃刘歆本《佚礼》羼臆说糅合而成，其作伪的动机有二：

从学术动机上来说，刘歆本《佚礼》羼臆说而成《周礼》是为了报复博士。廖平曰："自春秋至哀、平之际，其间诸贤诸子、经师博士，尊经法古，道一风同，皆今学也。虽其仁知异见，乡土殊派，然谭六经必主孔子，论制度必守《王制》，无有不同。刘歆报复博士，创为邪说，颠倒五经。改《周礼》而《王制》毁。"[①]又曰："六经传于孔子，实与周公无干。哀、平以前，博士全祖孔子，不祖周公。刘歆《移书》亦全归孔子，后来欲攻博士，故牵引周公以敌孔子。"[②]廖氏认为，自春秋至汉代哀、平之际，有今学而无古学，刘歆为了报复博士，创为邪说，颠倒五经，并以周公敌孔子。

从政治动机来说，刘歆本《佚礼》羼臆说而成《周礼》是为了迎合王莽之意。廖平曰："至《周礼》，则刘歆迎合莽意所造之制，显与今学为难。"[③]"歆当时意在乱博士礼，报怨悦主。……使《周礼》早出，抑刘歆早改《周礼》，则当时必本之为说，何以全无引用？是'发得周礼，以明因监'。是时《周礼》始出，中多迎合莽意而作。"[④]"刘歆等颂莽功德云：'发得周礼，以明因监'，可知《周礼》出于居摄以后，以为新室制作。"[⑤]"歆改《周礼》，今为删出明条，不过千余字，又杂有原文，然则合其零星所改，不过千字耳。歆固为攻博士，尤在迎合莽

① 廖平：《古学考》，载李耀仙选编：《廖平选集》（上），巴蜀书社1998年版，第130页。
② 廖平：《古学考》，载李耀仙选编：《廖平选集》（上），巴蜀书社1998年版，第131—132页。
③ 廖平：《古学考》，载李耀仙选编：《廖平选集》（上），巴蜀书社1998年版，第148页。
④ 廖平：《古学考》，载李耀仙选编：《廖平选集》（上），巴蜀书社1998年版，第136页。
⑤ 廖平：《古学考》，载李耀仙选编：《廖平选集》（上），巴蜀书社1998年版，第137页。

意。莽居摄以前,全用今说;意欲变古以新耳目,且自托于新王,歆乃改《周礼》以迎合之,大约多莽私意所欲为者。如引《周礼》为攻显君服缌,为莽聚百二十女。汉疆域大,改为九服万里之说。"①廖平认为,刘歆伪造《周礼》的又一原因是为了迎合王莽改制;如果说攻击博士是因为学术见解的不同,作伪是为了争胜,那么迎合莽意则是出于政治的原因,作伪是为了谄媚当权者。

廖平除了以上述两条动机说明"刘歆伪造"说以外,还提出如下四条理由来证成此说:

其一,《周礼》所记制度自相矛盾,后世未见实行。廖平曰:"此书如果古书,必系成典,实见行事者。即使为一人拟作私书,亦必首尾相贯,实能举行。今其书所言制度,惟其本之《王制》今礼者,尚有片段。至其专条,如封国、爵禄、职官之类,皆不完具,不能举行,又无不自相矛盾。(如建国五等、出车三等之类。)"②廖平认为,《周礼》所记封国、爵禄、职官等制度多有自相矛盾之处,根本不可实行。

其二,《周礼》专条不见他书,缺少佐证。廖平曰:"且今学明说,见之载籍者,每条无虑数千百见。至《周礼》专条则绝无一证。佐如今学言封国三等,言三公九卿,毋虑千条。而《周礼》言地五等,以天地四时分六卿,则自古绝无一相合之明证。此可知其书不出于先秦。"③廖平认为,《周礼》中关涉今文家者皆见之载籍,而刘歆之改窜者则不见于他书。

其三,《周礼》有诽谤圣经之言。廖平曰:"刘歆《周礼》中,暗寓攻击圣经之言。除'三易'外,《诗》有'六义',则经佚其半矣;有'豳雅','豳颂',则《风》不及半矣;有'九夏',则《肆夏》只得其一耳。此等说全无依据,歆悍然为之而不顾者,明知其无益,特以此说迷惑后人,使人有疑经之心。故至今千余(年)来误说从无人正之也。"④廖平认为,《周礼》所记"三易"、《诗》"六义"及"豳雅""豳颂"等皆无依据,乃刘歆迷惑后人之说。

其四,刘歆有作伪之条件。廖平曰:"刘歆官司儒林,职掌秘笈。方其改

① 廖平:《古学考》,载李耀仙选编:《廖平选集》(上),巴蜀书社 1998 年版,第 137 页。
② 廖平:《古学考》,载李耀仙选编:《廖平选集》(上),巴蜀书社 1998 年版,第 116 页。
③ 廖平:《古学考》,载李耀仙选编:《廖平选集》(上),巴蜀书社 1998 年版,第 116—117 页。
④ 廖平:《古学考》,载李耀仙选编:《廖平选集》(上),巴蜀书社 1998 年版,第 146 页。

羼《佚礼》，以为《周礼》，并因博士以'尚书为备'一语，遂诋六经皆非全书。弟子恐其无本，则私改史书、纬书以自助。"①在廖平看来，刘歆两次校领秘书，为作伪提供了便利的条件。

廖平认为《周礼》乃刘歆之伪作，并认为刘歆作伪的方式有二：

其一，"依傍今礼，推例小变"。廖平曰："如纬之殷爵三等、周爵五等、地三等，伪《周礼》则以为五百里迭减。《曲礼》言五官与天官，《盛德》言六官之名，《千乘》以四官配四时，此皆今学家同实异名分配之说也。刘歆本之作六卿，以天地四时分配矣。今学之师、保、傅乃太子官僚，而三公九卿则又明说不可易。刘歆以三太为三公，三少为三卿，配之六卿，以合九卿之数。皆依傍今礼，推例小变，不惟不合《王制》，亦绝无明证。"②廖平认为，今学之纬书言殷爵三等、周爵五等、地三等，而《周礼》则以五百里迭减，此是刘歆为迎合王莽而难今学之证；又如《曲礼》言五官与天官，《盛德》言六官，《千乘》以四官配四时，皆是刘歆本之作六卿之证。

其二，取材于《佚礼》。廖平认为"《佚礼》"即"《逸礼》"，又以《逸礼》非古学，他说："《逸礼》即《周礼》之原文，礼经非古，则逸者可知。又其文散见者，皆今学也。《易》西汉无古学，《费氏》虽经有异文，然其说礼制仍今学。故《异义》无《古易》，《艺文志》于《费易》亦不云古，可见易无古学。总之，刘歆以前不可立古名，建武后古学乃成，则不得以《逸礼》《费易》为古学也。"③廖氏认为刘歆以前有今文而无古文，《逸礼》所云礼制皆非古学。

廖平认为，刘歆取材于《逸礼》而伪造《周礼》。他说："承《盛德》篇六官旧文，以变三公九卿之说，于是以六大为一卿，大宰即冢宰也，天官即仍其号。改司徒礼官为地官，以配天官，取司官所掌职尽归之，以合地官之义。即以大宗代司徒主春，司马、司空仍旧文。至于司空一官，则其职以归司徒，并分见余官，六府可以分隶，而六工不能，故即以司空作叙于首，以百工为六职之一。此刘氏取《佚礼》为《周礼》，变六大、五官、六府、六工以为六卿之实迹也。"④《大

① 廖平：《古学考》，载李耀仙选编：《廖平选集》（上），巴蜀书社1998年版，第130页。
② 廖平：《古学考》，载李耀仙选编：《廖平选集》（上），巴蜀书社1998年版，第148页。
③ 廖平：《古学考》，载李耀仙选编：《廖平选集》（上），巴蜀书社1998年版，第119页。
④ 廖平：《古学考》，载李耀仙选编：《廖平选集》（上），巴蜀书社1998年版，第150页。

戴礼记》有《盛德》一篇,该篇言及"六官"。廖平认为《盛德》属于《逸礼》,并以《周礼》之职官源自《盛德》等古文篇目。廖平曰:"刘歆与今学为难,始改《逸礼》以为《周礼》,刘歆以前实无古学派也。秦汉以前,所说礼制有与《王制》小异者,此三统异说之文,实非今学外早有古学专门名家,自成一派。刘歆取《佚礼·官职篇》删补羼改,以成《周礼》。"①可见廖平将《逸礼》作为《周礼》重要的制度和思想资源。

关于刘歆作伪之时间,廖平曰:"考刘歆文集初年全用博士说,晚乃立异。欲知其年限,因考《王莽传》,乃知《周礼》之出,在于王莽居摄以后。《王莽传》上言《周礼》者只二事,在居摄后;中、下以后则用《周礼》者十之七。可见《周礼》全为王莽因监而作,居摄以前无之。"②廖平认为,从刘歆文集可知其早年用今文说,晚年才与今文为异;据刘歆采用《周礼》之情况,亦可知其作《周礼》当在居摄之后。

廖平又举一例以证刘歆作伪的时间在王莽居摄之后。他说:"《周礼》不出于王莽居摄以前,于《莽传》又得一确证。《莽传》上实考周爵五等,地四等,有明文。殷爵三等,有其说无其文。《周礼》明以为地五等,与纬书合,无附庸。今以为四等,合附庸而数,是未见《周礼》五等封明文也。又帝娶十二女,与后用《周礼》百二十之说不合。使《周礼》果出于前,刘歆校书时已得见之,则居摄以前亦当引用,不致前后两歧也。"③廖平认为,莽《传》于周爵五等、地四等有明文;殷爵三等,有其说无其文,与《周礼》地五等之说不符;若《周礼》出自王莽居摄前,刘歆校书时当引用,而不致前后之记载相抵牾。

廖平认为刘歆伪造《周礼》造成了很大的负面影响。他说:"古学始于刘氏……挟《佚礼》改《周礼》,今学诸经悉受其祸,至今未艾。"④又曰:"刘氏弟子乃推其书以说《诗》《书》《孝经》《论语》,此皆东汉事。马融以后,古乃成家,始与今学相敌。许、郑方有今、古之名。今学以六艺为宗,古学以《周礼》

---

①　廖平:《古学考》,载李耀仙选编:《廖平选集》(上),巴蜀书社 1998 年版,第 132—133 页。
②　廖平:《古学考》,载李耀仙选编:《廖平选集》(上),巴蜀书社 1998 年版,第 136 页。
③　廖平:《古学考》,载李耀仙选编:《廖平选集》(上),巴蜀书社 1998 年版,第 137 页。
④　廖平:《古学考》,载李耀仙选编:《廖平选集》(上),巴蜀书社 1998 年版,第 133 页。

为首。今学传于游、夏,古学张于刘歆。今学传于周、秦,古学立于东汉。"①刘歆之弟子推阐师说,始与今学为敌;今学诸经悉受其祸,延续至今。

廖平认为《周礼》本《逸礼》而成,并认为《周礼》包括两部分:一是《逸礼》部分,该部分属于今文系统;二是刘歆掺以己意部分,该部分属于古文系统。廖平撰《周礼删刘》,将其判定为伪作的部分全部删除。《周礼删刘》共分天官冢宰、地官司徒、春官宗伯、夏官司马、秋官司寇、冬官考工记六部分。其中天官冢宰所删者乃"惟王建国"至"以佐王均邦国"及六典、六属、六职之记载。地官司徒所删为"惟王建国、辨方正位"至"以佐王安扰邦国"及封疆五等之记载。春官宗伯所删为"惟王建国、辨方正位"至"以佐王和邦国"、宾礼八个方面之记载。夏官司马所删为"东北曰幽州""正北曰并州",以及邦国千里封疆五等之记载。秋天司寇所删为《大行人》所云朝觐之礼、六服制度以及诸侯春入贡、诸侯入王之记载。冬官考工记所删为国之六职之记载。

为证明所删诸条皆为刘歆伪造,廖平列举十二证,分别是违经、反传、无征、原文、阙略、改旧、自异、矛盾、依托、征莽、误解、流误。如关于"违经",廖平曰:"凡歆所改专条,皆与诸经违反。九州、五服、三等封,三公九卿六大,本皆详明。伪说皆与相反,今学全与经合,即此可知优劣。或因《周礼》不同经,以为周公之私稿。即能通之,亦与经无相干涉,况其万不可通。"②又如关于"无征",廖平曰:"刘歆专条,西汉以上从无明证,此人所共知。或以《明堂位》方七百里说公方五百里,不知其为四字之误。《千乘》亦间田所出,非本封。以学礼师保证三公,不知太子宫官皆兼摄,非本职。又或以《朝事》证会同,不知乃注文误入,故郑注不引之。实则《周礼》条全出臆撰误读,无一明证也。"③

廖平所列十二例,今人黄开国归纳曰:"廖平的十二证之说表明,《周礼》专条在性质上,同孔子六艺和今文经传记,是正相反对的;在内容上,是刘歆为迎合王莽的臆造谬说;在起源上,是依托今文经学;在作法上,是改乱今文经

① 廖平:《古学考》,载李耀仙选编:《廖平选集》(上),巴蜀书社 1998 年版,第 132—133 页。
② 廖平:《古学考》,载李耀仙选编:《廖平选集》(上),巴蜀书社 1998 年版,第 152 页。
③ 廖平:《古学考》,载李耀仙选编:《廖平选集》(上),巴蜀书社 1998 年版,第 152—153 页。

传，羼入伪说；在体系上，是自相矛盾、残缺不备。总之，一无可取。……因此，所谓古文经学不过是刘歆作伪的产物。"①廖平认为《周礼》本依今文，其中刘歆之伪者乃古文学之源，他说："《周礼》本依托《王制》以行，若提出今学明条，更无以自立。"②又曰："《周礼》本为传记，今蒙经名，然其原本今学，不过刘歆所改数条乃为异耳，不得为经。《书》《诗》与《易》，更无论矣。今定凡经皆为今学，古之所以不如今，以其出于附会羼改也。"③在廖平看来，经皆属今文之范畴，古文则出于刘歆之附会羼改。

（二）刘师培的"西周成书说"

历史上，传统的古文经学历来认为《周礼》是周公制礼作乐的产物。不过此说从汉代开始，一直受到今文经学的质疑和批驳。

作为清末民初古文经学的代表人物，刘师培依然坚持《周礼》为西周人所作。在《汉代古文学辨诬》一文中，刘师培对《周礼》乃晚出之书的观点进行了批评，他说："自东汉何休治《公羊》，虑《周官》之说与之相异也，遂以《周官》为六国阴谋之书。及于宋代，道学之儒以王荆公行《周礼》而流弊也，遂并集矢于《周礼》。至于近代，方苞以《周礼》多刘歆所窜，毛西河亦以《周礼》为周末之书，谓孔子引经，与《春秋》诸大夫及诸子百家引经并无一字及此书。顾栋高亦曰：'《周礼》六官所掌，春秋博学多能之彦无一语及其书，孔子亦然。'夫方、毛、顾诸子均不学之流，故考据空疏，集矢《周官》，固无足怪。"④刘师培认为，自汉及清，《周礼》为晚出之书的观点盛行，然各家之疑义皆情有可原。

清人龚自珍认为，《周礼》晚出，刘向、班固均知《周礼》乃晚周之士掇拾旧章而成，等之于《明堂》《阴阳》而已。刘师培驳龚氏之说曰："若龚氏则不然，少承段氏之绪，段固笃信《周官》而作《周礼汉读考》者也；继从刘氏问故，刘氏之学出于常州庄氏，庄固信《周官》为太平之迹而作《周官记》《周官指掌》者也，乃龚氏所言，转与彼殊。"⑤又曰："案《汉书·艺文志》多出于刘向，《志》言

①　黄开国：《廖平评传》，百花洲文艺出版社 2010 年版，第 97 页。
②　廖平：《古学考》，载李耀仙选编：《廖平选集》（上），巴蜀书社 1998 年版，第 122 页。
③　廖平：《古学考》，载李耀仙选编：《廖平选集》（上），巴蜀书社 1998 年版，第 124 页。
④　刘师培：《汉代古文学辨诬》，载《刘申叔遗书》下册，凤凰出版社 1996 年版，第 1389 页。
⑤　刘师培：《汉代古文学辨诬》，载《刘申叔遗书》下册，凤凰出版社 1996 年版，第 1389 页。

'礼古经五十六,《周官经》六篇'。以《周官经》和《礼古经》并言,称之为经,又有《周礼传》四篇,不知撰者名氏,若在武、宣之后,其名氏必传,则此为秦汉先师说《周官》之书矣。又《汉书·河间献王传》云:'献王所得书均古文先秦旧书,《周官》《尚书》《礼记》《孟子》《老子》之属。'班列《周官》于《尚书》之前,则班以《周官》为至古之书,此刘、班不以《周官》为晚出之证。"①刘师培据《汉书·艺文志》有"《周官经》"、《河间献王传》有"《周官》"之记载,认为刘歆、班固等人并不以《周礼》为晚出之书。

龚自珍认为《周礼》既不行于周,亦不行于秦汉。刘师培以《孟子》《荀子》之记载为据,证《周礼》出于先秦,他说:"孟子言'卿以下必有圭田',即《载师》士田之制也;又言'请野九一而助,国中什一',此即《遂人》《匠人》异制之说也。"②又曰:"荀卿亦然,《正论篇》言:'曼而馈,代睪而食,《雍》而彻乎五祀,执荐者百人侍西房。''曼'当作'鼎','代睪'当作'伐皋','荐'当作'羞',即《膳夫》所谓'王日一举,鼎十有二,以乐侑食,卒食以乐彻于造,羞用百有二十品'也。又言'庶士坐而夹道',即《夏官·旅贲》《秋官·涤狼》之职掌也。又《正名篇》言'远方异俗则因之以为通',即《大行人》所谓'属象胥谕言语',《外史》所谓'达书名于四方'也。《王制篇》言:'庶人之子孙,积文学,正身行,能属于礼义,则归之卿相士大夫。'即《州长》《党正》所谓'兴贤兴能'也。《大略篇》:'六贰之博,则天府也。''博'当作'簿',即《小宰》所谓'六典之贰',《当冠》所谓'开中于天府'也。且《王霸篇》言'人失要则死',即本于《司约》,《正论篇》'斩断枯砾',即本于《掌戮》。此皆荀子用《周官》之征。"③通过将《周官》与《孟子》《荀子》进行比较,刘师培得出结论:"夫孟、荀皆为儒家,生战国之时,均引《周官》,则《周官经》不行于周之说不击打自破矣。"④

自西汉古文经学家刘歆认为"其周公致太平之迹,迹具在斯"以后,东汉郑玄,魏晋王肃、伊说、干宝,唐代贾公彦,宋代李觏、杨杰、王安石、郑伯谦、郑

---

① 刘师培:《汉代古文学辨诬》,载《刘申叔遗书》下册,凤凰出版社1996年版,第1389页。
② 刘师培:《汉代古文学辨诬》,载《刘申叔遗书》下册,凤凰出版社1996年版,第1389页。
③ 刘师培:《汉代古文学辨诬》,载《刘申叔遗书》下册,凤凰出版社1996年版,第1389—1390页。
④ 刘师培:《汉代古文学辨诬》,载《刘申叔遗书》下册,凤凰出版社1996年版,第1390页。

樵、潘元明、赵汝腾、王与之,元人丘葵、吴澄,明人陈凤梧、柯尚迁、徐即登、李材,清人汪中、惠士奇、江永、孙诒让、刘师培等,皆信主此说。审此一系,可知以《周礼》为周公所作者多持古文经学之立场。刘师培秉承其父祖以来的治经传统,对古文经学多有褒扬,古文经学之立场亦被其多加采纳。刘师培竭力推尊《周礼》乃周公之作,正是其古文经学立场之反映。

（三）钱穆的"《吕氏春秋》之前成书说"

钱穆撰《周官著作时代考》①一文,对《周礼》的成书问题作了比较系统的探讨。他批驳《周礼》出自周公或刘歆之说曰:"《周官》自刘歆、王莽时,众儒已'共排以非是'。其后虽有少许学者信崇,终不免为一部古今公认的伪书。然谓其书乃刘歆伪造,则与谓其书出周公制作,同一无根。"②钱穆认为,《周礼》成书于周公或刘歆之说,皆不如何休以《周礼》成书于战国末期更为合理。

钱穆《周官著作时代考》一文通过对《周礼》所载祀典、刑法、田制、军制、丧葬制度等内容的考证,得出《周礼》当成书于《吕氏春秋》之前的结论。

《周官著作时代考》全书共分为四部分:

1."关于祀典",该部分据《周礼》所记祭祀制度对其成书年代作了研究,涉及五祀、郊丘、冬至立春祭、方泽祭地、朝日夕月、救日食月食等;

2."关于刑法",该部分据《周礼》所记刑法观念对其成书年代作了研究,涉及法的观念的确立、法律公布之制、五刑制、流放制等;

3."关于田制",该部分据《周礼》所记经济制度对其成书年代作了研究,涉及公田制、爰田制、封疆沟洫制等;

4."其他",该部分据《周礼》所记封建制、军制、丧葬制、外族、音乐等对其成书年代作了研究。

兹以其对祀典、刑法两部分的考证为例,对钱穆的论证方式作一评述。

钱穆对《周礼》所记祭祀制度作了梳理,并通过这些祭祀制度以证《周礼》之成书时代。今择其要者,以见钱穆论证之方法。

钱穆据祀典以证《周礼》的成书时代。

---

① 钱穆:《周官著作时代考》,《燕京学报》第 11 期(1932 年 6 月)。
② 钱穆:《两汉经学今古文平议》,商务印书馆 2001 年版,第 322 页。

　　《周礼》有九处关于五帝之祀的记载,分别见于《天官·太宰》《天官·掌次》《地官·大司徒》《地官·充人》《春官·小宗伯》《春官·司服》《秋官·大司寇》《秋官·小司寇》《秋官·士师》。钱穆认为,考察五帝祀之演变,对于判定《周礼》之成书时代有着重要意义。

　　钱穆首先对五帝祀之由来作了考察。他据《史记·封禅书》,认为五帝说出于战国晚期,祀五帝之事兴于秦。此外,钱穆认为《国语·晋语》《墨子·明鬼篇》以及《左传》昭公二十九年传皆记载有"五行神",而无"五方帝";既然没有五帝,就决不能有五帝祀。钱穆认为,春秋时鲁国曾僭行郊天之礼,然而当时鲁国似只郊祀上帝,非祀五帝,亦非在五帝中祀任何一帝;鲁既如此,秦亦宜然。钱氏据《史记》,认为秦文公、秦襄公、秦宣公、秦灵公时只知祀上帝,并未祀五帝。钱氏进一步推断,"五方色帝"之说起于战国晚世,及秦帝而燕齐方士奏其说,始皇采用之,遂始祀五帝;即因以前鄜畤之旧祀白帝,因以前密畤之旧祀青帝,因以前吴阳上下畤之旧分祀炎帝与黄帝;四畤皆旧有,所祀分为青、黄、赤、白四帝,与以前之仅祀上帝不同。在考察五帝说之演变后,钱穆曰:"五帝祀直到秦始皇统一后,才正式采用。何尝是春秋前所有?又何尝是周公之所定?"①言下之意,《周礼》不可能出于春秋以前,更非周公手定。

　　《周礼·春官·小宗伯》曰:"兆五帝于四郊。"钱穆认为,秦祀四帝是否按方位排列,已难详考;《晏子春秋》所记楚巫之言,亦仅谓五帝之位在国南,并无青帝在东郊、白帝在西郊之方位分配。钱穆曰:"分郊祀五帝,除《周官》及《吕氏春秋》两书有颇相似之说而外,更无其他切实根据可证。奈何谓此乃周公所制,或春秋前所有?"②言下之意,《周礼》与《吕氏春秋》的成书年代相近,《周礼·春官·小宗伯》五帝分祀说当出自战国末期人之冥构。

　　《周礼》中关于帝、昊天上帝、五帝之称谓,以及郊、丘之异同,郑玄、孙诒让等人强为弥缝掩饰。如孙诒让认为"帝"与"天"有区别:凡言"昊天"者,并指圜丘所祀之天,凡云"上帝"者,并指南郊郊祀受命帝。③ 钱穆据《史记·封禅书》,认为秦人郊礼只有一次,并不以昊天上帝和受命帝为两祭,他说:"郑

---

① 钱穆:《两汉经学今古文平议》,商务印书馆2001年版,第328页。
② 钱穆:《两汉经学今古文平议》,商务印书馆2001年版,第329页。
③ (清)孙诒让:《周礼正义》卷十一,中华书局1987年版,第433页。

玄到孙诒让此一辈人,误认《周官》之书,乃古代一部典礼之实录,又误把《周官》与《吕览》《月令》及邹衍后学一派所主张之五德转移受命而王之始终说,统混为一,认为是同一事之多面,又误认为其自古已然,在周公时而早已勒为定制。所以要勉强用受命帝的说法来分别《周官》书中之'昊天'和'上帝'。此乃愈求会通,而愈陷于纠纷,不如分别各自为说,转可得古人与古书之真相也。"①钱穆认为,郑玄、孙诒让强为弥缝,导致纠纷愈繁。

钱穆对帝、昊天上帝、五帝之称谓,以及郊、丘之异同作了辨析,并据以判定《周礼》的成书时代。在钱穆看来,郊天祀帝本是周代旧制,祀五帝之说则起于战国末世而采用于秦,以五帝分祀四郊又是战国末世学者之冥构,这些不同的祭祀制度,在《周礼》中得到兼罗并存,其间不免有矛盾冲突。

又如《周礼·地官·乡大夫》:"正月之吉,受教法于司徒,退而颁之于其乡吏。"又曰:"岁终,则令六乡之吏皆会政致事。正岁,令群吏考法于司徒以退。"钱穆认为,此处所谓"正月"是周王正月,以十一月为岁首的建子之正,此处所谓"岁终"是夏历十二月,可见一个朝廷同时行用了两个正朔。这种混杂周正和夏历的做法,使后人误解郊天之礼的时间和意义,钱穆曰:"《周官》乃是一部学者理想中之冥构,本非历史实录。《周官》作者,兼采了各种素材,集合拼凑,不免有漏洞,有破绽。一面既改用夏历,一面又沿袭周正。遂使后来注家,横生许多猜疑曲解,而郊天大礼,遂为从此以下一大争案。此岂周公所制,又岂春秋前所有? 然其决非西汉后人伪造,亦可从此而见矣。"②钱穆认为,《周礼》的作者兼采各种材料进行拼凑,导致郊天之礼受到后人的猜疑曲解。在此基础上,钱穆认为《周礼》非成于周公,亦非西汉后人伪造,而是战国末期人所作。钱穆进一步推测说:"《周官》的著者,我疑他是晋人。因此,他常不免把晋国所行的夏历,与当时旧传的周历,此两种不同的历法,兼罗并用。因此,在一种制度里,常常含混地行使了两种的历法。"③

《春秋》记载日食三十六例,均未提及月食,可见当时人重视日食而忽视月食。《周礼》则多有月食之记载,如《地官·鼓人》:"救日月,以诏王鼓。"

①　钱穆:《两汉经学今古文平议》,商务印书馆 2001 年版,第 336—337 页。
②　钱穆:《两汉经学今古文平议》,商务印书馆 2001 年版,第 345 页。
③　钱穆:《两汉经学今古文平议》,商务印书馆 2001 年版,第 337 页。

《夏官·大仆》:"凡军旅田役,赞王鼓,救日月亦如之。"可见《周礼》对日食、月食一样重视,这显然与《春秋》之记载有异。钱穆曰:"其实在春秋时,当是本无救月食之礼。……《周礼》著者,显然存有一套在他当时流行的阴阳配偶的哲学观念,日食要救,月食也要救。正如祭天了,定必要祭地,此都是那阴阳两两相对的一套玩意儿在作祟。此等全出庄生《齐物论》之后,又何尝是春秋时所有? 更何尝是周公之所定乎?"①钱穆认为,《周礼》日食、月食并重的现象不是出自春秋时期,更非出自周公。

《汉书·五行志》曰:"凡汉著纪十二世,二百一十二年,日食五十三。"此处无月食之记载。钱穆据此以驳刘歆伪造之说,曰:"西汉诸儒说灾异,多及星象,少言月食。即刘向、歆父子言五行,亦不详月食为灾异也。则《周官》书中月食、日食并救之说,即在汉时,亦未见遵行。若《周官》书诚出刘歆伪造,则何以对救月食事,亦无痕迹可求乎?"②钱穆认为,《周礼》日食、月食并举,而西汉学者言灾异多及星象而不及月食,故《周礼》不可能为刘歆之伪造。

钱穆还据《周礼》所记刑法制度证其成书时代。

钱穆认为古人治国知"礼""刑"而不知"法"。《左传》昭公六年记郑人铸刑书之事,叔向以当时政治意识上的种种手段和名字来劝止子产,这些手段和名字中唯独没有"法",钱穆由此推知当时的政治意识中尚没有"法"的观念。此外,《左传》昭公二十九年晋国铸刑鼎一事,遭到仲尼、蔡墨两人的批评,其中提到了"法"字,然钱穆发现《论语》未提及"法"字,孔子说过"法语之言",然非治国之"法"。钱氏认为,仲尼评晋国铸刑鼎,亦仅言"贵贱不愆"之"法度",不同于战国以下法家所持之"法"的观念。钱穆认为,战国时期兴起的法家首推魏国的李悝,其后有吴起、商鞅,从此以后,政治界遂有"法"的观念。在梳理法观念之确立过程后,钱穆对《周礼》之成书时代作了说明,其曰:"今《周官·天官·大宰》开始便云:'以八法治官府。'此下说到'法'字处不胜列举。即此已见《周官》书决非周公所著,亦决非春秋前所有矣。"③钱氏认为,《周礼》中法的观念已较为成熟,故《周礼》不是春秋前所成之书。

---

① 钱穆:《两汉经学今古文平议》,商务印书馆 2001 年版,第 364 页。
② 钱穆:《两汉经学今古文平议》,商务印书馆 2001 年版,第 366 页。
③ 钱穆:《两汉经学今古文平议》,商务印书馆 2001 年版,第 373—374 页。

钱穆还据《周礼》法律公布之制以判断其成书时代。如《周礼·天官·大宰》："正月之吉,始和布治于邦国都鄙。乃悬治象之法于象魏,使万民观治象。挟日而敛之。"此外,地官大司徒有教象之法、夏官大司马有政象之法、秋官大司寇有刑象之法,皆悬于象魏,使万民观之。孙诒让将其归纳为"布宪之义"。钱穆曰:"其实此所谓'布宪之义',亦决不甚古。若使在周初,周公制礼,早有每逢正月'悬法象魏,使万民观'之定制。子产铸刑书,叔向博闻多识,何致惊诧反对? ……然而当时人早已万分惊怪,群起争辨,此何故? 正因当时贵族、平民两阶级尚是截然划分。……此乃在时代转换中一种带有强迫性的形势要求,而刑书、刑鼎遂接踵地在郑国、晋国出现。而《周官》所谓'悬法使万民观'之制度,则其事断当尚在后。大抵此等事态,其兴起应尚在魏国李悝之后也。"①钱穆据郑国、晋国刑书刑鼎所反映的社会问题,从而推断《周礼》所记悬法现象出于郑国、晋国铸刑书、刑鼎之后。

钱穆还将《周礼》"悬法象魏使万民观"与《韩非子》所记"吴起令民徙车辕赤菽""商鞅徙木立信"进行比较,曰:"吴起、商鞅皆属有名之法家。彼两人均在魏国,应皆得闻李悝之遗教者。至于《周官》之'悬法象魏,使万民观',此正近似吴起、商鞅城门置令之办法,而特重加以学者间之一番理想化。此岂周公之所制,又岂春秋前之所有乎?"②钱穆认为,《周礼》所记"悬法象魏,使万民观"与吴起、商鞅城门置令的做法相似,只不过《周礼》之记载经过学者的一番加工,更具有理想化的色彩,言下之意,《周礼》出自战国吴起、商鞅之后。

钱穆还据《周礼》所记"五刑"以判断其成书时代。如《周礼·大司寇·司刑》曰:"掌五刑之法,以丽万民之罪。墨罪五百,劓罪五百,宫罪五百,刖罪五百,杀罪五百。"《尚书·吕刑》:"墨法之属千,劓罚之属千,剕罚之属五百,宫罚之属三百,大辟之罚其属二百,五刑之属三千。"钱穆认为,《吕刑》是晚出之书,其所规定之刑律,远较李悝之《法经》六篇为细。钱氏推测,晋人铸刑鼎后一百年,而有李悝之《法经》六篇,传及商鞅,渐次确定了法治之雏形;后来才有了一辈学者运用其理想作《周礼》、作《吕刑》,始有二千五百条乃至三千条

---

①　钱穆:《两汉经学今古文平议》,商务印书馆 2001 年版,第 375—376 页。
②　钱穆:《两汉经学今古文平议》,商务印书馆 2001 年版,第 376 页。

等第之刑律之设想。

关于五刑之种类,《国语·晋语》中有甲兵、斧钺、刀锯、钻、鞭朴之说,《周礼》所记五刑有两种,一是墨、劓、宫、刖、杀,二是野、军、乡、官、国。对于不同的"五刑"说,钱穆作如是之推测:"大概五行学说既起,乃始有五刑之编配。所谓'墨、劓、剕、宫、大辟',则仅是当时人有意编成五刑之说中之一种耳。后来此说独占优势,而五刑之解说遂臻固定。《五行大义》引《逸周书》逸文云:'因五行相克而作五刑。'《后汉书注》《太平御览》并引《白虎通》云:'刑所以五何?法五行也。'此虽后起之说,然不失为古代五刑说之真确来源也。既五行学说盛起于孟子之后,则《周官》中之五刑说,其年代亦自可推定耳。"①钱穆认为,五行说的兴起对五刑之编配有一定的影响,由于五行说的兴起是在孟子之后,故知《周礼》五刑说出自孟子之后。

《周礼》所记名物制度繁富,由于很多名物制度并非某一时代所仅有,不同的学者从不同的角度出发,均可自成一说,故通过考察名物制度以确定《周礼》之成书年代,会产生很大的分歧。此外,有些学者仅据史书的一些零星记载,就将《周礼》归为某一个人所作,实难以让人信服。

钱穆对《周礼》成书时代之研究,突破了前人研究之不足。其研究之思路,是通过对《周礼》所记制度和思想的考察,从而判定《周礼》的成书时代。比如从刑法制度的角度考察《周礼》的成书时代,钱穆花了很多笔墨梳理春秋战国时代法家刑法思想演变之过程。又如钱穆对春秋子产、战国李悝、吴起、商鞅等人的刑法思想作了考察,从而判定《周礼》法的观念当出自商鞅之后。又如钱穆对郑国的刑书、晋国的刑鼎以及韩非、商鞅、吴起的法律公布措施作了探究之后,指出《周礼》所记法律公布制度出自商鞅、吴起之后。在考察《周礼》的田制时,钱穆首先关注的是春秋战国时代田制的总体状况。在梳理《诗经》《左传》《孟子》所记之田制的基础之上,钱穆指出《周礼》所记田制有矛盾;通过对这种矛盾加以辨析,钱穆认为《周礼》成书于战国晚期。

(四) 郭沫若的"荀子弟子所作说"

郭沫若于1932年发表《周官质疑》一文。他在该文中将金文与《周礼》所

---

① 钱穆:《两汉经学今古文平议》,商务印书馆2001年版,第386—387页。

记之职官作了比较研究,在此基础上判定《周礼》的作者和成书年代。

郭沫若选取金文中的卿事寮、大史寮、三左三右、作册、宰、宗伯、大祝、司卜、冢司徒、司工、司寇、司马、司射、左右戏繁荆、左右走马、左右虎臣、师氏、善夫、小辅、鼓钟、里君、有司、诸侯诸监等二十职官,与《周礼》所记之职官进行比较,发现二者所记之职官有很大的差异。在此基础之上,郭沫若认为《周礼》所记职官不可能出于周初至春秋中叶,并否定周公作《周礼》之说。

《周礼》的作者以职官与天地四时相匹配,郭沫若曰:"今考其编制,以天地四时配六官,官各六十职,六六三百六十,恰合于黄道周天之度数,是乃准据星历智识之钩心结构,绝非自然发生者可比,仅此已足知其书不能出于春秋以前矣。"①郭氏认为,《周礼》将职官与天地四时相匹配,且职官之数字合于黄道周天之度数,故知《周礼》之成书不能是春秋以前。

郭沫若据《周礼》中的五行思想,对《周礼》的作者和成书年代作了推测,他说:"今《周官》以冢宰配天,司徒配地,宗伯配春,司马配夏,司寇配秋,司空配冬,三说虽小有出入,然其用意则同,且同为五行说之派演。是则作《周官》者乃周末人也。"②郭氏认为,《周礼》以职官与天地四时相配,乃五行说之流衍,五行说流行于战国末年,故知《周礼》当成书于战国末年。

郭沫若甚至认为《周礼》的作者是荀子之弟子,他说:"余谓《周官》一书,盖赵人荀卿子之弟子所为,袭其师'爵名从周'之意。纂集遗闻佚志,参以己见而成一家言。其书盖为未竟之业,故书与作者均不传于世。知此,则其书自身之矛盾,及与旧说之龃龉,均可无庸置辩。"③郭氏推测,荀子的弟子袭其师"爵名从周"之意,据遗闻佚志而成《周礼》。

郭沫若据金文对《周礼》所作之研究,不管是对于《周礼》之成书年代,还是对于《周礼》之官制,皆开风气之先。后来一些学者如张亚初、刘雨等人对《周礼》的研究,皆是沿着郭沫若所开创的研究路径,并作了更深入的研究。

---

① 郭沫若:《周官质疑》,载《沫若文集》第十四卷,人民文学出版社 1959 年版,第 613 页。
② 郭沫若:《周官质疑》,载《沫若文集》第十四卷,人民文学出版社 1959 年版,第 614 页。
③ 郭沫若:《周官质疑》,载《沫若文集》第十四卷,人民文学出版社 1959 年版,第 614 页。

二、《仪礼》成书

自古以来,《仪礼》的成书问题也是众说纷纭。民国学人梁启超、钱玄同等人在前人研究的基础上,对《仪礼》的成书问题做了新的探讨。

（一）梁启超的"孔子编订说"

梁启超对《仪礼》仪节与文本化作了区分,在梁氏看来,西周就有《仪礼》所记之仪节,他说:"《仪礼》的一部分,许是西周已有。因为礼是由社会习惯积成的,不是平空由圣人想出来。西周习惯的礼,写成文字,成为固定的仪节,许是比较的很晚。"①梁氏认为,礼是由社会习惯积累而成,最早的社会习惯无明文记载。

梁启超认为,仪节经过整理从而形成文本是由孔子完成的,他说:"今十七篇许是出于孔子之手。相传孔子删《诗》《书》,定《礼》《乐》。我不信孔子曾删《诗》《书》,而倒有点相信孔子曾定《礼》《乐》。……大概周代尚文,礼节是很繁缛的。孔子向来认礼为自己教人的要课,那么,把礼节厘定一番,使其适宜,也并不稀奇。所以我说《仪礼》许是孔子编的。……固然《仪礼》全部非都由孔子创造。如《乡饮酒礼》《乡射礼》,依《论语》《礼记》所记,孔子时已有。不过编定成文,也许全部出自孔子。因《士丧礼》决是孔子手定,其余也可推定是孔子审定过的。"②梁启超认为,西周时期之仪节经过孔子的整理,成为育人之教材,此教材就是《仪礼》。

（二）钱玄同的"战国时人编订说"

民国时期疑古派主将钱玄同在《答顾颉刚先生书》中,对六经的源流作了考辨。钱氏认为"'六经'固非姬旦底政典,亦非孔丘底'托古'的著作"③,"孔丘无删述或制作'六经'之事"④。在此观念下,钱玄同否认《仪礼》与周公和孔子有关。

钱氏驳孔子编《仪礼》之说曰:"关于礼的话,《论语》中虽然很多,但大都

---

① 梁启超:《古书真伪及其年代》,载《饮冰室合集·专集》之一百四,中华书局1989年版,第105页。

② 梁启超:《古书真伪及其年代》,载《饮冰室合集·专集》之一百四,中华书局1989年版,第106—107页。

③ 钱玄同:《答顾颉刚先生书》,载《古史辨》第1册,上海古籍出版社1982年版,第69页。

④ 钱玄同:《答顾颉刚先生书》,载《古史辨》第1册,上海古籍出版社1982年版,第69页。

是论礼意的，和《仪礼》全不相干。（'射不主皮'，'揖让而升，下而饮'等语，后人虽可引《仪礼》来附会，但不能说这是孔丘引《仪礼》的证据。）"①钱氏认为，《论语》中虽有关于礼之论述，然皆是关于礼义，《仪礼》多记仪节，与《论语》关系不大，故不能用《论语》之记载作为《仪礼》出自孔子之证据。

钱玄同认为《仪礼》非周公所作，亦非孔子所定，他说："其书（《仪礼》）盖晚周为荀子之学者所作。《仪礼》为晚周之书，毛奇龄、顾栋高、袁枚、崔述、牟庭皆有此说。近见姚际恒《仪礼通论》，亦谓《仪礼》为春秋后人所作。……看姚氏所论，可知《仪礼》的确作于晚周；'五经'之中，当以《仪礼》为最晚出之书。不信康氏（有为）之说者，多从旧书，则离事实更远，真是无征之臆谈矣。"②钱氏进一步指出："《仪礼》是战国时代胡乱抄成的伪书，这是毛奇龄、顾栋高、袁枚、崔述诸人已经证明的了。"③钱氏认为，《仪礼》是一本由战国时人胡乱抄成的伪书。

三、《礼记》成书

民国时期，许多学者参与了对《礼记》成书问题的讨论。从总体上来看，各种观点可以分为两大派：一是以《礼记》为戴圣所编，二是以《礼记》非戴圣所编。

（一）吴承仕的"戴圣编纂成书说"

吴承仕（1884—1939年），字绂斋、检斋、桥斋，号展成，又号济安，安徽歙县人。中国近现代经学家、古文字学家、教育家。清末举人，辛亥革命后任司法部佥事。受业于章太炎门下，与黄侃、钱玄同并称"章门三大弟子"。在北京大学、中国大学和北京师范大学任教。

吴承仕在《经典释文序录疏证》"礼"类中对《礼记》的成书问题进行了探讨。其所作论证大致如下：

一是驳"小戴删大戴"之说。吴承仕曰："陈邵泰始中位燕王师，撰《周礼

---

①　钱玄同：《答顾颉刚先生书》，载《古史辨》第1册，上海古籍出版社1982年版，第73页。

②　钱玄同：《重论经今古文学问题——重印〈新学伪经考〉序》，载康有为：《新学伪经考》，古籍出版社1956年版，第406页。

③　钱玄同：《答顾颉刚先生书》，载《古史辨》第1册，上海古籍出版社1982年版，第77页。

评》，甚有条贯。《序录》引其《周礼论序》，始谓大戴删古《记》，小戴又删《大戴记》，马融等复附益之。班、范无此言，《隋志》袭之，并以戴圣删大戴之书为四十六篇，而《月令》《明堂位》《乐记》三篇为马融所足。重纰贻谬，疑误后生。清儒戴震、钱大昕、臧镛堂、陈寿祺、吴文起、黄以周等始证明其非，今更无信从陈说者矣。"①吴承仕赞同清人戴震、钱大昕、黄以周等人的观点。他认为"小戴删大戴"是臆说。

二是以戴德、戴圣分别是大、小戴《礼记》之纂辑者。吴承仕曰："二戴各自撰《记》，本不相谋，故不嫌重复，如《大戴·哀公问于孔子》与《小戴·哀公问》同，《大戴·礼察》与《小戴·经解》略同，《大戴·曾子大孝》与《小戴·祭义》同，《大戴·诸侯衅庙》与《小戴·杂记》同，《投壶》二《记》俱有，文亦略同，而《大戴》亡篇中尚有《礼器》《祭法》佚文，以此推之，则相同者盖不止此数。"②吴氏认为，二戴各自纂辑《记》文而成大、小戴《礼记》，"小戴删大戴"之说不成立。

三是对戴德、戴圣所采之《记》文作了说明。吴承仕曰："二戴《记》所采，一为礼家之《记》，即《古文记》百三十一篇及《明堂阴阳》三十三篇等是；二为乐家之《乐记》；三为《论语》家之《孔子三朝记》；四为《尚书》家之《周书》；五为九流之儒家；六为九流之道家；七为九流之杂家；八为近代之作；九为《逸礼》。此其可知者。"③吴承仕将二戴所采之《记》文分为九类，并对每一类作了说明。如关于"九流之儒家"类，吴氏曰："小戴之《坊记》《中庸》《表记》《缁衣》，沈约云皆取《子思子》。刘瓛则以《缁衣》为公孙尼子作。沈约、张守节又以《乐记》为公孙尼子作。《三年问》文本《荀子·礼论》。《大戴》之《哀公问五义》本《荀子·哀公篇》，《礼三本》文本《荀子·礼论》，《劝学》本《荀子·劝学》《宥坐》，《曾子立事》《本孝》《立孝》《大孝》《事父母》《制言上中下》《疾病》《天圆》本之《曾子》。"④吴氏认为，大、小戴《礼记》篇目中有儒家之记文，有源自公孙尼子者，有源自《荀子》者，亦有本自《曾子》者。

---

①　吴承仕：《经典释文序录疏证》，中华书局 2008 年版，第 94 页。

②　吴承仕：《经典释文序录疏证》，中华书局 2008 年版，第 93 页。

③　吴承仕：《经典释文序录疏证》，中华书局 2008 年版，第 92—93 页。

④　吴承仕：《经典释文序录疏证》，中华书局 2008 年版，第 92 页。

作为章太炎的得意弟子,吴承仕在经学考据方面卓有建树。他关于《礼记》成书问题所作之讨论,基本上是沿着清人的治学路径而进行。与不少清代的学者一样,吴氏怀疑"小戴删大戴""马融足三篇"之说,并认为戴德、戴圣就是大、小戴《礼记》的纂辑者。吴氏对《礼记》各篇《记》文所作的分类与探源,对后世产生了深远的影响,从 20 世纪下半期一些学人讨论《礼记》各篇性质及来源的文字中,仍可看到吴氏之说的影子。

(二) 洪业、蔡介民的"非戴圣编纂说"

洪业(1893—1980 年),号煨莲(畏怜,Willian),名正继,字鹿岑,福建侯官(今闽侯)人,当代学者。他于 1915 年赴美留学,毕业于俄亥俄州韦斯良大学,后又入哥伦比亚大学,获文学硕士学位。1923 年归国后执教于燕京大学。先后担任燕京大学历史系教授、系主任、图书馆馆长、哈佛燕京学社引得编辑处主任等职。他在学术上的主要贡献是引得工具书的编纂。他认为整理中国文献、研究中国古代文化,必须有一套科学的工具书,遂先后主持编纂出版了经、史、子、集各种索引达 64 种,81 册。其中包括《周礼引得》《仪礼引得》《礼记引得》和《礼记注疏引书引得》。同时,他还撰写《礼记引得序》对《礼记》进行了多方面的探讨。

洪业在《礼记引得序》中引纪昀、戴震、钱大昕、陈寿祺诸家之说,力证"小戴删大戴"之非,他说:"四十九篇之非由八十五篇删减而成,证据确实,不必再论矣。"①

陈邵"小戴删大戴"与《隋书·经籍志》"马融足三篇"之说固不可信,然陈邵和《隋书·经籍志》并不否认二戴为《礼记》之纂辑者。可是到了近代,受疑古思潮的影响,戴德为《礼记》之纂辑者这一传统的观点受到了挑战。洪业也怀疑《礼记》为戴圣所纂辑,他认为,大小戴之后、郑玄之前那个时代,"'今礼'之界限渐宽,家法之畛域渐泯,而记文之钞合渐多,不必为一手之所辑,不必为一时之所成,故经说之抵牾,不必整剔;文字之重迭,不曾剪芟"②。洪业认为,《礼记》非一人一时之作,是在大小戴之后、郑玄之前由多人抄合而成。

---

① 洪业:《礼记引得序——两汉礼学源流考》,《史学年报》第 2 卷第 3 期(1936 年 11 月)。
② 洪业:《礼记引得序——两汉礼学源流考》,《史学年报》第 2 卷第 3 期(1936 年 11 月)。

洪氏之论据有三：

第一，刘向《别录》无著录《礼记》四十九篇之数。《礼记》四十九篇首载于郑玄《三礼目录》，《三礼目录》于每篇皆云"此于《别录》属某类"。洪业认为刘向《别录》未著录四十九篇之《礼记》，他说："《汉志》之'《记》百三十一篇'本出于刘歆之《七略》，而《七略》殆沿《别录》耳。《别录》于《记》一百三十一篇下，容或系以叙录，类别而区分之，为通论若干篇，制度若干篇，祭祀若干篇，吉礼若干篇，丧服若干篇等耳。郑玄沿旧说尽隶《戴记》四十九篇于向所著录各书，其隶《月令》及《明堂位》于'明堂阴阳'，隶《乐记》于'乐记'，盖指三十三篇之《明堂阴阳》及《乐》类二十三篇之《乐记》也。推求郑及旧说之意，殆亦知此三篇者不在一百三十一篇之内；不然者，《月令》及《明堂位》当属于制度，而《乐记》当属通论也。《礼古经》在《汉志》中既与记分列，则其在《别录》中当亦如此。然则《奔丧》《投壶》二篇，不宜在一百三十一篇之内矣。郑氏似亦曾致疑于此，故于《奔丧》条下叙及《别录》编类，稍有微辞。"①洪业认为，郑玄云《礼记》各篇"于《别录》属某类"并非《别录》著录之文，而是郑玄概括刘向叙录之言，故《别录》无《礼记》四十九篇之记载。

第二，戴圣是今文经学家，不可能纂辑杂有古文之《礼记》。洪业曰："案小戴所执者士礼，东汉谓之今礼，其文皆今文也。倘于士礼之外，小戴别传有《礼记》以补益其所传之经，则其《记》亦当皆从今文，而不从古文。今试以《仪礼》郑注所举之今文、古文，就《礼记》校之。其从今文者固多，然而亦不尽然。其最可注意者：《仪礼·士冠礼》末段之《记》，全文亦见于《礼记·郊特牲》之中。《仪礼》本中'冠而字之'，郑注云：'今文无之。''章甫周道也'，郑注云：'甫或为父，今文为斧。'《郊特牲》所载者，全同古文，有'之'而为'甫'。使《礼记》果为戴圣所辑录以传者，其本岂得如此？刘歆于哀帝初年移书责太常博士，诋其抱残守缺，抑拒《逸礼》。歆所为《七略》又以《逸礼》及《明堂阴阳》等书傲后仓门徒。乃今《礼记》既收有《明堂阴阳》中之《月令》及《明堂位》，复有《逸礼》如《奔丧》《投壶》及《衅庙之礼》等篇，此等岂似戴圣所辑录以传

---

① 洪业：《礼记引得序——两汉礼学源流考》，《史学年报》第 2 卷第 3 期（1936 年 11 月）。

世者哉?"①洪业认为,《礼记·投壶》《奔丧》等是古文篇目,此外,《礼记·郊特牲》等篇目中皆有多从古文者;戴圣是今文经学家,不可能纂辑今古文杂之的《礼记》。

第三,《礼记》有与《周礼》相合而与《仪礼》不合者。洪业曰:"《燕义》首段百余字,实与本篇意义无甚关涉,顾乃颇与《夏官》诸子相同。辑录者徒以篇中有'士庶子'字眼,遂抄合之耳。《射义》曰:'其节,天子以《驺虞》为节;诸侯以《狸首》为节;卿,大夫,以《采苹》为节;士以《采蘩》为节。'《夏官·射人》曰:'王:乐以《驺虞》,九节五正;诸侯:乐以《狸首》,七节三正;孤,卿,大夫……乐以《采苹》,五节三正;士……乐以《采蘩》,五节二正。'此二者颇相照,顾乃与《仪礼》不合。……夫《周官》之出,众儒共排以为非是;小戴传授士礼者也;何为又传授不合于士礼而合于《周官》之记乎? 合以上诸点观之,故曰后汉之《小戴记》者非戴圣之书也。"②洪业认为,《礼记·燕义》《射义》皆有与《周礼》相合而与《仪礼》相异者,戴圣为传士礼之人,不可能传不合士礼之《周礼》。

《礼记》的成书问题,清人作过很多讨论,并对前人观点提出质疑。然清人之质疑主要集中在"小戴删大戴""马融足三篇"两大问题上,他们并没有否定戴圣乃《礼记》之纂辑者这一前提。在近代疑古思潮的影响下,戴圣纂辑《礼记》这一观点受到质疑。洪业疑戴圣非《礼记》之纂辑者,并认为《礼记》的成书时代在大小戴之后、郑玄之前。平心而论,洪业所提供的诸条证据虽有新意,却缺乏说服力。如其认为今文家之戴圣不可能编辑杂今古文之《礼记》,此乃首创之说,并为不少学者所尊奉。然而随着学界对汉代经学史的深入研究,人们逐渐看到汉代的今古文两派并非水火不容,洪氏所作的论证因此受到质疑。尽管如此,洪业还是功不可没,其对《礼记》成书问题所作之研究有启迪后学之功。直到今天,学者从事《礼记》成书之研究,都不会忽略洪业所撰写的这篇《礼记引得序》。

① 洪业:《礼记引得序——两汉礼学源流考》,《史学年报》第 2 卷第 3 期(1936 年 11 月)。
② 洪业:《礼记引得序——两汉礼学源流考》,《史学年报》第 2 卷第 3 期(1936 年 11 月)。

蔡介民撰《礼记成书之时代》①一文,对《礼记》的成书年代作了初步的探讨;后又撰《礼记成书时代再考》②一文,对前文作了补充和深化。蔡介民将前贤时人的观点分为六类:

一是"孔子门徒所共撰"说。蔡介民依据陆德明《经典释文序录》所言"《礼记》者,本孔子门徒共撰所闻,以为此记",以及孔颖达《礼记正义》的相关记载。

二是"六国时人所撰集"说。蔡介民依据的是清人丁晏之说。

三是"二戴据古礼所删成"说。蔡介民依据的是晋陈邵《周礼论序》所云"戴德删古礼二百四篇为八十五篇,谓之《大戴礼》;戴圣删《大戴礼》为四十九篇,是为《小戴礼》",以及《隋书·经籍志》的相关记载。

四是二戴所传之《记》。蔡介民依据的是《汉书·艺文志》《儒林传》所云"传《礼》者十三家,唯高堂生及五传弟子戴德、戴圣名在也",以及郑玄《六艺论》的相关记载。

五是"二戴据《曲台记》所删成"说。蔡介民依据的是唐徐坚《初学记》所云"德从子圣,乃删后氏《记》为八十五篇,名《大戴记》;圣又删《大戴记》为四十六篇,名《小戴礼》"。

六是"西汉初诸儒所纂辑"说。蔡介民依据的是《经义考》所引罗璧、李清臣之说。

蔡介民参稽古今之说,对以上诸观点一一作了分析。观其论证,可知其在吸纳前人观点的同时,亦时有新见。如他驳"《礼记》为二戴所传述说"时,提出十一条证据,兹罗列于下:

(1)《六艺论》曰:"按《汉书》及《儒林传》云:传《礼》十三家,唯高堂生及五传弟子戴德、戴圣名在也……今礼行于世者,戴德戴圣之学也。"夫《汉书》及《儒林传》只云戴德戴圣传礼有名,并未言其有书。郑氏推演其义,遂以当时行于世之礼书,加诸二戴之身上。"德传礼八十五篇,则《大戴礼》是也;戴圣传礼四十九篇,则此《礼记》是也。"今验其文义,似属推论,非肯定之辞也。

---

① 蔡介民:《礼记成书之时代》,《新东方杂志》第 1 卷第 1 期(1940 年 2 月)。
② 蔡介民:《礼记成书时代再考》,《新东方杂志》第 1 卷第 5 期(1940 年 6 月)。

（2）二戴如有礼书传于世，何以郑氏前之《汉志》等书，未言一字，而待汉末始闻耶？

（3）《汉志》及《儒林传》所谓"传礼十三家……"其礼乃指《仪礼》而言；其所谓大小戴，亦为传《仪礼》人，与今之《礼记》皆不相蒙也。郑氏不察，竟至张冠李戴，贻误千载矣。

（4）郑氏以前，二戴以后，《白虎通义》等书，所引礼文，多与今之《礼记》内容相同；然其名不定，或曰礼，或曰礼记，未有作《大戴礼》或《小戴礼》之名者。可见在郑氏以前，未见名《戴礼》之书也。

（5）《六艺论》谓二戴传礼若干篇。如读传为平声，则传者述而不作，不应有数百篇之记也；如读传为去声，则传者，解经义也，如三传之于《春秋》，何以其内容糅驳不伦，不类解经之作乎？

（6）二戴亲受礼于后氏，且以礼家名于当时。如有著述，当为解经之作，或因经义而发者，昔宋朱熹谓《仪礼》为经，《礼记》为传，即牵斯义。然按此说有四不可信。

（7）二戴与刘向同时，为今文传礼之名家，似不应杂有古文义也。然今《礼记》内容则为体不纯，今古杂糅，如《文王世子》《明堂位》等篇，其著者也。

（8）《礼记》如出于戴氏一人之手，则不应如许糅驳。

（9）二戴同传《仪礼》，而各自名家，且其对于《仪礼》之见解，当有不同之处；今验二戴记书内，并无有之。

（10）《六艺论》谓二戴传礼若干篇，其说实无所本，不过据《汉志》及其《儒林传》推测之耳。未可以为信也。盖二戴在西汉为名儒，并为传礼之大家，故易为人所伪托，而能征信于世也。

（11）《礼记》篇第，刘向已列之《别录》。……世人不敢疑《戴记》者，多亦职此故耳。殊不知刘向列录之事，已多疑问。近人洪业《礼记引得序》谓《别录》不足信者有三。[①]

蔡介民于此所列诸论据，多有采自前人者。如其所列证据二，在黄以周《礼书通故》、皮锡瑞《经学通论》中皆有相似之论述；证据七、八，洪业亦有相

---

① 蔡介民：《礼记成书时代再考》，《新东方杂志》第 1 卷第 5 期（1940 年 6 月）。

关论说;证据十一更是直接袭自洪业。其他证据如第一、四、六、九、十,皆蔡氏自得之见。

蔡介民驳"小戴删大戴"之说,其所列证据有四,兹录于下:

(1)《汉书》未载及此事,《隋志》以前诸书,亦未有言及之者。钱大昕《汉书考异》曰:"谓《大戴礼》删古礼,小戴又删《大戴礼》,其说始自陈邵;而陆德明引之,《隋志》又附益之;然《汉书》无其事,不足信也。"

(2)二戴皆后仓之弟子,同论于石渠,各自名家,圣又何必删取大戴之书。陈寿祺《左海经辨》曰:"二戴庆氏,皆后仓弟子,各自名家,恶得谓小戴删大戴之书耶?"沈钦韩《汉书疏证》曰:"大小戴并授一师,同论石渠,各自名家,圣又何暇取大戴之书而删之。"

(3)《大戴记》与《礼记》重复者甚多,而且文字多违异。戴东原《文集》曰:"《隋志》言,戴圣删戴德之书为四十六篇,谓之《小戴记》,殆因所亡篇数,傅合为是言欤? 其存者《哀公问》及《投壶》,《小戴记》亦列此二篇,则不在删之数矣。他如《曾子大孝篇》见于《祭义》,《诸侯衅庙篇》见于《杂记》,《朝事篇》自'聘礼'至'诸侯务焉'见于《聘义》,《本事篇》自'有恩有义'至'圣人因杀以制节'见于《丧服四制》,凡大小戴两见者,文字多异,《隋志》以前,未有谓小戴删大戴之书者。"

(4)郑玄《六艺论》言二戴各自传礼,并无小戴删大戴之说。钱大昕《潜研堂文集》曰:"学者惑于《隋志》之文,谓大戴之书,为小戴所删取;然《隋志》述经典传授,多疏舛不可信。郑康成《六艺论》,但云戴德传《记》八十五篇,戴圣传《记》四十九篇,别无小戴删大戴之说。今此书与小戴略同者凡六篇,可证其非删取之余。"①

蔡介民于此列四条证据以明"小戴删大戴"之不可信。论据一,蔡氏认为《汉志》等文献无"小戴删大戴"之著录,此说钱大昕已有之;论据二,乃蔡氏之推论,钱大昕、沈钦韩已有之;论据三,蔡氏据大小戴《礼记》文本多有重复,推知《礼记》非小戴删大戴而成,此说戴震已有之;证据四,蔡氏据郑玄《六艺论》而否定"小戴删大戴"之说,此说钱大昕已有之。

---

① 蔡介民:《礼记成书时代再考》,《新东方杂志》第 1 卷第 5 期(1940 年 6 月)。

在综合考察前贤时人的观点之后，蔡介民提出了自己的观点。蔡介民认为，《礼记》之纂辑者是东汉的马融和卢植，而非西汉的戴德、戴圣，他说："兹据前者所考，知《礼记》与二戴，绝无关系；其成书年代，亦绝非西汉或西汉以前。而本篇之所考者，非考其作于何时，乃考其编成今书于何时也。诚以《礼记》一书，今古杂糅，章段繁碎，既非纂于一时，亦非出于一手，有先秦文，亦有两汉文；有儒家说，亦有道家说。先儒不知此理，每就其一二篇之内容，而推论其全体之时代，宜其说之扞格不能通也。今案西汉末叶，确已有一种杂无条理之礼书类书，实即《汉志》所著录之《古文记》也。当时篇帙零散，篇名章节亦无一定，班固《白虎通义》引证最多，核其内容，可以考见《礼记》前身之真像。……其编为今篇，与今《礼记》无以异者，其人为谁？余以为非西汉之二戴，乃东汉之马融、卢植也。"[1]蔡氏将《礼记》的纂辑者归于马融和卢植，其证据有四，分别是：

（1）《后汉书·卢植传》曰："处时立太学石经，植上书云：今之《礼记》，特多回穴。"又云考《礼记》得失，则植于《礼记》，有所编纂也可知。

（2）陈邵《周礼论序》曰："后汉马融卢植，考诸家同异，附戴圣篇章，去其繁重，及所叙略，而行于世，即今《礼记》是也。"今绎其意，夫既曰考诸同异者，即采用当时之一切礼书也。附戴圣篇章者，则非以戴氏为主矣。其所附为何？或即今《礼记》后附之冠、昏、乡饮酒、射、燕、聘六义乎？

（3）《隋书·经籍志》曰："汉末马融传小戴之学，融又足《月令》一篇，《明堂位》一篇，《乐记》一篇。"是马融之于《礼记》，据《隋书·经籍志》言，亦承认其有"足"之关系也。

（4）据前后《汉书》所载，刘向校中秘书。在汉成帝河平三年（前30年），刘歆领父业，著《七略》，始于哀帝元年（前6年），诸儒会白虎观议五经同异于章帝建初四年（79年），班固卒于和帝永元四年（92年）。马融卒于桓帝延熹九年（166年）。是刘向校中秘书距班著《白虎通义》为一百零三年，刘歆自领父业年，距班著《白虎通义》为八十五年，而班著《白虎通义》则距马融卒年为八十六年，而郑玄则亲受学于马融，然三年未见其一面。是以向歆之伪古文，

①　蔡介民：《礼记成书时代再考》，《新东方杂志》第1卷第5期（1940年6月）。

其情形班固不得闻,故引之而无疑;马融之删定《古文记》以成《礼记》,班固亦未得及见;而郑玄虽为马融弟子,然于《礼记》之来历,恐亦莫能究诘。年代湮远,前后相蒙,《礼记》之大经说蜕变而成今编,即在此七八十年间。①

蔡介民所列论据(1)(2),范晔和陈邵皆认为马融、卢植曾整理《礼记》,而未言马融、卢植是《礼记》之编纂者;蔡氏所列论据(3)中的"马融足三篇"之说,古今学者已力辩其非;蔡氏所列论据(4)纯属推论,缺乏根据。

综上所述,可知蔡介民于《礼记》成书问题之研究,对前贤时人的研究成果较为重视,并多有条列。不过,蔡氏《礼记成书之时代》《礼记成书时代再考》两文,虽然用力甚勤,但理据并不充分。如蔡氏仅凭《后汉书》所载卢植整理《礼记》之事,就认定马融、卢植是《礼记》的编纂者,其结论值得商榷。

第三节 《仪礼》《礼记》单篇研究

三礼均由单篇组合而成,如《周礼》有天、地、春、夏、秋五官及《考工记》,《仪礼》有《士冠礼》《士昏礼》《丧服》等十七篇,《礼记》有《曲礼》上下、《学记》《乐记》等四十九篇。因为各篇的内容不一,所以各篇受到后人的重视程度亦各有异。民国学人对三礼各篇的重视程度不一,相关的研究主要集中在《仪礼·丧服》和《礼记·月令》《学记》《礼运》等篇目。

一、《仪礼·丧服》研究

据刘向《别录》,可知《丧服》是《仪礼》的第十一篇,主要记载古时的丧服制度。古人去世以后,活着的人要为死者服丧,与死者的亲疏尊卑关系不同,丧服和服丧的时间长短也有异。从文献记载来看,汉代就有学者从事《丧服》研究。其中最有名的是郑玄的《丧服变除》,不过该书已佚。此后越来越多的人从事《丧服》研究,有的研究成果流传至今。

晚清民国时期,学者们对《丧服》学这门古老的学问重新加以重视。如

---

① 蔡介民:《礼记成书时代再考》,《新东方杂志》第 1 卷第 5 期(1940 年 6 月)。

"民国期刊资料分类汇编"的三礼部分,收录《仪礼》学论文共三十五篇,其中关于《丧服》者达二十二篇。

钱玄撰《仪礼丧服经文释例》一文,对《丧服》所记着服之例作了归纳,他说:"今更细绎全经着服之例,别为五类。第一仅言所服之人者,如斩衰章父、君不杖期章祖父母等是也,此明正服也。第二言所服之人,而并言所为服之人者,如不杖期章为人后者为父母等是也,此明变服也。第三言所服之人,并言所为服之人,而实为正服者,如斩衰章妻为夫,妾为君,不杖期章妾为女君,妇为舅姑,明嫌疑也。第四仅言所为服之人,而不言所服者,如斩衰章为人后者是也,此明省略也。第五言所服之人,及所为服之人,并详载其异同者,如斩衰章女子子在室为父,齐衰章父卒继母嫁从为之服报等是也,此明异同也。"①钱氏在凌廷堪《礼经释例》之基础上将《丧服》经文着服之例归为六类,可资《丧服》研究者参考。

《丧服》所记服制中有丰富的时代信息,若从历史学的角度对《丧服》展开研究,那么《丧服》可成为先秦社会史研究的宝贵资料。民国时期的一些学者从史学的角度对《丧服》所反映的社会形态作了研究。

《仪礼·丧服传》《礼记·大传》《丧服小记》于周代宗法制度之记载最为详备。如《丧服传》云:"诸侯之子称公子,公子不得祢先君,公子之子称公孙,公孙不得祖诸侯,此自卑别于尊者也。若公子之子孙有封为国君者,则世世祖是人也,不祖公子,此自尊别于卑者也。"《礼记·大传》云:"别子为祖,继别为宗,继祢者为小宗。有百世不迁之宗,有五世而迁之宗。百世不迁者别子之后也,宗其继别子之所自出者,百世不迁者也。宗其继高祖者,五世则迁者也。"《礼记·丧服小记》云:"别子为祖,继别为宗,继祢者为小宗。有五世而迁之宗,其继高祖者也。是故祖迁于上,宗易于下。尊祖故敬宗,敬宗所以尊祖祢也。"

王国维在《殷周制度论》中对周代之宗法制度作了研究,他说:"有继别之大宗,有继高祖之宗,有继曾祖之宗,有继祖之宗,有继祢之宗,是为五宗。其

---

① 钱玄:《仪礼丧服经文释例》,《国学论衡》第4期(1934年11月)上册。

所宗者皆嫡也,宗之者皆庶也。此制为大夫以下设,而上不及天子、诸侯。"①又曰:"由尊之统言,则天子、诸侯绝宗,王子、公子无宗可也。"②王国维认为,周代宗法制度中,士大夫无君臣之义,一概上统于宗,亲亲之义大于尊尊;诸侯天子无大宗之名而有大宗之实,尊尊亲亲兼而有之。王国维认为,在天子、诸侯层面,宗统与君统是合一的,此观点有着深远的影响。范文澜对周代宗法制亦有探讨,范氏曰:"封建和宗法是不可分离的。周天子算是天下的大宗,众诸侯都尊奉他。鲁、卫、晋三国附近,封许多同姓小国,尊奉它们做宗主。一国里面国君算是大宗,封给同姓卿大夫士土地(采邑),尊奉国君做宗主。"③郭沫若亦曰:"周朝……确立了一套比商代更加系统的宗法制,在宗法制下,宗族中分为大宗、小宗。周天子自称是上帝的长子,政治上的共主,而各同姓诸侯国则为小宗。诸侯国对天子说是小宗,但在其国内则是大宗。"④范、郭二人皆以天子为天下之大宗。

在中国古代,丧服制度并非一成不变。近代以来,不少学人对丧服制度的演变情况作了研究。

劳乃宣在《覆友人论丧服书》中认为丧服制度古今无异,他说:"三代而下,自秦汉以迄于今,衣服之制,代有改革,而以白布衣冠为丧服,则数千年无所变更。元明之不改唐宋,犹唐宋之不改魏晋,魏晋之不改秦汉,秦汉之不改夏商周,夏商周之不改唐虞也。六朝以上,丧服之学、丧服之制一依《仪礼》,其衣冠之不改,不待言矣。"⑤劳氏论清人之丧服制度曰:"今南北乡俗丧服多用梁、冠、衰、麻,俨然古制,足为历代相沿,未尝改制之确据,其与平日衣冠不同,非违国制。遵古制正所以遵国制也。士大夫家间有仿满人丧服衣冠者,自以为遵国制也,实则未尝考见通礼之文,转蹈元典章所载民人之辙矣。"⑥对于丧服制度相因不变的原因,劳氏亦作了探讨,他说:"夫丧礼为天理人情之

① 王国维:《殷周制度论》,载《观堂集林》卷十,河北教育出版社 2001 年版,第 235 页。
② 王国维:《殷周制度论》,载《观堂集林》卷十,河北教育出版社 2001 年版,第 235 页。
③ 范文澜:《中国通史简编》(上),河北教育出版社 2000 年版,第 38 页。
④ 郭沫若:《中国史稿》第 1 册,人民出版社 1977 年版,第 124—125 页。
⑤ 劳乃宣:《覆友人论丧服书》,《孔教会杂志》第 1 卷第 7 号(1913 年 8 月)。
⑥ 劳乃宣:《覆友人论丧服书》,《孔教会杂志》第 1 卷第 7 号(1913 年 8 月)。

至,我中国伊古以来相传之国粹也。人道之异于禽兽,此其大端。此而废之,是废人道也。故历百世而不改三代圣人之制作。百不一存于今,独五服之名、衰麻之等,至今承用,无异古初。"①劳氏认为,自秦汉以来,丧服制度皆是一成不变,原因是丧服体现的是人道异于禽兽之大端。

章太炎的《丧服概论》对古代的丧服制度作了考察。他认为定丧服者有四家,分别是《仪礼》《开元礼》《孝慈录》和《清通礼》。加上唐明之间的宋世,共有五家。章太炎认为,五家中除《仪礼》外,《开元礼》稍显完美,其他三家多有失误。章太炎论宋世失者一事、《孝慈录》失者三事、《清通礼》失者一事,如于《孝慈录》,章氏曰:"为父斩衰三年,为母齐衰三年,此丧纪之正而服术之至文也。生民之说,系于父不系于母,故服制亦殊。……明制为母服亦斩衰,于是齐衰三年之服遂绝,此为不知服术者。"②章太炎认为,明《孝慈录》规定为母服斩衰,乃不知服术之举。

相对来说,《丧服》研究是民国早期三礼学研究的重头戏。之所以会出现这种情况,这是因为晚清和民国初年的学者认为当时很多社会问题与礼乐不兴有关,他们怀有经世致用的情怀,积极从事《丧服》研究,试图以蕴含在丧服礼俗中的伦理思想移风易俗,挽救世道人心。

二、《礼记·月令》研究

(一)《月令》作者及成篇研究

1. 古代关于《月令》作者与成书年代诸说综述

《月令》是《礼记》第六篇。本篇依一年四季十二月为序,逐月记载每月的天文、气象和物候特征,以及每月所主之神,天子所宜的居处、车马、衣服、饮食和器具。并记述了天子根据天文时令的变化,所当施行的祭祀、政令等,以指导民众安排农业生产,达到治国安民的目的。故郑玄《三礼目录》曰:"名曰《月令》者,以其纪十二月政之所行也。"③

《礼记·月令》与《吕氏春秋·十二纪》之首章、《淮南子·时则训》的内

---

① 劳乃宣:《覆友人论丧服书》,《孔教会杂志》第1卷第7号(1913年8月)。
② 章太炎演讲,潘景郑笔述:《丧服概论》,《国学商兑》第1卷第1期(1933年6月)。
③ (唐)孔颖达等:《礼记正义》,载《十三经注疏》,中华书局1980年影印版,第1352页。

容大致相同,惟文字略有出入。此外,《逸周书》中有同名文献《月令》一篇,惜已佚失,内容不可详考;《逸周书》中还有《时训解》一篇,保存了一些与《礼记·月令》类似的内容。因此,自汉代以来人们对于《礼记·月令》作者、成篇年代及其与《吕氏春秋·十二纪》之首章及《淮南子·时则训》等相似文献的关系,众说纷纭,莫衷一是。约略说来,主要有如下 6 种不同的观点:

(1)《月令》为周公(或周代)所作说,或以为即《逸周书·月令》篇

贾逵、马融、鲁恭、蔡邕、王肃、戴震、孙星衍、黄以周等主张此说。《礼记·月令》孔疏曰:"贾逵、马融之徒,皆云《月令》周公所作,故王肃用焉。"东汉蔡邕《明堂月令论》则认为《礼记·月令》就是《逸周书》的《月令》篇,他说:"殷人无文,及周而备。文义所说,博衍深远,宜周公之所著也。官号职司与《周官》合。《周书》七十二篇,而《月令》第五十三。""秦相吕不韦著书,取《月令》为纪号,淮南王安亦取以为第四篇,改名曰《时则》。故偏见之徒或云《月令》吕不韦作,或云淮南。皆非也。"①

(2)《月令》出于《吕氏春秋》说

郑玄、孔颖达、任铭善等均持此说。郑玄《礼记目录》曰:"(《月令》)本《吕氏春秋》十二月纪之首章也。以礼家好事者抄合之,后人因题之,名曰《礼记》,言周公所作,其中官名时事多不合周法。"②《礼记·月令》孔颖达疏曰:"按吕不韦集诸儒士著为《十二月纪》,合十余万言,名为《吕氏春秋》,篇首皆有《月令》,与此文同,是一证也。又周无大尉,唯秦官有大尉,而此《月令》云'乃命大尉',此是官名不合周法,二证也。又秦以十月建亥为岁首,而《月令》云'为来岁授朔日',即是九月为岁终,十月为授朔,此是时不合周法,三证也。又周有六冕,郊天迎气则用大裘,乘玉辂,建大常日月之章,而《月令》服饰车旗并依时色,此是事不合周法,四证也。"③近人任铭善《礼记目录后案》也非常赞同郑玄、孔颖达的说法。④

---

① (汉)蔡邕:《明堂月令论》,(清)吴志忠疏证:《校蔡中郎集疏证》卷十,载《续修四库全书》第 1303 册,上海古籍出版社 2002 年版,第 239—241 页。
② (唐)孔颖达:《礼记正义》,载《十三经注疏》,中华书局 1980 年影印版,第 1352 页。
③ (唐)孔颖达:《礼记正义》卷十四,载《十三经注疏》,中华书局 1980 年影印版,第 1352 页。
④ 任铭善:《礼记目录后案·月令第六》,齐鲁书社 1982 年版,第 15—19 页。

（3）夏代所作说

西晋束皙主张此说。《隋书·牛弘传》载牛弘上疏云："《明堂月令》者……束皙以为夏时之书。"①

（4）杂有虞夏殷周之法说

《隋书·牛弘传》载牛弘上疏云："《明堂月令》者，郑玄云是吕不韦著《春秋》十二纪之首章，礼家钞合为记。蔡邕、王肃云：'周公所作。'《周书》内有《月令》第五十三，即此也。……刘瓛云：'不韦鸠集儒者，寻于圣王《月令》之事而记之，不韦安能独为此记？'今案，不得全称周书，亦未可即为秦典，其内杂有虞夏商周之法，皆圣王仁恕之政也。"②

（5）《月令》因《夏小正》，而《吕氏春秋》因《月令》

明方以智《通雅》卷12《天文》"月令"条认为："周公《月令》因《夏小正》，《吕览》因《月令》，《淮南》因《吕览》，记有异同，非后人笔也。"③

（6）秦汉人所作说

清代学者汪镗《十二砚斋随录》认为《月令》"强半秦汉人笔"，亦即认为《月令》基本上是秦汉人所作。证据之一是汉代始有太尉之官，而《月令》中有"孟冬令太尉赞俊杰"之语；证据之二是《月令》有"孟冬命太史衅龟策"之语，与《周礼·春官·龟人》"上春衅龟"不合。④

2.民国学人关于《月令》作者与成书年代的新说

（1）容肇祖、胡适等人的"齐人邹衍遗作"说

容肇祖于1935年发表《〈月令〉的来源考》，以为《吕氏春秋》十二纪与《礼记·月令》均渊源于战国时期齐国阴阳家邹衍的遗作《月令》。他说："'月令'是阴阳家的东西，阴阳家最早而最出色的是邹衍。其中'月令'当是从《邹子》抄写下来。……邹衍有这样思想的大系统，这真是二千年后，值得庆幸的。"⑤并认为："我以为《邹子》中是有说《月令》的，为一切《月令》的原

①　（唐）魏徵等：《隋书》卷四九，中华书局1973年版，第1302页。
②　（唐）魏徵等：《隋书》卷四九，中华书局1973年版，第1302页。
③　（明）方以智：《通雅》卷十二《天文》，中国书店1990年据清康熙姚文燮浮山此藏轩刻本影印版，第161页。
④　（清）汪镗：《十二砚斋随录》卷三，载《清人说荟》二集，1928年石印本，第2页下。
⑤　容肇祖：《月令的来源考》，《燕京学报》第18期（1935年12月）。

始。由《邹子·月令》遂有《周书·月令》……《吕氏春秋》多采各家之说,采《邹子·月令》中分月的话,以为十二纪的首章。《淮南王书》又采《吕氏春秋》以为《时则训》。据郑玄所考证,《小戴礼记·月令》在刘向《别录》中属于《明堂阴阳》。"①

胡适的观点与容肇祖的说法非常接近。他认为,"现存的《月令》出于《吕氏春秋》"。但他认为《吕氏春秋》《月令》是《吕氏春秋》采自邹衍的"機祥度制",他说:"《吕氏春秋》采邹衍的五德终始论,不提他的姓名;采《月令》全部,也不提及来源,这大概是因为吕氏的宾客曾做过一番删繁摘要的工作。从《邹子》的十余万言里撷取一点精华来,也许还稍稍改造过,故不须提出原来的作者了。……更到后来,这分月的機祥度制竟成了中国思想界的公共产业,《淮南王书》收作《时则训》,《礼记》收入《明堂阴阳记》一类,即名为《月令》,而伪造的《逸周书》又收作《时训解》,于是蔡邕、王肃诸人竟认为此书是周公所作了。从此以后,《月令》便成了中国正统思想的一部分,很少人承认它是秦时作品,更无人敢说它出于'齐学'了。"②

此外,与容肇祖观点相近的还有陈美东的《月令、阴阳家与天文历法》一文。陈氏在认同《月令》是据《吕氏春秋》而成的基础上,进一步推论《月令》之文当出于阴阳家之手。他说:"我们认为东汉郑玄之说是可信的:《礼》文'本《吕氏春秋》十二纪之首章也。以礼家好事抄合'而成,即《吕》文与《礼》文实为一文,当然两者之间也存在若干文字的不同。"③关于《月令》的学派属性,陈氏曰:"纵观《月令》之文,乃以阴阳五行的理论贯穿始终,由其形式及至内容均以之为本。"又曰:"《月令》之文的构架与内涵,正同司马谈与刘歆关于阴阳家特色的描绘相吻合,且又有刘向的分类意见,故《月令》之文为阴阳家所作的论点是可信的。"④

(2)杨宽的"战国时晋人所作"说

杨宽撰《月令考》一文,对《月令》的成书问题作了考察,在对前人各种有

①　容肇祖:《月令的来源考》,《燕京学报》第18期(1935年12月)。
②　胡适:《中国中古思想史长编》,华东师范大出版社1996年版,第18页。
③　陈美东:《月令、阴阳家与天文历法》,《中国文化》第12期。
④　陈美东:《月令、阴阳家与天文历法》,《中国文化》第12期。

关观点进行细致考证的基础上,提出"战国时晋人所作"的新说。

杨宽《月令考》认为:"《吕氏春秋》本杂采群说而成,《十二纪》之首章本非作自吕不韦宾客也。《月令》一篇,当早有成说,吕不韦宾客乃割裂十二月以为《十二纪》之首章耳。"①"《吕氏春秋》一书,本出吕不韦宾客各著所闻,集合众说加以系统组织而成。吕不韦晋人,其宾客亦多晋人,晋人行夏正,而《十二纪》所用者全为夏正(《吕氏春秋·开春论》云:'开春始雷,则蛰虫动矣。'亦同《孟春纪》),当即抄合晋人之旧作也。"②

杨宽这一新说的提出是基于以下几方面的理据:

一是通过考察《月令》所用之历法以确定其作者。杨宽曰:"盖《吕氏春秋》一书,不韦欲秦王法之以为天子者也。夏正晋行之最先,不韦晋人,其宾客亦多晋人(《史记》云:'始皇十二年,吕不韦窃葬,其舍人临者晋人也,逐出之。'),《吕纪》夏正之历法,当即据晋人之所作。"③又曰:"《吕纪》《月令》之历法,全用夏正。"④

二是通过考察《月令》中之阴阳五行思想以确定其作者。杨宽对《月令》中的阴阳五行思想作了考察,他说:"考阴阳五行之说,本出于阴阳家。……《吕纪》《月令》正'序四时之大顺',欲以'为天下纲纪'者,亦所以记'阴阳四时八位十二度二十四节'之'教令',欲以'敬顺昊天历象日月星辰,敬授民时'者,是则《吕纪》《月令》与阴阳家言正相同。且郑玄《三礼目录》又谓《月令》'于《别录》属《明堂阴阳》',《明堂阴阳》疑即辑录阴阳家言之作。"⑤杨氏认为,《月令》与《吕氏春秋·十二纪》一样,皆是阴阳家之言。杨宽又据《史记·封禅书》所记秦地之风俗,曰:"以五帝配四方五色之说似秦襄公时早已有成说,以五帝配五行之说,亦秦献公时已存在。秦献公以前遍祭白青黄赤四帝而不及黑帝者,盖颛顼为黑帝之说晚起,是时黑帝之偶像属谁,或尚无定说也。颛顼为黑帝之说既起于战国,则《吕纪》《月令》似当为战国时之作品。"⑥杨氏

---

① 杨宽:《月令考》,载《杨宽古史论文选集》,上海人民出版社 2003 年版,第 494 页。
② 杨宽:《月令考》,载《杨宽古史论文选集》,上海人民出版社 2003 年版,第 484—485 页。
③ 杨宽:《月令考》,载《杨宽古史论文选集》,上海人民出版社 2003 年版,第 476—477 页。
④ 杨宽:《月令考》,载《杨宽古史论文选集》,上海人民出版社 2003 年版,第 475 页。
⑤ 杨宽:《月令考》,载《杨宽古史论文选集》,上海人民出版社 2003 年版,第 486—487 页。
⑥ 杨宽:《月令考》,载《杨宽古史论文选集》,上海人民出版社 2003 年版,第 490 页。

认为,《月令》孟冬有"其帝颛顼"一语,颛顼为黑帝之说晚起,由此判定《月令》出自战国。

三是通过考察《月令》所记之官制以确定其作者。《吕纪》《月令》中最受质疑者莫过"太尉"之官,有人据《月令》有"太尉"之职官,认为《月令》属秦汉以后之著作。杨宽驳之曰:"晋自中军元帅以下,皆以武官而兼治民,《月令》'命太尉,赞桀俊,遂贤良,举长大',殆亦以武官而兼治民欤?《史记·赵世家》云:'(烈侯)六年……荀欣侍,以选练举贤,任官使能……官……荀欣为中尉。'是战国时赵之中尉,职在'选练举贤,任官使能',与《月令》太尉之'赞桀俊,遂贤良,举长大'正相同。益可证《月令》本晋人之所作也。"①杨宽认为,秦之太尉仅主兵职,而《月令》之太尉兼及行政,二者固不容并为一谈;此外,据《史记·赵世家》,知晋地赵之中尉与《月令》之太尉职同,故《月令》为晋人所作。

杨宽驳《月令》出自《吕氏春秋》的观点曰:"《月令》一篇,当早有成说,吕不韦宾客乃割裂十二月以为《十二纪》之首章耳。《吕纪》每章以后俱附文四篇以发挥其哲理。春木德,正万物生长之时,故'禁止伐木,无覆巢,无杀孩虫'(《孟春纪》),'无焚山林'(《仲春纪》),'无伐桑柘'(《季春纪》),'不可以称兵……无变天之道,无绝地之理,无乱人之纪'(《孟春纪》),而其所附论诸篇若《本生》《重己》《贵生》《情欲》《尽数》《先己》,亦多言养生之理,用道家言。由于木生火,春木德转变为夏火德,正万物旺盛之时,故必盛礼乐以教导之,而其所附论诸篇若《劝学》《尊师》《大乐》《侈乐》《音律》《音初》,无非言教学作乐之理,用儒家言。由于火生土,夏秋之间为土德。由于土生金,秋金德,多肃杀之气,正修治兵刑之时,故必'选士厉兵,简练桀隽,专任有功,以征不义,诘诛暴慢'(《孟秋纪》),而其所附论诸篇若《荡兵》《振乱》《论威》《简选》《顺民》《知士》,无非言选厉简练之理,用兵家言。由于金生水,冬水德,正万物闭藏之时,故必'戒门闾,修楗闭,慎关钥,固封玺,备边境,完要塞,谨关梁,塞蹊径,饬丧纪'(《孟冬纪》),而其所附论诸篇若《节丧》《安死》《至忠》《忠廉》《士节》《介立》,无非言丧葬忠廉之理,用墨家言。其组织至为周

---

① 杨宽:《月令考》,载《杨宽古史论文选集》,上海人民出版社 2003 年版,第 499 页。

密(此徐时栋《烟雨楼读书志》尝论之)。盖吕不韦宾客杂取道、儒、兵、墨四家之说以分释《月令》也。"①杨宽认为,《吕氏春秋》杂取道、儒、兵、墨四家之说以释《月令》,故《吕氏春秋·十二纪》乃割裂《月令》十二月之内容而成。

(3)蒙季甫的"糅合多种古书而成"说

民国时期的学人大多受郑玄的影响,认为《月令》出自《吕氏春秋》。如前述容肇祖和杨宽等人虽然提出了新说,但都一定程度上认同郑玄的观点。但也有学者认为《月令》并非抄自《吕氏春秋》,而是另有渊源。如蒙季甫认为《月令》一书来源实古,乃糅合多种古书而成,成书的时间当在周秦之际、明堂政治思想成型之时。在蒙氏看来,《月令》主要来源于以下诸种古书或思想流派。

一是源自《夏小正》《逸周书·时则训》。蒙季甫曰:"今以《小正》所记按之《月令》,虽不尽合,而大体则悉备于《月令》之中。是《月令》有取古以星象纪课候之书,如《夏小正》之类也。《逸周书·时则训》,专以自然界所表见之时候纪二十四气,亦散见《月令》之中,只具时候,不旁及五行阴阳、明堂政事,犹不失古课候之面目也。"②蒙氏认为,《夏小正》有取星象纪课候之内容,《逸周书·时则训》专以自然界所表现之时候纪二十四气,这些皆为《月令》所取法。

二是源自古之阴阳五行思想。《白虎通·五行篇》以金木水火土配四时、以十二律配十二月,还有五色、五音、五帝、五神、五味、五臭之记载。蒙季甫曰:"按此惟纪方色臭味声音精神,而不及时候政事,此阴阳五行之说也。因阴阳之大顺,亦古人之大事也。《月令》取以分系于十二月之首,每一时凡三见,知《月令》此类之文,则取之于阴阳五行者也。"③在蒙氏看来,《白虎通》中的阴阳五行思想亦为《月令》所吸取。

三是源自《尚书大传》,并取法于《王居明堂礼》。蒙季甫将《月令》与《尚书大传》列表,并作比较曰:"凡《尚书大传》之令禁,其不见于《月令》者盖甚少,或《月令》文有脱佚,如以《淮南子·时则训》相较即可知。又或名实舛乱,

---

① 杨宽:《月令考》,载《杨宽古史论文选集》,上海人民出版社 2003 年版,第 494 页。
② 蒙季甫:《月令之渊源与其意义》,《图书集刊》第 6 期(1945 年 5 月)。
③ 蒙季甫:《月令之渊源与其意义》,《图书集刊》第 6 期(1945 年 5 月)。

不易推寻,或彼分此合,检校不易,或名目含浑,不得其义。如孟春之待优游,仲春之免忧患是也。而大体则备于《月令》之中。是《月令》之有取于《王居明堂礼》者也。"①蒙氏认为,《月令》有取自《尚书大传》者,而《尚书大传》有取自《王居明堂礼》者,故《月令》有的内容取自《王居明堂礼》。

(二)《月令》笺注及思想之阐发

民国时期学界对《月令》篇比较关注。有学人从不同角度对《月令》进行诠释和研究。其中以沈延国的《月令》笺注和蒙季甫对《月令》的思想阐发较有代表性。

1.沈延国的《月令》笺注

沈延国《吕氏春秋十二纪、礼记月令、淮南时则训、逸周书时训解异文笺》将与《礼记·月令》相关的《吕氏春秋》十二纪、《淮南子·时则训》和《逸周书·时训解》等几篇相类似的文献进行了综合对比研究,并进行了较细致的笺注,对于认识《礼记·月令》的性质及其与其他类似文献的关系,很有助益。兹举数例以见其特色。

《吕氏春秋·孟春纪》曰:"鱼上冰。"《月令》曰:"鱼上冰。"《淮南子》曰:"鱼上负冰。"《逸周书》曰:"鱼上冰。"沈氏曰:"延国谨案:陈昌齐曰:据注及《夏小正》《淮南·时则训》当作'鱼上负冰'。高诱注《吕氏春秋》曰:'应阳而动,上负冰。'《夏小正》亦曰:'正月启蛰,鱼陟负冰。'《易纬通卦验》《淮南》及北魏隋唐宋金史志皆有'负'字。且《玉烛宝典》引亦有'负'字。王应麟引吴仁杰《盐石新论》曰:'去一负字,于文为阙。'则似《孟春纪》《月令》《时训解》皆脱'负'字也。"②沈氏依据清儒陈昌齐之说,并通过对比《月令》《吕氏春秋·孟春纪》与高诱注、《淮南子》《逸周书》和《夏小正》《易纬通卦验》等文献之异文,认为《孟春纪》《月令》《时训解》皆脱"负"字。

《吕氏春秋·孟春纪》言"帝籍田",《月令》作"帝藉"。沈氏曰:"延国谨案:毕沅曰:'《月令》帝藉下无田字,此书《上农篇》亦有之。'陈昌齐以为当删'田'字。今案高诱注曰'故曰帝籍',可证'田'字系后人窜入。《季秋纪》藏

① 蒙季甫:《月令之渊源与其意义》,《图书集刊》第6期(1945年5月)。
② 沈延国:《吕氏春秋十二纪、礼记月令、淮南时则训、逸周书时训解异文笺》,《制言半月刊》1940年第61期。

帝藉之牧于神仓,亦无田字,籍、藉、耤古皆通。"①沈氏列《月令》《吕氏春秋·
孟春纪》之异文,并据毕沅、陈昌齐、高诱注,认为《吕氏春秋·孟春纪》"帝籍
田"之"田"字系后人窜入之文,当如《月令》作"帝籍"。

《吕氏春秋·季春纪》有云"天子焉始乘舟",《月令》作"天子始乘舟",
《淮南子》作"天子乌始乘舟"。沈氏曰:"延国谨案:陈昌齐曰:按焉,《淮南》
作'乌',音转而义通也。庄逵吉曰:乌始乘舟,各本乌皆作焉。注:乌犹安也。
各本皆作焉,犹于也。陈说是也。惟以焉于义为佳。《月令》缺焉字,王念孙
以《月令》焉字乃错上,甚是。《淮南》亦当作焉。"②沈氏列《月令》《吕氏春
秋·季春纪》《淮南子》之异文,并据陈昌齐、庄逵吉、王念孙之说,认为《月令》
"天子始乘舟"取"焉"字于义为佳。

2.《月令》思想之阐发

蒙季甫曾撰《月令之渊原与其意义》一文,对《礼记·月令》的思想渊源进
行了较深入的探讨和阐发。他认为《月令》的思想渊源可追溯到古代的告朔
礼,体现了一种奉天道的政治思想。他说:"古有告朔之礼……其后儒家之明
堂思想勃兴,凡国之大政,则合议之于明堂,其国之常政,则制成宪章,亦藏之
明堂,仿告朔之礼。天子每案成法而奉行之,于是天子乃可无为而治,惟此宪
章之写成,不能不有所因,故除《夏小正》之外,旁及阴阳五行,及洪范九畴天
地之大法,皆古奉若天道之政治思想也。而各家所写,想非一本,故有王居明
堂、明堂阴阳、明堂月令,等等非一,而《月令》为尤备。"③在蒙氏看来,古之告
朔礼体现的是奉天道之政治思想,这种思想在《月令》中体现得尤为完备。

蒙季甫又曰:"《月令》乃听朔之义,路寝立朝之所,太庙觐诸侯之地,辟雍
以养老教学,行军出征,有受成之义,明堂大庙之宫,皆大典之所存,合而纳诸
明堂,故俨然最高之政府焉,其制盖以削君主专制之权,而移其无上之声威于

① 沈延国:《吕氏春秋十二纪、礼记月令、淮南时则训、逸周书时训解异文笺》,《制言半月
刊》1940年第61期。
② 沈延国:《吕氏春秋十二纪、礼记月令、淮南时则训、逸周书时训解异文笺》,《制言半月
刊》1940年第61期。
③ 蒙季甫:《月令之渊源与其意义》,《图书集刊》第6期(1945年5月)。

政府也。"①蒙氏认为,月令乃听朔之义、路寝立朝之所,其有削君主专制之权,移其无上之声威于政府。

显然,蒙氏对《月令》思想渊源的阐发很有新意。

三、《礼记·王制》研究

晚清和民国时期许多今文经学家特别重视《礼记·王制》。他们把《王制》当作纲领性的经典进行研究和阐发。廖平是其中影响最大的代表性学者。

清末民初的今文经学家廖平崇尚经学之家法,他由郑玄上溯东汉之古文学,再由东汉之古文学上溯西汉之今文学,并对延续两千余年的今古之学作了反思,建构起以礼制区分今古文经学的理论。他认为历史上今古文经学虽分多种门派,但在封国、爵禄、官制、丧葬制度等礼制方面却是"今与今同,古与古同,二者不相出入"②。廖氏认为,今古文所言礼制分别主《王制》和《周礼》,《王制》是今文经学的理论旗帜;《周礼》则是古文经学的理论旗帜。因此,廖平非常重视《礼记·王制》,并从多方面对该篇进行了研究和阐发。

廖平之所以论断《礼记·王制》乃今文经学之祖,其理据主要有如下三条:

第一,《王制》乃一王之大纲大法。廖平曰:"《王制》一篇,以后来书志推之:其言爵禄,则职官志也;其言封建九州,则地理志也;其言命官、兴学,则选举志也;其言巡狩、吉凶、军宾,则礼乐志也;其言国用,则食货志也;其言司马所掌,则兵志也;其言司寇,则刑法志也;其言四夷,则外夷诸传也。大约宏纲巨领,皆已具此,宜其为一王大法欤!"③又曰:"孔子以《王制》为后世法,秦汉与《王制》不同,世遂不明此意,以《王制》为无用之书。不知后人阴被其福而不知,如《王制》开选举,后世全祖此法。而众建诸侯,即郡县

---

① 蒙季甫:《月令之渊源与其意义》,《图书集刊》第 6 期(1945 年 5 月)。
② 廖平:《今古学考》卷上,载李耀仙选编:《廖平选集》(上),巴蜀书社 1998 年版,第 38 页。
③ 廖平:《今古学考》卷下,载李耀仙选编:《廖平选集》(上),巴蜀书社 1998 年版,第 106 页。

之遗意；广开学校，亦治化之根本，《中庸》之'百世以俟圣人而不惑'。今用《王制》之事多为益，倍于《王制》者多为害，习马不察耳。"①廖氏认为，《王制》从法的层面对国家的政治、经济、宗教、礼仪等作了设计，从而成为王者之大经大法。

第二，《王制》乃孔子晚年之定论。孔子有"从周"之文，廖平认为"从周"仅是孔子早年之说，改制才是孔子晚年之定论，廖氏曰："孔子初年问礼，有'从周'之言，是尊王命、畏大人之意也。至于晚年，哀道不行，不得假手自行其意，以挽弊补偏；于是以心所欲为者，书之《王制》，寓之《春秋》，当时名流莫不同此议论，所谓因革继周之事也。后来传经弟子因为孔子手订之文，专学此派，同祖《王制》。其实孔子一人之言，前后不同。予谓从周为孔子少壮之学，因革为孔子晚年之意者，此也。"②廖氏认为，此所谓"因革"，乃素王之改制，《王制》记载的便是孔子改制之言。廖平曰："孔子以匹夫制作，其行事具于《春秋》，复推其意于五经。孔子已殁，弟子纪其制度以为《王制》。《论语谶》：'子夏六十四人撰仲尼微言，以事素王。'即《王制》也。此篇皆改制事，不敢讼言。所谓'微言'，王即素王也。"③廖平与《公羊》家皆以孔子为改制者。然廖平与《公羊》家所言之改制又有不同，廖氏所言"改制"之义，是改周之文以从质。廖氏曰："按《王制》即所谓继周之王也。因于《周礼》即今学所不改而古今同者也。其损益可知，《王制》改周制，皆以救文胜之弊，因其偏胜，知其救药也。年岁不同，议论遂异。春秋时诸君子皆欲改周文以相救，孔子《王制》即用此意，为今学之本旨。何君解今礼，以为《春秋》有改制之文，即此意也。特不知所改之文，全在《王制》耳。"④廖平所言改制之义，是孔子改文以从质。与《公羊》家骇怪之论相比，廖氏所言改制之义较为平实。

在《王制》为今文之祖的观念下，廖平对古书之今古属性作了判定。其《今古学专门书目表》以《王制》为旗帜统诸书，所统者有《穀梁春秋》《公羊春

---

① 廖平：《王制集说凡例》，载李耀仙选编：《廖平选集》（下），巴蜀书社1998年版，第23页。
② 廖平：《今古学考》卷下，载李耀仙选编：《廖平选集》（上），巴蜀书社1998年版，第68—69页。
③ 廖平：《王制集说凡例》，载李耀仙选编：《廖平选集》（下），巴蜀书社1998年版，第20页。
④ 廖平：《今古学考》卷下，载李耀仙选编：《廖平选集》（上），巴蜀书社1998年版，第70—71页。

秋》《尚书大传》《春秋繁露》《韩诗外传》《子夏易传》《蔡氏易说》《丁氏易传》《韩氏易传》《施氏章句》《孟氏章句》《今文尚书》《欧阳章句》《大夏侯章句》《小夏侯章句》《鲁诗故》《齐诗故》《韩诗故》《公羊颜氏春秋》《公羊文谥例》等。此外,廖氏还对经书单篇之今古属性作了判定,如他说:"群经之中,古多于今,然所以能定其为今学派者,全据《王制》为断。《三朝记》知其为今学者,以与《王制》合也。《礼记·冠》《昏》《乡饮》《射义》所以知为今学者,以与《王制》同也。同者从同,异者自应从异,故旧说渊源,皆不足据。"①由此可见,廖平判定经籍今古属性之标准,是看经籍之经说与《王制》是否相符,若经说与《王制》相符则属今文,不符则属古文。

廖平认为《王制》是今学之祖,可提纲挈领。廖氏曾设想撰《王制义证》一书,他说:"予约集同人,撰《王制义证》。以《王制》为经,取《戴记》九篇,外《公》《谷》传、《孟》《荀》《墨》《韩》《司马》,及《尚书大传》《春秋繁露》《韩诗外传》、纬、候今学各经旧注,并及两汉今学先师旧说,务使详备,足以统帅今学诸经。"②又云:"《王制》统六经,故今学皆主之立义:《春秋》《易》《礼》《乐》无足疑,《诗》《书》经孔子翻定,已为孔子之书,首尾相合,大非四代本制矣,故今学家皆主之。今凡六经传注师说,依次分纂,以证《王制》,明诸经皆统于《王制》也。"③此外,廖平认为《礼记》的一些篇目可为《王制》之注脚,他说:"予以《王制》为今学之祖,取《祭统》《千乘》《虞戴德》《冠义》《昏义》《射义》《聘义》《乡饮酒义》《燕义》等篇注之,附于今派。"④

廖平认为,要判断一部经典的今古属性,只需将该书所记之制度与《王制》加以比较便可知晓。廖平之说,将今古文分别之依据,从文字转移到礼制上了。尽管有学人先于廖平认识到礼制对于分别古今之意义,然却没有像廖平那样特别关注《王制》,更没有将《王制》从群经中独立出来上升到今学之祖的地位。湖湘学者皮锡瑞撰《经学通论》,在三礼部分亦以《王制》为今学之大

①　廖平:《今古学考》卷下,载李耀仙选编:《廖平选集》(上),巴蜀书社 1998 年版,第 70 页。

②　廖平:《今古学考》卷下,载李耀仙选编:《廖平选集》(上),巴蜀书社 1998 年版,第 87 页。

③　廖平:《王制集说凡例》,载李耀仙选编:《廖平选集》(下),巴蜀书社 1998 年版,第 20—21 页。

④　廖平:《今古学考》卷下,载李耀仙选编:《廖平选集》(上),巴蜀书社 1998 年版,第 74 页。

宗,并言其说源自陈寿祺和俞樾,而于廖平只字未提,有欠公允。通过比较廖平与皮锡瑞之《王制》观,可知皮氏以《王制》为今文之大宗的观点直接袭自廖平。

四、《礼记·礼运》研究

《礼运》是《礼记》的第九篇。本篇以孔子与其弟子子游问答的形式阐述了儒家的社会政治思想。民国学者对《礼运》也比较重视,相关研究成果颇多,大致可分为如下几个方面。

（一）文本之考察

民国学者对《礼运》的文本研究主要体现在以下几个方面:

1. 错讹有无之争

早在清代就有学人怀疑《礼运》文本之完整性。如邵懿辰《礼经通论》曰:"《礼运》一篇,先儒每叹其言之精,而不甚表章者,以不知首章有错简,而疑其发端近乎老氏之意也。今以'禹、汤、文、武、成王、周公,此由其选也,此六君子者,未有不谨于礼者也'二十六字,移置'不必为己'之下,'是故谋闭而不兴'之上,则文顺而意亦无病矣。"[1]邵懿辰认为《礼运》首章有错简,并将"禹汤文武成王周公由此其选也此六君子者未有不谨于礼者也"二十六字移置"不必为己"之下、"是故谋闭而不兴"之上。此外,邵氏还认为《礼运》之"射御"当为"射乡"。皮锡瑞推崇邵氏此说,曰:"邵氏……订正《礼运》两处'射御'当为'射乡',尤为一字千金,真乃二千年儒先未发之覆。"[2]

民国以来,对于《礼运》文本是否完整这一问题,学者们争议颇多。持《礼运》有错简者,以徐永孝、高鸿缙为代表。

高鸿缙认为《礼运》有错简,如对于《礼运》"选贤与能"之"与"字,高氏曰:"我们揣情度理,用比证的方法,乃知'与'字为'举'字的'磨损'。……譬如《论语》'舜有天下,选于众,举皋陶,不仁者远矣;汤有天下,选于众,举伊

---

① （清）邵懿辰:《礼经通论·论〈礼运〉首段有错简》,载《清经解续编》第 5 册,上海书店 1988 年版,第 588 页。

② （清）皮锡瑞:《经学通论》,载潘斌选编:《皮锡瑞儒学论集》,四川大学出版社 2010 年版,第 171 页。

尹,不仁者远矣.'是以选举二字在古籍中为习见的姊妹动词。又《论语》'德之不修,学之不讲',是讲修二字在古籍中,也是习见的姊妹动词。现在将这两两姊妹动词用来作偶句'选贤举能,讲信修睦',本是很心安理得的用法,本是很美妙整齐的文辞,确乎无可再疑了。所以我们大胆的断定'与'字是'举'字的'磨损'。"①高氏据《论语》,认为《礼运》"选贤与能"之"与"字为"举"字之讹。

又如《礼运》"盗窃乱贼而不作"之"而"字,高鸿缙曰:"疑'而'字上有夺字。如果揣测其意,将所夺的字加进去,作'盗窃乱贼消而不作,故外户设而不闭',与上文'是故谋闭而不兴',正是同样的句法;一气贯注,岂不甚好?"②高氏认为,"盗窃乱贼而不作"之"而"字上有脱文,遂凭己意而补之。

持《礼运》无错简者,以李翊灼为代表。李翊灼《礼运大同小康章文并无错简议》一文驳徐永孝之说,认为《礼运》无错简。如徐氏曰:"《礼运》大同、小康章文,自汉以来,并无脱简之说。今详究其文辞义明白显著易见,则完整无疵,尤堪置信。"③李翊灼曰:"大同小康章文所由为历代学者误会而不得正解者,其第一事,实为郑玄《礼运》大同小康章注之谬。试举其例,如大道者,民生共由之生活道路也。大,于古文为人字。又申为无外之义。道,为一达之路,又假借为民生无外无二之路义。盖生无二无外,生道亦无二无外,故谓之大道也。《中庸》所谓道也者不可须臾离者也,孔子所谓道不远人,皆即指此大道。则大道决不得专属于某一时代,尤不得有去之之时,而郑玄注'大道之行也'句曰:'大道,五帝时也。'注'今大道既隐'句曰:'隐,犹去也。'可谓谬矣。"④李翊灼认为,《礼运》大同、小康章完整无疵,更不可能有脱简。在李氏看来,后儒认为《礼运》有错简,乃是受郑玄《礼运》注之影响。

2.经文注文之释义

民国时期,一些学者如李证刚、方竑、卫聚贤等对《礼运》之经文或注文作了全新的辨析和释义。

---

① 高鸿缙:《礼运大同篇五读》,《孔学》第1期(1943年8月)。
② 高鸿缙:《礼运大同篇五读》,《孔学》第1期(1943年8月)。
③ 李翊灼:《礼运大同小康章文并无错简议》,《礼乐半月刊》第20期(1947年12月)。
④ 李翊灼:《礼运大同小康章文并无错简议》,《礼乐半月刊》第20期(1947年12月)。

　　李证刚《孔子大同小康说之现实价值》在阐发《礼运》的社会思想时,引经据典,对大同篇之原文作了详细的释义。兹举数例以见其体例:

　　《礼运》曰:"大道之行也,天下为公。"李证刚引《孟子》《庄子》《说文》《管子》《广雅》《韩非子》及高诱注以释经文之义曰:"无为为之,至高无上者,生也。凡近自寰宇,远周心智所该事物所及,生生现象所在之际,总明曰天下。犹谓生之下也。人,为生物之灵。心、智、事、物,皆系之。生生现象,亦由以著。故人所在处,即得谓之天下也。生,为天地之大德,不可得而私。故天下为公,而属诸全人类也。大道行于民,即民智行于生道。民本生之直道而行;则不复妄执私己,而利害好恶咸与人同,安得复有宰割天下私己妄据之事哉!故曰:大道之行也,天下为公。"①李氏注释《礼运》,既有文字之考证,又有经义之阐发。

　　《礼运》曰:"盗窃乱贼而不作。"李证刚引《说文》《孔子家语》《尔雅》以释字义,在此基础上,李氏释文义曰:"民行于大道,皆与人同,而相顺无间,则己所不欲,不施于人;恶诸人者,必不为诸己;不与民同得,而有损于民者,人孰肯为之哉;于是盗窃乱贼而不作矣。"②李氏于此引字书和相关文献以证经文,又阐发经文之义,其对"盗窃乱贼而不作"之原因作了特别说明。

　　此外,李氏还对《礼运》之注文作了辨析。如《礼运》:"大道之行也,天下为公。"郑玄注:"公,犹共也,禅位授圣,不家之。"李氏曰:"据此以言,尤足证郑氏以传位于子为天下为家之义之谬误无据,况后文明言:圣人耐以天下为一家,中国为一人。则天下为家,实就人民言之。实谓人民皆必如此,安得独就人君传位于子为说耶?"③郑玄认为"天下为公"实际上是以天下禅让于子,李氏认为"天下为家"是针对人民言,而非针对君传位于子言,故郑玄之说有误。

　　又如《礼运》:"故谋用是作,而兵由此起。"郑玄注:"以其违大道敦朴之本也,教令之稠其弊则然。老子曰:'法令滋章,盗贼多有。'"李证刚辨之曰:"故

---

　　① 李证刚:《孔子大同小康说之现实价值》,《中央大学文史哲学季刊》第 2 卷第 2 期(1945年 3 月)。

　　② 李证刚:《孔子大同小康说之现实价值》,《中央大学文史哲学季刊》第 2 卷第 2 期(1945年 3 月)。

　　③ 李证刚:《孔子大同小康说之现实价值》,《中央大学文史哲学季刊》第 2 卷第 2 期(1945年 3 月)。

谋用是作,就民共同生活之谋由礼义作言;而兵由此起,就民其力全生卫养之兵由礼义起言;而郑玄则就密法纲之谋、战盗贼之兵为释。"①郑玄就密法纲之谋、战盗贼之兵以释《礼运》"故谋用是作,而兵由此起",李氏驳郑玄,认为《礼运》于此乃就民共同生活之谋及民全生卫养而言。

方竑在《礼运说》中引郑注、孔疏、《孔子家语》及后儒之说,对《礼运》全篇作了考释。如《礼运》:"仲尼之叹,盖叹鲁也。"方氏曰:"案通篇议论,'叹鲁'二字足以盖之。明乎此,则知篇内无一言一意不因有感于鲁事而发。虽放得极大,推得极远,而实无空泛之谈也。《家语》删此二句,则文章神采全没,通篇宗旨不可见矣。"②方氏认为,《礼运》全篇议论皆与"叹鲁"二字相关,《孔子家语》删此二字,不但使文章神采全无,也使通篇宗旨不可见。

沈艾孙在《大同学说》中对《礼运》"大同""小康"相对应之西文作了辨析。如其论"大同"一词曰:"余之大同学说,一本《礼运》天下为公之正义,盖惟大公乃能大同。西文中有 cocnohalitaoism 者,其意较为近似。惟于大同字义,犹未惬当。斟酌再四,惟有定其译名为 Grand Equalism,查英文 Equal,本有相同相等之义,而 Equality 与 Equity,亦皆有均平公正之解,于名颇能兼顾,而且本字同部,有 Equator 与 Equinox 两项,皆与本字同源。一则为赤道当地球之中间,距两极相等处,颇合执两用中平衡适当之理。一则为春秋分处四时之中,最平和之气候,为昼夜均长之时节。"③其论"小康"一词曰:"至于小康,虽曰小之,实为承平正轨,而直达大同必由之途径。其名义与英文之 Common Waslit 恰相吻合。惟原字在英文中,为已成之名词,其应用略异。"④沈氏于此是在理解"大同""小康"意义之基础上,从而找到两个词对应之英文。实际上可看作是对《礼运》篇的跨文化解读。

(二) 对《礼运》学派属性的讨论

《礼运》强调"大同""小康",而"大同"思想的学派属性备受学人争议。

---

① 李证刚:《孔子大同小康说之现实价值》,《中央大学文史哲学季刊》第 2 卷第 2 期(1945 年 3 月)。

② 方竑:《礼运说》,《中央大学文史哲学季刊》第 2 卷第 2 期(1945 年 3 月)。

③ 沈艾荪:《大同学说》,《河北月刊》第 5 期(1936 年 5 月)。

④ 沈艾荪:《大同学说》,《河北月刊》第 5 期(1936 年 5 月)。

民国学者对《礼运》"大同"思想的学派属性的认识可归纳为如下四种观点,即儒家说、道家说、墨家说、儒道墨诸家说。兹分述如下。

1. 儒家说

高鸿缙以《礼运》大同思想属儒家,并对道家说作了批驳。如《礼运》以五帝时代为大同,以禹、汤、文、武、周公、成王时代为小康,有人认为此乃道家思想之体现。高氏驳之曰:"儒家一贯的理想,以为古之先王,愈古愈圣,愈可为后世法。……《礼运》此篇,以禹、汤、文、武、周公、成王之时为小康之世,以尧舜以前为大同之世,有何不类孔子主张? 为治之道,应有本末先后,所谓登高自卑,行远自迩,必先求小康,然后再进大同,是所谓君子务本。"①高氏认为,大同、小康体现的是治道之本末,小康进大同,是君子务本之体现,也是儒家思想之主张。

高鸿缙将《礼运》与《论语》作了比较,如《论语》:"子曰:道千乘之国,敬事而信,节用而爱人,使民以时。"高氏曰:"大同篇'选贤举能',可谓敬事;敬事就是把事当事,就是认真做事;能选贤举能以从政事,不得谓之不敬事。'讲信修睦'的信,就是'敬事而信'的信。节用和开源是相成的;货取于地,力出于身,就是开财源;善开源者必善节流。至于人不独亲其亲,子其子,使老有所终至女有归一节,更显明的是'爱人'的事业。货力二句中的'恶'字和'不必'字,都是劝谕口吻,何等王道。决无强征民力,或使民不以时的苛虐政治了。"②《论语》又曰:"子曰:'政者正也。'""其身正,不令而行,其身不正,虽令不从。"高氏曰:"《大同篇》'天下为公'的'公'字与'正'字正相合。公则必正,正则必公;所以'公'字是大同政治的主要精神,'正'字是为政的无上要义。"③高氏认为,《礼运》大同篇与《论语》所记儒家的政治思想是一致的,故大同篇出自儒者。

方竑驳道家说曰:"子曰:'予欲无言。'子曰:'因民之所利而利之,斯不亦惠而不费乎? 择可劳而劳之,又谁怨。'是诸说者,非皆可以通于老氏之旨乎? 然则本文谓禹、汤、文、武、成王、周公六君子处大道既隐之世,承衰救弊,不得不谨于礼义以为天下之纲纪。然民智日开,民德日漓,教令礼义,所以防闲其

①　高鸿缙:《礼运大同篇五读》,《孔学》第 1 期(1943 年 8 月)。
②　高鸿缙:《礼运大同篇五读》,《孔学》第 1 期(1943 年 8 月)。
③　高鸿缙:《礼运大同篇五读》,《孔学》第 1 期(1943 年 8 月)。

奸,道之中正,而谋用是作,兵由此起,美恶相因,利患相生,亦势之必然者。六君子拨乱反正,功成治定,适得小康之境。虽意匠微似老子,亦何害其为孔子之言乎?"①又曰:"圣人常善救人,故人无弃人,常善救物,故物无弃物,而旨则殊矣。至于正君臣笃父子睦兄弟和夫妇,著义考信刑仁讲让,示民有常,皆儒家精切之常言,而非老庄之徒之辞旨也。由是观之,《礼运》非老庄之徒所撰,大同之说,亦非创自老庄,断可知矣。"②在方氏看来,孔、老思想本相通,《礼运》部分内容虽有老意,然并不妨碍其为孔子之言;此外,《礼运》反复讲的仁、义、礼,皆儒家精切之言。

2. 道家说

古今皆有学者认为《礼运》大同思想出于道家。民国学者认为《礼运》出自道家学派的有吴虞等人。

早在1917年,吴虞就作《儒家大同之义本于老子说》一文,认为《礼运》之大同、小康思想出自道家。吴氏曰:"孔颖达疏云:自'大道之行'至'是谓大同',论五帝之善。又《礼记》原目疏云:先师准纬候之文以为三皇行道,五帝行德,三王行仁,五霸行义,而老子言失道而后德,失德而后仁,失仁而后义,失义而后礼,即皇降而帝,帝降而王,王降而霸也。又言太上不知有之,其次亲之誉之,其次畏之,其次侮之。……迨五伯以后,仁义不足以治其心,则以刑罚为政,故下畏之。刑罚不足以制其意,则以权谲虚矫为事,故众庶侮之,而不信其言。圣人则不然,功成而不执,事遂而无为,使百姓咸遂其性,所谓大同之治也。老子又言:'大道废,有仁义,智慧出,有大伪,六亲不和,有孝慈,国家昏乱,有忠臣。'则讥小康之世。故王安石解云:道隐于无形,名生于不足,道隐于无形,则无大小之分,名生于不足,则有仁义智慧差等之别。仁者有所爱也,义者有所别也,以其有爱有别,此大道所以废也。智者,知也。慧者,察也。以其有知有察,此大伪所以生也。孝者,各亲其亲,慈者,各子其子,此六亲所以不和也。忠者,忠于己之君谓之忠,忠于他人谓之叛,盖道家重道德以公天下为贵,传贤不传子,故曰不独亲其亲,不独子其子。即三皇五帝之世,所谓大同

---

① 方竑:《礼运说》,《中央大学文史哲学季刊》第2卷第2期(1945年3月)。
② 方竑:《礼运说》,《中央大学文史哲学季刊》第2卷第2期(1945年3月)。

之治也。儒家重仁义,以家天下为主,传子不传贤,故曰各亲其亲,各子其子,即三王五霸之世,所谓小康之治也。"①吴氏认为,《礼运》之大同社会是"天下为家",小康社会是"礼义以为纪",此与老子"大道废,有仁义,智慧出,有大伪,六亲不和,有孝慈,国家昏乱,有忠臣"等精神相合。

3. 墨家说

不少学人认为《礼运》大同思想出自墨家。如伍非百曰:"《礼运》大同之说,颇与儒家言出入。……实则墨子之说,而子游弟子援之以入儒耳。盖儒者数传之后,墨家兼爱尚同之理想已大见重于人世。孔子所谓尧舜犹病者,而墨子以为实行不难,故当时学者多逃儒归墨,子游弟子等忧之,乃援墨入儒,谓仲尼亦有此说云耳。明知墨家之兼爱,与儒家之礼不相容,别为大同小康二说,谓时机未至,姑先行小康之治以徐企于大同。此《礼运》之所由作也。今考《礼运》大同说,与其他儒家言不甚合,而与《墨子》书不但意义多符,即文句亦无甚远。天下为公,则尚同也。选贤与能,则尚贤也,讲信修睦,则非攻也,不独亲其亲,不独子其子,则兼爱也。货恶其弃于地,力恶其不出于身,则节用非命也,使老有所终,壮有所用,幼有所长,矜寡孤独废疾者皆有所养,则'老而无妻子者,有所待养以终其寿,幼弱孤童之无父母者,有所放依以长其身'之文也。货不必藏于己,力不必为己,则'余力相劳,余财相分,良道相教'之意也。谋诈闭而不用,盗贼窃乱不作,亦'盗贼无有'、'谁窃'、'谁乱'之语也。综观全文,约百余字,大抵撷拾《墨子》之文而成。其为墨家思想,甚为显著。"②伍氏认为,《礼运》大同思想与《墨子》相契合,如《礼运》之"天下为公"与《墨子》之"尚同"合,《礼运》之"选贤与能"与《墨子》之"尚贤"合,《礼运》之"讲信修睦"与《墨子》之"非攻"合,《礼运》之"不独亲其亲,不独子其子"与《墨子》之"兼爱"合。因此,伍氏认为《礼运》大同章是撷拾《墨子》之文而成,体现的是墨家的思想。

金德建认为《礼运》体现的皆是墨家的思想,他说:"我们根据思想演进的

① 吴虞:《儒家大同之义本于老子说》,《新青年》第 3 卷第 5 期(1917 年 7 月)。
② 伍非百:《墨子大义述》,国民印务局 1933 年版,第 200—201 页。

历史系统考察起来,觉得儒家或者道家都没有十分妥当的理由,应为墨家思想较确。"①金氏亦将《礼运》与墨子的思想作了比较。如金氏将《礼运》"人不独亲其亲,不独子其子。……矜寡孤独者皆有所养"与《墨子·兼爱》作了比较,进而得出结论曰:"'兼爱'是整个墨子思想的重心,墨子所标举的几个思想纲领之中,'兼爱'好算为一种根本观念。《礼运》也同样主张兼爱的。"②金氏认为墨子的"尚同"主张与《礼运》更符,他说:"所谓'天下为公'和'大同'等于墨子之尚同。"③金氏认为,《礼运》中有墨家的兼爱思想。又如《礼运》云"是故夫礼必本于天""故圣人参于天地,并于鬼神以治政也""圣人作则必以天地为本",金氏认为《礼运》"类此'本于天'的观念,和墨子'天志'相等"④。《礼运》云"列于鬼神""致其敬于鬼神""并于鬼神""鬼神以为从""山川所以傧鬼神也""事鬼神之大段端也",金氏遂认为"明鬼思想在《礼运》中也很浓厚的"⑤。金氏认为《礼运》言"选贤与能"与墨家思想亦相同,他说:"'选贤'当然就是'尚贤'。墨子称'尚贤'有时也称作'选贤'。"因此"墨子主张'尚贤',《礼运》篇也相同"⑥。此外,金氏还极力论证《礼运》中有墨子的"节用""非攻"思想。

金氏还从墨学源流的角度对《礼运》的学派属性进行了探讨。《汉书·艺文志》述墨家之渊源时有"清庙之守"一词,金氏曰:"《吕氏春秋》和《汉志》均主张墨家出于清庙之守,以为墨子曾学郊庙之礼。《礼运》篇是墨家思想,所

---

① 金德建:《思想史上之汉代礼运篇本质与汉代社会的研究》,《民族杂志》第 3 卷第 5 期(1935 年 5 月)。

② 金德建:《思想史上之汉代礼运篇本质与汉代社会的研究》,《民族杂志》第 3 卷第 5 期(1935 年 5 月)。

③ 金德建:《思想史上之汉代礼运篇本质与汉代社会的研究》,《民族杂志》第 3 卷第 5 期(1935 年 5 月)。

④ 金德建:《思想史上之汉代礼运篇本质与汉代社会的研究》,《民族杂志》第 3 卷第 5 期(1935 年 5 月)。

⑤ 金德建:《思想史上之汉代礼运篇本质与汉代社会的研究》,《民族杂志》第 3 卷第 5 期(1935 年 5 月)。

⑥ 金德建:《思想史上之汉代礼运篇本质与汉代社会的研究》,《民族杂志》第 3 卷第 5 期(1935 年 5 月)。

以其中关于郊庙礼记载颇多。"①此外,《汉书·艺文志》论墨家源流时有"三老五更"一词,金氏曰:"《礼运》说:'故宗祝在庙,三公在朝,三老在学……''三老在学'就是《汉志》所论墨家的'养三老五更'。由此亦可见《礼运》主张之渊源于古代墨家。"②金氏认为,《汉书·艺文志》追溯墨家之渊源时提到"清庙之守"和"三老五更",这些职官之名称或职掌在《礼运》中皆可找到,由此证明《礼运》之主张当出自墨家。

金建德还将《礼运》与刘向的著作进行比较,从而判定《礼运》所含墨学之时代。如金氏论《礼运》与《说苑·至公篇》之关系曰:"《说苑》'官天下''家天下'云云就是西汉时刘向一番大同小康议论。《礼运》大同小康分别,原来也属于天下公与天下家区别而已。《说苑》'官天下'即《礼运》所谓'天下为公……是谓大同','家天下'即《礼运》所谓'天下为家……是为小康',《说苑》所云'天下官则让贤',即《礼运·大同》之'选贤与能';所云'天下家则世继',亦即《礼运》小康之'各亲其亲,各子其子,大人世及以为礼'。"③金氏认为,《礼运》与刘向《说苑》的思想多有契合之处,故《礼运》中的墨学思想出于汉代。

蒙文通亦认为《礼运》反映的是墨家思想,他说:"究之《礼运》一书,取之于墨而义又有进于墨者。班氏言墨见俭之利,因以非礼。故庄生及司马谈并言墨之非礼乐,《礼运》则于墨家非礼之后,上探礼乐之源以言之。……则言礼之本于人情,可以义起。三千三百,不足泥也。……斯其独探礼乐之源,以重建礼乐之基,殆正以答墨家之难,而义已大进于墨也。"④蒙氏在《儒学五论》中又曰:"墨既托夏,而儒之取墨,亦不谓之法墨,而托之法夏。法夏,从墨之义也。究之《礼运》一书,取之墨而义又有进于墨者。班氏言墨'见俭之利,因以非礼',故庄生及司马谈并言墨之非礼乐,《礼运》则于墨家非礼之后,上探礼乐之源以言之。……斯其独能探礼乐之源,以重建礼乐之基,殆正以答墨

---

① 金德建:《思想史上之汉代礼运篇本质与汉代社会的研究》,《民族杂志》第 3 卷第 5 期(1935 年 5 月)。

② 金德建:《思想史上之汉代礼运篇本质与汉代社会的研究》,《民族杂志》第 3 卷第 5 期(1935 年 5 月)。

③ 金德建:《思想史上之汉代礼运篇本质与汉代社会的研究》,《民族杂志》第 3 卷第 5 期(1935 年 5 月)。

④ 蒙文通:《论〈墨子〉书备三墨之学》,《图书集刊》第 3 期(1942 年)。

家之难,而义已大进于墨家也。"①蒙文通认为,《礼运》吸纳了墨家之义,不过其在墨家之义的基础上有所改进。

4. 儒道墨诸家说

民国时期,部分学者认为《礼运》是儒、道、墨诸家融合的产物。蒋维乔、王新民、钱基博等人皆持此说。如蒋维乔列《墨子·兼爱》之原文,并作分析曰:"例如《礼记》之《礼运》篇之大同说,明是汉代学者所为,综合老儒墨三家思想而成。孔子之思想,全表现于《论语》之中,常梦周公而不忘,叹美其政事。乃康氏不之取,反以孔子为去礼仪,舍人为,爱平等,说太平道之人。谓其是创说,自是另一问题;否则史实昭然,其说不甚可信。据吾人所见,《礼运》篇大同之精神,当是依据老子'无为之治'及墨子'兼爱'之说而成者。"②蒋氏认为,《礼运》是汉代学者综合儒、道、墨三家思想而成。

王新民亦认为《礼运》是儒、道、墨三家思想融合的产物,他说:"《礼运》大同篇非孔子之说,子游或其门徒融儒道墨三家之见为一,以为我国立国之最高理想也。"③王氏认为《礼运》乃融会诸家思想而成,然却缺乏翔实之论证。钱基博《读礼运卷头解题记》一文论《礼运》的学派属性时曰:"《礼运》之指,而七十子之微言,抉经心,轨圣权,皋牢万物,进退百王,有通于《易》《春秋》者,有旁涉老氏者,与可发孟荀书者,其书可覆按也。"④钱氏认为《礼运》的思想主旨与儒墨均相通。

(三) 对《礼运》思想内容的阐发

民国时期的学人对《礼运》给予特别重视,他们往往结合社会现实从不同视角阐发《礼运》篇所蕴含的思想内容。

1. 据《礼运》阐发社会政治理想

《礼运》描绘了"大同"的美好图景,并阐述了"大同""小康"社会的差异。晚清民国时期,一些关注国家前途和命运的学者与政治家往往以《礼运》作为

---

① 蒙文通:《儒学五论》,载《中国现代学术经典·廖平蒙文通卷》,河北教育出版社 1996 年版,第 595 页。
② 蒋维乔:《近三百年中国哲学史》,中华书局 1936 年版,第 116—117 页。
③ 王新民:《礼运大同篇溯源》,《福建文化》第 2 卷第 4 期(1946 年 6 月)。
④ 钱基博:《读礼运卷头解题记》,《光华大学半月刊》第 4 卷第 2 期(1935 年 10 月)。

思想资源以阐发政治理想或建构政治理论。其中最引人注目的是康有为通过撰写《大同书》《礼运注》来阐发其社会改良思想。

钱基博一语道破康有为以《春秋》释《礼运》之本质曰:"《春秋》公羊家张三世之说,而康有为据之以说《礼运》。……自以为发千圣不传之秘;而核其实,不过推本胡安国《春秋传》之指而引申之耳。"①钱氏认为,康有为以《春秋》释《礼运》,实际上是对胡安国《春秋传》之引申而已。张学昭论述康有为《礼运注》《大同书》撰作之背景曰:"当那个时代,康氏长于论文,他的一举一动,差不多皆能风靡于一时。而一般学者,又因于现社会的黑暗,梦想着一个新的日子,他的学说便适应了这个要求。从此,'大同'在学术上形成了一个专门名词,发挥其学说者颇不乏人。加之近几年来,国难趋于严重,对于大同的要求更迫切了;差不多全想藉孔子的圣哲,以开导那些飞机大炮的蛮夷。"②在张氏看来,康有为的《大同书》《礼运注》之所以能产生巨大的影响,是因为康氏的学说与时代的需求多有契合。

孙中山亦十分重视《礼运》中的大同思想。其喜读《礼运》之大同章,并根据《礼运》中的大同思想,博采欧美学说,参以己见,成"三民主义"。孙中山"天下为公"的思想出自《礼记·礼运》篇。"天下为公"是儒家最高的社会理想,也是"三民主义"最高的社会理想。

当时有学者对孙中山的"三民主义"与《礼运》大同思想的关系作了辨析。如高鸿缙认为,《礼运》的大同思想乃"三民主义"的渊源之一。《礼运》曰:"大道之行也,天下为公。"高氏曰:"就是说当最高尚政治思想实行的时候呀,世界是公共的,公道的,公开的。公字是此篇主脑,行字是原动力量。公共,公道,公开,就是公有,公治,公享;也就是民有,民治,民享;也就是民族主义,民权主义,民生主义的目的所在。所以三民主义的胚胎,就包含于大同篇天下为公的公字之内。"③高氏认为,《礼运》乃民族主义、民权主义、民生主义之胚胎。

汤元仲亦借《礼运》大同章阐发社会理想,其理想包括政治、经济、社会组

① 钱基博:《读礼运卷头解题记》,《光华大学半月刊》第4卷第2期(1935年10月)。
② 张学昭:《礼运与孔子学说的分析》,《河北月刊》第4卷第6期(1936年6月)。
③ 高鸿缙:《礼运大同篇五读》,《孔学》第1期(1943年8月)。

织等各个方面。如政治方面,《礼运》云"天下为公""选贤与能",汤氏曰:"既认天下为公,无复地域国家诸观念,天下事以天下心出之,故于政治之管理,选贤与能,不承认有任何阶级之世袭权,以政治者为人民服役之机关也。使政府有能以谋人民福利,故必选贤与能,而后有功。"①汤氏认为,天下为公,故无地域国家诸观念,选贤与能,故不承认有任何阶级之世袭权。

又如经济方面,《礼运》云"货恶其弃于地也,不必藏于己",汤氏曰:"则凡可以增加生产者,皆所奖励,如利用科学之发明,合理化之经营,以竭地利;重分配之社会化,免资本主义之形成,而人民得享均一之物质生活也。"②汤氏揭示《礼运》经济观之本质曰:"一言以蔽之,其经济组织之特点,有近世唯物学说之实利,而无其跋扈不情之举,盖背影中别有一种极温柔敦厚之人生观在。"③在汤氏看来,《礼运》乃儒家之经济观,这种经济观的背后有温柔敦厚的人生观,与唯物论经济观的跋扈不情有着本质的不同。

2. 对《礼运》政治哲学之阐发

不少学人还结合西方政治文化对《礼运》大同章的政治哲学作了探讨。如郑沅撰《礼运大道之行一节释义》一文,对《礼运》大同之义作了阐发。郑氏认为:"此(天下为公)谓尽人之性,尽物之性,无内外,无彼我,盖真理既出,无论何等种族,皆将趋于一致,如今日与法美为联合之会及海牙和平会,皆其嚆矢也。"④郑氏认为,近代国际关系中一系列协议的签订即体现了《礼运》"天下为公"的思想。

又如卢宗堉《礼运大同篇政治哲学研究》一文,对《礼运》的政治哲学作了探讨。卢氏认为,儒家是以"仁"的实现为社会的伦理原则,有"不忍人之心"的人才有"不忍人之政",这是社会发展的最高境界。卢宗堉曰:"在这境界中'仁'充沛于整个政治社会之中,所以是:'人不独亲其亲,不独子其子,使老有所终,壮有所用,幼有所长,鳏寡孤独废疾者皆有所养,男有分,女有归。'这里没有种族之分,阶级之别,亦没有门第财产等限制,一切人格除了生理上有男

---

① 汤元仲:《礼运扶微》,《周行》第 1 卷第 3 期(1936 年 2 月)。
② 汤元仲:《礼运扶微》,《周行》第 1 卷第 3 期(1936 年 2 月)。
③ 汤元仲:《礼运扶微》,《周行》第 1 卷第 3 期(1936 年 2 月)。
④ 郑沅:《礼运大道之行一节释义》,《中国学报》第 4 期(1913 年 2 月)。

女老幼的差别外都给予他平等发展的机会。对于生存权观念的发挥实远较现代欧美人更为彻底。"①卢氏认为,《礼运》的大同思想是以儒家的"仁"为基础,大同思想的境界之高远,远超欧美各家学说。

卢宗堉还以西方社会之现状反衬《礼运》大同思想之伟大,他说:"不料这个 20 世纪人类所不能摆脱的感情的偏狭的圈子,远在几千年前生长于黄河流域大平原的中华民族早就跳出了。他们不以'天下为家','城廓沟池以为固',而以整个人类为本位,这种伟大的胸襟与气魄虽在今日文明先进的国家中还是不可多得的。"②在卢氏看来,20 世纪前期的西方人还不能摆脱狭隘的圈子,而几千年前的中国就有了《礼运》的大同思想,可见大同思想之伟大。

五、《礼记·学记》研究

《学记》是《礼记》的第十八篇。这是我国古代第一部教育学专著,也是在当时世界范围内领先的教育学著作。二程曾推崇《学记》曰:"《礼记》除《中庸》《大学》,唯《学记》最近道。"③

《学记》对我国先秦时期的教学经验和教育理论进行了比较全面系统的总结,既对当时教学中存在的问题与缺点提出了中肯的批评,又提出了许多合理的、符合教育规律的意见。该书提出:教化民众、改良风俗,必须要从教育入手,应把教育活动放在治国安邦的首要位置来认识。许多有关教育的论述,对我国古代的教育事业产生了深刻的影响。

进入民国以后,随着文化的发展和学科的分化,传统的经学被"肢解"。《学记》所论教育思想与现代教育理论有很多契合之处,故《学记》受到近代教育理论研究者的重视。民国时期,关于《学记》之论著有王树枏的《学记笺证》、董文煜的《礼记学记篇今释》、章廷俊的《〈学记〉的教育制度与教学法则之剖析》、贝琪的《〈学记〉通诠》、杜通明的《学记考释》等。这些新的笺注类

---

① 卢宗堉:《礼运大同篇政治哲学研究》,《中央周刊》第 2 卷第 34 期(1940 年 3 月)。
② 卢宗堉:《礼运大同篇政治哲学研究》,《中央周刊》第 2 卷第 34 期(1940 年 3 月)。
③ 清乾隆钦定《礼记义疏》卷四九《学记第十八》,吉林出版集团有限责任公司 2005 年影印摛藻堂《钦定四库全书荟要》版,第 1309 页。

著述,虽然在思想内容上注入了一些新文化内容,但基本上还是秉承传统经学中的笺注之学的形式。兹姑举数例如下:

《学记》"发虑宪"之"虑"字,王树枬曰:"虑亦宪也。《周礼·朝士》注云:'故书虑为宪。'《后汉书·邓禹传》:'李文李春程虑为祭酒。'注云:'虑字或为宪字。'《大戴记·四代篇》云:'刑出虑,虑则节,虑亦宪也。'"①王氏引《后汉书》《大戴礼记》以释"虑"字,其认为"虑"即"宪"。

《学记》"求善良",王树枬曰:"良亦善也。善良就政体言,就贤体远,始就人才言。郑注云'求谓招来',孔《疏》谓'招善良之士',非也。孟子曰:'徒善不足以为政,徒法不能以自行。'"②郑注、孔疏认为"求善良"之义是招来善良之士。王氏认为"求善良"不是就政体言,而是就人才言。

《学记》论修业阶段曰:"一年视离经辨志,三年视敬业乐群,五年视博习亲师,七年视论学取友,谓之小成。九年知类通达,强力而不反。"章廷俊释之曰:"经七年的考察,所谓'小成'即《尚书大传·周传》之'见小节焉,践小义焉'之意。"③又曰:"学者达小成后,再进则有所谓'大成'。即在入小学的第九年,经过精密的考察,结果须能触类旁通,贯达义理,且又能不违师教,于是得称'大成'。所谓'大成',即《尚书大传》之'见大节焉,践大义焉'之义。"④章氏引《尚书大传》"见小节焉,践小义焉"以释《学记》之"小成",引《尚书大传》"见大节焉,践大义焉"以释《学记》之"大成"。

《学记》论教育之意义曰:"教也者,长善而救其失者也。"章廷俊释之曰:"自三代以后,教育思想的趋势,虽稍有变更,然一方固注重知识的传授;而修养的重视,亦不稍替。《论语》载:'子以四教:文,行,忠,信。'是则孔子重知识而亦兼重修养矣。《易经》:'果行育德。'《荀子》:'以善先人谓之教。'许慎《说文解字》:'育,养子使作善也。'是又以长善为教育之本质矣。"⑤章氏于此据《论语》《周易》之记载以阐发《乐记》所言教育之意义。

---

① 王树枬:《学记笺证》,《中国学报》第 5 期(1913 年 3 月)。
② 王树枬:《学记笺证》,《中国学报》第 5 期(1913 年 3 月)。
③ 章廷俊:《〈学记〉的教育制度与教学法则之剖析》,《政衡月刊》第 16 期(1935 年 6 月)。
④ 章廷俊:《〈学记〉的教育制度与教学法则之剖析》,《政衡月刊》第 16 期(1935 年 6 月)。
⑤ 章廷俊:《〈学记〉的教育制度与教学法则之剖析》,《政衡月刊》第 16 期(1935 年 6 月)。

第四节　三礼所记制度和思想研究

　　三礼内容十分丰富,涉及政治、经济、伦理、哲学、艺术、教育等各个领域。民国时期,学者们非常关注三礼所记载的制度和思想。当时许多学者对三礼所记制度和思想进行了多方面的研究和探讨,并取得了丰硕的成果。

一、章太炎、吴承仕等人关于《丧服》之研讨

　　《仪礼·丧服》所记载的五服制度与古代宗法制度相辅相成,互为表里。而宗法制度是我国古代社会最重要的社会基础制度。诸如继承制度、家族制度、婚姻制度等都与宗法制度密切关联。因此,自古以来,学者们出于社会制度建设的考量而一直特别重视《丧服》。

　　民国初年,由于政治、文化范式的转换,使整个社会的政治思想和伦理观念呈现一种裂变、混乱的状态。在这种情势下,一些学者起而研究丧服制度,甚至据以拟制新的丧服制度,试图利用丧服制度来整饬社会伦理,挽救世道人心。这方面的代表人物有章太炎、吴承仕、钱玄等人。

　　章太炎于三礼学也有很深入的研究,发表了许多有关三礼学的著述。他还于民国初年撰作《丧服依开元礼议》①,论述其对拟制新的丧服制度的理由和设想。然后又在《仪礼·丧服》的基础上,参考《大唐开元礼》的有关内容拟定《丧服草案》(附丧服总说明书)②。明确规定了各种服丧对象的丧服等级及服丧期限。对斩衰三年、齐衰三年、齐衰杖期、齐衰不杖期、齐衰五月、齐衰三月、大功、小功、缌麻之正服、加服、降服、义服等皆列表释义。章太炎所拟制的丧服制度分类十分细密。他对加服、降服、义服的研究可补《丧服》记载之不备。

　　此外,吴承仕也先后撰写《降服三品》和《中国古代社会研究者对于丧服

---

　　①　章太炎:《丧服依开元礼议》,载《太炎文录续编》,上海书店 1992 年版。
　　②　章太炎:《丧服草案》(附丧服总说明书),载《太炎文录续编》,上海书店 1992 年版。

应认识的几个根本观念》等文章对丧服制度展开研究。吴氏的《降服三品》对丧服制度中的"降服"问题进行了新的梳理和探讨,提出了新观点。丧服中的降服问题十分复杂,历来多有争议。如《丧服》"齐衰不杖期",郑注云降服原则有四,分别是以尊降,以厌降,以旁尊降,以出降。元敖继公并旁尊降于尊降中,省四为三。阎若璩增余尊降和殇降,益四为六。郑珍不计余尊,而以殇降为年降,则益四为五。吴承仕在考察前人之说的基础上,提出了自己的主张,他说:"今欲审端经术,参伍异同,则一切降服,宜总为三品:一曰尊降,二曰殇降,三曰出降。"①其释"尊降"曰:"尊降者,服术所谓尊尊也。尊降之细别有四:一曰本尊将,谓自身爵尊,以己尊降旁亲之无尊或尊不同者。……二曰尊厌降,谓上有所厌,则不下不申。……三曰余尊降,余尊者,谓诸侯虽卒,公之昆弟,犹藉先君之余尊以降其诸亲。……四曰旁尊降,公之昆弟,身本无尊,而为公之旁尊,其尊视大夫。"②其释"殇降"曰:"殇降,服术所谓'长幼'是也。"③其释"出降"曰:"出降,郑注云:'为人后,女子子嫁者,以出降。'即服术所谓'出入'是也。"④显然,吴氏将复杂的降服种类总结为三品,合理有据,能自圆其说,可成一家之言。

值得注意的是,章太炎与吴承仕等人还围绕丧服制度进行过商榷和争论。如吴承仕认为《丧服》多封建男统之制,章太炎驳之曰:"封建男统固非一事。封建者至郡县制成而废,男统者无时焉可废者也。生人之初,知有母不知有父,渐进始有父系。今社会学家亦以是分文野,顾欧洲诸国东及印度犹未能纯为父系者,有二事焉:一舅之名与伯叔父无异也,一女子得继其父,再传遂为母系也。唯中国脱然于是,斯正文化之至优著者,岂可与封建同论载?"⑤章氏认为,丧服中之男统之制有着丰富的意蕴,乃中国文化中最优秀的成分,不可与封建相等同。

吴承仕《中国古代社会研究者对于丧服应认识的几个根本观念》一文还

---

① 吴承仕:《降服三品》,《燕京大学图书馆学报》第 11 期(1931 年 6 月)。
② 吴承仕:《降服三品》,《燕京大学图书馆学报》第 11 期(1931 年 6 月)。
③ 吴承仕:《降服三品》,《燕京大学图书馆学报》第 11 期(1931 年 6 月)。
④ 吴承仕:《降服三品》,《燕京大学图书馆学报》第 11 期(1931 年 6 月)。
⑤ 章太炎:《答吴纵斋论丧服书》,《制言半月刊》第 27 期(1936 年 10 月)。

批评了陶希圣对《丧服》所作的解释。如陶氏所著《婚姻与家庭》中认为卿、大夫、士于诸侯之丧用斩衰三年，于天王却用繐衰，这是君至尊的缘故。吴氏驳之曰："按诸侯对天子，天子之卿大夫士对天子，诸侯之卿大夫士对诸侯，凡卿大夫之臣对卿大夫，皆因直接的君臣关系而服斩衰三年，诸侯之臣对天子是间接的，故须避'诸侯为天子'之嫌疑，不得服斩衰，而服繐衰七月。依陶君之文，至少在我是无从解释。"①吴氏认为，卿大夫乃诸侯之臣，对于天子来说是间接的，故须避"诸侯为天子"之嫌疑，不得服斩衰，而服繐衰。

　　吴承仕认为，《丧服》研究中需要注意"丧期之单位""至亲以期断""外亲之服皆繐""亲亲与尊尊"四大原则，并认为丧服六术以"亲亲""尊尊"为经线，以"名""出入""长幼""从服"为纬线。吴氏论"臣为君斩衰"曰："《檀弓》云'事亲有隐而无犯，左右就养无方，服勤至死，致丧三年；事君有犯而无隐，左右就养有方，无勤至死，方丧三年。'郑玄注云：'方丧，资于事父。彼以恩为制，此以义为制。'很显然的说明了臣为君服，不过是一种'比方'而已，本非骨肉之亲，只以国家组织的关系而付与以高压似的一种强度义务：故一为恩制，一为义制，恩制是血统的，不可变的，义制是人为的，可变的，这是两者之不同点。"②吴氏认为，臣与君非血缘关系，故臣为君服是一种义务，而非血缘之考虑，是"义制"而非"恩制"，故为君服与为父服都是三年，然内涵不同。

　　本时期对《仪礼·丧服》进行研究的还有钱玄和钟秀崎等人。钱玄于20世纪30年代在《国学论衡》上连续发表《仪礼丧服经文释例》《仪礼向位解》等《仪礼》学论文。钟秀崎也于1929年发表《仪礼丧服斩衰三年章通义》。在该文中，钟氏阐发了《丧服》所制定的服丧原则所蕴含的社会观念。他认为，周公定丧服之制，自其表言之，不过称情立文、别亲疏尊卑而已；自其里言之，则"亲亲"之中寓"尊尊"之义，"尊尊"之中寓"统一"之义。如于"斩衰三年"，钟氏曰："若夫子为父，女子子在室为父，子嫁反在父之室为父，妻为夫、妾为君

---

① 吴承仕：《中国古代社会研究者对于丧服应认识的几个根本观念》，《文史》第1卷第1期（1934年）。

② 吴承仕：《中国古代社会研究者对于丧服应认识的几个根本观念》，《文史》第1卷第1期（1934年）。

服斩衰三年,则尊卑之尊以定,而家统于一也。父为长子、为所后者服斩三年,则正体之尊以定,而宗统于一也。诸侯为天子,臣为其君,公士大夫之众臣为其君,服斩衰三年,则君臣之尊以定,而国统于一,天下统于一也。唯其如此,故知其尊尊之中寓统一之意焉。夫而后一民之身皆有所亲,皆有所亲则皆有所尊,皆有所尊则皆有所统,其身统于其家,其家统于其宗,其宗统于其国,其国统于天下,循条附枝,秩然不紊,故一民之行事皆对于所统而有责任,若子女若妻妾皆家长之所治也。家长受治于宗正,宗正受治于君国,国君受治于天子,此非所谓修齐治平之术与?"①钟氏认为,《丧服》斩衰三年"尊尊""亲亲"中有"统一"之义。

二、王国维以三礼为据从事殷周社会史研究

王国维(1877—1927 年),初名国桢,字静安,亦字伯隅,初号礼堂,晚号观堂,又号永观,谥忠悫。王国维是中国近现代相交时期一位享有国际声誉的学者。在史学、古文学、古文字、文学、美学等方面均取得了巨大的成就。

王国维虽然没有三礼学领域的专著,但是他在学术著述中广泛采用三礼研究的成果从事殷周社会史研究。如在《殷周制度论》一文中,王国维认为殷周之际的制度有重大变革,主要是立子立嫡之制、庙数之制、同姓不婚之制;其中立嫡之制又衍生出宗法及丧服之制,并由是而有封建子弟之制,君天子、臣诸侯之制。他在论述西周宗法制和丧服制时,大量采用三礼的内容来证成其说,论据非常充分而周详。

关于西周宗法制之考证,王国维征引《礼记》的《丧服小记》和《大传》之记载以为据。《丧服小记》云:"别子为祖,继别为宗,继祢者为小宗。有五世而迁之宗,其继高祖者也。是故祖迁于上,宗易于下。敬宗,所以尊祖祢也。"《大传》云:"别子为祖,继别为宗,继祢者为小宗。有百世不迁之宗,有五世则迁之宗。百世不迁者,别子之后也。宗其继别子之所自出者,百世不迁者也。宗其继高祖者,五世则迁者也。尊祖故敬宗,敬宗尊祖之义也。"王国维据以论述曰:"是故有继别之大宗,有继高祖之宗,有继曾祖之宗,有继祖之宗,有

---

① 钟秀崎:《仪礼丧服斩衰三年章通义》,《东北大学周刊》第 75 号(1929 年 6 月)。

继祢之宗,是为五宗。其所宗者皆嫡也,宗之者皆庶也。此制但为大夫以下设,而不上及天子、诸侯。郑康成于《丧服小记》注曰:'别子,诸侯之庶子,别为后世为始祖者也。谓之"别子"者,公子不得祢先君也。'又于《大传》注曰:'公子不得宗君。'是天子、诸侯虽本世嫡,于事实当统无数之大宗,然以尊故,无宗名。其庶子不得祢先君,又不得宗今君,故自为别子,而其子乃为继别之大宗。"[1]王国维据《丧服小记》和《大传》,认为西周嫡庶之制本为天子和诸侯而设,然而后来以此制通用于大夫以下,遂非君统而是宗统,宗法制由此产生;天子、诸侯出于尊之缘故,遂无宗统之名。

王国维又据《礼记》《诗》《尚书大传》,认为天子、诸侯虽不冠"宗"名,但实有大宗之实。《大传》曰"君有合族之道",《诗·大雅·行苇序》云"周家能内睦九族也",其诗曰:"戚戚兄弟,莫远具迩。或肆之筵,或授之几。"《周礼·大宗伯》曰"以饮食之礼亲宗族兄弟",《文王世子》曰"公与族人燕则以齿",《尚书大传》曰:"宗室有事,族人皆侍终日,大宗已侍于宾奠,然后燕私。燕私者何也? 已而言族人饮也。"王国维释之曰:"是大夫、士以下皆有族,而天子、诸侯之子,于其族曾祖父母、从祖祖父母、世父母、叔父母以下服之所及者,乃无缀属之法,是非先王教人亲亲之意也。是故由尊之统言,则天子、诸侯绝宗,王子、公子无宗可也。由亲之统言,则天子、诸侯之子,身为别子而其后世为大宗者,无不奉天子、诸侯以为最大之大宗。特以尊卑既殊,不敢加以'宗'名,而其实则仍在也。……是礼家之'大宗',限于大夫以下者,诗人直以称天子、诸侯。惟在天子、诸侯,则宗统与君统合,故不必以'宗'名。大夫、士以下皆以贤才进,不必身是嫡子。故宗法乃成一独立之统系。"[2]王国维认为,以尊言之,天子、诸侯绝宗,以亲言之,天子、诸侯乃天下之大宗,故天子、诸侯无宗之名,而有宗之实,宗统、君统在天子、诸侯那里合而为一。

王国维还对丧服制与嫡庶制之关系作了辨析,他说:"丧服之大纲四:曰亲亲,曰尊尊,曰长长,曰男女有别。无嫡庶,则有亲而无尊,有恩而无义,而丧

---

① 王国维:《观堂集林》卷第十,载《王国维全集》第八卷,浙江教育出版社、广东教育出版社 2010 年版,第 307 页。
② 王国维:《观堂集林》卷第十,载《王国维全集》第八卷,浙江教育出版社、广东教育出版社 2010 年版,第 308—309 页。

服之统紊矣。故殷以前之服制,就令成一统系,其不能如周礼服之完密,则可断也。丧服中之自嫡庶之制出者,如父为长子三年,为众子期;庶子不得为长子三年;母为长子三年,为众子期。……凡此皆出于嫡庶之制,无嫡庶之世,其不适用此制明矣。又无嫡庶则无宗法,故为宗子与宗子之母、妻之服无所施。无嫡庶、无宗法,则无为人后者,故为人后者为其所后及为其父母昆弟之服亦无所用。故《丧服》一篇,其条理至精密纤悉者,乃出于嫡庶之制既行以后。自殷以前,决不能有此制度也。"①王国维认为,嫡庶制出自西周,丧服制出自嫡庶制之后,故殷代无丧服制。

三、钱穆于《周礼》所记制度和思想之研究

钱穆(1895—1990 年),江苏无锡人,字宾四,笔名公沙、梁隐、与忘、孤云,晚号素书老人、七房桥人,斋号素书堂、素书楼。中国现代历史学家、思想家、教育家。与吕思勉、陈垣、陈寅恪并称"民国史学四大家"。

钱穆毕生研经治史,弘扬中国传统文化,高举现代新儒家的旗帜,在大陆、香港、台湾都产生了巨大的影响。他著述颇丰,专著多达 80 种以上。其代表作有《先秦诸子系年》《中国近三百年学术史》《国史大纲》《中国文化史导论》《文化学大义》《中国历代政治得失》《中国历史精神》《中国思想史》《宋明理学概述》《中国学术通义》等。

钱穆不仅有三礼学研究的专门著述,还有许多与三礼相关的研究见解散见于各种著述之中。如其《周官著作时代考》一文有"论阴阳男女"一节,对《周礼》中的阴阳思想作了解读。钱氏遍检《周礼》一书出现的"阴阳"二字,并评论曰:"书中用'阴阳'字凡十二见。除《山虞》《卜师》《柞民》诸条意义较为常见外,《周官》书中所用'阴阳'二字之涵义,实非常广泛。要言之,气有阴阳,声有阴阳,礼乐有阴阳,祭祀有阴阳,狱讼有阴阳,德惠有阴阳,一切政事法令莫不有阴阳。事事物物,均属阴阳之两面。故日名'太阳',月呼'太阴',余可类推。于是把整个宇宙,全部人生,都阴阳配偶化了。此等思想,自当发生

---

① 王国维:《观堂集林》卷第十,载《王国维全集》第八卷,浙江教育出版社、广东教育出版社 2010 年版,第 309—310 页。

在战国晚年阴阳学盛行之后,此殊无可疑者。"①钱穆认为,《周礼》中"阴阳"二字意义广泛,涵盖宇宙人生;战国晚年阴阳学才盛行,故《周礼》一书当撰作于阴阳思想出现之后的战国晚期。

钱穆对《周礼》所记田制也进行了系统的考察和探讨,并提出了一些具有创新性的见解:

第一,钱穆认为《周礼》无公田制之记载。钱穆据《诗经》,认为西周有公田制,与公田制相对应的赋税制度是助法;又据《左传》,认为春秋时期鲁国开始改革公田助法,创行履亩而税之贡法。江永《周礼疑义》曰:"《小司徒》惟言'九夫为井',未及论其中区之为公为私。《载师》任地,'近郊什一、远郊二十而三,甸、稍、县、都,皆无过什二',似皆无公田。《司稼》:'巡野观稼,以年之上下出敛法。'亦惟皆私田,乃有不定之敛法。如行助法,则惟以公田之稼归公,不必论年之上下矣。"②江永认为《周礼》没有保留公田之制,亦不行与公田制对应之助法。钱穆曰:"江氏此说甚是。《周官》究竟比孟子又晚出了几时,《周官》作者已明白得公田之制终于不可复,所以在《周官》书中,乃索性把周初之公田制削去,因此也不见有所谓'助'。"③钱穆认为,《周礼》中既无公田之记载,亦无与公田相对应的助法之记载。

关于税率,《周礼》仅言"无过什二"。钱穆曰:"此亦是时代潮流逼得《周官》作者比《孟子》更要圆通些。《周官》书中主张'以年之上下出敛法',此种理论,在战国初年,本已有人主张过。其人即是魏文侯师李悝。"④钱穆还将《周礼》与李悝变法之措施作了比较,曰:"李悝以此法行之魏国,国以富强。此法者,正是《周官·司稼》'巡野观稼,以年之上下出敛法'之一篇绝好注解也。其所谓'敛',即《孟子》'狗彘食人食而不知检'之'检',此于什一而税并不同。以上引李悝话计算,彼所谓什一之税,似乎不论年岁饥熟,常收定额十五石。即相当于《孟子》所谓'校数岁之中以为常'之'贡'。而李悝行法精善

---

① 钱穆:《两汉经学今古文平议》,商务印书馆2001年版,第367—368页。
② (清)江永:《周礼疑义举要》卷二,载文渊阁《四库全书》第101册,上海古籍出版社1987年影印版,第729页。
③ 钱穆:《两汉经学今古文平议》,商务印书馆2001年版,第421页。
④ 钱穆:《两汉经学今古文平议》,商务印书馆2001年版,第422页。

处,在乎别以'敛粜之法'为调剂。今《周官》书,则正采取了李悝意见。"①钱氏认为,《周礼》"以年之上下出敛法"之措施是受李悝作尽地力之教之影响,言下之意,《周礼》的田赋制度出于李悝变法之后。

第二,钱穆认为《周礼》中有爰田制之记载。据《左传》僖公十五年,可知晋惠公为取得晋国民众的支持而作爰田。《汉书·地理志》曰:"(秦)孝公用商君,制辕田,开阡陌。"这里所谓"辕田"就是"爰田"。所谓爰田就是三年一易田,民众所受之田可轮换。钱穆认为《周礼》多采爰田制。如《地官·大司徒》:"凡造都鄙,制其地域而封沟之,以其室制之。不易之地家百亩,一易之地家二百亩,再易之地家三百亩。"钱氏认为,此所记即春秋以来的爰田制,而非西周八家同井之公田制。

钱穆还对《周礼》所记爰田制之起源作了考察,他说:"晋人本行爰田,战国初魏国亦行爰田,盖是采取晋国旧制。商鞅变法,多承李悝遗教,遂又移行此法于秦。鞅之制辕田,实即是废井田也。惜乎后人不能把此两种制度之异同,详为剖析,遂使商鞅变法之来源及其真相,茫昧莫明。……故在《周官》书中,乃惟见有后起之爰田制,更不见先行的公田制。则《周官》之为战国晚出书,更复何疑乎?"②钱氏认为,《周礼》所记爰田制出自战国晚期,是对李悝、商鞅变法措施之继承和发展。

第三,钱穆对《周礼》所记封疆沟洫之制作了较深入的探讨。钱穆据《左传》《史记》《楚辞》,认为封建时代之田制是环而封之以为禁之区,如棋盘上之一子,稀疏零落,各有距离。钱氏认为,春秋时期列国卿大夫赏田、夺田、致邑、封邑的情况非常多,这在战国时代有愈演愈烈之势。战国时代秦国四境之内还保留有较多的西周田制之遗迹,故阡陌封建犹存,此时东方诸侯早已无所谓封疆,各国营建的长城是古代封疆之变相。钱穆认为,《周礼》于每官之首皆云"体国经野",可知《周礼》对封疆沟洫之重视;正经界不失为一种进步的主张,然《周礼》又竭力铺张封建规模。钱氏曰:"《周官》作者究是生得晚了,所见早是'开阡陌封疆'后之状态。乃又从而加上一番想象中阡陌封疆之描写,

---

① 钱穆:《两汉经学今古文平议》,商务印书馆2001年版,第423页。
② 钱穆:《两汉经学今古文平议》,商务印书馆2001年版,第433页。

把疏的规模,来装在密的现实上,遂成这样大块整齐的田制。此何尝是周公所制,亦何尝是春秋前所有? 而且余夫受田,又在何处? 不成远远的隔在千夫、万夫之外?《周官》作者,只图在文字上写得整齐好看,不问事实抵牾,往往如此。"①钱穆认为,《周礼》所记之田制,是《周礼》之作者将历史的追忆与现实的制度相糅合的结果,故此书内容难免存在一些矛盾之处。

---

① 钱穆:《两汉经学今古文平议》,商务印书馆 2001 年版,第 456 页。

第九章　新中国（大陆地区）的三礼学

　　1949 年新中国成立之后，尤其是在"文化大革命"期间，由于政治环境的变化、价值取向的转换和学术视角的转移，作为中国传统文化知识体系和价值体系的三礼学几乎无人问津，甚至几乎被人遗忘。只是在讨论孔子与荀子思想时或探讨古代典章制度时，某些论著才或多或少地涉及一些三礼学的问题。20 世纪 70 年代后期，"文化大革命"结束，政治、经济和文化领域拨乱反正，并开始改革开放，新中国的学术事业逐步进入复兴、繁荣和发展的新时期。在这一时期，三礼学不仅日益受到重视，而且突破了传统研究思路，呈现出新的气象，涌现出大批研究论著：有三礼成书年代的考证；有三礼思想内容的挖掘和分析；有通论性的研究，也有专篇的考论；有三礼学术史的研究，也有三礼工具书和普及读物的编撰，还有三礼经典的点校整理和译注。这一时期三礼学研究取得了丰硕的成果，呈现出一派复苏乃至欣欣向荣的新局面，当然也存在一些问题。

第一节　三礼学研究分期概述

　　新中国自成立以来，学术事业随着政治形势的起伏而发展变化。大陆地区约七十年的三礼学研究大致可以划分为三个历史时期：第一时期（1949—1966 年），即"文化大革命"前 17 年。这一时期的三礼学研究很不景气，有关三礼学的论著寥若晨星。第二时期（1966—1976 年），即"文化大革命"期间的 10 年，是三礼学研究的中断期，三礼学研究几乎成为空白，乏善可陈。第三

时期,1977 年至今,是三礼学研究的复兴期,这一时期三礼学研究逐步呈现出复兴与繁荣的景象。兹分期概述如下:

一、三礼学研究不绝如缕时期(1949—1965 年)

这一时期百废待兴,加上政治运动的冲击和影响,三礼学研究相当沉寂。据统计,大陆地区这时期只发表了约 40 篇有关三礼学的学术文章;专著几近于零,只有刘泽如的《中庸的人性论》(陕西人民出版社 1957 年版)和《武威汉简》(文物出版社 1964 年版)两部与礼学相关的图书,此外还有三本译注《礼记》单篇的小册子:顾树森的《学记今译》(人民教育出版社 1957 年版)、傅任敢的《学记译述》(上海新知识出版社 1957 年版)、吉联抗的《乐记译注》(音乐出版社 1958 年版)。在这约 40 篇学术文章中,《周礼》类有文章 14 篇(其中,《考工记》研究文章占 5 篇);《仪礼》类有文章 7 篇;《礼记》类有文章 14 篇(其中,《礼记·学记》研究文章 5 篇,《礼记·乐记》研究文章 5 篇);通论类有文章 5 篇。

这一时期的三礼学研究最值得称道的是《武威汉简》的出版和洪诚、段熙仲等礼学名家发表了几篇很有学术价值的研究文章。

《武威汉简》由甘肃省博物馆、中国社会科学院考古研究所编著,由文物出版社于 1964 年出版。该书著录了 1959 年武威磨嘴子汉墓中出土的一批简牍。这批汉简包括《仪礼》简、王杖诏令简和医药简牍等。其中叙论、校记、释文等均由著名学者陈梦家撰写,竹简的文字由张邦彦摹录,最终以《武威汉简》为名、作为"考古学专刊乙种第十二号"由文物出版社出版。

武威县汉墓出土的这批简牍中最珍贵的是 9 篇比较完整的《仪礼》,1 篇写于竹简,8 篇写于木简。这些木简都用松木制成,长约 50.5—56.5 厘米,宽约 0.8—1 厘米,每枚简有 60 个字左右。共有 469 枚简,27298 个字,都是用汉代通行的隶书写成,上有削改和阅读的记号。这样完整的《仪礼》简,是汉简出土史上空前的发现,为研究汉代三礼学提供了珍贵的第一手资料。

本时期最重要的三礼学论文当首推洪诚的《读〈周礼正义〉》(杭州大学语言文学编辑室 1963 年版)和段熙仲的《礼经十论》(《文史》创刊号第一辑,中华书局,1962 年)。洪诚的《读〈周礼正义〉》根据《周礼》中的语言运用情况论证《周礼》的成书年代。他通过考证发现:"从语法看,文献中,凡春秋以前之文,十数与零数之间,皆用'有'字连之,战国中期之文即不用。《尚书》《春秋经》《论语》《仪礼》经文、《易·系辞传》皆必用。《穆天子传》以用为常。《王制》《庄子》不定。《左传》《国语》以不用为常。《山海经》中之《五藏山经》不用。《孟子》除论述与《尚书》有关之事而外,亦不用。《周礼》之经记全部用,此种语法与《尚书》《春秋经》同,故非战国时人之作。"其结论是:《周礼》"成书最晚不在东周惠王后(前676—前652年在位)。"①这一结论得到学术界的普遍认同。段熙仲的《礼经十论》发表于《文史》创刊号第一辑第一篇。该文站在今文经学的立场上,以长达4万字的篇幅比较全面系统地论述了与《仪礼》十七篇相关的十个学术问题。

本时期的三礼学研究概况,通过学者洪诚的学术经历可见一斑。洪诚是民国时期学者黄侃在中央大学中文系的弟子。早年在黄侃的鼓励和影响下,他曾对三礼学下过多年的功夫,卷帙浩繁的《周礼正义》点读过六遍,并撰作过《读〈周礼正义〉》这样的学术名篇。但在20世纪50年代后期,他放弃了心爱的三礼学研究工作。

二、三礼学研究中断时期(1966—1976年)

1966年至1976年这十年,因政治原因,学术园地几近完全荒芜,学术刊物几乎全部停刊。这一时期的三礼学研究如其他学术研究一样,几乎完全中断。

三、三礼学复苏和复兴时期(1977年至今)

1977年以后是三礼学研究的复苏期和复兴期。改革开放后,政治生活和经济生活逐步进入正轨。学术界迎来了复苏的春天,三礼学研究也逐渐繁盛起来。不仅许多老学者重操旧业发表了许多有分量的三礼学论著,而且许多年轻学者也纷纷进入三礼学研究领域,许多硕士、博士的论文选题都与三礼学

---

① 洪诚:《读〈周礼正义〉》,载《孙诒让研究》,杭州大学语言文学编辑室1963年版,第21—36页。

密切相关。

1977 年以后的三礼学研究,值得称道者有如下数端:

(一) 老一代礼学专家发挥余热续绝学

当时学术界硕果仅存的几位老一代专家学者焕发学术青春,发表了许多很有价值的三礼学研究文章,为新时期三礼学的发展奠定了坚实的基础。

如顾颉刚的《"周公制礼"的传说和〈周官〉一书的出现》(《文史》第 6 辑,中华书局,1979 年),沈文倬的《略论礼典的实行和〈仪礼〉书本的撰作》(《文史》第 15、16 辑,中华书局,1982 年)、《〈汉简服传〉考》(《文史》第 24、25 辑,中华书局,1985 年)、《〈礼〉汉简异文释》(《文史》第 33、34、35、36 辑,中华书局,1990—1992 年),杨向奎的《宗周社会与礼乐文明》(人民出版社 1992 年版)、钱玄的《三礼辞典》(江苏古籍出版社 1993 年版)和《三礼通论》(南京师范大学出版社 1996 年版),等等,都是这一时期具有重大影响的三礼学论著,从根本上扭转了三礼学研究的沉寂局面。

这一辈学者中,成就最大、影响最大的当首推沈文倬。沈文倬的礼学研究解决了礼学和经学史上许多悬而未决的难题,受到顾颉刚的高度评价,称他为"今世治礼经者之第一人"[1]。"作为一代礼学大师,沈文倬在礼学和经学上的学术贡献,主要包括以下四个方面:一是'三礼'成书年代的考订,二是礼经文本的考订和考释,三是对礼学和经学源流的考证和梳理,四是在考订古代礼典和礼仪细节的基础上,对宗周礼乐文明进行的研究和复原。"[2]沈文倬的学术成就集中体现在其《略论礼典的实行和〈仪礼〉书本的撰作》(《文史》第 15、16 辑,中华书局,1982 年)和有关武威《仪礼》汉简本考释的几篇重量级研究文章之中。

在《略论礼典的实行和〈仪礼〉书本的撰作》这篇洋洋五万言的长文中,沈先生对《仪礼》十七篇的成书年代进行了全面系统的考察和论述:从《论语》述礼之文证明孔子熟习各种礼典而当时《仪礼》还没有撰写成书。根据《礼记·

---

① 转引自吴土法:《沈文倬先生学术纪年》,载《礼学与中国传统文化——庆祝沈文倬先生九十华诞国际学术研讨会论文集》,中华书局 2006 年版,第 589 页。

② 陈剩勇:《当代治礼经之第一人》,载《礼学与中国传统文化——庆祝沈文倬先生九十华诞国际学术研讨会论文集》,中华书局 2006 年版,第 577 页。

杂记》所记'哀公使孺悲之孔子学士丧礼,《士丧礼》于是乎书,考订《士丧礼》四篇写成书本的年代在周元王、定王之际的公元前五世纪中期。这也是《仪礼》成书年代的上限。根据《仪礼》曾被《墨子》《孟子》《礼记》和《荀子》等古代典籍所征引,断定《仪礼》当成书于上述诸子之前。又从二戴(戴德、戴圣)所辑《礼记》大量征引《仪礼》,而二戴《礼记》援引《仪礼》原文的礼类各篇,大约成书于鲁康公和景公之际,即公元前四世纪中期。这也是《仪礼》成书年代的下限。最后得出这样的结论:《仪礼》一书是在公元前五世纪中期到前四世纪中期这一百多年间,由孔子的弟子和后学们陆续编写而成。这一结论持之有据,言之成理,成一家之言。

对于武威出土《仪礼》汉简本的属性,学术界一直难有定论,而此前陈梦家所撰《〈礼〉汉简校记》和《〈礼〉汉简释文》存在不少误读、误释现象。沈氏所撰《〈礼〉汉简异文释》《汉简〈士相见礼〉今古文杂错并用说》《〈礼〉汉简七篇为古文或本考》《〈礼〉汉简非庆氏经本辨》等论著,根据郑玄注所列今古文进行比勘,疏通相异之文,随字分释,判其为今为古,总共考释异文509条,不仅纠正了陈梦家《〈礼〉汉简释文》和《校记》的一系列误释,而且进而推比西汉礼经之今古文的发生与流传,考校郑玄注所据底本,并参校各本之异同,论定武威《仪礼》汉简本为古文或本。由于武威汉简甲、乙本《服传》所录的经、记之文均不及今本《仪礼》经、记之文的二分之一,因而陈梦家认为甲、乙本《服传》为删经删记的《丧服经传》本,是汉人依据西汉时施行丧服的实际情况而删去部分经、记后所形成的本子。而沈文倬则在《〈汉简服传〉考》上、下中通过严谨的考证,论定甲、乙本《服传》并非删经删记之《丧服经传》,而是《仪礼·丧服》传文的单行本,其部分录有经文者,"是出于撰作者为解经所需的引述;有些经记之文意义显明,可以错互参见,没有撰传必要,其文就不见于单传"。沈氏之说理据充分,可为定谳。

(二) 新一代礼学研究队伍逐步壮大

随着三礼学研究的逐步复苏和复兴,越来越多的学者致力于三礼学研究,逐步成长起一批礼学研究专家。较早步入三礼学研究领域的有杨天宇、陈戍国、彭林、吕友仁、邹昌林、刘晓东、常金仓等学者。后来继踵而起的中生代学者有杨志刚、虞万里、方向东、王锷、吴丽娱、汤勤福、丁鼎、胡新生、王启发、杨华、贾海生、肖永明、吴土法、邓声国、林存阳、刘丰、陆建华、龚建平、吴飞,等等,他们都是这一时期成长起来或崭露头角的礼学研究专家。其中学术贡献较大的当推杨天宇、陈戍国、吕友仁、彭林、方向东、王锷、吴丽娱、杨志刚、杨华等。

杨天宇(1943—2011 年),历任河南大学、郑州大学教授。他长期从事三礼学研究,尤其倾心于东汉末经学大师郑玄礼学之研究。其硕士论文《论郑玄〈三礼注〉》一文,深入探讨郑玄《三礼注》的注经方法、体例及其得失,发表在《文史》第 21 辑(1983 年),是新时期较早的三礼学论著。后又承担国家社科基金项目《郑玄三礼注研究》,该项目成果于 2007 年由天津人民出版社正式出版,后来该项目成果又被列入国家社科基金成果文库,于 2008 年由中国社会科学出版社出版。杨天宇对三礼学有广泛深入的研究,不仅发表了数十篇很有见地的文章,而且是当代遍注三礼的第一人。他所作《论〈礼记〉四十九篇的初本确为戴圣所编撰——兼驳洪业所谓"小戴记"非戴圣之书说》(《孔子研究》1996 年第 4 期)有理、有力地廓清了疑古派学者对戴圣编"小戴记"散布的质疑迷雾;他所作《仪礼译注》(1994 年版)、《礼记译注》(1997 年版)、《周礼译注》(2004 年版)先后由上海古籍出版社出版,获得了学术界的普遍好评。

陈戍国(1946—　　),历任湖南师范大学、湖南大学教授。他 1987 年至 1989 年在杭州大学古籍研究所师从曾被顾颉刚推许为"今世治礼经者之第一人"①的沈文倬教授攻读博士学位。其博士论文《先秦礼制研究》于 1991 年由湖南教育出版社正式出版。数十年来,陈戍国的研究方向主要是中国古代礼制礼学,其代表作《中国礼制史》是国家"十五"规划重点图书,为中国第一部礼制通史,凡 280 万字。该书对先秦迄明清时期的礼学理论和礼制史进行了较全面、系统的考察、分析和论述,构建起中国古代礼学理论体系与古代礼制礼学史的总体框架,在对各个历史时期的礼制传承变化规律进行分析总结时,还解决了礼制历史发展中的不少疑难问题,多有超越前人的新见。比如前辈

---

① 吴土法:《沈文倬先生学术纪年》,《礼学与中国传统文化——庆祝沈文倬先生九十华诞国际学术研讨会论文集》,中华书局 2006 年版,第 589 页。

学者杨向奎和邹衡等都肯定了与夏、商、周三代礼并列的"虞礼"的概念。陈成国在前辈学者的研究工作的基础上又推进了一步,通过对考古材料和文献材料的综合分析,指出有虞氏已形成初步的宗法传承世系,已有吉礼、宾礼、军礼以及部落首领就职典礼等方面的萌芽,更加可信地证明了虞礼的存在。①此外他还在岳麓书社出版了数种与三礼学有关的古籍整理成果,如《四书五经》《四书集注》《周礼·仪礼·礼记》等。

彭林(1949—),清华大学人文学院历史系教授。彭林多年来致力于三礼学的研究、教学及礼仪推广普及工作,曾专程前往韩国农村考察元代从中国传往朝鲜半岛、至今民间犹存的婚礼、享祭、家祭、丧礼、禫祭等古礼。其代表著作有:《周礼主体思想与成书年代研究》(中国社会科学出版社 1991 年版)、《中国古代礼仪文明》(中华书局 2004 年版)、《中国礼学在古代朝鲜的播迁》(北京大学出版社 2005 年版)、《礼乐人生:成就你的君子风范》(中华书局 2006 年版)、《中华传统礼仪概要》(高等教育出版社 2006 年版)、《儒家礼乐文明讲演录》(广西师范大学出版社 2008 年版)、《三礼研究入门》(复旦大学出版社 2012 年版)等。为了振兴三礼学,进一步弘扬礼文化,彭林于 2012 年初领衔组建了清华大学中国礼学研究中心,该中心的组建对于三礼学的振兴产生一定的促进作用。2014 年,彭林教授担任首席专家成功申报了国家社会科学基金重大项目"《仪礼》复原与当代日常礼仪重建研究"。该项目以"《仪礼》复原"为主题,以"当代日常礼仪重建"为旨归,目标就是通过对礼学经典的研究,与当代社会现实相结合,讲清楚中华民族的先民在冠、婚、丧、祭等人生礼仪、日常仪式中的器物服饰与规范准则,以此为基础,阐明古典礼仪的具体仪节与思想宗旨,正视历代礼制变迁,充分尊重礼仪制度的时代特点,以现代社会生活为基本构架,作出重建日常礼仪乃至重振礼乐文化的初步尝试。

吕友仁(1939—),河南师范大学教授,多年来致力于三礼学的研究及礼学文献的整理工作。发表礼学文章数十篇,著有《礼记全译·孝经全译》(贵州人民出版社 1998 年版)、《周礼译注》(中州古籍出版社 2004 年版)、《礼记正义》(上海古籍出版社 2008 年版)、《礼记讲读》(华东师范大学出版社

---

① 陈成国:《中国礼制史》第一册,湖南教育出版社 2002 年第二版,第 96—100 页。

2009 年版)、《〈礼记〉研究四题》(中华书局 2014 年版)等礼学著作。主持并完成教育部人文社科专项委托项目《儒藏》(精华编)、《五礼通考》和国家社科基金项目《孔颖达〈五经正义〉中疏与注的关系研究》等课题。

方向东(1954—　),南京师范大学文学院教授。多年来致力于礼学研究与礼学文献整理工作。发表礼学文章数十篇,承担全国高校古委会古籍整理重大项目"秦蕙田《五礼通考》点校与整理"。书稿达 600 万字,由中华书局出版。主要著作有:《大戴礼记汇校集解》(中华书局 2008 年版)、《孙诒让训诂研究》(中华书局 2007 年版)等。此外,他还与王锷共同承担了清徐乾学《读礼通考》一书的点校整理工作,也即将由中华书局出版。

王锷(1965—　),历任西北师范大学古籍研究所、南京师范大学文学院教授,多年来致力于三礼学研究。先后出版《三礼研究论著提要》(甘肃教育出版社 2001 年初版,2007 年增订版)、《〈礼记〉成书考》(中华书局 2007 年版)、《〈礼记〉版本研究》(中华书局 2018 年版)、《曲礼注疏长编》(广陵书社 2019 年版)等著作,发表三礼学论文数十篇,在《礼记》目录、版本、校勘等方面皆有成果问世。他编纂的《三礼研究论著提要》是一部重要的三礼学研究工具书,曾荣获第 13 届"中国图书奖"。《三礼研究论著提要》分上下两编,近120 万字,上编收录了汉代至 1999 年历代学者研究三礼的专著 2683 部,民国以前的专著撰有提要,提要内容包括书名、卷数、作者简介、内容、价值、版本、存佚状况及藏书单位,对相关的版本源流等问题做了考证。下编收录了1900—1999 年国内外研究三礼的论文 2123 篇,每篇论文著录篇名、作者、刊物名称、发表时间、卷(期)号和页码。该书 2007 年又出版增订版,增补了1999—2004 年间新发表的三礼学研究论著。该书是内容非常详备的三礼学工具书,具有重要的参考价值。近些年,他主持承担全国高校古委会重点项目《礼记汇校集注》,教育部后期资助项目《礼记要义》整理与研究,国家社科基金后期资助项目《礼记郑注汇校》,教育部后期资助项目"《礼记注疏校勘记》整理与研究",国家社科重点研究项目"明清时期《礼记》校勘整理与主要刻本研究"等课题,对《礼记》注释、版本等方面进行了系统深入的研究,成果丰硕,嘉惠学林。

吴丽娱(1949—　),中国社会科学院历史所研究员。长期从事礼学、礼制研究,尤其是唐代礼学、礼制研究。发表唐代礼制类研究文章数十篇,皆具有较高的学术价值。代表性著作有《唐礼撷遗——中古书仪研究》(商务印书馆 2002 年版)、《终极之典——中古丧葬制度研究》(中华书局 2012 年版)等。主持中国社会科学院 A 类重大课题"礼与中国古代社会",在吴丽娱研究员带领下,经过课题组 7 年多的辛勤耕耘,课题于 2011 年完成,课题成果《礼与中国古代社会》于 2016 年由中国社会科学出版社出版。该书内容涵盖自先秦至明清,力求展现各时代的礼仪风貌及特色,并注重从礼仪活动、礼仪实践中理解中国社会,通过动态的礼制史来反映礼与社会的互动关系。可以说,该书对推进礼学、礼制的研究有重要价值。

杨志刚(1962—),复旦大学教授,历任复旦大学社科处处长、文博学院院长、上海博物馆馆长。发表《礼俗与中国文化》(《复旦学报》1990 年第 3 期)、《汉代礼制和文化略论》(《复旦学报》1992 年第 3 期)、《中国礼学史发凡》(《复旦学报》1995 年第 6 期)等有分量的礼学研究文章数篇。尤其是《中国礼学史发凡》,对中国礼学通史的撰作,提出了可资借鉴的设想,颇有学术价值。其代表性礼学著作为《中国礼仪制度研究》(华东师范大学出版社 2001 年版)。该书比较系统地梳理和阐述了中国礼仪制度的起源和发展演变的历史过程。在考察、总结和会通前人旧说的基础上,提出了许多新见,具有较高的学术价值。

杨华(1967—),武汉大学教授。主要从事先秦秦汉史、中国文化史、中国古代礼学和经学、楚地出土简帛和楚文化史方面的研究。近年来,致力于利用新出土简帛资料研究中国古代礼制问题,特别注重经学与史学结合,传世文献与出土材料互证的研究方法。发表礼学文章数十篇,承担"出土简帛与中国古代礼制研究""中国古代丧祭礼制研究"等多项国家课题。先后出版《先秦礼乐文化》(湖北教育出版社 1997 年版)、《新出简帛与礼制研究》(台湾古籍出版有限公司 2007 年版)、《古礼新研》(商务印书馆 2012 年版)、《楚国礼仪制度研究》(湖北教育出版社 2012 年版)等颇有学术价值的礼学著作。

(三) 礼学成为博士论文选题的关注热点

从 20 世纪 80 年代,国家建立博士教育制度以来,许多博士生把三礼学(或礼学)研究作为学位论文选题,相继推出了一批有相当水平的研究成果。

这一时期,三礼学研究日益得到学术界的重视。与此相应,越来越多的博士研究生的学位论文从三礼学研究领域选题,撰写出一大批高质量的博士论文。如苏志宏的《秦汉礼乐教化论》(四川人民出版社 1991 年版)、陈戍国的《先秦礼制研究》(湖南教育出版社 1991 年版)、彭林的《〈周礼〉主体思想与成书年代研究》(中国社会科学出版社 1991 年版)、邹昌林的《中国古礼研究》(台北文津出版社 1992 年版,原博士论文题目为《从〈礼记〉看中国礼文化的特征》,出版时改为此名)、常金仓的《周代礼俗研究》(台北文津出版社 1993 年版)、张鹤泉的《周代祭祀研究》(台北文津出版社 1993 年版)、谢谦的《中国古代宗教与礼乐文化》(四川人民出版社 1996 年版)、杨志刚的《先秦礼文化史要论》(复旦大学博士学位论文,1996 年)、杨华的《先秦礼乐文化》(湖北教育出版社 1997 年版)、林存阳的《清初三礼学》(社会科学文献出版社 2002 年版)、丁鼎的《〈仪礼·丧服〉考论》(社会科学文献出版社 2003 年版)、陆建华的《荀子礼学研究》(安徽大学出版社 2004 年版)、张全民的《〈周礼〉所见法制研究》(法律出版社 2004 年版)、王雅的《周代礼乐文化研究》(中国社会科学出版社 2005 年版)、龚建平的《意义的生成与实现:〈礼记〉哲学思想》(商务印书馆 2005 年版)、邓声国的《清代〈仪礼〉文献研究》(上海古籍出版社 2006 年版)、戴庞海的《先秦冠礼研究》(中州古籍出版社 2006 年版)、王锷的《〈礼记〉成书考》(中华书局 2007 年版)、丁进的《周礼考论:周礼与中国文学》(上海人民出版社 2008 年版)、温慧辉的《〈周礼·秋官〉与周代法制研究》(法律出版社 2008 年版)、王雪萍《〈周礼〉饮食制度研究》(广陵书社 2010 年版)、王祎的《〈礼记·乐记〉研究论稿》(上海人民出版社 2011 年版)、夏微的《〈周礼订义〉研究》(吉林人民出版社 2011 年版)、潘斌的《宋代〈礼记〉学研究》(吉林人民出版社 2011 年版),等等。①

(四) 国际性或全国性的有关礼学的学术研讨会相继举办

随着三礼学研究的复兴,先后举办了十几次规模较大的礼学专题学术研讨会。其中影响较大的礼学会议有:

---

① 此处所列均为已经公开出版的有关三礼学的博士论文,此处还有许多未公开出版的不在此列。

1. 庆祝沈文倬先生九十华诞暨礼学与中国传统文化国际学术研讨会

2006年6月20—22日,为庆祝礼学大师沈文倬先生九十华诞,浙江大学古籍研究所在杭州主办了"庆祝沈文倬先生九十华诞暨礼学与中国传统文化国际学术研讨会"。80余位海内外学者应邀出席了本次会议,其中包括来自中国台湾、香港、澳门及日本、冰岛的8位学者。这是新中国成立以来首次以"礼"冠名的国际学术会议。会议共收到论文60余篇。这些文章对礼学相关问题进行了多方位、多角度的探讨。会后,这批论文结集为《礼学与中国传统文化——庆祝沈文倬先生九十华诞国际学术研讨会论文集》,由中华书局于2006年出版。

2. 海峡两岸三礼学与中国传统文化学术研讨会

2009年8月24—26日,教育部人文社会科学重点研究基地山东师范大学齐鲁文化研究中心和鲁东大学胶东文化研究中心联合主办的"海峡两岸三礼学与中国传统文化学术研讨会"在山东烟台鲁东大学成功举办。这是新中国成立以来首次以"三礼学"冠名的学术会议。来自中国社科院、上海社科院、武汉大学、浙江大学、南京师范大学、东北师范大学、山东师范大学、鲁东大学、台湾师范大学、台湾彰化师范大学、台湾高雄师范大学等高校与科研机构的20多位礼学专家出席了会议。会议就"三礼学学术史回顾、总结与展望""三礼学的学术体系与基本范畴、核心价值""三礼学在中国思想史、学术史上的地位、影响及其现代意义""三礼学与中国古代政治及其当代价值",以及与三礼学有关的其他问题,展开了深入而广泛的交流与研讨。本次会议共收到学术论文18篇,后收入山东师范大学齐鲁文化研究中心主办的学术集刊《齐鲁文化研究》第八辑(泰山出版社,2009年)公开发表。

3. 首届礼学国际学术研讨会

2012年4月7—9日,由清华大学中国礼学研究中心和香港嘉礼堂共同主办的首届礼学国际学术研讨会在清华大学召开,来自中国大陆以及港、澳、台地区和日本、新加坡、澳大利亚、英国的60多位专家学者参加了这次研讨会。4月7日上午在清华大学主楼接待厅举行了研讨会开幕礼暨清华大学中国礼学研究中心揭牌仪式。本次会议共收到论文57篇,大致可分礼典、礼义、礼治、礼俗、礼学、礼书等六个方面的内容。本次会议论文集——《礼乐中国:

首届礼学国际学术研讨会论文集》,于 2013 年由上海书店出版社出版。本次学术研讨会的成功举办,对于推动中国三礼学研究的发展具有重大意义。

4. 第二届礼学国际学术研讨会

2013 年 8 月 16—19 日,由清华大学中国礼学研究中心、嘉礼堂和中国美术学院视觉中国研究院共同主办的第二届礼学国际学术研讨会,在杭州中国美术学院象山校区召开。本届研讨会以《仪礼》研究为主题,以《仪礼》复原为宗旨,集中探讨《仪礼》复原工作中建筑、服饰、仪节、雅乐等方面的具体问题,以期重现先代礼乐文化,复兴传统人文精神。来自中国大陆、港澳台地区和英、德、日等国的 50 多位专家学者以及众多热心礼学的社会有识之士莅临了本届研讨会。会上,学者就中华传统礼仪复原、礼学与艺术之间的互证关系、礼乐互印双修等学术问题进行了讨论。

5. 第三届礼学国际学术研讨会

2014 年 12 月 5—8 日,由清华大学中国礼学研究中心、嘉礼堂、中国美术学院视觉中国研究院共同举办的第三届礼学国际学术研讨会,在中国美术学院象山校区召开。本届研讨会以"纪念沈文倬先生逝世五周年"为主题。开幕式上,清华大学中国礼学研究中心为大家展示了运用 3D 特效数字技术拍摄的《士冠礼》《乡射礼》复原的研究成果。本届研讨会分甲、乙两个会场,甲会场围绕"《仪礼》冠、婚、乡、射诸礼之实践性复原"与"经学研究"两个议题进行讨论,乙会场围绕"礼/物:礼仪世界的物体系"和"从礼看艺术"两个议题探讨礼仪世界中的物和艺术的可能性、功能和意义,以期重现古代礼乐文化,复兴传统人文精神。

6. 第二届孟子文化国际学术研讨会暨礼学学术研讨会

2014 年 9 月 13 日,由山东大学当代文化发展研究中心、山东大学战略管理研究中心、山东亚太礼学文化研究院共同举办的第二届孟子文化国际学术研讨会暨礼学学术研讨会,在山东日照召开。本届研讨会的主题是"全球视野下孟子思想及礼学文献的现代应用"。会议主要讨论孟学、礼学在当代中国社会的现实意义,中国同东亚、欧洲学术界对孟学、礼学的现代应用有什么不同理解,全球化视野下孟学、礼学的继承发扬,孟学、礼学如何适应当前多元发展趋势下的社会需求,在承认并保护文化差异的基础上各种文化体系如何相互吸取、参照、借鉴等。

7. 第三届孟子与礼学文化国际学术研讨会

2016 年 5 月 5—8 日，由山东亚太礼学文化研究院、华东师范大学语言文字研究与应用中心共同主办的第三届孟子与礼学文化国际学术研讨会在山东济南召开。本届研讨会旨在探讨"全球视野下孟子及礼学文化的再应用"，并推进中小学中国传统文化教育的传承与创新。主要讨论孟学、礼学在当代中国社会的现实意义以及对当下青少年教育的重大意义，同时探讨中国传统文化在儒家文化圈、欧美文化圈中的传播与应用；推动全球视野下孟学、礼学的创新与发展。为"在承认并保护文化差异的基础上各种文化体系如何相互吸取、参照、借鉴"，从而为"中国传统文化走出去"摸索思路。

8. 中国礼学文化论坛暨纪念沈文倬先生诞辰 100 周年学术研讨会

2016 年 6 月 25—26 日，由湖南大学岳麓书院与中国社会科学院历史研究所联合举办的"中国礼学文化论坛暨纪念沈文倬先生诞辰 100 周年学术研讨会"在湖南大学岳麓书院举行。本次研讨会旨在借纪念沈文倬先生的机会，推动礼学问题的研究，促进学者之间的交流。与会专家学者就礼学、礼制、礼仪等相关问题，发表了自己对礼乐文明的看法和思考。与会学者所提交的论文，涉及礼学通论、文献考释、历代礼制等多个领域，较为全面地展示了当今礼学研究的有关成果。

9. 纪念沈文倬先生百年诞辰暨东亚礼乐文明国际学术研讨会

2016 年 10 月 14—16 日，由浙江大学、浙江大学人文学院、浙江大学古籍研究所、浙江大学亚洲研究中心、清华大学中国礼学研究中心、华东师范大学出版社、浙江大学中华礼学研究中心等单位联合主办的"纪念沈文倬先生百年诞辰暨东亚礼乐文明国际学术研讨会"在浙江杭州召开。来自日本、韩国以及中国台湾、香港和大陆的 70 余位礼学界专家学者，就礼学文献整理研究与当代礼仪重建等问题进行深入讨论。会议主要分为两大专场，即纪念沈文倬先生百年诞辰专场和东亚礼乐文明学术研讨专场。会议共收到论文 46 篇，内容涉及礼学研究的方方面面，角度新颖，研究深入，基本代表了当前礼学研究的主要方向和最新成果。

此外，还有四场与礼学相关的学术研讨会，它们分别是 2012 年 1 月 16—

17 日，由中国民俗学会、中国人民大学国学院、北京市文物研究所和北京民俗博物馆共同主办，在北京召开的"第五届'东岳论坛'礼仪中国学术研讨会"；2013 年 11 月 19—20 日，由浙江大学古籍研究所、浙江大学礼学研究中心主办，在浙江杭州召开的"礼仪中国国际学术研讨会"；2015 年 3 月 14 日，由中国人民大学举办的"孔子研究院礼学中心成立暨'重建礼乐生活方式'学术研讨会"；2015 年 5 月 16—17 日，由北京大学软法研究中心、清华大学中国礼学研究中心、山东大学法学院、山东师范大学齐鲁文化研究院联合举办，在山东师范大学召开的"传统礼治与当代'软法'建设高端学术研讨会"。

（五）成立了多所礼学研究机构

随着三礼学研究的复兴，许多高等院校组建了专门的礼学研究机构。2012 年，清华大学率先由彭林教授挂帅成立了新时期我国第一家礼学研究专门机构——中国礼学研究中心；随后，浙江大学在王云路和贾海生教授的推动下成立了中华礼学研究中心；2014 年，北京大学由吴飞教授领衔成立了礼学研究中心；2015 年，中国人民大学孔子研究院礼学中心成立；2016 年，以中国孔子研究院与曲阜师范大学、济宁学院等研究机构为依托，成立了曲阜礼乐文明研究与传播中心。以上这些礼学研究专门机构的成立和运作，反映出时下礼学研究的繁荣景象，对于未来礼学研究的深化和发展必将产生积极的推动作用。

（六）许多三礼学研究项目被批准为国家级研究课题

近 20 年来，在国家社科规划办和教育部批准立项的研究课题中，有许多与三礼学密切相关，从一个侧面反映出三礼学研究的盛况。

1. 国家课题

（1）邹昌林：从《周礼》看中国国家宗教的特征（94BZJ007）；

（2）杨天宇：郑玄三礼注研究（00BZS001）；

（3）王秀臣：《礼记》元文学理论形态研究（07BZW017）；

（4）丁　鼎："三礼学"通史（09BZX031）；

（5）肖永明：朱熹礼学研究（09BZS034）；

（6）王　祎：《礼记·乐记》研究论稿（10CZX025）；

（7）李方泽：朱熹礼学的哲学价值研究（10BZX037）；

（8）潘　斌：二十世纪中国三礼学史（11XZS020）；

（9）李江辉：晚清学术与"三礼"研究（11CZS033）；

（10）汤勤福：中国礼制变迁及其现代价值研究（12&ZD134）；

（11）邓声国：清代《仪礼》学史（12BZS008）；

（12）曹建墩：战国楚简中儒家礼学文献的整理与研究（12CZS010）；

（13）殷　慧：宋代礼学与理学研究（12BZX042）；

（14）成祖明：《摩西五经》与《周礼》的跨文本比较研究（12BZJ018）；

（15）朱　承：《礼记》与儒家政治哲学范式研究（12CZX034）；

（16）王　锷：礼记郑注汇校（12FZW026）；

（17）陈戍国：传统礼制及其现代价值（12AZD077）；

（18）胡新生：周代礼制发展史（12BZS017）；

（19）张树业：《礼记》诠释史及其经典诠释学意蕴研究（13CZX041）；

（20）高小强：礼记儒家通论十篇研读（13XZX015）；

（21）王启发：中国礼学思想发展史研究（13BZX048）；

（22）贾海生：中国传统礼学文献专题研究（13AZD023）；

（23）陈戍国：中国古代礼学文献整理与研究（13&ZD058）；

（24）王　浩：郑玄《三礼注》《毛诗笺》语词探源研究（13FYY004）；

（25）唐启翠：《周礼》礼器神话与中国礼制话语研究（13CZW022）；

（26）徐道彬：明清徽州礼学的转型与建构研究（13BZX045）；

（27）朱红林：《周礼》注所见汉代史料辑证（14BZS098）；

（28）夏　微：宋代《周礼》学史（14FZX031）；

（29）潘　斌：宋代"三礼"诠释研究（14CZX031）；

（30）乔　辉：历代三礼图文献整理与综合研究（14XZW017）；

（31）张　帅：南北朝礼学史研究（14CZX027）；

（32）彭　林：《仪礼》复原与当代日常礼仪重建研究（14ZDB009）；

（33）高二旺：魏晋南北朝丧礼与社会（14FZS022）；

（34）陈功文：胡培翚《仪礼正义》研究（15FZX019）；

（35）吴丽娱：《大唐开元礼》校勘整理与研究（15AZS001）；

（36）陆敏珍：宋代家礼研究（15BZS055）；

(37)卢　静:《礼记》文献与礼文化的学理形成研究(15XZW017);

(38)龚建平:两戴《礼记》工夫论与教化论研究(15BZX043);

(39)金　玲:礼学史视角下的清儒丧服学说研究(16CZS008);

(40)华　军:情、礼关系下的《礼记》礼义学研究(16BZX040);

(41)陶广学:孔颖达《礼记正义》文献考察与研究(16BZX038);

(42)张清江:信仰、礼仪与生活:以朱熹祭孔为中心(16FZX008);

(43)冯　兵:朱熹礼乐哲学思想研究(16FZX009);

(44)陈力祥:王船山遵礼之道研究(16FZX012);

(45)高崇文:先秦两汉都城礼制文明研究(16BKG007);

(46)张兵娟:中国礼文化传播与认同建构研究(16BXW044)。

2. 教育部与其他部级项目课题

(1)詹子庆:先秦礼制和古代社会(教育部人文社会科学研究规划基金项目,1992年);

(2)钱　玄:三礼学(全国高校古籍整理研究项目,1994年);

(3)彭　林:中国古礼在朝鲜半岛的播迁与影响(教育部人文社科基金"九五"规划项目,1998年);

(4)方向东:《大戴礼记》集解(全国高校古籍整理研究项目,2000年);

(5)刘晓东:《大戴礼记》义疏(全国高校古籍整理研究项目,2000年);

(6)吴土法:周礼通论(中央其他部门社科研究项目,2001年);

(7)王　锷:《礼记》研究(全国高校古籍整理研究项目,2002年);

(8)吕友仁:《儒藏》编纂与研究之校点《五礼通考》(教育部人文社会科学研究重大项目,2005年);

(9)李　开:《仪礼》经注语史汇考(教育部人文社会科学研究规划基金项目,2005年);

(10)薛永武:《乐记》与中国文论精神(教育部人文社会科学研究规划基金项目,2006年);

(11)陈苏镇:朱熹礼学研究——以祭礼为中心(教育部人文社会科学重点研究基地重大项目,2009年);

(12)徐道彬:清代礼学与徽州社会(教育部人文社会科学研究规划基

项目,2010年);

（13）王文东:《三礼》伦理思想研究（教育部人文社会科学研究后期资助项目,2010年）;

（14）刘兴均:"三礼"名物词理据与词义系统研究（教育部人文社会科学研究规划基金项目,2010年）;

（15）冯　兵:礼乐的哲学世界——以三礼为中心的研究（教育部人文社会科学研究青年基金项目,2011年）;

（16）袁俊杰:先秦射礼文化研究（教育部人文社会科学研究规划基金项目,2011年）;

（17）龚建平:《礼记》工夫论研究（教育部人文社会科学规划基金项目,2012年）;

（18）曹建墩:战国竹书中的礼制及礼学思想研究（教育部人文社会科学研究青年基金项目,2012年）;

（19）王　锷:《礼记要义》整理与研究（教育部人文社会科学研究后期资助项目,2012年）;

（20）魏　涛:张载佚书《礼记说》辑注及其研究（教育部人文社会科学研究青年基金项目,2012年）;

（21）刘洪涛:出土先秦古书与《礼记》形成研究（教育部人文社会科学研究青年基金项目,2013年）;

（22）惠吉兴:宋代《周礼》学研究（教育部人文社会科学研究规划基金项目,2013年）;

（23）乔　辉:历代礼图文献研究（教育部人文社会科学研究青年基金项目,2013年）;

（24）王　锷:《礼记注疏校勘记》整理与研究（教育部人文社会科学基金后期资助项目,2016年）;

（25）朱国芳:《礼记》的设计文化及其现代价值研究（教育部人文社会科学研究青年基金项目,2016年）。

（七）许多礼学集刊相继编纂出版

随着研究的深入开展,不仅许多三礼学研究论文不断地在有关报刊上发表,而且还出版了三辑礼学研究论文专集,从一个侧面反映了三礼学研究的复兴和繁荣。

1.《二十世纪中国礼学研究论集》

该论文集由陈其泰、郭伟川、周少川编,由北京学苑出版社于1998年出版。论文集的编纂目的,"是为了较系统地反映20世纪礼学研究的成绩,予以总结,并且为了未来世纪进一步作更加深入的探讨提供基础。"(本书卷首"编选例言")论文集所选文章,为20世纪各个历史时期有代表性、有独创见解的礼学研究论著。所选文章共34篇,按内容分为"通论""论礼学典籍""论礼制""论礼治"等四辑进行编排。"通论"类收录了金景芳的《谈礼》、黄侃的《礼学略说》、杨向奎的《礼的起源》、饶宗颐的《史与礼》、蔡尚思的《孔子的礼学体系》、刘泽华的《先秦礼论初探》、刘家和的《先秦儒家仁礼学说新探》、刘志琴的《礼——中国文化传统模式探析》、杨志刚的《中国礼学史发凡》等9篇文章;"论礼学典籍"类收录了刘师培的《逸礼考》、蔡介民的《〈礼记〉成书之时代》及《〈礼记〉成书时代再考》、杨向奎的《〈周礼〉的内容分析及其年代》、顾颉刚的《"周公制礼"的传说和〈周官〉一书的出现》、段熙仲的《礼经十论》、沈文倬的《略论礼典的实行和〈仪礼〉书本的撰作》、杨天宇的《论郑玄〈三礼注〉》等8篇文章;"论礼制"类收录了章炳麟的《礼隆杀论》、王国维的《殷周制度论》、胡适的《论秦时及〈周官〉书》、郭沫若的《谥法之起源》、吴承仕的《中国古代社会研究者对于丧服应认识的几个根本观念》、文藻的《中国丧礼沿革》、柳诒徵的《从〈周官〉观其时社会》、齐思和的《周代锡命礼考》、陈公柔的《士丧礼、既夕礼中所记载的丧葬制度》、杨宽的《"射礼"新探》、饶宗颐的《〈春秋左传〉中之"礼经"及重要礼论》、张光裕的《〈仪礼〉盥洗说》、张光直的《殷礼中的二分现象》等13篇文章;"论礼治类"收录了郭伟川的《论〈史记〉的礼治思想——兼论"乐"与"仁"及大一统观》《汉代礼治的建立及其对后世的影响》《礼坏与不仁的朝代——略论朱明王朝之弊政》和徐进的《礼治的精义及其影响》等4篇文章。该论文集是为适应20世纪末礼学研究逐步兴盛的社会需要而编纂的,反映了当时礼学研究的发展态势。

2.《儒家文化研究》第三辑(礼学研究专号)

该论文集是武汉大学孔子与儒学研究中心郭齐勇教授主编的学术集刊

《儒家文化研究》的一期礼学专辑,由生活·读书·新知三联书店于 2010 年出版。该论文集共收礼学研究文章 20 篇及读书札记 11 篇。文章分为四组编排。第一组为"概说"类,收录了彭林的《礼乐文明的确立、位移及其边缘化》、陈成国的《古礼今论》、龚建平的《礼与儒家的"人道"观》等 3 篇文章;第二组为"校释"类,收录了方向东的《北大标点本〈仪礼注疏〉标点商兑》、杨华的《上博简〈武王践阼〉集释》等两篇论文;第三组为"礼学史"类,收录了杨天宇的《郑司农注〈周礼〉所用"当为"术语考辨——兼评段玉裁对"当为"术语的界定》、杨世文的《宋儒对〈周礼〉的考辨》、蔡方鹿的《胡宏对〈周礼〉的批评》、汪学群的《张尔岐礼学思想试探》、丁鼎与房姗姗的《毛奇龄礼学成就论略》等 5 篇文章;第四组为"专论"类,收录了郭齐勇的《〈周礼·地官司徒〉〈礼记·王制〉中有关社会公正的论述》,吕友仁的《〈礼记〉五讲》,丁凌华的《中国古代居丧法律考》,林素英的《〈中庸〉"治国有九经"思想探析——以〈坊记〉〈表记〉〈缁衣〉相印证》,王锷的《从〈曲礼〉〈少仪〉看〈礼记〉礼学思想的现代价值》,邹昌林的《〈周礼〉理想价值新解》,童强的《先秦礼仪空间的编码与译码》,梅珍生的《礼器意蕴蠡测》,崔涛的《〈礼记〉中的生态伦理思想》,任慧峰的《先秦祭侯考论》等 10 篇论文。

3.《古文献研究集刊》第五辑(礼学研究专辑)

该专辑是南京师范大学文学院赵生群、方向东教授主编的学术集刊《古文献研究集刊》的一期礼学专辑。南京师范大学古文献专业与台湾"中央研究院"文哲所于 2010 年 11 月 16—18 日在南京联合举办了一期"中国经学国际学术研讨会"。来自中国大陆、台湾、香港及日本、美国的百余位学者参加了本次会议。会后,从与会者提交的论文中选出 20 篇礼学研究论文,编为该期礼学研究专集,作为《古文献研究集刊》第五辑,由凤凰出版社于 2012 年出版。该专辑所收文章目录如下:方向东的《阮刻〈仪礼注疏〉看中华书局影印本和南昌府本的差异》、杨天宇的《郑玄注〈仪礼〉以今况古所涉汉代名物考》、张涛的《戴震辑本〈仪礼集释〉质疑》、邓声国的《曹元弼〈礼经学〉礼学价值探微》、宋金华的《整理本〈仪礼注疏〉标点商榷》、杨华的《上古中国的四方神崇拜和方位巫术》、伏俊琏的《清华简〈耆夜〉与西周时期的"饮至"典礼》、汪少华的《〈周礼正义〉〈秋官〉标点商榷》、李晶的《〈周礼〉的时代及国别问题补议》、王锷的《再论宋本〈纂图互注礼记〉的特征及其影印本》、蒋秋华的《〈陈氏礼记集说补正〉作者考》、周忠的《〈礼记质疑〉体例与内容初探》、林素英的《〈大戴礼记·哀公问五义〉思想析论》、[日]末水高康的《〈孔子三朝记〉初探》、[美]周启荣的《儒家礼教思潮的兴起与清代考证学》、程克雅的《王国维〈传书堂藏善本书志〉三礼类典籍考述》、顾迁的《清儒礼图撰作方法析论》、杨杰的《〈三礼〉所见射侯形制考释》、曾圣益的《古代望礼重探》、姚曼波的《"克己复礼"论辨》。

第二节　三礼学研究分类概述

一、《周礼》研究

(一)《周礼》作者与成书时代研究

《周礼》自东汉以来一直是学术界研究的热点。经学史上的今古文之争、宋代以后的疑古思潮,都与《周礼》密切相关。历史上,甚至一些变法改革也往往托名《周礼》来施行。在有关《周礼》的许多学术问题中,《周礼》一书的作者与成书时代是《周礼》研究中最为关键和亟待解决的问题。关于这一问题,传统学者主要有两种观点,一是《周礼》为周公所作;二是《周礼》为刘歆伪造。近现代学者大多不再认同这两种观点,并对《周礼》成书时代问题作了进一步的研究,提出了多种不同观点,如西周说(非周公作)、春秋说、战国说、周秦之际说、西汉说等。其中,战国说影响最大,为许多学者所认同。

民国时期,即有许多学者围绕《周礼》成书问题进行了多方面深入的探讨和论述。其中影响较大的有:钱穆的《周官著作时代考》[1]、郭沫若的《周官质疑》[2]和蒙文通的《从社会制度及政治制度论〈周官〉成书年代》[3]等。

---

①　钱穆:《周官著作时代考》,《燕京学报》第11期(1932年6月)。
②　郭沫若:《周官质疑》,《金文丛考》,日本文求堂书店1932年版。后收入《郭沫若全集·考古编》第五卷,科学出版社2002年版。
③　蒙文通:《从社会制度及政治制度论〈周官〉成书年代》,《图书集刊》第1期(1942年)。

新中国成立以后,许多学者继续对《周礼》成书问题进行了大量的专门研究,提出了种种不同的观点。兹按照不同观点简述如下:

1. 西周说

朱谦之在《〈周礼〉的主要思想》一文中认为:"此书所用古体文字,不见于其他古籍,而独与甲骨文金文相同,又其所载官制与《诗经·大雅小雅》相合,可见非在西周文化发达的时代不能作。"①陈汉平《西周册命制度研究》说:"笔者倾向于《周官》成书在西周之说。"②孙景坛《〈周礼〉的作者、写作年代及历史意义新探》(《南京社会科学》1997 年第 10 期)认为《周礼》是周厉王"'厉始革典'所拟颁行的新政典。"

2. 东周初期说(春秋以前)

洪诚认为:"从语法看,文献中,凡春秋以前之文,十数与零数之间,皆用'有'字连之,战国中期之文即不用。……《周礼》之经记全部用,此种语法与《尚书》《春秋经》同,故非战国时人之作。"并且,最后断定《周礼》"实起于周初,历二三百年之损益积累而成,成书最晚不在东周惠王后"③。金景芳先生通过考察《周礼》所记封国之制、畿服之制、井田制等内容,得出结论说:"《周礼》一书是(周王室)东迁以后某氏所作。作者得见西周王室档案,故讲古制极为纤悉具体。但其中也增入作者自己的设想。这个方案具有时代特点,不但西周不能为此方案,即春秋战国时人也不会作此方案。原因是春秋战国时,周室衰微已甚,降为二、三等小国,当时不会幻想它会复兴。而在西周的历史条件下,则不会产生这样的设想。"④张亚初、刘雨通过将金文材料与《周礼》进行对比,得出结论说:"《周礼》的作者在编书时一定是借鉴或参照了西周晚期的职官系统,并吸取了对他有用的东西。"⑤

3. 春秋说

刘起釪通过对《周礼》职官系统的考察,并汲取了张亚初、刘雨《西周金文

---

① 朱谦之:《周礼的主要思想》,《光明日报》1961 年 11 月 12 日。
② 陈汉平:《西周册命制度研究》,学林出版社 1986 年版,第 218 页。
③ 洪诚:《读〈周礼正义〉》,《孙诒让研究》,杭州大学语言文学研究室 1963 年版,第 26 页。后收入《洪诚文集》,江苏古籍出版社 2000 年版,第 206 页。
④ 金景芳:《周礼》,载《经书浅谈》,中华书局 1984 年版,第 43—47 页。
⑤ 张亚初、刘雨:《西周金文官制研究》,中华书局 1986 年版,第 141 页。

官制研究》的成果,得出结论:"《周礼》成书有一个发展过程。第一步只是一部官职汇编,至迟成于东周春秋时代,它依据的是自西周以来逐渐完备的周、鲁、卫、郑四国的姬周系统的官制,初步还记录了一些官职的职掌。后来逐渐详细补充,写成了各官职的职文,除主要保存了春秋以上资料外,还录进了不少战国数据,所以全书的补充写定当在战国时期。到汉代整理图书时,又有少数汉代资料掺进去了,但不影响这部书原是周代的旧籍。"①

4. 战国说

杨向奎通过分析《周礼》一书中所反映的经济制度、政治法律制度、学术思想(如历法、宗教、阴阳五行)等内容,认为《周礼》"应当是战国中期前后的作品……其出于有儒家气息的法家是可以肯定的。"②顾颉刚《"周公制礼"的传说和〈周官〉一书的出现》一文,把《周礼》放在先秦宏观的历史背景下来讨论,分析了孟子的"王政"说、荀子的"法后王"说,并将《周礼》与《管子》进行对比,揭示出战国时代希望统一、为帝制准备的现实背景,从而认为《周礼》"是一部战国时的法家著作",并"敢断定是齐国人所作"。③ 金春峰《〈周官〉之成书及其反映的文化与时代新考》一书,认为《周礼》是战国末年入秦的学者所作,"《周官》的主导思想是儒法兼综,企图以儒家思想调和与修正法家的现实制度。……其官职设置和制度设计的蓝图及指导思想,亦是为新的统一王朝服务的。"④沈长云、李晶的《春秋官制与〈周礼〉比较研究——〈周礼〉成书年代再探讨》一文,在梳理春秋、西周官制的基础上,将其与《周礼》中所载官制进行了全面比较,认为"《周礼》一书的作者所参照的主要是春秋时期的职官体系,他是一位更了解春秋典章制度的'宿儒'","考虑到《周礼》基本反映了春秋时期的官制而无战国文武分职的职官系统的反映,本文将《周礼》的

① 刘起釪:《〈周礼〉真伪之争及其书写成的真实依据》,载《古史续辨》,中国社会科学出版社 1991 年版,第 650 页。

② 杨向奎:《周礼内容的分析及其制作时代》,载《绎史斋学术文集》,上海人民出版社 1980 年版,第 271—275 页。

③ 顾颉刚:《"周公制礼"的传说和〈周官〉一书的出现》,《文史》,中华书局 1979 年版,第 36—40 页。

④ 金春峰:《〈周礼〉之成书及其反映的文化与时代新考·自序》,台湾东大图书股份有限公司 1993 年版,第 5—6 页。

作成时代置于战国前期。"①另外,钱玄的《三礼通论》(南京师范大学出版社
1996 年版)、杨天宇的《略述〈周礼〉的成书时代与真伪》(《郑州大学学报》
2000 年第 4 期)亦主张《周礼》作于战国时期。郭伟川的《〈周礼〉制度渊源与
成书年代新考》(国家图书馆出版社 2016 年版),从上古"六卿"到《周礼》"六
官"的制度渊源入手,溯其源,明其流,最后认为《周礼》成书于战国初年的魏
文侯时期。

5. 周秦之际说

陈连庆认为:"《周礼》制作年代的上限,不早于商鞅变法","它的下限也
不会晚于河间献王在位之时","《周礼》成书年代的最大可能,是在秦始皇帝
之世。当时的政治、经济情况,都与《周礼》所反映的情况相符合,许多不易解
释的矛盾,放在这个历史时期,基本都可以解决。尤其是秦始皇焚书以前,国
典朝章灿然齐备,也是完成这一巨著的有利条件之一"。② 张国安认为,"《周
礼》编纂始于始皇焚书前,未及完成即遭焚书变故,其作者非诸子流裔而是西
周中晚期某个宰官或膳夫的后裔","(《周礼》)创构的性质意味着《周礼》在
对'周官'的追忆体认的肯定中也暗含了对宗法制、'人治'的部分否定,因为
它突出了制度本身的意义。这正是今天的《周礼》研究,应该特别留意的
地方。"③

6. 汉初说

彭林认为:"《周礼》当成于汉初……《周礼》一书的作者当是与贾谊同时
代的人。此时的儒学已经充分吸收了法家思想,并且日益阴阳五行化,《周
礼》的作者以此为指导,撝拾先秦旧制,参以当时新制,编撰了这一宏伟的治
国模式,以供统治者采用。……《周礼》成书的下限,当不得晚于文景之世,即
道家思想尚未成为主流派之前。"④

---

① 沈长云、李晶:《春秋官制与〈周礼〉比较研究——〈周礼〉成书年代再探讨》,《历史研
究》2004 年第 6 期。
② 陈连庆:《〈周礼〉成书年代的新探索》,《中国历史文献研究》(二),华中师范大学出版
社 1988 年版,第 36—50 页。
③ 张国安:《〈周礼〉成书年代研究方法论及其推论》,《浙江社会科学》2003 年第 2 期。
④ 彭林:《〈周礼〉主体思想与成书年代研究》,中国社会科学出版社 1991 年版,第 247—
255 页。

综上所述,《周礼》成书年代,迄今尚无定论。但总体来说,洪诚、金景芳与刘起釪所主之东周说与春秋说理据较为充分,当近于史实。

(二)《周礼》内容研究

《周礼》一书所含内容极为丰富庞杂,如经济、政治、军事、法律、制度、思想、建筑、教育、伦理、音乐、玉器等,而这些内容又可细分,如经济类,可分为农业、财政、商业、手工业、土地等,这些内容还可再细分。因此,有关《周礼》内容的研究论著极为繁杂,在此仅分若干类,简述如下。

1. 概述类

《周礼》概述类的著述,大都出现于改革开放之后。如金景芳的《经书浅谈·周礼》(中华书局 1984 年版)、阎青义的《〈周礼〉——我国古代一部经国治民的典章》(《辽宁大学学报》1987 年第 4 期)、张舜徽的《爱晚庐随笔·周礼》(湖南教育出版社 1991 年版)、郝铁川的《经国治民之典〈周礼〉与中国文化》(河南大学出版社 1995 年版)、冯绍霆的《周礼——远古的理想》(上海古籍出版社 1997 年版)、杨天宇的《关于〈周礼〉书名、发现及其在汉代的流传》(《史学月刊》1999 年第 4 期)、吕友仁的《〈周礼〉概说》(《河南师范大学学报》2001 年第 1 期)、彭林的《以人法天的理想国纲领——〈周礼〉》(《光明日报》2001 年 3 月 27 日)、王锷的《〈周礼〉概论》(《齐鲁文化研究》2009 年)等。

2. 思想观念研究

前述《周礼》成书时代研究中,不少论著对《周礼》主体思想作了专门研究。其实,《周礼》思想观念研究,不仅有助于判定成书年代,也有助于借鉴吸收古代有益思想。《周礼》蕴含丰富的思想,相关研究著述有:李普国的《〈周礼〉中的经济思想》(《经济学集刊》第 1 辑,中国社会科学出版社,1980 年)、张守军的《〈周礼〉的商业管理思想》(《人文杂志》1985 年第 3 期)、《〈周礼〉的财政思想》(《山西财经学院学报》1986 年第 3 期)、高传章的《〈周礼〉的图书馆学思想》(《图书馆学研究》1988 年第 6 期)、肖树文与茹英杰的《关于〈周礼·地官司徒〉中土地观念的研究》(《山西师大学报》1988 年第 2 期)、李运元的《〈周礼〉的人口与就业思想——兼谈〈周礼〉尚法治》(《财经科学》1989 年第 5 期)、吴杰的《〈周礼〉档案学思想初探》(《档案》1990 年第 4 期)、杨天宇的《〈周礼〉之天地观考析》(《中国史研究》1990 年第 4 期)、彭林的《〈周礼〉抑商思想刍议》(《管子学刊》1991 年第 3 期)、吴杰的《〈周礼〉的档案学思想》(《档案学通讯》1991 年第 1 期)、张守军的《〈周礼〉的赋税思想》(《人文杂志》1992 年第 3 期)、甄尽忠的《〈周礼〉备荒救灾思想浅论》(《河南社会科学》2004 年第 4 期)、王素珍的《〈周礼〉民俗思想研究》(《文化遗产》2012 年第 3 期)等。

3. 职官与官制研究

《周礼》本称《周官》,其主要内容便是职官和官制,因此从职官与官制入手对《周礼》进行研究的研究成果很多。其中较有代表性的论著有:金景芳的《〈周礼大司徒〉〈礼记王制〉封国之制平义》(《人文杂志专刊》1982 年 5 月)、沈长云的《谈古官司空之职——兼说〈考工记〉的内容及作成时代》(《中华文史论丛》第 3 辑,1983 年)和《周官司徒之职辨》(《中国史研究》1985 第 3 期)、李少一的《〈周礼·夏官环人〉新解》(《中国古代史论丛》第 8 辑,1983 年)、吴泽的《周礼司命新考》(《中华文史论丛》第 1 辑,1985 年)、彭林的《周礼冢宰及周代辅相问题》(《福建论坛》1987 年第 3 期)和《论〈周礼〉的三公与六卿之制》(《人文杂志》1990 年第 3 期)、宫长为的《〈周礼〉书中的大宰与小宰》(《古籍整理研究学刊》1995 年第 4 期)、赵伯雄的《〈周礼〉胥徒考》(《中国史研究》2000 年第 4 期)、关晓丽的《〈周礼〉“司寇”考》(《北华大学学报》2003 年第 3 期)、齐秀生的《〈周礼〉在官制研究中的史料价值》(《孔子研究》2005 年第 1 期)、李威的《〈周礼〉官吏考核若干制度研究》(东北师范大学硕士学位论文,2009 年)、谢乃和的《〈周礼〉“冢宰”与金文所见西周王家之宰》(《古代文明》2007 年第 3 期)、杨麟的《〈周礼〉与西周金文所见司徒官研究》(《西安社会科学》2010 年第 6 期)、张燕的《〈周礼〉所见王室起居职官专题研究》(吉林大学博士学位论文,2011 年)、朱红林的《〈周礼〉“六计”与战国时期的官吏考课制度》(《吉林大学社会科学学报》2012 年第 1 期)、盖青的《旧神的没落——〈周礼〉女官制度考》(《湖北社会科学》2012 年第 6 期)、余复生的《周礼“大司乐”考辨》(《中国音乐学》2016 年第 3 期)等。

4. 制度研究

《周礼》虽然主要是记述官制的,但也记述了先秦时期的许多制度性的内容,包含经济、社会、政治、军事、法律等诸多方面。20 世纪 80 年代以来有不少硕士、博士论文即以《周礼》中某些制度作为选题。

有关政治制度研究的论著有:祝中熹的《〈周礼〉社会制度论略》(《人文杂志专刊》1982 年 5 月),李元的《试论〈周礼〉一书中的乡遂制度》(《北方论丛》1985 年第 4 期),史建群的《〈周礼〉乡遂组织探源》(《郑州大学学报》1986 年第 2 期),常柑的《〈礼记·王制〉〈周礼·大司徒〉封国制度异同辨》(《运城师专学报》1986 年第 2 期),李普国的《〈周礼〉的政治制度和经济制度》(中州古籍出版社 1987 年版),彭林的《〈周礼〉畿服所见中央与地方的关系》(《史学月刊》1990 年第 5 期),宋昌斌的《〈周礼〉的乡遂制》(载《中国户籍制度史稿》,三秦出版社 1991 年版),陈采勤的《试论〈周礼〉的荒政制度》(《学术月刊》1998 年第 2 期),王雪萍的《〈周礼〉食官制度及其影响》(《社会科学家》2006 年第 6 期),杨瑶的《〈周礼〉中所载户籍制度及相关问题初探》(吉林大学硕士学位论文,2007 年),董巧霞的《〈周礼〉所见地方行政组织考察》(东北师范大学博士学位论文,2009 年)等。

有关经济制度研究的论著有:李春茂的《谈〈孟子〉〈周礼〉中井田制资料的真伪》(《历史教学》1987 年第 8 期),李雪山的《〈周礼〉中的农民土地分配问题》(《殷都学刊》1994 年第 1 期)和《〈周礼〉中的土地所有制问题》(《史学月刊》1998 年第 2 期),孙瑞的《周礼中市场行政管理文书探究》(《吉林大学学报》2003 年第 3 期)、《〈周礼〉中财用物文书制度阐微》(《东北师大学报》2003 年第 3 期),朱红林的《〈周礼〉中所见的商品价格管理问题研究》(《中国社会经济史研究》2003 年第 2 期)、《〈周礼〉中的契约及其反映的商业关系》(《北京工商大学学报》2003 年第 4 期),唐婉晴的《〈周礼〉中的会计制度初探》(吉林大学硕士学位论文,2008 年),吴佳琳的《〈周礼〉中农业管理制度探讨》(吉林大学硕士学位论文,2009 年),王雪萍的《〈周礼〉饮食制度研究》(广陵书社 2010 年版),齐丹丹的《〈周礼〉所见女子技能教育论析——兼谈女性在王室经济中的角色》(《古籍整理研究学刊》2015 年第 4 期)等。

有关军事制度研究的论著有:陈恩林的《先秦军事制度研究》(吉林文史出版社 1991 年版)一书中的《〈周礼〉一书所载的西周晚期军事制度》和《〈周礼〉一书所载的周代兵役制度》两章,李严冬的《〈周礼〉军制专题研究》(吉林大学博士学位论文,2010 年),李严冬的《论〈周礼〉建军模式与战国秦军制的差异》(《沈阳农业大学学报》2015 年第 2 期)等。

有关法律制度研究的论著有:陈连庆的《〈周礼〉中的刑事法规及其阶级实质》(《古籍整理研究学刊》1986 第 3 期),李学勤的《〈周礼〉与秦律》(《孙诒让纪念论文集》,《温州师范学院学报》增刊,1988 年),彭林的《〈周礼〉的礼与刑》(《孔子研究》1990 年第 1 期)、魏筌的《略论〈周礼〉的法学价值》(《政法论丛》1998 第 3 期),张全民的《"周礼"所见法制研究(刑法篇)》(法律出版社 2004 年版),温慧辉的《〈周礼·秋官〉与周代法制研究》(法律出版社 2008 年版)等。

有关其他制度研究的论著有:王海娜的《〈周礼〉中所记交通管理制度研究》(《古籍整理研究学刊》2007 第 4 期),叶友琛的《〈周礼〉中的玉器贡赋制度》(《湖南科技学院学报》2008 年第 7 期),李蜜的《〈周礼〉的医官制度与医学思想考辨》(《中国典籍与文化》2012 年第 2 期)等。

5. 语言训诂研究

此类研究的著述有:丛文俊的《〈周礼〉"三德""道艺"古义斠诠》(《史学集刊》1998 年第 2 期),李无未的《〈周礼〉"诸侯之邦交"之断句正误》(《文献》1998 年第 4 期),蒋瑞的《也说〈周礼〉"柴"与〈楚辞〉"些"》(《中国史研究》2000 年第 1 期),刘兴均的《〈周礼〉名物词研究》(巴蜀书社,2001 年版)、《〈周礼〉物量词使用义探析》(《古汉语研究》2002 年第 1 期)和《〈周礼〉合成名词的特殊结构:OV 式》(《语言研究》2003 年第 2 期),王晶的《卌三年来鼎铭中的"历人"即〈周礼〉中的"校人"》(《中原文物》2007 年第 3 期)等。

6. 其他研究

《周礼》内容繁杂,许多内容很难归类。兹仅胪列一些"其他类"重要研究论著如下,以供参考:

杨向奎的《从〈周礼〉推论中国古代社会发展的不平衡性》(《文史哲》1951 年第 3 期)、雪克的《〈周礼〉四时之田考》(《古文献研究》1989 年 6 月)、陈连庆的《〈周礼〉中所见的奴隶》(《史学集刊》1989 年第 2 期)、张少龙和安娜的《〈周礼〉医事考》(《延安大学学报》1989 年第 3 期)、姚顺滨的《谈〈周礼〉中的地图》(《地图》1990 年第 2 期)、赵梦涵的《论〈周礼〉的治国方略》(《山东大学学报》1993 年第 1 期)、刘克明和周德钧的《〈周礼〉与古代图学》

(《文献》1997 年第 1 期)、刘丽文的《〈周礼〉"六诗"本义探》(《北方论丛》1998 年第 6 期)、徐焱的《〈周礼〉乐舞资料析探》(《舞蹈》2000 年第 1 期)、翟双萍的《〈周礼〉的生态伦理内涵》(《道德与文明》2003 年第 4 期)、赵伯雄的《〈周礼〉中的正月为夏正说》(《史海侦迹——庆祝孟世凯先生七十岁文集》,2005 年)、祁磊的《〈周礼〉"灾荒"概念释义》(《社会科学》2007 年第 11 期)、丁进的《周礼考论:周礼与中国文学》(上海人民出版社 2008 年版)、阎步克的《服周之冕——周礼六冕礼制的兴衰变异》(中华书局 2009 年版)、王海娜的《〈周礼〉中所记交通礼仪研究》(《古籍整理研究学刊》2009 年第 5 期)、孙宇的《〈周礼〉所见巫术考》(东北师范大学硕士学位论文,2010 年)、朱琨的《〈周礼〉中的圜丘祀天礼研究》(郑州大学博士学位论文,2012 年)、刘涛的《〈周礼〉中所见天神祭祀考论》(吉林大学博士学位论文,2014 年)、曲柄睿的《〈周礼〉诸图研究》(《孔子研究》2015 年第 2 期)、王刚的《从〈周礼〉看"孔子诛少正卯"问题》(《孔子研究》2015 年第 2 期)、王振红的《〈周礼〉"巫恒"补释》(《北京师范大学学报》2016 年第 1 期)等。

(三)《周礼·考工记》研究

《考工记》是春秋战国时期一部记述官营手工业各种规范和制造工艺的文献,本来与《周礼》无关。至汉代,人们将其并入《周礼》以补《冬官》之缺。它是我国现存最古的一部手工业文献,不仅记述了大量手工业工匠及其生产技术数据,而且还包含一系列制度,具有重要的史料价值,在中国科技史上占有极为重要的地位。新中国学术界一直很重视对《考工记》进行专门研究,经久不衰。这方面的研究大致包括以下诸方面内容:

1. 作者与成书年代研究

关于《考工记》的作者,学者多有考证①,基本上可以确定为齐国人。新中国许多专家学者赞同这一说法,并作出了许多新的论证。如汪启明的《〈周礼·考工记〉齐语拾补——〈考工记〉为齐人所作再证》(《古汉语研究》1992 年第 4 期),通过对《考工记》中所载"齐语"的研究,进一步论证了《考工记》

---

① 如(清)江永:《周礼疑义举要·考工记一》;郭沫若:《〈考工记〉的年代与国别》,《天地玄黄》,大孚出版公司 1947 年版,后收入《十批判书》,新文艺出版社 1951 年版。

为齐人所作。宣兆琦的《〈考工记〉的国别和成书年代》(《自然科学史研究》1993年第4期)一文,认为《考工记》是一部齐国官书,它的主体部分成书于齐国桓管(桓公管仲)时期,并进一步推论该书是在陈完主持下完成的。

也有学者持不同观点,如刘洪涛的《〈考工记〉不是齐国官书》(《自然科学史研究》1984年第4期)一文,就认为《考工记》多是周朝遗文,"不失为研究周朝典制的珍贵文献,把《考工记》断为齐国官书是错误的。"可备一说。

关于《考工记》的成书年代,闻人军的《〈考工记〉成书年代新考》(《文史》第23辑,1984年)一文,从度量衡制、历史地理称谓、金石乐器形制、青铜兵器形制、车制等诸方面进行详细考证后,认为"《考工记》成书于战国初期,大致可以肯定。"而李锋的《〈考工记〉成书于西汉时代管窥》(《郑州大学学报》1999年第2期),则认为《考工记》成书于西汉早期。

2.《考工记》内容研究

(1)物理知识的解读

《考工记》作为科技文献,包含了许多物理学方面的知识。许多学者对《考工记》所记载的物理知识进行了较深入的研究。如王燮山的《从〈考工记〉看我国古代的物理学》(《物理教学》1959年第2期)和《〈考工记〉及其中的力学知识》(《物理通报》1959年第5期),杜正国的《"考工记"中的力学和声学知识》(《物理通报》1965年第6期),闻人军的《〈考工记〉中声学知识的数理诠释》(《杭州大学学报(自然科学版)》1982年第4期)、《〈考工记〉中的流体力学知识》(《自然科学史研究》1984年第1期)等。

(2)工匠和名物度数考释

这方面的研究成果特别多,代表性论著有:侯过的《〈考工记〉的轮人》(《理论与实践》1958年第7期),闻人军的《〈考工记〉磬制倨句考》(《浙江省历史学会会刊》第1辑,1981年)、《〈考工记〉齐尺考辨》(《考古》1983年第1期),周始民的《〈考工记〉六齐成份研究》(载《中国古代化学史研究》,北京大学出版社1985年版),林卓萍的《考工记弓矢名物考》(杭州师范学院硕士学位论文,2006年),李亚明的《〈周礼·考工记〉度量衡比例关系考》(《古籍整理研究学刊》2010年第1期),石荣传的《〈周礼·考工记·玉人〉所载"命圭"的考古学试析》(《湖南大学学报》2014年第2期)等。

（3）词语系统的研究

这方面的研究,以李亚明为代表,他相继发表《〈周礼·考工记〉时空词语关系》(《重庆文理学院学报》2007 年第 4 期)、《〈周礼·考工记〉车舆词语系统》(《西华大学学报》2007 年第 4、5 期)、《〈周礼·考工记〉沟洫词语关系》(《农业考古》2007 年第 4 期)、《〈周礼·考工记〉营国词语关系》(《殷都学刊》2007 年第 3 期)、《论〈周礼·考工记〉手工业职官系统的特征》(《中国石油大学学报》2008 第 1 期)等 10 多篇文章,对《考工记》的词语系统进行了系统的分析和研究。

（4）营国制度研究

所谓营国制度,就是建置以国都为中心的城邦。除建设都城以外,还要规划其所属的郊野地域。《考工记》中记述了许多有关营国制度的内容。贺业钜《〈考工记〉营国制度研究》(中国建筑工业出版社 1985 年版)一书,对《考工记》所含营国制度作了比较全面的研究,包括营国制度简介及其产生的历史背景,营国制度的王城、宫城、庙社、市里及道路规划,营国制度传统的发展等诸多内容。另外,史念海的《〈周礼·考工记·匠人营国〉的撰著渊源》(《中国古都研究(第十四辑)——中国古都学会第十四届年会论文集》,1997 年),对《匠人营国》的撰著渊源进行了探讨。

（5）雕刻装饰与制造工艺研究

《考工记》记述了许多雕刻装饰与制造工艺方面的内容。许多学者撰文对这方面的内容进行了考察与研究。如刘敦愿的《〈考工记·梓人为笋虡〉条所见雕刻装饰理论》(《山东大学学报》1962 年第 2 期)、《〈考工记·梓人为笋虡〉篇今译及所见雕塑装饰艺术理论》(《美术研究》1985 年第 2 期),对《考工记》中所记雕刻、装饰理论进行了研究;李民、王星光的《略论〈考工记〉车的制造及工艺》(《河南师大学报》1985 年第 2 期),较全面地考察研究了《考工记》所记述的古车的结构和制造工艺。

（6）其他

许多学者还从不同角度对《考工记》的其他内容进行了研究。如从美术、美学角度进行研究的有:范志民的《〈周礼·冬官考工记·画缋〉琐谈古代色彩学的萌芽》(《新美术》1988 年第 2 期),张越的《考工记的工艺美学思想》

(《山东社会科学》2005 年第 6 期),李艳的《考工记美学研究定位》(《中国石油大学学报》2006 年第 5 期),朱志荣、田军的《论〈考工记〉的美学思想》(《西北大学学报》2009 年第 5 期)等;从管理设计方面进行研究的有:邹依仁的《〈周礼·考工记〉中的质量管理》(《上海社会科学院学术季刊》,1985 年),孙洪伟的《〈考工记〉设计思想研究》(武汉理工大学硕士学位论文,2008 年)等;从其他方面对《考工记》进行考察、研究的有:闻人军的《〈考工记〉中的兵器学》(《锦州师院学报》1987 年第 2 期),李志超的《〈考工记〉与儒学——兼论李约瑟之得失》(《管子学刊》1996 年第 4 期),戴吾三、高宣的《〈考工记〉的文化内涵》(《清华大学学报》1997 年第 2 期),隋郁的《〈周礼·考工记·凫氏〉两种解读方式之比较》(《中国音乐》2011 年第 1 期)等。

3.《考工记》学术史研究

本时期对《考工记》从学术史角度进行研究的论著有:张言梦的博士论文《汉至清代〈考工记〉研究和注释史述论稿》(南京师范大学博士学位论文,2005 年),对古代学者关于《考工记》的研究和注释,进行了较为详细、全面的梳理和探讨。另有彭林的《论清人的〈考工记〉研究——以〈轮人〉为例》(《东亚视域中的近代儒学文献与思想》,2006 年),李秋芳的《20 世纪〈考工记〉研究综述》(《中国史研究动态》2004 年第 5 期)、《宋代〈考工记〉研究述论》(《巢湖学院学报》2010 年第 2 期)等相关文章。

4.《考工记》的注释与导读

关于《考工记》的注释和导读工作,除了前述钱玄的《周礼》(注译)和杨天宇、吕友仁分别撰作的《周礼译注》之外,还有许多学者为《考工记》单独作了译注和导读。如:闻人军的《〈考工记〉导读》(巴蜀书社 1988 年版)、《〈考工记〉导读图译》(台北明文书局 1990 年版)、《〈考工记〉译注》(上海古籍出版社 1993 年版),梁红的《〈考工记〉新释》(《美术观察》2002 年第 2 期),戴吾三的《考工记图说》(山东画报出版社 2003 年版),张道一的《考工记译注》(陕西人民美术出版社 2004 年版)等。

(四)《周礼》学与《周礼》学史研究

1.《周礼》文本、版本研究

对于《周礼》文本的研究,主要从版本、语言训诂、内容分析等方面展开,如王锷的《〈周礼〉白文经版本考辨》(《古籍整理研究学刊》1995 年第 4 期),宋永培的《〈周礼〉中"通""达"词义的系统联系》(《古汉语研究》1995 年第 4 期),李无未的《〈周礼〉"诸侯之邦交"之断句正误》(《文献》1998 年第 4 期),蒋瑞的《也说〈周礼〉"柴"与〈楚辞〉"些"》(《中国史研究》2000 年第 1 期),杨天宇的《〈周礼〉的内容、行文特点及其史料价值》(《史学月刊》2001 年第 12 期),王雪萍的《〈周礼〉书名流变考》(《南京社会科学》2007 年第 2 期),王月婷的《变读构词下〈周礼〉"某人"之"某"的读音问题》(《古汉语研究》2008 年第 3 期)等。

2.《周礼》学研究

对《周礼》注疏的研究,是《周礼》学研究的重要方面。这方面的论作主要有:沈文倬的《孙诒让周礼学管窥》(《孙诒让研究》,杭州大学语言文学编辑室,1963 年),沈文倬、陈戍国的《孙诒让〈周礼正义〉平议》(《孙诒让纪念论文集》,《温州师范学院学报》增刊,1988 年),王世伟的《〈周礼正义〉校勘述略》(《文史》第 33 辑,1990 年),程艳梅的《浅析贾公彦〈周礼义疏〉〈仪礼义疏〉中对修辞手法的阐释》(《古籍整理研究学刊》2007 年第 1 期),陈东辉、彭喜双的《〈周礼注疏〉引〈尔雅〉郑玄注辨析》(《中国典籍与文化》2008 年第 3 期),钱慧真的《〈周礼正义〉中的"散文""对文"研究》(《宁夏大学学报》2008 年第 3 期)、《论〈周礼正义〉在辞书修订中的价值》(《汉字文化》2008 年第 5 期)、《〈周礼正义〉所见孙诒让名物训诂研究》(山东大学博士学位论文,2009 年)等。

注疏以外,《周礼》学研究的论作还有:刘坤太的《〈周官新义·夏官〉补佚》(《河南大学学报》1985 年第 1 期),彭林的《丁茶山与〈周礼〉》(《北京图书馆馆刊》1994 年第 1 期),沈薇薇的《〈毛诗〉郑笺与〈周礼〉》(《文史知识》2006 年第 4 期),殷慧、肖永明的《朱熹的〈周礼〉学思想》(《湖南大学学报》2008 年第 1 期),张玉春、王祎的《由〈四库提要〉看经学变古时代的〈周礼〉学》(《史学月刊》2009 年第 4 期),吴海兰的《〈周官〉〈春秋〉与章学诚的史学》(《史学理论研究》2010 第 3 期),包弼德、方笑一的《王安石与〈周礼〉》(《历史文献研究》2014 年第 1 期),杨新宾的《刘歆、王莽与〈周礼〉问题考辨》(《理论月刊》2015 年第 12 期)等。

3.《周礼》学史研究

《周礼》学史的研究,主要有姚瀛艇的《宋儒关于〈周礼〉的争议》(《史学月刊》1982 年第 3 期),金春峰的《〈周官〉故书之谜与汉今古文新探》(《中国文化》1991 年第 1 期),杨天宇的《略述中国古代的〈周礼〉学》(《南都学坛》1999 年第 4 期),惠吉兴的《宋代学者对〈周礼〉的争论》(《管子学刊》2001 年第 4 期),李国玲、杨世文的《从〈周礼〉一书略说宋代周礼学》(《四川图书馆学报》2005 年第 3 期),刘丰的《百年来〈周礼〉研究的回顾》(《湖南科技学院学报》2006 年第 2 期),周书灿的《20 世纪以前的〈周礼〉学述论》(《河北师范大学学报》2006 年第 4 期),许结的《论东汉〈周礼〉学兴起的文化问题》(《古典文献研究》,2008 年),成祖明的《论〈周官〉与西汉河间儒学》(《南京大学学报》2008 年第 4 期),丁鼎的《刘歆的〈周礼〉学及其在两汉之际的传承谱系》(《湖南大学学报》2016 年第 5 期)等论文。

(五)《周礼》的点校整理与新译注

改革开放后,学者们在《周礼》文献的点校整理和译注方面做了大量工作,无论对学术研究还是文化普及都大有裨益。兹列举如下:

1. 点校整理类著述:

《周礼正义》,孙诒让撰,王文锦、陈玉霞点校,中华书局 1987 年版。

《周礼注疏》,郑玄注,贾公彦疏,赵伯雄标点,北京大学出版社 1999年版。

《周礼注疏》,郑玄注,贾公彦疏,彭林点校,上海古籍出版社 2010 年版。

2. 译注类著述:

《周礼》(译注),钱玄、钱兴奇等,岳麓书社 2001 年版。

《周礼译注》,吕友仁,中州古籍出版社 2004 年版。

《周礼译注》,杨天宇,上海古籍出版社 2004 年版。

二、《仪礼》研究

(一)武威汉简本《仪礼》研究

1959 年甘肃省武威县汉墓出土了竹、木简《仪礼》九篇(分为三个本子,即"甲本""乙本""丙本"),后经陈梦家等学者整理、研究,编著成《武威汉简》一书,1964 年由文物出版社出版。《武威汉简》的问世,为《仪礼》研究提供了新的材料和视角,引起学术界的关注和研究。但由于当时正值"文化大革命"前夜,学术界也忙于政治运动和阶级斗争而无暇进行学术研究工作,因而当时的研究成果并不多,直到"文化大革命"结束后,许多有关研究成果才陆续见诸报刊。有关武威汉简的研究成果大致可分为如下几类:

1. 文字考释

最先对汉简本《仪礼》进行文字考释工作的是《武威汉简》的主要整理者陈梦家,他释读文字,并撰写了校记。《武威汉简》出版后,陈邦怀首先发表《读〈武威汉简〉》(《考古》1965 年第 11 期)一文,对简文所用的古字、本字、借字加以研究,分 18 条对陈氏的"甲本"校记作了补充和辨正。

沈文倬在《文史》上陆续发表了一系列富有卓见的研究汉简本《仪礼》的文章。其中,《〈礼〉汉简异文释》,以今本《仪礼》与汉简本比勘,共计 509 条,对简本文字作了非常全面的校对考释,考证出汉简中的文字错讹以及陈梦家《释文》的疏误。

李中生《读武威汉简本〈仪礼〉札记四则》(《暨南学报》1991 年第 4 期)一文,"将武威汉简本《仪礼》与今本《仪礼》相对照,并参考唐石经等文献,考释出简本《仪礼》中一个字的本字和今本《仪礼》中的两处错误,并纠正了陈梦家(《校记》)和王念孙、王引之(《经义述闻》)的有关误说。"

此外,相关研究还有,孟美菊的《武威汉简〈仪礼〉异文研究》(西南师范大学硕士学位论文,2003 年),陈荣杰的《〈武威汉简·仪礼〉释文校勘札记》(《语文知识》2007 年第 2 期)、《〈武威汉简·仪礼〉释文校勘九则》(《考古》2009 年第 4 期),顾涛的《武威汉简〈仪礼〉诸家校释斠补》(《传统中国研究集刊》第七集,2009 年),杨捷的《〈武威汉简·仪礼〉形声字研究》(河北大学硕士学位论文,2010 年)等。

2. 今古文问题

陈梦家在《武威汉简》中对今古文杂错并用的情况进行了对比分析,认为简本应当是今文经庆氏本。沈文倬则持不同看法,他在《汉简〈士相见礼〉今古文杂错并用说》(《杭州大学学报》1984 年增刊)中认为:"汉简之今古杂错并用,盖古文新出,学者不能通其读,辄用今文比对隶定,渗入今文字,遂成今古杂错。以其本属古文系统,为隶定者所乱,故断为古文或本。"高明则在《据武威汉简谈郑注〈仪礼〉今古文》(《传统文化与现代化》1996 年第 1 期)中认为:"如果把三本经文中的假借字、异体字、脱字、衍字、误字、误句,根据经文原义逐一订正,就会看到无论是今文本、古文本或简本,溯其本源,经文内容完全相同,《仪礼》只是一本,根本就没有什么今文本、古文本或大戴本、小戴本、庆氏本之分。"

3. 传授系统

关于武威汉简《仪礼》的传授系统,陈梦家在《武威汉简·叙论》(文物出版社 1964 年版)中推测这个本子很可能是"庆氏《礼》",而沈文倬认为:"此汉简为《礼》今文、《礼》古文以外之古文或本也。"①杨天宇则认为:"将简本归之于某一家之本或某一种本子的看法,是值得商榷的","简本《仪礼》是出于今文之大、小戴和庆氏三家以及今、古文本系统之外的两个不同家法的本子。"②

4. 汉简《服传》

武威汉墓出土木竹简《礼经》九卷,其中木简《服传》两本,与今本大不同,有很高的学术价值。关于汉简《服传》的研究,当首推陈梦家与沈文倬。陈梦家首先进行文字释读,并写出"叙论"和"校记",后来沈文倬先生对汉简《服传》进行全面的考释与研究,并发表《汉简〈服传〉考》上、下(《文史》第 24、25 辑,1985 年)。沈氏文章后出转精,提出了许多新说,纠正了陈氏研究中的不少失误。

5. 汉简《仪礼》文本及其他问题研究

王锷的《武威汉简本〈仪礼〉与"十三经"本〈仪礼〉比较研究》(《社科纵横》1994 年第 4 期)一文,从版本学、文字学、校勘学三个方面,将简本《仪礼》与"十三经"本《仪礼》作了比较研究,并说明汉简本《仪礼》的价值所在。陈荣杰的《〈武威汉简·仪礼〉整理研究》(西南大学硕士学位论文,2006 年),对《仪礼》释文进行了进一步的整理与考辨,制作了简本《仪礼》逐字索引,编制了简本《仪礼》文字编,将简本《仪礼》收字情况与《说文解字》进行对比研究,

---

① 沈文倬:《宗周礼乐文明考论》(增补本),浙江大学出版社 2006 年版,第 275 页。
② 杨天宇:《从汉简本〈仪礼〉看〈仪礼〉在汉代的传本》,《史林》2009 年第 4 期。

并分析研究了简本《仪礼》的俗写异体情况。张焕君、刁小龙先有《武威汉简〈仪礼〉研究四十年综述》(《中国史研究动态》2005 年第 5 期)一文,后著《武威汉简〈仪礼〉整理与研究》(武汉大学出版社 2009 年版)一书,此书以陈梦家《武威汉简》为底本,对武威汉简《仪礼》进行了新的整理和研究。此外,陈绪波的《试论武威汉简〈仪礼〉的版本问题——从简本、石经本、今本〈仪礼〉篇题间的关系着眼》(《敦煌研究》2015 年第 1 期)一文,对武威汉简《仪礼》的版本进行了考察和研究。

(二)《仪礼》作者与成书时代研究

《仪礼》的作者和成书时代,在学术史上也是一个有争议的问题。就学派而论,大致有三种观点,即古文学派普遍认为《仪礼》为周公所作;今文学派普遍认为《仪礼》为孔子创作;疑古学派则多认为《仪礼》成书于战国末年或汉代,与周公和孔子无关。

新中国成立以来,学术界对这一问题继续深入探讨,取得了很大的进展。

沈文倬《略论礼典的实行和〈仪礼〉书本的撰作》(《文史》第 15、16 辑,1982 年)一文认为:"礼典的实践先于文字记录而存在,自殷至西周各种礼典次第实行,而礼书至春秋以后开始撰作","《仪礼》书本残存十七篇以及已佚若干篇的撰作时代,其上限是鲁哀公末年鲁悼公初年,⋯⋯其下限是鲁共公十年前后,⋯⋯它(《仪礼》)是在公元前五世纪中期到前四世纪中期这一百多年中,由孔子的弟子、后学陆续撰作的。"①杨向奎认为:"书(《仪礼》)虽不出于周公,其中的礼仪制度在西周以至春秋曾经实行过。实行过的礼仪和原始的风俗习惯不同,是经过周初统治者加工改造,以适应社会需要,因此以现存《仪礼》作为周公'制礼作乐'的部分内容是说得通的。"②杨天宇认为:"孔子所编定用作教材的《礼》,就是《仪礼》的初本。至于当初孔子究竟选定了哪些礼来用作教材,今已不可得知。但可以肯定,它必包括今本《仪礼》而又远不止今本《仪礼》的十七篇。"③刘雨通过对大量金文材料的考释,"发现它(《仪

---

① 沈文倬:《略论礼典的实行和〈仪礼〉书本的撰作》,《文史》第 15、16 辑,1982 年。后收入沈文倬:《宗周礼乐文明考论》(增补本),浙江大学出版社 2006 年版,第 1—47 页。
② 杨向奎:《宗周社会与礼乐文明》,人民出版社 1995 年版,第 293 页。
③ 杨天宇:《仪礼译注》,上海古籍出版社 2004 年版,第 8 页。

礼》)真实地反映了春秋时代以来古礼的基本面貌"。① 王辉从考古和古文字的角度分析,认为"它只能成书于春秋末至战国中期。"②丁鼎通过考辨周公"制礼作乐"与《仪礼》的关系、孔子与《仪礼》的关系以及疑古学派诸说,认为"《仪礼》当主要是由孔子根据宗周时代流传下来的一些礼仪规制加以编订整理而纂辑成书,也就是《仪礼》十七篇的编纂权主要应归属孔子。注意这里说的是'编纂权',而不是'著作权'。它可能是孔子依据前世流传下来的古礼选编整理而成的、用以教授弟子的教本,而前世所流传下来的古礼中自当包括周公制礼作乐的部分内容。其后,七十子后学也有可能续加整理与增益,以致最后形成今本十七篇的样子。"③

(三)《仪礼》内容研究

传统的《仪礼》研究,主要集中在文字的训诂和仪节名物的训释上,而《仪礼》十七篇含有冠、婚、丧、祭、射、乡、朝、聘等多方面礼俗内容,所以近现代以来,有许多学者在西方现代学术的影响下,从历史学、考古学、社会学、人类学等视角对《仪礼》进行研究,深化并拓展了《仪礼》的研究。兹分类简述如下:

1. 概述类

概述类的论作主要有:王文锦的《经书浅谈·仪礼》(中华书局 1984 年版)、李学颖的《仪礼·礼记:人生的法度》(上海古籍出版社 1997 年版)、詹子庆的《〈仪礼〉:古代贵族社会生活的一面镜子》(《光明日报》2001 年 2 月 27日)、彭林的《贯串生死的人生礼仪——〈仪礼〉》(《文史知识》2002 年第 6期)、马增强的《〈仪礼〉研究及其意义》(《长安大学学报》2002 年第 6 期)、刘海霞的《现代研究〈仪礼〉的意义——兼谈现代礼仪制度下的〈仪礼〉》(《洛阳师范学院学报》2011 年第 1 期)等。

2. 冠礼研究

较早对冠礼作专门研究的,要数杨宽的《冠礼新探》(《中华文史论丛》第1 辑,1962 年)。该文用考古学、人类学的数据材料对冠礼的起源、意义、仪

---

① 刘雨:《西周金文中的"周礼"》,《燕京学报》新 3 期,北京大学出版社 1997 年版。

② 王辉:《从考古与古文字的角度看〈仪礼〉的成书年代》,《传统文化与现代化》1999 年第1 期。

③ 丁鼎:《试论〈仪礼〉的作者与撰作时代》,《孔子研究》2002 年第 6 期。

节,作了精到的考察和分析,角度新颖,为古礼研究开辟了一条新的道路。此外,还有许多有关冠礼的研究论著,如沈文倬的《古代成人礼(冠礼)的情况怎样》(《中国文化史三百题》,上海古籍出版社 1987 年版)、周绚隆的《中国古代的冠礼》(《西北师大学报》1993 年第 4 期)、陈星灿的《"历试诸难"与中国上古的成年礼》(《中国文化》1995 年第 2 期)、王思鲁与王垂基的《古代的成人仪式——冠礼》(《文史杂志》1996 年第 2 期)、张弛的《从"冠"字看周代的冠制礼仪》(《汉字文化》1999 第 1 期)、白华的《古代冠礼简论》(《甘肃社会科学》2003 年第 6 期)及戴庞海的《先秦冠礼研究》(中州古籍出版社 2006 年版)、《略论中国古代冠礼的教育功能》(《郑州大学学报》2005 年 2 期)、《冠礼起源于母系氏族时期考》(《河南师大学报》2006 第 3 期)等。

3. 婚礼研究

有关婚礼研究的论著主要有:李衡眉的《古代婚礼执雁新解》(《河南大学学报》1990 年第 1 期),王玉波的《中国婚礼的产生与演变》(《历史研究》1990 年第 4 期),郭艳娜的《周代婚礼研究》(陕西师范大学硕士学位论文,2006 年),胡新生的《〈仪礼·士昏礼〉用雁问题新证》(《文史哲》2007 年第 1 期),焦杰的《附远厚别 防止乱族 强调成妇——从〈仪礼·士昏礼〉看先秦社会婚姻观念》(《陕西师范大学学报》2011 年第 5 期)等。

4. 丧礼、祭礼研究

(1)丧服制度研究

丧服制度,强调亲疏等级,与宗法制度互为表里,是中国传统社会最重要的社会制度之一。古代学者对《仪礼·丧服》篇颇为重视,研究甚多。

近代以来,由于社会变迁,丧服制度仅残存于民间,对其研究也相对稀少,新中国成立后,对于《仪礼·丧服》篇的专门研究,除前述陈梦家、沈文倬两人对武威汉简本《仪礼·丧服》篇经、传的考释研究以外,主要有于永玉的《〈仪礼·丧服〉研究》(吉林大学硕士学位论文,1981 年)、丁凌华的《中国丧服制度史》(上海人民出版社 2000 年版)和丁鼎的《〈仪礼·丧服〉考论》(社会科学文献出版社 2003 年版)。

于永玉的《〈仪礼·丧服〉研究》,对"《仪礼·丧服》的服制"与"《仪礼·丧服》与周代社会"等问题作出了较为系统、新颖的研究和论述。但因篇幅所限,难以展开更为深入、全面的研究。丁凌华的《中国丧服制度史》从法律文化的角度对《仪礼》所载丧服制度进行了较为全面系统的考察和论述。尤其是着重论述了丧服制度与中国古代法律制度的关系,论证了丧服制度的礼制形态与法制形态之间的均衡制约、相互影响,认为丧服制度的礼制形态是其法制形态的基础,并从法制史的角度论述了丧服制度的等级架构及其发展演变的成因。丁鼎的《〈仪礼·丧服〉考论》,是在其博士论文《〈仪礼·丧服〉研究》(吉林大学古籍所,2000年)的基础上修订润色而成,该书从"中国古代丧服制度的形成和确立""《仪礼·丧服》经传记述论""《仪礼·丧服》服制考述""《仪礼·丧服》的制服原则与有关服制义例""《仪礼·丧服》所反映的上古婚姻家庭制度""《仪礼·丧服》所体现的周代社会关系和伦理观念""《仪礼·丧服》与其他先秦文献所载丧服制度之比较研究"等七个方面,对《仪礼·丧服》文本及其所反映的丧服制度、婚姻家庭制度、伦理观念等诸多内容作了全面而深入的研究。

另外,关于丧服制度研究的论著,还有张焕君的《〈丧服〉用杖制度考论》(《中国文化研究》2003年第1期)、刁小龙的《〈丧服〉"报服"考述》(《中国文化研究》2003年第1期)、陈倩的《〈丧服〉女子"出嫁不降"考辨》(《中国文化研究》2003年第1期)、杭宁的《论丧服制度对中国礼法文化影响》(《青海大学学报》2005年第2期)、王锷的《〈丧服四制〉成篇年代考》(《社会·历史·文献——传统中国研究国际学术讨论会论文集》,2006年)、丁鼎的《丧服经带规格考略》(《社会科学战线》2006年第6期)、贾海生的《制服与作器——丧服与礼器饰群党、别亲疏相互对应的综合考察》(《考古学报》2010年第3期)、刘长安的《试论〈仪礼·丧服〉中的"唯子不报"》(《中国哲学史》2012年第6期)等文章。

(2)丧礼与丧葬制度研究

关于先秦丧礼与丧葬制度的研究,较早的代表性的论作有:陈公柔的《〈士丧礼〉〈既夕礼〉中所记载的丧葬制度》(《考古学报》1956年第4期),沈文倬的《对〈士丧礼、既夕礼中所记载的丧葬制度〉的几点意见》(《考古学报》1958年第2期)。改革开放之后,主要有:黄瑞琦的《"三年之丧"起源考辨》(《齐鲁学刊》1988年第2期),吕静的《先秦儒家与丧葬制度》(《史林》1988

年第 2 期），顾洪的《试论"三年之丧"起源》（《齐鲁学刊》1989 年第 3 期），陈克伦的《〈仪礼·士丧礼〉中所见丧葬、祭奠器物考略》（《郑州大学学报》1989年第 3 期），钱杭的《论丧服制度》（《史林》1989 年第 1 期），李玉洁的《中国古代丧服制度的产生、发展和定型》（《河南大学学报》1989 年第 4 期）、《论周代丧葬制度与三礼记载的差异和原因》（《四川大学学报丛刊》,1989 年）、《试论我国古代棺椁制度》（《中原文物》1990 年第 2 期）、《先秦丧葬制度研究》（中州古籍出版社 1991 年版），徐吉军、贺云翱的《中国丧葬礼俗》（浙江人民出版社 1991 年版），张鹤泉的《周代祭祀研究》（台湾文津出版社 1993 年版），杨军的《论三年之丧》（《齐鲁学刊》1996 年第 6 期），方光华的《俎豆馨香：中国祭祀礼俗探索》（陕西人民教育出版社 2000 年版），丁鼎的《"三年之丧"源流考论》（《史学集刊》2001 年第 1 期），朱蔚的《〈仪礼·士丧礼〉〈既夕礼〉所反映的丧葬制度研究》（厦门大学硕士学位论文,2008 年）等。

对秦以后丧礼与丧葬制度进行研究的论著，主要有：杨天宇的《略论汉代的三年丧》（《郑州大学学报》2002 年第 5 期），张仁玺的《两汉时期的丧葬礼俗考略》（《山东师范大学学报》2002 年第 6 期），张焕君的《魏晋南北朝丧服制度研究》（清华大学博士学位论文,2005 年），范志军的《汉代丧礼研究》（郑州大学博士学位论文,2006 年），李莎的《论汉代丧礼中的以礼入法现象》（《东岳论丛》2007 年第 4 期），赵澜的《唐代丧服制度研究》（福建师范大学博士学位论文,2008 年）等。

5. 其他

《仪礼》所记载、涉及的乡、射、朝聘之礼及音乐制度等内容，以及相关的仪节、名物、思想观念等，都受到了新中国当代礼学界的关注。有关此类内容的研究论著主要有：朱庆之的《〈仪礼〉"竹簋方"辨正》（《古籍整理研究学刊》1990 年第 1 期）、漆子扬的《〈仪礼〉乐制初探》（《社科纵横》1993 年第 8 期）、杨天宇的《谈〈仪礼〉中的宰》（《郑州大学学报》1996 年第 5 期）、姚伟钧的《乡饮酒礼探微》（《中国史研究》1999 第 1 期）、伏俊琏的《释〈仪礼〉"握手"》（《辞书研究》1999 年第 2 期）、王锷的《〈仪礼〉中之"侧"字解》（《古籍整理研究学刊》2000 年第 3 期）、马增强的《〈仪礼〉思想研究》（西北大学博士学位论文,2003 年）、彭林的《从〈仪礼·乡射礼〉看中国古代体育精神》（《光明日报》

2004年2月10日)、李无未的《周代朝聘制度研究》(吉林人民出版社2005年版)、王秀臣的《"仪礼时代"与〈仪礼〉中燕飨礼仪中的诗乐情况分析》(《中国韵文学刊》2005年第1期)、王薇的《〈仪礼〉名物词研究》(东北师范大学硕士学位论文,2005年)、李文娟的《〈仪礼〉伦理思想研究》(中央民族大学硕士学位论文,2006年)、范常喜的《〈仪礼·士相见礼〉"众""终"今古文辨》(《孔子研究》2007年第3期)、漆子扬的《从〈仪礼〉乐制的变通看周代乐礼的文化属性》(《中国文化研究》2008年第1期)、杨天宇的《释〈仪礼〉"凡堂上之拜皆北面"之义》(《史学月刊》2009年第11期)、胡新生的《乡饮酒礼与食犬风俗》(《文史哲》2009年第5期)、孙世洋的《〈仪礼·燕礼记〉所录乐式与燕射两式综考》(《东北师大学报》2010年第2期)、荆云波的《文化记忆与仪式叙事——〈仪礼〉的文化阐释》(南方日报出版社2010年版)、解丽霞的《为学重〈仪礼〉与为术重〈周礼〉——扬雄与王莽古文经学》(《孔子研究》2011年第3期)、谢乃和的《〈仪礼〉所见周代等级臣僚形态述论》(《东北师大学报》2011年第5期)、张光裕的《从新见材料谈〈仪礼〉饮酒礼中之醴柶及所用酒器问题》(《文物》2013年第12期)、买靳的《〈仪礼〉中"士"的任职研究》(中州古籍出版社2014年版)等。

(四)《仪礼》学与《仪礼》学史研究

这类论著影响较大的当首推段熙仲的《礼经十论》(《文史》第1辑,1962年),这是新中国成立以来第一篇系统研究论述《仪礼》的文章。该文从"题目当从汉师""篇第当从大戴""文字当从今文""成书当在东周出于孔子""说经当守家法无取古学""叙录宜从异撰""治经宜贵章句""治礼宜如易之有图""治礼宜如春秋之以例""礼经春秋学术同源"等十个方面对《仪礼》作了全面系统的论述。此外,这类专门研究《仪礼》的论著还有:杨向奎的《读胡培翚的〈仪礼正义〉》(《孔子研究》1991年第4期)、王锷的《〈仪礼注疏〉版本考辨》(《图书与情报》1996年第2期)和《汉代的〈仪礼〉研究》(《西北师大学报》2000年第5期)、林存阳的《张尔岐与〈仪礼郑注句读〉》(《齐鲁文化研究》,2001年)、杨世文与李国玲的《宋儒对〈仪礼〉的注解与辨疑》(《四川大学学报》2004年第4期)、柳向春的《〈仪礼正义〉成书考》(《文献》2005年第3期)、邓声国的《清代〈仪礼〉文献研究》(上海古籍出版社2006年版)、彭林的

《评杨大堉、胡肇昕补〈仪礼正义〉》（《清华大学学报》2007 年第 2 期）、万丽华的《〈仪礼注疏〉句读辨误》（《古籍整理研究学刊》2009 年第 4 期）、陈晓东与田汉云的《顾炎武〈仪礼〉学探析》（《南京社会科学》2010 年第 4 期）、邓声国的《李如圭〈仪礼集释〉的解经特色》（《井冈山大学学报》2010 年第 1 期）、陈功文的《胡培翚〈仪礼正义〉引〈诗〉探析》（《安徽大学学报》2011 年第 2 期）、顾迁的《敖继公〈仪礼集说〉与清代礼学》（《史林》2012 年第 3 期）、廖明飞的《徐本〈仪礼〉及其传刻本综考》（《中国典籍与文化》2013 年第 4 期）、宋燕的《李如圭〈仪礼集释〉研究》（郑州大学博士学位论文，2013 年）、廖明飞的《〈仪礼〉注疏合刻考》（《文史》2014 年第 1 辑）、张文的《〈仪礼正义〉补纂问题考论》（《中国典籍与文化》2014 年第 2 期）、李开升的《〈仪礼注疏〉陈凤梧本、汪文盛本补考》（《文史》2015 年第 2 期）、马涛的《汉石经〈仪礼〉碑图重缀》（《史林》2015 年第 2 期）等。

（五）《仪礼》文献的点校整理和新的译注

1. 点校整理类著述：

《仪礼正义》，胡培翚撰，段熙仲点校，江苏古籍出版社 1993 年版。

《仪礼通论》，姚际恒撰，陈祖武点校，中国社会科学出版社 1998 年版。

《仪礼注疏》，郑玄注，孔颖达疏，彭林标点，北京大学出版社 1999 年版。

《仪礼注疏》，郑玄注，孔颖达疏，王辉点校，上海古籍出版社 2008 年版。

2. 译注类著述：

《仪礼译注》，李景林、王素玲、邵汉明，吉林文史出版社 1995 年版。

《仪礼全译》，彭林，贵州人民出版社 1997 年版。

《仪礼》（注译），彭林，岳麓书社 2001 年版。

《仪礼译注》，杨天宇，上海古籍出版社 2004 年版。

三、《礼记》研究

（一）《礼记》的作者与成书时代研究

新中国成立以来，研究《礼记》作者和成书问题的论著，主要有徐喜辰的《〈礼记〉的成书年代及其史料价值》（《史学史研究》1984 年第 4 期）、沈文倬的《从汉初今文经的形成说到两汉今文〈礼〉的传授》（《纪念顾颉刚学术论文集》，巴蜀书社 1990 年版）、姜亦刚的《〈礼记〉成书于西汉考》（《齐鲁学刊》1990 年第 2 期）、钱玄的《三礼通论》（南京师范大学出版社 1996 年版）、杨天宇的《礼记译注·前言》（上海古籍出版社 1997 年版）、李学勤的《郭店简与〈礼记〉》（《中国哲学史》1998 年第 4 期）、龚建平的《郭店简与〈礼记〉二题》（《武汉大学学报》1999 年第 5 期）、彭林的《郭店楚简与〈礼记〉的年代》（《中国哲学》第 21 辑，辽宁教育出版社，2000 年）、郝明朝的《〈礼记〉来源新论》（《山东理工大学学报》2004 年第 5 期）、吴亚文的《〈礼记〉有关篇章作者及成文年代》（《吉林师范大学学报》2005 年第 4 期）、王锷的《〈礼记〉成书考》（中华书局 2007 年版）、王云飞的《〈礼记〉史料价值及其写作年代探析》（《重庆社会科学》2007 年第 9 期）、丁进的《今本大、小戴〈礼记〉编者误说清理》（《古籍整理研究学刊》2007 年第 2 期）等。

就目前的研究成果来看，可以说王锷的《〈礼记〉成书考》最为全面、系统地考察探讨了《礼记》各篇的作者和成书时代等诸多问题。该书充分吸收、借鉴了前人的相关成果，特别是吸收、借鉴了对新出简帛（郭店简、上博简）的研究成果，对《礼记》各篇的作者和撰作时代进行了分析和论证，提出了许多新的观点。

（二）《礼记》主体内容研究

1. 总论性研究

有关《礼记》的总论性研究成果，主要有：熊良智、庄剑的《〈礼记〉与中国人的生存和理想》（四川人民出版社 1996 年版）、李学颖的《仪礼·礼记：人生的法度》（上海古籍出版社 1997 年版）、黄宛峰的《礼乐渊薮〈礼记〉与中国文化》（河南大学出版社 1997 年版）、杨雅丽的《〈礼记〉研究》（三秦出版社 2002 年版）、盛邦和的《〈礼记〉与中国礼文化》（《江苏社会科学》2009 年第 1 期）、唐启翠的《礼制文明与神话编码：〈礼记〉的文化阐释》（南方日报出版社 2010 年版）、卢静的《〈礼记〉文学研究》（西安交通大学出版社 2013 年版）、杨雅丽的《〈礼记〉撷论》（人民出版社 2014 年版）、吕友仁的《〈礼记〉研究四题》（中华书局 2014 年版）、丁鼎的《〈礼记〉的文化地位及其当代价值》（《中国德育》2015 年第 8 期）等。

2. 思想研究

由于《礼记》一书，主要是阐述"礼义"的，蕴含着丰富的思想内容，所以有关《礼记》思想内容的研究成果相对较多。这类著述主要有：王道行的《试析〈礼记〉中的心理学思想》（《孔子研究》1988 年第 4 期）、郑昭的《从管理思想角度看〈礼记〉》（《经济问题探索》1989 年第 1 期）、王启发的《〈礼记〉的礼治主义思想》（《孔子研究》1990 年第 1 期）、《〈礼记〉中的人格理想与社会理想》（《中国社会科学院研究生院学报》1990 年第 4 期）、刘庆华的《论〈礼记〉的教育思想》（《云南教育学院学报》1990 年第 3 期）、蔡仲德的《〈礼记〉中的音乐美学思想》（《武汉音乐学院学报》1992 年第 4 期）、肖群忠的《〈礼记〉的孝道思想及其泛化》（《西北师大学报》1995 年第 2 期）、崔大华的《论〈礼记〉的思想》（《中国哲学史》1996 年第 4 期）、郭迎春的《从〈礼记〉看礼建构的理性基础》（《唐都学刊》1999 年第 2 期）、夏祖恩的《〈礼记〉的"自然哲学"思想探微》（《福建师大福清分校学报》2004 年第 3 期）、薛柏成的《论〈礼记〉有关篇章与墨家思想的关系》（《社会科学战线》2004 年第 9 期）、龚建平的《意义的生成与实现：〈礼记〉哲学思想》（商务印书馆 2005 年版）、陈丛兰的《〈礼记〉婚姻伦理思想研究》（西北师范大学硕士学位论文，2005 年）、闵卓的《〈礼记〉的思想精华及其局限》（《东南大学学报》2005 年第 6 期）、陈四海和刘健婷的《"孝"与"乐"的二元同构——论儒家思想与〈礼记〉中的礼乐文化生成》（《西安音乐学报》2005 年第 1 期）、潘斌的《试论〈礼记〉的礼学思想》（《贵州大学学报》2007 年第 3 期）、《试论〈礼记〉的中庸和谐思想》（《历史教学问题》2007 年第 5 期）、赵逵夫的《〈礼记〉与现代精神文明》（《西北师大学报》2008 年第 1 期）、孙荣春的《〈礼记〉美育思想探析》（《徐州师范大学学报》2009 年第 6 期）、石磊的《礼以顺天：〈礼记〉中的天道思想述论》（《暨南学报》2012 年第 1 期）等。

3. 其他

关于《礼记》其他方面的研究成果有：李平心的《释糈糕（礼记内则）》（《学术月刊》1957 年第 10 期），张君的《〈礼记〉左、右史新考》（《社会科学辑刊》1988 年第 2 期），史应勇的《两部儒家礼典的不同命运——论大、小戴礼记的关系及大戴〈礼记〉的被冷落》（《学术月刊》2000 年第 4 期），杨雅丽的《〈礼记〉语言的艺术成就》（《陕西教育学院学报》2003 年第 2 期），林中坚的《〈礼记〉中的礼乐与礼制》(《中山大学学报论丛》2004 年第 4 期),陈剑、黄海烈的《论〈礼记〉与〈孔子家语〉的关系》(《古籍整理研究学刊》2005 年第 4 期),王锷的《戴圣生平和〈礼记〉的编选》(《中国文化研究》2006 年第 1 期),乔秀岩的《〈礼记〉版本杂识》(《北京大学学报》2006 年第 5 期),卢静的《〈礼记〉文学研究》(陕西师范大学博士学位论文,2007 年),王文东的《〈礼记〉中的生产礼仪及其意义解读》(《孔子研究》2008 年第 1 期),王君的《新出竹简与〈礼记〉研究》(山东师范大学硕士学位论文,2010 年),王月婷的《〈礼记〉"煎盐"新诂》(《古汉语研究》2010 年第 2 期),夏高发的《〈礼记〉服饰制度的伦理意蕴》(《孔子研究》2010 年第 6 期),郤同麟的《试论早期儒家经典的文本歧变——简本〈缁衣〉与传世本〈礼记〉再对比》(《浙江社会科学》2010 年第 11 期),徐宝锋的《〈礼记〉伦理认知的诗学品格》(《文学评论》2011 年第 4 期),任世喻的《关于〈礼记〉中一夫多妻制度的分析》(《西安社会科学》2011 年第 1 期),杨雅丽的《〈礼记〉语言学与文化学阐释》(人民出版社 2011 年版),石荣传、陈杰的《〈礼记〉所载佩玉制度的考古学研究》(《文史哲》2012 年第 3 期)等。

(三)《礼记》单篇研究

1.《乐记》研究

《乐记》是《礼记》第十九篇。本篇是我国古代最早的一篇有关"乐"的理论专著,在学术史上占有很高的地位。因此,《乐记》在新中国三礼学研究史上特别受重视,是《礼记》49 篇中被研究得最多的一篇。有关《乐记》的论著大致可分为以下几类:

(1)作者与成书时代

关于《乐记》的作者和成书年代,历来存在较大的争议。自郭沫若 1943 年发表《公孙尼子与其音乐理论》[①]以来,学界对《乐记》的作者问题一直争论不休。1949 年之后,学术界围绕这个问题,发表了许多论著,约略说来,主要有如下三种观点:

---

① 原载《群众周刊》第 17 期,1943 年 10 月。后收入郭沫若:《青铜时代》,科学出版社 1957 年版,第 182—201 页。

其一,战国初公孙尼子所作说。南朝梁沈约首倡此说。当代学者郭沫若、吕骥、沈文倬、钱玄、阴法鲁、李学勤等均基本赞同并进一步推衍了南朝梁沈约提出的说法。①

其二,西汉武帝时河间献王刘德与其臣子毛生等所作说。当代学者任铭善、蔡仲德等学者均持此说。②

其三,西汉武帝时人公孙尼子所作说。丘琼荪持此说。③

近年来,关于《乐记》的作者,学术界还在继续讨论。如刘心明的《〈礼记·乐记〉作于公孙尼之说辨误》(《山东大学学报》2002 年第 1 期)就极力否定《乐记》为公孙尼子所作说,而认为不应轻易否定"《乐记》由河间献王等人编成的这种说法"。而张小苹的《〈礼记·乐记〉非作于西汉考》(《四川师范大学学报》2010 年第 4 期)则认为:"《乐记》作者当为秦以前人,成书下限在秦始皇三十四年(前 213)焚书事件。"

(2)思想内容研究

这类论著有:陆学凯的《〈礼记·乐记〉与先秦礼乐思想》(《北方论丛》2003 年第 2 期)、张群与龚元秀的《〈礼记·乐记〉中的文艺思想》(《学术交流》2003 年第 8 期)、逯雪梅的《论〈礼记·乐记〉的"中和"文艺思想》(《北方论丛》2003 年第 6 期)、杨隽的《〈礼记·乐记〉与孔子的"兴观群怨"》(《北方论丛》2005 年第 6 期)、张恩普的《〈礼记·乐记〉文学批评思想探讨》(《古籍整理研究学刊》2006 年第 1 期)、刘原的《〈礼记·乐记〉文艺思想探述》(《北方论丛》2011 年第 1 期)等。

(3)音乐艺术研究

这类论著有:吉联抗的《乐记——我国古代最早的音乐理论》(《人民音

---

① 吕骥:《关于公孙尼子和〈乐记〉作者考》,《中国音乐学》1988 年第 3 期。沈文倬:《略论礼典的实行和〈仪礼〉书本的撰作》(上、下),《文史》第 15、16 辑,中华书局,1982 年。钱玄:《三礼通论》,南京师范大学出版社 1996 年版,第 46 页。阴法鲁:《读吕骥同志新作〈乐记理论探新〉札记》,《音乐研究》1995 年第 1 期。李学勤:《公孙尼子与〈易传〉的年代》,《文史》第 35 辑,中华书局,1992 年。

② 任铭善:《礼记目录后案》,齐鲁书社 1982 年版,第 49 页。蔡仲德:《〈乐记〉作者问题辨证》,《中央音乐学院学报》1980 年第 1 期。

③ 丘琼荪:《〈乐记〉考》,载《〈乐记〉论辩》,人民音乐出版社 1983 年版。

乐》1958 年第 5 期）、罗宗强的《乐记的艺术思想——读书札记》（《河北日报》1962 年 9 月 4 日）、蒋孔阳的《评〈礼记·乐记〉的音乐美学思想》（《中国社会科学》1984 年第 3 期）、修海林的《乐记音乐美学思想试析》（《音乐研究》1986 年第 2 期）、刘伟生的《〈礼记·乐记〉"声""音""乐"辨》（《船山学刊》2002 年第 4 期）等。

（4）综合研究

关于《乐记》综合研究的成果，主要有：人民音乐出版社 1983 年出版的论文集《〈乐记〉论辩》，王祎的博士学位论文《〈礼记·乐记〉研究论稿》（上海人民出版社 2011 年版），薛永武的《〈礼记·乐记〉研究》（光明日报出版社 2010 年版），张莉的《浅论〈礼记·乐记〉的古今研究》（《西安社会科学》2010 年第 5 期），王祎的《〈礼记·乐记〉产生佚文的原因及佚文钩稽》（《古籍整理研究学刊》2010 年第 6 期），杨合林的《〈礼记·乐记〉与〈史记·乐书〉对读记》（《文学遗产》2011 年第 1 期），杜书瀛的《论〈礼记·乐记〉的贡献》（《南都学坛》2012 年第 4 期），陈莉的《〈礼记·乐记〉的三重立论根据》（《扬州大学学报》2016 年第 4 期）等。

此外，早在 20 世纪 50 年代，就有了《乐记》单篇的译注本——吉联抗撰写的《乐记译注》（音乐出版社 1958 年版）。由此可见《乐记》受重视的程度。

2.《大学》《中庸》研究

有关《大学》篇的研究成果并不多，主要有：朱家桢的《〈大学〉〈中庸〉的经济思想》（《中国经济史研究》1991 年第 2 期），罗华文的《〈大学〉成书时代新考》（《孔子研究》1996 年第 1 期），冯利华的《浅析〈礼记·大学〉》（《天府新论》2005 年第 2 期）等几篇论文。

关于《中庸》篇的研究成果则相对较多，且多集中于对其思想的探讨，主要论作有：刘泽如的《中庸的人性论》（《人文杂志》1957 年第 2 期）、蔡尚思的《论孔子中庸及其变革思想的实质》（《学术月刊》1963 年第 11 期）、刘蔚华的《中庸之道是反辩证法的思想体系》（《武汉大学学报》1980 年第 5 期）、庞朴的《"中庸"平议》（《中国社会科学》1980 年第 1 期）、徐克谦的《中庸思想体系试析》（《齐鲁学刊》1986 年第 4 期）、金景芳、吕绍刚的《论〈中庸〉——兼析朱熹"中庸"说之谬》（《孔子研究》1994 年第 2 期）、庞朴的《中庸与三分》（《文史哲》2000 年第 4 期）、郑熊的《宋儒对〈中庸〉的研究》（西北大学博士学位论文，2007 年）、时胜勋的《〈大学〉〈中庸〉的思想价值及其使用限度》（《西南民族大学学报》2008 年第 1 期）、王岳川的《中庸的超越性思想与普世价值》（《社会科学战线》2009 年第 5 期）、解颉理的《〈中庸〉诠释史研究》（山东大学博士学位论文，2010 年）等。

3.《礼运》《月令》研究

有关《礼运》篇的研究著述有：徐仁甫的《〈礼记·礼运〉篇的误解与错简》（《晋阳学刊》1985 年第 2 期），永良的《〈礼记·礼运〉首段错简应当纠正》（《西南民族学院学报》1996 年第 6 期），杨朝明的《〈礼运〉成篇与学派属性问题》（《中国文化研究》2005 年第 1 期），龚敏的《〈礼记·礼运〉篇的作者问题》（《古籍整理研究学刊》2005 年第 1 期），朱城的《〈礼记·礼运〉"由此其选"新解》（《古籍整理研究学刊》2005 年第 4 期）等。

有关《月令》篇的研究著述有：梁韦弦、聂翔雁的《〈礼记·月令〉所记时候与汉易卦气之气候》（《松辽学刊》2002 年第 3 期），乐爱国的《〈管子〉与〈礼记·月令〉科学思想之比较》（《管子学刊》2005 年第 2 期），叶舒宪的《〈礼记·月令〉的比较神话学解读——以仲春物候为例》（《陕西师范大学学报》2006 年第 2 期），余琳的《〈礼记·月令〉篇禁忌研究》（暨南大学硕士学位论文，2007 年），杨雅丽的《"月令"语义文化溯源——〈礼记·月令〉解读》（《贵州文史论丛》2010 年第 2 期），许迪的《论月令系统的时间图式嬗变——以〈礼记·月令〉为中心》（《武汉科技大学学报》2014 年第 2 期）等。

4.《曲礼》《学记》研究

《曲礼》与《学记》也是《礼记》49 篇中较受关注的篇章。

有关《曲礼》篇的研究中，有许多是探讨该篇提出的"礼不下庶人，刑不上大夫"这一问题的。如钟肇鹏的《"礼不下庶人，刑不上大夫"说》（《学术月刊》1963 年第 2 期）、谢维扬的《"礼不下庶人，刑不上大夫"辨》（《学术月刊》1980 年第 8 期）、李衡眉的《"刑不上大夫"之"刑"为"肉刑"说补正》（《河南大学学报》1986 年第 1 期）、马小红的《释"礼不下庶人，刑不上大夫"》（《法学研究》1987 年第 2 期）、张全民的《"礼不下庶人"发覆》（《吉林大学社会科学学报》1997 年第 1 期）、杨向奎的《裼袭礼与"礼不下庶人"解》（《中国社会科学院研究生院学报》1998 年第 6 期）、刘信芳的《"礼不下庶人，刑不上大夫"辨疑》（《中国史研究》2004 年第 1 期）、吕友仁的《〈礼记〉研究四题》（中华书局 2014 年版）之《〈礼记〉"刑不上大夫"旧解发覆》和《〈礼记〉"礼不下庶人"旧解发覆》，等等。其他有关《曲礼》的研究，还有顾颉刚的《曲礼中的古代官制及卜、祝之由尊而贱》（《中国社会科学院研究生院学报》1986 年第 2 期），王锷的《〈礼记·曲礼〉成篇年代考》（《南京师范大学文学院学报》2006 年第 3 期）和《读〈礼记·曲礼〉札记》（《南京师范大学文学院学报》2012 年第 3 期），张红珍的《〈礼记·曲礼〉之"父不祭子"释义辨析》（《东岳论丛》2015 年第 6 期）等。

有关《学记》篇的研究，首先是译注，如顾树森的《学记今译》（人民教育出版社 1957 年版），傅任敢的《学记译述》（上海新知识出版社 1957 年版），高时良的《学记评注》（人民教育出版社 1982 年版），刘震的《学记释义》（山东教育出版社 1984 年版）等。其次是对该篇思想内容的探讨。由于《学记》篇的性质，对其内容的研究，多从教学、教育入手。这类论著主要有：沈灌群的《学记——中国古代学校的教育和教学经验总结》（《华东师范大学学报》1956 年第 4 期）、詹栋梁的《学记的教育原则》（《建设》1960 年第 2 期）、杨太康的《我国教育史上的一份珍贵遗产——读〈学记〉》（《山西师院学报》1979 年第 1 期）、陈辉的《〈学记〉教与学思想探微》（《西华师范大学学报》1990 年第 3 期）、张秀红的《论〈学记〉所反映的教学辩证法思想》（《河南大学学报》1998 年第 6 期）、张传燧、周文和的《〈学记〉教学艺术思想探微》（《教育评论》2002 年第 5 期）、向小川的《〈学记〉教育思想的现代思考》（《重庆三峡学院学报》2010 年第 5 期）、彭慧的《〈礼记·学记〉"离经辨志"释义辨疑》（《郑州大学学报》2011 年第 5 期）等。

5. 其他篇章研究

关于《礼记》其他篇的研究论著，主要有刘正民的《〈礼记·王制〉浅析》（《荆州师专学报》1983 年第 3 期）、郭东明的《〈礼记·檀弓〉的作者及其年代》（《齐鲁学刊》1990 年第 4 期）、刘永耕的《〈礼记·檀弓〉"问丧于夫子"辨》（《古汉语研究》1993 年第 3 期）、梁伟弦的《〈礼记·昏义〉之"合体同尊卑"解——辨夫妇关系有两种古礼说》（《古籍整理研究学刊》1994 年第 3

期）、丁鼎的《"服术有六"：试论〈礼记·大传〉中的制服原则》（《齐鲁学刊》2001 年第 5 期）、李景泉和侯晓菊的《〈礼记·檀弓〉"壹似重有忧者"解》（《古汉语研究》2002 年第 1 期）、张磊的《〈礼记·玉藻〉研究》（《齐鲁文化研究》，2009 年）、章可的《〈礼记·王制〉的地位升降与晚清今古文之争》（《复旦学报》2011 年第 2 期）、陈戍国和延瑞芳的《先秦至西汉〈礼记·缁衣〉学术溯源》（《衡阳师范学院学报》2011 年第 2 期）、晁福林的《〈礼记·缁衣〉文本的一桩历史公案——早期儒家思想变迁的一个例证》（《山西大学学报》2013 年第 1 期）、《早期儒家政治理念中的"止民淫"与"见（现）民欲"——简本〈礼记·缁衣〉"上人疑"章补释》（《文史哲》2013 年第 1 期），高培华的《〈礼记·檀弓上〉曾子责子夏考辨——兼谈孔门弟子是"和而不同"的君子群体》（《史学月刊》2013 年第 2 期）、郭齐勇的《〈礼记〉哲学诠释的四个向度——以〈礼运〉〈王制〉为中心的讨论》（《复旦学报》2016 年第 1 期）等。

（四）《礼记》学与《礼记》学术史研究

这类论著主要有：杨天宇的《略述中国古代的〈礼记〉学》（《南都学坛》2000 年第 4 期）、曾军的《清前期〈礼记〉学研究》（华中师范大学硕士学位论文，2005 年）、姚再儒的《朱彬〈礼记训纂〉管窥》（《华中师范大学研究生学报》2006 年第 3 期）、潘斌的《王安石〈礼记〉学探论》（《社会科学辑刊》2008 年第 1 期）和《皇侃〈礼记〉学探论》（《青海社会科学》2008 年第 2 期）、万丽文的《孙希旦〈礼记集解〉研究》（南京师范大学硕士学位论文，2007 年）、周忠的《〈礼记质疑〉研究》（南京师范大学硕士学位论文，2008 年）、曾军的《义理与考据：清中期〈礼记〉诠释的两种策略》（岳麓书社 2009 年版）、王锷的《东汉以来〈礼记〉的流传》（《井冈山大学学报》2010 年第 5、6 期）、刘金鑫的《〈礼记正义〉解经研究》（南京师范大学硕士学位论文，2011 年）、潘忠伟的《唐初〈礼记〉地位的提升与北朝礼学传统》（《中华文化论坛》2011 年第 3 期）、张帅与丁鼎的《〈礼记正义〉二次征引〈礼记〉旧疏探析》（《古籍整理研究学刊》2012 年第 3 期）和《〈礼记正义〉据皇侃〈礼记义疏〉删理成书考述》（《古典文献研究》2012 年）、陶广学的《孔颖达〈礼记正义〉研究》（扬州大学博士学位论文，2013 年）、刘丰的《礼学与理学的互动——吕大临的〈礼记解〉与宋代理学的发展》（《中国儒学辑刊》，2013 年）、华喆的《孔颖达〈礼记正义〉取舍皇侃疏研究》(《文史》2014 年第 3 期)、王启发的《王肃的礼记学及其后世影响》(《湖南大学学报》2016 年第 2 期)等。

（五）《礼记》文献的点校整理与新的译注

1. 点校整理类著述：

《礼记集解》，孙希旦撰，沈啸寰、王星贤点校，中华书局 1989 年版。

《礼记质疑》，郭嵩焘撰，邬锡非、陈戍国点校，岳麓书社 1992 年版。

《礼记训纂》，朱彬撰，饶钦农点校，中华书局 1996 年版。

《礼记正义》，郑玄注，孔颖达疏，龚抗云标点，北京大学出版社 1999 年版。

《礼记正义》，郑玄注，孔颖达疏，吕友仁整理，上海古籍出版社 2008 年版。

《礼记集说》，陈澔撰，万久富整理，凤凰出版社 2010 年版。

《礼记要义整理与研究》，魏了翁撰，王锷、瞿林江整理，高等教育出版社 2016 年版。

2. 译注类著述：

《礼记》的译注，较《周礼》和《仪礼》多得多，体现了学术界对《礼记》的重视程度。这与《礼记》阐述了丰富的“礼义”，其中许多内容更切近社会现实有关。近二十年来，主要有以下译注：

《礼记译注》，杨天宇，上海古籍出版社 1997 年版。

《礼记直解》，任平，浙江文艺出版社 2000 年版。

《礼记译解》，王文锦，中华书局 2001 年版。

《礼记校注》，陈戍国，岳麓书社 2004 年版。

《礼记译注》，潜苗金，浙江古籍出版社 2007 年版。

《礼记导读》，曾亦、陈文嫣，中国国际广播出版社 2009 年版。

《礼记全译》(修订本)，吕友仁、吕咏梅，贵州人民出版社 2009 年版。

《礼记讲读》，吕友仁，华东师范大学出版社 2009 年版。

《礼记解读》，丁鼎，中国人民大学出版社 2010 年版。

《礼记通译》，俞仁良，上海辞书出版社 2010 年版。

《礼记》，鲁同群评注，凤凰出版社 2011 年版。

(六)《大戴礼记》研究

1.编者与成书年代研究

关于《大戴礼记》汇编者与成书年代,传统的说法认为,其书为西汉人戴德所编,而晚近以来,主流学人又谓其书是东汉时礼家所纂辑,与西汉戴德没有关系。这种观点以洪业《礼记引得·序》①为代表。其后,学界多信从洪业之说。近年来始有学者对洪说提出质疑。如黄怀信在《关于〈大戴礼记〉源流的几个问题》(《齐鲁学刊》2005 年第 1 期)一文中对洪说进行了辩驳,并认为:"《大戴礼记》确当为西汉戴德所辑传之书。"②

2.《大戴礼记》内容研究

与小戴《礼记》相比,学界对于《大戴礼记》的研究,相对较少。有关《大戴礼记》内容的研究论著主要有:徐喜辰的《〈大戴礼记〉及其史料价值》(《古籍整理研究学刊》1986 年第 3 期)、韦茂荣的《论〈大戴礼记〉的心理分析方法》(《四川师范大学学报》1996 年第 4 期)、华友根的《戴德的丧服主张及其〈大戴礼记〉》(《学术月刊》1997 年第 11 期)、韩永贤的《大戴礼探源》(人民中国出版社 1999 年版)、方向东的《〈大戴礼记〉释诂》(《南京师大学报》2000 年第 5 期)、刘彬的《〈大戴礼记·易本命〉象数发微》(《周易研究》2003 年第 1 期)、吴培德的《〈大戴礼记〉之伦理观》(《孔学研究》第十辑,2004 年)、于国良的《〈大戴礼记〉词汇研究》(四川大学硕士学位论文,2005 年)、李存周的《〈大戴礼记〉词汇研究》(广州大学硕士学位论文,2006 年)、张磊的《〈大戴礼记〉"曾子十篇"研究》(曲阜师范大学硕士学位论文,2004 年)、《上海博物馆竹书〈内豊〉与〈大戴礼记〉"曾子十篇"》(《管子学刊》2007 年第 1 期)和《〈曾子〉源流与〈大戴礼记〉"曾子十篇"》(《古籍整理研究学刊》2009 年第 3 期)、刘光胜的《〈大戴礼记·曾子立事〉篇题考》(《殷都学刊》2010 年第 1 期)和《〈大戴礼记·曾子〉分篇问题新探》(《深圳大学学报》2011 年第 1 期)、张玉金的《〈大戴礼记·武王践阼〉新证》(《华南师范大学学报》2012 年第 2 期)、朱赞赞的《〈大戴礼记〉所见"孔子遗说"研究》(曲阜师范大学博士学位论文,

————————————

① 洪业:《礼记引得》,哈佛燕京学社引得编纂处,1936 年。

② 黄怀信:《关于〈大戴礼记〉源流的几个问题》,《齐鲁学刊》2005 年第 1 期。

2015 年)等。其中,甘良勇的《〈大戴礼记〉研究》(浙江大学博士学位论文,2012 年),是对《大戴礼记》的整体研究。

有关《大戴礼记·夏小正》的研究论著主要有:李军靖的《夏小正探索》(《郑州大学学报》1986 年第 5 期)、何幼琦的《夏小正的内容和时代》(《西北大学学报》1987 年第 1 期)、李学勤的《夏小正新证》(《农史研究》第 8 辑,1989 年)、郑慧生的《〈大戴礼记·夏小正〉今译》(《古籍整理》1992 年第 1 期)等。

另外,关于文字、标点校正方面的著述有:谢贵安的《〈大戴礼记〉校正二十则》(《华中师范大学学报》1987 年第 5 期)、陈兴伟的《〈大戴礼记〉句读辨正》(《浙江师范大学学报》1988 年第 3 期)、任铭善的《〈大戴礼记〉考论三篇》(《学术集林》卷三,上海远东出版社 1995 年版)、曹建墩的《据上海博物馆藏竹书校读〈大戴礼记〉一则》(《中原文物》2009 年第 1 期)等。

3. 学术史研究

《大戴礼记》学术史方面的研究,也多是近年的论作,主要有:黄怀信的《〈大戴礼记〉传本源流考》(《齐鲁学刊》2005 年第 1 期),孙显军的《朱熹的〈大戴礼记〉研究》(《苏州大学学报》2009 年第 1 期)、《杨简〈大戴礼记〉研究》(《徐州师范大学学报》2009 年第 4 期)、《隋唐〈大戴礼记〉传习考》(《文史哲》2009 年第 6 期)、《论清代的〈大戴礼记〉研习——兼谈传统经典与科举》(《南京农业大学学报》2010 年第 3 期),以及刘光胜的《〈大戴礼记〉"曾子十篇"研究综述》(《中国史研究动态》2010 年第 3 期),甘良勇的《南宋韩元吉刻〈大戴礼记〉非〈隋书·经籍志〉所著录本考》(《孔子研究》2012 年第 3 期),马晓玲的《〈大戴礼记〉版本新论——十三卷刻本以前抄本的流传及十三卷刻本的生成蠡测》(《中州学刊》2014 年第 2 期),祝国红的《大、小戴〈礼记〉关系考论》(《孔子研究》2014 年第 5 期)等。

4. 点校、注释和整理类著述:

关于《大戴礼记》的点校、注释和整理,主要有下列成果:

《夏小正经文校释》,夏纬瑛撰,农业出版社 1981 年版。

《大戴礼记解诂》,(清)王聘珍撰,王文锦点校,中华书局 1983 年版。

《大戴礼记汇校集注》,黄怀信等撰,三秦出版社 2005 年版。

《大戴礼记汇校集解》,方向东撰,中华书局 2008 年版。

《大戴礼记补注》,孔广森撰,王丰先点校,中华书局 2013 年版。

四、三礼总义、通礼类研究

(一) 三礼总义类

1. 郑玄《三礼注》研究

1949 年以来,有关郑玄《三礼注》的研究成果并不多见。在这一领域有突出成绩者,首推杨天宇。他先后发表了《郑玄〈三礼注〉中的汉史资料》(《河南师大学报》1982 年第 4 期)、《论郑玄〈三礼注〉》(《文史》第 21 辑,1983年)、《郑玄〈三礼注〉中的汉史资料(续)》(《河南师大学报》1984 年第 1 期)、《郑玄校〈仪礼〉从古文本字不从今文通假字考》(《河南科技大学学报》2005年第 4 期)、《略述郑玄校勘〈三礼〉所遵循的原则》(《井冈山大学学报》2010年第 3 期)等多篇论文。后来又撰成《郑玄〈三礼注〉研究》(天津人民出版社 2006 年版;中国社会科学出版社 2007 年版)一书。该书分"通论编""校勘编""训诂编"三部分。其中,"校勘编"主要研究郑玄在校勘三礼时对诸多三礼或本异文的取舍。前人对此主要着眼于某字所从的个案考察,杨氏遍索三礼郑注中取舍异文的字例,并一一考辨,进而归纳出郑玄取舍异文的条例和所遵循的原则,是为一大创新;"训诂编"主要是一一考辨郑玄对"读为""读曰""读如""读若""当为"等术语的运用,从而发现段玉裁对此的解释有许多片面和武断的地方。

此外还有:冯浩菲的《〈三礼注〉释词要例举证》(《文献》1991 年第 2 期)、虞万里的《三礼汉读、异文及其古音系统》(《语言研究》1997 年第 2 期)、杨允的《郑玄"三礼注"诗乐思想探析》(《辽宁大学学报》2010 年第 4 期),等等。

按照三礼分类,关于郑玄三礼注的研究论著还有:

《周礼》注类:主要有江中柱的《〈周礼〉汉注"读为(曰)""读如(若)"新探——略兼及〈说文〉"读若"例》(《湖北大学学报》1994 年第 3 期),王锷的《郑玄〈周礼注〉版本考辨》(《图书与情报》1995 年第 3 期),鲁洪生的《郑玄〈周礼注〉比、兴观念产生的根源》(《河北师范大学学报》2004 年第 6 期),李玉平的《试析郑玄〈周礼注〉中的"古文"与"故书"》(《古籍整理研究学刊》

2005 年第 5 期),张鹏飞的《〈周礼〉郑注"若今"例研究》(《古籍整理研究学刊》2009 年第 3 期),孔令杰的《论郑玄〈周礼注〉中的"复"和"有罪先请"》(《理论学刊》2012 年第 4 期)等。

《仪礼》注类:主要有王锷的《郑玄〈仪礼注〉版本考辨》(《图书与情报》1995 年第 3 期)、杨天宇的《郑玄校〈仪礼〉从今文本字不从古文通假字考》(《史学月刊》2006 年第 8 期)、范常喜的《〈仪礼〉郑注"古文"研究疏失举隅》(《传统中国研究集刊》第七辑,2009 年)、陈居渊的《郑玄注〈仪礼〉今古文正误考略》(《复旦学报》2016 年第 4 期)等。

《礼记》注类:主要有李萍的《郑玄〈礼记注〉据境释义新探》(《陕西师范大学学报》1995 年第 1 期),傅华辰的《〈礼记〉郑注训诂研究》(南京师范大学硕士学位论文,2004 年),钱慧真的《〈礼记〉郑玄注释中的同源词研究》(山东大学硕士学位论文,2006 年),郭善兵的《郑玄、王肃〈礼记注〉比较研究》(《泰山学院学报》2015 年第 4 期)等。

2. 三礼工具书

20 世纪末,随着三礼学研究的复苏和发展,大陆学者陆续编纂了一些有关三礼学的工具书,对于推动三礼学研究的深化和细化,发挥了巨大的促进作用。其中最有影响的有如下几种:

(1)钱玄、钱兴奇的《三礼辞典》

在新中国三礼学工具书编撰领域,最值得称道的是钱玄、钱兴奇的《三礼辞典》(江苏古籍出版社 1995 年版)。钱玄先于 1987 年编著出版《三礼名物通释》(江苏古籍出版社 1987 年版),后又与钱兴奇合作编著《三礼辞典》,对三礼中的各种名物和术语,作了精当的解释,对于三礼学学习和研究大有帮助。

(2)王锷的《三礼研究论著提要》

王锷的《三礼研究论著提要》于 2001 年由甘肃教育出版社初版,2007 年又由该社推出增订本。这部有关三礼学的提要式通代目录工具书,收录了我国从古至今可查到的所有的三礼学著作,不仅为每部著述都撰写出较详细的提要,而且尽可能详载每部书的版本源流。具有内容齐备、信息详博、编排科学、学术性强等特点,是迄今为止内容最为详备的目录类礼学工具书,对经学、史学、礼学、目录版本学等,都大有裨益。

(3)刘兴均的《〈周礼〉名物词研究》和《三礼名物词研究》

刘兴均从20世纪80年代就从事三礼名物词研究。他的《〈周礼〉名物词研究》于2001年由巴蜀书社出版,2016年又由商务印书馆出版《三礼名物词研究》。这两部有关三礼名物词研究的著作,具有工具书性质,对于学术研究工作者和一般读者都具有很高的学术价值和实用价值。

(4)陕西师范大学辞书编纂研究所主持编纂的《十三经辞典:周礼卷》《十三经辞典:仪礼卷》《十三经辞典:礼记卷》

20世纪末,由陕西师范大学辞书编纂研究所主持、全国十几所高等院校的专家学者合作编纂了一套大型的《十三经辞典》。这套《十三经辞典》是经国务院批准,列入新闻出版署《1988—2000年全国辞书编写出版规划》的大型专书辞典。从1988年12月编写工作正式开始,21世纪初由陕西出版集团和陕西人民出版社陆续出版问世,到2012年终于全部出齐,历时20多年。这套《十三经辞典》中的三礼专书辞典分别是:

汤斌主编,白玉林、王福成副主编:《十三经辞典·周礼卷》,陕西出版集团、陕西人民出版社2010年版。全书230万字。

胡大浚主编,甄继祥副主编:《十三经辞典·仪礼卷》,陕西出版集团、陕西人民出版社2010年版。全书210万字。

王明仓、白玉林主编,周淑萍、杨雅丽副主编:《十三经辞典·礼记卷》,陕西出版集团、陕西人民出版社2011年版。全书418万字。

这三部礼学经典专书辞典在编写规模上是空前的,总字数达到了800多万字。这三部礼学专书辞典除了穷尽式地收录三部礼学经典的词语之外,一个突出的亮点就是把每个词语在语音、词汇、语法范畴内找到其位置,同时显现其字频、音频、词频、义频,将使用中的词的动态变化呈现出来,为研究者提供必要的量化资料。这一开创性的工作有助于准确、全面解释词义,使释义更加完备,义项分合更加妥当,例证与释义更加吻合。

3. 三礼学与三礼学史研究

关于三礼学和三礼学史的研究,主要有彭林的《郑玄与〈三礼〉名物研究》(《郑玄研究文集》,齐鲁书社1999年版)、林存阳的《清初三礼学》(社会科学

文献出版社 2002 年版)和《三礼馆与清代学术转向》(《南开学报》2007 年第 1
期)、张学智的《明代三礼学概述》(《中国哲学史》2007 年第 1 期)、潘斌的《近
二十多年来郑玄〈三礼注〉研究综述》(《古籍整理研究学刊》2007 年第 5 期)、
王文东的《乾嘉"三礼"研究兴盛论》(《满族研究》2007 年第 2 期)、葛志毅的
《郑玄三礼学体系考论》(《中华文化论坛》2007 年第 3 期)、林存阳的《三礼
馆:清代学术与政治互动的链环》(社会科学文献出版社 2008 年版)、张鹤泉
的《略论北朝儒生对"三礼"的传授》(《社会科学战线》2009 年第 7 期)、丁鼎
和马金亮的《新中国(大陆地区)三礼学研究综述》(《齐鲁文化研究》2012
年)、刘丰的《王肃的三〈礼〉学与"郑王之争"》(《中国哲学史》2014 年第 4
期)、杨艳秋的《明代三礼学论略》(《山西大学学报》2014 年第 5 期)、张帅的
《南北朝三礼学研究》(山东师范大学博士学位论文,2013 年)和《论南北朝三
礼义疏对郑学的扬弃》(《历史文献研究》2014 年第 2 期)、潘斌的《20 世纪中
国"三礼"研究的回顾与展望》(《吉林大学社会科学学报》2014 年第 5 期)和
《二十世纪中国三礼学史》(南京大学出版社 2016 年版)等。

4.通论及其他

(1)通论

三礼通论类著述,主要有文史知识编辑部编《经书浅谈》(中华书局 1984
年版)中关于《周礼》《仪礼》《礼记》的章节①,以及徐喜辰的《说〈周礼〉〈仪
礼〉〈礼记〉》(《史学史研究》1989 年第 2 期),钱玄的《三礼通论》(南京师范
大学出版社 1996 年版),夏传才的《十三经概论·三礼》(天津人民出版社
1998 年版),谢芳琳的《〈三礼〉之谜》(四川教育出版社 2000 年版),彭林的
《三礼说略》(《十三经说略》,中华书局 2002 年版),丁鼎的《三礼概说》(载郑
杰文主编《经学十二讲》第六讲,中华书局 2007 年版)等。其中,钱玄撰著的
《三礼通论》内容最为丰富,创见颇多。

(2)其他

三礼其他研究论著主要有:王锷的《三礼研究文献概述》(《图书与情报》

---

① 文史知识编辑部:《经书浅谈》,中华书局 1984 年版。该书由文史知识编辑部约请杨伯
峻、刘起釪、阴法鲁、金景芳、王文锦、陆宗达、王宁等学者撰写。其中有关《周礼》的内容由金景
芳撰写,有关《仪礼》《礼记》的内容由王文锦撰写。

1997 年第 3 期），万丽华的《〈十三经注疏〉中〈三礼〉注疏句读辨误》（《古籍整理研究学刊》2006 年第 2 期），王秀臣的《"三礼"的文学价值及其文学史意义》（《文学评论》2006 年第 6 期）、《三礼用诗考论》（中国社会科学出版社2007 年版），罗晓林的《"三礼"中寻找中国传统礼仪教育的成功经验及其对现代教育的启示》（《当代教育理论与实践》2011 年第 5 期），彭林的《三礼研究入门》（复旦大学出版社 2012 年版），许子滨的《〈春秋〉〈左传〉礼制研究》（上海古籍出版社 2012 年版），邓声国的《先秦礼学文献的文学研究视阈考察——以"三礼"为代表》（《江西社会科学》2012 年第 1 期），李敦庆的《"三礼"中仪式用乐的政治含义及礼、乐之关系》（《文艺评论》2015 年第 8 期）等。

5. 通礼类文献的点校整理与礼学知识的普及

有关通礼类礼学文献点校整理的著述，主要有：

（民国）刘善泽：《三礼注汉制疏证》十六卷，刘孚永点校，岳麓书社 1997年版。

（宋）聂崇义撰：《新定三礼图》二十卷，丁鼎点校解说，清华大学出版社2005 年版。

（清）黄以周撰：《礼书通故》五十卷，王文锦点校，中华书局 2007 年版。

关于礼学知识的普及，除上述三礼译注和通释、辞典以外，以彭林的《中国古代礼仪文明》（中华书局 2004 年版）、《中华传统礼仪读本》（浙江文艺出版社 2008 年版）、《儒家礼乐文明讲演录》（广西师范大学出版社 2008 年版）等著作为代表。

（二）通礼类研究

1. 礼论、礼学类

此类有关礼的著述，内容比较杂，主要有章权才的《礼的起源和本质》（《学术月刊》1963 年第 8 期），杨善群的《论周礼的制订在历史上的进步作用》（《学术月刊》1984 年第 11 期），杨向奎的《礼的起源》（《孔子研究》1986年第 1 期），刘泽华的《先秦礼论初探》（《中国文化研究集刊》，1987 年），徐志刚的《礼对周代贵族感情的制约作用》（《孔子研究》1987 年第 4 期），刘志琴的《礼制和等级观念》（《文史知识》1988 年第 6 期），欧阳小桃的《论礼在先秦儒家思想中的地位与作用》（《江西社会科学》1989 年第 4 期），吕绍纲的《早期儒家礼概念的历史考察》(《儒学国际学术讨论会论文集》,1989 年),刘家和的《先秦儒家仁礼学说新探》(《孔子研究》1990 年第 1 期),张力的《古礼探源》(《四川师范学院学报》1991 年第 4 期),杨志刚的《汉代礼制和文化略论》(《复旦学报》1992 年第 3 期),金景芳的《谈礼》(《历史研究》1996 年第 6 期),杨华的《先秦礼乐文化》(湖北教育出版社 1997 年版),邹昌林的《中国礼文化》(社会科学文献出版社 2000 年版),王启发的《礼义新探》(中国社会科学院研究生院博士学位论文,2001 年),杨天宇的《略论"礼是郑学"》(《齐鲁学刊》2002 年第 3 期),丁鼎的《齐鲁文化与两汉礼制及礼学》(《烟台师范学院学报》2004 年第 1 期),梅珍生的《晚周礼的文质论》(湖北人民出版社 2004 年版),张自慧的《礼文化的人文精神与价值研究》(郑州大学博士学位论文,2006 年),杨华的《古礼新研》(商务印书馆 2012 年版),吴丽娱主编的《礼与中国古代社会》(中国社会科学出版社 2016 年版),邓国光的《曹元弼先生〈经学文钞〉礼说初识》(《湖南大学学报》2016 年第 5 期)等。

2. 礼乐、礼俗类

（1）礼乐研究

"礼乐文化"是中国传统文化的底色、基因。对中国古代礼乐文化进行综合研究的论著主要有:杜国庠的《略论礼乐起源及中国礼学的发展》(《先秦诸子的若干研究》,生活·读书·新知三联书店 1955 年版),周谷城的《"礼""乐"新解》(《文汇报》1962 年 2 月 9 日),杨向奎的《关于周公"制礼作乐"》(《文史知识》1986 年第 6 期)和《试论中国传统的礼乐文明》(《东西方文化研究》1987 年第 1 辑),郁默的《从周公制礼作乐谈起》(《中国典籍与文化》1995 年第 1 期),杨朝明的《鲁国礼乐传统研究》(《历史研究》1995 年第 3 期),柳肃的《礼的精神——礼乐文化与中国政治》(吉林教育出版社 1990 年版),杨向奎的《宗周社会与礼乐文明》(人民出版社 1997 年修订本),沈文倬的《宗周礼乐文明考论》(浙江大学出版社 2006 年增补本),《菿闇文存:宗周礼乐文明与中国文化考论》(商务印书馆 2006 年版),贾海生的《周代礼乐文明实证》(中华书局 2010 年版),丁鼎等的《和谐生存之道——儒家礼乐文化》(山东教育出版社 2012 年版),张自慧的《礼文化与致和之道》(上海人民出版社 2012 年版),成守勇的《古典思想世界中的礼乐生活——以〈礼记〉为中心》(上海三联书店 2013 年版)等。

（2）礼俗研究

礼与俗关系密切,对历史上礼与俗进行综合研究的著述数量不少。此类论著主要有:李衡眉的《论周代的"同姓不婚"礼俗》(《齐鲁学刊》1988 年第 5 期),李万鹏、姜文华的《中国礼俗概说》(《民俗研究》1989 年第 1 期),唐晓君的《居延汉简所见礼俗考》(《西北史地》1991 年第 2 期),常金仓的《周代礼俗研究》(台湾文津出版社 1992 年版),赵丕杰的《中国古代礼俗》(语文出版社 1996 年版),王炜民的《中国古代礼俗》(中国国际广播出版社 2010 年版),郑群的《〈诗经〉与周代婚姻礼俗研究》(扬州大学博士学位论文,2007 年)等。

3. 制度类

（1）礼制研究

有关礼制方面的论著,主要有:李学勤的《古代的礼制与宗法》(《古代文化史讲座》,中央广播大学出版社 1984 年版),杨群的《从考古发现看礼和礼制的起源与发展》(《孔子研究》1990 年第 3 期),杨志刚的《中国礼仪制度研究》(华东师范大学出版社 2001 年版),郭善兵的《中国古代帝王宗庙礼制研究》(人民出版社 2007 年版),阎步克的《服周之冕:周礼六冕礼制的兴衰变异》(中华书局 2009 年版),曹建墩的《先秦礼制探赜》(天津人民出版社 2010 年版),魏永康的《古代礼制文化》(吉林文史出版社 2010 年版),魏向东、严安平的《中国的礼制》(中国国际广播出版社 2010 年版),李栋的《先秦礼制建筑考古学研究》(山东大学博士学位论文,2010 年)等。

有关礼制史的研究论著,当首推陈戍国撰著的六卷本《中国礼制史》,该书是著者在《先秦礼制研究》(湖南教育出版社 1991 年版)、《秦汉礼制研究》(湖南教育出版社 1993 年版)、《魏晋南北朝礼制研究》(湖南教育出版社 1995 年版)等一系列断代史成果的基础上编纂而成的一部通史性的礼制史著作,全书 280 余万字,是中国第一部礼制通史,具有重要的学术意义。另外,断代礼制史的研究,有任爽的《唐代礼制研究》(东北师范大学出版社 1999 年版),王美华的《唐宋礼制研究》(东北师范大学博士学位论文,2004 年)等。

（2）宗法制度研究

宗法制度的研究,主要有金景芳的《论宗法制度》(《东北人民大学学报》1956 年第 2 期),季家骧的《宗法今解——兼与杨宽先生商榷》(《学术月刊》1982 年第 5 期),吴浩坤的《西周和春秋时代宗法制度的几个问题》(《复旦学报》1984 年第 1 期),钱杭的《周礼宗法制度论略》(《中华文史论丛》第 1 辑,1986 年),钱宗范的《周代宗法制度研究》(广西师范大学出版社 1989 年版),陈恩林的《关于周代宗法制度中君统与宗统的关系问题》(《社会科学战线》1989 年第 2 期),陈森的《论宗法制度的演变及其影响》(《宁夏大学学报》1989 年第 1 期),钱杭的《周代宗法制度史研究》(学林出版社 1991 年版),晁福林的《试论战国时期宗法制度的发展与演变》(《史学史研究》1999 年第 1 期),丁鼎的《〈仪礼·丧服〉所体现的周代宗法制度》(《史学集刊》2002 年第 6 期),姚伟钧的《宗法制度的兴亡及其对中国社会的影响》(《华中师大学报》2002 年第 3 期),陈恩林、孙晓春的《关于周代宗法制度的两个问题》(《社会科学战线》2002 年第 6 期),马卫东的《春秋时期宗法制度的延续及其瓦解》(《鲁东大学学报》2008 年第 4 期)等。

（3）婚姻家庭制度研究

婚姻制度方面的论著,主要有李衡眉的《早期儒家婚姻观论略》(《东岳论丛》1987 年第 6 期)、王文锦的《我国远古的一种婚姻形态》(《文史知识》1987 年第 11 期)、谢维扬的《周代家庭形态》(中国社会科学出版社 1990 年版)、李衡眉的《昭穆制度与周人早期婚姻形态》(《历史研究》1990 年第 2 期)和《周代婚姻禁忌述略》(《人文杂志》1990 年第 6 期)、程德祺的《"三礼"中的婚姻礼制》(《历史教学问题》1990 年第 1 期)、宋秀丽的《春秋婚制考述》(《贵州社会科学》1991 年第 10 期)、高兵的《周代婚姻制度研究》(吉林大学博士学位论文,2004 年)等。

（4）其他制度研究

关于其他制度的研究论著有:葛志毅的《周代分封制度研究》(黑龙江人民出版社 1992 年版),吕文郁的《周代采邑制度研究》(台湾文津出版社 1992 年版),庞朴的《昭穆新考》(载《国学今论》,辽宁教育出版社 1991 年版),李无未的《周代朝聘制度研究》(吉林人民出版社 2005 年版),胡新生的《周代祭祀中的立尸礼及其宗教意义》（《世界宗教研究》1990 年第 4 期）、《周代殡礼考》（《中国史研究》1992 年第 3 期），龚杰的《论儒家的礼法观》（《河北学刊》1992 年第 2 期），高智群的《献俘礼研究》（《文史》第 35、36 辑，1992 年），杨志刚的《〈朱子家礼〉：民间通用礼》（《传统文化与现代化》1994 年第 4 期），李衡眉的《昭穆制度研究》（齐鲁书社 1996 年版），汤勤的《孔子礼学探析》（《复旦学报》1999 年第 2 期），兰甲云的《周易古礼研究》（湖南大学博士学位论文，2007 年），朱红林的《〈周礼〉"六计"与战国时期的官吏考课制度》（《吉林大学社会科学学报》2012 年第 1 期），李蜜的《〈周礼〉的医官制度与医学思想考辨》（《中国典籍与文化》2012 年第 2 期）等。

（三）学术史研究

礼学史研究的论著相对比较少，这应是学界今后重点努力的方向之一。杨志刚的《中国礼学史发凡》（《复旦学报》1995 年第 6 期）倡议中国礼学史的撰作，并提出了礼学史研究的思路和方法；詹子庆的《对礼学的历史考察》（《东北师大学报》1996 年第 5 期）认为一部礼学史反映了历史的变迁，关涉着众多历史现象和事实。邹昌林的《关于中国礼文化研究的思考》（《湖南大学学报》2016 年第 5 期）认为中国文化整体上是一个礼文化模式，具有原生性、循序渐进性和包容性。通过分析和揭示中国礼文化各个方面的特征及其所决定的儒学（儒教）的特点和走向，可以看出东西方的差异不是简单的历史发展阶段的不同，而是有着整个体系的差别。

礼学通史的撰作，当然要以断代礼学史为前提。相对于其他儒家经典来说，有关三礼的学术史著作一直偏少。近年来有关某一时段或区域的礼学史论著开始增多，如林存阳的《清初三礼学》（社会科学文献出版社 2002 年版），李江辉的《晚清江浙礼学研究》（西北大学博士学位论文，2007 年），潘斌的《宋代〈礼记〉学研究》（吉林人民出版社 2011 年版）、《二十世纪中国三礼学史》（南京大学出版社 2016 年版），张帅的《南北朝三礼学研究》（山东师范大学博士学位论文，2013 年），刘丰的《北宋礼学研究》（中国社会科学出版社 2016 年版）等。

第三节　三礼学研究的特点与展望

一、三礼学研究的特点

（一）三礼学研究呈现的不平衡性

自新中国成立以来迄今的三礼学研究具有明显的不平衡性特点。无论从时间段上来看，还是从三礼研究论著的数量上来看，都呈现出不平衡性的特点。

1. 时间上的不平衡

通过上文对新中国成立 70 多年来三礼学研究的分期概述，即可发现随着政治形势的发展变化，三礼学研究在不同的历史时期呈现出极大的不平衡性。从 1949 到 1966 年，三礼学研究比较沉寂，只发表了区区 40 余篇有关文章；研究专著接近于零，只有刘泽如的《中庸的人性论》（陕西人民出版社 1957 年版）和《武威汉简》（文物出版社 1964 年版）两部与礼学相关的图书，此外还有三本译注，有关《礼记·乐记》与《礼记·学记》的小册子。至于从 1966—1976 年，三礼学研究则基本上是一片空白。而从 1977 年之后，三礼学则逐步恢复以至繁盛起来，据粗略统计，从 1977 年到 2010 年期间，公开发表的有关三礼学的学术论文多达 1400 余篇，是 1949—1966 年间的 30 多倍。其中仅 2010 年就公开发表了与三礼学有关的学术文章 130 多篇，是 1949—1966 年间所发表的礼学文章数量总和的 3 倍多。仅以《周礼》为例即可见这一时期三礼学复兴之一斑，约略统计，1977 年以来发表的与《周礼》相关的论文有 370 余篇，著作（包括译注、导读）26 部。这与 1949—1976 年 27 年间仅发表十几篇与《周礼》相关的文章形成了鲜明的对比，反映了三礼学研究在时间上严重的不平衡性。

2. 三礼研究之间的不平衡

除了时间上的不平衡之外，三礼研究之间也很不平衡。据粗略统计，从 1977—2010 年，共发表《周礼》研究文章 370 余篇，《仪礼》研究文章仅 120 余篇，而《礼记》研究文章则多达 950 余篇。由此可见，三礼研究在论著数量上也存在明显的不平衡性:有关《仪礼》研究的文章相对较少,而有关《礼记》研究的文章较多,几乎多达《仪礼》与《周礼》研究文章总和的两倍。这种不平衡的成因与三礼本身的内容特点有关。《仪礼》虽为五经之一,但其内容主要是记述古代各种礼仪活动烦琐的仪节,很少"礼义"的阐述,且与社会的关联度不高,因而不为现代学术界所重视。又由于《仪礼》的成书年代不像《周礼》和《礼记》那样存在较大争议。因此,在三礼当中,《仪礼》研究最不受重视,文章数量最少。而《礼记》虽然本来只是《仪礼》的附庸,但由于其思想内容丰富,阐述了较丰富的"礼义",在三礼中思想价值最高,因而后来居上,从附庸蔚为大国,成为最受学界重视的礼学元典文献。而《周礼》在阐释"礼义"方面及其受重视程度方面均介于《礼记》与《周礼》之间,而且《周礼》的成书年代存在着较大争议,所以,《周礼》研究文章比《仪礼》研究文章多,但比《礼记》研究文章少。

(二) 新中国三礼学研究呈现多元化趋势

传统的三礼学研究基本上是落脚于文字的训诂、章句的阐释、名物制度的诠解,以及三礼成书时代及其真伪的考辨,等等。近代以来,随着时代的变迁,观念的转变,人们的学术视野不断扩大,人文社会科学不断发展,三礼学研究的视野也不断扩大,并逐步呈现出多元化的趋势。

新中国的三礼学研究承民国三礼学研究之余绪,更有所发展,虽然曾经于1966—1976 年间有中断。新中国的三礼学研究虽然仍以《周礼》《仪礼》和《礼记》这三部经典为主要对象,但研究的重点和方法与传统三礼学有明显不同,呈现出一种多元化的研究趋势。

1. 研究的重心转向思想文化

传统礼学的重点是文字音韵训诂和名物制度考证,新中国的三礼学则更注重对三礼思想内涵、文化意蕴的挖掘和研究。如杨向奎的《周礼的内容分析及其制作时代》(《山东大学学报》1954 年第 4 期),分析论述了《周礼》的学术思想、宗教思想以及社会经济制度、政治制度等内容,论定《周礼》当是出于齐国有儒家气息的法家之手。彭林的《〈周礼〉主体思想与成书年代研究》(中国社会科学出版社 1991 年版),论述了《周礼》的阴阳五行思想、治民思想、治官思想、理财思想及国家政权模式。并认为《周礼》的主体思想由儒、法、阴阳五行融为一炉,其精致的程度已超过《管子》《吕氏春秋》,但没有灾异、谶纬之说,因而当是汉初的作品。邹昌林的《中国古礼研究》(台湾文津出版社 1992 年版),探讨了中国礼文化的特征,认为中国文化属于礼文化模式,礼为中国物质文化和精神文化之总名。由于古礼的多种结构和功能,形成了古礼全方位的价值系统的核心内容、层次关系和价值取向。丁鼎的《"礼"与中国传统文化范式》(《齐鲁学刊》2007 年第 3 期),则借用美国学者库恩的"范式理论",分析和解释了"礼"与我国古代社会和传统文化的关系,指出从周公"制礼作乐"到清王朝终结的近三千年的历史时段里,"礼"始终是我国数千年古代社会的各种社会制度的理论基础和价值标准,也始终是我国历代意识形态所追求的理想社会的制度模式。无论是汉儒所论定的"天不变道亦不变"的"道",还是魏晋玄学所讨论的"名教",抑或是宋明理学所探讨的"理"或"天理",虽然在形而上的程度上有所差异,但其主要内涵是相通的,实质上都是在不同的文化背景下对"礼"的本质内容的认识和界定,从而论定中国传统文化就是一种礼的"范式"。另外,柳肃的《礼的精神——礼乐文化与中国政治》(吉林教育出版社 1990 年版)、苏志宏的《秦汉礼乐教化论》(四川人民出版社 1991 年版)、常金仓的《周代礼俗研究》(台湾文津出版社 1993 年版)、杨华的《先秦礼乐文化》(湖北教育出版社 1997 年版)等论著,均突破了传统礼学的学术范式,注重挖掘、阐释礼的思想文化内涵。

2. 三礼学研究的史学化倾向

早在民国时期,三礼学研究就有了史学化趋势。在历史唯物主义和学术政治化政策的影响下,新中国三礼学的史学化趋势更加明显。所谓三礼学的史学化,有两方面的内容,一是从史学的角度方法对三礼进行研究,二是把礼学经典当作史料来运用,展开制度史、社会史、政治史、法制史、经济史等方面的研究。于是,关于礼的起源、周公制礼作乐、礼与政治的关系、礼与刑法的关系、礼与商业管理制度的关系等许多历史问题都成为新中国三礼学研究关注的重点问题。许多学者运用历史学、考古学、人类学、民俗学的研究方法,撰写出许多具有史学化倾向的礼学论著,成就可观。如杨向奎的《宗周社会与礼乐文明》(人民出版社 1997 年增订版)、贺业钜的《考工记营国制度研究》(北京建筑工业出版社 1985 年版)、陈汉平的《西周册命制度研究》(学林出版社

1986 年版)、李普国的《周礼的经济制度与经济思想》(中州古籍出版社 1987
年版)、钱宗范的《周代宗法制度研究》(广西师范大学出版社 1989 年版)、李
玉洁的《先秦丧葬制度研究》(中州古籍出版社 1991 年版)、钱杭的《周代宗法
制度史研究》(学林出版社 1991 年版)、葛志毅的《周代分封制度研究》(黑龙
江人民出版社 1992 年版)、吕文郁的《周代采邑制度研究》(台湾文津出版社
1992 年版)、常金仓的《周代礼俗研究》(台湾文津出版社 1993 年版)、张鹤泉
的《周代祭祀研究》(台湾文津出版社 1993 年版)、李无未的《周代朝聘制度研
究》(吉林人民出版社 2005 年版)、王雪萍的《〈周礼〉饮食制度研究》(广陵书
社 2010 年版)、贾海生的《周代礼乐文明实证》(中华书局 2010 年版),等等。
上述研究都在某种程度上体现了礼学研究的史学化倾向。

3. 利用考古材料,运用二重证据法进行三礼学研究

传统三礼学主要是利用传世文献来进行研究论证。20 世纪初以来,尤其
是 20 世纪后半期,随着考古学的发展,出土了大批文物材料,为礼学研究提供
了新的较为可靠的证据。于是许多学者充分运用新出土的青铜器和简帛等考
古材料进行三礼学研究,并取得了丰硕的成果。如沈文倬以《汉简〈服传〉考》
(《文史》第 24、25 辑,1985 年)为代表的有关武威汉简本《仪礼》的系列研究
文章、杨华的《新出简帛与礼制研究》(台湾古籍出版有限公司 2007 年版)、虞
万里的《上博馆藏楚竹书〈缁衣〉综合研究》(武汉大学出版社 2009 年版)等在
利用考古资料进行礼学研究方面取得了很大成就。尤其值得称道的是刘雨、
张亚初的《西周金文官制研究》(中华书局 1986 年版),通过对《周礼》中的职
官与出土金文进行比对考证,发现《周礼》中有四分之一以上的职官在西周金
文中可以找到根据。由此论定《周礼》虽然成于晚周,并且只是一种理想中的
政府组织蓝图,但其中所谈到的官制、职官的职能、政府的结构,等等,当是反
映了西周以来的若干事实,而并非向壁虚构。

4. 三礼学的普及和通俗化、大众化

三礼素称难读,再加上由于时代变迁,其中所记述的许多礼仪制度,现代
人对于三礼已非常隔膜。有鉴于此,近二十年来,有许多学者投入三礼学的普
及和通俗化工作。这种普及和通俗化的工作基本上都是在第三时期(即改革
开放至今)进行的。

首先,编撰出版了多种《周礼》《仪礼》和《礼记》的译注本,为一般读者学习三礼学提供了很大方便。其中《周礼》译注共四部,《仪礼》译注共有五部,《礼记》译注共有 11 部。

其次,出版了许多普及性的礼学读物,如王琦珍的《礼与传统文化》(江西高校出版社 1994 年版)、姚伟钧的《礼:传统道德核心谈》(广西人民出版社 1996 年版)、李学颖的《仪礼·礼记:人生的法度》(上海古籍出版社 1997 年版)、冯绍霆的《周礼:远古的理想》(上海古籍出版社 1997 年版)、谢芳琳的《〈三礼〉之谜》(四川教育出版社 2000 年版)、彭林的《三礼学入门》(复旦大学出版社 2012 年版)、丁鼎主编的《和谐共存之道——儒家礼乐文化》(山东教育出版社 2012 年版)、张自慧的《礼文化与致和之道》(上海人民出版社 2012 年版),等等。这些通俗性的三礼学著作,对于一般民众了解、认识传统礼学无疑是大有裨益的。

尤其值得注意的是,彭林于 2014 年获批立项的国家社科重大招标课题"《仪礼》复原与当代礼仪重建研究"。该课题可以看作是传统三礼学从书斋走向社会、走向"经世致用"之路的积极尝试。该课题不但蕴含着深厚的学术内涵,而且有着很强的应用价值与社会意义。作为一项跨学科研究,该课题突破了传统的从文本到文本、从文本到实物的研究范式,力图应用数字技术、多媒体技术,一方面,建设数据库平台,汇集历来《仪礼》相关研究成果,进行综合性的梳理、分析与借鉴吸收,以为进一步研究的基础;另一方面,通过数字复原,将《仪礼》文本及具体考订从文字形式转换为虚拟影像,开拓了学术成果社会转化的可能空间。众所周知,《仪礼》记载着古人的行礼仪节与器物服饰、空间场所等基本信息,更浸润着中华礼乐精神,彰显着传统人文内涵,是国家、民族核心价值的重要载体。该课题高扬行动的哲学,在实现传统文化现代化、提升我国文化软实力方面作出有益的尝试和积极的贡献。

二、三礼学研究的展望

新中国成立以来,中国大陆地区的三礼学研究虽然经历过低谷但毋庸置疑,通过广大学者的艰苦努力,也确实取得了很大的成绩。同时也应该充分认识到,新中国的三礼学研究曾经历过一个断层,现在虽然已逐步走上正轨,但还存在许多问题和不足之处，还需要拓宽学术视野，丰富研究方法，以便经世致用，适应实现中华民族伟大复兴的时代需要。

有鉴于新中国（大陆地区）三礼学研究中存在的问题和不足，笔者认为今后的三礼学研究工作应该在如下数端做出努力。

（一）拓宽学术视野，丰富研究方法

由于礼学研究在大陆地区基本上还算起步阶段，研究队伍还不够壮大，学术视野还不够开阔，研究方法还不够丰富。这些都有待于通过学术同人们共同努力加以改进。在今后的研究工作中应注意拓宽学术视野，丰富研究方法。充分运用社会学、考古学、古文字学、人类学来丰富三礼学的研究方法。尤其应该注意到今天的礼学研究面对许多新出土的文献（文物、简帛），这就需要我们的研究要与考古学、文字音韵学密切结合，唯有这样，才能真正运用好二重证据法，深化三礼学研究。同时，人类有许多共性，人类学、民俗学的材料和视角，可以为我们进行古礼研究提供许多借鉴和帮助，我们应该充分利用人类学、民俗学的研究成果作为进行三礼学研究的"第三重证据"，深化三礼学研究。

（二）加强礼学断代史的研究与礼学通史的编撰

在新中国学术史上，礼学史一直是一个弱项。相比其他诸经学，礼学史的研究非常落后。比如《诗经》《尚书》《周易》与《春秋》都有了通史性学术史专著，甚至有的经有多部学术史专著。而三礼连一部通史性的学术史专著都没有，迄今只有林存阳的《清初三礼学》、潘斌的《二十世纪三礼学史》和《宋代"三礼"诠释研究》、张帅的《南北朝三礼学研究》、刘丰的《北宋礼学研究》等几部论著问世。这与三礼在中国文化史上的地位是很不相称的。为此，今后应加强三礼学学术史的研究，尽快撰写出多部断代三礼学史和通史性的三礼学术史，以便对我国两千多年的三礼学术史加以全面的梳理和总结，并进而通过对这一课题的研究，推动和深化对于我国经学史、学术思想史及古代社会的研究，进而批判地继承和发扬我国古代优秀的传统思想文化，为构建我国新时代特色社会主义和谐社会的伦理规范、社会秩序提供有益的历史借鉴和理论支持。

（三）联合攻关，有组织有规划地开展三礼学研究

三礼学研究虽然开始得到重视，越来越多的学者投身于其中，但多年来基本上还是处于自发的、散兵游勇式的、手工作坊式的、零打碎敲式的研究方式，缺乏有组织、有规划的研究。不仅没有全国性的学会组织，甚至连全国性的礼学会议举办得也不太多。

（四）经世致用，注意三礼学与社会现实的联系

新中国的三礼学研究，由于以前不太受重视，因而很难走上台面，基本上算是一种书斋里的学问，很难经世致用。有关学者也大多走的是以经治经的老路，很难以自己的研究成果为社会服务。这个问题下一步应加以解决。众所周知，人文社会科学研究，就其社会功用来讲，就是要经世致用，就是要有益于社会生活，对当下及后世有所裨益。就此而言，礼学研究应该可以做到这一点，应该在这方面作出自己的贡献。由于"礼"的"和为贵"的精神具有普世价值，因而礼学研究工作者在传统章句训诂式的研究基础之上，还应做好"礼"的推广普及工作，让社会各阶层都能认同"礼"的精神和礼的规范。当然，我们推广普及的礼，绝对不能是古礼的照搬照用，而必须通过创造性转化和创新性发展有所损益，有所改进，与时俱进。只有这样才能让"礼"惠及大众，使社会各阶层都能和平共处于一个社会大家庭中。

第十章 1949年以来台湾地区的三礼学

第一节 概 论

1949年以后,台湾地区的三礼研究经历了与大陆不同的发展历程,基本上延续了民国时期的学术传统。综合起来看,1949—1999年台湾地区的三礼研究有四大亮点:

其一是孔德成指导下的《仪礼》复原计划。

20世纪60年代末,台湾地区的一些学人发起了《仪礼》复原研究。台湾大学中文系、考古系的一些教师和学生成立了复原小组,从事集体研讨。台静农为召集人,孔德成为指导教授。孔德成云:"《仪礼》一书自郑康成以来,注解者虽名家辈出,但囿于时代之关系,其所用之方法及资料,由今以观,似乎尚觉方面过少。故此次之研究,各分专题,运用考古学、民俗学、古器物学,参互比较文献上材料,以及历代学者研究之心得,详慎考证,纳为结论,然后将每一动作,以电影写实的方法表达出来;使读是书者,观其文而参其行,可得事半功倍之效。"①复原小组受王国维"二重证据法"的启发,注意将出土材料与传世文献结合起来作对比研究。复原小组的研究成果由台湾中华书局以"《仪礼》复原研究丛刊"的名义出版,分别是施隆民的《乡射礼仪节简释》、吴宏一的《乡饮酒礼仪节简释》、张光裕的《仪礼士昏礼、士相见礼之仪节研究》、黄启方

---

① 孔德成:《仪礼复原研究丛刊序》,载《仪礼复原研究丛刊》,台湾中华书局1971年版,第1页。

的《仪礼特牲馈食礼仪节研究》、郑良树的《仪礼士丧礼墓葬研究》《仪礼宫室考》、曾永义的《仪礼车马考、仪礼乐器考》、沈其丽的《仪礼士丧礼器物研究》、吴达芸和张光裕的《仪礼特牲、少牢、有司彻祭品研究》、陈瑞庚的《士婚礼服饰考》、章景明的《先秦丧服制度考》。《仪礼》复原小组高度重视20世纪上半期的考古发现,他们利用考古发掘成果与《仪礼》所记之器物、墓葬、向位等作比较研究。

曾跟随孔德成先生学礼的叶国良在礼学研究方面也取得了较大的成就。他曾与孔德成合著礼学论著,并发表礼学论文多篇,分别收入其论文集《经学侧论》和《礼学研究的诸面向》之中,尤其是《礼学研究的诸面向》影响较大。本书分上、中、下三编:上编是关于《仪礼》的研究,主要讨论了《仪礼》的成书、经与记的关系等问题,中编是关于《礼记》的研究,下编则主要探讨仪节研究的方法问题。叶国良还继承孔德成、李济等人的事业,在孔德成等人制作的《仪礼·士昏礼》黑白影片的基础上,于1999年、2000年连续申请研究资助,主持进行《仪礼·士昏礼》彩色3D动画与影像光盘的制作。此次工作以原有成果为蓝本,加入新的研究成果(如对服饰、器物颜色的考证),并借助电脑动画技术,在表现形式与传播形式上大为改进。

其二是周何及其弟子对三礼思想所作的研究。

周何早年受过考据学的训练,然而他的礼学研究不拘一格,特别是晚年所撰《古礼今谈》《礼学概论》等著作,已经由考据转向义理之探求。周何认为,探求古人制礼之深意,对于深刻认识古礼有着重要意义;同时,要使古礼焕发出新的活力,了解古礼制作者之深意当是首当其冲的问题。周何虽然精通训诂学,并亲自讲授之,然而他教授《礼记》时,却尽量避免因过度重视训诂学从而导致忽略探求古礼之义的弊病。因此在《古礼今谈》《礼学概论》等著作中,周何花了不少笔墨探究古礼制作者之深意,并对古礼的现代意义作了阐述。

周何指导的研究生也多是从事礼学研究的。从事《周礼》研究的,有罗保罗、严定暹、李玉和等人。罗保罗的《周礼官联研究》、严定暹的《周礼春官礼乐思想之研究》、李玉和的《周礼秋官刑法思想研究》皆致力于《周礼》所蕴含义理之发掘。从事《仪礼》和《礼记》研究的,以林素英为代表。林素英撰有《丧服制度的文化意义》一书,主张在《丧服》的研究中还其本原,从文化的层次全面剖析整个丧服制度所寓含的精义。林素英的《古代生命礼仪中的生死观——以〈礼记〉为主的现代诠释》一书对冠、昏、丧、祭等礼仪中的生死观作了梳理和阐释,从生命礼仪所透显出的生命本质中,分析归纳而抽绎建构其生死观,并对现代人的生死观作了反思,提出了解决现代危机的意见。林素英还著有《古代祭礼中之政教观》一书分述祭祀天神、地祇、人鬼之礼,并阐发诸礼之政教观,归纳祭祀之礼中的神道设教之旨,并对现代人特别是台湾地区的祭祀观作了反思。

其三是王梦鸥的《礼记》研究。

王梦鸥的《礼记》研究,既有关涉《礼记》全书者,如其所撰《小戴礼记考源》《礼记思想体系试探》,也有关于《礼记》单篇者,如其所撰《乐记考》《礼记月令斠理及其衍变之考察》《〈曲礼〉校释》《礼运考》等论文;既有关于《礼记》成书问题者,如《小戴礼记考源》,也有关于《礼记》文本考订者,如《礼记月令斠理及其衍变之考察》《〈曲礼〉校释》,还有关于《礼记》思想的发掘,如《礼记思想体系试探》;既有关于《礼记》经文的考证,也有关于郑玄注的考察。其研究的角度多样,成果丰富。总的看来,王梦鸥的《礼记》研究可谓独树一帜,称得上是真正意义上的专家之学。

其四是有学者对武威汉简本《仪礼》作了较深入全面的研究。

武威汉简本《仪礼》出土后,台湾地区的一些学者如刘文献、王关仕、张光裕等相继作了研究。刘文献于 1965 年撰成《武威汉简仪礼校补》一书,在陈梦家研究的基础上,对简本《仪礼》之文本作了进一步的考证。王关仕于 1966 年撰成硕士学位论文《仪礼汉简本考证》,对简本《仪礼》之篇次、篇题、简本文字之今古属性、简本《服传》之形成及存在形式等皆作了研究。张光裕《仪礼兼用今古文不始于郑玄考》一文结合简本《仪礼》,对汉代经学史作了研究。

除了以上所介绍的台湾地区三礼研究的四大亮点之外,还有不少学人也在辛勤耕耘,并有不少精到之作。如李云光于 1966 年出版的《郑氏三礼学发凡》一书将郑玄零散的注文作了归类考释,对于认识郑玄在校勘方面的成就有着重要意义。林平和的《礼记郑注音读之商榷》《礼记郑注释义之商榷》《试论郑玄注礼记之时代》、高明的《郑玄学案》等对郑玄《三礼注》多有研究;李振兴的《王肃之经学》之《三礼》部分、简博贤《王肃礼记学及其难郑大义》等对王肃三礼学多有探讨。程元敏的《三经新义辑考汇评》之《周官新义》部分新辑北宋政治家、改革家王安石的《周官新义》,并汇集诸家评语。其细致辑佚与周密考辨,使得程氏所辑《周官新义》成为研究宋代学术史的重要参考资料。

第二节　孔德成与《仪礼》复原研究

一、孔德成的三礼学研究成就

孔德成(1920—2008 年),字玉汝,号达生,孔子第七十七代孙。袭封三十一代衍圣公(最后一代衍圣公)、大成至圣先师奉祀官。

孔德成早年曾师从庄陔兰、王献唐等研习传统国学,学有根柢。迁台后历任台湾大学、台湾师范大学、辅仁大学、东吴大学、中兴大学教授,曾任台湾地区"考试院"院长等职。讲授"三礼研究""金文研究""殷周青铜彝器研究"等课程。并先后发表礼学论文若干,对于推动台湾地区的三礼学研究发挥了重要作用。

孔德成在报刊上发表的礼学论文计有如下几篇:

《论儒家之"礼"》,《民主评论》,第 7 卷第 13 期(1956 年 7 月)。

《说觉觯》,《东海学报》,第 6 卷第 1 期(1964 年 6 月)。

《释牢》,《文史哲学报》,第 15 期(1966 年 8 月)。

《仪礼十七篇之渊源及传授》,《东海学报》,第 8 卷第 1 期(1967 年 1 月)。

《梁其钟铭释文》,《人文学报》,第 1 期(1970 年 9 月)。

《礼记概说》,《中华文化复兴月刊》,第 3 卷第 11 期(1970 年 11 月)。

《儒家的礼教》,《孔孟月刊》,第 25 卷第 12 期(1987 年 8 月)。

孔德成在三礼学领域最重要的建树,是组织和指导了《仪礼》复原研究这一文化工程。

20 世纪 60 年代末,台湾学界为复兴中华文化,启动了一项以"复原古礼"

为宗旨的《仪礼》复原工作。此举由考古学家李济倡导,李济认为,应使用复原、实验的方法,吸收考古学长处,对中国古礼制、礼器进行综合的研究。时任台湾大学中文系主任台静农负责召集,孔子裔孙、经学家孔德成担任指导,由台湾大学中文、考古系同学成立研究小组,从事集体讨论与研究。孔德成先生精通三礼,又在中文系开设金文研究课程,在人类学系开设器物学课程,他指出,现代学术中的《仪礼》复原,其精要在于"各分专题,运用考古学、民俗学、古器物学,参互比较文献上材料,以及历代学者研究之心得,详慎考证,纳为结论,然后将每一动作,以电影写实的方法表达出来;使读是书者,观其文而参其行,可得事半功倍之效"①。此后,在多位学者尤其是孔德成的引领下,台湾地区有相当多的学者投身到了《仪礼》复原的研究中来,涌现出不少扎实的研究成果。

后来该复原工作的研究成果,由台湾中华书局以"《仪礼》复原研究丛刊"的形式出版(分别在 1971 年 1 月至 1973 年 10 月初版完成,在 1985 年至 1986 年之间发行第二版),共有十二种,依出版次序分别是:

> 陈瑞庚:《士昏礼服饰考》
>
> 章景明:《先秦丧服制度考》②
>
> 张光裕:《仪礼士昏礼、士相见之礼仪节研究》
>
> 黄启方:《仪礼特牲馈食礼仪节研究》③
>
> 郑良树:《仪礼士丧礼墓葬研究》④
>
> 郑良树:《仪礼宫室考》
>
> 曾永义:《仪礼车马考》
>
> 曾永义:《仪礼乐器考》⑤

---

① 孔德成:《仪礼复原研究丛刊序》,载《仪礼复原研究丛刊》,台湾中华书局 1971 年版,第 1 页。

② 陈瑞庚:《士昏礼服饰考》与章景明:《先秦丧服制度考》合辑一书,载《仪礼复原研究丛刊》,台湾中华书局 1971 年初版、1986 年第二版。

③ 张光裕:《仪礼士昏礼、士相见之礼仪节研究》与黄启方:《仪礼特牲馈食礼仪节研究》合辑一书,载《仪礼复原研究丛刊》,台湾中华书局 1971 年初版、1986 年第二版。

④ 郑良树:《仪礼士丧礼墓葬研究》,载《仪礼复原研究丛刊》,台湾中华书局 1971 年初版。

⑤ 郑良树:《仪礼宫室考》与曾永义:《仪礼车马考》《仪礼乐器考》合辑一书,载《仪礼复原研究丛刊》,台湾中华书局 1971 年初版、1986 年第二版。

> 吴达芸：《仪礼特牲、少牢、有司彻祭品研究》
>
> 沈其丽：《仪礼士丧礼器物研究》①
>
> 施隆民：《乡射礼仪节简释》
>
> 吴宏一：《乡饮酒礼仪节简释》②

这套"《仪礼》复原研究丛刊"是学术史上第一部系统研究《仪礼》仪节的丛书，质量很高，影响很大。

此外，这次《仪礼》复原工作还利用现代影像技术，拍摄了《仪礼·士昏礼》黑白影片，再现了周代士人婚礼的全过程，以影像的方式保存了现代学术界首次尝试复原《仪礼》古礼的重要成果。《仪礼》复原小组本来计划将多种礼仪拍摄为黑白影片，但后来由于经费难以为继，这一计划便告中辍。

二、"《仪礼》复原研究"文化工程综述

（一）学术贡献

孔德成指导的《仪礼》复原文化工程在当时来说是一项较大规模的文化工程。这项工程的学术贡献主要包括如下三个方面：一是组织撰写了一套"《仪礼》复原研究丛刊"（共十二种，已见前述）；二是拍摄了一套《仪礼·士昏礼》黑白影片，以影像的方式再现了周代士人婚礼的全过程；三是培养出一批治学严谨，注重文本研究与礼学实践相结合的礼学专家。《仪礼》复原实验小组十余位参与者，除作为指导的老师前辈外，多为年富力强的青年才俊。《仪礼》复原成为他们学术生涯中的重要事件，奠定了其学问根柢，开启了他们以及后继者治礼的新方向。《仪礼》复原实验小组的成员后来大多成为礼学研究界的重量级学者，包括上述丛书作者和陈静远、黄然伟、刘文献等。当时年纪较轻的张光裕教授至今仍活跃在学术界，持续作出贡献。

（二）学术影响

此次《仪礼》复原研究工作，不仅取得了丰硕的成果，而且还引领学术风

---

① 吴达芸：《仪礼特牲、少牢、有司彻祭品研究》与沈其丽：《仪礼士丧礼器物研究》合辑一书，载《仪礼复原研究丛刊》，台湾中华书局1973年初版、1985年第二版。

② 施隆民：《乡射礼仪节简释》与吴宏一：《乡饮酒礼仪节简释》合辑一书，载《仪礼复原研究丛刊》，台湾中华书局1973年初版、1985年第二版。

气,促进了礼学研究的开展,带动港台学界许多中青年学者投身礼学研究。

如后来谢德莹又依照这套"《仪礼》复原研究丛刊"的体例撰写《仪礼聘礼仪节研究》①一书。该书对聘礼仪节进行了详细的考证和研究。该书以张尔岐《仪礼郑注句读》对聘礼的章节划分为依据,将聘礼全篇分为三十三节,各节之后,视其所需附以仪节图,又标以数字以示其行礼之次第。该书可谓迄今有关《仪礼·聘礼》仪节研究最全面、最深入、最精到的一部专著。

孔德成的博士生叶国良后来继续进行《仪礼》复原研究工作,于 1999 年、2000 年连续申请研究资助,主持进行《仪礼·士昏礼》彩色 3D 动画与影像光盘的制作。此次工作以原有成果为蓝本,加入新的研究成果(如对服饰、器物颜色的考证),并借助电脑动画技术,在表现形式与传播形式上大为改进。完成了《仪礼·士昏礼》彩色 3D 动画光盘,将《士昏礼》的全过程以 3D 动画形式展示出来,对促进《仪礼》研究大有裨益。

(三)《仪礼》仪节复原研究的工作内容

《仪礼》复原研究的工作内容主要包括《仪礼》各种礼仪仪节的研究和各种名物制度的考证。

1.《仪礼》仪节研究

《仪礼》复原研究工作最主要的工作就对《乡射礼》《乡饮酒礼》《士昏礼》《士相见礼》《特牲馈食礼》等各种礼仪的仪节进行考证和复原,并进而撰写出专门的研究专著。这些专著在仪节研究方面主要有如下几方面的内容特色:

(1)仪节之划分

复原小组成员在贾疏和张尔岐《仪礼郑注句读》分段及概括大意的基础上,对《仪礼》之仪节作了进一步的划分。如吴宏一的《乡饮酒礼仪节简释》依照行礼之程序,将《乡饮酒礼》之经文分为六章,分别是饮前之仪、饮酒第一段献宾、饮酒第二段乐宾、饮酒第三段旅酬、饮酒第四段无算爵乐、饮后之仪。该文之断句悉依张尔岐《仪礼郑注句读》。对于前贤说解多有胪列、选用,并另附按语,以作进一步的说明。按语与前贤所说或互相发明,或补其不足。

又如张光裕《仪礼士昏礼、士相见之礼仪节研究》将《士昏礼》的原文划分

---

① 谢德莹:《仪礼聘礼仪节研究》,台湾文史哲出版社 1983 年版。

为章,分别是纳采、问名、礼使者、纳吉、纳征、请期、将亲迎预陈馔、亲迎、妇至成礼、妇见舅姑、赞者醴妇、妇馈舅姑、舅姑飨妇、舅姑飨送者、舅姑没、妇庙见及飨妇、飨送者之礼。在分章的基础之上,张光裕将经文中的一句或数句依文义断为小节。

（2）仪节之解释

在对经文分章节的同时,复原小组还重视对《仪礼》仪节的解释。

首先是关于仪节程序的说明。如关于《士昏礼》中鱼之载法,张光裕曰:"《士丧》《士虞》都是丧礼,而且明言'进鬐,左首'（《士丧》）。而《少牢》和《公食》两篇,一为吉礼,一为食生之礼（此处疑应为嘉礼）,和《士昏礼》最为接近。故应以之为准,那便是'缩载'。'寝右'（即右首,郑注以《公食》右首为进鳍,实在是不对的,寝右应是进腴,若进鬐则属凶事,和《士昏礼》的性质不合。《公食》言'缩俎',《少牢》言'缩载',它们的意义是一样的,'缩'则可以进鬐,进腴,如果'横载'便变成是进首进尾的了。）进腴,即鱼与俎为直设,鱼首向右（以人的左右为左右）,鱼肚子向人。"[1]张光裕以《少牢馈食礼》《公食大夫礼》中的相关记载为据,对《士昏礼》中鱼之载法作了说明;又结合《士丧礼》《士虞礼》的相关记载,对吉礼、凶礼仪节中鱼的载法作了辨析。

（3）仪节之推补

《仪礼》文简义奥,同一篇目中的一些仪节往往略记。如果读者对礼之揖让进退缺乏了解,或者不懂礼例,则可能忽略略记之仪节。复原小组有意识地对略记之仪节加以补充。如《士昏礼》没有提到"脱屦"的问题,张光裕据《仪礼》其他各篇关于脱屦的记载,归纳出脱屦的几种情况,即有"堂下脱屦者""入室始脱屦者""因有尊长在而脱屦户外者""有位尊,虽入室而不脱屦者"。在此基础上,张光裕根据《士昏礼》中各人物的身份,对他们行礼中脱屦的情况作了归纳,分别是:

①在纳采、问名、纳吉、纳征、请期这些礼节里面,使者与主人授受雁都是在堂上行礼,由于不是燕饮,所以皆不必脱屦。

②醴使者一节,宾在筵上行饮酒礼,其身份与主人相当,以《乡饮酒礼》行

---

① 　张光裕:《仪礼士昏礼、士相见之礼仪节研究》,台湾中华书局1986年版,第48页。

献礼时为准,宾和主人行敌礼,皆脱屦堂下,因此醴使者中的宾主二人,行礼以前先要在堂下脱屦。

③亲迎中,男女主人与婿及女的身份虽然各不相同,但他们也只是在堂上行礼,而非宴饮,所以升堂不脱屦。

④妇至成礼一节,丈夫入室则脱屦户内,妇人及赞、媵、御、姆的身份较主人(丈夫)为卑,所以都应是脱屦户外。

⑤妇见舅姑及其他堂上飨醴各种礼节,舅姑在升席之前,必先脱屦堂上,妇人则应该脱屦在堂下,而且不能当阶而脱。

⑥妇馈舅姑一节,舅姑入于室,舅入室后脱屦升席,姑、妇及媵御则应该在入室之前,脱屦在户外。

⑦庙见的时候,祝和妇人也是在户外脱屦①。张光裕的这种研究方法,古人曾用之,即从《仪礼》各篇之仪节中归纳出一些共同的揖让、进退以及向位原则,并以这种原则作为基础,去判断《仪礼》中的仪节是否有省略。

此外,复原小组还对《仪礼》的一些仪节进行推补。如《乡饮酒礼》关于宾的席位,吴宏一认为:"宾的席位,据《乡射礼》'尊于宾席之东',可以推知它摆设的部位。尊是摆在房户之间的,宾席既然在尊的西边,众宾之席又在宾的西边,那么,宾席应该摆在户西牖东当两楹间的位置是没有问题的。"②关于主人、介的席位,吴宏一认为:"至于主人和介的席位,郑注对于面向已明白地指出,但设席的位置,仍嫌不够详尽,据《少牢》下篇(即《有司彻》)说,主人的席位是在'东序,西面'之位,侑的席位是在'西序,东面'之位,侑以辅尸,和介的地位是相同的,正可与上面胪陈的前贤说法对照,可以说,主人的席位是设在堂上东南方,阼阶上、东序前,面向西;介席是在堂上西南方,西阶上、西序前,面向东。"③《仪礼》于此对宾、主人、介的位置均未有详细之记载,吴氏据《仪礼》他篇,从而推知《乡饮酒礼》此之宾、主人、介之向位。

(4)礼义之阐发

复原小组还重视发掘《仪礼》之礼义。如吴宏一研究乡饮酒礼时,论该礼

---

① 张光裕:《仪礼士昏礼、士相见之礼仪节研究》,台湾中华书局 1986 年版,第 92—93 页。
② 吴宏一:《乡饮酒礼仪节简释》,台湾中华书局 1985 年版,第 7 页。
③ 吴宏一:《乡饮酒礼仪节简释》,台湾中华书局 1985 年版,第 7 页。

之本质曰:"任何朝代,当政者无不期望政治上轨道,使政通人和、国泰民安,然而想要政治上轨道,实有赖于贤能的辅佐襄助,所以选拔人才、访求贤能的故事,在历史上颇不鲜见,燕王市骏马之骨以招绝足就是一个典型的例子。每个朝代都有它甄选人才的典章制度,本篇所述就是说明诸侯乡大夫受法于司徒之官,三年大比,宾贤能,与之饮酒的礼制仪节。"①吴宏一认为,此仪节之设计,是当政者希望通过此礼实现选贤举能。这是从总体上对乡饮酒之礼义所作的阐发。

(5)对前人说解的辨析

复原小组重视前贤之说,他们除胪列、选用前贤说解之外,还附按语以作进一步的说明。按语或有新的发明,或补前贤之说的不足。与前贤观点不一致时,可采者采之,可辨者辨之,有疑而莫能考之者,则阙其疑。

如《乡饮酒礼》:"奠爵于荐西,兴,右手取肺,却左手执本,坐,弗缭,右绝末以祭,尚左手,哜之,兴,加于俎。"郑注:"兴,起也。肺,离之,本,端厚大者。缭,犹绍也。大夫以上威仪多,绍绝之。尚左手者,明垂绍之,乃绝其末。哜,尝也。"褚寅亮《仪礼管见》曰:"注训缭为垂绍,而不解弗字之义,案《说文》:弗,挢。又云:挢,举也。然则郑意盖谓举左手以垂绍肺,乃以右手绝其末以祭。弗字易明,故不释也。"吴宏一认为:"张尔岐《句读》因为把'弗缭'解释为'直绝末以祭,不必缭也',所以说'……注疏独于此处解作缭祭,不敢从。'其实,张尔岐对'弗缭'的解释恐怕以今律古,反而不如《管见》的说法来得可信。"②关于《乡饮酒礼》"弗缭"仪节之认识,褚寅亮、张尔岐的观点有异。吴宏一认为张尔岐之说有以今律古之嫌,不如褚寅亮之说可信。

2.《仪礼》名物制度考证

复原小组对《仪礼》所记之器物、宫室、服饰等皆作了许多细致的考证。这些考证和论述多有胜于前人者。

(1)服饰之考证

服饰方面的考证是复原工作的一项基础工作,复原小组在这方面作了大

---

① 吴宏一:《乡饮酒礼仪节简释》,台湾中华书局1985年版,第2页。
② 吴宏一:《乡饮酒礼仪节简释》,台湾中华书局1985年版,第26页。

量工作。如《仪礼》所记之"绫",孔颖达曰:"结缨额下以固冠,结之余者散而下垂谓之绫。"陈瑞庚认为:"缨之下垂为饰者曰绫。冠必有缨,但不必有绫:《玉藻》云'有事者然后绫',又云'大帛不绫',《士冠礼》之'缁布冠'有'缨',而《玉藻》云:'缁布冠缋绫,诸侯之冠也。'孔子云:'其绫也,吾未之闻也。'则绫似别为一物,而属于缨者也。疏云:'余者散而下垂谓之绫。'恐不确。至士之玄冠既与缁布冠同制,而《玉藻》云:'缁布冠缋绫,诸侯之冠也。'注云:'尊者饰也。'则士之玄冠,似不必有绫也。"①陈瑞庚引经、注、疏以明绫之形制及适用范围。陈瑞庚认为,冠必有缨,但不必有绫;士之玄冠与缁布冠同制,皆不必有绫。

在对《仪礼》所记名物进行考证时,复原小组对前人观点多有重视。如关于《仪礼》所记之爵弁,陈瑞庚认为:"爵弁之形制,据郑注、贾疏,则其制与冕大同,唯无旒,前后延平,以布为之为异。据《伪孔传》《释名》说,则凡弁之形制皆如两手相合拊时之形,以爵韦为之,谓之爵弁。二说殊异。清人任大椿《弁服释例》'爵弁服'条云:'然则此三弁皆作合手状矣,其延下当上锐下圆。又考《后汉·舆服志》冕制皆前圆后方,则与下圆上锐者异。疑爵弁与冕虽同有上延,而爵弁延下则为合手之形,与冕状别。'按任氏此说,殆将郑、贾之说与伪孔刘熙之说参合为一。窃以为二说不同,宜当分别观之,合必两失,不如择一而从,任氏之强作调人,恐不足取。"②关于《仪礼》所记之爵弁,郑注、贾疏与《伪孔传》《释名》之说不同,而任大椿对郑、贾之说作了调和。陈瑞庚认为,二说不同,本当分别观之,任大椿合二为一,则必两失。

(2)祭品之考证

吴达芸对《特牲馈食礼》《少牢馈食礼》《有司彻》所记之祭品作了研究,内容包括祭品之烹调、切割、装盛以及排列等。

吴达芸对祭品之烹制作了说明。如麦、蕡、白、黑,《有司彻》郑注:"麦,熬麦也。蕡,熬枲实也。白,熬稻。黑,熬黍。"由郑注,可知麦、蕡、白、黑等祭品皆由"熬"而成。吴氏引《说文解字》《方言》《周礼·地官·舍人》《礼记·内

---

① 陈瑞庚:《士昏礼服饰考》,台湾中华书局1986年版,第33—34页。

② 陈瑞庚:《士昏礼服饰考》,台湾中华书局1986年版,第2页。

则》,对麦、蕡、白、黑之熬法作了考证,最后得出结论曰:"从所引的文字来看,所谓熬,很清楚地可断定为鬵,也就是现在所谓的炒,就是将麦、枭实、稻、黍放在盛器中,下面加火干炒,以至于熟。"①

吴达芸还对相似的祭品作了辨析。如历来关于糗饵、粉餈的说法很多,综杂纷纭,很难确知二者到底有何区别。吴氏引《说文》徐笺、《说文通训定声》《说文义证》《说文系传》《说文释例》,最后得出结论:"所谓糗饵,乃是将米麦磨成粉状,炒成麦茶。或不蒸即将它紧压在模子里成块状,即成为像现在所能吃到的绿豆糕、杏仁饼之类的食物,以便盛于笾中食用,食用时较干。所谓粉餈则是将米、麦磨成粉状后,不经过炒的手续即蒸成糕状,就是今日所吃的发糕或米糕之类较湿粘的食物。"②吴氏以今况古对糗饵、粉餈作了辨析,二者之不同点得以清楚地呈现。

(3)礼器之考证

沈其丽撰《仪礼士丧礼器物研究》,试图对《士丧礼》所记之器物进行复原。其于器物之名称、形制及功用等,皆作了研究。如于床之形制,沈氏将聂崇义之说与考古发掘报告结合起来加以研究。他引聂氏《三礼图》中的浴床、夷床图,并将其与河南信阳长台关发掘的床的图片进行比较,以解决一些有争议的问题。如关于床是否有栏,研究者所持的观点不一,沈氏曰:"聂崇义并说明浴床有栏,是在床的前面及后面,但在田野考古工作上,迄今发现完整的床,只有河南信阳长台关的战国大墓内出土了一漆木床,是四周都有栏,唯左右两边的栏有缺口。"③据聂氏,可知浴床的前后有栏,然信阳考古出土木床之栏在四周。又如于床之尺寸,沈氏曰:"在《新中国的考古收获》内的图版陆拾柒,为河南信阳长台关一号墓战国木床,就是这漆木床,现将此床之全角图转载于本图片之图九。此报告所载尺寸为长二一八公分。聂氏《三礼图》内的长度和实物相差约六十公分。漆木床的宽为九十公分,则和《三礼图》内浴床的宽度相差无几。但在形制上却全然不同,《三礼图》的图像确实性,一向是

---

① 吴达芸:《仪礼特牲少牢有司彻祭品研究》,台湾中华书局1985年版,第27页。
② 吴达芸:《仪礼特牲少牢有司彻祭品研究》,台湾中华书局1985年版,第31页。
③ 沈其丽:《仪礼士丧礼器物研究》,台湾中华书局1985年版,第8—9页。

被认为有怀疑之处,此图也只有做为参考之用了。"①通过将聂崇义《三礼图》与出土文物中床的尺寸形制进行比较,沈氏认为两床之宽度虽然接近,然在形制上却全然不同。

（四）《仪礼》复原研究的研究方法

在《仪礼》研究方面,清儒所取得的成就是空前的。20 世纪的学人要想在清儒《仪礼》研究的基础上有所突破,研究方法的创新是最重要的。复原小组受王国维"二重证据法"的启发,非常注意以出土材料与传世文献相结合。关于《仪礼》复原研究工作的研究方法,孔德成说:"《仪礼》一书自郑康成以来,注解者虽名家辈出,但囿于时代之关系,其所用之方法及资料,由今以观,似乎尚觉方面过少。故此次之研究,各分专题,运用考古学、民俗学、古器物学,参互比较文献材料,以及历代学者研究之心得,详慎考证,纳为结论,然后将每一动作,以电影写实的方法表达出来;使读是书者,观其文而参其行,可得事半功倍之效。"②

综观《仪礼》仪节复原研究丛刊各书,可知《仪礼》仪节复原工作中在研究方法上主要有如下两个特点:

1. 重视利用考古资料

《仪礼》复原小组高度重视 20 世纪上半期的考古发现,他们充分利用考古发掘成果与《仪礼》所记之器物、墓葬、向位等进行比较研究。如《仪礼·士昏礼》中的"笄",陈瑞庚认为:"笄出土传世者甚多,形状大小均无定式。如安阳殷墓出土者,从图片比例推之,有长达二十八公分者,有短至十六公分者;殷代遗址出土二支已残折,未知其本来长度。上村岭虢国墓地出土者长约十公分,恐非固冠之笄;盖固冠之笄必须贯穿冠弁,长度当在二十公分以上故也。至于《士冠礼》疏谓'笄贯武',非也;武为冠卷,何以贯笄? 不辨亦知其误矣。"③陈氏通过将安阳殷墓、上村虢国墓出土之"笄"与《仪礼》所记之"笄"进行比较,从而判定贾疏有误。

---

① 沈其丽:《仪礼士丧礼器物研究》,台湾中华书局 1985 年版,第 10 页。
② 孔德成:《仪礼复原研究丛刊序》,载《仪礼复原研究丛刊》,台湾中华书局 1971 年版,第 1 页。
③ 陈瑞庚:《士昏礼服饰考》,台湾中华书局 1986 年版,第 6 页。

此外,郑良树《仪礼士丧礼墓葬研究》亦将出土材料与传世文献相印证,以修正、补充前人之说。郑氏对先秦以上、殷商以下墓坑形制、棺椁制度以及埋葬情形等皆作了研究,其研究对于《士丧礼》之复原意义重大。如郑众、郑玄、贾公彦等人认为天子无墓道(即《仪礼》所言"隧"),而贾逵、韦昭、杜预、孔颖达等人认为天子有墓道。孰是孰非,仅凭文献记载很难裁断。郑良树曰:"孔颖达就根据《左传》及杜注的说法,将天子及诸侯的墓坑形制划分为两种:天子有墓道;诸侯以下悬棺而下,不得有墓道。……《左传》及《国语》上的记载,不得不使我们同意这一看法。反过来看地上所掘获的直接材料,大型墓坑有墓道,中、小型墓坑绝大部分都没有,这一现象不但证明墓道的存在是件不可否认的事实,也证明墓道本是最上层阶级的专有物。"①郑氏据地下发掘材料,判定孔颖达等人以天子有墓道之说为是。

将传世文献与出土材料作比较研究的方法,对于弥补传世文献之不足,以及廓清经传说记之歧见,皆有着不可替代的价值。以孔德成为代表的学人在《仪礼》复原研究方面所做的努力,对于三礼研究领域的拓展及研究方法的更新有着重要的启发意义。

2. 坚持传统的经学、史学和文献学的考证方法

《仪礼》复原研究丛刊虽然很重视对考古资料和新出土文献的利用,但其基本研究方法还是传统的经学、史学和文献学的考证方法。根据无征不信的原则,从各种相关文献中征引大量资料来论证各种礼仪仪节和名物制度。如施隆民在《乡射礼仪节简释》中考证射礼"侯"之形制时,征引了《仪礼》之《记》1次,征引郑注8次,征引张尔岐之说4次,征引《周礼》1次。又如陈瑞庚在《士昏礼、士相见礼仪节研究》中考证玄端服饰,征引《士冠礼》3次,征引《玉藻》10次,此外还广泛征引《檀弓》《内则》《既夕疏》《白虎通》《后汉书·舆服志》《特牲馈食礼》《丧服传》《丧大祭》《说文》《说文解字》、张尔岐、任大椿等各家注解之说,然后附以研究者按语加以说明。

(五)《仪礼》复原研究文化工程的缺憾

孔德成主持的《仪礼》复原研究是一项前无古人的文化工程,在三礼学史

---

① 郑良树:《仪礼士丧礼墓葬研究》,台湾中华书局1971年版,第143页。

上具有重要意义。但由于当时财力和人力的限制,这项工程未能按原定规划全部完成,留下一些缺憾。

1. 缺少一些篇目的仪节复原研究

该项目只完成了《士昏礼》《士相见礼》《乡饮酒礼》《乡射礼》《特牲馈食礼》《少牢馈食礼》(含《有司彻礼》)和《丧服》等篇目所载礼仪仪节的复原研究,而缺少了《聘礼》《觐礼》《士丧礼》和《士虞礼》的仪节复原研究。有些篇章只有器物制度研究,而缺仪节研究。如《士丧礼》篇就只有《士丧礼器物研究》,而没有关于《士丧礼》仪节的复原研究。也有些篇章只有仪节研究,而无器物制度研究。

2. 只拍了《士昏礼》一部影片,其他诸礼均付之阙如

《仪礼》复原小组本来计划利用当时先进的影像技术,将《仪礼》所载各种礼仪均拍摄成黑白影片。但后来由于种种原因,只将《仪礼·士昏礼》一篇拍摄成影片,其他诸篇所载礼仪均未能摄制成影片。

第三节　王梦鸥的《礼记》研究

王梦鸥(1907—2002 年),福建长乐人,笔名梁宗之,研究领域广泛,遍及经学、文学、美学。曾任教于厦门大学、重庆中央政治学校、台湾政治大学、辅仁大学、东吴大学、日本广岛大学。主要著作有《礼记校证》《唐人小说研究》(四集)、《唐人小说校释》《古典文学论探索》《传统文学论衡》《文学概论》(后改名为《中国文学的理论与实践》)、《文艺美学》等。王梦鸥在经学方面以《礼记》研究见长,尤其是郑玄《礼记注》之研究。本节主要就王梦鸥在《礼记》文本方面的研究成果及特色作一评介。

一、《礼记》成书之研究

王梦鸥撰有《小戴礼记考源》一篇长文,对《礼记》的作者和成书问题进行了较深入的探究。王梦鸥自述其从事《礼记》研究的动机和缘起说:"大抵唐宋学者,多在其章句间弥缝阙失;而于此书来源,以及编者问题,尚少申言。清

代考证之学,盛极一时,学者从其细节之检讨,时或触及全书之回穴;但以权威思想,久锢人心,既震于'经典'之名,虽有真知灼见,发覆决疑之语,犹未遑董理成书,予后人以考信之参验。"①他认为唐宋学人受制于章句之学,清人又受制于先入为主的"权威思想",故前人未能对《礼记》作出整体意义上的研究。王梦鸥希望通过自己所作之研究,使《礼记》研究走出误区。他说:"不佞接触此记,亦颇有年,每对其零乱的章句,想见其杂驳的面容;不仅其言非一家之言,即其文亦非小戴之旧,与其称之为小戴记,不如名之曰'郑氏学'。灯前补拙,粗检前代遗文以及近年新出土材料,尝试考之。"②《小戴礼记考源》一文围绕《礼记》的作者和成书问题进行了多方面的探究,要点如下:

(一)《礼记》名称之考证

《史记·孔子世家》云:"孔子之时,周室微而礼乐废,诗书缺。追迹三代之礼,序书传,上纪唐虞之际,下至秦缪,编次其事。……故书传、礼记自孔氏。"王梦鸥认为,《史记》此所言"礼记",并非专门意义上之书名,他说:"其云'礼记',明系当时礼俗仪文的'记录'。盖用以泛指著述之事,而非载籍之名。"③

《汉书·河间献王传》:"献王所得书,皆古文先秦旧书,《周官》《尚书》《礼》《礼记》《孟子》《老子》之属,皆经传说记,七十之子徒所论。"此所言之"礼记",王梦鸥曰:"犹系泛指某类载籍,而非某书之专名。清人王鸣盛《十七史商榷》,误会班氏语意,并引许慎《说文自叙》而谓'礼记是前汉本有此称,非起于郑氏作注时所题'云云;是未明乎'专称'与'泛称'之区别。盖班氏泛指百三十一篇为《礼记》,犹西汉人泛称记礼之书为《礼记》,而与郑玄所题之四十九篇礼记,判然二事。故礼记之为专称,其起源以皮锡瑞'起于汉末'之说为近是。"④王氏认为,班固此所言"礼记"乃说礼之载籍,非书名之专称。

此外,卢植上书称熹平石经所刻之《仪礼》为"礼记",王梦鸥据此推断曰:

---

① 王梦鸥:《小戴礼记考源》,《政治大学学报》1961 年第 3 期。
② 王梦鸥:《小戴礼记考源》,《政治大学学报》1961 年第 3 期。
③ 王梦鸥:《小戴礼记考源》,《政治大学学报》1961 年第 3 期。
④ 王梦鸥:《小戴礼记考源》,《政治大学学报》1961 年第 3 期。

"晚至卢植之时,犹未尝专以郑玄所题之小戴礼记为《礼记》。"①

郑玄笺《诗·采蘩》引《仪礼》亦称"礼记",王梦鸥由此推断曰:"郑氏晚年,而《礼记》之名,亦尚未定谁属。"②

在考察诸记载的基础上,王梦鸥指出:"大抵郑氏以前,汉人称有关于'礼'之著述,或曰'礼',或曰'传',或曰'记';其行于世,而立于学官者,但曰'家'曰'学'而已。"③

《后汉书》卷五一曰:"桥玄……七世祖仁,从同郡戴德学,著《礼记章句》四十九篇,号曰'桥君学'。成帝时为大鸿胪。祖父基,广陵太守。父肃,东莱太守。玄少为县功曹。"王梦鸥曰:"按其所传《礼记章句》四十九篇;既曰'礼记章句',则章句之先,必有《礼记》;此《礼记》一书,或即戴圣传授《仪礼》时所记者,而桥仁承受其业,更为章句以传于世。桥氏章句,虽已久佚,但据是亦可知小戴学派,实传有四十九篇说礼之书。易言之:《礼记》本为戴圣在学官所讲者,而四十九篇章句乃桥仁随后所传者。一在学官,一属私门。私门之章句失传,而学官之《礼记》宜不与之偕亡也。"④王梦鸥认为,东汉末年桥仁四十九篇之《礼记章句》传自西汉戴圣,乃私门之学;专门意义上的小戴《礼记》之名,当始于桥仁的《礼记章句》。

(二)《礼记》成书过程之梳理

郑玄《六艺论》曰:"今礼行于世者,戴德、戴圣之学也。……戴德传《记》八十五篇,则《大戴礼》是也;戴圣传《礼》四十九篇,则此《礼记》是也。"⑤据郑玄之说,可知戴德传大戴《礼记》八十五篇,戴圣传小戴《礼记》四十九篇。王梦鸥认为,《礼记》今古杂之,其并非西汉戴圣所辑之原书,而是另有渊源。王氏曰:"考之东汉博士通儒,多杂治今古文学。而今本小戴《礼记》内容,恰称其学风。……毛奇龄尝谓戴圣生于武宣之间,古记盛行于哀平之世,当无从颠倒其时代以删取古记。其所云云,颇具灼见。倘更证以笃守今文家法之戴圣,

---

① 王梦鸥:《小戴礼记考源》,《政治大学学报》1961年第3期。
② 王梦鸥:《小戴礼记考源》,《政治大学学报》1961年第3期。
③ 王梦鸥:《小戴礼记考源》,《政治大学学报》1961年第3期。
④ 王梦鸥:《小戴礼记考源》,《政治大学学报》1961年第3期。
⑤ (唐)孔颖达:《礼记正义》序,载《十三经注疏》,中华书局1980年影印版,第1226页。

必取与己违异之古记,且又据为己有而传诸学官,则其非事实,将益显然。"①王梦鸥认为,作为恪守今文家法的戴圣,不可能汇辑今古文杂之的《礼记》。王梦鸥又说:"范书儒林传叙戴礼之传授,但曰'小戴'而不称'戴圣',是则今之《礼记》宜出戴圣身后而为'小戴博士'所为。"②王氏认为,郑玄所传之《礼记》当成于小戴博士,即戴圣的后学,而非出于戴圣。

《后汉书·郑玄传》言郑玄"从同郡张恭祖受《周礼》《礼记》《左氏春秋》《韩诗》《古文尚书》",王梦鸥据此推断曰:"至其所注四十九篇《礼记》,既非受自太学小戴博士,则其得自张恭祖处甚明。张恭祖学识不在郑玄之上(可以'山东无足问者'一语见之),其生世既晚,而闻见又未洽,关于戴圣原书之散失以及被编经过,或犹不及卢植之详审。于是以讹传讹,郑玄据之,亦未深考,故于《三礼目录》径谓'戴圣传《礼》四十九篇即此《礼记》是也'。按郑氏既非亲受于戴圣,而敢作此断语者,明系据于'传闻',习而未察,遂尔妄信。"③王氏认为,《礼记》郑玄传本受自张恭祖,而非大、小戴博士;戴圣传《礼》,当是郑玄之误说。

郑玄《三礼目录》于《礼记》篇首皆有"此于《别录》属某类"之记载。如《曲礼上第一》下,《目录》云"此于《别录》属制度";《曾子问第七》下,《目录》云"此于《别录》属丧服",《大传第十六》下,《目录》云"此于《别录》属通论"。若依《三礼目录》所引刘向之分类,可知《礼记》四十九篇的抄辑时间当在成帝命刘向校书之前。王梦鸥驳之曰:"(郑玄)误以小戴博士所传的《礼记》叙略为刘向《别录》,而将四十九篇各小题分注为'此于《别录》属某某',一似此四十九篇已辑成于刘向以前者然。其贻误后人,莫此为甚。何者?盖刘向条列其所见之说礼文籍,班固已转据以编《艺文志》。《艺文志》著录有《礼古记》《王史氏》《明堂阴阳》《曲台后仓》以及《乐记》等篇名及篇数。其中各篇之小题,后人莫之详知,但以现存的《礼记》本文核之,而其文字实出于《艺文志》所录诸书者为多。质言之,刘向《别录》,本无戴圣《礼记》其书;有之,殆出于东

---

① 王梦鸥:《小戴礼记考源》,《政治大学学报》1961 年第 3 期。
② 王梦鸥:《小戴礼记考源》,《政治大学学报》1961 年第 3 期。
③ 王梦鸥:《小戴礼记考源》,《政治大学学报》1961 年第 3 期。

汉以来顶名'小戴'博士所杂采刘向《别录》中所有的说礼杂记,以补戴圣残书;故郑玄观之,一似其篇名皆与刘向《别录》相合者然。"①刘向《别录》著录了礼学文献,然缺《礼记》一书,更无《礼记》各篇之解题。王梦鸥认为,郑玄所见的说礼文字皆出自《汉书·艺文志》,而非《别录》。

《礼记》孔颖达疏曰:"孔子殁后,七十子之徒,共撰所闻,以为此记。或录旧礼之义,或录变礼所由,或兼记体履,或杂叙得失,或编而录之以为记也。《中庸》是子思伋所作,《缁衣》公孙尼子所撰。郑康成云:《月令》,吕不韦所修。卢植云:《王制》,谓汉文时博士所录。其余众篇,皆如此例。"王梦鸥据孔疏,对《礼记》之成书作了进一步的申说,曰:"孔疏实已隐指此记乃秦汉儒者之杂记。但此杂记,既为小戴博士所据有,而小戴博士之立于学官,又不能不与戴圣之学统发生关联。是故号称小戴博士之记者,必此记一面渊源于戴圣之学,一面又补充古人的礼说而成书。……质言之,今此小戴《礼记》乃杂采秦汉以来言礼事之杂传记厕列于戴圣传授《仪礼》的章句中,故戴圣原有之《礼记》实仅占此礼中若干份之一。"②王梦鸥认为,今传本《礼记》非戴圣辑本之原貌,其中有采自戴氏之学者,也有采自秦汉以来言礼事之杂传。

王梦鸥对《礼记》之汇辑过程作了大胆的推测,他说:"现存郑注《礼记》四十六篇……其汇集过程,约始于章句衰微时代,自西汉元成迄于东汉桓灵(约前 40 年至 190 年),首尾二百余年。其始简策即已不完,复经更始之乱及光武播迁,可信为经帙错乱最甚之一次。东汉以下,学风丕变,章句之学不讲,故第二部分作品散佚尤多。所余第一部分又经若干人手之改易增删,其中并无定本。至郑注本流行于曹魏以后,始成为今书。故现存之四十六篇《礼记》,殆无一篇能保有原状;仅可视之为绵历周、秦、汉五百余年号称'孔门后学'礼说残篇之一总汇。"③王氏认为,《礼记》成书之经过复杂曲折,起初简册即已不完,后经多次战乱,简册又多有错乱,加之后人的改易增删,至曹魏后,郑注本才成为今天所能见到的定本。

---

① 王梦鸥:《小戴礼记考源》,《政治大学学报》1961 年第 3 期。

② 王梦鸥:《小戴礼记考源》,《政治大学学报》1961 年第 3 期。

③ 王梦鸥:《礼记思想体系试探》,《政治大学学报》1961 年第 4 期。

二、《礼记》篇数之检讨

王梦鸥认为，今传《礼记》之篇数为后人所疑者，一是四十九并非寻常之整数，庆氏、桥氏、董氏三家何独嗜乎此数？二是《隋书·经籍志》言马融足三篇而为四十九篇，马融为何对四十九之数如此看重？带着这些疑问，王梦鸥对《礼记》的篇数作了探究。

《初学记》卷二一曰："《礼记》，孔子门徒共撰所闻也。至汉宣帝世，东海后仓善说《礼》，于曲台殿撰《礼》一百八十篇，号曰《曲台记》。后仓传梁国戴德及德从子圣；乃删后氏记为八十五篇，名大戴《礼》；圣又删大戴《礼》为四十六篇，名小戴《礼》。其后诸儒，又加《月令》《明堂》《乐记》，凡四十九篇，即今《礼记》。"王梦鸥对《初学记》此段记载作了考察，他说："今以二戴之学统言之：谓其出自后仓，可无疑义；所可疑者，唯有其所传后仓说《礼》之篇数而已。后仓说《礼》之篇数，稽以《汉书·儒林传》与同书《艺文志》所著录者，本不符合。盖《儒林传》言其说《礼》'数万言'，而《艺文志》则仅存其'九篇'。以数万言合成九篇，不仅每篇之简策过于繁重，不符事实，更以十七篇《仪礼》之文较之，未有其记文仅及经文之半者。是故，《汉书》著录'九篇'之数，倘非因其传至刘向时，已有散佚，仅存此数；则必为《汉志》著录此条文字有讹。"[1]王梦鸥认为，后仓说《礼》之事，《汉书》儒林传与艺文志的记载有矛盾。关于此，清人王念孙、王先谦、姚振宗多有探讨。如王念孙认为"后仓"下脱一"记"字。在综合前人研究之基础上，王梦鸥曰："疑《汉志》此条，本作'《后仓曲台》四十九篇'，嗣以'四十'二字，笔划磨灭不全，后之传抄者误以为'至'字；而后之校书者，又因'至'字无义而删去之，遂使四十九篇变为九篇。兹倘复其旧观，则不仅四十九篇适于容纳数万言，且自二戴传授后氏礼学，迄至东汉，诸儒必求满足'四十九篇'之数的原因，亦可得其一解矣。"[2]王梦鸥之推论虽能消解《艺文志》与《儒林传》记载之矛盾，然由于缺乏文献依据，故还有继续探讨之必要。

---

[1]　王梦鸥：《小戴礼记考源》，《政治大学学报》1961 年第 3 期。
[2]　王梦鸥：《小戴礼记考源》，《政治大学学报》1961 年第 3 期。

三、《礼记》思想之研究

王梦鸥既重视《礼记》文本之考证，又不忽略《礼记》思想之探讨。在《礼记思想体系试探》一文中，王梦鸥结合先秦两汉思想史，对《礼记》的思想体系作了讨论。王梦鸥曰："今此郑注《礼记》，以其版本的价值言之，殊未见善，但因其为前世仅存之儒说一总汇，吉光片羽皆足以考见周、秦、汉五百余年间儒家思想演进之痕迹；而此思想体系又为二千年来知识分子之思想中心，故较其他不纯说礼之书，遂自有其不磨的价值在。"①王梦鸥认为，《礼记》既是周、秦、汉思想史的重要材料，又是自汉以来思想世界的核心，故《礼记》思想之探讨有着十分重要的意义。王氏认为："兹欲利用本书所保有的价值，从中研究此一阶段儒说之精髓，不能不先就其极凌乱的篇幅判明其不同的思想体系，更从此体系探索其源流，然后顺流之下，可以探照各篇蓄蕴的思想背景；明乎其思想背景，则对于历代注解家所作是非曲直之言，亦可以不辩而喻之矣。"②

王梦鸥认为《礼记》汇合了齐鲁之学，"汉世齐、鲁之异学汇合于《礼记》四十六篇。"③王梦鸥认为，先秦儒学之演变当以孔子为关键，孔子以前是现实经验表见于无系统的言说时期，孔子以后是无系统的言说已渐纳入系统、成为一系统下分歧之观念论；孔子以后之诸儒传说，有稍脱离现实的子思、孟子之说，亦有迷信色彩的邹衍之说，后来又有建立礼义观念论的荀子，以及讲天人之学的董仲舒。王梦鸥说："刘歆之论乃又变化齐学之遗说以缘饰鲁儒之旧籍，以为经书；而视前世齐学之说为纬书。于是，一经一纬，沿东汉而下，浸假形成儒家的学问。而《礼记》四十六篇，即其中之选也。"④王梦鸥认为，到刘歆时代，齐、鲁之学渐趋融合，《礼记》就是齐鲁之学融合的产物。

王梦鸥认为阴阳家、儒家、墨家皆出自原始的巫术政治，他说："自先世之'师儒'以迄齐、鲁之歧趋，其间虽流分派别，言说纷然；但循其用以讨论的资料探究之，则任何一流派皆夹杂有巫祝卜史之遗风旧习。齐学者殚心于机祥制度之设计，其承受上古巫术的影响固已甚明，即注意人事制度的鲁学，实亦

---

① 王梦鸥：《礼记思想体系试探》，《政治大学学报》1961年第4期。
② 王梦鸥：《礼记思想体系试探》，《政治大学学报》1961年第4期。
③ 王梦鸥：《礼记思想体系试探》，《政治大学学报》1961年第4期。
④ 王梦鸥：《礼记思想体系试探》，《政治大学学报》1961年第4期。

未尝忘怀天鬼之崇拜。是故,二说之中,本有其所同以及其所异者,而汉之齐学者不过归并其所同者以笼络其所异,使天鬼与生人相承续,对于凡百礼文,用人情为其解释之外,复益以天命的陈述而已。"①王梦鸥据《汉书·艺文志》,论阴阳家、儒家、墨家之关系曰:"今倘撮取其所列'阴阳''儒''墨'之要义,与四十六篇《礼记》比而观之,则《礼记》之为儒书,实兼存三家之要义。顺阴阳,明教化,养老,选士,宗祀严父,以孝视天下,此三家之要义,亦即《礼记》四十六篇之要义。"②王梦鸥认为,《礼记》杂糅儒、墨、阴阳各流派之思想,而巫术是这些流派思想的共同来源。

王梦鸥认为,同一礼文而齐、鲁异说,说明两派学者之礼说体系有异。王氏据《礼记》,对冠、昏、射、聘、丧、祭诸礼之释义作了反思。如昏礼,王梦鸥辨析鲁学之释义时曰:"鲁学者之说义,注重其'合二姓之好,上以事宗庙,下以继后世'。故《礼记·曾子问篇》曰:'取妇之家,三日不举乐,思嗣亲也。'《哀公问篇》曰:'大昏既至,冕而亲迎:亲之也。亲之也者,亲之也!是故君子兴敬为亲,舍敬是遗亲也。'"③王氏辨析齐学之释义时曰:"齐学之注意点则仍系于以阴阳之解释。故同一婚礼不举乐的习俗,而《郊特牲》篇曰:'昏礼不用乐,幽隐之义也。'同一冕而亲迎,而《郊特牲》篇则曰:'玄冕斋戒,鬼神阴阳也。'其他解释,见于纬书以及《白虎通·婚嫁篇》者,无不以天时阴阳为婚礼之重要意义。"④王氏认为,从婚礼之释义,可见鲁学重伦理,齐学重天道。

四、《礼记》单篇之研究

《礼记》四十九篇,内容驳杂,篇目编次没有义例。从汉代开始,就有学人从单篇的角度研究《礼记》。然而由于书缺有间,加之文献记载语焉不详,故留给后人不少疑惑。王梦鸥对《礼记·乐记》《月令》《郊特牲》等作了研究,并撰写了多篇论文。兹以其《礼运》研究为例,对王梦鸥《礼记》单篇研究作一评介。

---

① 王梦鸥:《礼记思想体系试探》,《政治大学学报》1961年第4期。
② 王梦鸥:《礼记思想体系试探》,《政治大学学报》1961年第4期。
③ 王梦鸥:《礼记思想体系试探》,《政治大学学报》1961年第4期。
④ 王梦鸥:《礼记思想体系试探》,《政治大学学报》1961年第4期。

古今学者于《礼运》之作者及成篇有很多讨论，王梦鸥对古今学者的观点作了归纳：

早期学者见《礼运》篇首明载言偃与孔子问答之语，遂以《礼运》篇为子游所记孔子之说；

有人注意到《礼运》篇首辨别大同、小康之世为二，认为其有菲薄礼义之嫌，且近乎兼爱思想，遂疑为老、墨之言；

有人以《庄子》一书中托名孔子及孔子弟子者比比皆是，遂认为《礼运》乃秦汉间老庄之徒所为；

有人认为《礼运》章句有错乱，遂对《礼运》章句加以调整；

有人认为《礼器》《郊特牲》与《礼运》本为一篇，因简策繁重分而为三。

王梦鸥评论诸说曰："关于《礼运》篇的讨论范围扩大至于《礼器》《郊特牲》，且注意及于'本文'的研究，较前此以三言两语遽行案断者，可谓进步多矣。然其中从事于本文研究，仍不免为个人成见所左右，动辄曰此乃南华家法，彼乃老氏玄谈，竟忘西汉时代，孔老并未严格分家；而对彼时学者殊不使用此成见也；而后人竟较及锱铢，反成为刀笔吏之深文周内矣。其次，主张移易章句以迁就预定的道统，不仅于理论上毫无根据，且大有背乎历史事实，可谓妄拟之尤者。"①王氏认为，前人研究之得在于将《礼运》的探讨范围扩至《礼器》《郊特牲》，前人研究之失在于疑改经文以迁就成见。

王梦鸥将《礼运》与《礼器》《郊特牲》作了比较，指出："《礼运》《礼器》《郊特牲》三篇……依吾人校读所得，不特此三篇未必'本为一篇'，即《礼运》本文，且疑其非出于'一人''一时'之记述：其中包括有前师的讲章与后师之章句在。"②王氏认为，《礼运》与《礼器》《郊特牲》本非一篇。

王梦鸥还将《礼运》与《春秋繁露》《淮南子》中的五行思想作了比较，在此基础之上指出《礼运》的成篇年代当在汉代武昭宣之际。王氏认为："细稽《礼运》篇包含如许特异的构想，既与老庄无涉，亦非子游所记；倘以此特异构想完成时代揆之，宜不越乎武昭宣之际。"③

---

① 王梦鸥：《礼运考——礼运礼器郊特牲校读志疑》，《政治大学学报》1963年第8期。
② 王梦鸥：《礼运考——礼运礼器郊特牲校读志疑》，《政治大学学报》1963年第8期。
③ 王梦鸥：《礼运考——礼运礼器郊特牲校读志疑》，《政治大学学报》1963年第8期。

王梦鸥认为《礼运》文本多有改窜，讹、脱、衍、倒、错乱之处。如《礼运》："何谓人情？喜、怒、哀、惧、爱、恶、欲，七者弗学而能。"王梦鸥说："按：《白虎通·性情篇》云：'《礼运》曰：六情者所以扶成五性也。'今此语未见载于本篇，然而《白虎通》成书在王肃《家语》、郑注《礼记》之前，疑王、郑二氏所及见之《礼运》篇已不及《白虎通》记者世代之完全。黄式三《儆季经说》卷二云：古无七情六欲之说，'喜''爱'即是'欲'。所见良是。《汉书·翼奉传》云五际六情。'六情'是《齐诗》说，自后仓而翼奉，戴圣亦其学统中人，无缘改六情为七情。而六情之说，王充《论衡·本性篇》云'情有好恶喜怒哀乐'，此六者盖犹承其绪说。《白虎通》且释此六情曰：'情所以六者何？人本含六律五行之气，内有五脏六腑，此情性所由出入也。'凡此解释，适与此处下文所言五声六律，五味六和，五色六章等相连贯，不容改易为'七'。此则本篇既非完篇，又尝被改窜之可疑者。"①《礼运》言"七情"，《白虎通》《孔子家语》《汉书》言"六情"，王梦鸥条列诸说，并据清人黄式三的观点，从而认为《礼运》"七情"乃改窜之说。

王梦鸥认为，《礼运》虽可通，然其所据旧本并非最善。如《礼运》："货恶其弃于地也，不必藏于己；力恶其不出于身也，不必为己。"王梦鸥曰："《家语》所载下句作'力恶其不出于身，不必为人'，证以彼处下文'货则为己，力则为人'，则此显是'自己出力，不要别人出力'之意，亦即为人为己皆须出力，似较此文易解，且'人''己'相对为言，语式亦较整齐。"②王梦鸥认为，不管是从语义上，还是从语式上，《家语》之记载均优于《礼运》。

综上所述，可知王梦鸥的《礼记》研究之特点主要体现在以下几个方面：

第一，专注于《礼记》之研究。王梦鸥以文学研究享誉学林，然其兴趣广泛，其于《礼记》，既有全书之研究，也有单篇如《曲礼》《月令》《礼运》《礼器》《郊特牲》之研究；既有成书问题之研究，也有文本之考订、思想之发掘；既有经文之考证，也有郑注之考察。角度多样，成果丰富。王梦鸥的《礼记》研究可谓独树一帜，称得上真正意义上的专家之学。

---

① 王梦鸥：《礼运考——礼运礼器郊特牲校读志疑》，《政治大学学报》1963 年第 8 期。
② 王梦鸥：《礼运考——礼运礼器郊特牲校读志疑》，《政治大学学报》1963 年第 8 期。

第二，重视考据，又不废义理。王梦鸥之《礼记》研究，既继承了传统训诂考据法，又采用了现代意义上的诠释法。从《礼记月令斠理及其衍变之考察》《郑注引述别本礼记考释》《郑注礼记旧本考》等著述来看，王梦鸥受传统学术影响至深，其非常重视文献，有清代考据学派之遗风。王梦鸥的《礼记》研究建立在扎实的文献基础之上，体现了礼是实学这个特点。然而其并不忽略《礼记》思想之发掘，其所撰论文《礼记思想体系试探》等皆是在广阔的思想文化背景下对《礼记》所作之研究。综观王梦鸥的《礼记》研究，可知他既重视考据，又不废义理，考据和义理在王氏的《礼记》研究中相辅相成、相得益彰。

第三，不迷信前人之说，有独立之判断。王梦鸥对于经书的态度与时代学风紧密相关。他有较深的旧学根柢，然并不迷信盲从经书经解。王梦鸥认为，《礼记·礼运》文本错谬百出，《郊特牲》"错乱芜杂，仅可视为零乱简策杂凑成篇"①，《礼运》《礼器》《郊特牲》三篇"其章节之最零乱者，首推《郊特牲》，而《礼运》次之，《礼器》又次之"②。其撰《礼记月令斠理及其衍变之考察》，对《月令》之文本多有疑改，在《〈曲礼〉校释》一文中，认为《曲礼》文句难有通畅者。此外，关于《礼记》各篇之作者，王梦鸥对前人之见亦多有怀疑。如王氏认为《礼记》的纂集者是东汉博士诸生，而非西汉的戴圣。又如王氏认为古《曲礼》残，今之《曲礼》杂有秦汉师儒之讲章。王氏于《礼记》文本之疑改，对于《礼记》文本之研究具有较高的参考价值。

第四节　周何的三礼研究

周何（1932—2005年），江苏泗阳县人，台湾师范大学、国文研究所毕业，获文学博士学位。曾任台湾师范大学国文系教授、国文系主任、国文研究所所长、文学院院长。精于三礼学，并兼治《春秋》学。著有《春秋吉礼考辨》《儒家的理想国——礼记》《古礼今谈》《礼学概论》《说礼》《新译春秋穀梁传》。晚

---

① 王梦鸥：《礼运考——礼运礼器郊特牲校读志疑》，《政治大学学报》1963年第8期。
② 王梦鸥：《礼运考——礼运礼器郊特牲校读志疑》，《政治大学学报》1963年第8期。

年主持《十三经注疏》分段标点工作,亲自标点《春秋公羊传注疏》《春秋穀梁传注疏》。又主持《十三经著述考》,亲自编辑《诗经著述考》《春秋总义著述考》《春秋公羊传著述考》《春秋穀梁传著述考》。周何在三礼学研究领域取得了多方面的成就。

一、礼制之考证

周何曾受教于高明、林尹、程发轫诸先生,精于考据。其博士学位论文《春秋吉礼考辨》于吉礼之研究,方法全是考据。据《春秋吉礼考辨》一书,可知周何有深厚的礼学研究功底。

周何认为,欲考信征实于周之礼制以辨证三礼之是非,最可信据者当属《春秋》所记之礼制。他以《春秋》所记吉、凶、军、宾、嘉诸礼皆可分别讨论,然其"初入宝山,满目珍瑰,贸然欲尽研五礼,力所不足。乃思退治一礼。冀或有成。……于是乃取《春秋》经传言吉礼者,先事考辨,至于尽五礼之全,则当寄望于来日矣"①。

兹举周何于吉礼考辨之数例,以见周何早年治礼之方法。

(一) 雩礼考证

前人尝置疑于鲁之郊、禘,并及于大雩。宋元以来,孙复、程颐、胡安国、吴澄等人见经书大雩,遂以此乃圣人故为《春秋》之义法。周何驳之曰:"诸说鲁雩僭礼者,大抵皆自《春秋》书'大'雩起文,以为天子雩上帝,诸侯雩山川,而鲁以诸侯得雩上帝,《春秋》乃特书'大',以志鲁雩僭礼。殊不知常雩、旱雩皆天子之礼,诸侯有祷而已,无雩祀也,则'诸侯雩山川'已属非礼,何必重言大字? 盖无所取义矣。且史书记实,既书曰大雩,其礼必有所自,若不信成王赐祭之说,强谓鲁雩僭礼,固亦非也。至于孔子修史以立《春秋》义法,笔伐而寓褒贬之说,本后儒所创为;况孔子即有立文寓义之举,亦不至窜改旧史,而复深藏隐晦,以劳后世君子探幽索微,苛细以至如此。又鲁承王命,有天子郊、望之礼,岁奉常祀,已见前论;同属祀天之祭,既得郊,则雩亦可行。故雩之称大,非

---

① 周何:《春秋吉礼考辨》,台湾嘉新水泥公司文化基金会研究论文第 101 种,1970 年版,第 2 页。

书以志僭可知。"①周何认为鲁雩非僭礼，依据如下：一是雩本天子之礼，鲁雩非礼，不必在前添一"大"字；史书之记载有"大"字，其礼必有所自，不必疑赐礼之说而强谓鲁僭礼；孔子为后世立法之真实性有待商榷，即便有立法之事，孔子亦不至窜改旧史而遗惑后人。

《春秋》书雩，称其"大"者，还有如下诸说：

（1）别于山川，故称大。持此论者有贾逵、孔颖达、孙复、吴澄、黄以周等人；

（2）别于龙见常雩，故称大。持此论者有朱大韶；

（3）大旱，故称大。持此论者有何休；

（4）国遍雩，故称大。持此论者有赵匡；

（5）礼物有加，故称大。持此论者有赵匡；

（6）用盛乐，故称大。持此论者有徐庭垣；

（7）祭之重、礼之隆，故称大。持此论者有陈祥道、毛奇龄、孔广森、惠士奇等人。

周何驳诸说曰："按雩必祀帝，山川曰祈曰祷，本不相侔，不相籍'大'以为异，贾逵等说非正。书见《春秋》者皆属旱雩，无须为别，即令常雩亦书，亦惟称以大雩，否则依朱大韶说，当以何称别之？经书既皆旱雩，旱或有小有大，而经悉书曰大雩、不书小雩者，大非专对大旱可知，何休亦误。大雩之祭，礼有常秩，物有常品，未闻有举国遍雩之义，亦不容任意加减礼物，赵匡及书旧说皆左矣。《月令》大雩帝，用盛乐者，指言常雩如此，旱雩降于常雩，未必备用盛乐，是徐说亦非的解。"②周何认为，若山川曰祈曰祷，与雩祀帝不相同，不必以"大"来区别；旱或大或小皆书大雩，故"大"并非专对大旱；礼有常秩，故"举国遍雩""礼物有加"乃谬说。

在驳前人之说后，周何提出了自己的观点，他说："《春秋》经书鲁雩，所以皆称'大'者，以礼乐赐自天子，因以得祀上帝，遍及群神，重其祭，隆其礼，大

---

① 周何：《春秋吉礼考辨》，台湾嘉新水泥公司文化基金会研究论文第 101 种，1970 年版，第 85 页。

② 周何：《春秋吉礼考辨》，台湾嘉新水泥公司文化基金会研究论文第 101 种，1970 年版，第 86 页。

其事,故同其称,而曰大雩也。……经书大雩,史官记实之辞,必有其礼,必有其事,而后可以书诸典策;必信孔子故寓微言大义,改易史文,以示讥贬之义,则诚庸人自扰耳。"①周何认为,鲁雩皆称"大"者,以礼乐赐自天子而曰大雩也。周氏在通考前人之说的基础上,对雩礼之成说作了辨析,最终认为鲁称"大雩"并非僭越。其所作论证持之有故,推理严谨,故其所得结论较客观。

(二) 祫礼考证

祫之为礼,或云大祫,或云时祫,或云丧毕之祫;时祫更有大小异。说祫之所祭,或以为迁主及未迁之主皆合,或以为惟合迁主,或以为只合未迁之主,或以为时祫合未迁,大祫兼已迁,更有功臣与祭之殊。说祫之疏数者,有五年、三年、间岁、每岁、四时、三时、一时之别。在各家看来,祫与禘皆祭名。

周何认为,祫非祭名,而是祭祀之方式。其论证思路如下:

一是据甲骨卜辞以证祫乃卜辞之"衣"。周何列"衣"字之见于卜辞者二十余出,并将其与甲骨卜辞中的其他祭名及用字作比较,从而认为"衣"之用于卜辞者,是自某祖至某祖合食于某祭之时。故"衣"是盛大合祭之事,而非祭名。周何曰:"'衣'既皆用于指言多位先祖同时合食于一祭之事……礼虽有殊,而合祭之事则同。则殷人盛祭先祖合食之事,可施于此,亦可行之于彼,非专限于某一祭典始得为之。由知卜辞之'衣',只为宗庙祭祀之时,或特祭,或合祭,事有大小,所祭对象有多寡,不同方式之一而已,自不得以为祭祀之专名,视同礼制之一也。"②周何认为,"衣""殷"同音,且"衣""祫"皆为合祭先祖之事,故卜辞之"衣",即后世之"祫"。

二是据《王制》以证祫非礼之专名。《王制》言"天子犆礿、祫禘",犆、祫相对为文,周何曰:"祫,合也,合祭先祖之谓。犆与祫对文,祫为合祭,则犆者分祭可知。宗庙之制,已迁之祖藏于大庙,未迁之祖各有其庙。当其合祭,盖如《公》《穀》二传所云,已迁之祖陈于大庙,未迁之祖皆升而合食于大庙,此之谓祫。当其分祭,盖指未迁之主各祭于其庙,此之谓犆。四时皆有祭享,惟春

① 周何:《春秋吉礼考辨》,台湾嘉新水泥公司文化基金会研究论文第 101 种,1970 年版,第 86—87 页。

② 周何:《春秋吉礼考辨》,台湾嘉新水泥公司文化基金会研究论文第 101 种,1970 年版,第 117 页。

物未成，不为殷祭，各于其庙分祭而已，古于春祭之名附'祐'文以著其事。夏、秋、冬三时，品物繁庶，百礼咸备，得为殷祭，于是集群主于大祖庙中，合而祭之，犹有族食之义焉，故于此三时之祭名附'祫'文以著其事。天子之礼如是，诸侯之制惟夏祭异于天子。祭名之下，附著'一祐一祫'之文，尤见祐、祫对文之义焉，此《王制》之说也。《王制》既以祐、祫相对为义，祐非礼之定称，则祫自亦非祭之专名也。"①周何据《王制》，认为祫与祐相对为文，祐非礼之定称，祫亦非礼之专名。

三是对郑玄、孔颖达之说加以辨析，以证祫非祭名。《王制》郑注："祐犹一也。祫，合也。天子诸侯之丧毕，合先君之主于祖庙而祭之，谓之祫。"《礼记》又有"禘一祐一祫"之文，孔疏曰："禘一祐一祫者，言诸侯当在夏祭一禘之时，不为禘祭，惟祐一祫而已，阙时祭也。不云一禘，而云禘一者，禘在一前，与祫在祐其义同，皆见先时祭也。"周何辨析郑、孔之说曰："前于郑氏者，《汉书·郊祀志》及《礼纬》等，早以祫为宗庙大祭之名，郑玄沿承旧说，亦以祫为祭之专称，遂致天子诸侯夏、秋、冬，每时皆有二祭，而更臆为礼有先后之说。然既定以祫为祭名，复见祐非祭名，文与祫有相对之义，是不可解，乃云祐犹一也，谓春惟一祭，他时皆二祭，是诚勉强之言也。若然，则直书春祭之名已足，何必更著此于义无取之'祐'字。……孔疏于'禘一'为读，固已可笑，此不可信者一；又谓禘在一前，以见先行时祭者，适与'阙时祭也'语自矛盾，此不可信者二；孔疏又云：'诸侯当在夏祭一禘之时，不为禘祭。'是谓诸侯绝无时祭之禘矣，又与记文'诸侯祐则不禘，禘则不尝'不合，此不可信者三也。"②周何认为，郑、孔曲解经文，不可信据。其或基于经之文义的分析，或基于句读之重新划分，皆能言之有据，成一家之言。

周何认为历代学者于"祫"之认识有误，他说："至以祫为宗庙大祭之专名，或秦汉间今文家之所为。盖见《春秋》书禘有分祭合祭之事，《公羊》于合祭之禘著有'大祫'之文，复忽于时享亦有祫事，乃专以祫与禘为相对，并为宗

①　周何：《春秋吉礼考辨》，台湾嘉新水泥公司文化基金会研究论文第101种，1970年版，第119页。

②　周何：《春秋吉礼考辨》，台湾嘉新水泥公司文化基金会研究论文第101种，1970年版，第119—120页。

庙祭祀之尤大者。于是作纬书者始立'三年一祫,五年一禘'之说;而汉代创制立典者,爰以为前有所本,因纳诸宗庙常祀之列,奉行不忒。至后世之议者,或援纬说,或依汉制,咸以祫为礼之定名而不之疑。然而古史无征,载籍又皆质约,于是远自汉室,说祫义者,大抵以今律古,率皆揣摩臆测,立论各安己意,遂致歧异纷舛,卒不可收拾也。"①周何于此用"或""盖""大抵"之词,体现其缺疑之精神和求实之学风。

周何于《春秋》吉礼之考证,已经远远超出《春秋》所记吉礼之本身,而达到与众经传记载相会通的高度。总体来看,周何于吉礼之考证有以下两个特点:

一是重视新材料的使用。前人于礼制之考证往往仅据传世文献,从而导致歧义纷出、莫衷一是。周何善于利用出土文献与传世文献互证。如于吉礼之郊、雩、禘、宗庙时享之礼,周何皆用甲骨卜辞与传世文献互证。正是由于出土文献之应用,才使得纷纷疑义得以扫荡一空,讻讻争论,当能摒置勿言矣。

二是勇于怀疑,不迷信陈说。周何不盲从前人之说,通过细致的考察,他纠正了郑玄、孔颖达、黄以周等人的许多错误。文献不足征以及时代之变迁,致使古代礼制淆乱纷错。周何广征博引,细致揣摩,或指出各家之错误,或弥合各家之矛盾,皆能持之有据,言之成理。

总之,周何于《春秋》吉礼之考辨,不管是在方法上,还是在深度上,皆已超越了前人,达到了新的高度。其师林尹评价说:"吉礼为五礼之首,春秋之世,尤为重视。周生历时五载,撰成斯篇,决古今之悬疑,匡郑氏之疏失,其考辨也钩沉而索隐,其行文也畅达而典雅。"②林尹对周何此文评价甚高,但绝非虚言。

二、礼义之阐发

周何的礼学研究不拘一格,特别是晚年所撰《古礼今谈》《礼学概论》等著

---

① 周何:《春秋吉礼考辨》,台湾嘉新水泥公司文化基金会研究论文第 101 种,1970 年版,第 122 页。

② 林尹:《春秋吉礼考辨序》,载《春秋吉礼考辨》卷首,台湾嘉新水泥公司文化基金会研究论文第 101 种,1970 年版。

作,已经由考据转向义理。周何礼学研究的丰富多彩,重视对礼义的阐发是其礼学研究的一大特色。周何对礼义的阐发有多层次的内容。

(一)探求礼义之原因

在《古礼今谈》之序言,周何对礼义的重要性作了说明:

第一,古礼的制作者有深意,故探求礼义,可以更好地理解古礼。周何认为,古礼仪式蕴含教化之意,随着时间的推移,今人已难知晓礼义。言下之意,要真正懂得古礼,当须探寻古礼制作者之用意。

第二,探寻礼义,可以使今人认识传统文化之价值。周何认为,当前社会上流行的礼有源自西方者,不过更多的是一脉相传的古礼;知晓古礼之演变及意义,才能真正理解中国传统文化;知晓古礼之演变及意义,可以消除部分人对于古礼之偏见。

第三,重视礼义可以为时代提供正确的导向。周何认为,经济发展、科技日新月异,然而今人的幸福感却不见得高,归根到底,是因为人们遗忘了传统。而补救之措施,就是重新认识传统,特别是重新认识旧有之礼教,从而挽回道德人心,恢复社会伦理。

基于以上三方面的原因,周何治礼时特别重视礼义之阐发,他说:"从民国五十六年起,我在师大开始讲授《礼记》,同时也教训诂学。不过我在《礼记》的课堂上特别说明,尽量少用文字训诂的方式来讲解《礼记》,因为《礼记》本身就是《礼经》的疏解,文字浅显,字面的意思容易懂,重要的是在礼义的说明比较有深度。如《冠义》《昏义》《祭义》《乡饮酒义》等篇,主旨都是在阐述各种礼仪节目的设计原意,以及内涵教化精神的发挥。舍此精华部分不讲,不仅是一种浪费,而且也觉得对真正精彩的固有文化没有尽到传递的责任。"[①]古礼仪节考证十分繁杂,古今著述多不胜数,周何虽精训诂,然其尽量避免因过度重视训诂而忽略礼义之探求。

(二)探求制礼者之用意

周何认为,古礼是一些对社会有着深刻参透力的人经过深思熟虑而制作的,目的是为了规范社会秩序,因此探求古人制礼之用意,对于认识古礼有着

---

① 周何:《古礼今谈·自序》,台湾国文天地杂志社 1992 年版。

重要意义;同时,要使古礼焕发出新的活力,了解古礼制作者之深意是十分必要的。在《古礼今谈》《礼学概论》等著作中,周何花了不少笔墨阐发古礼制作者之用意。

《礼记·冠义》曰:"成人之者……将责为人子,为人弟,为人臣,为人少者之礼行焉。将责四者之行于人,其礼可不重与?"又曰:"故孝、弟、忠、顺之行立,而后可以为人,可以为人而后可以治人也。"《冠义》所言虽能揭示冠礼制作者之用意,然其所言较为概括,不易为今人所晓。

周何对冠礼制作者之用意作了探讨,他说:"古代未成年的童子,习惯上都穿着不同色彩的衣服,称之为'彩衣'。……但一到二十岁,举行冠礼之后,就必须脱去彩衣,换着成人的衣冠,以表示从此之后已不再是孩子,成人的尊严架势也自然就会端了起来。言行举动,容貌体态,自能懂得如何循规中矩地合乎自己的身份。……既已穿着了成人的衣冠,具备了成人的身份,当然会懂得如何切合身份,自尊自爱了。同时在别人的眼光里,也应该给予成人的礼待和尊重,不会像对未成年的孩童那样地可以随便了。既然别人如此地尊重自己,则自己也该谨慎收敛,表现出适合成人身份的气度来。这就是服装齐备对人格养成、烘托身份,具体的影响和成效。"①周何认为,之所以让被加冠者脱去童子所穿之彩衣而着成人之服,意在让童子有成人的身份和气度;该仪式对于被加冠者人格的养成有着重要的影响和成效。

冠礼有取字之仪节,即加冠完毕后须由一位特别来宾为这位新生代的人取个"字"。冠礼设计者安排取字之意,可从《仪礼》《礼记》中窥得大概。《士冠礼》云:"冠而字之,敬其名也。"《礼记·冠义》亦曰:"已冠而字之,成人之道也。"周何据《仪礼》《礼记》之记载,对取字之用意作了探究,他说:"既然习惯上的使用价值,对人直称其'名',有不礼貌,不客气的意思,于是就需要在本名以外,有个足以表示礼貌尊敬的代称,让别人对自己在需要称谓时方便使用。所以在男子成年之时,考虑到日后在社会上与别人交往的机会非常多,只有一个'名',给别人不方便,于是便在举行冠礼之后一定要为他取个'字'以代替本名。从这些地方,固足以见我们古代祖先对于社会群己关系,早已就有

---

① 周何:《古礼今谈》,台湾国文天地杂志社 1992 年版,第 17—18 页。

睿智深密的留心和设计,而礼义精神的宣导,更可从这样细密的称谓差异中得窥其用心。"①周何认为,之所以给被加冠者取字,大而言之乃是出于社会群己关系之考虑,小而言之乃是出于让成年男子在社交中方便他人之考虑。

周何对婚礼制作者之用意作了探讨。如《士昏礼》有"问名""纳吉"之仪节,郑注:"问名者,将归卜其吉凶。"纳吉之义,即将女方当事人的身份资料带回男家去,在祖先宗庙中占卜,决定吉凶,占卜得吉,马上带到女家去"纳吉"。有人认为"问名""纳吉"有点迷信的成分,周何却认为这样的设计蕴含婚礼设计者之用意,他说:"其实当初设计这些礼节的用意,主要是在利用这种形式,加强当事人对婚姻的信心,与光明正大、谨慎隆重的意义。譬如必须经过祖先认可的那道手续,表示婚姻大事,不是家长或当事人擅自作主就可以草率决定的。经过占卜之后,所有家族,包括历代祖先,都曾参与过这件事的深思考虑,自然会给予当事人一份严肃而隆重的感受,以及对婚姻责任的体认。如果认为这是迷信的话,则中国人的尊祖敬宗,难道也应该归属于迷信,而否定其寻根索源的意义吗?"②周何认为,"问名""纳吉"两项仪式中之占卜并非迷信行为,设计者之用意在于通过此仪式,让当事人有一份严肃而隆重的感受,并对婚姻责任有最初的体认。

(三) 阐发古礼的现代意义

《礼记》曰:"礼者,时也。"礼并非一成不变,而是随着时代的变化而有损益。古礼仪节繁冗,如何面对先祖所精心设计的这些仪式节目,是应该认真思考的。周何对古礼在当今社会中的意义作了反思,他说:"传统的礼俗,来自于生活经验,经过先人智慧的处理,积累而成为我们今日生活中,理当如此的共识。但,如何在今日这个富而不安的时代中,去寻找古礼的价值及现代意义,则有待于大众的体认与肯定了。"③

在《古礼今谈》一书中,周何对古礼的现代意义作了阐述。如冠礼,据《仪礼·士冠礼》记载,有筮日、戒宾、筮宾、宿宾、为期、三加、宾字冠者,以及冠者见舅姑、国君、乡大夫、乡先生之仪节。周何强调成人礼对于青年人的成长不

---

① 周何:《古礼今谈》,台湾国文天地杂志社1992年版,第34页。

② 周何:《古礼今谈》,台湾国文天地杂志社1992年版,第54页。

③ 周何:《古礼今谈》,台湾国文天地杂志社1992年版,扉页。

可或缺,他说:"到清末民初,西风东渐,冠礼全亡。如今我们时常为二十多岁的年轻人不懂事而感慨,或者为青少年犯罪率的增高而讶异,其实该感叹、该责备的应该是我们这些做父母、做长辈的人,没有尽到教育子弟的责任,终使家庭教育濒临破产,造成时下年轻人不明是非,不知分寸的行为差失。仔细想想,成人之礼的久废,应该是重要因素之一。"①周何认为,当今青少年不明是非、不知分寸,原因之一就是成人礼的丧失。周氏从反面证明成人礼在今天的重要意义。

周何认为,成人礼并非仅《仪礼》所云之冠礼,他将传统的以冠礼为成人礼的观念作了扩展。周何写道:"古代女子年满十五岁,也有表示成人'笄礼'的举行,如今当然也不存在了。不过有些家庭为十六七岁的女儿举办一次盛大的舞会,让女儿穿着正式的晚礼服,周旋于许多宾客之间,俨若成人。或许那是从欧美电影里学来的,仪式节目都与中国的笄礼不一样。那有什么关系,只要它确实表示成人教养的完成,无论是什么样式的庆典,都是非常可喜的事。"②周何认为,女子所行之笄礼虽不复存在,然而一些仪式或场合依然可以起到女子成人之礼的效果。言下之意,礼不拘于形式,重要的是礼义;重视礼之精神意蕴,对于人和社会来说最为重要。

第五节　林素英的《仪礼》和《礼记》研究

林素英,1955 年生,台湾台北县人,曾在台湾师范大学师从周何攻读博士学位,研习三礼学。先后任教于花莲师院语教系、台湾师范大学国文系。林素英的三礼学研究在研究方法上与传统的经学研究方式有所不同:不太致力于文字训诂和名物制度诠解,而是重视对三礼思想文化方面的诠释。著有《古代生命礼仪中的生死观》《古代祭礼中之政教观》《丧服制度的文化意义》《从〈郭店简〉探究其伦常观念》《礼学思想与应用》等学术专著,以及《少年礼记》

---

① 周何:《古礼今谈》,台湾国文天地杂志社 1992 年版,第 14 页。
② 周何:《古礼今谈》,台湾国文天地杂志社 1992 年版,第 14—15 页。

《甜蜜的包袱——礼记》等通俗作品,并有多篇单篇学术论文。林素英的礼学研究重点在《仪礼》和《礼记》。

一、《仪礼·丧服》研究

林素英撰有《丧服制度的文化意义——以〈仪礼·丧服〉为讨论中心》一书。该书分为七章:第一章绪论,主要交代研究的动机与目的、研究的范围与材料、研究的步骤方法与限制,第二章探讨丧服礼俗的起源及意义,第三章探讨《丧服》的结构组织,第四章探讨服制条例的类型及内容,第五章探讨丧服制度的一般通则在文化上的意义,第六章探讨丧服制度的特殊通则在文化上的意义,第七章为全书之结论,主要阐述丧服制度的现代意义。该书撰作之动机有二:

一是力图改变前人忽视整体文化情景的研究路数。《仪礼·丧服》行文简约,制礼者之用意难知其详,故丧服之蕴意众说纷纭,莫衷一是。林素英认为:"历代以来研究丧服者虽然众多,然而却呈现异说纷纭的状态,吵吵嚷嚷而未必能得其要。探讨其中的症结所在,往往肇始于研究者不能关注全体,无法放眼于整体的文化大局着眼,所以虽然明知它蕴含着儒家思想的精华,却无法将其中的道理说得深入而精透;因为一旦脱离社会的整体文化情景,丧服制度中所体现的亲亲、尊尊、贵贵、贤贤等儒家思想特色,就缺少它赖以滋长的据点,也截断它藉以茁壮伸展的根本动力。"①林素英认为,历代的《丧服》研究者不是从文化大局着眼,他们明知《丧服》有儒家精义,却难以说得深入透彻。因此,林氏主张《丧服》之研究,当"还其本原,从文化的层次,全面剖析整个丧服制度所寓含的精义"②。

二是丧服制度之研究,有着很强的现实意义。林素英认为,丧服制度之研究,对于社会和谐有重要意义,她说:"透过丧服制度的文化意义分析,可以理解宗子具有'收族'的力量,更可以说明实施丧服制度具有整合族群向心力的

---

① 林素英:《丧服制度的文化意义——以〈仪礼·丧服〉为讨论中心》,台湾文津出版社2000 年版,第 5 页。

② 林素英:《丧服制度的文化意义——以〈仪礼·丧服〉为讨论中心》,台湾文津出版社2000 年版,第 5 页。

作用,对于促进现代人凝聚家族、团结力量都具有正面的意义。"①林素英认为,丧服制度的文化意义对于现代人的价值观有启示,她说:"透过社会整体文化的角度来观看丧服制度的意义,将会发现人与社会之间的互动关系,不但能因而理解制定丧服的社会意义所在,而且更可以发现这份原意关怀群体的情愫,正是现代人丧失已久,却又亟须追回的可贵感情。因此,企图重新激起爱与关怀他人的感情,懂得个人的价值必须在社会群体脉络之中才能充量发挥的道理,并且愿意竭尽全力实践,这就是从事本研究最重要的目的。"②

林素英《丧服制度的文化意义——以〈仪礼·丧服〉为讨论中心》一书在丧服制度的研究方面所取得的成绩及特色主要体现在以下几个方面:

一是采用多学科相结合的方法探讨丧服制度之起源。关于礼之起源问题,古今学人已从各个角度作了研究,然难有定论。林素英以传世文献为基础,结合民俗学、文化哲学、人类学的研究成果,认为丧服为了防护某种灾祸发生的禁忌状态,故能与平常的服饰形成鲜明的对比;这种基于恐惧作祟的心理所导致的迷信行为,正可作为丧服起于祖先崇拜的凭证。林素英大量参考文化人类学、民俗学的成果从事丧服之研究,对于丧服乃至三礼研究具有方法论意义。

二是阐发丧服制度的一般通则和特殊通则的文化意义。林素英从三个方面对丧服制度一般通则的文化意义作了探讨:一是服制的象征意义与制礼者的人情考虑;二是订定丧服制度的社会整体考虑;三是九族五服亲属结构的文化意义。林氏于每一部分皆从"意义"着眼,如于服制的象征意义与制礼者的人情考虑,林素英写道:"由于章景明的《先秦丧服制度考》、王关仕的《仪礼服饰考辨》以及文智成的《仪礼丧服亲等研究》,对于丧服的形制都已有详尽的说明,因而以下不再作各种服制的细部描述,仅凸显丧服形制中具有象征意义之部分,以呈现丧服制度设置之用意。"③由此可知,林素英研究之重点在于丧

---

① 林素英:《丧服制度的文化意义——以〈仪礼·丧服〉为讨论中心》,台湾文津出版社2000年版,第6页。

② 林素英:《丧服制度的文化意义——以〈仪礼·丧服〉为讨论中心》,台湾文津出版社2000年版,第6页。

③ 林素英:《丧服制度的文化意义——以〈仪礼·丧服〉为讨论中心》,台湾文津出版社2000年版,第182页。

服制度背后之"用意"的开掘。前已有述,周何在礼学研究中十分重视礼义之发掘,林素英对丧服制度文化意义之探讨,既继承了周何礼学研究之方法,也开拓了周何礼学研究之范围。

第三,阐发丧服制度的现代意义。林素英认为,尽管《丧服》制定的背景与台湾的政治、社会与民生环境都存在着极大的差异,但是阐扬传统丧服隐含之精义,可以发思古之幽情,还可以丰富台湾现行孝服制度的意义,甚至可以重新丰腴人情淡薄、感情疏离的现代社会①。丧服制度的现代意义既是林素英从事丧服制度研究的落脚点,也是其苦心所在。

二、祭礼政教观研究

在《古代祭礼中之政教观——以〈礼记〉成书前为论》一书之绪论中,林素英写道:"本文之进行,即以资料之呈现与意义之诠释为主线,意图建构当时政治教化之系统观念。"②又写道:"走出传统礼学拘于研究名物制度、文字训诂之主流,转入以问题为研究中心,而作通贯性之探索,期望以此'持之有故,言之有理',且能通贯全局之概念探讨,更能趋近于经学要求'经''常''不变'之意义,希冀由于能得礼义之精髓,故能达到藉'礼'以'运'行天下之枢纽地位。"③由此可知,林素英在对古代祭礼进行研究时,其重点是祭礼所蕴含的政教观,其方法则是以问题为中心的通贯性研究。此胪举数例,以见林素英在祭礼政教观研究中的学术取向。

如林素英将周代祀天之义归纳为三点:一是"传承天命思想",二是"践履敬德明德之政治风范",三是"树立人文宗教之精神指标"。如其阐发"人文宗教之精神指标"时曰:"人文宗教之意义,在于人必须发展理性之力量,以理解自身以及人与人之关系,并了解自身在宇宙中之地位。亦即人必须认清真理,觉醒自我之极限,更觉知自我之潜能,从体验万物休戚相关之情怀,进而感知

---

① 林素英:《丧服制度的文化意义——以〈仪礼·丧服〉为讨论中心》,台湾文津出版社2000年版,第448页。

② 林素英:《古代祭礼中之政教观——以〈礼记〉成书前为论》,台湾文津出版社1997年版,第10页。

③ 林素英:《古代祭礼中之政教观——以〈礼记〉成书前为论》,台湾文津出版社1997年版,第10—11页。

人与宇宙整体之合一,因而人文宗教之目标即在于发挥人之最高潜力,而非强调人之无能与无助。是故周公即秉其智者之资,宣扬'天命靡常'之思想,建立'皇天无亲,惟德是辅'之观念,透过文王之具体形象,说明天命之赋予在于以德为据之事实。亦即文王由于具有'克明德慎罚,不敢辱鳏寡,庸庸,祗祗,威威,显民'之道德特质与处事原则,是以其馨香德行能上闻于天,终获天命,足供万民之仪型,堪为万邦之典符。"①林素英据《尚书·康诰》《诗·大雅·文王》以及埃洛克《心理学分析与宗教》,对周代祭礼的人文宗教精神作了阐释。

又如林素英对望祀山川之义作了阐释,分别是"望祀山川始于自然神灵崇拜""望祀山川本于自然灾害影响""望祀山川与政治统治相结合"。如于"望祀山川与政治统治相结合",林素英写道:"透过主祭者之虔诚祝祷,使气能交感流通,因能阴阳调和,云行雨施得其时。然而一家之主,则一家之鬼神属焉,推于邦国,是知诸侯守一国,则一国之鬼神属焉;天子有天下,则天下之鬼神属焉;故知天子之为神明甚大,是以不得有所差忒,设若纵欲无度,则天上之星辰、地下之山川如何不变怪? 因而山川之神,当其所以致水旱疠疫之灾,则《左传》谓之'于是乎禜之',因知禜以襄禳灾,为其消极意义;其所以警天子诸侯不可纵欲无度者,则具有积极价值。"②林素英据《左传》及张栻之语,认为望祀山川之意义在于促使天子谨慎施政,节制欲望。

三、礼仪中的生死观研究

林素英在《古代生命礼仪中的生死观——以〈礼记〉为主的现代诠释》一书之绪论中写道:"本文在现象的呈显之后,即进而探究现象的本质,并陈述于每一节的末尾。再经由各不同现象所浮显的模式,而注意其在意识里的构成义,并藉由文化人类学、哲学人类学等诸前述材料,进入人类文化的生活界,从整体的文化模式中,探索各本质间的重要关系,进而凝聚其对生死的观念。

---

① 林素英:《古代祭礼中之政教观——以〈礼记〉成书前为论》,台湾文津出版社1997年版,第32页。

② 林素英:《古代祭礼中之政教观——以〈礼记〉成书前为论》,台湾文津出版社1997年版,第130页。

因此,本文的进行,以现象的呈显与意义的诠释为主线,并以归纳比较、演绎分析的方法贯穿于其间。"①由此可见,林素英对于古代礼仪之研究,着眼点在"意义"之阐发,而非仪节之考证。

如《礼记·哀公问》:"身也者,亲之枝也。……不能敬其身,是伤其亲。伤其亲,是伤其本。伤其本,枝从而亡。"林素英写道:"亲子之间,无论是外表的容貌,或是内在的习气精神,必有其相似之处,这是基于生物学上的遗传原理,子女必从父与母中各取得二十三个染色体。由于基因得自父母,因此父母即为本根主干,而身为子女者,在遗传学上则犹如父母亲之枝叶。因此若伤害本根主干,则末梢枝叶亦无法独存,由此即可见代与代之间实具有不可分割的血脉相连性。"②林素英认为,《哀公问》云人伤己体就是伤其亲、害其本,与现代生物遗传学的基因论若合符契。在此基础上,林氏对冠、昏、祭之意义作了阐发,她说:"冠、婚二礼均是显性生命的礼仪活动,由于父辈与子辈均处于显性生命,所以可由彼此的成长、衰退现象,而相互体察到生命虽有死亡,却不曾断绝的绝对真象,亦即有限的个体生命在融入了无限的家族生命后,即意味着相对者经由绝对者的存在而获得了存在的保障。"③林素英认为,从冠、婚之礼对宗庙之重视中,可窥古人对待生命的基本态度。

又如丧、祭二礼,《礼记》之论述非常多。如《祭统》:"凡治人之道,莫急于礼。礼有五经,莫重于祭。"林素英曰:"丧、祭二礼是生者的显性生命与死者的隐性生命发生交互影响的礼仪活动。虽然礼仪的设计以生者的情感需要为主,然而其基本前提,则为必须先有人之死亡为要件。由于主、客体的生命形态不同,因而二者的沟通方式即无法经由彼此的相对观察生命变化,而体认死而不绝的生命概念,而须透过后代子孙的心意念虑,发挥其想象能力,使意识不再仅止于意识的形态,而是能浮显所意识的形象以达到祖神临在、人神感通的最高境界。故而在后代子孙的心目中,祖宗不但是长存不减的,而且是可以

---

① 林素英:《古代生命礼仪中的生死观——以〈礼记〉为主的现代诠释》,台湾文津出版社1997年版,第10—11页。

② 林素英:《古代生命礼仪中的生死观——以〈礼记〉为主的现代诠释》,台湾文津出版社1997年版,第236页。

③ 林素英:《古代生命礼仪中的生死观——以〈礼记〉为主的现代诠释》,台湾文津出版社1997年版,第238页。

产生教化子孙、达到激励斗志的真实存有。"①林氏认为,丧、祭之礼中,生者的显性生命与死者的隐性生命相对存在,并隐含着不绝的生命意识,令子孙受益。

林素英的三礼研究重视礼义之阐发,不过其所作的分析和归纳多是建立在文献爬梳基础之上,言之有据。兹举一例以见之:

如于祭祀天神之礼,林素英对周郊祭天之来历、郊天礼仪的各项安排、《周礼》祀五帝之来历、五人帝与五人神祭祀之来历等皆作了细致的考辨。林素英在研究周郊祀天来历时,大量采用了甲骨文、金文之记载,并以近人的研究成果作为参证,从而得出自己的结论。考证周郊祀天之来历时,林素英先据甲骨卜辞及陈梦家等人的研究成果,指出卜辞所称之天神系统中未曾出现"天"字,其所祭则为"帝"或"上帝";林素英还据甲骨文、金文之记载,以及王国维、吴大澄之研究成果,指出"帝"之初本是"蒂";林氏据胡厚宣、陈梦家、郭沫若之研究,指出"帝"在殷代信仰中占有十分重要的地位;林氏还从文字学的角度分析"天""帝"之关系,又据《青铜器铭文检索》"天""帝"出现之频率,以见二者在青铜铭文中之地位。

四、《郭店简》服丧思想之研究

林素英撰有《从〈郭店简〉探究其伦常观念——以服丧思想为讨论基点》一书。该书共分六章:第一章为绪论,第二章阐述《郭店简》服丧措施的文化意义,第三章论述从"三亲不断"到孟子"五伦"说的扩张性人伦关系,第四章论述"六位"与其职德的人伦关系转折,第五章论述从"六德"到"四行""五行"的"三重道德",第六章是从"三重道德"的伦常观念检视《郭店简》的服丧措施及其现代伦常意义。该书撰作之动机大致可从以下三个方面来看:

一是希望在学界既有研究之基础上对《六德》"为父绝君,不为君绝父"作深入探讨。林素英曰:"在得知《六德》中'为父绝君,不为君绝父'的意义虽然引起参与研究之学者极大的兴趣,可惜彼此的理解却又相差甚远。……始知关系文化相当深远且重要的服丧问题,由于太过冷门,以致在现今的学术圈

---

① 林素英:《古代生命礼仪中的生死观——以〈礼记〉为主的现代诠释》,台湾文津出版社1997年版,第240页。

中,绝大多数的学者对此相关问题感觉相当陌生,所以对于该小段有关服丧纪录的意义不可不辨,此为从事本研究专题的原初动机。"①学术界于《六德》"为父绝君,不为君绝父"之争论,激发了林素英从事《郭店简》服丧思想研究之灵感。

二是希望探究"为父绝君,不为君绝父"背后的伦常观念。林素英曰:"这段服丧纪录背后,还隐藏着文化基础深厚的伦常观念,而且当时还应该藉此整套传统文化观念的向外形塑,以维系当世人伦关系之运作,所以其中的道理自然不能不加以深究。"②由此可知,林素英撰写此书的另一个原因是探究《六德》服丧记录所蕴含的伦常观念。

三是希望借国际汉学界热衷的研究动向,进而挖掘人类的共同智慧,为中国古代学术演变史的梳理提供参考。林素英曰:"国际汉学界经历两年多的研讨,在百家争鸣、百花齐放的情形下,虽然所争论的问题还未有定论,不过成绩也相当丰硕可观,因此正可以凭借此脑力激荡的机会,作再进一步的深究,共同挖掘种种可贵的人类共慧;而且更令人高兴的是透过这批出土资料中的《六德》等篇章的相关资料,还依稀可以整理出自孔子以来,以至于后来所谓'三纲五常'等人伦纲常观念的衍生脉络。"③

林素英《从〈郭店简〉探究其伦常观念》一书在《郭店简》服丧制度研究方面所取得的成绩及特色主要体现在以下几个方面:

一是《郭店简》丧服措施文化意义之阐释。在探讨《郭店简》服丧记录与相关文献的关系之后,林素英指出早期丧服措施在文化上的意义有三:一是封建宗法与丧服制度有密切关系,二是严格区分内外的宗法伦理特色,三是以宗族为本位的社会结构特色。林素英对丧服措施文化意义之阐释,对于认识儒家丧服措施之本质及中国古代的宗法制度、社会结构等皆有参考意义。

二是结合《郭店简》及传世文献,梳理早期伦理思想演变之过程。《尚书》

---

① 林素英:《从〈郭店简〉探究其伦常观念——以服丧思想为讨论基点》,台湾万卷楼图书公司 2003 年版,第 10—11 页。

② 林素英:《从〈郭店简〉探究其伦常观念——以服丧思想为讨论基点》,台湾万卷楼图书公司 2003 年版,第 11 页。

③ 林素英:《从〈郭店简〉探究其伦常观念——以服丧思想为讨论基点》,台湾万卷楼图书公司 2003 年版,第 11 页。

有"五典""五教""五常"之记载,孟子有"五伦"之说,林素英将《郭店简》"参(三)新(亲)不断"与传世文献中的"三族""五常""五教""五典"作了比较分析,将《郭店简》"三亲"到孟子"五伦"之演变亦作了细致的考辨。在此基础上,林素英曰:"郭店简文中所载的'三亲不断',经由以上的论述,应可确定其所指谓之对象应为'父子、兄弟、亲族'的三组人伦关系,且以此为基础,而扩张为'父子、君臣、夫妇、兄弟、朋友'的五种人伦关系。这五种人伦关系其且发展为后世一致公认的'五伦'(五常),成为人伦中最重要的五种常道。"①林素英认为,文献中的"三亲""三族""五常""五教""五典"诸范畴看似孤立,实则有密切的联系;通过诸概念之分析,可窥早期儒家思想发展之线索。

林素英十分推崇王国维的"二重证据法",她说:"自从王国维活用甲骨卜辞的资料,正式开创'二重证据'的古史研究法,将出土甲文对照传世的文献以考证古史,即陆续写出大批品质俱优的重要著作。……这种利用地下文物与地上文献的对比互勘,更为古史研究提供新视野、新方法,而为古史复原开辟广阔的天地。"②林素英在探讨《郭店简》中的伦常观念时,特别重视"二重证据法"之应用。

林素英还强调礼学的经世致用功能,她说:"我的信念是:欲使经学真正达到指导人生的价值,就必须让经学走入人生的脉络,进入人体的血脉当中。请让经学从孤高的神殿中走下来,与生命握手!请让经学展现他有血有肉的一面,与现代人的生命同在。"③在这样的学术理念之下,林素英还对礼学之应用提出了一些切实可行的设想。如在《"礼学"思想与应用》一书中,林素英从教育的层面阐述了礼对于培养学生情操的意义。如于中学生情意教育之意义,林素英认为《檀弓》可作为思想资源,她说:"《檀弓》中近百则的短篇故事,不但有孔圣人动情的故事,也有孔门师生情深、朋友相责以善的纪录,还有令

① 林素英:《从〈郭店简〉探究其伦常观念——以服丧思想为讨论基点》,台湾万卷楼图书公司 2003 年版,第 86 页。

② 林素英:《从〈郭店简〉探究其伦常观念——以服丧思想为讨论基点》,台湾万卷楼图书公司 2003 年版,第 19 页。

③ 林素英:《古代生命礼仪中的生死观——以〈礼记〉为主的现代诠释》,台湾文津出版社 1997 年版,自序。

人扼腕、气得跺脚的'愚'故事,同时还有临危不乱、机智退敌的故事,有血泪交织、令人惊心动魄的场面,也有温馨敦厚的感人画面,而更多的则是平实而真诚的人生百态,都是出乎真心、本乎至情,可谓不胜枚举,值得深入探讨。"①林素英建议,教师在讲《檀弓》所记"孔子覆醢"之事时可加入背景说明,使学生对孔子与子路师生之间浓厚的情谊有更深的认识,进而理解孔子评价子路之深意;此外,可结合孔子之评论,对子路的血气方刚、直率耿直的性格进行分析,从而让学生受益。林氏曰:"教师倘若能把握学生激起的情绪,并适度加以催化,同时以开放的胸襟接纳不同的声音,透过问题情境的描述与模拟讨论,让学生从各种不同的角度思考问题,提出各种观点,供大家共同斟酌、改进,对于移情入理、以理化情将有引导之功,对于增进学生统整、解决问题的能力,引导学生做正确的价值判断,以建立健康合理的人生观,也都有绝对的帮助。尤其对于血气方刚、讲求义气的年轻人而言,更应该藉他人的生活经验,而引导其多作理性、冷静的思考,以收学思兼并、学以致用的效果。"②林素英将《檀弓》与现代教学艺术结合起来加以考察,对于当代中学教育具有启发意义。

五、《礼记》八篇结合出土文献之研究

自 2004 至 2014 年,林素英研究《礼记》的重点,聚焦于《经解》《哀公问》《仲尼燕居》《孔子闲居》《坊记》《中庸》《表记》《缁衣》连续八篇之主题范围。相关论文十余篇发表的顺序,虽未完全依照此八篇之次序,然而都采取结合相关传世与出土文献之二重证据法进行研究。

首先,林素英以《孔子闲居》作为起点,先后发表《上博简〈民之父母〉思想探微:兼论其与〈孔子闲居〉的关系》《〈仲尼燕居〉〈孔子闲居〉与〈论礼〉纂辑之比较:以〈民之父母〉为讨论中介》两篇文章。林氏以出土文献上博简《民之父母》为讨论中介,细查比对传世文献《礼记》之《仲尼燕居》《孔子闲居》《孔子家语》中《论礼》的内容,提出"就文章之义理而言,显然《孔子闲居》所呈现

---

① 林素英:《"礼学"思想与应用》,台湾万卷楼图书公司 2003 年版,第 236 页。
② 林素英:《"礼学"思想与应用》,台湾万卷楼图书公司 2003 年版,第 239 页。

的是比较理想且完整的'为政之道'之论述"①与"从纂辑成效而言,已明显可见《仲尼燕居》与《孔子闲居》的确优于《论礼》"②的结论。接着,林氏分别探究《缁衣》《坊记》《表记》《中庸》各篇单独之义旨,先提挈《中庸》"治国有九经"之要旨,再取《坊记》《表记》《缁衣》加以印证,拈出联篇义理之贯通效力。据林氏研究所言:"今本《缁衣》所记,仍应视为先秦时期的'孔子之言'"③、"《缁衣》扣除汉儒有意加入之首章,以及附记无意中误入正文者以外,全篇仍应视为先秦礼学之内容"④。而林氏研究《坊记》所言乃治政之道,依人君、人臣、人子、男女之坊分类讨论,提出"消极防弊为积极行道之先备要件"⑤的观点。至于《表记》,林氏则认为"在如此多篇郭店儒简资料中纷纷出现与《表记》类似之情形,应可说明至战国中期左右,《表记》应该已经成型,且已有某种程度之流传,同时其时代又与子思活跃的时期相距未远"⑥。林氏再根据此三篇研究为基础,与《中庸》"治国有九经"的思想相互印证⑦。

之后,林素英再取郭店儒简《性自命出》当中"人道"和"道"四术或三术

① 林素英:《上博简〈民之父母〉思想探微:兼论其与〈孔子闲居〉的关系》,刊登于台湾师大国研所之《中国学术年刊》第25期(2004年3月)。后收入大阪大学《中国研究集刊》第36号特集号"战国楚简与中国思想史研究"。

② 林素英:《〈仲尼燕居〉、〈孔子闲居〉与〈论礼〉纂辑之比较:以〈民之父母〉为讨论中介》,收入丁四新主编:《楚地简帛思想研究(三)》,湖北人民出版社2007年版,第284—315页。

③ 林素英:《从施政原则论孔子德刑思想之转化:综合简本与今本〈缁衣〉之讨论》,刊登在武汉大学简帛研究中心主编:《简帛》第二辑,上海古籍出版社2007年版,第193—208页。

④ 林素英:《从施政策略论〈缁衣〉对孔子理想君道思想之继承:兼论简本与今本〈缁衣〉差异现象之意义》,刊登在《哲学与文化》第34卷第3期(总第394期)(2007年3月)。

⑤ 林素英:《〈坊记〉治政之道探析:兼论其与郭店儒简之关系》,收入山东师范大学齐鲁文化研究中心、哈佛大学燕京学社主编:《儒家思孟学派论集》,齐鲁书社2008年版,第171—187页。

⑥ 林素英:《〈表记〉政治思想探析:结合郭店儒简之讨论》,刊登于《汉学研究》第27卷第1期(2009年3月)。

⑦ 早在2004年,林素英已有《从〈礼记〉探究〈中庸〉之义旨:兼论〈中庸〉在朱熹以前儒学思想中的地位》一文,刊登于台湾师范大学国文学系《国文学报》第35期(2004年6月)。至于林素英:《〈中庸〉"治国有九经"思想探析:以〈坊记〉、〈表记〉、〈缁衣〉相印证》则收入郭齐勇主编:《儒家文化研究》第三辑(三礼研究专辑),生活·读书·新知三联书店2009年版,第333—364页。

的问题为核心,剖析礼记相关文献与该篇之对应内容。林氏曰:"必须先立足于'人道',再求效法地道之制,而后方可上达于'天道'。一旦掌握天道、地道与人道三道,则群物之道亦可再外推而通达之。"①而林氏从礼乐之本质,切入讨论各家对于《性自命出》有关"道"之说法。林氏认为"濮氏等三人(濮茅左、陈丽桂、李零)共同的不足之处,在于仅知'礼'与'乐'对于推行'人道'的价值,而不知其所以能成为'人道'思想的核心,乃在于其上达天道,下达地道,且周遍于人道与群物之道的形上特性。"②综上所述,可知她对于戴圣编纂《礼记》《经解》连续八篇的篇章内容,有非常详细的深究,且透过传世与出土文献的比对,将孔子的政治思想与子思对孔子的继承转化等问题,作出更精微的分析,可谓思虑周密、论证有据。

第六节　其他学者关于三礼所记
制度和思想之研究

三礼内容丰富,涉及政治、经济、伦理、哲学等各个领域。除上述诸家外,台湾地区其他学者也从多个角度对三礼所记制度和思想(特别是《周礼》和《仪礼》)作了深入研究,并取得了丰硕的成果。

一、徐复观的《周礼》研究

徐复观是现代新儒家的代表人物之一。他所撰《〈周官〉成立之时代及其思想性格》一书由台湾学生书局于 1980 年出版。徐氏对《周礼》的成书问题作了研究,提出了一些新见。

---

① 林素英:《"人道"思想探析:以〈性自命出〉与〈礼记〉相关文献为讨论中心》,宣读于 2011 年 10 月 29—30 日,由中国人民大学国学院主办,香港中文大学哲学系、台湾大学中文系协办,于北京中国人民大学图书馆会议厅举行之"机遇与挑战:思想史视野下的出土文献研究"国际学术研讨会。
② 林素英:《从"礼乐"的分合与特性论〈性自命出〉"道"四术或三术的迷思:兼论相关学者的研究方法》,《文与哲》第 25 期(2014 年 12 月)。

（一）徐复观《周礼》学的主要观点

1.《史记》《汉书》所载"《周官》"不是《周礼》

《史记》《汉书》均记载过"《周官》"一书。如《史记·封禅书》引"《周官》曰"凡三十一字。《汉书·河间献王传》曰："献王所得书,皆古文先秦旧书:《周官》《尚书》《礼记》《孟子》《老子》之属,皆经、传、说、记,七十子之徒所论。"《史记》《汉书》所言"周官"是三礼中之《周官》(《周礼》)? 还是《尚书》中之《周官》篇? 学术界一般认为《史记》《汉书》所载"《周官》"就是《周礼》一书。徐复观重新考察《史记》《汉书》的相关记载,得出了一些与众不同的观点。

关于《汉书·河间献王传》所言之"周官",徐复观论述说："上面叙述,应当将'周官尚书',并为一名。即是《尚书》中的《周官》,亦即是《尚书》中早经亡失的《周官》。《尚书》今古文的纠葛最多,有关故事的记录亦较详。若河间所得者,《周官》为《周官》,《尚书》为《尚书》,则其所得的《尚书》,与伏氏所传的今文,及孔安国在孔壁中所得的古文,其异同若何? 在有关文献中岂得无一言涉及? 所以在情理上,只能将'周官尚书'合为一辞,而解释为此《周官》乃属于《尚书》中的一篇。"①徐氏还以《汉书·艺文志》诸子略有《周政》六篇、《周法》九篇、河间《周制》十八篇之记载,以作为《尚书·周官》的演述。此外,徐氏还认为《史记·封禅书》所云《周官》是《尚书》之《周官》,他说："《史记·封禅书》引有'周官'曰凡三十一字,亦必系《鲁周公世家》中所述的《周官》。是史公确曾看到《尚书》中的《周官》,但伏生所传今文二十九篇中既无《周官》,孔安国孔壁所出古文十六篇中亦无《周官》,则史公所见《尚书》中的《周官》自何而来? 汉人竟无一语涉及,便只能推定史公所见《尚书》中的《周官》,即河间所得的《周官》,否则无法解释这一《周官》的来历。"②徐氏据《史记·封禅书》有"《周官》曰"之语,认为此即《尚书》之《周官》,而亦是河间献王所得之《周官》。

2.《周礼》是王莽草创而刘歆整理的

《汉书·王莽传》曰："发得《周礼》,以明因监。"徐复观认为这句话是《周

---

① 徐复观:《周官成立之时代及其思想性格》,台湾学生书局1980年版,第38—39页。

② 徐复观:《周官成立之时代及其思想性格》,台湾学生书局1980年版,第39页。

礼》与王莽有密切关系的最大证据。他论述说:"周礼一词的本来意义,系概指周公之制作而言。但'周公制周礼',已成为极流行的观念;将《周官》改名为《周礼》,既暗示了由王莽'发得'的《周礼》,是周公所作,适合于王莽以周公一词所表征的政治野心。正因为如此,所以东汉儒生因为痛恨王莽,所以凡言及此书及有关此书的传注,皆称《周官》而不称《周礼》。其有称为《周礼》的,乃传承中被后人所改,正反映出他们虽崇信此书,但不承认改名所包藏的王莽的政治野心。"①徐氏还推测曰:"王莽刘歆们,顺着以官制代表政治理想的统系,在莽以大司马专政的时候,将政治的共同理想,运用他们可以运用的儒生集团,集此一统系的大成,作实现政治理想的蓝本,这并不是创举而系在历史上有其根源的。但他们所遇着的矛盾,是在儒学盛行的时代;不假托之于周公,则其书不尊;王莽又不能因此而得与周公摄政之事,古今辉映,以加强其政治地位。但若不透出王莽创制之实,而仅系由秘府中发现一部古典,则王莽自身的勋德不著,将徒有比附周公摄政之名,而无周公所以成为周公之实。他们为了解决这一矛盾,于是都出之以暗示的方法。改《周官》为《周礼》,一任人推测其出于周公,而他们始终未明说其出于周公。"②徐氏据"发得《周礼》以明因鉴"一语,认定王莽、刘歆改《周官》为《周礼》有深层动机。

《汉书》有"王莽篡位,歆为国师",以及王莽执政后"刘歆典文章"等记载,徐复观据此,对王莽、刘歆造作《周礼》之过程作了说明,他说:"我推测,制定《周官》,莽在哀帝罢政时已先事草创。及刘歆典文章,除完成《三统历》外,并将莽所已草创者整理成今日的所谓《周官》,至次年而开始援引。又越四年为初始元年(西八年),为适应政治的要求,乃将《周官》改名为《周礼》。"③徐氏认为,《周礼》是王莽草创而刘歆整理的。

《汉书》曰:"莽独孤贫,因折节为恭俭。受《礼经》,师事沛郡陈参,勤身博学,被服如儒生。"《汉书》又载王莽罢大司马就第后二岁遣就国,就国三岁征还京师,岁余哀帝崩,再以大司马持政。徐复观据此推断曰:"以莽的性格,也必有所作为。……王莽的政治理想与野心,皆集中在制礼作乐之上。则他草

① 徐复观:《周官成立之时代及其思想性格》,台湾学生书局 1980 年版,第 43—44 页。
② 徐复观:《周官成立之时代及其思想性格》,台湾学生书局 1980 年版,第 46 页。
③ 徐复观:《周官成立之时代及其思想性格》,台湾学生书局 1980 年版,第 51 页。

创《周官》,是一种合理的推测。但他第二次以大司马执政之后,便没有'亲自制作'的时间,只好委之于'典文章'的刘歆,由他整理成书,也是合理的推测。"①徐氏据王莽有制礼作乐之事,推断王莽草创《周礼》,据王莽的政治活动轨迹,推断刘歆将《周礼》整理成书。

《周礼》有天、地、春、夏、秋五官而无冬官,《周礼》是否缺冬官,至今仍是学人们争论不休的问题。徐复观曰:"因王莽迫切地政治需要,《周官》并没有全部完成,便把它公开了。第一是以《考工记》补《冬官》之缺的问题。……自宋俞廷椿《周官复古编》起,倡为'司空之篇,实杂出于五官之属'之说,更由许多人作了抽补填充的工作。实际则是写到《冬官》时,既感凑够六十官数的不易,加以王莽由持政而摄政之势已成,迫不及待的要拿出来,藉此亦竦动天下人的耳目,增加进一步夺取权力的资本;其所以不能不'成在一匮'的原因在此。"②徐氏认为,王莽、刘歆出于政治目的而造作《周礼》;受当时政治形势之影响,未能完成《冬官》。

《周礼》文字古奥,很多人据此断定《周礼》成于先秦。而徐复观认为,《周礼》中的古字是王莽、刘歆故意为之,目的是使他们伪造的《周礼》与汉代保持距离。此外,郑玄、郑众、郑司农等人注《周礼》时,常以汉代之名物制度比况《周礼》之记载。徐复观认为,"三郑"注语中的"若今"等词汇,恰好说明《周礼》出于汉代,他说:"在三郑的注释中,我曾约略加以统计,以'若今'的官、事、物为解释的,共一百二十有余;以'王莽时'作解释的有四。他们的所谓'若今'的'今',即指汉代而言。其中有的仅为汉代所有,而郑氏无法推向前代的,如秋官中的'司隶',郑注'隶治劳辱之役者。汉始制司隶,亦使将徒治道沟渠之徒。后稍尊之,使主官府及近郡'。这可以说是他们在隐瞒时代上所露出的最显明的漏洞。"③徐氏认为,郑玄等人以汉代的官、事、物以释《周礼》,说明《周礼》有不少汉代文化的成分,因此《周礼》成于汉代。

《周礼·夏官·大司马》于军事之组织、动员、训练、人员、马政、兵器储备等皆有详尽之记载,这些都是大司马的正常职分;然而"制畿封田以正邦国,

① 徐复观:《周官成立之时代及其思想性格》,台湾学生书局 1980 年版,第 51—52 页。
② 徐复观:《周官成立之时代及其思想性格》,台湾学生书局 1980 年版,第 52—53 页。
③ 徐复观:《周官成立之时代及其思想性格》,台湾学生书局 1980 年版,第 58 页。

设仪辨位以等邦国,进贤兴功以作邦国,建牧立监以维邦国",以及"乃以九畿之籍施邦国之政职"之记载,则将国家的政职从天官、地官中抽出来,使天官、地官虚有其表。徐复观曰:"王莽年三十八岁时擢大司马继王根秉政。一年后为哀帝所黜。哀帝崩于元寿二年(西元前一年),王莽再以大司马秉政。至元始四年(西元四年)……以莽功兼伊尹周公,遂加莽为宰衡,位上公,此时,他的地位已超过了大司马。他草创《周官》时,他的野心,可能仅止于仿霍光的以大司马专政,所以在《周官》中把王的地位架空,把大司马的职权加实加大。但等到要把《周官》加以公开时,他的地位已高出于大司马,则又需将大司马的权职削弱而重新加以安排。但重新安排,则牵一发而动全身,于是大司马之职,不能不以残缺的形貌出现。"①徐氏认为,王莽篡位,有将王的地位架空之意图,反映在《周礼》一书中,就是夏官大司马兼他官之职分。

徐复观对汉代的贫富悬殊、更赋刑法的不平等、对贫民的压榨以及吏治的残酷等均有介绍,他认为西汉后期存在着严重的社会危机。在此基础上,徐氏对王莽的政治用心作了揭示,他说:"王莽刘歆在政治上的理想,除了表明在以官制合天道之外,又强调了'均'的观念,想解决由贫富悬殊所引起的政治根本问题。更将管仲内政寄军令的方法加以扩大,使政治社会,成为一个严密的便于彻底控制的组织体,想由此根本解决流亡所引起的各种问题。此一组织体,不仅是军事性的;政府的政令,都是通过此一组织体而实现,使其能发挥最高效能。"②在徐氏看来,《周礼》为王莽所作,王莽的政治理想集中地体现在《周礼》中。

(二) 徐复观的《周礼》学研究方法

徐复观对前人关于《周礼》成书的观点作了归纳:分别是成书于周公、出于战国、出于刘歆,游移于这三种观点之间的看法不可胜数。在徐氏看来,"此问题之所以迄今仍在迷离状态之中,总地说一句,是因为到现在为止,都缺乏可以笼罩全书大局的论证。"③徐复观认为,前人多据零星材料作孤立之研究,未能从整体面貌作出判断;要想在《周礼》成书问题的研究上有所突破,

---

① 徐复观:《周官成立之时代及其思想性格》,台湾学生书局1980年版,第64页。
② 徐复观:《周官成立之时代及其思想性格》,台湾学生书局1980年版,第72页。
③ 徐复观:《周官成立之时代及其思想性格》,台湾学生书局1980年版,第2页。

必须有新的视角和方法。徐复观曰:"我素不信任以简单抽样的方式来论定一人或一书的思想;也不太信任以几个字或几句话来论定古书的真伪或其年代的先后;除非几个字或几句话可以发生笼罩全局的作用。为了确实把握《周官》的思想,便努力把握《周官》全书的结构,及其时代的背景。同时,《周官》全书的结构及其时代背景,也成为《周官》得以成立的时代的证明。所以我是运用系统的,集体的材料,来作我论证的根据,前人没有下过这种工夫。"①徐氏认为,通过把握《周礼》所反映的思想文化背景,从而推定《周礼》的作者及成书时代,可实现《周礼》成书问题研究的新突破。徐氏很满意自己的研究方法,他说:"我所运用的论证方法,不是前人所曾涉及,因而我的结论,可以说是完全建立在新基础之上。"②

在《〈周官〉成立之时代及其思想性格》一书中,徐复观处处重视思想文化之背景,试图由此找到解决《周礼》成书问题之依据。如该书的第二部分是"以官制表达政治理想的思想线索",徐氏对汉代以前官制所表达的政治思想线索作了勾勒。第三部分是"思想线索在汉代的演进",徐氏对《新书》《淮南子》《吕氏春秋》《春秋繁露》、大小戴《礼记》中关于官制的数字、名称等作了比较系统的辨析。在此基础上,徐氏曰:"由前面的材料看,官制的数字、名称,及与天道配合的方式,可以说是参差错杂,虽有发展的线索可寻,但无划一之规模可准。这正是此种思想线索,在摸索中前进的应有现象。此种摸索的结果,便是《周官》的出现。《周官》可以说是这一方面思想的大成,规模既甚宏,条理亦较密。东汉以后,再未出现可以与之相抗的理想性的官制系统的出现。"③通过研究思想发展之线索,徐复观认为《周礼》的出现是以前各种思想线索整合的结果。

对于官制与天道的关系,徐复观举例作了说明。徐氏认为,《吕氏春秋》十二纪将政治设施按编者认定的性质,分配到四时十二月及东南西北各方位,是政治设施性质之分配,而非做官职性质之分配;《管子》中的五官,由政治设置性质之分配而兼及官制之分配;董仲舒所构想的五官,反映了汉代流行的官

---

① 徐复观:《周官成立之时代及其思想性格》,台湾学生书局 1980 年版,自序第 2 页。
② 徐复观:《周官成立之时代及其思想性格》,台湾学生书局 1980 年版,自序第 1 页。
③ 徐复观:《周官成立之时代及其思想性格》,台湾学生书局 1980 年版,第 26 页。

名;《大戴礼记》提出六官之说,然六官只配六德,未配天道。徐氏认为,在以前诸文献之基础上《周礼》前进了一大步,他说:"《周官》的以天地四时为官名,这表示了以官制体现天道的进一步的大发展。这是长期演变中所突出的结论;至此而此一思想线索得到了完成。由此以推定《周官》成立的年代,不可能出现在戴德于宣帝时编成的《大戴记》以前。我们也可以说,在《周官》以外的所有有关说法,都是此一趋向未成熟时的说法,至《周官》而始成熟。若《周官》在各说之前,则这类未成熟的,参差不一的说法,便不会出现。这些未成熟的说法,都是为《周官》出现所作的开路工作。把这一思想线索弄清楚了,则其他成书年代的异说,皆无立足之余地。"①徐氏认为,从《吕氏春秋》到《管子》《淮南子》《春秋繁露》,以官制体现天道的思想得到发展,最后在《周礼》中有较为完整和成熟的表达。

又如徐复观对《周礼》三百六十官与天道的关系作了辨析,其认为《周髀算经》所云"一岁三百六十五日四分日之一"是为测度的方便而作的划分,毫无神秘意味;《淮南子・天文训》开始以乐律三百六十音附会日历三百六十日,开始有神秘之意味;董仲舒《春秋繁露》将官制与数字三百六十连接在一起,丰富了数字三百六十之意义;孟喜、京房将音乐合天地之道发展为卦气说,从六十四卦中抽出四卦,以剩下六十卦的三百六十爻与日历的三百六十相配,以言阴阳消息之天道。徐氏认为,刘歆《三统历》于三百六十之认识有综合前人之迹象,他说:"至刘歆则进而将两者相附合。于是上述的《易》与律与历合而为一,在刘歆心目中,以为这是集《淮南》、落下闳、京房们的大成,而'三百六十'的数字,为《易》与律及历之所同。所以三百六十,占有特别重要意义。刘歆们在创造理想官制时,便定为三百六十官以代表天道,这决不能出现京房以前的时代。"②通过考察《周髀算经》《淮南子》《春秋繁露》、孟喜、京房著作中的数字"三百六十",徐氏认定刘歆《三统历》中的数字"三百六十"出于京房之后。徐氏甚至大胆地推测:"王莽刘歆们的野心,和吕不韦一样,他们要在形式上统合一切,包罗万有。在用数字以标记事物时也是一样。……最值

---

① 徐复观:《周官成立之时代及其思想性格》,台湾学生书局1980年版,第30页。
② 徐复观:《周官成立之时代及其思想性格》,台湾学生书局1980年版,第35页。

得注意的是,凡牵涉到国家政府各种组织的,从未明说出是六,而实际则必为六。如冢宰'治官之属'为太宰、小宰、宰夫、上士、中士、下士,共六级。其他官员,亦无不如此。这种情形,只有和《三统历》联系起来才可加以解释。"①徐氏认为,《周礼》重视数字"六"与刘歆的《三统历》紧密相关,言下之意,刘歆就是《周礼》的作者。

二、侯家驹的《周礼研究》

侯家驹撰《周礼研究》一书对于《周礼》的五行思想、学派属性等皆有研究。

《周礼》中无五行思想之明确记载,故该书究竟有没有五行思想,是学者们历来争论不休的问题。如徐复观在《周官成立之时代及其思想性格》一书中认为"五行在《周官》中没有地位"②,而侯家驹亦认为《周礼》有五行思想。在对邹衍阴阳说和《史记》所记之五行学加以介绍的基础上,侯氏认为《周礼》"六官"之布局蕴含着五行思想,他说:"前述阴阳家鼻祖邹衍之学,是谈天地,论五德,而五德即五行,再据上述,五行可化为四季。而'天、地、春、夏、秋、冬'正是《周礼》之六官,这是《周礼》作者或编著者,抓住了阴阳家的精髓。"③侯氏认为,《周礼》受到阴阳家的影响,从而使其六官之安排有五行思想的影子。然而侯氏对《周礼》六官蕴含之五行思想之揭示较为笼统,他并没有说明五行是如何分配到天、地、春、夏、秋、冬六官之上的。

侯家驹将《周礼》与《淮南子》中的阴阳五行思想作了比较研究。他认为《淮南子》之《天文训》所言"五星""五官"皆是五行思想之体现。如《天文训》曰:"何谓五官?东方为田,南方为司马,西方为理,北方为司空,中央为都。"高诱注:"田,主农;司马,主兵;理,主狱;司空,主土;都,为四方最也。"侯家驹曰:"其所谓'都',似《周礼》中天官冢宰,'田'似地官司徒,'理'似秋官司寇,再以'司马'配夏官,'司空'配冬官,所缺者仅春官耳。除'中央'外,四方均

---

①　徐复观:《周官成立之时代及其思想性格》,台湾学生书局 1980 年版,第 36 页。
②　徐复观:《周官成立之时代及其思想性格》,台湾学生书局 1980 年版,第 29 页。
③　侯家驹:《周礼研究》,台湾联经出版事业公司 1987 年版,第 56 页。

配四季,故《周礼》诸官渊源在此。"①又曰:"尤有进者,《天文训篇》以五音配五行、四季,再以音律配时历:'其为音也,一律而生五音,十二律而生六十音。因而之六,六六三十六,故三百六十音,以当一岁之日,故律例之数,天地之道也。'而'三百六十'正是《周官》之数——见天官小宰,在'天官冢宰第一'下,贾公彦疏曰:'郑之象天者,周天有三百六十余度,天官亦总摄三百六十官。'"②侯氏认为,《周礼》天、地、夏、秋、冬诸职官之设置与《淮南子·天文训》以"五方"配"五官"相似,此外,《天文训》以五音配五行、四季,再以音律配时历,皆为《周礼》职官设置所仿效。

侯家驹还将《周礼》与《管子》中的阴阳五行思想作了比较研究。如《管子·五行篇》曰:"一者本也,二者器也……终者九也,十者然后具五官于六府也,五声于六律也。六月日至,是故人有六多,六多所以街天地也。天道以九制,地理以八制,人道以六制。"侯家驹曰:"关于'具五官于六府也',尹注:'立五行之官分掌六府也。'——此'六府'也许即《周礼·天官·大宰》所掌之'六典',假若如此,则南宋时开始之'冬官不亡论',又可增一旁证。文中以九、八、六等三个数字,分别配合天、地、人,而这三个数字,常为《周礼》所用,也许受此影响。"③侯家驹发《周礼》中有《管子》以九、八、六三个数字配天、地、人之记载,侯氏推断,此正是《周礼》受《管子》影响之证据。

侯家驹认为《周礼》是法家的著作,他说:"《周礼》一书是以儒家为幌子,骨子里却是法家。法家重法不重礼,尊君不爱民,以残酷手段,达统治目的。"④侯氏认为,《周礼》在本质上是法家的,儒家仅是其幌子而已。其从尊君、农战、统制、以吏为师、九伐之法等多个方面对《周礼》的学派属性作了说明。

侯家驹认为,法家提高君主地位的措施,一是君主养尊处优,显示其高不可攀,二是使用至高无上的权力以统治臣民。侯家驹曰:"法家是主张君主应以天下自养自奉,此所以《周礼》'天官之庶司百职,乃无一治国事民事之人,

---

①　侯家驹:《周礼研究》,台湾联经出版事业公司 1987 年版,第 57 页。
②　侯家驹:《周礼研究》,台湾联经出版事业公司 1987 年版,第 57 页。
③　侯家驹:《周礼研究》,台湾联经出版事业公司 1987 年版,第 58 页。
④　侯家驹:《周礼研究》,台湾联经出版事业公司 1987 年版,第 61 页。

合此庶司百职皆以奉一君。甚且六卿中六太六少之职,皆以奉君事神事为主,其余百官之专为君事者尚多。自是古所谓设官以治民者,则皆为设官以事君矣!'即以进膳一项言:'凡王之馈,食用六谷,膳用六牲,饮用六清,羞用百二十品,珍用八物,酱用百有二十瓮。王日一举,鼎十有二,物皆有俎,以乐侑食。'"①康有为认为《周礼·天官》诸职官皆以事君为要,而无治国事民之人,六卿六少亦皆以奉君事神为主。侯家驹推崇康氏此说,并认为《周礼》处处维护的是君主的权威。

商鞅以兵农合一的政策佐秦孝公,秦国由此而走向强大,因此兵农合一的思想成为法家的基本政策。兵农合一,就是管仲所提出的"作内政而寄军令"。侯家驹认为《周礼》中贯穿"作内政而寄军令"的思想。如《周礼·地官·司徒》曰:"遂人掌邦之野。以土地之图,经田野,造县鄙形体之法。五家为邻,五邻为里,四里为酇,五酇为鄙,五鄙为县,五县为遂。皆有地域沟树之使,各掌其政令刑禁。以岁时稽其人民,而授之田野,简其兵器,教之稼穑。"侯家驹认为,《周礼》于此之记载就是"作内政"。《周礼·夏官·司马》曰:"凡制军,万有二千五百人为军。王六军,大国三军,次国二军,小国一军。军将皆命卿。二千五百人为师,师帅皆中大夫。五百人为旅,旅帅皆下大夫。百人为卒,卒长皆上士。二十五人为两,两司马皆中士。五人为伍,伍皆有长。"侯家驹认为,《周礼》此段记载就是"寄军令"。在侯氏看来,真正承担兵农合一之事的是《地官》中的小司徒。《小司徒》曰:"乃会万民之卒,伍而用之。五人为伍,五伍为两,四两为卒,五卒为旅,五旅为师,五师为军,以起军旅,以作田役,以比追胥,以令贡赋。"侯氏说:"军旅组织上的伍、两、卒、旅、师、军队,是和户政组织上的比、闾、族、党、州、乡或邻、里、酇、鄙、县、遂相对应。由于小司徒下曾云,'凡起徒役,毋过家一人',故户数与兵数相当。在基本上,这是和《管子》'作内政以寄军令'的制度类似。"②侯氏认为,《周礼·地官·小司徒》将内政与军令结合起来,与《管子》"作内政以寄军令"在本质上是相同的。

法家主张"以吏为师""以法为教",在对人民的控制上,法家主张禁止言

① 侯家驹:《周礼研究》,台湾联经出版事业公司 1987 年版,第 65 页。
② 侯家驹:《周礼研究》,台湾联经出版事业公司 1987 年版,第 70 页。

论自由。侯家驹认为,《周礼》主张严密控制人民,他说:"至于对人民言行之监视,《周礼》深入基层,这就是《地官》篇各级官员于聚民众读法后,还要检讨或检查人民的言行,例如州长'以考其德行道艺而劝之,以纠其过恶而戒之';党正'书其德行道艺';族师'书其孝弟睦姻有学者';闾师'书其任恤者'。此外,还专门负责监视人民言行的司谏与司救。"①侯家驹认为,《周礼》主张监视人民并施之以赏罚,这是法家对人民控制之体现。侯氏认为,与《韩非子》一样,《周礼》亦主张"以法为教",他说:"姑不论《地官·大司徒》'以乡八刑纠万民',或《秋官·司刑》'掌五刑之法,以丽万民之罪',亦不计算'刑、罚、杀、戮、斩、挞、搏'等字,作者曾对《周礼》中'诛'与'赏'二字,作一初步统计,发现'诛'字至少出现二十一次,'赏'字只出现十三次。"②侯氏对《周礼》中关于刑法的关键词作了统计,从而认为《周礼》与法家一样,皆是重罚轻赏。

三、周世辅、周文湘的《周礼》研究

周世辅、周文湘所撰《周礼的政治思想》对《周礼》的政治思想作了研究。该书的要点和特色如下:

第一,周世辅、周文湘认为《周礼》政治思想之研究有经世致用之功能。周氏说:"对于集古代政治制度大成的《周礼》,尤宜明其体用,考其典制,阐其义理,评其优劣,融会贯通,予以发扬光大。倘能取其遗规,配合目前政治革新,定可救敝补偏,有所裨益。"③因此,陈立夫赞此书"引古论今,以今证古,融会贯通,发明新义,实为整理古籍之卓越成就"④。

周世辅、周文湘将"三民主义"与《周礼》所记制度作了比较研究。如论民族主义"关于恢复民族固有道德、智识与能力"时,周氏列举孙中山恢复民族固有道德的主张,指出孙中山提倡的"新八德"包含儒、法、墨各家之思想。在此基础上,周氏将《周礼》所记道德条目作了辨析,曰:《周礼》有关道德的记载,德目甚多,含有各家的道德主张。如《地官》中的'知、仁、圣、义、忠、和'六

① 侯家驹:《周礼研究》,台湾联经出版事业公司 1987 年版,第 84 页。
② 侯家驹:《周礼研究》,台湾联经出版事业公司 1987 年版,第 87 页。
③ 周世辅、周文湘:《周礼的政治思想》,台湾东大图书有限公司 1981 年版,自序。
④ 周世辅、周文湘:《周礼的政治思想》,台湾东大图书有限公司 1981 年版,陈序。

德,'孝、友、睦、姻、任(信任)、恤'六行,以及'礼、乐、射、御、书、数'六艺,以儒家德目居多,亦涉及法、墨两家的道德思想。以上六德、六行、六艺与《春官》中礼乐教育,与新八德无何重大区别。故所欲恢复的民族固有道德,精神在此。"①周氏认为,《周礼》中的"六德""六行""六艺"及礼乐教育,与"三民主义"提倡的"新八德"的精神内涵是一致的。

第二,周世辅、周文湘将《周礼》与"三民主义"、中国历代政治制度、中国古代各学派学说以及西洋政治思想作了比较研究,并得出了一些独到的见解。周氏认为古人的《周礼》研究有其局限性,他们说:"古人研究《周礼》者,代有其人。……尽管个人的研究目的不同,但研究方法则一,都是以原文的制度、义理、章句与文字为研究对象,详加考证,往往为一字一义,连篇累牍,大做文章,始终未跳出考据的圈子。至其对后世学说的影响,历代政治制度的关系,则无人问津,致使此一具有历史学术价值的古代行政法典,有如宝藏深山,未经世人发现,殊可惋惜。"②在周氏看来,古人于《周礼》之研究,未能以历史的眼光考察《周礼》制度与思想之渊源和影响。鉴于此,周氏认为《周礼》研究当辟新的研究途径。周氏曰:"有志研究《周礼》者,应将领域扩大,不妨采用演绎法,以《周礼》官制为蓝本,将中外古今政治思想,作一比较研究,评其优劣,可显示《周礼》在中外政治与学术史上占有很重要地位。亦可运用归纳法,以中外政治思想为准则,将《周礼》有关政治理论,相互引证与探讨,益能证明中外各种政治思想,均可容包于《周礼》官制之中。"③周氏强调,从事《周礼》研究当需对古今中外的政治制度和思想有全面之认识,这样才能在比较的视阈中评论《周礼》之制度和思想。在此理念下,周氏将《周礼》与"三民主义"思想、中国历代政治制度、中国各家学说以及西洋政治思想作了比较研究。

如周世辅、周文湘将《周礼》与西方的政治制度作了比较研究,在他们看来,古希腊的社会阶级、军国主义、贵族政治与城邦,皆可囊括于《周礼》之中;中世纪罗马帝国倡行的君权神授说、三权分立制、政教二元论等,皆与《周礼》的政治思想相似;近代欧洲提倡的自由、平等、民权、法治,以及国家主义、民族

---

① 周世辅、周文湘:《周礼的政治思想》,台湾东大图书有限公司1981年版,第31页。
② 周世辅、周文湘:《周礼的政治思想》,台湾东大图书有限公司1981年版,第22—23页。
③ 周世辅、周文湘:《周礼的政治思想》,台湾东大图书有限公司1981年版,第24页。

意志、民主政治、人民权利和法制精神,也与《周礼》的政治理论及行政主张相同。如论"《周礼》与古希腊的政治制度"时,周氏将《周礼》与斯巴达的政治制度作比较:"《周礼》提倡的王道的大同世界,自与斯巴达实行霸道的军国主义宗旨,恰恰相反。但亦非常重视国民军事训练。……其目的在武装民众,巩固国防,含有军国主义的精神。又斯巴达国王为虚位元首,以元老院五个常务委员掌理军政大权,与《周礼》天子未掌实权,权在诸侯,政归六卿,其分权理论,亦大致相同。有关推行贵族政治,划分社会阶级,实行奴隶制度,两者是颇多相似,殊途同归。"①通过比较,周氏认为斯巴达政治制度中的军国主义与《周礼》重视国民军事训练的主张相似;斯巴达的军权掌理于元老院常委之规定,与《周礼》中军权为诸侯所掌之记载相似。在论"《周礼》与西洋中世纪政治思想与制度"时,周氏将《周礼》与罗马帝国的政治思想作比较:"《周礼·春官·大宗伯》,掌建邦之天神人鬼地祇之祀典,采用各种不同祭礼,祭祀天神、地祇、祖宗、日、月、风、雨、五祀、山川等众神。在祀典进行中,礼仪非常隆重,有'九仪、六瑞、六挚'等祀规,祭前更要斋戒沐浴,慎重其事。祀典的重要作用,在祈祥禳灾,求神赐福,保佑国泰民安,类似西洋的宗教祈祷,属于神权思想的精神表现,亦与君权神授说攸关。"②通过比较,周氏认为罗马帝国的神权政治与《周礼》中的祀典具有很大的相似性。

周世辅、周文湘认为,西方思想家鲁索等人以一切政治设施应以民意为依归的思想在《周礼》中亦有反映。周氏曰:"《周礼》有'三询'和'三刺'的法令,非常重视人民的政见。所谓'三询',即'询国危',国家在'外患内忧'时候,'询国迁'可释为国都迁移,'询立君'系议立嗣君。'三刺'的对象是判处死刑的囚犯,都要征询群臣、群吏、万民的意见。并根据大多数的民意反映,再作决定,又是何等的尊重民意,与鲁索提倡'公共意志'的主张,俨然如出一辙。"③周氏认为,《周礼》对民意的看重与近代西方的重民思想如出一辙。

第三,周世辅、周文湘将《周礼》与历代的政治制度作了比较研究,对于认识《周礼》的政治思想以及中国政治思想史皆有积极意义。《周礼》是以前社

---

① 周世辅、周文湘:《周礼的政治思想》,台湾东大图书有限公司 1981 年版,第 184—185 页。
② 周世辅、周文湘:《周礼的政治思想》,台湾东大图书有限公司 1981 年版,第 196 页。
③ 周世辅、周文湘:《周礼的政治思想》,台湾东大图书有限公司 1981 年版,第 222 页。

会政治思想的集大成之作,并对秦汉以后历代的政治思想和政治制度产生了深远的影响。因此,厘清《周礼》政治制度和政治思想的前因后果,对于认识中国古代政治思想史有着十分重要的意义。

周世辅、周文湘将《周礼》与上古、中古、近代的政治制度作了比较研究。在"《周礼》与上古时代的政治制度"一节中,周氏首先对黄帝以前、唐虞、夏商、春秋战国时代的政治制度作了概述,再将《周礼》与这四个时代的政治制度作了比较。如《尚书·舜典》:以伯禹作司空,使宅百揆;弃为后稷,播百谷;契为司徒,敷五教,皋陶作士,正五刑;垂作共工,利器用;伯益作虞,育草木鸟兽;伯夷作秩宗,典三礼;夔作典乐,教胄子和人神;龙作纳言,出纳帝命。周氏曰:"这种九官分职的记载,职权划分很清楚,包含《周礼》六官职掌。……六官组织,创建于舜,《周礼》的六官制度,便是虞制的一种改良,而后世九卿的设官,亦导源于此。"①通过比较,周氏认为《周礼》六官分职源于虞舜时代的九官分职,六官制是对九官制的改良。在"《周礼》与中古时代的政治制度"一节中,周氏将《周礼》与秦汉魏晋南北朝时期的政治制度作了比较研究,他说:"秦、汉创建宰相制度,又规复虞舜的九卿官制,将六官职权,改由宰相与九卿掌理。魏、晋两朝的丞相为赠官,设三省代相职,以中书令掌国政,并将九卿改为六曹,隶属于尚书省。南北朝的三省制,系以门下侍中代相权,有沿用六曹者,有改为五部尚书者,在本质无重大改变。惟自制度的历史言宰相或三省制,便是天官职权的扩大与分散,九卿、六曹或五部政体,亦为六官法典的一种改革,'新瓶装旧酒',仍是本源于《周礼》的典制。"②通过比较,周氏认为后世之九卿、六曹或五部政体,皆是《周礼》六官制之流裔。在"《周礼》与近代的政治制度"一节中,周氏将《周礼》与隋唐至清代的政治制度作了比较研究。如于"三省六部制",周氏曰:"隋唐因之建立三省政体,中书省主发令,撰颁诏书;门下省主复核,可以封驳诏书;尚书省主执行,对决定诏命无发言权,但管辖吏、户、礼、兵、刑、工六部,事无不统,为中央政府的最高行政机关,其职权与天官掌理六典相似。惟发令权已划归中书省掌理。中书省原为天官中的'内

---

① 周世辅、周文湘:《周礼的政治思想》,台湾东大图书有限公司1981年版,第131页。
② 周世辅、周文湘:《周礼的政治思想》,台湾东大图书有限公司1981年版,第138页。

史'职务,秦汉权位渐重,唐代则在尚书之上;门下省本皇帝侍从之官,相等夏官中的大仆,东汉其职位日增,后来演变为掌枢机要职。关于六部组织,大致较《周礼》六官职位卑小,且已降为第二级行政机构,听命于尚书省行事。"①通过比较,周氏认为"六部"相当于《周礼·天官》之"六典",只不过六部较《周礼》六官职位卑小。

此外,周世辅、周文湘还将《周礼》所记政治制度与丞相制、三省六部制作了比较研究。其议题有三:一是《周礼》中的民主政治制度,二是丞相制、三省制与天官职权扩大分散之关系,三是《周礼》官制与六部职权之关系。现分述如下:

一是《周礼》所记政治制度性质之研究。周世辅、周文湘对上古部落酋长社会的民主思想作了探究,其曰:"《周礼》便是基于以上民主思想,融贯三王五帝的各种官制,并斟酌损益,以适应实际政治需求的草拟的一种建国大纲。"②至于《周礼》是否倡导民主政治,周氏亦作了解释,其曰:"周王不负实际政治责任,将治典、教典、礼典、政典、刑典与事典的行政大权,交付六官掌理,其行政建制极似民主政治的内阁制度。惟如此大成的官制,因与专制思想相反,故为秦始皇与汉武帝所摒弃,前者焚书灭籍'搜求焚烧之独悉',后者擅入秘府,与世隔绝,其因果在此。"③周氏指出,《周礼》分权于六官与民主政治的内阁制相似,而与专制制度有着本质的区别。

二是中国古代的丞相制、三省制与《周礼》的关系之研究。在第四章"结论"部分,周氏还对古代的丞相制、三省制与《周礼》的关系作了比较研究。周氏曰:"丞相的广泛权力,即是天官相权的扩大,三省中的尚书省,掌理六曹或六部,亦似天官典理六典的职掌。中书省原为天官中的'内史',其权力独立行使,创始于隋,至唐更为加大,主发诏命,权位在尚书省之上。门下侍中本皇帝侍从之官,相等于夏官中的'大仆',自汉光武宦者传达帝命于大臣,权位日隆,其后演变为枢机要职。综上所述,可见丞相与三省制,亦是天官职权的重

① 周世辅、周文湘:《周礼的政治思想》,台湾东大图书有限公司1981年版,第171—172页。
② 周世辅、周文湘:《周礼的政治思想》,台湾东大图书有限公司1981年版,第174页。
③ 周世辅、周文湘:《周礼的政治思想》,台湾东大图书有限公司1981年版,第174页。

组与调整,与《周礼》具有密切关系。"①通过比较,周氏认为中国古代政治制度中的"三省制"是《周礼》"天官"职权扩张和分散的结果。

三是《周礼》官制与六部职权关系之研究。周氏认为六部导源于《周礼》,他说:"吏、户、礼、兵、刑、工六部组织,导源于《周礼》,创建于西汉,完成于隋唐,而变革于明清。在隋唐以前,论其职隶属于九卿,论其名则六曹为其前身,唐始正名为六部,其职权日益扩大,遂取代九卿的地位,除元、明外,均隶属于尚书省,多为政令的执行机关。"②周氏认为,中国古代的六部行政建制导源于《周礼》,只不过六部在发展的过程中有所变革而已。周氏也看到了六部行政建制与《周礼》六官制之差异,如于六部之吏部,周氏曰:"吏部专主人事铨选,其地位仅等于夏官中的'司士',不可与天官相比拟。"③又如户部,周氏曰:"户部出于度支,乃属计算官吏,相似天官中的'司会',与地官掌理产殖、赋税、地政等职权,悬殊甚大。"④通过比较,周氏认为后世之六部与《周礼》之六官有着渊源关系,不过六部与六官之职权有很大的差异,二者不可相提并论。

四、叶国良的三礼学研究

叶国良(1949—),台湾桃园县人,台湾大学中文所博士(1983 年 4 月),历任台湾大学中文系教授、文学院院长。学术专长:经学、三礼学、金石学、诗学。叶国良曾师从末代衍圣公孔德成研经治礼,在三礼学领域取得了多方面的成就。

叶国良于 20 世纪 90 年代在《国文天地》连续发表了 20 余篇有关古代礼制与风俗的文章,后来汇编为《古代礼制与风俗》一书,由台湾书店于 1997 年出版。

叶国良有关三礼学的学术文章主要收录于其《经学侧论》⑤和《礼学研究

---

① 周世辅、周文湘:《周礼的政治思想》,台湾东大图书有限公司 1981 年版,第 175 页。

② 周世辅、周文湘:《周礼的政治思想》,台湾东大图书有限公司 1981 年版,第 175—176 页。

③ 周世辅、周文湘:《周礼的政治思想》,台湾东大图书有限公司 1981 年版,第 176 页。

④ 周世辅、周文湘:《周礼的政治思想》,台湾东大图书有限公司 1981 年版,第 176 页。

⑤ 叶国良:《经学侧论》,台湾清华大学出版社 2005 年版。

的诸面向》①两本论文集中。

叶国良《经学侧论》论文集共收入论文十篇,包括《易》《诗》《礼》和经学等四类研究论文。其中有礼学论文四篇:《二戴〈礼记〉与〈仪礼〉的关系》《介绍宋儒林之奇的〈大学〉改本》《先秦古礼书研究之反思——以晁说之〈中庸传〉之写作动机与影响为例》《郭店儒家著作的学术谱系问题》。

其《礼学研究的诸面向》论文集共收入礼学论文 15 篇。全书共分三编,上编以《仪礼》为研究对象,共五篇:

第一篇:《驳〈仪礼〉为孔子手定完书说及其延伸之新道统说》。该文认为《仪礼》本非结构完整的著作,且主张各篇亦非同一人所作,反驳了邵懿辰、康有为视《仪礼》为孔子手定完书的今文家偏见。

第二篇:《礼〈仪礼〉经文与记文的关系》。该文反对沈文倬提出的《仪礼》同一篇的经文与记文为同一人所作的主张,认为此主张误判《仪礼》的成书过程,也将影响读者对文本的正确解读。

第三篇:《关于刘敞的四篇"礼"意》。刘敞《公是集》收录四篇关于礼"义"的文章:《士相见义》《公食大夫义》《致仕义》和《投壶义》。朱熹《仪礼经传通解》将《士相见义》附《士相见礼》后,将《公食大夫义》附《公食大夫礼》后。叶氏逐一分析四篇"仪"的宗旨,指出《致仕仪》是一篇时政论,而非诠释礼之"仪"的。

第四篇:《论凌廷堪的〈礼经释例〉》。该文分析了凌氏该书对礼例研究的贡献和缺点。

第五篇:《刘师培〈礼经旧书〉的写作宗旨与诠释上的问题》。该文指出刘氏此书之作,除有家学渊源之外,和其入川后接触廖平有关。但取径与廖平完全不同。

中编讨论与《礼记》相关的问题,共七篇:

第六篇:《〈论语〉中的"曲礼"论述及其影响》。该文强调"曲礼"源远流长。若探讨其源流,应从《论语》开始,而不应从《礼记·曲礼》开始。

第七篇:《战国楚简中的"曲礼"论述》。该文梳理并分析了郭店、上博两

---

① 叶国良:《礼学研究的诸面向》,台湾清华大学出版社 2010 年版。

批出土竹简中的"曲礼"论述,证实其内涵与表达模式确与《论语》一致。印证了第六篇《〈论语〉中的"曲礼"论述及其影响》一文的观点。

第八篇:《从"小学"论述看朱子礼学思想的转变》。该文指出朱子《小学》一书乃其六十岁以前对"小学"教育的观点。但六十岁以后,则只符合其所认定的"曲礼"内容,而不能涵盖"小学"内容的全部。因为朱子六十岁以后认定的"小学"教育还包括"礼乐射御书数"方面的教育。此一内容上的变化体现了朱子礼学思想的转变。

第九篇:《公孙尼子及其论述考辨》。《礼记》中曾被指为孔门后学公孙尼子所作的有《乐记》和《缁衣》两篇,但没有定论。该文结合对郭店简与上博简的研究,认为组成《乐记》的十一小篇,只有《乐化》篇可以肯定出自公孙尼子,其余十小篇的来源和时代恐怕颇为分歧。

第十篇:《韩儒权近〈礼记浅见录〉评论》。权近是高丽末期、朝鲜初期具有重大影响力的朱子学学者。《礼记浅见录》是权近《五经浅见录》中的一部。该书深受朱熹《大学章句》《中庸章句》和《仪礼经传通解》的影响,对《礼记》各篇或区别经传,或重编章节,或论辩内容可疑者。叶氏该文对权近该书的一些内容进行了分析和探讨,对权近的观点多不赞同。

第十一篇:《韩儒金在鲁〈礼记补注〉研究》。韩国学界曾认为金书为朝鲜"朱子学式"《礼记》学的最高峰。叶氏该文则指出金在鲁摒弃权近《礼记浅见录》区分经传、崔锡鼎重编全书的做法。而且不完全从性理学的角度立论,而是重视汉唐注疏,乃是朝鲜从"朱子学式"经学转向考证学的开拓之作。

第十二篇:《韩儒丁若镛〈檀弓箴误〉平议》。丁若镛是朝鲜后期的实学派学者,对五经均有研究,而对礼学的研究成就最大。其《檀弓箴误》一书,共172条,对两汉迄清数十名华夏学者提出严厉的批评。叶氏该文对丁说逐条检验,分别举出丁说之有理据者、说理未安者、正误参半者,说明丁氏之批评太过偏颇。

下编讨论先秦礼书中保存的古语与仪节,共三篇:

第十三篇:《先秦礼书中保存的古语及其意义》。该文提醒读者注意:先秦礼书所见古代礼典之仪节远比其著成年代早,此点可从礼书中有时使用较著成年代为早的古语去证实。

第十四篇:《冠笄之礼中取字的意义及其与先秦礼制的关系》。该文依据西方交感巫术的理论,推出假说,再将此假说置于先秦相关礼制中去检验。

第十五篇:《从婚丧礼俗中的异族文化成分论礼俗之融合与转化》。该文以南北朝唐宋时代为范围,讨论当时婚丧礼俗中的异族文化成分。

叶国良在三礼学领域的另一项重要贡献就是继承孔德成、李济等人的事业,在孔德成等人制作的《仪礼·士昏礼》黑白影片的基础上,于 1999 年、2000 年连续申请研究资助,主持进行《仪礼·士昏礼》彩色 3D 动画与影像光盘的制作。此次工作以原有成果为蓝本,加入新的研究成果(如对服饰、器物颜色的考证),并借助电脑动画技术,在表现形式与传播形式上大为改进,完成了《仪礼·士昏礼》彩色 3D 动画光盘。叶国良主持制作的《仪礼·士昏礼》彩色 3D 动画光盘成果,有如下成功之处:彩色取代黑白,有利于增强古礼研究成果展现的效果;支持随意播放、放大、打印,极便教学;复制 CD,效果良好,价格低廉,有利于广泛传播;将部分成果公布于网络中,可供社会大众观赏,加强社会大众对古礼及古文化的认识;绘成的人物、车马、器具可以复制,再加利用,以拍摄更多古礼或古代历史之 3D 动画影片。

自 2010 年至 2015 年之间,叶国良的三礼研究,包括三礼及礼学相关延伸的议题有十余篇,其中关于《仪礼》部分就占六篇,包括《〈仪礼〉与〈诗经〉互证的学术意义》[1]《〈仪礼〉周旋礼容探微》[2]《〈仪礼〉卜筮与求日择人的几个问题》[3]《〈仪礼〉各礼典之主要礼意与执礼时之三项基本礼意》[4]《摄盛及其流衍》[5]《从出土文物看〈仪礼〉内容的时代》[6]。而《礼记》《周礼》部分则各

---

① 叶国良:《〈仪礼〉与〈诗经〉互证的学术意义》,载彭林主编:《中国经学》第十辑,广西师范大学出版社 2012 年版。

② 叶国良:《〈仪礼〉周旋礼容探微》,《台大中文学报》第 43 期(2013 年 12 月)。

③ 叶国良:《〈仪礼〉卜筮与求日择人的几个问题》,《中正汉学研究》2014 年第 1 期(总 23 期)。

④ 叶国良:《〈仪礼〉各礼典之主要礼意与执礼时之三项基本礼意》,载《岭南学报》复刊第三辑《经学的传承与开拓》,上海古籍出版社 2015 年版。

⑤ 叶国良:《摄盛及其流衍》,载彭林主编:《中国经学》第十六辑,广西师范大学出版社 2015 年版。

⑥ 叶国良:《从出土文物看〈仪礼〉内容的时代》,《人文中国学报》第 21 期(2015 年 10 月)。

有一篇,分别为《二戴〈礼记〉编纂的几个问题》①与《复原古〈周礼〉的发展史》②。其他篇章则是探讨三礼研究所牵涉的经学史问题、某一经学家研究三礼的成果、礼仪与文体、传统礼仪的现代应用等。

五、林耀曾的《周礼》研究

王安石曾说:"一部《周礼》,理财居其半。"③可见经济制度和经济思想在《周礼》一书中所占的比例之大。20世纪以来,一些对《周礼》作过较为深入研究的学者,如侯家驹、林耀曾等,或考证《周礼》的经济制度,或发掘《周礼》的经济思想,他们的研究对于全面深入地认识中国古代的经济思想史有着参考意义。

台湾地区学人林耀曾《周礼赋税考》一书对《周礼》关于赋税之记载作了分类、整合,使之有条理、成体系。《周礼》一书记载职官数百,赋税制度分散于各职官之职掌内,因此《周礼》一书中的赋税制度不是成体系的。林氏曰:"《周礼》一经,自汉以远,诸儒所述之义,各有不同,颇多出于臆测者;殆及清世,朴学之风盛起、其考校精密,越度昔贤,惟稍嫌破碎纷纭,难能贯属,兹就《周礼》财税之制,相加考订、分析、研究,作有系统之撰述,以求其全貌耳。"④林氏认为,《周礼》的研究者们重视考据而忽略系统之研究,鉴于此,其所要做的工作就是全面剖析《周礼》各职官之职掌,并对职掌中赋税之记载进行整合。

林耀曾将《周礼》中的赋税制度分为三大类,即赋税之种类、征收赋税者之职责、赋税用途之分配。赋税之种类又分为九赋、九功、九贡。林氏所作分类之依据和标准,主要是《周礼·天官·冢宰》所记之"九赋""九职""九贡"。《天官·冢宰》曰:"以九赋敛财贿:一曰邦中之赋,二曰四郊之赋,三曰邦甸之

---

① 叶国良:《二戴〈礼记〉编纂的几个问题》,载《齐鲁文化研究》总第十辑,泰山出版社2011年版。

② 叶国良:《复原古〈周礼〉的发展史》,宣读于"经学史研究的回顾与展望——林庆彰先生荣退纪念学术研讨会",京都大学,2015年8月20—21日。

③ (宋)王安石:《临川文集》卷七三《答曾公立书》,载文渊阁《四库全书》第1105册,上海古籍出版社1987年影印版,第608页。

④ 林耀曾:《周礼赋税考》,学海出版社1977年版,第2页。

赋,四曰家削之赋,五曰邦县之赋,六曰邦都之赋,七曰关市之赋,八曰山泽之赋,九曰币余之赋。"又曰:"以九职任万民:一曰三农,生九谷;二曰园圃,毓草木;三曰虞衡,作山泽之材;四曰薮牧,养蕃鸟兽;五曰百工,饬化八材;六曰商贾,阜通货贿。七曰嫔妇,化治丝枲。八曰臣妾,聚敛疏材。九曰间民,无常职,转移职事。"又曰:"以九贡致邦国之用:一曰祀贡,二曰嫔贡,三曰器贡,四曰币贡,五曰材贡,六曰货贡,七曰服贡,八曰斿贡,九曰物贡。"林氏认为,所谓"九赋","约当今之地税"①;所谓"九职","亦名九功,民各以其职所入所征之税,犹后世之丁税或所得税"②;所谓"九贡","为诸侯所贡,以其国之特产贡献天子"③。在《周礼赋税考》一书中,林氏对"九赋""九功""九贡"的各个细目作了说明。

　　林耀曾结合周代之行政区划,对《周礼》所记之赋税作了分类。按周代行政区划,王城方九里,城外五十里为近郊,至百里为远郊,至二百里为野,至三百里为稍,至四百里为县地,至五百里为畺地,五百里畿畺之外则为诸侯邦国之地。与行政区划相对应,林氏一共罗列了 30 个有关赋税征收之职官,如载师乃总掌王畿内之赋法,闾师兼掌赋贡之事,乡师征六乡之民赋等。

　　林耀曾还对《周礼》所记之赋税制度作了考证。如《周礼》所记"邦中之赋",林耀曾据郑玄所云"邦中,在城郭中者"一语,曰:"按古之王城外有郭,王城方一千六百二十丈,城之外有郭,郭方二十七里,邦中即指方二十七里之郭中,亦即《载师》所云'以廛里任国中之地,以场圃任园地。"④林氏在释"邦国"的同时,引出"里""廛"异同之辨。先郑、后郑于"廛""里"之认识不一:先郑以凡可居之地有宅肆者谓之里,无宅肆者谓之廛;后郑以里是民居,而凡民居之不论宅肆之有无,通言之为廛里。林氏引孙诒让之说,并附按语曰:"按孙氏本方苞、沈彤、金鹗以为说是也。廛指民居,里指百官所居,即《载师》'国宅无征'之'国宅'。"⑤又引郑玄、金鹗于"国宅"之释义,并附按语曰:"按国宅为

①　林耀曾:《周礼赋税考》,学海出版社 1977 年版,第 2 页。
②　林耀曾:《周礼赋税考》,学海出版社 1977 年版,第 2 页。
③　林耀曾:《周礼赋税考》,学海出版社 1977 年版,第 2 页。
④　林耀曾:《周礼赋税考》,学海出版社 1977 年版,第 5 页。
⑤　林耀曾:《周礼赋税考》,学海出版社 1977 年版,第 6 页。

官府所有之房舍,供公家办事或配给官员居住者,故可免税,与廛异。"①在考察免税之国宅后,林氏据《闾师》《管子》《庄子》之记载,曰:"邦中之赋,为王城郭内之地税,除国宅无征外,园廛之税为二十分之一。"②林氏于此将免税之国宅与纳税之园廛作了区分,使《周礼》所云"邦中之赋"之义更加明朗。

又如《周礼》所记税收之分配,林耀曾于"祭祀"条目下所考察的有外饔、甸人、兽人、鳖人、渔人、腊人、酒正、酒人、笾人、醢人、醯人、盐人、幂人、掌次、外府、典丝、乡师、牧人、牛人、遂人、遂师、委人、川衡、泽虞、囿人、场人、舍人、舂人、饎人、肆师、邑人、天府、典瑞、羊人、服不氏、掌畜、职金、犬人、大府等职官,由此可见将税收用于祭祀时所涉及的职官数量之大。此外,林氏还对主管祭物之职官及供奉之名物作了考证。如于外府,林氏曰:"按外府掌邦布之出入,依法供官府之公用者,祭祀,若助祭等,亦供其行道之用与财币也。"③林氏于此对外府所掌管的祭祀之物作了考证。又如《乡师》:"大祭祀,羞牛牲,共茅菹。"林氏曰:"按后郑注云:'菹,士虞礼所谓菹,茅,长五寸,束之者是也。祝设于东席上,命佐食取黍稷,祭于菹三,取肤祭,祭如初,此所以承祭,既祭,盖束而去之。'茅菹,束茅而切之,长五寸,用以承藉所祭黍稷肤祭等物者。既祭则藏之也。"④林氏于此据郑注,对《乡师》所载之"茅菹"作了考证。

林耀曾整合《周礼》中赋税之琐碎记载,从而归纳出《周礼》的赋税制度,这对于全面认识《周礼》中的经济制度有着重要意义。

六、李云光的《三礼郑氏学发凡》

李云光撰《三礼郑氏学发凡》一书。该书共分六章:第一章是"导言",第二章是"郑氏对三礼之校勘",第三章是"郑氏对三礼之驳正",第四章是"郑氏对三礼之训诂",第五章是"郑氏对名物之考释",第六章是"郑氏对礼制之说解"。该书是20世纪第一部将郑玄《三礼注》全面纳入研究视域的专著,对于认识郑玄的三礼学成就有着重要意义。高明说:"自康成为三礼之学,及今一

① 林耀曾:《周礼赋税考》,学海出版社1977年版,第6页。
② 林耀曾:《周礼赋税考》,学海出版社1977年版,第7页。
③ 林耀曾:《周礼赋税考》,学海出版社1977年版,第114页。
④ 林耀曾:《周礼赋税考》,学海出版社1977年版,第115页。

千七百六十余年,传康成之学者不可更仆数,类多枝枝叶叶,得其一体;若云光之笼圈条贯,总览无余,使后之治康成礼学者,展此一卷,即能心领神会,而得其精微,此诚前修之所未有也。"①该书主要有如下三点值得称道的特色。

（一）对郑玄注作了归类考释

郑玄于三礼皆是随文作注,这些注文关涉三礼之校勘、前人注解之引申补正以及三礼所记名物之考释等。李云光对郑玄于三礼之校勘、驳正、训诂以及名物礼制之考释皆分类加以研究,又将各大类分为很多小类。这对于全面认识郑玄的注解成就有着重要意义。

如李云光将"郑氏对三礼之训诂"一类细分为三十九小类,分别是以字形释之、以古今字释之、以古今语释之、以方俗语释之、以假借字释之、以语辞释之、以字类释之、以题目释之、以文次释之、以变文释之、以省文释之、以空文释之、以略文释之、以互文释之、以举中释之、以关中释之、以博言释之、以容关释之、以通上下释之、以在其中释之、以博异语释之、以饶衍释之、以生数成数释之、推其意以释之、望其文以释之、通其训以释之、举其类以释之、解其喻以释之、析其异以释之、就其同以释之、申其义以释之、正其读以释之、分其节以释之、易其字以释之、考其时以释之、引书以释之、据旧说以释之、取百家说以释之、注其音以读之。

又如"郑氏对礼制之说解"一类被细分为二十三小类,分别是直述其礼以解之、推原其故以解之、别白其事以解之、发明隐略以解之、差约经文以解之、会通群书以解之、考论因革以解之、引述故事以解之、综计其数以解之、归纳凡例以解之、以其礼之正变说之、以其礼之吉凶说之、以其礼之文质隆杀说之、以其礼之升降辟嫌说之、以其服之正从恩义说之、以其礼之存亡说之、以异性之礼说之、以异等之礼说之、以异代之礼说之、以王霸之礼说之、以汉新之礼况之、以传疑之法说之、自谓未闻以置之。

又如"郑氏对名物之考释"章被分为十一节,分别是考其创始、考其因革、考其古今之名、考其别名、释所取之名、释所取之象、释所取之义、说其形制、辨其施用、据典籍所记以释之、据目验其物以释。每一节又分若干小节,如

① 李云光:《三礼郑氏学发凡》,台湾嘉新水泥公司文化基金会 1966 年版,高明序。

"释所取之名"一节又被分为二十八小节,分别是释天附鬼神祭名、释地、释山、释水、释丘、释道、释州国、释形体、释姿容、释长幼、释亲属、释言语、释饮食、释采帛、释首饰、释衣服、释宫室、释床帐、释书契、释典艺、释用品、释乐器、释兵、释车、释船、释疾病、释丧制、释官职。

（二）重视前人的说解,并多有征引和案断

孔颖达、贾公彦、陈澔、胡培翚、徐乾学、江永、万斯大、孙希旦、郝懿行、朱彬、孙诒让、胡匡衷等众多学者都对郑玄《三礼注》重视有加,并有深入之研究。李云光在从事郑玄《三礼注》之研究时对前人之说多有征引,对前人之得失亦多有评论。兹举数例以见之:

1. 李云光对郑玄注"三礼"之具体时间作了考证,其依据主要有《唐会要》《孝经正义》引郑氏自序、《世说新语·文学篇注》引郑氏别传、《后汉书》本传所载《戒子益恩书》、《太平御览·刑法部》所引郑氏别传、《后汉书·灵帝纪》。在对诸文献记载作了认真的辨析之后,李云光认为郑玄注三礼在其遭禁锢之时。而郑玄遭禁锢始于何年,说者略有不同。李云光又据沈可培《郑康成年谱》、陈鳣《郑君纪年》、孙星衍《郑司农年谱》、丁晏《汉郑君年谱》、郑珍《郑学录年谱》等著述,并作辨析曰:"窃以为惟沈谱所列,独为得之。盖《灵帝纪》建宁二年冬十月,有司所奏党人中,有太仆杜密,又云'锢及五属'。所谓'五属',史未明言,当含僚属在内,如熹平四年诏书所称'门生故吏父兄子弟在官者'之类。而李贤注云:'五属,五服内亲也。'所锢者当不限于此。郑氏既为杜密故吏,被锢当与杜密同时。计其年数,虽为前后十六年,而禁令之颁,在于建宁二年冬季;赦令之下,在于中平元年春季。若除年首年尾不计,其年数仍可相符。此说若是,则郑氏《三礼注》之成,在此时矣。"[1]在考察诸家年谱的基础上,李云光认为沈可培《郑康成年谱》于郑玄遭禁锢年代之推测可资借鉴;在沈氏所作考证之基础上,李云光对郑玄注三礼的年代作了进一步的推测。

2. 《周礼注》所引故书异文共二百一十九条,"故书"究竟何指,郑玄本人并没有说明。李云光先引用贾公彦、段玉裁、王聘珍、丁晏、徐养原、孙诒让诸

---

① 李云光:《三礼郑氏学发凡》,台湾嘉新水泥公司文化基金会 1966 年版,第 9 页。

人之说,并辨析曰:"综观上述诸说,窃以为各有是非。《周礼》之为古文家所传习,固不待言。许慎《五经异义》每称'古《周礼》说'是也。此仅就其师法而言,若以文字而论,则汉时似有古文、隶书二种写本。郑氏注中所谓'故书'者,盖即由秘府钞出之古文本,此本字形未必为大篆或科斗之文,殆《书序》所谓隶古也。其字形乃就古文体而从隶定之,存古为可慕,以隶为可识也。因所出较以通行隶法写之者略前,故自杜子春以来,二郑等悉以'故书'称之。今检《周礼注》中,凡称引'故书'者,类皆附以杜及二郑校释之语;其未附者,二百九十条中仅得七条耳。是可见注中所称'故书',盖转载杜及二郑之旧注,赞而许之;'故书'之本,郑氏殆未及见也。彼七条异文,似亦录自旧注,非郑氏亲由'故书'中检得者。"①在考察贾、段、王、丁、徐、孙各家之说的基础上,李云光认为郑玄《三礼注》所言"故书"当是从秘府抄出之古文本,其字形是就古文体而隶定之;郑玄未能亲见"故书",其《三礼注》中所言"故书"系转载杜、郑之旧注。

3.《考工记·玉人》:"衡四寸。"郑玄注:"衡,古文横。假借字也。"贾疏:"玄谓衡古文为横。"孙诒让云:"衡、横声近假借字。《檀弓》'今也衡缝'注云:'今礼制衡读如横。'是其证也。"李云光辨析贾、孙二人之说曰:"云光案:《说文·角部》云:'衡,牛触横大木。'《木部》云:'横,阑木也。'段玉裁云:'古多以衡为横。陈风传曰:衡门,横木为门也。'衡从行声,横从黄声,皆在段玉裁《古音谐声表》第十部、黄季刚《古音唐部》。二字音近,故相通假。此郑氏谓古文经假借衡字以为横字,贾疏之说非是。"②李云光在考察许慎、段玉裁、孙诒让之说的基础上,认为"衡""横"二字音近相通假。

4."郑氏对三礼之训诂"章有"以方俗语释之"一节,李云光在杭世骏《续方言》和程际盛《补正》之基础上,复查阅《三礼注》,将所得方俗语悉数辑录,共六十三条,其中见于《周礼注》者二十八条,见于《仪礼注》者十二条,见于《礼记注》者二十三条。在此基础上,李云光曰:"云光案:综计《三礼注》中所载,杜子春所称方言,仅齐人一条。子春为河南缑氏人,岂当游齐,或与齐人往

① 李云光:《三礼郑氏学发凡》,台湾嘉新水泥公司文化基金会1966年版,第26—27页。
② 李云光:《三礼郑氏学发凡》,台湾嘉新水泥公司文化基金会1966年版,第147页。

来而知之欤？郑司农所称方言，南至于越，西至于蜀，东至沛国及泰山、平原，中部则有关东、山东，地域甚广。不知何以能通四方之语言，其以官至大司农，应接四方之士，因通其语言欤？郑氏所称方言，最多者为齐，共二十二条。盖郑氏北海人，北海齐地也，自能详悉，且可辨别东齐及齐西偏之语矣。他如言齐、鲁之间者四条，东莱二条，莱阳一条，纪、莒之间一条，滕、薛之间一条，皆近齐之地也，自亦可知之。又称周、秦之间及单言秦者共五条，此则《戒子书》所云'游学周、秦之都'故也。又称河间者二条，冀部、燕、南阳各一条，此则《戒子书》所云'往来幽、并、兖、豫之域'故也。唯其称南部方言，如泛言南方，及楚，及江、淮之，荆、沔之间各一条，则不知何以知之？《戒子书》又云：'黄巾为害，萍浮南北。'岂郑氏亦尝淹留南方，而通习荆、楚之语耶？第游踪所托，今不可悉指耳。或者为得诸交游与弟子者欤？"①李云光据史传所记郑玄之生平，从而推断《三礼注》所记之方言并非无中生有，如郑玄本北海人，北海属齐地，故郑玄所称方言齐语为多；又如齐鲁、东莱、莱阳、纪莒、滕薛皆是近齐之地，故郑玄所称有齐鲁、东莱、莱阳、纪莒、滕薛之方言。

　　5.《周礼·天官·内司服》："凡祭祀宾客，共后之衣服，及九嫔世妇。凡命妇，共其衣服。"郑玄注："凡者，凡女御外命妇也。言及言凡，殊贵贱也。"贾疏："言及者，欲见九嫔贱于后；言凡者，欲见外命妇及女御贱于世妇也。"孙诒让云："明九嫔世妇亦即内命妇，以其贵，故蒙后为文，言'及'以示殊异。其女御外命妇等，名位较贱，则别言'凡'为综括之辞，明其与后等差悬绝也。"李云光曰："云光案：《尔雅·释诂》云：'逮、及、暨，与也。'《方言三》云：'迨、逮，及也。关之东西曰逮或曰及。'《说文·又部》云：'及，逮也。'《公羊·隐元年传》云：'及者何？与也。'是及为相与之词。此经以后为最贵，故主后为文，称'共后之衣服'。以九嫔世妇次贵，故言'及'以示蒙后为文也。至凡命妇则较贱，不使蒙后，故言'凡'以为概括之词，而别起下文，更云'共其衣服'以严贵贱之辨。此古人行文之笔法，故郑氏特释其词以彰着之。"②郑玄于此对"凡""及"二字之功用作了说明。李云光先征引贾、孙之说，后据《尔雅·释诂》《方

---

①　李云光：《三礼郑氏学发凡》，台湾嘉新水泥公司文化基金会 1966 年版，第 146 页。
②　李云光：《三礼郑氏学发凡》，台湾嘉新水泥公司文化基金会 1966 年版，第 151—152 页。

言》《说文·又部》《公羊·隐元年传》之记载,认为经文"及""凡"是为了严贵贱之辨。

6.《射义》云:"又使公罔之裘、序点扬觯而语。"郑玄注:"之,发声也。"孔疏:"按经下文云公罔之裘,故知'之'是发声也。"王引之云:"之,语助也。……《礼记·射义》'公罔之裘'郑注曰:'之,发声也。'僖二十四年《左传》:'介之推'杜《注》曰:'之,语助。'凡《春秋》人名中有之字者,皆放此。"李云光曰:"云光案:《论语·雍也篇》'孟之反',《庄子·大宗师篇》作'孟子反';《左传》僖二十四年'介之推',《吕氏春秋·介立篇》作'介子推';《孟子·立娄篇》云:'庾公之斯学射于尹公之他。'《左传》襄十四年云:'尹公他学射于庾公差。'此皆可证'之'为语辞。以此意推之,不仅'之'也,即'子'字初时盖亦为语辞,后世衍为定称耳。春秋时人名只有一字,其字实亦一字,或加'伯''仲'等字,以别于其名;其不加'伯''仲'等者,则加'子'或'之'字。以《史记·仲尼弟子传》言之,颜回字子渊,冉求字子有,宰予字子我,原宪字子思,南宫括字子容,司马耕字子牛,樊须字子迟,公西赤字子华等,《论语》中则不加'子'字,可证也。"[1]《射义》于此之"之"字,郑注、孔疏皆认为是发声词,王引之更证之以《左传》杜注。李云光引《左传》《论语·雍也》《庄子·大宗师》《吕氏春秋·介立》《孟子·立娄》以证"之"为语助词。李云光认为,不仅"之"字为语助词,而且"子"字初时亦为语词。

(三) 疏通郑注之义近或矛盾者

郑玄囊括大典,遍注群经,其三礼之注文于同一字词之解释往往前后不一。李云光将注文相近或抵牾者悉数列出,并作了疏解。兹举数例以见之:

1.《周礼·秋官·大司寇》:"以两造禁民讼。"郑玄注:"讼谓以财货相告者。"《大司寇》云:"以两剂禁民狱。"郑玄注:"狱谓相告以罪名者。"李云光云:"案讼狱之义,对文有别,散则可通。此经二文对举,故郑氏析其异义以释之,极为明确。盖'讼谓以财货相告者',即今世所谓民事诉讼也;'狱谓相告以罪名者',即今世所谓刑事诉讼也。"[2]《大司寇》所言讼狱之事,郑玄析其异

---

① 李云光:《三礼郑氏学发凡》,台湾嘉新水泥公司文化基金会1966年版,第158页。
② 李云光:《三礼郑氏学发凡》,台湾嘉新水泥公司文化基金会1966年版,第240—241页。

义,李云光则以现代法学之概念即民事诉讼、刑事诉讼予以模拟。

2.李云光先列《周礼》《礼记》郑玄注关于"五祀"之释义:

《周礼·春官·大宗伯》:"以血祭社稷五祀五岳。"郑注:"此五祀者,五官之神,在四郊,四时迎五行之气于四郊,而祭五德之帝,亦食此神焉。少昊氏之子曰重,为句芒,食于木;该为蓐收,食于金;修及熙为玄冥,食于水。颛顼氏之子曰黎,为祝融、后土,食于火、土。"

《礼记·曲礼》:"天子祭天地,祭四方,祭山川,祭五祀,岁遍。诸侯方祀。祭山川,祭五祀,岁遍。大夫祭五祀,岁遍。"郑注:"五祀,户、灶、中溜、门、行也。此盖殷时制也。《祭法》曰天子立七祀,诸侯立五祀,大夫立三祀,士立二祀,谓周制也。"

《礼记·王制》:"大夫祭五祀。"郑注:"五祀,谓司命也,中溜也,门也,行也,厉也。此祭谓大夫有地者。其无地,祭三耳。"

《礼记·月令》:"孟冬之月……腊先祖五祀。"郑注:"五祀:门、户、中溜、灶、行也。"

《礼记·祭法》:"王为群姓立七祀:曰司命,曰中溜,曰国门,曰国行,曰泰厉,曰户,曰灶。王自为立七祀。诸侯为国立五祀,曰司命,曰中溜,曰国门,曰国行,曰公厉;诸侯自为立五祀。大夫立三祀,曰族厉,曰门,曰行。"郑注:"《明堂月令》:春曰其祀户,祭先脾。夏曰其祀灶,祭先肺。中央其祀曰中溜,祭先心。秋曰其祀门,祭先肝。冬曰其祀行,祭先肾。……司命与厉,其时不著。"

在列经文和郑注之基础上,李云光说:"以上五条共有三说。一说为句芒、蓐收、玄冥、祝融、后土。见于《周礼·大宗伯注》,为周制天子所祀五官之神。一说为户、灶、中溜、门、行。见于《曲礼》及《月令注》,据《月令》文为说,以为殷制天子、诸侯、大夫所同祀。一说为司命、中溜、门、行、厉。见于《王制注》,据《祭法》文为说,以为周制诸侯所祀,有地大夫亦得祀之。三说所以不同者,《周礼》所言为周天子法,与《祭法》所言七祀不同,文又在五岳之上,故为五官之神。《曲礼》所言天子、诸侯、大夫皆为五祀,无差等,与《祭法》有差等者不同,郑氏以《祭法》为周制,故以《曲礼》为殷制。《月令》文中既具五祀之名,与《祭法》所云五祀之名不同,又为天子法,亦与《祭法》所言天子七祀不同。故郑氏以合《曲礼》为一说。《王制》云：‘大夫五祀。’上文言‘天子祭天地，诸侯祭社稷。’是有差等，与《祭法》之有差等相合，而《祭法》则云：‘诸侯自为立五祀，大夫立三祀。’又略有差异，故以为有地大夫所祀。此皆诸经自有不同，故说之亦不可强同也。”①李氏认为郑注之要点有三：一是《周礼·大宗伯注》为一说，为周制天子所祀五官之神；二是《曲礼》和《月令注》为一说，为殷制天子、诸侯、大夫所同祀；三是《祭法》所言为一说，为周制诸侯所祀，有地大夫亦得祀之。李氏认为，诸经之记载有异，故说解亦不可强同。

3. 三礼中之"难"字，郑玄有不同解义，李云光列经文及郑注如下：

《周礼·春官·占梦》："遂令始难驱疫。"郑注："难，谓执兵以有难却也。"

《周礼·夏官·方相氏》："帅百吏而时难。"郑注："时难，四时作方相氏以难却凶恶也。"

《礼记·月令》："季春之月……命国难。"郑注："此难，难阴气也。阴寒至此不止，害将及人。所以及人者，阴气右行，此月之中，日行历昴。昴有大陵积尸之气，气佚则厉鬼随而出行，命方相氏帅百隶索室驱疫以逐之。"

《礼记·月令》："仲秋之月，……天子乃难，以达秋气。"郑注："此难，难阳气也。阳暑至此不衰，害亦将及人。所以及人者，阳气左行，此月宿直昴、毕，昴、毕亦得大陵积尸之气，气佚则厉鬼亦随而出行，于是亦命方相氏帅百隶而难之。"

《礼记·月令》："季冬之月，……命有司大傩。"郑注："此傩，难阴气也。难阴始于此者，阴气右行，此月之中，日历虚、危，虚、危有坟墓四司之气，为厉鬼，将随强阴出而害人。"

李云光说："以上五条，《周礼》二注义同，言难之本义也。《礼记》三注义近，言所以难之义也。而季春、季冬言难阴气，仲秋言难阳气，不同者，以季春、季冬民或伤于阴寒，故为难阴气；仲秋或有余暑伤人，故言难阳气也。"②李云光指出，《周礼》郑注言难之本义，《礼记》郑注言"所以难"之义；李氏还对季

①　李云光：《三礼郑氏学发凡》，台湾嘉新水泥公司文化基金会 1966 年版，第 207 页。
②　李云光：《三礼郑氏学发凡》，台湾嘉新水泥公司文化基金会 1966 年版，第 209 页。

春季冬言难阴气、仲秋言难阳气之原因作了说明。

4.《礼记·月令》："仲春之月，……毋作大事，以妨农之事。"郑注："大事，兵役之属。"

《礼记·月令》："季夏之月，……毋举大事，以摇养气。"郑注："大事，兴徭役以有为。"

《礼记·月令》："仲秋之月，……凡举大事，毋逆大数，必顺其时，慎因其类。"郑注："事，谓兴土功、合诸侯、举兵众也。"

李云光说："《月令》中三条，或言'作'，或言'举'，明非大丧、大祭祀之不得不然者，故不据丧祭言之。季夏上文已云：'不可以兴土功，不可以合诸侯，不可以起兵动众。'故郑氏谓大事为兴徭役以有为。仲秋上文已云'可以筑城郭，建都邑，穿窦窖，修囷仓'。谓可大兴土木，则必用民之力，兴徭役为不待言者。故释'凡举大事'，即据季夏凡不可者举之以为说也。"[1]李云光认为，郑玄三次所言之"大事"均非丧祭之事，而是指兴徭役以有为。

七、方俊吉的《礼记》研究

方俊吉所撰《礼记之天地鬼神观探究》对《礼记》中的天地鬼神观作了系统的研究。该书之要点如下：

一是对《礼记》之天地鬼神观作了归纳。如方俊吉据《月令》《郊特牲》《乐记》《哀公问》《中庸》之记载，归纳出《礼记》有"天地为万物之母"之观念；又据《礼运》《中庸》之记载，归纳出《礼记》有"天地为道之本"之观念。方氏还据《礼记》之记载，对《礼记》所言天地的属性和品格作了说明。如通过对《乐记》《中庸》《乡饮酒义》之考察，认为天地之德是诚信无私、博厚、高明、悠久、尊严仁义、静一而敦化，通过对《檀弓上》《月令》《礼运》《表记》等篇目之考察，认为《礼记》所记之天地既属自然，又主宰人事、化育万物，有无上神格。

二是将《礼记》之天地鬼神观放到儒家思想的背景下进行评论。方俊吉说："综观《礼记》一书所述，儒家于天地鬼神，虽肯定天地至诚无私，具无上神

---

① 李云光：《三礼郑氏学发凡》，台湾嘉新水泥公司文化基金会 1966 年版，第 208 页。

格;鬼神之盛德,体物而不可遗。然儒家并不以宗教迷信之态度事之,而以哲学之精神处之。且儒家于敬事鬼神之礼文,虽赅备不遗,然因依天地之道,比顺鬼神之德,用成礼乐、道德之规范,以为政治教化之依归。则又大异于周、秦以来诸家异端之说,与夫方士之怪荒诞之术也。"①《礼记》是儒家文献,其所蕴含的天地鬼神观是儒家对形上世界之认识,故方俊吉对《礼记》天地鬼神观所作之探讨,对于人们认识儒家思想的层次和特点是有参考意义的。

八、林平和的郑玄《三礼注》研究

林平和的《礼记郑注音读与释义之商榷》②对郑玄的《三礼注》从注音和释义相结合的角度,进行了较为全面深入的研究,认为郑玄《礼记注》虽以简赅详慎为后学所宗,然其罅漏瑕疵亦所不免,如其音读与释义,或窜改经文以适己说;或考校欠周,望文生训;或牵强附会,迂曲失旨;前贤宿儒,多能指斥其非,然亦有未及者。林氏因此就郑注之音读与释义有疑义处,参综各家之说,条列论述之。其中关于音读商榷二十二例,释义商榷六十四例。此外,林氏还总结出郑玄《礼记注》三大值得称道之处:一是存异。郑氏《礼记注》之引用别本或异说,虽与己意不同,但亦备存,使前修有所传,后学有所考。二是尚约。郑玄注《礼记》文简义明,实不见其过繁。三是持慎。郑氏治学之态度极为慎重,其注《礼记》,凡所不知则曰"未闻",不敢轻易说解。

九、韩碧琴的《仪礼郑注句读》研究

韩碧琴撰《仪礼郑注句读校记》,旨在将张尔岐《仪礼郑注句读》的各种版本,参之武威汉简、熹平石经、唐石经、宋清诸儒研核《仪礼》之著,逐一考斠,为之抉摘舛谬,条分缕析,以期对诸家聚讼有所澄清。韩氏自言其研究态度有二:一曰"无征不疑",非有铁证如山,绝不置疑。二曰"无征不信",该文于《仪礼》有关之资料,不存门户之见,不拘师法之分,凡证据充分,协于原典者,并兼收并蓄,以免遗珠。孤证不为定说,其无反证者,姑存之;得有续证则渐信

---

① 方俊吉:《礼记之天地鬼神观探究》,台湾文史哲出版社 1985 年版,第 95—96 页。
② 林平和:《礼记郑注音读与释义之商榷》,台湾文史哲出版社 1981 年版。

之,遇有力反证则弃之。该研究提出张尔岐《仪礼郑注句读》之版本,依年代先后之承传为:陈沂震手抄本、和衷堂刊本、摛藻堂四库荟要本、文渊阁《四库全书》本。因《仪礼郑注句读》的最大特色为:"明其句读,详其节目,音字发声。"四库荟要本、《四库全书》本于"明其句读"项,皆付之阙如。陈氏钞本具有"明其句读,详其节目,音字发声"之特色,另有参校经传通解之校文附于眉上或浮贴于上。和衷堂刊本除"明其句读,详其节目,音字发声"之特色,尚有圈发、直音、经文顿号之标点加圈等三特色,为它本所无。①

十、林素玟的《礼记》人文美学研究

林素玟《〈礼记〉人文美学研究》聚焦于"中庸"。该研究认为中国美学以"中庸"为法,可开出两大系统之形态:一系以道家为主之形态。其"中庸"之方法,乃"是非双遣""不执两端"之超越辩证形态。由"是非双遣""不执两端"之超越辩证之进路,所达致之审美理想,为一自然无为之美感境界。另一系以儒家为主之形态。其"中庸"之方法,乃"执两用中""两端双取"之超越辩证形态。由"执两用中""两端双取"之超越辩证之进路,所达致之审美理想,为一人文化成之美感境界。而由"中庸"所内蕴之"不偏不倚""无过与不及"之丰富意涵而言,中国美学之人文美学面向,表现在《礼记》文本中,当可开展出如下之格局:一、生命美学:论个体人格之心灵境界。二、文化美学:论群体社会之礼乐文化生活。三、宗教美学:论丧祭礼仪之人文精神。林素玟认为中国人文美学之发展,由孔子展其义,孟子继其功,荀子衍其实,至《礼记》而统其成。综此生命美学、文化美学与人文化之宗教美学,足可显发人文美学之精神底蕴与价值根源。②

第七节　关于武威汉简《仪礼》的研究

1959 年,甘肃省武威县出土了较完整的九篇《仪礼》,其中八篇写于木简,

---

①　韩碧琴:《仪礼郑注句读校记》,台北编译馆 1996 年版,第 4、1112、1113 页。
②　林素玟:《〈礼记〉人文美学研究》,台湾文津出版社 2001 年版。

一篇写于竹简。分为三种：甲，木简，凡存七篇，称武威甲本；乙，木简，凡存《服传》一篇，称武威乙本；丙，竹简，仅《丧服》一篇，称武威丙本。由于武威出土本《仪礼》与今本之文字有所不同，与两戴本、《别录》本之篇名篇次亦皆有异，故出土汉简本《仪礼》对于今本《仪礼》成书及经文校勘之研究，有着十分重要的参考价值。武威汉简本《仪礼》出土后，学者陈梦家、沈文倬先后对武威汉简本《仪礼》和《服传》进行了校释和研究。不久后，台湾学人刘文献、王关仕等人也相继据以对汉简本《仪礼》进行了深入研究。约略说来，他们的研究成就主要体现在以下四个方面。

一、关于简本《仪礼》篇次、篇题及家法之研究

王关仕将《仪礼》之戴德本、戴圣本、《别录》本、简本列表作了比较，曰："二戴、《别录》有一致之点，即可分五组：（一）冠、昏、相见，（二）乡饮、乡射、燕礼、大射，（三）聘礼、公食、觐礼，（四）特牲、少牢、有司，（五）士丧、既夕。大戴以阶级（卑而尊）分，殿以服制；《别录》以嘉、宾、凶、吉次第；小戴虽乱而犹不失各组中篇意之脉络；简本则乱甚。以庆氏与二戴鼎力，且为东京显学，其疏浅而若是乎？"[①]通过比较，王关仕认为简本《仪礼》之篇次是各本中最混乱的。

王关仕从微观的角度考察了简本《仪礼》之篇题，他说："德、圣为今文家，篇题亦并省；刘向典校秘书，所谓篇题，当系古文；贾疏《既夕》引郑《目录》'《别录》名《士丧礼》下篇第十三'，可见一斑。简本外题类二戴，其异者为'士相见之礼第三'，《别录》有无'之'字，此因底本为古文，仍其旧题者。《服传》（甲）以其为传，故异；《泰射》，异文也。《丧服》丙无外题。"[②]王氏指出，简本《仪礼》的外题与二戴相似，然亦有不同，如《丧服》丙本就无外题。

陈梦家罗列《仪礼》简文和郑注所谓今文相同者七十六例，最占多数；罗列字形上简文有同于古文者三十三例；简文既不同于古文亦不同于今文者也有近二十例。陈氏认为："以上考察了简本的文词字形。由于文词，知其近于今文；由于字形，它既部分的同于今文而只少数的同于古文，更大部分是郑玄

---

① 王关仕：《仪礼汉简本考证》，台湾师范大学硕士学位论文，1966年，第170页。该论文于1975年由台湾学生书局正式出版。此据台湾学生书局版第151页补"络"字。

② 王关仕：《仪礼汉简本考证》，台湾学生书局1975年版，第152页。

所未注到的而异于今本者。故从文词和字形上说,这个本子也很可能是庆氏《礼》。"①王关仕驳之曰:"陈氏间越篇以其其分合②[如'牲十七,延,(大射)今文席为筵。(今本作席)''牲十七,乡,(聘礼)今文飨为乡。']……皆所不敢从。"③此外,王关仕还列九例以驳陈氏,如王氏曰:"郑注某字为今古文,仅限于所注之字,非谓通篇某字悉为今(古)文也。故陈氏以'燕五十二、毋,(《公食》)古文毋为无'决之,亦难从。如《燕礼》'君曰无不辞',《大射》此句作'毋不醉'。甲本并同;《士相见》'毋上于面,毋下于带',甲本毋皆作无,是各篇或一篇中并见者也。陈氏据《公食》而分之入今文,亦欠当。"④王氏认为,陈氏以《仪礼》不同篇目中的文字互证以判断今古的做法是不当的。

此外,王关仕还对简本文字之今古属性作了辨析,其中有全同今文者、近于今文者,亦有全同古文者、近于古文者,还有异于今古文者。其中所列全同古文者三十八例,近于古文者十二例,而全同今文者六十六例,近于今文者十三例。依王氏的考证,可知简本不可完全以今文概之,因此陈梦家以汉简本《仪礼》属于西汉庆氏所传之今文本的观点,还值得进一步商榷。

二、关于《服传》形成过程之研究

武威汉简本《仪礼》,甲、乙本皆有《服传》。关于简本《服传》之形成及存在形式,王关仕等人皆作了研究。

陈梦家对《服传》形成之过程作了追溯。如关于"传",陈氏曰:"简本将'经''记'与'传'文接合不分,此与《石渠礼论》所引是相同的。《传》文既为'经'作注,又为'记'作注,故知'传'之作应在'礼'与'记'已相结合之后。'礼'与'记'之结合,仍有界限,即经文在前而记附于经文之后,自成段落。因此,如丙本竹简《丧服》乃纯粹的经文、记文,各自贯通一气,是两篇文章。传

---

① 中国科学院考古研究所、甘肃省博物馆编:《武威汉简》,文物出版社 1964 年版,第 52 页。
② 原书文字如此。"其"字疑衍。该句或可理解为:陈梦家"越过不同篇目之间的字,采作今古文之分合(同异)判断之参考"的方法是不恰当的。因为王关仕认为:"郑注某字为今古文,仅限于所注之字,非谓通篇某字悉为今(古)文也。"
③ 王关仕:《仪礼汉简本考证》,台湾学生书局 1975 年版,第 134 页。
④ 王关仕:《仪礼汉简本考证》,台湾学生书局 1975 年版,第 134 页。

则分系于相应的经、记之下,插入经、记之间。……可推测传文是后加入于经的,其加入之时,或者作为注文小字系列于经、记之下,或者经为一行而传文另行,或者作为正文与经、记并列,如甲、乙本。后者最属可能。"①陈氏推测曰:"郑玄可能是以《服传》之传分系于经记本之下者。"②

与陈梦家之说不同,王关仕认为乙本《服传》为经、记、传相次条属合篇而删省者,他说:"乙本删省之例,除无传之服制服期(经)外,多为'传'中重提及'经'所列之服者受服者,如'为妻何以期也'。……若以为一家之学,何以无'昆弟、为众子、昆弟之子'及其传? 而疏者反有服;此皆明其同今本之经记传相系,而删之者也,未必为作传时并行删经记之'礼服传',亦未足以指其为庆氏学。"③王氏还认为《服传》之乙本为甲本之底本。他举数例以证之曰:"乙本章句误处及次误(甲)亦同误。"又曰:"乙本倒数第四简'为'字在末端编绳之下,(甲)之书手未见,故脱去此字。"又曰:"甲本他篇悉于简末记其字数,甲本服传独无,即因乙本无也。"④通过比较甲、乙本《服传》之内容及简策之编联,王氏推知《服传》乙本为甲本之底本。

王关仕驳陈氏之说,认为"《仪礼》经传相次不始郑氏"⑤。王氏曰:"观乙本《服传》之删省经、记,成为'服传',编列'第八',及甲本各篇记与经,仅《燕礼》尚见泾渭,其余合而无别,知其由来久矣,《丧服》如今本之经、传属系条列,非始于郑康成也。"⑥王关仕据简本乙之《服传》删省经、记,以及甲本各篇经、记合而无别,从而认为《丧服》之经传属系条列并非始于郑玄。

三、据简本《仪礼》进行汉代经学史之研究

由于文献记载不详,或书缺有间,使得学术史和经学史上的一些公案长期得不到解决。20 世纪以来,出土文献的大量出现为这些问题的解决提供了可能。

---

① 中国科学院考古研究所、甘肃省博物馆编:《武威汉简》,文物出版社 1964 年版,第 28 页。
② 中国科学院考古研究所、甘肃省博物馆编:《武威汉简》,文物出版社 1964 年版,第 33 页。
③ 王关仕:《仪礼汉简本考证》,台湾学生书局 1975 年版,第 155 页。
④ 王关仕:《仪礼汉简本考证》,台湾学生书局 1975 年版,第 154 页。
⑤ 王关仕:《仪礼汉简本考证》,台湾学生书局 1975 年版,第 156 页。
⑥ 王关仕:《仪礼汉简本考证》,台湾学生书局 1975 年版,第 156—157 页。

对于学界来说,武威汉简本《仪礼》的出土,不仅对于《仪礼》研究有着重要意义,而且对于中国经学史的研究有着重要的参考价值。王关仕、张光裕等人皆利用武威汉简本《仪礼》以考察汉代今古文经学的演变情况。

王关仕在《仪礼汉简本考证》的"余论"中有"糅合今古文不始郑氏说"一节,对简本之属性作了说明。其所列简本古文近四十例,今文之例两倍于古文。尽管如此,"亦不得仅以'今文'视之,当为一糅合今古文之本也"。王氏又曰:"今见简本之今古文并出,是糅合今古文,亦非郑氏导夫先路也。"①王关仕引郑注今古文之龃龉者多条,并曰:"若郑作新本,何参差若是?故知郑必有所本,而参注今文本及古文本,且所据为底本,以今古文糅合,类简本者。"②王氏认为,郑玄所注《仪礼》之底本类似于汉简本《仪礼》,皆是今古杂糅。

现代学术界普遍认为郑玄乃糅合今、古文之第一人。但是通过王关仕对武威汉简所作的考证,可知在郑玄之前已有杂糅今古文之《仪礼》。因此,王关仕所作考证推翻了郑玄为糅合今古文之第一人的观点,这对于重新认识汉代经学史有一定的参考意义。

如果说王关仕借汉简《仪礼》论汉代经学史还是尝试性的,那么张光裕《仪礼兼用今古文不始于郑玄考》一文则是对王氏所作研究的深化。张氏以《十三经注疏》为底本,将郑玄所言"古文作某"或"今文作某"之注文摘出条列,与简本参对,然后辅以汉石经残字、唐石经、诸校勘记及其他古籍,以观究竟,并作全盘性的考察,以见当时简本今古文杂糅之概况。

张光裕条列郑注"今""古"文字样者共一百五十条,连细目计之共一百七十六条,归纳为"简本所见于郑注所云今文合者""简本所见不同于郑注所云今文而与今本相合者""简本所见与郑注所云古文合者""简本所见不同于郑注所云古文而与今本相合者""简本所见与郑注所云'今'或'古'文以及今本皆相异者""因简本残缺不能相参证者""其他"等七大类。通过与郑玄《仪礼注》相比较,张氏认为武威汉简本《仪礼》中有今古文混用的现象。张氏曰:

---

① 王关仕:《仪礼汉简本考证》,台湾学生书局 1975 年版,第 157 页。
② 王关仕:《仪礼汉简本考证》,台湾学生书局 1975 年版,第 157 页。

"至简本今古文之并用,起自何时? 虽以汉世家法甚严,然以地域之不同,观念之或殊,及见今古文之余,或偶有所乱而不自知者也,故其始于何人,何时,诚难论断,今亦存疑待考而已。"①张氏认为,武威汉简《仪礼》成于西汉末年,其今古文并用,说明《仪礼》今古文兼用并非始于东汉末年的郑玄。

四、关于简本《仪礼》之校勘和释文

刘文献用张尔岐《仪礼郑注句读》和汉石经残字对校汉简本《仪礼》,对张尔岐《句读》本、汉简本、汉石经本《仪礼》文字之异同作了辨析。如《特牲馈食礼》:"宾弟子及兄弟弟子洗○中庭北面西上……举觯者皆奠觯于荐右。"刘文献曰:"'庭北'二字,汉石经有。自'弟北面答拜'至'中庭北',汉石经本较今本多两字,简本则少一字。'举觯者皆奠觯于荐右',简本无'奠'下'觯'。"②览刘氏汉简《仪礼》之校语,可知简本、石经本、《句读》本文字之差异。

第八节　青年学者的三礼研究

2000 — 2015 年台湾优秀硕博士论文,与三礼直接相关且撰写者仍于中文学术界发展的,约二十篇。这里选《仪礼》类四篇、《礼记》类六篇、《周礼》与郑注类三篇,简述台湾青年学者的三礼研究成果如下:

一、《仪礼》类

关于《仪礼》类四篇,以下依撰成时间序列简述论文摘要,主题有以中国重要礼学家著作与解经方法为研究对象,亦有融入饮食、名物、性别议题角度研究者。

首先,孙致文的《朱熹〈仪礼经传通解〉研究》③一书,指出《仪礼经传通

---

① 张光裕:《仪礼兼用今古文不始于郑玄考》,《书目季刊》1967 年第 2 卷第 1 期秋季号。

② 刘文献:《武威汉简仪礼校补》,1965 年印行,第 10 页。

③ 孙致文:《朱熹〈仪礼经传通解〉研究》,台湾"中央大学"中文所博士学位论文,岑溢成指导,2004 年。大安出版社 2015 年出版。

解》的编纂体例与理念，为清代《仪礼》学奠定基础。而《仪礼经传通解》中的篇章、节目，透显出朱子借由此书所展现的经世思想，又或可弥补学界长久以来偏重朱子心性义理学而造成的缺憾。孙致文认为朱子《仪礼经传通解》是检证清代"汉、宋""礼、理"两组学术概念争辩最佳的材料，于其论文中亦有精彩的论述。

其次，吴安安的《〈仪礼〉饮食品物研究》①旨在分析《仪礼》各仪节阶段所需使用的礼食、礼器，借由对种类、数量、功能之了解，进而探讨其间的施用状况及意义。吴安安探讨十七篇除《士相见礼》《觐礼》《丧服》外，各篇均载有与饮食相关的程序，包括赞见之赠礼、宴席的预备和陈设、宾主酬酢、回馈致赠，等等。

再次，郑雯馨的《论〈仪礼〉礼例研究法——以郑玄、贾公彦、凌廷堪为讨论中心》②乃针对郑、贾、凌三人注《仪礼》时对"礼例"的界定及应用"礼例"的情形，得出四个结论。第一，礼例的界定与演变。汉朝成立经学后，礼例来源从生活中的礼仪实践到以《仪礼》一经为据，性质从惯例到比较经文所得之例，内容从兼具礼义与礼文到专注于礼文。第二，礼例的作用。运用礼例可解释其他经籍中的礼仪实践与因革损益，并成为褒贬的根据。第三，礼例的不足。有三种情形将降低礼例解经的效用：其一，礼例诠释纷纭；其二，礼文舍取纷歧；其三，礼例无法得到礼义、礼文的佐证。第四，礼例的分类。特定礼仪中特定身份的固定做法为常例，因部分因素改变既有做法却仍被视为规则者，称为特例。作者在分类过程中，发现礼例具有多重层次的结构，显示礼是一种相对值，而非绝对值。

最后，陈冠蓉的《女性在〈仪礼〉丧礼中角色之研究》③认为丧服制度中男女哀悼任务、适应模式不同，其角色认同差异主要在于：以"哭泣"催化哀悼过

---

① 吴安安：《〈仪礼〉饮食品物研究》，台湾师范大学国文所博士学位论文，邱德修指导，2006年。该论文收入林庆彰主编：《中国学术思想研究辑刊》第七编第10册，台湾花木兰文化出版社2010年版。

② 郑雯馨：《论〈仪礼〉礼例研究法——以郑玄、贾公彦、凌廷堪为讨论中心》，台湾大学中文所博士学位论文，叶国良指导，2013年。

③ 陈冠蓉：《女性在〈仪礼〉丧礼中角色之研究》，台湾辅仁大学中文所博士学位论文，叶国良指导，2015年。

程、以"婚姻"联结情感依附和以"报服"建立人情酬偿。妇人无庙、爵等从夫，自生至死，夫妻体敌同尊，并未将女性排除于宗族之外。

二、《礼记》类

关于《礼记》类六篇，以下依博硕序列简述论文摘要，研究主题包括《礼记》的断代学术发展史、《礼记》全书或某一篇章的思想研究等。

其一，濮传真《北朝〈二戴礼记〉学》①依时次考论，自两汉、三国迄晋之《二戴礼记》立于学官之实情，见《礼记》学渐重于《仪礼》，至北朝而治《二戴礼记》者益众。其中自"正礼篇""权礼篇""新礼篇"究其要义，末以特点分析，综论此期《小戴礼记》学之脉络。再下分"礼具篇""礼制篇"析《大戴礼记》于北朝《礼记》于政学之影响。另外分从道家与道教究其义与《二戴礼》学之关涉，证此期《礼》学亦羼入道家玄义，并渗透于道教之形式与内涵之中。

其二，赖升宏的《〈礼记〉气论思想研究》认为汉代乃气论思想盛行的时代，而《礼记》的成书正是在汉代中期，虽然《礼记》诸篇的流传可溯及先秦，但论其书者却是汉儒如后仓、戴圣诸礼家，此诸家"由气说礼"十分自然，于是建立《礼记》的气论思想，成为汉儒论礼的一大特色。此篇论文将《礼记》气论思想的特色"由气说礼"，放在先秦气论的发展、汉儒论礼之脉络及历代礼家之论礼中，希望借由此三条气论脉络的宏观下，呈现出《礼记》气论思想的价值。②

其三，洪文郎的《"礼"的思想之研究——以〈礼记〉为中心》③旨在对"礼"寻求一个"系统性"的研究。其研究方法乃是采取康德"系统"概念的三个特性：内在目的性、自我建造性、整体在先性。先探礼的文明性与在治术中的地位，再探礼乐的关系与制礼的机制，进而观察礼制规范下的社会与政治，最后从礼制的完成看教化的普及，最后得出礼在自然与人事、士绅与民间文化之间

---

① 濮传真：《北朝〈二戴礼记〉学》，台湾大学中文所博士学位论文，潘美月指导，2002 年。

② 赖升宏：《〈礼记〉气论思想研究》，台湾文化大学中文所博士学位论文，王俊彦指导，2010 年。该论文收入林庆彰主编：《中国学术思想研究辑刊》十二编第 10、11 册，台湾花木兰文化出版社 2011 年版。

③ 洪文郎：《"礼"的思想之研究——以〈礼记〉为中心》，台湾文化大学中文所博士学位论文，黄沛荣指导，2012 年，第 20—23 页。

的融合的结论。

其四,洪文郎的《〈礼记·礼运〉研究》①认为《礼运》一篇所揭橥的就是一个理想中的政治形态,以及在这种理想的政治形态中,人与对象之间的理想的对待关系。作者从《礼运》之性质出发,探究大同与小康,再论从礼之初到礼之大成、僭礼与礼的制作的问题,最后以礼的普及与和谐关系的建构作结。

其五,黄羽璇的《大、小戴〈礼记〉之成书及其所涉及之儒家学派问题》认为"今本大、小戴《礼记》的形成,不会是一次编辑的结果,亦非戴德、戴圣之原书。唯一可以确定的是,今本小戴《礼记》乃郑玄作注时所用之本,如此而已,欲究上而论,实难有确据。"至于大、小戴《礼记》所涉及的儒家学派问题,作者从《礼运》切入关注子游氏之儒的发展,认为该篇当为战国时期居于楚地的子游氏之儒所为。而曾子的部分,则根据《曾子问》与《檀弓》指出其后学另一种可能的发展形态,从中勾勒战国时儒家不同学派间的互动情形。②

其六,陈姝伃的《〈礼记·儒行〉研究》③从"儒"的意义与发展作为研究起点,自殷商原始术士之儒、西周师儒之儒探至先秦儒家君子之儒。再归纳该篇之思想体系,乃以学、履、忠、信、仁、义为核心主旨,最后得出《儒行》思想实与孔子学说相呼应之结论。

三、《周礼》与郑玄注三礼类

《周礼》与郑玄注三礼类三篇,皆着重经学家"经世致用"的注经意义。

首先,孙致文的《孙诒让〈周礼正义〉研究》④探究孙诒让在校勘、训诂、制度考证等方面所展现出的对《周礼》"经文"的疏解,并理解他在疏解"经文"

① 洪文郎:《〈礼记·礼运〉研究》,台湾文化大学中文所硕士学位论文,应裕康指导,2002 年。该论文收入林庆彰主编:《中国学术思想研究辑刊》初编第 11 册,台湾花木兰文化出版社 2008 年版。

② 黄羽璇:《大、小戴〈礼记〉之成书及其所涉及之儒家学派问题》,台湾中山大学中文所硕士学位论文,戴景贤指导,2009 年,第 49、107、149、230 页。

③ 陈姝伃:《〈礼记·儒行〉研究》,台湾师范大学国文所硕士学位论文,林素英指导,2014 年。该论文收入林庆彰主编:《中国学术思想研究辑刊》十九编第 2 册,台湾花木兰文化出版社 2014 年版。

④ 孙致文:《孙诒让〈周礼正义〉研究》,台湾"中央大学"中文所硕士学位论文,岑溢成指导,1998 年。

时,所透露出的对"经义"的体会。作者提出孙诒让认为对《周礼》的研究不应只在制度、字句上从事考证工作,而应运用这部书经世济民。他希望学者能经由他的疏解,"由古义古制,以通政教之闳意眇旨",发挥圣人经世的用心。该论文撰作的目的即在经由检证孙诒让对《周礼》经文的疏解,彰显孙诒让《周礼》研究"经世致用"的经学意义。

其次,陈韦铨的《郑玄〈三礼注〉引〈春秋〉经传之研究》①分析郑玄引用《春秋》经传者共有 412 处,归纳郑玄引用《春秋》经传有以下特点,包括"正音读""释字词""辨名物""明制度""析职官""阐三礼""弘礼意""征史证""解史事""诠天象""释占筮"等,诠解之重点绝大多数是在训诂名物、典章制度等方面的汉学特色上。陈韦铨聚焦于郑玄引《春秋》经传之研究,不仅开出郑玄礼学研究的新议题,突破过往"《春秋》经传的礼学"的研究方向,反过来借由"礼书所引的《春秋》经传"来研究礼学,可谓将郑玄"通儒"的形象彰显无疑。

最后,罗健蔚的《郑玄会通三〈礼〉研究》②提出郑玄的会通是选择《周礼》作为取舍、统摄其他二礼的核心依据,而郑玄对三礼"周礼"材料乃采取互注、互证与调和的方式,并借由礼例及"推致"会通、推演礼文,再以谶纬组织三礼祀天祭地的体系。罗健蔚认为检讨郑玄会通三礼的得失,不该聚焦于是否符合西周的史实,应该以经学传统的立场来检讨,了解郑玄会通三礼成一体系的意义是在标举一套"价值"——一套秩序井然、结构稳固、关系明确、有致太平之功的盛世礼制。进而从中检验这些会通方法是否曲解三礼的本然意义,或掩盖了礼书的哪些撰述特性。

---

① 陈韦铨:《郑玄〈三礼注〉引〈春秋〉经传之研究》,台湾高雄师范大学经学所博士学位论文,郑卜五指导,2011 年。
② 罗健蔚:《郑玄会通三〈礼〉研究》,台湾大学中文所博士学位论文,叶国良指导,2015 年。

参 考 文 献

古籍类:

(汉)郑玄注,(唐)贾公彦疏:《周礼注疏》,载《十三经注疏》,中华书局1980年影印版。

(汉)郑玄注,(唐)贾公彦疏:《仪礼注疏》,载《十三经注疏》,中华书局1980年影印版。

(汉)郑玄注,(唐)孔颖达疏:《礼记正义》,载《十三经注疏》,中华书局1980年影印版。

(汉)毛亨传,(汉)郑玄笺,(唐)孔颖达疏:《毛诗正义》,载《十三经注疏》,中华书局1980年影印版。

(魏)何晏集解,(宋)邢昺疏:《论语注疏》,载《十三经注疏》,中华书局1980年影印版。

(唐)李隆基注,(宋)邢昺疏:《孝经注疏》,载《十三经注疏》,中华书局1980年影印版。

(汉)司马迁:《史记》,中华书局1959年版。

(汉)班固:《汉书》,中华书局1962年版。

(晋)陈寿:《三国志》,中华书局1959年版。

(南朝)范晔:《后汉书》,中华书局1965年版。

(东晋)袁宏:《后汉纪》,中华书局2002年版。

(唐)房玄龄等:《晋书》,中华书局1974年版。

(北齐)魏收等:《魏书》,中华书局1974年版。

(南朝)沈约:《宋书》,中华书局1974年版。

（南朝）萧子显：《南齐书》，中华书局 1972 年版。

（唐）姚思廉：《梁书》，中华书局 1973 年版。

（唐）姚思廉：《陈书》，中华书局 1972 年版。

（唐）李百药：《北齐书》，中华书局 1972 年版。

（唐）令狐德棻等：《周书》，中华书局 1971 年版。

（唐）李延寿等：《南史》，中华书局 1975 年版。

（唐）李延寿等：《北史》，中华书局 1974 年版。

（唐）魏徵等：《隋书》，中华书局 1973 年版。

（后晋）刘昫等：《旧唐书》，中华书局 1975 年版。

（宋）欧阳修、宋祁等：《新唐书》，中华书局 1975 年版。

（元）脱脱等：《宋史》，中华书局 1977 年版。

（元）脱脱等：《辽史》，中华书局 1974 年版。

（元）脱脱等：《金史》，中华书局 1975 年版。

（明）宋濂等：《元史》，中华书局 1976 年版。

（清）张廷玉等：《明史》，中华书局 1974 年版。

赵尔巽等：《清史稿》，中华书局 1976 年版。

（汉）董仲舒：《春秋繁露》，中华书局 1975 年版。

（汉）贾谊：《贾谊新书》，上海古籍出版社 1989 年版。

（汉）高诱：《淮南子注》，载《诸子集成》，上海书店 1986 年版。

（汉）高诱：《吕氏春秋注》，载《诸子集成》，上海书店 1986 年版。

（汉）班固撰，（清）陈立疏证：《白虎通疏证》，中华书局 1994 年版。

（汉）王充：《论衡》，岳麓书社 1991 年版。

（汉）许慎：《说文解字》，中华书局 1963 年版。

（汉）荀悦：《汉纪》，中华书局 2002 年版。

（汉）应劭撰，王利器校注：《风俗通义校注》，中华书局 1981 年版。

（汉）蔡邕：《蔡中郎集》，载文渊阁《四库全书》第 1063 册，上海古籍出版社 1987 年影印版。

（三国）王肃注：《孔子家语》，载文渊阁《四库全书》第 695 册，上海古籍出版社 1987 年影印版。

（三国）郑小同：《郑志》，载文渊阁《四库全书》第182册，上海古籍出版社1987年影印版。

（晋）张华：《博物志》，载文渊阁《四库全书》第1047册，上海古籍出版社1987年影印版。

（南朝）刘义庆撰，刘孝标注：《世说新语》，上海古籍出版社1982年版。

（南朝）皇侃撰，高尚榘点校：《论语义疏》，中华书局2013年版。

（南朝）释慧皎等：《高僧传合集·高僧传》，上海古籍出版社1995年版。

（唐）李世民撰，吴云、冀如校注：《唐太宗全集》，天津古籍出版社2004年版。

（唐）陆德明：《经典释文》，上海古籍出版社2013年版。

（唐）吴兢：《贞观政要》，上海古籍出版社1978年版。

（唐）虞世南撰，（明）陈禹谟补注：《北堂书钞》，载文渊阁《四库全书》第889册，上海古籍出版社1987年影印版。

（唐）徐坚：《初学记》，载《唐代四大类书》，清华大学出版社2003年版。

（唐）张九龄：《唐大诏令集》，商务印书馆1959年版。

（唐）李林甫等：《唐六典》，中华书局2014年版。

（唐）萧嵩等：《大唐开元礼》，国家图书馆出版社2009年版。

（唐）杜佑撰，王文锦等点校：《通典》，中华书局1988年版。

（唐）韩愈撰，（宋）魏仲举集注：《五百家注昌黎文集》，载文渊阁《四库全书》第1074册，上海古籍出版社1987年影印版。

（唐）李翱：《李文公集》，载文渊阁《四库全书》第1078册，上海古籍出版社1987年影印版。

（唐）颜真卿：《颜鲁公集》，上海古籍出版社1992年版。

（五代）王溥：《唐会要》，中华书局1955年版。

（宋）李昉等：《太平御览》，中华书局1960年版。

（宋）李昉等：《文苑英华》，中华书局1956年版。

（宋）聂崇义纂辑，丁鼎点校解说：《新定三礼图》，清华大学出版社2006年版。

（宋）石介：《徂徕集》，载文渊阁《四库全书》第1090册，上海古籍出版社

1987 年影印版。

（宋）范仲淹：《范文正集》，载《四部丛刊初编》第 135 册，上海书店 1989 年影印版。

（宋）欧阳修：《文忠集》，载文渊阁《四库全书》第 1102 册，上海古籍出版社 1987 年影印版。

（宋）蔡襄：《端明集》，载文渊阁《四库全书》第 1090 册，上海古籍出版社 1987 年影印版。

（宋）李觏著，王国轩校点：《李觏集》，中华书局 2011 年版。

（宋）王安石：《周官新义》，载文渊阁《四库全书》第 91 册，上海古籍出版社 1987 年影印版。

（宋）王安石：《临川文集》，载文渊阁《四库全书》第 1105 册，上海古籍出版社 1987 年影印版。

（宋）刘敞：《公是先生七经小传》，载《四部丛刊续编》，上海书店 1984 年版。

（宋）张载：《经学理窟》，载章锡琛点校：《张载集》，中华书局 1978 年版。

（宋）张载：《横渠易说》，载章锡琛点校：《张载集》，中华书局 1978 年版。

（宋）程颢、程颐著，王孝鱼点校：《二程集》，中华书局 1981 年版。

（宋）苏轼：《东坡全集》，载文渊阁《四库全书》第 1107 册，上海古籍出版社 1987 年影印版。

（宋）苏轼：《书传》，载文渊阁《四库全书》第 54 册，上海古籍出版社 1987 年影印版。

（宋）苏辙：《栾城后集》，载文渊阁《四库全书》第 1112 册，上海古籍出版社 1987 年影印版。

（宋）晁说之：《景迂生集》，载文渊阁《四库全书》第 1118 册，上海古籍出版社 1987 年影印版。

（宋）吕大临：《礼记解》，载陈俊民辑校：《蓝田吕氏遗著辑校》，中华书局 1993 年版。

（宋）王开祖：《儒志编》，载文渊阁《四库全书》第 696 册，上海古籍出版社 1987 年影印版。

（宋）陈祥道：《礼书》，载文渊阁《四库全书》第 130 册，上海古籍出版社 1987 年影印版。

（宋）蔡绦著，沈锡麟、冯惠民校：《铁围山丛谈》，中华书局 1983 年版。

（宋）黄裳：《演山集》，载文渊阁《四库全书》第 1120 册，上海古籍出版社 1987 年影印版。

（宋）王昭禹：《周礼详解》，载文渊阁《四库全书》第 91 册，上海古籍出版社 1987 年影印版。

（宋）林之奇：《拙斋文集》，载文渊阁《四库全书》第 1140 册，上海古籍出版社 1987 年影印版。

（宋）杨时：《龟山集》，载文渊阁《四库全书》第 1125 册，上海古籍出版社 1987 年影印版。

（宋）洪迈：《隶释》，中华书局 1986 年版。

（宋）郑伯谦：《太平经国之书》，载义渊阁《四库全书》第 92 册，上海古籍出版社 1987 年影印版。

（宋）范浚：《香溪集》，载文渊阁《四库全书》第 1140 册，上海古籍出版社 1987 年影印版。

（宋）朱熹：《四书章句集注》，中华书局 1983 年版。

（宋）朱熹：《仪礼经传通解》，载文渊阁《四库全书》第 131 册，上海古籍出版社 1987 年影印版。

（宋）朱熹：《伊洛渊源录》，载文渊阁《四库全书》第 448 册，上海古籍出版社 1987 年影印版。

（宋）黎靖德编：《朱子语类》，中华书局 1986 年版。

（宋）朱熹撰，朱杰人、严佐之、刘永翔主编：《朱子全书》（修订本），上海古籍出版社、安徽教育出版社 2010 年版。

（宋）张栻：《南轩集》，载文渊阁《四库全书》第 1167 册，上海古籍出版社 1987 年影印版。

（宋）吕祖谦：《丽泽论说集录》，载文渊阁《四库全书》第 703 册，上海古籍出版社 1987 年影印版。

（宋）真德秀：《西山文集》，载文渊阁《四库全书》第 1174 册，上海古籍出版社 1987 年影印版。

（宋）洪迈:《容斋随笔》,载文渊阁《四库全书》第 851 册,上海古籍出版社 1987 年影印版。

（宋）楼钥:《攻媿集》,载文渊阁《四库全书》第 1152 册,上海古籍出版社 1987 年影印版。

（宋）陈亮:《龙川集》,载文渊阁《四库全书》第 1171 册,上海古籍出版社 1987 年影印版。

（宋）祝穆:《古今事文类聚续集》,载文渊阁《四库全书》第 927 册,上海古籍出版社 1987 年影印版。

（宋）杨简:《先圣大训》,载文渊阁《四库全书》第 706 册,上海古籍出版社 1987 年影印版。

（宋）俞庭椿:《周礼复古编》,载文渊阁《四库全书》第 91 册,上海古籍出版社 1987 年影印版。

（宋）叶适:《水心集》,载文渊阁《四库全书》第 1164 册,上海古籍出版社 1987 年影印版。

（宋）叶适:《习学记言》,载文渊阁《四库全书》第 849 册,上海古籍出版社 1987 年影印版。

（宋）晁公武撰,孙猛校证:《郡斋读书志校证》,上海古籍出版社 1990 年版。

（宋）李焘:《续资治通鉴长编》,中华书局 2004 年版。

（宋）陈振孙:《直斋书录解题》,上海古籍出版社 1987 年版。

（宋）赵希弁:《郡斋读书后志》,载文渊阁《四库全书》第 674 册,上海古籍出版社 1987 年影印版。

（宋）陈淳:《北溪大全集》卷二七《答陈伯澡五》,载文渊阁《四库全书》第 1168 册,上海古籍出版社 1987 年影印版。

（宋）叶时:《礼经会元》,载文渊阁《四库全书》第 92 册,上海古籍出版社 1987 年影印版。

（宋）杨复:《仪礼图》,载文渊阁《四库全书》第 104 册,上海古籍出版社 1987 年影印版。

（宋）俞庭椿：《周礼复古编序》，载文渊阁《四库全书》第 91 册，上海古籍出版社 1987 年影印版。

（宋）魏了翁：《礼记要义》，载《续修四库全书》第 96 册，上海古籍出版社 2002 年版。

（宋）魏了翁：《鹤山集》，载文渊阁《四库全书》第 1173 册，上海古籍出版社 1987 年影印版。

（宋）方大琮：《周礼疑》，见《铁菴集》，载文渊阁《四库全书》第 1178 册，上海古籍出版社 1987 年影印版。

（宋）王称：《东都事略》，载文渊阁《四库全书》第 382 册，上海古籍出版社 1987 年影印版。

（宋）王应麟：《玉海》，载文渊阁《四库全书》，上海古籍出版社 1987 年影印版。

（宋）卫湜著，万久富整理：《礼记集说》，凤凰出版社 2010 年版。

（宋）尤袤：《遂初堂书目》，载文渊阁《四库全书》第 674 册，上海古籍出版社 1987 年影印版。

（宋）章如愚：《群书考索》，载文渊阁《四库全书》第 936—938 册，上海古籍出版社 1987 年影印版。

（宋）郑樵：《六经奥论》，载文渊阁《四库全书》第 184 册，上海古籍出版社 1987 年影印版。

（宋）王炎：《双溪类槀》，载文渊阁《四库全书》第 1155 册，上海古籍出版社 1987 年影印版。

（宋）易祓：《周官总义》，载文渊阁《四库全书》第 92 册，上海古籍出版社 1987 年影印版。

（宋）陈藻：《乐轩集》，载文渊阁《四库全书》第 1152 册，上海古籍出版社 1987 年影印版。

（宋）王与之：《周礼订义》，载文渊阁《四库全书》第 93 册，上海古籍出版社 1987 年影印版。

（宋）黄震：《黄氏日抄》，载文渊阁《四库全书》第 707 册，上海古籍出版社 1987 年影印版。

（宋）林希逸：《考工记解》，载文渊阁《四库全书》第 95 册，上海古籍出版社 1987 年影印版。

（宋）黄仲元：《四如讲稿》，载文渊阁《四库全书》第 183 册，上海古籍出版社 1987 年影印版。

（元）陈澔：《礼记集说》，载文渊阁《四库全书》第 121 册，上海古籍出版社 1987 年影印版。

（元）马端临：《文献通考》，中华书局 1986 年版。

（元）毛应龙：《周官集传》，载文渊阁《四库全书》第 95 册，上海古籍出版社 1987 年影印版。

（元）吴澄：《礼记纂言》，载文渊阁《四库全书》第 121 册，上海古籍出版社 1987 年影印版。

（元）熊朋来：《经说》，载文渊阁《四库全书》第 184 册，上海古籍出版社 1987 年影印版。

（明）何乔新：《周礼集注》，载《四库全书存目丛书》第 81 册，齐鲁书社 1997 年版。

（明）唐枢：《周礼因论》，载《续修四库全书》第 78 册，上海古籍出版社 2002 年版。

（明）戴冠：《礼记集说辨疑》，载《丛书集成初编》第 34 册，中华书局 1985 年影印版。

（明）廖道京：《殿阁词林记》，载文渊阁《四库全书》第 452 册，上海古籍出版社 1987 年影印版。

（明）陈建：《皇明通纪》，中华书局 2008 年版。

（明）冯复京：《六家诗名物疏》，载文渊阁《四库全书》第 80 册，上海古籍出版社 1987 年影印版。

（明）朱睦㮮：《授经图义例》，载文渊阁《四库全书》第 675 册，上海古籍出版社 1987 年影印版。

（明）郝敬：《周礼完解》，载《续修四库全书》第 78 册，上海古籍出版社 2002 年版。

（明）郝敬：《仪礼节解》，载《四库全书存目丛书》第 87 册，齐鲁书社 1995

年版。

（明）郝敬：《礼记通解》，载《续修四库全书》第 97 册，上海古籍出版社 2002 年版。

（明）郝敬：《谈经》，明万历至崇祯间郝氏《山草堂集》刻本。

（明）郝敬：《时习新知》，明万历崇祯间郝洪范刻《山草堂集》增修本。

（明）柯尚迁：《周礼全经释原》，载文渊阁《四库全书》第 96 册，上海古籍出版社 1987 年影印版。

（明）李之藻：《泮宫礼乐疏》，载文渊阁《四库全书》第 651 册，上海古籍出版社 1987 年影印版。

（明）王应电：《周礼传》，载文渊阁《四库全书》第 96 册，上海古籍出版社 1987 年影印版。

（明）方以智：《通雅》，清康熙姚文燮浮山此藏轩刻本，中国书店 1990 年影印版。

（清）黄宗羲原著，全祖望补修：《宋元学案》，中华书局 1986 年版。

（清）王夫之：《船山全书》，岳麓书社 1996 年版。

（清）顾炎武：《顾亭林诗文集》，中华书局 1959 年版。

（清）顾炎武著，黄汝成集释：《日知录集释》，上海古籍出版社 1985 年版。

（清）王夫之：《周易外传》，中华书局 1977 年版。

（清）王夫之：《礼记章句》，载《续修四库全书》第 98 册，上海古籍出版社 2002 年版。

（清）费密：《弘道书》，载《续修四库全书》第 946 册，上海古籍出版社 2002 年版。

（清）张尔岐：《仪礼郑注句读》，载文渊阁《四库全书》第 108 册，上海古籍出版社 1987 年影印版。

（清）张尔岐：《仪礼监本正误》，载文渊阁《四库全书》第 108 册，上海古籍出版社 1987 年影印版。

（清）朱彝尊：《经义考》，中华书局 1998 年版。

（清）毛奇龄：《经问》，载文渊阁《四库全书》第 191 册，上海古籍出版社 1987 年影印版。

（清）毛奇龄：《西河集》，载文渊阁《四库全书》第1320—1321册，上海古籍出版社1987年影印版。

（清）毛奇龄：《周礼问》，载《续修四库全书》第78册，上海古籍出版社2002年版。

（清）毛奇龄撰，庞晓敏主编：《毛奇龄全集》，学苑出版社2015年版。

（清）张廷玉：《皇朝文献通考》，载文渊阁《四库全书》第632—638册，上海古籍出版社1987年影印版。

（清）姚际恒著，陈祖武点校：《仪礼通论》，中国社会科学出版社1998年版。

（清）张惠言：《仪礼图》，载《清经解续编》第313—318卷，上海书店1988年版。

（清）张惠言著，黄立新校点：《茗柯文编》，上海古籍出版社1984年版。

（清）万斯大：《仪礼偶笺》，《丛书集成初编》第34册，中华书局1985年版。

（清）万斯大：《仪礼商》，载文渊阁《四库全书》第108册，上海古籍出版社1987年影印版。

（清）徐乾学：《读礼通考》，载文渊阁《四库全书》第112—114册，上海古籍出版社1987年影印版。

（清）陈光煦：《礼经汉读考》，宣统元年版石印本。

（清）陈光煦：《仪礼通诗释》，国家图书馆藏抄本。

（清）陈澧：《东塾集》，光绪十八年版菊坡精舍刊本。

（清）陈澧著，杨志刚校点：《东塾读书记》，生活·读书·新知三联书店1998年版。

（清）陈乔枞：《礼记郑读考》，载《清经解续编》，上海书店1988年版。

（清）褚寅亮：《仪礼管见》，载《续修四库全书》第88册，上海古籍出版社2002年版。

（清）崔述：《崔东壁遗书》，上海古籍出版社1983年版。

（清）段玉裁：《戴东原先生年版谱》，载《戴震集》，上海古籍出版社1980年版。

（清）段玉裁：《经韵楼集》，上海古籍出版社 2008 年版。

（清）王念孙：《读书杂志》，江苏古籍出版社 1985 年版。

（清）王引之：《经义述闻》，江苏古籍出版社 1985 年版。

（清）方苞：《方望溪全集》，中国书店 1991 年版。

（清）方苞：《仪礼析疑》，载文渊阁《四库全书》第 109 册，上海古籍出版社 1987 年影印版。

（清）纳兰性德：《陈氏礼记集说补正》，载文渊阁《四库全书》第 127 册，上海古籍出版社 1987 年影印版。

（清）郭嵩焘著，邬锡非、陈戍国点校：《礼记质疑》，岳麓书社 1992 年版。

（清）杭世骏：《道古堂文集》，载《续修四库全书》第 1426—1427 册，上海古籍出版社 2002 年版。

（清）胡匡衷：《仪礼释官》，载《续修四库全书》第 89 册，上海古籍出版社 2002 年版。

（清）胡培翚著，段熙仲整理：《仪礼正义》，江苏古籍出版社 1993 年版。

（清）惠栋：《九经古义》，载文渊阁《四库全书》第 191 册，上海古籍出版社 1987 年影印版。

（清）惠栋：《九曜斋笔记》，载《丛书集成续编》第 92 册，上海书店 1994 年版。

（清）惠栋撰，（清）江藩补，袁庭栋整理：《周易述》，巴蜀书社 1993 年版。

（清）张英、王士禛等：《御定渊鉴类函》，载文渊阁《四库全书》第 982—993 册，上海古籍出版社 1987 年影印版。

（清）永瑢、纪昀等：《四库全书总目》，中华书局 1965 年影印版。

（清）永瑢、纪昀等：《四库全书总目》（整理本），中华书局 1997 年版。

（清）江藩：《国朝汉学师承记》，中华书局 1983 年版。

（清）江永：《礼书纲目》，载文渊阁《四库全书》第 133—134 册，上海古籍出版社 1987 年影印版。

（清）江永：《周礼疑义举要》，载文渊阁《四库全书》第 101 册，上海古籍出版社 1987 年影印版。

（清）翁方纲：《礼记附记》，载《丛书集成初编》第 1023 册，中华书局 1985

年版。

（清）姜兆锡：《礼记章义》，载《续修四库全书》第 98 册，上海古籍出版社 2002 年版。

（清）姜兆锡：《仪礼经传内外编》，载《续修四库全书》第 87 册，上海古籍出版社 2002 年版。

（清）焦以恕：《仪礼汇说》，载《续修四库全书》第 89 册，上海古籍出版社 2002 年版。

（清）金曰追：《仪礼经注疏正讹》，载《续修四库全书》第 89 册，上海古籍出版社 2002 年版。

（清）李调元：《礼记补注》，载《丛书集成初编》第 34 册，中华书局 1985 年版。

（清）李光坡：《礼记述注》，载文渊阁《四库全书》第 127 册，上海古籍出版社 1987 年影印版。

（清）李光坡：《周礼述注》，载文渊阁《四库全书》第 100 册，上海古籍出版社 1987 年影印版。

（清）凌廷堪：《礼经释例》，载《续修四库全书》第 90 册，上海古籍出版社 2002 年版。

（清）凌廷堪：《校礼堂文集》，中华书局 1998 年版。

（清）卢文弨：《抱经堂文集》，载《续修四库全书》第 1432 册，上海古籍出版社 2002 年版。

（清）卢文弨：《仪礼注疏详校》卷首，载《续修四库全书》第 88 册，上海古籍出版社 2002 年版。

（清）乾隆钦定：《仪礼义疏》，载摛藻堂《钦定四库全书荟要》，吉林出版集团有限责任公司 2005 年影印版。

（清）乾隆钦定：《礼记义疏》，载摛藻堂《钦定四库全书荟要》，吉林出版集团有限责任公司 2005 年影印版。

（清）乾隆钦定：《周官义疏》，载摛藻堂《钦定四库全书荟要》，吉林出版集团有限责任公司 2005 年影印版。

（清）阮元：《经籍纂诂》，中华书局 1982 年版。

（清）阮元：《清经解》，上海书店 1988 年版。

（清）阮元：《仪礼石经校勘记》，《粤雅堂丛书》刻本。

（清）阮元校刻：《十三经注疏》，中华书局 1980 年影印版。

（清）邵懿辰：《礼经通论》，载《清经解续编》卷一二七七，上海书店 1988 年版。

（清）秦蕙田：《五礼通考》，载文渊阁《四库全书》第 135—142 册，上海古籍出版社 1987 年影印版。

（清）任启运：《礼记章句》，载《续修四库全书》第 99 册，上海古籍出版社 2002 年版。

（清）任启运：《天子肆献裸馈食礼》，载文渊阁《四库全书》第 109 册，上海古籍出版社 1987 年影印版。

（清）沈廷芳：《十三经注疏正字》，载文渊阁《四库全书》第 192 册，上海古籍出版社 1987 年影印版。

（清）沈廷芳辑：《碑传集》，载《清代传记丛刊》第 111 册，台北明文书局 1985 年版。

（清）黄丕烈著，屠友祥校注：《荛圃藏书题识》，上海远东出版社 1999 年版。

（清）陆心源：《仪顾堂续跋》，载《续修四库全书》第 930 册，上海古籍出版社 2002 年版。

（清）盛世佐：《仪礼集编》，载文渊阁《四库全书》第 110—111 册，上海古籍出版社 1987 年影印版。

（清）孙星衍等：《嘉庆松江府志》，载《中国地方志集成》第 1 册，上海书店 2010 年版。

（清）凌曙：《礼论略钞》，道光六年丙戌越缦堂藏蜚云阁《凌氏丛书》刻本。

（清）凌曙：《礼说》，载《续修四库全书》第 110 册，上海古籍出版社 2002 年版。

（清）凌曙：《仪礼礼服通释》，清光绪丁亥年重雕《大犀轩丛书》本。

（清）林伯桐：《修本堂稿》，清道光二十四年《修本堂丛书》本。

（清）马骕：《仪礼易读》，载《四库全书存目丛书》，齐鲁书社 1997 年版。

（清）汪鋆：《十二砚斋随录》，载《清人说荟》二集，1928 年石印本。

（清）李桓辑：《国朝耆献类征初编》，载《清代传记丛刊》第 151 册，台北明文书局 1985 年版。

（清）孙诒让：《十三经注疏校记》，齐鲁书社 1983 年版。

（清）孙诒让，王文锦点校：《周礼正义》，中华书局 1987 年版。

（清）汪琬著，李圣华笺校：《汪琬全集笺校》，人民文学出版社 2010 年版。

（清）马国翰辑：《玉函山房辑佚书》，上海古籍出版社 1990 年版。

（清）王仁俊：《玉函山房辑佚书续编三种》，上海古籍出版社 1989 年版。

（清）王先谦：《清经解续编》，上海书店 1988 年版。

（清）韦协梦：《仪礼蠡测》，载《续修四库全书》第 89 册，上海古籍出版社 2002 年版。

（清）翁方纲：《礼记附记》，载《丛书集成初编》第 34 册，中华书局 1985 年版。

（清）吴廷华：《仪礼章句》，载《皇清经解》第 1 册，凤凰出版社 2005 年版。

（清）杨丕复：《仪礼经传通解》，光绪十九年博约堂刊本。

（清）于鬯：《读仪礼日记》，载《续修四库全书》第 93 册，上海古籍出版社 2002 年版。

（清）于鬯：《香草校书》，中华书局 1984 年版。

（清）俞樾：《礼记异文笺》，载《清经解续编》，上海书店 1988 年影印版。

（清）俞樾：《群经平议》，载《清经解续编》，上海书店 1988 年影印版。

（清）俞正燮：《癸巳类稿》，辽宁教育出版社 2001 年版。

（清）黄以周撰，王文锦点校：《礼书通故》，中华书局 2007 年版。

（清）黄以周：《儆季杂著》，载《黄以周全集》第十册，上海古籍出版社 2014 年版。

（清）黄家岱：《嬾艺轩杂著》，光绪十九年江苏南菁讲舍刻本。

（清）黄奭：《黄氏逸书考》，载《续修四库全书》第 1207 册，上海古籍出版社 2002 年版。

（清）张锡恭：《丧服郑氏学》，载《续修四库全书》第 96 册，上海古籍出版社 2002 年版。

（清）郑知同:《仪礼私笺》,载《郑珍全集》,上海古籍出版社 2012 年版。

（清）伊继善、黄之隽等:《江南通志》,载文渊阁《四库全书》第 512 册,上海古籍出版社 1987 年影印版。

（清）周家楣:《光绪顺天府志》,北京古籍出版社 1987 年版。

（清）朱彬:《礼记训纂》,中华书局 1996 年版。

（清）朱一新著,吕鸿儒、张长法点校:《无邪堂答问》,中华书局 2000 年版。

（清）王聘珍:《大戴礼记解诂》,中华书局 1983 年版。

（清）皮锡瑞:《经学历史》,中华书局 1959 年版。

（清）皮锡瑞:《经学通论》,中华书局 1954 年版。

（清）皮锡瑞著,王锦民校笺:《〈王制笺〉校笺》,华夏出版社 2006 年版。

（清）皮锡瑞著,潘斌选编:《皮锡瑞儒学论集》,四川大学出版社 2010 年版。

陈俊民:《蓝田吕氏遗著辑校》,中华书局 1993 年版。

程元敏:《三经新义辑考汇评》,华东师范大学出版社 2011 年版。

蒙文通:《道书辑校十种》,巴蜀书社 2001 年版。

缪荃孙编:《续碑传集》,宣统二年江楚编译书局刊本。

钱仲联编:《广清碑传集》,苏州大学出版社 1999 年版。

容肇祖辑:《王安石老子注辑本》,中华书局 1979 年版。

王蘧常辑注:《顾亭林诗集汇注》,上海古籍出版社 1983 年版。

张宗祥辑,曹锦炎点校:《王安石〈字说〉辑》,福建人民出版社 2005 年版。

王承略、刘心明主编:《二十五史艺文经籍志考补萃编》,清华大学出版社 2011 年版。

其他著作类:

［德］马克思:《摩尔根〈古代社会〉一书摘要》,人民出版社 1965 年版。

［德］恩格斯:《家庭、私有制和国家的起源》,载《马克思恩格斯选集》第 4 卷,人民出版社 1972 年版。

[美]摩尔根:《古代社会》,商务印书馆 1977 年版。

[苏]谢苗诺夫:《婚姻和家庭的起源》,蔡俊生译,中国社会科学出版社 1983 年版。

[美]罗斯科·庞德:《通过法律的社会控制》,沈宗灵译,商务印书馆 2010 年版。

[美]邓尔麟:《钱穆与七房桥世界》,蓝桦译,社会科学文献出版社 1995 年版。

[日]穗积陈重:《祭祀及礼与法律》,东京岩波书店 1928 年版。

[日]津田左右吉:《周官の研究》,载《满鲜地理历史报告》第 15 号,东京岩波书店 1937 年版。

[日]安居香山、中村璋八:《纬书集成》,河北人民出版社 1994 年版。

[日]本田成之:《中国经学史》,上海书店 2001 年版。

[日]工藤卓司:《近百年来日本学者〈三礼〉之研究》,台湾万卷楼图书股份有限公司 2016 年版。

蒋维乔:《近三百年中国哲学史》,中华书局 1936 年版。

康有为:《新学伪经考》,中华书局 1956 年版。

梁启超:《古书真伪及其年代》,中华书局 1955 年版。

梁启超:《论中国学术思想变迁之大势》,上海古籍出版社 2006 年版。

梁启超:《清代学术概论》,上海古籍出版社 1998 年版。

梁启超:《中国近三百年学术史》,上海三联书店 2006 年版。

廖平:《知圣篇》,载《中国现代学术经典·廖平卷》,河北教育出版社 1986 年版。

廖平:《重订穀梁春秋经传古义疏》,载《续修四库全书》第 133 册,上海古籍出版社 2002 年版。

廖平著,李耀仙选编:《廖平选集》,巴蜀书社 1998 年版。

吴之英:《仪礼奭固》,载《续修四库全书》第 93 册,上海古籍出版社 2002 年版。

章太炎:《丧服依开元礼议》,载《太炎文录续编》,上海书店 1992 年版。

章太炎:《丧服草案》(附丧服总说明书),载《太炎文录续编》,上海书店

1992 年版。

　　章太炎:《国学讲演录》,华东师范大学出版社 1995 年版。

　　章太炎:《清儒》,载《章太炎全集》第三册,上海人民出版社 1984 年版。

　　王国维:《殷周制度论》,载《观堂集林》卷十,中华书局 1955 年版。

　　曹元弼:《礼经校释》,载《续修四库全书》第 94 册,上海古籍出版社 2002 年版。

　　曹元弼:《礼经学》,载《续修四库全书》第 94 册,上海古籍出版社 2002 年版。

　　傅增湘:《藏园群书题记》,上海古籍出版社 1989 年版。

　　徐世昌等编纂:《清儒学案》,中华书局 2008 年版。

　　陈独秀:《独秀文存》,上海亚东图书馆 1922 年版。

　　柳诒徵:《中国文化史》,东方出版社 2008 年版。

　　周予同:《中国经学史讲义》,上海文艺出版社 1999 年版。

　　吴承仕:《经典释文叙录疏证》,中华书局 2008 年版。

　　吴虞:《吴虞日记》,四川人民出版社 1984 年版。

　　李安宅:《〈仪礼〉与〈礼记〉之社会学的研究》,上海人民出版社 2005 年版。

　　钱穆:《先秦诸子系年》(增订版),中华书局 1985 年版。

　　钱穆:《两汉经学今古文平议》,商务印书馆 2001 年版。

　　钱基博:《经学通志》,中华书局 1936 年版。

　　胡玉缙:《许庼学林》,中华书局 1958 年版。

　　中国科学院考古研究所、甘肃省博物馆编:《武威汉简》,文物出版社 1964 年版。

　　郭沫若:《中国史稿》,人民出版社 1977 年版。

　　胡适:《中国中古思想史长编》,华东师范大出版社 1996 年版。

　　蒙文通:《经史抉原》,载《蒙文通文集》第三卷,巴蜀书社 1995 年版。

　　蒙文通:《儒学五论》,载刘梦溪主编:《中国现代学术经典·廖平蒙文通卷》,河北教育出版社 1996 年版。

　　唐长孺:《魏晋南北朝史论丛》,生活·读书·新知三联书店 1955 年版。

顾颉刚：《秦汉的方士与儒生》，上海人民出版社 1962 年版。

范文澜：《中国通史简编》，人民出版社 1965 年版。

李云光：《三礼郑氏学发凡》，台湾嘉新水泥公司文化基金会 1966 年版。

林耀曾：《周礼赋税考》，台湾学海出版社 1977 年版。

洪业：《洪业论学集》，中华书局 1981 年版。

林平和：《礼记郑注音读与释义之商榷》，台湾文史哲出版社 1981 年版。

方俊吉：《礼记之天地鬼神观探究》，台湾文史哲出版社 1985 年版。

蒋伯潜：《十三经概论》，上海古籍出版社 1983 年版。

杨向奎：《绎史斋学术文集》，上海人民出版社 1980 年版。

蔡尚思：《孔子思想体系》，上海人民出版社 1982 年版。

蔡尚思：《中国礼教思想史》，上海古籍出版社 2006 年版。

任铭善：《礼记目录后案》，齐鲁书社 1982 年版。

金景芳等：《经书浅谈》，中华书局 1984 年版。

匡亚明：《孔子评传》，齐鲁书社 1985 年版。

陈寅恪著，万绳楠整理：《陈寅恪魏晋南北朝史讲演录》，黄山书社 1987 年版。

任继愈主编：《中国哲学发展史》（魏晋南北朝卷），人民出版社 1988 年版。

杨向奎：《宗周社会与礼乐文明》修订本，人民出版社 1995 年版。

钱玄：《三礼通论》，南京师范大学出版社 1996 年版。

韩碧琴：《仪礼郑注句读校记》，台北编译馆 1996 年版。

朱维铮：《中国经学史十讲》，复旦大学出版社 2002 年版。

朱维铮编：《周予同经学史论著选集》（增订版），上海人民出版社 1996 年版。

陈汉平：《西周册命制度研究》，北京学林出版社 1986 年版。

姚伟钧：《礼：传统道德核心谈》，广西人民出版社 1997 年版。

沈文倬：《宗周礼乐文明考论》（增补本），浙江大学出版社 2006 年版。

谢德莹：《仪礼聘礼仪节研究》，台湾文史哲出版社 1983 年版。

张光裕：《仪礼士昏礼、士相见之礼仪节研究》，台湾中华书局 1970 年版。

吴宏一:《乡饮酒礼仪节简释》,台湾中华书局 1970 年版。

吴达芸:《仪礼特牲、少牢、有司彻祭品研究》,台湾中华书局 1970 年版。

沈其丽:《仪礼士丧礼器物研究》,台湾中华书局 1973 年版。

陈瑞庚:《士昏礼服饰考》,台湾中华书局 1970 年版。

郑良树:《仪礼士丧礼墓葬研究》,台湾中华书局 1970 年版。

伍非百:《墨子大义述》,南京国民印务局 1933 年版。

黎翔凤:《管子校注》,中华书局 2004 年版。

《钦定学政全书》,载沈云龙主编:《近代中国史料丛刊》第 30 辑,台湾文海出版社 1968 年版。

冯友兰:《中国哲学史》(上下册),华东师范大学出版社 2011 年版。

陈寅恪:《隋唐制度渊源略论稿》,生活·读书·新知三联书店 2001 年版。

范文澜:《中国通史》,人民出版社 1978 年版。

刘起釪:《古史续辨》,中国社会科学出版社 1991 年版。

张舜徽:《郑学丛著》,齐鲁书社 1984 年版。

王重民:《中国善本书提要》,上海古籍出版社 1983 年版。

蒙培元:《理学范畴系统》,人民出版社 1989 年版。

刘师培:《刘申叔遗书》,江苏古籍出版社 1997 年版。

简博贤:《今存三国两晋经学遗籍考》,台湾三民书局 1986 年版。

金春峰:《周官之成书及其反映的文化与时代新考》,台湾东大图书股份有限公司 1993 年版。

周世辅、周文湘:《周礼的政治思想》,台湾东大图书有限公司 1981 年版。

林耀曾:《周礼赋税考》,台湾学海出版社 1977 年版。

牟宗三:《心体与性体》,上海古籍出版社 1999 年版。

徐复观:《周官成立之时代及其思想性格》,台湾学生书局 1980 年版。

徐复观:《徐复观论经学史二种》,上海书店 2006 年版。

余英时:《士与中国文化》,上海人民出版社 1987 年版。

侯家驹:《周礼研究》,台湾联经出版事业公司 1987 年版。

周何:《春秋吉礼考辨》,台湾师范大学国文研究所博士学位论文,1967

年,台湾嘉新水泥公司文化基金会 1970 年版。

周何:《古礼今谈》,台湾国文天地杂志社 1992 年版。

何耿镛:《经学概说》,湖北人民出版社 1984 年版。

张亚初、刘雨:《西周金文官制研究》,中华书局 1986 年版。

章权才:《两汉经学史》,广东人民出版社 1990 年版。

徐世昌主纂:《清儒学案》,中国书店出版社 1990 年版。

钟肇鹏:《谶纬论略》,辽宁教育出版社 1991 年版

赵吉惠等主编:《中国儒学史》,中州古籍出版社 1991 年版。

彭林:《〈周礼〉主体思想与成书年代研究》,中国社会科学出版社 1991 年版。

葛志毅:《周代分封制度研究》,黑龙江人民出版社 1992 年版。

吕文郁:《周代采邑制度研究》,台湾文津出版社 1992 年版。

谢祥皓、刘宗贤:《中国儒学》,四川人民出版社 1993 年版。

赵所生、薛正兴主编:《中国历代书院志》,江苏教育出版社 1995 年版。

王葆玹:《今古文经学新论》,中国社会科学出版社 1997 年版。

傅杰编校:《章太炎学术史论集》,中国社会科学出版社 1997 年版。

林素英:《古代生命礼仪中的生死观——以〈礼记〉为主的现代诠释》,台湾文津出版社 1997 年版。

支伟成:《清代朴学大师列传》,岳麓书社 1998 年版。

葛志毅:《先秦两汉的制度与文化》,黑龙江教育出版社 1998 年版。

陈其泰、郭伟川、周少川主编:《二十世纪中国礼学研究论集》,学苑出版社 1998 年版。

吴万居:《宋代三礼学》,台北编译馆 1999 年版。

贺昌群:《魏晋清谈思想初论》,商务印书馆 1999 年版。

韩永贤:《大戴礼探源》,人民中国出版社 1999 年版。

葛兆光:《中国思想史》第一卷,复旦大学出版社 1998 年版。

葛兆光:《中国思想史》第二卷,复旦大学出版社 2000 年版。

汤用彤:《魏晋玄学论稿》,上海古籍出版社 2001 年版。

刘泽华、葛荃主编:《中国古代政治思想史》,南开大学出版社 2001 年版。

陈戍国:《中国礼制史》(六卷本),湖南教育出版社 1991—2002 年版。

杨志刚:《中国礼仪制度研究》,华东师范大学出版社 2001 年版。

林素玟:《〈礼记〉人文美学研究》,台湾文津出版社 2001 年版。

吴雁南等主编:《中国经学史》,福建人民出版社 2001 年版。

崔大华:《儒学引论》,人民出版社 2001 年版。

林存阳:《清初三礼学》,社会科学文献出版社 2002 年版。

丁鼎:《〈仪礼·丧服〉考论》,社会科学文献出版社 2003 年版。

章子敬:《汉晋经学史》,上海文艺出版社 2003 年版。

林素英:《从〈郭店简〉探究其伦常观念——以服丧思想为讨论基点》,台湾万卷楼图书公司 2003 年版。

林素英:《"礼学"思想与应用》,台湾万卷楼图书公司 2003 年版。

蔡方鹿:《朱熹经学与中国经学》,人民出版社 2004 年版。

彭林:《中国古代礼仪文明》,中华书局 2004 年版。

王世明:《孔子伦理思想发微》,齐鲁书社 2004 年版。

罗炽、胡军:《经学与长江文化》,湖北教育出版社 2004 年版。

常金仓:《周代礼俗研究》,黑龙江人民出版社 2004 年版。

张全民:《"周礼"所见法制研究》(刑法篇),法律出版社 2004 年版。

张立文主编:《中国学术通史》,人民出版社 2005 年版。

叶国良:《经学侧论》,台湾清华大学出版社 2005 年版。

廖名春:《中国学术史新证》,四川大学出版社 2005 年版。

王雅:《周代礼乐文化研究》,中国社会科学出版社 2005 年版。

刘蔚华、赵宗正主编:《中国儒家学术思想史》,山东教育出版社 2005 年版。

龚建平:《意义的生成与实现:〈礼记〉哲学思想》,商务印书馆 2005 年版。

许道勋、徐洪兴:《中国经学史》,上海人民出版社 2006 年版。

申屠炉明:《孔颖达颜师古评传》,南京大学出版社 2006 年版。

邓声国:《清代〈仪礼〉文献研究》,上海古籍出版社 2006 年版。

刘成国:《荆公新学研究》,上海古籍出版社 2006 年版。

郭善兵:《中国古代帝王宗庙礼制研究》,人民出版社 2007 年版。

史应勇：《郑玄通学及郑王之争研究》，巴蜀书社 2007 年版。

王锷：《三礼研究论著提要》（增订本），甘肃教育出版社 2007 年版。

郑杰文、傅永军主编：《经学十二讲》，中华书局 2007 年版。

杨天宇：《郑玄三礼注研究》，中国社会科学出版社 2008 年版。

林存阳：《三礼馆：清代学术与政治互动的链环》，社会科学文献出版社 2008 年版。

陆建华：《先秦诸子礼学研究》，人民出版社 2008 年版。

梁满仓：《魏晋南北朝五礼制度考论》，社会科学文献出版社 2009 年版。

虞万里：《上博馆藏楚竹书〈缁衣〉综合研究》，武汉大学出版社 2009 年版。

刘柏宏：《开创与影响：王肃礼学义理及中古传播历程》，台湾稻乡出版社 2009 年版。

叶国良：《礼学研究的诸面向》，清华大学出版社 2010 年版。

黄开国：《廖平评传》，百花洲文艺出版社 2010 年版。

惠吉兴：《宋代礼学研究》，河北大学出版社 2011 年版。

夏微：《〈周礼订义〉研究》，吉林人民出版社 2011 年版。

潘斌：《宋代〈礼记〉学研究》，吉林人民出版社 2011 年版。

史应勇：《〈尚书〉郑、王比义发微》，华东师范大学出版社 2011 年版。

张焕君：《制礼作乐——先秦儒家礼学的形成与特征》，中国社会科学出版社 2010 年版。

陈祖武：《清儒学术拾零》，故宫出版社 2012 年版。

杨华：《古礼新研》，商务印书馆 2012 年版。

李振兴：《王肃之经学》，华东师范大学出版社 2012 年版。

徐道彬：《皖派学术与传承》，黄山书社 2012 年版。

许子滨：《〈春秋〉〈左传〉礼制研究》，上海古籍出版社 2012 年版。

吕友仁：《〈礼记〉研究四题》，中华书局 2014 年版。

高崇文：《古礼足征——礼制文化的考古学研究》，上海古籍出版社 2015 年版。

张闻捷：《楚国青铜礼器制度研究》，厦门大学出版社 2015 年版。

张涛:《乾隆三礼馆史论》,上海世纪出版集团 2015 年版。

刘丰:《北宋礼学研究》,中国社会科学出版社 2016 年版。

吴丽娱主编:《礼与中国古代社会》,中国社会科学出版社 2016 年版。

王锷、瞿林江:《〈礼记要义〉整理与研究》,高等教育出版社 2016 年版。

浙江大学古籍研究所:《礼学与中国传统文化——庆祝沈文倬先生九十华诞国际学术研讨会论文集》,中华书局 2006 年版。

博士、硕士论文:

王关仕:《仪礼汉简本考证》,台湾师范大学硕士学位论文,1966 年。

罗保罗:《周礼官联研究》,台湾师范大学硕士学位论文,1982 年。

孙致文:《朱熹〈仪礼经传通解〉研究》,台湾"中央大学"中文所博士学位论文,2004 年。

吴安安:《〈仪礼〉饮食品物研究》,台湾师范大学国文所博士学位论文,2006 年。

郑雯馨:《论〈仪礼〉礼例研究法——以郑玄、贾公彦、凌廷堪为讨论中心》,台湾大学中文所博士学位论文,2013 年。

陈冠蓉:《女性在〈仪礼〉丧礼中角色之研究》,台湾辅仁大学中文所博士学位论文,2015 年。

濮传真:《北朝〈二戴礼记〉学》,台湾大学中文所博士学位论文,2002 年。

赖升宏:《〈礼记〉气论思想研究》,台湾文化大学中文所博士学位论文,2010 年。

洪文郎:《"礼"的思想之研究——以〈礼记〉为中心》,台湾文化大学中文所博士学位论文,2012 年。

洪文郎:《〈礼记·礼运〉研究》,台湾文化大学中文所硕士学位论文,2002 年。

黄羽璇:《大、小戴〈礼记〉之成书及其所涉及之儒家学派问题》,台湾中山大学中文所硕士学位论文,2009 年。

陈姝伃:《〈礼记·儒行〉研究》,台湾师范大学国文所硕士学位论文,2014 年。

孙致文:《孙诒让〈周礼正义〉研究》,台湾"中央大学"中文所硕士学位论文,1998年。

陈韦铨:《郑玄〈三礼注〉引〈春秋〉经传之研究》,台湾高雄师范大学经学所博士学位论文,2011年。

罗健蔚:《郑玄会通三〈礼〉研究》,台湾大学中文所博士学位论文,2015年。

王书华:《荆公新学初探》,河北大学博士学位论文,2001年。

程艳梅:《贾公彦语言学研究》,山东师范大学硕士学位论文,2004年。

丁进:《周礼与文学》,复旦大学博士学位论文,2005年。

马君花:《论郑玄〈礼记注〉在训诂学史上的成就》,宁夏大学硕士学位论文,2005年。

韩蕊:《〈礼经会元〉研究》,天津师范大学硕士学位论文,2007年。

曾军:《义理与考据——清中期〈礼记〉诠释的两种策略》,华中师范大学博士学位论文,2008年。

赵澜:《唐代丧服制度研究》,福建师范大学博士学位论文,2008年。

张敬煜:《礼学思想研究——以〈礼经学〉为考察重点》,江西师范大学硕士学位论文,2009年。

陶广学:《礼记正义研究》,扬州大学博士学位论文,2012年。

报刊论文类:

刘师培:《王制篇集证》,《国粹学报》第3卷第11期(1907年)。

劳乃宣:《覆友人论丧服书》,《孔教会杂志》第1卷第7号(1913年8月)。

吴虞:《儒家大同之义本于老子说》,《新青年》第3卷第5期(1917年7月)。

钱玄同:《答顾颉刚先生书》,载《古史辨》第1册,上海古籍出版社1982年版。

钟秀崎:《仪礼丧服斩衰三年章通义》,《东北大学周刊》第75号(1929年6月)。

吴承仕:《降服三品》,《燕京大学图书馆学报》第 11 期(1931 年 6 月)。

刘师培:《汉代古文学辨诬》,《燕京学报》第 11 期(1932 年 6 月)。

钱穆:《周官著作时代考》,《燕京学报》第 11 期(1932 年 6 月)。

杨寿昌:《陈兰甫先生澧遗稿》,《岭南学报》,第 2 卷第 3 期(1932 年)。

章太炎演讲、潘景郑笔述:《丧服概论》,《国学商兑》第 1 卷第 1 期(1933年 6 月)。

章太炎:《答吴绂斋论丧服书》,《制言半月刊》第 27 期(1936 年 10 月)。

吴承仕:《中国古代社会研究者对于丧服应认识的几个根本观念》,《文史》第 1 卷第 1 期(1934 年)。

钱玄:《仪礼丧服经文释例》,《国学论衡》第 4 期上册(1934 年 11 月)。

孙延钊:《孙敬轩先生年谱》,《瓯风杂志》第 4—6 期、11—16 期、23—24期(1934—1935 年)。

金德建:《思想史上之汉代礼运篇本质与汉代社会的研究》,《民族杂志》第 3 卷第 5 期(1935 年 5 月)。

容肇祖:《月令的来源考》,《燕京学报》第 18 期(1935 年)。

洪业:《礼记引得序——两汉礼学源流考》,《史学年报》第 2 卷第 3 期(1936 年 11 月)。

蔡介民:《礼记成书之时代》,《新东方杂志》第 1 卷第 1 期(1940 年 2月)。

杨宽:《月令考》,《齐鲁学报》1941 年第 2 期。

蒙文通:《从社会制度及政治制度论〈周官〉成书年代》,《图书集刊》1942年第 1 期。

蒙季甫:《月令之渊原与其意义》,《图书集刊》第 6 期(1945 年 5 月)。

沈延国:《吕氏春秋十二纪、礼记月令、淮南时则训、逸周书时训解异文笺》,《制言半月刊》1940 年第 61 期。

李证刚:《孔子大同小康说之现实价值》,《中央大学文史哲学季刊》第 2卷第 2 期(1945 年 3 月)。

方竑:《礼运说》,《中央大学文史哲学季刊》第 2 卷第 2 期(1945 年 3月)。

高鸿缙:《礼运大同篇五读》,《孔学》第 1 期(1943 年 8 月)。

李翊灼:《礼运大同小康章文并无错简议》,《礼乐半月刊》第 20 期(1947 年 12 月)。

蒙文通:《论〈墨子〉书备三墨之学》,《图书集刊》1942 年第 3 期。

王新民:《礼运大同篇溯源》,《福建文化》新 2 卷第 4 期(1946 年 6 月)。

钱基博:《读礼运卷头解题记》,《光华大学半月刊》第 4 卷第 2 期(1935 年 10 月)。

张学昭:《礼运与孔子学说的分析》,《河北月刊》第 4 卷第 6 期(1936 年 6 月)。

高鸿缙:《礼运大同篇五读》,《孔学》第 1 期(1943 年 8 月)。

汤元仲:《礼运扶微》,《周行》第 1 卷第 3 期(1936 年 2 月)。

郑沅:《礼运大道之行一节释义》,《中国学报》第 4 期(1913 年 2 月)。

卢宗堉:《礼运大同篇政治哲学的研究》,《中央周刊》第 2 卷第 34 期(1940 年 3 月)。

朱谦之:《周礼的主要思想》,《光明日报》1961 年 11 月 12 日。

王树枏:《学记笺证》,《中国学报》第 5 期(1913 年 3 月)。

章廷俊:《〈学记〉的教育制度与教学法则之剖析》,《政衡月刊》第 16 期(1935 年 6 月)。

陈槃:《谶纬释名》,《历史语言研究所集刊》第 11 本,1944 年。

陈寅恪:《论韩愈》,《历史研究》1954 年第 2 期。

顾颉刚:《“周公制礼”的传说和〈周官〉一书的出现》,《文史》第六辑,1979 年。

方立天:《汉代经学与魏晋玄学——论我国前期封建社会中官方哲学的演变》,《哲学研究》1980 年第 3 期。

王梦鸥:《小戴礼记考源》,《政治大学学报》1961 年第 3 期。

王梦鸥:《礼记思想体系试探》,《政治大学学报》1961 年第 4 期。

王梦鸥:《礼运考——礼运礼器郊特牲校读志疑》,《政治大学学报》1963 年第 8 期。

章权才:《礼的起源和本质》,《学术月刊》1963 年第 8 期。

张光裕:《仪礼兼用今古文不始于郑玄考》,《书目季刊》1967 年第 2 卷第 1 期秋季号。

王年生:《于鬯对〈内经〉的校注》,《安徽中医院学报》1983 年第 4 期。

张国安:《〈周礼〉成书年代研究方法论及其推论》,《浙江社会科学》2003 年第 2 期。

沈文倬:《略论礼典的实行和〈仪礼〉书本的撰作》(上),《文史》第 15 辑, 1982 年。

沈文倬:《略论礼典的实行和〈仪礼〉书本的撰作》(下),《文史》第 16 辑, 1982 年。

沈文倬:《汉简〈服传〉考》(上),《文史》第 24 辑,1985 年。

沈文倬:《汉简〈服传〉考》(下),《文史》第 25 辑,1985 年。

黄万机:《评郑珍的经学成就》,《贵州文史丛刊》1986 年第 2 期。

吕骥:《关于公孙尼子和〈乐记〉作者考》,《中国音乐学》1988 年第 3 期。

龚杰:《简论汉魏的郑学与王学》,《人文杂志》1989 年第 1 期。

龚杰:《简论郑学与王学的异同》,《孔子研究》1990 年第 2 期。

金景芳:《论孔子思想的两个核心》,《历史研究》1990 年第 5 期。

金景芳:《谈礼》,《传统文化与现代化》1997 年第 1 期。

龚杰:《简论郑学与王学的异同》,《孔子研究》1990 年第 2 期。

梁满仓:《论魏晋南北朝的早婚》,《历史教学问题》1990 年第 2 期。

金春峰:《〈周官〉故书之谜与汉今古文新探》,《中国文化》1991 年第 1 期。

李学勤:《公孙尼子与〈易传〉的年代》,《文史》第 35 辑,1992 年。

阴法鲁:《读吕骥同志新作〈〈乐记〉理论探新〉札记》,《音乐研究》1995 年第 1 期。

杨志刚:《礼与传统的创造性转化》,《复旦学报》1993 年第 3 期。

薛瑞泽:《魏晋南北朝婚龄考》,《许昌师专学报》1993 年第 2 期。

陈美东:《月令、阴阳家与天文历法》,《中国文化》1995 年第 12 期。

程克雅:《胡培翚〈仪礼正义〉释例方法探究——兼述段熙仲之"以例治礼"说》,《台湾"中央大学"中国文学研究所集刊》1995 年第 2 期。

曾贻芬:《明代官修"大全"散论》,《史学史研究》1996 年第 2 期。

詹子庆:《对礼学的历史考察》,《东北师范大学学报》1996 年第 5 期。

尹彤云:《惠栋〈周易〉学与九经训诂学简评》,《宁夏社会科学》1997 年第 1 期。

刘雨:《西周金文中的"周礼"》,《燕京学报》新 3 期,1997 年。

彭林:《论清人〈仪礼〉校勘之特色》,《中国史研究》1998 年第 1 期。

刘蔚华:《儒学、传统文化与现代文明》,《孔子研究》1998 年第 3 期。

葛志毅:《汉代的博士与议郎》,《史学集刊》1998 年第 3 期。

王辉:《从考古与古文字的角度看〈仪礼〉的成书年代》,《传统文化与现代化》1999 年第 1 期。

翁贺凯:《两汉〈礼记〉源流新考》,《福建论坛》1999 年第 5 期。

钱仲联:《〈广清碑传集〉补遗六篇》,《苏州大学学报》2000 年第 2 期。

杨天宇:《略述中国古代的〈礼记〉学》,《河南大学学报》2000 年第 5 期。

詹子庆:《〈仪礼〉:古代贵族社会生活的一面镜子》,《光明日报》2001 年 2 月 27 日。

王锷:《孔颖达〈礼记正义〉及其版本》,《文教资料》2001 年第 3 期。

葛志毅:《〈周官〉与西周制度》,《学习与探索》2002 年第 6 期。

肖永明:《荆公新学的治学成就与学术地位》,《学术论坛》2002 年第 1 期。

余国庆:《戴震文献学著作述评》,《古籍研究》2002 年第 2 期。

郝虹:《王肃反郑是经今古文融合的继续》,《孔子研究》2003 年第 3 期。

姜广辉:《论宋明理学与经学的关系》,《湖南大学学报》2004 年第 5 期。

沈长云、李晶:《春秋官制与〈周礼〉比较研究——〈周礼〉成书年代再探讨》,《历史研究》2004 年第 6 期。

林素英:《上博简〈民之父母〉思想探微:兼论其与〈孔子闲居〉的关系》,台湾师大国研所《中国学术年刊》第 25 期(2004 年 3 月)。

李传军:《魏晋禅代与"郑王之争"——政权更迭与儒学因应关系的一个历史考察》,《孔子研究》2005 年第 2 期。

陈逢源、黄瀚仪:《朱熹〈四书章句集注〉征引书目辑考》,《政大中文学报》2005 年第 3 期。

张学智:《王夫之对礼乐的理学疏解——以〈礼记·乐记〉为中心》,《中国哲学史》2005 年第 4 期。

丁鼎:《礼:中国传统文化的核心》,载《礼学与中国传统文化——庆祝沈文倬先生九十华诞国际学术研讨会论文集》,中华书局 2006 年版。

吴土法:《沈文倬先生学术纪年》,载《礼学与中国传统文化——庆祝沈文倬先生九十华诞国际学术研讨会论文集》,中华书局 2006 年版。

陈剩勇:《当代治礼经之第一人》,载《礼学与中国传统文化——庆祝沈文倬先生九十华诞国际学术研讨会论文集》,中华书局 2006 年版。

丁鼎:《礼与中国传统文化范式》,《齐鲁学刊》2007 年第 3 期。

胡新生:《〈仪礼·士昏礼〉用雁问题新证》,《文史哲》2007 年第 1 期。

王继训:《论汉末经学的反复:以郑玄、王肃为例》,《管子学刊》2007 年第 1 期。

徐道彬:《戴震辨伪成就述论》,《古籍整理研究学刊》2007 年第 1 期。

罗检秋:《学术调融与晚清礼学的思想活力》,《近代史研究》2007 年第 5 期。

罗检秋:《学术调融与晚清礼学的思想活力》,《近代史研究》2007 年第 5 期。

舒大刚、潘斌:《张载〈礼记〉学述论》,《古籍整理研究学刊》2007 年第 6 期。

林乐昌:《张载礼学论纲》,《哲学研究》2007 年第 12 期。

林素英:《从施政策略论〈缁衣〉对孔子理想君道思想之继承:兼论简本与今本〈缁衣〉差异现象之意义》,《哲学与文化》第 34 卷第 3 期(总第 394 期)(2007 年 3 月)。

林素英:《〈表记〉政治思想探析:结合郭店儒简之讨论》,《汉学研究》2009 年第 27 卷第 1 期。

程宝华:《张杨园与清初朱子学》,《郑州航空工业管理学院学报》2008 年第 6 期。

潘斌:《王安石〈礼记〉学探论》,《社会科学辑刊》2008 年第 1 期。

刘明:《〈周官新义〉——北宋改革家王安石的变法理想》,《人民日报》(海外版)2008 年 12 月 16 日。

王锷:《东汉以来〈礼记〉的流传》(上),《井冈山大学学报》2010 年第 5 期。

王锷:《东汉以来〈礼记〉的流传》(下),《井冈山大学学报》2010 年第 6 期。

潘忠伟:《唐初〈礼记〉地位的提升与北朝礼学传统》,《中华文化论坛》2011 年第 3 期。

郝虹:《三重视角下的王肃反郑:学术史、思想史和知识史》,《史学月刊》2012 年第 4 期。

李慧玲:《试论阮元〈十三经注疏校勘记〉得以问世的客观条件》,《东南学术》2013 年第 1 期。

陈冠伟、肖永明:《郭嵩焘〈礼记质疑〉研究》,《湖南大学学报》2013 年第 2 期。

叶国良:《〈仪礼〉周旋礼容探微》,《台大中文学报》第 43 期,2013 年。

叶国良:《〈仪礼〉卜筮与求日择人的几个问题》,《中正汉学研究》2014 年一期(总 23 期)。

刁小龙:《杨复〈仪礼〉学初探——以〈特牲馈食礼〉〈少牢馈食礼〉章句论为中心》,《中国典籍与文化》2014 年第 1 期。

张帅、丁鼎:《庾蔚之礼学著作考证与辑佚》,《齐鲁师范学院学报》2015 年第 3 期。

叶国良:《〈仪礼〉各礼典之主要礼意与执礼时之三项基本礼意》,《岭南学报》,复刊第三辑《经学的传承与开拓》,上海古籍出版社 2015 年版。

叶国良:《摄盛及其流行》,彭林主编:《中国经学》第十六辑,广西师范大学出版社 2015 年版。

叶国良:《从出土文物看〈仪礼〉内容的时代》,《人文中国学报》第 21 期(2015 年 10 月)。

邹昌林:《关于中国礼文化研究的思考》,《湖南大学学报》2016 年第 5 期。

邓国光：《曹元弼先生〈经学文钞〉礼说初识》，《湖南大学学报》2016 年第 5 期。

丁鼎：《刘歆的〈周礼〉学及其在两汉之际的传承谱系》，《湖南大学学报》2016 年第 5 期。

郭善兵：《中国古代儒者关于牺尊、象尊形制的诠释与争辩》，《泰山学院学报》2016 年第 2 期。

后　记

　　十阅寒暑,我们八位学术同道终于合作完成了这部一百余万言的《三礼学通史》。值此书稿即将出版之际,我们感到既高兴又惶恐!我们深知本书还难言完善,还存在这样那样的问题,恐怕贻笑大方。但能够向学界提交这样一部具有草创性质的书稿,还是很值得欣慰的!

　　在此,谨将本书的选题缘起和写作经过向读者汇报如下:

　　众所周知,"礼"是中国传统文化的核心,三礼学在我国古代一直处于"显学"的地位。可是自从20世纪初叶帝制社会解体、社会转型以来,我国学术界无论是对三礼本身的研究还是对三礼学术史的研究都非常薄弱。近几十年来,儒家经典中的《诗经》《尚书》《周易》《春秋》《孝经》《论语》《孟子》《尔雅》都有了专门的学术史方面的通史著作,而关于三礼学通代学术史的研究迄今还处于空白、阙如状态。这与三礼学在我国古代社会和学术史上的重要地位、发生过的重要影响是很不相称的。有鉴于此,笔者与山东师范大学齐鲁文化研究院的彭耀光、张磊两位同人便规划设计了《三礼学通史》研究项目,并于2008年4月8日被教育部人文社会科学重点研究基地山东师范大学齐鲁文化研究院批准为基地重点研究课题。

　　2009年,我们又约请北京师范大学李景林教授、南京师范大学王锷教授和河南大学郭善兵副教授加盟《三礼学通史》课题组,一起申报国家社科基金项目,并有幸于2009年6月10日被全国哲学社会科学规划办批准立项。

　　《三礼学通史》获得国家社科基金项目立项后,李景林、王锷两位教授和彭耀光、张磊两位副教授由于忙于其他项目难以全力投入本课题研究,而中途退出课题组。于是我们便又先后邀请井冈山大学的邓声国教授、曲阜师范大学的张帅副教授、西南财经大学的潘斌教授、台湾师范大学的林素英教授、西南财经大学的夏微讲师和鲁东大学的马金亮讲师加盟《三礼学通史》课题组,组成新的研究团队。

新课题组成立后,我们便与鲁东大学胶东文化研究中心联合于2009年8月24—26日在烟台举办了一次"三礼学与中国传统文化学术研讨会",邀请海峡两岸的二十几位专家学者莅会研讨,并请与会专家对《三礼学通史》的撰稿工作提出建设性的指导意见。会后,经过一年的材料搜集、整理和写作酝酿,我们于2011年1月7—8日在山东师范大学齐鲁文化研究院召开了《三礼学通史》课题组第一次工作会议,就成果的编写体例、章节安排、写作规范和写作进度等问题进行了讨论,达成共识;并把各章节的撰稿任务进行了明确的分工。

后来在写作过程中又根据工作需要对书稿分工进行了调整。本课题最终成果的写作分工情况如下:

丁鼎负责"绪论"、第一章"两汉时期的三礼学"的撰写,并与马金亮合作第九章"新中国(大陆地区)的三礼学"。

邓声国负责三国两晋时期《仪礼》学和隋唐五代以迄清代《仪礼学》的撰写。

郭善兵负责三国两晋时期《周礼》学和《礼记》学,以及隋唐五代《周礼》学和《礼记》学的撰写,并撰写宋代《周礼》学的初稿。

张帅负责第三章"南北朝时期的三礼学"和元明清时期《周礼》学的撰写。

潘斌负责宋元明清时期的《礼记》学和第八章"民国时期的三礼学"的撰写,并撰写了第十章"1949年以来台湾地区的三礼学"的初稿。

林素英负责第十章"1949年以来台湾地区的三礼学"的改写、补写和定稿工作。需要说明的是本章原由潘斌写出初稿,感觉较为单薄,又由我作了一些增补,仍然感觉不够充实。于是便向台湾师范大学的林素英教授求助,得到她的慨然应允。经过她的改写和补写,本章内容大大深化和细化。在此谨向林教授致以衷心的感谢!

夏微负责宋代《周礼》学的改写、补写和定稿工作。需要说明的是本部分内容原由郭善兵写出初稿,后来得知夏微对宋代《周礼》学研究方面很有造诣,于是我们便约请她对"宋代《周礼》学"的书稿进行重写和定稿。

马金亮主要与丁鼎合作第九章"新中国(大陆地区)的三礼学",并协助负责全书参考文献的整合和规范化处理工作及课题组的联络工作。

本课题原计划 2011 年完成书稿,因而原定取材截至 2011 年。后来延期到 2016 年申请结项,因而最后将取材时间截至 2016 年。

本课题成果于 2016 年申请结项,承蒙评审专家的抬爱,被评定为"优秀"。可谓喜出望外!

当然,我们深深地知道,虽然课题成果被评定为"优秀",书稿只能算是"急就章",还存在着许多问题,需要进一步修订和完善。于是便计划邀请三礼学专家学者来帮助、指导我们对书稿进行修订。这一计划得到了山东师范大学社科处和齐鲁文化研究院的大力支持,于是我们邀请近二十位礼学专家于 2016 年 12 月 10—11 日前来山东师范大学举办了一次"三礼学回顾与展望高端论坛",以研讨三礼学在中国传统文化中的重要地位及其当代价值,总结、探讨三礼学研究的历史与发展趋势;并对《三礼学通史》初稿进行讨论审议,提出指导性修改意见,以便我们集思广益,开阔视野,并据以对书稿加以进一步修订和完善。

本次会议之后,课题组对与会专家提出的书面和口头的修改意见进行了归纳、整理和讨论。然后,几位作者又据以对各自负责的书稿进行了较大幅度的修改。期间有的章节数易其稿。

2018 年 10 月 12—14 日,我应邀出席山东大学儒学高等研究院在高密举办的"郑玄经学与中国文化国际学术研讨会",有幸结识人民出版社编辑姜虹。当她得知我们的国家社科基金项目《三礼学通史》已经结项且又经增补修订时,便热情建议将书稿交人民出版社出版,我们当然欣然同意。

书稿交人民出版社后,经社编委会评选,获得申报国家出版基金的资格。书稿于 2019 年由人民出版社向国家出版基金管理办公室申报,后经评审,于 2020 年 3 月 9 日由国家出版基金管理委员正式发文批准,确定为 2020 年度国家出版基金资助项目。

此后,我们又根据人民出版社的出版规范和姜虹编辑提出的修改意见对书稿进行了反复修订。最后由丁鼎、邓声国和马金亮对全书进行统稿和规范化处理。

目前,这部凝结着多年心血的书稿出版在即,欣慰之余,我们谨向关心、支持和帮助完成本书的众多师长、同道、朋友表示衷心的感谢!赖有他们多方面的支持和帮助,才使得本书幸告厥成!

首先要向已故著名历史学家、文献学家李学勤先生和礼学家杨天宇先生致敬!李学勤先生生前一直非常关心和支持本课题。我们筹划设计本课题时,他便给予热情鼓励和指导。当2008年我们从历史学科申报国家社科基金项目没有获准通过而非常沮丧时,李先生建议我们明年从哲学学科再次申报,并认为我们的课题很有价值,理应能够获准立项。在李先生的鼓励下,2009年我们将本课题从哲学学科申报国家社科基金项目,终于获得批准立项!杨天宇先生是当代著名礼学专家。我们在课题设计、立项和撰稿过程中都曾向他请教,并聘请他担任课题组的学术顾问。如今,课题成果即将出版,而两位先生均已作古,未能见到本书的问世,诚为憾事!在此谨向两位先生的在天之灵致以崇高的敬意!

在此,还要向中国社科院历史研究所学部委员陈祖武先生和上海交通大学人文学院特聘教授虞万里先生致谢!他们两位不仅对本课题多有指导和帮助,而且为课题申报国家出版基金撰写专家推荐意见;为本书撰写序言。高情厚谊,当永志不忘!

山东省政协原副主席、山东师范大学原副校长、教育部人文社科重点研究基地齐鲁文化研究院原院长、首席专家王志民先生作为我多年的老领导,对本课题一直非常关心和扶持。其至2008年本课题能够被批准为齐鲁文化研究院的基地重大项目,也完全是王先生"让渡"给我们的!2008年初齐鲁文化研究院根据教育部人文社科重点研究基地的相关要求,计划从全国范围内征集、设立基地研究项目十项,其中设立重大项目两项(且规定校内、校外各立一项)。当时校内学者申报的重点项目共有两项,一项是王志民先生申报的《中华早期文明的重心——齐鲁》,另一项就是我们申报的《三礼学通史》。在校内重大项目只能设立一项的情况下,王先生作为基地首席专家申报的项目势必会在学术委员会的评审中顺利通过。有鉴于此,王志民先生于2008年2月24日齐鲁文化研究院第三届学术委员会对申报项目评审前主动将其所申报的项目从重大项目中撤出，改报为普通项目，为我们的项目让路。这样就使我们申报的课题顺利通过学术委员会的评审，获得基地重大项目的资金支持。其扶持后学的精神境界令人感佩！在此，除了应向王志民先生致敬之外，还向参加本次项目评审会的几位专家致谢！他们是：齐鲁文化研究院第三届学术委员会主任陈来教授和学术委员会委员白奚教授、王震中教授、黄朴民教授。他们不仅在本次项目评审会上全力支持我们的课题列为基地重大项目，而且在课题此后的进展过程中给予了多方面的指导和帮助！

在此还要向赵卫东教授致谢！2016年，他在主持齐鲁文化研究院日常工作期间，对我们项目的结项工作给予了大力支持。课题结项后，他又主动提议并支持我们邀请有关礼学专家于2016年12月10—11日前来山东师范大学举办了"三礼学回顾与展望高端论坛"，对《三礼学通史》初稿进行讨论审议，提出指导性修改意见。

当前主持齐鲁文化研究院工作的国家万人计划青年拔尖人才、泰山学者青年专家吕文明教授对本课题一直非常关心，尤其在我们申报国家出版基金的过程中，为我们出谋划策，使我们的项目克服各种困难，成功入选国家出版基金资助项目。

十年来，山东师范大学社科处的历任领导都对本课题十分关心，本课题之所以能够顺利获得和完成国家社科基金项目的立项和结项，以及国家出版基金的资助立项，都有赖于他们无私的指导和帮助。在此，要向先后主持社科处工作的杨存昌处长、万光侠处长（现为山东师大副校长）、高景海处长和孙书文副处长（现为山东师大文学院院长）、顾大伟副处长等深情地道一声谢谢！

2016年初，我应聘来中国孔子研究院任"尼山学者"特聘研究员。在这里，杨朝明院长、米怀勇副书记、刘续兵副院长、陈晓霞副院长及其他有关领导给予了多方面的关心和帮助，为本课题的顺利完成和结项提供了良好的工作环境。在此，谨向孔子研究院的各位领导和众同人致以深深的谢忱！

本书的完成，除了课题组同人的共同努力之外，其中还凝结着许多师友的指导帮助之功！台湾"中研院"文哲研究所的林庆彰研究员，台湾大学的叶国良教授，台湾"中研院"历史语言研究所的陈鸿森研究员，清华大学的彭林教授，北京大学的吴飞教授，中国社科院的吴丽娱研究员、赵法生研究员、林存阳研究员,上海博物馆的杨志刚馆长,河南师范大学的吕友仁教授,四川大学的舒大刚教授,北京师范大学的李景林教授,南京大学的徐兴无教授,南京师范大学的方向东教授,武汉大学的杨华教授,华中师范大学的董恩林教授,浙江大学的贾海生教授,山东大学的刘晓东教授、郑杰文教授、胡新生教授、颜炳罡教授、曾振宇教授、杜泽逊教授、王承略教授、刘心明教授,山东师范大学的王钧林教授、梁宗华教授、燕生东教授、李梅训教授,曲阜师范大学的杨树增教授、傅永聚教授和鲁东大学的梁方健教授等,都曾为我们课题的规划、立项、结项和书稿的修订提供过多方面的指导、批评和帮助。梁方健教授甚至曾花数月工夫为我们把书稿清样通校一遍,修正了许多文字的讹脱衍倒,纠正了许多引文错误和史实失误。绳愆纠谬之功可谓大矣!

本书的完成,其中还蕴含着其他许多朋友和弟子的襄助之功。山东师范大学的田成浩讲师,博士生王君、王元臣、孟莉、林东梅和硕士生王聪、赵坤、岳园、李鑫、王晓静,以及山东大学的博士生于少飞、博士后刘昕都曾不同程度地参与查阅资料、核实参考文献和打印、校对书稿等工作。曲阜师范大学的赵满海副教授和齐琳博士,赵满海副教授指导的硕士生苏培、雒柏云、马玉、佟雷、李晓琳、韩秋滢、郭伟伟、徐硕、张兆成,以及张帅副教授指导的硕士生吴子凌、孙泽健、原林泓、石同楷也参与书稿清样的校对和参考文献的核查工作。他们为本书补苴罅漏,献可替否,劳苦功高! 在此,谨向他们一并致谢!

本书的责任编辑姜虹不仅帮助我们成功争取到国家出版基金的立项资助,而且为本书的编辑出版付出了大量心血和辛勤劳动! 其严谨的工作态度、认真负责的敬业精神和专深的专业能力,都令我们非常感佩! 能有缘与这样一位非常热心、很有慧心的责任编辑合作是课题组的荣幸!

三礼学在我国学术史和文化史上均占有非常重要的地位。三礼学是一个非常浩繁博大的学术研究体系。我们撰写本书的初衷是对中国三礼学从先秦至近现代约两千五百年的学术发展史进行一次比较全面、系统的总结,尽可能简明、清楚地勾勒出三礼学发展演变的主要线索。当然,我们深知要将这样一个重大课题阐释、揭示清楚,殊非易事! 对于我们课题组来说,确实有短绠汲深之虞! 书稿虽经十年磨砺,但由于我们学力有限,书稿成于众手,再加上事属草创,无所依傍,因而不可避免地会存在论述粗浅、结构失衡等诸多遗憾。

因此,面对即将出版的书稿,我们不敢言筚路蓝缕之功,只希望能有抛砖引玉之效。期待着读者诸君不吝批评赐教,以便将来有机会再版时,对本书加以修补和完善。

丁　鼎

2020 年 12 月 1 日谨识于曲阜大同路六艺苑寓所

责任编辑:姜　虹

封面设计:石笑梦

图书在版编目(CIP)数据

三礼学通史/丁鼎 主编;邓声国 副主编. —北京:人民出版社,2020.12

ISBN 978－7－01－022921－8

Ⅰ.①三… Ⅱ.①丁… ②邓… Ⅲ.①《周礼》-研究 ②《仪礼》-研究 ③《礼记》-研究　Ⅳ.①K224.06②K892.9

中国版本图书馆 CIP 数据核字(2020)第 266878 号

三礼学通史

SANLIXUE TONGSHI

丁　鼎　主　编

邓声国　副主编

人 民 出 版 社 出版发行

(100706　北京市东城区隆福寺街 99 号)

北京盛通印刷股份有限公司印刷　新华书店经销

2020 年 12 月第 1 版　2020 年 12 月北京第 1 次印刷

开本:710 毫米×1000 毫米 1/16　印张:74.5

字数:1125 千字

ISBN 978－7－01－022921－8　定价:320.00 元(全三卷)

邮购地址 100706　北京市东城区隆福寺街 99 号

人民东方图书销售中心　电话 (010)65250042　65289539